Das Evangelium des Johannes

Erklärt von
Rudolf Bultmann

Studienausgabe

Mit Literatur- und Abkürzungsverzeichnis
sowie Berichtigungen

V&R

Göttingen · Vandenhoeck & Ruprecht · 1985

Kritisch-exegetischer Kommentar über das Neue Testament

Begründet von Heinrich August Wilhelm Meyer

Herausgegeben von Ferdinand Hahn

Band II – 20. Auflage

Früher erschienene Auflagen dieses Kommentars

Bearbeitung von Heinrich August Wilhelm Meyer

1. Auflage 1834
2. Auflage 1852
3. Auflage 1856
4. Aufkage 1862
5. Auflage 1869

Bearbeitung von Bernhard Weiß

6. Auflage 1880
7. Auflage 1886
8. Auflage 1893
9. Auflage 1902

Bearbeitung von Rudolf Bultmann

10. Auflage 1941
11. Auflage 1950
12. Auflage 1952
13. Auflage 1953
14. Auflage 1956
15. Auflage 1957
16. Auflage 1959
17. Auflage 1962
18. Auflage 1964
19. Auflage 1968

CIP-Kurztitelaufnahme der Deutschen Bibliothek

Bultmann, Rudolf:
Das Evangelium des Johannes : mit Literaturverz. u. Abkürzungsverz.
sowie Berichtigungen / erkl. von Rudolf Bultmann. – Studienausgabe. –
Göttingen : Vandenhoeck & Ruprecht, 1985.
ISBN 3-525-51514-6

Den alten Marburger Freunden

Inhalt.

Die Abschnitte der Erklärung in der Reihenfolge des Textes des Evangeliums.

	Seite		Seite		Seite
1₁-₈	1—57	7₃₂-₃₆	231—233	10₄₀-₄₂	299—300
19-₅₁	57—77	37-₄₄	228—231	11₁-₅₄	300—315
2₁-₁₂	78—85	45-₅₉	234—236	55-₅₇	316
13-₂₂	85—91	[7₅₂—8₁₁]		12₁-₁₉	316—321
23-₂₅	91—92	8₁₂	260—261	20-₃₃	321—331
3₁-₂₁	93—115	13-₂₀	209—214	34-₃₆	269—272
22-₃₀	121—127	21-₂₉	264—269	37-₄₃	346—348
31-₃₆	116—121	30-₄₀	332—339	44-₅₀	262—264
4₁-₃₀	127—142	41-₄₇	238—245	13₁	371—373
31-₄₂	143—148	48-₅₀	225—226	1-₃₀	352—371
43-₄₅	150	51	246	31-₃₅	401—406
46-₅₄	151—154	52-₅₃	246—247	36-₃₈	459—461
5₁-₄₇	177—205	54-₅₅	226—227	14₁-₃₁	462—489
6₁-₂₆	154—161	56-₅₉	247—249	15₁-₁₇	406—421
27-₅₉	161—177	9₁-₄₁	249—260	18-₂₇	422—427
60-₇₁	340—346	10₁-₆	282—285	16₁-₃₃	427—458
7₁-₁₃	216—222	7-₁₀	286—289	17₁-₂₆	374—401
14	222	11-₁₃	276—282	18₁-₄₀	492—509
15-₂₄	205—209	14-₁₈	289—293	19₁-₄₂	509—527
25-₂₉	222—225	19-₂₁	272	20₁-₂₉	528—540
30	227—228	22-₂₆	274—276	30-₃₁	540—542
31	231	27-₃₉	294—298	21₁-₂₅	542—556

Literatur- und Abkürzungsverzeichnis[1]

1. Kommentare[2]

C. K. Barrett, The Gospel according to St. John 1955 (Barr.).

Walter Bauer, Das Johannesevangelium (Handbuch zum NT 6), 3. Aufl. 1933 (Br.).

J. H. Bernard, A critical and exegetical commentary on the Gospel according to St. John (The International Critical Commentary), 2 Bde. 1928 (Bd.).

Friedr. Büchsel, Das Evangelium nach Johannes (Das Neue Testament Deutsch 4), 1934 (Bl.).

Wilh. Heitmüller, in: Die Schriften des NTs, hrsg. von J. Weiß, IV, 3. Aufl. 1918 (Htm.).

Emanuel Hirsch, Das vierte Evangelium 1936 (Hirsch I).

H. J. Holtzmann, Evangelium des Joh. (Hand-Commentar zum NT IV 1), 3. Aufl. von W. Bauer 1908 (Ho.).

Edwyn C. Hoskyns, The Fourth Gospel. 2. Aufl. 1947 (Hosk.).

Joh. Jeremias, Das Evangelium nach Joh. 1931.

M.-J. Lagrange, Évangile selon Saint Jean, 4. Aufl. 1927 (Lagr.).

Willibald Lauck, Das Evangelium und die Briefe des hl. Johannes 1941.

Alfred Loisy, Le quatrième Évangile, 2. Aufl. 1927 (L.).

G. H. C. Macgregor, The Gospel of John 1928.

Adalbert Merx, Das Evangelium des Joh. (Die vier kanonischen Evangelien nach ihrem ältesten bekannten Texte II 2b) 1911 (Merx).

Olaf Moe, Johannes-evangeliet 1938.

Ad. Schlatter, Der Evangelist Joh. 1930 (Schl.).

Hermann Strathmann, Das Evangelium nach Johannes (Das Neue Testament Deutsch 4). 2. Aufl. 1955 (Strathm.).

Fritz Tillmann, Das Johannes-Evangelium (Die hl. Schrift des NTs 3), 4. Aufl. 1931 (Tillmann).

Bernh. Weiß, Das Johannes-Evangelium (Meyers Kommentar 2), 9. Aufl., 1902 (B. Weiß).

Alfred Wikenhauser, Das Evangelium nach Johannes (Das Neue Testament 4) 1948 (Wik.).

Theod. Zahn, Das Evangelium des Joh. (Kommentar zum NT 4), 5./6. Aufl. 1921 (Zn)

---

[1] Absolute Vollständigkeit in Literaturangaben ist mir nicht erreichbar. Zur Ergänzung dienen bes. die Angaben im Elenchus bibliographicus der Biblica: 33 (1952), 82*—86*; 34 (1953), 86*—89*; 35 (1954), 90*—93*; 36 (1955), 84*—88*; 37 (1956), 82*—84*. Zitiert ist immer nach Seitenzahlen außer Blaß-Debrunner, der nach §§ zitiert wird.

[2] Die Abkürzungen sind in Klammern angegeben.

2. Werke und Abhandlungen über das Johannes=Evangelium[1]

Edwin A. Abbot, Johannine Vocabulary 1905.
— Johannine Grammar 1906.
B. Aebert, Die Eschatologie des Johannes 1937.
E. L. Allen, The Jewish Christian Curch in the Fourth Gospel, JBL 74 (1955), 88—92.
Mary E. Andrews, The Authorship and Significance of the Gospel of John. JBL 64 (1945), 183—192.
B. W. Bacon, The Fourth Gospel in Research and Debate 1910.
— The Gospel of the Hellenists, ed. by Carl H. Kraeling 1933.
W. Baldensperger, Der Prolog des vierten Evangeliums 1898 (Bldsp.).
C. K. Barrett, The Old Testament in the Fourth Gospel. JThSt 1947, 155—169.
— The Holy Spirit in the Fourth Gospel. JThSt 1950, 1—15.
Heinz Becker, Die Reden des Johannesevangeliums und der Stil der gnostischen Offen=barungsrede 1956 (Becker).
Joh. Behm, Der gegenwärtige Stand der Erforschung des Johannesevangeliums. Theolog. Lit.=Zeitg. 73 (1948), 21—30.
G. Bert, Das Evangelium des Joh. 1922.
M. Blumenthal, Die Eigenart des johann. Erzählungsstiles ThStKr 1934/35, 204—212.
Julius Boehmer, Das Johannesevangelium nach Aufbau und Grundgedanken 1928.
M. E. Boismard, Le Prologue de St. Jean 1953.
Karl Bornhäuser, Das Johannesevangelium eine Missionsschrift für Israel 1928 (Bornhäuser).
Wilh. Bousset, Artikel „Johannesevangelium" in Die Religion in Geschichte und Gegenwart III 1912, 608—636.
C. R. Bowen, Love in the Fourth Gospel. Journ. of Religion 13 (1933), 39—59.
L. Bouyer, Le 4e Evangile. Introduction à L'Evangile de S. Jean 1955.
F.=M. Braun, L'arrière-fond judaique du quatrième Évangile et la Communauté de l'Alliance. RB 62 (1955), 5—44.
E. C. Broome, The Sources of the Fourth Gospel, JBL 63 (1944), 107—121.
G. W. Broomfield, John, Peter and the Fourth Gospel 1934.
Friedr. Büchsel, Der Begriff der Wahrheit in dem Evangelium und den Briefen des Johannes 1911.
— Johannes und der hellenistische Synkretismus 1928.
Vacher Burch, The Structure and Message of St. Johns Gospel 1928.
C. F. Burney, The Aramaic Origin of the Fourth Gospel 1922 (Burney).
M. Burrows, The Johannine Prologue as Aramaic Verses, Journ. of Bibl. Lit. 1924, 67—69 (Burrows).
J. E. Carpenter, The Johannine Writings 1927 (Carpenter).
Henri Clavier, Le problème du rite et du mythe dans le quatrième Evangile. Rev. H. Ph. rel. 31 (1951), 275—292.
— La structure du quatrième Evangile. Rev. H. Ph. rel. 35 (1955), 174—195.
C. Clemen, Die Entstehung des Johannesevangeliums 1912.
E. C. Colwell, The Greek of the Fourth Gospel 1931 (Colwell).
— John Defends the Gospel 1936.
C. M. Connick, The dramatic character of the Fourth Gospel. JBL 67 (1948), 159—169.
Clement T. Craig, Sacramental Interest in the Fourth Gospel. JBL 58 (1939), 31—41.

---

[1] Die Abkürzungen sind in Klammern angegeben. — Vgl. auch die Literaturberichte von W. Bousset, Theol. Rundschau 12 (1909), 1ff.; 39ff.; Arn. Meyer ebd. 13 (1910), 15ff. 63ff.; 15 (1912), 239ff. 278ff. 295ff.; W. Bauer ebd. N. F. 1 (1929), 135ff. Ebenso auch in den oben genannten Werken von Bacon und Howard.

Oscar Cullmann, Der johann. Gebrauch doppeldeutiger Ausdrücke. Th Z 4 (1948), 360—372.

— Les sacrements dans l'évangile Johannique 1951.

Henry Delafosse, Le quatrième Évangile (Christianisme 5), 1925 (Delafosse).

Martin Dibelius, Artikel „Johannesevangelium" in Die Religion in Geschichte und Gegenwart III, 2. Aufl. 349—363.

Joh. Dillersberger, Das Wort vom Logos 1935 (Dillersberger).

Charles H. Dodd, The Background of the Fourth Gospel (Bull. of the John Rylands Libr.) 1935.

— The Interpretation of the Fourth Gospel 1953 (Dodd).

— Some Johannine 'Herrenworte' with Parallels in the Synoptic Gospels. NtSt 2 (1955/56), 75—86.

Jacques Dupont, Essais sur la Christologie de St. Jean 1951 (Dupont)

Rob. Eisler, Das Rätsel des Johannesevangeliums (Sonderdruck des Eranos=Jahrb. 1935) 1936.

Doris Faulhaber, Das Johannesevangelium und die Kirche 1938 (Faulhaber).

H. Fischel, Jewish Gnosticism in the Fourth Gospel. JBL 65 (1946), 157—174.

J. B. Frey, Le Concept de „Vie" dans l'Evangile de Saint Jean, Biblica I (1920), 37 ff. 211 ff.

P. Gardner=Smith, St. John and the Synoptic Gospels 1938.

Ernst Gaugler, Die Bedeutung der Kirche in den joh. Schriften (Diss. Bern) 1925.

— Das Christuszeugnis des Johannesevangeliums, in: Jesus Christus im Zeugnis der Hl. Schrift und der Kirche (2. Beiheft zur Evang. Theol.) 1936 (Gaugler).

Erwin R. Goodenough, John a primitive Gospel, JBL LXIV, 2 (1945), 145—182 (Goodenough). Dazu: Rob. P. Casey, ibid. 535—542, und G.'s Replik ibid. 543 f.

Charles Goodwin, How did John treat his Sources? JBL 73 (1954), 61—75.

Fr. C. Grant, Was the Author of John Dependent upon the Gospel of Luke? JBL 56 (1937), 285—307.

R. M. Grant, The Origin of the Fourth Gospel. JBL 69 (1950), 305—322.

Jul. Grill, Untersuchungen über die Entstehung des vierten Evangeliums, 2 Bde. 1902, 1923 (Grill I und II).

E. G. Gulin, Die Freude im NT II. Das Johannesevangelium 1936 (Gulin).

R. Gyllenberg, Die Anfänge der johanneischen Tradition. Neutest. Studien für R. Bult= mann 1954, 144—147.

C. Hauret, Les Adieux du Seigneur 1952.

Em. Hirsch, Studien zum vierten Evangelium 1936 (Hirsch II).

— Stilkritik u. Literaranalyse im vierten Evangelium. ZNW 34 (1950/51), 129—143.

R. F. Hoare, Original Order and Chapters of St. John's Gospel 1944.

— The Gospel according to St. John. Arranged in its Coniectural Order and Translated into Current English 1949.

W. Fr. Howard, The Fourth Gospel in Recent Criticism and Interpretation 1931 (Howard).

— Christianity according to St. John, 2. Aufl. 1947.

Hugo H. Huber, Der Begriff der Offenbarung im Joh.=Evg. 1934.

H. L. Jackson, The Problem of the Fourth Gospel 1918.

Th. Jänicke, Die Herrlichkeit des Gottessohnes. Eine Einführung in das Johannes= evangelium 1949.

J. Jocz, Die Juden im Johannesevangelium. Judaica 9 (1953), 129—142.

Nils Johansson, Parakletoi 1940.

Joh. Kreyenbühl, Das Evangelium der Wahrheit, 2 Bde. 1900, 1905.

Karl Kundsin, Topologische Überlieferungsstoffe im Joh.=Evg. 1925.

— Charakter und Ursprung der joh. Reden (Acta Universitatis Latviensis, Ser. theol. I 4) 1939.

Karl Kundsin, Zur Diskussion über die Ego=Eimi=Sprüche des Johannesevange=
liums. Charisteria Johanni Köpp octogenario oblata 1954, 95—107.

Wilh. Larfeld, Die beiden Johannes von Ephesus 1914.

W. von Loewenich, Das Johannes=Verständnis im zweiten Jahrhundert 1932
(v. Loewenich).

W. F. Lofthouse, The Disciple whom Jesus loved. 1936.

Wilh. Lütgert, Die Johanneische Christologie, 2. Aufl. 1916.

T. W. Manson, The Life of Jesus V. Bull. of the John Rylands Libr., Vol. 30, Nr. 2,
1947.

Charles Masson, Le Prologue du quatrième Évangile, Rev. de Théol. et de Phil.,
N. S. XXVIII No. 117 (1940, 297—311) (Masson).

Lucetta Mowry, The Dead Sea Scrolls and the Background for the Gospel of John.
The Biblic. Archaeologist 1954, 78—94.

Philippe=H. Menoud, L'Originalité de la Pensée Johannique, Rev. de Théol. et
de Phil. No. 116 (1940).

— L'Évangile de Jean d'après les recherches récentes. Rev. H. Ph. rel. 29 (1941),
236—256; 30 (1942), 155—175; 31 (1943), 80—100; 32 (1944), 92ff. = Cahiers
theol. de l'actualité protestante I, 1943.

— L'évangile de Jean d'après les recherches récentes 1947 (Menoud).

W. Michaelis, Die Sakramente im Johannesevangelium 1946.

J. A. Montgomery, The Origin of the Gospel according to St. John 1923.

D. H. Müller, Das Johannesevangelium im Lichte der Strophentheorie (SA. Wien,
phil.=hist. Kl. 161, Abh. 8) 1909.

Franz Mußner, ZΩH. Die Anschauung vom „Leben" im vierten Evangelium 1952.

Bent Noack, Zur johanneischen Tradition 1954.

H. P. V. Nunn, The Authorship of the Fourth Gospel 1952.

Hugo Odeberg, The Fourth Gospel 1929 (Odeberg).

Wilh. Oehler, Zum Missionscharakter des Johannesevangeliums 1941.

Alfredo Omodeo, La mistica Giovannea 1930 (Omodeo, Mistica).

— Saggio di Commentario al IV evangelio (1, 1—3, 21) 1932 (Omodeo, Saggio).

Franz Overbeck, Das Johannesevangelium, hrsg. von C. A. Bernoulli 1911.

Ernst Percy, Untersuchungen über den Ursprung der joh. Theologie 1939 (Percy).

Alfr. M. Perry, Is John an Alexandrian Gospel? JBL 63 (1944), 99—106.

Herbert Preisker, Das Evangelium des Johannes als erster Teil eines apokalyptischen
Doppelwerkes, ThBl 15 (1936), 185ff.

Hans Pribnow, Die joh. Anschauung vom „Leben" 1934.

W. H. Raney, The relation of the fourth gospel to the Christian cultus 1933.

E. Basil Redlich, An Introduction to the Fourth Gospel 1939.

Jean Réville, Le quatrième Évangile, Son origine et sa valeur historique [2] 1902.

E. Ruckstuhl, Literarkritik am Johannesevangelium und eucharistische Rede. Divus
Thomas 1945, 153—190. 301—333.

— Die literarische Einheit des Johannesevangeliums 1951.

H. Sahlin, Zur Typologie des Johannesevangeliums. Uppsala Universitets Arsskrift
1945, 5.

J. N. Sanders, The Fourth Gospel in the early Church 1943.

— Those whom Jesus loved. NtSt 1 (1954/55), 29—41.

Ad. Schlatter, Sprache u. Heimat des vierten Evangelisten 1902 (Schl., Spr. u. H.).

Heinr. Schlier, Im Anfang war das Wort. H. Schlier, Die Zeit der Kirche 1956,
274—287.

Lothar Schmid, Johannesevangelium und Religionsgeschichte 1933.

P. W. Schmiedel, Das vierte Evangelium gegenüber den drei ersten 1906.

Joh. Schneider, Die Christusschau des Johannesevangeliums 1935.

Erich von Schrenck, Die joh. Anschauung vom Leben 1898.

Ed. Schwartz, Aporien im vierten Evangelium, Nachr. der Gött. Ges. der Wiss. 1907, 342—372; 1908, 115—188. 487—560 (Schw.).

Ed. Schweizer, EGO EIMI ... Die religionsgeschichtliche Herkunft und theologische Bedeutung der joh. Bildreden 1939.

Tim. Sigge, Das Johannesevangelium und die Synoptiker 1935.

H. C. Snape, The Fourth Gospel, Ephesus and Alexandria. HThR 47 (1954), 1—14.

Wilh. Soltau, Das vierte Evangelium in seiner Entstehungsgeschichte, SB. Heidelb. 1916.

Friedr. Spitta, Das Johannes-Evangelium als Quelle der Geschichte Jesu 1910 (Sp.).

Erich Stange, Die Eigenart der joh. Produktion 1915.

Gottfr. Stettinger, Textfolge der joh. Abschiedsreden 1918.

R. H. Strachan, The Fourth Gospel, Its Significance and Environment [3] (ohne Jahr, [2] 1943) (Str.).

William Temple, Readings in St. John's Gospel 1945 (Temple).

Charles C. Torrey, The Aramaic Origin of the Gospel of John, Harvard Theol. Rev. 16 (1923), 305—344 (Torrey).

J. T. Ubbink, Het Evangelie van Johannes 1935.

Bernh. Weiß, Das Johannesevangelium als einheitliches Werk 1912.

Jul. Wellhausen, Das Evangelium Johannis 1908 (Wellh.).

Hans Hinr. Wendt, Das Johannesevangelium 1900 (Wendt I).

— Die Schichten im vierten Evangelium 1911 (Wendt II).

G. P. Wetter, Die Verherrlichung im Johannesevangelium (Beitr. zur Religionswissenschaft II 1) 1915.

— „Der Sohn Gottes". Eine Untersuchung über Charakter und Tendenz des Johannes-Evangeliums 1916.

W. G. Wilson, The original Text of the Fourth Gospel, JThSt 1949, 59f.

Hans Windisch, Johannes und die Synoptiker 1926.

— Die Absolutheit des Johannesevangeliums, Ztschr. für systematische Theologie 5 (1928), 3—54.

— Jesus und der Geist im Johannesevangelium in: „Amicitiae Corolla" (Festschr. für Rendel Harris) 1933, 303—318.

Paul Winter, *Μονογενης παρα πατρός*, Zeitschr. f. Religions- u. Geistesgesch. 5 (1953), 335—365.

William Wrede, Charakter und Tendenz des Johannesevangeliums, 2. Aufl. 1933.

C. J. Wright, The Mission and Message of Jesus 1938.

Franklin W. Young, A Study of the Relation of Isaiah to the Fourth Gospel. ZNW 46 (1955), 215—233.

Otto Zurhellen, Die Heimat des vierten Evangeliums 1909.

J. de Zwaan, John wrote in Aramaic, JBL 57 (1938), 155—171.

3. Häufiger zitierte Werke[1]

Walter Bauer, Griechisch-Deutsches Wörterbuch zum NT, 4. Aufl. 1952 (Br., Wörterb.).

Matthew Black, An Aramaic Approach to the Gospels and Acts, 2. Aufl. 1954 (Black).

Fr. Blaß, Grammatik des neutestamentlichen Griechisch, bearb. von A. Debrunner, 6. Aufl. 1931 (Bl.-D., immer nach §§ zitiert!).

Günther Bornkamm, Mythos und Legende in den apokryphen Thomas-Akten 1933.

---

[1] Die Abkürzungen sind in Klammern angegeben.

Wilh. Bousset, Die Religion des Judentums im späthellenistischen Zeitalter (Handb. zum NT 21), 3. Aufl., hrsg. von H. Greßmann 1926 (Bousset, Rel. des Judent.).
— Hauptprobleme der Gnosis 1907 (Bousset, Hauptpr.).
— Kyrios Christos, 2. Aufl. 1921 (Bousset, Kyrios).
Émile Bréhier, Les Idées philosophiques et religieuses de Philon d'Alexandrie 1907 (Bréhier).
Rud. Bultmann, Die Geschichte der synoptischen Tradition, 2. Aufl. 1931 (Gesch. der synopt. Tr.).
— Glauben und Verstehen I. 2. Aufl. 1954 (Gl. u. Verst.).
Oscar Cullmann, Urchristentum u. Gottesdienst, 2. Aufl. 1950.
Gustaf Dalman, Worte Jesu I, 2. Aufl. 1930 (Dalman, W. J.).
— Orte und Wege Jesu, 3. Aufl. 1924 (Dalman, O. u. W.).
G. Ad. Deißmann, Licht vom Osten, 3. Aufl. 1923 (Deißmann, L. v. O.).
Martin Dibelius, Die Formgeschichte des Evangeliums, 2. Aufl. 1933 (Dibelius, Formgesch.).
ΕΥΧΑΡΙΣΤΗΡΙΟΝ, Studien zur Religion und Literatur des ATs und NTs Herm. Gunkel ... dargebracht, 2. Teil 1923 (Eucharisterion).
Festgabe für Adolf Jülicher 1927 (Festg. Ad. Jül.).
F. V. Filson, Origines of the Gospels 1938.
Maurice Goguel, Jean Baptiste 1928 (Goguel, J.-B.).
Frederic C. Grant, The Growth of the Gospels 1933 (Grant).
Handbuch zum NT hrsg. von H. Lietzmann (Hdb. zum NT).
Hans Jonas, Gnosis und spätantiker Geist I 1934 (Jonas, Gnosis).
Josef Kroll, Die Lehren des Hermes Trismegistos 1914 (Kroll, Herm. Tism.).
Ernst Lohmeyer, Das Urchristentum 1 1932.
Ed. Meyer, Ursprung und Anfänge des Christentums, 3 Bde. 1921, 1923 (Meyer).
George Foot Moore, Judaism in the first centuries of the christian era, 3 Bde. 1927. 1930 (Moore).
J. H. Moulton, Einleitung in die Sprache des NTs 1911 (Moulton, Einl.).
— und G. Milligan, The Vocabulary of the Greek Testament seit 1922.
Jos. Pascher, Η ΒΑΣΙΛΙΚΗ ΟΔΟΣ. Der Königsweg zu Wiedergeburt und Vergottung bei Philon von Alexandreia 1931 (Pascher, Königsweg).
Ludw. Radermacher, Neutestamentliche Grammatik (Handb. zum NT 1), 2. Aufl. 1925 (Raderm.).
Richard Reitzenstein, Die hellenistischen Mysterienreligionen, 3. Aufl. 1927 (Reitzenst., H. M. R.).
— Das iranische Erlösungsmysterium 1921 (Reitzenst., J. E. M.).
— Die Vorgeschichte der christlichen Taufe 1929 (Reitzenst., Taufe).
— und H. H. Schaeder, Studien zum antiken Synkretismus aus Iran und Griechenland 1926 (Reitzenst. bzw. Schaeder, Studien).
Heinr. Schlier, Religionsgeschichtliche Untersuchungen zu den Ignatiusbriefen 1929 (Schlier, Relig. Unters.).
— Christus und die Kirche im Epheserbrief 1930.
W. Staerk, Die Erlösererwartung in den östlichen Religionen (Soter II) 1938.
H. L. Strack-Paul Billerbeck, Kommentar zum NT aus Talmud und Midrasch, 4 Bde. 1922. 24. 26. 28 (Str.-B.).
Theologisches Wörterbuch zum NT, hrsg. von Gerh. Kittel seit 1933 (ThWB).
Jos. Thomas, Le Mouvement baptiste en Palestine et Syrie 1935 (Thomas).
Paul Volz, Die Eschatologie der jüdischen Gemeinde im neutestamentlichen Zeitalter 1934.

4. Abkürzungen von Zeitschriften
und periodisch erscheinenden Publikationen

AO   = Alter Orient.
AR   = Archiv für Religionswissenschaft.
AThR   = Anglican Theol. Review.
Bibl   = Biblica.
EvTheol   = Evangelische Theologie.
HThR   = Harvard Theol. Review.
JBL   = Journal of Biblical Literature.
JThSt   = Journal of theological Studies.
NRevTheol = Nouvelle Revue Théologique.
NtSt   = New Testament Studies.
RAC   = Reallexikon für Antike u. Christentum.
RB   = Revue Biblique.
Rech sc rel = Recherches de science religieuse.
RevH.Phrel = Revue d'Histoire et de Philosophie religieuses.
SA   = Sitzungsberichte der ... Akademie der Wissenschaften. Der Ort der betr.
            Akademie ist hinter SA angegeben (z.B. Berlin, Heidelberg). Zitiert
            sind nur Abhandlungen der phil.-hist. Klasse.
SymbOsl   = Symbolae Osloenses.
ThBl   = Theologische Blätter.
ThLZ   = Theologische Literaturzeitung.
ThR   = Theologische Rundschau.
ThStKr   = Theologische Studien und Kritiken.
ThWB   = Theologisches Wörterbuch zum N. T.
ThZ   = Theologische Zeitschrift (Basel).
ZATW   = Zeitschrift für alttestamentliche Wissenschaft.
ZDMG   = Zeitschrift der Deutschen Morgenländischen Gesellschaft.
ZNTW   = Zeitschrift für die neutestamentliche Wissenschaft.
ZsystTh   = Zeitschrift für systematische Theologie.
ZThK   = Zeitschrift für Theologie und Kirche.
ZwZ   = Zwischen den Zeiten.

In der Abkürzung der Texte vom Toten Meer (Qumran-Texte) hat sich noch keine
einheitliche Bezeichnung durchgesetzt. Neuerdings scheinen folgende Abkürzungen üblich
zu werden:

1QpH   = Pescher (Kommentar) zu Habakuk.
1QS   = Serekh ha-Yaḥad (Gemeinde-Ordnung; oft zitiert als „Manual of
            Discipline" oder als „Gesetzesrolle" oder auch einfach als „Sektenschrift").
            Auch als DSD bezeichnet, s. u.
1QM   = Milḥemet bne'Or (Der Krieg der Söhne des Lichtes gegen die Söhne der
            Finsternis). Auch als DSW bezeichnet.
1QH   = Hodayot (Lob- und Danklieder). Auch als DST bezeichnet.

Ich habe diese Abkürzungen gebraucht mit Ausnahme von 1QS. Diese Schrift zitiere
ich (wie bisher üblich) als DSD auf Grund der Amerikanischen Publikation durch W. H.
Brownlee 1951. Für die sog. Damaskus-Schrift (die auch als CDC zitiert wird) habe
ich keine Abkürzung gewählt.

Das Corpus Hermeticum (C. Herm.) ist jetzt mehrfach nach Nock-Festugière, Hermès
Trismégiste 1945—1954 zitiert; doch hielt ich es nicht für notwendig, sämtliche Stellen-
angaben zu ändern.

1₁₋₁₈: Der Prolog.

1. Der erste Eindruck lehrt, daß 1₁₋₁₈ eine Einheit bildet und dem Evangelium als eine Art Einführung vorangestellt ist. Eine merkwürdige Einführung freilich! Denn eine Einleitung oder ein Vorwort im üblichen Sinne ist dieser Prolog nicht. Jeder Hinweis auf Inhalt und Gliederung des Folgenden fehlt; eine Begründung der Absicht des Verf.s, wie sie z. B. dem Lukas=Evangelium vorangeschickt ist, wird nicht gegeben. Vielmehr ist das Stück in sich geschlossen und abgeschlossen; es brauchte gar nichts zu folgen[1]. Und diese Einführung soll dem Leser den Schlüssel für das Verständnis des Evangeliums in die Hand geben? Sie ist vielmehr selbst ein Rätsel, und ist voll verständlich erst für den, der das ganze Evangelium kennt. Erst wenn sich der Ring geschlossen hat und der „Sohn" zurückgekehrt ist in die δόξα, die ihm die Liebe des „Vaters" πρὸ καταβολῆς κόσμου bereitet hat (17₂₄), erst wenn der Leser aus der Sphäre der Zeit in die Ewigkeit zurück= geführt ist, ist endgültig zu ermessen, in welchem Sinne der „Prolog" aus der Ewigkeit in die Zeit führt.

Und doch ist der Prolog eine Einführung. Er ist es etwa im Sinn einer Ouvertüre[2], die aus der Alltäglichkeit herausführt in eine neue und fremde Welt der Klänge und Gestalten; die aus dem Leben, das sich nun entfalten soll, einzelne Motive herausgreift, die zunächst noch nicht voll verständlich sind, die aber, indem sie halb verständlich, halb geheimnisvoll sind, die Spannung wecken, der allein vernehmbar werden kann, was nunmehr gesagt werden soll. Die Begriffe ζωή und φῶς, δόξα und ἀλήθεια sind solche Motive, für die der Leser ein gewisses Vorverständnis mitbringt, die er aber erst eigentlich verstehen lernen soll. Die Antithese φῶς — σκότος, die Negationen οὐ κατέλαβεν, οὐκ ἔγνω, οὐ παρέλαβον sind solche Motive, die, zusammen mit ihren Gegensätzen ὅσοι δὲ ἔλαβον und ἐθεασάμεθα, eine Ahnung wecken, die zur deutlichen Schau erst werden muß.

2. Der literarische Charakter des Prologs. Seinem Inhalte nach wäre der Prolog auf den ersten Blick als Mythos zu charakterisieren; denn er redet von einem Gottwesen, seinem Tun und Geschick. Aber der Mythos wird nicht in der Form der Er= zählung oder Spekulation vorgetragen; denn dann wäre das Subjekt des Redenden gleichgültig, das doch in dem ἐν ἡμῖν, ἐθεασάμεθα, ἐλάβομεν nachdrücklich hervortritt. Und der Hörer? Er wird nicht angeredet. Zu wem ist geredet? In gewissem Sinne zu keinem. Es wird nicht wie I Joh 1₁₋₄ zwischen dem Verfasser und den Lesern differenziert;

---

[1] Dieser Eindruck ist schon ein Motiv für die Versuche, die ursprüngliche Zusammen= gehörigkeit des Prologs mit dem Evg zu bestreiten (Ad. Harnack, ZThK 2 (1892), 189—231; ebenso Engländer, s. Carpenter 290). Im wesentlichen wird diese Bestreitung damit begründet daß der Logosbegriff nur im Prolog begegnet und im Evg, sonst nicht als Titel Jesu gebraucht wird, und daß die Logoslehre des Prologs dem übrigen Evg fremd ist. — Das Urteil verkennt 1. die Tatsache, daß der Prolog selbst keine literarische Einheit ist, sondern deutlich die redigierende Hand des Evglisten verrät; 2. daß der Logos= begriff des Prologs nicht aus der philosophischen Tradition des Hellenismus, sondern aus der Mythologie stammt; 3. daß die „Logoslehre" des Prologs dem Offenbarungsgedanken Ausdruck gibt, der das ganze Evg beherrscht; 4. daß die Sprache des Prologs die gleiche der Reden des ganzen Evgs ist. Für alles s. u.

[2] So Htm.; so auch Cl. R. Bowen (JBL 49 [1930] 298), der aber den Prolog nicht nur analogisch, sondern im Ernst als Ouvertüre auffaßt, weil er das Evg als eine Art Drama versteht.

vielmehr: wie dort die Differenzierung alsbald zurückgenommen wird in ein „Wir", das den Redenden und den Hörenden umschließt, so steht hier von vornherein alles unter diesem umfassenden „Wir". Es redet die Gemeinde! Und in welcher Weise redet sie? Der Form nach ist der Prolog ein Stück kultisch-liturgischer Dichtung, schwankend zwischen Offenbarungsrede und Bekenntnis. Nach der einen Seite ist der Naassener=hymnus eine Parallele[1] als eine Offenbarungsrede, die auch mit dem Uranfang aller Dinge beginnt, die das Schicksal der Seele in der Welt schildert und dann beschreibt, wie Jesus den Vater bittet, ihn hinabzusenden, um der Seele die Gnosis zu bringen. Im Stile des Bekenntnisses dagegen besingt die 7. Od. Sal. die Menschwerdung des Gottes=sohnes, der menschliche Natur annahm, um Offenbarung zu bringen, und zwar so, daß der Sänger dies alles als die ihm widerfahrene Gnade preist und zum Schluß den Chor der Gemeinde auffordert, den zu preisen, der „sich schauen läßt". Im Hymnus wird Od. Sal. 12 das „Wort" gepriesen, das, vom Höchsten ausgehend, den Kosmos durch=waltet, und das Wohnung in den Menschen genommen hat, sodaß zum Schluß selig ge=priesen werden:

> „die durch dies Wort alles verstanden
> und den Herrn in seiner Wahrheit erkannt haben[2]."

Anders wiederum Od. Sal. 33, wo auch das „Herabsteigen" der „Gnade" beschrieben wird, aber so, daß die Schilderung in die Predigt der Gnade ausläuft, die dem Hörer verheißt:

> „So will ich in euch eingehen
> und euch fort vom Derderben führen."

Die Parallelen zeigen, daß der Prolog — aufs Ganze gesehen — das Lied einer Gemeinde ist, die das Geheimnis der ihr geschenkten Offenbarung dankbar verehrt.

Die Form ist keine zufällige, sondern eine feste, die auch im einzelnen ihre Gesetz=lichkeit hat[3]. Ähnlich wie in den Od. Sal. gehören je zwei kurze Sätze als Glieder eines Doppelverses zusammen, und zwar teils so, daß die beiden Glieder einem Gedanken Ausdruck geben (D. 9. 12. 14b), teils so, daß das zweite Glied das erste ergänzend weiter=führt (D. 1. 4. 14a. 16), teils so, daß die Glieder in Parallelismus (D. 3) oder Antithese (D. 5. 10. 11) stehen. Diese Form ist der semitischen Poesie nicht fremd[4] und kehrt vielfach in den Reden des Evgs wieder; sie ist aber im Prolog noch durch ein besonderes Kunstmittel ausgestaltet. In den einzelnen Gliedern tragen in der Regel zwei Wörter den Ton, und vielfach kehrt das zweite dieser Tonwörter als das erste betonte Wort des nächsten Gliedes wieder; und zwar sind so nicht nur die Glieder eines Doppelverses, sondern gelegentlich auch einzelne Verse verbunden[5], sodaß eine kettenartige Derschlingung der Sätze entsteht, z. B.:

---

[1] Hippol. El. V 10,2, p. 102, 23ff. Wendl.

[2] Das Doppelthema: Offenbarung und gläubige Gemeinde bestimmt in verschie=dener Abwandlung die Disposition einer Reihe von Od. Sal. Die 6. Ode enthält (nach der Einleitung D. 1-5) a) ein Bekenntnis der Gemeinde D. 6-7, b) eine bildhafte Schilderung der Offenbarung D. 8-12, c) eine Seligpreisung der Gemeinde D. 13-18; die 7. Ode (nach der Einl. D. 1-2): a) Schilderung der Offenbarung D. 3-17, b) Aufruf der Gemeinde zum Preis D. 18-25; die 12. Ode (nach der Einl. D. 1-3): a) Schilderung der Offenbarung D. 4-12, b) Seligpreisung der Gemeinde D. 13. Dgl. Od. 24, wo auf die mythologische Schilderung der Offenbarung D. 1-13 in D. 14 die kurze Charakteristik der Gemeinde folgt: „die ihn er=kannt haben . . ." (vgl. Joh 112); ähnlich Od. 30: D. 1-6 Einladung zur Quelle des Lebens=wassers, D. 7 Seligpreisung der Gläubigen.

[3] Der Versuch von N. W. Lund (AThR 13 [1931], 41—46), den Aufbau des Pro=logs (unter Auslassung von D. 6-8. 15) aus dem Prinzip des Chiasmus zu erklären, ist nicht überzeugend.

[4] Es fehlt der für die semitische Poesie so charakteristische synonyme und synthetische Par. membr., der in den Od. Sal. noch oft begegnet, wenngleich er hier nur selten be=herrschend ist (wie Od. 14. 16).

[5] Diese Kunstform findet sich gelegentlich in den Psalmen des ATs (295 933 9613; bes. 121; vgl. Burney 42); sie ist bes. entwickelt in der mandäischen Poesie, wo viel=fach der zweite Halbvers als erstes Glied des folgenden Verses erscheint.

D.1: ἐν ἀρχῇ ἦν ὁ λόγος
      καὶ ὁ λόγος ἦν πρὸς τὸν θεόν.
    καὶ θεὸς ἦν ὁ λόγος
    . . . . . .
D.4f.: ἐν αὐτῷ ζωὴ ἦν,
       καὶ ἡ ζωὴ ἦν τὸ φῶς τῶν ἀνθρώπων.
     καὶ τὸ φῶς ἐν τῇ σκοτίᾳ φαίνει,
       καὶ ἡ σκοτία αὐτὸ οὐ κατέλαβεν.

So sind weiter D.9 und 10 durch das Stichwort κόσμος verbunden, D.11a und b durch den
Begriff ἴδιος, D.11 und 12 durch den Begriff λαμβάνειν, D.14a und b durch den Begriff
δόξα, D.14b und 16 durch den Begriff πλήρης[1]. Nun ist freilich diese Form im Prolog
nicht rein durchgeführt; versucht man ihn im Sinne des charakterisierten Versrhythmus
zu lesen, so treten D.6-8. 13. 15 störend dazwischen. Aber diese Verse widersprechen auch
dem Charakter des Ganzen als eines Liedes der Gemeinde, die die Offenbarung preist;
sie sind teils prosaische Erzählung mit deutlich polemischem Zweck (D.6-8. 15), teils haben
sie den Charakter einer dogmatischen Definition (D.13). Das führt zur kritischen Analyse.
    3. Literarkritische Analyse[2]. In die Aufgabe einer kritischen Analyse führt
auch das Problem der sachlichen Gliederung. Wird D.14 die Fleischwerdung des Logos
berichtet, so muß vorher vom präexistenten Logos die Rede sein. Aber kann von diesem
gesagt werden εἰς τὰ ἴδια ἦλθεν (D.11)? So besteht der alte Streit der Exegeten, bis
wie weit vom präexistenten Logos die Rede ist, von welchem Verse ab von seinem
Auftreten im Fleisch[3]. Die Frage findet leicht ihre Antwort, wenn man sieht, daß dem
Prolog eine Quellenschrift zugrunde liegt, die der Evangelist mit seinen Anmerkungen
versehen hat[4]. Zu diesen gehören zunächst die vom Täufer handelnden Verse 6-8. 15.
Nach der vorliegenden Textfolge spricht der D.15 redende Täufer auch die Worte von
D.16, die er doch von rechtswegen nicht sprechen kann; denn die ἡμεῖς von D.16 müssen
die von D.14 sein[5]. D.15 sprengt den Zusammenhang und trennt die verbindenden Wörter
πλήρης und ἐκ τοῦ πληρώματος; er ist eingefügt. Das Gleiche gilt dann auch für D.6-8.
D.9 muß sich an D.5 anschließen[6]. Wäre D.6-8 ursprünglich im Text, so müßte D.9-13
darauf in der Weise Bezug nehmen, daß gesagt würde: trotz dieses Zeugnisses fand der
Logos keinen Glauben. Es heißt aber: obgleich die Welt durch den Logos geschaffen und
sein Eigentum war . . .; d. h. es wird auf D.3f. Bezug genommen[7].

---

[1] Über D.3/4 s. u.
[2] Vgl. Eucharist. II 3, die dort gegebene Analyse ist hier weitergeführt. Einzelnes
wird im Folgenden eine weitere Begründung erhalten.
[3] Sp., Zn. und L. verstehen schon D.4 vom fleischgewordenen Logos, B. Weiß
D.5. Nach Htm. redet D.9 vom Kommen des Logos in die Welt, und D.10f. schildert
die Tragik des Lebens Jesu. So auch Bd. und Bl.; schwankend Ho., Harnack, Br. —
Vgl. Eucharist. II 4f.
[4] Man hat sich vorzustellen, daß beim mündlichen Vortrag die „Anmerkungen"
durch den Ton des Redners kenntlich werden.
[5] Die Schwierigkeit hat schon 1769 Priestley veranlaßt, D.15 umzustellen und zwar
vor D.19 zu setzen (Carpenter 333, 2). D. H. Müller, SAWien 1909, 2 will D.15 und 16
vor D.19 stellen.
[6] So schon Chr. H. Weiße, Die Evangelienfrage 1856, 113. Vgl. Wellh. 8: der
Täufer wird in D.6-8 „erwähnt ad vocem τὸ φῶς — weil er nämlich nicht das Licht ist."
Mit Recht betont Wdt. I 109 den Anstoß, daß der Täufer schon mit Namen genannt
wird, während Jesus noch nicht genannt war.
[7] Es wird sich außerdem zeigen (s.u.), daß in D.9 τὸ φῶς nicht Subj., sondern Präd.
ist; das ἦν τὸ φῶς erhält seine Subjektsbestimmung aus D.1-5 (Wellh.; Goguel, J.-B. 77).
— Ein anderer Versuch, einen einheitlichen Gedankengang herzustellen, besteht darin, D.6-8
samt D.15 vor D.19 zu stellen (vgl. Carpenter 333, 2), oder auch ohne D.15 (Hirsch). Das
scheitert daran, daß D.6-8 offenbar ursprünglich antithetisch für den Zshg D.4f. 9 konzipiert
ist. Erst recht abenteuerlich ist Sp.s Meinung, daß D.6-8 der Anfang des ursprünglichen
Evgs sei; vgl. G. A. v. d. Bergh van Eysinga, NThT 23 (1934), 105—123. — Daß

Diese Einfügungen sind nun nicht etwa als „Interpolationen" zu beseitigen, sondern sie sind Erläuterungen des Evangelisten — die Antike kennt ja keine unter den Text gesetzten Anmerkungen —, wie seine Arbeitsweise im ganzen Evangelium bestätigt[1]. Die Exegese hat selbstverständlich den vollständigen Text zu erklären, und die kritische Analyse steht im Dienste dieser Erklärung. Anders liegt es nur da, wo sich Glossen einer sekundären Redaktion finden[2].

Zu den exegetischen Anmerkungen des Verf.s gehören ferner V. 12c (τοῖς πιστεύουσιν κτλ.). 13, eine den Rhythmus störende Interpretation des Begriffs τέκνα θεοῦ (V. 12b)[3]. Ebenso V. 17, eine exegetische Glosse zu V. 16, in der der Name ᾿Ιησοῦς Χριστός, der bisher verschwiegen war, plötzlich und beiläufig auftaucht[4], und in der der sonst dem Evg fremde (paulinische) Gegensatz νόμος-χάρις verwendet ist. Endlich ist V. 18 aus stilistischen Gründen (s. u.) mit Wahrscheinlichkeit für einen Zusatz des Verf.s zu halten. Mit der Möglichkeit sonstiger kleiner Korrekturen ist natürlich zu rechnen.

Es ergibt sich also: der Evglist hat dem Prolog ein kultisches Gemeindelied zugrunde gelegt und es durch seine Anmerkungen erweitert[5]. Es ist ferner klar, daß die Quelle in V. 1-5. 9-12 vom präexistenten Logos redete und in V. 5. 11f. dessen vergebliches oder fast vergebliches Offenbarerwirken schilderte, um in V. 14 seine Fleischwerdung zu berichten. Es ist aber auch klar, daß der Evglist den Text von V. 5 an auf den Fleischgewordenen bezogen wissen will. Denn nur, weil er in dem τὸ φῶς ἐν τῇ σκοτίᾳ φαίνει κτλ. die durch den geschichtlichen Jesus gegebene Offenbarung ausgesagt fand, konnte er an dieser Stelle den Täufer als den Zeugen für das Licht einführen.

Das zu der Einfügung von V. 6-8. 15 führende Motiv wird aus der polemischen Haltung der Verse deutlich; denn ihr Zweck ist nicht nur der positive, den Täufer als Zeugen für Jesus aufzubieten, sondern zugleich der polemische: die Autorität des Täufers als des Offenbarers zu bestreiten[6]. Diese Autorität muß also von der Täufersekte ihrem Meister zugeschrieben worden sein[7]; diese hat in Johannes das φῶς und damit dann

man aber die ursprüngliche Einheit des Textes durch Berufung auf die für einen Mystiker mögliche Konfusion retten will (Ed. Meyer I 314ff.; H. Leisegang, Pneuma hagion 1922, 55ff.), zeigt — abgesehen von der Frage, ob der Evglist ein Mystiker ist — falsche Vorstellungen von der Logit des mystischen Denkens.

[1] Vgl. auch meine Analyse von I Joh in Festg. Ad. Jül. 138—158. Omodeo, der den stilist. Wechsel innerhalb des Prologs start empfindet, will gleichwohl auf literarkrit. Scheidung verzichten und erklärt den Wechsel aus dem dramat. Aufbau der Liturgie, in der lyrische und didaktische Partien verschlungen sind (Mistica 50ff.).

[2] Daß das Evg uns nicht so vorliegt, wie der Evglist es verfaßt hat, sondern von einer Redaktion herausgegeben ist, geht 1. daraus hervor, daß sich Unordnungen im Text finden; 2. daraus, daß Kap. 21 ein Nachtrag des Herausgebers (bzw. der Herausgeber) ist. Einige Glossen dieser Redaktion lassen sich hin und wieder mit mehr oder weniger Sicherheit feststellen. — D. H. Müller a. a. O. 2 läßt es dahingestellt, ob die „historischen Glossen" (V. 6-8 und 15-16) vom Autor selbst herrühren" oder „spätere Glossen" sind.

[3] Vgl. Edg. Hennecke, Congrès d'Histoire du Christianisme I, 1928, 209.

[4] Auch 17a, wo sonst einzig im Evg das ᾿I. Xρ. begegnet, ist exegetische Glosse.

[5] Es wird sich zeigen, daß sich das Verfahren des Evglisten nicht auf den Prolog beschränkt. Die diesem zugrunde liegende Quelle stammt vielmehr aus einer Sammlung von „Offenbarungsreden", die ähnlich den Od. Sal. zu denken sind, und die der Evglist den Jesus-Reden des Evgs zugrunde gelegt hat.

[6] So schon richtig W. Baldensperger, Der Prolog des vierten Evgs 1898.

[7] Die Rivalität zwischen der Jüngerschaft Jesu und der des Täufers spiegelt sich schon in der synopt. Tradition wieder (vgl. Gesch. d. synopt. Tr.[2] 22. 177—179. 261f.) und wird durch Act 18 25f. 19 1-7 bezeugt. Vgl. M. Dibelius, Die urchristliche Überlieferung von Joh. d. Täufer 1911; M. Goguel, Jean-Baptiste 1928; P. Guénin, Y a-t-il eu Conflit entre Jean-Baptiste et Jésus? 1933. — Die Spuren davon, daß die Johannes-Täufer ihren Meister für den Messias und — seit wann? — für den präexistenten und fleischgewordenen Offenbarer gehalten haben, sind fast ganz verwischt. Sie finden sich (Lk. 3 15?) in den Ps. Clem. Rec. I 54. 60, bei Ephraem Ev. exp. ed. Moes. 288, worauf schon Baldensperger a. a. O. 138 hingewiesen hat, und in mittelalterlichen Ketzer-

doch wohl auch den fleischgewordenen präexistenten Logos gesehen. Damit ist schon die Vermutung angedeutet, daß der Text der Quelle ein Lied der Täufergemeinde war. Der Evglist wäre dann, indem er es auf Jesus bezieht, ähnlich verfahren wie die Kirchenväter, die in der 4. Ekloge Vergils eine Weissagung auf Jesus Christus erblicken. Die Vermutung hat keine Schwierigkeit, wenn man annehmen darf, daß der Evglist selbst einst zur Täufergemeinde gehörte, bis ihm die Augen dafür aufgingen, daß nicht Johannes, sondern Jesus der gottgesandte Offenbarer sei. Zweifellos bezeugt ja der Bericht 1 35-51, daß ein Teil der Täuferjünger zur christlichen Gemeinde übertrat; und ist dann nicht auch täuferische Tradition von der christlichen Gemeinde übernommen worden?[1]

Die Hypothese, die vor allem durch Burney vertreten wird, daß das Joh=Evg als ganzes eine aus dem Aramäischen ins Griechische übersetzte Schrift sei[2], läßt sich m. E. nur für die Quelle, die dem Prolog und den Jesus=Reden des Evgs[3] zugrunde liegt, aufrecht erhalten. Danach wird in der Exegese jeweils zu fragen sein[4].

1. 1 1—4: Das vorgeschichtliche Sein des Logos.

a) Sein Verhältnis zu Gott (1 1-2).

$$^1 ἐν\ ἀρχῇ\ ἦν\ ὁ\ Λόγος$$
$$καὶ\ ὁ\ Λόγος\ ἦν\ πρὸς\ τὸν\ θεόν.$$
$$καὶ\ θεὸς\ ἦν\ ὁ\ Λόγος,$$
$$^2 οὗτος\ ἦν\ ἐν\ ἀρχῇ\ πρὸς\ τὸν\ θεόν^5.$$

Im feierlichen Klang des Liedes werden vier Aussagen vom Λόγος gemacht. Dieser wird dabei als eine bekannte Gestalt vorausgesetzt. Es braucht nicht erst gesagt zu werden, daß es überhaupt einen Λόγος gibt[6], und jede attributive Bestimmung fehlt. So versteht es sich von selbst für den Kreis der Gemeinde, aus der dieses Lied stammt; das gilt aber auch für den Evglisten, der es übernimmt. Für uns freilich wird erst aus dem, was über ihn gesagt wird, verständlich, wer der Λόγος ist. Und schon ein Vorblick zeigt, daß er eine göttliche Gestalt ist, Schöpfer und Offenbarer zugleich. Aber darin liegt ja das Rätsel! Denn ist er damit nicht eben als Gott selbst bezeichnet? Er war ja ἐν ἀρχῇ! Und es heißt ja in der Tat θεὸς ἦν ὁ λόγος! Und doch ist er nicht Gott selbst; denn es heißt von ihm ἦν

---

aften (Ign. Döllinger, Beitr. zur Sektengesch. des Mittelalters I 1890, 154. 169. 190; dazu die betr. Dokumente II 34. 65. 90. 155. 267. 283. 294. 325. 375). Ebenso sind dafür die Johannes=Partien der mandäischen Schriften ein Zeugnis, auch wenn sie einer späteren Schicht angehören. — Vgl. R. Reitzenstein, Das mand. Buch des Herrn der Größe (SAHeidelb. 1919, 62, 2; Das iran. Erlösungsmyst. 1921, 125; ZNTW 26 (1927) 48. 64; Die Vorgeschichte der christl. Taufe 1929, 60; M. Goguel, J.-B. 105 ff. — Daß die Täufersekte gnostische Spekulationen von dem menschgewordenen himmlischen Erlöser aufnahm, ist in der Sphäre des synkretistischen Täufertums nicht verwunderlich. Auch Schlatter (Der Evglist Joh 13) findet es denkbar, daß die gnostische Frömmigkeit den Anschluß an den Täufer fand. — Vgl. Br., Exkurs zu 1 7.

[1] Das ist im übrigen zweifellos der Fall gewesen; die Lk 1 vorliegende Geburtsgeschichte des Täufers (und wohl auch die Geschichte vom Tode des Täufers Mk 6 14-29) stammt sicher aus täuferischer Tradition. Vgl. Gesch. der synopt. Tr.[2] 320 f. 328 f.; Goguel, J.-B. 69—75. Weiteres zu 1 6-8 (S. 31). 35-51 (S. 76). 3 29 (S. 127).

[2] C. F. Burney, The Aramaic Origin of the Fourth Gospel 1922; vgl. dazu R. Bultmann, Die Christl. Welt 41 (1927), 507 f. und bes. die ausführliche Prüfung von M. Goguel, Rev. H. Ph. rel. 3 (1923), 373—382.

[3] S. S. 7, Anm. 1.   [4] Vgl. bes. zu 1 9.

[5] Zum Versbau s. S. 2f. In den drei ersten Halbversen tragen je zwei Wörter den Ton, deren zweites als erstes Tonwort des folgenden Halbverses wiederkehrt. Zu V. 2 s. u.

[6] Wie anders z. B. C. Herm. 1 9 12 1!

πρὸς τὸν θεόν! Es wird von ihm in der mythologischen Sprache als von einer Person geredet. Aber ist wirklich eine konkrete Person gemeint? Oder ist der Mythos zum Bilde geworden, und ist der Λόγος eine personifizierte Kraft Gottes? Das personifizierte Wesen Gottes, sofern es in der Welt wirksam ist? Etwa gar die Zusammenfassung der in der Welt wirkenden göttlichen Kräfte? Scheint nicht der Name Λόγος, den diese rätselhafte Gestalt trägt, solche Interpretation zu verlangen? Denn was sollte durch „Wort" oder „Vernunft" anderes als eine göttliche Manifestationsweise oder ein göttliches Gesetz bezeichnet sein?[1]. Dem würde auch das σὰρξ ἐγένετο nicht im Wege stehen; denn es hätte doch guten Sinn, zu sagen, daß in einer geschichtlichen Person die Fülle göttlichen Wesens konkrete Gestalt gewann!

Indessen: „Bedenke wohl die erste Zeile,
Daß deine Feder sich nicht übereile!"

Und weder ein Raten noch ein faustisches Spekulieren kann enträtseln, was der Text sagen will. Vielmehr kann die Interpretation nur geleitet sein einerseits durch den Blick auf das Ganze und andrerseits durch die Kenntnis der Tradition, aus der die Aussagen des Textes erwachsen sind. Und die Exegese hat die erste Aufgabe, die für den Verf. mit der Tradition, in der er steht, gegebenen Möglichkeiten des Redens aufzudecken[2]. Was der Verf. hier und jetzt sagen will, ist freilich aus diesen Möglichkeiten nicht einfach abzuleiten; aber dem, was er sagen will, ist durch sie eine bestimmte Richtung gegeben und sind bestimmte Grenzen gesetzt, sodaß eine Übersicht über die Tradition das Verständnis des Textes vorbereiten muß.

Schwerlich beginnt der Evglist sein Werk mit dem ἐν ἀρχῇ, ohne an das בְּרֵאשִׁית von Gen 1 1 zu denken. Und wenn in Gen 1 auch nicht substantivisch vom Worte Gottes die Rede ist, so wird doch durch das „Gott sprach" die Schöpfung auf Gottes Wort zurückgeführt. Ist also der Λόγος aus der alttestamentlichen Tradition vom Worte Gottes zu verstehen?

Im AT ist Gottes Wort sein Machtwort, das, indem es gesprochen wird, als Ereignis wirkt. Gottes Wort ist Gottes Tat, und seine Tat ist sein Wort, d. h. er handelt durch sein Wort, und er redet in seinem Tun, und zwar er redet den Menschen an. Sein Wort ist 1. sein gebietendes Herrscherwalten in Natur und Geschichte, sofern es dem Menschen vernehmlich ist, ihm etwas „sagt", d. h. etwas von ihm verlangt; und zwar verlangt es zuerst dieses, daß der Mensch seiner Menschlichkeit vor Gott dem Schöpfer innewerde und auf Gott als den Schöpfer sein Vertrauen setze und ihn preise[3]. Gottes Wort in Natur und Geschichte ist also nicht der Inbegriff einer kosmischen Gesetzlichkeit

---

[1] So hatte ja z. B. Heraklit vom λόγος gesprochen (H. Diels, Die Fragmente der Vorsokratiker I[5] 1934, 150f., Fr.1 und 2), zweifellos auf dem Grunde der Mythologie, wenngleich die mythologische Sprache bei ihm stärker verblaßt ist. Auf den Beginn des heraklitischen Werkes hatte Ed. Norden, Antike Kunstprosa[2] 1909, II 473, 1 den Johannes=Prolog zurückführen wollen, um aber dann in Agnostos Theos 1913, 348f. unter dem Einfluß Reitzensteins „die Formelsprache der hellenistischen Mystik" als die Quelle anzusehen. — Jedenfalls kann man nicht einfach sagen wie Schl.: „Die Vergleichung des Wortes mit Dingen oder Kräften liegt der Stelle fern; denn sie spricht von Gott." Damit ist nur das Problem verschleiert; denn es ist gerade die Frage, in welchem Sinne von Gott die Rede ist.

[2] Ich beabsichtige unter meinen „Untersuchungen zum Johannes=Evangelium" in ZNTW auch über den Λόγος zu handeln und verweise vorläufig auf meinen Aufsatz „Der Begriff des Wortes Gottes im NT" in Gl. und Verst. 268—293. Hier über das AT 268ff. — Ferner: O. Grether, Name und Wort Gottes im AT 1934.

[3] Vgl. z. B. Ps 29. 33. 145. 147; Jes 40 8 55 11.

— wie der stoische Logos —, die in ihrem Sinn verständlich wäre und als Prinzip diente, aus dem die Einheit des Weltgeschehens für das Denken verständlich würde. — Gottes Wort ist 2. Gottes gebietender Befehl, durch Menschen (Priester und Propheten) an Menschen gesprochen, der dem Menschen sagt, was er tun soll[1]. Und auch hier ist Gottes Wort nicht der Inbegriff der ethischen Forderungen, die von einem Prinzip aus als einheitliches Sittengesetz rational verständlich wären. — In beiden Fällen ist Gottes Wort nicht der Inbegriff eines zeitlosen Sinngehalts, sondern Anrede, die geschieht, zeitliches Ereignis, und als solches Offenbarung Gottes als des Schöpfers und Herrn.

Dom AT her ist also der Λόγος Joh 1₁ nicht zu verstehen, da dieser Λόγος nicht jeweiliges Ereignis in der Welt ist, sondern ewiges Wesen, das von Urbeginn bei Gott ist. Es müßte denn sein, daß der hinter allen einzelnen „Worten" Gottes stehende und in ihnen wirksame Offenbarungswille Gottes als sein „Wort" schlechthin bezeichnet werden sollte. Wenn der Blick auf das Evg als ganzes dieses Verständnis nahelegen könnte, so ist es doch vom AT her nicht verständlich, daß der Prolog nicht von dem „Worte Gottes", sondern absolut vom „Worte" redet[2]; er setzt den Eigennamen oder den Titel ὁ Λόγος voraus.

Auch sind die Aussagen über das Wirken des Logos vor seiner Fleischwerdung nicht als eine Zusammenfassung des göttlichen Offenbarungswirkens im Sinne des ATs verständlich, wie eine solche in den Rückblicken auf die Geschichte des Volkes z. B. Psf 78. 106 Neh 9₈₋₃₁ IV Esr 3₄₋₂₈ Act 7₂₋₄₇[3] gegeben wird. Denn für solche Rückblicke sind zwei Motive wesentlich: 1. die Darstellung des Wechsels von göttlichem Erbarmen und Gericht und entsprechend von Abfall und Bekehrung des Volkes, 2. die Auffassung der Geschichte als zu einem Ziele gerichtet. Beide Motive fehlen im Prolog wie im ganzen Evg. Und damit hängt zusammen, daß der für die at.lich-jüdische Geschichtsauffassung entscheidende Gedanke von der Erwählung des Volkes und von dem Bunde Gottes mit ihm im Prolog wie im ganzen Evg fehlt[4], und daß hier wie dort die Situation des israelitisch-jüdischen Volkes nicht als eine grundsätzlich aus der übrigen Welt herausgehobene erscheint[5]. Nicht vom Verhältnis des erwählten Volkes zum Worte Gottes, sondern vom Verhältnis der Welt zum „Worte" ist im Prolog die Rede. Endlich ist von at.lichen Voraussetzungen aus das ὁ λόγος σὰρξ ἐγένετο schwer verständlich, da im AT die Bestimmung eines Menschen zum Offenbarungsträger nur unter der Kategorie der Inspiration denkbar ist[6]; aber weder im Prolog noch sonst im Evg ist Jesus als Träger des göttlichen Geistes aufgefaßt.

Ist der absolute Begriff ὁ Λόγος ein Indizium für den Abstand des Prologs vom AT, so gilt das Gleiche für das Verhältnis des Prologs zum Judentum[7]. Denn auch hier ist Gottes Wort nicht zu einer für sich als göttliches Wesen bestehenden „Hypostase" geworden und ist das absolute „Wort" nicht Name oder Titel geworden. Auch die in den Targumim begegnende umschreibende Gottesbezeichnung מֵימְרָא דיי, das Wort Jahves, bzw. Adonais[8], meint nicht eine kosmische Potenz, eine „Hypostase"[9], sondern ist Gottes Machtwort, seine Manifestation, ist er selbst als numen praesens[10]. Dem entspricht es,

---

[1] Es ist dem Menschen „gesagt", was recht ist (Micha 6₈). Gottes Gebote sind seine „Worte" (II Chron 29₁₅) usw.   [2] Vgl. sofort über das „Wort" im Judentum.

[3] Act 7₂₋₄₇ wahrscheinlich mit Verwendung einer jüdischen Quelle; verkürzt liegt ein solcher Rückblick auch Act 13₁₇₋₂₅ vor.

[4] Vgl., wie anders die Geschichtsauffassung des Paulus ist!

[5] Das gilt trotz 4₂₂ 5₃₉ff. und einigen anderen Stellen, wie die Erklärung zeigen wird. Für das Evg sind die Juden durchweg die Repräsentanten der „Welt" überhaupt.

[6] Vgl. zu 5₁₉f.   [7] Vgl. Gl. und V. 271f.

[8] Gesprochen wurde „das Wort Adonais"; s. Str.-B. II 302 und vgl. überhaupt den ganzen Exkurs über den Memra Jahves 302—333.

[9] So mit Recht Str.-B.; unrichtig freilich, daß מימרא דיי nur die Abkürzung der Formel sei „der da sprach, und es geschah".

[10] Das zeigt die Parallelität von מימרא mit גְּבוּרָה, רְעוּתָא und bes. שְׁכִינָה; sie

daß vom Memra nie absolut geredet wird wie vom Λόγος, sondern daß immer ein Genetiv dabei steht[1]. Auch hier ist also Gottes Wort sein jeweiliges Machtwirken in der Zeit.

Dagegen scheint die im Judentum, ja schon im AT, begegnende Gestalt der Weisheit mit der Gestalt des Logos im Joh=Prolog verwandt zu sein. Von ihr ist in mythologischer Sprache als von einer göttlichen Gestalt die Rede, und sie hat einen Mythos, von dem die Überlieferung wenigstens Fragmente enthält[2]. Sie ist präexistent und ist Gottes Genossin bei der Schöpfung[3]. Sie sucht Wohnung auf Erden unter den Menschen, wird aber abgewiesen; sie kommt in ihr Eigentum, aber die Ihren nehmen sie nicht auf. So kehrt sie in die himmlische Welt zurück und weilt dort verborgen. Wohl sucht man sie jetzt, aber niemand findet den Weg zu ihr[4]. Nur einzelnen Frommen offenbart sie sich und macht sie zu Freunden Gottes und Propheten[5]. Der Selbständigkeit dieser Gestalt entspricht es, daß sie absolut „die Weisheit" genannt wird[6]. — Es kann in der Tat nicht zweifelhaft sein, daß zwischen dem jüdischen Weisheitsmythos und dem Joh=Prolog ein Zusammenhang besteht[7]. Aber dieser Zusammenhang kann nicht der sein, daß die jüdische Spekulation die Quelle für den Prolog ist[8]. Denn abgesehen davon, daß der Logosname des Prologs dann noch eine besondere Erklärung verlangen würde: der Weisheitsmythos ist im Judentum gar nicht als solcher lebendig gewesen; er ist in ihm nur mythologisch-poetische Einkleidung der Lehre vom Gesetz gewesen. Auf die Thora wurde übertragen, was der Mythos von der Weisheit erzählte: Die Thora ist präexistent; sie war Gottes Schöpfungsplan und Werkzeug; in Israel hat die Weisheit, die im Gesetz gewissermaßen inkarniert ist, ihre von Gott bereitete Wohnung gefunden[9]. Aber der Weisheitsmythos hat auch gar nicht im AT bzw. in Israel seinen Ursprung, sondern kann nur aus heidnischer Mythologie stammen; die israelitische Weisheitsdichtung hat sich des Mythos bemächtigt und ihn entmythologisiert[10]. Der Weisheitsmythos ist aber nur eine Variante des Offen-

entspricht der Parallelität von דָּבָר und רוּחַ im AT, wie denn im Targum der מימרא die רוּחַ des ATs öfter ersetzt.

[1] Der Memra Jahves bzw. Adonais, oder „mein Memra". Selbst Philo, dessen Logos weithin aus der hellenistischen Tradition stammt (s. u.), sagt unter dem Einfluß der jüdischen Redeweise nie absolut ὁ λόγος, sondern immer ὁ θεῖος λόγος u. dgl.; vgl. Apk 19₁₃.

[2] Vgl. meinen Aufsatz „Der religionsgeschichtliche Hintergrund des Prologs zum Johannes=Evangelium", Eucharist. II 3—26; W. Schencke, Die Chokma (Sophia) in der jüdischen Hypostasenspekulation (Videnskapsselskapets Skrifter II. Hist.-Filos. Kl. 1912, Nr. 6) 1913.

[3] Prov 8₂₂-₃₀ Sir 11-9 24₃f. 9 Sap 8₃ 9₄. 9; Philo ebriet. 30; leg. all. II 49; virt. II 62; Rabbinisches bei Str.=B. II 356f. (hier auf das Gesetz übertragen, s. u.).

[4] Prov 1₂₀-₃₂ Hiob 28 Sir 24₇ Bar 3₁₀-₁₃. ₂₉-₃₆ äth. Hen. 42₁-₃ Mt 23₃₇-₃₉ par. (vgl. Gesch. der synopt. Tr. 120f.).   [5] Sap 7₁₄. 27f. Sir 1₁₅ (nach Smend).

[6] Prov 8₁ Sir 1₆ 24₁ Sap 7₂₂ Bar 3₂₀ usw.

[7] Auf den Zusammenhang der paulin. Christologie mit der Weisheitsspekulation hat H. Windisch, Neutest. Studien für Heinrici 1914, 220—234 hingewiesen.

[8] So J. Rendel Harris, The origin of the prologue to St. Johns gospel 1917; ders., The Bull. of the John Rylands Library 7 (1922), 1—17.

[9] Sir 24₈. ₂₃ Bar 3₃₇ 4₁. Rabbinisches bei Str.=B. II 353—357. Es ist also verständlich, wenn K. Bornhäuser, Das Johannes=Evangelium, eine Missionsschrift für Israel, 1928, 5ff. den Joh=Prolog aus der „Thoralogie" erklären will, d. h. daraus, daß das im Judentum über die Thora Gesagte hier auf Jesus übertragen wird. Aber die Genealogie kann nicht sein:

```
           Chokhma,           sondern nur: Heidnischer Mythos
              |                                  /\
           Thora,                        Chokhma, Logos.
              |
           Logos,                        Thora,
```

[10] Wie die israelit. Weisheitsdichtung selbst nur in dem Zusammenhang der internationalen Weisheitsliteratur des alten Orients verständlich ist; vgl. W. Baumgartner,

barer=Mythos, der in der hellenistischen und gnostischen Literatur verbreitet ist; und die Verwandtschaft des Joh.=Prologs mit der jüdischen Weisheitsspekulation beruht darauf, daß beide auf die gleiche Tradition als ihre Quelle zurückgehen [1].

Diese Tradition ist weit verzweigt und infolge ihrer Kombination mit verschiedenen Mythologemen und Philosophemen schwer entwirrbar. Es kommt indessen für das Verständnis des Joh.=Prologs nicht darauf an, die ganze Tradition zu analysieren und zu ihrem Ursprung zurückzuverfolgen; es genügt zu erkennen, daß die mythologische Gestalt des Λόγος ihren Sitz in einem ganz bestimmten Weltverständnis, eben dem gnostischen, hat.

Nicht in Frage kommt die griechisch=philosophische Tradition, in der der λόγος als kosmisch=göttliche Potenz zum erstenmal bei Heraklit begegnet und dann in der Stoa zu seiner geschichtlich bedeutungsvollsten Rolle gelangte [2]. Der λόγος ist hier keine mythologische Gestalt [3], sondern er ist die Gesetzlichkeit des Geschehens im κόσμος der κοινὸς νόμος τῆς φύσεως, der zugleich die dem κόσμος immanente τονικὴ δύναμις ist, die ihn einheitgebend durchwaltet. Als λόγος ὀρθός ist diese Weltgesetzlichkeit zugleich das Gesetz, das das Denken und Handeln des Individuums leitet, dessen individueller λόγος mit dem Weltlogos identisch ist. Mit diesem immanenten Weltgesetz hat der Λόγος des Joh.=Prologs nur das gemein, daß beide grundlegende Bedeutung für die Welt haben; da aber die Welt hier und dort völlig verschieden verstanden ist und demzufolge auch das Verhältnis des Logos zur Welt — hier Transzendenz, dort Immanenz —, so bleibt nur die Gleichheit des Namens, die doch eine scheinbare ist, da λόγος in der Stoa Begriffswort und nicht Name ist [3a].

Zur mythischen Gestalt wird der stoische Logos auch dadurch nicht, daß die stoische Allegorese ihn in der Gestalt des Hermes [4] oder in anderen Götterfiguren wie dem ägyptischen Thot wiederfindet [5]. Wohl aber erscheint eine ganz andere Logosgestalt in gewissen kosmologischen und religionsphilosophischen Spekulationen des Hellenismus. Das sind einmal die ursprünglich dualistischen Systeme der im engeren Sinne sogenannten Gnosis, in denen die griechische Tradition, soweit sie aufgenommen ist, ein sekundäres Element darstellt, das der gedanklichen Ausbildung der Gnosis in der griechischen Welt

Israelit. und altoriental. Weisheit 1933 und seinen Forschungsbericht ThR, NF 5 (1933), 259—288. — Den Mythos auf einen bestimmten Ursprung zurückzuführen, ist bisher nicht gelungen; vgl. Baumgartner, ThR a. a. O. 286f.; P. Humbert, RGG² V 1800f.

[1] Im alexandrinischen Judentum sind die beiden Varianten der σοφία= und der λόγος=Spekulation zusammengestoßen, jene offenbar aus jüdischer, diese aus hellenistischer Tradition. Die Sap, in der einmal (9₁f.) λόγος und σοφία in Parallele erscheinen, folgt der σοφία=Tradition, stattet aber die σοφία mit den Attributen des λόγος aus (s. Grill I 154ff.). Bei Philo konkurrieren λόγος und σοφία und zwar so, daß diese wesentlich durch jenen verdrängt ist. Dazu ist die orientalische σοφία=Gestalt, wie es scheint, durch die Isis=Theologie umgeformt worden (Bréhier 115ff.; Bousset, Rel. des Jdt. 345; Pascher, Königsweg 60ff.). — Auch Plotin scheint den Weisheitsmythos zu kennen, wenn er die ζωή als die σοφία bezeichnet, die charakterisiert wird als ἡ πρώτη καὶ οὐκ ἀπ᾽ ἄλλης, die die πάρεδρος des νοῦς ist, und deren Größe und Kraft daran kenntlich ist, ὅτι μετ᾽ αὐτῆς ἔχει καὶ πεποίηκε τὰ ὄντα πάντα ... Enn. V 8, 4, p. 236, 21ff. Dolfm. — Merkwürdig ist, daß auch in den Od. Sal. neben dem „Wort", das in der Regel die Offenbarung verkörpert, in Od. 33 die mit der Sophia identische „reine Jungfrau" steht (G. Bornkamm, Mythos und Legende 93).

[2] Vgl. M. Heinze, Die Lehre vom Logos in der griech. Philosophie 1872; A. Aall, Geschichte der Logisidee in der griech. Philosophie (Der Logos I) 1896; K. Prümm, Der christl. Glaube und die altheidnische Welt 1935, I, 227—252. — Für den Zusammenhang des philosophischen λόγος=Begriffs mit dem ursprünglichen griechischen Wort=Begriff vgl. Gl. und Derst. 274ff.

[3] Natürlich heißt es absolut ὁ λόγος; aber λόγος ist hier nicht Eigenname oder Titel, sondern Begriffswort.

[4] Kornutos, Theol. gr. 16. Schon Platon hatte (Krat. 407e) den Hermes einmal als λόγος und ἑρμηνεύς gedeutet, wie auch die Orphik (Fr. 297a Kern) ihn als ἑρμηνεύς auffaßte.

[5] Vgl. Bousset, Kyrios² 309—312; J. Schniewind, Euangelion 219.

dienstbar gemacht ist. Es sind aber auch die in der griechischen Tradition stehenden Systeme des Neupythagorismus und Neuplatonismus und verwandte Erscheinungen[1], die den griechischen Gedanken von der Einheit der Welt mehr und mehr modifizieren bis zur Preisgabe, und die darin nicht nur vom gnostischen Weltverständnis überhaupt beeinflußt sind, sondern auch mehr oder weniger gnostische Mythologie übernehmen und sie der Begrifflichkeit der griechischen Tradition anpassen.

In beiden Gruppen begegnet die Gestalt des Λόγος als eines Zwischenwesens zwischen Gott und Welt[2]. Sein Sinn ist es, verständlich zu machen, wie es von der transzendenten Gottheit aus zur Weltbildung kommen konnte. Dabei ruht das Hauptinteresse auf der Frage nach dem Menschen, der sein In-der-Welt-sein als ein Sein in der Fremde empfindet und an seine ursprüngliche Zugehörigkeit zur göttlichen Sphäre glaubt. Der Λόγος hat hier nicht nur kosmologische, sondern auch soteriologische Funktion, da durch ihn nicht nur das Dasein der Menschenseelen in der Welt, sondern auch ihre Befreiung von der Welt begründet ist. Er ist — in welcher Verkleidung auch immer — der σωτήρ. Sofern man sagen könnte, daß auch der stoische λόγος als λόγος ὀρθός „soteriologische" Funktion hat, wird der Unterschied deutlich: der stoische λόγος fordert, daß sich das Individuum als in den κόσμος, seine Heimat, eingegliedert verstehe. In den „dualistischen" Systemen löst sich das Individuum in der Zuwendung zum λόγος aus dem κόσμος, um zu seiner überkosmischen Heimat zu gelangen. Dem entsprechend korrespondiert in den gnostischen Systemen der Kosmogonie eine Eschatologie, d. h. der Weltbildungsprozeß, in dem die Sphären des Göttlichen und des Widergöttlichen eine Verbindung eingegangen sind, muß durch die Scheidung der Elemente rückgängig gemacht werden[3]. Sofern nun die Weltbildung durch den Λόγος eingeleitet wurde, indem er sich gleichsam an die Welt verlor, kommt er durch die Entbildung gleichsam wieder zu sich selbst; er wird erlöst, indem er sich selbst erlöst.

Als Erlöser hat sich der Logos selbst in Menschengestalt in die niedere Welt begeben. Er hat sich, um die dämonischen Mächte der Finsternis zu täuschen und um die zu rettenden Menschen nicht zu erschrecken, in einen menschlichen Leib verkleidet. Natürlich konnte dies spezifisch gnostische Motiv nicht von den philosophischen Systemen übernommen werden[4]. In den christlich-gnostischen Systemen ist der menschgewordene Erlöser mit Jesus identifiziert worden. Indessen ist der Gedanke der Menschwerdung des Erlösers nicht etwa aus dem Christentum in die Gnosis gedrungen, sondern ist ursprünglich gnostisch[5];

---

[1] Hierher gehört auch Philon, dessen Logoslehre, da sie nur indirekt mit der des Prologs in Zusammenhang steht, nicht ausführlich dargestellt zu werden braucht; vgl. Aall a. a. O. 184—231; Bréhier a. a. O. 83—111; Bousset, Kyr. 308—316; Pascher, Königsweg passim; Br., Exk. zum Prolog.

[2] Für alles Folgende später die Belege (s. o. S. 6, 2). Vgl. Bousset, Kyrios 304—316 und Br., Exk. zu Joh 1₁₋₁₈.

[3] Mit der stoischen ἐκπύρωσις hat das natürlich nichts zu tun. Im Bereiche philosophischen Denkens ist die universal-kosmische Eschatologie durch die individuelle Eschatologie des Seelenaufstiegs verdrängt und auch diese ihres ursprünglich kosmischen Charakters (Himmelsreise der Seele nach dem Tode) entkleidet und ins Geistige umgedeutet worden (Philon, C. Herm. 1 und 13, Plotin). Oder die universal-kosmische Eschatologie ist zum Prinzip der Deutung des ständigen Weltprozesses geworden (Plotins Lehre von der ἐπιστροφή); vgl. H. Jonas, Gnosis I 260.

[4] Im Poimandres (C. Herm. 1) ist das Motiv darauf reduziert worden, daß die Lehre, die die γνῶσις vermittelt, auf die Offenbarung durch den in hirtengestalt erscheinenden Νοῦς zurückgeführt wird; ähnlich in anderen hermetischen Traktaten auf eine Offenbarungsgottheit, die die Rolle des Mystagogen übernimmt. C. Herm. IV sandte Gott die Offenbarung (den νοῦς) als κρατήρ herab, von einem κήρυγμα begleitet.

[5] Vgl. Bousset, Hauptpr. 238—260; Bultmann, ZNTW 24 (1925), 106f. 119ff.; Schlier, Relg. Unters. 5—17; G. Bornkamm, Mythos und Legende in den apokr. Thomas-Akten 1933, 10; Jonas, Gnosis I 122ff. 275. — Vgl. Perlenlied Act. Thom. 109, p. 221, 4; Od. Sal. 7₃ff.; Ginza 112, 14ff. Weiteres zu Joh 1₁₄.

er ist vielmehr schon sehr früh vom Christentum übernommen und für die Christologie fruchtbar gemacht worden[1].

Diese Gestalt begegnet als die gleiche in verschiedenen Differenzierungen und unter verschiedenen Namen. Sie heißt δεύτερος θεός, υἱὸς θεοῦ, μονογενής, εἰκὼν τοῦ θεοῦ, gelegentlich auch δημιουργός, und sie wird auch Ἄνθρωπος, Urmensch genannt[2]. Fast ohne Ausnahme aber trägt sie den Titel oder Namen Λόγος, nur daß dieser, namentlich bei philosophischen Autoren, durch den für griechische Auffassung gleichbedeutenden Titel Νοῦς oft ersetzt ist. Als mythologische Person erscheint sie in der eigentlichen Gnosis, wenngleich sie auch hier manchmal zu einer δύναμις abgeblaßt ist. Im Bereich griechisch=philosophischer Tradition erinnert oft nur noch die Konzeption des Weltprozesses und die Bildersprache an den mythologischen Ursprung, und die Gestalt des Λόγος oder Νοῦς selbst ist zur kosmischen Potenz geworden und wird oft platoni= sierend als Inbegriff des κόσμος νοητός aufgefaßt[3]. In der eigentlichen Gnosis ist die Gestalt oft zerdehnt[4] oder gespalten[5], jener Tendenz der Gnosis entsprechend, den Prozeß der Weltbildung in immer weitere Stufen mit gleitenden Übergängen zu zerlegen[6]. Aber auch dort, wo der Λόγος (oder Νοῦς oder Ἄνθρωπος) in den systematischen Aonenreihen zu einer scheinbaren Nebenfigur geworden ist, läßt sich seine ursprüngliche Bedeutung noch deutlich erkennen. Und auch dort, wo für die Erschaffung der realen sublunaren Welt die von ihm abgespaltene Gestalt eines Demiurgen verantwortlich gemacht wird, ist doch er die entscheidende Gestalt, von der der Anstoß zur Weltbildung ausging. Ebenso handelt es sich nur um eine sekundäre Abspaltung, wenn der (in Jesus) menschgewordene Erlöser von dem kosmischen Logos unterschieden wird[7].

Muß auch das Ganze dieser Anschauung im wesentlichen aus Quellen rekonstruiert werden, die jünger als Joh sind, so steht doch ihr höheres Alter einwandfrei fest. Es wird einmal dadurch erwiesen, daß sich die Grundgedanken übereinstimmend in der religionsphilosophischen Literatur des Hellenismus seit dem 1. Jahr. p. Chr. und in den christlich gnostischen Quellen finden. Dazu kommt das Zeugnis des Ignatius wie der Öden Salomos und der mandäischen Schriften. Die Übereinstimmung sowohl wie die Tatsache, daß hier überall die Grundanschauung differenziert, abgewandelt und bereichert

---

[1] Vgl. I Kor 27f. (dazu Lietzmann, Hdb. zum NT); Phil 26-11 (dazu Dibelius ebd.; E. Lohmeyer, Kyrios Jesus, SAHeidelb. 1927/28, 4); Barn 510 (dazu Windisch, Hdb. zum NT); Ign. Eph. 191 (dazu Schlier, s. vor. Anm.); Asc. Jes. 10—11. — In die jüdische Weisheitsspekulation ist der Gedanke in der modifizierten Form übernommen worden, daß sich die Weisheit in den Propheten offenbart (vgl. Eucharist. 15—19) oder im Gesetz inkarniert (ebd. 6f.). Für das gnostisierende Judenchristentum vgl. die Adam=Lehre der Pseudoklementinen (ebd. 19; Bousset, hauptpr. 171ff.; L. Troje, ΑΔΑΜ und ΖΩΗ [SA Heidelb. 1916, 17] 23ff.).

[2] Der Titel Ἄνθρωπος hat seinen Ursprung offenbar in der Makrokosmos=Mikro= kosmos=Idee, der zufolge der Kosmos in seinem Aufbau nach Analogie des Menschen verstanden wird. Diese Idee ist offenbar aus dem Orient vom Griechentum übernommen worden; vgl. Reitzenst., Studien 69ff.; s. u.

[3] Philo, Plutarch, Plotin; Damaskios (de princ. 125, p. 321f. Ruelle).

[4] Die Aonen=Syzygien des Simon, der Barbelo=Gnostiker und Valentinianer, des Markus und Basilides sind im Grunde nichts als eine Zerdehnung der Λόγος=Gestalt oder ihre sekundäre Kombination mit anderen mythologischen Größen.

[5] Die in der christlichen Gnosis bemerkenswerteste Abspaltung vom Λόγος ist die des Demiurgen. In der Grundidee ist die andersartige Spaltung in den zu erlösenden und den erlösenden Λόγος begründet.

[6] Vgl. H. Jonas, Gnosis I 260. 359 u. a. — Der gleiche Vorgang ist ja an der Gestalt der Σοφία sichtbar; vgl. die jüd. Weisheitslehre mit der valentinian. Sophia= Spekulation.

[7] Daß der Logos (bzw. Νοῦς) der menschgewordene Erlöser ist, zeigen das „Perlen= lied" wie die Od. Sal., die Lehre der Sethianer (Hipp. V 19,20f.), des Simon (Jr. I 23, 3; Hipp. VI 18, 3 und 19, 4), des Markos (Jr. I 15, 3 bzw. Hipp. VI 51) wie des Basilides (Jr. I 24, 4).

vorliegt, ja daß die Mythologie oft mehr oder weniger zum Bilde verblaßt ist, zeigt, daß die Grundkonzeption selbst in die vorchristliche Zeit zurückreicht. Das wird dadurch be=stätigt, daß die vorchristliche jüdische Sophia=Spekulation eine Variante des Mythos auf dem Boden des alttestamentlichen Gott=Schöpfer=Glaubens[1] ist, und daß einerseits Philon, andrerseits die paulinische und deuteropaulinische Literatur den Mythos voraus=setzen[2]. Es kann kein Zweifel sein, daß die synkretistische Apokalyptik des Judentums unter dem Einfluß der gnostischen Mythologie steht[3].

Aber es ist sogar wahrscheinlich, daß entscheidende Gedanken des gnostischen Mythos, und zwar gerade der Gedanke des Zwischenwesens, das der Welt göttliche Kräfte vermittelt, vorgnostischen Ursprungs sind, daß nämlich am Anfang eine Kosmogonie steht, der ursprünglich keine Eschatologie korrespondierte, und die nicht vom Gedanken der Sotero=logie bestimmt war, sondern die nur den Weltbestand und die Weltgliederung erklären wollte[4]. Das dürfte daraus hervorgehen, daß bei manchen Autoren die Gestalt des Zwischenwesens der als Person aufgefaßte und seinen einzelnen Teilen als selbständiges Ganzes gegenübergestellte κόσμος selber ist, eine Anschauung, die sich in der griechischen Welt bis zu Platon hinauf verfolgen läßt[5], und die sich in den pantheistischen Stücken des Corpus Hermeticum wiederfindet[6]. Daraus, daß diese Mythologie vom dualistischen Weltverständnis der Gnosis aufgegriffen und umgeprägt wurde, läßt sich auch verstehen, daß der Dualismus in der Gnosis in verschiedenen Schattierungen ausgestaltet ist[7], und ebenso, daß in manchen eigentlich gnostischen Systemen die Schöpfung an sich noch nicht als Abfall erscheint. Das legitime Weltenschaffen ist hier nur auf die Sphäre des Pleroma beschränkt worden[8], unterhalb dessen es erst Abfall bedeutet.

In der Sprache der gnostischen Mythologie redet der Joh=Prolog bzw. seine Quelle, und sein Λόγος ist jenes Zwischenwesen, das eine zugleich kosmologische und soteriologische Gestalt ist, jenes Gottwesen, das, von Uranfang her beim Vater existierend, um der Erlösung der Menschen willen Mensch ward. Dieser Satz wird dadurch bestätigt werden, daß der Evglist auch weiterhin die Gestalt Jesu und sein Wirken in der Begriff=lichkeit der gnostischen Mythologie zur Darstellung bringt. Der Evglist ist nicht der erste gewesen, der diese Mythologie in die christliche Verkündigung und Theologie aufgenommen

---

[1] Übrigens scheint es, daß das Judentum dieses Motiv auch in der Form auf=genommen hat, daß es den Gen 1₂ genannten Geist Gottes mit dem Logos bzw. der Weisheit identifizierte. Denn anders als aus jüdischer (judenchristlicher?) Tradition kann es kaum erklärt werden, daß herm. sim. V 6, 5 das πνεῦμα τὸ ἅγιον τὸ προόν, τὸ κτίσαν πᾶσαν τὴν κτίσιν statt des Logos erscheint; vgl. IX 12, 2: ὁ μὲν υἱὸς τοῦ θεοῦ (nach IX 1, 1 das πνεῦμα) πάσης τῆς κτίσεως αὐτοῦ προγενέστερός ἐστιν, ὥστε σύμ=βουλον αὐτὸν γενέσθαι τῷ πατρὶ τῆς κτίσεως αὐτοῦ. Vgl. II Klem 9₆ 14₄; Pistis Sophia 120 (Kopt.=gnost. Schriften I 78, 1ff.).

[2] Für Philon vgl. bes. Reitzensteins Schriften passim. Für Paulus und die deuteropaul. Lit. ebenso, ferner J. Weiß, Der erste Korintherbrief 1910, 225ff.; Bousset, Kyrios 126. 133f. 136f. 140ff.; vgl. die Kommentare im Hdb. zum NT, z. B. zu I Kor 15₄₅ Kl 1₁₇; E. Käsemann, Leib und Leib Christi 1933; H. Schlier, Christus und die Kirche im Epheserbrief 1930.

[3] Vgl. die Gestalt des „Menschensohnes"; vgl. G. Hölscher, Geschichte der israeli=tischen und jüdischen Religion² 19 § 84; Rev. d'hist. et de phil. rel. 1929, 101—114.

[4] Vgl. bes. Reitzenstein, Studien 69—103.

[5] Platon beschreibt das Verhältnis des schaffenden Gottes zum κόσμος Tim. 37c: ὡς δὲ κινηθὲν αὐτὸ καὶ ζῶν ἐνόησεν τῶν ἀϊδίων θεῶν γεγονὸς ἄγαλμα (eben den κόσμος) ὁ γεννήσας πατήρ, ἠγάσθη τε καὶ εὐφρανθείς . . . Er hatte den κόσμος als ζῷον ἔμψυχον ἔννουν τε, als εὐδαίμων θεός, als εἰκὼν τοῦ νοητοῦ θεοῦ αἰσθητός bezeichnet (Tim. 30b. 34b. 92c). Für Philo vgl. bes. Paschers Nachweis einer doppelten Logosgestalt: des kosmischen und des überkosmischen Logos.

[6] Über Plut. uud die hermet. Schriften vgl. M. Dibelius, Hdb. 3. NT zu Kl 1₁₇; ferner J. Kroll, herm. Trism. 155ff.; ThWB II 386f.

[7] Vgl. H. Jonas, Gnosis I 257 und die folgenden Analysen der gnost. Systeme.

[8] Entsprechend wie bei Plotin auf die intelligible Welt.

hat. Vorausgegangen ist schon Paulus, der die eschatologisch=soteriologische Bedeutung Christi mehrfach in der Begrifflichkeit des Anthroposmythos expliziert, wenn bei ihm auch der Titel Λόγος fehlt[1]. In größerem Umfang ist die gnostische Mythologie in der deu= teropaulinischen Literatur der Christologie und Soteriologie dienstbar gemacht (Kl und Eph). Die ausdrückliche Identifikation Christi mit dem Λόγος ist von Ignatius, unabhängig von Joh, vollzogen[2].

Es bleibt nur noch zu fragen, welchem Typus der Gnosis die vom Evglisten verwendete Quelle zugehört. 1. Sie gehört in den Kreis der frühen orientalischen Gnosis. Denn die für den syrisch=ägyptischen Typus charakteristische Tendenz, auch die Ent= stehung der gottfeindlichen Sphäre in den Selbstentfaltungsprozeß der Gottheit einzubeziehen[3], ist ihr fremd. Über die Herkunft der Finsternis aus einem Urfall wird nicht reflektiert[4], und wenn weiterhin im Evg Spuren des „iranischen" Typus begegnen[5], wonach der Finsternis die Rolle einer aktiven gottfeindlichen Gegenmacht zukommt[6], so ist doch — wie in den Od. Sal. — die Mythologie soweit zurückgedrängt, daß faktisch der frühe orientalische Typus hier in einer modifizierten Form vorliegt. Und wie in den Od. Sal. wird solche Form auf dem Einfluß des at.lichen Gottesglaubens beruhen.

2. Die Gestalt des Logos steht allein zwischen Gott und Welt. Darin zeigt sich wieder die eigentümliche Doppelheit der historischen Stellung: einerseits die Zugehörig= keit zu einer frühen Gnosis, insofern das für die spätere Gnosis charakteristische spekulative Bestreben, den „Weg des Seins" in vielfältigen Staffelungen darzustellen[7], noch fehlt; andrerseits eine entwickelte Form, in der die Mythologie — hier wie in den Od. Sal. wiederum unter dem Einfluß des ATs — reduziert ist[8]. Das Gleiche wird darin sichtbar, daß einerseits jeder Versuch fehlt, das Hervorgehen des Logos aus dem Vater[9], wie es nicht nur für die westlichen, sondern auch für die späteren orientalischen Systeme charakte=

---

[1] Röm 5₁₂ff. I Kor 15₄₅f. u. a., vgl. die S. 12, 2 genannte Literatur.
[2] Vgl. H. Schlier, Relg. Unters. — Andere Spuren sind wohl Hb 1₃ Apt 19₁₃ (hier ist freilich unter dem Einfluß at.lichen Sprachgebrauchs, der auch sonst bei der christ= lichen Rezeption des Logosbegriffs einwirkt, aus dem absoluten Λόγος der λόγος τοῦ θεοῦ geworden). Nach Clem. Al. strom. I 29, 182; II 15, 68; Ecl. proph. 58 hat das Kerygma Petri Jesus als νόμος und λόγος bezeichnet; die Bezeichnung begegnet auch in dem Zitat bei Clem. Al. strom. VI 5, 39, wo leider der Text zweifelhaft ist. Der Logos der Apologeten stammt weithin aus der stoischen Tradition, wenngleich z. B. bei Tatian Kap. 5 auch die gnostische Gestalt sichtbar wird. Über den gnostischen Logos in den apokr. Apostelakten vgl. Bousset, Kyrios 306, 4; dazu Act. Joa. 8, p.156, 7f.; 98 p.200, 5ff.; Act. Petri c. Sim. 20, p.68, 11ff. und die Gebetsanrufungen Act. Joa. 94. 96. 109, p.197, 19; 199, 2; 207, 9ff.
[3] Vgl. H. Jonas, Gnosis I 279.
[4] Ebenso in einer Schicht der mandäischen Schriften; vgl. Jonas a. a. O. 267. 268f. 283.
[5] Joh 8₄₄ 12₃₁ 14₃₀ 16₁₁.   [6] Vgl. Jonas a. a. O. 267. 280ff. 288ff.
[7] Vgl. Jonas a. a. O. 260. Es sind die Stücke der mandäischen Schriften zu ver= gleichen, in denen ein Monotheismus sichtbar wird, der zum Emanationsgedanken keine Beziehung hat (Der Typus B bei Jonas a. a. O. 262ff.).
[8] Daß zwar die spekulative Lehre von der stufenweisen Entfaltung des Seins, nicht aber die Anschauung von einer Vielfältigkeit des göttlichen Seins, vom Pleroma und den Aonen, eine spätere Stufe darstellt, ist klar. Die letztere Anschauung bezeugen die Od. Sal. wie Ignatius, welche beide in den Kreis gehören, aus dem die Quelle des Prologs stammt. Für die Od. Sal. vgl. z. B. 7₁₁, wo durch die „Fülle der Aonen und ihr Vater" das πλή= ρωμα bezeichnet ist, wie denn der „Weg der Gnosis" 7₁₃ zur שׁומריא, d. h. zum πλή= ρωμα führt. Für Ign. vgl. z. B. Eph 8₁ 19₂ (vgl. Schlier, Relg. Unters. 28); Trall. 5₂; Smyrn. 6₁. Im Joh=Evg erinnern außer terminologischem Anklang (s. zu 1₁₆) nur noch die Gestalten der Engel (1₅₁) und des Parakleten wie die himmlischen „Wohnungen" (14₂) daran, daß die göttliche Welt eine größere Vielfältigkeit hat, als der Prolog verrät.
[9] Sei es als naturhafter Vorgang gedacht (Mandäer), sei es als Akt der Reflexion (Valentinianer).

ristisch ist, begreiflich zu machen; daß aber andrerseits der begriffliche Sinn als „Wort",
den der Name „Logos" ursprünglich hatte, nicht mehr deutlich sichtbar ist[1].

3. Weder die Entstehung der Welt noch speziell die des Menschen erscheint
als tragisches Ereignis. An diesem Punkte ist die Entfernung von fast allen Formen der
Gnosis am stärksten. Daß die Entstehung von Welt und Mensch auf eine tragische Ent=
wicklung innerhalb der Lichtwelt zurückgehe, ist freilich nur die Lehre einer bestimmten,
vor allem im Westen vertretenen, Richtung der Gnosis; im „iranischen" Typus werden
Welt und Mensch vielmehr auf die Schöpfung durch die Gottheit zurückgeführt, jedoch so,
daß diese Schöpfung eine Kampfhandlung gegen die Finsternis ist[2]. Daß dieses Kampf=
motiv in der Prologquelle verschwunden ist, entspricht der Tatsache, daß die Eigenmacht
der Finsternis stark reduziert ist (s. o. unter 1.). Offenbar wirkt hier der Einfluß des ATs;
in der jüdischen Weisheits=Spekulation steht es ja ebenso. Aber nicht anders in den Od.
Sal., wo (übrigens wie im „Perlenliede" Act. Thom. 108—113) der Dualismus nur die
Soteriologie[3] bestimmt, nicht die Kosmologie, wo vielmehr die Welt als Schöpfung
Gottes bzw. seines Wortes gilt[4]. Natürlich muß deshalb in der Prologquelle wie in den
Od. Sal. die vom Logos abgespaltene Gestalt des Demiurgen fehlen, die bei den Mandäern
immerhin noch zur Lichtwelt gehört[5]. Die gnostische Vorstellung, daß die Menschenseelen
präexistent sind und zur Einheit eines Lichtwesens (des Urmenschen) zusammengehören,
spielt für den Prolog keine Rolle. Sie taucht aber, wie es scheint, in einem späteren Stück
der im Prolog verwendeten Quellenschrift auf[6]. Da der Evglist diese Vorstellung preis=
gegeben hat, ist in diesem Punkte nicht sicher zu urteilen.

Es ergibt sich also, daß die Quelle des Prologs in den Kreis einer relativ frühen
orientalischen Gnosis hineingehört, die unter dem Einfluß des at.lichen Gott=Schöpfer=
Glaubens fortgebildet worden ist, und zwar in der Richtung, daß die Mythologie stark
zurückgedrängt ist, daß die gnostische Kosmologie zugunsten des Schöpfungsglaubens ver=
drängt und das Interesse am Verhältnis der Menschen zur Offenbarung Gottes, also

---

[1] Daß der gnostische Λόγος ursprünglich den begrifflichen Sinn des (vom Vater)
gesprochenen Wortes hat, zeigen viele Spuren. Wie bei Markos die Theogonie und
Kosmogonie in dem uranfänglichen Sprechen des Πατήρ ihren Ursprung haben (Iren.
I 14, 1; Hipp El. VI 42, 4ff.), so wird der Ἄνθρωπος als πηγὴ παντὸς λόγου καὶ ἀρχὴ
πάσης φωνῆς καὶ παντὸς ἀρρήτου ῥῆσις καὶ τῆς σιωπωμένης Σιγῆς στόμα charakte=
risiert (Iren. I 14, 3; vgl. 14, 5; Hipp. El. VI 44, 3; vgl. 46,2). Origenes bekämpft in
Jo. I 24, 151, p. 29, 21ff. Pr. diese primitive Anschauung. Vgl. C. Schmidt, Kopt.=gnost.
Schriften 1905, 338, 5ff. Für die Mandäer vgl. Schlier, Relg. Unters. 36f. Am deut=
lichsten ist dies Verständnis in den Od.Sal. ausgeprägt, z. B. 12 (bes. V.8), ferner 8,
wo der Logos selber redet, oder 42₆, wo er in dem Erlösten redet. — Das Gleiche wird
bezeugt 1. dadurch, daß im gnostischen Sprachgebrauch „Wort" und „Stimme", wie auch
„Wort" und „(genannter) Name" wechseln können. Vgl. für φωνή Schlier, Relg. Unters.
37,1; Iren. I 14, 3. 5 (s. o.); für ὄνομα Karl Müller, Beiträge zum Verständnis der
valentinian. Gnosis, Nachr. der Gött. Ges. der Wiss., Phil.=hist. Kl. 1920, 180f.; Od.Sal.
28 17f.; C. Schmidt a. a. O. 337, 35f. — 2. dadurch, daß dem Λόγος die Σιγή kor=
respondiert, die erst später zum göttlichen Wesen hypostasiert worden ist und ursprüng=
lich nur das Schweigen des Uranfangs bedeutet; vgl. Schlier, Relg. Unters. 38f.; Iren.
I 14, 3 (s. o.); Exc. ex Th. 29; Od.Sal.12 8; vor allem Ign. Mg. 8, 2: ὅτι εἷς θεός
ἐστιν, ὁ φανερώσας ἑαυτὸν διὰ I. Χρ. τοῦ υἱοῦ αὐτοῦ, ὅς ἐστιν αὐτοῦ λόγος ἀπὸ σιγῆς
προελθών (vgl. Röm 8₂). Dazu Simon Mag. bei Eus. eccl. theol. II 9. — Für die σιγή
in der heidnischen Gnosis vgl. W. Kroll, De oraculis Chaldaicis, Bresl. Phil. Abh. 7,1
(1894), 16. In den hermetischen Schriften kommt die Anschauung vom uranfänglichen
Schweigen der Gottheit noch darin zur Geltung, daß Schweigen der mystische Zustand
der Einswerdung mit der Gottheit ist.

[2] Vgl. Jonas a. a. O. 270. — Vgl. aber auch, wie in dem synkretist. Text des
„Achten Buch Moses" (Preisendanz, Pap. Graec. Mag. II, 86—131), Z. 138—206. 443
bis 564 (Preisend. S. 93—97. 104—114) die Schöpfung des Kosmos auf den höchsten
Gott zurückgeführt wird.   [3] Vgl. die Skizze bei Jonas a. a. O. 327f.
[4] Bes. Od.Sal. 12 und 16; außerdem z. B. 41₄f. 7₉.
[5] Vgl. Jonas a. a. O. 272.   [6] Vgl. zu 3₄.

das soteriologische Interesse, beherrschend geworden ist. Am nächsten verwandt erweisen sich die Od. Sal. — Aus dieser Gnosis ist die Gestalt des Logos als des Schöpfers und Offenbarers zu verstehen unter der Voraussetzung eines eigentümlich modifizierten Dualismus, demzufolge die Welt zwar nicht von ihrem Ursprung her, aber nach ihrer faktischen Verfassung Gott gegenübersteht als die Finsternis. Es wird von daher auch verständlich, daß von einer Offenbarungsgeschichte im Sinne des ATs nicht die Rede ist (s. o. S. 7). Weiter jedoch läßt sich die Logosgestalt des Prologs im Vorblick nicht interpretieren; insbesondere läßt sich die Frage, ob der Logos in seiner vorgeschichtlichen Existenz als Person gedacht sei oder nicht, erst in der Einzelerklärung entscheiden; die Vorgeschichte des Begriffs bietet beide Möglichkeiten[1].

Die erste Aussage über den Logos ist die, daß er ἐν ἀρχῇ war, im Uranfang vor aller Welt, den IV Esr 6₁ff. schildert:

> „Im Anfang der Welt,
> ehe des Himmels Pforten standen,
> ehe der Winde Stöße bliesen;
> ehe der Donner Schall ertönte,
> ehe der Blitze Leuchten strahlte ...“

Noch mehr soll gesagt sein als in dem בְּרֵאשִׁית Gen 1₁; denn nicht ἐκτίσθη oder ἐγένετο heißt es vom Logos, sondern ἦν[2]. Die ἀρχή ist also nicht das erste Glied einer Zeitreihe, sondern liegt aller Zeit und damit aller Welt voraus[3]. Der Logos gehört also nicht zur Welt, — auch nicht in dem Sinne, daß von ihm aus das Werden von Zeit und Welt begreiflich würde. Es heißt nicht: ἀρχή ἦν ὁ Λ., sodaß seine Gestalt die Antwort auf die griechische oder gnostische Frage nach dem Ursprung wäre[4]. Seine schlechthinige Jenseitigkeit ist im ersten Satze ausgesagt; und eben dies ist der Sinn des Satzes: nicht etwas über den Ursprung der Welt zu lehren,

---

[1] Für das Verständnis des ganzen Evgs aus der Auseinandersetzung des Christentums mit der Gnosis s. die ausgezeichnete Darstellung von Ad. Omodeo, La mistica Giovannea 1930.

[2] Vgl. A all a. a. O. II 110: „Das ἦν zwingt die Vorstellung womöglich noch einen Strich weiter rückwärts. Uns läuft dies auf den rein negativen Begriff der Vorzeitlichkeit hinaus.“ — Anders Prov 8₂₂f. von der „Weisheit“:
> „Jahve schuf mich als den Anfang seiner Wege,
> als erstes seiner Werke vorlängst.
> Von Ewigkeit her bin ich eingesetzt,
> zu Anbeginn, seit dem Ursprung der Erde.“
Die LXX, die in dem ἔκτισέν με ἀρχὴν ὁδῶν αὐτοῦ dem hebr. Text folgt, sucht in dem πρὸ τοῦ αἰῶνος ἐθεμελίωσέν με ἐν ἀρχῇ noch darüber hinauszukommen; ebenso Sir 24₉: πρὸ τοῦ αἰῶνος ἀπ' ἀρχῆς ἔκτισέν με (hbr. fehlt).

[3] Vgl. 17₂₄: ὅτι ἠγάπησάς με πρὸ καταβολῆς κόσμου. Nach Od. Sal. 41₁₄f. war der Logos „von jeher (= ἀπ' ἀρχῆς) im Vater“ und „ward erkannt vor Grundlegung der Welt“.

[4] In der griechischen Gnosis ist ständig von der ἀρχή als dem Ursprung die Rede, vgl. z. B. Hipp El. VI 9,3 p. 136,11ff. das πῦρ als die τῶν ὅλων ἀρχή bei Simon VI 29,2 p. 155,22 die ἀρχὴ τῶν πάντων bei Valentin und bes. dessen Charakteristik des ἀγέννητος als die ἀρχὴ τῶν ὅλων καὶ ῥίζα καὶ βάθος καὶ βυθός VI 30,7 p. 158,4f. und überhaupt die Synonymität von ἀρχή mit ῥίζα, πηγή und σπέρμα in der Gnosis. Vgl. über den aus dem höchsten Gott emanierten zweiten Gott Jambl. de myst. 8,2 p. 262,3ff. Parthey: ἀρχὴ γὰρ οὗτος καὶ θεὸς θεῶν, μονὰς ἐκ τοῦ ἑνός, προούσιος καὶ ἀρχὴ τῆς οὐσίας. Bei Philo wird der λόγος conf. ling. 146 ἀρχή, leg. all. I 19 ἀρχὴ γενέσεως genannt; vgl. Pascher, Königsweg 118ff. — Wäre die Absicht des Prologs eine spekulative, so würde der Text auch nicht mit einer Aussage über den Logos (als die zweite Stufe des göttlichen Seins), sondern über Gott selbst beginnen; vgl. den Anfang des Naassener-hymnus (Hipp. V 10,2 p. 102,23 W.): νόμος ἦν γενικὸς τοῦ παντὸς ὁ πρωτότοκος νοός.

sondern den Logos zu charakterisieren. Diese Charakteristik, die den Logos der Sphäre der Welt entnimmt, ist zunächst rein negativ; denn über das, was aller Welt vorausliegt, läßt sich keine positive Aussage machen, wenn die ἀρχή nicht doch in die Weltzeit hinabgezogen werden soll. Und doch hat die Charakteristik einen positiven Sinn; denn die Aussage ist ja gemacht im Blick auf den, der als Fleischgewordener der Bringer der Offenbarung ist[1]. Den Logos als den Offenbarer preist das dem Prolog zugrunde liegende Lied; daß in Jesus von Nazareth der Logos Fleisch geworden sei, will der Evglist lehren. Das heißt: in der Gestalt und im Worte Jesu begegnet nichts, was in Welt und Zeit entsprungen ist, sondern begegnet die Wirklichkeit, die jenseits von Welt und Zeit liegt. Daß er und sein Wort ebenso kritische Instanz gegenüber Welt und Zeit sind, wie daß sie von Welt und Zeit befreien, — das ist im ersten Satz schon vorbereitet.

Der erste Satz aber drängt zum zweiten; denn ist von der ἀρχή im radikalen Sinne die Rede, so wird der Gedanke zu Gott selbst hingelenkt: in welchem Verhältnis steht der Logos zu Gott, der doch im Grunde einzig als ἐν ἀρχῇ gedacht werden kann? In mythologischer Sprache heißt die Antwort: καὶ ὁ Λόγος ἦν πρὸς τὸν θεόν. Als selbstverständlich setzt diese Antwort voraus, daß im Anfang Gott war; aber er war nicht allein: bei ihm war der Logos[2]. Durch das πρὸς θεόν ist jede Spekulation über eine Urzeugung in der göttlichen Sphäre, jede Vorstellung von einer Entfaltung der Gottheit oder von einer Emanation, jeder Gedanke eines Sich-selbst-objektiv-werdens der Urgottheit ausgeschlossen. Hinter das ὁ Λόγος ἦν πρὸς τὸν θεόν wird nicht zurückgegangen; es war so ἐν ἀρχῇ, und dem Λόγος ging keine Σιγή voraus. Aber soll wirklich der mythologische Gedanke ausgesprochen werden, daß im Anfang zwei göttliche Personen nebeneinander, oder die eine der andern subordiniert, vorhanden waren? Jedenfalls nicht nebeneinander; denn das Verhältnis wird nicht dadurch geklärt, daß der Satz durch seine Umkehrung erläutert würde: καὶ ὁ θεὸς ἦν πρὸς τὸν Λόγον. Vielmehr: καὶ θεὸς ἦν ὁ Λόγος. Also ist auch von keiner Subordination die Rede, sondern der Λόγος wird mit Gott gleichgesetzt: er war Gott[3]. Denn man kann doch nicht verstehen: er war ein Gott, ein Gottwesen[4], als ob θεός ein Gattungsbegriff wäre wie ἄνθρωπος oder animal, sodaß es zwei göttliche Wesen geben könnte, sei es im naiven polytheistischen Sinne[5], sei es im Sinne des gnostischen Emanations-

---

[1] Das betont mit Recht Ed. Thurneysen, ZwZ 3 (1925), 18ff.

[2] Εἶναι πρός c. acc. auf die Frage wo? hier wie Mt 6₃ 9₁₉ I Th 3₄ also wie παρά c. dat. (vgl. 17₅ Prov 8₃₀); BlD. § 239,1; Raderm.² 140: 142. 146. Wenn auch die Vermischung von Präpositionen wie πρός und παρά wie die Vermischung der Konstruktionen (acc. und dat.) in der Koine häufig ist (Raderm.² 137—143; Moulton, Einl. 173), so hat sich in den Pap. doch πρός c. dat. auf die Frage wo? erhalten. Man wird also πρός c. acc. auf die Frage wo? als Semitismus verstehen müssen; πρός gibt לְוָת wieder, das 1. = παρά c. dat., 2. = πρός c. acc. ist. Für eine schriftliche Quelle folgt daraus im vorliegenden Fall sowenig wie IT h 3₄; vgl. Goguel, RHPhrel. 3 (1923), 374f. gegen Burney 28f.

[3] So richtig Lagr. und Dillersb. Natürlich ist nicht, wie schon die Artikelverteilung zeigt, Gott Subj., sondern, wie im ganzen Zusammenhang, der Logos.

[4] Zu solcher Übersetzung zwingt nicht etwa (Orig.) das Fehlen des Art. vor θεός; dieser fehlt, weil θεός Präd. ist.

[5] So im AT in der Fragestellung Dt 3₂₄: „Wo ist im Himmel und auf Erden ein Gott, der solche Werke ... verrichten könnte?" Vgl. Ez 28₂. ₆. ₉. Anders Jes 45₂₂: „Denn ich bin Gott, und es gibt keinen sonst", wo LXX mit Recht ὁ θεός sagt; vgl. Jes 45₁₄ 46₉. So auch Jes 31₃: „Die Ägypter sind ja Menschen, nicht Gott." Polytheistisch gedacht ist dagegen das אֱלֹהִים Ps 82₁. ₆ 86₈ 95₃ 97₉ 136₂, wo LXX θεοί sagt, und Ps 8₆ 97₇

gedankens[1]. Das ist offenbar dadurch ausgeschlossen, daß in dem vorhergehenden und folgenden ἦν πρὸς τὸν θεόν das θεός im strengen monotheistischen Sinne gemeint ist; zudem zeigt der Fortgang, daß alle polytheistischen und Emanations= Vorstellungen fern liegen. Und schwerlich darf man übersetzen „göttlichen Wesens", „Gott von Art"[2]; denn warum wäre nicht θεῖος gesagt?[3] Und wenn dies etwa dadurch verhindert ist, daß der Text aus einem semitischen Original übersetzt ist, in dem der Begriff θεῖος fehlte, so liefe diese Auffassung doch wieder auf den Sinn „ein Gottwesen" hinaus. Aber zwischen den beiden Sätzen, die das ἦν πρὸς τὸν θεόν aussagen, kann das θεός nichts Anderes bedeuten als eben Gott. Der Logos wird also mit Gott gleichgesetzt[4], wie denn der Glaube den Sohn, der wieder zur Herrlichkeit, die er früher hatte (17₅), erhöht ist, bekennt als ὁ κύριός μου καὶ ὁ θεός μου (20₂₈).

Freilich zeigt die Stellung des θεός ἦν ὁ Λόγος zwischen jenen Sätzen auch, daß keine einfache Identifikation beabsichtigt ist. Ein paradoxer Sachverhalt soll Ausdruck finden, der mit dem Offenbarungsgedanken gegebene und im Folgenden entwickelte Sachverhalt nämlich, daß im Offenbarer wirklich Gott be= gegnet, und daß Gott doch nicht direkt, sondern nur im Offenbarer begegnet[5]. Nachdem die Aussage ὁ Λόγος ἦν πρὸς τὸν θεόν die Vorstellung hervorrufen könnte, es handle sich um die Gemeinschaft zweier göttlicher Personen, wird jetzt die Aussage ins entgegengesetzte Extrem getrieben: θεὸς ἦν ὁ λόγος. Aber auch dies wird sofort wieder gegen ein Mißverständnis geschützt, indem das eben Ge= sagte gleichsam revoziert und das πρὸς τὸν θεόν wiederholt wird: (V. 2) οὗτος ἦν ἐν ἀρχῇ πρὸς τὸν θεόν.

Betont ist οὗτος: dieser, von dem eben gesagt war, daß er Gott war[6]. Was gesagt werden soll, liegt zwischen den sich abwechselnden und sich scheinbar wider=

1381, wo LXX ἄγγελοι hat. Etwas ganz Anderes ist es natürlich, wenn Er 4₁₆ Moses Aaron gegenüber die Stelle Gottes vertritt, und wenn nach exegetischer Theorie der Rabbinen ein Mensch (Mose, Jakob) als Gott bezeichnet wird (Str.=B. II 352).
[1] So ist der δημιουργός bei Numenios ein δεύτερος θεός (Aall a. a. O. I 236f.); vgl. C. Herm. 8, 1. 5; hermet. Fr. bei Lact. div. inst. IV 6, 4 (Scott, Hermetica I 298); Ascl. 8, 29 ff. (ebd. 298/300; 348, 8 ff.). Ebenso heißt der Λόγος bei Philon δεύτερος θεός leg. all. II 86; vgl. somn. I 229f. Vgl. Kroll, Herm. Trism. 55 ff.
[2] Ebenso B. Weiß, Zn., Bl., wie Ho., Htm., Br.
[3] Θεῖος im NT Act 17₂₉ II Pt 1₃ f.; θειότης Röm 1₂₀.
[4] Das ἦν widerspricht nicht etwa der Gleichsetzung, „weil die Identität des Logos mit ὁ θεός, wenn sie einmal behauptet werden sollte, nicht zu gleicher Zeit durch das auch hier festgehaltene ἦν auf eine irgendwie abgegrenzte Vergangenheit beschränkt werden könnte" (Zn.). Das ἦν begrenzt die Identität ja gar nicht auf die Vergangenheit, sondern sagt einfach vom Standpunkt des Redenden aus, wie es ἐν ἀρχῇ war, ohne daß damit gesagt wäre, daß das einmal anders wurde. Über ἦν als die angemessene Form vom ewigen Sein zu reden, vgl. nach Thomas Dillersberger 45f.
[5] Das Verhältnis des Λόγος zu Gott ist analog dem Verhältnis des „Namens" (שֵׁם) Gottes zu Gott in gewissen at.lichen Stellen, in denen der Name Gottes wie eine selbständige Größe neben Gott tritt, ohne doch etwas Selbständiges zu sein. Er bezeichnet vielmehr Gott, sofern er wirkt, sich offenbart (Er 23₂₁ Jes 30₂₇ Ps 82. 10 20₂ usw.). Vgl. O. Grether, Name und Wort Gottes im AT 1934, 28 ff. 44 ff.
[6] Betont ist οὗτος nicht um der polemischen Antithese zu anderen göttlichen Ge= stalten willen, von denen jemand behaupten könnte, daß sie bei Gott waren. Auch ist die Bedeutung von V. 2 nicht die, zum Folgenden überzuleiten (Ho.), weil dazu der vorige Satz nicht geeignet wäre. Warum wäre er es nicht? — Die Abtrennung: θεὸς ἦν. ὁ λόγος οὗτος ἦν κτλ., die nach Ambrstr. (quaest. 91; vgl. Augustin, de doctr. christ. III 2, 3; vgl. Nestle, ZNTW 8 [1907], 78ff.) Photinus gelesen hat, und die Jannaris (ZNTW 2 [1901], 24) verteidigt, ist nicht nur absurd, sondern widerspricht auch dem Versbau.

sprechenden Bestimmungen des Logos; denn adäquat läßt es sich in der Sprache des Mythos nicht ausdrücken; es muß aus der Folge der sich widersprechenden Sätze herausgehört werden. Der Widerspruch ist aber der gleiche, der sich durch das ganze Evg zieht: wohl sind Sohn und Vater Eines (10₃₀), und doch ist der Vater größer als der Sohn (14₂₈); wohl vollzieht der Sohn gehorsam des Vaters Willen (5₃₀ 6₃₈), und doch hat der Sohn die gleiche Macht wie der Vater, spendet Leben und verlangt gleiche Ehre wie der Vater (5₂₁₋₂₇), und wer den Sohn sieht, sieht den Vater (14₉). Nur in seiner Offenbarung ist Gott da, und wer der Offenbarung begegnet, begegnet wirklich Gott: θεὸς ἦν ὁ λόγος. Aber wiederum nicht so, als könne im erfassenden Blick auf die Offenbarung Gott zu eigen gemacht werden; Gott begegnet in ihr nur, wenn verstanden wird, daß sie seine Offenbarung ist: ὁ λόγος ἦν πρὸς τὸν θεόν. Wie im AT der Glaube, daß Gott selbst im geschichtlichen Geschehen wirkt, und daß er doch nicht in diesem Geschehen aufgeht, nicht mit ihm identisch ist, sondern jenseits seiner steht als Gott, durch das Nebeneinander Gottes und seines Namens ausgedrückt sein kann[1], so tritt neben Gott der Logos, damit Gott von vornherein als der „redende"[2], als der sich offenbarende Gott verstanden werde. Und noch stärker mythologisch ist diese — von der Gnosis übernommene — Redeweise als die at.liche, weil noch mehr gesagt sein soll: die Offenbarung, die der Gemeinde im geschichtlichen Offenbarer geschenkt ward, hat ihren Ursprung vor der Zeit; in der Ewigkeit und Einheit des göttlichen Willens ist Welt- und Heilsgeschehen begründet: der Logos ist nicht ein jeweiliger Offenbarungsakt Gottes, sondern er ist „präexistent". Um deswillen wird das ἐν ἀρχῇ hier wiederholt[3].

Der Gottesgedanke ist also von vornherein durch den Offenbarungsgedanken bestimmt. Von Gott reden, heißt: von seiner Offenbarung reden; und von Offenbarung reden, heißt: von Gott reden. Und dabei ist Offenbarung nicht in einem allgemeinen Sinne gemeint, sondern als der im fleischgewordenen Offenbarer vernehmbare Heilswille Gottes. Gott war stets der Gott, als der er in der geschichtlichen Offenbarung kund wurde, und er war nur dieser. Als dieser aber ist er der Gott jenseits von Welt und Zeit, der nie in der Weise mit seiner Offenbarung identisch ist, als wäre er der Welt und Zeit immanent. Wer fragen würde: wie läßt sich von Offenbarung reden, solange es noch keine Schöpfung gab? — der würde das ἐν ἀρχῇ mißverstehen und würde sich Gott und den Logos doch als zwei in der Zeit vorhandene Wesen vorstellen, während das ἐν ἀρχῇ für den Menschen zunächst nur kritische Bedeutung haben kann, und erst dadurch einen positiven Sinn gewinnt, daß es heißt: ἐν ἀρχῇ ἦν ὁ Λόγος: Welt und Zeit sind nicht aus ihnen selbst zu verstehen, aber aus dem in der Offenbarung redenden Gott. So wäre auch die Frage des Philosophen: Warum ist nicht Nichts?[4] durch diesen Satz beantwortet: ἐν ἀρχῇ ἦν ὁ Λόγος.

Soll Λόγος übersetzt werden, so kann es nur heißen „Wort", wie das schon durch den gnostischen Mythos gegeben ist[5]. Es ist aber — so sehr der begriffliche

---

[1] Vgl. S. 17, 5.   [2] Schl. zu V.1.

[3] Diese Interpretation würde eine Bestätigung erhalten, wenn V.2 eine Bildung des Evglisten wäre, die dann einen (stärker mythologischen?) Satz der Quelle (der als zweites Glied zu καὶ θεὸς ἦν ὁ λόγος gehört hätte) verdrängt haben würde. Diese Vermutung wird dadurch nahegelegt, daß V.2 drei Tonwörter enthält im Unterschied von den nur zwei betonte Begriffe enthaltenden Sätzen von V.1.

[4] M. Heidegger, Was ist Metaphysik? 1929, 29.   [5] Vgl. S. 12, 1.

Sinn des Namens *Λόγος* verschwunden ist[1] — auch die angemessene Übersetzung, insofern die eigentliche Funktion des *Λόγος* die des Offenbarers ist, der *Λόγος* also Gott kundtut[2]. Freilich kann Faust „das Wort so hoch unmöglich schätzen", weil er zunächst im Sinne der Spekulation nach dem verständlichen Ursprung im Sinne der griechischen *ἀρχή* fragt und deshalb „Sinn" und „Kraft" erwägt. Indem er aber beides verwirft und getrost „Tat" schreibt, verwirft er zugleich jene Fragestellung und nähert sich dem Sinn des Textes, insofern er das *ἐν ἀρχῇ ἦν ὁ λόγος* in seinem kritischen Sinne richtig erfaßt: es ist nicht aus dem Zeitlosen abzuleiten, wie es zu Welt und Zeit kam; ihr Dasein ward durch göttliche Tat Ereignis.

b) Sein Verhältnis zur Welt (1 3-4).

[3] *πάντα δι᾽ αὐτοῦ ἐγένετο,*
καὶ χωρὶς αὐτοῦ ἐγένετο οὐδὲ ἕν[3].
[4] *ὃ γέγονεν, ἐν αὐτῷ ζωὴ ἦν,*
καὶ ἡ ζωὴ ἦν τὸ φῶς τῶν ἀνθρώπων.

Wiederum war die Richtung dieser Aussage durch das Vorige gewiesen; denn sollte von Gott in einem den Menschen angehenden Sinne geredet werden, so mußte nunmehr von der Welt die Rede sein als der Sphäre, in der sich der Mensch befindet. Sie wird als die Schöpfung des Logos **V. 3** in zwei par. Gliedern negativ und positiv bestimmt. Freilich wird der Begriff *κόσμος*, der erst V. 10 auftritt, hier vertreten durch *πάντα* = alles, was es gibt, wobei davon abgesehen ist, daß sich dies als *τὰ πάντα* (*τὸ πᾶν*) zusammenfassen ließe, sei es als Einheit Gott gegenüber[4], sei es als die Einheit des göttlichen Kosmos in sich[5]. Daß aber *πάντα* und nicht *ὁ κόσμος* gesagt wird[6], beruht zunächst auf dem liturgischen Sprachgebrauch, der es liebt, durch Formen von *πᾶς* ein Gefühl für die Fülle dessen zu erwecken, was seinen Ursprung in Gott hat[7], und auf diesem Sprachgebrauch beruht auch die Hinzufügung der negativen Aussage zur positiven: alles durch den Logos, nichts ohne ihn[8].

[1] Schon in dem *ἦν πρός* fehlt völlig der begriffliche Sinn; vgl. weiter bes. das *ἐθεασάμεθα* V. 14.

[2] Vgl. V. 4 f. (*φῶς*), V. 14 und bes. V. 18.

[3] Statt *οὐδὲ ἕν* lesen ℵ* D, einige Min. und Gnostiker *οὐδέν*. Nach Zn. wäre das Korrektur, weil *οὐδὲ ἕν* bei (falscher) Beziehung des *ὃ γέγονεν* zum Folgenden unerträglich gewesen wäre. Diese Motivierung ist falsch, s. u.

[4] Röm 11 36 1 Kor 8 6 Kl 1 16 f. Hb 2 10. Jüdisches bei Schl. 3. St. Das bei Paulus beliebte (aus der griechischen Tradition stammende) Spiel mit Präpositionen fehlt bei Joh.

[5] Für die griechische, speziell stoische Tradition vgl. Ed. Norden, Agnostos Theos 1913, 240—250, für die Hermetik Kroll, Herm. Trism. 43—50. Vgl. auch Lietzmann, Hdb. zum NT zu Röm 11 36.

[6] Auch bei den Rabbinen werden „das All" und „die Welt" gleichwertig gebraucht, Schl., Spr. und H. 17.   [7] Vgl. A. 5.

[8] Für die orient. Tradition vgl. J. Hempel, Gott und Mensch im AT[2] 1936, 205; J. Begrich, ZATW 46 (1928), 232. Beispiel bei A. Ungnad, Die Religion der Babylonier und Assyrer 1921, 204 f. — Für die griech.-latein. Tradition Ed. Norden a. a. O 157, 3. 159, 1. 349 f. 391 f. — Beispiel Lucr., de rer. nat. 1, 1 ff.:

 (4) ... per te quoniam genus omne animantum
   concipitur visitque exortum lumina solis.

  ...
 (22) nec sine te quicquam dias in luminis oras
   exoritur ...

Nur unter Verkennung von Stil und Versbau kann man die beiden Hälften von V. 3 auf

Mit Nachdruck wird also gesagt, daß alles, ohne Ausnahme[1], durch den Logos geschaffen ward; über das Wie und Wann aber fehlt jede Reflexion. Das ἐγένετο ist reiner Ausdruck des Schöpfungsgedankens[2] und schließt den Emanations= gedanken ebenso aus wie die Vorstellung von einer ursprünglichen Dualität von Licht und Finsternis und von der Entstehung der Welt aus einem tragischen Zu= sammenstoß dieser beiden Mächte. Ausgeschlossen ist auch die griechische An= schauung, die die Welt aus der Korrelation von Form und Stoff begreifen will; die Schöpfung ist nicht die Ordnung einer chaotischen Materie, sondern die κατα= βολή κόσμου (17₂₄), creatio ex nihilo[3].

Aber auch darauf ist nicht reflektiert, was alles zu den πάντα gehört, welche Wesen die Welt umfasse. Sowenig von anderen kosmischen Mächten die Rede ist, sowenig vom Teufel, obwohl dieser im Evg ja eine Rolle spielt[4]. Natürlich gehört er als Möglichkeit zur geschaffenen Welt; daß er als Wirklichkeit zur gefallenen Welt gehört, wird V.₅ zeigen. Dagegen ist deutlich, daß zu den πάντα die Menschen gehören, von denen im Folgenden allein gehandelt wird. Und indem in V.₁₀ sowohl die πάντα von V.₃ wie die ἄνθρωποι von V.₅ durch ὁ κόσμος wiederaufgenommen werden, zeigt sich, daß die Menschen nicht Wesen sind, die, wie andere auch, im κόσμος vorkommen, sondern daß sie es sind, die den κόσμος zum κόσμος machen.

Verboten aber ist nach V.₁f. die Frage, wo Gott bleibt, während der Logos schafft. Dieser ist durch seine Beziehung zur Welt ebensowenig von Gott getrennt wie nachher als Fleischgewordener (10₃₀); er wäre sonst ja nicht der Logos von V.₁f. Er ist nicht, wie der Logos Philos oder der Νοῦς Plotins, ein Vermittler zwischen der Welt und der transzendenten Gottheit, sondern er ist Gott selbst, so= fern er sich offenbart[5]. Die Welt ist Gottes Schöpfung und als solche Gottes Offen= barung, — dies der Sinn von V.₃, der in V.₄ nach beiden Seiten erläutert wird.

Wäre in V.₃ auf das Wann der Schöpfung reflektiert, so wäre die Folge, daß von der Erschaffung der Welt ihr Fortbestand unterschieden werden müßte, wäre es auch nur in der primitiven Form von Gen 1₁₁. ₂₂. ₂₈[6]. Die Radikalität

verschiedene Klassen des Geschaffenen beziehen. Solche Verkennung ist es auch, in V.₃b die Polemik gegen andere Schöpfungslehren (O. Pfleiderer, Urchristentum[2] II 1902, 337) zu finden, oder gar in dem οὐδὲ ἕν einen Seitenblick auf den Täufer zu entdecken (Bldsp. 8). Aber auch Schl.s Meinung ist unmöglich: das χωρὶς schließe Abstufungen im Anteil des göttlichen Wortes am Verlauf der Geschichte nicht aus.
  [1] Der nachdrückliche Versschluß οὐδὲ ἕν (s. zu V.₄) ist ein wegen seiner Wirkung be= liebter Satzschluß. Beispiele aus der Komödie bei Ed. Schwartz, Ap. IV 534,3; dazu Epikt., Diss. II 18,26; Ench. 1,3 (οὐ μέμψῃ οὐδένα, οὐκ ἐγκαλέσεις τινί, ἄκων πράξεις οὐδὲ ἕν); Philonides bei Stob. Anth. III 35,6 (III 688 Hense); Epigr. 646,5f. Analog das οὐδὲ εἰς Bel 18 (Thdtn.); I Makk 7₄₆; Jos., ant. VI 266; Röm 3₁₀. (12) (nach Ps 13₁ 52₄).
  [2] Vgl. Od. Sal. 16, 10ff.
  [3] Phil. spec. leg. IV 187 versucht den Schöpfungsgedanken griechisch zu inter= pretieren: τὰ γὰρ μὴ ὄντα ἐκάλεσεν (Gott) εἰς τὸ εἶναι, τάξιν ἐξ ἀταξίας καὶ ἐξ ἀποίων ποιότητας καὶ ἐξ ἀνομοίων ὁμοιότητας καὶ ἐξ ἑτεροιοτήτων ταυτότητας καὶ ἐξ ἀκοι= νωνήτων καὶ ἀναρμόστων κοινωνίας καὶ ἐκ μὲν ἀνισότητος ἰσότητα ἐκ δὲ σκότους φῶς ἐργασάμενος· ἀεὶ γάρ ἐστιν ἐπιμελὲς αὐτῷ καὶ ταῖς εὐεργέτισιν αὐτοῦ δυνάμεσι τὸ πλημμελὲς τῆς χείρονος οὐσίας μεταποιεῖν καὶ μεθαρμόζεσθαι πρὸς τὴν ἀμείνω. — Für die hermetische Anschauung vgl. die bei Scott, Herm. I 544 bis 548 gesammelten Fragmente 27—29. 30. 33. 35, bes. 27: ὁ γὰρ λόγος αὐτοῦ (τ. θεοῦ) προελθών, παντέλειος ὢν καὶ γόνιμος καὶ δημιουργ(ικ)ός, ἐν γονίμῳ φύσει πεσών ... ἔγκυον τὸ ὕδωρ ἐποίησε. .
  [4] 8₄₄ 12₃₁ 13₂ 14₃₀ 16₁₁.
  [5] Dillersberger (54ff.) findet in dem δι' αὐτοῦ (nicht etwa ἐξ αὐτοῦ!) angedeutet, daß als „erster Schaffender" Gott selbst im Hintergrunde steht!
  [6] Die Pflanzen tragen Samen; Tiere und Menschen sollen fruchtbar sein und sich

des Schöpfungsgedankens zeigt sich darin, daß der Welt nicht am Anfang gleich=
sam zu eigen gegeben wird, was sie fernerhin erhält, sondern daß, wie ihr An=
fang, so auch ihr dauernder Bestand auf den Logos zurückgeführt wird[1]. Eben
dies ist der Sinn von **V. 4**a: ὃ γέγονεν, ἐν αὐτῷ ζωὴ ἦν[2]: die Lebendigkeit der
ganzen Schöpfung hat im Logos ihren Ursprung; er ist die Kraft, die das Leben
schafft[3]. Dabei bleibt es sich gleich, ob man versteht: „Was da geworden ist, — in
ihm (dem Logos) war (dafür) das Leben"; oder: „Was da geworden ist, — in
dem war er (der Logos) das Leben[4]." In jedem Falle ist gesagt, daß dem Ge-

---

mehren. Philo hat opif. m. 43 f. den naiven Gedanken durch Reflexion im stoischen Sinne
erweitert: die Pflanzenfrüchte sind παρασκευαὶ πρὸς τὴν τῶν ὁμοίων ἀεὶ γένεσιν,
τὰς σπερματικὰς οὐσίας περιέχοντες, ἐν αἷς ἄδηλοι καὶ ἀφανεῖς οἱ λόγοι τῶν ὅλων
εἰσί, δῆλοι καὶ φανεροὶ γινόμενοι καιρῶν περιόδοις. ἐβουλήθη γὰρ ὁ θεὸς δολιχεύειν
(im Kreise laufen) τὴν φύσιν, ἀπαθανατίζων τὰ γένη καὶ μεταδιδοὺς αὐτοῖς ἀιδιό-
τητος.

[1] Das betont mit Recht Calvin: simplex enim sensus est, sermonem dei non modo
fontem vitae fuisse creaturis omnibus, ut esse inciperent, quae nondum erant, sed
vivifica eius virtute fieri, ut in statu suo maneant.

[2] Die in der neueren Exegese meist bevorzugte Beziehung des ὃ γέγονεν zum Vor=
hergehenden οὐδὲ ἕν (doch würde man dann erwarten: ἃν γεγ.!) begegnet seit Ende des
4. Jahrh. und ist seit Chrys. im Interesse der Ketzerbestreitung üblich geworden (vgl
Exkurs I bei Zn. und E. Nestle, ZNTW 10, 1909, 262—264). Aber wie sie dem Sprach=
gefühl der älteren Griechen widersprach, so ist sie in der Tat unmöglich; denn sie wider=
spricht dem Rhythmus der Verse, während umgekehrt der Versanfang: ὃ γέγονεν als
Wiederaufnahme des vorigen Satzschlusses: ἐγένετο οὐδὲ ἕν der Kunstform des Prologs
entspricht (f. S. 2 f.). Vgl. E. Hennecke, Congrès d' Histoire du Christianisme I 212 f.;
M. d'Asbeck, ebenda 220 ff.; Ad. Omodeo, Saggio 14 f. Anders J. Rendel
Harris, The Bull. of the John Rylands Library 6 (1922), 11. Die Streichung von ὃ
γέγ. (Htm., Br., Hirsch) verdirbt den Versbau. — Über die Variante ἐστιν f. u. S. 22, 1.

[3] Ζωή vom Logos bzw. von Jesus ausgesagt, ist nicht die Lebendigkeit, sondern
die solche Lebendigkeit schaffende Kraft. Die ζωή, die er „hat", besteht (wie beim
Vater) darin, daß er lebendig macht (5 21: 26). Er gibt der Welt das Leben (6 33); er
gibt den Seinen die ζωὴ αἰώνιος (10 28). In diesem Sinne „ist" er die ζωή (11 25
14 6) als der ἄρτος τ. ζωῆς (6 35. 48), als das φῶς τ. ζωῆς (8 12). Er spendet das
ὕδωρ ζῶν (4 10 7 38), den ἄρτος ζῶν (6 51). Weil seine Worte lebendig machen, sind
sie πνεῦμα καὶ ζωή (6 63), sind sie ῥήματα ζωῆς αἰωνίου (6 68).

[4] Für das Verständnis ist leitend: 1. daß die Sätze des Prologs durchweg den Logos
charakterisieren sollen, daß also nicht V. 4a die Charakteristik des Geschaffenen den
Zusammenhang unterbrechen darf; 2. daß von der ζωή als der lebenschaffenden Kraft
des Logos (das, was lebendig macht), nicht als von der Lebendigkeit (das, was lebendig
ist), die Rede sein muß; denn die ζωή wird ja sofort als das φῶς bezeichnet, das dem
Geschaffenen gegenübersteht; sie kann also nicht die dem Geschaffenen eigene Lebendig=
keit sein. Unmöglich ist also das Verständnis: „In ihm (dem Geschaffenen) war Leben."
Geht ἐν αὐτῷ auf das Geschaffene (es würde dann besser, aber nicht notwendig, ἐν τούτῳ
heißen), so kann ζωή nur Präd. sein, und Subj. ist dann das in ἦν enthaltene „er". Dafür
könnte die Analogie mit V. 4b/5a sprechen: wie in V. 4b φῶς Präd. ist, das in V. 5a als
Subj. wieder aufgenommen wird, so wäre ζωή in V. 4a Präd., um in V. 4b als Subj.
wieder aufgenommen zu werden. Andrerseits ist man geneigt, das ἐν αὐτῷ vom Logos
zu verstehen, von dem in V. 3 das δι' αὐτοῦ und χωρὶς αὐτοῦ gesagt war (so Omodeo,
Saggio 14 f.). — Vielfach zieht man eine andere Interpunktion vor: ὃ γέγονεν ἐν αὐτῷ,
ζωὴ ἦν. In keinem Falle dürfte man dann verstehen: „Was in ihm (dem Logos) ge=
worden ist, war Leben", — als ob damit die ideale (Prä=)Existenz alles Geschaffenen im
Logos ausgesagt wäre. Das liefe auf den Gedanken hinaus, der in verschiedener Weise
bei Philon (der λόγος als der κόσμος νοητός opif. m. 25 usw.), bei Plotin (in der auf
das ἕν folgenden δυάς sind die Einzelideen enthalten: ... ἦν δὲ καὶ νοῦς καὶ ζωὴ ἐν
αὐτῷ VI 7,8 p. 435,9 f. Volkm.) und in der Hermetik (der als Einheit hypostasierte
κόσμος ist Gottes υἱός und εἰκών und ist das πλήρωμα τῆς ζωῆς 12 15) ausgeprägt ist,
und der vielleicht Kol 1 16 f. vorliegt. Dieser spekulative Gedanke widerspricht dem δι'

schaffenen als Geschaffenen Leben nicht zu eigen war. So war es von je schon,
— nicht als ob es einmal anders wurde! Aber das $\mathring{\eta}v$ ist (wie das folgende) im
Hinblick auf das $o\mathring{v}$ $\varkappa a\tau\acute{\epsilon}\lambda a\beta\epsilon v$ (V.5), das $o\mathring{v}\varkappa$ $\mathring{\epsilon}\gamma v\omega$ (V.10), bzw. auf die Fleischwerdung gesprochen: die Möglichkeit der Offenbarung war von je gegeben[1].

Daß darin, daß die Welt Schöpfung des Logos ist, die Möglichkeit der Offen-
barung liegt, sagt **V. 4**ᵇ: $\varkappa a\grave{\iota}\,\mathring{\eta}\,\zeta\omega\acute{\eta}\,\mathring{\eta}v\,\tau\grave{o}\,\varphi\tilde{\omega}\varsigma\,\tau\tilde{\omega}v\,\mathring{a}v\vartheta\varrho\acute{\omega}\pi\omega v$. Von dieser[2]
Lebenskraft, die der Schöpfung ihren Bestand gab, wird gesagt, daß sie „das Licht"
der Menschen, d. h. für die Menschen[3], war. Schon der Art. bei $\varphi\tilde{\omega}\varsigma$ zeigt, daß
von $\varphi\tilde{\omega}\varsigma$ nicht im „bildlichen" Sinne die Rede ist. Die $\zeta\omega\acute{\eta}$ des Logos wird nicht
mit dem Lichte verglichen, sondern sie ist das Licht[4]; d. h. sie bedeutet für die
Menschen entscheidend und endgültig das, was alles jeweilige einzelne Licht bedeuten möchte[5]. Und was ist die Bedeutung des Lichtes? Indem es die Welt
hell macht, gibt es die Möglichkeit des Sehens. Die Bedeutung des Sehens aber
besteht nicht nur darin, daß sich der Mensch über Gegenstände orientieren kann,
sondern (damit zugleich) darin, daß er sich selbst in seiner Welt versteht, daß er
nicht „im Dunkeln tappt", sondern seinen „Weg" sieht. Im ursprünglichen Sinne
ist Licht nicht ein Beleuchtungsapparat, der Dinge erkennbar macht, sondern die
Helligkeit, in der ich mich je befinde und zurechtfinden kann, in der ich „aus
und ein weiß" und keine Angst habe; die Helligkeit also nicht als ein äußeres
Phänomen, sondern als das Erhelltsein des Daseins, meiner selbst[6]. Solche Hellig-

$a\mathring{v}\tau o\tilde{v}\,\mathring{\epsilon}\gamma\acute{\epsilon}v\epsilon\tau o$ von V.3. — Man müßte bei der Beziehung von $\mathring{\epsilon}v\,a\mathring{v}\tau\tilde{\omega}$ zu $\mathring{o}\,\gamma\acute{\epsilon}\gamma o v\epsilon v$ das
$\mathring{\epsilon}v$ schon instrumental verstehen: „Was durch ihn geworden ist, war Leben." Aber warum
wäre nicht das $\delta\iota'\,a\mathring{v}\tau o\tilde{v}$ von V.3 wiederaufgenommen? Denn daß das $\mathring{\epsilon}v\,a\mathring{v}\tau\tilde{\omega}$ falsche
Übersetzung des zugrundeliegenden בֵּהּ wäre (Burney, Burrows), ist nicht glaublich;
warum hätte der Übersetzer in V.3 richtig und in V.4 falsch übersetzt?! — Aber beide bei
der Beziehung von $\mathring{\epsilon}v\,a\mathring{v}\tau\tilde{\omega}$ zu $\mathring{o}\,\gamma\acute{\epsilon}\gamma o v\epsilon v$ gegebenen Möglichkeiten sind schon dadurch
ausgeschlossen, daß sie die $\zeta\omega\acute{\eta}$ der Schöpfung statt dem Schöpfer zusprechen und also
zum Fortgang nicht passen würden, und daß beide $\zeta\omega\acute{\eta}$ als die Lebendigkeit und nicht
als die lebenschaffende Kraft verstehen müssen. — Textverderbnis anzunehmen (Htm.,
Br.), erscheint mir als unnötig. — Über die valentinianische Interpretation vgl. W.
von Loewenich. Das Johannes-Verständnis im 2. Jahrh. 1932, 77. 84.

[1] Das $\mathring{\epsilon}\sigma\tau\acute{\iota}v$, das א D it syr^c, Valentinianer und Iren. I 8,5 statt $\mathring{\eta}v$ lasen, ist eine
naheliegende Korrektur, die den Zusammenhang übersieht und schon durch das $\mathring{\eta}v$ des
folgenden Satzes als falsch erwiesen wird.

[2] Der Art. ist anaphorisch bzw. demonstrativ, nicht generisch.

[3] Das ist natürlich der Sinn des Gen. τ. $\mathring{a}v\vartheta\varrho$.; anderwärts steht in gleichem Sinne
der Dat., vgl. die Beispiele bei Br.

[4] Deshalb sind die rabbinischen Sätze, in denen die Thora mit einer Leuchte verglichen wird (Str.-B. II 357, vgl. I 237 f.), für die Interpretation wertlos.

[5] Ebenso ist in Kap. 4 und Kap. 6 von Wasser und Brot nicht in einem „bildlichen"
Sinne die Rede, sondern Wasser und Brot sind nur hinsichtlich ihrer Bedeutsamkeit hinsichtlich dessen, was sie für den Menschen „leisten", verstanden; s. zu den betr. Stellen;
ebenso zu Kap. 10 und Kap. 15.

[6] Das zeigt sich am Begriff des „Augenlichtes", den wie das Deutsche so auch das
Griechische hat (Pind. Nem. 10, 40 f.). „Licht" kann „Auge" bedeuten (Eur. Kykl. 633).
Zur Bezeichnung des Rettenden, heilbringenden kann ebenso „Auge" gesagt werden
(Pind. Ol. 2, 10; 6, 16; Pyth. 5, 56; Aesch. Pers. 168 f. 980; Soph. Tr. 203; Oed. r. 987;
Eur. Andr. 406: $\mathring{o}\varphi\vartheta a\lambda\mu\grave{o}\varsigma\,\beta\acute{\iota}ov$) wie „Licht" (Hom. Il. 16, 39; 17, 615; 18, 102; Pind.
Isthm. 2, 17; Aesch. Pers. 300). — Vgl. Mt 6₂₃ par.: $\mathring{o}\,\lambda\acute{v}\chi vo\varsigma\,\tauo\tilde{v}\,\sigma\acute{\omega}\mu a\tauo\varsigma\,\mathring{\epsilon}\sigma\tau\grave{\iota}v\,\mathring{o}$
$\mathring{o}\varphi\vartheta a\lambda\mu\acute{o}\varsigma\,\varkappa\tau\lambda$. (hier bedeutet das $\sigma\tilde{\omega}\mu a\,\varphi\omega\tau\epsilon\iota v\acute{o}v$ natürlich nicht den „beleuchteten"
Leib, sondern den Leib bzw. den Menschen, der „im Hellen" ist, der sehen kann; wie
Eph 1₁₈ die $\pi\epsilon\varphi\omega\tau\iota\sigma\mu\acute{\epsilon}vo\iota\,\mathring{o}\varphi\vartheta a\lambda\mu o\grave{\iota}\,\tau\tilde{\eta}\varsigma\,\varkappa a\varrho\delta\acute{\iota}a\varsigma$ die Augen sind, die sehen können).
Vgl. wie Phil. leg. all. III 171 ff. der $\lambda\acute{o}\gamma o\varsigma$ zuerst als $\varkappa\acute{o}\varrho\eta$ (Augapfel) und dann als
$\varphi\tilde{\omega}\varsigma$ beschrieben wird; Hipp. El. X 11, 5 p. 271, 10 f. W.: $\mathring{\eta}\,\varkappa\acute{o}\varrho\eta\,\tauo\tilde{v}\,\mathring{o}\varphi\vartheta a\lambda\mu o\tilde{v}\,\ldots$
$\varphi\omega\tau\acute{\iota}\zeta\epsilon\tau a\iota$.

keit gehört notwendig zum Leben, sodaß von je und überall Licht und Leben, Finsternis und Tod als zusammengehörig gelten[1]. Da sich der Mensch zunächst in der äußeren Welt vorfindet und zurechtfindet, bezeichnet „Licht" zumeist die Helligkeit des Tages, das Sonnenlicht[2]. Und von da aus wird „Licht" vielfach bildlich gebraucht zur Bezeichnung der Kraft, die das Zurechtfinden im Leben überhaupt ermöglicht, sei es als die Kraft des Denkens[3], sei es als die wegweisende Norm[4] oder als die Rechtschaffenheit[5]. Daneben bleibt der ursprüngliche Sinn von „Licht" als der Erhelltheit des Daseins darin erhalten, daß „Licht" zur Bezeichnung von Glück und Heil wird[6] und so zur Bezeichnung der göttlichen Sphäre überhaupt[7], und vor allem darin, daß „das Licht" zur Bezeichnung des Heiles

[1] Der Begriff des „Lebenslichtes" ist im Griechischen geläufig. „Im Lichte sein" heißt „leben" (Soph. Phil. 415; 1212; Eur. Hec. 707); ebenso „das Licht sehen" (Hom. Od. 4, 540. 833 usw.). Der Hades ist dunkel. — Entsprechend gilt im Semitischen der Tod als das Dunkle, vgl. L. Dürr, Die Wertung des Lebens im AT und im antiken Orient 1926, 33. 35. 38; vgl. Ps 88₇. ₁₃ 134₄ Hiob 10₂₁f. 17₁₃. „Das Licht sehen" für „leben" Ps 36₁₀ 49₂₀ Hiob 3₁₆; „Lebenslicht" Ps 56₁₄ Hiob 33₃₀. „Licht" = „Leben" Hiob 3₂₀. [2] Vgl. etwa die Hymnen an Schamasch, A. Ungnad, Die Religion der Bab. und Ass. 1921, 185ff.; Altorient. Texte zum AT² 1926, 242ff., in denen die Bedeutsamkeit des Lichtes für das Leben klar hervortritt. [3] So bes. im Griechentum, das den Begriff des ὄμμα τῆς ψυχῆς in diesem Sinne ausgebildet hat. Vgl. J. Stenzel, Die Antike I (1925), 256ff.; II (1926), 235ff. Vor allem Platons Darstellung der Idee des ἀγαθόν als des φῶς resp. VI p.507e—509b. Das hellenist. Judentum hat diese Redeweise übernommen. Wie Sap 7₁₀ die σοφία φῶς genannt wird, so wird bei Philo die σοφία und ἐπιστήμη als φῶς διανοίας bezeichnet (spec. leg. I 288; migr. Abr. 39f.), ebenso heißen der νοῦς (post. Caini 57f.) und die παιδεία (leg. all. III 167) φῶς, und die ἄγνοια gilt als Blindheit (ebr. 154ff.). Natürlich redet Philo auch vom ὄμμα τῆς ψυχῆς (migr. Abr. 39 usw.). [4] So bes. im AT: Ps 19₉ 119₁₀₅ Prov 6₂₃ Bar 4₂ usw.; für den alten Orient überhaupt vgl. H. Greßmann, Messias 1929, 290—292. Für das rabbin. Judentum vgl. Odeberg 140—144; Str.-B. II 427f.; ebenda 357 für den Vergleich der Thora mit einem Licht. — Aber auch das Griechentum verbindet ursprünglich „mit dem Bilde der Finsternis den Gedanken einer Schuld, mit dem des Lichtes den einer Erlösung und Rettung vom Bösen" (Stenzel a. a. O. I 256), wie es denn für Platon (s. vor. Anm.) die Idee des ἀγαθόν ist, die als φῶς die Welt verständlich macht. — Für das hellenist. Judentum vgl. Sap 5₆ (τὸ τῆς δικαιοσύνης φῶς); 18₄ (τὸ ἄφθαρτον τοῦ νόμου φῶς); Test. Levi 14₄ (τὸ φῶς τοῦ νόμου). Philon redet vom φῶς des Logos als von der ἀρετή (leg. all. I 18) und nennt das Gewissen ein φῶς (deus imm. 135; Jos 68); ähnlich von den νόμοι decal. 49. — Für das AT vgl. Röm 13₁₂ I Th 5₄ff. Eph 5₈ff. — Teilweise hat (bes. in den Test. Patr.) der iranische Sprachgebrauch eingewirkt, für den Wahrheit und Licht, Lüge und Finsternis zusammengehören; vgl. Bousset, Rel. des Jdt.³ 334. 515f. [5] Vgl. Str.-B. II 427 zu Joh 3₁₉. [6] Für das Griechische s. S. 22, 6; für das AT: Am 5₁₈ Hiob 22₂₈ Ps 27₁. Der König als Heilbringer wird im altorient. Sprachgebr. als „Sonne" u. dergl. bezeichnet; L. Dürr, Ursprung und Ausbau der israelit.-jüd. Heilandserwartung 1925, 106ff. [7] Natürlich wird überall die Sphäre des Göttlichen, die voll ungestörten Lebens, voll Glück und Freude ist, als Sphäre des Lichtes und Glanzes vorgestellt. Gott ist in Licht gekleidet (Ps 104₂ Jes 60₁₉f. usw.; vgl. äth. Hen. 14₁₅ff.; I Tim 6₁₆), und neben ihm erscheinen selbst Sonne und Mond schwarz wie die Mohren (Apk. Mos. 35f.). Himmlische Gestalten sind leuchtend hell (II Makk 15₁₃ Mt 9₃ 16₅ Lk 24₄ usw.), während der Teufel schwarz ist (II Kor 6₁₄ Bar 4₁₀ 20₁; vgl. J. Dölger, Die Sonne der Gerechtigkeit und der Schwarze 1918). — Entsprechend herrscht in der göttlichen Welt des Griechentums κάλλος λαμπρόν, αὐγὴ καθαρά (Plat. Phaidr. 250bc), vgl. Plat. Alc. I 134 de: εἰς τὸ θεῖον καὶ λαμπρὸν ὁρῶντες — εἰς τὸ ἄθεον καὶ σκοτεινὸν βλέποντες. So auch Phil. Jos. 145 die himmlische Welt als φῶς εἰλικρινέστατον καὶ καθαρώτατον. Für die Gnosis erübrigen sich die Beispiele; vgl. H. Jonas, Gnosis und spätantiker Geist 1934, 103 und etwa Hipp. El. VIII 9,3 p.228,7f. W.; C. Herm. 1,21; 7,2; 10,4. 6. Für die Mandäer Helm. Kittel, Die Herrlichkeit Gottes 1934, 115—124. — Vgl. S. 24, 3.

schlechthin im „eschatologischen" Sinne wird[1]. So wird τὸ φῶς mit der eschato=
logischen ζωή geradezu gleichbedeutend und im Wechsel oder in Kombination mit
ihr gebraucht[2]. Denn wie zum „Leben" das definitive Sich=Verstehen gehört,
das keine Frage, kein Rätsel mehr kennt, so gehört zu dem „Licht", das der Mensch
als dieses definitive Erleuchtetsein ersehnt, die Freiheit vom Tode als dem Schick=
sal, das das Dasein schlechthin unverständlich macht[3]. Je konsequenter aber das
φῶς als eschatologisches Gut gedacht ist, desto mehr bildet sich die Überzeugung
aus, daß die definitive Erhellung der Existenz nicht innerhalb der menschlichen
Möglichkeiten liegt, sondern nur göttliches Geschenk sein kann. Daher gewinnt
φῶς den Sinn von Offenbarung[4]. Und wo von einem Offenbarer geredet

---

[1] Für das AT: Jes 9₁ 60₁₋₃. ₁₉f. Sach 14₇ Dan 12₃ usw. Für das Judentum:
Str.=B. II 428. Die eschatologische Existenz der Christen ist durch φῶς charakterisiert
II Kor 4₆ Röm 13₁₂ I Th 5₅ Kol 1₁₂ usw. Für die Gnosis, nach deren Vorstellung die
befreite Seele ins Lichtreich zurückkehrt, erübrigen sich die Beispiele; vgl. nur Od. Sal.
11₁₉ 21₃. ₆ 38₁. — Die Versetzung in die eschatologische Existenz kann als ein „er=
leuchtet" oder „zu Licht werden" bezeichnet werden, vgl. C. Herm. 13, 18f. 21; Od. Sal.
11₁₄ 25₇ 36₃ 41₆ usw. Mose wird nach Phil. vit. Mos. II 288 εἰς νοῦν ἡλιοειδέστατον
verwandelt; vgl. C. Herm. 10, 6; Plotin, Enn. VI 9, 9 p. 522, 15ff. D. Vgl. G. P. Wetter,
Phos 61ff.; J. Dölger, Sol salutis 1920.
[2] Vor allem in der Gnosis; vgl. C. Herm. 1, 9. 12. 21; 13, 9. 18; Λόγος τέλειος
(Scott, Herm. I 374; Reitzenst., HMR[3] 286); Od. Sal. 101f. 381ff. Für das Judentum
s. Bousset, Rel. des Jdt.[3] 277. Vgl. II Tim 1₁₀: φωτίσαντος δὲ ζωὴν καὶ ἀφθαρσίαν.
Natürlich kann es statt ζωή auch ἀθανασία u. dgl. heißen, vgl. C. Herm. 1, 28; 10, 4;
Od. Sal. 11₁₁f.; Act. Thom. 12 p. 118, 9f.
[3] Φῶς gewinnt durch die Kombination mit ζωή (ἀθανασία) weithin den Sinn
einer göttlichen Kraft. Ja, das Wesen der Gottheit gilt als φῶς; und indem der Begriff
des Lichtes sich dem des Feuers zu verbinden, gewinnt die Auffassung der Gottheit als des
strahlenden Urlichtes dort besondere Bedeutung, wo das Verhältnis von Gott und Welt
unter dem Emanationsgedanken vorgestellt wird. Es entsteht eine Licht=Metaphysik, in
der das göttliche Licht als νοητὸν φῶς u. dgl. (s. zu V. ₉ S. 32 A. 2) dem sinnlichen Licht
gegenübergestellt wird. Vgl. Cl. Baeumker, Witelo (Beitr. zur Gesch. der Philosophie
des Mittelalters III 2) 1908, 357—421. — Dem entsprechend gewinnt φῶς in der kultischen
Frömmigkeit den Sinn einer magisch wirkenden Kraftsubstanz bzw. der Kraft der Un=
sterblichkeit (dafür vgl. bes. G. P. Wetter, Phos 1915; Pascher, Königsweg 177ff.);
so im Sprachgebrauch der Mysterien, in denen die vergottende Weihe mit Lichteffekten
vollzogen und die Weihe als φωτισμός, φωτισθῆναι bezeichnet wird wie dann auch die
christliche Taufe (vgl. außer Wetter: G. Wobbermin, Religionsgeschichtl. Studien 1896,
154ff.; Bousset, Kyr.[2] 172ff.; Reitzenst., HMR[3] passim); ebenso im Zauber, wo φῶς
mit anderen Bezeichnungen der Gotteskraft wie πνεῦμα und δόξα synon. wird (Wetter
a. a. O.). — Daneben behält jedoch φῶς den Sinn der Erhellung des Selbstverständnisses
(s. folg. Anm.).
[4] Φῶς und γνῶσις (zu diesem Begriff ThWB I 693, 18ff.) werden synon., vgl.
C. Herm. 1, 32; 7, 2; es heißt τὸ τῆς γνώσεως φῶς C. Herm. 10, 21; Λόγος τέλειος (Scott,
Herm. I 374); oder es wird von der Erleuchtung der γνῶσις (C. Herm. 13, 18) oder
des νοῦς (C. Herm. 13, 21) geredet. Vgl. die Zuordnung von ζωή zu ψυχή, von φῶς zu
νοῦς C. Herm. 1, 17. Φῶς γνώσεως als Bezeichnung des eschatologischen Heils Test. Levi
4₃ 18₃. Auch bei Philo bezeichnet φῶς die göttliche Offenbarung; ebr. 44; Abr. 70.
119. Ebenso bei Porphyr. ad Marc. 13. 20 p. 282, 22ff.; 287, 18ff. Nauck. In den Od. Sal.
ist das „Licht" die im Wort verkündigte Offenbarung 6₁₇ 10₁. ₆ 11₁₁ 12₅. ₇ 29₇ff.
32₁f., und wie Licht und Wort, so können Licht und Wahrheit verbunden werden
18₆ 25₇. ₁₀. — Dabei ist in der Gnosis deutlich ausgesprochen, daß die in der Offen=
barung geschenkte Erkenntnis Selbsterkenntnis ist; vgl. ThWB I 694, 26ff., bes. C. Herm.
1, 19—21; Od. Sal. 6₁₈: „Denn sie alle erkannten sich im Herrn"; 7₁₂. 13. — Auch
wo die mystische Schau das göttliche Licht schaut, in dem alle Zweiheit verschwunden ist
und nichts Einzelnes mehr zu erkennen ist und schließlich das Selbstbewußtsein schwindet,
liegt zugrunde der Sinn von Licht als der Erhellung der Existenz. Denn leitend ist das
Verlangen nach definitivem Selbstverständnis, als dessen Störung eben die Zweiheit, die

wird, kann er als das „Licht" oder als der Spender des Lichtes bezeichnet werden[1].

In diesem eschatologischen Sinne ist Jesus bei Joh das φῶς, als der Offenbarer, der dem Menschen dasjenige Verständnis seiner selbst schenkt, in der er das „Leben" hat. Der Prolog aber sagt, daß die Bedeutung, die der Logos als Fleischgewordener hat, ihm von je eigen war: ἦν τὸ φῶς τῶν ἀνθρώπων. Und wenn er dies war als der Schöpfer, als die ζωή, so heißt das, daß in dem Ursprung der Existenz die Möglichkeit der Erleuchtung der Existenz, das Heil des definitiven Verständnisses ihrer selbst, gegeben war. Die Schöpfung ist zugleich Offenbarung, sofern das Geschaffene die Möglichkeit hatte, um seinen Schöpfer zu wissen und so sich selbst zu verstehen. Das für den Menschen entscheidende Verständnis seiner selbst wäre also das Wissen um seine Geschöpflichkeit gewesen[2], nur in solchem Wissen wäre er „im Lichte" gewesen und hätte damit das Leben gehabt in dem Sinne, wie der geschaffene Mensch (im Unterschied vom Schöpfer) Leben haben kann[3]. Es versteht sich ja von selbst und entspricht der Synonymität von φῶς und ζωή im eschatologischen Sinne (s. S. 23f.), daß der Offenbarer, indem er das „Licht" ist, das „Leben" schenkt. Der Sinn seines Kommens ist ebenso damit bezeichnet, daß er das „Licht der Welt" ist[4], und daß er als das „Licht in die Welt gekommen ist" (12₄₆), wie damit, daß er gekommen ist, der Welt das „Leben"

Gespaltenheit von Subjekt und Objekt, empfunden wird. Das definitive Selbstverständnis gilt also als erreicht, wenn ich mich im All, und das heißt schließlich als das All verstehe. Vgl. die Schilderungen Phil. opif. m. 71; ebr. 44; C. Herm. 10, 4—6; Plot. Enn. V 8, 10; VI 9, 9. Da in solcher Schau jedes Gegenüber aufhört (vgl. P. Friedländer, Platon I 1928, 93—95), so ist es verständlich, daß das Licht in Finsternis umschlagen kann. Dies scheint zuerst der Fall zu sein bei Dionys. Areop. de myst. theol. 1 und 2; ep. 1 und 5; es findet sich seitdem ebenso in der mittelalterlichen wie in der neuen Mystik (Novalis und Rilke).

[1] Der Logos ist Licht nach Phil. leg. all. III 171 (vgl. opif. m. 31). Wie der Νοῦς C. Herm. I 6 φῶς ist (bzw. ζωή καὶ φῶς 9. 12. 21), so sein Sohn der aus ihm entspringende φωτεινὸς λόγος. Od. Sal. 41₁₄:

„Und Licht ist aufgegangen vom Logos,
  der von jeher in ihm (dem Vater) war."

Od. Sal. 12₇ (vom Logos):

„Wie sein Wesen, so ist auch sein Zweck;
  denn es ist Licht und Erleuchtung des Sinnes."

GR 91, 11ff.:

„Ein geliebter Sohn kommt, ...
  Er kommt mit der Erleuchtung des Lebens."

[2] Das ist der Sinn der Offenbarung auch Od. Sal. 7₁₂:

„Er gab sich selbst dahin,
  sich den Seinen zu offenbaren,
  daß sie ihn erkennten, der sie gemacht hat,
  und nicht wähnten, aus sich selbst zu sein."

[3] Daß die ζωή das φῶς war, darf also nicht dahin interpretiert werden, daß sich in der Welt seit je „geistige" Lebensäußerungen vorfinden wie Sittlichkeit und Kultur, als etwas, was göttliches Leben dokumentiere. Ebensowenig ist an die at.liche Offenbarung gedacht, was schon durch das τῶν ἀνθρώπων ausgeschlossen ist. Vielmehr ist der Gedanke der gleiche wie Röm 1₁₈₋₂₁: die Welt ist als Schöpfung ursprünglich verständlich und damit auch der Anspruch Gottes auf den Menschen als sein Geschöpf, das ihm Ehre zu geben hat. Natürlich ist das Wissen des Menschen um seine Geschöpflichkeit weder eine Theorie noch ein — in einem „numinosen" Erlebnis begründetes — „Kreaturgefühl", sondern existentielles Selbstverständnis, in welchen Gedanken oder Gefühlen es auch explizit werde. — Gegen die Interpretation auf sporadische „Wirkungen" des Logos in der vorchristlichen Welt mit Recht W. Lütgert, Die joh. Christologie² 1916, 82ff.

[4] 8₁₂ 9₅; vgl. 3₁₉₋₂₁ 12₃₅f.

zu geben[1]; wie es denn auch heißen kann, daß man von ihm das $\varphi\tilde{\omega}\varsigma$ $\tau\tilde{\eta}\varsigma$ $\zeta\omega\tilde{\eta}\varsigma$ erhält (8₁₂). Der Zusammenhang von Licht und Leben ist ja sachlich damit gegeben, daß Leben seine Eigentlichkeit gewinnt im echten Verständnis seiner selbst.

Es ist deshalb richtig, wenn die katholische Exegese (Tillm., Dillersb.) die $\zeta\omega\acute{\eta}$ von D.₄ nicht anders verstehen will als die $\zeta\omega\acute{\eta}$, die der Fleischgewordene hat, und kraft deren er „lebendig macht"[2]. Denn die $\zeta\omega\acute{\eta}$ von D.₄ ist freilich zunächst die lebenschaffende Kraft, die die Schöpfung ins Dasein ruft; aber dieses Dasein ist ja nicht bloße vitale Lebendigkeit im allgemeinsten Sinne, sondern — da die $\zeta\omega\acute{\eta}$ das $\varphi\tilde{\omega}\varsigma$ ist — das Leben, das in sich die Notwendigkeit und Möglichkeit seiner Erhelltheit trägt. Jesus schenkt nicht eine andere $\zeta\omega\acute{\eta}$ als der präexistente Logos, sondern er schenkt die im Glauben an ihn realisierte Möglichkeit, sich in der $\zeta\omega\acute{\eta}$ zu verstehen. Die Heilsoffenbarung bringt die verlorene Möglichkeit der Schöpfungsoffenbarung zurück[3], wobei zunächst außer Betracht bleiben kann, daß diese Möglichkeit als zurückgebrachte für den Menschen einen anderen Charakter hat als die ursprüngliche unverlorene.

Die Aussage, daß die $\zeta\omega\acute{\eta}$ des Logos das $\varphi\tilde{\omega}\varsigma$ für die Menschen war, schließt den Gedanken ein, daß nur sie es war. Von vornherein ist solche Aussage gesprochen im Blick auf die Menschen als Wesen, die Licht brauchen, die an sich in der Möglichkeit des Irrens, des Sich=Verfehlens stehen; der Möglichkeit des Lichtes korrespondiert die Möglichkeit des Dunkels. So ist D.₅ vorbereitet.

2. 1₅₋₁₈: Der Logos als Offenbarer in der Geschichte.

a) Andeutende Schilderung (1₅₋₁₃).

^{5} $\varkappa\alpha\grave{\iota}$ $\tau\grave{o}$ $\varphi\tilde{\omega}\varsigma$ $\grave{\epsilon}\nu$ $\tau\tilde{\eta}$ $\sigma\varkappa\sigma\tau\acute{\iota}\alpha$ $\varphi\alpha\acute{\iota}\nu\epsilon\iota$,
$\varkappa\alpha\grave{\iota}$ $\acute{\eta}$ $\sigma\varkappa\sigma\tau\acute{\iota}\alpha$ $\alpha\grave{\upsilon}\tau\grave{o}$ $\sigma\grave{\upsilon}$ $\varkappa\alpha\tau\acute{\epsilon}\lambda\alpha\beta\epsilon\nu$.

An Stelle der bisherigen Imperfekta, in denen vom Logos geredet wurde, tritt mit dem $\varphi\alpha\acute{\iota}\nu\epsilon\iota$ das Präsens[4]. Von der gegenwärtigen Offenbarung ist die Rede. Aber inwiefern? Man könnte versucht sein, das Präs. $\varphi\alpha\acute{\iota}\nu\epsilon\iota$ im Sinne der zeitlosen Gegenwärtigkeit zu verstehen, sodaß es noch vom vorgeschichtlichen Logos ausgesagt wäre. Indessen kann das folgende $\sigma\grave{\upsilon}\varkappa$ $\varkappa\alpha\tau\acute{\epsilon}\lambda\alpha\beta\epsilon\nu$ doch nicht anders verstanden werden als das $\sigma\grave{\upsilon}\varkappa$ $\acute{\epsilon}\gamma\nu\omega$ und das $\sigma\grave{\upsilon}$ $\pi\alpha\rho\acute{\epsilon}\lambda\alpha\beta\sigma\nu$ von D.₁₀f., d. h. als Ablehnung des fleischgewordenen Offenbarers; von dessen Offenbarung muß also das $\varphi\alpha\acute{\iota}\nu\epsilon\iota$ gesagt sein, im gleichen Sinne wie das $\tau\grave{o}$ $\varphi\tilde{\omega}\varsigma$ . . . $\acute{\eta}\delta\eta$ $\varphi\alpha\acute{\iota}\nu\epsilon\iota$ I Joh 2₈. Und zwar nicht, bzw. nicht nur, von seinem irdischen Wirken, das für den Evglisten in der Vergangenheit liegt, sondern von der durch dieses Wirken der Welt geschenkten und in der Gemeinde lebendigen Offenbarung[5].

---

[1] 6₃₃ 10₁₀ I Joh 4₉; vgl. 4₁₀f. 6₃₅. ₄₈. ₅₁. ₆₃. ₆₈ 7₃₈ 11₂₅ 14₆. So verheißt die dem Logos entsprechende Weisheit (s. S. 8f.) dem, der auf sie hört, das Leben, während sie der Verfehlende den Tod hat (Prov 8₃₅).

[2] S. S. 21, 3.　　　　[3] S. zu D.₅.

[4] In der Quelle, in der sich alle Aussagen vor D.₁₄ auf den präexistenten Logos bezogen (s. S. 3f.), wird das Imperf. gestanden haben, bzw. wenn sie aram. (oder syr.) verfaßt war, das als Imperf. zu verstehende Partiz. (מְנַהֵר retrovertieren Burney und Burrows). Ein Übersetzungsfehler liegt aber in dem $\varphi\alpha\acute{\iota}\nu\epsilon\iota$ nicht vor, sondern bewußte Absicht.

[5] Bestätigt wird das dadurch, daß D.₆₋₈ der Täufer als Zeuge eingeführt wird, und natürlich als Zeuge für Jesus als den fleischgewordenen Offenbarer, wie D.₁₅. ₁₉ff.

Der Satz ist freilich zunächst ein Rätsel; denn erst V.14 wird das Wunder nennen, kraft dessen gesagt werden kann: τὸ φῶς ἐν τῇ σκοτίᾳ φαίνει. Aber schon V.9-13 reden in andeutender Weise von diesem Wunder. V.5a dagegen nimmt das Ergebnis dieses Wunders voraus und formuliert so gleichsam das Thema des Evgs, für dessen volles Verständnis alles V.1-4 Gesagte die Voraussetzung war: eben dieses Licht des ewigen Logos, das schon in der Schöpfung leuchtete, ist jetzt Gegenwart. Was V.14 durch die Identifikation des Logos mit dem Menschen Jesus behauptet wird, wird also schon hier deutlich: in Jesus ist nicht ein anderes Licht erschienen als das, welches in der Schöpfung immer schon leuchtete. Der Mensch lernt sich also in der Heilsoffenbarung nicht anders verstehen, als er sich in der Schöpfungsoffenbarung immer schon hätte verstehen sollen[1]. Schöpfung und Erlösung stehen in Kontinuität.

Aber vorausgesetzt ist bei diesem Satze, daß das φῶς in der Schöpfung vergeblich geleuchtet hat[2]; diese Voraussetzung kommt in dem ἐν τῇ σκοτίᾳ zum Vorschein: So waren also die Menschen, denen jetzt das Licht in der Heilsoffenbarung scheint, vorher ohne Licht! Sie waren in der Finsternis! Und das, obgleich sie als Schöpfung in der Möglichkeit des Lichtes standen! Nein, weil sie in dieser Möglichkeit standen! Denn wie das Licht die Erhelltheit des Daseins ist, so ist die Finsternis die Verfassung des Daseins, in der es sich nicht versteht, sich verirrt hat, seinen Weg nicht kennt (12₃₅), in der es blind ist (Kap. 9), und in der es tot ist, da zum echten Leben die Erhelltheit des Selbstverständnisses gehört. Auf die Frage, wie sich das Dasein verirren konnte, woher die σκοτία in die Schöpfung komme, mit einer mythologischen Spekulation antworten, heißt den Schöpfungsgedanken des Prologs mißverstehen, der jede Mythologie preisgegeben hat. Die σκοτία ist keine selbständige Macht neben dem φῶς, sondern nur damit, daß es φῶς gibt, gibt es σκοτία; deshalb nämlich, weil das φῶς seinen Grund in der ζωή des Schöpfers hat, weil die Menschen Geschöpfe sind, die nur in der Rückwendung zu ihrem Ursprung das echte Verständnis ihrer selbst finden können. Deshalb, weil das φῶς nicht eine mysteriöse Substanz ist, die als vorhandene besessen werden kann, sondern weil es das Licht des Selbstverständnisses ist, zu dem der Mensch herausgefordert ist, nach dem er immer fragt, da er danach gefragt ist; des Selbstverständnisses, das ja nicht das Orientiertsein über das Ich als ein neutrales Phänomen ist, sondern wissende Wahl seiner selbst, die allem einzelnen Verhalten zugrunde liegt. Gehört es zum Menschen, daß er sich selbst verstehe, — und es gehört zu ihm, wenn die ζωή, die ihn ins Dasein rief, für ihn φῶς bedeutet —, so ist damit für ihn die Möglichkeit der σκοτία gegeben, die Möglichkeit, statt erhellt zu sein im Wissen um seine Geschöpflichkeit, verfinstert zu sein in der Abwendung vom Schöpfer und in dem Wahne, aus sich selbst zu sein[2]. Daß die Menschen die

---

zeigen; s. S. 3f. — In der Quelle, in der sich der Satz auf den vorgeschichtlichen Logos bezog (s. S. 26, 4), hatte er etwa den Sinn von Sap 7₂₇f.:

μία δὲ οὖσα πάντα δύναται (sc. ἡ σοφία),
καὶ μένουσα ἐν αὑτῇ τὰ πάντα καινίζει,
καὶ κατὰ γενεὰς εἰς ψυχὰς ὁσίας μεταβαίνουσα
φίλους θεοῦ καὶ προφήτας κατεργάζεται.

Vgl. zu V.12. — Indem die Quelle schon vor der Offenbarung im Fleischgewordenen Ausnahmen aus der massa perditionis kannte, hat sie das grundsätzliche Verständnis von φῶς nicht preisgegeben.

[1] Vorausgesetzt sind im Grunde die Gedanken, die im Sinne der Quelle in V. 5. 9-11 ausgesprochen waren.

[2] Vgl. Od.Sal. 7₁₂ s. S. 25, 2.

Möglichkeit der σκοτία statt der des φῶς ergriffen haben, ist freilich eine Tatsache, die der Prolog nicht erklärt; und sie darf ja nicht erklärt werden, wenn der Grundsinn von φῶς und σκοτία als Möglichkeiten menschlichen Selbstverständnisses nicht preisgegeben werden soll.

Dadurch, daß die Menschen die Möglichkeit der Finsternis gewählt haben, hört die ζωή des Logos natürlich nicht auf, das φῶς der Menschen zu sein. Vielmehr nur, weil sie dieses ständig ist, kann die Menschenwelt σκοτία sein. Auch Finsternis ist nicht eine Substanz oder ein pures Verhängnis, sondern es gibt sie nur als Empörung gegen das Licht. Daß im Evg die Welt in ihrem Finsternischarakter so verstanden ist, als die ständige Empörung und Feindschaft gegen Gott, das hat in der mythologischen Gestalt des Teufels, des ἄρχων τοῦ κόσμου τούτου, seinen Ausdruck gefunden. Weil er der Repräsentant der gewollten Blindheit der Welt ist, die jedem, der zu ihr gehört, das wahre Wissen um sich selbst verschließt und ihn damit um das echte Leben bringt, ist er der Mörder und der Lügner (8₄₄)[1].

Daß in diese Welt der Finsternis das Licht der Heilsoffenbarung scheine, sagt D.5a, und D.5b fügt hinzu, daß sich das gleiche Spiel wiederholt: καὶ ἡ σκοτία αὐτὸ οὐ κατέλαβεν = die Finsternis hat es nicht erfaßt[2]. Damit ist der thematische Sinn von D.5 erst vervollständigt. Beide Sätze geben den Inhalt des Evgs nach seiner einen Seite hin an, und zwar nach der Seite, die wesentlich im ersten Teil Kap. 3—12 ausgeführt wird. Daß der Verwerfung der Offenbarung durch die Welt ihre Annahme durch die Glaubenden parallel geht, wird D.12f. sagen und wird damit die andere Seite des Themas formulieren, die im zweiten Teil (Kap. 13 bis 17) ihre Ausführung findet. Indem zunächst nur die eine Seite des Themas ausgesprochen wird, als gäbe es nicht auch die andere, wird gleich der weltkritische Charakter der Offenbarung deutlich, ihr Ärgernis=Sinn, und damit das eigentümliche Weltverhältnis, zu dem sich diejenigen entschließen, die sich der Offenbarung öffnen. Das Erschreckende der Tatsache, die D.5 nennt, wird besonders noch dadurch zum Bewußtsein gebracht, daß sich die liturgische Redeweise, in der alle Sätze durch einfaches καί verbunden sind, nicht ändert, und daß auch hier keine Adversativ=Partikel eintritt. In seinem feierlich=objektiven Klange spricht der Vers gleichsam ein göttliches Urteil aus[3].

---

[1] Weiteres vgl. zu κόσμος D.10.

[2] Da das οὐ κατέλαβεν seine Parr. in οὐκ ἔγνω, οὐ παρέλαβον D.10f. hat, kann καταλαμβάνειν nicht den Sinn von „überfallen" (vgl. zu 12₃₅), „ergreifen" im feindlichen Sinne, „überwältigen" haben, obwohl Orig. es die meisten griech. Exegeten so verstehen, sondern nur von „ergreifen" = sich zu eigen machen, wie Röm 9₃₀ I Kor 9₂₄ Phil 3₁₂; Plat. Phaidr. 250d usw. Vgl. Mand. Lit. 131: „Die Welten kennen deinen (sc. Manda d'haije) Namen nicht, verstehen dein Licht nicht"; bes. Od. Sal. 42₃f.:
„Ich bin verborgen denen, die mich nicht ergreifen,
aber ich komme zu denen, die mich lieben."
Mit „ergreifen" ist hier אחד (hebr. אחז) wiedergegeben, was Schaeder (Studien 312f. 339) auch für die Quelle des Prologs vermutet. Das „Ergreifen" ist nicht einfach ein „Begreifen" (so nicht selten καταλαμβ., s. Br.), sondern das Erfassen des Glaubens (D.7. 12). — Omodeo (Saggio 16f.) will κατελ. doppelsinnig verstehen: feindselig ergreifen und damit erkennend durchschauen. — Burneys Annahme eines Übersetzungsfehlers (nach Ball): „Die Finsternis hat es nicht verfinstert", ist völlig unnötig und wird von Burrows, Torrey, Schaeder und Colwell (108f.) zurückgewiesen.

[3] Diese Redeweise zieht sich durch das ganze Evg hindurch (1₁₀f. 3₁₁. 19 7₃₄ 10₂₅ usw.); sie ist an sich nicht ungriechisch; denn das Griech. kennt καί im Sinne von „und doch" (Br. und Colwell 86f.). Doch ist hier nicht darauf zu verweisen, da das einfache καί des liturgischen Stiles vorliegt.

Ehe der Evglist im Anschluß an seine Quelle das Thema in V. 9-13 andeutend erläutert, fügt er in V. 6 — 8 eine Anmerkung ein über das Zeugnis des Täufers für das Licht[1], auch damit ein thematisches Motiv vorausnehmend, das in der ersten Hälfte des Evgs mehrfach wiederklingt[2]. Die Einfügung beweist, wie wichtig dies Zeugnis ihm ist; je weniger sie mit dem Gedankengang organisch verbunden ist (eben als „Anmerkung"), desto deutlicher, daß das Motiv der Einfügung ein aktuelles und persönliches ist: die Polemik gegen diejenigen, die freilich auch vom $\varphi\tilde{\omega}\varsigma$ des Logos und seiner Erscheinung in einer geschichtlichen Gestalt zu reden wissen, die aber eben den Täufer als den fleischgewordenen Logos verehren[3].

---

[1] Darüber, daß V. 6-8 eine vom Evglisten in seine Quelle eingefügte Anm. ist, s. S. 3 f. Die Einfügung ist einmal durch ihren absolut prosaischen Stil charakterisiert, der sich vom Stil der Quelle deutlich abhebt; sie zeigt sodann den charakteristischen Stil des Evglisten, und zwar 1. darin, daß er alttestamentliche Redeweise, die seiner Quelle fremd ist, nachahmt, 2. in sprachlichen Eigentümlichkeiten, die für die rabbinische Redeweise bezeichnend sind (solche hat bes. Schl. aufgezeigt, und es ist charakteristisch, daß seine Parallelen, soweit sie wirklich solche sind, sich eben für die vom Evglisten geformten Stücke finden, kaum für solche Stücke, die den „Offenbarungsreden" entnommen sind, aus denen der Prolog stammt), 3. in sprachlichen Eigentümlichkeiten, die für den Evglisten selbst charakteristisch sind. — Ad 1. Das $\dot{\varepsilon}\gamma\dot{\varepsilon}\nu\varepsilon\tau o$ $\ddot{\alpha}\nu\vartheta\varrho\omega\pi o\varsigma$ entspricht dem וַיְהִי אִישׁ אֶחָד Jdc 13 2 19 1 ISam 1 1 (vgl. Mt 14 Lk 15); es ist Hebraismus, nicht (wie für die Quelle zu erwarten wäre) Aramaismus oder Syrismus (im Syrischen begegnet והוא nur als Hebraismus, Nöldeke, Syr. Gramm. § 338 C). At.lich ist auch das $\ddot{o}\nu o\mu\alpha$ $\alpha\dot{v}\tau\tilde{\omega}$ 'I., vgl. Jdc 13 2 17 1 ISam 1 1 9 1 f. usw; so auch Apk 6 8 9 11 (natürlich kein Beweis für aram. Quelle, wie Burney 34—36 meint; dagegen mit Recht Colwell 30—32: die Formulierung begegnet auch im Griech.). — Ad 2. Das $\tilde{\eta}\lambda\vartheta\varepsilon\nu$ $\varepsilon\dot{\iota}\varsigma$ $\mu\alpha\varrho\tau\nu\varrho\dot{\iota}\alpha\nu$ entspricht dem בָּא לְ (meist mit Inf., s. Schl. zu Mt 2 2; doch auch mit Subst., s. Schl. zu Joh 1 29; zu $\varepsilon\dot{\iota}\varsigma$ $\mu\alpha\varrho\tau\nu\varrho\dot{\iota}\alpha\nu$ vergleicht Schl., Spr. und H. das rabbin. לְעֵדוּת); griech. wäre doch wohl: $\tilde{\eta}\lambda\vartheta\varepsilon\nu$ $\mu\alpha\varrho\tau\nu\varrho\dot{\eta}\sigma\omega\nu$; das $\varepsilon\dot{\iota}\varsigma$ $\mu\alpha\varrho\tau\nu\varrho\dot{\iota}\alpha\nu$ $\kappa\lambda\eta\vartheta\tilde{\eta}\nu\alpha\iota$ Plat. leg. XI p. 937 a ist doch keine Analogie. — Ad 3. Das $o\tilde{v}\tau o\varsigma$ $\tilde{\eta}\lambda\vartheta\varepsilon\nu$ $\varepsilon\dot{\iota}\varsigma$ μ. wird durch den $\ddot{\iota}\nu\alpha$-Satz expliziert, vgl. 11 4 und ähnliche Explikationen eines Demonstr. durch einen $\ddot{\iota}\nu\alpha$-Satz wie 6 29. 40 15 8. 12 f.; dazu Festg. Ad. Jül. 142. Der Evglist liebt den epexeget. $\ddot{\iota}\nu\alpha$-Satz (z. B. auch 4 34), der in der Koine den Inf. zurückdrängt (Bl.-D. § 392; Raderm.[2] 190—193). Wie in V. 8 die Erläuterung dadurch gegeben wird, daß dem positiven Satz das negierte Gegenteil vorausgeschickt wird, so häufig: 1 31 2 25 3 17 6 46 7 22 10 18 11 4 15 15 17 9; Festg. für Jül. 143. Das betonte $\dot{\varepsilon}\kappa\varepsilon\tilde{\iota}\nu o\varsigma$ zieht sich durch das ganze Evg hindurch; vgl. V. 18 usw. (Kein Semitismus wie oft $\alpha\dot{v}\tau\dot{o}\varsigma$ in LXX und bei den Synopt., Bl.-D. § 277,3). — Zu 2. und 3. gehört die Ellipse $\dot{\alpha}\lambda\lambda'$ $\ddot{\iota}\nu\alpha$ V. 8, die ebenso für die rabbin. Redeweise bezeichnend ist (Schl., Spr. und H.) wie für den Evglisten (1 31 9 3 13 18 14 31 15 25 I Joh 2 19). Natürlich ist solche Ellipse auch im Griech. möglich (Bl.-D. § 448, 7; Raderm.[2] 170). Daß $\ddot{\iota}\nu\alpha$ falsche Übersetzung von ד ($\ddot{o}\varsigma$) wäre (Burney), ist eine willkürliche Annahme (Goguel, RevHPh. 3, 1923, 375; Colwell 96—99, der übrigens zeigt, daß $\ddot{\iota}\nu\alpha$ im Hellenismus den Sinn von $\ddot{o}\varsigma$ annehmen kann).

[2] Von der ausführlichen Darstellung des Täuferzeugnisses 1 19-34 abgesehen: 1 35 f. 3 22 ff. 5 31 ff. 10 41.

[3] Dgl. S. 4 f. — Schaeder (Studien 325 f.) nimmt V. 6 a noch für die Quelle in Anspruch. Das $\ddot{\alpha}\nu\vartheta\varrho\omega\pi o\varsigma$, das von Burney schlecht als נְבְרָא übersetzt sei, gehe auf אֱנָשׁ bzw. אֲנוּשׁ zurück. Dieses habe der Übersetzer fälschlich als Appellativ verstanden (wie es im Hebr. und in den nabat. Inschr. bezeugt ist), während es in Wahrheit der bei den Mandäern bezeugte Eigenname „Mensch" sei. Zu verstehen sei also: „Es ward Enosch von Gott gesandt." Aber 1. kann man dem Übersetzer, der sonst die Gestalt des „Menschen" gut kennt, diesen Fehler nicht zutrauen; er müßte denn schon bewußt den Sinn geändert haben; 2. entspricht das $\dot{\varepsilon}\gamma\dot{\varepsilon}\nu\varepsilon\tau o$ $\ddot{\alpha}\nu\vartheta\varrho\omega\pi o\varsigma$ nicht dem Stil der Quelle; 3. wird bei diesem Verständnis der Aufbau der Quelle unverständlich; in ihr kann vor V. 14 nicht vom Auf-

Im Stile der at.lichen Erzählung[1] berichtet der Evglist vom Auftreten des
Johannes; daß, wie 1,19ff. zeigt, der Täufer gemeint ist, versteht jeder christliche
Leser. Offenbar ist seine Gestalt als bekannt vorausgesetzt; nicht durch chronistische
Beschreibung wie bei den Synopt. (Mk 1,6 par.; Lk 3,1f.) wird er eingeführt; das
Interesse ruht einzig auf seiner μαρτυρία. Und deshalb wird auch von seiner
Predigt weder hier noch sonst etwas berichtet: er ist nicht „Vorläufer", sondern
nur Zeuge; auch seine, hier gar nicht erwähnte, Tauftätigkeit dient nur diesem
Zeugenberuf (1,19ff. 3,22ff.). Deshalb wird durch das ἀπεσταλμένος παρὰ θεοῦ
sogleich seine Legitimation hervorgehoben[2]. Er kam[3], um für das Licht Zeugnis
zu geben[4] —, für das Licht d. h. für Jesus als den Offenbarer, wie 1,19-34, die
μαρτυρία des Joh., deutlich zeigt; also nicht für die göttliche Offenbarung (für
den präexistenten Logos) überhaupt. Und sein Zeugnis[5] besteht in seinem Wort,

---

treten des himmlischen Gesandten die Rede sein, s. S. 3f. Gegen Schaeder vgl. Ch.
h. Kraeling, Anthropos and Son of Man 1927, 170—174.

[1] S. S. 29, A. 1. Es ist daher verboten, das ἐγένετο mit dem ἀπεσταλμένος zu
verbinden = ἀπεστάλη, wenngleich die griech. Exegese gelegentlich so versteht (Br.).

[2] Durch ἀποστέλλειν ist (im Unterschied von πέμπειν) von vornherein Auftrag
und Legitimation des Gesandten bezeichnet (Rengstorf, ThWB I 397ff.). Häufig wird
das Wort daher gebraucht, wo es sich um Sendung mit göttlichem Auftrag in göttlicher
Legitimation handelt, wie in LXX und Judentum, so im Kynismus (vgl. Rengstorf
a. a. O.). Besonders wird in der Gnosis der Offenbarer oder die Offenbarung als von
Gott „gesandt" charakterisiert; vgl. Br. zu 3, 17; G. P. Wetter, Der Sohn Gottes 26ff.;
Bultmann, ZNTW 24 (1925), 105f.; G. Bornkamm, Mythos und Leg. 9f. Dazu
C. Herm. 4, 4 (vom Κρατήρ der göttlichen Offenbarung); act. Jo. 96 p. 198, 13 (vom
Mysterienwort). — Das Wohin der Sendung kann angegeben sein (Ex 3,10-15 Mt 15,24
usw.; Epikt. III 22, 23. 46; IV 8, 31), braucht es aber nicht, da es sich bei der Sendung
von Gott von selbst versteht (Jes 6,8 Jer 14,14 Mt 10,40 Röm 10,15 1Kor 1,17 usw.;
Epikt. I 14, 6), so auch hier.

[3] Dem Gesendetwerden entspricht das Kommen; dies ist im AT kein gebräuchlicher Ausdruck für das Auftreten der Gottgesandten (Propheten), wird aber im NT
häufig von Jesu Auftreten ausgesagt (bei Joh meist mit dem Zusatz εἰς τὸν κόσμον).
Wo das Kommen dem Gesendetsein korrespondiert, kann man diesen Sprachgebrauch
weder aus dem kultischen herleiten, in dem das Kommen der Gottheit ihre Epiphanie ist,
noch aus dem (im AT und NT häufigen) eschatologischen. Analogie und vielfach Wurzel
ist vielmehr der gnostische Sprachgebrauch, der dem Offenbarungsgedanken entspricht;
vgl. J. Schneider, ThWB II 662ff.; G. P. Wetter 82ff.; Bultmann, Gesch. der
synopt. Trad.² 164ff.; ZNTW 24 (1925), 106f.; Schlier, Rel. Unters. 34ff.

[4] Zum Stilistischen s. S. 29, A. 1.

[5] Μαρτυρέω (μαρτυρία, μάρτυς) hat durchweg den (juristischen) Sinn: durch
seine Aussage einen in Frage stehenden Tatbestand als wirklich (bzw. unwirklich) bezeugen. Das Zeugnis gründet sich auf Wissen, bes. „Augenzeugenschaft" (Pollux 4, 36:
μαρτυρία δὲ καλεῖται ὅταν τις αὐτὸς ἰδὼν μαρτυρῇ; vgl. Joh 1,32. 34 3,11. 32 15,27 1Joh 1,2
4,14). Es findet statt vor einem Forum, das ein Urteil zu fällen hat, und ist eine für dieses
Urteil verbindliche Aussage; andrerseits ist der Aussagende zu seiner Aussage verpflichtet und setzt sich durch sie für das Gesagte ein. Das Zeugnis wird gesprochen für
oder gegen eine Person (bzw. den Tatbestand), über die das Urteil ergehen soll. Von
diesen den Begriff μαρτ. konstituierenden Momenten kann das eine oder andere zurücktreten oder auch zum beherrschenden werden. Ähnlich steht es mit dem hebr. עוד (עֵד, עֵדָה);

doch hat sich einerseits hier der forensische Sinn so spezialisiert, daß „Zeugnis" = „Anklage" sein kann (danach Mt 6,11 usw.); andrerseits ist der Sinn des Zeugnisses als ver-
bindlicher Aussage beherrschend geworden, sodaß הֵעִיד die Bedeutung gewinnt: feierlich versichern, beteuern, mahnend oder warnend beschwören, wobei dann auch der Einsatz
des Redenden betont sein kann. Im letzteren Fall sagt LXX fast regelmäßig διαμαρτύρεσθαι (ursprünglich wie μαρτύρεσθαι: zum Zeugen anrufen; dann auch — wie seltener
einfaches μαρτύρεσθαι — beschwören). Im gleichen Sinne wird διαμαρτύρεσθαι im

in dem er bekennt, daß Jesus der „Sohn Gottes" ist (V. 34). Aber vom Inhalt der
μαρτυρία wird der Evglist erst später reden und hebt zunächst nur ihren Zweck
hervor: ἵνα πάντες πιστεύσωσιν δι᾽ αὐτοῦ[1]. Dabei ist das absolute πιστεύειν
nicht in dem abgeschliffenen Sinne von „Christ sein (bzw. werden)" verstanden[2],
sondern in dem Vollsinne von 20 31: ἵνα πιστεύητε ὅτι Ἰησοῦς ἐστιν ὁ Χριστὸς
ὁ υἱὸς τοῦ θεοῦ[3]. Zum ersten Mal fällt damit das Wort „Glauben", das
die gemäße Antwort des Menschen auf die Frage der Offenbarung ist, und dessen
Sinn sich erst im Folgenden entfalten muß. Daß es alle sind, die durch den
Täufer zum Glauben kommen sollen, zeigt, daß der Evglist nicht an die historische
Situation der Täuferpredigt gedacht hat, sondern daß er das durch die Tradition
stets wieder vergegenwärtigte Zeugnis meint, das seine Aktualität behält.

Was V. 7 positiv gesagt hatte, wird in V. 8 noch einmal in einem antithetischen
Satze wiederholt: er, der Täufer, war nicht das Licht! — eine deutliche Abweisung
derer, die in dem Täufer den Offenbarer sehen[4]. Charakteristisch für den Evglisten
ist es aber, daß er den Täufer nicht für einen Pseudomessias oder Teufelsgesandten
erklärt, für einen, der „im eigenen Namen kommt" (5 43), sondern daß er ihn als
Zeugen nicht nur gelten läßt, vielmehr ausdrücklich in Anspruch nimmt, — darin
in Einklang mit der übrigen christlichen Tradition, die den Täufer als „Vorläufer"
ansieht[5].

Der Evglist nimmt nun den Text der Quelle wieder auf und damit die andeutende Schilderung des Offenbarungsgeschehens, dessen entfaltete Darstellung
den Inhalt des Evgs bildet. Die negative Seite, wie sie V. 5 thematisch formuliert
war, wird in **V. 9 — 11** in der Weise beschrieben, daß V. 10 und V. 11 wie V. 5 in antithetischen Sätzen das Offenbarungsereignis und seine Ablehnung durch die Welt
charakterisieren, während V. 9 das Erschreckende dieses Geschehens dadurch hervorhebt, daß er die Bedeutung des Offenbarers vorher noch einmal zum Bewußtsein bringt:

> [9]ἦν τὸ φῶς τὸ ἀληθινόν,
> ὃ φωτίζει πάντα [ἄνθρωπον] ἐρχόμενον εἰς τὸν κόσμον

Wie V. 4 gesagt war, daß die ζωή des Logos das Licht der Menschen war,
so wird er, der Logos, hier selbst als das φῶς bezeichnet[6], und zwar als der in der

---

NT gebraucht (1 Th 4 6 Lk 16 28 usw.), desgleichen einfaches μαρτύρεσθαι (Gal 5 3 I Th
2 12 usw.), in Apt auch μαρτυρεῖν (1 2 22 18 usw.). Bei Joh fehlt (δια)μαρτύρεσθαι, und
μαρτυρεῖν wie μαρτυρία haben den ursprünglichen forensischen Sinn, der freilich paradox
gebraucht sein kann (s. zu 3 11). Dabei ist meist das Zeugen für betont, sodaß μαρτυρεῖν
fast den Sinn von „bekennen" erhält (von Campenhausen, Die Idee des Martyriums in
der alten Kirche 1936, 37f.). Nur insofern nähert sich der joh. Sprachgebrauch dem at.lichen
und den sonstigen nt.lichen, als die Verbindlichkeit des Zeugnisses durchweg stark betont ist.

[1] Das ἵνα πάντες κτλ. steht nicht dem ἵνα μαρτυρήσῃ κτλ. par., sondern ist
ihm subordiniert. — Völlig willkürlich ist Burneys Annahme, daß δι᾽ αὐτοῦ falsche
Übersetzung von בֵּיה ist, das durch εἰς αὐτόν hätte wiedergegeben werden sollen. Sonst
hat doch der Evglist הֵימִין בּ richtig als πιστεύειν εἰς verstanden! (Burrows).

[2] So z. B. oft in Act 2 44 4 4. 32 8 13 usw.

[3] Das absolute πιστεύειν ist bei Joh durchweg dem πιστεύειν εἰς τὸ ὄνομα αὐτοῦ
(1 12 usw.), εἰς αὐτόν (2 11 usw.), εἰς τὸν υἱόν (3 36), πιστεύειν ὅτι ... (6 69 usw.) u. dgl.
gleichwertig. Vgl. den Wechsel 3 18 4 39-41 11 40-42 12 37-39 16 30f.

[4] S. o. S. 4f. und S. 29. — Zum Stil des Satzes s. S. 29 A. 1.   [5] S. zu 3 29.

[6] Es liegt schon im Zuge des Ganzen, daß Subj. des ἦν „er", der Logos, ist, daß
τὸ φῶς dagegen Präd. ist (es muß den Art. haben, da der Begriff des φῶς ἀλ. notwendig
determiniert sein muß). Das geht auch daraus klar hervor, daß das Subj. das gleiche sein
muß wie für das ἦν V. 10 und das ἦλθεν V. 11; dieses ist aber, wie das αὐτόν V. 11f. zeigt,

Geschichte erschienene, für den der Täufer zeugt. Er ist das echte, eigentliche Licht, das allein den Anspruch erfüllt, dem Dasein das echte Verständnis seiner selbst zu schenken. Es ist dabei vorausgesetzt, daß menschliches Dasein nach dem Lichte fragt, d. h. nach dem Verständnis seiner selbst sucht, und daß es sich gerade in solchem Suchen verirren kann, ein falsches Licht für das echte haltend, seinen eigenen Sinn mißverstehend. Und es wird behauptet, daß allein in der in Jesus geschehenen Offenbarung das ständig gesuchte und verfehlte echte Selbstverständnis des Daseins geschenkt werde. Das „echte" Licht ist zugleich das göttliche, in der Offenbarung leuchtende Licht. Es ist das $\varphi\tilde{\omega}\varsigma\ \tau\tilde{\eta}\varsigma\ \zeta\omega\tilde{\eta}\varsigma$ (8₁₂); denn Leben in seiner Echtheit gibt es nur in der Klarheit des durch die Offenbarung geschenkten Selbstverständnisses[1]. Ist der Gegensatz zum $\varphi\tilde{\omega}\varsigma\ \dot{\alpha}\lambda$. ursprünglich (und so in der Quelle) das irdische Licht des Tages[2], so schwebt in dem vom Evglisten geschaffenen Zusammenhang, wie V.₈ zeigt, der Gegensatz zu vermeintlicher Offenbarung, vorgeblichen Offenbarern vor. Die Exklusivität der in Jesus geschehenen Offenbarung wird noch betont durch den Relativsatz $\ddot{o}\ \varphi\omega\tau\dot{\iota}\zeta\epsilon\iota\ \varkappa\tau\lambda$.: für alle Menschen ist er, und nur er, der Offenbarer[3].

Das Präs. $\varphi\omega\tau\dot{\iota}\zeta\epsilon\iota$ hat keinen anderen Sinn als das $\varphi\alpha\dot{\iota}\nu\epsilon\iota$ V.₅; es besagt, daß der fleischgewordene Logos der Offenbarer ist, ohne Rücksicht darauf, ob

---

[1] der Logos (richtig Hirsch). Hier ist die Annahme eines aram. (oder syr.) Originals einleuchtend: $\tilde{\eta}\nu$ wäre Wiedergabe von אוּהַ (so Burney und Burrows), und der Evglist braucht das gar nicht als הָוָא mißverstanden zu haben; er konnte nach V.₆₋₈ ja nicht beginnen: $o\tilde{v}\tau o\varsigma\ \tilde{\eta}\nu$. — Damit ist auch entschieden, daß, wie die alte Exegese richtig sieht, $\tilde{\eta}\nu$ nicht mit $\dot{\epsilon}\rho\chi\dot{o}\mu\epsilon\nu o\nu$ zu verbinden ist, wofür auch 2₆ 18₁₈ keine Analogien wären (nirgends sonst steht zwischen Hilfsverb und Part. ein Relativsatz!), was auch dem Versbau widersprechen würde, und was endlich keinen erträglichen Sinn gibt, wie die Verlegenheit der Kommentatoren zeigt. Zu der falschen Verbindung führt nur die Empfindung, daß das $\dot{\epsilon}\rho\chi$. $\epsilon\dot{\iota}\varsigma\ \tau$. $\varkappa o\sigma\mu$. neben $\ddot{\alpha}\nu\vartheta\rho$. überflüssig ist. In Wahrheit ist $\ddot{\alpha}\nu\vartheta\rho$. kommentierende Glosse (des Übersetzers) zu $\pi\dot{\alpha}\nu\tau\alpha\ \dot{\epsilon}\rho\chi$. $\epsilon\dot{\iota}\varsigma\ \tau$. $\varkappa$.; denn dieses ist eine im Semitischen geläufige Umschreibung für „jeder Mensch" (Str.-B. II 358; Schl. z. St.). Es steht aber nicht als charakterisierendes Attribut neben „Mensch", sondern statt „Mensch". Deutlich ist also $\ddot{\alpha}\nu\vartheta\rho$. Interpretament. (So auch Ch. H. Kraeling a. a. O. 172.) Nach seiner Ausscheidung hat V.₉ᵇ auch die angemessene Länge. An dieser Stelle scheint mir die Hypothese, daß ein aram. (oder syr.) Original zugrunde liegt, den stärksten Beweis zu erhalten. — Schaeder (s. S. 29, A. 3) will verstehen: „Er war das Licht der Kušta, das alle erleuchtet, Enos, der in die Welt kommt"; dagegen gilt Entsprechendes wie das zu V.₆ Gesagte.

[1] $'A\lambda\eta\vartheta\iota\nu\dot{o}\varsigma$ hat im Zshg den ursprünglichen formalen Sinn von „echt, eigentlich". Es entspricht aber dem Gebrauch von $\dot{\alpha}\lambda\dot{\eta}\vartheta\epsilon\iota\alpha$, die bei Joh wie im Hellenismus über den formalen Sinn von „Wahrheit" und „Wirklichkeit" hinausgehend den Sinn von „göttliche Wirklichkeit" gewinnt (ThWB I 245, 23ff.), wenn man bei $\tau\dot{o}\ \varphi\tilde{\omega}\varsigma\ \tau\dot{o}\ \dot{\alpha}\lambda\eta\vartheta\iota\nu\dot{o}\nu$ zugleich mithört: „das göttliche Licht" im Sinne von Luthers „das ewig Licht geht da herein". Gleichbedeutend ist das $\varphi\tilde{\omega}\varsigma\ \tau\tilde{\eta}\varsigma\ \zeta\omega\tilde{\eta}\varsigma$ 8₁₂; vgl. die Parallelität des $\ddot{\alpha}\rho\tau o\varsigma\ \tau\tilde{\eta}\varsigma\ \zeta\omega\tilde{\eta}\varsigma$ (6₃₅. ₄₈) mit der $\ddot{\alpha}\mu\pi\epsilon\lambda o\varsigma\ \dot{\alpha}\lambda\eta\vartheta\iota\nu\dot{\eta}$ (15₁) und vgl. ThWB I 251, 18ff. Hirsch streicht $\tau\dot{o}\ \dot{\alpha}\lambda$. und verdirbt so den Rhythmus.

[2] In solchem Gegensatz steht das $\varphi\tilde{\omega}\varsigma\ \nu o\eta\tau\dot{o}\nu$ bei Phil. opif. m. 30f.; Abrah. 119; Plot. Enn. VI 9,9 p. 522,15; das $\nu o\epsilon\rho\dot{o}\nu\ \varphi\tilde{\omega}\varsigma$ Exc. ex Theod. 12; das $\varphi\tilde{\omega}\varsigma\ \psi\upsilon\chi\iota\varkappa\dot{o}\nu$ Phil. leg. all. III 171; das $\varphi\tilde{\omega}\varsigma\ \dot{\alpha}\dot{\iota}\delta\iota o\nu$ Sap 7₂₆; das $\varphi\tilde{\omega}\varsigma\ \alpha\dot{\iota}\dot{\omega}\nu\iota o\nu$ Act. Thom. 34 p.151,5f.; das $\gamma\nu\dot{\eta}\sigma\iota o\nu\ \varphi\tilde{\omega}\varsigma$ Phil. mut. nom. 4f.; das $\dot{\alpha}\lambda\eta\vartheta\iota\nu\dot{o}\nu\ \varphi\tilde{\omega}\varsigma$ Plot. Enn. VI 9,4 p. 513,12; die vera lux Sen. ep. 93, 5. Bei Phil. quis rer. div. her. 263f. steht das $\vartheta\epsilon\tilde{\iota}o\nu\ \varphi\tilde{\omega}\varsigma$ dem Licht des $\nu o\tilde{\upsilon}\varsigma$ gegenüber. — Über die Entgegensetzung der göttlichen Sphäre, als der eigentlichen, zur irdischen, als der des Scheins, s. zu 4₁₀; vgl. auch Omodeo, Mistica 55ff.

[3] So ruft die dem Logos entsprechende „Weisheit" (s. S. 8f.): „Kommt herzu alle, die ihr mich begehrt!" (Sir 24₁₉).

und wieweit sich die Menschen seiner Offenbarung erschließen[1]. In ihm und nur in ihm ist für die Menschen die Möglichkeit gegeben, sich selbst vor Gott durchsichtig zu werden; eben damit aber auch die Möglichkeit, sich — im Unglauben — endgültig zu verfehlen[2]. Das φωτίζειν des Offenbarers ereignet sich auch an den Ungläubigen; freilich so, daß sie dadurch definitiv zu „Blinden" werden. Wie es das Sehen nur im Lichte gibt, so auch die Blindheit; diese Paradoxie hat der Evglist 9 39-41 ausdrücklich hervorgehoben.

$$^{10}[\grave{\epsilon}\nu\ \tau\tilde{\omega}\ \varkappa\acute{o}\sigma\mu\omega\ \tilde{\eta}\nu\ \varkappa\alpha\grave{\iota}]\ \acute{o}\ \varkappa\acute{o}\sigma\mu o\varsigma\ \delta\iota'\ \alpha\grave{v}\tau o\tilde{v}\ \grave{\epsilon}\gamma\acute{\epsilon}\nu\epsilon\tau o,$$
$$\varkappa\alpha\grave{\iota}\ \acute{o}\ \varkappa\acute{o}\sigma\mu o\varsigma\ \alpha\grave{v}\tau\grave{o}\nu\ o\grave{v}\varkappa\ \acute{\epsilon}\gamma\nu\omega.$$

Auf dem Hintergrund von V. 9 bringt **V. 10** die erste antithetische Beschreibung des Schicksals der Offenbarung, die das Thema V. 5 erläutert: er, der Logos, war (als Fleischgewordener) in der Welt (vgl. V. 11), und obgleich er der Schöpfer der Welt war, hat die Welt ihn nicht erkannt[3]. Kraft und Anspruch des geschichtlichen Offenbarers beruhen also darauf, daß er der Logos, der Schöpfer, ist. Denn wenn echtes Selbstverständnis des Menschen darin besteht, sich aus seinem Ursprung her zu verstehen, so kann ja die Erhellung des Daseins nur aus seinem Ursprung, von seinem Schöpfer her erfolgen.

Als Stätte und Objekt der Offenbarung wird hier statt der ἄνθρωποι der κόσμος genannt. Der κόσμος steht in Frage also nicht als das σύστημα ἐκ θεῶν καὶ ἀνθρώπων καὶ ἐκ τῶν ἕνεκα τούτων γεγονότων[4], sondern als die Menschenwelt. Diese aber bildet ein einheitliches Subjekt, eben den κόσμος, sofern sie Gott gegenübersteht, und zwar feindlich gegenübersteht; der κόσμος ist ja die σκοτία (V. 5), die sich durch ihre Abwendung von der Offenbarung selbst als solche konstituiert[5]. Sie hat sich als κόσμος Gott gegenüber selbständig gemacht; indem

---

[1] Vgl. Test. Levi 14 4: τὸ φῶς τοῦ νόμου τὸ δοθὲν εἰς φωτισμὸν παντὸς ἀνθρώπου. Auch die Formulierungen der Kirchenlieder sind ganz analog, wie Luthers: „Das ewig Licht geht da herein, gibt der Welt ein neuen Schein" und Paul Gerhardts: „Bist aller Heiden Trost und Licht." — Anders, nämlich pantheistisch, Pap. Gr. mag. IV 990 ff. die Anrufung an den μέγιστος θεός als τὸν τὰ πάντα φωτίζοντα καὶ διαυγάζοντα τῇ ἰδίᾳ δυνάμει τὸν σύμπαντα κόσμον.

[2] In der Quelle, in der V. 9-12 vom vorgeschichtlichen Logos galten, war das φωτίζει (im Semit. als Part. zu denken, s. S. 26, A. 4) grundsätzlich nicht anders verstanden, d. h. es bezeichnet die Möglichkeit der Offenbarung (im Sinne der Od. Sal.), nicht die Teilhabe am Logos als der Weltvernunft (im Sinne der Stoa und danach Philons, opif. m. 146; leg. all. III 171—176; plant. 18 usw., und der Apologeten, Just. ap. 28. 46 p. 71c. 83c). — Zu φωτίζω als Mysterien= bzw. Offenbarungs=Term. vgl. C. Herm. 1, 32; 13, 18 f. 21; Hipp. El. VII 26, 5 f. 7 f. p. 204, 23. 26; 205, 3. 14 W. (Od. Sal. 11 14); Clem. Al. Paed. I 25, 1 (ἐφωτίσθημεν γάρ· τὸ δέ ἐστιν ἐπιγνῶναι τὸν θεόν); 27 3 Eph 1 18 3 9 Hb 6 4 10 32. Vgl. Reitzenst., HMR.[3] 263 f.; Wetter, Phos 61 ff.

[3] Der erste Vers ist um ein Glied zu lang. Es ist zu vermuten, daß die Quelle, die noch vom präexistenten Logos und also nur von der Schöpfungsoffenbarung redete, nur das ὁ κόσμ. δι' αὐτ. ἐγ. enthielt, daß der Evglist, der seit V. 5 von der Heilsoffenbarung handelte, das ἐν τ. κ. ἦν hinzufügte, wodurch der Satz den Sinn gewann: „Und obgleich . . ." Sollte das ἐν τ. κ. ἦν doch in der Quelle gestanden haben (es hätte dann die ewige Gegenwart des Logos in der Schöpfung bezeichnet), so könnte es nur der erste Teil eines Doppelverses gewesen sein, dessen zweiten Teil der Evglist gestrichen hätte.

[4] Chrysipp fr. 527 bei v. Arnim, Stoic. vet. f1. II 168; vgl. Plat. Gorg. 507e.

[5] Vgl. zu V. 5. — Natürlich darf man keinen Gegensatz zwischen κόσμος als der Gesamtschöpfung (vgl. bes. 17 24) und als der Menschenwelt konstruieren. Zwar bedeutet κόσμος oft die Menschenwelt unter Absehung von der übrigen Schöpfung; so hier: ὁ κ. αὐτὸν οὐκ ἔγνω, und an Stellen, wo der κ. Objekt der Heilsveranstaltung (3 16 f. 4 42 6 33 usw.) oder Subjekt gottfeindlichen Verhaltens (15 19 16 20 usw.) ist. Aber κόσμος

ſie ſich nicht als Schöpfung von Gott aus verſtehen will, kann ſie ſich nur aus ſich
ſelbſt verſtehen. Darin alſo beſteht der joh. „Dualismus" von Gott und Welt,
von Licht und Finſternis[1]. Der κόσμος iſt alſo nicht ein πλήρωμα τῆς κακίας
(C. Herm. 6,4) im Sinne der radikalen Gnoſis[2], in der die Schöpfung und das
Daſein der Welt aus ihrem Urſprung ſchlecht ſind —, wobei dann die Schlechtigkeit
nicht als Sünde, ſondern als inhärierende Qualität verſtanden werden muß. Vielmehr ſind die Menſchen κόσμος und σκοτία als Schöpfung und als Stätte und
Objekt der Heilsoffenbarung; denn ſie ſind es, weil ſie ſich gegen Gott ſelbſtändig
machen, und dem entſprechend iſt die σκοτία die Finſternis der Lüge und der
Sünde[3]. Eben deshalb iſt der κόσμος beides: Gegenſtand der Liebe Gottes (3₁₆)
und Empfänger der Offenbarung (4₄₂ 6₃₃ 12₄₇) wie die lügneriſche Macht, die
ſich gegen Gott empört (14₃₀ 16₁₁), die verworfen wird (12₃₁ 17₉). Beides konſtituiert zuſammen den κόσμος-Begriff, und man darf nicht bei Joh zwei ver-
ſchiedene κόσμος-Begriffe unterſcheiden[4].

Der κόσμος hat den Offenbarer nicht „erkannt", d. h. er hat die ihm gegebene Möglichkeit der Erleuchtung nicht ergriffen (V.5), indem er nicht an Jeſus
als den Offenbarer geglaubt hat (vgl. V.11). Denn das Erkennen iſt nicht ein
theoretiſches Apperzipieren, ſondern Anerkennen[5]. Es würde ſich ja in der Preisgabe des ſelbſtgewählten falſchen Selbſtverſtändniſſes vollziehen und in der Annahme des Geſchenks eines echten Sich-Verſtehens vom Schöpfer her. Daß die
Welt dies ablehnt, iſt ihre Sünde, die ſie zur „Welt" macht; es iſt der Unglaube (16₉)[6].

> [11] εἰς τὰ ἴδια ἦλθεν
> καὶ οἱ ἴδιοι αὐτὸν οὐ παρέλαβον.

V. 11 läuft V.10 genau parallel, und beide Verſe erläutern ſich gegenſeitig:
wie dem ἐν τῷ κόσμῳ ἦν das εἰς τὰ ἴδια ἦλθεν entſpricht, ſo dem ὁ κόσμος
αὐτὸν οὐκ ἔγνω das οἱ ἴδιοι αὐτὸν οὐ παρέλαβον. Mit τὰ ἴδια iſt alſo die Menſchenwelt gemeint, die ihm als dem Schöpfer zu eigen gehört, und die ἴδιοι ſind eben
die Menſchen[7]. Es liegt alſo im Begriff des ἴδιον der gleiche Gedanke, den in

---

kann auch die Geſamtſchöpfung ſein, jedoch ſo, daß die Menſchenwelt dabei als das Weſent-
liche gilt; ſo hier: ὁ κ. δι᾽ αὐτοῦ ἐγένετο und 3. B. an den Stellen, die vom Senden oder
Kommen in die Welt reden (3₁₇. ₁₉ 9₃₉ 10₃₆ 16₂₈ uſw.); ſ. S. 34, 4.
   [1] Dgl. Gl. und Derſt. 135ff.; Gaugler 53: „Der joh. Dualismus iſt kein kosmo-
logiſcher, ſondern ein geſchichtlicher."
   [2] Beiſpiele bei Br., Exkurs zu 1₁₀.
   [3] Daß ψεῦδος und ἁμαρτία Charakter der Welt iſt, zeigt 8₃₀-₄₀. ₄₁-₄₇; zu ἁμαρτία
vgl. außerdem 8₂₁-₂₉ 9₃₉-₄₁ 15₂₁-₂₅ 16₈-₁₁.
   [4] Daß der κόσμος, eben weil er Gottes Schöpfung iſt, unter verſchiedenen Aſpekten
geſehen werden kann (als Ganzes oder als Menſchenwelt, als gottfeindliche oder als
Objekt ſeiner Liebe), hat ſeine Parallelen dort, wo ein religiöſes Weltverſtändnis vorliegt, alſo bei den Rabbinen, in den hermet. Schriften, bei den Mandäern und beſ. in den
Od. Sal.; vgl. darüber Odeberg 115—130. Dgl. auch Omodeo, Saggio 13f.
   [5] Br. richtig: „Jemanden anerkennen als das, was er zu ſeinem Anſpruch macht
oder hat." Dabei iſt nur zu beachten, daß ſolches γινώσκειν nicht etwas Anderes „bedeutet" als γινώσκειν = „erkennen". Denn es handelt ſich wirklich um ein Erkennen;
freilich ein ſolches, das ſich nur in der Anerkennung erſchließt. Ein objektiv-neutrales
Erkennen (dem dann eine „Wertung" oder „Stellungnahme" folgte) wäre gar kein Erkennen des hier gegebenen Sachverhalts.
   [6] Im Zſhg hat das γινώσκειν keinen anderen Sinn als das πιστεύειν V. 7. 13. Es
kann freilich zwiſchen γιν. und πιστ. differenziert werden; ſ. zu 6₆₉.
   [7] Τὰ ἴδια kann hier nicht wie 16₃₂ 19₂₇ Act 21₆ „Heimat" heißen (ſo ſonſt oft,
ſ. Br.), ſondern nur „Eigentum" (ſo oft in Pap. und Inſchr., ſ. Br. 3. St. und Br.,
Wörterb. 616). Die ἴδιοι ſind „die Seinen", die ihm als Schöpfer gehören wie Od. Sal. 7₁₂

V.10 das ὁ κόσμος δι᾽ αὐτοῦ ἐγένετο zum Ausdruck brachte. Wie das οὐκ ἔγνω
in V.10, so besagt jetzt das οὐ παρέλαβον die Ablehnung der Offenbarung, ein
Ausdruck, der noch deutlicher durch die Anschauung vom Werben des geschichtlichen Offenbarers bestimmt ist[1]. Ihn „aufnehmen" würde natürlich heißen:
ihm glauben[2]. Durch die Heilsoffenbarung sind die ἴδιοι gefragt, ob sie sich als
die ihrem Schöpfer Zugehörigen wissen wollen. Weigern sie sich dessen, so geben
sie sich damit gleichsam einen anderen Ursprung, gehören der Welt zu eigen (15 19);
der Teufel ist dann ihr Vater (8 44). Als die ἴδιοι können dann nur die gelten, die
an ihn glauben (10 3f. 13 1). Daß eine solche Scheidung gegenüber der Offenbarung eintritt, sagt V. 12.

> [12] ὅσοι δὲ ἔλαβον αὐτόν,
>   ἔδωκεν αὐτοῖς [ἐξουσίαν] τέκνα θεοῦ γενέσθαι,
>   [τοῖς πιστεύουσιν εἰς τὸ ὄνομα αὐτοῦ].

Es gibt also Ausnahmen in der massa perditionis; es gibt solche[3], die ihn
„aufnahmen"[4]. Wie viele oder wie wenige es sind, darüber besagt das ὅσοι an
sich nichts. Aber es sind wenige; denn aufs Ganze gesehen hieß es ja V.11: οἱ
ἴδιοι αὐτὸν οὐ παρέλαβον[5]. Das ist ja stets die Klage, wo von einer Botschaft die
Rede ist, die den Menschen zum Heil, zu sich selbst und zu Gott ruft[6]. Diesen

---

(s. S. 25, A. 2). Von da aus ist auch der dualistisch-gnostische Sinn des Begriffes zu verstehen, wonach das ἴδιον das Wesensverwandte bedeutet; vgl. einerseits 8 44 15 19, andrerseits 10 3f. 13 1 und dazu C. Herm. 1, 31; Iren. I 21,5; Hipp. El. V 6,7; 8, 12. 17; 19, 16;
21, 8 p. 78, 18; 91, 11; 19, 13; 120, 4; 124, 7; Act. Thom. 124 p. 233, 14; Od. Sal. 26 1
(דילה); Mand. Lit. 114, 4f. — Unmöglich ist es, in dem Prolog, der von den ἄνθρωποι,
dem κόσμος handelt, unter τὰ ἴδια (bzw. οἱ ἴδιοι) Israel bzw. das jüd. Volk zu verstehen,
das nach Ex 19 5 Dt 7 6 14 2 26 18 Pf 135 4 Gottes „Eigentumsvolk" (עַם סְגֻלָּה bzw. סְגֻלָּה)
ist (LXX λαὸς περιούσιος, nicht ἴδιος). Denn wenn Merx auch darin irrt, daß Joh
das judenfeindlichste Buch der Welt sei, so hat er jedenfalls darin recht: „Der Satz: Er
kam in sein Eigentum . . . (mag) bedeuten, was er wolle; eines aber bedeutet er nicht,
nämlich: er kam zu den Juden . . ." (S. 5). Wohl aber ist es eine Parallele, wenn nach
dem Weisheits-Mythos (s. S. 8.) die Völker und Nationen wie Erde und Meer als
Eigentum der Weisheit gelten (Sir 24 6), wie denn im Weisheitsmythos das οὐ παρέλαβον ebenfalls seine Parallele hat (Prov 1 24-31 Bar 3 12f.; äth. Hen. 42 1f.; vgl. Eucharist. II 6—11). — Der Wechsel von τὰ ἴδια — οἱ ἴδιοι dürfte auf den Übersetzer zurückgehen; im Aram. (oder Syr.) dürfte beidemale דיליה gestanden haben; vgl. Od. Sal.
7 12 26 1.
  [1] Bl. bemerkt als eigenartig, daß das Kreuz hier nicht erwähnt ist. Es konnte ja
in der hier vorliegenden Quelle nicht genannt sein.
  [2] Παραλαμβάνειν in diesem Sinne nur hier bei Joh; völlig gleichbedeutend
λαμβάνειν 1 12 (s. dort) 5 43, das, wie die Korrespondenz von V. 11 und V. 12 wie von 5 43
und 44 zeigt, den Sinn von πιστεύειν hat.
  [3] Der Relat.-Satz, der das Dat.-Obj. des Hauptsatzes (αὐτοῖς) charakterisiert, ist
betont vorausgestellt, eine nicht seltene rhetorische Redeweise, die keineswegs spezifisch
semitisch ist; Colwell zitiert S. 39 BGU I 19 (135 a. Chr.) col. II 1.4f.: ὅσα προσήναντο
πα[τρι]κῶν περὶ τὸν προκείμενον ἀπὸ τῆς εὐ[δ]αιμονίδος διαθήκης . . . ταῦτα μετεῖναι
τοῖς ἐκείνου τέκνοις. Etwas anders die beim Evglisten beliebte Vorausnahme des Subj.
oder des Akk.-Obj. als Casus pendens; s. zu 1 18 6 39.
  [4] Das ohne Bedeutungsunterschied mit παραλαμβ. wechselnde λαμβάνειν (vgl.
zum Wechsel Röm 15 4 II Kor 5 3 und Br.) ist in diesem Sinne ungriech. (δέχεσθαι wäre
zu erwarten; vgl. C. Herm. 4, 4), ist Semitismus (aram. קבל, Schl., Spr. und H. 20f.);
s. zu V. 16.
  [5] Daß die Wenigen durch ihre himmlische Natur prädestiniert sind (Omodeo 50),
ist ein dem Text fremder Gedanke.
  [6] Der ἐξιστάμενος τῶν ἀνθρωπίνων σπουδασμάτων καὶ πρὸς τῷ θείῳ γιγνόμενος wird von den πολλοί als ein Verrückter gescholten, Plat. Phaedr. 249 d. Vgl. die

Wenigen — und man hört schon heraus, daß es die „Wir" sind, die V. 14. 16 reden — aber schenkte der Offenbarer die Vollmacht[1], Gottes Kinder zu werden. Was dieses Geschenk der Gotteskindschaft bedeutet, wird 3 1-21 ausführlich entwickelt werden. Daß es eine Bezeichnung des Heiles, der eschatologischen Existenz, ist, ist schon hier deutlich.

Der Gedanke von Gott als dem Vater und dem Menschen als seinem Kinde begegnet in der ganzen Religionsgeschichte von den primitiven Stufen an[2]. Er differenziert sich einmal danach, wieweit im Vaterbegriff die Momente des Natürlichen (des Erzeugers), des Rechtlichen (des Herrn) und Persönlichen (der Fürsorge) betont oder gegeneinander abgewogen sind[3]; ferner aber danach, ob das Kindschaftsverhältnis des Menschen als ein von vornherein gegebenes, selbstverständliches gilt[4], oder als ein nicht=selbstverständliches, in dem nur besondere Menschen stehen[5], oder das unter besonderen Bedingungen von

---

Klagen des Epiktet diss. I 3,3f.; 16,19 (ἐπεὶ οἱ πολλοὶ ἀποτετύφλωσθε); Jes 10 22; C. Herm. 9,4; Ascl. 18 p. 320,16 ff. Scott; bes. C. Herm. 4,4 f.: ὅσοι μὲν οὖν συνῆκαν τοῦ κηρύγματος κτλ. So sind auch bei den Mandäern die Auserwählten nur eine geringe Schar, s. Br., dazu Mand. Lit. 203:

     „Sie bemerkten mich nicht, erkannten mich nicht
     und kümmerten sich nicht um mich.

     Der Mann, der mich sah und erkannte,
      erhält seinen Gang zum Orte des Lebens."

Ferner Ginza 387, 34 f.; 389, 7 f.

[1] Ἐξουσία ist bei Joh immer in dem im Griech. geläufigen Sinne von „Recht", „Vollmacht" gebraucht (1 12 5 27 10 18 17 2 19 10 f., alles Sätze des Evglisten), nicht in dem in Gnosis und Zauber entwickelten Sinne, wonach das Moment des Rechtes zurücktritt und das der Macht hervortritt (wobei dann auch die Freiheit von anderen Mächten betont sein kann), und wonach ἐξουσία, mit δύναμις verwandt, die Macht des Pneumatikers bezeichnet. Vgl. C. Herm. 1, 15. 32; 16, 14; Reitzenst., HMR.[3] 301 f. 363; Th. Scher-mann, Griech. Zauberpap. und das Gemeinde= und Dankgebet im I Klemens=Briefe 1909, 45 f.; L. Bieler, Θεῖος Ἀνήρ I 1935, 80 ff. So auch I Kor 8 9 Mt 3 15 6 7 Lt 4 36 10 19. — Wie bei Joh aber C. Herm. 1, 28: τὶ ἑαυτοὺς ... εἰς θάνατον ἐκδεδώκατε, ἔχοντες ἐξουσίαν τῆς ἀθανασίας μεταλαβεῖν. Διδόναι ἐξουσίαν entspricht einigermaßen dem aram. רְשׁוּ יְהַב (Erlaubnis geben, etwas zu tun); vgl. Schl. zu Mt 9 8 28 18; Foerster, ThWB II 562, 22 ff. Aber wahrscheinlich hat der Evglist das Wort in seine Quelle zur Verdeutlichung eingefügt; im Semit. wird bloßes יהב (διδόναι) im Sinne von „Erlaubnis geben", „Vollmacht erteilen" gebraucht, vgl. 5 26; oft in Apk: mit Inf. 2 7 3 21 usw., mit ἵνα 6 4 9 5 19 8, abs. 11 3; daneben ἐξουσίαν διδόναι 2 26 6 8 usw. — Διδόναι ist für den Offenbarer charakteristisch: 4 14 6 27. 33 f. 51 f. 10 28 14 27 17 2. 7. 22. Weiteres zu 3 27.

[2] Vgl. z. B. N. Söderblom, Das Werden des Gottesglaubens[2] 1926, 146 ff. 192; Fr. Heiler, Das Gebet[2] 1920, 89—93; Seeger, RGG[2] V 1442—1445; G. v. d. Leeuw, Phänomenologie der Religion 1933, 161—166. 492 f.

[3] Für das AT vgl. R. Gyllenberg, Gott der Vater im AT und in der Predigt Jesu, Studia Orientalia I 1925, 51—60; für das Judentum Bousset, Rel. des Jdt.s[3] 377 f.; Str.=B. I 392—396 usw. — Im AT wie in der Antike überhaupt gehören die Begriffe des Vaters und des Herrschers eng zusammen.

[4] Selbstverständlich gilt im Griech. Zeus als der Vater der Götter und der Menschen. In der Stoa ist der Satz von der Gotteskindschaft des Menschen zu bes. Bedeutung gelangt: sie gibt dem Menschen seinen Adel und seine Verpflichtung wie das Vertrauen auf die göttliche πρόνοια; vgl. bes. Epikt. Diss. I 3 und 9.

[5] Wie Israel sich als Sohn Gottes weiß im Unterschied von anderen Völkern, so ist der König in bes. Sinne der Sohn Gottes (z. B. II Sam 7 13 ff. Pf 2). Daß der König als Sohn Gottes gilt, ist ein im Orient wie in der griech. Antike verbreiteter Gedanke; vgl. z. B. v. d. Leeuw a. a. O. 102 f. und die zahlreichen Untersuchungen über den hellenist. und röm. Herrscherkult.

Gott geschenkt wird[1]. Vor allem wird der Gedanke der Gotteskindschaft des Menschen zu einem „eschatologischen" Begriff, sowohl im Judentum wie in den Mysterienreligionen[2]: Gottes Kind (oder Sohn) ist der Mensch dann, wenn er in eine neue Existenz versetzt wird, sei es am Ende des jetzigen Äon, wenn Gott die Welt erneuert, sei es schon jetzt, dadurch daß der Mensch durch die Weihe des Mysteriums zum Sohne Gottes gemacht, neu „gezeugt" oder „geboren" wird. Daß bei Joh das τέκνα θεοῦ γενέσθαι in solchem „eschatologischen" Sinne gemeint ist, ist klar; und daß der Begriff bei Joh nicht aus der jüdischen Eschatologie, sondern aus den Mysterienreligionen stammt, zeigt das ἄνωθεν γεννηθῆναι 3 3 ff.[3]. Klar ist aber ebenfalls, daß solche Versetzung in eine neue Existenzweise dem Menschen geschenkt wird, der der in Jesus begegnenden Offenbarung glaubt, und ebenso, daß diese neue Existenz durch die Erleuchtung des sich aus Gott Verstehens charakterisiert ist: die τέκνα θεοῦ sind die υἱοὶ τοῦ φωτός (12 36).

Daß es die Glaubenden sind, die dieses Geschenk empfangen, hat der Evglist durch seinen Zusatz τοῖς πιστ. κτλ. noch betont[4]. Diese eben sind es, die, wie eine weitere Erläuterung V. 13[5] sagt, vermöge ihres Glaubens[6] Gottes Kinder, von Gott Erzeugte, sind[7]. Und um das Wunder solcher Gotteskindschaft deutlich zu

[1] Die Frommen wissen sich als Kinder Gottes im Unterschied von den Gottlosen Sap 2 13. 16. 18.

[2] Für das Judentum: PsSal 17 30 Jubil 1 34 f. Mt 5 9 Lk 20 36. Für die Mysterien Albr. Dieterich, Eine Mithrasliturgie[2] 1910, 134—156.

[3] Vgl. außerdem I Joh 2 29 3 9 5 18. Quelle und Evglist unterscheiden sich in dieser Hinsicht nicht.

[4] Das πιστεύειν εἰς τὸ ὄνομα αὐτοῦ ist dem πιστεύειν εἰς αὐτόν völlig gleichwertig; s. S. 31, 3. (Vgl. die jüd. Formel „an den Namen Gottes glauben", Schl.) In der Wendung πιστ. εἰς τ. ὄν. kommt nur deutlicher zum Ausdruck, daß „an ihn glauben" die Anerkennung dessen ist, was seine Person bedeutet, also daß er der „Sohn" ist usw. (3 18 20 31 usw.); vgl. W. Heitmüller, Im Namen Jesu 1903, 114, 3. — Daß die Worte ein Zusatz des Evglisten sind, geht formal daraus hervor, daß sie aus dem Rhythmus der Verse herausfallen; sachlich daraus, daß in der Quelle vor V. 14 nicht von dem fleischgewordenen Offenbarer die Rede sein kann. Die Quelle redete V. 12 von den einzelnen Offenbarungsempfängern, die sich als Ausnahmen in den verschiedenen Generationen fanden. Vgl. bes. Sap 7 28 von der σοφία (s. S. 26, 5). Auch Sir 1 15 (nach Smend). Vgl. Eucharist. II 15—19; für die Vorstellung, daß der gnost. Erlöser „in wechselnden Gestalten durch die Geschichte wandelt" Jonas, Gnosis I 125 f. 278 f. 311 f.

[5] V. 13 ist Interpretament des Evglisten; er stört den Rhythmus der Verse empfindlich. Auch wenn man mit Burrows vermuten wollte, daß in der ersten Zeile das Präd. (יְלִידִין) vom Übersetzer gestrichen wäre, bliebe der Anstoß, daß das erste Glied viel zu lang ist und im zweiten die Nennung des Subj. fehlt. Zudem ist V. 13 Erläuterung von τοῖς πιστ. V. 12, das dem Evglisten zugehört.

[6] Natürlich ist nicht die Zeugung aus Gott die „Wurzel und Voraussetzung" des Glaubens, was H. J. Holtzmann, Lehrbuch der neutest. Theol. II[2] 1911, 534 f. für möglich hält, wie aus V. 12 deutlich hervorgeht.

[7] Der Zshg schließt aus, daß die in latein. Zutaten mehrfach bezeugte Lesart qui natus est (s. Br., Lagr. und Exkurs II bei Zn) den ursprünglichen Text erhalten hat. Wenn moderne Exegeten ein (ὃς) ἐγεννήθη für ursprünglich halten (Zn., Burney, Bl. u. A.), so ist der Wunsch des Gedankens Vater. Tertullians Behauptung, daß der Plur. eine Korrektur der Valentinianer sei, die hier semen illud arcanum electorum et spiritualium, quod sibi imbuunt, einbringen wollten, wird niemand glauben, schon weil die Valentinianer auch die ψυχικοί zu den πιστεύοντες rechnen (s. v. Loewenich 81 f.) — Auf Jesus als den Logos bezogen wirkt die Charakteristik nach dem V. 1-5. 9-11 Gesagten komisch. Soll der Satz in der singularischen Form nicht den Ursprung Jesu in der Ewigkeit, sondern die Jungfrauengeburt aussagen (wie z. B. die epist. apost. 3, S. 6 Duensing, versteht), so steht er vollends in Widerspruch zum Joh-Evg, das den Gedanken der Jungfrauengeburt nicht nur nicht enthält, sondern (wie Paulus) ausschließt; vgl. zu V. 14. Ist

machen, wird die sie begründende Zeugung aus Gott[1] allem Ursprung aus der
menschlichen Sphäre gegenübergestellt[2]. Einen Widerspruch zum Schöpfungs=
gedanken wird man in dieser Antithese nur finden, wenn man den Satz von der
ζωή V.4 mißverstanden hat. Nicht in den vitalen Vorgängen des natürlichen
Lebens vollzieht sich ja das Wirksamwerden der göttlichen ζωή als φῶς für die
Schöpfung. Was diese aus sich heraus erzeugt, bleibt in ihrer Sphäre; die es=
chatologische Existenz ist Gabe Gottes.

b) Der Logos im Fleisch (1 14-18).

[14]*καὶ ὁ Λόγος σὰρξ ἐγένετο*
καὶ ἐσκήνωσεν ἐν ἡμῖν.

Wie mit dem et incarnatus est der Messe setzt jetzt ein neuer Ton ein. Neu vor
allem im Sinne der Quelle, in der bisher nur von der Schöpfungsoffenbarung die
Rede war; neu aber auch im Sinne des Evglisten, der seit V.5 nur in andeutenden
Sätzen gesprochen hatte. Jetzt wird das Rätsel gelöst, indem das Wunder aus=
gesprochen wird: der Logos ward Fleisch!

Geredet wird in der Sprache der Mythologie. Wie Antike und Orient
von Göttern und Gottwesen erzählen, die in Menschengestalt erschienen, so ist es
ja auch das Hauptstück des gnostischen Erlösungsmythos, daß ein Gottwesen, der
Sohn des höchsten, Menschengestalt annahm, sich in menschliches Fleisch und Blut

---

der singular. Text, wie wahrscheinlich, als lateinischer entstanden, so möglicherweise als
Übersetzung aus einem syrischen; denn im Syr. kann die Plur.=Endung wegfallen, und
das אתיליד des syrcur kann als Sing. und Plur. verstanden werden (Burrows). Wahr=
scheinlicher aber ist die Entstehung daraus zu erklären, daß der Abschreiber das qui un=
willkürlich auf das vorhergehende eius bezogen hat. — Vgl. noch A. v. Harnack, SABerlin
1915, 542—552 bzw. Studien zur Gesch. des NTs und der alten Kirche 1931, 115—127;
Cadbury, Expositor 9 (1924), 436 f. — Lehrreich ist das Verhältnis der Lehre von der
Jungfrauengeburt zum Erlösermythos bei Ignatius; s. darüber Schlier, Relg. Unters. 42 f.
  [1] *Γεννᾶσθαι* kann „gezeugt" wie „geboren werden" heißen; *ἐκ* wird dabei von
der Mutter ausgesagt (s. Br., Wörterb.). Ist 3 3 ff. der Sinn „geboren werden" herrschend,
so zeigt I Joh 3 9, daß *γεννᾶσθαι ἐκ* ebenso von der Zeugung durch den Vater gebraucht
werden kann. Die speziellere Bedeutung ist offenbar hinter der allgemeineren „seinen
Ursprung erhalten" zurückgetreten.
  [2] Die menschliche Sphäre wird durch die Begriffe bezeichnet, die zusammen das
Menschliche gegenüber dem Göttlichen einheitlich beschreiben. *Σάρξ* und *αἷμα* sind im
Semitischen traditionell zur Bezeichnung des Menschlich=Irdischen (I Kor 15 50 Gal 1 16
Mt 16 17 usw.). Indessen liegt hier nicht diese Formel, sondern originelle Formulierung
vor. Der auffällige Plur. *ἐξ αἱμάτων* ist nicht aus dem Semit., eher aus dem Griech.
zu verstehen, wo wenigstens Eurip. Ion 693 eine wirkliche Par. bietet: *ἄλλων τραφεὶς
ἐξ αἱμάτων* = ein fremdem Blut entsprossener Sohn. Sonst wird von Blut der Plur.
nur gebraucht, wo es sich um Tropfen oder Ströme vergossenen Blutes handelt (Lev 12
und 15 passim wie bei den Tragikern, vgl. Liddel=Scott, oder bei Br. zitierten
Pap. Amh. II 141). Hier hat der Plur. nur den Sinn, die „Sphäre" des Blutes zu be=
zeichnen. Versuche, ihn aus der Physiologie der Zeugung zu erklären, bei Cadbury,
Expositor 9 (1924), 430—436. — Auch durch *ἐκ θελήματος σαρκός* ist die mensch=
liche Sphäre beschrieben, wobei man darauf hinweisen mag (Br.), daß *θέλημα* Pap. mag.
IV 1430. 1521. 1533 im Sinne des geschlechtlichen Begehrens gebraucht wird. Jedenfalls
ist hier von *σάρξ* als gottfeindlichem Prinzip nicht die Rede. Vgl. auch zu V.14. — Daß
(ohne daß man gegen das Vorige wie B. Weiß differenzieren dürfte) die menschliche
Initiative auch durch das *ἐκ θελήματος ἀνδρός* charakterisiert wird, ist nicht ver=
wunderlich, da in der Antike selbstverständlich der Mann als der ausschlaggebende Teil
gilt. — Daß in der Antithese das *θέλημα* Gottes nicht genannt ist, kommt daher, daß
für den Evglisten „aus Gott gezeugt sein" eine geläufige Wendung ist, und daß *θέλημα* im
Jhg die natürliche Willensbewegung bedeutet, die von Gott nicht ausgesagt werden kann.

kleidete, um Offenbarung und Erlösung zu bringen[1]. In dieser Mythologie prägt
sich der Offenbarungsgedanke aus; er besagt, 1. daß Offenbarung ein Geschehen
von jenseits ist, 2. daß sich dieses Geschehen, wenn es für den Menschen etwas
bedeuten soll, in der menschlichen Sphäre vollziehen muß. In der Tat: der Mensch
weiß, was Offenbarung bedeutet, so gut er weiß, was Licht bedeutet, so gut er
vom Brot oder Wasser des Lebens reden kann[2]. Eben deshalb kann sich der Evglist
die mythologische Sprache der Gnosis aneignen. In seinem Begriff von Offen=
barung hat der Mensch ein Vorwissen von Offenbarung, das in einem fragenden
Wissen um seine eigene Situation besteht. Er hat in solchem Vorwissen die Offen=
barung — das ἀληθινόν[3] — keineswegs; ja, es kann ihm zum Verderben werden,
wenn er aus ihm die Kriterien gewinnen will, um zu urteilen, wie ihm Gott be=
gegnen, wie Offenbarung Wirklichkeit werden müsse. Denn Wirklichkeit wird sie
nur als unbegreifliches Ereignis. Jenes Vorwissen ist ein negatives Wissen: das
Wissen um die Begrenztheit und Gottferne des Menschen, verbunden mit dem
Wissen um das Angewiesensein des Menschen auf Gott; das Wissen, daß mir Gott
in meiner Welt nicht begegnet, und daß er mir doch begegnen müßte, wenn mein
Leben ein echtes sein soll.

Auf dem Grunde dieses negativen Vorwissens erhebt sich beim Menschen ein
positives Scheinwissen von der Offenbarung, gestaltet aus seinen Sehnsüchten und
Wünschen. Und es ist die entscheidende Frage, ob der Mensch angesichts des Er=
eignisses der Offenbarung sein echtes Vorwissen um die Offenbarung als ein ihn
und seine Welt negierendes jenseitiges Geschehen durchhält, oder ob er sein Wunsch=
bild zum Kriterium macht, d. h. aber Offenbarung nur nach diesseitigen Maß=
stäben, nach menschlichen Werten, verstehen will. Das Ereignis der Offenbarung
ist Frage, ist Ärgernis. Nichts anderes sagt das ὁ λόγος σὰρξ ἐγένετο.

Mit σάρξ wird bei Joh die Sphäre des Weltlich=Menschlichen im Gegensatz
zum Göttlichen, als der Sphäre des πνεῦμα[4], bezeichnet 3₆ 6₆₃ (vgl. schon V.13)[5],

---

[1] Aufzählung einzelner Beispiele bei Br. und Bultmann, ZNTW 24 (1925), 104ff.;
vgl. H. Greßmann, Messias 373. — Daß sich der Erlöser in Menschengestalt kleidet, hat
in der Gnosis zunächst den Sinn einer Verkleidung: der Erlöser darf von den dämonischen
Weltmächten nicht erkannt werden; vgl. Iren. I 24,6; Asc. Js.10f.; I Kor 2₇f.; Ign.
Eph.19₁ usw.; vgl. H. Schlier, Relg. Unters. 6—17; G. Bornkamm, Mythos und
Legende 10. Daneben erscheint die andere Motivierung, die Od.Sal.7₃ff. am klarsten
ausgesprochen ist:
    „Er offenbarte sich mir reichlich in seiner Unverfälschtheit,
        denn seine Freundlichkeit machte seine Größe klein.
    Er ward mir gleich, daß ich ihn ergreife
        an Gestalt erschien er gleich mir, daß ich ihn anziehe.
    Nicht erschrak ich, als ich ihn sah,
        weil er sich meiner erbarmt hat.
    Wie meine Natur ward er, daß ich ihn begriffe,
        und wie meine Gestalt, daß ich nicht von ihm wiche."
So auch Exc. ex Theod. 4; Ginza 112, 16ff.; Barn 5₁₀ usw.; vgl. H. Windisch zu Barn 5₁₀.
— Über Versuche, Joh 1₁₄ ohne Mythologie zu erklären (Loofs, Jannaris, vgl. Car=
penter 326f. Wie gänzlich unjüdisch übrigens der Gedanke von Joh 1₁₄ ist, zeigt der
Protest von Leop. Cohn (Judaica, Festschr. zu H. Cohens 70. Geburtstag 1912, 330f.)
gegen Ed. Schwartz' Versuch, den Vers aus jüdischen Voraussetzungen zu verstehen.
[2] Vgl. zu 4₁₀ und Bultmann, Der Begriff der Offenbarung im NT 1929.
[3] S. S. 32, 1.   [4] Zu πνεῦμα s. zu 3₅.
[5] Ein Unterschied in der Auffassung des Evglisten und seiner Quelle der Offen=
barungsreden besteht in dieser Hinsicht nicht. Dem Evglisten gehören 1₁₃ 6₆₃ 8₁₅ 17₂;
der Quelle 1₁₄ 3₆ (6₅₁₋₅₆ gehören dem Bearbeiter). — Das entspricht der Tatsache, daß

und zwar nach ihrer Vergänglichkeit, Hilflosigkeit und Nichtigkeit (3₆ 6₆₃), wäh=
rend die Weltlichkeit als die Sphäre des Gottfeindlichen σκότος genannt wird und
ὁ κόσμος in beiden Bedeutungen[1] gebraucht wird. So kann der Evglist in at.licher
Redeweise die Menschheit πᾶσα σάρξ nennen (17₂). Es ist die Sphäre des Vor=
handenen, vor Augen Liegenden, die auf den, der ihr angehört, ihre verführerische
Kraft ausübt, sodaß er κατὰ σάρκα (8₁₅), d. h. κατὰ ὄψιν (7₂₄), zu urteilen pflegt.
Sie hat ja ein Scheinleben (3₆ 6₆₃), das der Mensch zunächst für wirkliches Leben
hält. In dieser Sphäre erscheint der Logos, d. h. der Offenbarer ist nichts als ein
Mensch[2]. Und als Mensch nehmen ihn die Menschen, die ihm begegnen[3], bis zu
dem ἰδοὺ ὁ ἄνθρωπος (19₅). Sie kennen ja seinen Vater und seine Mutter (6₄₂
7₂₇ f. 1₄₅) und nehmen deshalb Anstoß an seinem Anspruch, der Offenbarer zu
sein (10₃₃); den „Menschen", der ihnen die Wahrheit sagt, können sie nicht er=
tragen (8₄₀). Es ist daher auch völlig der Sache entsprechend, wenn der Titel
Λόγος im weiteren Evg keine Rolle mehr spielt. Als der Fleischgewordene und
nur als dieser ist jetzt der Logos da.

Das Ärgernis ist also durch das ὁ λόγος σὰρξ ἐγένετο aufs stärkste betont.
Denn so gewiß der Mensch Offenbarung als Geschehen in der menschlichen Sphäre
ersehnt und erwartet, so gewiß erwartet er auch — in dem ihn charakterisierenden
eigentümlichen Selbstwiderspruch —, daß sich die Offenbarung doch irgendwie
ausweisen und auszeichnen müsse. Der Offenbarer muß — so gewiß er in mensch=
licher Gestalt erscheinen muß — doch etwas Strahlendes, Mysteriöses oder Faszi=
nierendes haben als Heros oder θεῖος ἄνθρωπος, als Wundertäter oder Mystagoge.
Seine Menschlichkeit muß eigentlich nur seine Verkleidung, muß transparent sein;
der Blick will sich gerade von der Menschlichkeit wegwenden und die Göttlichkeit
sehen oder ahnen, will durch die Verkleidung durchdringen. Oder die Menschlich=
keit soll nur die Veranschaulichung, die „Gestalt" des Göttlichen sein.

Solchem Verlangen zum Trotz heißt es: der Logos ward Fleisch[4]. In purer
Menschlichkeit ist er der Offenbarer. Gewiß, die Seinen sehen auch seine δόξα

„Fleisch" als Bezeichnung der Gott entgegengesetzten Sphäre der Weltlichkeit dem AT
und der Gnosis gemeinsam ist. Das zeigt sich auch im σάρξ=Begriff des Ignatius, vgl.
Schlier, Relg. Unters. 131.

[1] S. o. zu V.₁₀.
[2] Damit erübrigen sich alle Fragen, wie es bei dem ἐγένετο zugegangen sei, oder
seit wann sich der Logos mit dem Menschen Jesus vereinigt habe. Der Mensch Jesus
ist als Offenbarer der Logos. Daß sich der Logos bei der Taufe in Jesus hineinbegeben
habe, scheitert schon daran, daß 1₃₂f. nicht von der Herabkunft des Logos, sondern des
πνεῦμα die Rede ist; vor allem aber daran, daß der Logos nicht ein Jemand ist, sondern
Gott, sofern er sich offenbart. Unter dem ἐγένετο einen wunderbaren Vorgang im Sinne
eines physiologischen Wunders zu verstehen, heißt, den Grundgedanken des Evgs, daß
der Offenbarer ein Mensch ist, verderben. Zudem zeigen 1₄₅ 6₄₂ 7₂₇f., daß der Evglist
von der Legende der Jungfrauengeburt nichts weiß oder nichts wissen will. Das Miß=
verständnis der Juden (6₄₂ 7₂₇) besteht nicht darin, daß sie falsch orientiert sind, vielmehr
darin, daß sie überhaupt die Frage nach der Herkunft Jesu κατὰ σάρκα stellen, wenn es
gilt, auf sein Wort zu hören. Sie sind völlig richtig orientiert; und gerade darin liegt
die Paradoxie, daß sie hier wie sonst κατὰ σάρκα richtig urteilen (wie Jesus 7₂₈ aus=
drücklich zugibt) und eben damit sich für die Offenbarung verschließen, die von den
Fragestellungen der weltlichen Sphäre nicht erfaßt werden kann. — Zudem würde die
Annahme eines physiologischen Wunders die Begriffe σάρξ und πνεῦμα mißverstehen;
sie bezeichnen kein Was, keine Substanz, sondern ein Wie, eine Sphäre.
[3] Dgl. 4₂₉ (5₁₂) 7₄₆. ₅₁ 9₁₆ 11₄₇. ₅₀ 18₁₄. ₁₇. ₂₉.
[4] In welchem Sinne die I Joh 4₁₋₃ II Joh 7 bekämpften Gnostiker das ἐληλυ=
θέναι ἐν σαρκί des Offenbarers bestritten, ist nicht deutlich zu sehen; deutlich aber, daß
dem Verf. das ἐν σαρκί das Entscheidende ist.

(V.₁₄ᵇ); und wäre sie nicht zu sehen, so könnte ja von Offenbarung nicht die Rede sein. Aber das ist die Paradoxie, die das ganze Evg durchzieht, daß die δόξα nicht neben der σάρξ oder durch sie, als durch ein Transparent, hindurch zu sehen ist, sondern nirgends anders als in der σάρξ, und daß der Blick es aushalten muß, auf die σάρξ gerichtet zu sein, ohne sich beirren zu lassen, — wenn er die δόξα sehen will. Die Offenbarung ist also in einer eigentümlichen Verhülltheit da.

In dieser Verhülltheit aber ist wirklich Gottes Offenbarung unter den Menschen da: zum erstenmal seit V.₁ wird ausdrücklich wieder gesagt: ὁ Λόγος[1]. Nichts Anderes ist also beim Offenbarer zu suchen, als was von je im ewigen Λόγος gegeben war: das Licht, das er als Schöpfer bedeutete, und in dem sich der Mensch verstehen soll. Nichts Anderes — also nicht die Erfüllung der Sehnsüchte und Wünsche, die aus dem Menschen emporsteigen, der das echte Verständnis seiner selbst verfehlt hat. Die Überwindung des Ärgernisses der σάρξ wird also davon abhängen, ob der nach Offenbarung fragende Mensch wirklich Gott will, ob er den Anspruch seiner Selbstherrlichkeit aufzugeben bereit ist. Nichts Anderes, — also nichts Geringeres als Alles, was den Menschen zu sich selbst und zu Gott bringt.

In welcher Weise es sich vollzieht, daß im Fleischgewordenen der Logos unter den Menschen da ist, wird das Evg zeigen, dessen Thema — wie andeutend in V.₅ₐ — mit dem ὁ λόγος σάρξ ἐγένετο formuliert ist. Im Voraus ist es nur möglich, bestimmte Mißverständnisse auszuschließen. In der spekulativen Gnosis ist die Menschwerdung des Erlösers nicht Offenbarung als den Menschen anredendes und erleuchtendes Geschehen, sondern ein kosmischer Vorgang. Die Erlösung vollzieht sich ja darin, daß die Menschenseelen, die als versprengte Licht= teile einer im Uranfang von der Finsternis errafften Lichtgestalt gelten, von dem Mensch gewordenen Erlöser gesammelt und emporgeführt werden, der damit sein zweites Ich — eben die im Uranfang gefallene Lichtgestalt — befreit. Durch ihre φύσις sind die präexistenten Seelen zur Rettung bestimmt, und der ganze Er= lösungsvorgang ist die Entwirrung der widernatürlich vermischten φύσεις des Göttlichen und des Dämonisch=Finsteren[2]. Dieser Prozeß betrifft den einzelnen Menschen also, sofern er ein kosmisches Wesen ist und im Zusammenhang eines kosmischen Geschehens steht. Wenn hier von Seele[3] und Leib und von Erlösung die Rede ist, so ist in Wahrheit nicht die Rede von je meiner Seele, meinem Leibe, meiner Erlösung, sondern von der Seele, von dem Leib, von der Er= lösung überhaupt. Die Erlösung vollzieht sich als ein großartiger Naturprozeß gleichsam an mir vorbei; sie ist als Geschehen meines eigenen geschichtlichen Lebens gar nicht erfaßbar. Und dem entsprechend ist der Erlöser in Wahrheit kein kon= kreter geschichtlicher Mensch, sondern „Urmensch". Er trägt nicht seinen Leib

---

[1] Zahn hat darin recht, daß der Logos mit der Fleischwerdung nicht aufhört, Logos zu sein. Aber absurd ist die Behauptung, daß der Logos mit der Fleischwerdung aufhöre, θεός zu sein, wenn auch nicht in jeder Hinsicht. In wieviel Hinsichten ist es denn möglich, θεός zu sein?! Dabei sind Gottheit und Menschheit in der Kategorie der Substanz ge= dacht. Ist der Fleischgewordene der Logos, so ist er θεός.

[2] Zum Grundgedanken der Gnosis vgl. Jonas, Gnosis. Zur Erlösung als der Sammlung der versprengten Lichtteile z. B. Iren. I 30, 14; Exc. ex Theod. 36; Bult= mann, ZNTW 24 (1925), 118 f. 131 f.; Schlier, Relg. Unters. 88 ff.; bes. 100 ff.; Christus und die Kirche im Epheserbrief 27 ff.; E. Käsemann, Leib und Leib Christi 1933, 65 ff. — Das Bild vom Erlöser als dem Magneten, der die Pneumatiker an sich zieht: Jonas a. a. O. 341. — Φύσει σωζόμενος Exc. ex Theod. 56; Clem. Al. str. IV 13, 89; Iren. I 6, 1.

[3] Unter Seele verstehe ich hier natürlich nicht die ψυχή, die als vitale Lebendigkeit abgewertet wird, sondern das pneumatische Ich oder Selbst des Gnostikers.

oder sein Fleisch, sondern den Leib, das Fleisch überhaupt. Deshalb ist auch
das Wo und Wann der Menschwerdung im Grunde gleichgültig; der Mythos kann
sich an beliebige Heilandsgestalten anheften und die geschichtliche Tradition ver=
sinken lassen.

Daß bei Joh die Offenbarung (und Erlösung) nicht als kosmischer Vorgang
verstanden ist, zeigt sich schon daran, daß der für den gnostischen Mythos kon=
stitutive Gedanke von der Präexistenz der Seelen — wie in den Od. Sal. —
herausgebrochen ist[1]. Damit fehlt jede Spekulation über das Schicksal der Seele,
zumal ihre Himmelsreise. Das Schicksal der Seele wird vielmehr durch den Glauben
oder Unglauben bestimmt, nicht durch ihre φύσις, — ein Begriff, der bei Joh
überhaupt fehlt. Und wie der Unglaube als die Sünde gilt (9₄₁ usw.), so erhält
der Begriff der Sünde überhaupt eine über die Gnosis hinausgehende Bedeutung.
Es braucht nicht ausgeführt zu werden, daß die Abgrenzung der joh. Auffassung
von der Offenbarung gegen die gnostische zugleich eine Abgrenzung gegen alle
Offenbarungs= und Erlösungslehren ist, die eine Erlösung des Menschen lehren,
die am konkreten einzelnen Menschen vorbeigeht.

Nun ist freilich in der Gnosis mit dem kosmischen Erlösungsprozeß, der durch
die Menschwerdung des Erlösers in Gang gebracht wird, eine „Offenbarung“ in=
sofern verbunden, als der Erlöser zugleich die γνῶσις bringt, durch deren An=
eignung der Einzelne in den Prozeß der Erlösung einbezogen wird, sodaß die
Erkenntnis geradezu als die Erlösung bezeichnet werden kann[2]. In der γνῶσις
gewinnt der Mensch die Erkenntnis seiner selbst, seines Ursprungs, seiner Situation
in der irdischen Welt als der Fremde, seines Heimwegs in die himmlische Heimat[3].
Aber abgesehen davon, daß solche Lehre ihn über den Menschen überhaupt belehrt
und ihn nicht seine eigene konkrete Existenz verstehen läßt, — wenn der Erlöser
ihm solche Offenbarung bringt, so ist dessen Menschwerdung wohl das Mittel
für die Offenbarung, aber nicht die Offenbarung selbst. Der Offenbarer als
Menschgewordener spielt die Rolle des Mystagogen, und der Gnostiker hat ihn
als den Menschgewordenen nicht mehr nötig, sobald er die γνῶσις hat. Die Be=
gegnung mit dem Menschgewordenen ist aber bei Joh die Begegnung mit dem
Offenbarer selbst; dieser bringt nicht eine Lehre, über der er selbst überflüssig wird,
sondern als der Menschgewordene stellt er jeden Menschen vor die entscheidende
Frage, wie er sich zu ihm stellt. So bereitet ja auch das Evg die eigentümliche
Verlegenheit, daß es eine eigentliche „Lehre“ Jesu gar nicht bringt[4]. — Wohl
darf nicht verkannt werden, daß die Mitteilung der Lehre in der Gnosis nicht ein=
fach orientierende Aufklärung ist. Sie ist auch Anrede, die, indem sie den Nach=
vollzug des vorgetragenen Daseinsverständnisses verlangt, den Hörer vor die Ent=
scheidung stellt, und mit der Lehre kann sich die Bußpredigt verbinden[5]. Aber in=
dem das in dieser Lehre geforderte Daseinsverständnis spekulativ entwickelt wird,
wird es als ein grundsätzlich überall mögliches und zugängliches verstanden, und

---

[1] Vgl. ZNTW 24 (1925), 140.   [2] Vgl. Jonas a. a. O. 347 f.
[3] Exc. ex Theod. 78: ... ἡ γνῶσις, τίνες ἦμεν, τί γεγόναμεν· ποῦ ἦμεν, ποῦ
ἐνεβλήθημεν· ποῦ σπεύδομεν, πόθεν λυτρούμεθα· τί γέννησις, τί ἀναγέννησις. Vgl.
ThWB I 694, A. 24; dazu die Formel aus dem Sterbesakrament der Markosier Iren. I 21,5:
ἐγὼ οἶδαι ἐμαυτὸν καὶ γινώσκω ὅθεν εἰμί. Ferner Schlier, Relg. Unters. 141 f.; Born=
kamm, Mythos und Legende 13 f.; Jonas, Gnosis 206. 261.
[4] Vgl. ZNTW 24 (1925), 102; s. zu 3₁₁ usw.
[5] C. Herm. 1, 27—29; 4; 7. Mand. J.=B. II 87, 5 ff.; 92, 27 ff.; 101, 15 ff.; 225, 6 ff.;
Ginza 180, 20 ff.; 391, 23 ff.; 585, 1 ff. usw.

die Begegnung mit dem Lehrer ist nur Anlaß zur Besinnung auf die Situation des Menschen und schafft nicht eine neue Situation, während bei Joh die Begegnung mit dem fleischgewordenen Offenbarer die entscheidende, die eschatologische Situation ist.

Endlich ist in der Gnosis die Gefahr eines sozusagen pietistischen Mißverständnisses des Offenbarers gegeben, wenn dessen Menschheit nicht als Anstoß und Paradox, sondern als ein Akt der Herablassung verstanden wird, der den Offenbarer anschaulich macht, der dem begegnenden Menschen die Angst nimmt und ihm ein menschlich-persönliches Verhältnis zum Offenbarer eröffnet[1]. Die Menschheit des Offenbarers ist hier seine Anschaulichkeit, in der er vertrauenerweckend und gar rührend wirkt. Aber anschaulich ist ja nur der Mensch und gerade nicht der Logos; daß dieser Mensch der Logos sei, kann ich allenfalls nur außerdem und daneben wissen. Das heißt aber, daß in solcher Auffassung die Menschwerdung gerade nicht als das entscheidende Offenbarungsgeschehen verstanden ist. So fehlt denn auch der joh. Darstellung des fleischgewordenen Offenbarers jede Anschaulichkeit[2]; die Begegnung mit ihm ist nur Frage und nicht Überredung.

D. 14 b verdeutlicht das Wunder der Fleischwerdung des Logos: „Er wohnte unter uns"[3], d. h. er weilte unter uns Menschen als ein Mensch[4], und zwar — so wird man mithören müssen — als Gast, der wieder Abschied nahm, wenngleich der Ton auf dem Positiven der Aussage ruht[5]. Die eigentliche

---

[1] S. S. 39, 1.

[2] Diese Unanschaulichkeit hat bes. W. Wrede (Charakter und Tendenz des Johannes-Evangeliums[2] 1933) sehr deutlich gemacht.

[3] Es bleibt sich gleich, ob man den Aor. ἐσκήν. ingressiv versteht („er nahm Wohnung"), was dem Parallelismus zu σὰρξ ἐγένετο entspricht, oder komplexiv (Bl.-D. § 332, 1) als zusammenfassenden Rückblick auf Jesu Erdenleben.

[4] Dem Parallelismus zu D. 14a entspricht es, daß mit ἐν ἡμῖν die Menschen überhaupt gemeint sind; vgl. 12 35 und Bar 3 38 von der σοφία: μετὰ τοῦτο ἐπὶ τῆς γῆς ὤφθη καὶ ἐν τοῖς ἀνθρώποις συνεστράφη. Vom Einwohnen in der Seele der Gnostiker (Act. Thom. 88. 148 p. 203, 7 f.; 258, 19) oder der Mystiker (H. Leisegang, Pneuma Hagion 1922, S. 55—58) kann nicht die Rede sein, denn D. 14 gibt ja das Thema dessen an, was im ganzen Evg dargestellt wird. Das entgegengesetzte Extrem bei Spitta: Jesus wohnte im Zelt unter den Johannes-Jüngern in der Wüste!

[5] Σκηνοῦν heißt nicht nur „zelten", sondern auch „wohnen" überhaupt und wird speziell im Sinne von „Quartier nehmen" gebraucht (Herm. sim. V 6,5 sagt in gleichem Zshg κατοικεῖν und gebraucht § 7 κατασκήνωσις für „Wohnung"). Möglich, daß der Ausdruck gewählt ist mit Anspielung auf das im Orient häufige Reden vom „Wohnen" der Gottheit als ihrer heilbringenden Gegenwart bei den Menschen (in einer Stadt, im Tempel usw.); vgl. Streck, Assurbanipal II (Vorderasiat. Bibl. VII 2) 1916, 230 f. 248. 262 f. 266 f.; Textb. zur Religionsgesch.[2] 302. Im AT: Er 25 8 29 45 usw. Das hebr. שָׁכַן wird in LXX öfter durch κατασκηνοῦν übersetzt Ps 77 60 Joel 3 (4) 17 Sach 2 20 (14). Für das Judentum: PsSal 7 5: ἐν τῷ κατασκηνοῦν τὸ ὄνομά σου ἐν μέσῳ ἡμῶν ἐλεηθησόμεθα. Jos. ant. III 202; VIII 106 vom κατασκηνοῦν Gottes im Tempel. Bei den Rabbinen ist שְׁכִינָה zum term. techn. für die göttliche Gegenwart, das numen praesens, geworden; vgl. Bousset, Rel. des Jdt.s 315. 346 f.; Str.-B. I 794; II 314 f.; A. Marmorstein, The old Rabbinic doctrine of God I 1927, 103 f.; ZNTW 26 (1927), 239 f.; Schl. z. St. So könnte man verstehen: „Er manifestierte sich unter uns", was aber als Fortsetzung des σὰρξ ἐγένετο nicht wahrscheinlich ist (s. u. zu δόξα). Burney will retrovertieren שְׁכִינְתֵּהּ בֵּינָנָא אַשְׁרֵי וְ = „er ließ seine Schekhina unter uns wohnen"; dagegen aber mit Recht Burrows einfach שְׁכֵן בַּנָא. An den jüd. Sprachgebrauch lehnt sich Did 10,2 an: (τοῦ ὀνόματός σου) οὗ κατεσκήνωσας ἐν ταῖς καρδίαις ἡμῶν. Vgl. noch

Paradoxie der Offenbarung aber bringt der folgende Doppelvers zum Ausdruck:

καὶ ἐθεασάμεθα τὴν δόξαν αὐτοῦ,

δόξαν ὡς μονογενοῦς παρὰ πατρός.

Es ist ein Bekenntnis derer, die, den Anstoß überwindend, im Menschen Jesus die göttliche Herrlichkeit wahrgenommen haben[1]. Wie kann aber am σὰρξ γενόμενος göttliche Glorie sichtbar sein[2]? Nun, diese Behauptung ist eben das Thema des Evgs, und wie solches möglich ist, darauf will es die Antwort geben. Aber schon die Paradoxie der Aussage zeigt, daß sich die Offenbarung nicht, wie naives Vor-

---

II Kor 12 9 und Act. Thom. 52 p. 168, 19: in der Epiklese an die göttliche δύναμις: ἐλθὲ καὶ σκήνωσον ἐν τοῖς ὕδασι τούτοις. — Eigentliche Parallelen aber bietet der Weisheits-Mythos: äth. hen. 42 2: „Die Weisheit ging aus, um bei den Menschenkindern Wohnung zu suchen." Sir 24 4: „Ich richtete in der Höhe meine Wohnung auf"; 8: „Und der mich gemacht hatte, stellte meine Hütte auf, und er sagte zu mir: In Jakob sollst du wohnen (LXX κατασκήνωσον) und Besitz nehmen in Israel." Bar 3 28 f. vor. Anm. Vor allem vgl. Ginza 454, 15 f.; 575, 10 ff.; 592, 17 ff. — Man darf das ἐσκήνωσεν nicht aus dem dualist. Sprachgebrauch von σκῆνος für den vergänglichen Fleischesleib erklären (Sap 9 15 II Kor 5 1. 4 II Pt 1 13 f.; Windisch zu II Kor 5 1; H. Leisegang, Pneuma Hagion 30 f.); es müßte sonst statt ἐν ἡμῖν heißen: ἐν σώματι φθαρτῷ (Sap 9 15) oder dergl.

[1] Δόξα bezeichnet in der LXX, im NT, in der Zauber- und Mysterien- und verwandten Literatur des Hellenismus die Epiphanie und Manifestation der Gottheit. Der Ursprung dieser dem griech. Sinn von δόξα (1. Meinung, 2. Ehre) fremden Bedeutung ist umstritten und kann hier auf sich beruhen (Reitzenst., HMR.³ 289. 315. 344. 355. 358 ff.; Joh. Schneider, Doxa 1932; ThWB II 238, 20 ff.; 255, 22 ff.; Helm. Kittel, Die Herrlichkeit Gottes 1934. Weiteres bei Bauer, Wörterb. s. v. und zu 2 11). Das hellenist. δόξα entspricht jedenfalls dem at.lichen und rabbin. כָּבוֹד (die Targume sagen יְקָרָא), sofern dieses die Manifestation Gottes bezeichnet; ebenso auch dem iranischen Begriff der Glorie (Schaeder bei Reitzenst., Studien 321). — Wird die δόξα als Lichtglanz oder als Lichtsubstanz vorgestellt, so beschreibt δόξα doch im Grunde nicht die Wesensart (die φύσις), das Was, der Gottheit, sondern ihre Wirkungsart, ihre wirkende Macht, das Wie, sodaß δόξα und δύναμις verwandt oder gleichbedeutend werden (Philo, spec. leg. I 45; Preis., Zaub. IV 1616 ff.; XIII 511 ff. 554; Mt 13 26 Apk 15 8; vgl. Röm 6 4 mit I Kor 6 14 II Kor 13 4. Vgl. G. P. Wetter, Die Verherrlichung im Joh-Evg = Beitr. zur Rel.wiss. II 1914, 32 ff.; so heißt δόξα Act. Jo. 93 p. 196, 19 einfach „Wunder". Im Kreise eschatologischen Glaubens wird δόξα zur Bezeichnung der eschatologischen Epiphanie (Mt 8 38 Röm 8 18 usw.; vgl. A. v. Gall, Βασιλεία τοῦ θεοῦ 1926, 332 ff.); so auch in LXX, wo δόξα dem כָּבוֹד entspricht: Gott erweist seine „Herrlichkeit" bzw.

„verherrlicht" sich im eschat. Geschehen; sofern sich dieses in geschichtlichen Vorgängen vollzieht (Ez 39 13. 21 ff. Jes 40 5 59 19 usw., vgl. auch Ex 14 4. 17 f. Jes 26 15 usw.), wird der Begriff der (eschatologischen) Herrlichkeit vergeschichtlicht. Radikal ist das bei Pls geschehen: er sieht II Kor 3 7 ff. die eschatologische δόξα-Manifestation in der Predigt des Evangeliums sich vollziehen und versteht den Glauben als die Schau der δόξα des κύριος. Im gleichen Sinne ist der Begriff der eschatologischen δόξα bei Joh vergeschichtlicht. — Wenn in ἐσκήνωσεν auf den Begriff der שְׁכִינָה angespielt ist (s. S. 43, A. 5), so finden

sich V. 14 zwei Begriffe, die die göttliche Manifestation bezeichnen, worin Dalman (Worte Jesu I 189) rabbinische, Schaeder (Reitzenst., Studien 318 ff.) iranische Tradition finden will. Jedenfalls darf man nicht den in V. 14 gleichfalls begegnenden Logosbegriff als dritten Manifestationsbegriff hinzurechnen, als sei λόγος = מֵימְרָא; denn der λόγος ist hier nicht eine Manifestation, sondern der sich Manifestierende.

[2] Vgl. Ginza 318, 29 ff.:

„Ich bin Jōkabar-Kuštā,

   der ich vom Hause meines Vaters fortging und herkam.

Ich kam mit verborgenem Glanze

   und mit Licht ohne Ende." Vgl. Ginza 455, 17 ff.

Ginza 353, 18. 25; 355, 13 werden die „Jünger" charakterisiert als die, welche die „Herrlichkeit" des Gesandten „schauten".

stellen und Wünschen wähnt, in einer den natürlichen Augen des Leibes oder
des Geistes sichtbaren, den natürlichen Menschen faszinierenden und überzeugen-
den Demonstration abspielt, und daß deshalb auch das $\vartheta\varepsilon\tilde{\alpha}\sigma\vartheta\alpha\iota$ nicht ein dem
natürlichen Menschen gegebenes Sehen ist. Und schon der Zusammenhang läßt er-
kennen, daß sich das Schauen der $\delta\acute{o}\xi\alpha$ in dem Vorgang vollzieht, der durch das
$\delta\iota\delta\acute{o}\nu\alpha\iota$ des Offenbarers (V.12) und das $\lambda\alpha\mu\beta\acute{\alpha}\nu\varepsilon\iota\nu$ der Glaubenden (V.16) angedeutet ist, daß also die Vorstellung vom Schauen der Glorie vergeschichtlicht
worden ist (s. S. 44, 1). In dem, was er als Offenbarer für die Menschen ist, hat
er seine $\delta\acute{o}\xi\alpha$, und er hat sie, wie am Schlusse deutlich wird (1228 1331f. 171ff.),
eigentlich, indem sich an den Glaubenden verwirklicht, was er ist. Und ent-
sprechend gilt: diejenigen, die ihn als Glaubende für sich den sein lassen, der er
ist, die schauen seine Herrlichkeit. Das glaubende Schauen erfolgt also in der Um-
kehrung der natürlichen Lebensrichtung, die durch das $\tau\acute{\varepsilon}\kappa\nu\alpha$ $\vartheta\varepsilon o\tilde{\upsilon}$ $\gamma\varepsilon\nu\acute{\varepsilon}\sigma\vartheta\alpha\iota$ D.12
gekennzeichnet ist. Und diejenigen, die das $\dot{\varepsilon}\vartheta\varepsilon\alpha\sigma\acute{\alpha}\mu\varepsilon\vartheta\alpha$ sprechen, sind die Glaubenden. Der alte Streit, ob in D.14 Augenzeugen sprechen, oder ob solche, die im
„geistigen" Sinne schauten, beruht auf einer falschen Alternative, sofern nicht der
Charakter des „geistigen" Sehens genau bestimmt wird. Es ist nämlich einerseits
deutlich, daß es sich bei dem spezifisch-joh. „Sehen"[1] nicht um Augenzeugenschaft
im Sinne der historischen oder gerichtlichen Nachfrage handelt. Augenzeugen in
solchem Sinne sind die „Juden" auch gewesen und haben doch nichts gesehen (939-41).
Andrerseits aber ist dieses „Sehen" nicht ein „geistiges" Sehen im Sinne der griechischen Ideenschau oder der Mystik. Offenbarer ist nicht eine Christus-Idee oder
eine Symbolgestalt, sondern der Logos als der $\sigma\grave{\alpha}\rho\xi$ $\gamma\varepsilon\nu\acute{o}\mu\varepsilon\nu o\varsigma$; und jenes „Sehen"
hat eben den $\sigma\grave{\alpha}\rho\xi$ $\gamma\varepsilon\nu\acute{o}\mu\varepsilon\nu o\varsigma$ im Blick[2]. Das „Sehen" ist weder ein sinnliches, noch
ein geistiges, sondern das Sehen des Glaubens[3]. Was der Glaube sieht — kurz

---

[1] Die Verba des Sehens (unterschiedslos stehen bei Joh die Verben $\dot{o}\rho\tilde{\alpha}\nu$, $\iota\delta\varepsilon\tilde{\iota}\nu$,
$\ddot{o}\psi\varepsilon\sigma\vartheta\alpha\iota$, $\beta\lambda\acute{\varepsilon}\pi\varepsilon\iota\nu$, $\vartheta\varepsilon\tilde{\alpha}\sigma\vartheta\alpha\iota$ und $\vartheta\varepsilon\omega\rho\varepsilon\tilde{\iota}\nu$) werden in dreifachem Sinne gebraucht: 1. von
der allgemein zugänglichen Wahrnehmung irdischer Dinge und Vorgänge (138. 47 98 usw.),
2. von der nur bestimmten Menschen zugänglichen Wahrnehmung übernatürlicher Dinge
und Vorgänge (132. 33. 34; 2012. 14 usw.). Während aber in diesen beiden Fällen an
Wahrnehmung mit den sinnlichen Augen gedacht ist, wird „Sehen" 3. vom Innewerden
nicht sinnlich sichtbarer Sachverhalte ausgesagt. Das Objekt des „Sehens" ist das Offenbarungsgeschehen bzw. die Person Jesu als des Offenbarers. So 114 640. 62 1245 147. 17
I Joh 11f. 414 usw. So auch 937 149; nur daß hier mit dem Sinn von 1., und 1140 1419
1610. 16f. 19, nur daß hier mit dem Sinn von 2. gespielt wird. In diesem Sinne wird
$\beta\lambda\acute{\varepsilon}\pi\varepsilon\iota\nu$ 939-41 absolut gebraucht. Dies ist der spezif. joh. Sprachgebrauch. (Abzusehen
ist vom übertragenen Sprachgebrauch 419 752 856 1119 und in formelhaften Wendungen
wie 33. 36 851.) Als solches „Sehen" wird auch die Beziehung des Offenbarers zum „Vater"
bezeichnet (311. 32. 38 646); s. A. 3.
[2] Vgl. die Polemik gegen den Doketismus I Joh 42f. — Mit Recht wendet sich
Torm, ZNTW 30 (1931), 125f. gegen die Spiritualisierung des $\vartheta\varepsilon\tilde{\alpha}\sigma\vartheta\alpha\iota$.
[3] Daß das Sehen ein Sehen des Glaubens ist, zeigen 640 1244f., wo $\vartheta\varepsilon\omega\rho\varepsilon\tilde{\iota}\nu$ und
$\pi\iota\sigma\tau\varepsilon\acute{\upsilon}\varepsilon\iota\nu$ verbunden bzw. par. gebraucht sind. Ebenso sind auch $\dot{\alpha}\kappa o\acute{\upsilon}\varepsilon\iota\nu$ und $\pi\iota\sigma\tau\varepsilon\acute{\upsilon}\varepsilon\iota\nu$
verbunden (524) oder alternieren (845-47 1026f. 1246f.). Andrerseits werden $\dot{o}\rho\tilde{\alpha}\nu$ und
$\dot{\alpha}\kappa o\acute{\upsilon}\varepsilon\iota\nu$ verbunden (332 537 I Joh 11. 3) oder im Wechsel (838) gebraucht. Und wie das
Verhältnis des Sohnes zum Vater als „Sehen" bezeichnet werden kann (s. A. 1), so
als „Hören" (530 826. 40 1515). Wie vom „Sehen", so gilt vom „Hören", daß es nicht
auf die Zeitgenossen beschränkt ist (524 103. 16 1247 1837), wie denn das Hören der ungläubigen Zeitgenossen gar kein „Hören" war (843. 47). — „Sehen" wie „Hören" bezeichnen also das Glauben, freilich als ein erfülltes, in dem das „Erkennen", auf das
es zielt, verwirklicht ist. Deshalb können auch „Sehen" und „Erkennen" wechseln (147. 9)
oder kombiniert werden (1417 I Joh 36); wie die „Juden" Gott nicht gesehen haben
(537), so haben sie ihn nicht erkannt (855); wie Jesus den Vater gesehen hat (646 usw.),

zusammengefaßt I Joh 4₁₄: ὅτι ὁ πατὴρ ἀπέσταλκεν τὸν υἱὸν σωτῆρα κόσμου —,
hat als empirisches Ereignis niemand je wahrgenommen. Der Glaube sieht es
ständig; aber er sieht es nur im Blick auf den σὰρξ γενόμενος. Dieses Sehen ist
nicht an die Zeitgenossen gebunden, sondern wird durch sie allen folgenden Generationen vermittelt; aber nur durch sie wird es vermittelt, da es sich nicht um die
Schau eines Zeitlosen, ewig Gültigen handelt, sondern um das ὁ λόγος σὰρξ
ἐγένετο. Das ἐθεασάμεθα spricht nicht eine fixierbare Zahl von „Augenzeugen",
sowenig wie das θεωρεῖν 6 40 12 45 und das ὁρᾶν 14 9 auf „Augenzeugen" beschränkt
ist; sondern weil es glaubende Augenzeugen gegeben hat, sprechen es alle Glaubenden, wie denn der Evglist solches θεᾶσθαι durch sein Evg vermitteln will[1].
Sowenig also das ἐθεασάμεθα 1 14 nur von „Augenzeugen" gesprochen sein kann,
sowenig kann es außerhalb der durch die glaubenden Augenzeugen begründeten
Geschichte und der durch sie vermittelten Tradition gesprochen werden. Die Gemeinde, die es spricht, ist nicht durch eine Idee und ewige Normen konstituiert,
sondern durch eine konkrete Geschichte und ihre Tradition. Von dieser Tradition
kann sich das Sehen nicht losreißen, wenn es sich nicht in eine Schau des Göttlichen
als zeitlos Allgemeinen verlieren will, um eben damit auch die Offenbarung
Gottes zu verlieren.

Die „Augenzeugen" kommen aber nicht in Frage als solche, die für die jeweilige spätere Generation die Garantie übernehmen, daß es mit der Offenbarung
seine Richtigkeit habe, sondern als solche, die jeder Generation aufs neue den Anstoß vermitteln, daß es gilt, in dem, der σὰρξ ward, die δόξα zu sehen. Sie selbst,
die den Nachfolgenden den Anstoß zu nehmen scheinen, weil sie ihnen den σὰρξ
γενόμενος schon mit ihrer Interpretation vermitteln, sie selbst sind den Nachfolgenden das σκάνδαλον. Denn man kann nicht über sie wegspringen zur un-
mittelbaren Schau der δόξα des Offenbarers, sondern ist an sie gebunden. Und
so ist jede Generation an die vorhergehende gebunden, in deren Verkündigung
sich jeweils der Anstoß des σὰρξ γενέσθαι erneuert, weil diese Verkündigung
nicht eine Idee vermittelt, sondern ein geschichtliches Ereignis weitergibt. So erneuert sich aber auch jeweils das ἐθεασάμεθα, in dem der Anstoß überwunden ist[2].

---

so hat er ihn erkannt (17 55) und kennt ihn (8 55 10 15). Andrerseits wird πιστεύειν von
Jesus selbst nicht ausgesagt, weil ja das Glauben nicht nur hinsichtlich des Moments seiner
Erfülltheit verstanden werden kann (s. zu 6 69). Die Erfülltheit des Glaubens kann auch
durch λαμβάνειν bezeichnet werden; s. zu V. 16.
    [1] Richtig H. von Campenhausen, Die Idee des Martyriums 37,2; er bezeichnet
das „wir" als einen pluralis ecclesiasticus. — Das Problem: „Wie wird es sein, spricht
keiner mehr: 'Ich sah'?" hat Robert Browning in der Rede des sterbenden Johannes
(„Ein Tod in der Wüste", in „Dramatis personae" 1864, deutsch von Max Geilinger,
Neue Schweizer Rundschau 21 [1928], 429—449) behandelt.
    [2] Den Sachverhalt hat Kierkegaard klar durchschaut und vor allen in den „Philo-
soph. Brocken" (deutsch Jena 1925) entwickelt unter den Titeln „Der gleichzeitige Schüler"
(51—65) und „Der Schüler zweiter Hand" (81—100). Vgl. dort S. 64: Die „unmittelbare
Gleichzeitigkeit" (der „Augenzeugen") kann Veranlassung dazu werden, daß der Gleich-
zeitige „mit des Glaubens Augen die Herrlichkeit sieht". „Doch ist ein solcher ja nicht
Augenzeuge (unmittelbar verstanden), sondern als Glaubender ist er der Gleichzeitige
in des Glaubens Autopsie. In dieser Autopsie ist aber jeder Nicht-Gleichzeitige (unmittelbar verstanden) der Gleichzeitige." — Die eigentümliche Wiederaufnahme der
Situation der Zeitgenossen durch die jeweilige neue Generation verdeutlicht I Joh. Vgl.
Iren. V 1,1, wo sich Irenäus zu den magistrum nostrum videntes et per auditum
nostrum vocem eius percipientes rechnet. — Eine halb pietistische, halb liberale Interpretation, wie die Zahns, daß es sich bei dem θεᾶσθαι 1 14 um das Sehen der „aus der
leiblichen Erscheinung des fleischgewordenen Logos hervorleuchtenden, in sichtbaren

Die Charakteristik der δόξα des Fleischgewordenen als einer δόξα des μονογενὴς παρὰ πατρός[1] bestätigt, daß seine Glorie in nichts anderem besteht als
darin, der Offenbarer zu sein. Denn diese Charakteristik, in der zum ersten Mal
vom Offenbarer als dem Sohn und von Gott als dem Vater die Rede ist, bezeichnet
ihn eben als den Offenbarer[2], und in ihr sind die Motive eingeschlossen, die das

---

Handlungen und hörbaren Worten und hoheitsvollen Mienen sich allen Sinnen dar-
bietenden Herrlichkeit desselben" gehandelt habe, verfällt dem Spott Kierkegaards (S. 59):
„... Wenn Gott durch seinen allmächtigen Beschluß ... dem Geringsten gleich sein
will, so soll kein Gastwirt und auch kein Philosophieprofessor sich einbilden, daß er der
Schlaukopf sei, etwas zu merken, wenn ihm nicht Gott selbst die Bedingung geben will."
  [1] Das παρά bezeichnet möglicherweise die Herkunft (wie 6 46 7 29 9 16. 33; hier jedoch immer nach εἶναι) oder gar den Ursprung (vgl. 15 26 16 27 17 8, wo aber ἐκπορεύεσθαι
und ἐξέρχεσθαι steht; nach γίγνεσθαι z. B. Plat. Symp. 179 b); wahrscheinlicher aber
vertritt es den Gen., weil μονογενοῦς πατρός mißverständlich wäre. — Das ὡς ist
schwerlich rein vergleichend, sondern bedeutet „dem entsprechend, daß" (vgl. PsSal 18 4
und Chrys. bei Lagr.). Daß der Art. bei πατρ. fehlt, wird eine Art Assimilation an μονογ.
sein (Bl.-D. § 257,3); dieses braucht den Art. nicht zu haben, weil es den Charakter eines
Präd.-Nom. hat (scil. ὄντος. Vgl. Aall II 120: „Das Fehlen des Art. verlegt die argu-
mentative Kraft auf den Sonderinhalt des Begriffs").
  [2] Μονογενής wird verstanden als „einzig in seinem γένος" (Parm. fr. 8, 4;
I Klem 25 2 vom Phönix), oder „einheitlich in seiner Art" (h. Diels, Doxogr. Gr. 278,
a 17, b 13; 279, a 7, b 4 (syn. ἁπλοῦς), oder als „einzig erzeugt". Gelegentlich auch als
„von einem einzigen Erzeuger stammend" (Hippol. El. VI 31, 4 p. 159, 4 W.; vgl. Eur.
Hel. 1685: ἀδελφὴ μονογενοῦς ἀφ' αἵματος; ja auch als „zum Einzigen machend"
(Plut., de fac. in orbe lunae 28, 5 p. 943 b). Im dritten Sinne wird es seit Hes. op. 376
(μονογ. παῖς); Herod. VII 221 für das einzige Kind gebraucht. So mehrfach in LXX:
Jdc 11 34 Tob 3 15 8 17; bei Jos. ant. V 264; XX 20; im NT: Lk 7 12 8 42 9 38 Hb 11 17.
Es gibt Jdc 11 34 יָחִיד wieder, für das μονογ. auch sonst, aber im Sinne von „einsam",
„verlassen" steht (Ps 21 21 24 16 34 17; statt dessen Ps 67 7 μονότροπος), während für
יָחִיד als „einziger Sohn" sonst mehrfach ἀγαπητός steht (Gen 22 2. 12. 16 Jer 6 26 Am 8 10
Sach 12 10; ἀγαπώμενος Prov 4 3). Die Parallelität mit ἀγαπητός zeigt, daß μονογ. in
solchem Gebrauch zugleich den Sinn eines Wertprädikats hat, was vollends die Kombination von „eingeboren" und „erstgeboren" PsSal 18 4 IV Esr 6 58 beweist; ebenso die
Tatsache, daß Israel als der „Eingeborene" bezeichnet wird (ebd.). Danach dürfte Joh
3 16. 18 I Joh 4 9 zu verstehen sein, ebenso 1 18, wenn μονογ. υἱός zu lesen ist (s. u.). Dem
μονογ., das als Charakteristik Jesu im NT sonst nicht begegnet (später Mart. Pol. 20, 2
in der Schlußdoxologie und in symbolartigen Formulierungen bis zum Symb. Rom.;
Beispiele bei h. Lietzmann, ZNTW 22 [1923], 277f.; Ad. v. Harnack, Die Bezeichnung
Jesu als „Knecht Gottes" und ihre Gesch. in der alten Kirche, SABerlin 1926, XXVIII;
E. Bödlen, Theol. Stud. und Krit. 101 [1929], 55—90), entspricht in diesem Sinne
etwa das ἀγαπητός Mk 1 11 parr.; 9 7 bzw. Mt 17 5; vgl. Mt 12 18. Da Joh 1 14 aus der
Quelle stammt (nur hier μονογ. ohne υἱός), während die andern Stellen vom Evglisten
stammen, ist μονογ. 1 14 wohl anders zu verstehen. —
  Μονογ. erscheint nicht selten als Attribut von Gottheiten des Unheimlichen und
der Unterwelt; für Hekate seit Hes., Op. 426. 448; in „orphischer" Literatur für Kore,
Persephone und Demeter, freilich spät bezeugt, aber wahrscheinlich aus älterer Tradition
(die Belege bei G. Wobbermin, Religionsgeschichtl. Studien 1896, 118 f.; dazu für
Perseph. Plut. de fac. in orbe lunae 28, 5 p. 943 b. Keine dieser Stellen bei Kern, Orph.
Fr., wo nur die Bezeichnung des Mose als μονογ. begegnet, Fr. 247, 23). Ganz jung ist
zweifellos die Charakteristik der Athene als μονογ. Hymn. Orph. 32, 1, auf die das
Attribut offenbar im Sinne von „von einem (Vater) allein erzeugt (ohne Mitwirkung
der Mutter)" angewendet wurde (s. u.), und auf die Rendel Harris die Bezeichnung
des Logos als μονογ. zurückführen will (Athena, Sophia and the Logos, Bulletin of the
John Rylands Library VII 1, 1922). Hier ist μονογ. überall Attribut weiblicher Gottheiten. (Ob es alte Tradition ist, wenn der orphische Phanes, der gewöhnlich als πρωτό-
γονος charakterisiert wird, einmal das Attribut μονογ. erhält (K. Buresch, Klaros 1889,
116), ist sehr zweifelhaft.) Der Sinn dürfte überall „einzigartig" sein, und die Bezeichnung

ganze Evg durchziehen und zum Schluß ihre pointierte Formulierung erhalten: er ist der einzige Zugang zum Vater (14₆); aber wer ihn sieht, der sieht wirklich den Vater (14₉).

ist zur Formel geworden; so erst recht in den Anrufungen des Zaubers (Pap. Gr. mag. IV 1586; Wünsch, Antike Fluchtafeln 4, 36 in Kl. Texte 20; als Attribut des ἅγιον πνεῦμα Pap. Gr. mag. XII 174), wo es sich nicht mehr um eine bestimmte Gottheit handelt.

Dieser „orphische" Sprachgebrauch kommt für Joh 1₁₄ nicht als Voraussetzung in Frage, oder höchstens indirekt, wenn ein Zusammenhang besteht zwischen ihm und dem Gebrauch von μονογ. als kosmologischem Attribut. Als solches erscheint μονογ. zuerst bei Parm. fr. 8, 4 als Charakteristik des Seienden in seiner Einheit und Ganzheit (Plut. und Procl. lesen οὐλομελές; vgl. μονοειδές für das All bei Empedokl. A 32); sodann bei Plat. Tim. 31b. 92c als Attribut des οὐρανός, d. h. als des einheitlichen, geschlossenen κόσμος. Jedenfalls bei Platon liegt mytholog. Tradition zugrunde: der κόσμος gilt als vom Demiurgen, seinem Vater, erzeugt, als θεὸς αἰσθητός, der die εἰκὼν τοῦ νοητοῦ ist (Tim. 37c. 92c; s. S. 12, 5). Stammt auch das Attribut μονογ. aus dieser Tradition? Es hat seinen mytholog. Sinn natürlich verloren, wenn später bei Cornutus theol. gr. 27 der κόσμος als εἷς καὶ μονογ. bezeichnet wird. Aber auf ursprünglich mytholog. Sinn weist der in der gnostischen Sphäre begegnende Gebrauch; hier scheint μονογ. mit den Bezeichnungen υἱός, ἄνθρωπος, εἰκὼν τοῦ πατρός, λόγος (νοῦς) zusammenzugehören, die alle die zweite Stufe in der Entfaltung der Gottheit, und so bald pantheistisch den κόσμος, bald dualistisch die pneumatische Welt in ihrer Einheit, und damit auch den Offenbarer, bezeichnen. Der Neuplatoniker Damaskios erklärt in der Wiedergabe der babylon. Kosmogonie (nach Eudemos von Rhodos) de princ. 125 (p. 321 f. Ruelle) den Mummu, der den μονογενὴς παῖς der Tiâmat und des Apsû ist, als den κόσμος νοητός. Bei Suidas (J. Kroll, Herm. Trism. 56) findet sich die Beschwörung: ὁρκίζω σε, οὐρανέ, θεοῦ μεγάλου σοφὸν ἔργον, ὁρκίζω σε, φωνὴν πατρός, ἣν ἐφθέγξατο πρώτην, ἡνίκα τὸν πάντα κόσμον ἐστηρίξατο, ὁρκίζω σε κατὰ τοῦ μονογενοῦς αὐτοῦ λόγου. Im C. Herm. wird mehrfach der κόσμος als υἱὸς θεοῦ aufgefaßt; er erhält freilich nicht das Präd. μονογ., und in der Wiedergabe der platon. Tim. (in dem fr. bei Lact., div. inst. IV 6, 4, bei Scott I 298) heißt er πρῶτος καὶ μόνος καὶ εἷς (s. zu V. 14 c). Der Sache nach ist es das Gleiche; und ebenso verhält es sich bei Philo, bei dem auch das Präd. μονογ. fehlt, der aber in der sicher vom gnostischen Mythos bestimmten Stelle ebr. 30 (Gott der Vater, die ἐπιστήμη die Mutter) den κόσμος als den μόνος καὶ ἀγαπητὸς υἱός bezeichnet (Sap 7₂₂ wird die kosmische σοφία in einer freilich von stoischer Terminologie durchsetzten Stelle als πνεῦμα μονογ. bezeichnet). Nach Clem. Al. str. V 74, 3 hat Basileides den κόσμος μονογ. genannt; und wenn Clemens str. VII 16, 6 von dem τῷ ὄντι μονογ. spricht, hat er offenbar den Gegensatz zum falschen μονογ. der Gnostiker im Sinn (ein solcher Gegensatz schwebt wohl auch vor, wenn es Act. Phil. 43 p. 19, 37 von Jesus heißt: αὐτός ἐστι μόνος μονογενὴς ὁ τοῦ ἐπουρανίου θεοῦ υἱός). Nach Clem. Exc. ex Th. 6 (vgl. 7) haben die Valentinianer die ἀρχή als den Μονογενής und Νοῦς bezeichnet (vom Λόγος künstlich unterschieden), was durch Iren. I 1, 1 bestätigt wird (bei Iren. I 1, 2 erscheint ein zweiter Μονογ. am Ende der Dekas; nur dieser auch bei Hippol., El. VI 30, 4). Im ptolemäischen System steht am Anfang der Βυθός, dem zwei σύζυγοι zugeschrieben werden, Ἔννοια und Θέλησις, deren προβολή der Μονογ. ist, der zugleich Νοῦς heißt (Hipp. El. VI 38, 6). Bei den „Doketen" heißt μονογενὴς παῖς bzw. υἱός der von den drei Aonen gezeugte σωτὴρ πάντων, der dem Ur-σπέρμα gleich ist und in Jesus Mensch wird (Hipp. El. VIII 9, 2 f.; 10, 3. 9; in der Rekapitulation X 16, 6 heißt es statt dessen μονογ. δύναμις). Als Offenbarer wird der vom ἄγνωστος πατήρ und der ἐνθύμησις hervorgebrachte μονογενής in den Exc. ex Th. 7. 10 ausdrücklich charakterisiert; ähnlich Iren. I 2, (1.) 5. In die wirre Mythologie des „Unbek. gnost. Werkes" (C. Schmidt, Kopt.-gnost. Schriften I 1905) ist auch der Μονογ. verflochten, und soviel ist deutlich, daß er eine primäre kosmologische Gestalt ist (bes. 342, 9 ff.; 343, 10 ff.); er wird auch als Offenbarer charakterisiert (346, 31 ff.). Schwerlich kann man den gnost. Sprachgebrauch auf Joh zurückführen, wenn die Gnostiker den Joh-Evg für sich fruchtbar machen. — Auch die mand. Schriften kennen den „einzigen Sohn", den „großen, gerechten Einzigen, der aus dem großen gerechten Einzigen hervorging, den das Leben durch sein Wort schuf (Ginza p. 236, 7 ff.; er wird dann ebenso als kosmischer Ordner wie als Offenbarer geschildert (237, 35 ff.; vgl. 251, 20 ff.; 91, 11 ff.). Gnostische Terminologie dürfte auch vorliegen in der Anrufung Act. Thom. 48 p. 164, 14 f.: ὁ

Als Offenbarer wird der Fleischgewordene endlich charakterisiert in **V.14e**:
πλήρης χάριτος καὶ ἀληθείας[1].

Denn χάρις und ἀλήθεια beschreiben Gottes Wesen; jedoch nicht „an sich", sondern so, wie es für (empfängliche) Menschen offen steht und an ihnen wirksam wird: also die Güter, deren Gott bzw. der Offenbarer voll ist[2], und mit denen er die Glaubenden beschenkt. Χάρις und ἀλήθεια bilden hier ein Hendiadyoin, da χάρις den formalen Sinn von schenkender Gnade und gnädigem Geschenk hat[3],

---

πολύμορφος, ὁ μονογενὴς ὑπάρχων, und in der Charakteristik Act. Thom. 143 p.250,3: υἱὸς βάθους μονογενής. Das „Der Christus ist Einer in Wahrheit" Od. Sal. 41₁₅ wird als gnostisch erwiesen durch die Fortsetzung „und ward erkannt vor Grundlegung der Welt" wie durch die vorausgehenden Verse, die die Prädikate „Sohn des höchsten" und „Logos" enthalten (vgl. noch H. Schlier, Relg. Unters. 78f.). Daß in dieser Tradition μονογ. den Sinn habe „von einem Einzigen (d. h. ohne Mutter) erzeugt", sucht Bödlen a. a. O. wahrscheinlich zu machen. — Schwerlich hängt es mit dieser Tradition zusammen, wenn nach Epiph. haer. 51, 22, 11 p.287,1f. Holl der arabische Gott Dusares, der Sohn der „Kore", μονογ. τοῦ δεσπότου heißt, oder wenn — vielleicht — der syrische Adonis als der „Einzige" (Sohn) bezeichnet wurde (W. W. Graf Baudissin, Adonis und Esmun 1911, 89ff. nach Philo Bybl. bei Euf. Praep. evang. I 10, 30 p. 48 Heinichen).

[1] Die Zeile scheint überzuschießen; aber man wird weder diese Zeile noch die vorhergehende als Zusatz des Evglisten ansehen dürfen. V.14d ist durch das Stichwort δόξα mit 14c verbunden (f. S. 2f. u. vgl. A. 2); und V.14e wird in V.16 offenbar vorausgesetzt. Will man nicht annehmen, daß der Evglist eine Zeile gestrichen hat (die etwa den εἰκών-Begriff brachte, den der Evglist sichtlich immer vermeidet), so liegt es nahe, V.14e mit V.16 zu verbinden (so Burney) und als ursprünglichen Text zu vermuten:
⟨ἦν⟩ πλήρης χάριτος καὶ ἀληθείας,
καὶ ἐκ τοῦ πληρώματος αὐτοῦ ἡμεῖς πάντες ἐλάβομεν.

[2] Das πλήρης gehört wohl nicht zu δόξα (denn der Offenbarer soll charakterisiert werden), sondern ist entweder „an das regierende ὁ λόγος angeschlossen" (Schl; so sicher, wenn V.14e und V.16 ursprünglich zusammengehörten, f. A. 1), oder es lehnt sich an αὐτοῦ an und ist indekl. gebraucht wie im Vulgärgriech. nicht selten (Bl.-D. § 137, 1; Raderm. 60; Moulton, Einl. 73f.; Deißmann, L. v. O. 99f.). — Eine Charakteristik wie die: πλήρης κτλ. scheint traditionell zu sein in der Beschreibung des (als κόσμος oder als Offenbarer aufgefaßten) Gottessohnes. So schon bei Plat. Tim. 92b (f. S. 48, A.): θνητὰ γὰρ καὶ ἀθάνατα ζῷα λαβὼν καὶ ξυμπληρωθεὶς ὅδε ὁ κόσμος ...; entsprechend wird der κόσμος in dem hermetischen Nachklang (Scott I 298, f. S. 48, A.) als πληρέστατος πάντων τῶν ἀγαθῶν charakterisiert. Auch bei Philo ist der κόσμος: τελειότατον δὲ καὶ πληρέστατον (Abr. 2; vgl. plant. 128); und wie bei ihm Gott als πλήρης (abf. sacr. Ab. et C.9; det. pot. ins. 54; rer. div. her. 187; πλ. ἑαυτοῦ leg. all. I 44; mut. nom. 27; πλ. ἀγαθῶν τελείων spec. leg. II 53) charakterisirt wird, so auch der Logos als πληρέστατος (somn. I 75; πλ. ἑαυτοῦ rer. div. her. 188, ebd.: κόλλα γὰρ καὶ δεσμὸς οὗτος πάντα τῆς οὐσίας ἐκπεπληρωκώς); er ist πλήρης τοῦ σοφίας νάματος (somn. II 245), und seine διαθήκη ist πλήρης χαρίτων (somn. II 223). Vgl. Grill I 363ff. Bei den Peraten ist der ἀληθινός ὄφις: ὁ τέλειος, ὁ πλήρης τῶν πληρῶν Hipp. El. V 16,7 p.112, 11f. W. Weiteres zu V.16.

[3] Χάρις ist ursprünglich die Tat oder das Verhalten, das Freude macht und beglückt, der Erweis von Güte; es bezeichnet diesen jedoch nicht nur als sich vollziehenden, sondern auch als empfangenen, genossenen, sodaß χάρις ebenso die Güte und Huld, wie die Gabe, das Geschenk (endlich auch den Dank) bedeuten kann. Vgl. bef. Aristot. rhet. B 7 p.1385a 15—b10; O. Loew, Χάρις, Diff. Marb. 1908. Schon im Griech. wird χάρις auch von der Gnade bzw. dem Gnadenerweis der Gottheit gebraucht. In LXX gibt χάρις in der Regel חֵן wieder, für das gelegentlich auch ἔλεος steht. — Ob Gnadentat,

Gnadengabe oder Gnadengesinnung gemeint ist, entscheidet je der Zshg; neben diese Bedeutungen tritt im Hellenismus noch die von (gnädiger, heilsamer) Gotteskraft, sodaß χάρις mit δόξα, πνεῦμα, δύναμις und νίκη synon. sein kann; vgl. G. P. Wetter, Charis 1913. — Bei Joh begegnet χάρις nur 1₁₄. ₁₆f. und in der Grußformel II Joh 3. Der Sinn ist in 1₁₄ und ₁₆ deutlich der des Gnadenerweises und zwar in V.14 mehr nach der

während ἀλήθεια den Inhalt der Gabe: die sich offenbarende göttliche Wirklich=
keit, bezeichnet[1]. Indessen kann jeder dieser Ausdrücke auch das Ganze bezeichnen:
in der χάρις als dem göttlichen Geschenk ist die ἀλήθεια eingeschlossen (D.16),
wie die ἀλήθεια die Gabe ist, die man vom Offenbarer empfängt (8 32 14 6). —
Ehe der Gedanke von D.14 in D.16 fortgesetzt wird, fügt der Evglist wieder eine
Anmerkung[2] ein: das Täuferzeugnis, das — als inspiriertes[3] — vom Fleisch=
gewordenen bekennt und bezeugt[4], daß dieser der Verheißene und Erwartete
ist, weil er der Präexistente ist. Denn das ist in dem οὗτος ἦν κτλ. ausgesagt.
Der Täufer nimmt (wie D.30) auf einen eigenen Ausspruch Bezug[5], den der Evglist
als bekannt voraussetzt; es ist das aus der synoptischen Tradition (Mk 17 f. parr.)
bekannte Wort, freilich in spezifisch joh. Formulierung, die sich in Anspielungen
und Paradoxien bewegt: das ὀπίσω μου bezieht sich wie in der synoptischen
Fassung (unter dem Bilde des Kommens im Raum) auf die zeitliche Folge des
Auftretens[6]; aber das ἔμπρ. μου γέγ., das an Stelle des synoptischen ἰσχυ=
ρότερός μου κτλ. getreten ist, bezieht sich (obwohl im gleichen Bilde bleibend)
auf den Rang[7]. Über die synoptische Fassung hinaus wird als Begründung hin=

Seite seines Vollzuges, in D.16 mehr nach der Seite des Empfangs. Weiteres s. zu D.16
und D.17. Unzulänglich ist A. Lang, Christentum und Wissensch. 8 (1932), 408—414.
   [1] Ἀλήθεια hat im Hellenismus die über den formalen Sinn von Wahrheit, Wirk=
lichkeit (und Wahrhaftigkeit) hinausliegende Bedeutung „göttliche Wirklichkeit" erhalten,
und zwar mit dem Nebensinne, daß sich diese göttliche Wirklichkeit offenbart (ThWB I
240, 26 ff.). Darauf gründet der joh. Sprachgebrauch (ThWB I 245, 23 ff.). Angesichts
des durchgehenden Sinnes von ἀλ. bei Joh ist es nicht möglich, in 1 14 ἀλ. im Sinne der
LXX (für אֶמֶת) als „Treue" zu verstehen und in dem πλήρ. χαρ. κ. ἀλ. eine Bezug=
nahme auf Ex 34 6 zu sehen, wo Gott als רַב־חֶסֶד וֶאֱמֶת charakterisiert wird (Zn.), und
wo LXX, die חֶסֶד in der Regel durch ἔλεος wiedergibt, übersetzt: πολυέλεος καὶ ἀληθινός.
   [2] S. S. 3. D.15 verrät sich auch durch den Stil als Werk des Evglisten; das Täufer=
wort ist einer der typischen Identifikationssätze; vgl. 1 33 4 42 6 14 7 25 f. 40 f. 21 24 usw.
I Joh 2 22 5 6. 20 II Joh 7. 9. Auch das λέγειν τινα = über jemanden etwas sagen, ist
für den Evglisten charakteristisch (s. A. 5). Endlich ist das Auftreten von rabbin. Rede=
wendungen für ihn bezeichnend (s. A. 6 und 7).
   [3] Κράζειν (laut rufen) wird speziell vom inspirierten Reden gebraucht, so von
Jesu Rede 7 28 12 44; sonst von pneumatischem Rufen Lf 1 41 f. Röm 8 15 Gal 4 6; Ign.
Phld. 7 1. Dom Schreien der Dämonischen Mk 3 11 5 5. 7 9 26 usw. Dom Ruf des Pro=
pheten Röm 9 27 entsprechend dem rabbin. Gebrauch von צוח (Str.=B. III 275; II 135 f.;
Schl. 3. St.). Dom eleusin. hierophanten hipp. El. V 8,40 p.96,17 W.: βοᾷ καὶ κέκραγε
λέγων, von der Pythia Plut., de orac. def. 438 b. Vgl. H. Leisegang, Pneuma Hagion
1922, 23, 4; Schlier, Relg. Unters. 144; E. Peterson, Εἷς θεός 1926, 191, 3.
   [4] Präs. μαρτυρεῖ wegen der fortbestehenden Aktualität des Täuferzeugnisses. Also
kein histor. Bericht; vgl. zu D.6-8. Auch κέκραγεν bezeichnet den Ruf als einen, der,
nachdem er erschollen, da ist; Bl.=D. § 341.
   [5] Ὃν εἶπον = ὑπὲρ οὗ εἶπον (wie 6 71 8 27. 54 10 36) ist gut griech. (s. Br.). Das
ὁ εἰπών, das BC statt dessen lesen, ist sinnlos; es soll wohl der Anstoß beheben, daß der
Ausspruch des Täufers noch nicht erzählt war. Das Gleiche bezweckt die Auslassung von
ὃν εἶπον und Einfügung von ὅς hinter ἐρχόμενος in א. Statt des ἦν erwartet man
ἐστιν wie D.30; das ἦν ist wohl als Attraktion an εἶπον psycholog. zu erklären: „Dieser
war damals gemeint, als ich sagte . . ."
   [6] „hinter jemandem kommen" von der zeitlichen Folge ist gebräuchl. rabbin.
Redensart; s. Schl. zu Mt 3 11 (S. 78). Burney, der γέγ. für falsche Übersetzung eines
aram. Ptz. hält, will verstehen „er kommt mir zuvor" oder „er wird mir zuvorkommen".
Völlig unnötig und nur die Paradoxie verderbend.
   [7] Ἔμπροσθεν ist von der Zeit wie vom Rang gebräuchlich. hier wird der rabbin.
Ausdruck „vorangehen" = die größere Würde haben zugrunde liegen; Siphre Deut.
11, 10 § 37 (76a) bei Str.=B. III 256.

zugefügt: ὅτι πρῶτός μου ἦν[1], was wieder von der Zeit zu verstehen ist. So entsteht durch den Widerspruch des πρῶτός μου zu dem ὀπίσω μου ein Rätsel, das ungelöst bleibt. Und doch liegt darin gerade die Begründung des ἔμπρ. μου, weil das πρῶτός μου die Präexistenz meint[2]. Daß in Jesus als dem fleisch= gewordenen ewigen Logos alle jüdischen Messiaserwartungen und gnostischen Erlöserhoffnungen ihre Erfüllung finden, das ist also der Sinn des Täuferwortes; und seine Einfügung an dieser Stelle ist dadurch begründet, daß V.14 die ent= scheidende Charakteristik des Fleischgewordenen gegeben hatte.

Nach dieser Anmerkung wird Text und Gedankengang der Quelle wieder= aufgenommen[3]; neben das erste Bekenntnis der Gemeinde (ἐθεασάμεθα D.14) tritt das zweite:

V.16: ἐκ τοῦ πληρώματος αὐτοῦ ἡμεῖς πάντες ἐλάβομεν[4],
καὶ χάριν ἀντὶ χάριτος[5].

Die Schau der δόξα des Offenbarers vollzieht sich im Empfang seiner Gabe[6]; er gibt Teil an seiner Fülle göttlichen Wesens[7]. Wird diese Gabe des Offenbarers

---

[1] Πρῶτος wegen des beigefügten μου = πρότερος wie oft in der Koine; s. Bl.=D. § 62; Raderm. 70; Colwell 77f.; Br. — Burney streicht das μου als Übersetzungsfehler und verdirbt so wieder die Paradoxie.

[2] Der volle Sinn des Präexistenzgedankens wird, soweit er nicht schon aus dem ganzen Prolog deutlich wird, durch das folgende Evg geklärt. Seiner begrifflichen Fassung nach ist es der gnost. Präexistenzgedanke; vgl. zu dem πρῶτός μου ἦν Od.Sal. 28 17f.:
„Sie suchten meinen Tod, aber fanden ihn nicht,
weil ich älter war als ihr Name.
Vergebens bedrohten mich,
die nach mir entstanden.
Vergebens suchten sie auszurotten
den Namen dessen, der vor ihnen gewesen!

[3] S. S. 49, A. 1.

[4] Ob der Satz ursprünglich mit ὅτι (אBC*DL 33) oder mit καί begann, wird sich kaum noch entscheiden lassen. Dem Stil der Quelle würde καί besser entsprechen; doch könnte der Evglist in ὅτι geändert haben, wenn nicht das ὅτι alte Korr. ist, die auf die von der alten Exegese vielfach vertretene Anschauung zurückgeht (s. Zn.[5], S.90, A.2), daß in D.16ff. der Täufer redet, indem er sich mit den at.lichen Frommen zusammenfaßt. — Gegen Burney, der ὅτι als falsche Übersetzung (statt οὗ) ansieht, s. Colwell 101—103, und vgl. zu 9 17. Hirsch rechnet das ὅτι zur Einfügung des Redaktors D.15.

[5] Wenn D.16a mit D.14e ursprünglich zusammengehört (s. S. 49, A. 1), so würde D.16b überschießen. Dann könnte ein Zusatz des Evglisten vorliegen; indessen ist eine überschießende Zeile als Abschluß eines Liedes nicht ungewöhnlich, vgl. Od.Sal. 3 11; 4 15; 16 20; 18 16; 41 16; bes. 21 9; 22 12c; 23 22c.

[6] Es bleibt sich sachlich gleich, ob sich D.16 mit καί an D.14 anschließt, oder als seine Begründung gedacht ist (s. A. 4). Wie das „Schauen" den gläubigen Empfang der Offenbarung bezeichnet, so auch das λαμβάνειν; doch ist der Gebrauch verschieden nuanciert, entsprechend der differenzierten Bedeutung von λαμβ. Es hat den Sinn von „ergreifen", „erfassen", wenn τὴν μαρτυρίαν bzw. τὰ ῥήματά μου Obj. ist (3 11. 32f.; bzw. 12 48 17 8) und bezeichnet dann den Akt der gläubigen Zuwendung. Im Sinn von „empfangen" steht es vom Glauben wie 1 16 so 14 17 und korrespondiert dann einem gött= lichen διδόναι (s. zu D.12, S. 36, A. 1); es bedeutet dann das Glauben als ein erfüll= tes, an sein Ziel gelangtes (s. S. 45, A. 3) und wird so 14 17 mit θεωρεῖν und γινώσκειν ver= bunden. Endlich wird λαμβ. in dem ungriech. Sinne von „aufnehmen" gebraucht (1 12 5 43 13 20, s. S. 35, A. 4) und bedeutet dann ebenfalls die gläubige Zuwendung. — In 1 16 ist nicht zu entscheiden, ob das ἐλαβ. zunächst sein Obj. in dem ἐκ τοῦ πληρ. αὐτ. hat (für ἐκ bei Verben des Nehmens, Genießens u. dgl. s. Bl.=D. § 169, 2; Raderm. 137ff.), um dann, durch καί = „und zwar" (Bl.=D. § 442, 9) abgesetzt, in χάρ. ἀντὶ χάρ. noch ein Akk.=Obj. zu erhalten; oder ob es absolut gebraucht und dann zu dem καὶ χάρ κτλ. noch einmal zu ergänzen ist. Sachlich bleibt es sich gleich.

[7] Wie πλήρης (s. S. 49, A. 2), so ist auch πλήρωμα eine traditionelle Charakteristik

sonst meist ζωή (αἰώνιος) genannt (3₁₅f. 6₃₃. ₄₀ 10₁₀. ₂₈ 17₂ usw.), so hier im Anschluß an D.₁₄: χάρις[1]. Der Charakter der Offenbarung als des reinen Geschenks wird dadurch bezeichnet; und diese Formulierung ist hier die angemessene, weil hier, im Unterschied von den vom Offenbarer gesprochenen ζωή-Worten,

---

der göttlichen Sphäre. In der griech. Gnosis wird πλ. absolut als Name des göttlichen Reiches der Äonen gebraucht und kann auch die Sphäre der einzelnen Äonen bezeichnen (K. Müller, Nachr. der Gött. Ges. der Wiss., phil.-hist. Kl. 1920, 179). Ursprünglich hat πλ. nicht den gnostisch-dualist. Sinn, sondern bezeichnet die Fülle des Welt, die sich (als zweite Seinsstufe) aus der Urgottheit entfaltet. Im pantheist. Sinne wird der κόσμος (der υἱὸς τοῦ θεοῦ bzw. seine εἰκών) als πλήρωμα τῆς ζωῆς charakterisiert C. Herm. 9, 7 (vgl. die antignost. Polemik 9,4); 12, 15f. (vgl. 16,3; Ascl. 29, Scott I 348, 14f.). Auch sonst erscheint in pantheist.-myst. Spekulation „das Volle" oder „die Fülle" als Charakter der Gottheit, vgl. R. Otto, West-östl. Mystik 1926, 31f. 75f. Im Neuplatonismus kommt der Charakter des πλ. natürlich dem νοητὸς κόσμος zu. Bei Plot. fehlt freilich πλήρωμα (es wird durch den Begriff des κόρος ersetzt); aber vgl. Enn. III 8,11 p.346,15 Volkm. vom νοητὸς κόσμος als dem παῖς des Höchsten und als νοῦς und κόρος: πλήρωσιν δὲ ἀληθινὴν καὶ νόησιν ἔχει. Ferner Jambl. myst. I 8 p. 28, 18 Parthey: τὰ δ' ἐπὶ γῆς ἐν τοῖς πληρώμασι τῶν θεῶν ἔχοντα τὸ εἶναι; Damask., inst. Plat. c. 85 p.160 Kopp: ἕτερον δὲ λέγεται Ὂν τὸ ὁλοφυὲς πλήρωμα τῶν γενῶν ὃ παρουσίαν ἰδίως καλοῦμεν ὡς ὁ Πλωτῖνος. Vorausgesetzt ist der Begriff des πλ. auch bei Philo, der vom Logos sagt: ὃν ἐκπεπλήρωκεν ὅλον δι' ὅλων ἀσωμάτοις δυνάμεσιν αὐτὸς ὁ θεός (somn. I 62; vgl. die ψυχή als πλήρωμα ἀρετῶν praem. et poen.65), und der die Arche wegen ihres πλήρωμα als ἀντίμιμον γῆς ἁπάσης charakterisiert: ἐν ἑαυτῷ φέρον τὰ ζῴων γένη Vit. Mos. II 62. (Anders die häufigen Aussagen, daß Gott das All erfüllt und das All von ihm erfüllt ist; vgl. Jes 6₃.) Ebenso liegt dieser Sprachgebr. zugrunde Kl 1₉. ₁₉ 2₉ Eph 1₂₃ 3₁₉. Der Begriff vom göttlichen πλ. ist auch vorausgesetzt, wenn es im dualist. Sinne C. Herm. 6, 4 heißt: ὁ γὰρ κόσμος (als Welt des Werdens und Vergehens) πλήρωμά ἐστι τῆς κακίας. Vgl. Dibelius zu Kl 1₁₉ im Hdb. zum NT.

In den Od. Sal. ist das Pleroma die himmlische Welt. Der kosmologische Sprachgebrauch klingt nach, wenn 7₁₁ der Logos als „das Pleroma der Äonen und ihr Vater" bezeichnet wird, und wenn der Offenbarer als der „höchste in seinem ganzen Pleroma" (17₇) bezeichnet wird, der von des Himmels Höhe bis zu seinem Rande das Pleroma gehört (26₇). Im wesentlichen aber ist in religiösem Sinne vom Pleroma die Rede, wie es denn mit dem „ewigen Leben" synonym ist (9₄). Der Weg der Gnosis führt ins Pleroma (7₁₃). Der Sänger bittet, daß Gott es ihm nicht entziehe (18₅, vgl. ₈); er erquickt sich an des Herrn Gnadengabe und Pleroma (35₆) und singt von Gottes Pleroma und Herrlichkeit (36₂; anders abzuteilen als bei Greßmann!) als einer, der aus dem Pleroma gesalbt ist (36₆). Vor allem wird vom Sohne gesagt, daß er mit dem Pleroma des Vaters erschienen ist (41₁₄). Vorausgesetzt ist hierbei, daß שומליא nicht nur gelegentlich (wie von Greßmann), sondern durchweg als πλήρωμα verstanden werden muß. Das aber wird durch den Gebrauch des Verbums מלא bestätigt. Im Paradies ist „alles voll von deinen Früchten" (11₂₃!). Der Offenbarer „füllt" den Gläubigen mit seiner Liebe oder dem Wort der Wahrheit (11₂ 12₁); die Gnosis „erfüllt" alles (6₁₀; vgl. 23₄), und der Mensch soll sich „füllen" aus der Lebensquelle des Herrn (30₁). — Vgl. J. B. Lightfoot, St. Pauls Epistles to the Colossians and to Ph. 1882, 257—273; J. A. Robinson, St. Pauls Epistle to the Ephesians 1903, 255—259.

[1] Zu χάρις s. S. 49, A. 3. Daß die Offenbarung als Empfang der χάρις beschrieben wird, hat seine Parallelen. Im sakramentalen Sinne Iren. I 13, 3 von der Prophetenweihe der Markosier: λάμβανε πρῶτον ἀπ' ἐμοῦ καὶ δι' ἐμοῦ τὴν χάριν . . . ἰδοὺ ἡ χάρις κατῆλθεν ἐπὶ σέ (nämlich im Mysterium des νυμφῶν); vgl. 13₃ die Herabrufung der χάρις in den Kelch des Sakraments. Vgl. Ginza 273, 18. Im eschatologischen Sinne im Gebet Did. 10, 6: ἐλθέτω χάρις καὶ παρελθέτω ὁ κόσμος οὗτος. Vgl. Ginza 274, 20. Die Gnosis ist gemeint C. Herm. 1, 32: τῆς χάριτος ταύτης φωτίσω τοὺς ἐν ἀγνοίᾳ τοῦ γένους . . .; die die γνῶσις verleihende Gnade Ascl. 41 (Scott I 374): τῇ γὰρ σῇ μόνον χάριτι τὸ φῶς τῆς γνώσεώς σου εἰλήχαμεν. Allgemeiner Phil. ebr. 149: παμπόλλη γε παρρησία τῆς ψυχῆς, ἡ τῶν χαρίτων τοῦ θεοῦ πεπλήρωται; somn. II 183 vom Logos: ὃς τὰς τῶν ἀεννάων χαρίτων λαβὼν προπόσεις ἀντεκτίνει, πλῆρες ὅλον τὸ σπονδεῖον ἀκράτου μεθύσματος ἐπιχέων, ἑαυτόν; somn. II 223 (s. S. 49, A. 2).

die Beschenkten selbst reden, deren dankbares Bekenntnis V. 16 ist. Und dem entspricht auch das die unerschöpfliche Fülle der Gabe preisende χάριν ἀντὶ χάριτος[1]. „Wir alle empfingen", bekennt die Gemeinde; über den Umfang der πάντες ist dabei nicht reflektiert, sondern die Unerschöpflichkeit der Gabe wird daran deutlich[2].

Mit diesem Bekenntnis des Dankes ist das Lied sachgemäß abgeschlossen; was folgt, sind Ergänzungen des Evglisten, die das Gesagte antithetisch bestimmen und sichern sollen.

V. 17 betont die Absolutheit der in Jesus gegebenen Offenbarung, indem sie dem νόμος gegenübergestellt wird, d. h. nach jüdisch-christlichem Sprachgebrauch der Tora bzw. dem AT überhaupt. Ob es etwa auch ein positives Verhältnis zwischen dem AT und der Offenbarung Jesu gibt, bleibt hier außer Betracht (vgl. zu 5₃₉₋₄₇); nur der Gegensatz ist ins Auge gefaßt, der als der zwischen Mose und Jesus Christus nach dem beiderseitigen Ursprung charakterisiert wird[3]. Die neue Offenbarung wird im Anschluß an V. 14 ἡ χάρις καὶ ἡ ἀλήθεια genannt, wodurch der dem Joh sonst fremde, aus der paulinischen Schule stammende Gegensatz νόμος — χάρις eingebracht wird, der in V. 14. 16 noch fern lag[4].

Auch V. 18 ist eine die Absolutheit der Jesus-Offenbarung behauptende Anm. des Verf.s[5], gerichtet nicht speziell gegen die jüdische Behauptung, im

---

[1] Ἀντί heißt „anstatt". Doch kann der Sinn weder für die Quelle noch für den Evglisten (V. 17!) der sein, daß die vom Offenbarer geschenkte χάρις an Stelle einer früheren, der at.lichen, tritt (so seit Chrys. alte und neue Exegeten wie Baldensp., Ed. Schwarz, Loisy). Es kann nur die χάρις des Offenbarers gemeint sein, deren Unerschöpflichkeit sich in ihrem ständig neuen Wechsel entfaltet (so Schl., der darin die radikale Ausscheidung des Verdienstgedankens sieht). Ähnlich Phil. post. Caini 145, freilich im pädagogischen Interesse von Gott: διὸ τὰς πρώτας αἰεὶ χάριτας, πρὶν κορεσθέντας ἐξυβρίσαι τοὺς λαχόντας, ἐπισχὼν καὶ ταμιευσάμενος εἰσαῦθις ἑτέρας ἀντ᾽ ἐκείνων καὶ τρίτας ἀντὶ τῶν δευτέρων καὶ αἰεὶ νέας ἀντὶ παλαιοτέρων ... ἐπιδίδωσι. Der Sinn kaum anders wie χάρις ἐπὶ χάριτι Sir 26₁₅ (vgl. Ez 7₂₆ Phil 2₂₇) oder ἐλπίσιν ἐξ ἐλπίδων (Bl.-D. § 208, 2). P. Joüon, Recherch. di Science Rel. 22 (1932), 206 will ἀντί = כְּנֶגֶד (Gen 2₁₈. ₂₀) verstehen: „une grâce répondant à sa grâce"; ähnlich Bernard u. A.

[2] Vgl. in C. F. Meyers Gedicht „Alle": „Kein Platz war leer, und keiner durfte darben." Kaum liegt die Empfindung darin: „Er allein war der Gebende, sie alle nur die Empfangenden" (Zn.). Nach Schl. wäre in dem πάντες angedeutet, daß alle verschiedenen Gaben in der Gemeinde nur Geschenk von Jesus sind, und daß der Evglist auch keinen verselbständigten Paulinismus anerkennt!

[3] Διδόναι νόμον ist ungriech. und entspricht dem rabb. נָתַן תּוֹרָה (Schl.); ebenso entspricht das ἐγένετο dem נַעֲשָׂה (Schl.), was für den Sprachgebrauch des Evglisten wieder charakteristisch ist; ebenso das sonst nur in der exegt. Glosse 17₃ und I und II Joh begegnende Ἰησοῦς Χρ. (s. S. 4). Übrigens hat auch die in V. 17 vorliegende Antithese anderen Charakter als die Antithesen der Quelle V. 5. 10f., da in diesen der zweite Satz immer antithetisch einen Begriff des ersten Satzes aufnimmt.

[4] Dem Sinn von χάρις in V. 14. 16 würde eher das paulin. πνεῦμα entsprechen, das seinen Gegensatz in der σάρξ hat, wie denn auch Paulus außerhalb der Rechtfertigungslehre (mit ihrem Gegensatz von νόμος und χάρις) χάρις im hellenistischen Sinne, in dem es mit πνεῦμα verwandt ist, gebraucht, vgl. I Kor 15₁₀ II Kor 1₁₂ 12₉. — Im Wechsel von δοθῆναι und γενέσθαι liegt schwerlich Absicht, da διδόναι ja sonst von der Offenbarung gesagt wird und in V. 16 in Korrelation zu λαμβάνειν vorausgesetzt ist. Zu διδόναι s. S. 36, A. 1; vgl. Röm 12₃. ₆ Gal 2₉ usw. — Scharfsinnige Differenzierungen bei Ho., Zn. u. A.

[5] Der Stil erweist V. 18 als Satz des Evglisten. Die Antithese hat den gleichen Charakter wie die von V. 17 (s. A. 3); zudem ist der zweite Satz zu lang, um sich in den

νόμος die Offenbarung zu haben, sondern gegen jede vorgebliche Gottesschau überhaupt, ja — da das *ὁρᾶν* nicht auf die Wahrnehmung durch das Auge beschränkt werden darf[1] — gegen jedes Streben oder Wähnen, außerhalb der im fleischgewordenen Gottessohn gegebenen Offenbarung irgendwelches Wissen von Gott gewinnen oder besitzen zu können. So gewiß dabei die Juden miteinbegriffen sind (5₃₇ 7₂₈ 8₁₉. ₅₅), so gewiß richtet sich der Satz nicht gegen sie allein; ohne Frage wird der Evglist auch an die Gnosis denken[2], die freilich ihrerseits ganz ähnlich reden kann[3]. Das Wesentliche sind für ihn aber nicht die zeitgeschichtlichen Bezüge, sondern ist das Grundsätzliche.

Der Satz *θεὸν οὐδεὶς ἑώρακεν*[4] *πώποτε* bestreitet, daß Gott für den Menschen direkt zugänglich ist. Er setzt dabei voraus, daß es wesenhaft zum Menschen gehört, Gott sehen zu wollen, zu ihm den Zugang zu haben, wie es in der Bitte des Philippus 14₈ ausgesprochen ist: *δεῖξον ἡμῖν τὸν πατέρα, καὶ ἀρκεῖ ἡμῖν*. Das Streben des Menschen, den Zugang zu Gott zu haben, ist ja nichts anderes als das Verlangen, „Leben" zu haben in dem „Lichte" des endgültigen Selbstverständnisses und so in der „Wahrheit" zu sein, um wahrhaft zu sein. Deshalb ist ja Jesus der Offenbarer, weil er die „Wahrheit" und das „Leben" ist (14₆) und das „Licht" der Welt (8₁₂). Aber eben nur in seiner Offenbarung ist Gott zugänglich, — einst in der Schöpfung, in der der Logos als das Licht zugleich das Leben war (1₄); und jetzt, nachdem die Welt zur Finsternis ward (1₅), in Jesus als dem fleischgewordenen Logos, der der einzige „Weg" zu Gott ist (14₆). Daß Gott nicht direkt zugänglich ist, ist aber nicht im Sinne des griechischen Gedankens verstanden, daß Gott ein Seiendes von solcher Art ist, das den Sinnen unzugänglich ist, dagegen dem *νοῦς* faßbar[5]; denn nicht der *νοῦς*, sondern die *πίστις* sieht ihn, und zwar nur die auf den Offenbarer gerichtete *πίστις*. Aber auch der gnostische Gedanke des *ἄγνωστος θεός*, wonach Gott als das Irrationale dem Menschen schlechthin unfaßbar sei, liegt fern. Denn zwar korrespondiert dem Gedanken des *ἄγνωστος θεός* in der Gnosis der Gedanke der Offenbarung; aber auch hier ist Gott als ein Seiendes vorgestellt, das Objekt möglicher Erkenntnis werden kann, und für dessen Erfassung dem Menschen nur die adäquaten Organe fehlen; und zwar ist sein Sein vorgestellt nach der Art substanziellen, naturhaften Seins, sodaß der Mensch, der Gott sehen will, in göttliche Natur verwandelt

---

Rhythmus der Verse zu fügen, und ist mit der eingeschobenen Apposition (*ὁ ὢν κτλ.*) und dem das Subj. wiederaufnehmenden *ἐκεῖνος* ganz prosaisch. Endlich ist dies Pronomen, das das Subj. oder Obj. wiederaufnimmt, für den Evglisten charakteristisch (*ἐκεῖνος*: 1₃₃ 5₁₁. ₄₃ 9₃₇ 10₁ 12₂₈ 14₂₁. ₂₆ 15₂₆; ebenso *οὗτος* 3₂₆. ₃₂ 5₃₈ 6₄₆ 7₁₈ 8₂₆ 15₅), und wiederum erweist sich dadurch sein Stil als rabbinisch (Schl. zu 1₁₈). In der Gedankenbewegung entspricht die Antithese den zahlreichen Sätzen des Evglisten, die einen Gedanken durch die vorangeschickte Negation erläutern, s. zu V. 8 S. 29, A. 1 und vgl. bes. 6₄₆. Endlich s. u. über den Gebrauch von *μονογενής*.

[1] S. S. 45, A. 3 zu *ἐθεασάμεθα* D. 14.

[2] Carpenter 329 f.: D. 18 ist gegen die Mysterienreligionen gerichtet. Delafosse 14 f. sieht nur den Gegensatz gegen das AT.

[3] Iren. I 2, 1: *τὸν μὲν οὖν Προπάτορα αὐτῶν γινώσκεσθαι μόνῳ λέγουσι τῷ ἐξ αὐτοῦ γεγονότι Μονογενεῖ, τουτέστι τῷ Νῷ* (von den Valentinianern)

[4] Zu der vulgären, in den Pap. durchweg gebräuchlichen Perf.-Form *ἑώρακα* s. Bl.-D. § 68. Über das Perf. statt des bei *πώποτε* besseren Aor. s. Moulton, Einl. 226. Dgl. Pap. Gr. Mag. V 101 f.: *σὺ εἶ 'Οσοροννωφρις, ὃν οὐδεὶς εἶδε πώποτε*.

[5] Dgl. R. Bultmann, ZNTW 29 (1930), 169 ff.; dort Auseinandersetzung mit W. Graf Baudissin, ARW 18 (1915), 173—239; E. Fascher, Deus invisibilis (Marburger theol. Studien I) 1930.

werden muß. Die Offenbarung ist hier die mysteriöse Lehre und Disziplin, die
auf solche Verwandlung vorbereitet. Diese selbst aber wird in der Ekstase als
direkte Gottesschau erlebt[1]. Analog ist für Philon der $\vartheta\varepsilon\tilde{\iota}o\varsigma$ $\lambda\acute{o}\gamma o\varsigma$ der Führer
der Seele nur bis zum Stadium der vollständigen Vorbereitung; ist dieses erreicht,
so wird die Seele vom Führer unabhängig und gelangt selbständig zu Gott[2]. Wie
Joh die Ekstase als direkte Gottesschau nicht kennt, so auch nicht ein Selbständig=
werden der Seele gegenüber dem Offenbarer; nur wer ihn sieht, der sieht den
Vater (14,9). Deshalb ist der Satz von der direkten Unzugänglichkeit Gottes auch
nicht begründet in der Vorstellung von Gott als einem Seienden besonderer Art
und von der Mangelhaftigkeit der menschlichen Organe; jede Reflexion auf die
Seinsweise Gottes und auf die erkenntnistheoretische Frage fehlt. Das heißt aber:
es ist die Unmöglichkeit eines Gottesgedankens behauptet, kraft dessen Gott als
Objekt menschlichen oder übermenschlichen Erkennens gedacht werden könnte.
Gott ist nicht mehr Gott, wenn er als Objekt gedacht wird. Und entsprechend ist
bei Joh der Mensch als Geschöpf Gottes, als Gott ausgeliefert, als unter Gottes
Anspruch stehend gesehen, sodaß er schon den echten Gedanken Gottes verliert,
wenn er, aus der ihm durch Gott gewiesenen Richtung ausbiegend, Gott zum
direkten Gegenstand seiner Schau machen will. Die Unzugänglichkeit Gottes be=
deutet Gottes Unverfügbarkeit für den Menschen. Das heißt aber nicht die zu=
fällige Unverfügbarkeit eines unerreichbaren Seienden; sondern es bedeutet in
Einem die Unverfügbarkeit des Menschen über sich selbst. Das Verlangen, Gott
zu sehen, schließt, als das Verlangen, Gott zum Objekt zu machen, das Grundmiß=
verständnis des Menschen von sich selbst ein, als ob er zu solchem Unternehmen
je frei, von Gott entlassen, wäre und das $\pi o\tilde{\upsilon}$ $\sigma\tau\tilde{\omega}$ finden könne, in dem er für
solche Schau selbständig wäre. Der orientalisch=at.liche Gedanke von der Herr=
schaft und Unverfügbarkeit Gottes[3] ist hier radikal gedacht.

Der Satz wendet sich nicht an Gottsucher, die um ihre Blindheit wissen, sondern
an Blinde, die meinen, daß sie sähen (9,39), an Arme, die wähnen, zu besitzen. Er
zeigt damit, daß der Gedanke der Unsichtbarkeit Gottes keine Selbstverständlichkeit
ist. Er weist den Menschen in seine Sphäre zurück und korrigiert, indem er auf
den Fleischgewordenen als auf den Offenbarer verweist, schon das menschliche
Verlangen, Gott zu schauen, sofern in solchem Verlangen immer ein Verfügen=
wollen über sich selbst und über Gott enthalten ist. Solches Verlangen mißversteht
notwendig, warum es die Erfüllung nicht erreicht; es mißversteht die Unsichtbar=
keit Gottes im griechischen oder im gnostischen Sinne. Daß Gott unsichtbar ist,
wird selbst erst durch die Offenbarung verständlich, weil diese den Menschen
wieder sich in seiner Menschlichkeit zu verstehen lehrt. Wenn irgendwo in dem
Verlangen, Gott zu schauen, echte Bereitschaft lebendig war, so muß sie sich darin
erweisen, daß Gottes Offenbarung, diese Offenbarung, Glauben findet. Im
Glauben aber ist der Gedanke der Unsichtbarkeit Gottes aus einem negativen
Gedanken zu einem positiven geworden: zum echten Wissen des Menschen um
sich selbst.

Der Offenbarer wird in **V. 18 b** als der $\mu o\nu o\gamma\varepsilon\nu\grave{\eta}\varsigma$ $\upsilon\acute{\iota}\acute{o}\varsigma$ bezeichnet[4], also
mit dem Titel des Bekenntnisses V. 14, jedoch so, daß nach Art des Evglisten das

---

[1] Dgl. a. a. O. 173 ff.   [2] Phil., migr. Abr. 174 f. und f. zu 14,6.
[3] Dgl. ZNTW 29 (1930), 176 ff.
[4] $Mo\nu o\gamma\varepsilon\nu\grave{\eta}\varsigma$ $\vartheta\varepsilon\acute{o}\varsigma$ lesen אBC*, Griechen bis ins 3. Jahrh., aber auch spätere
(vgl. Lagr., Zn. Exkurs III; vgl. auch v. Loewenich 77, 1); $\mu o\nu o\gamma$. $\upsilon\acute{\iota}\acute{o}\varsigma$ die meisten Hand=

μονογ. zum Attribut, und υἱός zur eigentlichen Charakteriſtik wird. Das μονογ.
nimmt damit den aus der LXX geläufigen Sinn eines Wertprädikates an[1], wie
es auch 3₁₆. ₁₈; I Joh 4₉ deutlich iſt: es wird dadurch ebenſo der Charakter der
Offenbarung als eines der göttlichen Liebe entſprungenen Geſchehens verdeutlicht (3₁₆ I Joh 4₉), wie andrerſeits die Abſolutheit und Suffizienz der Offenbarung, weil der Offenbarer als der Sohn der göttlichen Liebe in voller Gemeinſchaft mit dem Vater ſteht. Eben dieſe Gemeinſchaft hebt auch die Appoſ. hervor:
ὁ ὢν εἰς τὸν κόλπον τοῦ πατρός[2]. Durch dieſe Charakteriſtik erſetzt der Evgliſt
diejenige, die im Zuge des gnoſtiſchen Offenbarungsgedankens hier erwartet
werden könnte: daß der Sohn die εἰκών des Vaters iſt[3]. Er vermeidet hier und
ſonſt dieſen kosmologiſch belaſteten Terminus[4]. Der allgemeine Sinn der freilich
auch ſtark mythologiſch formulierten Charakteriſtik[5] iſt klar, auch wenn die genaue Beſtimmung des ὤν nicht ſicher iſt; iſt der Präexiſtente gemeint, der am
Buſen des Vaters war? Oder der Poſtexiſtente, der jetzt wieder beim Vater iſt[6]?
Auf jeden Fall ſoll die Einheit von Vater und Sohn, die den Offenbarungsgedanken konſtituiert[7], beſchrieben werden. Seine Funktion als des Offenbarers
wird mit dem nur hier bei Joh begegnenden ἐξηγεῖσθαι bezeichnet, einem
Wort, das ſeit alters techniſch gebraucht wird für die Interpretation des Götter-
willens durch die Fachleute, Prieſter und Wahrſager, das aber auch von Gott
ſelbſt, der ſeinen Willen kundtut, gebraucht werden kann[8]. Dies iſt alſo die letzte

---

ſchr., Griechen ſeit dem 4. Jahrh., Lateiner, syr ᶜ. Mag θεός als beſſer bezeugt gelten,
und wäre auch die Prädizierung des Offenbarers als θεός bei Joh an ſich nicht unmöglich (1₁ 20₂₈ I Joh 5₂₀), ſo iſt θεός hier doch unhaltbar, da es weder zum vorhergehenden
θεόν κτλ. paßt, noch die Appoſition ὁ ὢν κτλ. verträgt. Dieſe verlangt υἱός wie der
Evgliſt 3₁₆. ₁₈ I Joh 4₉ immer ſchreibt. Das θεός wird durch Verleſung entſtanden ſein.
Gegen Burneys Vorſchlag, das μονογ. θεός als urſprünglich anzuſehen, aber als falſche
Überſetzung ſtatt μονογενὴς θεοῦ, ſpricht, daß die richtige Leſung und Überſetzung die
nächſtliegende geweſen wäre. Es bliebe noch die Annahme, daß θεός wie υἱός ſpätere
Ergänzungen zu dem urſprünglich alleinſtehenden μονογ. ſind (Lagr.; Bouſſet, Kyrios
247, 1; Hirſch). — Der Art. fehlt, weil man verſtehen ſoll: „einer, der der eingeborene
Sohn iſt“; daß μονογ. υἱός als determiniert gedacht iſt, zeigt ja die folgende Appoſition.
    [1] S. S. 47, A. 2.
    [2] Εἰς ſteht für ἐν (wie in V.₁ πρός c. Acc. für παρά c. Dat.) ſ. Bl.=D. §§ 205. 218
und Br. 3. St.; nach Schl. dagegen läßt das εἰς „an die einander zugewendete Haltung
der beiden denken, die nebeneinander am Tiſch liegen“. — Der Ausdruck εἰς τ. κολπ.
(eigentlich 13₂₃ Lk 16₂₃ uſw.) findet ſich übertragen zur Bezeichnung der engen Gemeinſchaft auch ſonſt im Griech. und Lat., vgl. Wetſtein und Br. 3. St. Zur Interpretation vgl.
Calvin: sedes consilii pectus est. ergo filium ab intimis secretis patris fuisse docet, ut
sciamus in evangelio nos habere quasi apertum Dei pectus.
    [3] Zu εἰκών vgl. M. Dibelius, Exk. zu Kol 1₁₇ (Hdb. z. NT).
    [4] Auch 14₉ iſt εἰκών vermieden.   [5] Über dieſe Mythologie vgl. zu 5₁₉.
    [6] Möglicherweiſe vertritt ὤν das fehlende Ptzp. des Präteritums. Das würde zu
den Ausſagen ſtimmen, daß Jeſus bezeugt, was er beim Vater geſehen, vom Vater gehört hat 3₁₁. ₃₂ 8₂₆. ₃₈ uſw. Wahrſcheinlicher aber, daß das ὤν als echtes Präſ. zu verſtehen iſt und alſo von dem zum Vater zurückgekehrten Offenbarer ausgeſagt iſt. Dann
iſt der für das Evg ſo wichtige Gedanke angedeutet, daß das Werk des Offenbarers durch
„Kommen“ und „Rückkehr“ eingeſchloſſen iſt 6₆₁f. 8₁₄ 16₂₈. — Schwerlich ſoll das ὤν
das ſtändige zeitloſe Sein des Offenbarers beim Vater angeben; ſ. zu 3₁₃ und vgl.
H. Windiſch, ZNTW 30 (1931), 221—223.
    [7] Vgl. 5₁₉f. 10₃₀ uſw.
    [8] Beiſpiele ſchon bei Wetſtein; ſ. E. Rohde, Pſyche, Index s. v. Exegeten; ἐξηγητής
iſt mit προφήτης nah verwandt, ſ. E. Faſcher, Προφήτης 1927, 22. 29,1. 40. — ThWB
II 910, 21ff. Entſprechend nennt Philon den Logos ἑρμηνεύς, προφήτης, ὑποφήτης
leg. all. III 207; quod deus imm. 138; mut. nom. 18. — Dem Evgliſten könnte ein Wort

Charakteristik des Offenbarers, daß er „Kunde von Gott gebracht hat"[1]; und da=
mit zeigt der Evglist, daß er der Offenbarer ist durch sein Wort. Damit ist zu=
gleich die Einheit des Fleischgewordenen mit dem Präexistenten angedeutet, der
als das „Wort" im Anfang bei Gott war. So ist der Ring geschlossen; und damit
ist auch die Anweisung gegeben, Jesus als den Offenbarer nicht im Sinne eines
Hierophanten, eines Mystagogen zu verstehen, der neben seinem Wort ver=
schwindet. Sondern Jesus spricht das Wort, indem er zugleich das Wort ist; und
der Evglist bringt im Folgenden nicht die Lehre Jesu, sondern sein Leben und
seine Lehre als Einheit[2].

1 19–51: Die Μαρτυρία des Täufers.

Die durch 1 14 geweckte Erwartung, daß der folgende Bericht von der δόξα
des fleischgewordenen Logos erzählen werde, wird erst von Kap. 2 an erfüllt.
Was vorhergeht, ist also eine Einleitung, die sich durch ihre Überschrift als eine
Erläuterung der Sätze 1 6-8. 15 über die Zeugenrolle des Täufers gibt. Sie zerfällt
in zwei Teile: 1. 1 19-34, 2. 1 35-51. Der erste Teil, speziell als „das Zeugnis des
Täufers" zu überschreiben, führt das Thema von 1 8 nach seiner negativen und
positiven Seite aus; und zwar ist die μαρτυρία hier speziell an die Juden adressiert.
Der zweite Teil, „die Berufung der ersten Jünger", illustriert das ἵνα πάντες
πιστεύσωσιν δι᾽ αὐτοῦ von V. 7, damit zugleich aber auch das οὐκ ἦν ἐκεῖνος
τὸ φῶς von V. 8: Täuferjünger sind es ja, die ihren Meister verlassen, um Jesus
nachzufolgen; so richtet sich die μαρτυρία hier speziell an die Täuferjünger. Dazu
hat 1 35-51 die Bedeutung zum Folgenden überzuleiten, nicht nur äußerlich: für
2 1-11 ist Jesu Begleitung durch seine Jünger die Voraussetzung; sondern auch in
dem inneren Sinne, daß die durch V. 14(-18) geweckte Erwartung durch die die Er=
zählung krönenden Verse 1 50 f. wieder lebendig gemacht wird[3].

a) 1 19-34: Das Zeugnis des Täufers.

1 19-34 ist keine ursprüngliche Einheit[4]. Deutlich heben sich zunächst V. 22-24 heraus,
die den Zshg zwischen V. 21 und V. 25 zerreißen. Es fragt sich, ob sie vom Evglisten in

---

wie Sir 43 31. (35) vorgeschwebt haben: τίς ἑόρακεν αὐτὸν (Κύριον) καὶ ἐκδιηγήσεται;
(hebr. Text fehlt).
[1] Ἐξηγ. steht ohne Obj., denn das Verbum kann als solches schon bedeuten: gött=
liche Kunde, göttliche Weisung geben; vgl. Aesch., Choeph. 118; Plat., resp. 427c.
[2] Parallelen sind nicht beliebige Göttergestalten, die Offenbarung spenden; solche
illustrieren nur das mytholog. Denken überhaupt. So z. B. Apoll bei Aesch., Eum. 19:
Διὸς προφήτης δ᾽ ἐστὶ Λοξίας πατρός, wozu der Scholiast: δοκεῖ γὰρ ὁ Ἀπόλλων παρὰ
Διὸς λαμβάνειν τοὺς χρησμούς (vgl. Fr. Blaß, Die Eumeniden des Aischylos 1907, 69);
Verg., Aen. III 251:
Quae Phoebo pater omnipotens, mihi Phoebus Apollo
Praedixit, vobis Furiarum ego maxima pando.
Parallele ist vielmehr die Mittlergestalt der Gnosis (und damit auch der Logos Philos),
in der die kosmologische und soteriologische Funktion verbunden ist (s. S. 9 ff.). Diese
Gestalt ist auch insofern wirkliche Parallele, als für ihre soteriologische Rolle nicht nur
ihre Lehre, sondern auch ihr Schicksal entscheidende Bedeutung hat. Indessen ergibt sich
ein Grundunterschied daraus, daß in der Gnosis die Erlösung als kosmischer Vorgang
verstanden ist (s. S. 41 ff.).
[3] Eine Beschreibung von 1 19-28. 29-34. 35-39. (40-42.) 43-51 als dramatischer Szenen
gibt Bowen, JBL 49 (1930), 298—302. Eine Analyse von 1 19-28. 29-34. 35-42. 43-51 Muilen=
burg, ebd. 51 (1932), 42—53.
[4] Mit der Kombination von Varianten rechnen Wellh., Spitta, Goguel (J.-B. 80),
mit Interpolationen Schw., Hirsch.

eine von ihm benutzte Quelle eingefügt, oder ob sie die Interpolation eines Red. sind. Das Letztere muß der Fall sein; denn die Grundlage des Textes stammt offenbar vom Evglisten; seine Idee ist der beherrschende Gedanke, daß der Täufer μάρτυς und nur μάρτυς sei; für ihn ist es charakteristisch, daß Jesus „der Prophet" ist (6₁₄; vgl. 4₁₉. ₄₄ 7₅₂ 9₁₇), und daß die Titel ὁ προφήτης und ὁ Χριστός koordiniert werden (7₄₀f.); ihn verrät auch der Stil (s. u.). Endlich wäre es unverständlich, wie der Evglist die Charakteristik des Täufers in D.₂₂f. hätte einfügen können, die in kein deutliches Verhältnis zu seinen Aussagen in D.₂₁ zu bringen ist. Wohl aber ist verständlich, daß ein Red. die in der Gemeinde traditionelle Charakteristik des Täufers nach Jes 40₃ (Mk 1₂? Mt 3₃ Lk 3₄; vgl. Justin, Dial. 88, 7) einfügte. Es dürfte damit der erste Fall vorliegen, in dem deutlich wird, daß das Evg seine uns vorliegende Form einer kirchlichen Redaktion verdankt.

Auch das Folgende verrät die Redaktion. Denn an D.₂₆ schließt offenbar D.₃₁ an; D.₂₆ und ₃₁ geben zusammen erst die Antwort auf die Frage D.₂₅. D.₂₇ ist wieder eine Ergänzung aus der synoptischen Tradition (Mt 1₇ parr.); D.₂₈ aber ist der ursprüngliche Abschluß des Ganzen[1] und gehört hinter D.₃₄. Mit D.₂₈ hängen D.₂₉₋₃₀ zusammen. Daß D.₂₈₋₃₀ am falschen Platz steht, kann nur aus eine Unordnung des Textes zurückgeführt werden, die der Redaktor vorfand. In D.₃₂ überrascht der neue Einsatz, und in D.₃₃ die Wiederholung des κἀγώ κτλ.; Offenbar ist D.₃₂, der neben D.₃₃b ganz unnötig ist, wieder eine Einfügung aus der synoptischen Tradition, nach der der Redaktor das κἀγώ des Textes wieder aufnimmt, um Anschluß für die Fortsetzung zu gewinnen. Diese begann (nach ₃₁) ursprünglich natürlich nicht mit ἀλλά, sondern mit καί oder γάρ. Endlich hat der Redaktor in D.₂₆ das ἐγώ βαπτίζω ἐν ὕδατι und in D.₃₁ und ₃₃ das ἐν ὕδατι zugesetzt und in D.₃₃ angefügt: ὁ βαπτίζων ἐν πνεύμ. ἁγ., um die Darstellung der synoptischen anzugleichen, die auf den Gegensatz: Wasser= und Geistestaufe abgestellt ist.

Der ursprüngliche Text des Evgs lautete also: (19) καὶ αὕτη ἐστὶν ἡ μαρτυρία τοῦ Ἰωάνου, ὅτε ἀπέστειλαν πρὸς αὐτὸν οἱ Ἰουδαῖοι ἐξ Ἱεροσολύμων ἱερεῖς καὶ Λευείτας ἵνα ἐρωτήσωσιν αὐτόν· σὺ τίς εἶ; (20) καὶ ὡμολόγησεν καὶ οὐκ ἠρνήσατο, καὶ ὡμολόγησεν ὅτι ἐγὼ οὐκ εἰμι ὁ Χριστός. (21) καὶ ἠρώτησαν αὐτόν· τί οὖν σύ; Ἠλίας εἶ; καὶ λέγει· οὐκ εἰμί. ὁ προφήτης εἶ σύ; καὶ ἀπεκρίθη· οὔ. (25) καὶ ἠρώτησαν αὐτὸν καὶ εἶπαν αὐτῷ· τί οὖν βαπτίζεις εἰ σὺ οὐκ εἶ ὁ Χριστὸς οὐδὲ Ἠλίας οὐδὲ ὁ προφήτης; (26) ἀπεκρίθη αὐτοῖς ὁ Ἰωάνης λέγων· μέσος ὑμῶν στήκει ὃν ὑμεῖς οὐκ οἴδατε. (31) κἀγὼ οὐκ ᾔδειν αὐτόν, ἀλλ' ἵνα φανερωθῇ τῷ Ἰσραήλ, διὰ τοῦτο ἦλθον ἐγὼ βαπτίζων. (32) καὶ ὁ πέμψας με βαπτίζειν, ἐκεῖνός μοι εἶπεν· ἐφ' ὃν ἂν ἴδῃς τὸ πνεῦμα καταβαῖνον καὶ μένον ἐπ' αὐτόν, οὗτός ἐστιν. (34) κἀγὼ ἑώρακα καὶ μεμαρτύρηκα ὅτι οὗτός ἐστιν ὁ υἱὸς τοῦ θεοῦ. (28) ταῦτα δὲ ἐν Β. ἐγένετο πέραν τοῦ Ἰορδάνου, ὅπου ἦν Ἰωάνης βαπτίζων. (Es folgen D.₂₉₋₃₀.)

D.19 ist die **Überschrift**[2], die das Thema angibt: das Zeugnis des Johannes[3], und die zugleich mitteilt, bei welcher Gelegenheit er dies Zeugnis abgelegt habe[4], — dies jedoch nicht als eine historische Notiz, sondern um durch Angabe des Forums, von dem diese μαρτυρία verlangt und vor dem sie abgegeben wurde, ihren gleichsam amtlichen Charakter deutlich zu machen. Das Forum sind

---

[1] Vgl. die Abschlüsse 6₅₉ 8₂₀ 12₃₆.

[2] Der Satz hat die typische Form der Explikationen des Evglisten: ein im Vorangegangenen wesentlicher Begriff wird durch das Demonstrat. herausgehoben und erläutert, vgl. 3₁₉ 6₃₉ 17₃; Festg. Ad. Jül. 142; vgl. Muilenburg, JBL 51 (1932), 43. — Das καί ist deshalb nicht das einfach weiterführende wie 2₁₃ 4₄₆ 9₁ usw. (Schl.), sondern verweist auf D.₁₅ (Lagr.) und heißt „und zwar" wie I Joh 1₅ 2₂₅ usw., vgl. δέ 3₁₉ usw.

[3] Zu μαρτυρία vgl. S. 30, 5.

[4] Da die Explikation hier durch die ganze folgende Erzählung gegeben wird, kann man nicht καὶ αὕτη — τ. Ἰωάνου als geschlossenen Satz für sich nehmen und D.₂₀ als Nachsatz zu dem ὅτε κτλ. von D.₁₉ auffassen; vielmehr bestimmt der ὅτε=Satz das καὶ αὕτη κτλ. Die „Überschrift" geht also in die Erzählung über.

„die Juden", die, wie im weiteren Verlaufe des Evgs, als die Gegenspieler Jesu, so hier als die Gegenspieler seines Zeugen erscheinen. Ein Vorspiel des Streites, der das ganze Leben Jesu durchzieht, begibt sich hier also, eines Streites zwischen dem christlichen Glauben und der durch das Judentum repräsentierten Welt, der ständig unter dem Bilde eines Prozesses erscheint, und zwar so, daß die „Juden" in dem Wahne sind, sie seien die Richter, während sie in Wahrheit die Angeklagten vor dem Forum Gottes sind; eines Streites, der in dem $\varkappa έ\varkappa ριτ αι$ 16 11 und dem $έγ ώ \ νεν ίκηκα \ τ ὸν \ κ όσμ ον$ 16 33 sein Ende erreicht hat.

Das für den Evglisten charakteristische $ο ί \ '\ Ιο υδ αῖ οι$ faßt die Juden in ihrer Gesamtheit zusammen, so wie sie als Vertreter des Unglaubens (und damit, wie sich zeigen wird, der ungläubigen „Welt" überhaupt) vom christlichen Glauben aus gesehen werden. Nicht nur vom Blickpunkt der griechischen Leser aus wird von den Juden als einem fremden Volk geredet[1], sondern auch und erst recht vom Blickpunkt des Glaubens aus; denn Jesus selbst redet zu ihnen wie ein Fremder[2]; und dementsprechend erscheint jemand, in dem sich der Glaube oder auch nur das Fragen nach Jesus regt, im Gegensatz zu den „Juden", auch wenn er selbst ein Jude ist[3]. So scheint denn auch der Täufer hier gar nicht selbst zu den „Juden" zu gehören. — Mit diesem Sprachgebrauch ist es gegeben, daß bei Joh die in den Synoptikern begegnenden Differenzierungen des jüdischen Volkes stark zurücktreten oder ganz verschwinden[4]; Jesus steht „den Juden" gegenüber. Nur die Unterscheidung zwischen der Volksmasse und ihren Wortführern[5] erweist sich gelegentlich als notwendig für die Darstellung; sie erfolgt aber charakteristischerweise oft so, daß die gegen den $ὄχ λος$ differenzierten $'\ Ιο υδ αῖ οι$ wie eine Behörde des jüdischen Volkes erscheinen[6]. Die $'\ Ιο υδ αῖ οι$ sind eben das jüdische Volk nicht in seinem empirischen Bestande, sondern in seinem Wesen[7].

So erscheinen denn auch 1 19 die $'\ Ιο υδ αῖ οι$ wie eine Behörde, die von ihrem Sitz Jerusalem aus[8] zum Zweck einer Untersuchung Sachverständige delegiert[9];

---

[1] So wird von den Bräuchen und Festen der Juden geredet 2 6. 13 5 1 6 4 7 2 19 40. Das entspricht der Redeweise von Mt 15 2. 9, von Act und auch von Paulus, der fast nur dann von $'\ Ιο υδ αῖ οι$ redet, wenn es sich um ihre Abgrenzung gegen die $"Ελ ληνες$ handelt (Röm 1 16 2 9 usw.). Entsprechend sagen die Rabbinen „Israel", „wenn sie zur Gemeinde oder von ihr reden", dagegen „Juden", wenn sie Fremde redend einführen (Schl. zu 1 47 und Spr. und h. 43 f; Str.-B. zu Röm 2 17).

[2] 8 17: „in eurem Gesetz"; ebenso 10 34; vgl. 7 19. 22 ($ὑμ ῖν$), dagegen 7 51 im Munde des Nikodemus: „unser Gesetz".

[3] 5 15 7 13. — Für die Frage, ob der Evglist selbst jüdischer Abstammung ist oder nicht, ist also aus diesem Sprachgebrauch nichts zu erschließen.

[4] Die verschiedenen Typen von Reichen und Armen, Zöllnern und Dirnen, Heilung suchenden Kranken und wißbegierigen Fragern sind verschwunden. Nur wo der vom Evglisten benützte Stoff es erfordert, begegnen einzelne Personen.

[5] Der Evglist kann dafür die traditionellen Bezeichnungen wählen wie $ο ί \ ά ρχ ι ε ρ εῖ ς$, $ο ί \ Φα ρ ι σαῖ οι$ (wobei dann die $Φα ρ$. wie eine behördliche Instanz erscheinen 7 45. 47 f. 11 47. 57, vgl. zu D. 24) oder auch den blassen Terminus $ο ί \ ά ρχ οντες$ (3 1 7 26. 48 12 42).

[6] 5 15 7 13 9 22 18 12.

[7] Darauf ist die Anschauung Lütgerts (Neutest. Studien für G. Heinrici 1914, 147—154) und Bornhäusers (Das Johannesevg. 19—23) zu reduzieren, nach der die $'\ Ιο υδ αῖ οι$ den gesetzesstrengen Teil des jüd. Volkes bilden.

[8] $'\ Ι ε ρ οσ όλ υμ α$ die hellenisierte Wiedergabe von ירושלם, die bei Joh durchweg gebraucht wird (Lk und Act meist $'\ Ι ε ρ ουσ αλ ήμ$; so meist auch Paulus, während Apk nur $'\ Ι ε ρ ουσ αλ ήμ$ hat), und zwar mehrfach mit Art. 2 23 5 2 10 22 11 18, was im NT singulär ist, doch vgl. II Makk 11 8 12 9.

[9] Die Unsicherheit des $π ρ ὸς \ α ὐτ όν$, dessen Stellung schwankt, und das in vielen Zeugen fehlt, bedeutet nichts für den Sinn.

als solche sind die Priester und Leviten genannt, da es sich ja um die Frage der Taufe, eine Frage der Reinigung, handelt[1]. Ihre Frage σὺ τίς εἶ; ist zwar ganz allgemein formuliert, hat aber natürlich (wie V.25 bestätigt) den Sinn, nach seiner Legitimation für sein Handeln zu fragen[2]; daß dies Handeln sein Taufen ist, wird als bekannt vorausgesetzt. Vorausgesetzt ist ja überhaupt die Vertrautheit des Lesers mit der christlichen Tradition über Johannes. Dieser wird nicht eingeführt und charakterisiert wie bei den Synoptikern (vgl. Mk 12ff. parr.); er wird nicht als ὁ βαπτιστής oder als ὁ βαπτίζων bezeichnet; ja, erst V.25 kommt zutage, daß er tauft. So wird auch die Gesandtschaft der „Juden" nicht motiviert, etwa dadurch, daß man durch einen Bericht über sein Wirken auf den Gedanken kam, er wolle der Messias sein (vgl. Lk 315; Justin, Dial. 88,7). Dem entspricht es, daß die Szene nur einen formalen Abschluß hat (V.28), daß aber nicht berichtet wird, welchen Eindruck die Abgesandten gewinnen, und was sie nach Jerusalem melden. Die Boten verschwinden einfach; denn das Verhör soll dem Leser nur die μαρτυρία des Johannes mitteilen.

Die umständliche Einführung der Antwort des Täufers (**V.20**) entspricht der Vorbereitung V.19: sie hat das ganze Gewicht der feierlichen Zeugenaussage im Prozeß[3]. Und die Antwort selbst: ἐγὼ οὐκ εἰμὶ ὁ Χριστός, weist deutlich auf den zeitgeschichtlichen Hintergrund. Die Frage, ob Jesus oder Johannes der Messias sei, steht zur Diskussion[4], und die christliche Gemeinde kann sich in ihrem Streit mit den Johannes=Jüngern auf eine ὁμολογία des Johannes selbst berufen: er wollte nicht der Messias sein. Aber ehe seine positive Bedeutung angegeben wird, werden andere Abgrenzungen vollzogen, damit jede Konkurrenz zwischen ihm und Jesus ausgeschlossen wird. Deshalb fragen die Boten, unbefriedigt von der bloßen Negation, weiter[5], ob er Elia sei, und als er auch dies verneint, ob er der „Prophet" sei, was er ebenfalls verneint (**V.21**). Diese Fragen setzen be-

---

[1] Eben als die der Reinheitsfragen Kundigen sind hier (und nur hier) neben den Priestern die Leviten genannt.

[2] Die Formulierung der Frage entspricht jüdischem wie griechischem Sprachgebr., vgl. Schl. und Br.

[3] Das erste ὡμολ. steht wie das οὐκ ἠρν. absolut; das zweite ὡμολ. wird durch den ὅτι=Satz expliziert. Die beiden ersten καί in V.20 heißen „und", das dritte „und zwar". Während die Frage in V.19 noch im Nebensatz gegeben war, verselbständigt sich mit V.20 die Erzählung von jener Szene, in der die μαρτυρία des Johannes erfolgte. Daß das καὶ οὐκ ἠρν. καὶ ὡμολ. wie ein „unterstreichender Zusatz" aussieht (Hirsch), ist kein Grund, es zu athetieren; vielmehr will der Evglist eben unterstreichen, und seinem Stil entspricht die Verbindung der positiven und negativen Aussage (s. S. 29, 1), wenngleich die Form der Litotes nur hier bei ihm vorkommt. — Natürlich bezeichnet ὁμολογεῖν hier nicht das Glaubensbekenntnis, sondern ist wie ἀρνεῖσθαι als gerichtlicher Terminus gebraucht. In diesem Sinne begegnen ὁμολ. und ἀρν. auch sonst verbunden Thuk. VI 60; Jos. ant. VI 151 (vgl. Eur. El. 1057; Aelian, Nat. an. II 43); entsprechend הוֹדָה und כָּפַר im Rabbin., vgl. Schl. 3. St. und zu Mt 1033.

[4] S. S. 4f. und 29 (zu 16-8). Das betonte ἐγώ, das in den folgenden Antworten fehlt, bringt zum Bewußtsein: ein Anderer ist es! Daß in der Frage ὁ Χριστός Titel (der „Messias") ist, versteht sich von selbst.

[5] Die Formulierung der Frage schwankt, indem bald τί οὖν; alleinsteht (אL), bald ihm ein σύ voran= (B), bald nachgestellt ist (C* 33), während andere Zeugen das σύ auf das Ἠλείας εἶ folgen lassen. Die Lesarten dürften aus dem ursprünglichen τί οὖν σύ; am besten zu erklären sein. Das nachgestellte σύ ist kein Semitismus (so Burney 82; dagegen Lagr. CXIV; Colwell 25); doch erinnert die Primitivität des Dialogs an die rabbin. Wiedergabe von Gesprächen (vgl. Schl. zu V.21), was wieder für den Stil des Evglisten charakteristisch ist.

stimmte Möglichkeiten voraus: wenn Johannes Elia oder der „Prophet" wäre, so würde man verstehen, daß er tauft. Und damit ist ein Doppeltes vorausgesetzt: 1. daß die Taufe als messianische Handlung gilt, 2. daß Elia und der „Prophet" messianische Erscheinungen sind.

Daß die Taufe als messianische Handlung galt, d. h. als eine Reinigung (ein „eschatologisches Sakrament"), die die Getauften für die Teilnahme am messianischen Heil qualifizierte (ihnen „eschatologischen" Charakter verlieh), — das zeigt die synoptische Überlieferung über den Täufer ebenso wie das urchristliche Verständnis der Taufe. Das= selbe beweisen die jüdischen und judenchristlichen wie gnostischen Taufsekten, an deren ursprünglich messianischem Charakter nicht zu zweifeln ist[1].

Ebenso ist vielfach bezeugt, daß man im Judentum die Wiederkehr des Elia beim Anbrechen der Heilszeit erwartete. Der Bote, der nach Mal 3 1-3 dem Gericht Gottes vorausgehen soll, wird vom Interpolator 3 23 auf Elia gedeutet; als Vorläufer Gottes gilt er auch Sir 48 10 f. und bei den Rabbinen[2], wie noch Justin, Dial. 8, 4; 49 zeigt. Wo man einen Messias erwartete, mußte Elia natürlich zu dessen Vorläufer werden, was Mt 9 11-13 vorausgesetzt ist; deshalb hat die christliche Tradition weithin[3] den als Vorläufer Jesu aufgefaßten Täufer als den wiedergekommenen Elia gedeutet (Mk 9 11-13 Mt 11 14).

Nicht sicher ist die Gestalt des „Propheten" zu bestimmen. Denn die allgemeine Erwartung eines Propheten, der in einer Situation der Ratlosigkeit Gottes Willen kund= tun kann (vgl. I Makk 4 46 9 27 14 41), kommt nicht in Frage; sondern eine bestimmte messia= nische Gestalt wie Elia muß gemeint sein; und die Erwartung einer solchen Gestalt ist ja auch 6 14 7 40 vorausgesetzt, ja einer Gestalt, die mit dem Messias gleichbedeutend ist[4]. Nun ist die Weissagung von Dt 18 15. 18, daß Gott jeweils einen Propheten senden wird, wenn das Volk seiner bedarf, Act 3 22 7 37 auf den Messias selbst gedeutet; aber das wird eine spezifisch christliche Deutung sein[5]. Im Judentum ist die Hoffnung auf „den Pro= pheten" nicht bezeugt[6]. Da aber für das Judentum Mose der Prophet schlechthin ist[7], und da andrerseits für die Heilszeit auch die Wiederkehr des Mose erwartet wurde[8],

---

[1] Auf jüdischem Boden werden prophetische Mahnungen und Weissagungen dabei mitgewirkt haben, wenn in ihnen auch das „Waschen" nur bildlich gemeint war; vgl. Jes 1 16 („Wascht euch! reinigt euch!"). 18 4 4 Es 36 25. 29. 33 37 23.

[2] Vgl. Bousset, Rel. des Jdt.s 232 f.; Str.=B. IV 2, S. 779—798; P. Volz, Die Es= chatologie der jüd. Gemeinde 1934, 195 ff.

[3] Lukas, der Mk 9 11-13 Mt 11 14 übergeht, scheint diese Deutung wie Joh abgelehnt zu haben; der Ausdruck Lk 1 17 limitiert den Gedanken der Wiederkehr.

[4] Daß Torrey (S. 343) das ὁ προφ. 1 21 wie 7 40 als falsche Übersetzung eines bloßen נביא erklärt, ist Willkür. Ebensowenig ist es richtig, daß für Joh προφ. und ὁ προφ. gleichbedeutend seien (E. Fascher, Προφήτης 1927, 179). Daran kann man also nicht erinnern, daß in bezug auf Johannes (Mk 1 1 par. 14 5) und Jesus (Mk 6 15 8 28 11 32 Lk 7 16. 39; vgl. Mt 21 11. 46 Lk 24 19) die Möglichkeit erörtert wird, daß sie Propheten seien (in dieser Linie hält sich auch Joh 7 52 9 17). Deshalb auch nicht an die allgemeine Erwartung, daß in der Heilszeit wieder Propheten auftreten werden (vgl. Str.=B. II 479 f.; Fascher a. a. O. 162 f.).

[5] Von den Rabbinen wird Dt 18 15 entweder allgemein vom Auftreten von Pro= pheten gedeutet oder auf Jeremia (Str.=B. II 626), der dabei aber nicht als „Vorläufer" verstanden ist (Str.=B. I 730).

[6] Freilich meint A. v. Gall, Βασιλεία τοῦ Θεοῦ 1926, 381 f. diese Hoffnung, die er aus iranischer Eschatologie ableitet, doch im Judentum nachweisen zu können. Ähnlich W. Staerk, Soter I 1933, 64.

[7] Für Philon vgl. Fascher a. a. O. 152 f.; für Jos. Schl. z. St.

[8] Vgl. Bousset, Rel. des Jdt.s 232 f.; Schl. zu Mt 17 3; Volz a. a. O. 194 f.; B. Murmelstein, Wiener Zeitschr. für die Kunde des Morgenlandes 36 (1929), 51 f. Die Bezeugung für die Erwartung der Wiederkehr des Mose ist freilich relativ spät; älter ist offenbar die Erwartung, daß der Messias ein zweiter Mose sein wird, indem die eschatologische Erlösung als Parallele zur Befreiung aus Ägypten gedacht wird;

so ist es möglich, daß die Erwartung des „Propheten" eben die Erwartung des Mose ist[1].

Vielleicht aber ist eine Gestalt gemeint, die zwar nicht im orthodoxen Judentum, dagegen in häretisch=synkretistischen Kreisen bezeugt ist, nämlich die Gestalt des Offen=barers, der sich als der „Prophet" in der Folge der Generationen (oder Äonen) in ver=schiedenen Gestalten verkörpert[2]. Und es ist nicht unmöglich, daß die Frage ὁ προφ. εἰ σύ eben darauf beruht, daß zur Zeit des Evglisten die Täufersekte ihren Meister schon in diesem Sinne den „Propheten" nannte[3].

Jedenfalls bezeichnen die drei Titel, die der Täufer als ihm nicht zukommende abweist, die Gestalt des eschatologischen Heilbringers[4]; ein solcher will also Jo=hannes in keinem Sinne sein[5]. Dann aber kann auch seine Taufe keine Heils=bedeutung haben! Und so fragen denn die Abgesandten V. 25 ganz logisch nach dem Sinn seiner Taufe[6]. Die Antwort V. 26. 31 sagt, daß dieser Sinn einzig darin bestehe, den Unbekannten, der schon gegenwärtig ist, bekannt zu machen; und

---

vgl. Str.=B II 481; Volz a. a. O. 370; R. Eisler, ZNTW 24 (1925), 178. Diese Er=wartung ist Joh 6 31 vorausgesetzt. — Die Erwartung, daß Mose und Elia als „Vor=läufer" wiederkehren werden, ist nach Str.=B. I 756 erst spät (um 900?) bezeugt; wo die Wiederkehr des Mose erwartet wird, gilt er nicht als „Vorläufer" wie Elia.

[1] Das wird vielleicht durch 6 31 bestätigt; s. vor. Anm. — Schwerlich ist an Jeremia zu denken, s. Str.=B. I 730.

[2] Die Vorstellung ist in den Ps.=Clementinen und sonst in der Gnosis, aber auch Sap 7 27 f. bezeugt; vgl. Eucharisterion II 14—19; Br., Exkurs zu Joh 1 21; Wetter, Sohn Gottes 21 ff.; Hascher a. a. O. 195 f.; R. Eisler, Ἰησοῦς βασιλεύς II 1930, 356 f.

[3] Vgl. Bldsp. 134. — Ein Gewaltstreich ist es, wenn Goguel (J.-B. 78, 3) aus der Einsicht, daß der Messias und der „Prophet" Konkurrenzgestalten sind, V. 20 auf einen Red. zurückführt.

[4] Die Dreiheit beruht nicht auf einem System, in dem die drei Gestalten in einem bestimmten Verhältnis der Über= oder Unterordnung standen, sodaß, wenn Johannes nicht der Erste wäre, er dann doch der Zweite oder der Dritte sein könnte. In solchem Verhältnis lassen sich wohl der Messias und Elia (als sein Vorläufer) verstehen, nicht aber der „Prophet", der mit dem Messias konkurriert. Dann wird auch Elia (als Vorläufer Gottes) als Konkurrenzgestalt verstanden werden müssen. Die drei abgewiesenen Möglichkeiten geben also die Erwartung verschiedener messianischer Kreise wieder, und die Konstruktion des Gespräches ist deutlich.

[5] Daß mit der Verneinung, daß der Täufer der Elia sei, speziell „die ganze judaistische Gestalt der Zukunftshoffnung" abgewiesen sei (hirsch), ist nicht richtig. Zur Diskussion steht nicht die Vorstellung vom Heil, sondern die Frage, wer der Heilsbringer sei, Johannes oder Jesus.

[6] Der Redaktor hat durch die Einfügung von V. 22-23 die synopt. Charakteristik des Täufers nach Jes 40 3 eingebracht (s. S. 57 f.) und hat durch die Hinzufügung von V. 24 erreicht, daß neben den Priestern auch gleich die Pharisäer, die typischen Gegner, genannt werden. (Der Satz berichtet nicht von einer zweiten Gesandtschaft, sondern ist eine paren=thetische Anmerkung. Sie besagt nicht, daß die Abgesandten zu den Pharisäern gehörten, was freilich die Meinung späterer Abschreiber ist, die den Art. vor ἀπεστ. einfügen, sondern, daß die Boten, von denen soeben berichtet war, von den Pharis. entsandt waren, daß diese also hinter den Ἰουδ. von V. 19 stecken.) Die Brachylogie in V. 22 (ἵνα κτλ., scil.: „Sage es!", vgl. 9 36 und Bl.=D. § 483) ist nichts Ungewöhnliches; ebensowenig das ἀπό=κρισιν διδόναι (Br., Wörterb.), sodaß rabbin. Parall. (Schl.) nichts besagen. — Das Zitat in V. 23 wie bei den Synopt. nach LXX; doch unter Streichung des letzten Gliedes und Verwandlung des ἑτοιμάσατε in εὐθύνατε. — Ob der Red. über das Verhältnis der mit V. 23 gegebenen Antwort zu den Aussagen des Johannes in V. 20 f. reflektiert hat, ist nicht zu erkennen; jedenfalls ist das Verhältnis nicht deutlich; denn mit der Auf=fassung des Täufers als der φωνή von Jes 40 3 läßt sich seine Deutung als Elia ja sehr wohl vereinen, wie Mk und Mt zeigen. Da der Red. unter dem κύριος des Zitats doch wohl nicht Gott (Schl.), sondern Jesus verstanden hat (was dem Evglisten fremd ist, s. zu 41), so mag er das Zitat im Zshg so verstanden haben, daß es den Täufer eben als Zeugen charakterisiert.

jeder verſteht, daß dieſer Unbekannte der erwartete Heilbringer iſt[1]. Er iſt ſchon
da[2], ohne daß man ihn kennt. Mit dieſer erſten Ausſage, die auf ein meſſianiſches
Dogma anſpielt[3], iſt zugleich ein Motiv angeſchlagen, das das ganze Evg durch=
klingt: die „Juden" ſind blind; ſie fragen nach dem, der unter ihnen ſteht, ohne
ihn als den, nach dem ſie fragen, zu erkennen[4]. Freilich, ohne daß das Zeugnis
erklungen iſt, kann ihn noch keiner erkennen; aber dazu kam eben Johannes, für
ihn zu zeugen. Auch er erkannte ihn von ſich aus nicht[5]; aber mit ſeinem Auftrag
zu taufen empfing er zugleich die Möglichkeit, den Erwarteten zu erkennen und
ihn kund zu tun. Daß dies der Sinn ſeines Taufens iſt, ſagt V. 31[6]. V. 33 bringt
die Erläuterung: Gott, der ihn entſandt hatte[7], hatte ihm das Erkennungszeichen
angegeben[8]. Das Zeichen iſt eingetroffen (V. 34), und ſo hat Johannes ſein

---

[1] Das ἐγὼ βαπτίζω ἐν ὕδατι in V. 26 muß Zuſatz des Red. ſein. Denn 1. hat dieſe
Ausſage gar kein Verhältnis zu dem folgenden μέσος ὑμῶν κτλ.; dem „ich taufe . . ."
müßte doch ein „jener aber . . ." entſprechen (vgl. Mk 1 8 parr.), und mindeſtens wäre
ein μέν — δέ unentbehrlich, wie es der Evgliſt, wenngleich ſelten, ſo doch auch ſonſt ver=
wendet (10 41 16 9. 22 19 32 f. 20 3; wenigſtens ein μέν 7 12 11 8). Im Sinne des Red. hat
das ἐγὼ κτλ. ſeinen Gegenſatz in V. 27, der gleichfalls eingeſchoben iſt. 2. Das ἐν ὕδατι
iſt zweifellos in V. 31. 33 ſtörender Zuſatz. Der Red. erſtrebt Angleichung an die ſynopt.
Tradition.
[2] Das μέσος στήκει bedeutet natürlich nicht, daß Jeſus perſönlich anweſend iſt.
[3] Vgl. 7 27; Juſtin, Dial. 8 4: Χριστὸς δέ, εἰ καὶ γεγέννηται καὶ ἔστι που, ἄγνωστός
ἐστι καὶ οὐδὲ αὐτός πω ἑαυτὸν ἐπίσταται οὐδὲ ἔχει δύναμίν τινα, μέχρις ἂν ἐλθὼν
Ἠλίας χρίσῃ αὐτὸν καὶ φανερὸν πᾶσι ποιήσῃ, vgl. 49 1. Weiteres bei Schürer II 260;
Bousset, Rel. des Jdt.s 320; Volz, Eschatologie 208; Str.=B. IV 797 f. — Wahrſcheinlich
liegt darin die Judaiſierung des gnoſtiſchen Motivs von der Verborgenheit des Offen=
barers vor, vgl. ZNTW 24 (1925), 119—123; Schlier, Rel. Unterſ. 14 ff.; vgl. auch Juſtin,
Dial. 110, 1.
[4] Der Red. hat nach der ſynopt. Tradition V. 27 eingefügt; es iſt der einzige Fall
bei Joh, wo das Relat. durch ein Pronomen wiederaufgenommen wird (vergleichbar
höchſtens 13 26); vgl. Wellh. 135; anders Burney 84 f., dagegen Colwell 46—48. Da der
Satz aus der alten Tradition ſtammt, iſt das als Semitismus zu beurteilen, wenngleich
Ähnliches in der Koine vorkommt (Br. 3. St.; Bl.=D. § 297; Raderm. 217). Ebenſo der
ἵνα=Satz, der ſtatt des Inf. auf ἄξιος folgt (Bl.=D. § 379). — In der Form des Wortes
berührt ſich V. 27 teils mit Mt 3 11 (ὁ . . . ἐρχόμενος), teils mit Mk 1 7 bzw. Lk 3 16 (λῦσαι
τὸν ἱμάντα). Im Relat.=Satz ſtimmt V. 27 mit den drei Synopt. überein, nur daß er
ἄξιος ſtatt ἱκανός ſagt und ſtatt des Inf. einen ἵνα=Satz bringt. Da der Satz als Part.
coni. an den vorigen angeſchloſſen iſt, mußte das ἰσχυρότερος der Synopt. fortfallen.
[5] Ohne Zweifel entſpricht das ὃν ὑμεῖς οὐκ οἴδατε· κἀγὼ οὐκ ᾔδειν αὐτόν dem
Gegenſatz ὑμεῖς οὐκ οἴδατε· ἐγὼ οἶδα 7 28 f., vgl. 8 14. 55. Nur Jeſus hat ein urſprüng=
liches Wiſſen; der Täufer ein ſekundäres.
[6] V. 31 zeigt den Stil des Evgliſten 1. in dem οὐκ . . . ἀλλ' (vgl. zu 1 8 S. 29, 1),
2. in dem ellipt. ἀλλ' ἵνα (vgl. ebd.), 3. in dem erklärenden διὰ τοῦτο (vgl. 5 16. 18 6 65
7 22 8 47 9 23 10 17 12 18. 27. 39 13 11 15 19 19 11 I Joh 3 1 4 5 III Joh 10). — Das ἐν ὕδατι iſt
ſchlechter Zuſatz (ſ. S. 58); denn zur Frage ſteht, warum Johannes überhaupt tauft; der
Sinn ſeiner Taufe, nicht ihre Minderwertigkeit, muß erklärt werden. Ebenſo iſt das
ἐν ὕδατι in V. 33 ein ſchlechter Zuſatz, und damit muß auch das ὁ βαπτ. ἐν πν. ἁγ. V. 33
fallen. Das οὗτός ἐστιν genügt nicht nur als Antwort, ſondern iſt ohne den Zuſatz viel
nachdrücklicher; dieſer bringt ein fremdes Motiv hinein.
[7] Das ἦλθον V. 31 und das ὁ πέμψας με V. 33 entſprechen der Formulierung von 1 6 f.
[8] Bei welcher Gelegenheit oder in welcher Situation das geſchah, iſt gleichgültig;
zum Motiv des Zeichens vgl. Lk 1 18. 36 f. 2 12 uſw. (Geſch. der ſynopt. Trad. 321). Natür=
lich ſetzt V. 33 die Kenntnis der ſynopt. Taufgeſchichte voraus. Der Red. erläutert das
kurze ἐφ' ὃν κτλ. unnötig in V. 32 durch deutlichere Beſchreibung vom Kommen des
Geiſtes nach den Synopt. und entwertet durch das τεθέαμαι das ἑώρακα von V. 34;
natürlich durfte das Sehen erſt berichtet werden, nachdem das Erkennungszeichen (ἐφ'
ὃν ἂν ἴδῃς κτλ.) angegeben war. Bemerkenswert iſt in V. 33 das zu dem καταβαῖνον

Zeugnis abgelegt[1]. Gott hatte ihm gesagt: „Der ist es!" — natürlich der Heil=
bringer, der seit D.19 in Frage steht, und das heißt: Jesus ist in seiner Person all
das, was der Täufer von sich verneint: der Messias, der Elias, der Prophet; und
Johannes bezeugt das, indem er alle D.20f. genannten Titel überbietet: „Dieser
ist der Sohn Gottes!"[2] In dieser Formulierung ist angedeutet, daß die μαρτυρία
des Täufers, auch wenn sie zunächst speziell an die „Juden" adressiert war, sich doch
darüber hinaus an die ganze Welt richtet; denn die ganze Welt kennt die Er=
wartung und die Verherrlichung von Gottessöhnen[3].

D.28[4] ist der ursprüngliche Abschluß der Szene[5]. Er hat außer diesem for=
malen Sinn offenbar die Bedeutung, die Wichtigkeit des Berichteten zu betonen

---

gefügte καὶ μένον ἐπ' αὐτόν (zu ἐπί c. acc. auf die Frage wo? s. Bl.=D. § 233, 1), das
wohl einer traditionellen Formulierung entstammt (vgl. Hebr=Evg bei Hier. in Jes. 11₂;
Mand. Lit. 208. 247; Ginza 7, 5; 487, 25). — Über das Verhältnis des Geistes, den
Jesus in der Taufe empfängt, zu seinem Logoscharakter hat der Evglist offenbar nicht
reflektiert; Jesus erscheint im Evg sonst nicht als der Träger, sondern als der Spender
des Geistes. Die Verleihung des Geistes an Jesus ist der Tradition entnommen und
hat in der Interpretation des Evglisten ihre Bedeutung nicht mehr für Jesus, sondern
für den Täufer als Erkennungszeichen; s. u. S. 65, 3.

    [1] D.33f. zeigen den Stil des Evglisten 1. in dem ἐκεῖνος (vgl. zu 1₁₈ S. 53, 5),
2. in dem durch καί (= und so) eingeführten und durch καί (= und) verbundenen Verben=
paar (vgl. 6₆₉ 8₅₆ 15₂₄). — Das μεμαρτύρηκα zeigt, daß Johannes nicht in dieser Szene
zum erstenmal sein Zeugnis ablegt.

    [2] Neben ὁ υἱὸς τ. θ. ist ὁ ἐκλεκτός τ. θ. gut bezeugt (ℵ syr^sc und bei Latt.).
Schwerlich wird man beide Teile als Ergänzung eines ursprünglichen bloßen οὗτός
ἐστιν verstehen dürfen, das zwar D.33 gut am Platze ist, nicht aber in dem Satz, der ab=
schließend die μαρτυρία des Täufers formuliert. Hier ist vielmehr der Titel zu erwarten,
der durchgehends bei Joh der Titel des fleischgewordenen Logos ist, also ὁ υἱὸς τ. θ.
(Bousset, Kyrios² 156), während das bei Joh sonst nie begegnende ὁ ἐκλεκτός eine
Korrektur (schon des Red.?) sein dürfte auf Grund einer Taufgeschichte synoptischen
Charakters (das ἀγαπητός Mk 1₁₁ ist einem ἐκλεκτός äquivalent; vgl. Lk 9₃₅ parr.;
Bousset, Kyrios² 57, 2); jedenfalls ist es ein traditionelles Prädikat (Lk 23₃₅), das freilich
bald ungebräuchlich wurde. Vgl. A. v. Harnack, SABerlin 1915, 552—556 bzw. Studien
zur Gesch. des NTs und der alten Kirche 1931, 127—132, der für ἐκλ. eintritt.

    [3] Der Titel „Sohn Gottes" war dem Evglisten durch die christl. Tradition gegeben.
Er hat seine Vorgeschichte im AT und Judentum als Titel des (messianischen) Königs
(H. Greßmann, Der Messias 1929, 9f. und passim; G. Dalman, Worte Jesu I 219ff.;
Str.=B. III 15f. 17ff.; Bousset, Rel. d. Jdt.s 227f.; Dolz, Eschatologie 174; Bousset,
Kyrios 52ff.; Jesus der Herr 4f.), aber auch im Hellenismus als Bezeichnung des θεῖος
ἄνθρωπος, des Offenbarers (G. P. Wetter, Der Sohn Gottes 1916; L. Bieler, Θεῖος
'Ανήρ 1935, 134ff.; Br., Exk. zu Joh 1₃₄) wie des Kaisers (Deißmann, L. v. O. 294f.). Der
gemeinsame Sinn ist der, daß der Titel den Heilbringer bezeichnet, wobei die Vorstellungen
im einzelnen variieren, je nach den weltanschaulichen Voraussetzungen und nach dem
Verständnis von „Heil". Daß für den Evglisten der Titel die D.20f. genannten messianischen
Titel überbieten soll, ist deutlich. Charakteristisch für ihn ist es, daß er in der Bezeichnung
„Sohn Gottes" das darin ausgesagte Verhältnis zum Vater betont (vgl. schon 1₁₄. ₁₈);
für ihn liegt deshalb in dem Titel vor allem der Gedanke, daß Jesus der Offenbarer ist,
in dem Gott den Menschen begegnet. Vgl. E. Gangler 46ff.

    [4] Das ἦν gehört mit βαπτίζων zusammen. Εἶναι mit part. praes. (umschreibende
Konjugation) bei Joh häufig, doch so, daß das ἦν oft eine gew. Selbständigkeit zeigt (2₆?
11₁ 13₂₃, s. Bl.=D. § 353, 1). So hier: „wo Johannes sich taufend aufhielt", vgl. 3₂₃ 10₄₀.

    [5] Für die Erklärung des Textes ist sowohl die Frage der Lesarten gleichgültig wie
die Feststellung, wo der vom Evglisten gemeinte Ort zu suchen ist. Was die Lesarten
betrifft, die Torrey (343) auf einen Schreibfehler zurückführen will, so fand schon Orig.
(VI 40, 204 ff.) beides vor: Βηθανίᾳ (ℵ*B lat al) und Βηθαβαρᾷ (syr^sc al). Daß er sich für
Βηθαβ. entschied, weil er östlich vom unteren Jordan kein Bethanien kannte, bedeutet
schon deshalb nichts, weil die Voraussetzung unsicher ist, daß Johannes am unteren
Jordan getauft haben müsse. Da D.28 nicht der Jordan, sondern nur das Ostjordanland

(wie 6 59 8 20 12 36): Das Zeugnis des Täufers ist ein feststehendes Faktum; kein „Jude" kann den Täufer gegen Jesus ausspielen (vgl. 3 22-30 5 33-35), und so wird seine μαρτυρία zur Anklage[1]. Der Evglist hat in seiner Komposition 1 19-34 frei mit der Tradition geschaltet. Hatten die Synoptiker die Gestalt des Täufers als die des Vorläufers und Wegbereiters in das „Evangelium" aufgenommen[2], hatten sie damit auch seine eschatologische Predigt aufgenommen und sie als Weissagung auf Jesus gedeutet, so ist bei Joh nicht mehr vom Vorläufer und Wegbereiter die Rede, sondern der Täufer ist nur noch Zeuge für Jesus. Von seiner Predigt wird deshalb nichts mitgeteilt und von seiner Tauftätigkeit ist nur in Andeutungen die Rede. Auch die Taufe Jesu selbst durch Johannes wird nicht erzählt, sondern es wird auf sie nur Bezug genommen als auf das Ereignis, das für den Täufer das Erkennungszeichen war; sie ist dem Thema der μαρτυρία untergeordnet, wie denn die Täuferjünger 3 26 zu ihrem Meister nicht etwa sagen: ὃν σὺ ἐβάπτισας, sondern: ᾧ σὺ μεμαρτύρηκας. Man darf das freilich nicht so deuten, als sei die Tatsache der Taufe Jesu für den Evglisten eine Verlegenheit gewesen, sodaß er sie möglichst verschweigt[3]. Vielmehr nimmt er auf sie sichtlich unbefangen Bezug; aber er erzählt sie nicht, weil er sie als bekannt voraussetzen kann, und weil ihm das bloße historische Faktum unwesentlich ist gegenüber dem in ihm begründeten Täuferzeugnis. Dies Zeugnis hat seinen Sinn nicht nur darin, daß es glaubenfordernder Hinweis auf Jesus als den Offenbarer ist, sondern damit zugleich auch darin, daß es die Gestalt des Täufers selbst richtig verstehen lehrt: οὐκ ἦν ἐκεῖνος τὸ φῶς, ἀλλ' ἵνα μαρτυρήσῃ περὶ τοῦ φωτός.

Es folgt eine zweite kürzere Szene V. 29—30, die gänzlich den Boden chronistisch-historischer Anschaulichkeit verläßt und — stilisiert wie ein altes Bild, das alles Überflüssige fortläßt — dem Leser den zeigt, dem die μαρτυρία gilt. Die Gesandten aus Jerusalem sind verschwunden; ein Publikum wird nicht genannt; nur Johannes steht da, auf Jesus weisend; und Jesus schreitet zu ihm, ohne daß

---

genannt ist, so kann die Taufstätte auch an irgendeinem in den Jordan fließenden Bach gedacht sein. Die Versuche, ein Bethanien oder Bethabara östlich vom Jordan zu identifizieren, haben nicht zu einem sicheren Ergebnis geführt; vgl. Dalman, Orte und Wege Jesu[3] 1924, 95—102; D. Buzy, Rech. de Science rel. 21 (1931), 444—462; M. Goguel, Jean-Baptiste 82—85. — Hirsch (II 4) schließt aus Joh 10 40, daß 1 28 eine genaue Ortsangabe fehlte; es habe etwa dagestanden τῇ Ἀραβίᾳ, was ein Abschreiber in Βηθαραβᾷ (א[2] syr[lmg]) verwandelt habe. Die beiden anderen Lesarten wären dann Versuche, daraus einen möglichen Ortsnamen herzustellen. — Der Evglist hat, wie auch 10 40-42 zeigt, Interesse an der Lokalität. Vielleicht meint er, daß Jesus sich hier hat taufen lassen (3 22); „denn die Erwähnung, daß Johannes damals anderwärts taufte (3 23), dürfte voraussetzen, daß Jesus seinen Platz einnahm" (Dalman 96). Dann dürfte K. Kundsins Vermutung (Topolog. Überlieferungsstoffe im Joh=Evg 1925, 20f.), daß der Ort deshalb genannt ist, weil er zur Zeit des Evglisten der Wohnort einer Christengemeinde war, die vom Täufer zu Jesus übergegangen war, einleuchten.

[1] S. S. 30, 5.

[2] Vgl. die kerygmatischen Formulierungen Act 10 37f. 13 23-25.

[3] Eine Schwierigkeit hätte sie für den Evglisten nur bedeutet, wenn er sich die Logosqualität Jesu wie das πνεῦμα in der Kategorie des griechischen φύσις=Begriffs vorgestellt hätte. Da er aber in der Kategorie der Offenbarung denkt, konnte er ohne Reflexion die Tradition vom Kommen des Geistes auf Jesus bei der Taufe übernehmen, wenngleich die Geisterfülltheit Jesu nicht der adäquate Begriff ist für seine Auffassung vom Offenbarer; s. o. S. 63, 8. — Viel zu konstruierend H. Windisch, Amicitiae Corolla (Festschr. für Rendel Harris) 1933, 303—318. Daß im syrisch-gnostischen Christentum der Taufe Jesu keine Bedeutung für ihn selbst zugeschrieben werden konnte, s. Schlier, Relg. Unters. 43ff.

man hört, woher und wozu, also auch ohne daß man danach fragen darf[1]. Jesus
erscheint nur, damit Johannes auf ihn hinweisen kann; das hinweisende Wort aber
hat — wenigstens wenn der Text vollständig erhalten ist — keine Konsequenzen.
An sich wäre es ja für den Evglisten möglich gewesen, gleich die beiden Jünger
von V. 35 zu Zeugen zu machen und mit V. 37 ff. fortzufahren. Aber der Evglist
will nichts als dieses eine Bild zeigen und so zugleich das schon in der Anmerkung
V. 15 zitierte Täuferwort im Rahmen eines Berichtes bringen.

Der Hinweis geschieht durch das orakelhafte Wort: „Siehe da, das Lamm
Gottes, das die Sünde der Welt hinwegnimmt[2]!" Die Determination ὁ ἀμνὸς
τ. ϑ. zeigt, daß der Ausdruck eine bestimmte, als bekannt vorausgesetzte Größe meint.
Der allgemeine Sinn ist insofern von vornherein deutlich, als der Titel, der nur hier (V. 29
und 36) im NT begegnet[3], die entscheidende eschatologische Bedeutung seines Trägers
behauptet als dessen, der das Heil bringt. Auf diesen Titel hin folgen ihm ja nachher
die beiden Täuferjünger (V. 37) und erkennen in ihm den Messias (V. 41). Der Evglist
dürfte den Titel aus dem Täuferwort V. 36, das ihm die in V. 35-50 benutzte Quelle bot,
entnommen haben. Er hat den Sinn des Titels[4] durch das Attribut ὁ αἴρων τὴν ἁμαρτίαν
τοῦ κόσμου deutlich gemacht: Jesus ist der Heilbringer, weil er der ist, der die Sünde
der Welt hinwegnimmt[5]. Wie sonst in der urchristlichen Tradition ist dabei zweifellos
an die sündentilgende Kraft des Todes Jesu gedacht, das Lamm also als Opferlamm
verstanden[6]. Dabei ist es nicht von erheblicher Bedeutung, ob der Titel im Blick
auf Jes 53 7 gewählt ist[7] oder — wahrscheinlicher — im Blick auf das Paschah=

---

[1] Natürlich kommt Jesus nicht, um sich taufen zu lassen (Orig.); ebensowenig ist
Anlaß, zu sagen, daß er nach der Versuchung aus der Wüste kommt (Chrys., der das τῇ
ἐπαύριον als den Tag nach den 40 Wüstentagen verstehen will). Andere Vermutungen,
wie daß sich Jesus vom Täufer verabschiedet, oder daß er Jünger werben will, sind
Zeitverschwendung (Loisy).

[2] Zu dem für die semit. Redeweise typischen ἰδέ s. Schl., Spr. und H. 28.

[3] In dem Zitat aus Jes 53 7 in Act 8 32 liegt nur ein Vergleich vor; ebenso I Pt 1 19.
Mit dem ἀρνίον der Apk (übrigens nie ἀρνίον τοῦ ϑεοῦ!) darf man den ἀμνός τ. ϑ.
schwerlich gleichsetzen. Übrigens ist jenes ἀρνίον keine einheitliche Gestalt; es ist einer=
seits das „geschlachtete" Lamm, das durch sein Blut die Erlösten erkauft hat, andrerseits
der messianische Herrscher; und dazu werden messianische Funktionen wahllos auf es
übertragen. Der ursprüngliche Sinn ist nicht sichtbar. Vgl. Lohmeyer (Hdb. zum NT)
und Hadorn (Theol. Handkomm. zum NT) zu Apk 5 6. Bousset (Meyers Komm. zu
Apk, S. 259) vermutet hinter dem ἀρνίον einen heidnischen Mythos. — Fr. Spitta
(Streitfragen zur Geschichte Jesu 1907, 172—224) will nachweisen, daß die jüd. Apo=
kalyptik das Bild des Messias als eines gehörnten ἀρνίον bzw. ἀμνός kannte. Dagegen
K. F. Feigel, Der Einfluß der Weissagungsbeweises usw. 1910, 30—32.

[4] Die Vermutung Spittas und Lohmeyers (s. vor. Anm.), daß „Lamm" schon im
Judentum messianische Bezeichnung war, läßt sich schwerlich durch äth. Hen. 89 stützen,
wo zwar das Volk Israel unter dem Bilde einer Lämmerherde dargestellt wird, „Lamm"
aber nicht speziell den messianischen Herrscher bezeichnet. In der Vision Test. Jos. 19
bedeutet freilich das von der Jungfrau geborene Lamm (ἀμνός), das die wilden Tiere
besiegt, den Messias; aber die Stelle ist nicht gegen den Verdacht christlicher Interpolation
gesichert.

[5] Das αἴρων ist zeitloses charakterisierendes Präs. Αἴρειν heißt „aufheben (um
fortzuschaffen)" oder „fortschaffen", „wegtragen". Gelegentlich findet Angleichung an
φέρειν = „tragen", „auf sich nehmen" statt (s. ThWB I 184 f.), aber bei Joh wird αἴρειν
sonst immer im Sinne von „fortschaffen", „wegtragen" (2 16 5 8 ff. 10 18 usw.) gebraucht.
So auch hier; wie denn das ἵνα τὰς ἁμαρτίας ἄρῃ I Joh 3 5 durch 1 7. 9 deutlich in diesem
Sinne bestimmt wird.

[6] Vgl. I Joh 1 7. 9 2 2 3 5 4 10, deren Sinn durch die Termini καθαρίζειν. αἷμα,
ἱλασμός deutlich bestimmt ist.

[7] Daß der Evglist an Jes 53 7 denkt, ist unwahrscheinlich. Hier wird der „Gottes=
knecht", der stellvertretend die Sünden, d. h. aber die Sündenstrafen, der Anderen

lamm[1], oder auf die in Israel überhaupt, speziell die beiden täglich im Tempel geopferten Lämmer[2]. Der Evglist wird den Titel als spezifisch at.lich=jüdisch empfunden haben; denn er verwendet ihn weiterhin nicht; auch tritt der Tod Jesu bei ihm nur selten unter den Gesichtspunkt des Opfers, und jedenfalls knüpft er die Gabe der Sündenvergebung sonst nicht speziell an Jesu Tod, sondern versteht sie als die Wirkung seines Wortes (8 31 f.). Der Titel wird aus der judenchristlichen Tradition, vielleicht aus dem liturgischen Sprach= schatz[3] stammen, in dem er als Messiastitel ohne Reflexion auf seine ursprüngliche Be= deutung, jedoch für viele Assoziationen Raum gebend, gebraucht wurde.

Dem Hinweis folgt jenes V. 15 zitierte Wort[4], und zwar so, daß der Täufer feststellt: Jesus sei es, für den sein früher gesprochenes Wort gelte. Natürlich ist damit nicht auf das situationslose Wort V. 15 verwiesen, vielmehr, wie auch in V. 15, auf eine Szene, die der Evglist nicht berichtet hat, aber als bekannt voraus= setzt. Gemeint ist natürlich das parallele Wort der synoptischen Tradition, das der Redaktor V. 27 eingefügt hat. Was die synoptische Tradition naiv tut, wenn sie die Prophetie des Täufers auf Jesus bezieht, vas tut also der vierte Evglist be=

---

trägt, mit dem geduldigen Lamm verglichen. Sieht man darüber hinweg, daß das Lamm gar nicht als Bild für das Tragen, sondern für das Verstummen dient, so bleibt doch, daß es sich Jes 53 7 um die Aufsichnehmen der Strafe. nicht um die Beseitigung der Sündenschuld handelt. So ist denn in LXX auch das נָשָׂא und סָבַל des hebr. Textes

durch φέρειν (und ἀναφέρειν) = „auf sich nehmen" übersetzt. Da aber das αἴρων κτλ. Joh 1 29 vielleicht Interpretament des Evglisten ist, wäre es immerhin möglich, daß der Titel „Lamm Gottes" aus Jes 53 7 stammt, ebenso wie der λέων ὁ ἐκ τῆς φυλῆς Ἰουδᾶ und die ῥίζα Δαυίδ Apk 5 5 aus Gen 49 9 und Jes 11 10. — Daß der ἀμνός Übersetzung des aram. טַלְיָא (= Knabe, Knecht, und = Lamm) sei, wie nach Ball und Burney Loh= meyer (zu Apk 5 6) und Joach. Jeremias (ThWB I 343 und ZNTW 34 [1935], 117 bis 123) meinen, und daß der Titel ursprünglich den Gottesknecht des Dt=Jes meinte, leuchtet nicht ein. Denn טַלְיָא bedeutet doch zunächst und meist „Knabe", und für den

עֶבֶד יהוה stand doch das aram. עַבְדָּא, das auch der Prophetentargum wählt, als näher= liegend zur Verfügung (vgl. C. H. Dodd, Journ. of Theol. Stud. 34 [1933], 285). Zu= dem liegt kein Grund vor, für Joh 1 29. 36 einen aram. Urtext anzunehmen. — Der Gen. τοῦ θεοῦ nötigt jedenfalls nicht zum Rückgriff auf den עֶבֶד יהוה; der Gen. bezeichnet das Opferlamm als von Gott selbst gestiftetes. Im Sinne des Evglisten hat das τοῦ θεοῦ die gleiche Bedeutung wie sonst das ἀληθινός 1 9 6 32 15 1.

[1] Daß Christus früh als Paschahlamm gedeutet wurde, zeigt I Kor 5 7, und 19 36 ist darauf offenbar Bezug genommen. Galt auch das Paschah der späteren Zeit nicht als Sühnopfer (Dalman, Jesus=Jeschua 114 f. 152 f.), so doch das Blut der beim Auszug aus Ägypten geschlachteten Lämmer (Joach. Jeremias, Die Abendmahlsworte Jesu 1935, 81).

[2] So Schl. z. St.; vgl. zum Tamidopfer: Schürer II 345 ff.; Str.=B. III 696 ff. und passim. — Ganz allgemein will O. Schmitz, Die Opferanschauungen des späteren Juden= tums 1910, 237—240 das „Lamm Gottes" den in Israel geopferten Lämmern gegen= überstellen. — Jedenfalls ist der positive Sinn, daß dieses Opfer wirklich die Sünde der Welt beseitigt, das Wesentliche. Daß das Wort eine spezielle Polemik gegen den Opfer= kult enthalte (Hirsch), ist durch nichts nahegelegt, wie denn auch sonst solche Polemik bei Joh fehlt, da sie für den Evglisten nicht mehr aktuell ist. Richtig aber ist, daß die Vor= stellung von der objektiven Sühnung bei Joh nicht zufällig zurücktritt, „da sie zu dem dialektischen Charakter der Heilsbegegnung mit dem 'Wort' . . . in einer gewissen Span= nung steht" (H. v. Campenhausen, Die Idee des Martyriums 1936, 67).

[3] So Br.

[4] Statt des ἦν von V. 15 muß es jetzt ἐστίν heißen; im übrigen variiert die Form dadurch, daß aus dem ὁ . . . ἐρχόμενος (unter dem Einfluß von Mk 1 7 Lk 3 16?) ein Hauptsatz gemacht ist, sodaß ein ἀνήρ eingefügt werden mußte und der Hauptsatz von V. 15 zum Nebensatz wurde.

wußt: in Jeſus hat die Verkündigung des Täufers ihre Erfüllung gefunden (vgl. 10₄₁); der Täufer iſt der μάρτυς.

b) 1₃₅-₅₁: Die Berufung der erſten Jünger.

Der Bericht iſt weſentlich einheitlich; nur kleine Zuſätze unterbrechen den Gang der Erzählung; ſie gehen aber nicht auf die Redaktion, ſondern auf den Evgliſten zurück der hier alſo eine ſchriftliche Quelle verwertet. Von ihm ſtammt gewiß der Anſchluß an das Vorhergehende in D.₃₅: τῇ ἐπαύριον πάλιν[1], jedenfalls aber die zeitliche Gliederung in D.₄₃, denn dieſe macht den Bericht unklar[2]. Zunächſt fällt auf, daß am Schluß von D.₄₃ ὁ Ἰησοῦς als Subj. ausdrücklich genannt iſt, obwohl Jeſus im vorhergehenden Satze Subj. war[3] Ferner iſt merkwürdig, daß Jeſus den Philippus findet, was 1. den im übrigen offenbar bewußt durchgeführten Gedanken ſtört, daß ein Jünger den anderen zu Jeſus führt, und wozu 2. das εὑρήκαμεν im Munde des Phil. (D.₄₅) ſchlecht paßt. Dazu kommt, daß das D.₄₁ von Andreas ausgeſagte πρῶτον oder πρῶτος unbegründet wäre[4]. Und wie wäre die Situation zu denken? Jeſus begibt ſich D.₄₃ auf die Wanderung; das εὑρίσκει müßte alſo bedeuten: er trifft ihn unterwegs. Wo bleibt dann Gelegenheit, daß Phil. den Nath. findet, mit ihm ſpricht und ihn zu Jeſus bringt (D.₄₅f.)? Alles aber iſt klar, wenn das Subj. von εὑρίσκει D.₄₃ urſprünglich einer der vorher berufenen Jünger war, entweder Andreas, der zuerſt den Simon, dann den Phil. findet, oder der mit Andreas zuſammen Berufene, der als zweiter den Phil. findet. D.₄₃ iſt alſo vom Evgliſten geändert worden, — vielleicht nur, um durch das ἠθέλησεν ἐξελθεῖν εἰς τ. Γαλ. den Übergang zum folgenden Abſchnitt vorzubereiten, vielleicht aber doch, um den Namen des mit Andreas Berufenen — wenn dieſer urſprünglich das Subj. des εὑρίσκει D.₄₃ war — zu unterdrücken[5]. — Vom Evgliſten ſtammt endlich D.₅₁, der ſich durch den neuen Anſatz vom Vorhergehenden abhebt und der Verheißung von D.₅₀ einen weiteren Sinn gibt (ſ. u. [6]).

Der Bericht iſt deutlich gegliedert: 1. D.₃₅-₃₇: der Hinweis des Täufers, 2. D.₃₈-₃₉: das Zuſammentreffen der beiden erſten Jünger mit Jeſus, 3. D.₄₀-₄₂: die Berufung des Simon, 4. D.₄₃-₄₄: die Berufung des Philippus, 5. D.₄₅-₅₁: die Berufung des Nathanael. Der Erzählungsſtil zeigt durchweg ſemitiſche Farbe[7].

---

[1] Es iſt kein Grund anzunehmen, daß das Wort des Täufers D.₃₆ auf die Redaktion des Evgliſten zurückgeht; im Gegenteil wird es ihm Anlaß für das von ihm D.₂₉ gebildete Täuferwort geweſen ſein, ſ. S. 66.

[2] Wie Wellh., Schw. und Spitta richtig geſehen haben.

[3] Peſch. ſetzt deshalb das ὁ Ἰησ. an den Anfang vor ἠθέλησεν.

[4] Über die Variante ſ. zu D.₄₁.

[5] Wie weit der Eingriff des Evgliſten in D.₄₃ geht, läßt ſich nicht ſicher ſagen. So wenig zu entſcheiden iſt, ob Subj. des εὑρίσκει urſprünglich Andreas oder (mir wahrſcheinlicher) ſein Genoſſe war, ſo wenig, ob das τῇ ἐπαύριον ſchon in der Quelle ſtand oder vom Evgliſten im Intereſſe ſeiner Tagezählung (ſ. zu 2₁) hinzugefügt iſt. Natürlich muß D.₄₃ an einem auf D.₃₅-₃₉ folgenden Tage ſpielen wegen des παρ᾽ αὐτῷ ἔμ. τ. ἡμ. ἐκ. D.₃₉. Aber aus dieſem Grunde muß ſich auch ſchon das D.₄₀-₄₂ Erzählte an einem auf D.₃₉ folgenden Tage ereignet haben. Da nun D.₄₁ ohne Zeitangabe beginnt (wenn nicht ſtatt πρῶτον zu leſen iſt πρωΐ, ſ. zu D.₄₁), wird eine ſolche wohl auch D.₄₃ urſprünglich gefehlt haben (syrˢ datiert D.₄₁f. ausdrücklich auf den gleichen Tag wie D.₃₅-₃₉). Dürfte man in D.₃₉b einen Zuſatz des Evgliſten ſehen, ſo würde alles D.₃₅-₅₀ Erzählte an e i n e m Tage ſpielen; doch liegt zu dieſer Annahme kein Anlaß vor; nur die Angabe der 10. Stunde dürfte vom Evgliſten hinzugefügt ſein.

[6] Vgl. den Zuſatz des Evgliſten in 5₂₀b. — Ob die Überſetzungen der aram. Wörter D.₃₈. ₄₁. ₄₂ vom Evgliſten oder vom Red. ſtammen, läßt ſich nicht ſagen.

[7] Faſt durchweg ſteht das Verb. am Anfang des Satzes und herrſcht das Aſyndeton (auch D.₃₇ iſt das καί, D.₃₈ das δέ vermutlich mit א* al zu ſtreichen); für Einzelnes ſ. Schl. — Aber Überſetzung aus einem aram. Original liegt offenbar nicht vor; denn ein griech. Überſetzer hätte wohl gerade die Satzverbindungen hergeſtellt; auch fehlen Überſetzungsfehler. Alſo iſt die Quelle wohl von einem griech. redenden Semiten griech. verfaßt. Über dieſe Quelle Weiteres zu 2₁-₁₂.

1. **D. 35f.** zeigt den Täufer mit zweien seiner Jünger[1]; er sieht Jesus des Weges gehen[2] und weist die Jünger auf ihn hin. Wieder ist ohne chronistisches Interesse erzählt. Ein Ort wird so wenig angegeben[3] wie eine Situation. Daß der Täufer Jünger hatte, wird nicht berichtet, sondern vorausgesetzt; ob die beiden anwesenden Jünger am Tage vorher die μαρτυρία des Täufers gehört haben, darüber wird nicht reflektiert. Endlich wird nicht begründet, woher und wozu Jesus kommt[4].

Der Hinweis des Täufers besteht in jenem orakelhaften Wort: ἴδε ὁ ἀμνὸς τοῦ θεοῦ. Den Jüngern genügt der Hinweis; sie verstehen, daß sie ihren Meister verlassen müssen (**D. 37**), und folgen Jesus nach[5]. Wieso sie verstehen können, und warum sie sofort überzeugt sind, wird nicht motiviert. Nicht chronistisches und psychologisches Interesse leitet die Erzählung; vielmehr soll in symbolhaftem Bilde deutlich werden, was 3 30 als Gesetz des geschichtlichen Vorgangs formuliert: der Täufer muß seine Jünger an Jesus abtreten.

2. Auch **D. 38f.** ist nicht nach psychologischer Motivierung zu fragen. Jesus wendet sich um[6], sieht die beiden ihm nachfolgen und fragt, was sie wollen. Nicht als wüßte er, der alle durchschaut (D. 42. 47), nicht, was sie treibt. Aber seine Frage gibt ihnen den Anlaß zu ihrer Äußerung: sie wollen wissen, wo er wohnt[7]. Sie werden eingeladen: „Kommt, und ihr werdet es sehen[8]." Sie folgen der Einladung, sehen, wo er herbergt, und bleiben jenen Tag bei ihm. — Scheinbar Gleichgültiges wird erzählt; das Wesentliche verbirgt sich dahinter[9]. Wozu wollen sie wissen, wo er wohnt[10]? Was sie eigentlich wollen, sagen sie nicht. Sie reden ihn

---

[1] Wenn sich in der Geschichte alte Tradition vom Übergang der beiden ersten Täuferjünger erhalten haben sollte, so wäre zu erwarten, daß die Namen der beiden genannt werden. Das war in der Tat vielleicht in der Quelle der Fall (s. S. 68, 5), und ich halte diese Annahme für wahrscheinlicher, als daß in D. 35 f. ein konstruiertes Gegenbild zu den beiden nach Lk 7 19 vom Täufer zu Jesus gesandten Jüngern vorliege (Windisch, Jesus und die Synopt. 112 f.; Hirsch).

[2] Das ἐμβλέπειν bezeichnet D. 35 einfach die Wahrnehmung, die der Anlaß für das Wort ist, während es D. 42 bedeutet „fest ins Auge fassen".

[3] Im Zshg war das nach D. 28 nicht erforderlich; für die Quelle aber gilt die Angabe von D. 28 nicht.

[4] So wenig der Evglist die Taufe Jesu erzählt hat, so wenig die Versuchung. Aber sowenig man sagen kann, daß er die Taufgeschichte unterdrücken wollte (s. S. 65, 3), so wenig, daß er die Versuchung verschwieg, weil sie ihm anstößig war. Daß den Gottessohn niemand der Sünde zeihen kann (8 46), bedeutet nicht, daß ihm der Satan nicht als Versucher begegnen sein könnte. Aber der Evglist interessiert sich für die Versuchungsgeschichte so wenig wie für die Taufgeschichte. Für ihn ist das ganze Wirken Jesu ein Kampf gegen den Satan; vgl. 12 31.

[5] Das ἠκολ. bedeutet zunächst nur „sie gingen hinter ihm drein". Aber schon die Wiederholung des Wortes (D. 38. 40. 43) zeigt, daß dadurch die „Nachfolge" abgebildet werden soll; vgl. 8 12 10 4 f. 27 12 26 13 36 f. 21 19 f. 22. In der Bezeichnung der Jüngerschaft als „Nachfolge" ist die rabbin. Terminologie aufgenommen (Str.=B. I 187 f. 528 f.; G. Kittel, ThWB I 213 f.).

[6] στραφείς formelhaft, oft bei Lk. Das δέ ist nach אᶜpc zu streichen. Asyndeta sind für den Stil der Erzählung charakteristisch.

[7] μένειν = herbergen wie Mk 6 10 Lk 19 5 und oft; auch in Pap. (Preisigke, Wörterbuch); ebenso das aram. שרא, Schl. z. St.

[8] Im Semit. verbreitete Formel (Schl. z. St.). Trotz Str.=B. ist das καί konsek. zu verstehen (Bl.=D. § 442, 2; Burney 95 f.).   [9] Vgl. Omodeo, Mistica 70.

[10] Loisy meint, daß die Frage nach der Wohnung durch die rabbin. Sitte motiviert sei, wonach der Rabbi nicht im Gehen, sondern im Sitzen lehrt. Das könnte als äußerliche Motivierung gelten. Aber warum wird dann nur berichtet, daß sie sahen, wo er wohnte, und nichts von Befragung und Belehrung in der Wohnung?

auch nur „Rabbi" an, sodaß der Vorgang äußerlich nur so aussieht, wie wenn
wißbegierige Schüler einem Lehrer folgen[1]. Was sie bei ihm finden, wird nicht
erzählt. Natürlich finden sie den Hinweis des Täufers bestätigt und erkennen in
ihm den Messias (V.41). Aber das alles ist wie bisher hinter einem Schleier ver=
borgen, und es wäre ein grobes Mißverständnis, zu meinen, daß am Äußerlichen
wirkliches Interesse hafte[2]. Wollte schon der alte Bericht mehr sagen, als er aus=
spricht, so will das erst recht der Evglist: τί ζητεῖτε; ist das erste Wort, das Jesus
im Evg spricht[3]; es ist offenbar die erste Frage, die an den gerichtet werden muß,
der zu Jesus kommt, über die er sich klar werden muß. Und zu wissen gilt es,
wo Jesus „wohnt"; denn wo er zu Hause ist, soll ja auch der Jünger Wohnung
erhalten (142). So wird auch die — vom Evglisten vielleicht erst hinzugefügte —
Stundenangabe[4] besondere Bedeutung haben: die zehnte Stunde ist die Stunde
der Erfüllung[5].

3. V.40 — 42 berichten von einem der beiden Jünger, von Andreas[6], der
als Bruder des als bekannt vorausgesetzten Simon Petrus identifiziert wird. Er
findet — wo und wie ist wiederum nicht zu fragen, jedenfalls an einem fol=
genden Tag[7] seinen Bruder Simon[8], erzählt ihm: „Wir haben den Messias ge=

---

[1] Die Anrede soll keinesfalls respektlos sein und damit ein noch unvollkommenes
Verständnis dokumentieren; denn sie ist formelhaft, sodaß auch Nathanael, indem er
Jesus als den Sohn Gottes erkennt, ihn doch als „Rabbi" anredet (V.49). Ebenso als
Anrede der Jünger 431 92 118. Die Paradoxie, daß der Gottessohn als jüdischer Rabbi
auftritt, kommt in der Anrede zur Erscheinung.

[2] Warum wäre dann der Ort der Herberge, um die es sich dreht, nicht genannt?
Ebenso bleibt außer acht, wohin die beiden am Abend gingen. Daß sie nunmehr aus
Täuferjüngern zu Jesus=Jüngern geworden sind, wird nur indirekt gesagt — und das
ist doch die Hauptsache!

[3] Mit Recht betont von Cl. R. Bowen, JBL 49 (1930), 300.

[4] Dem semitischen Charakter des Berichts zufolge wird man (wie 46) nach babylon.=
jüd. Zählung rechnen müssen, sodaß die 10. Stunde = 4 Uhr nachmittags ist.

[5] Die Zehnzahl, die im AT und Judentum, bei den Pythagoreern wie in der Gnosis
bes. Bedeutung hat, ist auch nach Philo der τέλειος ἀριθμός, vit. Mos. I 96 usw., s. Hauck,
ThWB II 35f.; Carpenter 238f.; Er. Frank, Plato und die sog. Pythagoreer 1923, 251f.
309ff. — Häufig erklärt man unter Hinweis auf 119 I Joh 28 so, daß der Zwölfstundentag
die Weltzeit bedeute, die 10. Stunde also den Beginn des Wirkens Jesu bzw. der „christ=
lichen Ära" (Ho.) bezeichne. Indessen ist der „Tag" 119 ein Bild für die Zeit des irdischen
Wirkens Jesu (vgl. 94f. 1235). — H. Huber (Der Begriff der Offenbarung im Joh.=Evg.
1934) 49, 1 meint (nach Joh. Jeremias, Das Ev. nach Joh. 1931, 90), daß die 10. Stunde
auf ein sakramentales Mahl weise, das Jesus um die Zeit des Mincha=Opfers mit den
Jüngern gefeiert habe. Phantastisch.

[6] Ἀνδρέας, ein griech. Name, auch von Juden gebraucht, Str.=B. I 535. — Bei
Joh begegnet Andreas noch 68 1222.

[7] S. S. 68, 5; über die Lesart πρωί s. folg. Anm.

[8] In D.41 lesen ℵ °AB usw. πρῶτον, ℵ *L al πρῶτος. Die Entscheidung zwischen
beiden Lesarten ist nicht möglich, weil der ursprüngliche Text von D.43 nicht erhalten ist,
s. S. 68, 5. War in D.43 Andreas das Subj. des εὑρίσκει, so ist D.41 πρῶτον erforderlich;
war es der Genosse des Andreas, so muß πρῶτος gelesen werden. Jedenfalls darf man die
Angabe nur im Verhältnis zu dem in dieser Geschichte Folgenden interpretieren. Wenn
also πρῶτος zu lesen ist, so ist doch die Kombination nicht möglich, daß „Andere" als
Zweiter ebenfalls seinen Bruder gefunden haben müsse (τὸν ἴδιον D.41 braucht keinesfalls
betont zu sein; denn ἴδιος wird abgeschliffen wie suus gebraucht, Bl.=D. § 286, 1 und bes.
Br. 3. St.), und daß also der „Andere" einer des zweiten Bruderpaares unter den Zwölfen,
einer der Zebedaiden, gewesen sei. Vielmehr: ist πρῶτος zu lesen, so fand der „Andere"
als Zweiter den Philippus. (Übrigens werden die Zebedaiden bei Joh gar nicht genannt,
sondern finden sich erst 212 im Nachtrag der Red.) Vollends ist bei der willkürlichen An=
nahme, der „Andere" müsse der Evglist selbst sein, der Wunsch des Gedankens Vater. —

funden¹" und führt ihn zu Jesus. — Was wird Jesus sagen? Welchen Eindruck wird
Simon empfangen? Jesus blickt ihn an und nennt seinen Namen! Er kennt ihn also,
obwohl er ihn zuvor nicht gesehen hat! Und noch mehr: er fügt die Weissagung
hinzu, daß Simon einst einen anderen Namen tragen werde², den Namen „der
Fels"³. Jesus erweist sich also — hellenistisch gesprochen — als θεῖος ἄνθρωπος,
der die Fremden, die ihm begegnen, erkennt und durchschaut⁴. Der Eindruck auf

---

Bd. will V. 41 nach b e (r) πρωί lesen, was für die zeitliche Gliederung vorteilhaft wäre,
was aber doch zu schwach bezeugt ist.

¹ Das εὑρίσκει bezeichnet V. 41. 43. 45 ein ungewolltes Finden, das εὑρήκαμεν
V. 41. 45 dagegen das Finden derer, die gesucht haben. — Μεσσίας, nur hier und 4 25 im
NT; Transkr. von מָשִׁיחַ bzw. aram. מְשִׁיחָא; zur Schreibung s. Schl. 3. St.

² Natürlich ist der Sinn nicht der, daß Simon jetzt von Jesus einen neuen Namen
erhält. Deshalb kann 1 42 auch nicht als die joh. Gestaltung der Mt 1 16-18 oder 3 16 vorliegenden Überlieferung gelten (Windisch, Joh. und die Synopt. 91). Vielmehr ist Joh 1 42
die Weissagung einer solchen Szene, die der Evglist freilich nachher nicht zu erzählen
brauchte, da er sie als bekannt voraussetzen kann. Auch ist gerade nicht „vorausgesetzt,
daß Petrus zuvor irgendwie sich zur Messiasidee Jesu bekannt, d. h. zu verstehen gegeben
habe, daß er das Bekenntnis seines Bruders 1 41 unterschrieb" (Windisch, ebenda).

³ Σίμων, griech. Name, der im NT für den Apostel durchweg statt Συμεών (שִׁמְעוֹן)
gebraucht wird; s. Deißmann, Bibelstudien 184, 1; Str.-B. I 530. Der Vater wird wie
21 15-17 Ἰωάνης (יוֹחָנָן) genannt, während er nach Mt 16 17 Ἰωνᾶς (יוֹנָה) oder (יוֹנָא) hieß.
Zu Κηφᾶς (כֵּיפָא) s. Str.-B. I 530—535. Die Synopt. gebrauchen nur Πέτρος, Paulus
dagegen sagt meist Κηφᾶς.

⁴ Das gleiche Motiv V. 47 f. 2 24 f. 4 17-19. Dies Motiv ist im heidnischen und christ-
lichen Hellenismus verbreitet; die Fähigkeit, die Begegnenden zu erkennen und ihre
Gedanken zu lesen, charakterisiert den θεῖος ἄνθρωπος, vgl. Reitzenst., HMR. 238 f.; Hist.
Mon. et hist. Laus. 90 f.; G. P. Wetter, Der Sohn Gottes 69—72; W. Bousset, Apo-
phthegmata 1923, 85 f.; E. Fascher, Προφήτης 1927, 194—196; L. Bieler, Θεῖος Ἀνήρ
I 1935, 89—94; für den Islam: R. Otto, Reich Gottes und Menschensohn 1934, 302—306.
Wie Apollonius von Tyana die Gedanken der Menschen errät, so hat nach Apul. met.
XI 15 der Isis-Priester „die Erlebnisse und Gedanken des ihm begegnenden Apuleius im
Geiste erkannt und ihm verkündet, genau wie dort der Astrologe Horus mit dem ihm begegnenden Properz (IV 1) tut" (Reitzenst., HMR. 238). — Daß auch das alte Israel solche
Gestalten kannte, zeigt I Sam 9 19 f.; sie sind aber durch die Prophetie verdrängt worden
und fehlen auch im Judentum. Indessen begegnet hier doch gelegentlich jenes Motiv,
wie die Geschichte T. Pes. 1, 27 f. (157) zeigt, wo ein Rabbi den Begegnenden, ohne
ihn je gesehen zu haben, kennt (Str.-B. I 528). Diese Fähigkeit wird hier natürlich nicht
auf die göttliche Qualität des Rabbi, sondern auf den hl. Geist zurückgeführt. So weiß ja
auch Paulus I Kor 14 25, daß der Geist die Fähigkeit verleiht, die Herzen Anderer zu erkennen, was sonst Gott allein vorbehalten ist (Str.-B. II 412). — Etwas anderes ist die
Gabe, die Zukunft zu erkennen, die den at.lichen Propheten von Gott gegeben ist, und
die noch essäische Propheten für sich in Anspruch nehmen (Schl. zu 1 47). Der joh. Jesus
wird aber nicht als Prophet dargestellt, sondern gleicht in seiner Allwissenheit eher dem
θεῖος ἄνθρωπος (er kennt fernes Geschehen 11 4. 11-14; er weiß sein eigenes künftiges
Geschick voraus 2 19. 21 3 14 6 64 13 1. 38 18 4 19 28, wie das Anderer 13 38 16 2), dessen
wunderbares Wissen nicht jeweilige Gabe Gottes ist, sondern auf seiner persönlichen
Göttlichkeit beruht. — Indessen ist das θεῖος-ἄνθρ.-Motiv, das 1 42. 47 f 4 17-19 11 11-14
zweifellos vorliegt, im Evg nicht das entscheidende; denn Jesu Allwissenheit gründet nicht
in einer persönlichen Ausstattung, die seine Menschlichkeit erhöht, sondern in seiner
Einheit mit Gott, in der er bei voller Menschlichkeit steht, wie denn das Bekenntnis: νῦν
οἴδαμεν, ὅτι οἶδας πάντα 16 30, nicht durch einen Erweis übermenschlichen Wissens,
sondern durch die Selbstoffenbarung des Gottessohnes als ganze begründet ist. Der All-
wissenheitsgedanke gehört also zur mytholog. Ausprägung des Offenbarungsgedankens,
und in seinen Dienst ist innerhalb des Joh-Evgs das θεῖος-ἄνθρ.-Motiv gestellt (s. Text
oben). Die Zusammengehörigkeit der in der Einheit mit Gott gegründeten Allwissenheit

Petrus wird nicht berichtet; aber der Leſer verſteht, daß Petrus durch dieſe Offenbarung gewonnen iſt. Der Erzähler behält ſich aber vor, dies Ergebnis in einem
zweiten Fall, der noch erſtaunlicher iſt, zu ſchildern.

4. **V. 43 — 44** erzählt kurz die Berufung des Philippus. Jeſus will nach Galiläa
aufbrechen[1] und findet den Philippus[2] — ob noch jenſeits des Jordan, oder
ſchon in Galiläa, iſt nicht zu erkennen. Sein kurzes Wort: „Folge mir[3]!" macht,
wie V. 45 zeigt, auch den Phil. zu ſeinem Jünger[4]. Phil. wird nach ſeiner Herkunft
aus Bethſaida und der dadurch gegebenen Beziehung zu Andreas und Petrus
charakteriſiert[5].

5. **V. 43 f.** iſt nur das Vorſpiel zu dem glänzenderen Ereignis **V. 45—49**, das,
das Motiv von V. 42 in geſteigerter Form wiederholend, den Höhepunkt des Ab-
ſchnitts bildet. Phil findet — wieder ohne daß die näheren Umſtände angegeben
wären — den Nathanael[6] und verkündet ihm, wie Andreas dem Simon: εὑρήκαμεν! —, wobei aber das „Meſſias" von V. 41 umſchrieben iſt: „Den, von dem
Moſe im Geſetz und die Propheten geſchrieben haben", d. h. den Verheißenen[7].

---

des Offenbarers mit ſeinem Offenbarungsamt zeigt ſchon die Gnoſis. Schon die „Weisheit" iſt ja die Genoſſin Gottes; Gott liebte ſie; denn ſie iſt μύστις τῆς τοῦ θεοῦ ἐπι-
στήμης (Sap 8₄; vgl. 9₉ und S. 8). Der Geſandte der Mandäer wird vor ſeiner Ent-
ſendung über alle kosmiſchen Geheimniſſe belehrt (Ginza 381, 7ff.); auch er „kennt die
Herzen und durchſchaut die Sinne" (Ginza 194, 14ff.; M. Lit. 67. 258). Ebenſo iſt der
Metatron der jüd. Gnoſis in alle Geheimniſſe eingeweiht und kennt alle Menſchenherzen
(Odeberg 43—47). Fraglich dagegen iſt, ob Philos Charakteriſtik des Logos leg. all. III 171
auf dieſe Tradition zurückgeht: ... οὕτως καὶ ὁ θεῖος λόγος ὀξυδερκέστατός ἐστιν, ὡς
πάντα ἐφορᾶν εἶναι ἱκανός. — Wie bei Joh, ſo iſt die Vorſtellung bei Ign. Eph 15₃ auf
Chriſtus übertragen (Schlier, Relg. Unterſ. 58).

   [1] ᾿Εξελθεῖν: aus der Wohnung oder aus der Gegend.
   [2] Der griech. Name Φιλ. findet ſich auch ſonſt bei Juden, Str.-B. I 535. — Phil.,
bei den Synopt. nur im Apoſtelkatalog genannt, begegnet bei Joh 6₅ff. 12₂₁f. (beidemale mit Andreas zuſammen); 14₈f. Was für eine Tradition darin zur Geltung kommt,
läßt ſich kaum ſagen.
   [3] Zu ἀκολ. ſ. V. 37; der Imp. wie Mk 2₁₄ parr. Mt 8₂₂. Die an ſich nicht unge-
bräuchliche Formulierung (ſ. Schl.), hat im Munde Jeſu natürlich beſonderen Klang.
   [4] Daß in der Quelle Andreas (oder der mit dieſem berufene Jünger) den Phil. zu
Jeſus geführt hatte, ſ. S. 68.
   [5] Die Bemerkung V. 44 dürfte, da ſie der von V. 40 analog iſt, in der Quelle geſtanden
haben. Sie ſoll im Zuſhg der Quelle motivieren, daß gerade Phil. gefunden wurde. Es
ſpiegelt ſich in dem Bericht aber wohl die Tatſache wieder, daß es eine beſtimmte Gruppe
von Landsleuten war, die, einſt Täuferjünger, zu Jeſus übergegangen war. — Über
Bethſaida (= Julias) am Oſtufer des Jordans vor ſeinem Einfluß in den See Genezareth
ſ. Schürer II 208f.; Str.-B. I 605; Dalman, Orte und Wege⁴ 173—180. — Zur Bezeichnung der Herkunft werden ἀπό und ἐκ wechſelnd gebraucht im NT wie in LXX und Pap.,
Bl.-D. § 209, 3. „Daß Bethſ. die Stadt deſſen heißt, der dort wohnt, entſpricht dem feſten
(rabbin.) Sprachgebrauch" (Schl., Spr. und H. 31).
   [6] Nath. = נְתַנְאֵל (es wäre griech. Θεόδωρος). Er wird im Nachtrag 21₂ noch einmal genannt; dort iſt als ſeine Heimat Kana angegeben. Bekannt iſt er ſonſt nicht; ſeit
dem Mittelalter wird er gerne mit dem Mk 3₁₈ genannten Bartholomäus identifiziert;
Andere halten ihn wegen der gleichen Bedeutung des Namens für identiſch mit dem bei
Joh nicht begegnenden Matthäus (מַתַּי = Geſchenk Jahwehs). Vgl. Br., Exk. nach 1₅₁. —

R. Eisler, Das Rätſel des Johannes-Evangeliums 1936, 475—485 identifiziert den Nath.
mit Doſitheus, dem „Vorgänger des Simon in der Führung der Täufer".

   [7] Ob an beſtimmte Stellen gedacht iſt, iſt nicht zu ſagen. Geſetz und Propheten bezeichnen zuſammenfaſſend das AT überhaupt nach feſtem Sprachgebr., ſ. Lk 16₁₆. ₂₉
Röm 3₂₁; Str.-B. I 240.

Es ist „Jesus, der Sohn des Joseph, aus Nazareth¹". Daß dies erst hier (nicht schon V.₄₁) gesagt ist, hat seinen Grund darin, daß es zur Anknüpfung des Folgenden dient. Daß das obskure Nazareth die Heimat des Verheißenen sein soll, erscheint dem Nath. unglaublich². Aber — so soll der Leser lernen — Gottes Handeln ist überraschend und unglaublich; und der Anstoß der Herkunft des Messias aus Nazareth gehört im Sinne des Evglisten zum Anstoß der Fleischwerdung des Logos³. Eine Verteidigung aus einsichtigen Gründen⁴ wird nicht gegeben; es heißt einfach: „Komm, und du wirst sehen⁵!"

Wieder erweist sich Jesus als θεῖος ἄνθρωπος; diesmal nicht dadurch, daß er den Namen, sondern dadurch, daß er den Charakter des Begegnenden kennt: er ist ein echter Israelit⁶, in dem kein Falsch ist⁷. Jesu Wort provoziert die überraschte Frage des sich durchschaut fühlenden Nath., und diese muß wiederum dazu führen, Jesu wunderbares Wissen noch deutlicher zu machen: Jesus hat ihn mit fernsehendem Blick schon unter dem Feigenbaum gesehen⁸. Dieser Erweis der Wunderkraft Jesu überwindet den Nath., und er bekennt den Rabbi als den

---

¹ Ἰησοῦς = יֵשׁוּעַ, verkürzt aus יְהוֹשֻׁעַ Str.-B. I 63f. Ἰωσήφ = יוֹסֵף. Nazareth ist weder im AT noch bei Jos. und in anderen zeitgenössischen jüdischen und heidnischen Quellen bezeugt. Über eine späte rabbin. Bezeugung s. Str.-B. I 92; G. Dalman, Orte und Wege³ 65f.; ihr liegt alte (vielleicht ins 3. Jahrh. v. Chr. zurückgehende) Überlieferung zugrunde, s. S. Klein, Beiträge zur Geschichte und Geographie Galiläas; Jos. Klausner, Jesus von Nazareth 1930, 311f.

² Ob der Satz als Frage oder als ironische Aussage zu lesen ist, ist gleichgültig. — Daß Nazareth etwa in schlechtem Rufe gestanden habe, ist unnötig zu vermuten; es genügt, daß es ein unbedeutendes Dorf war.

³ So wenig wie die Vaterschaft des Joseph bestritten wird (s. zu 1₁₄ S. 40, 2), so wenig wird die Angabe der Herkunft Jesu aus Nazareth durch die Behauptung seiner Geburt in Bethlehem modifiziert (s. 7₄₂). Vgl. Ph.-H. Menoud, Revue de Theol. et de Phil. 1930, 276ff.

⁴ Etwa durch den Versuch eines Schriftbeweises wie Mt 2₂₃.

⁵ Bengel: optimum remedium contra opiniones praeconceptas. — Die Wendung ist geläufig (Str.-B. 3. St.), das καί ist wie V.₃₉ konsef.

⁶ Ἴδε erstarrt mit Nom., Bl.-D. § 144. Ἰσρ. im Untersch. von Ἰουδαῖος der heilsgeschichtliche Name, vgl. Röm 9₄ 11₁ IIKor 11₂₂; s. S. 59, 1. Ἀληθῶς attributiv, etwa gleichwertig mit ἀληθινός; also: „einer, des Namens Isr. würdig ist". Vgl. Ruth 3₁₂; Ign. Röm 4₂ und schon Plat. leg. 642 D: ἀληθῶς καὶ οὔ τι πλαστῶς εἰσιν ἀγαθοί.

⁷ Zu ἐν ᾧ δόλος κτλ. vgl. Ps 31₂: μακάριος ἀνήρ ... οὐδέ ἐστιν ἐν τῷ στόματι αὐτοῦ δόλος (Apk 14₅); Jes 53₉; aber auch Theogn. 416: πιστὸν ἑταῖρον, ὅτῳ μή τις ἔνεστι δόλος. Die Charakteristik bezieht sich schwerlich darauf, daß Nath. V.₄₆ seine Meinung offen gesagt hat — denn warum hätte er sie dem Phil. verbergen sollen?! —; eher könnte man denken, daß sich Nath. im Folgenden als ohne δόλος erweist. Aber da der Satz, der Jesu Herzenskenntnis veranschaulichen soll, durch Nath.s Frage V.₄₈ als richtig bestätigt wird, muß er doch auf einen schon vorher vorliegenden Tatbestand gehen; dieser wird vielleicht V.₄₈ angedeutet, s. u.

⁸ Maldonatus warnt: quaerere quid Nath. sub ficu egerit, nescio an satis moderati sit ingenii, und wir können in der Tat nicht erraten quid egerit. Ob eine Legende im Hintergrund liegt, nach der Nath. unter dem Feigenbaum die Eigenschaften bewährte, um derentwillen ihn Jesus als ʼIsraeliten ohne Falschʼ bezeichnet (Dibelius, Formgesch.² 114), ist fraglich. Wenn ein Zusammenhang zwischen jener Charakteristik und dem Verhalten des Nath. unter dem Feigenbaum bestehen soll (s. vor. Anm.), so genügt vielleicht der Hinweis darauf, daß Rabbinen gerne den Platz unter einem Baume als Ort ihres Studiums und ihrer Lehre wählten. Nath. würde sich dann dadurch als echten Israeliten ausweisen, daß er in der Schrift forschte (5₃₉), und als ohne δόλος dadurch, daß er — im Unterschied von den Juden, die zwar die Schrift erforschen, ihr aber nicht glauben (5₃₉. ₄₆f.!) — zu Jesus kommt. So wenigstens im Sinne des Evglisten, für den Nath. eine symbolische Gestalt ist (unbeschadet, daß die Tradition ihn darbot); vgl. Hirsch I 116f.

Sohn Gottes und den König Israels[1]. Ein solches Wunder also genügte schon,
den Glauben zu wecken[2]; aber der Glaube, einmal wach geworden, wird noch
weit größere Wunder schauen!

Der höhepunkt ist mit dieser Verheißung erreicht, und zugleich ist mit ihr
das Folgende vorbereitet. Der Evglist betont den Gedanken aber noch, indem
er Jesus neu anheben läßt (V. 51[3]) und ihn die Verheißung künftiger Wunder
— jetzt für alle Jünger gültig (ὑμῖν) — in einem an die Jakobs=Geschichte an=
spielenden Bilde wiederholen läßt[4]. Im Sinne des Evglisten ist das Auf= und

---

[1] Möglicherweise ist das σὺ εἶ ὁ υἱὸς τοῦ θεοῦ erst vom Evglisten hinzugefügt
worden; im Sinne der Quelle könnte der Titel nur mit dem des βασιλεὺς τοῦ Ἰσρ.
gleichbedeutend sein (f. S. 64, 3). Dieser wiederum bedeutet sachlich nichts anderes als
der des Μεσσίας V.41; vgl. dazu 6₁₅ 12₁₃ Psal 17₂₃ usw.; Dolz, Eschatologie 173ff.;
W. Staerk, Soter I 1933, 48ff.

[2] Ob man das πιστεύεις als Frage oder als Aussage faßt, ist gleichgültig. Jeden=
falls ist der Sinn: „Wenn du jetzt schon glaubst, so wirst du noch Größeres schauen." Auf
keinen Fall ist also das πιστεύεις tadelnde Frage.

[3] V.51 Zusatz des Evglisten, f. S. 68. — Das die Rede bekräftigende ἀμήν ist wie
auch öfter im AT verdoppelt (LXX meist γένοιτο), während es in den synopt. Jesus=
Worten nur einfach steht. Im Unterschied vom AT erscheint die Formel bei Joh wie
bei den Synopt. nicht am Schluß, sondern am Anfang der Rede (und immer nur im
Munde Jesu). Im rabbin. Sprachgebr. wird das Amen als die bestätigende Antwort
auf die Rede eines Anderen benutzt, die sich der Sprechende dadurch, wie durch eine
Schwurformel, zu eigen macht; f. Dalman, W. J. I 185—187; Str.=B. I 242—244. Daß
das ἀμήν einfach als betontes Ja empfunden werden konnte, zeigen II Kor. 1₂₀ Apk 1₇.
— Auch das pathetische λέγω (ὑμῖν) ist rabbin. (Schl., Spr. und H. 40 zu 3₃). — Das in
K it syr vor ὄψεσθε stehende ἀπ' ἄρτι dürfte aus Mt 26₆₄ stammen.

[4] Zweifellos ist auf die Erzählung von Jakobs Traum Gen 28₁₀₋₁₇ angespielt, wo
sich auch die auffällige Reihenfolge ἀνα= und καταβαίνειν findet. In der rabbin. Tradition
ist das בו Gen 28₁₂ teils mit Recht auf die Leiter bezogen, auf der die Engel auf= und
absteigen (so auch LXX ἐπ' αὐτῆς), teils fälschlich auf Jakob (f. Burney 116, A.). Dieses
Verständnis, das hier in dem ἐπὶ τ. υἱὸν τ. ἀνθρ. anscheinend vorausgesetzt ist, hängt aber
Gen. R. 68, 18 mit einer mystischen Interpretation der ganzen Stelle zusammen, welche
das Auf= und Absteigen der Engel als die Kommunikation zwischen dem irdischen Jakob
(= Israel) und seinem himmlischen Urbild (εἰκών) deutet. Odeberg vermutet (33—42)
wohl mit Recht, daß diese Interpretation Joh 1₅₁ zugrunde liegt, und daß hinter ihr
wiederum der gnostische Gedanke von der Beziehung der irdischen Person zu ihrem
himmlischen Urbild steckt. In der Tat wird nach Ginza 68, 13ff; 296, 32ff.; 316, 28ff.
der Verkehr des auf Erden weilenden Gesandten mit der himmlischen Heimat durch
helfende Geister vermittelt. — Odeberg möchte von daher auch den hier bei Joh zum
erstenmal auftretenden Titel des „Menschensohns" begreifen, der eben die Bezeichnung
des irdischen Menschen im Unterschied von seinem in himmlischer δόξα befindlichen Ur=
bild sei. Der „Menschensohn" muß ja nach gnostischer wie nach joh. Anschauung erhöht,
„verherrlicht" (d. h. gnostisch: mit seinem himmlischen Urbild vereinigt) werden; vgl. 3₁₄
6₆₂ 12₂₃.₃₄ 13₃₁. Auch das wird richtig sein; nicht jedoch, daß der Titel „Menschensohn"
hier den „inklusiven" Sinn habe, wonach die Gläubigen und der Offenbarer zur Einheit
des „Menschen" zusammengehören, sodaß den Gläubigen hier selbst die Kommunikation
mit ihren himmlischen Urbildern verheißen würde. Denn wenn Joh auch den gnostischen
Gedanken von der ursprünglichen Zusammengehörigkeit der Gläubigen mit dem Offen=
barer aufgenommen hat (f. u.), so hat er doch den Titel „Menschensohn" für Jesus vor=
behalten; und den Gläubigen wird hier nicht die Gemeinschaft mit der göttlichen Welt
verheißen, sondern die Schau solcher Gemeinschaft, in der Jesus steht.

Im Gegensatz zu Odeberg will H. Windisch (ZNTW 30 (1931), 215—35; ähnlich
E. Gaugler 45) in Joh 1₅₁ einen überlieferten „Menschensohn=Spruch" finden, das Frag=
ment einer Menschensohn=Tradition, in dem der Gedanke der eschatologischen Erscheinung
des von den Engeln umgebenen Menschensohnes (Mk 8₃₈ 14₆₂) historisiert, d. h. auf den
auf Erden wirkenden Menschensohn übertragen sei, — ein Fragment, weil das ὄψεσθε
auf sinnenfällige Angelophanien gehe, die doch im Folgenden nicht berichtet werden!

Absteigen der Engel auf den „Menschensohn" Jesus ein mythologisches Bild für die ununterbrochen zwischen Jesus und dem Vater bestehende Gemeinschaft (vgl. 8 16. 29 10 30 16 32); Angelophanien werden ja im Folgenden nicht erzählt. So ist denn auch das dem Jünger verheißene Schauen nicht als Schau himmlischer Wesenheiten gedacht, sondern als die glaubende Schau seiner δόξα (1 14), als die Schau, die in ihm den Vater sieht (14 9 f.). Der in der Quelle sich findenden Verheißung V. 50, die zweifellos auf einzelne Wunder ging, hat also der Evglist durch V. 51 einen neuen Sinn gegeben: verheißen wird die Schau der δόξα im ganzen Wirken Jesu; und sofern zu diesem auch einzelne Wunder gehören, sind sie als Erweis der zwischen Jesus und dem Vater bestehenden Gemeinschaft zu verstehen (5 19 f. !).

Damit gibt der Evglist zugleich die Anweisung, 1 35-51 in seinem Sinne zu interpretieren. Die Quelle zeigte Jesus als den θεῖος ἄνθρωπος, dessen wunderbares Wissen die ihm Begegnenden überwältigt. Sie stellt diese wunderbaren Begebenheiten in einer auffallend trockenen Erzählungsweise dar und erweckt dadurch den Eindruck des Geheimnisvollen: in der Sphäre des alltäglichen Lebens wirken, sobald Jesus in ihr erscheint, höhere Kräfte, die hin und wieder deutlich hervorbrechen. Und wenn die Quelle erzählt, wie ein Jünger den anderen zu Jesus führt, so läßt sie die gleichsam magische Anziehungskraft ahnen [1]. — Es ist begreiflich, daß für den Evglisten dieser Bericht nicht nur als indirekte μαρτυρία des Täufers dienen konnte, sondern auch als Illustration der Paradoxie der δόξα des Fleischgewordenen; ein Bericht, der zugleich die rechte Weise des Suchens [2], die Macht des hinweisenden Wortes und die rechte Weise des Hörens als eines „Nachfolgens" darstellte. Dann wird auch die Demonstration der Allwissenheit Jesu einen über das äußere Wunder hinausgehenden Sinn bergen: der Offenbarer erweist sich als solchen dadurch, daß er die ihm Begegnenden kennt; er kennt die „Seinen" (10 14) und enthüllt ihnen in seinem Wort, was sie sind und sein werden; und dadurch erzwingt er Bekenntnis und Nachfolge (vgl. 4 16-19. 29). Der Glaube an ihn beruht also darauf, daß dem Glaubenden in der Begegnung mit ihm die eigene Existenz aufgedeckt wird [3].

Endlich wird man fragen dürfen, ob nicht die Titel, die Jesus in diesem Abschnitt erhält, auf seine Bedeutung in besonderer Weise aufmerksam machen sollen [4]. Die Quelle enthielt die Titel ὁ ἀμνὸς τοῦ θεοῦ (V. 36), „Messias" (V. 41), „König Israels" (V. 49) und vielleicht [5] auch den mit dem letzteren dann gleich-

---

— Dagegen hält Goguel, J.-B. 189 f. 219 f. Joh 1 51 für das Fragment einer Tauf-, ursprünglich Ostergeschichte; hiergegen Windisch, ZNTW 31 (1932), 199—203. — Joach. Jeremias, Angelos 3 (1928), 2—5 meint, daß Joh 1 51 aus der jüdischen Mythologie vom Bethelstein zu verstehen sei, wonach der Bethelstein der Felsen sei, von dem aus die Weltschöpfung vorgenommen sei, der Stätte der Gegenwart Gott sei, und über dem sich die Himmelstür befinde. Indessen wird der Stein ja gar nicht genannt.

[1] Das Märchenmotiv des „Schwan, kleb an!" ist in eine höhere Sphäre übertragen.
[2] S. S. 70.   [3] Vgl. Ad. Schlatter, Der Glaube im NT[4] 1927, 193.
[4] Windisch (ZNTW 30 [1931], 218), der 1 19-51 zusammennimmt, zählt acht Titel, indem er außer den oben im Text genannten mitrechnet: ὁ βαπτίζων ἐν πν. ἁγ. V. 33, das von ihm für ursprünglich gehaltene ὁ ἐκλεκτὸς τ. θ. V. 34 und ὃν ἔγραψεν κτλ. V. 45. — Hirsch (Das vierte Evg. 119) zählt für 1 19-51 sieben Titel: außer den im Text genannten: ὁ ἐκλεκτὸς τ. θ. und faßt: „Jesus ist die Erfüllung des Letzten, Verborgenen, das in dem Gottsuchen der israelit. Religion lebt. Aber er ist die Erfüllung, die das Judentum und das Gesetz zerbricht."
[5] S. S. 74, 1.

bedeutenden „Sohn Gottes" (D.49); für ſie iſt alſo Jeſus der Meſſiaskönig, in dem
die at.lichen Weiſſagungen ihre Erfüllung finden, wie D.45 ausdrüdlich betont.
Der Evgliſt konnte dieſen Gedanken aufnehmen (546); aber durch die (Interpretation oder) Hinzufügung von „Sohn Gottes" und jedenfalls durch D.51 mit
dem Titel des „Menſchenſohnes" gab er dem Gedanken einen neuen Sinn: in
der irdiſchen Gegenwart des Sohnes Gottes iſt die Derheißung erfüllt; Jeſus iſt
der Menſchenſohn nicht im Sinne der jüdiſch-urchriſtlichen Apokalyptik als der dereinſt
auf den Wolken des Himmels Kommende, ſondern in ſeiner irdiſchen Gegenwart;
in der er, in ſtetiger Gemeinſchaft mit dem Dater ſtehend, den Glauben das Wunder
ſeiner δόξα ſchauen läßt. So bildet denn der Abſchnitt im Sinne des Evgliſten
ſchon die Wahrheit ab, daß Jeſu Kommen das Gericht der Welt iſt (319), daß im
Jetzt, da ſein Wort zum Glauben ruft, die Entſcheidung über Leben und Tod
fällt (525).

Der Unterſchied der Erzählung 135-51 von dem ſynoptiſchen Bericht der
Berufung der erſten Jünger Mk 116-20 par. iſt deutlich. Eine Übereinſtimmung beſteht nur inſofern, als hier und dort zu den Erſtberufenen das Bruderpaar Petrus-Andreas
gehört; die beiden gelten bei Joh freilich als Männer aus Bethſaida, während nach Mk 129
Kapernaum der Wohnſitz des Petrus iſt. Bei Joh fehlen die Zebedaiden, bei Mk der ungenannte Genoſſe des Andreas, Philippus und Nathanael. Zudem iſt die Situation eine
ganz andere: nach Joh ſtammen die erſten Jünger aus dem Kreis des Täufers und werden
von dieſem ſelbſt zu Jeſus gewieſen[1], während ſich die Berufung nach Mk (114) erſt nach
der Verhaftung oder dem Tode des Täufers ereignet und zwar am See Genezareth, wo
die Berufenen ihrem Fiſcherberuf obliegen. Vor allem iſt der Grundgedanke der Be-
rufungsgeſchichte bei Mk ein völlig anderer: das plötzliche Herausgerufenwerden aus dem
alltäglichen Beruf[2]. Dazu werden die erſten Jünger nach Mk zu Apoſteln berufen,
während bei Joh vom Apoſtelberuf keine Rede iſt.

Die beiden Erzählungen ſind als hiſtoriſche Berichte nicht zu vereinen; auch raubt
jeder Verſuch der Harmoniſierung der einzelnen Erzählung ihren eigentümlichen Sinn.
Da nun die beiden Mk 116-20 erzählten Szenen keine hiſtoriſchen Berichte ſind[3], wäre es
möglich, daß in der Joh Erzählung gute hiſtoriſche Tradition ſteckt, nämlich die Tatſache,
daß zu den erſten Jüngern Jeſu frühere Täuferjünger gehörten, die ſich etwa ihm an-
ſchloſſen, als er ſich ſelbſt vom Täufer trennte[4]. Indeſſen iſt das unſicher, während es
als ſicher gelten darf, daß ſich in der Erzählung zum mindeſten die Tatſache ſpiegelt,
daß überhaupt ein Teil der Täuferjünger zur chriſtlichen Gemeinde überging[5]. Daß der
Evgliſt ſelbſt zu ſolchen Jüngern gehört, iſt wahrſcheinlich; denn es würde ſein Verfahren
mit der täuferiſchen Tradition verſtändlich machen[6].

[1] Der Ort iſt zufolge der Kombination von 135-51 mit 119-34 πέραν τοῦ Ἰορδάνου;
dieſe Lokaliſation braucht die in 135-51 zugrunde liegende Quelle freilich nicht enthalten
zu haben.
[2] S. Bultmann, Geſch. der ſynopt. Trad.[2] 27.
[3] S. Geſch. der ſynopt. Trad.[2] 27; M. Dibelius, Formgeſch.[2] 108f.
[4] Die in ihrer Geſchichtlichkeit nicht zu beſtreitende Tatſache, daß ſich Jeſus von
Johannes hat taufen laſſen, beweiſt, daß Jeſus eine Zeit lang zu den Täuferjüngern
gehört hat.
[5] Je weniger 135-37 als geſchichtlicher Vorgang denkbar iſt, deſto ſicherer, daß ein
ſolcher Bericht nur entſtehen konnte, wenn man wußte, daß der Weg zu Jeſus für viele
faktiſch über den Täufer geführt hatte. Zudem haben wir von dieſer Tatſache Act 191-7
einen hiſtoriſchen Bericht. Vgl. auch S. 4, 1 und Kundſin, Topolog. Überlieferungs-
ſtoffe 20f.
[6] S. S. 4. — 135-51 würde dann bezeugen, daß der Evgliſt durch ſolche Täuferjünger gewonnen wurde, die ſchon vor ihm zu Jeſus-Gläubigen geworden waren; die
Quelle, die er hier übernimmt, ſtammt eben aus deren Propaganda für den chriſtlichen
Glauben.

A. Kap. 2—12: Die Offenbarung der δόξα vor der Welt.

Mit Kap. 2 beginnt, wie Kap. 1 erwarten ließ, und wie 2 11 bestätigt, die Offen=
barung der δόξα Jesu. Leicht ist auch die Hauptgliederung zu erkennen: in Kap. 3—12
wird die Offenbarung der δόξα vor der Welt oder der Kampf zwischen Licht und Finsternis
in der Weise dargestellt, daß damit 1 5. 9-11 veranschaulicht wird[1], während in 13—17 (bzw.
—20[2]) die Offenbarung der δόξα vor den Glaubenden oder der Sieg des Lichtes geschildert
und so 1 12-18 zur Anschauung gebracht wird[3]. Der erste Teil läßt sich auch unter das Stich=
wort der κρίσις stellen; denn als κρίσις in dem Doppelsinne von „Gericht" und „Schei=
dung" ist der Kampf der Offenbarung dargestellt: 3 19 5 22 ff. 8 15. 26 9 39 12 31. 46 ff.[4],
— und zugleich, wie diese Scheidung innerhalb der „Welt" ihr depraviertes Analogon
hat in dem σχίσμα, das Jesu Wort hervorruft: 7 43 9 16 10 19.

Die genauere Gliederung aber ist fraglich, da die ursprüngliche Ordnung
des Evgs in manchen Partien verdorben ist. Zwar ist deutlich, daß 6 66-71 den Schluß eines
Abschnittes bilden muß; und da ebenso 7 1 ff. offenbar ein neuer Ansatz ist, dürfte man
Kap. 3—6 und Kap. 7—12 als die Hauptabschnitte des ersten Teiles ansehen. Innerhalb
von Kap. 3—6 gehört, von kleineren Umstellungen abgesehen, 6 1-59 zwischen Kap. 4 und
Kap. 5. Die Gliederung innerhalb Kap. 3—6 scheint dadurch gegeben zu sein, daß Kap. 3
(zu dem 2 23-25 als Einleitung gehört) und Kap. 4 zusammengehören; in jedem
der beiden Kapitel (und nur in ihnen) steht im Mittelpunkt das Gespräch Jesu mit einer
Einzelperson: mit dem διδάσκαλος τοῦ Ἰσραήλ und mit der γυνὴ Σαμαρεῖτις, mit dem
Mann und mit der Frau, mit der offiziellen Orthodoxie und mit der Häresie. Auch im
Aufbau sind die beiden Kapitel insofern verwandt, als jedesmal auf den Hauptteil, der
die Offenbarung Jesu enthält (3 1-21 und 4 1-30), ein Abschnitt folgt, der das Verhältnis
des Zeugnisses Anderer zur Offenbarung behandelt (3 22-30: das Zeugnis dessen, der die
Zeit vor der Offenbarung vertritt; 4 31-42 das Zeugnis derer, die die Zeit nach der Offen=
barung vertreten).

Ebenso gehören sichtlich Kap. 6 und Kap. 5 zusammen. Beide werden durch
ein σημεῖον eingeleitet[5], das für die folgende Diskussion oder Rede den Ausgangspunkt
und das Thema bietet. Und zwar wird in 6 1-59 die Offenbarung als die κρίσις des mensch=
lich=natürlichen Lebensverlangens, in Kap. 5 als die κρίσις der Religion dargestellt. Zu
Kap. 6 und 5 aber scheint 4 43-54 die Einleitung zu bilden. Da die Pointe der Erzählung
in 4 48 vorliegt: ἐὰν μὴ σημεῖα καὶ τέρατα ἴδητε, οὐ μὴ πιστεύετε, und da Kap. 6 und
Kap. 5 durch σημεῖα eröffnet werden, könnte man versucht sein, Kap. 3—4 und Kap. 6
bis 5 einander gegenüberzustellen unter den Themen: „die πίστις und das Wort" und
„die πίστις und das σημεῖον." Jedoch ist nach 2 23-25 3 2 ja auch Nikodemus durch σημεῖα
zu Jesus geführt worden, und Jesu Demonstration seiner Allwissenheit 4 16-18 hat doch
auch den Charakter eines σημεῖον. Und andrerseits offenbart sich Jesus 5 24. 47 6 60. 63. 68
ja gerade durch seine λόγοι bzw. ῥήματα. So wird man sich darauf beschränken, in Kap. 3

---

[1] Das τὸ φῶς ἐν τῇ σκοτίᾳ φαίνει von 1 5 klingt immer wieder an: 3 19 8 12 9 5. 39
11 9 f. 12 35 f. 46. Ebenso das οὐ κατέλαβεν, οὐκ ἔγνω, οὐ παρέλαβον von 1 5. 10 f. in 3 19 32
5 39 f. 6 66; Kap. 7 und 8; 10 31 ff. 11 45 ff. 12 37 ff. und sonst.

[2] Die Passionsgeschichte Kap. 18—20 ist vom Evglisten als Offenbarung der δόξα
Jesu dargestellt und gehört deshalb mit Kap. 13—17, in denen sich Jesus den Seinen
als der δοξασθείς offenbart, zu einer Einheit zusammen.

[3] S. S. 28.   [4] Die „Scheidung" ist in der Szene 6 66 ff. ausdrücklich dargestellt.

[5] Für Kap. 6 sind nicht zwei σημεῖα zu zählen; denn das Wunder des Seewandelns
war mit dem der Speisung durch die Tradition in Einheit gegeben. Ebenso ist es falsch,
zu Kap. 5 schon 4 43-54 ziehen zu wollen, um auch für Kap. 5 zwei σημεῖα als Einleitung
zu erhalten (Htm.); denn auf 4 43-54 ist in der Rede Jesu Kap. 5 nicht Bezug genommen;
4 43-54 dürfte vielmehr selbständige Bedeutung haben (s. o.). Ebensowenig kann man
2 1-12 und 2 13-22 als zwei den Gesprächen in Kap. 3 und 4 vorausgeschickte σημεῖα an=
sehen (Htm.); denn die σημεῖα von Kap. 2 (auch wenn man die Tempelreinigung als
ein solches gelten läßt) geben nicht die Themata von Kap. 3 und 4.

und Kap. 4 die Begegnung der Individuen des verschiedensten Charakters mit der Offenbarung, in Kap. 6 und Kap. 5 den Konflikt der Offenbarung mit den Fragen des natürlichen Lebens und der Religion dargestellt zu finden.

Es bleibt Kap. 2: zwei Ereignisse ohne anschließende Reden und dadurch singulär[1].
Offenbar bilden sie ein Vorspiel oder ein Doppelbild, das Jesu Wirken symbolisch abbildet: das Weinwunder 2₁₋₁₁ ist ausdrücklich als ἀρχὴ τῶν σημείων bezeichnet (V. 11),
und die Tempelreinigung 2₁₃₋₂₂ ist die Vorabbildung des Endes: des Todes und der
Auferstehung Jesu. Das ist um so klarer, als das Weinwunder ein Epiphaniewunder ist,
und als der Evglist die Geschichte von der Tempelreinigung, die die alte, durch die Synoptiker repräsentierte Überlieferung an den Schluß des Wirkens Jesu stellte, an den
Anfang neben das Epiphaniewunder gerückt hat[2].

Vorspiel: Kap. 2.
1. 2₁₋₁₂: Das Wunder der Epiphanie.

Ohne Zweifel legt der Evglist seiner Darstellung wieder ein Traditionsstück zugrunde. Offenbar entnimmt er es einer Quelle, die eine Sammlung von Wundern enthielt, und die er auch in den folgenden Wundergeschichten benutzt. Es ist die σημεῖα-
Quelle, die sich in ihrem Stil deutlich abhebt von der Sprache des Evglisten selbst wie
von der Sprache der Redenquelle, die im Prolog wie in den folgenden Reden zugrunde
liegt; ebenso aber auch von den Wundergeschichten der synoptischen Tradition. Die Verwandtschaft des Stiles mit dem von 1₃₅₋₅₀[3] legt die Vermutung nahe, daß 1₃₅₋₅₀ die
Einleitung der σημεῖα-Quelle gewesen ist, wozu in der Tat der Inhalt von 1₃₅₋₅₀ und
zumal ihr Schluß ausgezeichnet paßt. Offenbar enthielt die Quelle eine Zählung der
Wunder; denn daß 2₁₁ (in seinem Grundbestande) aus der Quelle stammt und nicht ein
Zusatz des Evglisten ist, ergibt sich aus 4₅₄, wo das berichtete Wunder im Widerspruch
mit 2₂₃ 4₄₅ als das δεύτερον σημεῖον Jesu bezeichnet wird. Offenbar stammt auch der
Schluß des Evgs 20₃₀f. aus dieser Quelle, deren Schluß er ursprünglich war[4].

Wenn es der Evglist gewagt hat, diesen Schluß zugleich als Abschluß für sein Buch
zu verwenden, so zeigt das nicht nur, daß das σημεῖον für ihn eine fundamentale Bedeutung hat, sondern zugleich — wenn er das Wirken Jesu, wie er es darstellt, unter
den Begriff des σημεῖον stellen kann! — daß dieser Begriff nicht der eindeutige der naiven

---

[1] 2₁₃₋₂₂ enthält zwar eine Diskussion; doch ist sie in ihrer Kürze als einmaliger
Wortwechsel mit den übrigen Diskussionen, auch denen von Kap. 11, nicht vergleichbar.
[2] Das oben Gesagte zeigt, daß ich E. Lohmeyers Versuch, das Evg im ganzen
und im einzelnen nach der Siebenzahl zu gliedern (ZNTW 27 [1928], 11—36), nicht
akzeptieren kann. Hier wird Ungleichwertiges koordiniert, Zusammengehöriges auseinandergerissen (wie 2₁₋₁₂ und 2₁₃₋₂₂) und wichtige Einschnitte (wie 18₁) werden über-
deckt. — Ebensowenig halte ich E. Hirschs Gliederung des Evgs in sieben „Ringe" (Das
vierte Evg 1936) für überzeugend, schon deshalb nicht, weil hier die falsche Stellung der
Kapp. 6. 8. 17 nicht erkannt ist. — Von der Bedeutung der Siebenzahl für Joh kann ich
nichts bemerken. Zwar kann man sieben Wunder zählen, aber nur, wenn man das für
den Zshg des Evgs bedeutungslose und zur Speisungsgeschichte gehörige Wunder 6₁₆₋₂₁
mitrechnet, und wenn man davon absieht, daß die einzelnen Wunder ganz verschiedenes
Gewicht für den Aufbau haben; nur die Wunder in Kapp. 5. 6. 9. 11 stehen etwa parallel.
Im übrigen widersprechen so offenbare Doppelungen wie Kapp. 3/4, Kapp. 6/5 dem
Prinzip der Siebenzahl.
[3] Auch 2₁₋₁₂ zeigt die Stellung des Verbums am Anfang des Satzes und zahlreiche
Asyndeta; freilich ist der Text stärker redigiert, s. u.
[4] Für den Nachweis der σημεῖα-Quelle s. A. Faure, ZNTW 21 (1922), 107—112,
der wohl mit Recht auch 12₃₇ hierherrechnet. Auch Wellh., Schw. und Spitta haben wie
Ed. Meyer (Urspr. und Anf. des Christent. I 337) den ursprünglichen Zshg von 2₁₋₁₂
und 4₄₆₋₅₄ erkannt. — Hat man schon im Judentum die at.lichen Wunder gezählt und
in eine Reihe gebracht? Vgl. Joma 29a (Str.-B. II 409f.): „R. Asi (um 300) hat gesagt:
Esther ist der Schluß aller (alttest.) Wunder."

Wundererzählung ist. Vielmehr ist deutlich — und wird durch die Exegese vollends deutlich werden —, daß sich die Begriffe σημεῖα und ῥήματα (λόγοι) gegenseitig bestimmen: das σημεῖον ist keine bloße Demonstration, sondern redender Hinweis, Symbol[1], und das ῥῆμα ist nicht Lehre als Mitteilung eines Gedankengehalts, sondern geschehendes Wort, Ereignis der Anrede. So erweist sich auch 2 1-11 sogleich als Symbol. Damit ist aber auch die Frage geboten, wieweit der Evglist dem Traditionsstück eine neue Deutung gegeben, und ob er diese durch die redaktionelle Bearbeitung der Traditionsstücke zum Ausdruck gebracht hat[2].

Man wird der Redaktion des Evglisten in 2 1-12 vielleicht die Tagesangabe in V. 1 zuschreiben[3], nicht jedoch den V. 12, der, da er keine Verknüpfung mit dem Folgenden bildet, in der Quelle gestanden haben muß[4]. Daß aber in V. 12 die μαθηταί in einigen Zeugen fehlen, in anderen vor den ἀδελφοί genannt werden[5], weist darauf hin, daß sie hier nicht ursprünglich sind; sie wurden nachgetragen, da man sie nach (V. 2 und) D. 11 vermißte. Ja, vermutlich waren sie auch in V. 2 nicht genannt, sondern sind hier an Stelle der ursprünglich allein genannten ἀδελφοί getreten[6]. Im übrigen dürfte auf den Evglisten V. 9 b (καὶ οὐκ ᾔδει — τὸ ὕδωρ) zurückgehen und der Schluß von V. 11 (καὶ ἐφανέρωσεν), s. unten[7].

Auf die Form gesehen, liegt eine typische Wundergeschichte vor. V. 1-2 gibt die Exposition, V. 3-5 die Vorbereitung des Wunders, die stilgemäß so erzählt ist, daß sie die Spannung weckt, V. 6-8 das Wunder selbst, ebenfalls stilgemäß nur indirekt berichtet unter Verschweigung des eigentlichen wunderbaren Vorgangs; V. 9-10 bildet den Abschluß, der wieder stilgemäß das παράδοξον des Wunders hervorhebt.

---

[1] Σημεῖον = „Wunder", bei Joh wie sonst im NT, in LXX für אוֹת; in dieser Bedeutung auch im Hellenismus, s. Br. zu 2 11 und Wörterb. s. v.; als Fremdwort (סִימָן, סִימָנָא) für „Wunder", „Wunderzeichen" auch ins Rabbin. übernommen (Str.-B. II 409). Für Joh ist die ursprüngl. Bedeutung „Zeichen" lebendig, s. zu 6 26.

[2] Scheidung zwischen Tradition und Redaktion in 2 1-12 bei K. L. Schmidt, Harnack-Ehrung 1921, 32—43; daß 2 1-12 nur den „Torso eines novellenhaften Stückes" enthalte, kann ich freilich nicht anerkennen.

[3] Die Zeitangabe dient vielleicht nur der Gliederung wie 1 29. 35. 43; natürlich mußte der Zeitabstand jetzt etwas größer genommen werden wegen der Wanderung. Ob bei der Angabe „am dritten Tage", d. h. „zwei Tage später", eine deutliche Vorstellung von der Länge des Weges leitend ist, wissen wir nicht, da wir weder den Schauplatz von 1 19-51 noch das 2 1 genannte Kana sicher identifizieren können (s. S. 64, 5). — Möglich ist aber, daß der Evglist alle bisherigen Zeitangaben zusammenrechnet, wenn gleich es wegen der Unklarheit von V. 40-42 (s. S. 68, 5) sehr unsicher ist. Ist es aber der Fall, so natürlich nicht, um 2 1-12 historisch zu datieren (was ja schon deswegen nicht möglich ist, weil der term. a quo 1 19 nicht datiert ist), sondern um den Tag des Ereignisses von 2 1-12 als bedeutsam erscheinen zu lassen. Rechnet man 1 19 ff. als ersten Tag, so ergibt sich, wenn man außer den angegebenen Abständen (1 29. 35. 43) auch für V. 40-42 einen neuen Tag ansetzt, daß 2 1-12 am siebten Tage spielt, d. h. am Herrentag, dem Tag der Epiphanie (Htm., Omodeo, Hirsch). — B. W. Bacon (HThR 8 (1915), 94—120 setzt 2 1 ff. auf den sechsten Tag und sieht darin einen bewußten Gegensatz gegen die auch auf den „sechsten Tag" datierte Dionysos-Epiphanie. — Bd., der am siebten Tag als wahrscheinlich annimmt, meint, daß 1 35-39 am Sabbat spiele, sodaß 2 1 ff. auf einen Mittwoch fällt, welches nach talmud. Bestimmung (s. Str.-B. II 398 f.) der vorgeschriebene Hochzeitstag für Jungfrauen ist.

[4] V. 12 leitete wahrscheinlich zu 4 46-54 über, s. dort.

[5] καὶ οἱ μαθ. αὐτοῦ fehlt in ‎א abe ff[2] al. Es steht vor οἱ ἀδ. H δ 371 = 1241 al. In W die Reihenfolge μαθηταί, μήτηρ, ἀδελφοί.

[6] So Wellh. Man darf dafür vielleicht Epist. Apost. Kap. 5 (Schmidt S. 29 f.) anführen: „Darauf geschah eine Hochzeit in Kana in Galiläa. Und man lud ihn ein mit seiner Mutter und seinen Brüdern." — Natürlich könnte die Korrektur der „Brüder" in die „Jünger" schon in der σημεῖα-Quelle erfolgt gewesen sein, wenn in dieser die einzelnen σημεῖα zu einem fortlaufenden Zshg verbunden waren.

2₁₋₂: die Exposition. Die Szene ist Kana in Galiläa, ein auch bei Jos. mehrfach genannter Ort[1]. Hier findet eine Hochzeit statt[2], bei der auch Jesu Mutter zu Gaste ist. Ob sie als nur vorübergehend oder als dauernd in Kana wohnhaft gedacht ist, ist gleichgültig[3]; ausdrücklich genannt werden muß sie in der Exposition wegen der Rolle, die sie alsbald spielt. Auch Jesus und seine Jünger[4] werden zum Feste geladen, ohne daß es besonders motiviert zu werden brauchte[5].

2₃₋₅: die Vorbereitung des Wunders. Als der Wein ausgeht[6], macht Jesu Mutter ihn darauf aufmerksam; selbstverständlich, um ihn zu einem Wunder zu veranlassen, was nicht nur aus Jesu Antwort V.₄ hervorgeht, sondern auch dem Stil der Wundergeschichte entspricht, in der alles vom Gesichtspunkt der Pointe her erzählt ist und von da verstanden werden muß[7]. Die „Vorbereitung"

---

[1] Vgl. Br. — Nach Euf., On. 116, 4 gab es in Galiläa mehrere Orte des Namens. Der Zusatz τῆς Γαλ. will vielleicht das genannte Kana von einem außergalil. unterscheiden. Welches Kana gemeint sei, ist für die Exegese ohne Bedeutung; vgl. Dalman, Orte und Wege[3] 108—114; Str.=B. II 400; Kundsin, Topolog. Überl. 15. 22—25. — Ratereien über den Reiseweg von 1₄₃ bis 2₁ sind fruchtlos; und komisch sind die Reflexionen über die Geschwindigkeit des Marsches Jesu und seiner Jünger, s. u. A. 5. — Ob die Fixierung der Erzählung auf Kana in der Geschichte der hier ansässigen Christengemeinde ihren Grund hat, s. Kundsin a. a. O.

[2] Über die jüd. Hochzeitsbräuche s. Str.=B. II 372—399. — Die Zeiten werden vorüber sein, da man raten wollte, wer der Bräutigam sei, etwa Σιμὼν ὁ Καναναῖος von Mk 3₁₈, oder gar der Evglist selbst, der „jungfräuliche" Johannes, der alsbald nach der Hochzeit seine Frau verlassen habe. Aber auch eine Vermutung wie die, daß die Hochzeitsleute arme Leute gewesen seien, ist verboten.

[3] Die Wendung „sie war da" ist rabbinischem Sprachgebrauch geläufig und bezeichnet nur ihre Anwesenheit, s. Schl.; s. auch zu V. 12.

[4] Nimmt man die Verknüpfung der Erzählungen ernst, so wären es nur die fünf in 1₃₅₋₅₁ berufenen Jünger. Zweifellos sind aber sonst im Evg, wo die μαϑηταί als Begleitung Jesu genannt werden, die traditionellen Zwölf gemeint, wenngleich der Evglist deren Berufung nicht erzählt; er setzt sie aber 6₆₇ff. 20₂₄ voraus. So werden die Zwölf auch hier gemeint sein; s. Cl. R. Bowen, JBL 49 (1930), 303. — Im übrigen gebraucht der Evglist μαϑ. auch in einem weiteren Sinne, vgl. 6₆₀. ₆₁. ₆₆.

[5] καλεῖν = „einladen" ist geläufig wie קָרָא. Die Hochzeitsfeier pflegte sieben Tage zu dauern (Str.=B. I 517), und während die Brautführer die ganze Woche ausharren mußten, konnten wohl neue Gäste kommen und gehen (ebd. 506). Aus dem ἐκλήϑη V.₁ kann nicht geschlossen werden, daß Jesus und die Jünger erst nachträglich geladen wurden, als das Fest schon im Gange war und jene unvermutet eintrafen (B. Weiß, Zn.). Grotesk aber ist die Phantasie, daß der „unerwartete Zuwachs" bei der Hochzeitsgesellschaft die Weinvorräte schneller zu Ende gehen ließ, als vorausgesehen war, da ja die Neuangekommenen infolge der Eile, mit der sie den weiten Weg zurückgelegt hatten (s. A. 1), bes. durstig waren (B. Weiß). Nach Lagr. hat Nathanael, der ja aus Kana stammte (21₂), die Einladung veranlaßt.

[6] ὑστερεῖν im Sinne von „fehlen" ist im Spätgriech. geläufig; für die Pap. s. Preisigke, Wörterb. — Indessen ist der Gen. abs. ὑστερήσαντος οἴνου zweifellos eine Glättung des schwerfälligen ursprünglichen Textes (א it syrʰᵐᵍ) οἶνον οὐκ εἶχον, ὅτι συνετελέσϑη ὁ οἶνος τοῦ γάμου. εἶτα ... Über den Weinkonsum bei jüd. Hochzeiten s. Str.=B. II 400.

[7] Psycholog. Interpretationen haben zu unterbleiben wie die, daß Maria (deren Name übrigens bei Joh nie genannt wird) gewohnt ist, ihre Verlegenheiten und Sorgen mit ihrem Sohne zu teilen in der Erwartung, daß er einen Rat wisse, etwa wie aus der Nachbarschaft neuer Vorrat zu beschaffen sei (B. Weiß, Zn.); es sei ihr nämlich peinlich, daß gerade durch die Ankunft Jesu und seiner Jünger die Weinvorräte so schnell zu Ende gegangen seien (Zn.). Grotesk gar die Auffassung, Maria wolle Jesus zum Aufbruch mahnen; er aber erwidere: dazu sei die Stunde noch nicht gekommen! — Fragt man,

hat ja gerade den Sinn, das Wunder in seinem Charakter als *παράδοξον* erscheinen zu lassen, indem die Spannung gesteigert wird. Das geschieht hier — wie auch sonst[1] — dadurch, daß die Bitte zunächst abgewiesen wird, freilich in zweideutiger Form, sodaß die Erwartung wach bleibt. Die Abweisung ist eine schroffe: „Was gehst du mich an, Weib[2]!" Dabei überrascht vor allem die Anrede *γύναι*, wo man „Mutter" erwartet. Ist diese Anrede auch nicht respektlos oder verächtlich[3], so richtet sie doch eine eigentümliche Distanz zwischen Jesus und seiner Mutter auf. Die menschliche Verbundenheit und die aus ihr erwachsenden Motive kommen für das Handeln Jesu nicht in Frage; der Wundertäter untersteht einem eigenen Gesetz und hat auf eine andere Stimme zu hören: *οὔπω ἥκει ἡ ὥρα μου*[4]. Abgeschlossen wird die Vorbereitung durch V.₅: die Mutter hat ihren Sohn verstanden; was sich tun läßt, ist nur eines: bereit sein für die Befehle des

---

wie gerade Maria darauf komme, Jesus zu bitten, so ist nicht auf eine besondere Rolle, die sie im Hochzeitshause gespielt habe, zu reflektieren, vielmehr zu antworten, daß die Erzählung aus Kreisen stammt, in denen eine besondere Geltung der Herrenmutter schon selbstverständlich war; schon daß Jesu Vater nicht genannt ist, weist darauf hin. (Das gilt auch dann, wenn die Erzählung wirklich eine Polemik gegen die Marien=Verehrung enthalten sollte.) Daher ist auch die Frage abzuweisen, wie Maria auf den Gedanken kommt, Jesus könne durch ein Wunder helfen.

[1] Dgl. Mt 7₂₇ Mt 8₇ (als abweisende Frage zu lesen!); ähnlich die Verzögerung Joh 4₄₈ Mt 9₁₉ff.

[2] Das *τί ἐμοὶ καὶ σοί*; (Bl.=D. § 299, 3) eine populäre Formel, in LXX häufig für מַה־לִּי וָלָךְ, oft im NT. Die Formel bedeutet nicht Abweisung der Gemeinschaft schlechthin, sondern bezieht sich auf den konkreten vorliegenden Fall.

[3] Wie der verkleidete Odysseus die Penelope (ὦ) *γύναι* anredet (Od.19, 221), so Oedipus die Jokaste (Soph. Oed. tyr. 642. 800. 1054). Andere Beisp. bei Wetst. und Br., vgl. Jac. Wackernagel, Über einige antike Anredeformen 1912. — Nach Str.=B. II 401 kommt „Weib" (אִשָּׁה) auch als Anrede im Rabbin vor, was Dalman, Jesus=Jesch. 182f.

bestreitet. Die Beispiele für ὦ *γύναι* bei Jos. (Schl. zu Matth 15₂₈) können die Frage nicht entscheiden. — Daß der joh. Jesus durch diese Anrede seine Mutter verleugne (Delafosse 9—13), ist weit übertrieben; richtig aber, daß die schroffe Abweisung nicht durch allegor. Interpretation der Maria als der Synagoge oder durch andere Kunststücke abgeschwächt werden darf. — Zahn, nach dem die „harmlose Mitteilung" der Mutter für Jesus eine Versuchung ist, seine Berufsausstattung zu früh und eigenmächtig zu betätigen, die er mit Entrüstung zurückweist, interpretiert individualistisch-moralistisch. Man kann nur den allgemeinen Gedanken finden, daß der *θεῖος ἄνθρωπος* nicht durch menschliche Motive bestimmt wird; denn sonst müßte ja verständlich sein, warum Jesus so kurz darauf das Wunder doch tut; war es nach 2 oder auch nach 24 Stunden keine Versuchung mehr? Und warum nicht?

[4] Dgl. Eunapius, Vita Jambl. p.459 Didot (Weinreich, Antike Heilungswunder 46, 4): Aidesios und andere wollen größere Wunder sehen, ὁ δὲ πρὸς αὐτούς· ἀλλ' οὐκ ἐπ' ἐμοί γε τοῦτο, ἔλεγε, ἀλλ' ὅταν καιρὸς ᾖ (vgl. Joh 7₆). Im astrolog. Glauben und Zauber spielt die „Stunde" eine große Rolle, vgl. Juvenal 6, 597: ad primum lapidem hora sumitur ex libro. Dgl. auch Frz. Boll, Aus der Offenbarung Johannis 24f. In bezug auf das Wunder betet der Apostel Act. Thom. 73 p.188, 12ff.: τί ἑστήκαμεν ἀεργεῖς; Ἰησοῦ κύριε, ἡ ὥρα πάρεστιν· τί ἀπαιτεῖ γενέσθαι; κέλευσον οὖν ἐκπληρωθῆναι ὃ δὴ γενέσθαι ὀφείλει. Für eine Vision wird herm. vis. III 1, 2. 4 die Stunde genau festgesetzt. — Die bei Str.=B. II 401—405 und Schl. gegebenen Beispiele für den Glauben an bestimmte „Stunden" haben etwas anderen Sinn. Wo es sich nicht einfach um einen durch das Gesetz festgesetzten Termin handelt, liegt der Glaube an die durch Gott (aber gelegentlich auch durch die Gestirne) determinierte Stunde für das Schicksal eines Menschen vor. Dgl. die von G. Kittel, Probleme des paläst. Spätjudent.169—178 zitierten Texte. Von hier aus ist wohl Joh 7₃₀ 8₂₀ 12₂₃ 13₁ 16₂₁ 17₁ zu interpretieren, ebenso Mt 14₄₁, nicht aber Joh 2₄, — oder doch erst in dem Sinne, den der Evglist der Erzählung gibt; darüber s. u.

Wundertäters. So weist sie die Diener an, die etwaigen Befehle Jesu zu er=
füllen[1].

2₆₋₈: **das Wunder.** Eine szenische Angabe ist für das Folgende notwendig:
sechs große Wasserkrüge von gewaltigem Umfang stehen da[2]. Da für den Un=
kundigen auffällig ist, daß in einem Hause solche Krüge stehen, wird hinzugefügt,
daß sie dem jüdischen Reinheitsbrauche dienen[3]. Jesus läßt die Krüge bis zum
Rande füllen; es geschieht, und es folgt der weitere Befehl: „Bringt dem Tafel=
meister[4]!" Der Leser weiß, ohne daß es gesagt ist: das Wasser — und welch ge=
waltige Menge[5]! — ist in Wein verwandelt. Daß der wunderbare Vorgang
nicht beschrieben wird, entspricht dem Stil der Wundergeschichte; das göttliche
Handeln bleibt Geheimnis[6].

2₉₋₁₀: **der Abschluß.** Wie sonst Wundergeschichten damit schließen, daß
durch eine Demonstration oder eine Äußerung des Publikums die Größe des
Geschehenen hervorgehoben wird, so auch hier[7]. Aber nicht durch eine allgemeine
Wendung, sondern durch eine konkrete Szene wird das παράδοξον zum Bewußt=
sein gebracht: welch herrlicher Wein ist aus dem Wasser geworden! Der Tafel=
meister, der den Wein kostet, stellt den Bräutigam zur Rede, daß dieser den besten
Wein solange zurückgehalten hat, bis ihn die Gäste nicht mehr würdigen können[8].
Mit diesem Worte schließt die eigentliche Geschichte; jedes weitere Wort würde
die Wirkung nur abschwächen[9].

---

[1] Natürlich ist nicht zu reflektieren, wie Maria dazu kommt, im fremden Hause die
Diener zu kommandieren (s. S. 80, 7); vielmehr ist die Ökonomie der Wundergeschichte zu
bewundern, wie durch diesen Befehl indirekt die Haltung der Maria charakterisiert wird,
und wie zugleich die für die folgende Handlung notwendigen Diener eingeführt werden.

[2] Jeder Krug faßt 2—3 μετρηταί; μετρ. (im NT nur hier, oft in Pap.) ist die Be=
zeichnung des attischen Maßes, dem hebr. בַּת entsprechend. Das Maß umfaßt fast 40
(genau 39,39) Liter, sodaß das ganze Quantum auf 480—700 Liter zu berechnen ist;
s. Str.=B. II 405—407.

[3] Zu ἦσαν ... κείμεναι s. Bl.=D. § 353, 1; doch dürfte das κείμεναι nach
א al als Zusatz zu streichen sein. Durch κατά κτλ. ist schwerlich der Zweck angegeben (was
freilich möglich ist, Br.); denn dann würde das τῶν Ἰουδ. fehlen; vielmehr heißt κατά
„entsprechend". Καθαρισμός für den jüd. Reinigungsbrauch wie Lk 2₂₂ 5₁₄. Bei der
Reinigung handelt es sich um die rituelle Waschung der Hände vor und nach der Mahl=
zeit; s. Schürer II 560—565; Str.=B. I 695—704; W. Brandt, Die jüd. Baptismen 1912.

[4] Zu ἀρχιτρίκλινος (Festordner, Tafelmeister) s. Br., Wörterb.

[5] An der gewaltigen Menge ist der Wundergeschichte gerade gelegen. Auch Act.
Thom. 120 p. 230, 16 ff. wird, um ein großes Quantum zu betonen, von μετρηταί οἴνου
gesprochen. Nur komisch wirken die Versuche, das Quantum zu reduzieren (etwa: nur
ein Teil des Wassers, soviel wie nötig war, wurde verwandelt) oder die Versicherung,
Jesus werde durch seine Anwesenheit dafür gesorgt haben, daß der Wein nicht miß=
braucht wurde.

[6] Vgl. Gesch. der synopt. Trad.² 237. 239; Dibelius, Formgesch.² 88. 91. Ein Mangel
an Anschaulichkeit (K. L. Schmidt a. a. O. 35) ist also nicht zu konstatieren.

[7] Vgl. Gesch. der synopt. Trad.² 240 f.

[8] Die Regel, die der ἀρχιτρ. V.₁₀ ausspricht, widerspricht wie dem heutigen, so
auch dem antiken Brauch. Windisch, der ZNTW 14 (1913), 248—257 der „joh. Wein=
regel" seine Gelehrsamkeit gewidmet hat, hat auch nicht mehr als schon Wetst. feststellen
können, daß nämlich schäbige Gastgeber oder betrügerische Wirte betrunkenen Gästen
schlechten Wein vorsetzen. Möglich, daß der ἀρχιτρ. mit derbem Humor auf solchen
Brauch anspielt; möglich aber auch, daß die Regel „ad hoc im Interesse der Wundertat
gebildet ist" (Br.). Daß eine Polemik gegen Lk 5₃₉ (Omodeo, Saggio 58) vorliege, ist
eine zu scharfsinnige Vermutung.

[9] Der Satz καὶ οὐκ ᾔδει — ὕδωρ in V. 9 unterbricht die Konstruktion; denn man kann
nicht das ὡς (δὲ ἐγεύσατο) im Verhältnis zu ἐγεύσ. temporal und nachher im Verhältnis

Die Quelle hat dieses Wunder als erstes gezählt¹. Daß sie es an den An=
fang ihrer Sammlung gestellt hat, ist sehr begreiflich; denn es ist ein Epiphanie=
wunder. In der alten Tradition der Jesus=Geschichten hat es keine Analogien
und befremdet im Vergleich mit ihnen². Zweifellos ist die Geschichte aus heid=
nischer Legende übernommen und auf Jesus übertragen worden. In der Tat
ist das Motiv der Geschichte, die Verwandlung des Wassers in Wein, ein typisches
Motiv der Dionysos=Legende, in der dieses Wunder eben das Wunder der Epi=
phanie des Gottes ist und deshalb auf den Zeitpunkt des Dionysos=Festes, nämlich
die Nacht vom 5. auf den 6. Januar, datiert wird. In der alten Kirche ist diese
Verwandtschaft noch verstanden worden, wenn man das Fest der Taufe Christi
als seine Epiphanie auf den 6. Januar setzte, und ebenso, wenn man den 6. Januar
für den Tag der Hochzeit von Kana hielt³.

Für den Evglisten erschöpft sich der Sinn der Geschichte nicht in dem
wunderbaren Ereignis⁴; dieses, bzw. die Erzählung, ist für ihn Symbol dessen,
was sich im ganzen Wirken Jesu ereignet, der Offenbarung der δόξα Jesu⁵;
diese aber ist in seinem Sinne nicht die Macht des Wundertäters, sondern die
Göttlichkeit Jesu als des Offenbarers, die im Empfang der χάρις und ἀλήθεια
sichtbar wird für den Glauben⁶; daß er seine δόξα offenbart, ist nichts anderes,
als daß er das ὄνομα des Vaters offenbart (17₆). Nur Bild dafür könnte die
Epiphaniegeschichte sein; und so kann auch das ἐπίστευσαν εἰς αὐτὸν (οἱ μαθη=
ταὶ αὐτοῦ) in seinem Sinne nur eine vorbildliche Darstellung des Glaubens
sein, den der Offenbarer durch sein Wort weckt⁷.

zu οὐκ ᾔδει kausal auffassen. Freilich könnte der Satz im Sinne der Geschichte die Äußerung
des ἀρχιτρ. motivieren und auf die Diener als einwandfreie Zeugen hinweisen wollen.
Aber Faure und K. L. Schmidt halten ihn wohl mit Recht für einen Zusatz des Evglisten;
das πόθεν bildet zu deutlich jene auf Jesus bezügliche Frage ab, die sich immer wieder
erhebt (7₂₇f. 8₁₄ 9₂₉f. 19₉), und die Antithese von Wissen und Nichtwissen klingt joh.
¹ S. S. 78. ἀρχὴν steht prädikat. (Bl.=D. § 292) wie Jsocr. Paneg. Kap. 10, 38:
ἀλλ' ἀρχὴν μὲν ταύτην ἐποιήσατο τῶν εὐεργεσιῶν, τροφὴν τοῖς δεομένοις εὑρεῖν (Br.).
— Die Lokalisierung soll im Sinne der Quelle die Zuverlässigkeit des Erzählten beglau=
bigen; s. Lohmeyer, ZNTW 27 (1928), 17f. — Zum Begriff σημεῖον s. zu 6₂₆.
² Über dieses Befremden s. Dibelius, Formgesch.² 98f.; Carpenter 377 u. A.
³ Am Tage des Dionysos=Festes sollen die Tempelquellen auf Andros und Teos
alljährlich Wein statt Wasser gesprudelt haben. In Elis wurden am Vorabend des Festes
drei leere Krüge im Tempel aufgestellt, die am andern Morgen voll Wein gefunden
wurden. — Außer Br., Exk. zu 2₁₂ s. Arn. Meyer, Das Weihnachtsfest 1913, 12ff.;
Bousset, Kyrios Chr.² 62. 270—274; J. Grill II 1923, 107—119; P. Saintyves,
Essai sur folklore biblique 1922, 205—229; K. Holl, Der Ursprung des Epiphanien=
festes, SABerlin 1917, XXIX, bzw. Ges. Aufs. II 1927, 123ff.; Dibelius, Formg.² 98f.
277; Carpenter 379f. — In der späteren christlichen Legende wird das Weinwunder
vielfach auf die Weihnachts= oder Neujahrsnacht datiert; vgl. außer Saintyves etwa:
K. Müllenhoff, Sagen, Märchen und Lieder der Herzogtümer Schleswig, Holstein und
Lauenburg⁴ 1845, 169; Kleiner Führer für die Samlandbahn⁵ (nach „Sagen des Preuß.
Samlandes" von R. Reusch, 2. Aufl. 1863), 16; Joh. Künzig, Schwarzwaldsagen
1930, 211.
⁴ Die Frage, ob der Evglist das Wunder für ein wirkliches historisches Ereignis ge=
halten habe, scheint mir nicht so selbstverständlich bejaht werden zu dürfen, wie gewöhn=
lich geschieht; doch mag sie dahingestellt bleiben.
⁵ Es ist sehr möglich, daß der Evglist sich in seiner symbolischen Deutung schon auf
eine Tradition stützen konnte. Auch nach Philon spendet der (durch Melchisedek ab=
gebildete) Logos den Seelen ἀντὶ ὕδατος οἶνον (leg. all. III 82), und heißt der Logos
der οἰνοχόος τοῦ θεοῦ (somn. II 249).
⁶ Zu δόξα s. S. 44, 1.
⁷ Sollte wirklich der Satz καὶ ἐφανέρωσεν κτλ. schon in der Quelle gestanden haben,

Es fragt sich, wieweit man von diesem Grundverständnis aus die einzelnen Züge der Geschichte interpretieren darf. Wie sonst in der Bildersprache des Evgs nicht irgendein einzelnes Heilsgut, das Jesus schenkt, beschrieben wird, sondern wie die Bilder des lebendigen Wassers, des Lebensbrotes, des Lichtes ebenso wie die des Hirten und des Weinstocks ihn selber als den Offenbarer meinen, so bedeutet jedenfalls auch hier die Gabe des Weines nichts Spezielles, sondern Jesu Gabe als ganze, ihn als den Offenbarer, wie er nach der Vollendung seines Werkes erst endgültig sichtbar geworden ist[1]. Und wenn sonst durch das Prädikat des ἀληϑινόν Jesu Gabe einem vorgeblichen oder vorläufigen Gut gegenübergestellt wird (19 632 151), so wird hier das gleiche Gegenüber durch den Gegensatz von Wein und Wasser dargestellt, sodaß also auch nicht das Wasser spezieller gedeutet werden darf: es bildet all das ab, was ein Surrogat der Offenbarung ist, alles, wovon der Mensch meint leben zu können und doch nicht leben kann[2].

---

so bezeichnete hier δόξα die Macht des Wundertäters (s. S. 44, 1), und das πιστεύειν hatte den primitiven Sinn des durch äußere Wunder geweckten Glaubens, den es für den Evglisten nicht haben kann; schon deshalb nicht, weil der Satz als Angabe eines einzelnen Ereignisses in gar keinem Zushg mit dem Vorhergehenden (135-51) und Folgenden (668f.) steht; zudem wäre der Glaube, der das Wunder nicht als σημεῖον im Sinne von 626 versteht, kein wirklicher Glaube; s. auch zu 73f.

[1] Die spezielle Deutung des Weines auf Jesu Blut ist auch deshalb unwahrscheinlich, weil das Blut Jesu bei Joh kaum eine Rolle spielt (nur 1934, was aber mit seinem αἷμα καὶ ὕδωρ zu dem „Wein statt Wasser" von 21-11 nicht paßt, und I Joh 17. — 651b-58 stammt vom Red., s. dort). Und wie sollte ein solcher Gedanke am Eingang des Wirkens stehen, das als ganzes als ein Wirken durch das Wort geschildert wird! — Auch R. Eisler (Das Rätsel des Joh=Evgs 487f.) meint, daß der Wein das Blut Jesu darstelle; und zwar erblickt er in der Geschichte eine Rechtfertigung der (täuferischen) Kreise, die die Kommunion statt mit Wein mit Wasser genossen, — unter Berufung auf Iren. I 13, 2 (Markos bewirkt durch seine Epiklese, daß das Wasser im Kelch als Wein erscheint). Das wird allzu scharfsinnig sein. — Ähnlich vermutet Omodeo (Saggio 58), daß das Weinwunder einen eucharistischen Ritus voraussetze, in dem der Kelch Wasser enthielt. Der Wein, in den sich für die Feiernden das Wasser verwandelt, sei der Geist. Aber es ist nicht angemessen, den Wein als Bild des Geistes zu verstehen, wenn dieser als eine spezielle Gabe Jesu verstanden wird; richtig ist es freilich, sofern nach 663 Jesu ῥήματα πνεῦμα und ζωή sind. Dann aber ist ebensogut zu sagen, daß der Wein das Leben verbildlicht; kurz, es hat eine spezielle Deutung zu unterbleiben. — Daß der Wein das Symbol der Heilszeit sei, behauptet Joach. Jeremias, Jesus als Weltvollender 1930, 28f. Aber als Belege für solche Symbolsprache genügen nicht Stellen, die davon reden, daß in der Heilszeit Wein getrunken werde (Gen 4911f. Mt 1425; vollends nicht der Hinweis auf Num 1323f.). Der Wein der Hochzeit von Kana stammt nicht aus der at.lichen Heilserwartung, sondern aus dem Dionysos=Kult in Syrien (s. S. 83 und für die Bedeutung des Weinstocks im syr. Kultus: H. Schlier, Relg. Unters. 54f.). — Die jüd.=christl. Vorstellung vom messian. Fest= oder Hochzeitsmahl (Str.=B. I 517) darf man vollends nicht eintragen; denn auf die Hochzeit als solche fällt 21-11 kein Ton, und weder ist von der Festfreude überhaupt die Rede noch von der Wirkung des Wunders auf die Gäste.

[2] Verführerisch wäre es, das Wasser der Reinigungskrüge als Bild speziell der jüdischen Religion aufzufassen. Aber wie die „Juden" für Joh überhaupt die Welt repräsentieren, so tritt ihre Religion zugleich für allen falschen oder vorläufigen Heilsglauben ein; vgl. zu 421. Zudem spielt Polemik gegen das jüd. Gesetz bei Joh keine Rolle (s. S. 67, A. 2. Wenn Loisy recht damit hätte, daß die 6 Krüge den „nombre imparfait" darstellen, so müßte Jesus ja einen siebten hinzuzaubern! Ähnliches wäre gegen Carpenter [378], Howard u. A. [186f.] zu sagen, die in den 6 Krügen die 6 Tage der Weltenwoche finden, auf die der 7. Tag des Heils folgt.). Dagegen ist klar, daß er gegen die Gnosis kämpft. Wenn ihm diese auch wohl vor allem im Täufertum begegnet, so ist es doch absurd, im jüdischen Reinigungswasser die Wassertaufe des Joh abgebildet zu finden, zumal das ἐν ὕδατι 1 21. 26. 31 auf den Red. zurückgeht (s. dort).

Besondere Bedeutung aber wird es für den Evglisten haben, daß Jesus in der Erzählung die Aufforderung zum Wunder zunächst abweist, da sein Tun durch seine „Stunde" bestimmt sei. Für den Evglisten ist diese „Stunde" die Stunde der Passion[1], d. h. aber des δοξασθῆναι Jesu. Dann lehrt die Geschichte: für alle Ratlosigkeit des Menschen ist im Wunder der Offenbarung die Hilfe gegeben; aber das Geschehen der Offenbarung ist unabhängig von menschlichen Wünschen und wird nicht durch menschliche Bitten erzwungen[2]; es ereignet sich dann und so, wie Gott will, übertrifft dann aber alles menschliche Erwarten. Vielleicht darf man in diesem Sinne auch V.10 deuten: das göttliche Handeln geschieht wider alle menschliche Regel. Jedenfalls aber bildet der Zusatz des Evglisten in V.9[3] mit seinem οὐκ ᾔδει πόθεν ἐστίν die menschliche Blindheit angesichts der Person des Offenbarers ab. Der Tafelmeister weiß nicht, woher der Wein stammt, ebenso wie es die Juden zwar zu wissen meinen, woher Jesus stammt, und es doch nicht wissen (7 27 f.; vgl. 8 14); nur die Diener, die geschöpft haben, wissen es, wie nur der Glaube, der aus seiner Fülle empfängt, ihn kennt[4].

V. 12 leitete schon in der Quelle zu weiterer Erzählung über[5]. Er berichtet kaum von einer Übersiedelung, sondern einfach von der Wanderung Jesu und der Seinen nach Kapernaum, das als dauernder Wohnsitz gedacht zu sein scheint[6].

2. 2 13—22: Die Tempelreinigung.

Auf die Epiphaniegeschichte folgt jetzt die Geschichte, die Ende und Vollendung der Offenbarung darstellt[7]. Daß der Evglist die Geschichte von der Tempelreinigung der Tradition entnommen hat, ist klar; sie liegt ja auch Mk 11 15-17 parr. vor. Aus den Synoptikern schöpft der Evglist freilich nicht; jedoch auch nicht aus mündlicher Tradition,

---

[1] 7 30 8 20 12 23. 27 13 1 16 31 17 1. Vgl. auch zu dem ἕως ἄρτι V. 10: 10 24 16 24.

[2] Maria als allegor. Darstellung des Judentums oder der wartenden jüdischen Gemeinde aufzufassen, ist schwerlich richtig (19 26 f. bildet sie offenbar das Judenchristen=tum ab); denn sie verlangt das Wunder ja nicht als Legitimation Jesu; und Jesus dürfte ihre Bitte dann doch nicht gleich darauf erfüllen.

[3] S. o. S. 82, 9.

[4] Schwerlich darf man weiter allegorisieren, s. S. 84, 1. 2 u. A. 2; Br., Bd., Carpenter 377 f. — Deutlich ist die Parallelität von 2 1-11 mit 7 1-10: beiderwärts die Aufforderung an Jesus, seine Macht zu erweisen, in Kap. 2 von Seiten der Mutter, in Kap. 7 von Seiten der Brüder; beiderwärts die Abweisung mit dem Hinweis auf die ὥρα (2 4) bzw. den καιρός (7 6); und beiderwärts unmotiviert nachher die Erfüllung der Aufforderung. Da 7 1-10 viel stärker die Arbeit des Evglisten zeigt, ist es möglich, daß er diese Parallelität geschaffen hat. Aber es ist wahrscheinlicher, daß in 7 1-10 ein Traditionsstück benutzt ist, das ursprünglich die Einleitung zu einer Wundergeschichte war.

[5] S. S. 79. Der Evglist hat vielleicht das οὐ πολλὰς ἡμέρας hinzugefügt (Wellh.), um das 2 13 ff. erzählte Auftreten Jesu in Jerusalem vorzubereiten.

[6] Μετὰ τοῦτο (2 12 11 7. 11 19 28) und μετὰ ταῦτα (3 22 5 1. 14 6 1 7 1 19 38 21 1) wechseln bei Joh als Übergangswendungen (vgl. 4 43 20 26). Daß μετα τοῦτο „ganz bald darauf" heiße, im Unterschied von μετὰ ταῦτα = „später" (Zn.), ist Phantasie. Es wird durch beide Wendungen einfach der zeitliche Abstand bezeichnet. καταβαίνειν wegen der tieferen Lage Kapernaums am See (s. Schl.). Zu dem αὐτὸς καὶ ... καὶ ... bringt Schl. rabbin. Parallelen; aber natürlich liegt kein spezif. rabbin. Sprachgebrauch vor, sondern primitive oriental. Redeweise, die auch das AT kennt. Zu Καφαρναούμ s. Dalman, O. und W.[3] 142 ff.; Str.=B. I 159 f.

[7] S. S. 78. — R. Eisler, Das Rätsel des JohEvgs 358 meint, der Evglist habe die Geschichte von der Tempelreinigung hierher gestellt, um „den Zusammenhang zwischen diesem revolutionären Eingriff in die Befugnisse der Tempelbehörden und der Der=urteilung Jesu durch die Römer zu verdecken".

sondern aus einer wohl den Synoptikern verwandt zu denkenden schriftlichen Quelle[1],
wie daraus hervorgeht, daß D.21f. eine von ihm ein= bzw. angefügte Reflexion ist
(f. u.). Die dem Evglisten vorliegende Erzählung unterschied sich von der synoptischen
dadurch, daß an den Akt der Tempelreinigung ein kurzes Streitgespräch — die Frage
nach der Legitimation Jesu — angehängt war, in dem das Mk 13.2 14.ss usw. vorliegende
Motiv, die Weissagung der Tempelzerstörung, verwendet war. Es ist leicht begreiflich,
daß sich dieses Wort und die Geschichte von der Tempelreinigung gegenseitig angezogen
haben und zu einer spannungsvollen Einheit verbunden wurden. — Vom Evglisten
stammt natürlich die redaktionelle Einleitung V.13, vielleicht kleinere Zusätze in D.15f.
und jedenfalls jene Reflexionen D.17. 20-22. Ein redaktioneller Abschluß konnte fehlen,
da er durch die Überleitung D.23-25 ersetzt wird.

Die redaktionelle Einleitung V.13 motiviert das Auftreten Jesu in Jeru=
salem in der für den Evglisten typischen Weise[2]: ein Fest ist der Anlaß, hinaufzu=
wandern[3], und zwar das Paschafest[4], auf das die Erzählung schon in der Tradition
datiert war. Die Begleitung der Jünger ist nicht erwähnt, obwohl sie natürlich
als Zeugen gedacht sind[5]. Berichtet die synoptische Erzählung, die offenbar nicht
an außerjüdische Leser gedacht hat, einfach von Jesu Handeln im Tempel, so
schildert die hier benutzte Quelle V.14 zunächst die Situation: Jesus findet im
Tempel[6] die Viehhändler[7] und Geldwechsler[8]. Ohne daß der Eindruck auf Jesus
oder sein Urteil ausdrücklich berichtet wäre, wird dann V.15 seine Handlung er=
zählt: aus Stricken flicht er eine Geißel[9] und reinigt den Tempel von dem Ge=
schäftstreiben[10].

---

[1] Die Quelle zeigt semit. Färbung; vgl. die Satzanfänge D.14. 18. 19; typisch ist das
„Sitzen" der Händler (f. Schl.); daß Jesus nicht mit einem Stock, sondern mit einem Strick
vertreibt, zeigt wohl Kenntnis der Verhältnisse; denn „Stöcke und Waffen wurden in
den Höfen des Tempels nicht getragen" (Schl.). Vor allem ist die Legitimationsfrage
D.18 typisch jüdisch (f. Schl.).

[2] Daß die joh. Festreisen redakt. Motivierungen sind, ist hier bef. deutlich; denn
die Geschichte hat hier ihren Platz nur um ihrer symbol. Bedeutung willen. Die An=
gabe 6.4, daß das Paschah nahe war, hat nur kompositorischen Zweck, nämlich Jesu bald
darauf [51] erfolgende Reise nach Jerus. vorzubereiten. Die symbolische Bedeutung
der Festangaben 7.2 (σκηνοπηγία); 10.22 (ἐγκαίνια) ist auch wohl nicht zu bestreiten.
Das Paschah von 11.55 ist das durch die Tradition gegebene Paschah der Passion
(12.1 13.1).

[3] ἀναβαίνειν traditionell vom Weg nach Jerus., f. III Makk 3.16 Mk 10.32f. Act 8.5
11.2 Gal 2.1 usw., Schl., Spr. u. h. 36f. und zu Mt 20.17.

[4] Zu τὸ π. τῶν Ἰουδ. f. S. 59, 1. Zum Paschafest: Str.=B. IV 41—76; G. F. Moore
II 41f.; Klostermann zu Mk 14.1 (Handb. zum NT).

[5] Sie treten bis 3.22 nicht mehr auf; denn ihre Erwähnung 2.17. 22 ist parenthetisch,
zeigt aber zugleich, daß sie als Zeugen des Ereignisses vorausgesetzt sind.

[6] Selbstverständlich im äußeren Vorhof; zur Topographie f. Schürer II 342—345;
Klostermann zu Mk 11.11 (Hdb. zum NT).

[7] Statt der πωλοῦντες und ἀγοράζοντες Mk 11.15 sind Joh 2.14 nur πωλοῦντες
genannt, und als ihre Ware werden Rinder, Schafe und Tauben aufgeführt, während
bei Mk nur die Tauben erwähnt werden. Über den im Tempelbezirk betriebenen Handel
mit Opfertieren f. Str.=B. I 850—852.

[8] κερματιστής sonst nicht nachgewiesen; von κέρμα = kleine Münze (D.15).

[9] Dieser Zug fehlt bei den Synopt. — φραγέλλιον ist latein. Lehnwort (fla=
gellum), das auch in die Mischna eingedrungen ist; das Verb. Mk 15.15 Mt 27.26. Vgl.
Bl.=D. § 5, 1b; 21, 2. — σχοινίον ursprünglich ein aus Binsen geflochtenes Seil, dann
aber oft einfach = Seil, Strick, Bindfaden, f. Preisigke, Wörterb.

[10] ἐξέβαλεν wie Mk 11.15; bei Joh noch 6.37 9.34 12.31. — Zu πάντας ist τά τε πρό=
βατα καὶ τοὺς βόας schlechte Apposition; es ist offenbar redaktioneller (vielleicht erst
ganz sekundärer) Zusatz, zumal das korrel. τε- καὶ im Evg und in den Briefen des Joh
sonst fehlt (nur fortführendes τε 4.42 6.18). Dann fragt sich, ob nicht auch der ganze Rest

Ist bei den Synoptikern das seine Handlung interpretierende Wort Jesu stark abgesetzt[1], so ist hier ein analoges Scheltwort eng mit der Handlung verflochten **V. 16**. Aus der bloßen Konstatierung (Mk 11 17 parr.) ist der Imperativ geworden: „Schafft dies hinweg! Macht nicht meines Vaters Haus zum Krämerhaus!" — ein ganz aus der Situation erwachsenes Wort, während bei den Synoptikern Jesu eine schriftgelehrte Reflexion in den Mund gelegt ist[2].

Die Darstellung wird in **V. 17** durch eine Anmerkung des Evglisten unterbrochen[3]: die Jünger erinnerten sich an das Wort Ps 69 10[4]. Offenbar ist wie V. 22 12 16 gemeint: es ging ihnen später auf, daß dieser Vorgang die Erfüllung des Psalmwortes war. Und zwar ist der Sinn schwerlich der, daß Jesu Handlung eine Äußerung des ihn verzehrenden Eifers sei (sodaß das καταφάγεσθαι vom inneren Verzehren gemeint wäre[5]). Vielmehr hat der Evglist schon das Folgende — bzw. das Ganze des Wirkens Jesu — im Auge und meint, daß Jesu Eifer ihn in den Tod führen wird[6].

Auf Jesu Angriff hin stellen **V. 18** die „Juden" die Legitimationsfrage, wie es Mk 11 27 in ähnlicher Weise die ἀρχιερεῖς und γραμματεῖς tun[7]; sie erscheinen also als Behörde[8]. Sie fragen nach einer Legitimation, die das Recht seines Tuns

---

von D. 15 sekundäre Auffüllung nach Mk 11 15 bzw. Mt 21 12 ist und ebenso am Anfang von D. 16 das Dat.=Obj. τοῖς τὰ περ. πωλοῦσιν. Dafür spricht, daß in D. 15 das synopt. κολλυβισταί an Stelle des κερματ. von D. 14 tritt (oder sollte der Zusammenstoß von τῶν κερματιστῶν . . . τὰ κέρματα vermieden werden?), und daß Jesu Wort D. 16 doch nicht nur den Taubenhändlern, sondern den πάντες von D. 15 a gilt. — Daß B wie Orig. τὰ κέρματα statt des nicht=attischen τὸ κέρμα der andern Zeugen lesen, ist vielleicht Korrektur. Es ist bedeutungslose Variante wie das ἀνέστρεψεν von B statt ἀνέτρεψεν.
[1] Mk 11 17 ist wohl ein Zuwachs zur ursprünglichen Erzählung, s. Gesch. der synopt. Trad.[2] 36
[2] Daraus, daß das Wort Jesu bei Joh der Szene besser entspricht, kann natürlich nur auf die Geschick des Erzählers, nicht auf die größere geschichtliche Treue des Berichts geschlossen werden (anders R. Eisler, Ἰησ. βασ. II 499ff.). — Statt des aus Jes 56 7 (vgl. Jer 7 11) stammenden ὁ οἶκός μου Mk 11 17 heißt es bei Joh ὁ οἶκος τοῦ πατρός μου, was natürlich nicht eine joh. Korrektur zu sein braucht; denn daß Jesus „mein Vater" sagt, ist nicht erst joh. (vgl. Mt 7 21 10 32f. 11 27 Lk 2 49 usw.). — Man pflegt zu Joh 2 16 zu vergleichen Zach 14 21: καὶ οὐκ ἔσται Χαναναῖος (= Krämer) ἔτι ἐν τῷ οἴκῳ κυρίου παντοκράτορος ἐν τῇ ἡμέρᾳ ἐκείνῃ. Allein der Text legt nicht nahe, eine solche Anspielung vorzunehmen; der Evglist hat sich, wie D. 17 zeigt, an eine andere at.liche Stelle erinnert gefühlt.
[3] D. 18 schließt mit seinem οὖν direkt an D. 16 an, und D. 17 ist eine Reflexion wie V. 22 12 16, welche deutlich als Verse des Evglisten stammen.
[4] Das Zitat stimmt wörtlich mit LXX überein. Zum hellenist. Fut. φάγομαι s. Bl.=D. § 74, 2. Die Variante κατέφαγεν (bei Joh wie in LXX) ist zum mindesten bei Joh Korrektur; hat er in LXX κατέφαγεν gelesen, so ist die Umsetzung ins Fut. charakterist. für das Verständnis des Psalms als Weissagung. — γεγραμμένον ἐστίν (vgl. 6 31. 45 10 34 12 14. 16) entspricht wie γέγραπται (vgl. 8 17) dem rabbin. כָּתוּב (דְּ), s. Schl. zu Mt 2 5;
Bacher, Die exeget. Terminologie der jüd. Trad.=Lit. II 1905, 90f.
[5] Vom inneren Verzehren Hom. Il. 6, 202: ὃν θυμὸν κατέδων. Aristoph. Vesp. 286f.: μηδ' οὕτως σεαυτὸν ἔσθιε μηδ' ἀγανάκτει.
[6] Das entspricht auch der traditionellen Verwendung von Ps 69 im urchristl. Weissagungsbeweis; vgl. Röm 15 3, wo die zweite Hälfte des Verses zitiert wird.
[7] ἀποκρίνεσθαι wie oft = „daraufhin sagen".
[8] Das οἱ Ἰουδ. hat der Evglist natürlich verstanden wie sonst (s. S. 59); aber es ist unnötig, anzunehmen, daß er dies Subj. erst eingesetzt hat an Stelle eines anderen. Denn mehr und mehr mußten im Christentum „die Juden" als eine einheitliche Gegnerschaft verstanden werden; vgl. den Sprachgebr. der Act.

ausweist[1]. Der Evglist hat unter dem geforderten σημεῖον wie 6₃₀ fraglos ein
legitimierendes Wunder verstanden; ebenso aber auch schon die Quelle, die ja
Jesus antworten läßt mit der Ankündigung eines Wunders, — wenngleich anderer
Art, als es die Fragenden erwarten. Die Frage ist also eine Parallele zu Mt 8₁₁
Mt 12₃₈ = Lk 11₁₆[2] und entspricht dem typisch jüdischen Standpunkt[3], der freilich
in dieser Hinsicht der allgemein menschliche ist: der Unglaube fragt nach einem
σημεῖον, auf das hin er es wagen könne zu glauben, wie es 6₃₀ deutlich aus=
gesprochen ist.

Diese Frage, die dem geschichtlichen Jesus vermutlich mehr als einmal be=
gegnete, und die von ihm abgewiesen wurde, wird auch hier abgewiesen, jedoch
so, daß sie eine Antwort erhält, die den Anspruch der Frage formal erfüllt V. 19:
die Zerstörung des Tempels und der Aufbau des neuen Tempels wird das σημεῖον
sein; also die eschatologische Katastrophe, die das Gericht bringt und das Heil,
— das Heil natürlich nur für den Glaubenden, sodaß der Sinn der Antwort der
ist: wer nach einem σημεῖον fragt, wird ein σημεῖον erhalten, aber dann, wenn
es zu spät ist[4]. Ein Legitimationszeichen, auf das hin man ohne Wagnis, ohne
Einsatz der Person, Jesus anerkennen könnte, wird abgewiesen. Die Weissagung
aber hat eine charakteristische Form; ihr erstes Glied ist in den ironischen Imperativ
des prophetischen Stils gefaßt[5]: „Brecht dieses Haus ab[6]!" Wird durch solche
Form indirekt gesagt, daß das Gericht der Tempelzerstörung die Folge des jüdischen
Unglaubens an Jesus ist, so wird weiter — nun weissagend im Futur — gesagt,
daß das Erscheinen des eschatologischen Heils, repräsentiert durch den neuen
Tempel, nichts anderes sein wird als der endgültige Vollzug, die Vollendung des
in Jesu Sendung anhebenden eschatologischen Geschehens: „Ich werde ihn in
drei Tagen (wieder) errichten!" Das Gericht also und das dann nach „drei Tagen"
anbrechende Heil wird das ihn legitimierende σημεῖον sein[7].

---

[1] Das ὅτι ist nicht elliptisch in dem Sinne, daß zu ergänzen wäre: „so fragen wir
(„weil du dies tust)" (Bl.=D. §456, 2). Vielmehr hängt das ὅτι ganz korrekt von (τί) σημεῖον
(δεικνύεις) ab; und die Frage erhält dadurch ihren Sinn, daß ποιεῖν prägnant gebraucht
ist: „Was für ein Zeichen weisest du dafür vor, daß du dies mit Recht tust (bzw. tun
darfst)." Natürlich kann man σημεῖον breiter übersetzen: „Zeichen, an dem wir er=
kennen, daß . . ." Aber keineswegs ist ein Satzteil unterdrückt wie 7₃₅ 8₂₂ 11₄₇.
[2] Ist die Frage also sachlich eine Parallele zu Mk 11₂₇, so doch nicht literarisch, daß
man annehmen müßte, der Erzähler habe die in der modernen Exegese beliebte Ver=
bindung zwischen Mk 11₂₇ mit 11₁₅₋₁₇ vollzogen.
[3] Vgl. I Kor 1₂₂. Daß sich ein Prophet durch ein אוֹת und מוֹפֵת legitimieren muß,
s. Str.=B. II 480; I 726f.
[4] Das scheint auch der Sinn des Wortes vom Jonas=Zeichen in der Fassung Lk 11₂₉
zu sein; s. Gesch. der synopt. Trad.² 124.
[5] Vgl. Am 4₄:
„Zieht nach Bethel und frevelt!
nach Gilgal und frevelt noch mehr!"
Jes 8₉f.: „Rüstet euch — und brecht zusammen . . .!
Ratschlagt einen Rat — er soll zerbrechen!
Beschließt einen Beschluß, — er soll nicht bestehen!"
Jer 7₂₁ Mt 23₃₂. — Schwerlich darf man sagen, daß der Imp. hier einem Konzessivsatz
gleichkommt (Bl.=D. § 387, 2).
[6] λύειν (wie καταλύειν Mk 13₂ 14₅₈ 15₂₉ Act 6₁₄) wie ἐγείρειν oft vom Ab=
brechen und Errichten von Bauten, s. Br., Wörterb. und für ἐγ. auch Preisigke, Wörterb.
[7] Die Quelle hatte also mit der Geschichte von der Tempelreinigung jenes Wort
verknüpft, das als bloßes Drohwort der Tempelzerstörung auch Mk 13₂ und Act 6₁₄
begegnet, und verbunden mit der Weissagung vom Aufbau des Tempels in drei
Tagen Mk 14₅₈ (bzw. Mt 26₆₁) 15₂₉. Welches die ursprüngliche Form des Wortes ist,

Schloß hiermit die Geschichte in der Quelle, so hat ihr der Evglist in **V. 20 — 21** noch eine Fortsetzung gegeben, in der Jesu Wort als Weissagung auf seinen Tod und seine Auferstehung interpretiert wird[1]. Er leitet dazu über durch die Frage der „Juden", die Jesu Wort gröblich mißverstehen[2], indem sie — κατὰ σάρκα

___

und wieweit es auf Jesus selbst zurückgeht, läßt sich kaum mehr entscheiden. Jedenfalls ist es ein altes Wort, das schon den alten Tradenten schwer verständlich war und verschiedener Deutung unterlag. Während Mk (14₅₈) den neuen Tempel als einen ἄλλον ἀχειροποίητον bezeichnet und unter ihm offenbar die christliche Gemeinde versteht, hat Mt (26₆₁) die doch wohl sicher ursprüngliche Identität des alten und neuen Tempels festgehalten, aber durch sein δύναμαι καταλῦσαι . . . καὶ . . . οἰκοδομῆσαι aus der Weissagung die Aussage einer bloßen Möglichkeit gemacht. Auch die Quelle des Joh (2₁₉) hat die Identität festgehalten: τοῦτον τὸν ναόν . . . αὐτόν, aber dem ganzen Worte seinen Charakter als einer eschatologischen Weissagung belassen. Die bei Joh vorliegende Form dürfte also relativ ursprünglich sein (vgl. Al. Chiapelli, Estratti Rivista Bilychensis II. Ser., Nr. 117, Rom 1923 nach H. Koch, Theol. Lit.=Ztg. 1924, 538f.). Alter und vielleicht auch Echtheit des Wortes werden dadurch bestätigt, daß es im Zusammenhang der apokalypt. Weissagungen des Judentums verständlich ist. War schon Mi 3₁₂ Jer 26 (33)₆. ₁₈ die Zerstörung des Tempels geweissagt worden, so scheinen solche Stimmen auch im Zeitalter Jesu laut geworden zu sein (vgl. jer. Joma 43c bei Str.=B. I 1045 und das Auftreten des Jesus, Sohn des Ananias unter Albinus, Jos. bell. VI 300ff., vgl. 295). Ebenfalls gab es aus alter Zeit Weissagungen vom Neubau Jerusalems und des Tempels in der Heilszeit (außer Ez 40—44 hagg 2₇₋₉ Sach 2₅₋₉ Tob 13₁₅f. 14₅), die nicht erst nach der Zerstörung Jerusalems 70 wieder lebendig wurden (Str.=B. I 1004f.), sondern schon vorher die Hoffnungen bewegten (äth. Hen. 90₂₈f., s. Bousset, Rel. des Jdt. 239; Str.=B. IV 928f.; A. v. Gall, Βασιλεία τοῦ Θεοῦ 1926, 359f.), wie denn die Bitte des Schemone Esre 14 um die Wiederherstellung Jerusalems und des Tempels schon Sir 36₁₈f. ihr Vorbild hat (s. Joach. Jeremias, Jesus als Weltvollender 1930, 38f., der auch auf Jos. ant. XVIII 85—87 verweist). — In dem Jesus=Wort überrascht nur die Angabe der „drei Tage", die sich in parallelen jüdischen Weissagungen nicht findet, und die nicht wie die Zahl der „drei und ein halb" (Dan 7₂₅ 12₇ Apk 11₉. ₁₁ usw.) zu den apokalypt. Terminangaben gehört. Immerhin ist von den Rabbinen nach Hos 6₂ die Auferstehung der Toten auf den dritten Tag nach dem Weltende gelegt worden (Str.=B. I 747), und eine solche Rechnung muß wohl für das Jesus=Wort angenommen werden, wenn man die „drei Tage" nicht als unbestimmte Angabe einer kurzen Zeit auffassen will. Nimmt man dagegen an, daß die „drei Tage" ursprünglich auf die Auferstehung Jesu gingen, so ist das Wort eine christliche Bildung ex eventu (so G. Hölscher, Theol. Blätter 12 [1933], 193). Dann könnte der alte „Tempel" freilich nur die jüdische Kultus= gemeinde bedeuten, und entsprechend der neue die christliche Gemeinde. Das ist aber sehr unwahrscheinlich; denn es wäre zu erwarten, daß es dann nicht hieße ἐν τρισὶ ἡμέραις d. h. „im Verlauf von drei Tagen" (so auch Mk 15₂₉ par.; gleichwertig διὰ τριῶν ἡμ. Mk 14₅₈ par.), sondern μετὰ τρεῖς ἡμ. (Mk 8₃₁ 9₃₁ 10₃₄) Mt 27₆₃) bzw. τ. τρίτῃ ἡμ. (I Kor 15₄ Mt 16₂₁ usw.). Ferner wäre die Verlegenheit der Überlieferung, die das Wort Mk 14₅₇ (Mt 26₆₀) wie Act 6₁₃f. auf „falsche" Zeugen zurückführt, kaum verständ= lich. Zudem zeigt Joh 2₂₁, daß die Deutung des Wortes auf Tod und Auferstehung Jesu sekundär ist. — Vgl. zur ganzen Frage: Gesch. der synopt. Trad.[2] 126f.; M. Goguel, La vie des Jésus 1932, 399ff. 491ff.

[1] Daß die Verse eine sekundäre Interpretation sind, ist deutlich; der in V.₁₉ ge= meinte Tempel ist der reale Tempel Jerusalems, wie sowohl die Varianten des Wortes wie das (τὸν ναὸν) τοῦτον zeigen. Daß Jesus bei dem τοῦτον auf seinen Leib gedeutet habe, ist eine komische Auskunft der Verlegenheit. Vergeblich auch der Versuch, das τοῦτον als Wanderwort zu erweisen und deshalb zu streichen (Merx; es fehlt syr⁸); denn das scheitert an dem αὐτόν, welches sich nur auf τ. ν. τοῦτον zurückbeziehen kann. Diese Interpretation würde statt des αὐτόν ein ἄλλον (wie Mk 14₅₈) erfordern. Vgl. Wendt I 62f.; II 28f. — Daß die Interpretation vom Evglisten stammt, zeigt außer der Technik des Mißverständnisses (s. nächste Anm.) das typische ἐκεῖνος (s. S. 29, 1) und das formelhafte (ἐκεῖνος) δὲ ἔλεγεν περὶ, vgl. 7₃₉ 11₁₃ 12₃₃; endlich auch, daß V.₂₂, der mit V.₂₀f. zusammengehört, deutlich eine Bildung des Evglisten ist.

[2] Die Technik des Mißverständnisses zieht sich durch das ganze Evg: 2₂₀ 3₃f. 4₁₀ff.

urteilend (8₁₅) — das Wunder des Wiederaufbaus als ein Wunder im trivialsten
Sinne, wie es auch das Märchen kennt[1], verstehen: 46 Jahre lang dauerte der Bau
des Tempels[2], und Jesus will ihn in drei Tagen aufrichten[3]! Dieser Torheit
gegenüber wird in V.21 der wahre Sinn des Wortes festgestellt: Jesus hat von
sich selbst gesprochen; der „Tempel" bedeutet seinen Leib[4], d. h. das Wort geht
auf seinen Tod und seine Auferstehung[5]. V.22 fügt hinzu: daß dies der Sinn
war[6], ging den Jüngern erst nach der Auferstehung auf[7], sodaß ihr Glaube die
doppelte Stütze fand: in der Schrift und im Worte Jesu. Der Evglist setzt damit den
christlichen Weissagungsbeweis für Tod und Auferstehung Jesu voraus, einerlei, ob
er mit der γραφή das ganze AT meint oder ob er an eine einzelne Schriftstelle denkt[8].

32f. 6₃₂ff. 7₃₄ff. 14₄f. 7ff. 22ff. 16₁₇f. — Diese Technik stammt aus der hellenist. Offenbarungsliteratur, wo sie z. B. C. Herm.13 begegnet; ebenso Hermas vis. IV 1,4f.;
sim. IX 9, 2; vgl. Reitzenst., Poimandres 246; Dibelius zu Hermas im handb. zum
NT; und schon W. Wrede, Das Messiasgeheimnis 1901, 199. — Könnte die eigentümliche Verbindung jüdischer und hellenistisch-heidnischer Motive bei Joh überraschen, so
bietet der hirt des hermas ja dazu eine unbestreitbare Analogie.
   [1] Vgl. z. B. aus den bei Diederichs, Jena, erscheinenden „Märchen der Weltliteratur": Neugriech. Märchen 43; Nordische Märchen II 293.
   [2] Zum temporalen Dat. s. Bl.-D. § 201. — Nach Jos. ant. XV 380 wurde der Tempelbau im 18. Jahre des herodes, d. h. 20/19 a. Chr., begonnen. Die definitive Vollendung
wird auf 63 p. Chr. datiert (Schürer I 369; Str.-B. II 411f.). Die Erwägung, ob der Evglist
über die Zeit des Baus nicht genau orientiert war, oder ob er einen schon vor 63 erreichten
Zustand als Vollendung ansah (etwa weil eine Pause im Bauen eingetreten war), ist
für die Exegese von Joh 2₂₀ gleichgültig. Zweifelhaft ist, ob man aus 8₅₇ schließen darf,
daß der Evglist Jesu Alter auf 46 Jahre berechnete und daraus auf die Zeit des Tempel-
baues schloß. Noch fragwürdiger die Allegorese dieser Berechnung: Jesu Leben entspreche den sieben Jahrwochen von Dan 9₂₄; seine Wirksamkeit von dreieinhalb Jahren
beginne in der letzten halbwoche des 46. Jahres, sodaß er mit fast 50 Jahren den Tod
erlitten habe (Loisy). Über Augustins und Anderer Deutungen s. Carpenter 370f.
   [3] Die Antwort hält sich nur an das ἐν τῷ. ἡμ.; deshalb ist es zuviel herausgelesen,
wenn Schl. den Satz für den jüd. Standpunkt charakteristisch findet: die Juden betrachten
den Tempel nicht unter dem Gedanken der Gegenwart Gottes in ihm, sondern unter
dem des Stolzes auf seine Größe und Pracht.
   [4] τοῦ σώματος ist Gen. appos. oder explic.
   [5] Für die Deutung des Wortes (vgl. Mt 12₄₀) waren Veranlassung offenbar die
„drei Tage", die in der urchristlichen Tradition den Abstand zwischen Tod und Auferstehung Jesu bezeichnen (über die verschiedenen Formulierungen vgl. z. B. Klostermann zu Mt 8₃₁); dazu kommt der zweideutige ἐγερῶ (vom Evglisten in dem 10₁₇f. betonten Sinne verstanden?). Möglicherweise wurde die Deutung dadurch begünstigt, daß
„Tempel" und „haus" als bildliche Bezeichnungen für „Leib" verbreitet waren. Indessen sind solche Bilder I Kor 6₁₉ II Kor 6₁₆ Barn 16₈ u. a. durch die Auffassung des
Leibes als einer Wohnung (für den innewohnenden Geist) bestimmt, was Joh 2₂₁ fern-
liegt. Erst recht ist die rabbin. Redeweise vom Leib als einer kleinen Stadt (Str.-B. II 412)
keine Parallele. Parallele ist vielmehr der mandäische Sprachgebrauch von „Bau",
„Palast", „haus" für den menschlichen Körper; s. h. Schlier, Christus und die Kirche
im Epheserbrief 1930, 50.
   [6] Burney (108) nimmt fälschlich Anstoß an dem Imperf. ἔλεγεν V.22, statt dessen
man das Plusquamperf. (oder εἶπεν) erwarten müsse; das aram. אמר הוא sei als Imperf.
mißverstanden worden. Dagegen Torrey 328f.; Colwell 107f.
   [7] V.22 stammt wie V.17 vom Evglisten; vgl. 12₁₆. Daß sich in einem solchen Worte
das Bewußtsein der Gemeinde widerspiegelt, erst allmählich — und zwar seit der Auferstehung — die spezifisch christliche Erkenntnis von Jesus gewonnen zu haben, hebt
W. Wrede, Das Messiasgeheimnis 183f. 195 mit Recht hervor. Der Evglist gibt die
theologische Rechtfertigung dafür 14₂₆ 16₁₄.
   [8] Die Wendung ist so allgemein wie 20₉ und wie das κατὰ τὰς γραφάς I Kor 15₃.
Welche Stellen dem Evglisten etwa vorgeschwebt haben, läßt sich nicht raten. Der urchristliche Schriftbeweis wird durch Stellen wie Act 2₂₄ff. 13₃₄ff. illustriert.

Gewann in der Quelle die Kombination der Tempelreinigung mit der Weis=
sagung einen einheitlichen Sinn in dem Gedanken, daß die Reinigung des von
den Juden geschändeten Tempels ein Vorspiel der Neuerrichtung des durch die
Schuld der Juden zerstörten Heiligtums ist, so hat der Evglist der Geschichte eine
neue Bedeutung gegeben: Jesus ist selbst der Tempel, den die Juden zerstören
werden, und der sich alsbald neu erheben wird. Damit hat er aber, wie weiterhin
im Evg, der Eschatologie einen neuen Sinn gegeben: das eschatologische Ge=
schehen wird sich nicht erst in einer noch zu erwartenden Zukunft vollziehen,
sondern es vollzieht sich eben jetzt im Schicksal Jesu. Und sie selbst, die Juden,
werden in der Verblendung ihres Unglaubens zu Werkzeugen des Offenbarungs=
geschehens; sie selbst müssen den Befehl ausführen, der an ihnen das Gericht voll=
streckt: „Brecht diesen Tempel ab!" — wie 8₂₈ die Weissagung enthält, daß sie
den Menschensohn „erhöhen" werden. — Die Einheit der Weissagung mit der
Tempelreinigung liegt deshalb jetzt in einem anderen Gedanken. Bei dem Akt
der Reinigung liegt die Gleichung: Tempel = Leib Jesu noch fern; vielmehr ist
Jesu Handlung ein Angriff auf die „Juden" und ihr Heiligtum. Den Kampf
zwischen der Offenbarung und der Welt stellt also Jesu Handlung repräsentativ
dar, und dieser Kampf steht unter der nach V.₂₁ zu verstehenden Weissagung V.₁₉;
d. h. der Kampf ist letztlich ein Kampf um die Person Jesu, der, scheinbar unter=
liegend, zum Sieger wird.

Indem so dieses Bild vom τέλος neben das von der ἀρχή tritt, wird Sinn
und Schicksal der Offenbarung abgebildet, und damit auch das Schicksal der Welt:
In Jesus ist Gott da, seine Fülle spendend für die menschliche Ratlosigkeit, und
der Glaube schaut die Herrlichkeit des Offenbarers. Der Welt aber gilt der An=
griff der Offenbarung. Sie dokumentiert ihren Unglauben, indem sie selbst=
herrlich vom Offenbarer eine Legitimation fordert. Er wird sich legitimieren, aber
seine Legitimation ist für die Welt das Gericht, das sie in ihrer Verblendung selbst
über sich herabruft. Damit sind in den beiden symbolischen Erzählungen Motive
angeschlagen, die das ganze Evg durchklingen.

I. 2₂₃-4₄₂: Die Begegnung mit dem Offenbarer.

a) 2₂₃—3₃₆: Jesus und der Lehrer Israels[1].

α) Einleitung 2₂₃—₂₅.

Wenngleich der Aufbau des Evgs durch sachliche Gesichtspunkte bestimmt ist, gibt
der Evglist ihm doch den Schein einer historischen Erzählung. Und wie Kap. 2 mit Kap. 1
chronologisch verbunden ist, so schließt sich jetzt die auf das symbolische Vorspiel folgende
eigentliche Darstellung des Offenbarungswirkens Jesu ohne äußeren Absatz an die zweite
Geschichte des Vorspiels an. Ort und Zeit von 2₁₃-₂₂ geben auch die Situation ab, die
den Hintergrund für 3₁ff. bildet[2], und die in den überleitenden Versen 2₂₃-₂₅ gezeichnet
wird. Es versteht sich, daß es redaktionelle Verse des Evglisten sind[3]. Sie sollen, indem

---

[1] Vgl. Bertrand Zimolong, Die Nikodemus=Perikope (Joh 2₂₃—3₂₂) nach dem
syrosinaitischen Text. Diss. Breslau 1919.

[2] Kap. 3 schließt mit bloßem δέ an 2₂₅ an, und Jesus wird in 3₁f. gar nicht ein=
geführt oder nur ausdrücklich genannt (3₂: ἦλθεν πρὸς αὐτόν!).

[3] Redakt. Stücke dieser Art finden sich weiterhin 4₄₃-₄₅; in 7₁-₁₃ (nicht sicher gegen
hier verwendete Tradition abzugrenzen); 10₁₉-₂₁. ₄₀-₄₂ 11₅₅-₅₇ 12₁₇-₁₉. (₃₇-)₄₁-₄₃. — Für
den Stil des Evglisten ist charakteristisch das überleitende ὡς δέ bzw. ὡς οὖν (4₁. ₄₀ 7₁₀
18₆; freilich auch in Traditionsstücken 6₁₂. ₁₆ 11₆; ferner das αὐτὸς δέ (2₂₄) und αὐτὸς
γάρ (2₂₅ 4₄₄ 6₆; αὐτοὶ γάρ 4₄₂. ₄₅). Zu dem πολλοὶ ἐπίστευσαν ... θεωροῦντες αὐτοῦ

sie eine gewisse Offenheit der Hörerschaft schildern, den Anstoß der Offenbarung deutlich machen, für die solche menschlich begreifliche Offenheit gerade noch nicht die notwendige Bereitschaft bedeutet. So ist 2 23-25 die Vorbereitung für die 31 ff. vorgetragene Paradoxie von der Wiedergeburt.

Die Orts= und Zeitbestimmung V. 23 sagt, daß die Situation von 2 13 ff. weiterbesteht; und die Anspielung auf die Wunder, die Jesus während der Zeit des Festes tat[1], zeigt, daß der Evglist nicht vollständig berichten will; es kommt ihm nur darauf an, den Hintergrund für das Folgende zu zeichnen. Ist der Glaube der Vielen[2] durch die Wunder geweckt[3], so ist er schon dadurch als von zweifel= haftem Werte charakterisiert; denn eigentlich sollte der Glaube des Wunders nicht bedürfen (4 48 20 29). Nicht freilich, als ob ein durch das Wunder geweckter Glaube falsch sei; aber er ist nur eine erste Zuwendung zu Jesus, die ihn in seiner eigent= lichen Bedeutung noch nicht in den Blick bekommen hat und deshalb keine Sicher= heit hat. Am Beispiel des geheilten Blinden wird später gezeigt, wie solche Zu= wendung, wenn sie zur Treue wird, in echten Glauben mündet (9 35 ff.). Hier aber lehrt V. 24, daß solche durch das Wunder veranlaßte Zuwendung etwas Fragwürdiges ist: Jesus vertraut sich diesen Glaubenden nicht an[4], d. h. er hält sie für unzuverlässig, denn er durchschaut sie alle; daß er dies kraft seiner Allwissen= heit vermag, betont recht umständlich V. 25[5].

β) Das Kommen des Offenbarers als die κρίσις der Welt 3 1—21 (+ 3 31—36).

Kap. 3 zerfällt in zwei an Umfang und Gewicht verschiedene Teile: 3 1-21 Jesus und Nikodemus, 3 22-30 das Zeugnis des Täufers. Dahinter steht ein Abschnitt 3 31-36, der in der vorliegenden Textfolge noch zum Zeugnis des Täufers gehört, aber als vom Täufer gesprochen nicht verstanden werden kann. Vielmehr gehören die Worte 3 31-36, wie Stil und Thema beweisen, zur 3 11 beginnenden Rede Jesu; sie dürften ihren ur= sprünglichen Platz hinter V. 21 haben[6]. Die Gliederung des ganzen Kap. ist dann ein= fach. Ist zunächst 3 22-30 als ein Anhang abgetrennt, in dem nach dem Selbstzeugnis des Offenbarers wieder die μαρτυρία des Täufers erklingt, so zerfällt der Hauptteil in drei

---

τὰ σημεῖα ἃ ἐποίει vgl. 11 45: πολλοὶ . . . θεασάμενοι ὃ ἐποίησεν ἐπίστευσαν . . . Zu dem καὶ οὐ χρείαν εἶχεν ἵνα vgl. 16 30 I Joh 2 27. — Für den Evglisten ist weiter charak= teristisch die sich immer wiederholende Feststellung, daß Viele gläubig geworden seien (7 31 8 30 10 42 11 45 12 42); ebenso die Erwähnung der σημεῖα Jesu im allgemeinen (3 2 6 2 7 31 11 47 12 37; indirekt auch 10 41).

[1] Das Imperf. ἐποίει weist auf eine reiche Wundertätigkeit Jesu; und daß wirklich während des Festes vollbrachte Wunder gemeint sind, bestätigt 4 45.

[2] Zu πιστ. εἰς τὸ ὄνομα αὐτοῦ s. S. 37, 4.

[3] Daß θεωροῦντες für das in der Koine ungebräuchlich werdende Part. Präs. von ὁρᾶν steht (Bl.=D. § 101, S. 60), zeigt 4 45.

[4] πιστεύειν ἑαυτόν τινι = „sich jemandem anvertrauen" ist nicht häufig, aber durchaus griech., s. Wetst. und Br.; auch bei Jos. ant. XII 396. — Übrigens ist nach den besten Zeugen nicht ἑαυτόν, sondern αὐτόν (so, nicht αὑτόν nach Bl.=D. § 64, 1) zu lesen, aber natürlich im Sinne des Reflexivums.

[5] S. S. 71, 4. — Zu χρείαν ἔχειν ἵνα Bl.=D. § 393, 5. — τί ἦν statt τί ἐστιν Bl.=D. § 330. — Die Umständlichkeit der Formulierung ist für den Evglisten bezeichnend (s. S. 91, 3); deshalb ist es nicht richtig, mit syr[s] das διὰ τὸ κτλ. V. 24 zu streichen und V. 25 mit καὶ οὐ χρείαν εἶχεν bzw. οὐ γὰρ χρ. εἶχεν zu beginnen (Bl.=D. § 402, 1).

[6] So auch J. H. Bernard; ähnlich H. Waburton Lewis und J. Moffat, nur daß diese 3 22-30 hinter Kap. 2 versetzen. H. G. C. Macgregor stellt 3 31-36 hinter 3 13, aber um den Preis, daß er 3 14-15 hinter 12 32 und 3 16-21 hinter 12 34 einfügt. Vgl. Ho= ward 125 ff. 264. Man könnte eher daran denken, 3 31-36 hinter 3 16 zu schieben und den Text im übrigen zu belassen, wie er ist. Lagr. läßt zwar 3 31-36 an ihrem Platz, trennt sie aber von der Täuferrede als „Réflexion de l'Evangeliste".

Abſchnitte, die unter dem Thema vom Kommen des Offenbarers als der κρίσις der Welt ſtehen: 1. 3₁₋₈ die Begründung des Kommens des Offenbarers in der Notwendigkeit der Wiedergeburt, 2. 3₉₋₂₁ das Kommen des Offenbarers als die κρίσις der Welt, 3. 3₃₁₋₃₆ das autoritative Zeugnis des Offenbarers.

Das Kap. beginnt mit einer konkreten Szene, die jedoch keinen Abſchluß hat; der in ihr anhebende Dialog zwiſchen Jeſus und Nikodemus läuft in eine Rede Jeſu aus, die im Grunde ſituationslos iſt und von V.₁₃ ab in 3. Perſ. vom Offenbarer ſpricht. Die Rede iſt ſachlich das primäre Element der Kompoſition; ſie iſt es aber auch literariſch. Ihre enge formale wie inhaltliche Verwandtſchaft mit dem Prolog[1] wie mit den Reden der folgenden Kapp. beweiſt, daß der Evgliſt ſie ſeiner Quelle der „Offenbarungsreden“[2] entnommen hat; und die Exegeſe beſtätigt dieſen Schluß, indem ſie, wie im Prolog, zeigt, wie ſich vom Text der Quelle die kommentierenden Zuſätze des Evgliſten abheben. Dieſe nehmen hier (wie auch ſpäter oft) größeren Umfang an, ſodaß die Quelle gleichſam den Text für die Predigt des Evgliſten liefert. Der Evgliſt „hiſtoriſiert“ die Offenbarungsreden, indem er ſie in ſeine Darſtellung des Lebens Jeſu verflicht. In primitiverer Form hatten ſchon die Synoptiker freie Logien Jeſu in ihre Darſtellung eingeflochten, indem ſie teils eine ſchon überlieferte Geſchichte als Rahmen benutzten, teils einen Rahmen frei komponierten. Die gleiche Technik, in entwickelterer Form, liegt bei Joh vor. Und zwar ſcheint er die Nikodemus=Szene ſelbſt entworfen zu haben, wofür ihm das traditionelle Motiv des Schulgeſprächs und wahrſcheinlich auch ein überliefertes Herrenwort (ſ. zu 3₃) als Mittel dienten, — wobei er aber ſichtlich auch von der religiöſen Literatur des Hellenismus beeinflußt iſt, die ja die Form des Dialogs im Offenbarungsbuch auch kennt. Schon die Länge des Geſprächs, vor allem aber die Art der Gedankenführung unterſcheidet 3₁ff. (und die damit verwandten Dialoge der Abſchiedsreden) deutlich von den ſynoptiſchen Geſprächen. Sind freilich auch dieſe in der vorliegenden Form literariſche Kompoſitionen, ſo ſpiegeln ſie doch nach Form und Inhalt die wirklichen Geſpräche der Welt Jeſu, der Rabbinen und der Urgemeinde wieder. Bei Joh dagegen fühlt man ſich in die Welt verſetzt, aus der C. Herm. 13 und der Λόγος τέλειος ſtammen[3].

Durch die nächtliche Szene und durch die Art des Dialogs — vor allem durch das Mißverſtändnis des Nik. und durch das οὐκ οἶδας; V.₈ — iſt dem Ganzen die Atmo=ſphäre des Myſteriöſen gegeben; und ein Geheimnis iſt das Thema des Dialogs und der Rede in ſeiner dreifachen Entfaltung als das Geheimnis der Wiedergeburt, des Menſchenſohns und des Zeugniſſes. Ein Geheimnis liegt über dem Ganzen aber vor allem deshalb, weil Jeſus vom Offenbarer nur in der 3. Perſon redet und ſich nirgends durch ein ἐγώ εἰμι enthüllt. Wohl ſind ſeine Worte V.₃.₅ und 11 durch das ἀμὴν ἀμὴν λέγω σοι eingeleitet, und es zeigt ſich darin, daß er mit Autorität redet; aber auch V.₁₂ff. ſagt er nicht, daß er von ſich ſelbſt redet, und ebenſo bleibt V.₃₁₋₃₆ im Dunkel, wer der ἄνωθεν ἐρχόμενος iſt, um deſſen Zeugnis es ſich handelt.

1. Das Geheimnis der Wiedergeburt 3₁₋₈.

Eng iſt V.1f. mit dem Vorigen verbunden[4]; indeſſen ſoll Nikodemus, der jetzt auftritt, ſchwerlich als einer der unzuverläſſigen „Glaubenden“ von 2₂₃f. er=

---

[1] Ch. H. Weiße (Die Evangelienfrage 1856, 113ff.) hielt die Stücke 1₁₋₁₈ 3₁₃₋₂₁. 31₋₃₆ 5₁₉₋₂₇ für urſprünglich zuſammengehörig. Ähnlich Soltau 15; Faure, ZNTW 21 (1922), 115, 1. — Der Versbau iſt offenbar nicht ſo ſtreng wie in dem dem Prolog zu= grundeliegenden Liede.

[2] S. S. 4, 5.

[3] S. S. 89, 2; 96, 1. Vgl. Wellhauſen 16f.: „Dies iſt bei Joa die einzige Aus=einanderſetzung mit einem Schriftgelehrten, aber nicht über das Geſetz und geſetzliche Fragen, ſondern über ein den Juden fremdes Thema. Man erkennt in Nikodemus einen Schatten des Schriftgelehrten von Mc 12₂₈ss., der nicht weit vom Reiche Gottes, aber doch nicht darin iſt …“

[4] S. S. 91, 2.

scheinen[1]. Auch auf ihn haben die Wunder Jesu Eindruck gemacht; aber daß sie
ihn zum „Glauben" bewegt haben, ist nicht gesagt; sie haben ihn aufmerksam ge=
macht und bewegen ihn zur Frage. Nik. ist sonst unbekannt[2]; seine Charakteristik
ist bedeutsam: in ihm tritt ein Vertreter des offiziellen Judentums Jesus gegen=
über; er ist Pharisäer und Ratsherr[3] und als ὁ διδάσκαλος (V.10) Schriftgelehrter
(vgl. 7₅₀f.). Auf einen solchen also hat Jesu Auftreten Eindruck gemacht, und er
kommt bei Nacht zu ihm[4].

Seine an Jesus gerichteten Worte sind der Form nach eine einfache Anrede,
der Sache nach eine Frage, wie schon Jesu Antwort zeigt. Die Frage darf nicht
psychologisiert oder spezialisiert werden[5]. Nik. kommt mit der einen Frage, die
das Judentum, dessen „Lehrer" er ist, an Jesus zu richten hat und an ihn richten
soll; er kommt mit der Frage nach dem Heil. Wenn Jesus darauf mit der An=
gabe der Bedingung für den Eingang in die Gottesherrschaft antwortet, so
ist nur das Selbstverständliche vorausgesetzt, daß für den Juden die Frage nach
dem Heil gleichbedeutend mit der Frage nach der Teilhabe an der Gottesherrschaft
ist[6]. Charakteristisch aber ist die Form der indirekten Frage; sie geht von einer
sicheren Basis aus: οἴδαμεν[7]! So viel ließ sich also feststellen auf Grund der

---

[1] **Calvin**: Nunc in persona Nicodemi spectandum nobis evangelista proponit,
quam fluxa et caduca fuerit eorum fides, qui miraculis commoti Christo repente nomen
dederant. — Aber wenn schon sein Kommen zu Jesus seinen Ernst bezeugt, so sein späteres
Verhalten (7₅₀f. 19₃₉) seine Treue. So ist es auch exegetisch nicht richtig, wenn Kierke=
gaard (Einübung im Christentum, Jena 1924, 217ff.) den Nik. als Typus des Bewun=
derers im Gegensatz zu dem des Nachfolgers auffaßt.

[2] ἄνθρωπος = τις wie 1₆ 5₅ usw.; ἐκ τ. Φαρ. (die übliche Bezeichnung der Zu=
gehörigkeit) steht attributiv zu ἄνθρ. und ist nicht mit ἦν zu verbinden. — Zu ὄνομα
αὐτῷ s. S. 29, 1; א* liest Νικόδημος ὀνόματι. — Der im Griech. häufige Name oft
auch bei Juden, s. Br., Schl., Str.=B. II 413—419. — Nik. tritt bei Joh noch 7₅₀ 19₃₉ auf;
s. vor. Anm.

[3] Der Titel ἄρχων bezeichnet hier wie 7₂₆. ₄₈, bei Lk und in Act das Mitglied des
Synedriums; er begegnet auch bei Jos. und sonst in jüd. Literatur in nicht immer genau
festzulegender Bedeutung; s. Schürer II 251f.; Schl. zu Mt 9₁₈.

[4] Daß sein nächtliches Kommen durch die „Furcht vor den Juden" begründet sei
(19₃₈), ist durch nichts angedeutet. Vielmehr soll wohl sein Eifer dadurch charakterisiert
werden, wie denn nächtliches Studium bei den Rabbinen empfohlen wird (Str.=B. II 420).
Aber dadurch erreicht der Evglist vor allem die Absicht, die Stimmung des Geheimnis=
vollen zu erzeugen.

[5] Das Raten der Exegeten wird durch die Anm. bei B. Weiß 3. St. illustriert: „Die
Anrede ist keineswegs eine bloß konventionelle Artigkeit (Wahle). Daß er dabei ihn als
Messias und darum an die Bedingungen zum Eintritt in das Messiasreich gedacht
(Hengstenb.) und diese spezielle Frage nur mit vornehm klugem Abwarten zurückgehalten
habe (Lange), sodaß ihm Jesus mit der Antwort zuvorgekommen wäre (Meyer), erhellt
so wenig, wie daß er ermitteln wollte, ob Jesus vielleicht gar der Messias wäre (Meyer,
Godet, Keil, Schanz), oder sonst zu dem vom Täufer verkündeten Reich in Beziehung
stünde (Lücke), insbesondere, ob seine Wunder der Anbruch des Messiasreiches wären
(Luther). Daß er übrigens in heuchlerischer Absicht kam, um Anklagestoff wider Jesum
hervorzulocken (Koppe . . .) ist eine ganz willkürliche Unterstellung." Freilich ist B. Weiß'
eigene Meinung auch nicht besser: die Anrede beweise, daß Jesus auf dem Fest in Jerus.
auch als Lehrer aufgetreten sei, und in seiner Anerkennung als eines von Gott gesandten
Lehrers liege die indirekte Aufforderung, „zu sagen, was er denn Neues zu lehren habe".

[6] Vgl. Mt 5₃ Mk 10₁₄f. ₂₃ff. usw.

[7] Der Plur. οἴδαμεν braucht an sich nicht auf eine Mehrzahl zu gehen (s. 20₂);
denn solches „wir" im Munde des Einzelnen entspricht dem rabbinischen und überhaupt
orientalischen Sprachgebrauch, in dem das Bewußtsein des Einzelnen, zu einer Gemein=
schaft zu gehören, die Redeform bestimmt (Schl., Torrey 329f.). Aber 3₂ bezeichnet das
„wir" doch wohl ausdrücklich den Redenden als Repräsentanten seiner Gruppe, der ein
anderes „wir" gegenübersteht; s. den Gegensatz von „ihr" und „wir" V.7. 11f. und vgl. 4₂₂.

Wunder Jesu: er ist ein legitimierter „Lehrer"[1] — denn dieser Titel kommt in der schriftgelehrten Sphäre allein in Frage —, wie ihn Nik. denn als solchen mit „Rabbi" angeredet hat.

Hat Nik. von einem durch sachliche Überlegung nach traditionellen Maßstäben gewonnenen Urteil aus gefragt, so wird er durch Jesu Antwort sofort aus der Sphäre der rationalen Erwägung herausgerissen und muß etwas hören, was er nicht verstehen kann. In der Tat: der Dialog kann nicht so verlaufen, wie der διδάσκαλος erwartet hat und erwarten könnte, wenn er einem διδάσκαλος gegen= überstünde. Er mag ihn, den durch die Wunder beglaubigten, als einen ihm selbst überlegenen Lehrer ansehen, zu dem er, der Φαρισαῖος, der ἄρχων und διδάσκαλος als Fragender kommt, — der Offenbarer aber ist nicht quantitativ, sondern quali= tativ vom menschlichen Lehrer unterschieden, und die Kriterien, die dieser zur Verfügung hat, reichen nicht aus, um jenen zu verstehen.

Die mit dem pathetischen ἀμὴν ἀμὴν λέγω σοι eingeleitete Antwort D. 3 lautet: „Wenn einer nicht von neuem geboren wird[2], so kann er die Gottesherr= schaft nicht sehen[3]." Soviel ist also gleich mit schroffem Wort gesagt: der Mensch, so wie er ist, ist vom Heil, von der Sphäre Gottes, ausgeschlossen; es ist für ihn, so wie er ist, keine Möglichkeit. Aber das ist zugleich so gesagt, daß sich schon die Ahnung erhebt: es kann eine Möglichkeit für ihn werden, sofern es für ihn eine Möglichkeit gibt, selbst ein Anderer, ein Neuer, zu werden. Und so ist das Wort zugleich eine Mahnung, — freilich nicht eine moralistische[4], sondern die Mahnung, sich selbst in Frage zu stellen[5]. Das wird durch das Mißverständnis des Nik. D. 4

---

[1] Wie für das Wort eines Propheten (s. S. 88, 3), so gilt auch für die Lehrent= scheidung eines Rabbi das Wunder als göttliches Zeichen der Beglaubigung; Str.=B. I 127; IV 313f.; P. Fiebig, Jüd. Wundergeschichten des neutest. Zeitalters 1911, 31f. — Zu ὅτι ἀπὸ θεοῦ ἐλήλ. s. S. 30, 3; die gnostische Wendung fällt im Munde des Rabbi auf. Das folgende ἐὰν μὴ ᾖ ὁ θεὸς μετ' αὐτοῦ ist dagegen gut at.lich=jüdisch (Gen 21 20 Jdc 6 13 Act 10 38).

[2] ᾿Άνωθεν kann sowohl „von oben" heißen wie „von neuem" oder auch „von vorne", „von Anfang an" (Belege bei Br.). Es heißt 3 31 19 11. 23 „von oben", kann aber 3 3. 7 nur „von neuem" bedeuten (so auch die meisten Übersetzungen, s. Br., Lagr., aber auch Büchsel, ThWB I 378). Auch ist die Bedeutung „von oben" nicht neben dem „von neuem" mitzudenken. Die Zweideutigkeit johanneischer Begriffe und Aussagen, die zu Mißverständnissen führen, liegt nicht darin, daß eine Vokabel zwei Wortbedeutungen hat, sodaß das Mißverständnis eine falsche Bedeutung ergreift; sondern darin, daß es Begriffe und Aussagen gibt, die in einem vorläufigen Sinne auf irdische Sachverhalte, in ihrem eigentlichen Sinne aber auf göttliche Sachverhalte gehen. Das Mißverständnis erkennt die Bedeutung der Wörter richtig, wähnt aber, daß sie sich in der Bezeichnung irdischer Sachverhalte erschöpfe; es urteilt κατὰ ὄψιν (7 24), κατὰ σάρκα (8 15).

[3] ἡ βασιλεία τ. θεοῦ ist die in den Synoptikern beherrschende Bezeichnung des eschatologischen Heils, die bei Joh nur 3 3. 5 begegnet (anders 18 36). Für das Teilbe= kommen am Heil ist ἰδεῖν ein geläufiger Term. (3 36 Lf 2 26 Act 2 27 1Pt 3 10), dem Gebrauch von רָאָה = „erfahren", „erleben" entsprechend, aber auch dem griech. Sprach= gebrauch nicht fremd (Br., Wörterb. 364). Gleichwertig das D. 5 dafür eintretende εἰσελ= θεῖν (Mt 9 47 10 15 usw.).

[4] B. Weiß: Jesu Antwort wolle den Nik. zum Bewußtsein seiner sittlichen Be= dürftigkeit führen und beginne deshalb analog Mt 1 15 mit der Forderung der μετάνοια! Vielmehr ist charakteristisch, daß der dem moralist. Mißverständnis ausgesetzte Begriff der μετάνοια bei Joh weder im Evg noch in den Briefen begegnet (vgl. dagegen Apk!).

[5] Der Evglist hat in D. 3 als Ausgangspunkt für Jesu Worte D. 5ff., auf die er hin= steuert, offenbar ein überliefertes Herrenwort gewählt. Dafür spricht schon das Auf= treten des sonst bei Joh nicht begegnenden Begriffs der βασ. τ. θ., und es wird dadurch bestätigt, daß eine Variante des Wortes bei Justin apol. I 61, 4 begegnet: ἂν μὴ ἀναγεννη-

nachdrücklich verdeutlicht[1]; es soll in grotesker Form zeigen, daß es sich bei der

θῆτε, οὐ μὴ εἰσέλθητε εἰς τ. βασ. τῶν οὐρανῶν (andere, aber schwerlich selbständige Varianten Pſ. Clem. Hom. XI 26; Rec. VI 9). Es ist die helleniſt. Form des Mt 18₃ Mk 10₁₅ in zwei Varianten überlieferten Herrenwortes. Clem. Al. Protr. IX 82, 4 hat die ſynopt. und helleniſt. Form verſchmolzen. Vgl. W. Bouſſet, Die Evangeliencitate Juſtins des Märt. 1891, 116—118.

Anlaß für dies Verfahren war ſehr wahrſcheinlich, daß in der im Folgenden zu-grundegelegten Offenbarungsrede das Thema des ἄνωθεν γεννηθῆναι behandelt war, wenngleich dieſe Formulierung in den vom Evgliſten wiedergegebenen Worten der Quelle fehlt. Aber die Spur davon liegt in dem γεννηθῆναι ἐκ τοῦ πνεύματος V.₆ vor. Mindeſtens alſo handelte die Quelle über den Urſprung des Glaubenden aus dem Geiſt. Nun kann aber kein Zweifel ſein, daß die Quelle nicht vom „geboren werden", ſondern vom „gezeugt werden" redete, und daß — ihren ſemitiſchen Urſprung vorausgeſetzt — das dem ἄνωθεν entſprechende Äquivalent den Sinn des „von oben" hatte (dem ἄνωθεν entſpricht das aram. מִלְעֵיל‎, das nur räumlichen, nicht zeitlichen Sinn hat, Str.-B. II 420).

Das geht 1. daraus hervor, daß das ἐκ θεοῦ γεννηθῆναι, das (ebenfalls auf Grund der Quelle) I Joh 2₂₉ 3₉ 4₇ 5₁.₄.₁₈ begegnet, wie 3₉ zeigt, als „aus Gott gezeugt werden" verſtanden iſt, und daß die dem γεννηθῆναι ἐκ analoge Urſprungsbezeichnung εἶναι ἐκ ebenfalls den Urſprung vom Vater meint (ſ. beſ. 8₄₄); 2. daraus, daß es mit dem εἶναι ἐκ τ. θεοῦ gleichwertig heißen kann εἶναι ἐκ τῶν ἄνω, was 8₂₃ durch den Gegenſatz ἐκ τῶν κάτω eindeutig als „von oben" beſtimmt iſt. Dazu kommt, daß in ähnlichen Wen-dungen ἐκ τ. θεοῦ und ἄνωθεν = „von oben" gleichbedeutend ſind; vgl. 3₃₁ mit 8₄₂ 16₂₈ und 19₁₁ mit 3₂₇ 6₆₅. (Zu „oben" ſ. zu 3₃₁.)

Es iſt alſo zu ſchließen, daß der Evgliſt den Gedanken des „von oben Gezeugt-werdens", den ihm die Quelle bot und den er ſonſt gerne übernimmt (vgl. ſchon 1₁₃), hier in den Gedanken der „Wiedergeburt" verwandelte, gewiß deshalb, weil dieſer Gedanke der chriſtlichen Tradition ſchon geläufig war (vgl. I Pt 1₃.₂₃ Tit 3₅; Juſtin apol. 61,3; 66,1; dial.138,2; Act. Thom.132 p.239,10 ff.). Sachlich brauchte das keine Änderung zu bedeuten. Freilich dürfte nach urſprünglichem gnoſtiſchen Ver-ſtändnis die „Zeugung von oben" den präexiſtentiellen Urſprung der Pneumatiker be-zeichnet haben. Dieſe ſind φύσει σωζόμενοι (Exc. ex Theod.56; Clem. Al. strom. IV 89; Jren. I 6,1), weil ihre φύσις von oben (ἄνωθεν) ſtammt (Jren. I 6,4; Clem. Al. strom. IV 89; Act. Thom.61 p.178,10 f.; vgl. Hipp. V 7,36; 8,21. 41 p.88,1; 93,3; 96,19 ff.: ὅτι ἤλθομεν ... οἱ πνευματικοὶ ἄνωθεν ἀπὸ τοῦ Ἀδάμαντος, Jren. I 21,5). Aber da faktiſch die auf Erden befindlichen Pneumatiker erſt durch die Gnoſis wieder zu ihrem Urſprung zurückgebracht werden, erſcheint ihre Erlöſung als ein neues „von oben Ge-zeugtwerden" oder als „Wiedergeburt". Die ἀναγεννηθέντες πνευματικοί Hipp. V 8, 23 p.93,18 ſind die wiedergeborenen (vgl. V 8,10 p.91,4 f.); die ἀναγέννησις iſt die ἄνοδος des in den irdiſchen Leib verſenkten Urmenſchen Hipp. V 8,18 p.92,15 (vgl. VI 47,3 p.179,10). Die ἀναγέννησις tritt als „Wiedergeburt" in Gegenſatz zur ποίησις (Schöpfung; Hipp. VI 47,4 p.179,13 ff.) wie zur γέννησις (Exc. ex Theod.78), das γεννᾶν εἰς θάνατον καὶ εἰς κόσμον zum ἀναγεννᾶν εἰς ζωήν (ebd. 80). So kann auch eindeutig παλιγγενεσία geſagt werden C. Herm. 13 (vgl. Act. Thom.15 p.121,13: ἵνα πάλιν γένωμαι ὃ ἤμην). Nach der Naaſſenerpredigt ſtammt der ἔσω ἄνθρωπος vom Urmenſchen, ἄνωθεν. Seine γένεσις in der irdiſchen Sphäre vollzieht ſich κάτω (nach unten); ihr muß die γένεσις ἄνω (nach oben) folgen. Dieſe interpretiert die chriſtliche Bearbeitung nach Joh 3₅f. (Hipp. El. V 7,35—41 p.87,15 ff.). — Vielleicht hat allgemeiner Myſterien-Sprachgebrauch die Terminologie der Gnoſis beeinflußt. Die vom Evgliſten benützte Quelle hat aber, wie V.₁₂f. zu zeigen ſcheinen, die „Zeugung von oben" in dem urſprünglichen Sinne des präexiſt. Urſprungs verſtanden. — Vgl. über den Sprachgebrauch im Ganzen: A. Die-terich, Eine Mithrasliturgie[8] 1910, 157—179; Reitzenſtein, HMR. paſſim; Die Vor-geſchichte der chriſtl. Taufe 1929, 103—126; Lagr. 83 ff.; Br., Exk. zu Joh 3 und zu 3₄; Lietzmann, Exk. zu Röm 6₄; Dibelius, Exk. zu Tit 3₅; Windiſch, Exk. zu I Pt 2₂ und zu I Joh 3₉ (alles im Handb. zum NT). Weiteres bei Br., Wörterb. zu ἀναγεννάω und παλιγγενεσία; Büchſel, ThWB I 667 ff. 685 ff. Zur religionsgeſchichtl. Orientierung: G. v. d. Leeuw, Phänomenologie der Religion 1933, paſſim, beſ. §§ 22. 49. 79.

[1] Die Formulierung der Frage πῶς δύναται ...; iſt rabbiniſch (Schl. zu Mt 12₂₉) und gehört zu den rabbin. Wendungen, die auch den Stil des Evgliſten charakteriſieren

Wiedergeburt schlechterdings nicht um einen innerweltlichen, von Menschen zu bewerkstelligenden Vorgang handelt. In der menschlichen Sphäre kann es so etwas wie Wiedergeburt nicht geben[1]. Denn Wiedergeburt bedeutet — und gerade das Mißverständnis des Nik. soll es deutlich machen — nicht einfach so etwas wie eine Besserung des Menschen[2], sondern bedeutet dieses, daß der Mensch einen neuen Ursprung erhält, — und den kann er sich offenbar nicht geben; denn alles, was er tun kann, ist von vornherein durch den alten Ursprung bestimmt, von dem er einmal seinen Ausgang genommen hat; durch das, was er immer schon war. Das nämlich ist ein Grundgedanke der joh. Anthropologie — 1₁₃ schon angedeutet —, daß der Mensch durch sein Woher bestimmt ist, und zwar so bestimmt, daß er sich, so wie er im Jetzt ist, nicht in der Hand hat, daß er sich nicht sein Heil besorgen kann, so wie er Dinge des irdischen Lebens besorgt[3].

(3₉ und das fragende πῶς, das die Absurdität der Aussage Jesu erweisen soll 6₄₂ 8₃₃ 12₃₄). Vgl. aber auch die Frage des Initianden C. Herm. 13, 1 f.: ἀγνοῶ, ὦ τρισμέγιστε, ἐξ οἵας μήτρας ἄνθρωπος ⟨ἀν⟩αγεννηθ⟨εί⟩η ⟨ἂν⟩, σπορᾶς δὲ ποίας κτλ., und weiter: αἴνιγμά μοι λέγεις . . . ſ. u. S. 102, 2.

[1] B. Weiß will wieder individualiſtisch-psychologisch interpretieren: die Verständnislosigkeit des Nik. ſei dadurch begründet, daß er ſich innerlich gegen den von Jeſus gemeinten Sinn verschließe! Falsch aber auch Schl.: Nik. lehne es ab, daß im Bereich des inwendigen Lebens ein neues Werden möglich ſei; erst der kommende Äon bringe das göttliche Wunder der Auferstehung, während in der Gegenwart ein göttliches Wunder keinen Raum habe. — Nicht allgemeine Zweifel an der gegenwärtigen Wirksamkeit Gottes erfüllen den Nik.; ſeine Antwort will nur die Absurdität einer „Wiedergeburt" für menschliches Denken deutlich machen. Und ſeine Antwort ist eine ſpezifisch menschliche, keine typisch rabbinische. Sollte ſeine Gestalt den rabbinischen Standpunkt vertreten, ſo wäre ſeine Antwort nicht verständlich. Denn der Gedanke, daß der Mensch zu einer „neuen Kreatur" (בְּרִיָה חֲדָשָׁה) werden kann, dadurch, daß Gott ihn von ſeiner Krankheit heilt, aus ſeiner Not errettet, ſeine Sünden vergibt, ist rabbinisch (Str.-B. II 421 f.); und ebenso kennt der Rabbinismus die Wendung „einem neugeborenen Kinde gleichen" als Bezeichnung des Proselyten (ebd. 422 f; Rengstorf, ThWB I 664, 30 ff.). Von den Tamidopfern ſagte ſchon die Schule Hillels, daß ſie die Kinder Iſraels wie ein einjähriges Kind machen (Str.-B. II 423). — Will man die Antwort des Nik. als ſpezifisch rabbinisch verstehen, ſo kann man ſie nur als Gegenfrage auffaſſen, mit der er Jeſus widerlegen will (ſ. Geſch. der ſynopt. Trad.² 42 ff.). Aber die Disputationsweise entspricht nicht dem joh. Dialogstil; und zudem zeigt der Fortgang, daß Nik.[|] nicht als kunstgerechter Gegner, ſondern als ſtaunend und verständnislos aufgefaßt werden ſoll. — Möglich ist, daß es ſich in V.₄ um einen typischen Einwand gegen die in (gnostischen) Mysterienreligionen erhobene Forderung der Wiedergeburt (ſ. u.) handelt, wie Lidzbarski, J.B. 123 (122, 5) vermutet, weil der Einwand (freilich gegenüber den unerfüllbaren Wünschen der Lebensverlängerung J.B. II 122 oder der Rückkehr der Seele in den Körper Ginza 188, 10 ff.) auch in der mandäischen Literatur begegnet. Andrerſeits zeigt Just. Apol. 61, 5, daß der Gedanke von V.₄ auch außerhalb von Joh zur Interpretation des Sinnes der Wiedergeburt benutzt wurde; ebenso C. Herm. 13, 1 (ſ. vor. Anm.).

[2] Richtig Calvin: . . . atque hac locutione ſimul docemur, exsules nos ac prorsus alienos a regno Dei nasci, ac perpetuum nobis cum ipso dissidium esse, donec alios ſecunda genitura faciat . . . Porro verbo „renascendi" non partis unius correctionem, ſed renovationem totius naturae designat. Unde ſequitur nihil esse in nobis nisi vitiosum. — Den Gegenſatz zeigt etwa das Wort des Philoſophen, der auch die Sehnſucht kennt, ein „neuer Menſch" zu werden, M. Aurel X 8: man ſoll eingedenk ſein der ὀνόματα: ἀγαθός, αἰδήμων, ἀληθής, ἔμφρων, ſώφρων, ὑπέρφρων· ἐὰν οὖν διατηρῇς ſεαυτὸν ἐν τούτοις τοῖς ὀνόμασι, μὴ γλιχόμενος τοῦ ὑπ' ἄλλων κατὰ ταῦτα ὀνομάζεσθαι, ἔσῃ ἕτερος, καὶ εἰς βίον εἰσελεύσῃ ἕτερον. τὸ γὰρ ἔτι τοιοῦτον εἶναι, οἷος μέχρι νῦν γέγονας, καὶ ἐν βίῳ τοιούτῳ σπαράσσεσθαι καὶ μολύνεσθαι, λίαν ἐστὶν ἀναισθήτου καὶ φιλοψύχου . . .

[3] Die Angabe des Ursprungs (des Offenbarers wie der Gläubigen und Ungläubigen) hat in der Gnosis urſprünglich ſpekulativen Sinn, ist aber bei Joh zur Charakte-

Sein Wohin korrespondiert seinem Woher; und soll sein Weg zum Heil führen,
so muß das Woher seines Weges ein anderes werden als es ist, so muß er seinen
Ursprung rückgängig machen können, den alten Ursprung mit einem neuen ver=
tauschen; er muß „wiedergeboren" werden.

Daß es eine solche Möglichkeit gibt, begreift Nik. nicht; und Jesu mit großer
Betonung gegebene Antwort V. 5 wiederholt noch einmal die Bedingung für
die Teilnahme am Heil[1], jedoch mit einer Variation, die die Lösung des Rätsels
andeutet: an Stelle des $\gamma\varepsilon\nu\nu\eta\theta\tilde{\eta}\nu\alpha\iota$ $\check{\alpha}\nu\omega\theta\varepsilon\nu$ tritt jetzt das $\gamma\varepsilon\nu\nu\eta\theta\tilde{\eta}\nu\alpha\iota$ $\dot{\varepsilon}\kappa$ $\pi\nu\varepsilon\acute{\upsilon}$=
$\mu\alpha\tau\sigma\varsigma$[2]. Damit ist einerseits gesagt, daß die Erfüllung der Bedingung ein Wunder
ist; denn $\pi\nu\varepsilon\tilde{\upsilon}\mu\alpha$ bedeutet die Kraft wunderbaren Geschehens[3]. Andrerseits ist

ristik des in allem Reden und Tun sich ausprägenden Wesens geworden: durch ihren
Ursprung ist eine Person oder Sache entscheidend qualifiziert. Der Ursprung kann be=
zeichnet sein allgemein durch $\varepsilon\tilde{\iota}\nu\alpha\iota$ $\dot{\varepsilon}\kappa$ (s. zu 3₃₁), für die Glaubenden auch durch $\gamma\varepsilon\gamma\varepsilon\nu\nu\tilde{\eta}$=
$\sigma\theta\alpha\iota$ $\dot{\varepsilon}\kappa$ (s. S. 95, 5), für den Offenbarer durch $(\dot{\varepsilon}\xi)\dot{\varepsilon}\varrho\chi\varepsilon\sigma\theta\alpha\iota$ $(\dot{\varepsilon}\kappa)$ oder durch $\varepsilon\tilde{\iota}\nu\alpha\iota$ $\pi\alpha\varrho\acute{\alpha}$.
Daß $\varepsilon\tilde{\iota}\nu\alpha\iota$ $\dot{\varepsilon}\kappa$ mit $\dot{\varepsilon}\xi\dot{\varepsilon}\varrho\chi\varepsilon\sigma\theta\alpha\iota$ $\dot{\varepsilon}\kappa$ gleichbedeutend ist, zeigt 8₄₂ mit 8₄₄; daß es ebenso
mit $\gamma\varepsilon\gamma\varepsilon\nu\nu\tilde{\eta}\sigma\theta\alpha\iota$ $\dot{\varepsilon}\kappa$ gleichbedeutend ist, zeigen I Joh 2₂₉ 4₇ vgl. mit III Joh 11; ferner
I Joh 4₁f. vgl. mit 5₁; ferner I Joh 3₈ vgl. mit 3₉.

Die Glaubenden (bzw. Ungläubigen) sind wie der Offenbarer durch ihr $\varepsilon\tilde{\iota}\nu\alpha\iota$ $\dot{\varepsilon}\kappa$
charakterisiert, und zwar ist der Ursprung des Offenbarers und der Glaubenden der
gleiche: die Glaubenden sind, wie er, nicht $\dot{\varepsilon}\kappa$ $\tau\sigma\tilde{\upsilon}$ $\kappa\acute{\sigma}\mu\sigma\upsilon$ (8₂₃ 15₁₉ 17₁₄ I Joh 2₁₆ 4₄f.);
sie sind $\dot{\varepsilon}\kappa$ $\tau\sigma\tilde{\upsilon}$ $\theta\varepsilon\sigma\tilde{\upsilon}$ (8₄₇ I Joh 4₄. ₆ 5₁₉; $\dot{\varepsilon}\kappa$ $\tau\sigma\tilde{\upsilon}$ $\pi\alpha\tau\varrho\acute{\sigma}\varsigma$ I Joh 2₁₆; $\dot{\varepsilon}\kappa$ $\tau\tilde{\eta}\varsigma$ $\dot{\alpha}\lambda\eta\theta\varepsilon\acute{\iota}\alpha\varsigma$
Joh 18₃₇), wie er $\dot{\varepsilon}\kappa$ $\tau\sigma\tilde{\upsilon}$ $\theta\varepsilon\sigma\tilde{\upsilon}$ bzw. $\dot{\varepsilon}\kappa$ $\tau\sigma\tilde{\upsilon}$ $\pi\alpha\tau\varrho\acute{\sigma}\varsigma$ gekommen ist (8₄₂ 16₂₈, bzw. $\check{\alpha}\nu\omega\theta\varepsilon\nu$
3₃₁), oder wie er $\dot{\varepsilon}\kappa$ $\tau\tilde{\omega}\nu$ $\check{\alpha}\nu\omega$ ist (8₂₃), oder wie seine Lehre $\dot{\varepsilon}\kappa$ $\tau\sigma\tilde{\upsilon}$ $\theta\varepsilon\sigma\tilde{\upsilon}$ ist (7₁₇).

Daß das $\varepsilon\tilde{\iota}\nu\alpha\iota$ $\dot{\varepsilon}\kappa$ Wesensbestimmung ist, zeigt deutlich 3₃₁, wo Ursprung und Wesen
ausdrücklich gleichgesetzt wird; ferner I Joh 2₁₉, wo dieses $\varepsilon\tilde{\iota}\nu\alpha\iota$ $\dot{\varepsilon}\kappa$ von einem nur die
historische Abkunft bezeichnenden $\dot{\varepsilon}\xi\dot{\varepsilon}\varrho\chi\varepsilon\sigma\theta\alpha\iota$ $\dot{\varepsilon}\kappa$ ausdrücklich unterschieden wird. Daß
der Ursprung die Möglichkeiten eines Menschen bestimmt, zeigen 8₄₃f. ₄₇ 18₃₇ I Joh 3₉
4₅f. 5₁₈; und ebenso sagen 3₃₁ I Joh 4₅ ausdrücklich, daß sich das $\varepsilon\tilde{\iota}\nu\alpha\iota$ $\dot{\varepsilon}\kappa$ $\tau\tilde{\eta}\varsigma$ $\gamma\tilde{\eta}\varsigma$ (bzw.
$\dot{\varepsilon}\kappa$ $\tau\sigma\tilde{\upsilon}$ $\kappa\acute{\sigma}\mu\sigma\upsilon$) in einem $\lambda\alpha\lambda\varepsilon\tilde{\iota}\nu$ $\dot{\varepsilon}\kappa$ $\tau\tilde{\eta}\varsigma$ $\gamma\tilde{\eta}\varsigma$ $(\tau\sigma\tilde{\upsilon}$ $\kappa\acute{\sigma}\mu\sigma\upsilon)$ dokumentiert. Für das Ver=
ständnis des Präexistenzgedankens der joh. Christologie folgt, daß die Präexistenz nicht
ein mythisches Dasein, sondern einen Wesenscharakter bezeichnet.

[1] Mit dem $\dot{\iota}\delta\varepsilon\tilde{\iota}\nu$ von V.₃, das $\aleph$*Mpc auch hier lesen, ist das $\varepsilon\dot{\iota}\sigma\varepsilon\lambda\theta\varepsilon\tilde{\iota}\nu$ gleich=
bedeutend. Die Variante $\beta\alpha\sigma.$ $\tau\tilde{\omega}\nu$ $\sigma\dot{\upsilon}\varrho\alpha\nu\tilde{\omega}\nu$ ($\aleph$*pc em und Väterzitate) wird auf den
Einfluß von Mt 18₃ zurückgehen. Statt $\gamma\varepsilon\nu\nu\eta\theta\tilde{\eta}$ lesen fast alle Lateiner renatus (fuerit).

[2] Die Ursprünglichkeit der Worte $\tilde{\upsilon}\delta\alpha\tau\sigma\varsigma$ $\kappa\alpha\acute{\iota}$, die die Wiedergeburt an das
Sakrament der Taufe binden, ist mindestens sehr zweifelhaft; sie sind zwar durchweg
überliefert (im Unterschied von V.₈, wo sie spärlich überliefert und sicher interpoliert sind),
sind aber m. E. eine Einfügung der kirchlichen Redaktion, die in 6₅₁b-₅₈ die Bezugnahme
auf das Abendmahl eingebracht hat. Die Bedeutung der Taufe ist im folgenden nicht
nur nicht erwähnt, sondern ihre Erwähnung könnte auch nur den Gedanken in V.₆ und
V.₈ stören, wie denn der Evglist den Sakramentalismus der kirchlichen Frömmigkeit
offenbar bewußt ausscheidet (s. zu Kap.6 und Kap.13). In der kirchlichen Tradition ist
freilich das Ereignis der Wiedergeburt auf die Taufe fixiert worden, die schon Tit 3₅
als $\lambda\sigma\upsilon\tau\varrho\acute{\sigma}\nu$ $\pi\alpha\lambda\iota\gamma\gamma\varepsilon\nu\varepsilon\sigma\acute{\iota}\alpha\varsigma$ und Justin I 66,1 als $\varepsilon\dot{\iota}\varsigma$ $\dot{\alpha}\nu\alpha\gamma\acute{\varepsilon}\nu\nu\eta\sigma\iota\nu$ $\lambda\sigma\upsilon\tau\varrho\acute{\sigma}\nu$ er=
scheint; vgl. Justin apol. I 61,3f. 10; dial.138,2; Act. Thom.132, p.239,8ff.; Ps. Clem.
Hom. XI 26 p.116,33ff. Lag.; vgl. p.4,26f. (Vgl. wie herm. sim. IX 16 und II Clem.6₉
das $\varepsilon\dot{\iota}\sigma\acute{\varepsilon}\varrho\chi\varepsilon\sigma\theta\alpha\iota$ $\varepsilon\dot{\iota}\varsigma$ $\tau.$ $\beta\alpha\sigma.$ $\tau.$ $\vartheta.$ an die Taufe gebunden ist.) — Für Ausscheidung von
$\tilde{\upsilon}\delta\alpha\tau\sigma\varsigma$ $\kappa\alpha\acute{\iota}$ z. B. Wendt, Wellh., Merx (der die Worte als Wanderworte ansieht, weil
syr⁸ die umgekehrte Reihenfolge zeigt), K. Lake (The Influence of textual Criticism 1904,
15f.), v. Dobschütz (ZNTW 28 [1929] 166). So auch Hirsch, der aber die Verse ₅ und ₇
vollständig als redakt. Zusätze ausschaltet und dadurch den Dialog zerstört. — Dagegen
will Odeberg 48—71 die Worte halten, indem er aber das $\tilde{\upsilon}\delta\omega\varrho$ nicht von der Taufe
versteht, sondern auf Grund der in jüdischer und heidnischer Gnosis bezeugten Vorstellung
vom himmlischen (pneumatischen) Wasser als dem Samen göttlicher Zeugung, sodaß $\dot{\varepsilon}\xi$
$\tilde{\upsilon}\delta.$ $\kappa\alpha\acute{\iota}$ $\pi\nu\varepsilon\tilde{\upsilon}\mu.$ bedeutet: $\dot{\varepsilon}\kappa$ $\sigma\pi\acute{\varepsilon}\varrho\mu\alpha\tau\sigma\varsigma$ $\pi\nu\varepsilon\upsilon\mu\alpha\tau\iota\kappa\tilde{\eta}\varsigma.$ Dagegen sprechen aber die an=
geführten Analogien in der christlichen Tradition. —

[3] Daß $\pi\nu\varepsilon\tilde{\upsilon}\mu\alpha$ nicht als „Geist" im Sinne des platonischen Gegensatzes von $\psi\upsilon\chi\acute{\eta}$

jedoch für Nik. und für jeden, der sich überhaupt für die Möglichkeit wunderbaren Geschehens offen hält, angedeutet, daß dieses Wunder Ereignis werden kann.

bzw. νοῦς und σῶμα, bzw. des idealistischen Gegensatzes von Geist und Natur verstanden werden darf, wie unter F. C. Baurs Einfluß die Forschung interpretierte, ist vor allem durch H. Gunkel (Die Wirkungen des heil. Geistes³ 1909) deutlich geworden und durch die Arbeiten Reitzensteins und Leisegangs bestätigt worden. Das griech. πνεῦμα ist ebenso wie das hebr. רוּחַ aus der Bezeichnung eines auch in der menschlichen Sphäre vorfindlichen (Hauch, Atem, Wind) zur Bezeichnung einer übermenschlich-göttlichen Kraft geworden. Wird diese nach primitiver Vorstellungsweise zunächst als ein Etwas, ein Kraftstoff („Mana"), gedacht, so liegt darin doch nicht die eigentliche Bedeutung des Begriffs. Vielmehr meinen Begriffe wie πνεῦμα und רוּחַ ihrem eigentlichen Sinne nach ein Wie menschlichen Daseins, sofern sich dieses dem Rätselhaften, der Übermacht ausgeliefert weiß. So bezeichnen πνεῦμα wie רוּחַ die göttliche Kraft, und zwar nicht an sich, sondern in ihrer Bedeutsamkeit für das menschliche Dasein. Für den Geistbegriff sind damit zwei Momente konstitutiv: 1. das Moment des Wunderbaren, jenseits der Sphäre des Menschlichen Liegenden. Dabei modifiziert sich, was jeweils als Pneuma oder pneumatisch gilt, je nachdem, wie die Grenze menschlicher Möglichkeiten bestimmt wird; aber damit modifiziert sich der Begriff des Pneuma nicht. 2. Das Moment des Wirkenden, und zwar ist von Pneuma dort die Rede, wo das Wunderbare innerhalb des menschlichen Daseins als ein im Erleiden wie im Tun sich vollziehendes Geschehen erscheint. Dadurch unterscheidet sich πνεῦμα z. B. von δύναμις (abgesehen vom stoischen Sprachgebrauch); denn mit δύναμις kann die göttliche Wirkenskraft schlechthin, also auch in der Natur, bezeichnet werden; ebenso von δόξα, womit das epiphane, sich darstellende numen praesens, nicht das wunderbare Geschehen am Menschen bezeichnet wird (s. S. 44, A. 1). Es gibt freilich Übergänge und Vermischungen, wie denn im Zauber alle drei Wörter (und noch andere dazu) synonym gebraucht werden. — Nicht konstitutiv ist für den Pneuma-Begriff: 1. das Moment des Sittlichen, was schon daraus hervorgeht, daß auch der Dämon πνεῦμα genannt werden und ein dämonisch gewirktes Tun als pneumatisch bezeichnet werden kann (vgl. I Joh 4₁ff. ₆ I Kor 12₂f.). Aber sofern das Sittlich-Gute als jenseits der menschlichen Möglichkeiten liegend, als ein wunderbares Phänomen, gilt (wie z. B. bei Paulus), wird es natürlich auch auf das Pneuma zurückgeführt, ohne daß sich aber damit der Begriff des Pneuma ändert. 2. Das Moment des Psychisch-Anormalen, wie Ekstase, Prophetie u. dergl. Freilich werden solche Phänomene — vor allem in primitiver Anschauung — auf das Pneuma zurückgeführt, weil sie als wunderbar gelten; aber sie konstituieren den Begriff des Pneuma nicht. — Selbstverständlich kann von πνεῦμα auch abgesehen von seinen konkreten Manifestationen geredet werden; es kann also z. B. das Wesen Gottes als πνεῦμα bezeichnet werden (4₂₄). Aber damit ist dann nicht eine metaphysische Definition des An-sich-seins Gottes gegeben, sondern ist gesagt, wie er den Menschen begegnet (ebenso wie in seiner Bezeichnung als ἀγάπη I Joh 4₈. ₁₆).

Bei Joh ist relativ selten vom πνεῦμα die Rede. Von 1(₃₂). ₃₃ abgesehen, wo der Tradition der Taufgeschichte zufolge vom πνεῦμα als mythologischer Größe geredet wird, gilt das πνεῦμα als die das Sein der Gläubigen und der Gemeinde begründende und beherrschende göttliche Macht, mit anderen Worten als das wunderbare Wie christlichen Seins (3₅f. ₈). Und zwar zeigt die Verbindung des πνεῦμα mit ἀλήθεια (4₂₃f. 14₁₇ 15₂₆ 16₁₃) und ζωή (6₆₃) und seine Charakteristik als ζωοποιοῦν (6₆₃), daß das christliche Sein die durch die Offenbarung begründete eschatologische Existenz ist. Diese ist nicht durch einzelne auffallende Phänomene charakterisiert, sondern steht als ganze im Gegensatz zur σάρξ als dem weltlichen Sein (3₆ 6₆₃), sodaß sie für die Welt überhaupt nicht sichtbar werden kann (14₁₇). Da die sie begründende Offenbarung Jesu ῥήματα sind, die πνεῦμα und ζωή sind (6₆₃), wird sie nicht durch ein mirakulöses Geschehen oder in einem mystischen Erlebnis realisiert, sondern allein im erkennenden Glauben (6₆₉). Solche christliche Existenz gibt es deshalb erst seit dem vollendeten Offenbarungsgeschehen (4₂₃f. 7₃₉); dieses aber begründet sie wirklich dadurch, daß es, in seinem Sinne enthüllt und verstanden, in der Tradition der Gemeinde lebendig ist (14₁₇. ₂₆ 15₂₆ 16₁₃ I Joh 4₆ 5₆) und die Lebenshaltung bestimmt (I Joh 3₂₄ 4₁₃). — In mythologisierender Weise ist im Anschluß an die Tradition 20₂₂ vom πνεῦμα die Rede; natürlich ist im Sinne von 14₁₆f. ₂₆ usw. zu verstehen. Ebenso ist der unmythologische Sinn von πνεῦμα (πνεύματα) I Joh 4₁₋₃ deutlich: nicht von Dämonen ist die Rede, sondern von Lehrern;

7*

Daß es sich um ein Wunder handelt, wird in **V. 6** betont, mit dem der Evglist ein Zitat aus seiner Quelle bringt:

$$\tau\grave{o}\ \gamma\varepsilon\gamma\varepsilon\nu\nu\eta\mu\acute{\varepsilon}\nu o\nu\ \grave{\varepsilon}\varkappa\ \tau\tilde{\eta}\varsigma\ \sigma\alpha\varrho\varkappa\grave{o}\varsigma\ \sigma\acute{\alpha}\varrho\xi\ \grave{\varepsilon}\sigma\tau\iota\nu,$$
$$\varkappa\alpha\grave{\iota}\ \tau\grave{o}\ \gamma\varepsilon\gamma\varepsilon\nu\nu\eta\mu\acute{\varepsilon}\nu o\nu\ \grave{\varepsilon}\varkappa\ \tau o\tilde{\upsilon}\ \pi\nu\varepsilon\acute{\upsilon}\mu\alpha\tau o\varsigma\ \pi\nu\varepsilon\tilde{\upsilon}\mu\acute{\alpha}\ \grave{\varepsilon}\sigma\tau\iota\nu^{1}.$$

Durch diese Antithese[2] wird dem Nik. — und mit ihm jedem Leser — zum Bewußtsein gebracht, vor welchem Entweder=Oder er steht[3]. Vorausgesetzt ist in diesem Satze ein allgemeines Verständnis von $\sigma\acute{\alpha}\varrho\xi$ und $\pi\nu\varepsilon\tilde{\upsilon}\mu\alpha$, nämlich dieses, daß $\sigma\acute{\alpha}\varrho\xi$ die diesseitig=menschliche, $\pi\nu\varepsilon\tilde{\upsilon}\mu\alpha$ die jenseitig=göttliche Seinsweise bezeichnet. Dabei ist, unbeschadet etwaiger kosmologischer Theorien, weder mit $\sigma\acute{\alpha}\varrho\xi$ noch mit $\pi\nu\varepsilon\tilde{\upsilon}\mu\alpha$ im Grunde ein Stoff, eine Substanz gemeint; vielmehr bezeichnet $\sigma\acute{\alpha}\varrho\xi$ die Nichtigkeit des ganzen Daseins, die Tatsache, daß der Mensch seinem Schicksal wie seinem eigenen Tun gegenüber letztlich fremd ist, daß er so, wie er sich vorfindet, nicht in seiner Eigentlichkeit ist, mag er es sich zum Bewußtsein bringen, oder mag er es sich verhüllen. Entsprechend ist durch $\pi\nu\varepsilon\tilde{\upsilon}\mu\alpha$ das Wunder einer Seinsweise bezeichnet, in der der Mensch in seiner Eigentlichkeit ist, sich versteht und sich nicht mehr von der Nichtigkeit bedrängt weiß[4].

Vorausgesetzt ist bei all solchem Reden von $\sigma\acute{\alpha}\varrho\xi$ und $\pi\nu\varepsilon\tilde{\upsilon}\mu\alpha$ auch, daß der Mensch gleichsam zwischen diesen beiden Möglichkeiten des Seins steht, indem er weiß oder wissen kann, daß er eigentlich in das jenseitige Sein gehört und doch faktisch in das diesseitige geraten ist. Der Satz V.6 will aber dem, der wie Nik. nach dem Heil fragt, zum Bewußtsein bringen, daß diese beiden Möglichkeiten

---

wie entsprechend die Gestalt des $\grave{\alpha}\nu\tau\acute{\iota}\chi\varrho\iota\sigma\tau o\varsigma$ I Joh 2 18. 22 4 3 II Joh 7 entmythologisiert ist.

[1] Der Vers ist in 161 syr^c (im zweiten Glied auch von syr^s) und einer Reihe lat. Hss. glossiert worden (s. Merx 56 ff.), indem das erste Glied ergänzt ist: $\delta\tau\iota\ \grave{\varepsilon}\varkappa\ \tau\tilde{\eta}\varsigma\ \sigma\alpha\varrho\varkappa\grave{o}\varsigma\ \grave{\varepsilon}\gamma\varepsilon\nu\nu\acute{\eta}\vartheta\eta$, das zweite: $\delta\tau\iota\ \grave{\varepsilon}\varkappa\ \tau o\tilde{\upsilon}\ \pi\varepsilon\nu\acute{\upsilon}\mu\alpha\tau\acute{o}\varsigma\ \grave{\varepsilon}\sigma\tau\iota\nu$ bzw. quia deus spiritus est et ex deo natus est.

[2] Der Vers zeigt eine für die Offenbarungsreden charakteristische Form 1. darin, daß er ein apodiktischer begründungsloser Satz ist, 2. darin, daß im antithet. Par. membr. das zweite Glied die einfache Umkehrung des ersten ist (Festg. Ad. Jül. 141). Diese Form ist für die gnostische (dualistische) Offenbarungsliteratur charakteristisch; vgl. die hermet. Sprüche aus Stob. Ekl. I 275 f. bei Scott, Hermetica I 428. 430 (einige bei Reitzenst., HMR. 78, 2), z. B.

$\quad\quad o\grave{\upsilon}\delta\grave{\varepsilon}\nu\ \grave{\alpha}\gamma\alpha\vartheta\grave{o}\nu\ \grave{\varepsilon}\pi\grave{\iota}\ \tau\tilde{\eta}\varsigma\ \gamma\tilde{\eta}\varsigma,$
$\quad\quad o\grave{\upsilon}\delta\grave{\varepsilon}\nu\ \varkappa\alpha\varkappa\grave{o}\nu\ \grave{\varepsilon}\nu\ \tau\tilde{\omega}\ o\grave{\upsilon}\varrho\alpha\nu\tilde{\omega}$ (Scott Nr. 18).
$\quad\quad o\grave{\upsilon}\delta\grave{\varepsilon}\nu\ \grave{\varepsilon}\nu\ o\grave{\upsilon}\varrho\alpha\nu\tilde{\omega}\ \delta o\tilde{\upsilon}\lambda o\nu,$
$\quad\quad o\grave{\upsilon}\delta\grave{\varepsilon}\nu\ \grave{\varepsilon}\pi\grave{\iota}\ \gamma\tilde{\eta}\varsigma\ \grave{\varepsilon}\lambda\varepsilon\acute{\upsilon}\vartheta\varepsilon\varrho o\nu$ (Scott Nr. 26).
$\quad\quad \pi\acute{\alpha}\nu\tau\alpha\ \tau\grave{\alpha}\ \grave{\varepsilon}\nu\ o\grave{\upsilon}\varrho\alpha\nu\tilde{\omega}\ \grave{\alpha}\mu\omega\mu\alpha,$
$\quad\quad \pi\acute{\alpha}\nu\tau\alpha\ \tau\grave{\alpha}\ \grave{\varepsilon}\pi\grave{\iota}\ \gamma\tilde{\eta}\varsigma\ \grave{\varepsilon}\pi\acute{\iota}\mu\omega\mu\alpha$ (Scott Nr. 29).

Ferner Scott I 380, 5 ff.; 408, 12 ff. 15 ff. ($\grave{\varepsilon}\varkappa\varepsilon\tilde{\iota}\nu\alpha\ \mu\grave{\varepsilon}\nu\ \tau\grave{\alpha}\ \sigma\acute{\omega}\mu\alpha\tau\alpha\ \grave{\omega}\varsigma\ \grave{\varepsilon}\xi\ \grave{\alpha}\sigma\omega\mu\acute{\alpha}\tau o\upsilon\ o\grave{\upsilon}\sigma\acute{\iota}\alpha\varsigma$ $\gamma\varepsilon\gamma\varepsilon\nu\eta\mu\acute{\varepsilon}\nu\alpha,\ \grave{\alpha}\vartheta\acute{\alpha}\nu\alpha\tau\acute{\alpha}\ \grave{\varepsilon}\sigma\tau\iota\cdot\ \tau\grave{\alpha}\ \delta\grave{\varepsilon}\ \grave{\eta}\mu\acute{\varepsilon}\tau\varepsilon\varrho\alpha\ \delta\iota\alpha\lambda\upsilon\tau\grave{\alpha}\ \varkappa\alpha\grave{\iota}\ \vartheta\nu\eta\tau\acute{\alpha},\ \grave{\omega}\varsigma\ \tau\tilde{\eta}\varsigma\ \mathring{\upsilon}\lambda\eta\varsigma\ \grave{\eta}\mu\tilde{\omega}\nu\ \grave{\varepsilon}\varkappa$ $\sigma\omega\mu\acute{\alpha}\tau\omega\nu\ \sigma\upsilon\nu\varepsilon\sigma\tau\acute{\omega}\sigma\eta\varsigma$, vgl. C. Herm. 13, 14); P. Oxy. VIII Nr. 1081: $\pi\tilde{\alpha}\nu\ \tau\grave{o}\ \gamma\varepsilon[\iota\nu\acute{o}$-$\mu\varepsilon]\nu o\nu\ \grave{\alpha}\pi\grave{o}\ \tau\tilde{\eta}\varsigma\ [\varphi\vartheta o\varrho\tilde{\alpha}\varsigma]\ \grave{\alpha}\pi o\gamma\varepsilon\iota\nu\varepsilon[\tau\alpha\iota\ \grave{\omega}\varsigma\ \grave{\alpha}\pi\grave{o}]\ \varphi\vartheta o\varrho\tilde{\alpha}\varsigma\ \gamma\varepsilon\gamma[o\nu\acute{o}\varsigma\cdot\ \tau\grave{o}]\ \delta\grave{\varepsilon}\ \gamma\varepsilon\iota\nu\acute{o}\mu\varepsilon\nu o\nu$ $\grave{\alpha}\pi\grave{o}]\ \grave{\alpha}\varphi\vartheta\alpha\varrho\sigma\acute{\iota}\alpha\varsigma\ [o\grave{\upsilon}\varkappa\ \grave{\alpha}\pi o]\gamma\varepsilon\iota\nu[\varepsilon\tau\alpha\iota],\ \grave{\alpha}\lambda\lambda\grave{\alpha}\ \mu]\acute{\varepsilon}\nu\varepsilon\iota]\ \grave{\alpha}\varphi\vartheta[\alpha\varrho]\tau o\nu\ \grave{\omega}\varsigma\ \grave{\alpha}\pi\grave{o}\ \grave{\alpha}\varphi\vartheta[\alpha\varrho\sigma\acute{\iota}\alpha]\varsigma$ $\gamma\varepsilon\gamma o\nu\acute{o}\varsigma$. Ähnliche Formulierungen bei Ign., s. Schlier, Relg. Unters. 132 f.

[3] Die neutrische Form statt der maskulinischen verstärkt den grundsätzlichen und thematischen Charakter des Satzes.

[4] Zu $\sigma\acute{\alpha}\varrho\xi$ s. S. 39 f., zu $\pi\nu\varepsilon\tilde{\upsilon}\mu\alpha$ S. 98, 3. Es ist das $\sigma\acute{\alpha}\varrho\xi$-$\pi\nu\varepsilon\tilde{\upsilon}\mu\alpha$=Verständnis, das für die gnostische Anthropologie charakteristisch ist, und das von Paulus wie von Joh aufgegriffen ist. Entscheidend ist, wie radikal jeweils der Gedanke der Nichtigkeit des menschlichen Daseins erfaßt ist; ob diese mehr oder weniger auf die Gedanken der Vergänglichkeit und des Todes beschränkt ist oder auch auf die radikale Verkehrtheit des Wollens und des Welt= und Selbstverständnisses bezogen ist. Vgl. zum Begriff des $\varphi\tilde{\omega}\varsigma$ S. 22 ff.

des Seins nicht beliebige Möglichkeiten sind, die er frei ergreifen kann; daß das
Entweder=Oder, vor dem der Mensch steht, nicht das Entweder=Oder der Wahl,
sondern das des Schicksals ist. Er soll sich zum Bewußtsein bringen, daß sein Wo=
hin durch ein Woher bestimmt ist[1], daß sein Ende Nichtigkeit sein wird, weil sein
Ursprung im Nichtigen liegt. Er soll inne werden, daß alles, wozu er es bringen
kann, und was in seiner bisherigen Lebenssphäre Ereignis werden kann, nichtig
sein wird. Es gibt für ihn auch nicht ein Wunder innerhalb seines diesseitig=
menschlichen Seins; soll für ihn überhaupt Wunderbares wirklich werden, so muß
sein ganzes Sein von seinem Ursprung her zu einem wunderbar jenseitigen werden.
Hat er das verstanden, so wird er sich nicht mehr wundern, wenn zu ihm von
Wiedergeburt geredet wird (V. 7[2]); er wird dann verstehen, daß der Gewinn
seiner eigentlichen Existenz für ihn nur ein Wunder sein kann; — genau so wie
das „Werden wie die Kinder", das das synoptische Herrenwort als Bedingung
des Heils nennt, nicht durch absichtsvolles Verhalten verwirklicht, sondern nur als
göttliches Geschenk empfangen werden kann.

Da aber die Macht des πνεῦμα eben die des Wunders ist, so gilt das μὴ
θαυμάσῃς nicht nur für die negative Seite der These: unmöglich ist das Heil als
menschliche Möglichkeit!, sondern auch für die positive Seite: möglich als gött=
liche Möglichkeit! Das sagt V. 8:

$$\text{τὸ πνεῦμα ὅπου θέλει πνεῖ,}$$
$$\text{καὶ τὴν φωνὴν αὐτοῦ ἀκούεις,}$$
$$\text{ἀλλ' οὐκ οἶδας πόθεν ἔρχεται}$$
$$\text{καὶ ποῦ ὑπάγει[3]}$$

Das wunderbare Wirken des Geistes ist an keine berechenbare Regel gebunden,
aber es erweist sich in seiner Wirkung. Freilich soll dieser Gedanke als ein zweiter
Sinn hinter dem ersten gehört werden vermöge der Zweideutigkeit des Wortes
πνεῦμα. Zunächst ist der Satz ein Vergleich, dessen Anwendung der Evglist durch
sein οὕτως κτλ. ausdrücklich gibt: wie der Wind ungreifbar ist[4] und man seinen
Ausgang und sein Ziel, sein Woher und Wohin, nicht kennt, und wie man doch
seine Wirklichkeit nicht leugnen kann — τὴν φωνὴν αὐτοῦ ἀκούεις —, so steht
es auch mit dem, der aus dem Geist geboren ist[5]. Es gibt also solche Menschen
oder kann sie geben; aber daß es sie gibt, ist keine menschliche Möglichkeit! Und
sofern es sie gibt, ist ihre Existenz für den sarkischen Menschen ein Rätsel, genau

---

[1] S. S. 97 f.

[2] Das μὴ θαυμάσῃς ist eine charakteristisch rabbin. Wendung (s. Schl.; A. Marmor=
stein, Hebr. Union College Annual VI 1929, 204), die sich der Evglist zu eigen macht (5₂₈
Red. I Joh 3₁₃). Sie begegnet aber auch C. Herm. 11,17; vgl. οὐ θαῦμα und ähnliche
Übergangsformeln in der Diatribe (Windisch zu II Kor 11₁₄). — Zum Conj. aorist. nach
μή s. Bl.=D. § 337, 3 und Br.

[3] Zum Präs. ὑπάγει Bl.=D. § 323, 3. ποῦ im NT wie in LXX für ποῖ Bl.=D. § 103;
Raderm.² 65 f.

[4] Die Unfaßbarkeit des Windes dient in der at.lichen und jüd. Literatur mehrfach
zum Vergleich der Unfaßbarkeit des göttlichen Waltens Koh 11₅ Prov 30₄ Sir 16₂₁
IV Esr 4₅₋₁₁). Vgl. auch Xen. Mem. IV 3₁₄: καὶ ἄνεμοι αὐτοὶ μὲν οὐχ ὁρῶνται, ἃ δὲ
ποιοῦσι φανερὰ ἡμῖν ἐστι, καὶ προσιόντων αὐτῶν αἰσθανόμεθα. Ein indisches Beispiel
bei Grill II 339. Ohne Vergleich, mit Bezug auf die Gottheit, Soph. Ai. 14 ff.: . . . κἂν
ἄποπτος ᾖς, ὅμως φώνημ' ἀκούω . . . und Eur. Hippol. 86: κλύων μὲν αὐδήν, ὄμμα δ'
οὐχ ὁρῶν τὸ σόν.

[5] ℵ it syrˢᶜ fügen ein ὕδατος καί, s. S. 98, 2.

wie die Person des Offenbarers selbst, dessen Woher und Wohin für das Auge
der Welt verborgen ist[1].

2. Das Geheimnis des Menschensohnes 3₉₋₂₁.

Der Fortschritt liegt darin, daß der Blick des Menschen, der nach dem Heil
gefragt hat, und dem gesagt wurde, daß nur die Wiedergeburt zum Heil führt,
jetzt auf das Ereignis gelenkt wird, in dem die Möglichkeit jenes Wunders be=
gründet ist, auf die Offenbarung, auf den Offenbarer, den „Menschensohn". Der
Evglist markiert den Übergang durch den kurzen Dialog V. 9f.

Die Frage des Nik.: πῶς δύναται ταῦτα γενέσθαι; veranschaulicht sachgemäß
die unzulängliche Weise menschlichen Fragens[2] und die menschliche Ratlosigkeit
dem Wunder der Wiedergeburt gegenüber[3]. Jesu Antwort will nicht etwa sagen,
daß der Schriftgelehrte von sich aus eigentlich die Antwort müßte geben können,

---

[1] Für die Gnosis ist es ein fundamentaler Satz, daß der Erlöser für die Welt ein
„Fremder" ist, dessen Woher und Wohin sie nicht kennt; das Nichtwissen der Welt kor=
respondiert aber seinem eigenen Wissen. Vermöge der geheimen Verwandtschaft mit
dem Erlöser gilt für die Erlösten, die Pneumatiker, das Gleiche; ja, für sie ist es die ent=
scheidende Gnosis, ihr Woher und Wohin zu kennen. — Joh hat die gnostische Anschauung
in bezug auf die Person Jesu in der durch seinen Offenbarungsgedanken gegebenen
Interpretation übernommen (s. zu 8₁₄); ebenso in bezug auf die Person des Glaubenden;
doch hat er sie hier stark reduziert, dem entsprechend, daß er den Satz von der Präexistenz
der Seelen und von dem kosmischen Zusammenhang der Erlösten mit dem Erlöser preis=
gegeben hat (s. S. 42). Das Wissen der Glaubenden um ihr Woher ist das Wissen um
ihr εἶναι (bzw. γεγεννῆσθαι) ἐκ, das aber aus einer spekulativen Herkunftsbezeichnung
zu einer Wesenscharakteristik geworden ist (s. S. 97, 3). Das Wissen der Glaubenden
um ihr Wohin ist indirekt 12₃₅ I Joh 2₁₁, direkt 14₄ ausgesprochen; da der Evglist den
Gedanken von der Himmelsreise der Seele preisgegeben hat, ist dieses Wissen ebenfalls
entmythologisiert. — Das diesem Wissen korrespondierende Nichtwissen der Welt um
das Wesen der Glaubenden ist wie 3₈ so I Joh 3₁ ausgesprochen (paulin. Parallele ist
I Kor 2₁₄f.), und dieses Motiv ist auch 15₁₈ff. leitend. Daß die aus dem Geist Geborenen
der Welt rätselhaft sind, ist also der Sinn; nicht, daß man aus ihnen die Stimme des
Geistes vernimmt (Lagr.).
  Die 3₈ vorliegende Formel hat eigentümliche Parallelen; einmal Ign. Phld. 7₁,
wo das dem Nichtwissen korrespondierende Wissen des Pneumatikers beschrieben wird:
τὸ πνεῦμα οὐ πλανᾶται, ἀπὸ θεοῦ ὄν· οἶδεν γὰρ πόθεν ἔρχεται καὶ ποῦ ὑπάγει, was
nicht auf Joh 3₈, sondern auf gnostische Tradition zurückgeht (Schlier, Relg. Unters. 141f.,
trotz Loewenich 36f.). Sodann Clem. Al. strom. VI 6, 45 und Adumbr. in IPt 3₁₉,
wo es in bezug auf die Hadesfahrt des Erlösers heißt: λέγει ὁ Ἅιδης τῇ Ἀπωλείᾳ· εἶδος
μὲν αὐτοῦ οὐκ εἴδομεν, φωνὴν δὲ αὐτοῦ ἠκούσαμεν. Das galt aber ursprünglich von
der Erdenfahrt des Erlösers, die erst sekundär als Hadesfahrt gedeutet wurde (s. ARW 24
[1926] 102; Reitzenst., JEM 112f.; anders J. Kroll, Gott und Hölle 1932, 331), wie
denn das Wort bei Hipp. V 8, 14 p. 91,22 auf den Herabstieg des Urmenschen in die
Welt bezogen ist: φωνὴν μὲν αὐτοῦ ἠκούσαμεν, εἶδος δὲ αὐτοῦ οὐχ ἑωράκαμεν. Andere
Varianten 3NTW 24 (1925), 121f. Daß Joh 3₈ auf gnost. Tradition zurückgeht, dürfte
also klar sein.
  [2] Das πῶς dieser Frage ist typisch für den Standpunkt des „gesunden Menschen=
verstandes", der nur die rational beherrschbare Wirklichkeit kennt und der, sofern er eine
göttliche Wirklichkeit zu kennen meint, auch sie den rationalen Maßstäben unterwirft;
vgl. 6₄₂. (52) 7₁₅ 8₃₃ 12₃₄ 14₅. — Im Zshg ist die Frage ganz sachgemäß und keines=
wegs deplaziert, als könne Nik. nicht so fragen, nachdem die Wiedergeburt V.₈ als ein
Geheimnis bezeichnet war (Wellh. und Spitta; richtig Wendt II 81f.); kritische Operationen
sind also unbegründet, etwa V.₄₋₈ auszuschalten (Spitta). Auch ist die Frage in der Offen=
barungsschrift stilgemäß, vgl. herm. mand. XI 19 und s. S. 96, 1.
  [3] Sachliche Parallelen zu der Situation des Dialogs (G. P. Wetter, 3NTW 18
[1917/18], 51 sind C. Herm. 9, 10: ταῦτα σοι ... ἐννοοῦντι ⟨μὲν⟩ ἀληθῆ δόξειεν ἄν, ⟨μὴ

sodaß man nach Schriftstellen suchen müßte, die nach der Meinung des Evglisten die Lehre von der Wiedergeburt schon enthalten. Vielmehr macht Jesu Antwort deutlich, daß das Lehrertum Israels keine Antwort geben kann. Es versagt notwendig vor der entscheidenden Frage[1].

V.11 — 15 beginnen, das Geheimnis zu enthüllen. Daß es nur als Zeugnis vorgetragen werden kann, und zwar als ein Zeugnis, dem der Unglaube der Welt begegnet, sagen V.11 und 12. In andeutender Weise wird dann in V.13-15 das Zeugnis gegeben: das Herabkommen und die Erhöhung des Menschensohnes sind das Wunder, kraft dessen die Wiedergeburt Ereignis werden kann. So klar das ist, so schwierig ist das Verständnis im Einzelnen[2]. Das beruht einmal darauf, daß der Evglist nicht nur auf die Weiterführung des Dialogs verzichtet, sondern überhaupt die Beziehung auf die Situation (wenngleich nicht auf das bisherige Thema) fahren läßt[3]. Jesus redet nicht mehr nur zu den durch Nik. repräsentierten Juden, sondern zum κόσμος (V.16f. 19)[4]; an Stelle des Begriffs der βασιλεία τοῦ θεοῦ tritt der des ewigen Lebens. Es beruht ferner darauf, daß der Evglist die hier benutzten Worte seiner Quelle künstlich in seinen Gedankengang zwingen muß.

Daß die Rede des Offenbarers Zeugnis ist, sagt zunächst **V.11**:

δ οἴδαμεν λαλοῦμεν καὶ δ ἑωράκαμεν μαρτυροῦμεν.

Das μαρτυρεῖν hat dabei zunächst den üblichen forensischen Sinn[5]: der Augenzeuge kann vermöge seiner Kenntnis Tatbestände, die Anderen unzugänglich sind, sicherstellen; sein Wort hat daher Autorität. Aber keine der sonst dabei vorausgesetzten Bedingungen treffen hier zu; weder ist die Aussage des Zeugen kontrollierbar, noch ist der Zeuge schon als vertrauenswürdig bekannt. Mehr noch! Weder hier noch sonst, wo Jesus das mitzuteilen behauptet, was er beim Vater gesehen oder gehört hat[6], redet er über Dinge oder Vorgänge, deren Augen- oder Ohrenzeuge er war. Er redet in allen Variationen von nichts anderem als davon, daß der Vater ihn gesandt hat, daß er gekommen ist, daß er wieder gehen wird,

---

ἐν)νοοῦντι δὲ ἄπιστα· τῷ γὰρ νοῆσαι ἔπεται τὸ πιστεῦσαι, τὸ ἀπιστῆσαι δὲ τῷ μὴ νοῆσαι (Text nach Scott I 184, 25ff.); 11,21:

εἰς ἐὰν δὲ κατακλείσῃς σου τὴν ψυχὴν ἐν τῷ σώματι
    καὶ ταπεινώσῃς αὐτὴν καὶ εἴπῃς·
 οὐδὲν νοῶ, οὐδὲν δύναμαι,
    φοβοῦμαι γῆν ⟨καὶ⟩ θάλασσαν·
εἰς τὸν οὐρανὸν ἀναβῆναι οὐ δύναμαι,
    οὐκ οἶδα τίς ἤμην, οὐκ οἶδα τίς ἔσομαι·
τί σοι καὶ τῷ θεῷ;
    οὐδὲν γὰρ δύνασαι τῶν καλῶν καὶ ἀγαθῶν νοῆσαι
    φιλοσώματος ὢν καὶ κακός.   (Scott I 220, 32ff.)

[1] Der Art. vor διδάσκαλος macht eine gewisse Schwierigkeit. Zn. und Lagr. wollen verstehen: „du bist von uns beiden der Lehrer". Aber warum dann der Zusatz τοῦ Ἰσρ.? Es wird zu verstehen sein: „in dir begegne ich dem Lehrertum Israels; du repräsentierst es". Ähnliche Redeweise auch sonst; s. Schl. und Br., Bl.-D. § 273, 1.

[2] Hirsch will deshalb V.11 als redakt. Glosse ausscheiden; er will die Beziehung von D.10ff. auf die Situation festhalten, was doch vergeblich ist.

[3] Komisch Spitta: dem Nik., der wegen seines Unglaubens an Jesus wie den Täufer gescholten war, „blieb nichts anderes übrig, als zu verschwinden und eventuell auf seine Genossen einen bessernden Einfluß auszuüben".

[4] Das οὐδείς V.13. 32 heißt nicht „kein Jude", sondern „kein Mensch", das πᾶς D.15 nicht „jeder Jude", sondern „jeder Mensch"; vgl. D.19 οἱ ἄνθρωποι.

[5] Vgl. S. 30, 5.

[6] Der Sohn redet, was er beim Vater gesehen hat: 3(11.) 32 519f. 838, was er gehört hat: 332 530 826. 28. 40; entsprechend der Geist 1613. Vgl. Weiteres zu 519.

erhöht werden muß; dafür fordert er Glauben, und solchem Glauben verheißt er das Leben. Es ist klar: der ursprünglich mythologische Sinn solcher Redeweise[1] ist preisgegeben[2]; sie dient zu nichts anderem, als das Wesen des Offenbarungswortes zu charakterisieren als eines Wortes, das 1. von jenseits her dem Menschen begegnet, das unkontrollierbar ist und sich nicht aus der Sphäre menschlichen Beobachtens und Denkens erhebt, das 2. autoritatives, den Hörer verpflichtendes Wort ist. — Die himmlische Herkunft des Gesandten ist also nicht eine Garantie, die den Glauben an seine Verkündigung erleichterte; sondern seine Verkündigung besteht gerade in der anstößigen Behauptung seiner himmlischen Herkunft, die es zu glauben gilt. Ihrem Wesen entspricht das Schicksal der μαρτυρία: καὶ τὴν μαρτυρίαν ἡμῶν οὐ λαμβάνετε[3] — die Welt weist das ihr fremde Wort ab[4].

Der auffallende Plur. „wir..." dürfte auf die Quelle zurückgehen, in der sich der Redende mit andern Gottgesandten zusammenfaßte[5]. Der Evglist behält den Plur. bei, weil er die Person Jesu eigentümlich verhüllt und nicht erkennen läßt, daß im Grunde Jesus der Einzige ist, der auf Grund seines Wissens redet und bezeugt, was er gesehen hat[6]. Die Rede soll den Ton des Geheimnisses behalten, und es soll noch nicht deutlich werden, daß Jesus selbst der Offenbarer ist, wie er denn vom „Menschensohn", vom „Sohn" und von dem, „der von oben gekommen ist" in V.13-21. 31-36 immer nur in 3. Pers. redet[7]. Deutlich soll zunächst nur das Wesen und Schicksal der Botschaft werden. Das dem „wir" gegenüberstehende „ihr" begreift nicht nur die Juden in sich, sondern die Ungläubigen überhaupt; das οὐ λαμβάνετε hat den gleichen umfassenden Sinn wie das οὐ κατέλαβεν, οὐκ ἔγνω, οὐ παρέλαβον 1₅. 10f. und das οὐδεὶς λαμβάνει 3₃₂.

---

[1] Vgl. zu 3₃₅ 5₁₉.

[2] Das ist auch daran zu erkennen, daß die Wendung vom Reden dessen, was der Sohn gesehen oder gehört hat, nichts anderes bedeutet als die Wendung vom Tun der Werke, die ihm der Vater aufgetragen hat 4₃₄ 5₃₆ 9₄ 17₄, von der Erfüllung des Willens oder des Gebotes des Vaters 6₃₈ 10₁₈ 12₄₉ 14₃₁ 15₁₀. Weiteres zu 5₁₉.

[3] Λαμβάνειν τὴν μαρτυρίαν 3₁₁. ₃₂f. scheint semit. Wendung zu sein (קִבֵּל עֵדוּת Schl. 3. St.); als Analogie dazu wohl auch λαμβ. τὰ ῥήματα 12₄₈ 17₈ (oder zu קִבֵּל תוֹרָה? Schl. zu Mt 13₂₀). Im Griech. heißt λαμβ. τ. λόγον „das Wort ergreifen" oder „... verstehen, begreifen", auch „als ausgemacht gelten lassen", was dem joh. Sprachgebrauch am nächsten kommt. Jedoch beruht das „gelten lassen" bei Joh nicht auf der Logik, sondern auf dem Glaubensgehorsam. Griechisch wäre δέχεσθαι statt λαμβ., s. S. 35, 4.

[4] Es ist richtig, daß V.11 im Zshg unnötig ist (Hirsch); ihn aber deshalb zu streichen, liegt kein Grund vor. Durch V.11 wird der Sinn von V.12 keineswegs geändert (Hirsch), sondern V.11 bereitet samt V.12 auf das Unglaubliche vor, was es V.13-21 zu hören gibt.

[5] In den mand. Texten redet der Gesandte meist in 1. Pers. sing. (Joh.-B. 44ff. 144ff.; Mand. Lit.196f.; Ginza 57, 33ff.; 455, 24; 503, 10ff. usw.); mitunter faßt er sich aber mit anderen Gottwesen als „Wir" zusammen (Ginza 458, 30ff.; 476, 4; 501, 29ff.) Manchmal wechseln „ich" und „wir" (Ginza 59, 39 „wir" statt des sonst in diesem Stücke durchgehenden „ich"; Ginza 461, 17ff. mehrfacher Wechsel; Wechsel auch 473, 28ff.; ähnlich 488, 20ff. Was Ginza 537, 21 der eine Gesandte sagt, sagen 590, 17 die Gesandten.

[6] Meist wird der Plur. so erklärt, daß sich Jesus mit den christlichen Verkündigern zusammenfasse, woran das richtig ist, daß V.11 die christliche Botschaft überhaupt charakterisiert. — Daß sich Jesus mit den Propheten — den at.lichen (Bl.) oder den christlichen (v. Dobschütz, ZNTW 28 [1929] 162) — zusammenfasse, beruht auf dem Mißverständnis, daß das ἑωράκαμεν realistisch von Visionen zu verstehen sei. Komisch ist es, wenn B. Weiß und Zn. den Plur. auf Jesus und den Täufer beziehen.

[7] S. S. 93.

V. 12 begründet das *οὐ λαμβάνετε*: wenn schon das bisher Gesagte keinen Glauben fand, wie wird das Zeugnis von den himmlischen Dingen Glauben finden?

     εἰ τὰ ἐπίγεια εἶπον ὑμῖν καὶ οὐ πιστεύετε,
       πῶς ἐὰν εἴπω ὑμῖν τὰ ἐπουράνια πιστεύσετε;

Daß Jesus — der Evglist lenkt (im Anschluß an seine Quelle) in die 1. Pers. Sing. zurück — über die *ἐπίγεια* gesprochen hat, ist vorausgesetzt; ist der Zshg mit dem vorangehenden Dialog festgehalten, so muß unter den *ἐπίγεια* das V.3-8 Gesagte verstanden werden. Wie kann aber die Wiedergeburt als ein *ἐπίγειον* begriffen werden[1]? Die Formulierung ist aus der Quelle übernommen und hatte hier einen eindeutigen Sinn: unter den *ἐπίγεια* war hier die irdische Welt im Sinne der gnostischen Interpretation verstanden; der Offenbarer gibt Aufklärung über ihre Entstehung und ihr Wesen und damit zugleich über das Wesen des Menschen, der sie als Fremde verstehen soll; unter den *ἐπουράνια* war die Himmelswelt verstanden, die der Offenbarer als die Heimat der Seelen verstehen lehrt, und zu der er die Rückkehr erschließt[2]. In der Gnosis korrespondiert der Soteriologie

---

[1] Der allgemeine Gegensatz von Irdisch und Himmlisch ist der jüdischen und christlichen wie der hellenistisch-dualistischen Anschauung geläufig. Vgl. Sap 9, 16:
     καὶ μόλις εἰκάζομεν τὰ ἐπὶ γῆς . . . .
     τὰ δὲ ἐν οὐρανοῖς τίς ἐξιχνίασεν;
IV Esr 4₁-₂₁ (bes. V.11 und 21); Sanh.39a (Str.-B. II 425): „Was auf Erden ist, weißt du nicht; solltest du wissen, was im Himmel ist?" vgl. Schl. z. St.; Philo leg. all. III 168: *τούτοις* (die ihr Gut in der *διάνοια* sehen) *συμβέβηκε μὴ τοῖς γηΐνοις ἀλλὰ τοῖς ἐπουρανίοις τρέφεσθαι.* I Kor 15₄₀ Phil 2₁₀; Ign. Eph. 13₂: *οὐδέν ἐστιν ἄμεινον εἰρήνης, ἐν ᾗ πᾶς πόλεμος καταργεῖται ἐπουρανίων καὶ ἐπιγείων;* Trall. 5₁f.; 9₁; Polyk. Phil. 2₁. Bei Jak 3₁₅; herm. mand. IX 11; XI 6ff. der Gegensatz *ἄνωθεν* — *ἐπίγειον.* — Vgl. die S. 100, 2 zitierten hermet. Sprüche und das hermet. Frg. *περὶ ἀληθείας* bei Scott, Herm. I 382—388. Einige der genannten Beispiele (weitere bei Br.) zeigen, daß überall auch der Gedanke sich von selbst versteht, daß der Mensch höchstens das Irdische, nicht aber das Himmlische begreifen kann. Nur übermenschliche Erkenntnis wie die des „Metatron" kennt das Himmlische wie das Irdische (Odeberg 46 f.). Dabei ist unter den *ἐπίγεια* das Gebiet der irdisch-natürlichen Dinge und Vorgänge verstanden (*τὰ ἐν χερσίν* Sap 9₁₆), unter den *ἐπουράνια* die himmlischen Geheimnisse der Kosmologie, des göttlichen Weltplans, der Engelhierarchien u. dgl., vgl. bes. Ign. Trall. 5₁f.

Das kann der Sinn in Joh 3₁₂ nicht sein, denn einmal sind die *ἐπουράνια,* die Jesus dem Glauben erschließt, nicht Geheimnisse der Mythologie und Spekulation (vgl. die Abschiedsreden), und sodann hat das 3₃-₈ Gesagte nicht den Charakter der *ἐπίγεια* im üblichen Sinne. Begreiflich, daß Odeberg (49) das bisher Gesagte unter die *ἐπουράνια* rechnet; aber was wären dann die *ἐπίγεια,* in bezug auf die das *οὐ πιστεύετε* gilt? Nach Jn. wird die irdische und die himmlische Seite der Gottesherrschaft unterschieden; aber inwiefern hat diese eine irdische Seite, und wo hätte Jesus von ihr geredet? Schl. erklärt die *ἐπιγ.* richtig als das „was auf Erden geschieht", nicht aber die *ἐπουρ.* als die himmlischen Dinge im Sinne der Apk, denn diese liegen außerhalb des Gesichtskreises des Joh.

Eher könnte man an die paulinische Unterscheidung einer Predigt (der *μωρία*) für die *νήπιοι* und einer Lehre (*σοφία*) für die *τέλειοι* denken (I Kor 1₁₈—3₃) und annehmen, daß der Evglist sein Werk den Evangelien des synopt. Typus gegenüberstellen will. Aber deren Charakteristik als *ἐπίγεια* wäre kaum begreiflich. Zudem wäre der Zusammenhang mit V.3-8 völlig preisgegeben. Ähnlich meinen Ho. und L., daß es sich um den Unterschied in der Form der Verkündigung handelt: unter den *ἐπουρ.* sei die im Folgenden vorgetragene Heilsordnung zu verstehen; die *ἐπιγ.* bedeuteten sachlich das Gleiche, jedoch in der symbolischen Form, in der V.3-8 davon redeten. Indessen wird im Sinne des Evglisten in V.3-8 gar nicht symbolisch geredet! Und das *οὐ πιστεύετε* kann zu seinem Gegenstand ja nur einen sachlichen Inhalt haben.

[2] Die Naassener-Predigt (Hipp. El. V 8, 39—44 p. 96, 9ff. W.) unterscheidet die *μικρὰ μυστήρια (τῆς Περσεφόνης)* von den *μεγάλα* und *ἐπουράνια μυστήρια;* jene sind

eine bestimmte Kosmologie; wer die Kosmologie und das mit ihr gegebene Ver=
ständnis von Welt und Mensch nicht akzeptiert, der wird auch der Erlösungslehre
den Glauben verweigern! Zu den ἐπίγεια aber gehört hier auch die Lehre vom
ἄνωθεν γεννηθῆναι, d. h. von der Präexistenz, von der himmlischen Herkunft der
Seelen; denn diese Lehre ist ja die eigentliche Pointe der Kosmologie. Und der
Hauptpunkt der ἐπουράνια ist die Lehre vom Aufstieg der Seele, wie V.13 sogleich
bestätigen wird[1].

Auch der Evglist, der das ἄνωθεν γεννηθῆναι nicht mehr von der himmlischen
Herkunft der Seelen verstand, sondern auf die Wiedergeburt deutete, konnte sich
den Satz V.12 aneignen. Die Rede von der Wiedergeburt gehört insofern zu den
ἐπίγεια, als sie ein Urteil des Menschen über seine Situation in der Welt enthält,
eben das, daß er als von der σάρξ Geborener σάρξ ist, daß er verloren ist und
das erstrebte Wohin seines Weges nicht erreicht, da sein Woher ein verfehltes ist.
Wie im gnostischen Mythos bezeichnet also τὰ ἐπίγεια nichts anderes als die
widersinnige Situation des Menschen, deren Erfassung das Vorverständnis be=
deutet, das für das Verständnis der Offenbarung gefordert ist. Man könnte um=
schreiben: wer die Notwendigkeit der Wiedergeburt nicht einsieht, der versteht

---

die der σαρκική γένεσις, diese die der πνευματική γένεσις. Entsprechend sagen die
Peraten (Hipp. V 16,1 p.111,9ff.): μόνοι δὲ ... ἡμεῖς οἱ τὴν ἀνάγκην τῆς γενέσεως
ἐγνωκότες καὶ τὰς ὁδοὺς, δι' ὧν εἰσελήλυθεν ὁ ἄνθρωπος εἰς τὸν κόσμον, ἀκριβῶς
δεδιδαγμένοι διελθεῖν καὶ περᾶσαι τὴν φθορὰν μόνοι δυνάμεθα. Und entsprechend
werden zwei Stufen der Gnosis Hipp. V 6,6 p.78,14f. unterschieden: ἀρχὴ τελειώσεως
γνῶσις ἀν(θρώπου), θεοῦ δὲ) γνῶσις ἀπηρτισμένη τελείωσις. Vgl. auch den Unter=
schied der κρείττονα und ἐλάσσονα μυστήρια in der schwer verständlichen Stelle Κόρη
Κόσμου p.456,19ff. Scott, wo jedenfalls klar ist, daß die κρείττονα μυστ. dem οὐρανός
entsprechen, die ἐλάσσονα der unteren φύσις. Zur γνῶσις gehört nach dem hermet. Frg.
Scott I 432, 31ff. die Erkenntnis, ὅτι γενητὸς ὁ κόσμος, καὶ ὅτι πάντα κατὰ [πρόνοιαν
καὶ] ἀνάγκην γίνεται, εἱμαρμένης πάντων ἀρχούσης (was freilich der Schlechte falsch
versteht), also die Kenntnis der ἐπίγεια. Nicht ganz klar ist, wie im mand. J.B.167—199
die Mysterien der Erde und des Himmels unterschieden werden. Der Text ist vielfach
unsicher; aber der Grundgedanke ist offenbar, daß die Symbole der Erde und des Himmels
in einer geheimnisvollen Entsprechung stehen; man muß beide kennen. Vgl. den Schluß:
„Das Mysterium der Auserwählten ist die Myrte, und das Mysterium des Körpers ist
die Rose. Denn wie die Myrte frisch prangt, so prangen die Auserwählten; doch wie
die Rose zerfällt, so zerfallen auch die Körper. Die Körper zerfallen, und das Maß der
Welt wird voll." Auch hier ist vorausgesetzt, daß die Gnosis die Erkenntnis der Mysterien
des Irdischen und des Himmlischen umfaßt. Katechismusartig aber sind die korrespon=
dierenden Teile der Gnosis beschrieben Exc. ex Theod. 78: ... ἡ γνῶσις τίνες ἦμεν, τί
γεγόναμεν· ποῦ ἦμεν, [ἢ] ποῦ (ἐν)εβλήθημεν· ποῦ σπεύδομεν, πόθεν λυτρού=
μεθα· τί γέννησις, τί ἀναγέννησις. Die aufsteigende Seele des Gnostikers muß
beides erkennen gelernt haben τὰ ἀλλότρια (das Irdische) und τὰ ἴδια (das Himmlische)
Iren. I 21, 5; vgl. Act. Andr. 6 p. 40, 26ff. Dem entspricht die Disposition von C.
Herm. I, indem zuerst die Lehre von der Entstehung der Welt und des Menschen (1-23),
dann die Lehre von der ἄνοδος vorgetragen wird (24-26).
Der gleiche Gedanke liegt Philos Unterscheidung der kleinen und großen Mysterien
(sacr. Ab. et C. 62; Abr.122) zugrunde: die kleinen Mysterien verleihen die Erkenntnis
des κόσμος, zu der die Selbsterkenntnis des Menschen gehört, die großen führen zur
Schau des überweltlichen Gottes (der Nachweis bei Pascher, Königsweg); vgl. auch die
Warnung de somn. I 52—60, daß sich das Erkenntnisstreben auf die himmlischen Dinge
(τὰ μετέωρα, ἄχρις οὐρανοῦ, τὰ ὑπέρ σε καὶ ἄνω) richte, bevor sich der Mensch selbst
erforscht und damit die οὐδένεια τοῦ γενητοῦ erkannt habe: ὁ δ' ἀπογνοὺς ἑαυτὸν
γινώσκει τὸν ὄντα.
    [1] Leider teilt Iren. über den Inhalt der Belehrung nichts mit, als er I 7, 3 von
den Valentinianern berichtet: πολλὰ δὲ καὶ τὴν μητέρα περὶ τῶν ἀνωτέρω εἰρηκέναι
λέγουσιν.

auch nicht, daß sie durch Jesus möglich geworden ist. Parallele ist 6₆₁f.: wer den Anstoß des σκληρὸς λόγος, der das bisherige Selbstverständnis des Menschen in Frage stellt, nicht überwindet, der wird auch die das Heil schaffende Sendung Jesu nicht verstehen[1]. Nichts anderes als diese ist mit den ἐπουράνια gemeint: sein Abstieg vom Himmel und seine Rückkehr dorthin[2].

Von da aus erschließt sich auch das Verständnis von **V. 13**:

$$καὶ\ οὐδεὶς\ ἀναβέβηκεν\ εἰς\ τὸν\ οὐρανόν,$$
$$εἰ\ μὴ\ ὁ\ ἐκ\ τοῦ\ οὐρανοῦ\ καταβάς,$$
$$ὁ\ υἱὸς\ τοῦ\ ἀνθρώπου.$$

Was dieser Satz in der Quelle meinte, ist deutlich: einen Aufstieg in den Himmel gibt es nur für den, der vom Himmel stammt[3], für den ἄνωθεν γεννηθείς, nur für die präexistenten Seelen[4]. Das ist das Geheimnis der ἐπουράνια, das denen unglaublich ist, die nicht die ἐπίγεια richtig verstehen wollen[5].

Daß für den Evglisten der Sinn ein anderer sein muß, ist deutlich; er lehrt nicht die Präexistenz der Seelen und bei ihm bedeutet „Menschensohn" nicht die Gesamtheit der (präexistenten) Seelen, sondern ist messianischer Titel Jesu. Jesus also ist es, von dessen Auf= und Abstieg im Sinne des Evglisten hier die Rede ist. Der Sinn kann aber nicht sein, wie man gewöhnlich erklärt: „Nie ist jemand zum

---

[1] Natürlich besagt V.₁₁ nicht, daß Jesus über die ἐπουράνια nicht reden werde (πῶς ἐὰν κτλ. ist kein Irrealis!), sondern daß er, wenn er davon reden wird, keinen Glauben finden wird.

[2] Richtig Hirsch II 50: „Das Himmlische ... ist ... das Offenbarungsgeheimnis vom Fleischwerden des Wortes", — nur daß Fleischwerdung und Erhöhung in ihrer Zusammengehörigkeit verstanden werden müssen.

[3] Das Perf. ἀναβέβηκεν ist in der Quelle als Präs. gemeint gewesen.

[4] Gehört das ὁ υἱὸς ἀνθρώπου der Quelle an, so ist in dieser der gnostische Gedanke vorausgesetzt, daß die Gesamtheit der präexistenten Seelen den υἱὸς τοῦ ἀνθρώπου, den Urmenschen, bilden, der einst aus der Lichtwelt in die Finsternis geraten ist, und dessen Befreiung und Erhöhung sich eben darin vollzieht, daß die einzelnen Seelen erlöst werden. (Vgl. H. Schlier, Christus und die Kirche im Epheserbrief 1930, 27ff.; E. Käsemann, Leib und Leib Christi 1933, 65ff.) Indessen ist das ὁ υἱὸς τ. ἀνθρ. möglicherweise ein Zusatz des Evglisten, der dadurch die Beziehung des Satzes auf Jesus feststellt und V.₁₇₋₂₁ vorbereitet, wonach Jesu Kommen das Gericht ist; denn Richter ist er nach 5₂₇ als der Menschensohn. Er verwendet das υἱὸς τ. ἀνθρ. ja ausschließlich als Titel für Jesus, den auf Erden wandelnden Gottgesandten (s. S. 74, 4 und S. 76). Ob seine Quelle die Bezeichnung in dem von Odeberg (72—100) vermuteten „inklusiven" Sinne gebrauchte, wonach Menschensohn die Gesamtheit der Seelen und zwar in ihrer Einheit mit dem Erlöser bedeutet, ist nicht sicher zu erkennen. 1₅₁ 5₂₇ 6₆₂ sind Bildungen des Evglisten (6₂₇b und 6₅₃ gehören der Redaktion). Auch 8₂₈ 12₃₄ sind in der vorliegenden Form von ihm formuliert, doch wohl mit Benutzung eines Quellentextes. Ein solcher liegt 12₂₃ 13₃₁ vor, und wenn der Evglist den υἱὸς τ. ἀνθρ. hier auch exklusiv auf Jesus deutet, so könnte er den Titel in der Quelle inklusiven Sinn gehabt haben.

[5] Ganz deutlich enthält V.₁₃ den gnostischen Gedanken von der κατά- und ἀνάβασις. Belege für die Verbreitung des Gedankens sind bei G. P. Wetter, Der Sohn Gottes 1916, 82ff. 101ff. nicht klar von anderen Aussagen über θεῖοι ἄνθρωποι unterschieden. Mandäische Belege bei Odeberg 75—88. In C. Herm. 10,25 (vgl. M. Dibelius, Die Isisweihe, SAheidelb. 1917, 53) liegt vielleicht eine Polemik gegen den gnost. Gedanken vor: οὐδεὶς μὲν γὰρ τῶν οὐρανίων θεῶν ἐπὶ γῆς κατελεύσεται ... ὁ δὲ ἄνθρωπος εἰς τὸν οὐρανὸν ἀναβαίνει (nämlich kraft des νοῦς in der Spekulation), wie umgekehrt Joh 3₁₃ (im Sinne der Quelle) gegen solche griechisch=spekulative Vorstellung polemisieren könnte; es richtet sich aber wahrscheinlicher gegen die Vorstellungen (visionärer) Himmelsreisen, wie sie in der jüd. Apokalyptik und Merkaba=Spekulation geläufig waren (Odeberg 94f.). Allgemeine Aussagen, daß es für einen Menschen nicht möglich sei, zum Himmel aufzusteigen (Dt 30₁₂ Bar 3₂₉ IV Esr 4₈ Prov 30₄), kommen als Parallelen nicht in Betracht.

himmel aufgestiegen, nämlich um von dort Kunde über die *ἐπουράνια* zu bringen, als der, der vom himmel herabkam." Denn Jesus ist ja gar nicht zuerst aufgestiegen, um dann mit Kunde herabzukommen[1]. Er kam zuerst herab mit der ihm vom Vater anvertrauten Botschaft und ist dann aufgestiegen. Sein Aufstieg kann also nicht gemeint sein als ein Mittel, um Kunde über die *ἐπουράνια* zu holen; er gehört vielmehr selbst zu den unglaublichen *ἐπουράνια*, und zwar als die Erhöhung, als das *δοξασθῆναι*, das die Vollendung des heilswerks ist, vermöge dessen er die Seinen nach sich zieht (12₃₂). Die Erhöhung aber setzt das Unglaubliche des *σὰρξ ἐγένετο* voraus, und der Glaube an sie fordert, daß man in dem Menschen Jesu den vom himmel herabgekommenen „Menschensohn" anerkennt[2]. Daß dies der Sinn von V.13 ist, wird durch V.14f. bestätigt. Der Gedanke von V.12-15 ist also: „Wenn euch schon der *σκληρὸς λόγος* von der Wiedergeburt unglaublich ist, wie unglaublich muß euch die Rede von der herabkunft des „Menschensohnes" und seiner Erhöhung und von der durch sie bewirkten Erlösung sein; und doch ist nie jemand zum himmel aufgestiegen[3] als der vom himmel gekommene „Menschensohn", der erhöht werden muß, um den an ihn Glaubenden das ewige Leben zu vermitteln[4]." Daß in dem Menschen Jesus der vom himmel Ge-

---

[1] Die Ausleger sind in Verlegenheit. B. Weiß will das *ἀναβ.* „etwas gewaltsam" auf Jesu uranfängliches Im-himmel-Gewesensein beziehen. — Zn. umschreibt: „Kein Mensch ist in den himmel emporgestiegen (und somit im himmel gewesen, ehe er auf Erden lebte und redete) außer dem, welcher vom himmel herabgestiegen ist." Aber das sagt der Text ja gar nicht. — Bl. will das *ἀναβ.* von den Gebetsstunden Jesu verstehen, in denen er sich über die Welt erhob. Aber dann wäre das Präs. zu erwarten, und das *εἰ μὴ κτλ.* würde ganz unverständlich. Auch darf das *ἀναβαίνειν* nicht anders verstanden werden als 6₆₂ 20₁₇; vgl. *καταβαίνειν* 6₃₃ff. und s. S. 110, 2. — Ähnlich wie Bl. auch hirsch. — L. und Br. beziehen das *ἀναβεβ.* richtig auf die himmelfahrt, meinen aber, der Satz sei vom Standpunkt der christl. Gemeinde aus gesprochen, die auf Jesu Erhöhung zurückblickt. Aber Kunde von oben bringt Jesus ja gerade als der *καταβάς*, nicht als der, der aufgestiegen ist! Es ist klar: wenn der Satz besagen sollte, daß nur einer, der aufgestiegen ist, Kunde bringen könnte, so müßte er lauten: „Keiner ist je zum himmel aufgestiegen und (mit Kunde) von dort wieder herabgekommen"; vgl. Dt 30₁₂ Prov 30₄ Bar 3₂₉ und die Klage des Sum Kušta J.B. 59: „Mein Maß ist voll. Ich will nun hingehen, weiß aber nicht, wer mich führen soll, (damit ich ihn frage), wie weit mein Weg ist. Weder unter den Guten noch unter den Bösen gibt es jemanden, der hingegangen und zurückgekehrt wäre, daß ich ihn frage, wie weit mein Weg ist." Nach dem Wortlaut des Textes geht nicht das *ἀναβαίνειν* dem *καταβαίνειν* voran, sondern umgekehrt. Odeberg hat richtig erkannt, daß V.13 nicht unter der Frage steht: wer kann Zeugnis aus der himmelswelt bringen? sondern: wer kann in die himmelswelt eingehen?

[2] Vgl. Eph 4₉f.: *καταβαίνειν* und *ἀναβαίνειν* des Erlösers bilden eine Einheit.

[3] Das Perf. *ἀναβ.* (s. S. 107, 3) ist als Perf. in allgemeinen Sätzen oder fingierten Beispielen zu verstehen (Bl.-D. § 344; Raderm.152f.; vgl. Röm 9₁₉), wenn man nicht annehmen will, daß es vom Standpunkt der auf die Erhöhung zurückblickenden Gemeinde aus gesprochen ist.

[4] Abendländ. und syr. Zeugen fügen in V.13 noch hinzu: *ὁ ὢν ἐν τῷ οὐρανῷ* (syr⁸: „aus dem himmel", syrᶜ: „der im himmel war", was Korrektur bzw. Interpretation ist). Es wäre im Sinne der Quelle möglich, daß der Menschensohn (doch s. S. 107, 4), obwohl er auf Erden weilt, doch zugleich als im himmel befindlich bezeichnet würde, da er nie vom Vater „abgeschnitten" ist und zugleich oben und unten sein kann. Vgl. bes. Exc. ex Theod.4,2: ... *οὐδὲ διεκέκοπτο ἢ ἄνωθεν μετέστη δεῦρο, τόπον ἐκ τόπου ἀμείβων, ὡς τὸν μὲν ἐπιλαβεῖν, τὸν δὲ ἀπολιπεῖν· ἀλλ' ἦν τὸ πάντῃ ὂν καὶ παρὰ τῷ πατρὶ κἀνταῦθα.* Vgl. 7.10; M.L.242: „Wer hat dich, neuer König, gesandt, der du im Bereich des großen (Lebens) sitzest?" Der Gedanke kann auch so ausgedrückt sein, daß das „Abbild" oder das himmlische Gewand des Gesandten oben bleibt, während er in der Welt ist (Ginza 91, 11f.; das Perlenlied der Act. Thom. Weiteres bei h. Schlier,

kommene, der wieder erhöht werden muß, begegnet, das sind die ἐπουράνια, denen die Welt den Glauben versagt.

Denn das sagt nun ja **V. 14f.**: das Ereignis, das notwendig ist, damit dem Glauben das ewige Leben beschafft werde, ist die Erhöhung des Menschensohnes[1]; mit anderen Worten: das Ereignis, kraft dessen die Wiedergeburt zur Möglichkeit — und für den Glauben zur Wirklichkeit — wird[2], ist das in der Sendung des

---

Relg. Unterf. 40; vgl. auch: Christus und die Kirche im Epheserbr. 27ff. und Käsemann a. a. O.; Odeberg 33—40. 114). Weniger spekulativ erscheint der Gedanke in manchen mand. Texten und in den Od.Sal., indem er einfach die unlösliche Gemeinschaft zwischen dem Gesandten auf Erden und Gott beschreibt; vgl. ZNW 24 (1925), 108. Ähnlich Ign. Mg. 7₁f.: ὥσπερ οὖν ὁ κύριος ἄνευ τοῦ πατρὸς οὐδὲν ἐποίησεν, ἡνωμένος ὤν .... ἐπὶ ἕνα Ἰησοῦν Χρ., τὸν ἀφ' ἑνὸς πατρὸς προελθόντα καὶ εἰς ἕνα ὄντα καὶ χωρήσαντα. So auch Joh 8₁₆. ₂₉ 10₃₀ 16₃₂. Im Sinne des Evglisten ist dieser Gedanke aber 3₁₂ nicht am Platz; und es wäre kaum verständlich, daß er den Satz aus der Quelle über=nommen hätte. Vielmehr dürfte ὁ ὤν κτλ. eine alte Glosse sein, die unter der Voraus=setzung, daß das ἀναβεβ. die Himmelfahrt meint, auf Jesu Postexistenz geht: „der jetzt (wieder) im Himmel ist". Vgl. zu 1₁₈ S. 56, 6.

[1] V.₁₄f. ist eine Bildung des Evglisten; denn seiner Quelle lag eine positive Be=ziehung auf das AT fern (s. zu 5₃₉). Jedoch ist wahrscheinlich, daß durch V.₁₄f. ein Satz der Quelle ersetzt ist, der davon sprach, daß der Menschensohn erhöht werden muß (vgl. 8₂₈ 12₃₄). Vom Glauben an den Menschensohn kann dieser Satz freilich nicht geredet, haben, wenn die Quelle unter dem Menschensohn die Gesamtheit der Seelen verstand (s. S. 107, 4). Die typolog. Verwendung von Num 21₈f. war dem Evglisten wohl durch die christliche Tradition gegeben; denn sie begegnet auch Barn 12₅₋₇; Just. Apol. I 60; Dial. 91. 94. 112. Es setzt sich darin wohl jüdische Tradition fort (Sap 16₆) Philo leg. all. II 76—81; agric. 95—101; Rabbin. bei Str.=B. und Schl. 3. St.; Odeberg 107—109). Die Darstellung der Lehre der Peraten, die Hipp. El. V 16, 5ff. (p.111, 27ff. W.) gibt, und die sich für die Anschauung von dem ἀληθινὸς ὄφις als dem θεὸς τῆς σωτηρίας auch auf Num 21₈f. bezieht, setzt zwar den Einfluß von Joh 3₁₄f. voraus; doch ist es wahrscheinlich, daß die Verwendung von Num 21₈f. in der ophit. Gnosis älter ist (Ode=berg 104f.; vgl. auch Omodeo, Saggio 71). Daß aber Joh 3₁₄f. von solcher gnost. Tradition abhängt, läßt sich nicht erweisen; einerseits liegt bei Joh kein Gewicht auf der Gleich=setzung Jesu mit der Schlange, andrerseits spielt das ὑψωθῆναι, das für Joh die eigent=liche Pointe ist, in der ophit. Verwendung von Num 21₈f. keine Rolle. S. zum Ganzen Odeberg 98—113. — Hirsch will V.₁₄f. als redakt. Glosse streichen, weil die Verse V.₁₃ unverständlich machten; aber das Gegenteil dürfte der Fall sein. Auch daß der überlegte dramatische Aufbau des Evgs zerstört werde, wenn vor 8₂₈ff. von der Erhöhung die Rede sei, ist nicht richtig; denn auch das ἀναβαίνειν V.₁₃ 6₆₂, das ὑπάγειν 7₃₃ 8₁₄. 21f., das πορεύεσθαι 7₃₅ reden von der Erhöhung.

[2] An Stelle der βασιλεία τοῦ θεοῦ tritt der Begriff der ζωὴ αἰώνιος, der hier zum ersten Mal bei Joh begegnet. Sachlich bedeutet das keinen Unterschied; aber die Sphäre der spezifisch jüdischen Begrifflichkeit ist verlassen. Denn der Begriff der ζωὴ αἰώνιος ist freilich auch in der jüdischen Sphäre zu Hause und kann hier wechselnd mit βασ. τ. θ. das Heil bezeichnen (vgl. z. B. Mt 10₁₇ Lk 10₂₅ mit Mt 25₃₄ 1Kor 6₉f. und s. Bousset, Rel. des Jdt. 213ff. 275ff.); aber sein Verständnis ist nicht an die jüdische Sphäre gebunden (ThWB II 840, A. 56). — Da als ζωὴ αἰώνιος die ζωή erst eigentliches Leben ist, kann statt ζ. αἰών. auch einfach ζωή gesagt werden (wie Joh 3₃₆ 5₂₄. ₄₀ usw., so auch Mt 9₄₃. ₄₅ Mt 19₁₇ usw.). Es kann aber auch ein Unterschied gemacht werden, insofern die durch αἰών. charakterisierte ζωή immer die Lebendigkeit ist, während das bloße ζωή auch die lebenschaffende Kraft ist (s. S. 21, 3). Deshalb wird ζ. αἰών. nie von Gott oder vom Offenbarer ausgesagt, sondern ist die Kraft, die Leben schafft (1₄ 5₂₆ 11₂₅ 14₆). Jesu Worte sind ῥήματα ζωῆς αἰων. (6₆₈), weil sie Leben schaffen; und als solche sind sie selbst πνεῦμα und ζωή (6₆₃). — Fälschlich will Hirsch (II 51) den Begriff ζ. αἰών. stets dem Red. zuschreiben; der Evglist sage nur ζωή.

In V.₁₅ ist ἐν αὐτῷ (so mit B al gegenüber den Varianten zu lesen) mit ἔχῃ κτλ. zu verbinden, da πιστεύειν bei Joh immer mit εἰς konstruiert wird. Zu ἔχειν ἐν αὐτῷ vgl. 20₃₁ 16₃₃.

Offenbarers sich vollziehende Heilsgeschehen[1]. In V.14 ist allein die Erhöhung[2] genannt; sie ist die Vollendung der Sendung, durch die diese erst wirksam wird (vgl. 13 31 f.); auf den Erhöhten, Verherrlichten richtet sich ja der christliche Glaube. Aber notwendige Voraussetzung ist, wie schon V.13 sagte, die vorausgehende Er= niedrigung. Das Heilsgeschehen umfaßt beides; ja, die Erniedrigung ist das eigentliche Wunder, das in V.16 beschrieben wird. V.17-21 explizieren das Wunder dadurch, daß sie die Sendung bzw. das Kommen des Sohnes als das eschatologische Ereignis beschreiben.

Dem Glauben an den erhöhten Menschensohn wird nach V.15 das ewige Leben geschenkt[3]. Warum? Weil — so antwortet V.16[4] — das in der Erhöhung des Menschensohns sich vollendende Geschehen auf die Liebe Gottes zurückgeht, die ihn eben deshalb entsandte, damit der Glaube das ewige Leben erhalte[5]. Das

---

[1] Das δεῖ zeigt an, daß sich das Heilsgeschehen kraft gottverordneter Notwendigkeit vollzieht, vgl. 3 30 20 9 und bes. 12 34. Vgl. das δεῖ der eschatologischen Lehrsätze Mk 8 31 9 11 13 7 usw. und des Schriftbeweises Mt 26 54 Lk 22 37 24 44 usw.

[2] Das ὑψωθῆναι bedeutet zunächst nichts anderes als die Rückkehr des Offen= barers aus der Welt in die himmlische Heimat, wie auch 12 32. 34 und wie das ἀναβαίνειν V.13 6 62 20 17 (vgl. ὑπάγειν 7 33 8 14 21 f. 13 3. 33. 36 14 4 f. 28 16 5. 10. 16 f.; πορεύεσθαι 7 35 14 2 f. 12. 28 16 7. 28). Das ὑψωθῆναι ist zugleich das δοξασθῆναι (7 39 12 16. 23 usw.); aber wie dieses zweideutig ist, sofern Jesu Verherrlichung durch das Kreuz erfolgt, so auch das ὑψωθῆναι, das zugleich die Erhöhung ans Kreuz bedeutet (8 28). Für den Evglisten ist dieser zweite Sinn auch 3 14 mitzuhören, wie V.16 zutage kommt. — Unmöglich aber ist es, mit Odeberg (im Zusammenhang mit seinem „inklusiven" Verständnis des υἱὸς τ. ἀνθρ.) das ὑψωθῆναι auch zu verstehen als die Erhöhung des Menschensohnes, die sich in der glaubenden Schau vollzieht (Odeb. 99. 112).

[3] V.16-21 sind Bildung des Evglisten, wofür in V.18 a und V.20 f. vielleicht Stücke aus dem in V.31-36 verwendeten Quellenstück benutzt sind. Der Stil des Evglisten ist deutlich: V.16 ist Prosa; der οὕτως-ὥστε=Satz gehört zu den beliebten Definitions=Sätzen (Festg. Ad. Jül.142), vgl. bes. I Joh 4 9. 10. Ebenso ist V.17 Prosa und gibt die Begründung in der charakteristischen Weise, indem der positiven Aussage das negierte Gegenteil vor= ausgeschickt wird (Festg. Ad. Jül.143; s. zu 1 8, S. 29, 1 und vgl. bes. 5 22 8 42 12 47 16 13 und zu dem begründenden οὐ γάρ auch 3 34 4 9 71. 5. 39 20 9. 17). Zum Sprachgut des Evglisten gehört auch das μονογενὴς υἱός, s. S. 47,2. In V.18 ist der erklärende ὅτι=Satz für den Evglisten charakteristisch, vgl. z. B. 14 17. 19 15 5 I Joh 2 11 4 18 5 10. Das αὕτη δέ ἐστιν κτλ. V.19 ist einer der typischen Definitionssätze (Festg. Ad. Jül.142 und s. 15 12 17 3). — V.16-21 können aber auch deshalb nicht aus der Quelle stammen, weil in ihnen das Verständnis von V.12 f. vorausgesetzt ist, das der Evglist der Quelle erst auf= geprägt hat. Wenn 3 31-36 dem gleichen Stück der Quelle entstammt, dem 3 6. 8. 12 f. ent= nommen ist, so muß freilich in der Quelle auch eine Ausführung über den von Gott ge= sandten Erlöser gestanden haben, der von oben kommt (V.31), um das ἀναβαίνειν der von oben gezeugten Seelen zu bewirken.

[4] Das ὅτι, das Chrys. und Nonnos statt ὥστε lesen, ist unmöglich; es müßte höchst künstlich erklärt werden, wie Bl.=D. § 391, 2 zeigt; vgl. Raderm. 196 f. — Zu οὕτως mit folgendem konsek. ὥστε c. Ind. s. Br.

[5] In V.16 tritt an Stelle des υἱὸς τ. ἀνθρ. das einfache υἱός; die Identität der Gestalten versteht sich für den Evglisten von selbst. Er kann aber nicht von der Sendung des υἱὸς τ. ἀνθρ. reden; denn zu diesem wird der Sohn erst durch seine Sendung. Zu υἱός μονογ. s. S. 47,2. — Nur hier wird die Sendung durch das ἔδωκεν bezeichnet (14 16 die Sendung des Parakleten), was sich von ἀπέστειλεν (V.17 I Joh 4 9 f. 14 usw.) dadurch unterscheidet, daß in διδόναι das Schenken betont ist (s. bes. I Joh 3 1). Der Evglist wird den Ausdruck aber auch gewählt haben, weil er an die Hingabe in den Tod erinnerte (so παραδιδόναι Röm 4 25 8 32 Mk 9 31 usw. und διδόναι bzw. παραδιδόναι ἑαυτόν Gal 1 4 2 20 usw.). — Die Sendung des Sohnes als Erweis der Liebe Gottes wie I Joh 4 9 f. 14 f. 19. Das ἠγάπησεν (nicht ἀγαπᾷ!) beschreibt das einmalige Ereignis des Liebeserweises. Als Objekt dieser Liebe wird hier der κόσμος genannt, was nicht auf einem vom sonstigen joh. abweichenden Sprachgebrauch beruht, als bestehe der von Gott geliebte κόσμος

also ist das eigentliche Wunder, das im Glauben an die Erhöhung des Menschen=
sohns geglaubt wird: die Sendung des Sohnes. Der Glaube an sie ist zugleich
der Glaube an seine Erhöhung; denn in Jesus den vom Vater gesandten Sohn
sehen, kann ja nur der, der, den Anstoß der Niedrigkeit überwindend, in seinem
Tode seine Erhöhung sieht. Und umgekehrt: der Glaube an den Erhöhten (V.₁₅)
bejaht zugleich seine Erniedrigung (V.₁₆).

Weil die, Erniedrigung und Erhöhung umfassende, Sendung des Sohnes die
entscheidende Bedeutung hat, daß der Glaube an sie das Leben erwirbt, so ist
diese Sendung, wie das präsentische ἔχει V.₁₅ andeutete, und wie **V.17 — 21** aus=
drücklich sagen, das eschatologische Ereignis; in ihm vollzieht sich das Welt=
gericht. Denn wenn der Glaube an dies Ereignis das Leben gewinnt, so muß ja
der Unglaube vom Leben ausgeschlossen sein. Und wenn dies Ereignis in der
Liebe Gottes gründet, so ist also Gottes Liebe der Ursprung des Gerichts. Freilich
wider ihre Absicht; denn sie will ja nicht die Welt richten, sondern retten **(V.17)**[1].
Aber der Unglaube macht, daß Gottes Liebe zum Gericht wird, indem er sich ihr
verschließt; denn eben das heißt Gericht: sich der Liebe Gottes verschließen. Also
nur weil es Gottes Ereignis werdende Liebe gibt, gibt es ein Gericht[2]. Und mit
der Sendung des Sohnes ist also dies Gericht Gegenwart geworden **V.18**:

$$ὁ\ πιστεύων\ εἰς\ αὐτὸν\ οὐ\ κρίνεται,$$
$$ὁ\ μὴ\ πιστεύων\ ἤδη\ κέκριται[3].$$

Das Gericht ist also keine besondere Veranstaltung, die zum Kommen und
Gehen des Sohnes noch hinzukommt; es ist nicht ein dramatisches kosmisches Er=
eignis, das noch aussteht und auf das man noch warten muß. Vielmehr: die
Sendung des Sohnes — in ihrer Abgeschlossenheit durch Herabkunft und Er=

---

nur aus den Gläubigen (Br.), während κόσμος sonst die gottfeindliche Welt ist; vgl.
vielmehr S. 33f. — Die von Br. angeführten Parallelen zur Liebe Gottes zum κόσμος
gehören sachgemäß zu V.₃₅. — Ἀπόλλυσθαι für das ewige Verderben entspricht dem
urchristlichen Sprachgebrauch (Oepke, ThWB I 393ff.), bei Joh vgl. 6₃₉ 10₂₈ 12₂₅
17₁₂ 18₉; ἀπώλεια 17₁₂. Opp. ist σωθῆναι, s. V.₁₇.

[1] Diese dem Evglisten eigentümliche Art, den Gedanken durch Abgrenzung zu
verdeutlichen, ist der Grund der Formulierung οὐ γάρ ... ἀλλά (s. S. 110, 3). Anlaß
dazu ist gegeben in der Tatsache, daß die Sendung des Sohnes, die das σωθῆναι des
κόσμος zum Ziel hat, faktisch zum Gericht für die Welt wird, nicht in gegenteiligen An=
sichten der Juden (Loisy), der Täufersekte (Baldensperger) oder anderer Propheten (Br.),
daß der Sohn zum Gericht gesandt sei. Erst recht liegt eine Verteidigung gegen stoische
oder philonische Aussagen fern, nach denen auf den λόγος nur ein σώζειν, nicht ein
βλάπτειν zurückgehen kann (Br.). — κρίνειν τ. κόσμον ist jüdische Wendung, s. Röm 3₆
und Schl. z. St. — Als Bezeichnung für den Gewinn des Heils begegnet hier zum ersten
Mal σωθῆναι, was dem at.lich=jüdischen wie dem hellenistischen Sprachgebrauch ge=
läufig ist. Es findet sich bei Joh relativ selten: 3₁₇ 5₃₄ 10₉ (11₁₂) 12₄₇; dazu σωτήρ
4₄₂ I Joh 4₁₄ [σωτηρία 4₂₂].

[2] So wenig wie bei Paulus ist bei Joh der Gedanke von Gott als dem Richter
eliminiert. Die Botschaft von Gottes Liebe bringt nicht ein aufgeklärtes Gottesbild,
sondern macht den Gerichtsgedanken erst radikal verständlich.

[3] Diese Antithese könnte aus der Quelle stammen, und zwar aus dem V.₃₁-₃₆ be=
nutzten Stück; der Evglist könnte sie freilich auch nach Analogie von V.₃₆ selbst gebildet
haben. Jedenfalls stammt von ihm die nachklappende Begründung ὅτι μή κτλ. (μή im
ὅτι=Satz zur Hiatvermeidung, s. Bl.=D. § 428, 5; Raderm. 212; zu πιστεύειν εἰς τὸ ὄν.
s. S. 37, 4). Daß dem πιστεύειν nicht ein ἀπιστεῖν, sondern μή πιστ. gegenübergestellt
wird, kann auf semitischer Sprachgewöhnung beruhen (Schl.), entspricht aber auch dem
rhetorischen Charakter der Antithese.

höhung — iſt das Gericht[1]. Damit iſt die naive alte jüdiſch=chriſtliche wie gnoſtiſche
Eſchatologie preisgegeben, — freilich nicht ſo, als ſei das eschatologiſche Ge=
ſchehen zu einem Seelengeſchehen ſpiritualiſiert worden, ſondern ſo, daß die Er=
ſcheinung Jeſu radikal als eschatologiſches Ereignis verſtanden iſt[2]. Dieſes Er=
eignis macht dem alten Weltlauf ein Ende; wie es hinfort nur noch Gläubige
und Ungläubige gibt, ſo auch nur noch Gerettete und Verlorene, nur ſolche, die
das Leben haben, und ſolche, die im Tode ſind. Und zwar deshalb, weil dies Er=
eignis in der Liebe Gottes gründet, die als Liebe dem Glauben das Leben ſchenkt,
dem Unglauben aber zum Gericht werden muß.

Das beſagt zugleich, daß der Glaube nicht eine gute Leiſtung iſt, die das Leben
zum Lohne erhält, und ſo auch der Unglaube nicht eine böſe Tat, die ſich das Gericht
zuzieht. Wie der Glaube das Leben ſchon hat (5 24 6 47), ſo iſt der Unglaube ſchon
verloren (3 36 9 41). Glaube und Unglaube ſind die Antwort auf die in der Sendung
Jeſu geſtellte Frage Gottes; ſie ſind alſo eine neue, für den Menſchen durch das
Heilsereignis erſt erſchloſſene Möglichkeit (vgl. 9 41 15 24). Sowenig wie Glaube
und Unglaube Leiſtungen ſind, ſowenig ſind ſie ſeeliſche Haltungen ($\delta\iota\alpha\vartheta\acute{\epsilon}\sigma\epsilon\iota\varsigma$),
die ausgebildet werden könnten. Vielmehr: wie die $\pi\iota\sigma\tau\iota\varsigma$ ſozuſagen nicht weiß,

---

[1] Man darf das οὐ κρίνεται nicht umſchreiben: „er iſt im voraus dem zukünftigen
Gerichte entronnen" (Zn.). Das wäre der Sinn, den die mandäiſchen Parallelen Ginza
323, 13 ff. haben:
„Die wahrhaften und gläubigen Nazoräer
   werden emporſteigen und den Lichtort ſchauen

Nicht werden ſie zurückgehalten werden (in der Welt)
   und im großen Gerichte nicht zur Rechenſchaft gezogen werden.
Über ſie wird nicht das Urteil geſprochen werden,
   das über alle Weſen geſprochen wird."
Vgl. Ginza 512, 22 ff. (bzw. M. L. 157):
„Zum Gericht verſammeln ſich die Welten,
   und ihnen wird Recht geſprochen.
Recht wird ihnen geſprochen,
   die nicht die Werke eines wahrhaften Mannes geübt haben.
Du allein, Auserwählte, Reine
. . . .
du wirſt nicht zum Gerichtshofe gehen.
   dir wird nicht Recht geſprochen werden,
. . . .
da du die Werke eines wahrhaften Mannes geübt haſt."
Vgl. Ginza 60, 26 ff. und für die Selbſtverurteilung der Böſen Ginza 183, 11 f.: „Mit
ihrem eigenen Schlage werden ſie geſchlagen werden, ohne daß mein Schlag ſie zu treffen
braucht." Vgl. Odeberg 135 ff. und Br. zu 3 18.
   Der in ſolchen Parallelen intendierte Sinn iſt bei Joh radikal verwirklicht: die Ge=
ſchichte Jeſu als des Offenbarers iſt als das eschatologiſche Geſchehen verſtanden, ſ. S. 91
und 5 24 f. 8 51 11 25 f. 12 31 I Joh 2 8 3 14 uſw. — Die rabbiniſche Literatur kann natürlich
keine Parallelen enthalten, da ſie nicht auf ein eschatologiſches Geſchehen hinweiſen kann.
(Die Umdeutung der Gehenna, Odeberg 137, iſt keine eigentliche Parallele.) Aber auch
„der Gedanke, daß die Selbſtentſcheidung des Menſchen für oder wider Gottes Liebes=
abſichten das eigentliche Gericht über den Menſchen ſei, begegnet in der rabbiniſchen Lite=
ratur nicht" (Str.=B. II 427). Nur ſofern דין bei den Rabbinen nicht allgemein als Gericht,
ſondern ſpeziell als Verurteilung verſtanden iſt, kann geſagt werden, daß für die Frommen
Gottes דין nicht in Betracht kommt (Odeberg 147 f.).
[2] Vgl. Bultmann, Gl. und Verſt. 134—152. — Dieſe Interpretation der Erſcheinung
Jeſu iſt die gleiche, die auch Paulus vorgenommen, wenngleich nicht mit derſelben Radi=
kalität durchgeführt hat; vgl. Gal 4 4 II Kor 5 17 6 2; ſ. Gl. und Verſt. 145, 1. Vgl. noch
Groos, ThStKr 41 (1868), 244—273.

was sie tut, — in dem Sinne, daß sie sich nicht vornehmen kann, die ζωή zu er-
werben, — so weiß auch der Unglaube nicht, daß er sich das Gericht zuzieht; er
ist blind[1]. Da aber Glaube und Unglaube die Antwort auf die Frage der göttlichen Liebe sind, sind sie, sowenig sie Leistungen oder Seelenverfassungen sind,
verantwortliche Taten, in denen zutage kommt, was der Mensch ist. Infolgedessen kann in einer eigentümlichen Zweideutigkeit vom Gericht geredet werden.
Wie 3₁₇, so kann 8₁₅ 12₄₇ gesagt werden, daß der Sohn nicht zum Gericht kommt
und keinen richtet; und doch kann gesagt werden, daß sein Kommen das Gericht
ist 3₁₉, daß ihm Gott das Gericht übergeben hat 5₂₂. ₂₇.

Der Evglist ist sich der Neuheit seines Gedankens bewußt; und so definiert er
V.19 ausdrücklich mit unausgesprochener, aber unüberhörbarer Polemik gegen
die traditionelle Eschatologie, was das Gericht sei: es ist nichts anderes als die
Tatsache, daß das „Licht", der Offenbarer[2], in die Welt gekommen ist[3]. Dies
Heilsgeschehen aber ist deshalb das Gericht, weil sich die Menschen — wieder wird
im Blick auf die Menschen, wie sie durchschnittlich sind, gesprochen[4] — dem „Licht"
verschlossen haben[5]. So vollzieht sich — indem mit der Doppeldeutigkeit von
κρίσις gespielt wird — das Gericht als die große Scheidung. Und diese wird als
die Scheidung von Licht und Finsternis V.20f. beschrieben[6].

Speziell wird in **V. 20f.**[7] der letzte Satz von V.19 begründet, der seinerseits

---

[1] Vgl. als Gegenstück J.B. 244, 18ff., wo das Entweder-Oder angesichts der Offenbarung klar formuliert ist, jedoch ohne den Gedanken, daß Glaube und Unglaube schon
als solche Leben oder Tod sind:

> „Ein jeder, der auf mich ... hört und gläubig ist,
> dem ist eine Stätte im Lichtort bereitet.
> Wer auf mich ... nicht hört,
> dessen Stätte wird vom Lichtort abgewandt.
> Sein Name wird aus meinem Blatte ausgelöscht,
> seine Gestalt wird finster und leuchtet nicht."

[2] Zu φῶς s. S. 22ff., bes. 25, 1.
[3] Durch das Perf. ἐλήλ. wird das Ereignis des Kommens als für alle Zukunft
gültiges charakterisiert.   [4] Vgl. zu οὐ λαμβάνετε D.11.
[5] μᾶλλον ἀγαπᾶν heißt wie 12₄₃ „vorziehen", „sich entscheiden für"; es ist semitische
Redeweise (Schl. z. St.). Daß es sich um ein Entweder-Oder handelt, zeigt deutlich 3. B.
12₄₃ vgl. mit 5₄₄. — Philo sagt spec. leg. I 54 von den vom Monotheismus abgefallenen
Juden: σκότος αἱρούμενοι πρὸ αὐγοειδεστάτου φωτός.
[6] Das Verständnis des Gerichtes als der Scheidung von Licht und Finsternis
war durch die gnostische Tradition gegeben, in der die Scheidung zunächst als ein kosmischer Prozeß gedacht ist. „Am Tage, da das Licht emporsteigt, wird die Finsternis an
ihren Ort zurückkehren" (ML. 54. 97; vgl. Bousset, Hauptprobl. 102; H. Jonas, Gnosis
103f. 278; Br. zu 3₁₈ usw.). Diese Scheidung betrifft aber vor allem die Menschenwelt.
Der Erlöser, der „in die Welt leuchtete" (ML. 192), ist der, „der Leben von Tod scheidet,
... Licht von der Finsternis scheidet, ... Gutes von Bösem scheidet, ... Wahrheit von
Irrtum scheidet" (Ginza 56, 14ff., ähnlich ML. 128; vgl. Ginza 306, 20ff.; 321, 8ff.).
Weiteres gnostisches Material zu den parallelen Gegensätzen von Licht und Finsternis,
Leben und Tod, Glauben und Unglauben ZNTW 24 (1925), 110f.; Odeberg 130—135.
An sich ist die Parallelisierung von Leben und Tod, Gut und Böse mit Licht und Finsternis
natürlich weit über die Gnosis hinaus verbreitet (für das Judentum vgl. Odeberg 138
bis 145, für das Griechentum s. Wetst. und S. 22ff.). In der Gnosis aber ist die Licht-
metaphysik in einer ganz bestimmten Kosmologie und Eschatologie ausgeprägt, und die
aus ihr entwickelte Begrifflichkeit ist die Voraussetzung der joh. Sprache. Dagegen hat
die joh. Vorstellung vom Kommen des Offenbarers nichts zu tun mit dem λόγος τομεύς des
Philo (bzw. der Stoa) und mit der als κρίσις gedeuteten σοφία Philo de fuga et inv. 196.
[7] Die Antithese D.20f. mag wie D.18a aus der Quelle (aus dem D.31-36 verwendeten
Stück?) stammen; nur die erläuternden ἵνα-Sätze dürften Zusätze des Evglisten sein.
Zur Terminologie von D.20f.: τὰ φαῦλα πράσσειν ist im christlichen Sprach-

motivierte, warum sich die Menschen durchschnittlich gegen das Licht verschließen: ihre Werke waren böse[1]. Durch solche Motivierung aber scheint die durch die Sendung des Sohnes gestellte Entscheidungsfrage ihren Ernst einzubüßen; denn ist nicht die Entscheidung im Grunde schon vorher gefallen, und deckt also das Kommen des Offenbarers nicht bloß auf, was schon vorher entschieden war[2]?

___

gebraucht relativ selten (5₂₉ Röm 9₁₁ II Kor 5₁₀; vgl. Jak 3₁₆ Tit 2₈); aber φαῦλος ist als ethischer Term. geläufig im Griechentum und in LXX. — Zu ἐλέγχειν vgl. 8₄₆ 16₈ und bes. Eph 5₁₃, woraus deutlich wird, daß das ἐλεγχθῆναι V.₂₀ und das φανερωθῆναι V.₂₁ gleichbedeutend sind. — ποιεῖν τ. ἀλήθειαν geht auf das at.liche עָשָׂה אֱמֶת zurück, das ursprünglich „Treue erweisen" bedeutet (ZNTW 27 (1928), 115f. 122), dann aber den Sinn erhält „rechtschaffen handeln" (ebd. 129. 130f.; ThWB I 243, 6ff.); so hier (und I Joh 1₆) im Gegensatz zu τὰ φαῦλα πρ. Da aber für Joh die ἀλήθεια die Wirklichkeit Gottes ist, ist bei ποιεῖν τ. ἀλ. wohl weniger an das rechtschaffene Handeln als solches gedacht, als daran, daß solches Handeln ein echtes Handeln ist, das Bestand hat, und in diesem Sinn als ἐν θεῷ geschehenes bezeichnet wird (vgl. den Gegensatz ψεύδεσθαι I Joh 1₆). — ἔργα ἐργάζεσθαι wie 6₂₈ 9₄ ist semitische Wendung, s. Num 8₁₁ Sir 51₃₀ Mk 14₆ I Kor 16₁₀; doch auch im Griech. — ἐν θεῷ kann nicht heißen „im Urteil Gottes", weil sonst ein καλῶς oder dgl. nicht fehlen dürfte, sondern nur „in Gemeinschaft mit Gott". Die Wendung ist singulär; allenfalls ist Röm 16₁₂ (ἐκοπίασεν ἐν κυρίῳ) zu vergleichen. Wohl Semitismus, vgl. Ps 17₃₀. — Das ὅτι ist nicht kausal, sondern explikativ zu fassen nach φανερ.

[1] Die ἵνα-Sätze D.₂₀f. haben natürlich finalen Sinn, bezeichnen aber nicht die subjektiv-bewußte Absicht der Betreffenden, sondern die Tendenz ihres Wesens, die sachlich notwendig ihr Handeln bestimmt. Nicht vom bösen Gewissen (Bl.) ist die Rede. Gerade das ist das Schauerliche, daß der Mensch auch bei gutem Gewissen die Finsternis lieben kann. Die zahlreichen Belege für den Gedanken, daß der Böse das Licht scheut (κλεπτῶν γὰρ ἡ νύξ, τῆς δ' ἀληθείας τὸ φῶς Eur. Iph. Taur. 1026 usw., s. Wetst. und Br.), die sich in der Sphäre des Psychologischen bewegen, sind daher keine sachlichen Parallelen. Als solche kommen gnostische Sätze in Frage wie J.B. 203: „Die Bösen sind blind und sehen nicht. Ich rufe sie zum Lichte, doch sie vergraben sich in die Finsternis", s. zu 9₄₀f.; ZNTW 24 (1925), 111 und Br. 3. St. Diese Terminologie liegt auch Eph 5₈₋₁₄ zugrunde, ist aber dem paränetischen Gedanken dienstbar gemacht.

[2] So in der Gnosis, die die Lehre des φύσει σωζόμενος (S. 96) vertritt: Od. Sal. 23₂f.: „Die Gnade gehört den Erwählten;
     wer empfängt sie,
          als die darauf trauen von Uranfang?
Die Liebe gehört den Erwählten;
     wer empfängt sie,
          als die sie besaßen von Uranfang?"
Od. Sal. 18₁₁₋₁₄ (das Heilsgeschehen deckt nur auf, was immer schon war):
     „Als Schaum ward die Unwissenheit offenbar
          und als der Moder des Sumpfes.
     Die Nichtigen hielten sich für gewaltig,
          gingen selbst ein in ihre Gestalt und wurden nichtig.
     Die Wissenden aber erkannten sie und dachten nach
          und wurden nicht befleckt in ihrem Denken;
     denn sie blieben in der Gesinnung des Höchsten
          und lachten über die, so im Irrtum wandelten."

Freilich hat auch der Gnostiker in seiner Theorie von der φύσις nicht ein Kriterium, die σωζόμενοι zu erkennen, sondern richtet seine Predigt an jeden und fordert zur Glaubensentscheidung auf. Auch meint er nicht, daß sich durch diese Entscheidung nichts Neues am Menschen ereigne, und redet nicht nur von dem Gezeugtsein von oben, sondern auch von der Wiedergeburt, s. S. 96. Die Theorie von der Prädestination der Gläubigen durch ihre φύσις ist einerseits ein Ausdruck der Heilsgewißheit und dient andrerseits dazu, über die Tatsache zu beruhigen, daß die meisten Menschen nicht glauben. Es steckt aber auch hier wohl letztlich die Überzeugung dahinter, daß in der Entscheidung des Glaubens oder Unglaubens zutage kommt, was der Mensch eigentlich ist.

Dann wäre aber auch die Wiedergeburt für den, der das Gute getan hat, nicht der radikale Neuanfang durch die Vertauschung seines Woher! In der Tat: wollte V. 20 f. nur sagen, daß die Unmoralischen von vornherein zur ἀπώλεια, die Moralischen zur ζωή bestimmt sind[1], so würde der Grundgedanke von Kap. 3, ja, des ganzen Evgs, seinen Ernst verlieren, und ein mythologisch verbrämter Moralismus bliebe übrig. Kein Zweifel, daß das nicht gemeint ist. Vielmehr ist gemeint: in der Entscheidung des Glaubens oder Unglaubens kommt zutage, was der Mensch eigentlich ist und immer schon war. Aber es kommt so zutage, daß es sich jetzt erst entscheidet. Durch die Begegnung mit dem Offenbarer wird der Mensch so in Frage gestellt, daß auch seine ganze Vergangenheit, die sein Sein in der Gegenwart bestimmt, in Frage steht. Nur so kann er zur Wiedergeburt als zur Vertauschung seines Woher gerufen werden. An seiner Entscheidung für sein Wohin entscheidet sich auch die Frage seines Woher. Vor der Begegnung mit dem Offenbarer bewegt sich das Leben aller Menschen in der Finsternis, in der Sünde. Aber diese Sünde ist keine Sünde, sofern Gott durch die Sendung des Sohnes alle Vergangenheit in suspenso hält und so die Begegnung mit dem Offenbarer zum Augenblick der echten Entscheidung für den Menschen macht. Gäbe es diese Begegnung nicht, so gäbe es keine Sünde im definitiven Sinne (9 41 15 24). Führt die Begegnung zum Glauben, so entscheidet sich eben damit, daß der Glaubende ἐκ τῆς ἀληθείας ist (18 37), und der Glaubende wird ein neuer Mensch, indem auch seine Vergangenheit eine neue wird und seine Werke als ἐν θεῷ εἰργασμένα gelten können. Führt die Begegnung zum Unglauben, so fällt damit auch die Entscheidung über die Vergangenheit: nun „bleibt" die Sünde, nun „bleibt" der Zorn Gottes (9 41 3 36). — Daß sich ein Mensch in der Begegnung mit dem Offenbarer für oder gegen ihn entscheidet auf Grund seiner Vergangenheit, ist nur ein kühn-paradoxer Ausdruck dafür, daß in seiner Entscheidung zutage kommt, was er eigentlich ist. Er entscheidet sich ja tatsächlich auf Grund seiner Vergangenheit, aber so, daß er in dieser Entscheidung zugleich erst seiner Vergangenheit ihren Sinn gibt, daß er im Unglauben die Gültigkeit ihres weltlich-sündigen Charakters definitiv macht, oder daß er im Glauben diesen weltlich-sündigen Charakter zunichte macht. In der Entscheidung gegenüber der Frage Gottes kommt zutage, was der Mensch eigentlich ist, indem er sich entscheidet. Deshalb ist die Sendung Jesu das eschatologische Geschehen, durch das aller Vergangenheit ihr Urteil gesprochen wird. Und eschatologisches Geschehen kann diese Sendung sein, weil in ihr Gottes Liebe dem Menschen die verlorene Freiheit zurückgibt, seine Eigentlichkeit zu ergreifen[2].

---

[1] So Philo de somn. I 86: ὁ γὰρ τοῦ θεοῦ λόγος, ὅταν ἐπὶ τὸ γεῶδες ἡμῶν σύστημα ἀφίκηται, τοῖς μὲν ἀρετῆς συγγενέσι καὶ πρὸς αὐτὴν ἀποκλίνουσιν ἀρήγει καὶ βοηθεῖ..., τοῖς δὲ ἀντιπάλοις ὄλεθρον καὶ φθορὰν ἀνίατον ἐπιπέμπει. C. Herm. 1, 22f.: παραγίνομαι ἐγὼ ὁ Νοῦς τοῖς ὁσίοις καὶ ἀγαθοῖς ... καὶ ἡ παρουσία μου γίνεται ⟨αὐτοῖς⟩ βοήθεια ... τοῖς δὲ ἀνοήτοις καὶ κακοῖς καὶ πονηροῖς ... πόρρωθέν εἰμι, τῷ τιμωρῷ ἐκχωρήσας δαίμονι.

[2] Zn. schwächt den Sinn der Worte ab: „Unrichtig, d. h. der Wirklichkeit wie der Lehre Jesu widersprechend, würden diese Sätze erst werden, wenn man sie dahin übertreiben wollte, daß allem Glauben an Jesus ein beharrliches Tun der Wahrheit ... und ebenso aller Verwerfung der durch Jesus vermittelten Offenbarung ein ausgeprägt unsittlicher Charakter und ein Haß gegen die Wahrheit überhaupt vorausgehe und ihr zugrunde liege." Wie Nathanael für das eine Extrem und die Priesterschaft für das andere die Typen seien, so stelle eben Nikod. den mittleren Typus dar. Damit ist das radikale Entweder=Oder verdorben. — Schl. meint, durch V. 20 f. werde dem Nikod. „eine

8*

3. Das Geheimnis des Zeugnisses 3 31-36[1].

3 9-21 hatten vom Geheimnis des Menschensohnes gehandelt, der der vom
Vater entsandte Sohn ist (V. 16 f.), der herabgekommen ist (V. 13), und dessen
Kommen und Erhöhung das eschatologische Ereignis ist. Auch 3 31-36 handeln
von ihm, der von oben gekommen ist (V. 31), von dem Sohn (V. 35), den der Vater
gesandt hat (V. 34). Aber jetzt wird von ihm gehandelt als dem, der Zeugnis
bringt von dem, was er gesehen und gehört hat (V. 32), also von den ἐπουράνια
(V. 12); als dem, der Gottes Worte redet (V. 34). Es wird also deutlicher, inwiefern sein Kommen das Kommen des Lichtes ist (V. 19): er offenbart Gott durch
sein Wort; und deutlicher, inwiefern sich im Glauben an ihn oder im Unglauben
das Gericht vollzieht (V. 18 f.): der Glaube oder Unglaube an ihn ist der seinen
Worten geschenkte oder verweigerte Glaube. Kommen und Erhöhung Jesu
haben also ihre Heilsbedeutung deshalb, weil er der Offenbarer ist, der Gottes
Wort redet.

Und dennoch bleibt alles ein Rätsel: die Worte Gottes, die er redet, sind ja
nichts anderes als das Zeugnis, daß er der Offenbarer ist, daß er Gottes Worte
redet! Entspräche es üblichem Brauch, und konnte es nach V. 11-21 noch so scheinen,
daß der, der Zeugnis gibt, und der, für den es gegeben wird, zwei verschiedene
Personen sind, so zeigt sich, daß der Zeugende und der Bezeugte hier identisch sind!
Das Rätsel bleibt vorerst bestehen. Und auch der geheimnisvolle Ton von 3 9-21
bleibt erhalten; denn immer noch redet Jesus vom Sohn in 3. Pers. Daß der
Redende selbst der ist, von dem er spricht, konnte der Leser des Evgs freilich aus
Kap. 1—2 von vornherein wissen. Wenn er jetzt Jesu Wort mit den Ohren des
Nik. hören und also gleichsam vergessen muß, was er schon weiß, so kommt darin
zutage, daß das Wissen, um das es sich hier handelt, nicht durch Berichte über
den Offenbarer direkt vermittelt werden, sondern daß es nur daraus entspringen
kann, daß sich der Mensch das Wort des Offenbarers, das ihn zugleich offenbart
und verhüllt, begegnen läßt.

V. 31: [ὁ ἄνωθεν ἐρχόμενος ἐπάνω πάντων ἐστίν].
ὁ ὢν ἐκ τῆς γῆς ἐκ τῆς γῆς ἐστιν
[καὶ ἐκ τῆς γῆς λαλεῖ.]
ὁ ἐκ τοῦ οὐρανοῦ ἐρχόμενος ἐπάνω πάντων ἐστίν·

Anleitung gegeben, die sein Handeln sofort in Anspruch nimmt", nämlich die Anleitung
zu dem in Verbundenheit mit Gott getanen Werk, aus dem das Verlangen nach dem
Licht entsteht. Das wird dem Wortlaut der Verse zwar gerecht; aber im Zshg wollen
die Verse zweifellos keine Anleitung zum Handeln geben, sondern erklären, warum sich
die Menschen gegen das Licht entscheiden. — Nach Hirsch „entscheidet sich das Verhältnis
des Menschen zu dem unerbittlich den Menschen durchleuchtenden Licht, das Jesus ist",
daran, ob der Mensch aufrichtig oder unaufrichtig ist. „Es geht darum, wie der Mensch
in der Wurzel seines Seins vor Gott beschaffen ist", — nämlich ob aufrichtig oder unaufrichtig. Wie aber, wenn es solche Menschen, die in der Wurzel aufrichtig oder unaufrichtig sind, gar nicht gäbe? Wenn alle Menschen immer beides zugleich sind? Vielmehr entscheidet sich erst an der Begegnung mit dem Licht — wofern dies wirklich das
eschatologische Geschehen ist —, ob der Mensch aufrichtig oder unaufrichtig ist! Hirsch
hat die Eschatologie des Joh hier und sonst eliminiert.
    [1] Daß 3 31-36 ursprünglich nicht zu den Täuferworten gehört haben, geht nicht nur
daraus hervor, daß sie formal und inhaltlich zu 3 1-21 gehören, sondern auch daraus, daß
V. 32 b nicht in die durch V. 26 charakterisierte Situation paßt (Reitzenstein, Taufe 58, 2, will
deshalb V. 32 b als rhetorische Frage verstehen und λαμβάνοι lesen! unmöglich). Außerdem dürfte ein Täuferzeugnis nicht vom Offenbarer reden, ohne mit Bezug auf Jesus
das οὗτός ἐστιν (1 34) auszusprechen.

V. 32: ὁ ἑώρακεν καὶ ἤκουσεν, [τοῦτο] μαρτυρεῖ,
καὶ τὴν μαρτυρίαν αὐτοῦ οὐδεὶς λαμβάνει[1].

Von dem, über den V. 13-21 handelten, ist die Rede; wie er V. 13 als der ἐκ τοῦ οὐρανοῦ καταβάς bezeichnet wurde, so hier als der ἄνωθεν ἐρχόμενος[2], wofür alsbald das ὁ ἐκ τ. οὐρ. ἐρχ. eintritt[3]. Der Gottgesandte wird zunächst charakterisiert als der, der ἐπάνω πάντων ist, der also Gott selbst gleich ist im Verhältnis zur Welt[4]. Daß er göttlichen Wesens ist, sagt auch die Gegenüberstellung dessen, der ἐκ τῆς γῆς ist[5]; denn dieser ist seinem irdischen Ursprung zufolge auch irdischen Wesens[6]. Von einem solchen gilt also auch — und das ist für den Zusammenhang das Wesentliche —: ἐκ τῆς γῆς λαλεῖ. Das Gegenbild dient als Folie für die Charakteristik des Offenbarers, und es bleibt sich gleich, ob der Evglist an be=

---

[1] Der antithetische Stil und die Begrifflichkeit weisen die Verse der Quelle zu. Doch ist der Rhythmus offenbar gestört. Ein Versuch, das Ursprüngliche zu rekonstruieren, ist unsicher, da der Text nicht sicher überliefert ist. Das ἐπάνω πάντων V. 31d fehlt in ℵ* D al it syrcur; das τοῦτο V. 32 in ℵ D al (das τοῦτο, welches das vorausgeschickte Obj. wiederaufnimmt, könnte sehr wohl vom Evglisten in die Quelle eingesetzt sein; stammt es von einem Abschreiber, so entspricht es doch dem joh. Stil, s. S. 53, 5). Am wahrscheinlichsten ist mir, daß V. 31a eine vom Evglisten aus V. 31d vorausgenommene Neubildung ist, und daß ebenso V. 31c sein Zusatz ist.

[2] Selbstverständlich heißt ἄνωθεν (s. S. 95, 2) im Gegensatz zu ἐκ τ. γῆς „von oben", vgl. 8 23. — Daß der Offenbarer nicht als ὁ ἐληλυθώς, sondern als ὁ ἐρχ. bezeichnet wird, erklärt sich daraus, daß das Part. praes. zur zeitlosen Charakteristik des Gesandten geworden ist, vgl. 11 27 II Joh 7. Zum „Kommen" s. S. 30, 3 und bes. Mand. Lit. 125: „Du bist gekommen, du kommst, außer dir ist niemand gekommen."

[3] Zum Gegensatz „himmlisch" und „irdisch" s. S. 105, 1. Die Bezeichnung der göttlichen Sphäre als „oben" ist allgemein verbreitet; für das Judentum s. Str.=B. und Schl. z. St. Im Griechischen ist die Redeweise bes. seit Platon von der ἄνοδος der ψυχή redet, geläufig (P. Friedländer, Platon I 1928, 75 f. 80. 223 f.) und ebenso in der mythologischen wie der philosophischen Gnosis, wofür sich Beispiele erübrigen.

[4] Vgl. Röm 9 5 (ὁ ὢν ἐπὶ πάντων θεός); Eph 4 6. Ob πάντων neutr. oder masl. (Lagr.) ist, ist nicht zu entscheiden.

[5] Der Art. in ὁ ὢν ἐκ τ. γ. ist offenbar generell zu verstehen (wie 8 47 usw.), trotz des Gegensatzes zu dem individuellen ὁ ἄνωθεν ἐρχ. Sollte in der Quelle ὁ ὢν ἐκ τ. γ. doch individuellen Sinn gehabt haben, so wäre der Antichrist oder Satan gemeint gewesen. Wie sich dieser nach I Joh 2 18-23 4 1-6 in den Irrlehrern verkörpert, die ἐκ τοῦ κόσμου εἰσίν und deshalb ἐκ τοῦ κόσμου λαλοῦσιν (I Joh 4 5), so könnten auch hier Irrlehrer gemeint sein. Unmöglich aber ist es, unter dem ὁ ὢν ἐκ τ. γ. den Täufer zu verstehen, der ja von Gott gesandt ist (1 6) und in seinem Auftrag für Jesus zeugt. Der Täufer bleibt bei der Antithese 3 31 überhaupt außer Betracht; seine Stellung ist eine exzeptionelle.

[6] Zu εἶναι ἐκ als den Ursprung und deshalb das Wesen bezeichnend s. S. 97, 3. — Im Griech. ist εἶναι ἐκ zur Bezeichnung der Herkunft geläufig; entsprechend bezeichnet das rabbin. מן den Ursprung (Schl.). Für die Gnosis s. Iren. I 6, 4: εἶναι ἐξ ἀληθείας bzw. ἐκ κόσμου. Bei Joh εἶναι ἐκ θεοῦ 7 17 8 47 I Joh 3 10 4 1. 3. 4. 6. 7 5 19 (ἐκ τ. πατρός I Joh 2 16); ἐκ τῶν ἄνω 8 23; ἐκ τῆς ἀληθείας 18 37 I Joh 2 21 3 19; ἐκ τοῦ κόσμου 8 23 15 19 17 14. 16 18 36 I Joh 2 16 4 5; ἐκ τῆς γῆς 3 31; ἐκ τῶν κάτω 8 23; ἐκ τοῦ διαβόλου 8 44 I Joh 3 8 (ἐκ τ. πονηροῦ I Joh 3 12); ἐξ ἡμῶν I Joh 2 19. — Daß hier γῆ und nicht wie I Joh 4 5 κόσμος gesagt ist, beruht darauf, daß als Gegensatz zu ἄνωθεν bzw. ἐκ τ. οὐρ. das ἐκ τ. γ. der natürlichen Anschauung besser entspricht. Der Vergleich etwa von 12 32 17 4 mit 13 1 8 28 zeigt, daß kein Bedeutungsunterschied vorzuliegen braucht. Im übrigen besteht der Unterschied, daß κόσμος durch den Sprachgebrauch des Dualismus geprägt ist und die gottfeindliche Macht bezeichnen kann (s. S. 33 f.), während γῆ nicht so belastet ist und auch in neutralem Sinne gebraucht werden kann (6 21 12 24). — Sachlich besteht zwischen dem ὢν ἐκ τ. γ. und dem γεγεννημένος ἐκ τ. σαρκός (V. 6) kein Unterschied.

stimmte Personen denkt, die als Konkurrenten Jesu auftreten[1]. Jedenfalls: von
der Erde her kann sich nie ein Wort erheben, das dem des gottgesandten Offenbarers vergleichbar wäre, das „Glauben" fordern könnte, dessen Annahme oder
Verwerfung über Leben und Tod entschiede. Allein der vom Himmel Gekommene
gibt authentisches Zeugnis; mit anderen Worten: das Wort Jesu begegnet als das
von jenseits gesprochene autoritative Wort[2].

Aber — wie 1,11 — gerade das von jenseits kommende Wort wird von der
Welt, die nur das liebt, was zu ihr gehört (15 19), der die Sprache des Offenbarers
fremde Laute sind (8 43), abgewiesen. Doch — wie 1 12 — es gibt Ausnahmen.

V. 33: ὁ λαβὼν αὐτοῦ τὴν μαρτυρίαν
            ἐσφράγισεν ὅτι ὁ θεὸς ἀληθής ἐστιν.

Indem vom Glauben, der das Zeugnis annimmt[3], nicht etwas gesagt wird
wie 1 12 oder etwa, daß er „das Leben hat" (3 15 f.), sondern, daß er die Wahrheit
Gottes bestätigt[4], wird der Charakter der μαρτυρία wie der πίστις eigentümlich
erhellt. Da die μαρτυρία des Offenbarers mit dem, was sie bezeugt, identisch ist
und nicht neben ihm steht, findet sie ihre Beglaubigung paradoxerweise nicht im
Rückgang von dem bezeugenden Wort auf die bezeugte Sache, sondern in der
gläubigen Annahme. Nur im Glauben an das bezeugende Wort wird die bezeugte Sache gesehen und damit der Zeuge als legitim anerkannt. So hat nach
I Joh 5 10, wer an den Sohn glaubt, „das Zeugnis in sich", d. h. er braucht sich
nicht nach der das Zeugnis beglaubigenden Sache umzusehen, sondern hat mit
dem Zeugnis die Sache selbst. Und so wird nach 7 17, wer Gottes Willen tut, d. h.
wer glaubt, die Wahrheit der Lehre Jesu erkennen.

Warum es nicht heißt: „Er bestätigte, daß der Zeuge . . .", sondern: „. . . daß
Gott wahrhaftig ist[5], erklärt **V. 34:**
            ὃν γὰρ ἀπέστειλεν ὁ θεός
            τὰ ῥήματα τοῦ θεοῦ λαλεῖ.

In den Worten des gottgesandten Offenbarers redet also Gott selbst. Dann aber
wird deutlicher, warum bezeugendes Wort und bezeugte Sache hier identisch sind.
Denn Gottes Reden kann als Reden Gottes doch nichts anderes sein als sein
Handeln! Er ist ja, sofern er sich offenbart, der λόγος[6]. Und wenn in Jesus

---

[1] S. S. 117, 5.
[2] S. S. 103 f. und zu 5 19. — Den Wechsel von Perf. (ἑώρακεν) und Aor. (ἤκουσεν)
will Bl.-D. § 342, 2 daher erklären, daß auf dem Sehen der Hauptnachdruck liege. Doch
hat der Wechsel schwerlich Bedeutung (ebenso Act 22 15; Clem. Hom. 1 9); vgl. 5 37 I Joh 11. 3.
[3] S. S. 104, 3.
[4] Nach altem Sprachgebrauch ist σφραγίς das Eigentums- und Erkennungszeichen,
das die Echtheit der Sache und das Eigentumsrecht bestätigt (vgl. IV Makk 7 15 Röm 4 11
I Kor 9 2); σφραγίζειν (und σφραγίζεσθαι) heißt „mit einem Erkennungszeichen versehen"
und kann deshalb einfach „bestätigen" bedeuten; vgl. 6 27; Heitmüller, Neutest. Studien
f. Heinrici 45 f.; Br. 3. St. und Wörterb. — Auch das rabbin. חָתַם (untersiegeln, unter-
schreiben) scheint in der Bedeutung „anerkennen" vorzukommen, Str.-B. und Schl. z. St.
[5] Im Zshg kann ἀληθής hier nur wie 8 26 „wahrhaftig" bedeuten; opp. ψεύστης
8 44. 55 I Joh 5 10 und bes. I Joh 5 10. Es ist aber möglich, daß (wie 7 18) daneben auch die
Bedeutung „wirklich" mitgehört werden soll. Wer Gottes Wahrhaftigkeit in seiner Offenbarung leugnet, leugnet zugleich seine ja eben in der Offenbarung und nur in ihr sich er-
weisende Wirklichkeit. Wer dem Offenbarer nicht glaubt, leugnet Gott, auch wenn er
etwa theoretisch das „Dasein" Gottes anerkennt. Denn Gott ist nicht als theoretisch kon-
statierbares Wesen, sondern nur als λόγος für die Welt und den Menschen da.
[6] S. S. 17 f.

der λόγος Fleisch ward, so geschieht ja in Jesu Worten Gottes Handeln. Das eschatologische Geschehen, in dem Gottes Liebe wirksam ist (3₁₆), vollzieht sich eben darin, daß der Sohn es in seinem Worte bezeugt.

Die Identität der Worte Jesu mit den Worten Gottes bekräftigt der folgende Satz: οὐ γὰρ ἐκ μέτρου δίδωσιν[1]: nicht abgemessen[2], sondern in ganzer Fülle (πάντα V.₃₅) gibt der Vater dem Sohn. Das bedeutet, daß die Offenbarung, die Jesus bringt, vollständig, suffizient, ist und nicht der Ergänzung bedarf. Und es bedeutet ebenso, daß Jesus als Ganzer Offenbarer ist; denn würde in seiner Erscheinung unterschieden zwischen dem, was Offenbarung ist, und was es nicht ist, so würde die Offenbarung als ein abgrenzbares Quantum, also wieder unter der Frage des μέτρου betrachtet werden. Nun besteht nach Joh die Offenbarung weder in einem Komplex von Aussagen oder Gedanken, deren Vollständigkeit darin läge, daß sie ein System bilden, — noch auch in der Erscheinung Jesu als einer anschaulichen „Gestalt", deren Vollständigkeit ihre organische Geschlossenheit wäre. Die Vollständigkeit ist nichts anderes als der definitive Charakter des in ihm sich ereignenden Geschehens, d. h. nichts anderes, als daß er das eschatologische Ereignis ist.

Das Gleiche sagt in mythologischer Sprache **V. 35**:

> ὁ πατὴρ ἀγαπᾷ τὸν υἱόν
> καὶ πάντα δέδωκεν ἐν τῇ χειρὶ αὐτοῦ.

Der mythologische Satz, daß Gott, der „Vater", den Sohn liebt, begegnet überall im Jhg mit dem Gedanken, daß Gott sich, schöpferisch oder erlösend, in seinem „Sohne" Gestalt gibt, sichtbar und wirksam wird. Daß in dem Sohne — sei es der Kosmos, sei es der Erlöser — Gott selbst, als in seinem Abbilde, präsent ist, wird durch den Satz ausgesprochen; und das Gleiche durch den zweiten Satz, daß der Vater dem Sohne alles übergeben hat[3]. So auch hier: in Jesus ist der

---

[1] Der Satz ist ein Zusatz des Evglisten zur Quelle (vgl. das kommentierende οὐ γὰρ V.₁₇ 5₂₂ 8₄₂), durch den der Gedanke von V.₃₅ (Quelle) schon voraufgenommen wird. Das in B am Rande nachgetragene in syr fehlende Objekt τὸ πνεῦμα ist eine völlig unjoh. Ergänzung (Zn. will τὸ πν. halten und sogar als Subj. des Satzes verstehen). Sachlich richtig ist die Ergänzung des Subj. ὁ θεός in K D al. Vielleicht war ursprünglich als Subj. ὁ πατήρ genannt, das infolge des folgenden ὁ πατήρ ausfiel. — Als Dat.=Obj. ergänzen Aphraat. und Ephr. filio suo sinngemäß; denn im Jhg kann die Aussage nicht den Sinn eines allgemeinen Satzes haben, daß Gott überall, wo er gibt, ohne Maß gibt, was ja auch eine zweifelhafte Behauptung wäre, vgl. Röm 12₃ und die rabbin. Theorie, wonach Gott den Propheten den Geist abgemessen zuteilt (Str.=B. 3. St.). Über das Präs. δίδωσιν (vgl. 5₂₀. ₃₀) s. zu 5₁₉.
[2] Das sonst nicht begegnende ἐκ μέτρου kann nur bedeuten, was sonst ἐν μέτρῳ heißt: „abgemessen", „kärglich" (Ez 4₁₀. ₁₆ Joth 7₂₁). So erklärt Chrys. hom. 30, 2 t. VIII p. 172: ἀμέτρητον καὶ ὁλόκληρον πᾶσαν τὴν ἐνέργειαν τοῦ πνεύματος. Liegt Verwechslung mit ἐκ μέρους vor (Merx)?
[3] Innerhalb kosmologischer Spekulationen erscheint der Satz, daß Gott als Vater den Kosmos als seinen Sohn hervorgebracht, ihn mit Machtvollkommenheit ausgestattet hat und ihn liebt, seit Platons Timaios (s. S. 12, 5). Für die hermet. Lit.: Ps.=Apul. Ascl. 8 p. 300, 3ff. Scott; Lact. Div. inst. IV 6, 4 (bei Scott I 298); C. Herm. 12, 4; vgl. J. Kroll, herm. Trism. 155f.; Scott, Hermetica III 48. Für Philo: ebr. 30; dazu M. Adler in: Die Werke Philos von Aler. V 1929, 17, 4, und Leisegang, ebd. IV, 78, 2; E. Bréhier, Les Idées phil. et rel. de Philon d'Al. 1907, 74. Für die Gnosis: Hipp. El. VII 23, 5f. p. 201, 9ff. W.; C. Herm. 1, 12. An dieser Stelle wird die Machtübergabe ausdrücklich hervorgehoben (καὶ παρέδωκεν αὐτῷ πάντα τὰ δημιουργήματα [Text nach Scott]; vgl. 1,14: ... ἔχων πᾶσαν ἐξουσίαν). Ebenso Orac. Chald. bei Psell. 1140c (W. Kroll, De

Vater präsent; er vertritt den Vater. Wer sich an ihn gewiesen sieht, kann sicher sein, den Vater, der ihn liebt, für sich zu haben; kann sicher sein, in ihm der All=macht Gottes selbst zu begegnen[1].

Wird solches aber von dem Menschen Jesus von Nazareth behauptet, so be=deutet das freilich für den hörenden Trost und Stärkung: nichts Unverständliches, Befremdliches braucht von Jesus abzuschrecken; auf ihm ruht ja des Vaters Liebe; in seiner Hand ruht des Vaters Macht. Aber das bedeutet der Satz doch erst für den Glaubenden! Zunächst ist der Satz im Munde des Menschen Jesus für den Menschen ein Anstoß, der im Glauben überwunden werden muß! Das ist hier freilich nur indirekt gesagt, da ja das ἐγώ εἰμι nicht ausgesprochen wird. Indirekt aber ist es gesagt, indem in **V. 36** die Möglichkeit des Glaubens und Unglaubens

---

orac. Chald., Bresl. phil. Abh. VII 1895, 14): πάντα γὰρ ἐξετέλεσσε πατὴρ καὶ νῷ παρέδωκε δευτέρῳ.

In der Gnosis ist diese Mythologie aber vor allem aus der Kosmologie in die Soteriologie übertragen worden, wie denn der υἱός von Hipp. VII 23, 5f. (s. o.) 26, 2 mit Christus gleichgesetzt wird. Vgl. ferner Iren. I 4, 5 und den par. Text Exc. ex Theod. 43. Vor allem vgl. die Od. Sal. und mand. Texte, nach denen sich wie Joh 3 34f. das Ver=hältnis des Vaters zum Sohn eben darin erweist, daß der Sohn die Worte des Vaters redet. In den Od. Sal. ist der Erlöser der „Geliebte" (Gottes, des Vaters) 8 22 38 11, der mit der „Fülle" des Vaters erschienen ist (41 13, vgl. Joh 1 14. 18; s. S. 51, 7). Er spricht:
„Der Herr lenkte mir den Mund durch sein Wort
und tat mir das Herz auf durch sein Licht.
Er ließ in mir wohnen unsterbliches Leben
und gab mir zu reden von der Frucht seines Heiles" (10 1f.).
Aus der mand. Literatur vgl. bes.
Ginza 70, 3ff.: „Geschaffen und beauftragt hat dich das Große (Leben),
dich gerüstet, beauftragt, hingesandt
und bevollmächtigt über jegliches Ding."
Ginza 333, 27ff.: „Mich berief und beauftragte das Große (Leben)
und legte von seiner Weisheit über mich.
[Es legte über mich] die wohlverwahrte Gestalt,
die für mich im Verborgenen verwahrt ist.
Es legte über mich Liebe,
die meinen Freunden zukommen soll.
Es legte über mich sanfte Rede,
in der ich mit meinen Freunden sprechen soll.
Ich soll mit meinen Freunden sprechen
und sie vom Vergänglichen erlösen."
Vgl. Ginza 68, 26ff.; 70, 1ff.; 78, 29ff.; 272, 21ff.; 305, 38 („der geliebte Sohn"); 316, 9ff.; 343, 21ff. — Natürlich kommen allgemeine Parallelen dafür, daß der inspirierte Prophet die Worte Gottes spricht (Br. zu 12 49), hier nicht in Frage, weil hier die „Rede" des Offen=barers im Zshg eines bestimmten Mythos steht. — Bei Joh erscheint die Aussage von der Liebe des Vaters zum Sohn weiterhin 5 20 15 9 17 23f. 26 10 17. Die Aussage von der Machtübergabe wird vielfach variiert; der Vater hat dem Sohne „gegeben": alles 3 35 13 3 (17 7); seinen Namen 17 11; δόξα 17 22. 24; ἐξουσία πάσης σαρκός 17 2; ζωὴν ἔχειν ἐν ἑαυτῷ 5 26; Werke, bzw. das Werk 5 36 17 4; Worte 17 8; die κρίσις, bzw. die ἐξουσία zur κρίσις 5 22. 27; alles, was er erbittet 11 22; die Gläubigen 6 37. 39 10 29 17 2. 6. 9. 12. 24 18 9. — Vgl. M. Dibelius, Festg. für Ad. Deißmann 1927, 173—178: „Liebe bezeichnet hier nicht die Einheit im Willen vermöge einer affektvollen Beziehung, sondern die Einheit des Wesens vermöge göttlicher Qualität" (S. 174). Richtig daran ist, daß das Verhältnis Gottes zum Sohne nicht als ein „sittliches" Verhältnis gedacht ist; jedoch bleibt diese Interpretation in der Sphäre der Mythologie, in der Joh im Sinne des Offenbarungs=gedankens umdeutet: in Jesus begegnet Gott selbst, seine Worte sind Gottes Worte.
[1] Διδόναι ἐν τ. χειρί, bzw. εἰς τ. χεῖρας 13 3 ist at.lich=jüd. Redeweise, vgl. Jes 47 6 Dan 2 38 und Schl. z. St. Zum Wechsel von ἐν und εἰς s. Br. z. St. und Bl.=D. §§ 206. 218.

mit ihren Konsequenzen und damit das Entweder=Oder vor den Hörer gestellt
wird, und indem eben dieses Entweder=Oder das letzte Wort der Rede ist:

$$\delta \; \pi\iota\sigma\tau\epsilon\acute{\upsilon}\omega\nu \; \epsilon\grave{\iota}\varsigma \; \tau\grave{\upsilon}\nu \; \upsilon\grave{\iota}\grave{\upsilon}\nu \; \acute{\epsilon}\chi\epsilon\iota \; \zeta\omega\grave{\eta}\nu \; \alpha\grave{\iota}\acute{\omega}\nu\iota\upsilon\nu\cdot$$
$$\delta \; \delta\grave{\epsilon} \; \grave{\alpha}\pi\epsilon\iota\vartheta\tilde{\omega}\nu \; \tau\tilde{\omega} \; \upsilon\grave{\iota}\tilde{\omega} \; \upsilon\grave{\upsilon}\kappa \; \acute{\upsilon}\psi\epsilon\tau\alpha\iota \; \zeta\omega\acute{\eta}\nu,$$
$$\grave{\alpha}\lambda\lambda' \; \grave{\eta}. \; \grave{\upsilon}\rho\gamma\grave{\eta} \; \tau\upsilon\tilde{\upsilon} \; \vartheta\epsilon\upsilon\tilde{\upsilon} \; \mu\acute{\epsilon}\nu\epsilon\iota \; \grave{\epsilon}\pi' \; \alpha\grave{\upsilon}\tau\acute{\upsilon}\nu^1.$$

Es ist das gleiche Entweder=Oder wie V.18. Weil sich im Glauben oder Un=
glauben an ihn das ewige Schicksal des Menschen entscheidet, ist sein Kommen
das eschatologische Ereignis; in der an seiner Person sich vollziehenden Scheidung
vollzieht sich zugleich das Gericht[2]: dem $\upsilon\grave{\upsilon} \; \kappa\rho\acute{\iota}\nu\epsilon\tau\alpha\iota$ von V.18 entspricht das $\acute{\epsilon}\chi\epsilon\iota$
$\zeta\omega\grave{\eta}\nu \; \alpha\grave{\iota}\acute{\omega}\nu$. (vgl. V.15), dem $\acute{\eta}\delta\eta \; \kappa\acute{\epsilon}\kappa\rho\iota\tau\alpha\iota$ das $\upsilon\grave{\upsilon}\kappa \; \acute{\upsilon}\psi\epsilon\tau\alpha\iota \; \zeta\omega\grave{\eta}\nu \; \kappa\tau\lambda.$[3] Der Ab=
schluß ist weniger eine Verheißung als eine Warnung; deshalb wird die Konse=
quenz des Unglaubens in einem dritten Gliede noch einmal eingeschärft: $\grave{\alpha}\lambda\lambda'$
$\grave{\eta} \; \grave{\upsilon}\rho\gamma\grave{\eta} \; \kappa\tau\lambda.$ Der Ungläubige stand immer schon unter dem Gericht Gottes[4];
durch seinen Unglauben, seine Entscheidung gegen Gottes Offenbarung[5], macht
er diese Situation zu einer definitiven[6]. Jesu Kommen hat also gerade deshalb
das volle Gewicht des eschatologischen Ereignisses, weil, indem er den Glaubens=
anspruch erhebt, alle Vergangenheit, aus der der Mensch kommt, und damit auch
Gottes $\grave{\upsilon}\rho\gamma\acute{\eta}$, die über der sündigen Menschheit steht, in Frage gestellt wird. Dieses
Jetzt ist das entscheidende (vgl. 9 41 15 24)[7].

γ) Die Μαρτυρία des Täufers 3 22—30.

Auf das Zeugnis des Offenbarers (31-21. 31-36) folgt die $\mu\alpha\rho\tau\upsilon\rho\acute{\iota}\alpha$ des Täufers[8].
Wie 1 19-51 hat sie nicht nur den positiven Zweck, Jesus als den Offenbarer zu bestätigen,
sondern zugleich den negativen, zu sagen: der Täufer kann mit Jesus nicht konkurrieren;
er ist nur Zeuge für ihn. Die Einleitung (V.22-26), die auf die $\mu\alpha\rho\tau\upsilon\rho\acute{\iota}\alpha$ (V.27-30) hinführt,
ist von diesem negativen Zweck beherrscht; sie zeigt Jesus und den Täufer als Konkurrenten
in der Tauftätigkeit, und zeigt, wie in dieser Konkurrenz der Täufer geschlagen wird,
und wie diese Tatsache von den Täuferjüngern ausdrücklich konstatiert wird.

Daß diese Szene (V.22-26) ein literarisches Gebilde ist, in dem sich die Kon=
kurrenz der Täufer= und der Jesus=Sekte widerspiegelt, dürfte nicht zweifelhaft sein, so
wenig wie die Tatsache, daß der für Jesus zeugende Täufer eine Gestalt der christlichen
Geschichtsdeutung ist[9]. Es bleibt aber die Frage, ob die Szene eine freie Komposition
des Evglisten ist, oder ob ihr irgendwelche Tradition zugrunde liegt[10].

---

[1] Diese Sätze bildeten auch in der Quelle den Abschluß einer Rede, wie das über=
schießende dritte Glied zeigt (s. S. 51, 5), das als Zusatz des Evglisten zu bezeichnen, kein
Anlaß vorliegt.

[2] S. S. 111—113 (bes. 113, 1 u. 4).

[3] Zu $\acute{\upsilon}\psi\epsilon\tau\alpha\iota$ s. S. 95,3 und Jes 26 14 Koh 9 9 und vgl. 8 51.

[4] Die $\grave{\upsilon}\rho\gamma\acute{\eta}$ Gottes bezeichnet natürlich nicht einen Affekt oder eine Gesinnung
Gottes, sondern wie durchweg im NT, dem at.lich=jüd. Sprachgebrauch entsprechend,
Gottes eschatologisches Gericht. Wird dieses zunächst als zukünftiges erwartet (Mt 3 7 =
Lt 3 7 Lt 21 23 Röm 2 5. 8 3 5 5 9 I Th 1 10 usw.), so versteht es Paulus doch auch schon
als ein gegenwärtig sich vollziehendes (Röm 1 18 4 15? I Th 2 16).

[5] Dem $\pi\iota\sigma\tau\epsilon\acute{\upsilon}\epsilon\iota\nu$ tritt hier als Bezeichnung des Unglaubens das $\grave{\alpha}\pi\epsilon\iota\vartheta\epsilon\tilde{\iota}\nu$ gegen=
über, wodurch der Gehorsamscharakter des Glaubens betont wird; so bei Joh nur hier,
aber sonst oft (Röm 11 30f. 15 31 I Pt 2 7f. 3 1 4 17 Act 14 2 17 5 D 19 9, vgl. Röm 10 3. 16
II Th 1 8; das Subst. $\grave{\alpha}\pi\epsilon\acute{\iota}\vartheta\epsilon\iota\alpha$ Röm 11 30. 32 Kl 3 6 Eph 2 2 5 6 Hb 4 11).

[6] Zu $\grave{\epsilon}\pi\acute{\iota}$ c. acc. auf die Frage wo? s. Bl.=D. § 233; Raderm. 142. 146.

[7] S. S. 115.   [8] Zur Gliederung s. S. 77.

[9] S. S. 4f. 65. 76.

[10] Um den Nachweis, daß der Evglist in 3 22—4 3 eine Quelle verwertet hat, in der
besonders gute alte Tradition erhalten ist, hat sich bes. Goguel, J.-B. 86—95 bemüht.

Als Ganzes erweckt 3₂₂₋₂₆ den Eindruck, Bildung des Evglisten zu sein[1], und jeden=
falls stammt die auf 1₁₉₋₃₄ bezugnehmende Aussage der Täuferjünger von ihm. Die
Ortsangabe V.₂₃ könnte er der mündlichen Tradition entnommen haben und der taufende
Jesus von V.₂₂ könnte seine Erfindung sein. Er wollte die Konkurrenz der beiden Tauf=
sekten bildhaft darstellen, indem er Jesus und Johannes nebeneinander als Täufer
zeigt[2]. Schwerlich darf man dagegen einwenden, daß eine von Jesus erteilte Taufe doch
nur eine den Geist verleihende Taufe sein konnte[3], die es doch erst nach seinem Tode
und seiner Auferstehung gab; wie hätte also der Evglist die Gestalt des taufenden Jesus
erfinden können[4]! Aber wenn er bei seiner Konfrontierung der beiden Täufer auf solche
Frage überhaupt reflektierte, so konnte er, genau wie in bezug auf Jesu ganzes Offen=
barungswirken, den Vorbehalt machen, daß die Taufe ihre Wirkungskraft vom Ende
her erhält, welches ja im Grunde schon in der Fleischwerdung des Logos mitgesetzt ist.

Indessen ist damit nicht erwiesen, daß die Angabe 3₂₂ nicht doch auf Tradition
zurückgehen könnte. Und daß die synoptische Tradition nichts von einer Tauftätigkeit
Jesu berichtet, ist jedenfalls kein Gegenargument; denn was diese über das Verhältnis
Jesu zum Täufer erzählt, beruht auf einseitiger Auswahl. Sollte nun wirklich in V.₂₂
alte Tradition stecken, so wäre damit freilich noch nicht erwiesen, daß 3₂₂₋₂₆ einer Quelle
entnommen ist. Für V.₂₂ ist das schon deshalb unwahrscheinlich, weil dann hier ebenso
eine genaue Ortsangabe zu erwarten wäre wie in V.₂₃.

Den Eindruck, daß in 3₂₂₋₃₀ eine Quelle verwendet ist, macht m. E. nur der rätsel=
hafte V.₂₅, dessen Formulierung von der Absicht der Erzählung her nicht verständlich
ist, der nicht nur völlig entbehrlich ist[5], sondern nach dessen Streichung der Zusammen=
hang auch glatter wäre, — ohne daß man doch den Vers als Interpolation begreifen
könnte. Auffallend ist zunächst, daß es sich um einen Streit περὶ καθαρισμοῦ handelt[6].
Im Zshg kann damit nur die Taufe gemeint sein[7], sodaß es sich um einen Streit über
das Verhältnis der Jesus= und Johannes=Taufe handeln würde. Aber warum heißt es
dann nicht περὶ βαπτισμοῦ (bzw. βαπτισμῶν, vgl. Hbr 6₂)? Das περὶ καθ. läßt viel=
mehr daran denken, daß sich der Streit um Reinheitsfragen dreht wie Mt 7₁ff. parr. (vgl.
Lk 11₃₇ff. Mt 23₂₅ff.) und P. Oxy. 840 (Kl. Texte 31 [1908], 3—9)[8]; oder daß der Jude

---

Die Angabe, daß Jesus getauft hat (V.₂₂), und die Ortsangabe (V.₂₃) hält er für un=
erfindbar; und da er in V.₂₅ als ursprünglichen Text vermutet μετὰ 'Ιησοῦ, meint er,
die Quelle habe berichtet, daß Jesus eine Weile neben dem Täufer als sein Gesinnungs=
genosse gewirkt und wie er im Jordangebiet getauft habe; daß es dann aber zwischen
beiden über die Auffassung von der Taufe zum Bruch gekommen sei.
    [1] Μετὰ ταῦτα bei Joh beliebte Übergangsformel, s. S. 85, 6.   Zu (ἦν) δὲ καὶ
V.₂₃ s. 2₁ 18₂. 5 19₁₉. ₃₉. Anknüpfung mit οὖν (V.₂₅) sehr häufig.   Die Einfachheit
des Stiles wie in anderen redakt. Stücken des Evglisten 7₁₋₁₃ 10₁₉₋₂₁ ₄₀₋₄₂ 11₅₅₋₅₇; zumal
der Aufbau der Szene wie 7₁₋₉. Indessen fehlen bes. bezeichnende Charakteristika des
Stiles, und die semitisierende Sprache kann für ihn wie für seine Quelle bezeichnend sein.
Die Sätze sind meist durch primitive Anreihung verbunden; Voranstellung des Präd. in
V.₂₃. (24). 25; ὕδατα πολλά V.₂₃ wie מַיִם רַבִּים, wenn auch der Plur. ὕδατα im Griech.
begegnet (Colwell 82 f.; Bl.=D. § 141, 7); s. Schl. zu V.₂₃.   Μετὰ 'Ιουδαίου ohne τινός
V.₂₅ ist ungriechisch.
    [2] Vielleicht will er in 4₂ das 3₂₂ Gesagte selbst korrigieren. Doch steht 4₂ unter
dem Verdacht, redakt. Glosse zu sein. Man sollte freilich erwarten, daß ein Red., wenn er
korrigieren wollte, dies 3₂₂ getan hätte.
    [3] Nach Tert. und Chrys. verficht Lagr. (wie manche Anderen) die These: es handle
sich nur um die Fortsetzung der Bußtaufe des Johannes; aber kann das die Meinung des
Evglisten sein?
    [4] So bes. Goguel, J.=B. 92—94. — Die Frage, ob 7₃₉b vom Evglisten stammt oder
redakt. Glosse ist, kann dabei außer Betracht bleiben.
    [5] Als Subj. des ἦλθον V.₂₆ würde ein „man" völlig genügen.
    [6] Καθαρισμός bezeichnet die kultische bzw. rituelle Reinigung, s. 2₆.
    [7] Das ist natürlich möglich, s. S. 60, 1.
    [8] So will denn Lagr. hier verstehen.

etwa fragte: Was soll deine Taufe, da wir ja die $\varkappa\alpha\vartheta\alpha\varrho\iota\sigma\mu o\iota$ des Mose haben? Aber auf nichts dergleichen ist im Folgenden ein Bezug genommen[1]. — Ferner ist auffallend, daß es sich um den Streit zwischen Johannes=Jüngern und einem Juden handelt[2], während man erwarten sollte, daß sich die Johannes=Jünger mit Jesus oder seinen Jüngern streiten (vgl. Mt 2 18). Im Zshg kann man nur verstehen, daß sich die Johannes= Jünger an einen Juden halten, der sich von Jesus hat taufen lassen oder taufen lassen will. Aber warum ist nicht deutlich geredet? Ja, warum ist die Hauptsache überhaupt nicht gesagt?

So muß man mit der Möglichkeit rechnen, daß in V. 25 ein altes Traditionsstück zum Vorschein kommt[3]. Der Evglist konnte aber nur veranlaßt sein, es in seine Komposition einzuweben, wenn aus der Fortsetzung etwas für ihn brauchbar war. Da die Verse 26 und 28 mit ihrer Bezugnahme auf 1 19-34 sicher vom Evglisten stammen, so könnte der Quelle nur V. 27 entnommen sein und allenfalls V. 29 a. Zugrunde läge dann ein Apophthegma aus der täuferischen Tradition[4], das von einem Streit über die Frage der Reinigungsbräuche handelte. Der Täufer hätte sich für seinen Standpunkt (für seinen Ritus, bzw. seine Kritik jüdischer Riten) auf die ihm von Gott verliehene Vollmacht berufen; denn so müßte V. 27 dann verstanden werden[5]. Der Evglist hätte aus diesem Apophthegma eine $\mu\alpha\varrho\tau\upsilon\varrho\iota\alpha$ des Täufers für Jesus gemacht, — ebenso wie er das täuferische Logoslied dem Prolog seines Evgs zugrunde gelegt hat.

Es versteht sich freilich, daß man über Vermutungen nicht hinauskommt, die aber eben durch V. 25 hervorgerufen werden. Für das Verständnis von 3 22-30 im Sinne des Evgs sind sie ohne wesentliche Bedeutung.

1. 3 22-26: Einleitung.

Durch das typische $\mu\epsilon\tau\grave{\alpha}$ $\tau\alpha\tilde{\upsilon}\tau\alpha$[6], das genauere Nachfrage nicht gestattet[7], ist der Abschnitt an den vorigen geknüpft. Zum chronologischen Abstand kommt wie gewöhnlich die Veränderung der geographischen Situation: Jesus geht — ein Motiv wird nicht genannt — in das judäische Landgebiet[8]. Er verweilt dort, — wie lange wird nicht gesagt[9]. Im Unterschied von ähnlichen Angaben wird

---

[1] Nach Schl. ging der Streit V. 25 um die Taufe; und wenn der Täufer V. 27 ff. gar nicht von dieser, sondern einzig von Jesus rede, so komme darin zum Ausdruck, daß das, was die Taufe ist und gewährt, völlig von dem abhänge, was Jesus ist. „Weil er der Christus ist, deshalb ist die Taufe $\varkappa\alpha\vartheta\alpha\varrho\iota\sigma\mu o\varsigma$." Aber das nach dieser Auffassung Wichtigste steht nicht im Text.

[2] Neben 'Ιουδαίου (ABL syr sin) ist 'Ιουδαίων (ℵ Ferrargruppe it syr cur) überliefert, was doch wohl eine Korr. des befremdlichen Sing. ist, der seinerseits schwer als Korr. begreiflich wäre. Begreiflich, daß moderne Exegeten konjizieren: $\mu\epsilon\tau\grave{\alpha}$ $\tau\tilde{\omega}\nu$ 'Ιησοῦ, $\mu\epsilon\tau\grave{\alpha}$ $\tau\upsilon\tilde{\upsilon}$ 'Ιησοῦ, $\mu\epsilon\tau\grave{\alpha}$ 'Ιησοῦ, welch letzteres Goguel, J.-B. 89 f. für die ursprüngliche Lesart, wenn nicht des Evgs, so doch der Quelle hält.

[3] Stammt 3 25 aus einer Sammlung von (täuferischen) Streitgesprächen, so bedurfte das Stück keiner besonderen Einleitung. Indessen ist möglich, daß V. 23 die ursprüngliche Einleitung ist.

[4] Dafür, daß der Evglist auch sonst aus der täufer. Tradition schöpft, s. S. 5. 76.

[5] Es würde dann eine täufer. Parallele zu dem synopt. Stück Mk 11 27-33 vorliegen. Wenn auch das Gleichnis V. 29 a aus dem Traditionsstück stammt, so wären verschiedene Vermutungen möglich. Liegt etwa ursprünglich eine Parallele zu Mk 2 19 a vor?

[6] S. S. 122, 1.   [7] S. S. 85, 6.

[8] Mit der 'Ιουδαία $\gamma\tilde{\eta}$ kann, da der vorausgehende Abschnitt in Jerusalem spielt, nur die judäische Landschaft gemeint sein; $\gamma\tilde{\eta}$ ist also wie sonst $\chi\omega\varrho\alpha$ gebraucht (11 54 f. und sonst), was aber nicht ungriechisch ist (Aesch. Eum. 993: $\varkappa\alpha\grave{\iota}$ $\gamma\tilde{\eta}\nu$ $\varkappa\alpha\grave{\iota}$ $\pi\acute{o}\lambda\iota\nu$). 'Ιουδ. adjekt. wie Mk 1 5 und zwar im engeren Sinn „judäisch" (im Gegensatz zu galiläisch), nicht „jüdisch" wie Act 16 1.

[9] $\Delta\iota\alpha\tau\varrho\iota\beta\epsilon\iota\nu$ „sich aufhalten", oft in Act, bei Joh nur hier und 11 54 v. l. Bei Joh in diesem Sinne sonst $\mu\epsilon\nu\epsilon\iota\nu$ 2 12 4 40 7 9 10 40 11 6. 54.

aber hier von der Tätigkeit Jesu berichtet, die diese Zeit ausfüllte: er taufte[1]. Näheres wird davon aber nicht erzählt[2]; auch ist weiterhin nicht mehr davon die Rede; die Angabe dient nur der Vorbereitung des Folgenden. Zur Vorbereitung der mit V.25 einsetzenden Handlung ist aber noch die weitere Situationsangabe erforderlich, die V. 23 bringt: auch Johannes tauft[3] und hat Zulauf[4], und seine Taufstätte wird genau, mit Motivierung ihrer Eignung, angegeben[5]. Warum Johannes überhaupt noch tauft, wo doch seine Taufe nur den Sinn hatte, ihn zum Zeugen für Jesus als den Messias zu machen, und wo doch Jesus nun er= schienen und von ihm bezeugt worden ist, darf nicht gefragt werden[6]. Dem Evglisten liegt nur an dem Bilde der beiden nebeneinander wirkenden Täufer, durch das das Wort V.30 seine szenische Illustration erhält. Wenn in V. 24 aus= drücklich mitgeteilt wird, was nach V.23 ja selbstverständlich ist, daß Johannes noch nicht verhaftet war, so kann der Sinn dieser Anmerkung nur der sein, einen Aus= gleich des hier Erzählten mit dem traditionellen Bericht herzustellen, nach dem Jesus seine Wirksamkeit erst nach der Verhaftung des Täufers begann[7].

Mit V. 25 setzt die Handlung ein: Es entsteht ein Streit[8] zwischen den Jo=

---

[1] *Ἐβάπτ.* imperf., also die Dauer bezeichnend.					[2] S. S. 122.

[3] Zu *ἦν* . . . *βαπτίζων* f. S. 64, 4.

[4] Hirsch will das *καὶ παρεγίνοντο καὶ ἐβαπτίζοντο* (bei starker Interpungierung hinter *ἐκεῖ*) als den Zulauf des Volkes zu Jesus verstehen.

[5] Daß die Ortsangabe um des allegor. Sinnes willen erfunden ist, ist sehr un= wahrscheinlich; denn warum wäre dann nicht erst recht die Taufstätte Jesu V.22 genau bezeichnet worden? Auch die Motivierung (*ὅτι ὕδατα κτλ.*) spricht nicht dafür. Viel= mehr wird die Angabe auf Tradition über den Ort, an dem der Täufer wirkte, beruhen. Nach Kundsin (Topolog. Überlieferungsstoffe 25—27) wäre Ainon bei Salim „noch zur Zeit des Evglisten als ein Zentrum, wenn nicht gar als das Zentrum des noch in Palästina vorhandenen Täufertums zu denken". Daß der Evglist gleichwohl die Ortsbezeichnungen allegorisch verstanden wissen will, ist möglich (vgl. 9 7); da *Αἰνών* = עַיִן, Quelle (bzw. aram. plur. עֵינָן, f. Lagr.), *Σαλίμ* = שָׁלֵם, Heil, ist, wäre der Sinn: „Quellen in der Nähe des Heils". Ob man die in der Taufliturgie der Mandäer vorkommende Quelle (Aina) und den mandäischen Taufengel Silmai damit in Zshg bringen darf (Br.), ist fraglich. — Die unsicheren Versuche, die genannten Orte geographisch zu identifizieren, haben für die Exegese keine Bedeutung; aus V.26 geht hervor, daß die Szene westlich vom Jordan spielt; f. im übrigen Br., Schl., Lagr. 3. St. und Zahn, Neue kirchl. Zeitschr. 1907, 593—608; Dalman, Orte und Wege Jesu[3] 98f. 250f. Ferner f. S. 64, 5.

[6] Die Frage schon bei Bretschneider, Probabilia 47. (Vgl. Justin dial. 51 p. 271a: *καὶ Χριστὸς ἔτι αὐτοῦ* (sc. *τοῦ Ἰωάννου*) *καθεζομένου ἐπὶ Ἰορδάνου ποταμοῦ ἐπελθὼν ἔπαυσέ τε αὐτὸν τοῦ προφητεύειν καὶ βαπτίζειν.*) Der Evglist könnte antworten, daß seine Tauftätigkeit dem Täufer ja immer neue Gelegenheit gibt, für Jesus zu zeugen, wie eben die vorliegende Geschichte zeigt.

[7] Nach Mk 1 14 (Mt 4 12; vgl. Lk 3 19 f.) trat Jesus erst auf, nachdem der Täufer (durch Herodes Antipas) verhaftet worden war. Diese Tradition hat Joh 3 24 offenbar im Auge. Es ist nicht gesagt, daß er sie korrigieren will; wahrscheinlich ist die Absicht eine harmonistische: für die nach der synopt. Tradition befremdliche Erzählung, daß Jesus und der Täufer nebeneinander gewirkt hätten, soll ein Raum geschaffen werden. Um so wahrscheinlicher, daß 3 24 (wie 7 39b) eine Glosse der kirchlichen Redaktion ist. Der Evglist bemüht sich sonst nicht um Ausgleich seiner Erzählung mit dem synopt. Bericht und zeigt auch weiterhin kein Interesse für die Geschichte des Täufers, der nur 5 33-35 10 40f. noch erwähnt wird und wieder nur als Zeuge für Jesus. Vgl. H. Windisch, Joh und die Synoptiker 1926, 62f.

[8] *ζήτησις* = Streitgespräch, Disputation, bei Joh nur hier; sonst im NT Act 15 2 I Tim 1 4 6 4 II Tim 2 23 Tit 3 9. Vgl. *συζητεῖν* = disputieren (דָּרַשׁ) und f. folgende A.

hannes=Jüngern[1] und einem Juden[2] περὶ καθαρισμοῦ, — was im Zshg nur meinen kann: über das Verhältnis der Jesus=Taufe zur Johannes=Taufe[3]. Die Johannes=Jünger tragen nun V. 26 nicht diesen Streitfall ihrem Meister vor[4], sondern melden vielmehr die Tatsache, die zu ihm Anlaß gegeben hat: Jesus tauft, und sein Erfolg hat den des Johannes übertroffen: „Alle laufen zu ihm!" Natürlich klingt darin die Eifersucht der Täufersekte auf die sie überflügelnde Jesus=Sekte wieder; man darf nur nicht das Erzählte psychologisieren. Dem Wortlaut nach kann die Meldung der Täuferjünger eine freudige Mitteilung sein und müßte es ja eigentlich; denn wenn die Jünger Jesus als den bezeichnen, für den ihr Meister gezeugt hat[5], so müssen sie ja wissen, daß das πάντες ἔρχονται πρὸς αὐτόν gerade der Absicht des Johannes entspricht[6]. Aber der Evglist hat weder über die überraschte Freude noch über die erbitterte Eifersucht der V. 26 Redenden reflektiert, sondern nur einen Ausgangspunkt für die an die Täufer= sekte seiner eigenen Zeit adressierten Worte V. 27-30 geschaffen.

2. 3 27-30: Die Μαρτυρία.

V. 27: οὐ δύναται ἄνθρωπος λαμβάνειν οὐδέν,
     ἐὰν μὴ ᾖ δεδομένον αὐτῷ ἐκ τοῦ οὐρανοῦ.

Eine Maxime wird als Leitgedanke des Folgenden vorgetragen[7]; ein Satz, der als allgemein zugestanden gelten will, und aus dem es für den vorliegenden Fall die Konsequenzen zu ziehen gilt: keiner kann etwas nehmen, wenn es ihm nicht von Gott[8] gegeben ist. Jedes Nehmen also, mag es für den ersten Anblick als willkürlich, als leichtsinnig oder eigenmächtig, erscheinen, muß doch als ein Empfangen verstanden werden[9]. Der Satz sagt nichts über das subjektive Recht des Nehmenden; er würde vielmehr auch für einen Räuber gelten, der seinen Raub ohne Gottes Verfügung nicht nehmen könnte (vgl. 19 11). Der Satz weist

---

[1] Das ἐκ nach ζήτησις (Suchen, Fragen) = „von seiten" wie Herod. V 21; Dionys. Hal. VIII 89, 4: ζήτησις δὴ ... πολλὴ ἐκ πάντων ἐγίνετο (Br.). Also nicht das den Gen. part. vertretende ἐκ (7 40 16 17; s. Bl=D. § 164, 2).

[2] S. S. 123, 2.   [3] S. S. 122 f.

[4] S. S. 122 f. — D. 26 ist durch die Bezugnahme auf 1 19-34 als Bildung des Evglisten erwiesen. Zur Wiederaufnahme der Relativsätze (ὅς ... ᾧ ...) durch οὗτος s. S. 53, 5. Die Verstärkung des οὗτος durch das ἴδε ist spezifisch rabbin.; Schl. z. St.

[5] Das μαρτυρεῖν hat natürlich nicht den speziellen Sinn „ein gutes Zeugnis aus= stellen" wie Lk 4 22 Act 6 3 I Tim 5 10 usw., sondern den forensischen Sinn von 1 34; s. S. 30, 5.

[6] Sinnlos ist die Meinung, daß in dem ᾧ σὺ μεμαρτ. nach der Auffassung der Joh= Jünger die Überlegenheit des Täufers über Jesus als des Legitimierenden über den Legitimierten ausgesagt sei; denn die μαρτυρία, auf die sie sich berufen, bezeichnete ja gerade Jesus als den Überlegenen.

[7] Der Satz stammt vielleicht aus täuferischer Quelle, s. S. 123; daß er stilistisch (5 19 6 44 15 4) und gedanklich (5 19. 30) Worten aus den „Offenbarungsreden" entspricht, kann nur dafür sprechen. Auch die Reflexion auf das δύνασθαι ist für die „Offenbarungs= reden" charakteristisch; außer 5 19. 30 vgl. 5 44 7 7. 34 8 21. 43 9 4 10 29 14 17 16 12. — Semi= tismus ist das οὐ ... ἄνθρ. (= οὐδείς), trotz Colwell 74, und wohl auch die Schlußstellung des οὐδέν, s. Schl.

[8] Ἐκ τ. οὐρ. (gleichwertig mit ἄνωθεν 19 11) nach üblichem Sprachgebrauch = von Gott; vgl. Mk 11 30, Schl. z. St. und zu Mt 21 25.

[9] Man darf λαμβ. nicht mit „empfangen" übersetzen (1 16; s. S. 51, 6). Die Pointe ist gerade, daß jedes Nehmen ein Empfangen ist. — Gottes διδόναι an die Menschen: 3 16 6 32 14 16 15 16 16 23 I Joh 3 1. (23.) 24 4 13 5 11. 16 ? 20; an den Sohn 3 34 f. 5 22. 26 f. 36 6 37. 39 11 22 13 3 17 2 ff. 18 11. Zum διδόναι des Offenbarers s. S. 36, 1. Wie wesentlich der Begriff des διδόναι ist, zeigt bes. 14 27.

gerade aus der Sphäre des moralischen Urteils — das anderswo sein Recht hat — heraus; er rechtfertigt nicht eine Person, sondern ein Geschehen[1]. In diesem Falle soll er von der Tatsache gelten, daß die christliche Gemeinde wächst und die des Täufers abnimmt.

Die Anwendung des Satzes, die sich von selbst versteht, wird nicht direkt ausgesprochen; aber zu ihm tritt **V. 28** die Berufung auf die frühere μαρτυρία des Täufers[2]: „Ihr selbst seid meine Zeugen[3], daß ich sagte: ich bin nicht der Messias, sondern[4] ich bin nur ein Bote[5] vor jenem her[6].“ Auch hier fehlt das „Also“, das die Konsequenz für die Situation zieht; sie versteht sich von selbst. Daneben tritt endlich das Gleichnis **V. 29**, das die untergeordnete und dabei doch wesentliche Rolle des Täufers beschreibt[7]. Er gleicht dem „Freund des Bräutigams“[8]. Ein solcher spielt nach orientalischem Brauch vor und nach der Hochzeit eine wichtige Rolle als Brautwerber, Festordner u. dergl.[9]. Ihm gegenüber ist der Bräutigam als der, „der die Braut hat“, d. h. als die Hauptperson — man möchte sagen: mit einem gewissen Humor — charakterisiert. Daß er der strahlende und jauchzende ist, versteht sich von selbst[10] und ist indirekt dadurch angedeutet, daß die Freude des Freundes geschildert wird, die eben gerade die Freude über die Bräutigamsfreude ist[11]. Das Bildwort zeigt also, daß der Täufer durch den Verlauf der Dinge nicht um seine Bedeutung gebracht ist, sondern sie gerade gefunden hat[12]. Wie bei den Synoptikern hält sich also das Urteil über den Täufer als einen

---

[1] Anders Lagr., der nach Aug., Cyr. Al. den Satz auf den Täufer beziehen will und versteht: „Es ziemt sich nicht, daß jemand etwas nimmt, was ihm nicht vom Himmel gegeben ist.“

[2] Der V.26 korrespondierende V.28, der wieder auf 119-34 zurückweist, ist natürlich auch Bildung des Evglisten; s. auch S. A. 6.

[3] Man kann natürlich auch übersetzen: „Ihr müßt mir bezeugen.“

[4] Zu ἀλλ’ ὅτι s. Bl.-D. § 470, 1: „ὅτι vor οὐκ fehlt, weil vor εἶπον ein ὅτι steht; nach ἀλλ’ wird das Versäumte nachgeholt.“

[5] Daß kein genau entsprechendes Täuferwort in 119-34 gesprochen war, ist kein Anstoß. Daß dem Evglisten die christliche Deutung von Mal 31 (Mt 1110 = Lk 727 Mk 12) geläufig ist, zeigt schon das ὁ ὀπίσω μου ἐρχόμενος 115.

[6] Ἐκεῖνος mit Beziehung auf Jesus ist bei Joh beliebt (118 221 328. 30 (425) 511 711 912. 28. 37 1921), ist aber auch sonst sehr häufig.

[7] Der Form nach ist V.29 nicht ein Vergleich (ὡς ... οὕτως), sondern ein Bildwort (s. Gesch. der synopt. Tr.² 181f.), an das mit αὔτη οὖν die Anwendung angeschlossen ist.

[8] Ist ὁ ἔχων τὴν νύμφην juristische Bezeichnung des Bräutigams? (vgl. Leo Haefeli, Stilmittel bei Afrahat, Leipz. Semit. Stud. N.F. IV, 1932, 149). Oder liegt die gleiche stilistische Form vor wie 1421 I Joh 33 512 und sonst? (s. Schl.).

[9] Über den שׁוֹשְׁבִין s. Str.-B. I 500—504; Leonh. Bauer, Volksleben im Lande der Bibel 1903, 190.

[10] Bräutigamsfreude ist sprichwörtlich Jer 734 169 2510. Über den Jubel beim jüd. Hochzeitsfest Str.-B. I 504—517.

[11] ὁ ἑστηκὼς καὶ ἀκούων echt semitische breite Beschreibung, s. Schl. — Der Dat. χαρᾷ bei χαίρειν entspricht dem hebr. inf. abs. wie Jes 6610 LXX; so auch I Th 39, ist aber nicht ungriechisch, s. Bl.-D. § 198, 6; Raderm. 128f.; Colwell 30f.; üblicher ist freilich der Akk. wie Mt 210.

[12] Ein echtes Bildwort liegt vor, keine Allegorie (richtig Lagr.). Weder ist Jesus der himmlische Bräutigam im Sinne von Apk 197. 9, noch ist an die messianische Hochzeit der eschatologischen Gemeinde gedacht (Apk 212. 9 II Kor 112). Daß bei den Rabbinen die Gemeinde als Braut Gottes galt, und daß sie Cant. in diesem Sinne interpretierten (Schl.), spielt für Joh 329 keine Rolle. Ganz absurd will G. P. Wetter, Sohn Gottes 54 die νύμφη auf den Geist deuten, den Jesus habe. — Br. erinnert unter Berufung auf den Mysterienruf χαῖρε νύμφιε, χαῖρε νέον φῶς (Firmic. Matern. de err. prof. rel. 19, 1)

Jesus untergeordneten Gottgesandten von der Verketzerung des Täufers frei; seine Jünger sollen für den christlichen Glauben gewonnen werden. Wenn der Evglist einst selbst zu diesen Jüngern gehört hatte, und wenn ihm, was er hier gelernt hatte, im Glauben an Jesus in neuem Lichte erschien, wenn es als Verheißung begreiflich wurde, die jetzt ihre Erfüllung gefunden hatte, so ist das Bild, das er vom Täufer und seiner μαρτυρία zeichnet, verständlich und gerechtfertigt¹.

Die Anwendung bringen **D. 29 b. 30**; zunächst, eng an das Bild anschließend: αὔτη οὖν ἡ χαρὰ ἡ ἐμὴ πεπλήρωται. Zwei Gedanken sind darin zusammengezogen: 1. diese, d. h. des „Freundes", Freude ist die meine, 2. sie ist zur Erfüllung gekommen. Zweifellos ist diese Formulierung eine Anspielung an die χαρὰ πεπληρωμένη, die der scheidende Offenbarer den Seinen verheißt, und die zugleich die Freude des Offenbarers selbst ist². Die Freude des Täufers steht in verschwiegenem Gegensatz zur Freude Jesu und der Seinen, welche die eschatologische Freude ist. Dann enthält das Wort — gleichsam eine Variante von Mt 11₁₁ = Lk 7₂₈ — den Gedanken, daß eine alte Epoche nun abgeschlossen ist³; und dazu stimmt der Fortgang: „Jener muß wachsen, ich aber abnehmen"⁴. Das ist das Gesetz, von dem her der D.₂₂-₂₆ erzählte Vorgang zu verstehen ist; d. h. aber, er spiegelt nur im Kleinen den großen geschichtlichen Vorgang ab: die alte Weltepoche ist abgelaufen, die eschatologische Zeit beginnt⁵. Es liegt daher nahe, die Worte αὐξάνειν und ἐλαττοῦσθαι in dem solaren Sinne zu verstehen, wie sie auch die alte Exegese verstanden hat⁶: das alte Gestirn sinkt; das neue steigt empor.

b) 41-42: Jesus in Samaria.

4₁-₃ ₍₄₎ ist die redaktionelle Einleitung; sie führt in die geographische Situation, die in dem mit D.₅ ₍₄₎ beginnenden Traditionsstück vorausgesetzt ist. Denn daß der Evglist in D.₅ ₍₄₎ ff. ein Traditionsstück verwendet hat, zeigt sich daran, daß die Grundlage der Erzählung mit den Stücken, die seine charakteristischen Gedanken enthalten, konkurriert⁷.

an den gnostischen Mythos vom ἱερὸς γάμος des Erlösers mit der σοφία. Aber in Joh 3₂₉ ist das primäre Element des Vergleichs der „Freund", der im gnostischen Mythos keine Rolle spielt. Übrigens findet sich das Motiv des ἱερὸς γάμος nicht in allen gnostischen Systemen; es fehlt z. B. bei den Mandäern, während es (wenigstens als Bild) Od.Sal.38₁₁ 42₈ allerdings begegnet.

¹ S. S. 5. 31. 76.   ² 15₁₁ 16₂₄ 17₁₃ (I Joh 1₄); s. zu 17₁₃.

³ Eine gewisse sachliche Parallele liegt in den Worten des Johana an Manda d'haije Ginza 193, 16ff. vor. Indessen scheinen gerade die Johana=Stücke der mand. Lit. jung zu sein (H. Lietzmann, SABerl. 1930, 27. Abh.), sodaß ein Zshg nicht anzunehmen ist.

⁴ ᾿Ελαττοῦσθαι hier natürlich nicht, wie oft in LXX, „Mangel haben", sondern im gebräuchlichen Sinn von „gemindert werden", „abnehmen"; diese Bedeutung speziell im astralen Sinne Dio Cass. 45, 17. In diesem Sinne wird auch αὐξάνειν gebraucht, s. Frz. Boll, SAHeidelb. 1910, 16. Abh., 44, 2; vgl. auch Boll, Die Sonne im Glauben und in der Weltansch. der alten Völker 1922, 22; Ed. Norden, Die Geburt des Kindes 1924, 99ff., bes. 107f.; H. Schlier, Christus und die Kirche im Eph.=Brief 1930, 71f.

⁵ Zu dem δεῖ s. S. 110, 1.

⁶ Die altkirchliche Exegese treibt diese Interpretation freilich zu weit, wenn sie (seit Ambr. und Aug.) aus Joh 3₃₀ die Daten der Geburt des Täufers (Sommerwende) und Jesu (Winterwende) herauslesen will; s. Norden a. a. O. 101.

⁷ Vgl. die Analysen von Wdt., Schw., Wellh. und Sp. — Wellh. vermutet, daß 4₄ff. ursprünglich seinen Platz hinter 7₁ff. hatte, weil Jesus ursprünglich nur auf dem Wege von Galiläa nach Jerusalem durch Samaria gekommen sein könne, und weil man hinter 7₁ff. einen Reisebericht vermißt. Aber solche Argumentation setzt willkürlich eine „Grundschrift" voraus, die dem Aufriß der Synopt. entspricht. — Die von L. Schmid, ZNTW 28 (1929), 148—158 gegebene Analyse der Komposition von 4₁-₄₂ will das Ganze als eine planvolle Einheit erweisen, ist aber keine kritische Analyse.

Die zunächst von V.5 bis V.9 laufende Geschichte von Jesus und der Samariterin hat zur Pointe offenbar ursprünglich die Frage nach dem Verhältnis von Juden und Samaritern. Diese Pointe kommt aber in V.10ff. zunächst nicht zur Geltung; vielmehr verraten sich V.10-15 (das lebendige Wasser) schon durch die literarischen Mittel des Doppelsinns und des Mißverständnisses als Bildung des Evglisten, für die er in V.13f. die „Offenbarungsreden" benutzt hat. Die ursprüngliche Fortsetzung des in V.5-10 benutzten Traditionsstückes steckt offenbar in V.16-19, wo sich Jesus durch sein wunderbares Wissen als προφήτης legitimiert. Der ursprüngliche Abschluß liegt in den Versen 28-30 und 40 vor[1]. Aber vielleicht liegt auch in V.20-26 das Traditionsstück zugrunde; denn das Motiv von V.5-9 wiederholt sich hier ja auf höherem Niveau (s. u.). In der vorliegenden Form ist V.20-26 freilich ganz vom Evglisten gestaltet, der dadurch der Geschichte ihren Höhepunkt gegeben hat. Der Evglist hat sodann den Schluß der Erzählung benutzt, um zwei weitere Gedanken hinzuzufügen: 1. V.31-38 Jesus und die Jünger, bzw. die Aufgabe der Mission. Damit ist auch gesagt, daß dem Evglisten V.8 und V.27 zuzuschreiben sind; die alte Geschichte erwähnt die Jünger so wenig wie 21-12. 13-22 und etwa Lk 1038-42[2]. — 2. V.39. 41-42: Jesus und die Samariter, bzw. der Glaube aus erster und aus zweiter Hand. Da diese Frage auch zum Problem der Mission gehört, hängen diese beiden Stücke innerlich zusammen.

Das ganze vom Evglisten geschaffene Gefüge gliedert sich also einfach: V.1-30 die Selbstbezeugung Jesu, V.31-42 das Verhältnis des Zeugnisses der Glaubenden zur Selbstbezeugung. Damit erweist sich 41-42 als parallel mit Kap. 3 gebaut[3] und als dessen Gegenstück: zeigte Kap. 3 neben der Selbstbezeugung Jesu die auf ihn verweisende μαρτυρία des Täufers, so zeigt 41-42 neben ihr die auf ihn zurückweisende Predigt der Glaubenden.

a) Jesus und die Samariterin: 41-30.

1. 41-4: Einleitung[4].

Das Motiv zur Reise Jesu kann hier nicht, wie sonst, ein Fest sein[5]; es ist die Eifersucht der Pharisäer[6], veranlaßt durch seinen Tauferfolg[7], vor der er

---

[1] V.39 und V.40 konkurrieren unerträglich; ebenso ist V.39, der das V.30 berichtete Kommen der Samariter ignoriert, nach V.30 unmöglich. Man kann nun nicht zugunsten von V.39 den V.30 als Bearbeitung streichen, da V.30 durch V.29 (δεῦτε ἴδετε) gefordert ist; auch zeigt V.39 den Stil des Evglisten. Dann war V.40 ursprünglich die Fortsetzung von V.30, und der Wortlaut hieß etwa: ἐξῆλθον ἐκ τῆς πόλεως καὶ ἠρώτων αὐτὸν μεῖναι παρ' αὐτοῖς κτλ.

[2] Vgl. auch Gesch. der synopt. Tr.[2] 368f.   [3] S. S. 77.

[4] In der vorliegenden Form gehört V.4 zu der vom Evglisten gebildeten Einleitung (s. S. 127), doch könnte ein Satz der Quelle benutzt sein. Für den semitisierenden Stil des Evglisten ist das μαθητὰς ποιεῖν bezeichnend (Str.-B., Schl.). — In V.1 ist das ἔγνω ὁ κύριος ὅτι eine schlechte Glosse, die das Satzgefüge umständlich macht; vor Kap. 20 erscheint die Bezeichnung Jesu als ὁ κύριος nur in 623 112, die ebenfalls Glossen sind. Das ὁ Ἰησοῦς אD al ist Korrektur, die an den joh. Sprachgebrauch angleicht. — Die Parenthese V.2 korrigiert die Aussage von 322, und das sonst bei Joh (wie im übrigen NT) nicht begegnende καίτοιγε spricht dafür, daß sie redakt. Glosse ist, wenngleich man nicht einsieht, warum der Red. seine Korrektur nicht schon 322 angebracht hat; s. S.122, 2.

[5] S. S. 86, 2. — Der auffällige Aor. ἀπῆλθεν V.3 wird komplexiv zu verstehen sein, Bl.-D. § 327.

[6] Weil das ὅτι rezitat. ist, fehlt vor Ἰησοῦς V.1 der sonst übliche Artikel wie 447 624 (Bd.). — Daß die Pharisäer für den Täufer Partei nehmen (Htm.), wird man nicht aus dem Text herauslesen dürfen (Lagr.)

[7] πλείονας ist Obj. zu μαθ. ποιεῖ wie zu βαπτ.; vom Täufer getauft und sein Jünger werden, ist also identisch! Wie 660f. 66 ist hier unter μαθ. ein weiterer Anhängerkreis verstanden; an die Zwölf, die 48. 27ff. gemeint sind und die als Jesu ständige Begleitung vorzustellen sind (s. S. 80, 4), ist dabei nicht gedacht.

sich in Sicherheit bringen will[1]. Jüdische Überlieferungen von Rabbinen, die durch Samaria reisen und dort mit Samaritern disputieren[2], mögen den Evglisten geleitet haben, wie sie aber schon das Traditionsstück V.5ff. bestimmten. Indem Galiläa als Reiseziel genannt wird, wohin Jesus wieder (πάλιν V.3, auf 1,43—2,19 bezogen) kommt, wirkt die alte Tradition nach, derzufolge Jesus Samaria nur ausdrücklich als Wirkungsgebiet aufgesucht hat: er kommt auch hier nur auf der Durchreise nach Samaria, weil das der kürzeste Weg nach Galiläa ist[3].

2. 4,5-30: Jesus und die Samariterin.
a) Situationsangabe V.5-6.

Jesus kommt in die Nähe der Stadt Sychar[4], deren Lage durch die Angabe bestimmt wird, daß sie dicht bei dem Grundstück gelegen sei, das Jakob dem Joseph geschenkt habe[5]. Da diese Bestimmung nur für Ortskundige Sinn hat, ist also Ortskenntnis vorausgesetzt[6]. Das zeigt sich auch in der Angabe, daß Jesus sich am Jakobs=Brunnen[7] niedergelassen habe[8]; denn dieser liegt an der süd=nörd= lichen hauptverkehrsstraße von Jerusalem nach Galiläa, und zwar in der Nähe der Stelle, wo der Weg nach Westgaliläa abbog[9]. Von den Ortsangaben ist als

---

[1] Dies Motiv auch 7,1.   [2] Vgl. Dalman, O. u. W.³ 229.

[3] Diesen harmlosen Sinn hat das ἔδει wie Jos. vit. 269 (vgl. auch ant. XX 118).

[4] Sychar, im AT nicht genannt, scheint in der rabbin. Lit. bezeugt zu sein (Str.=B. II 431f.; Dalman, O. u. W. 226—229; Schl. 3. St.). Ist es mit dem heutigen Askar identisch, so liegt es unten am Fuße des Ebal. Es kann nur ein Dorf gewesen sein; die Bezeichnung πόλις (wie Mt 2,23 für Nazareth) entspricht der paläst. Redeweise, nach der עִיר und קְרִיָה für Orte von jeder Größe gebraucht werden (Schl. zu Mt 2,23).

[5] Bei dieser Angabe ist die, auf der schon von Jos 24,32 vollzogenen Kombination von Gen 33,19 und 48,22 beruhende, Tradition vorausgesetzt (Str.=B. II 432f.). Diese sucht hier auch das von Joh nicht erwähnte Josephsgrab. Vgl. auch Joach. Jeremias, Golgotha, 1926, 23, A. 6.

[6] Natürlich könnte die genauere Ortsbestimmung πλησίον κτλ. auch vom Evglisten hinzugesetzt sein.

[7] Daß in ἦν δὲ κτλ. vor πηγή der Art. fehlt, könnte Semitismus sein (Torrey 323), vgl. Jos 15,9 I Rg 6,18 II Esr 13,18; nach griech. Sprachgebr. wäre das Fehlen des Art. zu rechtfertigen, wenn πηγὴ τοῦ ’I. als Eigenname empfunden ist (Bl.=D. § 261, 1). — Daß der Brunnen πηγή heißt, kann darauf beruhen, daß er außer durch Regenwasser auch durch Grundwasser gefüllt wird. Doch wechseln πηγή (V.6) und φρέαρ (V.11f.) auch Gen 16,7.14 24,16.20 Cant 4,15 ohne Bedeutungsunterschied (für עַיִן und בְּאֵר), während Phil. post. Cai. 153; vit. Mos. I 255 natürlich π. und φρ. unterscheidet. Daß es sich Joh 4 um einen Brunnen, nicht um eine Quelle handelt, ist erst für den Evglisten V.11f. von Bedeutung.

[8] Das οὕτως V.6 wird schwerlich bedeuten „ohne Umstände" (Br., nach Cat. p.216, 21: ὡς ἁπλῶς καὶ ὡς ἔτυχε); sondern heißt einfach „so" (nämlich ermüdet von der Wanderung), obwohl es dann besser vor ἐκαθέζετο stünde (vgl. Act 20,11 27,17 und Br. 3. St.). Gegen Torrey 343, der das οὕτως als Semitismus verstehen will, s. Colwell 118 bis 120. — Zu ἐπί c. Dat. (so auch 5,2) statt Gen. (dieser 21,1) s. Bl.=D. § 235, 1.

[9] Dabei ist vorausgesetzt, daß die Tradition über den Jakobs=Brunnen, die im AT und in der rabbin. Lit. nicht begegnet, und die nach Joh zuerst beim Pilger von Bordeaux (333) auftaucht, recht hat. Zweifel daran (Loisy) sind kaum begründet, wenn= gleich der Brunnen 1½ Kilometer von Askar entfernt liegt, sodaß es verwunderlich ist, daß man aus Sychar hier Wasser holt und nicht aus einer näher gelegenen Quelle. Das könnte darin begründet sein, daß man dem Wasser des Jakobs=Brunnens besondere Kraft zuschrieb (Zn., Dalman). Indessen ist in der vorliegenden Geschichte der Brunnen das primäre Element, und natürlich mußte ein berühmter Brunnen genannt werden. Sollte auch eine „Stadt" genannt werden, so wählte die Erzählung die nächstliegende, ohne zu reflektieren, ob das Wasserholen wahrscheinlich sei. Dalman weist (O. u. W. 228) da=

Voraussetzung für das Folgende bedeutsam, daß die Szene in Samaria, und daß
sie an einem Brunnen spielt; aber auch, daß es der Jakobs=Brunnen ist, kommt
(V.12) zur Geltung. Sachliche Voraussetzung des Folgenden ist, daß Jesus sich
ermüdet am Brunnen niedersetzt[1]; den gleichen Sinn hat die Zeitangabe[2]: es ist
Mittagszeit, sodaß Müdigkeit und Durst begreiflich sind. Was zur eigentlichen
Situationsangabe noch gehören würde, daß nämlich die Jünger nicht zugegen
sind, bringt der Evglist erst V.8 nach. Wenn die Angabe zum ursprünglichen
Bericht gehören würde, würde sie mit V.6 verbunden sein, wohin syr[s] denn auch
V.8 stellt[3].

b) Die Bitte um Wasser V.7-9.

Die eigentliche Handlung beginnt damit, daß eine Frau kommt; sie wird
um der Pointe willen ausdrücklich als Samariterin bezeichnet[4]. Was die Glosse
am Schluß von V.9[5] sagt, ist dem ersten Erzähler und Hörer geläufig: der feind-
liche Gegensatz zwischen Juden und Samaritern[6], sodaß gleich verstanden wird:
Jesu Bitte bedeutet die Preisgabe des jüdischen Standpunktes. Das Problem
wird durch die erstaunte Frage der Frau (V. 9) zum Ausdruck gebracht: wie kann
Jesus als Jude von der Samaritanerin einen Trunk erbitten?[7] Dabei interessiert
es den Erzähler nicht, woran die Frau Jesus als Juden erkannt hat.

Die damit entscheidend gestellte Frage: Juden und Samaritaner bzw. ihre
für die alte Gemeinde aktuelle Form: Jesus=Jünger und Samaritaner, die die
Gemeinde nach Mt 10₅ Lk 9₅₂ff. 10₃₀ff. anfangs stark beschäftigt hat[8], wird

---

rauf hin, daß V.11 klingt, als habe man Quellwasser in der Nähe nur hier schöpfen können,
was den faktischen Verhältnissen nicht entspreche. — Die Entstehung der Geschichte wird
in den Lokaltraditionen der christlichen Gemeinden Samariens zu suchen sein; vgl.
Kundsin, Topol. Überl. 27—30.

[1] Das κεκοπιακώς dient nur zur Motivierung innerhalb der Erzählung. Fern
liegt hier eine Reflexion auf die Paradoxie, die Act. Thom. 47, p.164, 9ff. formuliert
ist: Ἰησοῦς ὁ ἐπαναπαυόμενος ἀπὸ τῆς ὁδοπορίας τοῦ καμάτου ὡς ἄνθρωπος καὶ
ἐπὶ τοῖς κύμασι περιπατῶν ὡς θεός. — Die Erzählung zeichnet eine typische Szene,
vgl. die novellistische Erweiterung von Ex 2₁₅ bei Jos. ant. II 257: εἴς τε πόλιν Μαδιανὴν
ἀφικόμενος (ὁ Μωυσῆς) ... καθεσθεὶς ἐπί τινος φρέατος ἐκ τοῦ κόπου καὶ τῆς ταλαι-
πωρίας ἠρέμει μεσημβρίας οὔσης οὐ πόρρω τῆς πόλεως ... 258: παραγίνονται οὖν
ἐπὶ τὸ φρέαρ ἑπτὰ παρθένοι ἀδελφαί ... (Kreyenbühl II 397).

[2] Wie die Frau dazu kommt, in dieser unwahrscheinlichen Stunde Wasser zu holen,
darüber ist nicht reflektiert.

[3] S. auch S. 128. — Der Plur. τροφαί (wie ὀψώνια, ὕδατα u. dgl. nicht selten,
Bl.=D. § 141, 7) entspricht wie dem griech., so dem jüd. Sprachgebr. (Schl.).

[4] Natürlich ist Σαμ. V.7 nicht die Stadt, sondern wie immer im NT die Landschaft. Das ἐκ τῆς Σ. gehört also zu γυνή (vgl. 3₁), nicht zu ἔρχεται.

[5] Die Glosse fehlt bei ℵ*D und den alten Latt.; ist sie ursprünglich im Text, so
stammt sie natürlich vom Evglisten. — Beide Bezeichnungen Ἰουδ. und Σαμ. sind als
determiniert gedacht (Bl.=D. § 262, 3). Zur Sache f. folgende Anm. — Der Satz ist nach
L. Bauer, Volksleben im Lande der Bibel 1903, 226, noch heute als Sprichwort zwischen
Angehörigen verschiedener Konfessionen gebräuchlich, wenn sie etwa in Geschäftssachen
nicht übereinstimmen, oder wenn der eine die unehrliche Handlung des andern mißbilligt.

[6] Über das Verhältnis der Juden und Samariter f. Sir 50₂₅f.; Mt 10₅ Lk.9₂₅ff.;
den Traktat Kuthim (deutsch von L. Gulkowitsch, Angelos I [1925], 48—56); Schürer
II 22f.; Moore I 24—27; Str.=B. I 538—560; Hamburger, Realenzykl. für Bibel und
Talmud II 1062—71; M. Gaster, The Samaritans 1925.

[7] Ἰουδαῖος ist Jesus auch als Galiläer wegen seiner Zugehörigkeit zur jüd. Volks-
und Kultusgemeinschaft. — Daß die Frage eine unfreundliche Ablehnung der Bitte sei
(Bl.), ist eingetragen.

[8] In Act ist das Problem verklungen und die Samariter=Mission als selbstverständlich vorausgesetzt (1₈ 8₅ff. 9₃₁ 15₃). Das Problem von Act 8₅ff. ist ein anderes.

überraschenderweise sofort fallen gelassen (V. 10 ff.[1]), und an ihre Stelle tritt die charakteristische Frage des joh. „Dualismus": irdische oder göttliche Gabe — vor welcher Frage das Problem: Juden und Samaritaner gleichgültig wird[2]. Was im Sinne der Erzählung ein schroffer Bruch ist, ist das freilich nicht im Sinne des Evglisten; denn als er dann V. 20-26 das mit V. 10 verlassene Problem wieder aufnimmt, bringt er in seiner eigentümlichen Begrifflichkeit zum direkten Ausdruck, was durch den schroffen Übergang V. 10 nur indirekt angedeutet war: angesichts der in Jesus begegnenden Offenbarung ist der alte Gegensatz unwesentlich geworden:

Wie die alte Erzählung einst weiterging, ist natürlich nicht mehr zu rekonstruieren. Gewiß brauchte ursprünglich nicht notwendig erzählt worden zu sein, daß Jesus den erbetenen Trunk empfing; aber ein auf die Frage der Frau antwortendes Wort Jesu war unbedingt erforderlich und ist der Bearbeitung des Evglisten zum Opfer gefallen. Wie es etwa gelautet haben mag, zeigt die buddhistische Parallele, die im 2. oder 3. Jahrh. p. Chr. nachweisbar ist: Buddhas Lieblingsjünger Ananda bittet, müde von langer Wanderung, an einem Brunnen ein wasserschöpfendes Mädchen der Candala=Klasse um einen Trunk. Als sie ihn warnt, sich mit ihr zu verunreinigen, erwidert er: „Meine Schwester, ich frage dich nicht nach deiner Kaste noch nach deiner Familie; ich bitte dich nur um Wasser, wenn du es mir geben kannst".[3] In der vom Evglisten benutzten Tradition wird das Gespräch mit einem entsprechenden Worte Jesu geschlossen haben. Aber das dürfte nur der erste Gesprächsgang gewesen sein, dem als zweiter V. 16-19 folgte, wo Jesus sich als προφήτης erweist; und dadurch war wohl wiederum ein Schlußgespräch vorbereitet, das vom Evglisten durch V. 20-26 ersetzt ist[4]. Es ist sehr glaublich, daß Jesus sich hier als der Messias offenbarte, daß also in V. 25 f. die alte Erzählung zugrunde liegt: der ursprüngliche Schluß V. 28-30. 40 spricht dafür. Dann wäre das zugrundeliegende Traditionsstück dem in 1 35-51 verwendeten Quellenstück verwandt, in dem sich Jesus auch durch seine übernatürliche Kenntnis der ihm begegnenden Menschen als θεῖος ἄνθρωπος und dadurch als Messias erweist. Stammt 1 35-51 aus der σημεῖα=Quelle (s. S. 78), so könnte das auch für die Grundlage von 4 5-42 vermutet werden[5]. Dann wird auch verständlich, daß der Evglist im Anschluß daran die sicher aus der σημεῖα= Quelle stammende Geschichte 4 46-54 bringt, deren Stellung an diesem Platz sonst nur schlecht motiviert ist (s. u.).

c) Das Lebenswasser V. 10-15.

Jesu Antwort (V. 10), die die Frage der Frau korrigiert[6], will weniger dieser als dem Leser zum Bewußtsein bringen, daß die Begegnung mit ihm eine

---

[1] Der Anschluß von V. 10 an V. 7-9 ist auch insofern ungeschickt, als man natürlich betonen muß: „du hättest ihn gebeten", — aber der dazu empfundene Gegensatz: „nicht er dich" ist als Nachsatz zu εἰ ᾔδεις ja sinnlos.

[2] Wie gleichgültig, zeigt auch V. 27: die Jünger wundern sich nicht darüber, daß Jesus sich mit einer Samariterin, sondern darüber, daß er sich mit einer Frau unterhält.

[3] G. A. van den Bergh van Eysinga, Indische Einflüsse auf evangelische Erzählungen[2] 1909, 49—53; G. Faber, Buddhistische und neutest. Erzählungen 1913, 60—62; R. Garbe, Indien und das Christentum 1914, 34 f. — Der Schluß der Geschichte ist spezifisch buddhistisch; das Mädchen verliebt sich hoffnungslos in Ananda, wird aber von Buddha zu seiner Lehre bekehrt. — Ob ein genealogisches Verhältnis zwischen der joh. und der buddhist. Geschichte besteht, ist strittig und wird sich kaum entscheiden lassen.

[4] Die Fragestellung V. 19, mit der captatio benev. beginnend, erinnert an Mk 12 14. War sie ursprünglich als eine Falle gedacht, die Jesus geschickt vermeidet?

[5] Sprachlich und stilistisch zeigen die Partien 4 5-9. 16-19. 28-30. 40 den gleichen Charakter wie die in 1 35-51 verarbeitete Quelle: die primitive verbindungslose Aneinanderreihung der kurzen Sätze (wie anders V. 10-15. 21. 23 f.!) und die Voranstellung des Verbums, ohne daß doch Zeichen für eine Übersetzung aus einer semitischen Fassung vorhanden wären. Die Wendungen in V. 16 f., zu denen Schl. semitische Analogien anführt, sind ebensogut griechisch; das τοῦτο ἀληθῶς εἴρηκας V. 18 ist spezifisch griechisch (s. Br.).

[6] Natürlich muß der Evglist hier, damit das Mißverständnis möglich ist, undeter-

radikale Umkehrung der geläufigen Maßstäbe bedeutet: menschlicher Besitz ist in Wahrheit Bedürftigkeit, und Jesu Bedürftigkeit verbirgt nur den Reichtum seiner Gabe. Diesen zu erkennen bedarf es zweier Voraussetzungen: 1. εἰ ᾔδεις τὴν δωρεὰν τοῦ θεοῦ[1]: ein Wissen um das, was der Mensch von Gott überhaupt zu empfangen hat, ein Wissen also in eins damit um die menschliche Bedürftigkeit; 2. καὶ τίς ἐστιν ὁ λέγων σοι ...: die Erkenntnis des Offenbarers in der konkreten Begegnung. Da die Gabe des Vaters eben der Offenbarer ist, gehören jenes Wissen und diese Erkenntnis aufs engste zusammen; aber dieser Erkenntnis kann jenes Wissen doch vorausgehen, sofern es ein Wissen um Gottes Gabe gibt, das ihrem Empfang vorausgeht, ein fragendes, wartendes Wissen, in dem das Vorverständnis enthalten ist, aus dem in der Begegnung mit dem Offenbarer die Erkenntnis entspringt[2]. Der Charakter dieser Erkenntnis aber ist dadurch verdeutlicht, daß der Offenbarer in der Gestalt des müden Wanderers erscheint, der selber bittet; die Erkenntnis ist also eine Erkenntnis gegen den Augenschein; sie muß den Anstoß der σάρξ überwinden.

Die Eigentümlichkeit des Wissens und der Erkenntnis entspricht der Eigenart der Gabe. Sie wird ὕδωρ ζῶν genannt und ist damit doppeldeutig bezeichnet. Denn „lebendes Wasser" ist nach allgemeinem orientalischem Sprachgebrauch fließendes Wasser bzw. Quellwasser[3], wie das ja in der Antwort der Frau V.11f. vorausgesetzt ist. Aber der Leser versteht ohne weiteres, daß hier etwas anderes gemeint ist: die Offenbarung, die Jesus spendet, wie ja Jesu Worte V.13f. sofort deutlich machen[4].

Wie Nikodemus 3₄, so mißversteht hier die Frau Jesu doppeldeutiges Wort (V.11f.) und meint, er behaupte, ihr Quellwasser beschaffen zu können, was doch unmöglich sei[5]. Das Mißverständnis soll lehren, daß dasjenige Wasser, das

---

miniert sagen: ὕδωρ ζῶν, während es in den analogen Fällen heißt τὸ φῶς, ὁ ἄρτος, ἡ ἄμπελος.

[1] δωρεά ist im Urchristentum wie bei Philo (s. Leisegang, Index) das geläufige Wort, um eine (die) Gabe Gottes zu bezeichnen. Es ist Act 2₃₈ 8₂₀ 10₄₅ 11₁₇ Hbr 6₁₄. der Geist, Röm 5₁₇ die δικαιοσύνη, Eph 3₇ 4₇ das Heil überhaupt, Barn 9₉ die διδαχή. Der Rabbinismus spekuliert über Gottes „Gaben" (מתנות), als deren vorzüglichste die Tora gilt (Odeberg 149—151). Aber auch das Griechentum redet von Gottes δωρεά, speziell der des Dionysos: Plat. leg. II, p. 672a; Athen. XV, p. 693b. Von der Offenbarung Gottes C. Herm. 4, 5: ὅσοι δὲ τῆς ἀπὸ τοῦ θεοῦ δωρεᾶς (sc. τοῦ νοός) μετέσχον, οὗτοι ... ἀθάνατοι ἀντὶ θνητῶν εἰσί. Vgl. das hermet. Frg. bei Scott I 384, 14: ἐὰν ὁ θεὸς τὴν θεοπτικὴν δωρήσηται δύναμιν. Pap. Gr. Mag. XII 92. — Nach Arist. Top IV 4, p.125a 18 ist die δωρεά eine δόσις ἀναπόδοτος; nach Philostr. vit. soph. II 10, 4 bezeichnet δῶρον materielle, δωρεά ideelle Gaben.

[2] S. S. 39.

[3] Gen 26₁₉ Lev 14₅ Jer 2₁₃ Sach 14₈; für das Judentum s. Str.-B. zu 4₁₁; Schl. zu 4₁₀; für das Babylonische s. P. Karge, Rephaim 1918, 558. Im Griechischen scheint die Bezeichnung nicht gebräuchlich zu sein; das Lateinische kennt aqua viva, fons vivus u. dgl.

[4] Es ist (wie 2₁-₁₂, s. S. 84) unangemessen und hat im Text keinen Anhalt, an eine spezielle Gabe zu denken, die Jesus spendet, etwa an den Geist. Unter dem Wasser ist wie unter dem Licht und dem Brot Jesu Offenbarung als ganze bzw. er als der Offenbarer zu verstehen; s. auch zu 6₃₅.

[5] In der Antwort der Frau möchte man den ersten Satz V.11: οὔτε ... βαθύ (zu οὔτε-καί s. Bl.-D. § 445, 3; Br., Schl.) für eine schlechte Glosse halten (Wendt), da er nicht zu dem V.12 beherrschenden Gegensatz Brunnenwasser — Quellwasser stimmt, sondern sagt: „Wie kannst du aus diesem Brunnen Wasser schöpfen?" Oder soll man verstehen: „Nicht einmal Brunnenwasser kannst du mir geben, wie viel weniger Quell-

von den Menschen „lebend" genannt wird, gar nicht wirklich „lebendes Wasser"
ist. Die Bezeichnung der Offenbarung als ὕδωρ ζῶν beruht also auf dem eigentümlichen joh. „Dualismus", demzufolge alle irdischen Güter scheinbare, unechte
Güter sind und das natürliche Leben nur ein uneigentliches Leben ist; allein, was
die göttliche Offenbarung schenkt, hat den Charakter des Eigentlichen, des Echten,
des ἀληθινόν[1].

Dieser Sprachgebrauch, der vom „lebenden Wasser", vom „Brot des Lebens", vom
„wahren Licht", vom „wahren Weinstock" redet, stammt aus der Sphäre des gnostischen
Dualismus. Denn hier ist die Anschauung entwickelt, daß allem Irdischen — sei es Nahrung oder Kleid, Geburt oder Hochzeit, Leben oder Tod — als dem Vorläufigen, Vergänglichen, Unechten das Himmlische als das Echte, Ewige, Endgültige korrespondierend
gegenübersteht. Solche Entsprechung bedeutet nicht nur die Abwertung des Irdischen,
sondern folgt aus der Grundanschauung des gnostischen Dualismus, daß die Intention
des Menschen, wenn sie sich auf diese irdischen Dinge richtet, sich selbst mißversteht, da
sie im Grunde gar nicht diese will, sondern ihre himmlischen Entsprechungen; sie will
im Grunde ja das Leben[2]. So deutet auch bei Joh die bewußte Bezeichnung der Offenbarung mit Begriffen, die irdische Güter bezeichnen, darauf hin, daß ein positives Verhältnis des menschlich-natürlichen Lebens zur Offenbarung besteht, — nämlich gerade
darin, daß jenes Leben unecht, uneigentlich ist, dieses aber echtes, eigentliches Leben
schenkt. Denn das Unechte weist auf das Echte, das Uneigentliche auf das Eigentliche.
Gerade darin, daß der Mensch das Uneigentliche für das Eigentliche, das Vorläufige
für das Endgültige hält, bekundet er ein Wissen um das Eigentliche und Endgültige. Er
weiß, was die Offenbarung bedeutet, indem er dem Irdischen die Bedeutsamkeit zulegt,
die nur der Offenbarung eignet[3].

Daß die Gabe des Offenbarers gerade als ὕδωρ ζῶν bezeichnet wird, beruht darauf, daß das Wasser für das natürliche menschliche Leben schlechthin unentbehrlich ist[4].
In dieser Unentbehrlichkeit gründet einerseits der bildliche Sprachgebrauch, nach dem
alles Gute, alles Heil als „Wasser" bezeichnet werden kann[5]. In der Erfahrung von der

---

wasser?!" — Zur Schätzung der „Väter" bei den Samaritern s. Schl. — Θρέμματα =
„Vieh", bes. Weide- und Mastvieh, häufig in Pap., s. Preisigke, Wörterb.

[1] Sachlich würde ὕδωρ ἀληθινόν dem ὕδωρ ζῶν gleichwertig sein; vgl. φῶς ἀλ. 1 9
neben τὸ φῶς τῆς ζωῆς 8 12; ἄρτος ἀλ. 6 32 neben ἄρτος τῆς ζωῆς 6 35. 48 bzw. ζῶν 6 51;
ferner ἄμπελος ἀλ. 15 1; vgl. auch 4 23 8 16. Dgl. Omodeo, Mistica 55 f.

[2] Sehr anschaulich ist die Korrespondenz der zeitlichen und der ewigen Güter dargestellt act. Thom. 36 und 124.

[3] Diese Zusammenhänge hat Hamann deutlich erkannt; vgl. E. Metzke, J. G.
Hamanns Stellung in der Philosophie des 18. Jahrh.s 1934, 18 f.

[4] Pindar Ol. I 1: ἄριστον μὲν ὕδωρ (vgl. auch III 42; fr. 101). Vor allem im wasser-
armen Orient wird der Segen des Wassers stark empfunden. So gelten im AT der Regen
und die Quellen als Gaben Gottes (Ps 65 10 f. Hiob 38 25 usw.; für das Ägyptische s.
Ad. Ermann, Lit. der Ägypter 1923, 360). Daher gehört es auch zur eschatologischen Hoffnung, daß in der Endzeit Wasserreichtum vorhanden sein wird (Jes
43 19 f. 49 10 Joel 4 18 u. A.); von Jerusalem aus wird sich eine Quelle ergießen (Ez 47 1-12
Joel 4 18 Sach 13 1 14 8); Rabbin. bei Str.-B. II 436; III 854—856; vgl. Apk 7 16 f. 21 6
22 1 f. — Andrerseits der reich bezeugte Brauch der Wasserspende für die Toten,
vgl. P. Karge, Rephaim 1913, 559 ff.; Br. Meißner, Babylonien und Assyrien I 1920,
428; II 1925, 147; M. Holmberg, Studia Orientalia I 1925, 73 f. — Entsprechend
die mythologische Vorstellung von Quellen im Jenseits, die den Durst stillen oder
das Leben (bzw. das Bewußtsein) wieder wecken; vgl. Karge a. a. O. 561 f.; A. v. Gall,
Βασιλεία θεοῦ 1926, 328 f.; E. Rohde, Psyche II 390, 1; A. Dieterich, Nekyia 1893,
90—100; Frz. Cumont, Die oriental. Religionen im röm. Heidentum[3] 1931, 93. 250.

[5] Vgl. Ps 23 2 f. 36 9 f. 42 1 f. Jes 12 3 55 1 usw. Gott selbst ist „der Quell lebendigen
Wassers" Jer 2 13 7 13; äth. Hen. 96 6; ebenso die „Weisheit" Bar 3 12 Sir 24 21. 30-33 (vgl.
Odeberg 153) Sap 7 25. Im Judentum ist diese Vorstellung auf die Tora übertragen
worden; so schon Sir 24 23-29. (Weiteres bei Str.-B. II 435 f.; Odeberg 154 f. 157 ff.)

Leben weckenden Wirkung des Wassers gründet andrerseits der Glaube an die **magische**
„Kraft" des Wassers[1], ursprünglich wohl alles fließenden Wassers, dann an die „Kraft"
und „Heiligkeit" bestimmter Quellen und Gewässer[2]. Im Zusammenhang mit dem
Glauben an die „Kraft" des Wassers stehen kosmologische Vorstellungen von einem
Urwasser, auf das alles Leben in der Welt zurückgeht[3]. Wenn der Glaube an die magische
„Kraft" des Wassers beschränkt wird oder schwindet, bildet sich die mythologische Vor-
stellung von einem wunderbaren Lebenswasser, das Unsterblichkeit verleiht, und vom

---

Ebenso ist der „Geist" als Wasser vorgestellt, wenn es heißt, daß Gott ihn „ausgießen"
wird Jes 44₃ Joel 3₁ Act 2₁₇ff. Tit 3₆, wie denn das „Wasser" des ATs in der rabbin.
Exegese mehrfach als der Geist gedeutet wird (Str.-B. II 434f.). Ein „Quell des Lebens"
ist die Gottesfurcht (Prov 14₂₇) und die Klugheit (Prov 16₂₂), das Wort des Frommen
und Klugen (Prov 10₁₁ 13₁₄ 18₄), der Lehrer (Str.-B. II 492f.), dessen „Wasser" die
Schüler trinken (Str.-B. II 436). — Auch Philo vergleicht (die ἐπιστῆμαι fug. et inv. 187
und) die σοφία mit dem Wasser leg. all. II 86f.; post. Caini 125; fug. et inv. 175 und
nennt sie πηγή quod. det. pot. ins. 117; post. Caini 136. 138; fug. et inv. 195f.; spec.
leg. IV 75. Er deutet das φρέαρ von Gen 24₂₀ als die σοφία post. Caini 151. Sie ist
somn. II 242ff. die πηγή, der der λόγος als ποταμός entströmt, während fug. et inv. 97
der θεῖος λόγος die πηγὴ σοφίας ist. Er redet virt. 79 von den χαρίτων πηγαί Gottes
und nennt fug. et inv. 197f. nach Jer 2₁₃ Gott selbst als den ζωῆς αἴτιος: die ἀνωτάτη
καὶ ἀρίστη πηγή, wobei sich freilich schon anderer Sprachgebrauch einmischt wird,
ähnlich wie im Schrifttum der Mandäer, in dem „Wasser des Lebens" ständiges Bild
für das aus der himmlischen Welt gespendete Heil ist (Odeberg 55—58. 160—163), s. u. —
Bildlich, nämlich als Wunsch der Unsterblichkeit, ist im Laufe der Zeit auch die Grab-
inschrift δοίη σοι ὁ Ὄσιρις τὸ ψυχρὸν ὕδωρ und ähnlich verstanden worden (Cumont
a. a. O. 93. 250). Als gelegentliches Bild vgl. Epikt. diss. III 1, 18: Apoll als πηγὴ
τῆς ἀληθείας; M. Aurel 8, 51: πῶς οὖν πηγὴν ἀένναον ἕξεις; ἂν φυλάσσῃς σεαυτὸν
πάσης ὥρας εἰς ἐλευθερίαν κτλ. — Über πηγή als Bezeichnung Jesu vgl. F. J. Dölger,
ΙΧΘΥΣ II 1922, 488f.; 569. 4; als Bezeichnung der Maria ebd. 254f.
    [1] Die „Kraft" des Wassers wird nicht nur durch Trinken, sondern auch durch Waschung
angeeignet; denn diese ist nicht nur eine Reinigung, sondern vermittelt zugleich auch
heilsame „Macht"; vgl. G. v. d. Leeuw, Phänomenologie der Religion 1933, 320ff.;
zur Reinigung durch fließendes Wasser vgl. auch E. Rohde a. a. O. II 405f. — Wie
eng Waschung und Trunk zusammengehören, zeigt der für einige gnostische Sekten bezeugte Brauch, das Taufwasser zu trinken, vgl. Bousset, Hauptprobl. 293 (für die
Mandäer, das Baruch-Buch und die Sethianer); L. Fendt, Gnostische Mysterien 1922, 36;
bezeugt auch in der Umdeutung Od. Sal. 6₁₁ff. 11₆. — Auf dem Glauben an die „Kraft"
des Wassers beruht auch die Bedeutung des Fisches als Lebenssymbols, F. J. Dölger
a. a. O. 180f.; 225f. — Auf diesem Glauben beruht wohl auch (wenigstens teilweise)
der Brauch, im Abendmahl Wasser statt des Weins zu genießen, s. Fendt a. a. O. 29ff.;
H. Lietzmann, Messe und Herrenmahl 1926, 246ff.
    [2] Vgl. v. d. Leeuw a. a. O. 40f.; J. Hempel, RGG² IV 1668. — Für den
babylon. Glauben an die Heiligkeit der Quellen: Karge a. a. O. 558, für den iran. Glauben
an die im Wasser enthaltene „Macht": N. Söderblom, Werden des Gottesglaubens²
1926, 248, für den Glauben an die Heilkraft bestimmter Gewässer: O. Gruppe, Griech.
Mythologie und Religionsgesch. II 888. — Der Glaube an die „Kraft" des fließenden
Wassers führt zur Mythologisierung der Quellen und Flüsse, vgl. L. Preller-C. Robert,
Griech. Mythologie I⁴ 1894, 546ff.; O. Waser, Flußgötter, bei Pauly-Wissowa VI 1909;
M. Ninck, Die Bedeutung des Wassers in Kult und Leben der Alten 1921, bes. S. 12ff.
(über die Fruchtbarkeitskraft des Wassers 25ff.); J. R. Smith, Springs and wells in
Greek and Roman literature 1922. — Bemerkenswert ist auch die Vorstellung, daß das
Wasser die Gabe der Mantik verleiht, vgl. K. Buresch, Klaros 1889; Ninck a. a. O. 47ff.;
Reitzenstein, Studien 45; vgl. IV Esr 14₃₈ff.
    [3] Aug. Wünsche, Die Sagen vom Lebensbaum und Lebenswasser 1905, 71;
K. Galling, RGG² V 1770; Preller-Robert a. a. O. 32ff.; Ninck a. a. O. 1ff.;
Waser a. a. O. 2774f. — Die Vorstellung lebt einerseits in gnostischen Spekulationen
fort, s. u.; andrerseits in der Märchenvorstellung vom „Kinderbrunnen", Wünsche
a. a. O. 86f.

Jungbrunnen, der die entschwundene Jugend erneut[1]. Und wenn allmählich alles irdisch-natürliche Wasser profaniert wird, so entsteht die Vorstellung vom sakramentalen Wasser, das seine lebenspendende Kraft erst durch die Weihe empfängt[2]. In den gnostischen Taufsekten wächst die Vorstellung von der „Kraft" des fließenden Wassers — mindestens bestimmter Flüsse — zusammen mit der Vorstellung vom sakramental geweihten Wasser[3] und ebenso mit der mythologischen Vorstellung von einem lebenzeugenden kosmischen Urwasser[4]. Den dualistischen Voraussetzungen zufolge wird aber dieses „himmliche", im Sakrament gespendete Wasser von allem irdischen Wasser als das eigentliche „lebende Wasser" unterschieden[5]. Das durch solches Wasser vermittelte Leben ist ja auch nicht mehr die natürliche Lebenskraft, sondern die Unsterblichkeit, und die Taufe wird so zu einer neuen Geburt[6].

Die Vorstellung von dem „lebenden Wasser", das sich als göttliche Kraft dem Taufwasser verbindet, kann aber weiterhin zum Bilde werden oder besser zur symbolischen Bezeichnung der göttlichen Offenbarung bzw. ihrer Gabe. Dieser Sprachgebrauch liegt vor allem in den Oden Salomos vor. „Schöpft euch Wasser aus der Lebensquelle des Herrn!" ruft der Sänger (30) und bekennt von sich:

> „Redendes Wasser[7] kam an meine Lippen
> aus des Herrn Quell überreichlich.

---

[1] Vgl. v. d. Leeuw a. a. O. 41; Wünsche a. a. O. 71ff.; Ninck a. a. O. 32ff.; Karge a. a. O. 562; Hempel, RGG[2] IV 1669; H. Gunkel, Genesis[3] 7f.; H. Greßmann, Der Messias 18. — Die Vorstellung vom Lebenswasser ist mit der Vorstellung von durststillenden Quellen im Jenseits (S. 133, A. 4) zusammengewachsen; vgl. E. Rohde a. a. O. II 390, 1; Ninck a. a. O. 106f.; Karge a. a. O. 580f.; vgl. bei Karge 581f. über das Refrigerium im christl. Paradies; vgl. auch Dieterich a. a. O. 95ff.; über den ägypt. Ursprung des Terminus Refrigerium Cumont a. a. O. 251f.

[2] Vgl. A. Dieterich, Eine Mithrasliturgie[2] 1910, 170ff.; v. d. Leeuw a. a. O. 41, über die Epiklese, durch welche die „Kraft" in das Wasser hineingerufen wird, ebd. 401f.; P. Drews, RE[3] V 409ff.; Bousset, Hauptpr. 282; Reitzenstein, Vorgesch. der christl. Taufe 191ff. — Die alte Vorstellung vom Lebensbrunnen kann sich mit der Vorstellung vom Taufwasser verbinden. Der Lebensbrunnen lebt in der Kunstgeschichte weiter als der Pinienbrunnen (Cantharus oder Reinigungsbrunnen), der sich im Vorhof byzantinischer Kirchen und Paläste findet, ebenso im Taufbrunnen christlicher Kirchen; vgl. K. v. Spieß, Orientalistische Studien für Fr. Hommel 1918, 328—341.

[3] Vgl. Bousset, Hauptpr. 278ff. Aber auch in der Kirche legte man anfangs Wert darauf, in fließendem Wasser zu taufen Did. 7, 1f. — Für das Nachleben der Terminologie des Wasserglaubens in der Taufterminologie vgl. Dölger a. a. O. passim.

[4] S. S. 134, 3, für die Gnosis Ps. Clem. Hom. XI 24; Hippol. V 14, 1ff., p. 108, 13ff.; V 19, 13ff., p. 118, 25ff.; Mandäisches s. folgende Anm. Zum Bilde geworden ist die Vorstellung vom kosmischen Wasser wohl in den Orac. Chald., wo die Gottheit die πηγή τῶν πηγῶν heißt (W. Kroll, Bresl. Phil. Abh. VII, 1 (1894), 19. 23 f.), und bei Philo s. S. 133, 5. Das Bild lebt in der Dichtung fort, vgl. Goethe, Faust I 459ff. 1201f.

[5] Vgl. die Unterscheidung des himmlischen und des irdischen Wassers bei den Naassenern Hippol. V 9, 18ff., p. 101, 22ff. W.; deutlicher im Baruch-Buch des Justin Hippol. V 27, 2f., p. 133, 3ff.; ferner act. Thom. 52, p. 168, 13ff. — Bei den Mandäern wird scharf zwischen den Wassern des Heils und des Unheils unterschieden, z. B. Ginza R. 285, 27ff.; 307, 24ff.; s. Odeberg 56f. 163; vgl. auch Galling, RGG[2] V 1770f. Anderwärts stehen sich Wasser und Feuer als die beiden feindlichen kosmischen Mächte gegenüber, vgl. Schlier, Relg. Unters. 147.

[6] Unter dem Mysteriengedanken der Wiedergeburt ist auch in der Kirche die Taufe begriffen worden, vgl. Tit 3 5 und s. S. 98, 2. Über den Zusammenhang der Vorstellung von der Wiedergeburt durch die Taufe mit altem Wasserglauben vgl. v. d. Leeuw a. a. O. 323f.

[7] Vgl. Ign. Röm 7 2: ὕδωρ δὲ ζῶν καὶ λαλοῦν ἐν ἐμοί, ἔσωθέν μοι λέγον· δεῦρο πρὸς τὸν πατέρα. Hier ist das „Wasser" das πνεῦμα (bzw. der Christus, vgl. Reitzenst. Taufe 159, 2), und es ist möglich, daß der Ausdruck „redendes Wasser" auf die Vorstellung von der mantischen Inspiration durch Wasser zurückgeht (s. S. 134, 2 und Burney 160). Aber Od. Sal. 11 6 ist das Wort der Offenbarung gemeint, wie denn Od. Sal. 12

Ich trank und ward trunken
von dem Quell der Unsterblichkeit;
doch meine Trunkenheit ward nicht die der Unwissenheit,
sondern ich verließ die Nichtigkeit" (11 6-8).

Aus diesem Sprachgebrauch[1] ist also auch Joh 4 10-15 zu verstehen: die Offenbarung, die Jesus spendet, schenkt das Leben und stillt so das Verlangen, dem
kein irdisches Wasser Genüge zu tun vermag[2]. Die Bezeichnung der Offenbarung
als „Wasser" unterscheidet sich insofern von ihrer Bezeichnung als „Licht", als
„Licht" im ursprünglichen Sinne nicht einen Gegenstand, ein Etwas, bedeutet,
sondern das Gelichtetsein des Daseins meint[3], während Wasser (und ebenso Brot)
im ursprünglichen Sinne ein Etwas ist, dessen der Lebende ständig bedarf. Jedoch
kommt in diesem jeweils sich meldenden Bedürfnis ja nur zutage, daß der Mensch
leben will. Wenn ihn hungert und dürstet, so verlangt er im Grunde nicht
nach diesem oder jenem Etwas, sondern er will leben; was er eigentlich will,
ist nicht Wasser und Brot, sondern das, was ihm Leben gibt und ihn vom Tode
rettet, — was also eigentliches Wasser, eigentliches Brot heißen könnte. Deutlich
ist also auch, daß das ὕδωρ ζῶν im Grunde „lebendig machendes Wasser" bedeutet, dem Sinn von ζωή entsprechend, den ζωή, vom Offenbarer ausgesagt, hat[4].

Das eigentümlich doppelte Verhältnis der Offenbarung zum natürlichen Gut
ist V. 13 f. klar ausgesprochen:

πᾶς ὁ πίνων ἐκ τοῦ ὕδατος τούτου
διψήσει πάλιν·
ὃς δ' ἂν πίῃ ἐκ τοῦ ὕδατος οὗ ἐγὼ δώσω αὐτῷ,
οὐ μὴ διψήσει εἰς τὸν αἰῶνα[5].

---

das „Wort der Wahrheit" dem Munde des Sängers „gleich einem Wasserstrom" entströmt. Vgl. Epiph. haer. 19, 3 7, p.221, 4 f. Holl: πορεύεσθε δὲ μᾶλλον ἐπὶ τὴν φωνὴν
τοῦ ὕδατος. Mand. Lit. 187 wird die „Stimme des lebenden Wassers" ausdrücklich als
die Rede des Offenbarers definiert, und Mand. Lit. 62 f. wird der Offenbarer angeredet:
„Lebendes Wasser bist du"; vgl. 77; 107. Auch Joh.-B. 219 wird das „lebende Wasser"
und „die Rede der Großen und das Wort" gleichgesetzt. Act. Joa. 109, p.208, 6 wird
Jesus angebetet als ἡ ῥίζα τῆς ἀθανασίας καὶ ἡ πηγὴ τῆς ἀφθαρσίας. C. Herm. 1, 29
spricht der Prophet: καὶ ἔσπειρα αὐτοῖς τοὺς τῆς σοφίας λόγους καὶ ἐτράφησαν ἐκ τοῦ
ἀμβροσίου ὕδατος. Vgl. Reitzenst., JEM 145, 2; Schlier, Relg. Unters. 147, 2.

[1] Außer den in der vor. Anm. genannten Stellen vgl. noch Od.Sal. 6, wo die
Gnosis als ein Strom dargestellt wird (V. 11: „Alle Durstigen der Erde tranken daraus,
und der Durst wurde gestillt und gelöscht", V. 18: „Denn alle erkannten sich im Herrn
und wurden erlöst durch das ewige unsterbliche Wasser"); 4 10 28 15. Die Markioniten
rühmen sich τὸ μέγεθος τῆς γνώσεως τῆς ἀρρήτου δυνάμεως μόνους καταπεπωκέναι
(Iren. I 13, 6); vgl. act. Thom. 25, p.140, 13 f.; 148 p.256, 8 f.; ferner Justin dial. 69, 6;
114, 4; P. Oxy. 840, 43 f. (Kl. Texte 31, 5). Das in der mandäischen Lit. so häufige Bild
vom Tränken der Pflanzung der Gläubigen Od.Sal. 38 17 f.

[2] Daß das Wasser von Joh 4 10-15 nicht das Wasser der messianischen Heilszeit ist
(Joach. Jeremias, Golgotha 1926, 82), sondern aus dem Sprachgebrauch der Gnosis,
speziell der Od.Sal., zu verstehen ist, zeigen die Parallelen und zeigt die Tatsache, daß
das ὕδωρ ζῶν im Gegensatz gegen das natürliche Quellwasser verstanden werden soll.
Freilich hat der Evglist V. 20-26 die Verbindung mit der messianischen Eschatologie hergestellt (s. u.), jedoch ohne dabei den Term. ὕδωρ ζῶν wieder aufzugreifen. Weiteres
zu 7 37 ff.

[3] S. S. 22.   [4] S. S. 21.

[5] Offenbar verwertet der Evglist ein Stück aus den Offenbarungsreden, das auch
7 37 f. zum Vorschein kommt. Der Stil ist jenem Antithesenstil verwandt, der in der
Quelle von I Joh herrscht. Die Formulierung ist vermutlich vom Evglisten der Situation
angepaßt worden. — Zu πίνειν s. Raderm. 11.

Den Lebensdurst, der im körperlichen Durst sich meldet, stillt die Offen=
barung radikal[1]; sie vermag also, was kein Lebensmittel der Welt — und deren
vornehmstes und unentbehrlichstes ist eben das Wasser — vermag. Aber sie ver=
mag es nur dann, wenn der Mensch es aufgibt, nach natürlichem Wasser, als
nach dem, was sein Leben erhalten könne, zu suchen, wenn er nicht mehr das
Uneigentliche mit dem Eigentlichen verwechselt, wenn er dem ihm begegnenden
Offenbarer sich öffnet. Natürlich ließe sich daneben auch das Wort sagen, das
Sir 24₂₁ die Weisheit spricht:

> „Die von mir essen, hungern weiter nach mir,
>   und die von mir trinken, dursten weiter nach mir."

Der Sinn der sich äußerlich widersprechenden Worte ist der gleiche: wer
einmal diesen Trank gekostet hat, sucht die Erquickung nirgends anders mehr;
seine Not hat ein Ende[2]. Denn natürlich soll nicht gesagt sein, daß der Glaubende
nicht immer wieder aus der Offenbarung „trinkt", so gewiß die Rebe am Wein=
stock „bleiben" muß (15₄ff.).

Es folgt der negativen eine positive Charakteristik:

> ἀλλὰ τὸ ὕδωρ ὃ δώσω αὐτῷ
>   γενήσεται ἐν αὐτῷ πηγὴ ὕδατος ἁλλομένου εἰς ζωὴν αἰώνιον[3].

Sie bringt ebenso die Unerschöpflichkeit der Offenbarung zum Ausdruck: sie ist
für den Empfangenden eine πηγή, — wie ihren Sinn: sie spendet das ewige Leben.

Den Charakter der Offenbarung in ihrem Gegensatz zu den natürlichen
Lebensbedürfnissen hebt **V.15** noch einmal stark hervor: die Frau versteht immer
noch nicht, wovon Jesus redet[4]. Nur insofern hat sie jetzt besser verstanden, als
sie merkt, daß etwas Wunderbares gemeint sein müsse; sie denkt: eine Art Zauber=
wasser, dessen Besitz jedes fernere Wasserschöpfen unnötig machen würde. Sie
kann also das Wunder nur verstehen als ein erfreuliches Mittel für die Erleich=
terung des natürlichen Lebens, — ein übliches Mißverständnis der Offenbarung.
Aber das Gespräch über dieses Thema wird zunächst abgebrochen; der Evglist
kehrt zu dem mit V.9 verlassenen Traditionsstück zurück und bereitet durch den
Dialog V.16-19 das Schlußstück vor[5].

---

[1] Die Formel εἰς τ. αἰῶνα bei Joh 12mal; dazu I Joh 2₁₇ II Joh 2 (außerdem
ἐκ τ. αἰῶνος 9₃₂). Sie begegnet auch auf Inschr. und sonst (s. Br., C. Lackeit, Aion 1916,
32; E. Peterson, Εἷς Θεός 1926, 168ff.), ebenso in LXX neben der plural. Formel, die
im NT von Pls und Apk (hier durchweg) bevorzugt wird, während Hbr fast immer die
sing. Formel gebraucht. Jos hat εἰς αἰῶνα, s. Schl. zu Mt 21₁₉. Der Sinn ist je nach dem
Zshg: für unabsehbare Zeit, für immer, für ewig; hier das Letztere.
[2] Genau so steht das „sie sollen nicht dürsten" Jes 49₁₀ neben dem „an Wasser=
sprudel wird er sie leiten". Vgl. noch act. Thom. 7, p. 110, 18 f.: ἔπιον δὲ ἀπὸ τοῦ οἴνου
τοῦ μὴ δίψαν αὐτοῖς παρέχοντος καὶ ἐπιθυμίαν.
[3] εἰς ζωὴν αἰών. ist nicht mit γενήσεται, sondern mit ἁλλομένου zu verbinden,
wie 6₂₇ zeigt. Schl. hat darin recht, daß das εἰς nicht die räumliche Vorstellung enthält,
gewiß aber nicht darin, daß es wie 4₃₆ 12₂₅ Ziel und Erfolg (also = „für") bedeute. Es
ist vielmehr wie 6₂₇ von der Zeit gemeint, und die Schwierigkeit des Verständnisses liegt
daran, daß ἅλλεσθαι die Anschauung des Raumes, εἰς ζ. αἰ. die der Zeit hervorruft.
Der Sinn aber ist nicht zweifelhaft: wer das ὕδωρ ζῶν getrunken hat, hat in sich die
lebendigmachende Kraft, die die Offenbarung schenkt.
[4] Daß ihre Bitte schalkhaft klinge (Zahn), kann ich nicht finden.
[5] Versuche, einen Gedankengang des Gesprächs zu konstruieren, müssen mißlingen.
Vgl. B. Weiß: „Da die Rede des Weibes V.15 gezeigt hat, daß es ihr an geistlichem Be=
dürfnis fehlt, will Jesus dasselbe wecken durch Erregung des Schuldgefühls und kommt
daher auf die wunde Stelle ihres Lebens zu sprechen" (ähnlich Zahn). Diese Pädagogik

d) Die Offenbarung als Aufdeckung des menschlichen Seins V.16-19[1].

Wenn Jesus die Frau auffordert, ihren Mann zu rufen, so ist im Sinne des Traditionsstückes nicht nach einem Zweck zu fragen, den sein Kommen haben könnte; denn, wie das Folgende zeigt, führt diese scheinbare Aufforderung nur dazu, daß Jesus seine Allwissenheit zeigen kann. Die Geschichte stellt Jesus als den προφήτης, als den θεῖος ἄνθρωπος dar, der das Geheime weiß, was anderen verborgen ist, und der die Fremden kennt, die ihm begegnen[2]. Das ist der Eindruck, den die Frau von ihm empfängt (V.19), und den sie den Leuten in der Stadt mitteilt (V.29). Ihr Ausruf V.19 ist nicht ein Ausdruck des Schuldgefühls, sondern einfach ein Ausruf der Verwunderung. Aber freilich bedeutet für den Evglisten die Episode mehr als eine Demonstration des θεῖος ἄνθρωπος: die Offenbarung ist für den Menschen die Aufdeckung seines eigenen Lebens[3]. Und zwar wird dem Menschen die Unruhe seines Lebens zum Bewußtsein gebracht, die ihn von einer scheinbaren Erfüllung zur andern treibt, und in der er nie ein Endgültiges erreicht, ehe er das Lebenswasser findet, wovon „ein Trunk den Durst auf ewig stillt". Diese Unruhe wird durch die bewegte Vergangenheit und die unbefriedigte Gegenwart der Frau veranschaulicht[4]. Vielleicht darf man noch weitergehen und sagen, daß durch das Eheleben der „von Begierde zu Genuß taumelnden" Frau nicht nur die Unruhe, sondern auch die Verirrung des Lebenstriebes gekennzeichnet wird[5]. — Wie nach rückwärts, so ist auch nach vorwärts der sachliche Zusammenhang geschlossen: daß Jesus der Frau ihre eigene Situation enthüllt, ist für sie der Anlaß, in ihm den Offenbarer zu ahnen. Der Offenbarer wird nur erkannt, indem der Mensch sich selbst durchsichtig wird; Gottes- und Selbsterkenntnis vollziehen sich in Einem. Damit ist diesmal auch im Sinne der äußeren Situation der Übergang zum Folgenden gewonnen: der Prophet wird ihr auch über die alte zwischen Samaritanern und Juden verhandelte Streitfrage Licht geben können.

---

wäre kläglich mißlungen — ganz abgesehen davon, daß der Offenbarer nicht an das „geistliche Bedürfnis" des Menschen appelliert, sondern an sein Verlangen nach Leben.

[1] Über den literar. Charakter s. S. 131.

[2] S. S. 71.

[3] S. S. 75. — Schl.s Erklärung, daß Jesus, indem er sie als Ehebrecherin nach dem für sie gültigen mosaischen Recht verurteilt und ihr zugleich vergibt, indem er trotz ihrer Schuld mit ihr verkehrt und ihr seine Gnade zur Verfügung stellt (V.10), hat im Text keinen Anhalt.

[4] Verbreitet ist die allegorische Deutung der 5 Männer der Frau und ihres jetzigen nicht legitimen Mannes. Man pflegt die 5 Männer auf die Gottheiten der 5 babylonischen Stämme zu deuten, die nach II Kö 17 24-34; Jos. ant. IX 288 im Gebiet des Nordreiches angesiedelt wurden; der jetzige illegitime Mann soll dann Jahwe oder gar Simon Magus sein. Aber II Kö 17 30 f. werden nicht 5, sondern 7 Gottheiten, und darunter weibliche, genannt; auch stimmt das Nebeneinander ihrer Verehrung schlecht zu dem Nacheinander der 5 Männer (s. auch Howard 184 f. 272, b). Und überhaupt hat die Allegorie keinen Anhalt im folgenden; denn schwerlich darf man in dem ὑμεῖς προσκυνεῖτε ὃ οὐκ οἴδατε V. 22 eine Beziehung auf das νῦν ὃν ἔχεις οὐκ ἔστιν σου ἀνήρ V.18 finden (Odeberg 185 f.). Nicht Allegoristik, sondern symbolische Veranschaulichung ist durchweg das Kunstmittel des Evglisten. — Ob die Fünfzahl eine beliebige ist, oder ob sie wegen ihrer kosmologischen Bedeutung in der Gnosis gewählt ist, ist kaum zu entscheiden (s. Bousset, Hauptprobl. passim; Reitzenst., HMR 162).

[5] Für das Empfinden des Juden wenigstens, dem dreimalige Heirat als das Höchste des Erlaubten gilt (Str.-B. II 437), ist schon das Eheleben der Frau eine Schande, erst recht das jetzige illegitime Verhältnis. (Dieses durch ἔχειν bezeichnet wie I Kor 5 1; Lucian, Dial. meretr. 8 3. Zu ἀληθές V.18 als Charakteristik ihrer Aussage = „richtig" vgl. Br.; zu τοῦτο ἀλ. εἰρ. Bl.-D. § 234. 292; zu νῦν ὃν ἔχ. Bl.-D. § 474, 5 c; 475, 1.)

e) Die Selbstoffenbarung Jesu V. 20-26 [1].

Bisher hat Jesus das Gespräch geführt; jetzt tut es die Frau, — eine Andeutung darauf, daß der Offenbarer, so gewiß er Gehorsam und Opfer fordert, doch auch der ist, der Antwort gibt auf die Frage des Menschen. Es bedarf keiner besonderen Motivierung [2]; weswegen die Frau den „Propheten" befragt, ob Jerusalem oder der Garizim der rechte Ort der Gottesverehrung [3] sei; es ist ja die alte Streitfrage zwischen Juden und Samaritanern [4], und im Zusammenhang hat sie nur die Bedeutung, Jesu Wort V. 21-24 zu provozieren.

V. 20 formuliert das Entweder-Oder: „dieser Berg" oder Jerusalem! Jesu Antwort V. 21 [5] läßt sich gar nicht auf diese Alternative ein, sondern stellt dem jetzigen kultischen Zwiespalt die Zukunft entgegen, in der jeder lokal gebundene Kult — der jüdische wie der nichtjüdische — seine Bedeutung verloren hat. Kein Zweifel: es ist die eschatologische Zeit, in der es auch nach Apk 21 22 keinen Tempel mehr geben wird. Wie aber diese eschatologische Zeit und ihre Gottesverehrung zu verstehen ist, sagt V. 23 [6]: diese Zeit kommt und ist jetzt schon da [7], und die rechte

---

[1] Über die Möglichkeit, daß in V. 20-26 das in V. 5-9. 16-19. 28-30. 40 verwendete Traditionsstück zugrunde liegt, s. S. 131. Die Frage μήτι κτλ. V. 29 ist am besten motiviert, wenn V. 25 f. — wenigstens dem Thema nach — zur Quelle gehören.

[2] Zahn: „Sie lenkt also das Gespräch von diesem peinlichen Gegenstand ab auf eine den volkstümlichen Kultus betreffende konfessionelle Frage. Sie ist nicht ohne religiöses Interesse und nicht ohne nationales Gefühl. Aber diesem Juden gegenüber, der sich schon bei der ersten Begegnung von engherzigen Bedenken anderer Juden frei gezeigt und nun als tiefblickender Seher sich bewährt hat, fühlt sie sich nicht sicher in dem ererbten Kultus, der von den Juden verworfen wird." — Mit Recht wendet sich J. horst, Proskynein 1932, 295 gegen solche Motivierung; aber phantastisch vermutet er, der Ausdruck des Staunens V. 19 sei mit der Gebärde der Proskynese verbunden gewesen, und die Frau sei dann über ihre eigene Proskynese stutzig geworden.

[3] Unter προσκυνεῖν ist die kultische Gottesverehrung verstanden, ohne daß dabei über bestimmte Gebärden der Verehrung reflektiert ist; ebenso 12 20, anders 9 38. Klassisch wird πρ. mit dem Akk. konstruiert; die Koine bevorzugt daneben den Dat. Der Wechsel in V. 22-24 ist ohne Bedeutung; Bl.-D. § 151, 2; Horst a. a. O. 33 ff.

[4] Nach dem mas. Text von Dt 27 4 soll Israel das erste Dank- und Friedensopfer nach dem Einzug auf dem Ebal darbringen, während der samar. Pentateuch statt dessen den Garizim nennt, der dadurch als Kultstätte begründet sein soll. (Dt 11 19 27 12 kennt den Garizim als den Berg des Segens, den Ebal als den des Fluches.) Der Tempel auf dem Garizim wurde 128 a. Chr. durch Hyrkan I. zerstört (Jos. ant. XIII 255 f.), aber der Kult bestand weiter (Schürer II 21 f.). Die Frage nach dem legitimen Kultort wurde zwischen Juden und Samaritanern diskutiert, s. Str.-B. I 549—551; Dalman, O. u. W. 229; Br.

[5] Sie ist durch das singuläre πίστευέ μοι eingeleitet, das offenbar ein ἀμὴν ἀμ. λέγω σοι vertritt (dies begegnet in Kap. 4 nirgends).

[6] V 22 ist ganz oder teilweise eine Glosse der Redaktion. Das ὅτι ἡ σωτηρία ἐκ τ. Ἰουδ. ἐστίν ist bei Joh unmöglich nicht nur angesichts 8 41 ff.; schon 1 11 zeigte, daß der Evglist die Juden nicht als das Eigentums- und als Heilsvolk ansieht (s. S. 34, 7). Und es ist trotz 4 9 schwer verständlich, daß der joh. Jesus, der sich von den Juden ständig distanziert (8 17 10 34 13 33 und s. S. 59, 2), jenen Satz gesprochen haben soll. Schwanken kann man nur über die erste Hälfte von V. 22: sind unter den ὑμεῖς die Samaritaner, unter den ἡμεῖς die Juden verstanden, so ist auch dieser Satz schon Glosse; denn als Satz des Evglisten ist er dann angesichts 5 37 8 19 nicht möglich. Sind aber unter den ὑμεῖς Samaritaner und Juden zusammengefaßt, denen als die ἡμεῖς Jesus und die Seinen gegenübertreten (vgl. 3 11!), so wäre der Satz verständlich, und die Glosse ὅτι κτλ. wäre eine falsche Interpretation des mißverstandenen ἡμεῖς κτλ. Aber dann ist der Anschluß von V. 23 mit ἀλλά schwer verständlich; es wäre γάρ zu erwarten.

[7] Wenn neben dem Gegenwärtigsein der ὥρα wie 5 25 auch ihr Kommen betont ist, so eben deshalb, um die gegenwärtige Stunde als die eschatologische zu charakteri-

Gottesverehrung ist die ἐν πνεύματι καὶ ἀληθείᾳ. Beides erläutert sich gegen=
seitig[1]. Denn wie anders ist die eschatologische Stunde da als im Offenbarer
und seinem Wort? Daß sein Kommen das eschatologische Jetzt ist, sagte schon
3₁₉ und wird 5₂₅ in ganz gleicher Weise wie 4₂₃ sagen[2]. Danach also ist auch das
ἐν πνεύματι καὶ ἀληθείᾳ zu verstehen: der kultischen Gottesverehrung wird nicht
eine geistige, innerliche, sondern die eschatologische gegenübergestellt[3]. Um=
gekehrt ist durch die Begriffe πνεῦμα und ἀλήθεια im joh. Verstande die escha=
tologische Zeit als die bestimmt, die durch das Wunder der in Jesus geschehenden
Offenbarung heraufgeführt ist. Das πνεῦμα ist ja Gottes Wunderwirken an den
Menschen[4], das sich in der Offenbarung ereignet. Die ἐν πνεύματι Anbetenden
sind die ἐκ τοῦ πνεύματος γεγεννημένοι von 3₃₋₈[5]. Und die ἀλήθεια ist die in
Jesus offenbare Wirklichkeit Gottes[6], das „Wort" Gottes, durch das die Glau=
benden „geheiligt", d. h. aus der weltlichen Existenz entnommen und in die escha=
tologische Existenz versetzt sind (17₁₇. ₁₉). Allein die Glaubenden also, als die
ἐκ τοῦ πνεύματος γεγεννημένοι und durch die ἀλήθεια Geheiligten, sind ἀλή=
θινοὶ προσκυνηταί[7]. Alle andere Gottesverehrung ist also unecht[8]. Solche An=

sieren. Denn ihr „Kommen" ist, auch wenn sie gegenwärtig ist, nie vorbei. Ebenso kann
der Offenbarer selbst, auch nachdem er gekommen ist, als der ἐρχόμενος bezeichnet werden
II Joh 7.
    [1] Unbegreiflich also H. Windisch, Amicitiae Corolla (Festschr. f. R. Harris) 1933,
309: „Die Stelle ist gerade ein merkwürdiges Zeugnis nichtchristozentrischer Offen=
barungsrede."
    [2] Vgl. auch 12₃₁ 16₁₁ und s. S.91.
    [3] Die Aufklärung über die Überlegenheit einer geistigen Gottesverehrung über
eine kultische hatten weder Juden noch Griechen nötig. Daß Gott nicht an den Kultus=
ort gebunden ist, weiß schon I Kö 8₂₇₋₃₀ Jes 66₁f. Mal 1₁₁ (vgl. Act 7₄₈f.); für das
Judentum vgl. Bousset, Rel. d. Judent. 302ff.; Str.=B. II 437. — Im Griechentum
war der Gedanke der geistigen Gottesverehrung seit der jonischen Philosophie lebendig
und durch Stoa und Skepsis längst populär geworden; vgl. Br.; ferner P. Wendland,
Die hellenist.=röm. Kultur² 1912, 99ff.; Ed. Norden, Agnostos Theos 1913, 130ff.;
J. Kroll, Herm. Trism. 90ff. 326ff.; J. Geffcken, ARW 19 (1916—19) 286ff.; Bodo
von Borries, Quid veteres philosophi de idolatria senserint, Diss. Gött. 1918; J. Weiß,
Urchristentum 1917, 175ff.; ferner die bei Lietzmann zu Röm 1₂₀ (Hdb. 3. NT) genannte
Literatur. Die hellenistische Aufklärung war vom Judentum übernommen worden; vgl.
noch Schürer III 504ff.; P. Krüger, Philo und Josephus als Apologeten des Juden=
tums 1906 (vgl. A. 7 und Act 17₂₄f.). — Gegen die spiritualistische Auffassung von
Joh 4₂₃ Horst a. a. O. 301ff.; er sagt mit Recht, daß das ἐν πνεύμ. dem paulinischen
ἐν Χριστῷ entspreche. Omodeo, Mistica 75 verweist auf Eph. Vgl. noch die πνευ=
ματικαὶ θυσίαι I Pt 2₅ (gleichbedeutend die λογικὴ λατρεία Röm 12₁). — Aus heid=
nischer Lit. dürfte C. Herm.5, 10f. Joh 4₂₂₋₂₄ am nächsten stehen. Über Herakleons
Verständnis s. v. Loewenich 88.　　[4] Zu πνεῦμα s. S. 98, 3.
    [5] Die Parallelität von 4₂₀₋₂₅ mit 3₁₋₈ sieht Odeberg 169, übertreibt sie aber wohl.
    [6] Zu ἀλήθεια s. S. 32, 1. An Ψ 145₁₈ ist nicht zu erinnern: Gott ist nahe πᾶσι
τοῖς ἐπικαλουμένοις αὐτὸν ἐν ἀληθείᾳ, denn hier entspricht das ἐν ἀλ. dem בֶּאֱמֶת (Targ.
בְּקֻשְׁטָא) und heißt „aufrichtig"; ebenso Ginza 5, 25f.
    [7] Das Subst. προσκυνητής (in der Bibel nur hier) ist vorher nur auf einer syr.
Inschrift bezeugt; s. Deißmann, L. v. O. 79f. — Ἀληθινός heißt natürlich „echt" (s.
S. 32, 1); das Wortspiel mit ἐν ἀληθείᾳ ist beabsichtigt. — Philo redet quod det. pot.
ins. 21 von Gott, der γνησίους θεραπείας ἀσπάζεται . . . τὰς δὲ νόθους ἀποστρέφεται,
und zwar ist das für ihn der Gegensatz einer Gottverehrung durch reine Gesinnung
und durch Opfer (s. A. 3).
    [8] Das bedeutet natürlich nicht, daß kultische Formen der Gottesverehrung über=
haupt ausgeschlossen sind, aber daß jede kultische Verehrung nur echt ist, wenn in ihr
das eschatologische Geschehen Wirklichkeit wird.

beter verlangt Gott[1], denn solche Anbetung entspricht allein seinem Wesen: er
ist ja πνεῦμα (V. 24). Dieser Satz ist keine Definition im griechischen Sinne, die
die Seinsweise, die Gott an sich eigen ist, bestimmen wollte, und zwar dadurch,
daß sie diese Seinsweise als die eines dem Menschen zugänglichen Weltphänomens,
des πνεῦμα, bezeichnete[2]. Wohl aber „definiert" der Satz den Gottesgedanken,
indem er sagt, was Gott bedeutet, nämlich, daß er für den Menschen der Wunderbare sei, der wunderbar am Menschen handelt, genau wie Gottes „Definition"
als ἀγάπη I Joh 4 8. 16 ihn als den bezeichnet, der aus Liebe und in Liebe am
Menschen handelt[3]. Dieser Satz begründet die Forderung eines προσκυνεῖν ἐν
πνεύματι καὶ ἀληθείᾳ insofern, als er zu verstehen gibt: jeder Kult, der menschliches Unternehmen (im besten Falle Frage nach Gott) ist, ist illegitim; die angemessene Gottesverehrung kann nur die sein, die Antwort auf Gottes wunderbare Kundgebung und also selbst wunderbar ist. Ein Verhältnis des Menschen
zu Gott, das nicht im Verhalten Gottes zum Menschen begründet ist, ist kein echtes
Gottesverhältnis, sondern bleibt in der Sphäre menschlichen Unternehmens, in
der Gott nicht erreichbar ist; denn Gott ist πνεῦμα.

Die Antwort der Frau V. 25 ist richtig, sofern sie versteht, daß Jesus von
einem eschatologischen Ereignis redet[4]; aber das καὶ νῦν ἐστιν hat sie nicht verstanden, und deshalb auch nicht, was ἐν πνεύματι καὶ ἀληθείᾳ heißt. Sie läßt
die Frage dahingestellt für die Gegenwart und erhofft Aufklärung vom kommenden Messias[5]. Sie versteht also — ebenso wie die „Juden" — nicht, daß sich die

---

[1] τοιούτους ... τοὺς προσκ. = „solche als die (d. h. seine) Anbeter", Bl.-D.
§ 412, 4; Raderm. 115. — ζητεῖν kann hier, wo die Bedingung des echten Kultes formuliert wird, nicht „suchen" im Sinne von „sich bemühen um" (Mt 3 32 usw.) bedeuten,
sondern nur „fordern" (Mt 8 12 usw.). Anders Philostr. Vit. Apoll. VIII 7, p. 320, 24 f.
Kayser: καὶ οὐκ ἀπεικός, οἶμαι, ἀγαθῶν δεῖσθαι σφᾶς (sc. τοὺς θεούς) ὑπὲρ καθαρῶν
θυμάτων. — V. 23 b κτλ. ist sichtlich eine Erläuterung des Evglisten, vgl. 4 45 I Joh 2 19
und ähnliche Erläuterungen. V. 23 a. 24 dürfte aus den „Offenbarungsreden" stammen.
[2] In diesem Sinne wird im Griechentum Gottes Wesen oft als νοῦς beschrieben
(Diels, Doxogr. Gr. 301 ff.), bes. in der Stoa; vgl. Stoic. vet. Fr. (v. Arnim) I 40, 3 ff.:
(Zenon) ἔφη μὴ δεῖν θεοῖς οἰκοδομεῖν ἱερά, ἀλλ' ἔχειν τὸ θεῖον ἐν μόνῳ τῷ νῷ, μᾶλλον
δὲ θεὸν ἡγεῖσθαι τὸν νοῦν. Auch als πνεῦμα: ibid. II 299, 11 ff.: ὁρίζονται δὲ τὴν
τοῦ θεοῦ οὐσίαν οἱ Στωϊκοὶ οὕτως· πνεῦμα νοερὸν καὶ πυρῶδες ... Weiteres bei
Br. zu V. 24. — In diesem Sinne Justin apol. 6, 2 bei der Beschreibung des christlichen
σέβεσθαι καὶ προσκυνεῖν: λόγῳ καὶ ἀληθείᾳ τιμῶντες. Vgl. den Versuch des Orig.
c. C. VI 71, den christlichen Sinn des πνεῦμα εἶναι θεόν gegen das stoische Verständnis
abzugrenzen. Lagr., der ἀλ. als Wahrhaftigkeit verstehen will, faßt πν. als „disposition
humaine".
[3] Richtig Schl.: „πνεῦμα benennt Gott nach seinem Wirken innerhalb der Welt"
ebenso wie die Sätze I Joh 1 5 4 8 „Gottes Verhalten und Wirken beschreiben." — Vgl.
Jes 31 3. — Über πνεῦμα bei Jos. vgl. Schlatter, Wie sprach Josephus von Gott 1910, 28.
Die rabbin. Stellen bei Str.-B. II 437 f. sind keine Parallelen; sie reden davon, daß Gott
die Seele der Welt ist und ihr als unsichtbar und unvergänglich entgegengesetzt ist wie
die menschliche Seele dem Leibe; sie unterliegen zudem dem Verdacht stoischer Beein-
flussung.
[4] Über die Messias-Erwartung der Samaritaner s. Schürer II 608; Bousset, Rel.
d. Judent. 224 f.; Ad. Merx, Der Messias oder Ta'eb der Samaritaner 1910 (dazu
P. Kahle, Theol. Lit. Ztg. 1911, 198); Odeberg 182 f.
[5] Das ὁ λεγ. Χρ. macht zunächst den Eindruck, eine interpretierende Glosse (des
Evglisten oder des Red.) zu sein; vgl. 1 38. 41 f. 9 7 11 16 19 13. 17 20 16. Es fällt dann
aber auf, daß als das λεγόμενον nicht das Fremdwort charakterisiert wird (vgl. 5 2), sondern
die Übersetzung. Das ist freilich 11 16 20 16 auch der Fall (anders liegen 19 13. 17); λέγεσθαι
kann also den Sinn von „bedeuten" haben (scil. μεθερμηνευόμενον, s. 1 38). Indessen
ist das ὁ λεγ. Χρ. doch so auffällig, daß Odebergs Vermutung (187) vielleicht richtig

δόξα des Offenbarers in der σάρξ zeigt. Sie würde vielmehr den Erweis des πνεῦμα nur in wunderbaren, auffallenden Phänomenen sehen, wie es sogleich ihre Meldung (V.29) zeigt. Sie weiß deshalb nicht, daß es der erwartete Offen=barer ist, der mit ihr redet. Indessen wird sie auch nicht einfach als unzugänglich dargestellt; ihre Erwartung gibt die Möglichkeit für Jesu Selbstoffenbarung V.26. Sie erfolgt in der schlichten Form: ἐγώ εἰμι, ὁ λαλῶν σοι. Der, nach dem gefragt wird, ist Jesus; der, auf dessen Kommen man wartet, ist da. Indem der Offenbarer so spricht, ist für den Hörer die Frage der Entscheidung gestellt: das ἐγώ εἰμι erhebt den absoluten Anspruch auf Glauben[1].

f) Abschluß V.27-30.

Der Evglist ist nicht auf einen organischen Abschluß der Erzählung als solcher bedacht, sondern begnügt sich damit, das für den Leser Wesentliche gesagt zu haben. Er nimmt das Thema von V.10-15 nicht wieder auf; aber der Leser weiß jetzt, inwiefern Jesus das lebende Wasser spendet[2]. So wenig wie in der Niko=demus=Geschichte Kap. 3 will der Evglist hier eine Bekehrungsgeschichte erzählen. Auf der Gestalt der Frau ruht kein selbständiges Interesse. Es genügt, daß in ihrem Gespräch mit Jesus die Möglichkeiten aufgezeigt sind, wie die Offenbarung, an den Lebensdurst des Menschen sich wendend, ihn sich selbst in seiner Unruhe durchsichtig macht, ihn auf das Wunder Gottes verweist und ihm als solches Wunder begegnet, ihn in die Entscheidung rufend. Der Evglist bringt nur den Abschluß des Gesprächs, den er in seiner Quelle fand[3]; was weiter von der Frau erzählt wird, dient nur dazu, die Samaritaner zu Jesus zu führen; und diese Situation wiederum ist der Hintergrund, auf dem das Thema von 4,31-42 ab=gehandelt wird. Die Frau weckt durch ihre seltsame Mitteilung die Frage, ob der Fremde vor der Stadt draußen der Messias sei[4], und sie wandern zu ihm hinaus (V.28 – 30). Der Evglist flicht aber in den Bericht die Mitteilung von der Rückkehr der Jünger (V.27[5]), ein, um dadurch die Verbindung mit dem Fol=genden herzustellen. Und zwar verschiebt er diese Mitteilung nicht bis hinter V.30, weil er die Jünger noch Zeugen der Tatsache des Gesprächs werden lassen will, um so das Erstaunliche dieser Tatsache hervorzuheben. Sie wundern sich, Jesus im Gespräch mit einer Frau zu finden[6], wagen aber keine Frage deswegen. Der Offenbarer begegnet — das soll deutlich werden — dem einzelnen, der Frau wie dem Manne, oft zur Verwunderung der „Jünger", daß es gerade dieser oder jener, diese oder jene ist, zu dem er spricht; es kann nicht gefragt werden, warum das so sei.

---

ist: die Quelle las: „Ta'eb, der (von Euch Juden) sogenannte Messias." — Das ὅταν κτλ. beruht darauf, daß der samaritan. Ta'eb nach Dt 18,18 als Prophet und Lehrer erwartet wurde. Freilich könnte ὅταν κτλ. ein Zusatz des Evglisten sein; das ὅταν ἔλθῃ ἐκ. wie das ἀναγγελεῖ kehrt 16,13(-15) wieder.

[1] Über das ἐγώ εἰμι s. zu 6,35.

[2] Daß die Frau V.28 ihren Krug am Brunnen läßt, hat sicher nicht den allegorischen Sinn, daß ihr Lebensdurst durch Jesu Worte gestillt sei und sie des irdischen Wassers nicht mehr bedürfe, sondern malt nur ihren Eifer. [3] S. S.128.

[4] Die Frage (V.30) (μήτι, obwohl bejahende Antwort erwartet wird, Bl.=D. § 427, 2) ist vom Standpunkt der Angeredeten aus formuliert; vgl. 7,26 Mt 12,23 Lt 3,15.

[5] S. S.128 und folgende Anm. — Ἐπὶ τούτῳ = „während dem", Raderm.11.

[6] Daß Jesus mit einer Samariterin redet, kommt nicht, wie man nach V.7-9 er=warten sollte, zur Geltung; umso deutlicher, daß der Vers nicht zum Traditionsstück gehört. — Zur rabbin. Anschauung über Gespräche mit Frauen s. Br.; Str.=B. II 438; H. Strathmann, Geschichte der frühchristl. Askese I (1914), 16f.

β) Jesus und die Boten der Offenbarung: 4 31-42.

Die Darstellung ist bei aller äußeren Einfachheit wieder höchst kunstvoll, indem in den beiden Stücken, in die der Abschnitt zerfällt, und deren letztes der ganzen Erzählung 4 1ff. den äußeren Abschluß gibt, die beiden Seiten des Problems „Hörer erster und zweiter Hand" behandelt werden: 1. V. 31-38: wie verhält sich die Verkündigung der Zeugen des Offenbarers zu seinem eigenen Werk?, 2. V. 39-42: welches ist das Verhältnis der durch die Zeugen Gewonnenen zum Offenbarer selbst?

1. Jesus und die Verkündigung der Zeugen V. 31-38[1].

V. 31 — 34 ist ein Vorspiel, dessen Zusammenhang mit dem Folgenden nicht unmittelbar deutlich ist. Die an Jesus gerichtete Aufforderung der inzwischen[2] aus der Stadt zurückgekehrten Jünger (s. V. 8), zu essen (V. 31), dient dazu, daß sich Jesus als den charakterisiert, der Gottes Willen tut[3]. Dieser immer wieder betonte Gedanke[4] soll die Offenbarung als Gottes Handeln beschreiben: der Offenbarer ist nichts für sich; er ist „gesandt"[5], und sein Leben und Wirken ist ein Dienst. Und wenn dieser Dienst hier (V. 32. 34) als seine Speise bezeichnet wird[6], so ist dadurch gesagt, daß er nicht nur für diesen Dienst, sondern sogar

---

[1] In diesem Abschnitt, dessen Gedankengang schwierig ist, Überarbeitung anzunehmen, liegt nahe (Soltau, Schw., Wellh.); indessen ist es auch schwierig, eine einleuchtende Analyse vorzulegen und ein Motiv des Red. aufzuzeigen. Jedenfalls ist V. 31-34 in Stil (Mißverständnis) und Gedanken (s. u.) ganz johanneisch. Odeberg möchte V. 35-38 ausscheiden, nennt aber kein Motiv für die Einschiebung. Stilistische Argumente sprechen nicht gegen, eher für joh. Herkunft. Mit οὐκ eingeleitete Fragen Jesu sind beim Evglisten häufig: wie 4 35 so 6 70 7 19 10 34 11 40 14 10, und wie 4 35 hat die folgende Aussage 6 70 7 19 den Sinn der Korrektur (,,und dennoch", ,,jedoch"; ebenso in Fragen anderer Personen 6 42 7 25). Auch sonst werden selbstgestellte Fragen durch einen korrigierenden Satz beantwortet: 1 51 3 11 6 62 13 38 16 20. 32 (hier durch καὶ ἰδού wie 4 35 durch ἰδού). — Das ἤδη V. 35 36 wird zum Folgenden zu ziehen sein; Satzanfänge mit ἤδη auch 7 14 9 22 15 3. — Ist in D 36 mit אK D al vor ὁ σπείρων ein καὶ zu lesen, so vgl. zu dem καὶ — καὶ 12 28 15 24 (Bl.-D. § 444, 3). — Das ἐν τούτῳ (mit folgendem ὅτι) bedeutet V. 37 wie 9 30 „hier", „in diesem Falle"; ähnlich 13 35 16 30 „hieran"; vgl. 15 8: ἐν τούτῳ . . . ἵνα. — Dazu kommt, daß V. 35 f. die für den Evglisten charakteristische rabbinische Sprachfärbung zeigen, vgl. Schl. und s. u. Im übrigen ist zu beachten, daß sprichwörtliche Sätze zugrunde liegen, auf die die sonst bei Joh nicht begegnenden Begriffe θερίζειν, σπείρειν, κοπιᾶν zurückgehen.

[2] Μεταξύ im NT sonst Präpos. außer Act 13 42, wo es Adv. ist und „nachher" heißt. Hier „inzwischen" wie auch sonst (Bl.-D. § 215, 3; Br., Wörterb.).

[3] Ποιεῖν τὸ θέλημα τοῦ θεοῦ eine dem AT, dem Judentum und Urchristentum geläufige Formel, s. Br., Wörterb. (s. v. θέλημα); Str.-B. I 467; Schl. zu Mt 7 21. Bei Joh mit Bezug auf Jesus 5 30 6 38-40. mit Bezug auf Menschen 7 17 9 31. (ποιήσω BCDL al, gegen ποιῶ אA al, wird Assimilation an τελειώσω sein.) — Τελειοῦν τὸ ἔργον wie 5 36 17 4 vom Wirken des Offenbarers. Diese Stellen zeigen erstens, daß ἔργον nicht das von Gott gewirkte, sondern das von Gott dem Offenbarer aufgetragene Werk ist, zweitens daß τελειοῦν nicht das Zu-ende-führen eines Angefangenen zu bedeuten braucht, sondern auch das Ausführen des Aufgetragenen bedeuten kann. So hier; vgl. Act. Thom. 167, p. 282, 1: ἐτελείωσά σου τὸ πρόσταγμα; s. Dalman, Jesus-Jesch. 190 bis 192. Das ποιεῖν τ. θελ. und τελ. τ. ἔργ. ist gleichbedeutend mit dem ἐργάζεσθαι τὰ ἔργα τοῦ πέμψαντός με 9 4. — Unhaltbar Zn., Lagr.: das ἔργον Gottes, das Jesus zu Ende führt, sei die von Gott in der Samariterin gewirkte Vorbereitung auf Jesu Wort.

[4] 5 30 6 38-40 und sonst; s. zu 5 19.

[5] Hier zum erstenmal der im Folgenden noch 24 mal begegnende Ausdruck des πέμψας (πατήρ).

[6] Βρῶσις V. 32 (wie 6 27. 55) in der Bedeutung von βρῶμα = „Speise" (V. 34) ist geläufig, s. Br., Wörterb. — „Speise", „Nahrung" ist das, was das Leben, die Existenz erhält; dies macht ihr Wesen aus, nicht, daß sie in der Regel ein materieller Stoff ist, der mit den Zähnen verarbeitet wird. Der Sprachgebrauch ist deshalb nicht „bildlich"

durch ihn da ist. Der Gedanke ist hier noch dadurch betont, daß die Jünger (V.33) in typischer Weise mißverstehen: sie „kennen" die Speise nicht (V.32), die ihm zur Nahrung dient[1].

Selbstverständlich ruht auf der Szene kein historisch=novellistisches Interesse. Ob Jesus nun doch auch von der leiblichen Nahrung genoß, oder warum er es nicht tat, bleibt außer Betracht[2]. Aber welche Bedeutung hat V.31-34 im Zusammen= hang? Offenbar kann man das Motiv des βρῶμα nicht mit dem des ὕδωρ von V.10-15 zusammenbringen; denn das ὕδωρ dort war die Gabe, die er spendet; das βρῶμα hier ist, wovon er selbst lebt[3]. Das Gegenstück zu jenem ὕδωρ ist vielmehr der ἄρτος 6 27ff., V.31-34 aber muß seine Beziehung zum Folgenden haben: wie nach V.31-34 Jesus als der, den Gott gesendet, nichts aus sich und für sich ist, sondern nur das Werk des Vaters ausführt, so sind nach V.35-38 die von ihm gesendeten Jünger nichts aus eigenem Willen und eigener Kraft; in ihrem Wirken vollzieht sich das in ihm anhebende eschatologische Geschehen. Das Motiv, aus dem V.31-34 den DD.35-38 vorausgeschickt ist, ist also, die Sendung der Jünger aus der Analogie zu seiner Sendung verständlich zu machen[4].

So wenig sich Jesu Wirken nach der Regel sonstigen menschlichen Wirkens vollzieht, so wenig gelten für das Wirken derer, die er sendet, die Regeln irdischer Erntearbeit[5]. Auch ihr Wirken hat sein eigenes Gesetz, das dem „gesunden Menschen= verstand" widerspricht; denn es ist eschatologisches Geschehen. Dies der erste Gedanke des Folgenden (V.35f.).

Das οὐχ ὑμεῖς λέγετε[6] (V.35), das durch die gegebene Situation ja gar nicht veranlaßt ist, weist darauf hin, daß der Satz ἔτι τετράμηνός ἐστιν καὶ ὁ θερισμὸς ἔρχεται[7] entweder ein Satz ist, wie ihn angesichts der in Frage

---

(wie Pſ 63 6 Prov 9 5f.), sondern ganz eigentlich. Ebenso gebraucht Philo τροφή opif. m. 158; sacr. Ab. et C. 86; vit. Mos. II 69. Weiteres zu 6 27. — Völlig unmöglich A. Schweitzer, Die Mystik des Apostels Paulus 1930, 352f.: Jesu Speise sei die Speise zur Erlangung der Unsterblichkeit, die durch die Hingabe seines Leibes in den Tod be= schafft und in der Eucharistie den Gläubigen dargeboten wird.

[1] Vgl. das Unverständnis 3 4 4 10f., vor allem das „nicht kennen" 4 22 7 29 8 14f. 19. 54f. — Der Evglist zeichnet übrigens so wenig wie Mk eine Entwicklung des Verständnisses der Jünger. Ihr Unverständnis bleibt trotz 6 66ff. immer das gleiche (9 2 11 8. 12 13 33 14 4ff.), wie sie denn Jesus trotz 1 41ff. 6 69 als Rabbi anreden (9 2 11 8). Das Verständnis wird ihnen erst aufgehen, wenn er von ihnen gegangen ist (14 15ff. 16 7ff. 25ff.; vgl. 2 22 12 16).

[2] So richtig Htm. Vgl. die Psychologisierung bei Zn.: „Wie ihm beim Gespräch mit der Samariterin der Durst vergangen ist, ... so auch der Hunger. Man sieht, in welche Spannung und gehobene Stimmung Jesus durch die nicht beabsichtigte Unter= redung mit dem nichtjüdischen Weibe versetzt worden ist." Ähnlich Lagr., Bl. Aber falsch auch Delafosse 29f.: „Ajoutons, que notre régime physiologique lui est étranger", — darauf reflektiert Joh gar nicht.

[3] Nicht unmöglich ist natürlich, daß der Evglist zur Formulierung von V.31-34 da= durch veranlaßt wurde, daß in dem V.10-15 benützten Stück der „Offenbarungsreden" nicht nur vom lebenden Wasser, sondern auch von der himmlischen Speise die Rede war. Trank und Speise (bzw. Essen und Trinken) werden nicht selten nebeneinander genannt, um zusammen die überirdische Nahrung zu bezeichnen, vgl. Sir 24 21; C. Herm. 1, 29; Jgn. Rom.7, 2f.; Act. Thom.7, p. 110, 17ff.; vgl. auch 6 35.   [4] Richtig Htm.

[5] Die Ernte ist Mt 9 37f. Bild für die Mission; vor allem aber ist sie traditionelles Bild für das eschatolog. Gericht Jeſ 27 12 Joel 4 13 IV Esr 4 28ff. syr Bar 70 2ff. Mt 4 29 13 28 f. 13 30. 37ff. Apk 4 15f.

[6] Die Wendung dürfte spezifisch rabbinisch sein (ſ. Schl.); λέγειν zur Bezeichnung dessen, was „man" sagt, auch Lt 12 54f.

[7] Τετράμηνος sc. χρόνος wie cod. A Jdc 19 2 20 47; ſ. Bl.=D. § 241, 3. — Zwar läßt sich der Satz, wenn man von dem in D L al freilich fehlenden, aber sicher ursprüng=

stehenden Sache (der „Erntearbeit" der Jünger) der „gesunde Menschenverstand"
sprechen würde, oder — wahrscheinlicher — ein Sprichwort, in dem solcher „gesunde Menschenverstand" typisch seinen Ausdruck findet[1]. Da das Folgende
zeigt, daß der Gegensatz zu diesem Wort das „jetzt schon!" ist, muß der Sinn des
Wortes der sein: zwischen Saat und Ernte liegt eine hinlängliche Zeit; es hat
noch gute Weile! Das Wort ist damit, wie viele Sprichwörter, verschiedener
Anwendung fähig; es kann eine Mahnung zur Geduld sein: „Eile mit Weile!",
es kann aber auch Ausdruck der Trägheit sein: „Morgen, morgen; nur nicht heute!"
Wie es aber auch gemeint sei, die Anwendung ist klar: in der irdischen Arbeit
gibt es ein Warten, sei es das der Geduld, sei es das der Trägheit; es ist nicht
immer Entscheidungszeit. Nicht jede Gegenwart hat gleiches Gewicht; manche
weist nur voraus auf ein Dann. Demgegenüber aber gilt hier: ἰδοὺ λέγω ὑμῖν
κτλ[2]: die Zeit der Ernte ist schon da; für die Arbeit der Verkündigung, für den
Dienst am Offenbarungsgeschehen gibt es immer nur entscheidende Gegenwart;
sie gehört nie erst in ein Dann, sondern immer ins Jetzt, — und zwar deshalb,
weil sie, wie die Bezeichnung dieser Arbeit als θερισμός andeutet, und wie V.₃₆
weiter klar macht, eschatologisches Geschehen ist. Illustriert wird der Gedanke
durch die Szene, die den Hintergrund des Gesprächs bildet: das Kommen der
Samaritaner (V.₃₀. ₄₀), jedoch so, daß die Szene ein Symbol für den Gedanken
des Gesprächs ist; denn dieses hat grundsätzlichen, nicht historisch=aktuellen Sinn.

Die Verkündigung der von Jesus entsandten Boten[3] ist eschatologisches
Geschehen ebenso wie sein eigenes Wirken; die „Ernte" der Missionsarbeit ist die
eschatologische „Ernte"[4]. Das betont **V.₃₆**: schon jetzt[5] wird die Frucht ein=

---

lichen ἔτι absieht, als iambischer Trimeter lesen (Bl.=D. § 487), aber die Formulierung ist
wenngleich nicht ungriechisch, doch so typisch semitisch (vgl. bes. LXX Jer 28₂₂ 35₃
Jona 3₄: ἔτι . . . καί), daß man semitischen Ursprung des Satzes wird annehmen müssen,
zumal die Regel sich aus der griechischen Rechnung von Saat und Ernte nicht begreifen
läßt (Oldf bei Pauly=Wissowa VI 1, 474: die Gerstenernte, die die früheste ist, beginnt im 7.
oder 8. Monat nach der Saat).

[1] Als Sprichwort ist der Satz freilich nicht nachgewiesen. — Genau berechnet liegen
in Palästina zwischen Saat und Ernte 6 Monate, da die Weizensaat Okt./Nov. beginnt,
die Ernte im April (G. Dalman, Arbeit und Sitte in Palästina I 1928, 164ff. 413ff.).
Da sich die Wintersaat, je nach Eintritt der Regenzeit, bis in den Dez. hinziehen kann,
ist der Satz als Sprichwort durchaus verständlich; er gibt das Mindeste der Wartezeit
an (vgl. Str.=B. II 439f.; Schl) — Daß die Situation Joh 4 durch diesen Satz auf den
Dez. datiert werde, ist eine dem Evglisten fernliegende Reflexion.

[2] Auch V.₃₆b zeigt rabbinische bzw. semitische Wendungen. Zu ἰδοὺ λέγω ὑμῖν
s. Schl.; ἐπαίρειν τ. ὀφθ. wie Gen 13₁₀ Lt 6₂₀ usw., vgl. Schl. zu Mt 17₈. — Χώρα =
„Acker" nicht ungewöhnlich, s. Br., Wörterb.; λευκός = „reif" s. Wetstein und Br., Act.
Thom.147, p.255, 7f.: αἱ ἄρουραί μου ἐλευκάνθησαν· θερισμὸν προσδέχονται wird
auf Joh 4₃₅ zurückgehen. Vgl. bes. in der eschat. Weissagung Virg. Ekl. 4, 28: molli
paulatim flavescet campus arista. Doch ist „Weißwerden" vom Getreide nach G. Dalman, Arbeit und Sitte I 413, auch in Palästina gebräuchlich.

[3] Die Regel V.₃₅ würde auch für Jesu eigenes Wirken gelten (s. 9₄); aber V.₃₆
zeigt, daß vom θερίζειν der Jünger die Rede ist; denn wenn Jesus als der θερίζων
gedacht wäre, so müßte es ja heißen: ἵνα ὁ σπείρων ὁμοῦ καὶ θερίζῃ, es sei denn, daß
Jesus als der Ernter von Gott als dem Säer unterschieden würde (so Zn., Tillmann).
Aber V.₃₈ bestätigt, daß die Jünger die Erntenden sind.

[4] S. S. 144, 5.

[5] Ob das ἤδη den Schluß des vorigen, oder den Anfang des neuen Satzes bildet,
ist sachlich gleich, da für jeden Satz dem Sinne nach das „schon jetzt" gilt. Wahrscheinlicher
aber ist es der Satzanfang, s. S. 143, 1 und das eschatologische ἤδη Mt 3₁₀ = Lt 3₉.

gebracht zum „ewigen Leben"[1]. In der Tat: ist Jesu „Kommen in die Welt" das eschatologische Ereignis, so muß ja alles, was in seiner Konsequenz geschieht, eschatologisches Geschehen sein. Für dieses gelten die Regeln menschlichen Tuns nicht[2]; die Freude des Säers und des Ernters[3], und d. h. die Zeit von Saat und Ernte fallen zusammen[4].

Das Paradoxe aber an diesem eschatologischen Geschehen wird noch dadurch gesteigert, daß Säer und Ernter verschiedene Personen sind. Das sagt **V. 37** mit einem neuen Sprichwort[5]. Es spricht seinem ursprünglichen Sinne nach die tragische Wahrheit aus, daß im Gang der Zeit ein Späterer erntet, was ein Früherer gesät hat[6]. Im eschatologischen Geschehen aber erlangt dieses Sprichwort seinen eigentlichen Sinn[7], auf den es gleichsam bisher warten mußte: gerade hier, wo Säer und Ernter sich zur gleichen Zeit freuen, gilt es, daß ein anderer der Säer, ein anderer der Ernter ist. In der eschatologischen „Zeit" ist die Spannung zwischen Gegenwart und Zukunft aufgehoben, und doch bleibt jenes zunächst für die irdische Zeit geltende Gesetz bestehen, daß ein anderer der Säer, ein anderer der Ernter ist. Aber der Säer ist nicht mehr der Frühere, der Ernter nicht mehr der Spätere. Freilich scheint das doch noch so zu sein, denn das Wirken der Jünger folgt doch in der Zeit auf das Wirken Jesu — und V.38 wird diesen Gesichtspunkt zur Geltung bringen—, in Wahrheit aber— und eben das wollen V.35-37 lehren — vollzieht sich Jesu und der Jünger Wirken, vollziehen sich Saat und Ernte gleichzeitig[8]. Das heißt einerseits, daß das Wirken des „historischen Jesus" gar nicht rückblickend als etwas in sich Geschlossenes und für sich Bedeutsames in den Blick gefaßt werden darf; dieses Wirken erreicht seinen Sinn erst, wenn es gewesen ist, wenn sein Ende zum Anfang wird. Das „Kommen" des Offenbarers und sein

---

[1] Das μισθὸν λαμβ. hat keine Eigenbedeutung, sondern charakterisiert wie das συνάγει den Schluß der Erntezeit, denn auf dem zeitlichen Verhältnis von Saat und Ernte beruht die Pointe. Deshalb gehört εἰς ζωὴν αἰων. nicht zu μισθόν, sondern zu καρπόν (wie schon die Stellung zeigt); das συνάγει κτλ. zeigt also deutlich, daß es sich um die eschatologische „Ernte" handelt.

[2] Ähnlich paradoxe Schilderung der Heilszeit, freilich in bezug auf Saat und Ernte im natürlichen Sinn, Am 9₁₃; p. Ta'an 1, 64a (Str.-B. II 440d). Als Märchenmotiv bei H. Schmidt-P. Kahle, Volkserzählungen aus Palästina II 1930, 9.

[3] Die Erntefreude ist typisch, s. Jes 9₂ Ps 126₅f. Die Gleichzeitigkeit (ὁμοῦ) der Freude des Säers und Ernters bildet die Pointe, nicht die Tatsache, daß auch der Säer sich freut wie der Ernter. Daher ist an die alte volkstümliche Anschauung, daß die Arbeit der Saat Trauercharakter trägt (Gunkel zu Ps 126₅f. im Gött. Handkomm. 3. AT), nicht zu erinnern.

[4] Ὁμοῦ heißt entweder „zusammen (am gleichen Ort)" oder „gleichzeitig", aber nicht „aussi bien que" (Lagr.).

[5] Λόγος = „Sprichwort" ist häufig, s. Wetst. und Br.; ἀληθινός (s. S. 32) ist hier soviel wie ἀληθής, vgl. Soph. Ai. 664: ἀλλ᾽ ἔστ᾽ ἀληθὴς ἡ βροτῶν παροιμία (= λόγος, vgl. Soph. Trach. 1). Jedoch ist zugleich der joh. Sinn von ἀληθινός mitzuhören, s. Anm. 7. — Natürlich ist das ὅτι explic., nicht begründend.

[6] Wörtlich gleichlautend ist das Sprichwort nicht bezeugt; der Gedanke häufig im AT (Dt 20₆ 28₃₀ Mi 6₁₅ Hiob 15₂₈ LXX 31₈; vgl. Philo leg. all. III 227; Mt 25₂₄) wie im Griechentum (s. Br.; z. B. ἄλλοι σπείρουσιν, ἄλλοι δ᾽ ἀμήσονται). Vgl. G. W. Freytag, Arabum proverbia I 1838, 570, Nr. 166: saepe sibi serit, at alius demetit. Als afrikan. Sprichwort bei B. Gemser, De Spreuken van Salomo I 1929, 19.

[7] Das ἀληθινός (s. Anm. 5) hat also zugleich denselben Sinn wie in φῶς ἀλ. (1₉), ἄρτος ἀλ. (6₃₂), ἄμπελος ἀλ. (15₁). Der irdische Sinn des λόγος ist ein uneigentlicher.

[8] Nach Eisler, Rätsel 474 ist der σπείρων Jesus, der θερίζων Simon Magus, und die Paradoxie löst sich dadurch, daß Simon mit Jesus identisch ist. Aber dadurch ist die Gleichzeitigkeit von Saat und Ernte eliminiert.

„Fortgehen", in der irdischen Zeit getrennt, sind in der eschatologischen „Zeit" gleichzeitig[1]. Der Evglist wird dies Paradoxon am Begriff des δοξασθῆναι Jesu, das sich in seinem vergangenen Wirken vollzog, und das sich doch erst mit seinem Ende vollzieht, deutlich machen[2].

Andrerseits aber bedeutet die Gleichzeitigkeit des Wirkens Jesu und der Jünger, daß das Wirken der Jünger nicht aus sich selbst Legitimation und Kraft hat. Ohne ihn können sie nichts tun (15 5), und in ihnen ist er verherrlicht (17 10). Das aber wird ihnen hier dadurch zum Bewußtsein gebracht, daß ihr Blick jetzt auf die irdische Zeitfolge gerichtet wird, deren Aufhebung durch das eschatologische Geschehen doch V. 35 f. soeben gelehrt hatten. V. 38: ἐγὼ ἀπέστειλα ὑμᾶς θερίζειν ὃ οὐχ ὑμεῖς κεκοπιάκατε[3]. Die Arbeit der Jünger ist also nur Erntearbeit. Das heißt einerseits: sie dürfen ihre Arbeit nicht als eine Saat für die Zukunft auffassen. Die Predigt des Wortes ist nicht ein menschliches Besorgen, bei dem Arbeit und Erfolg auseinanderfallen, sodaß vorsichtiger, verzagter oder träger Aufschub oder auch Zweifel am Erfolg möglich wäre. Im eschatologischen Geschehen gibt es nicht Vorbereitung und Entwicklung; es gilt nur das entscheidende Jetzt, kein Dann, kein Später (V. 35). Aber — und darauf ruht hier der Ton — so wenig es Zögern und Sorge gibt, so wenig gibt es andrerseits ein Rückschauen auf Erreichtes, einen Stolz auf „weltgeschichtliche Wirkungen des Christentums". Gibt es solche, so bedeuten sie nicht das συνάγειν καρπὸν εἰς ζωὴν αἰώνιον. Hier können keine Erfolge Sinn und Wert der Leistung ausweisen. Was der Verkündiger erntet, dankt er dem κόπος Anderer.

Und wer sind diese ἄλλοι? Man erwartet, daß das θερίζειν der Jünger dem κοπιᾶν Jesu gegenübergestellt wird. Aber kann das Wirken Jesu mit dem eines Anderen bzw. Anderer, zusammengestellt werden, sodaß die ἄλλοι die Vorbereiter der christlichen Missionsarbeit wären, zu denen eben auch Jesus gehörte[4]? Auch der Vater und Jesus können doch nicht in diesem ἄλλοι zusammengefaßt sein, denn ihr Wirken steht nicht hinter- oder nebeneinander, sondern der Vater wirkt durch ihn[5]. Ja, kann Jesus überhaupt in den ἄλλοι einbegriffen sein als ein Vorläufer, da er doch vielmehr in dem Werk seiner Jünger selbst wirkt? Da V. 38 nicht wie V. 35-37 sub specie des Eschatologischen, sondern des Historischen geredet wird, so gehört zu den ἄλλοι allerdings Jesus als der Vorbereiter der christlichen Mission; aber die, mit denen er sich zusammenfaßt, sind die jeweiligen Vorgänger in der Missionsarbeit. Das ἀπέστειλα, das ja durch die bisherige Erzählung ganz unbegründet ist[6], ist vom Standpunkt der späteren

---

[1] Vgl. 3 19 mit 12 31.　　　[2] S. zu 12 28 13 31f.

[3] Κοπιᾶν heißt ursprünglich „müde werden", „Mühsal erleiden" (so 4 6), wird dann aber auch von mühseligem Tun gebraucht, bes. von der Arbeit des Landmanns, s. II Tim 2 6 und v. Harnack, ZNTW 27 (1928), 5. — Vgl. Jos 24 13: καὶ ἔδωκεν ὑμῖν γῆν, ἐφ᾽ ἣν οὐκ ἐκοπιάσατε ἐπ᾽ αὐτῆς καὶ πόλεις, ἃς οὐκ ᾠκοδομήσατε.

[4] An die Propheten des AT zu denken (so Lgr. wie die alte Kirche, s. Br.), ist ausgeschlossen; es widerspricht der Anschauung des Joh, Jesus und die Propheten zu koordinieren. Der Täufer und seine Jüngerschaft (Lohmeyer, U. C. I 26, 3) könnte gemeint gewesen sein, wenn V. 38 ein älteres vom Evglisten verwendetes Wort ist; für ihn selbst kommt dieser Sinn nicht in Frage.

[5] Das ist auch der Sinn von 5 17, wo Gottes und Jesu ἐργάζεσθαι formal koordiniert sind; s. dort. Auch die 6 44 beschriebene Tatsache rechtfertigt nicht die Koordination des Wirkens Gottes und Jesu.

[6] Joh kennt überhaupt nicht die Aussendung der Jünger zu Lebzeiten Jesu, die die Synopt. (Mk 6 7ff. parr.) berichten. Erst der Auferstandene entsendet sie 20 21.

Missionsarbeit gesprochen, innerhalb deren jeder Missionar schon auf Vorgänger
zurückblickt. Jeder steht in einer Geschichte, die mit dem historischen Jesus den
Anfang nahm.

Das eschatologische Geschehen spielt sich also in der Geschichte ab; und daß
in dieser Geschichte jeder, durch die Reihe seiner Vorgänger hindurch, vom An=
fang dieser Geschichte getragen ist, erinnert ihn daran, daß nicht er Schöpfer oder
auch nur Mitschöpfer dieser Geschichte und selbständig in ihr ist, sondern daß sich
in ihr das eschatologische Geschehen vollzieht. Wie Jesus nur durch den Vater
ist, was er ist (V. 31-34), so sind auch die christlichen Boten, was sie sind, nur durch
ihn. Und wie die Sendung des Täufers nichts für sich war, sondern ihren Sinn
nur im Zeugnis für Jesus hat (3 22-30), so ist auch die Sendung der Boten Jesu
nichts für sich, sondern schöpft ihren Sinn nur aus ihm.

2. Hörer erster und zweiter Hand V.39-42[1].

Der aus V.35-38 gewonnene Gedanke, daß im Wirken der Boten Jesus selber
wirkt, findet sofort seine Anwendung, indem nun das Thema der christlichen Ver=
kündigung vom Gesichtspunkt der Hörer aus behandelt wird: der vermittelnde
Bote ist von entscheidender Bedeutung, denn er führt ja die Anderen zu Jesus;
aber eben damit erledigt er sich selbst, und der Hörer — „zweiter Hand" wird zum
Hörer — „erster Hand".

An V.30 anschließend berichtete in der Quelle V.40 von einem erfolgreichen
Aufenthalt Jesu in Samaria[2]. Der Evglist hat durch seine Bildung V. 39. 41 f.[3]
den Bericht zu einer symbolischen Darstellung des Problems der Hörer „zweiter
Hand"[4] gemacht. Er konnte ja nicht wohl eine Szene bilden, in der Hörer der
Boten Jesu zu diesem selbst vordringen, denn nach seinem Plane werden die
Jünger ja erst vom Auferstandenen entsandt[5]. Sie werden deshalb hier von
der Frau vertreten; diese repräsentiert die vermittelnde Verkündigung, die den
Hörer zu Jesus selber führt[6]. Dieser Gedanke ist stark betont: wohl war das
Zeugnis der Frau für die Leute die notwendige Voraussetzung ihres Glaubens.
Aber es bedeutet nichts für sich, sondern seine Bedeutung ist die, daß es zu Jesus
führt, sodaß der Glaube zu einem Glauben διὰ τὸν λόγον αὐτοῦ wird, demgegen=

---

[1] Zur Analyse s. S. 128.

[2] Daß Jesus zwei Tage bleibt, ist vielleicht auf Grund der Did 11,5 bezeugten
Vorschrift gesagt, daß sich ein Wanderprediger nur zwei Tage in einer Gemeinde auf=
halten soll. Auch war die Angabe einer sehr kurzen Zeit erforderlich, wenn die Erzählung
nicht in zu starken Gegensatz zur synopt. Tradition treten sollte, die ein Wirken Jesu
unter den Samaritanern nicht kennt. Vgl. Br., Exkurs nach 4 42. — Ἐρωτᾶν = „bitten"
ist der Koine geläufig.

[3] Stilistische Merkmale: Trennung des πολλοί von dem bestimmenden Gen. τῶν
Σαμ. durch das Verb. fin. wie 12 11 19 20 (vgl. 6 60). Zu ὡς οὖν s. S. 150, 3. Zu διὰ τ.
λόγον τ. γυν. μαρτ. vgl. II Joh 2: διὰ τ. ἀλήθειαν τὴν μένουσαν ἐν ἡμῖν. Zu οἴδαμεν
ὅτι vgl. die Glaubenssätze I Joh 3 2. 14 5 15. 18-20. σωτὴρ τ. κόσμου wie I Joh 4 14. Auch
12 47 ἵνα σώσω τ. κόσμου stammt vom Evglisten, ebenso wie 3 17.

[4] Vgl. Kierkegaard, Philosoph. Brocken.　　[5] S. S. 147, 6.

[6] Man kann natürlich sagen, daß die Samariterbekehrung die Heidenmission re=
präsentiert (Omodeo, Mistica 76); indessen liegt darauf kein Ton. Es handelt sich um
die Mission überhaupt; auf die Heidenbekehrung speziell ist 12 20 ff. reflektiert. — Ode=
berg (178. 189) betont mit Recht den Unterschied der jüdischen und der samaritan. Hal=
tung gegenüber Jesus; vgl. 4 12 ff. mit 8 53 ff. Die Samaritaner berufen sich mit Recht
auf ihre Väter 4 12, die Juden nicht 5 46 f. 8 38 ff. 56. Jesus wird 8 48 als Samaritaner ge=
scholten.

über das menschliche Zeugnis zur λαλιά, zu bloßen Worten, die die Sache nicht mit sich führen, herabsinkt[1]. Damit ist gesagt: der Glaube darf nicht auf die Autorität Anderer hin glauben, sondern muß selbst seinen Gegenstand finden; er muß durch das verkündigte Wort hindurch das Wort des Offenbarers selbst vernehmen. Es entsteht also die eigentümliche Paradoxie, daß die unentbehrliche Verkündigung, die den Hörer zu Jesus führt, doch gleichgültig wird, indem der Hörer im glaubenden Wissen selbständig und damit auch zum Kritiker an der Verkündigung wird, die ihn selbst zum Glauben führte. Daher denn auch die Unmöglichkeit, je endgültig dogmatisch zu fixieren, welche Sätze die Verkündigung enthalten muß, weil jede Fixierung, als menschliches Wort, zur λαλιά wird. Das eschatologische Wort wird zum geistesgeschichtlichen Phänomen.

Was der Glaube weiß, sagt der Satz: ὅτι οὗτός ἐστιν ἀληθῶς ὁ σωτὴρ τοῦ κόσμου. Der Ausdruck entspricht der Diskussion V. 20-26: der Offenbarer wird mit dem Titel bezeichnet, der kundgibt, daß durch sein Kommen die Schranken der nationalen Kulte erledigt sind. Sachlich ist damit nichts Neues über 3 17 hinaus gesagt. Aber wie 3 17 ist hier bedeutsam, daß der Titel nicht nur die universale Bedeutung des Offenbarers ausspricht, sondern daß er das tut als eschatologischer Titel[2]. Daß er der eschatologische Retter ist, ist die Erkenntnis, die der Glaube gewinnen soll. Dann aber ist klar, daß diese Erkenntnis nur in der Begegnung mit ihm selbst gewonnen werden kann als eschatologisches Ereignis, und daß also der Hörer „zweiter Hand" nicht hinter dem Hörer „erster Hand" zurücksteht.

II. 4 43-6 59; 7 15-24: 8 13-20 : Die Offenbarung als Κρίσις.

Der äußere Gang des Erzählten läuft ohne Unterbrechung und ohne starken Absatz weiter; sachlich aber beginnt, ganz ähnlich wie 2 23, mit 4 43 ein neuer Abschnitt. Und die Parallelität von 4 43-45 mit 2 23-25 zeigt, daß 4 43-45 als Einleitung zu einem neuen Teil zu verstehen ist, der 2 23—4 45 parallel läuft. Dieser neue Teil umfaßt 4 43—6 59, da in 7 1ff. deutlich ein neuer Einschnitt markiert ist[3]. Den Hauptbestandteil bilden die beiden Wundergeschichten mit den anschließenden Reden bzw. Dialogen: 6 1-59 5 1-47 (wozu noch 7 15-24 und 8 13-20 zuzufügen sind[4]). Den beiden Geschichten von Nikodemus und der Samariterin entsprechen also die beiden Geschichten von der Speisung und von der Lahmenheilung; auf die Gespräche Jesu mit Einzelpersonen folgt seine Auseinandersetzung mit dem Volk (in Galiläa) und mit den Führern des Volks (in Jerusalem). Hatten Kap. 3 und Kap. 4 das Kommen des Offenbarers als die κρίσις charakterisiert, durch die die Möglichkeit eines neuen Menschen und einer neuen Gottesverehrung gebracht wird, so zeigen Kap. 6 und Kap. 5 wie die Offenbarung als κρίσις des natürlichen Lebensverlangens (Kap. 6) und der Religion (Kap. 5) wirksam wird. Der Schlußabschnitt 6 60-71 zeigt, wie sich die eschatologische κρίσις als konkrete geschichtliche Scheidung vollzieht.

Nicht ganz klar ist die Bedeutung der vorausgehenden Heilungsgeschichte 4 46-54; und wahrscheinlich verdankt sie ihre Stellung an diesem Platze nur der Tatsache, daß sie sich in der σημεῖα-Quelle, der sie entnommen ist, eben hier fand zwischen der Ge-

---

[1] Λαλιά, klass. meist „Geschwätz", bedeutet das „Reden" im Unterschied von dem die Sache mit sich führenden λόγος, s. Br., Wörterb. (anders 8 43). Daß Frauenworte nach rabbin. Ansicht nicht zuverlässig sind (Str.-B. II 441), spielt hier keine Rolle, wie schon V. 39 zeigt. — Die Ersetzung von λαλιάν durch μαρτυρίαν nach V. 39 in אּ*D latt ist sicher sekundär.

[2] Der Titel σωτὴρ τοῦ κόσμου entstammt der hellenistischen Eschatologie, wenngleich er Analogien im Judentum hat (Str.-B. I 67—70); vgl. die reiche Literatur bei Br. z. St. und Wörterb., dazu R. Eisler, Ἰης. βασ. II 616, 4; 635f.; L. Bieler, Θεῖος ἀνήρ I 1935, 120f.

[3] S. S. 77.   [4] Über die Ordnung des Textes s. u.

schichte von der Samariterin, der sich Jesus durch seine Allwissenheit als προφήτης er=
weist, und dem Speisungswunder[1]. Da die Geschichte durch die Bearbeitung des Evglisten
ihren Höhepunkt in D.48 erhalten hat: „wenn ihr nicht Zeichen und Wunder seht, so
glaubt ihr nicht!" —, so möchte man denken, daß er in diesem Wort ihre Bedeutung
für das Folgende gesehen hat: der Welt, die Zeichen fordert, wird ihre Forderung kon=
zediert; aber nur ausnahmsweise — 4 46-54 — ist wirklich der Glaube die Folge; im all=
gemeinen reagiert die Welt mit völligem Mißverstehen (Kap. 6), oder mit empörtem
Widerspruch (Kap. 5). Indessen kann dies Motiv: die πίστις und die σημεῖα, nur ein
Nebenmotiv, nicht der die Komposition leitende Gedanke sein[2].

a) 4 43-45: Einleitung[3].

Wie nach 41 zu erwarten, geht Jesu Wanderung jetzt weiter nach Galiläa
(D.43). Natürlich bringt D.44 nicht eine Motivierung der ja in 41 schon begrün=
deten Reise, sondern ist eine Anmerkung des Evglisten, der auf ein Wort verweist,
das Jesus einmal gesprochen hat[4] und das dem Leser aus anderer Tradition
bekannt ist[5]. Gemeint ist also nicht, daß die Wahrheit des Satzes vom Propheten
das Motiv dieser Wanderung war, sondern daß sie hier ihre Bestätigung fand.
Vorausgesetzt ist dann, daß das Wort jetzt wirklich in Erfüllung geht, während es
durch D.45 Lügen gestraft zu werden scheint. Indessen ist der Beifall, den Jesus
nach D.45 in Galiläa findet, noch nicht echte Anerkennung, so wenig wie der Glaube
der Jerusalemer 2 23 echter Glaube war. Daß jener Beifall, nachdem er 6 14 f.
noch seinen Höhepunkt erreicht, alsbald in sein Gegenteil umschlägt, zeigt 6 26 ff.
D.44 bestätigt also, daß in der ursprünglichen Ordnung Kap. 6 auf Kap. 4 folgte;
und das ist um so deutlicher, als einerseits Jesu Wort 4 44 eine Variante des Mk 6 4
überlieferten Wortes ist, und andrerseits 6 41 ff. die joh. Variante der Szene
Mk 6 1-6 ist[6].

---

[1] S. S. 131.
[2] S. S. 77. Htm., der 4 46-54 mit 5 1-18 zusammen nimmt (s. S. 77, 5), faßt das Paar
als Einleitung des folgenden Abschnitts auf, der Jesus als den Vermittler des Lebens
darstelle. Er sieht die Pointe von 4 46-54 deshalb in dem dreimaligen ζῆ (D.50. 51. 53)
angedeutet. Ähnlich H. Pribnow, Die joh. Anschauung vom „Leben" 1934, 154 f.
[3] 4 43-45 ist redakt. Bildung des Evglisten, s. S. 91, 3. In D.45 nimmt er auf seine
eigene Komposition 2 23 Bezug. Der Stil ist semitisierend, zumal wenn man D.43 mit
K 33 pm ἐξῆλθεν ἐκ. καὶ ἀπῆλθεν (L pc ἦλθεν) lesen darf; vgl. Mk 1 35. Charakteristisch
für den Evglisten: αὐτός γάρ D.44 αὐτοὶ γάρ D.45, s. S. 91, 3; ὅτε οὖν vgl. 2 22 6 24 13 12
und ὡς οὖν 4 40.
[4] D.44 ist Parenthese; D.45 knüpft durch οὖν an D.43 an. Das ἐμαρτύρησεν will
das Wort Jesu nicht als ein jetzt gesprochenes Wort einführen; ein λέγων würde sonst
nicht fehlen (vgl. 1 15. 32, auch 13 21). Der Aor. ἐμαρτ. hat plusquamperf. Sinn wie das
ἦλθον D.45. — Richtig Bd.
[5] Varianten des Wortes sind Mk 6 4 par. Lk 4 24. Pap. Oxy. I 5 überliefert.
[6] Natürlich bedeutet πατρίς D.44 „Vaterland", nicht „Vaterstadt" (s. Br.). Den
Satz an unserer Stelle dadurch verständlich zu machen, daß als πατρίς Jesu Judäa (bzw.
Jerusalem) gelten soll (nach Alten und Neueren auch Wendt), scheitert an 1 46 7 41. 52,
wo Nazareth bzw. Galiläa als Heimat Jesu vorausgesetzt ist. Unmöglich auch die be=
liebte Auskunft, die in D.44 das Motiv der Reise angegeben findet und verstehen will:
weil Jesus in der Stille unbeachtet wirken will, geht er dorthin, wo er keinen Zulauf,
keine τιμή, zu erwarten hat. Aber abgesehen davon, daß τιμὴν μὴ ἔχειν nicht heißt
„ungestört sein", sondern „keine Anerkennung finden", — was sucht denn Jesus Anderes
durch sein Wirken als eben Anerkennung, τιμή (5 23)? Umgekehrt meint B. Weiß aus
D.44 herauslesen zu können, Jesus verlasse Samaria, wo er schon Ehre hatte, um solche
auch in seiner Heimat zu gewinnen, wo er sie noch nicht hatte! Loisy meint, Samaria
sei als Teil Palästinas auch Jesu πατρίς; da er dort Ehre empfangen habe, müsse er
es verlassen dem Grundsatz D.44 zufolge! Ähnlich Hirsch (der D.44 übrigens wie Andere
als Glosse ansieht): Jesus verläßt Samarien so schnell, damit es ihm nicht zur πατρίς wird.

b) Vorspiel: 4 46-54: Die Heilung des Sohnes des βασιλικός.

Daß in 4 46-54 das gleiche Traditionsstück, das Mt 8 5-13 = Lk 7 1-10 begegnet, zu= grunde liegt, ist deutlich[1]. Dem synopt. ἑκατόνταρχος in Kapernaum entspricht der βασιλικός von Kapernaum; beide Male handelt es sich um die Krankheit des Sohnes[2], der hier wie dort durch Jesu fernwirkendes Wort geheilt wird, und zwar nachdem der Vater Jesus aufgesucht hat[3], von ihm zunächst abgewiesen war und ihn dann doch zur Erfüllung der Bitte bewogen hat. Auch im Einzelnen besteht manche Übereinstim= mung[4], die freilich nicht literarische Abhängigkeit des Joh von den Synopt. beweist, sondern sich aus der Gleichheit des Traditionsstückes und der Festigkeit des Erzählungs= stiles von selbst ergab. Zudem zeigt die Zählung des Wunders als des zweiten in Galiläa gewirkten (V.54), daß der Evglist die Geschichte aus der σημεῖα=Quelle entnommen hat[5].

Den Ähnlichkeiten stehen — von weniger bedeutsamen Abweichungen abgesehen — auffallende Unterschiede gegenüber: 1. die Geschichte spielt bei Joh nicht in Kapern., sondern in Kana; 2. der Vater ist nicht als Heide charakterisiert, und damit hat auch Jesu anfängliche Weigerung und ihre Überwindung einen anderen Sinn. Beide Unter= schiede erweisen die joh. Fassung als die sekundäre: 1. offenbar ist durch die Verlegung nach Kana das Wunder der Fernheilung gesteigert worden[6]; 2. das Motiv der Weigerung und ihrer Überwindung ist in der synopt. Fassung, die in Mt 7 25-30 ihre Parallele hat[7], zweifellos ursprünglich, wie sich deutlich an dem im Zushg unklaren Dialog Joh 4 48 f. (gegenüber Mt 8 7-10) zeigt: Jesu Unwille über das Verlangen des Wunders als Glaubens= garantie (V.48) hat nach V.47 keinen Sinn, da der βασιλικός ja gar kein Wunder als Legitimation Jesu verlangt hat; seine Bitte beweist im Gegenteil seinen Glauben, und so kann seine Antwort (V.49) nur eine Wiederholung seiner Bitte sein, von der man nicht einsieht, wieso sie Jesu Weigerung überwindet.

Diese Besonderheiten der joh. Erzählung gehen offenbar auf den Evglisten selbst zurück, wenngleich seine Bearbeitung nicht überall mit Sicherheit von seiner Vorlage gesondert werden kann[8]. In der σημεῖα=Quelle spielte die Geschichte in Kapern.; denn 2 12, das Jesu Wanderung von Kana nach Kapern. berichtete, stammt aus der Quelle[9] und leitete offenbar auf das „zweite Zeichen" hin. Also wird der erste Satz D. 46 ἦλθον ... οἶνον redakt. Arbeit des Evglisten sein[10], die auch an seiner Art, auf Früheres zu verweisen, kenntlich ist[11]. Ihm gehört in D.47 das zufolge seiner Komposition notwendig gewordene ἐκ τ. Ἰουδ. εἰς τ. Γαλ. an, ferner das καταβῇ καὶ (das ein ἐλθών ersetzt haben könnte,

---

[1] Vgl. P. Wendland, Die urchristl. Literaturformen 275f. (bzw. 209f.).
[2] Das δοῦλος des Lk ist sekundär gegenüber dem παῖς = „Kind" des Mt; vgl. Gesch. der synopt. Tr.[2] 39.
[3] Auch hier ist Lk sekundär gegenüber Mt.
[4] Vgl. Joh 4 47: ἀκούσας κτλ. = Lk 7 2f.: ἀκούσας κτλ.
   ἤμελλεν κτλ. = ἤμελλεν κτλ.
   ἠρώτα κτλ. = ἐρωτῶν κτλ.
   4 53: ἐκείνῃ τῇ ὥρᾳ — Mt 8 13: ἐν τῇ ὥρᾳ ἐκείνῃ.
[5] S. S. 78.
[6] Grills Vermutung (II 134) ist überscharfsinnig: die Geschichte sei nach Kana als den Ort des dionysischen Wunders (2 1ff.) verlegt worden, weil Jesus wieder als Dionysos auftrete, und zwar diesmal als Ἰατρός bzw. Ὑγιάτης. — Überhaupt ist die auch sonst mehrfach behauptete Parallelität von 4 46-54 zu 2 1-11 ein Schein. Die einzige Ähnlichkeit ist die, daß Jesus in beiden Geschichten ein Wunder zunächst ablehnt und dann doch gewährt; aber sowohl das Motiv der Abweisung wie die Reaktion der Bitten= den ist völlig verschieden. Daß die Gewährung beide Male in unerwarteter Form er= folge (Ho.), läßt sich für 4 46-54 höchstens insofern sagen, als Jesus nicht mit dem Vater geht, sondern aus der Ferne heilt, für 2 1-11 jedoch überhaupt nicht.
[7] S. Gesch. der synopt. Tr.[2] 38f.
[8] Vgl. bes. die Analysen von Wellh. und Spitta.   [9] S. S. 79, 4.
[10] Die Vorliebe des Evglisten für Kana ist augenscheinlich, vgl. Kundsin, Topolog. Überl. 22ff.
[11] Vgl. 1 30 6 65 13 33 15 20 16 15 18 9.

vgl. Mt 8₇ Lk 7₃). Er hat V.₅₂ *ἐχϑές* hinzugesetzt, wie es durch die Erweiterung der Entfernung von Kana nach Kapern. erfordert war[1]. V.₄₈, der in der Geschichte weder motiviert ist noch Konsequenzen für sie hat, muß mit V.₄₉ auf den Evglisten zurückgehen; aber V.₄₈f. hat einen ursprünglich berichteten Dialog verdrängt, der Mt 8₇₋₁₀ entsprochen haben muß. Der Evglist hat damit der Geschichte ihre ursprüngliche Pointe genommen, um sie dem Motiv „die *πίστις* und die *σημεῖα*" dienstbar zu machen. Dann wird er auch den heidnischen Offizier zum jüdischen Hofbeamten gemacht haben.

V. 46a ist die redakt. Verknüpfung mit dem Vorhergehenden[2]; sie gibt die allgemeine Situation an, während **V. 46b** die folgende Wundergeschichte ein=leitet; V.₄₇₋₅₀ ist das Korpus der Geschichte. Sie beginnt **V. 47** mit der Bitte des herodianischen Hofbeamten[3], die durch das *ἤμελλεν γὰρ ἀποϑνήσκειν* als besonders dringlich charakterisiert wird. Jesu Antwort **V. 48** entspricht der Bitte schlecht; denn der Vater hat sich ja an ihn gewendet, weil er an seine Wunder=kraft glaubt, — in dem Sinne natürlich, in dem bei den Synoptikern von Glauben die Rede ist[4]. In anderem Sinne war ja auch die Glaubensforderung bisher nicht an ihn gerichtet worden, und so hat er das Wunder auch gar nicht als Legi=timation solcher Glaubensforderung erbeten.

Im Sinne des Evglisten ist freilich mit dem Auftreten Jesu ohne weiteres die Forderung des Glaubens an ihn als den Offenbarer gestellt; und für ihn ist es ein Mißverständnis, wenn der „Glaube" von Jesus wunderbare Befreiung von leiblicher Not erwartet[5]. Nur so ist ja die Abweisung der Bitte des Vaters verständlich. Der Evglist mag solche Fälle im Auge haben, in denen das Wunder als Bedingung des Glaubens gefordert wurde; er mag auch an eine Missions=praxis denken, die unter Berufung auf *σημεῖα καὶ τέρατα* um Glauben warb[6].

---

[1] Da V.₅₂f. in der vorliegenden Form die Entfernung Kana—Kapern. voraus=setzen, will Spitta die Verse ganz als redakt. Zusatz ansehen. Aber es genügt die Aus=hebung von *ἐχϑές*. Die Schlußwendung *καὶ ἐπίστευσεν κτλ.* klingt ja nicht nach der Redeweise des Evglisten, sondern verrät die Terminologie von Missionsgeschichten, vgl. Act 16₃₁₋₃₃ 18₈; auch Act 10₂ 11₁₄.

[2] Das *πάλιν* ist nicht Aufreihungsformel wie Mt 2₁₃ usw., sondern weist auf 2₁ zurück. Der redakt. Charakter des Satzes (s. o.) zeigt sich auch darin, daß weder ein Motiv für das Reiseziel angegeben, noch sonst etwas vom Aufenthalt in Kana erzählt wird. Es soll einfach eine Einzelgeschichte hier untergebracht werden.

[3] Über die verschiedenen Bedeutungen von *βασιλικός* s. Br. In den Pap. bezeichnet es königliche oder staatliche Zivil= und Militärbeamte. Bei Jos. heißen alle Verwandten und Beamten der Herodier *βασιλικοί* (Schl.). Da im NT *βασιλεύς* für die Herodier üblich ist, während der Kaiser *Καῖσαρ* genannt wird (so auch Joh 19₁₂. ₁₅), wird der *βασ.* ein herodianischer Hofbeamter sein. Darauf, daß er ein Vertreter der weltlichen Macht ist (Schl.), scheint kein Ton zu liegen. Daß er Jude ist, versteht sich von selbst, da das Gegenteil nicht gesagt ist; auch ist Jesu Wort V.₄₈ bei Joh nur als an einen Juden gerichtet denkbar. — Die Lesart *βασιλίσκος* = „kleiner König" (D it^var) verdient kein Vertrauen. — *Ἐρωτᾶν* = „bitten" wie V.₄₀; zu *ἵνα* s. Bl.=D. § 392, 1, vgl. Mt 7₂₆; *καταβαίνειν* der geograph. Lage entsprechend.

[4] S. Gesch. der synopt. Tr.² 234f. — *Σημεῖα καὶ τέρατα* (bei Joh nur hier) häufige Verbindung (Act 2₁₉. ₄₃ usw., s. Anm. 6), die auf das at.liche אֹתֹת וּמֹפְתִים (Ex 7₃ Dt 4₃₄ usw.) zurückgeht und sich auch bei Jos. findet (Schl., Wie sprach Jos. von Gott? 52). Die ursprüngliche Differenzierung der Begriffe (R. Ch. Trench, Synonyma des NT 218ff.) kommt in der traditionellen Verbindung nicht mehr in Betracht. — Die starke Verneinung *οὐ μή* ist klass. selten und auch in den Pap. nicht häufig; häufig da=gegen im NT unter dem Einfluß der LXX; s. Bl.=D. § 365; Moulton, Einl. 296—303.

[5] Vgl. Ad. Schlatter, Der Glaube im NT⁴ 1927, 197.

[6] Vgl. Röm 15₁₉ II Kor 12₁₂ Hbr 2₄ Act 4₃₀ 5₁₂ 6₈ 8₁₃ 14₃ 15₁₂; hier überall die Verbindung *σημ. καὶ τέρ.* (s. Anm. 4).

Er wollte offenbar durch seine Bearbeitung den naiven Wunderglauben, wie ihn die synopt. Tradition zeigt, korrigieren, und hat deshalb das bei den Synoptikern n e b e n der Wunderüberlieferung stehende Motiv, das das Wunder als Legitimation abweist[1], hier in die Wundergeschichte selbst eingearbeitet. Damit hat freilich Jesu Wort den Charakter einer in der Situation begründeten Abweisung verloren und ist zur allgemeinen Klage über die Schwäche der Menschen geworden, die das Wunder fordern, und denen es (wie 20 26ff.) schließlich konzediert wird; es hat ja immerhin die Möglichkeit, sie weiter zu führen. Was die Geschichte so an innerer Geschlossenheit verloren hat, hat sie an sachlichem Gehalt gewonnen, sodaß sie zugleich ein Beispiel für den Rückgang von der λαλιά zum λόγος Jesu selbst liefert (s. S. 149).

Für den Fortgang der Erzählung entsteht nun eine gewisse Verlegenheit, da der Vater in seiner Erwiderung V. 49 auf die Fragestellung von V. 48 nicht wohl eingehen kann. Eine Antwort wie Mt 8 8f. ist hier ausgeschlossen, und es bleibt nur die Wiederholung der Bitte mit anderen Worten. Diese bekommt freilich nach V. 48 den Sinn: „Ich will keine Legitimation von Dir, sondern komme nur in meiner Not und bitte um Deine Hilfe für mein Kind", — und so zeigt der Vater doch ein Charakteristikum echten Glaubens, wenngleich auf einer vorläufigen Stufe: er bleibt in der Erkenntnis seiner Hilfsbedürftigkeit. Das genügt, um die Gewährung der Bitte V. 50 zu erlangen[2]. Für die exemplarische Bedeutung der Geschichte ist das ἐπίστευσεν ὁ ἄνθρωπος κτλ. wesentlich. Den Glauben im Vollsinne kann er freilich nicht bezeichnen, da dieser erst V. 53 gemeint sein kann; aber insofern es ein Glauben ohne Sehen ist (20 29), bildet es doch einen Charakter des echten Glaubens ab, dem die Erfahrung des Wunders folgt[3] Durch die Verlegung der Szene nach Kana ist die Kraft dieses Glaubens ohne Sehen noch gesteigert. Der Evglist scheut also vor Mißverständlichem nicht zurück: das Wunder in äußerem Sinne ist gesteigert, und doch wird das Verlangen nach Wundern gescholten.

V. 51 — 53 bildet den stilgemäß erzählten Abschluß der Wundergeschichte. Er ist beherrscht von dem Motiv der Beglaubigung[4]. Daß der Vater nicht einfach nach der Heimkehr die Heilung konstatiert, sondern daß ihm unterwegs[5] die Diener die Heilung melden müssen[6], ist darin begründet, daß diese, da sie ja den Grund der Genesung nicht wissen können, unverdächtige Zeugen sind[7]. Sie müssen sogar

---

[1] Mk 8 11f. bzw. Mt 12 39f. == Lk 11 16. 29.

[2] Natürlich ist Jesu Wort, wie V. 53 bestätigt, als wunderwirkend gedacht. Da der synopt. Dialog verdrängt ist, geht die Fernheilung hier nicht auf die Bitte des Vaters, sondern auf Jesu eigene Initiative zurück. — Das πορεύου entspricht der semit. Entlassungsformel (s. Schl. zu Mt 2 8), die als ὕπαγε bei den Synopt. oft auch in Wundergeschichten begegnet (Mk 5 19. 34 usw.). Das ὁ υἱός σου ζῇ steht III Reg 17 23 nach der Erweckung vom Tode; indessen paßt die Formel auch hier; denn nach semit. Sprachgebr. gilt die Krankheit soviel wie der Tod, und es fehlt ein bes. Wort für „genesen"; s. Baudissin, Festschr. für Ed. Sachau 1915, 143ff.

[3] So auch Wendt I 28.

[4] Gesch. der synopt. Tr.[2] 240.

[5] Αὐτοῦ καταβ. ... ὑπήντ. αὐτῷ wie Mk 5 2 usw., s. Bl.-D. § 423, 1. Begegnende Diener auch Mk 5 35 par.

[6] Vor λέγοντες fügen אD lat ein καὶ ἤγγειλαν, das in BLN fehlt. Darüber und über ähnl. Varianten Schniewind, ThWB I 60, 28ff.

[7] Wendland, Urchristl. Literaturformen 276 (bzw. 210).

bestätigen, daß die Genesung[1] zur gleichen Stunde[2] eintrat, in der Jesus das entscheidende Wort sprach; auch das ein beliebtes Motiv[3]. Daß das Wunder zur Folge hat, daß der Vater und sein ganzes Haus gläubig werden, entspricht dem sonstigen Schluß von Wundergeschichten, in dem der Eindruck des Wunders geschildert wird[4]. Dies traditionelle Motiv ist unter dem Einfluß der Mission und ihrer Terminologie umgestaltet worden[5]. Für den Evglisten bedeutet aber dieses ἐπίστευσεν offenbar mehr als das bloße „er wurde Christ"; es bildet den Schritt ab, der vom vorläufigen Glauben (V.50) zum eigentlichen führt. Das Wunder also, auf das der Mensch kein Recht hat, als könne er eine Legitimation des Offenbarers fordern, wird gleichwohl seiner Schwachheit unter Umständen gewährt, wenn sich diese wenigstens ihrer selbst bewußt ist; und es vermag, wo es geschenkt wird, gerade über den Wunderglauben hinauszuführen. Freilich zeigen Kap. 6 und Kap. 5, daß das eine Ausnahme ist.

V. 54 ist der schon in der σημεῖα-Quelle gegebene redakt. Abschluß, der dieses Wunder als das zweite zählt; seiner Komposition zufolge fügt der Evglist das ἐλϑών κτλ hinzu[6].

c) 61-59: Das Brot des Lebens.

Die überlieferte Folge der Kapp. 5 und 6 kann nicht die ursprüngliche sein. Wenn sich Jesus nach 61 „auf die andere Seite" (πέραν) des Sees begibt, so muß er vorher auf der einen Seite gewesen sein; in Kap. 5 aber weilt er in Jerusalem[7]. Kap. 6 hat also keinen Anschluß an Kap. 5; guten Anschluß hätte es dagegen an Kap. 4. Entsprechend setzt 71 voraus, daß Jesus sich bis zu diesem Zeitpunkt in Judäa (Jerusalem) aufgehalten hat; Kap. 7 würde sich also gut an Kap. 5 anschließen. Die ursprüngliche Reihenfolge dürfte also gewesen sein: Kapp. 4. 6. 5. 7[8]. Das wird dadurch bestätigt, daß bei dieser Ordnung der sonst an seinem Ort sinnlose Vers 444 seinen Sinn erhält (s. S. 150), und ebenso dadurch, daß 62 (σημεῖα ... ἐπὶ τῶν ἀσϑενούντων) als Rückverweis auf die exemplarische Erzählung 446-54 deutlich wird. Ferner wird so auch die dem Evglisten vorschwebende chronologische Ordnung klar: das 64 bevorstehende Fest ist 51 eingetreten.

---

[1] Κομψῶς ἔχειν im NT nur hier, oft bei Epikt., s. Br.; ἀφῆκεν αὐτὸν ὁ πυρετός (wie Mt 131 parr.) ist semit., s. Str.-B. I 480; II 441; Schl. zu Mt 815.

[2] Der Akk. auf die Frage wann? bei ὥρα auch klass. (Bl.-D. § 161, 3; s. auch Schl. zu Mt 1019). Ob nach jüdischer oder römischer Zeit gerechnet ist (Str.-B. II 442), ist für die Pointe gleichgültig; ebenso ob die Entfernung zwischen Kana und Kapern. (Dalman, O. u. W.113f.; Lagr.) so groß ist, daß die Zeitangabe Wahrscheinlichkeit hat.

[3] Vgl. Mt 813 Mt 729f.; Gesch. der synopt. Tr.[2] 240; Str.-B. II 441; P. Fiebig, Jüd. Wundergeschichten 20.

[4] Gesch. der synopt. Tr.[2] 241.

[5] S. S. 152, 1. — Οἶκος als Bezeichnung der Familie bzw. der Hausgenossen ist üblich. Zahns Scharfsinn vermutet, die Bekehrung müsse für Galiläa von Bedeutung gewesen sein. Er fragt, ob der βασιλικός mit Chuza, dem ἐπίτροπος des Herodes (Antipas), dessen Frau Johanna sich nach Lk 83 unter den Begleiterinnen Jesu befand, oder mit Manaen, dem σύντροφος des Herodes nach Act 13,1, zu identifizieren sei.

[6] Grammat. möglich wäre zu verstehen: „Als zweites Wunder, das Jesus nach seiner Ankunft ... tat." Das ist aber ausgeschlossen, da dann ein erstes Wunder hätte erzählt werden müssen. Deutlich weist V.54 auf 211 zurück, und die Zählung stammt aus der Quelle, da 223 dabei ignoriert ist. — Πάλιν ist pleonast. zu δεύτερον gesetzt, Bl.-D. § 484.

[7] Es ist sinnlos, vom Standpunkt Jerusalems aus einen Punkt am galiläischen See als „jenseits" gelegen zu bezeichnen; vgl. sogar Zn.

[8] Abgesehen ist dabei von 660-71, das als Schluß zu Kap. 5 zu ziehen ist (s. u.). Die Sache ändert sich dadurch ja nicht. — Die Umstellung von Kap. 6 hinter Kap. 4 ist schon oft vorgeschlagen, s. Howard 126ff. 264.

Endlich sagt 7 1, daß Jesus Judäa verlassen hat, weil ihn die Juden töten wollten, was als Rückweis auf 5 18 nur dann angemessen ist, wenn Kap. 5 unmittelbar vorherging. Aber auch angesichts der in Kapp. 5 und 6 behandelten Themata ist die Reihenfolge 6. 5 wahrscheinlicher: Kap. 6 zeigt, daß die Offenbarung die κρίσις des natürlichen Lebens= verlangens des Menschen ist, Kap. 5, daß sie die κρίσις seiner Religion ist; in Kap. 6 erfolgt die Auseinandersetzung mit dem Volk, in Kap. 5 mit seinen Führern. — Während die Synopt. das Wirken Jesu durch eine Fülle kleiner Traditionsstücke darstellen, die sie mehr oder weniger zu einem Zushg zu verbinden bestrebt sind, gibt Joh seine Dar= stellung durch große ausgeführte Bilder. Und wenn er auch zwischen ihnen einen chrono= logischen Zushg herstellt, so sind die einzelnen Abschnitte im Grunde nicht als historische Einzelszenen gemeint, sondern als repräsentative Bilder des Offenbarungsgeschehens. In diesem Sinne sind auch Kapp. 6 und 5 zu verstehen.

a) 6 1-26: Speisung und Seefahrt.

Daß der Evglist in 6 1-26 wieder das Stück einer Quellenschrift zugrunde legt, zeigen seine redaktionellen Einfügungen V. 4, V. 6, V. 14 f., V. 23 f. und das nicht ganz organische Verhältnis von 6 27-59 (das wesentlich seine eigene Komposition ist) zu 6 1-26 (s. u.). Die hier verwendete Tradition ist die gleiche, die Mk 6 30-51 begegnet, wo auch die Wunder der Speisung und des Seewandelns verbunden sind, während Mk 8 1-10 eine Variante der Speisungsgeschichte allein erscheint. Die Übereinstimmung zwischen Joh 6 1-26 und Mk 6 30-51 im Aufbau der Erzählung wie in Einzelheiten ist namentlich in der Speisungs= geschichte sehr groß; aber auch in dieser finden sich charakteristische Abweichungen: daß Jesus die Initiative ergreift[1], ist aufs stärkste betont: Jesus weiß, was er tun wird, und bringt durch eine Scheinfrage die Handlung in Gang; entsprechend ist die Verlegenheit der Jünger (V. 7 und V. 9) stärker betont; zwei einzelne mit Namen genannte Jünger werden beteiligt[2], und dadurch wird die Vorbereitung des Wunders kompliziert; während nach Mk 6 37 eine Brotmenge für 200 Denare genügen würde, würde sie nach Joh 6 7 nicht ausreichen; auch das ὅσον ἤθελον V. 11 bedeutet eine Steigerung. Endlich ist die Verwendung der direkten Rede reichlicher als bei Mk[3]. Da diese Eigentümlichkeiten nicht auf den Evglisten, sondern auf seine Quelle zurückgehen, kann diese also nicht Mk gewesen sein[4]. Vor allem zeigt sich das aber in der Geschichte vom Seewandeln. Diese bekundet bei Joh insofern ein früheres Stadium der Tradition, als das Motiv des Sturmes und der Sturmstillung und das Motiv des Jüngerunverstandes (Mk 6 52) fehlt. Dagegen hat sich die Erzählung in anderer Richtung weiterentwickelt, indem 1. das Motiv der wunderbaren Landung (V. 21) zugewachsen ist, und 2. ein Schluß hinzugekommen ist, der das Motiv der Beglaubigung in eigentümlicher Weise gestaltet (V. 22. 25, s. u.). Der nächstliegende Schluß ist, daß der Evglist das Stück der σημεῖα=Quelle entnommen hat[5].

---

[1] Vgl. schon Mk 8 1f. gegenüber Mk 6 35f.; s. Gesch. d. synopt. Tr.² 69f.

[2] Gesch. d. synopt. Tr.² 338.

[3] Ebd. 340f. Zum Ganzen vgl. P. Wendland, Die urchristl. Literaturformen 237 (303).

[4] Erst recht nicht Mt oder Lk. Bei Mt fehlen einerseits die 200 Denare, die Joh mit Mk gemeinsam hat; andrerseits fehlt bei Joh die Geschichte vom sinkenden Petrus Mt 14 28-33. Lk bringt die Geschichte vom Seewandeln nicht.

[5] Stilistisch zeigt die Quelle die gleichen Eigentümlichkeiten wie die bisher der σημεῖα=Quelle zugewiesenen Stücke. Der Stil ist ein semitisierendes Griechisch, ohne daß doch Übersetzung einer schriftlichen semit. Grundlage zu erkennen wäre. Charakte= ristisch ist die durchgehende Voranstellung des Verbums, die teils fehlende (V. 7. 8. 10, hier K pl: δέ), teils primitive (δέ und οὖν) Satzverbindung. Das ποιήσατε (griech. wäre κελεύσατε zu erwarten) ... ἀναπεσεῖν V. 10 entspricht dem semit. Kausativ (s. Apk 13 13 und Schl.). Ungriech. ist das ständig wiederholte αὐτοῦ (dem semit. Suffix entsprechend) hinter den verschiedenen Formen von μαθηταί V. 3. 8. 12. 16; nur in dem Zusatz zu V. 11 in D fehlt es bezeichnenderweise.

V. 1 – 4 bereiten die folgende Geschichte vor[1]: Durch Jesu Überfahrt über den See[2] wird die notwendige geographische Situation beschafft; der dauernde Zulauf des Volkes (ἠκολ. Imperf.!) begründet, daß es ihn auch jenseits des Sees aufsucht. Während Jesu ἀπελθεῖν V.1 im Unterschied von Mk 6₃₁f. nicht aus= drücklich motiviert wird, wird jener Zulauf auf den Eindruck der Heilungswunder Jesu zurückgeführt, von denen soeben ein Beispiel gegeben war[3]. Natürlich ist gemeint, daß das Volk zu Fuß den Weg um den See herum macht; ehe es Jesus erreicht hat, hat er mit den Jüngern einen Platz auf einem Berge gewählt[4], — wiederum, ohne daß ein Motiv angegeben oder die Situation sonst veranschaulicht' wäre. Auch daß es Abend geworden ist (Mk 6₃₅ parr.), wird nicht gesagt; der Abend beginnt erst mit V.₁₆, wo er für das Folgende Voraussetzung ist. Der Bericht ist knapp und steht ganz im Dienst des Folgenden; darüber hinaus geht nur die Zeitangabe V.₄, die vom Evglisten in das Traditionstück eingesetzt ist[5] und nur der kompositorischen Einheit dienen soll: sie bereitet auf 5₁ vor[6].

Mit V. 5 beginnt die Handlung, indem Jesus angesichts der Volksmenge[7] den Philippus auf die aus der Situation erwachsende Verlegenheit aufmerksam macht; seine Frage ist aber, wie V. 6 ausdrücklich hinzufügt, nur eine Schein=

---

[1] Wie 3₂₂ 5₁ usw. ist der zeitliche Abstand unbestimmt angegeben; s. S. 85, 6.
[2] Die Bezeichnung des Sees (θάλασσα wie bei Mk und Mt) ist überfüllt; D al suchen durch Einfügung von εἰς τὰ μέρη vor τῆς Τιβ. zu bessern (anders Hirsch II 58f.). Aber schwerlich darf man einen der Genetive streichen, von denen freilich τῆς Γαλ. in N pc syr⁸ fehlt. Wahrscheinlich ist τῆς Τιβ. (schwerlich als Adj. verstanden) vom Evglisten zu der in der früheren Tradition geläufigen Bezeichnung zugesetzt worden. Die Be= zeichnung des Sees nach dem von Herodes Antipas um 26 p. Chr. gegründeten Tiberias (Schürer II 216f.; Dalman, O. u. W. 195f.; Str.=B. II 467—477) kann erst allmählich gebräuchlich geworden sein. Außer 21₁ vgl. Jos. bell. III 57 τῆς πρὸς Τιβεριάδα λίμνης (schlechtere Hss. τῆς Τιβεριάδος), IV 456: ἡ Τιβεριέων (λίμνη); Pausanias V 7,3: λίμνην Τιβεριάδα ὀνομαζομένην. Bei den Synopt.: τῆς Γαλιλαίας (Mk, Mt) oder Γεννησαρὲτ (Lk 5₁); vgl. Dalman, O. u. W. 128f.
[3] Die Begründung dürfte ein Zusatz des Evglisten sein, s. S. 91, 3. — Statt des seltenen Imperf. ἑώρων (Bl.=D. §§ 66, 2. 101) lesen h D al ἐθεώρουν, was konform. nach 2₂₃ sein könnte.
[4] Ein bestimmter Berg ist sowenig gemeint wie Mk 3₁₃; Mt 5₁ usw. — Die An= gabe von V.₃ konkurriert mit der von V.₁₅, was wohl auf der Nachlässigkeit des Erzählers beruht; schwerlich darauf, daß für V.₃ Mt 15₂₉, für V.₁₅ Mk 6₄₆ das Vorbild war.
[5] Für die folgende Handlung hat die Zeitangabe keine Bedeutung, wie denn solche Zeitangaben in den Geschichten alter Tradition durchweg fehlen. Natürlich kann sie nicht den in V.₂ bereits motivierten Zustrom des Volks noch einmal motivieren wollen, — etwa gar, daß es sich um eine Schar von Pilgern handelt, die zum Fest nach Jerusalem wandern. Deren Weg führte nicht an den See; auch führten Pilger Speisevorräte mit sich.
[6] Beliebt ist die Auskunft, durch V.₄ werde die Speisungsgeschichte samt der fol= genden Rede Jesu unter den Gesichtspunkt des Pascha bzw. seines Ersatzes, der Eucharistie, gestellt. Aber die folgende Rede erhält ihre Beziehung auf die Eucharistie erst durch den redakt. Zusatz 6₅₁b-₅₈ (s. u.); man müßte dann auch V.₄ dem Red. zuschreiben. Auch nimmt die folgende Rede auf die Manna=Speisung Bezug, nicht aber auf das Pascha= mahl. Dazu kommt, daß der Evglist Jesu letztes Mahl weder als Paschamahl auffaßt, noch es unter den Gesichtspunkt des eucharistischen Mahles stellt. — Nach P. Saintyves, Essais de folklore biblique 1923, 299f. wäre das Speisungswunder auf die Paschazeit datiert, weil es ursprünglich die Kultlegende des Erstlingsfestes war. Als ob bei Joh noch eine Erinnerung an eine solche (übrigens höchst fragwürdige) Tatsache vorhanden sein könnte! — Mehrfach wird in V.₄ das einheitlich bezeugte τὸ πάσχα gestrichen (vgl. Herm. v. Soden, Encycl. Bibl. 803), bes. von kathol. Forschern (vgl. H. J. Cladder, Unsere Evangelien I 1919, 207—212) um der Harmonisierung der synopt. und joh. Chronologie willen.
[7] Das ἐπάρας τοὺς ὀφθ. V.₅ hat so wenig wie 4₃₅ den Charakter bes. Feierlichkeit.

frage: sie soll das παράδοξον des Wunders deutlich machen[1]. Dem dient auch die Antwort des Philippus D. 7, durch die dem Leser die gewaltige Menge, die zu sättigen wäre, zum Bewußtsein gebracht wird[2]; ebenso die Verlegenheits=auskunft des Andreas D. 8f., die die menschliche Ratlosigkeit ins Licht stellt[3]. Daß keiner der Jünger an eine Wunderhilfe durch Jesus denkt, zeigt, daß die Geschichte ursprünglich als in sich geschlossene Einzelgeschichte erzählt worden war.

Das Wunder selbst wird D. 10 — 11, wie üblich, nur indirekt erzählt. Wie 2₇f. wird ein Befehl Jesu berichtet, der den Beteiligten zunächst als sinnlos erscheinen muß. Mit einer gewissen Breite, die gerade hier die Spannung steigern muß, wird dann erzählt, daß sich die Menge im Grase lagerte, und daß es an Männern allein fünftausend waren[4]. Ohne Pathos, rein sachlich, wird D. 11 die Verteilung berichtet[5], und D. 12 — 13 bringen abschließend, wie es dem Stil der Wunder=geschichte entspricht, die Größe des Wunders zum Bewußtsein, und zwar indem sie ein neues παράδοξον berichten: nachdem alle gesättigt sind, ist noch mehr übrig geblieben, als vorher zur Verfügung stand[6]!

D. 14 f. erzählt die Folgen des Wunders. Die alte Tradition pflegt, wie die synoptischen Wundergeschichten zeigen, wohl von der Wirkung, die das Wunder auf die Zeugen hat, zu berichten, interessiert sich aber nicht für die weiteren Folgen, und die Synoptiker verhalten sich darin kaum anders[7]. Bei Joh dagegen sind die Wunder eng mit der Geschichte des Offenbarers verknüpft; sie sind ja σημεῖα in einem besonderen Sinn (s. D. 26), und zwingen deshalb die Menschen zur Stellung=nahme für oder wider den Offenbarer. Auf den Evglisten geht also D. 14 f. zurück[8]).

---

[1] D. 6 ist offenbar eine Anmerkung des Evglisten, die seinen typischen Stil zeigt. Zu τοῦτο δὲ ἔλεγεν vgl. 7₃₉ 11₅₁ 12₃₃ (21₁₉); zu αὐτὸς γὰρ vgl. 2₂₅ 4₄₄, ferner 6₆₄ 13₁₁.

[2] Wenn Phil. Jesu Scheinfrage nicht durchschaut, so ist das naiv empfunden und hat mit den joh. „Mißverständnissen" nichts zu tun. Weder handelt es sich bei diesen um ein πειράζειν, noch liegt umgekehrt hier jene Doppeldeutigkeit der „Mißverständ=nisse" vor. — Das ἵνα D. 7 ist konsek., s. Raderm. 193.

[3] Zu D. 9: παιδάριον oft in LXX und Pap. = „Knabe" oder „Sklave". — Gersten=brote gelten im allgem. als geringwertige Nahrung (s. Br., Schl., Str.=B. II 478); doch ist hier daran ebensowenig gedacht wie II Kö 4₄₂. — ὀψάριον, (Dem. von ὄψον) = „Ge=kochtes", das zum Brote gegessen wird; es kann Leckerbissen bezeichnen (Tob 2₂ ℵ und sonst), speziell auch, wie hier, Fische. Belege aus Literatur u. Pap. bei Br. — In dem ἀλλὰ ταῦτα κτλ. braucht keine Nachwirkung von IV Reg 4₄₃ (τί δῶ τοῦτο ἐνώπιον ἑκατὸν ἀνδρῶν;) vorzuliegen.

[4] Da D. 2. 5. 22. 24 ὄχλος, D. 10a. 14 ἄνθρωποι gesagt ist, ist das οἱ ἄνδρες zweifellos gemeint wie Mt 14₂₁ 15₃₈: χωρὶς γυναικῶν καὶ παιδίων.

[5] Das εὐχαριστήσας (vgl. Mt 6₄₁ 8₆f.) will nicht etwa die Speisung als Vorab=bildung der Eucharistie erscheinen lassen. Das Dankgebet entspricht vielmehr der jüd. Sitte (Str.=B. I 685f.; IV 621); ihr entspricht es auch, daß Jesus als Gastgeber das Brot verteilt (ebd. IV 621). Daß die Zuteilung an die Menge durch die Jünger vermittelt wird, versteht sich von selbst und wird von KD pm b e ausdrücklich gesagt durch den Zu=satz hinter διέδωκεν (bzw. ἔδωκεν ℵD al it): τοῖς μαθηταῖς, οἱ δὲ μαθηταί.

[6] Das κλασμάτων D. 13 von ἐγέμισαν oder von κοφίνους abhängig; Bl.=D. § 172. Warum nur von den Broten, nicht auch von den Fischen (s. Mt 6₄₃) etwas übrig bleibt, ist töricht zu fragen. Nach B. Weiß: weil die Fische nicht wie das Brot an Alle verteilt wurden, sondern nur an die, die danach verlangten! Nach Ho. und L., weil nur das Brot symbolische Bedeutung hat. — Wenn das ἵνα μή τι ἀπόληται D. 12 von Tert. de cor. 3; Orig. in Ex. hom. 13, 3; Const. Ap. VIII 13 auf die eucharist. Elemente be=zogen wird, so beweist das nicht, daß Joh den Satz so verstanden habe. Das Sammeln der Reste des Mahles entspricht der jüd. Tischsitte (Str.=B. IV 625f.).

[7] Nur Mt 3₆ (ein redakt. Zusatz des Mt) reflektiert auf die Konsequenzen, — frei=lich weniger des Wunders als des Sabbatbruchs.

[8] Wie D. 4 so hat auch D. 14 f. keine Parallele in den synopt. Speisungsgeschichten. Auch

Was 2₂₄ nur angedeutet war, kommt hier klar zutage: die Menge mißversteht, wie Jesus ihr V.₂₆ ausdrücklich bestätigt, das σημεῖον[1]; sie will Jesus zum messianischen König machen. Freilich versteht sie insofern richtig, als sie den Wundertäter für den eschatologischen Heilbringer hält[2]; aber sie versteht das eschatologische Heil falsch. Das wird V.₂₆ deutlicher gesagt, hier aber doch auch deutlich genug angedeutet durch die Bezeichnung ihrer Absicht: ἵνα ποιήσωσιν βασιλέα. Wie die Menge nach V.₂₆. ₃₄ die Erfüllung der natürlichen Lebenswünsche vom Heilbringer erwartet, so sieht sie ihn nach V.₁₄f. als einen König an, dessen Reich „von dieser Welt" ist (18₃₆); sie will ihn ja selbst zum König „machen". Solchem Zugriff entzieht sich Jesus[3]. Der symbolische Charakter der Szene ist deutlich; denn man darf nicht fragen, wie sich Jesu Flucht damit verträgt, daß er alsbald wieder vor dem Volke steht (V.₂₅). Der Protest gegen die alte Eschatologie soll dargestellt werden[4].

Gewiß hätte der Evglist die V.₂₆ff. anhebende Diskussion auch unmittelbar an die Speisung anknüpfen können. Tut er es nicht, so bestimmt ihn dazu wohl nicht nur die bloße Tatsache, daß in der Tradition die Wunder der Speisung und des nächtlichen Seewandels Jesu fest verknüpft waren[5], sondern auch der Umstand, daß der Bericht der Quelle alsbald Jesus und das Volk wieder zusammenführte und damit dem Evglisten die Situation darbot, deren er für das Folgende bedurfte. Vielleicht kommt daneben auch der symbolische Sinn in Betracht, den er dem zweiten Wunder beilegt (s. u.).

V.16 bringt die neue Situationsangabe: es ist Abend geworden, und die Jünger steigen zum See hinab[6]. Eine Motivierung wie Mk 6₄₅ muß zufolge V.₁₄f. fehlen, sodaß man nun nicht recht begreift, warum die Jünger nicht auf Jesus warten. Daß die Menge zu Fuß nach Hause geht, wird nicht berichtet, versteht sich aber von selbst und ist V.₂₂. ₂₅ vorausgesetzt; ebenso daß der ὄχλος beobachtet hat, daß die Jünger zu Schiff abgefahren sind. V.17f. gibt das Ziel der Fahrt an[7]: Kapernaum[8], und beschreibt kurz die Fahrt im Dunkel[9]. Und zwar

---

hat das V.₁₄f. Berichtete keine Konsequenzen für Jesu Zusammentreffen mit dem Volk am folgenden Tage (V.₂₅ff.).

[1] Zweifellos ist mit ℵADW usw. zu lesen: ὃ ἐπ. σημεῖον, nicht mit B pc: ἃ ἐπ. σημεῖα.

[2] Daß „der Prophet, der in die Welt kommt", nicht ein Vorläufer des Heils, sondern der Heilbringer selbst ist, zeigt V.₁₅: der „Prophet" muß der König sein. Schwerlich darf man unter dem „Propheten" den wiederkehrenden Mose verstehen (J. Jeremias, Golgotha 1926, 83); denn wird dieser im Judentum je als „König" erwartet? Vgl. S.61f. Über die Vermischung der Gestalten des Propheten und des messian. Königs s. P. Volz, Die Eschatologie der jüd. Gemeinde 1934, 193f.; W. Staerk, Soter I 1933, 61ff. — Daß dem Urteil des Volkes der alte Glaube an magische Kräfte des Königs zugrunde liege, meint H. Windisch, Paulus und Christus 1934, 79.

[3] Zu αὐτὸς μόνος V.₁₅ = „allein für sich", s. Raderm. 77.

[4] Benutzt ist dazu das auch Mk 6₄₅f. begegnende Motiv des Rückzugs Jesu von der Menge, das freilich hier einen ganz anderen Sinn erhalten hat. Nur D fügt nach Mk (bzw. Mt 14₂₃) hinzu: κἀκεῖ προσηύχετο. — Über das Verhältnis von V.₁₅ zu V.₃ s. S. 156, 4.

[5] Vgl. Mk 6₃₀-₅₂ Mt 14₁₃-₃₃; Lk bringt 9₁₀-₁₇ nur das Speisungswunder.

[6] Etwa von dem ὄρος von V.₃; jedoch braucht darauf nicht reflektiert zu sein; es versteht sich von selbst, daß man zum Ufer „hinabgeht", s. Schl.

[7] Das πλοῖον war vorher nicht genannt worden (anders Mk 6₃₂), ist aber V.₁ ja vorausgesetzt. Das εἰς πλοῖον (ohne Art. BℵL) ist wohl nach Analogie von εἰς οἶκον (Bl.=D. § 259, 1) zu verstehen. Das Imperf. ἤρχοντο beschreibt wie 4₃₀ die unvollendete Handlung.

[8] und [9] (Anmerkungen siehe nächste Seite).

wird die Schilderung, anders als Mk 6₄₇f., nicht vom Standpunkt Jesu aus ge=
geben, der das Schiff mit dem Sturm kämpfen sieht, sondern vom Standpunkt
der Jünger aus, aber ohne daß von ihrer Not die Rede wäre. Das Motiv der
Gefahr spielt also keine Rolle[1]. Dieser Standpunkt wird innegehalten, indem
nicht das Kommen Jesu (wie Mk 6₄₈), geschweige denn sein Motiv berichtet wird.
Statt dessen erfolgt die unmotivierte Bemerkung: καὶ οὔπω ἐληλύθει πρὸς αὐ=
τούς ὁ ʼI., — was ja vom Gesichtspunkt der Jünger (und des naiven Lesers)
aus auch gar nicht zu erwarten war. Der Satz ist von einem Erzähler formuliert,
dem das Folgende schon vorschwebte, und zeigt deutlich: für den Erzähler ist
das Wunder des Wandelns Jesu über den See die eigentliche Pointe. Das Gleiche
zeigt die Angabe der zurückgelegten Entfernung: schon ist das Schiff bis zur Mitte
des Sees gelangt[2], da sehen die Jünger Jesus auf dem Wasser einherschreiten[3]
und sich dem Fahrzeug nähern (V. 19). Sie fürchten sich, — was, ohne daß es
ausdrücklich gesagt ist, natürlich im Sinne von Mk 6₄₉ zu verstehen ist: das Wunder
erfüllt sie mit schreckvoller Scheu vor dem epiphan werdenden Göttlichen[4]. Dem
entspricht (wie Mk 6₅₀) Jesu Wort V. 20: ἐγώ εἰμι, μὴ φοβεῖσθε, die alte Be=
grüßungsformel der epiphanen Gottheit[5]. Der Schluß V. 21 berichtet nicht von
der Stillung des Sturmes[6], sondern erzählt, daß die Jünger Jesus ins Schiff
nehmen wollten[7], und daß dieses sofort sein Ziel erreichte; zum Wunder des See=
wandelns kommt also noch die wunderbare Landung[8].

---

[8] Bei Mk 6₄₅ ist das Ziel Bethsaida; aber die σημεῖα=Quelle gab offenbar Kaper=
naum an. Die Bevorzugung von Kapern. beruht nach Kundsin, Topol. Überl. 33f.
darauf, daß in Kapern. die hellenist.=sakramentale und die jüdische Richtung des Ur=
christentums zusammenstießen.

[9] Statt καὶ σκοτία ἤδη ἐγεγόνει (B usw.) lesen אD: κατέλαβεν δὲ αὐτοὺς ἡ
σκοτία, offenbar nach 12₃₅.

[1] Wendland, Die urchristl. Literaturformen 210 (276). Htm. will mit Recht V.₁₈
als Glosse streichen; die Stillung des Sturmes wird ja nachher nicht erzählt, und stilistisch
fällt D.₁₈ mit dem Gen. abs. aus dem Rahmen.

[2] Das ἐληλακότες ist gewiß nicht trans. zu verstehen („rudern"), sondern intrans.
(„fahren"); das Schiff wird nach D.₁₈ ja vom Winde getrieben (doch s. vor. Anm.). Daß
das Schiff von seinem Kurs abgetrieben worden sei (Zn.), kann aber aus dem ἐλ. nicht
geschlossen werden. — Die 25—30 Stadien (4¹/₂—5¹/₂ km) sollen die Mitte des Sees
bezeichnen, der nach Jos. bell. III 506 eine Breite von 40 Stadien (7 km) hat, und dessen
größte Breite 9¹/₂ km beträgt (Benzinger, RGG¹ II 1284). — Die Angabe hat natürlich
den Zweck, das Wunder des Seewandelns als möglichst groß erscheinen zu lassen.

[3] Natürlich heißt ἐπὶ τῆς θαλ. nicht „am See", sondern „auf dem See" bzw. „über
den See" (s. Hiob 9₈ Apk 10₅). B. Weiß erklärt rationalistisch: da die Jünger 25—30
Stadien gefahren sind, meinen sie in der Mitte des Sees zu sein, während sie faktisch an
dem Ufer sind, an dem Jesus geht. Natürlich landen sie dann auch gleich. Das Dunkel
der Nacht hat sie getäuscht, und die Aufregung läßt ihnen den Vorgang als ein Wunder
erscheinen!

[4] Vgl. Lk 1₁₂ 2₉ Apk 1₁₇ usw. Vgl. Gesch. d. synopt. Tr.² 241.

[5] Vgl. L. Köhler, Schweizer Theol. Zeitschr. 1919, 1—6.

[6] Das Motiv der Sturmstillung ist auch innerhalb Mk 6₄₅-₅₂ sekundär; es ist aus
Mk 4₃₇-₄₁ eingedrungen; Gesch. d. synopt. Tr.² 231.

[7] Soll man ergänzen, daß die Absicht ausgeführt wurde? Oder soll man sich vor=
stellen, daß Jesus „dem Schiffe vorausgehend, es ans Ufer geführt habe" (Sp. 142; vgl.
Chrys. bei Br. und Nonnos VI 80ff.)?

[8] Über Parallelen zum Wunder des Seewandelns s. Gesch. d. synopt. Tr.² 251f.;
L. Bieler, Θεῖος Ἀνήρ I 1935, 96f. — Zur wunderbar schnellen Landung vgl. Hymn.
Hom. II 221ff. (bzw. 399ff.), bes. 255ff. (433ff.); auch Act. Petr. c. Sim. 5 p. 51, 10ff.
Als Märchenmotiv: Märchen der Weltliteratur, Südseemärchen 1921, 273; Buddhist.
Märchen 1921, 45; Plattdeutsche Volksmärchen I 1914, 223.

Daß aber die eigentliche Pointe der Geschichte das Wunder des Seewandelns ist, zeigt die Fortsetzung, bzw. der Abschluß, den die Geschichte in der Quelle hatte, und der in **V. 22—26**, vom Evglisten überarbeitet, vorliegt.

Der ὄχλος, von dem **V. 22** berichtet wird, ist nach V. (24 und) 25 die Volksmenge, die am Tage zuvor die Speisung erlebt hatte, und deren Rückkehr auf die andere Seite des Sees also vorausgesetzt ist[1]. Daß sich der ὄχλος πέραν τῆς θαλάσσης befindet, ist, wie V. 25, deutlich vom Standpunkt des Speisungswunders ausgesprochen; er befindet sich also in Kapernaum. Hier findet er **V. 25** zu seiner Überraschung Jesus und stellt die erstaunte Frage, wie Jesus dahingekommen sei. Dies Erstaunen über das παράδοξον der Anwesenheit Jesu ist V. 22 deutlich motiviert: der ὄχλος weiß[2], daß am Ort der Speisung nur ein einziges Boot zur Verfügung stand[3], und daß in diesem Jesus nicht übergesetzt ist, sondern nur die Jünger. Mit dem ὄχλος selbst aber — das braucht als selbstverständlich nicht ausgesprochen zu werden — ist Jesus nicht gewandert. Wie also ist er nach Kapernaum gelangt? — Der Sinn dieses Berichtes ist ganz deutlich: V. 22. 25 enthalten das typische Motiv der Wunderbeglaubigung; wie der ahnungslose ἀρχιτρίκλινος 2 9 f., wie die ununterrichteten Diener 4 51 f., so muß hier der am Geschehen unbeteiligte ὄχλος zum Zeugen für das Wunder werden[4].

Der Evglist hat das εἶδον mißverstanden und das πέραν auf das Ostufer der Speisung bezogen. Er mußte daher den ὄχλος noch an das Westufer hinübergelangen lassen und fügte deshalb **V. 23 f** ein[5]: als deus ex machina kommen Schiffe aus Tiberias in die Nähe des Speisungsortes[6] und bringen die Menge nach Kapernaum hinüber[7]. So ist schlecht und recht die durch die Quelle gegebene

---

[1] Um die Frage, wie die zu Fuß wandernde Menge so schnell nach Kapern. gelangt ist, kümmert sich der Erzähler so wenig wie um die entsprechende Frage V. 2. In der Tat besteht kein Problem; denn es steht Zeit genug zur Verfügung; V. 21 spielt noch in der Nacht, und τῇ ἐπαύριον V. 22 braucht nicht die erste Morgenfrühe zu meinen.

[2] Diesen Sinn hat das εἶδον V. 22 zweifellos. Auf die Beobachtung des Strandes von Kapern. kann es nicht gehen, da hier natürlich mehr Schiffe lagen. Und daß das Volk „am folgenden Tage" sah, daß sich am Ort der Speisung nur ein Schiff befindet, ist sinnlos. Wahrscheinlich ist das εἶδον plusquamperf. gemeint (wie ἔμαρτ. 4 44 und ἦλθον 4 45) und sollte eigentlich in einem Relativsatz stehen. Eine Textänderung wird nicht notwendig sein; man muß nur das τῇ ἐπαύριον, das ja logisch zu εἶδον nicht paßt, als vorausgenommene Bestimmung der ganzen Aussage V. 22. 25 fassen (vgl. 13 1). Möglich, daß εἶδον aus ἰδών verschrieben ist, wenngleich das ἰδών Δ W, für das Zn. und Schl. eintreten, nur den Wert einer Konjektur hat, wie das εἰδώς von e, das Bl.-D. § 330 vorzieht. Geht der Text auf das Semitische zurück, so wäre möglich, daß ὁ ἑστηκώς fälschlich statt eines Verb. fin. steht, mit dem εἶδον durch καί verbunden sein sollte.

[3] Das ἦν hat plusquamperf. Sinn (Bl.-D. § 330). Hinter εἰ μὴ ἕν fügen א*D al hinzu: ἐκεῖνο εἰς ὃ ἐνέβησαν οἱ μαθηταὶ τοῦ Ἰ., sachlich richtig.

[4] S. S. 82 und 153 f.; Gesch. d. synopt. Tr.² 240; Wendland, Die urchristlichen Literaturformen 211 (277), 1.

[5] Die Einfügung von V. 23 f. kann nicht auf den Redaktor, sondern muß auf den Evglisten selbst zurückgehen, dessen ζητεῖτε V. 26 auf das ζητοῦντες D. 24 Bezug nimmt (s. auch die beiden folgenden Anm.). Zusatz der Red. könnte nur sein εὐχαριστήσαντος τοῦ κυρίου, aber diese Wendung ist eine späte Glosse (s. S. 128, 4), deren Auslassung in D 69 pc a e syr^s.c offenbar ursprünglich ist. — Auch Hirsch nimmt in V. 22-26 Redaktion der Vorlage an, beseitigt aber durch seine Streichungen die Pointe der Verse.

[6] Zu lesen ist ἀλλά (nicht ἄλλα) ἦλθεν κτλ. Der ἀλλά-Satz mit dem ἀλλά sofort folgenden Verbum ist typisch für den Evglisten, vgl. 6 64 8 37. א sucht den Stil zu glätten.

[7] Mit dem ὅτε οὖν εἶδεν nimmt der Evglist das ὁ ὄχλος ... εἶδον von V. 22 schlecht wieder auf; denn nach V. 22 ist es ungeschickt zu sagen, daß der ὄχλος sieht, daß die Jünger „nicht da sind". (Zu ἔστιν s. Raderm. 153. 156.) Der Satz (ὅτε οὖν) ist typisch für den Evglisten, s. S. 150, 3. — Auch das ζητοῦντες ist nach V. 22 schlecht: wie können sie ihn

Situation von V.25 erreicht, und die Frage: πότε ὧδε γέγονας; konnte gestellt werden[1].

Schwerlich hat der Bericht in der Quelle mit der Frage geschlossen; aber der ursprüngliche Schluß ist durch den Evglisten weggebrochen und durch V. 26 ersetzt. Jesu Antwort geht gar nicht auf die Frage ein, sondern schiebt der Menge unter, daß sie Jesus suche, weil sie jene wunderbare Sättigung erfahren hat und — so ist natürlich zu ergänzen — solche Wunder weiterhin von ihm zu erleben hofft[2]. Das Volk hat also Jesu Handeln ebenso mißverstanden wie die Samaritanerin 415 die Verheißung des ὕδωρ ζῶν mißverstanden hatte, — ein Motiv, das alsbald (V.27. 34f.) weitere Ausführung findet. Die Menschen haben nur das äußere Wunder wahrgenommen, es aber nicht als σημεῖον „gesehen". Mit der traditionellen Bezeichnung des Wunders als σημεῖον spielt also der Evglist[3]; in Wahrheit sagt das Wunder als Zeichen etwas, und das „sehen" steht paradox für das „hören"[4]. V.26 zeigt also an, daß Jesu σημεῖα zweideutig sind, daß sie ebenso Mißverständnis und Ärgernis wie Glauben wecken können[5] — ganz wie seine Worte —, wie denn das letzte und größte σημεῖον Jesu ihn ans Kreuz bringt (Kap. 11).

β) 6 27-59: Das Brot des Lebens.

Mit V.26 hat der Evglist den Übergang zur folgenden Diskussion gewonnen; es muß nun klar werden, inwiefern 61-25 σημεῖα waren. Freilich zeigte schon das Verhältnis von V.26 zu V.25, daß der Übergang künstlich ist, und so hat auch der Dialog V.27ff. keine Beziehung auf die durch 61-25 geschaffene Situation; ja, die Verknüpfung von V.27ff. mit dem Vorigen ist insofern sehr ungeschickt, als man nach dem Vorangegangenen nicht versteht, wie die Menge V.30f. ein legitimierendes Wunder (und gar noch ein Speisungswunder!) fordern kann, nachdem das geschehene Speisungswunder V.14f. als Legitimation genügt hatte[6]. Es ist klar: der Evglist ignoriert die äußere Situation und benutzt das aus der Quelle entnommene Speisungswunder als symbolisches Bild für den Gedanken der Offenbarungsrede: Jesus als der Spender des Lebensbrotes. Diente das Wunder des Seewandelns dem Evglisten nicht nur zur äußeren Verknüpfung der Szenen[7], sondern hat es ebenfalls einen symbolischen Sinn, so kann dieser nur ein ergänzender Nebengedanke sein, da im Folgenden ja auf das Seewandeln gar kein Bezug genommen wird. Möglich, daß dieses Wunder, das die Freiheit Jesu von den bindenden Gesetzen des Natürlichen zeigt, die Überlegenheit, die Andersheit der Offenbarung gegenüber dem irdisch-natürlichen Leben lehren soll.

Gedankengang und Gliederung von 627-59 bereiten große Schwierigkeiten[8]. Von vornherein hebt sich 651b (καὶ ὁ ἄρτος δὲ κτλ.) -58b stark von dem Vorhergehenden

---

denn suchen! Ursprünglich war in dem an V.22 anschließenden καὶ εὑρόντες V.25 das Überraschende ausgesagt; aber der Evglist brauchte das Stichwort ζητεῖν für V.26.

[1] Γίνεσθαι = παραγίνεσθαι wie oft, vgl. V.19 Lk 2240 usw., s. Br. — Das Perf. γέγονας wohl für Aor., Bl.=D. § 343, 3. — Da die Szene nach V.59 in der Synagoge, also am Sabbat spielt, und da am Sabbat die Schiffe (V.23) nicht fahren durften, schließt Jn., daß bis zu dem εὑρόντες einige Tage verstrichen waren, — wodurch die Frage πότε κτλ. völlig unmotiviert wird.

[2] Eine Anknüpfung an V.14f. fehlt; der Evglist hat das Motiv von V.14f. für das Folgende nicht mehr nötig.

[3] Zu σημεῖον = „Wunder" s. S. 79, 1.   [4] S. S.78f., auch S.45, 1 und 3.

[5] Vgl. Kierkegaard, Einübung im Christentum[2] 1924, 35f.

[6] Man darf aus dem Mißverhältnis von 627ff. zum Vorigen nicht schließen, daß 627ff. eigentlich in den Zshg des 5. Kap. gehörte (Wendt I, 70ff.; II, 67f.), zumal Kap. 5 auf Kap. 6 folgen muß.   [7] S. o. S. 158.

[8] Ohne Rücksicht auf kritische Bedenken der Versuch P. Gächters, den Vers= und Strophenbau der „eucharistischen" Rede Jesu (V.35-58) festzustellen. Zeitschr. f. kathol. Theologie 59 (1935), 419—441.

ab; denn zweifellos ist hier vom sakramentalen Mahle der Eucharistie die Rede, bei der
Fleisch und Blut des „Menschensohnes" verzehrt werden mit der Wirkung, daß diese
Speise das „ewige Leben" verleiht, und zwar in dem Sinne, daß der Teilnehmer an diesem
Mahle der künftigen Auferstehung gewiß sein kann[1]. Das Herrenmahl ist hier also als
φάρμακον ἀθανασίας bzw. τῆς ζωῆς aufgefaßt[2]. Das befremdet nicht nur angesichts
der Gesamtanschauung des Evglisten, speziell seiner Eschatologie, sondern es steht auch
in Widerspruch zu den vorausgehenden Worten. Denn in diesen ist unter dem Lebensbrot, das der Vater gibt, indem er den Sohn vom Himmel sendet (V.32f.), er selbst, der
Offenbarer, verstanden. Er spendet (V.27) und ist (V.35. 48. 51) das Lebensbrot, wie er
das Lebenswasser spendet (410), wie er das Licht der Welt ist (812), als der Offenbarer,
der der Welt Leben gibt (V.33, vgl. 1028; 172), — denen nämlich, die zu ihm „kommen"
(V.35, vgl. 320f.; 540), d. h. die an ihn glauben (V.35; und vgl. 320f. mit 318), ohne daß
es noch eines sakramentalen Aktes bedürfte, durch den sich der Glaubende das Leben
aneignet[3]. Es kommt hinzu, daß die Begriffssprache von 651b-58 aus einem ganz anderen
Anschauungskreis stammt als die von 627-51a[4]. Der Schluß ist unvermeidlich, daß V.51b-58
von der kirchlichen Redaktion hinzugefügt ist[5]; und diese Redaktion ist es auch, die am
Schluß der V.39. 40. 44 den refrainartigen Satz angeflickt hat: κἀγὼ ἀναστήσω αὐτὸν
ἐν τῇ ἐσχάτῃ ἡμέρᾳ. Dieser Satz hat V.54 seinen organischen Platz; an den andern Stellen,
vor allem V.44, stört er den Gedanken; seine Anfügung ist der Versuch der Redaktion, die
ganze Rede unter die Anschauung von V.51b-58 zu stellen[6]. — Wie die Redaktion in Kap. 3
die Bezugnahme auf die Taufe vermißte und nachtrug[7], so in Kap. 6 die Beziehung auf
die Eucharistie. Daß der Evglist der kultisch-sakramentalen Frömmigkeit kritisch gegenübersteht, zeigt auch Kap. 13 (s. dort).

Aber mit diesen Ausscheidungen ist noch kein klarer Gedankengang gewonnen;
vielmehr befindet sich der vorliegende Text in einer Unordnung oder jedenfalls sehr
mangelhaften Ordnung, die ich nur daher erklären kann, daß ein Redaktor einen durch
äußere Zerstörung gänzlich aus der Ordnung gebrachten Text einigermaßen in eine Ordnung zu bringen suchte.

Auf die Aufforderung an die Hörer, sich die Speise des ewigen Lebens zu verschaffen
(V.27), erwidern sie mit der Frage, wie sie die Werke Gottes wirken können (V.28), und
erhalten die Antwort, daß als Werk Gottes der Glaube an seinen Gesandten gefordert
sei (V.29). Jene Frage V.28 ist nach der Aufforderung V.27 unmotiviert[8]; vielmehr wäre

---

[1] Lagr.: „L'allusion à l'Eucharistie est évidente, et ne peut être méconnue par
personne, sauf pour les protestants à méconnaître la clarté des termes."
[2] Ign. Eph. 20,2; Act. Thom. 135 p. 242,1.
[3] Es ist deshalb begreiflich, daß die Exegeten mehrfach die Beziehung von V.51b-58
auf die Eucharistie bestreiten; für die alte Exegese s. Br. Nach B. Weiß redete Jesus
unter dem Bilde des Essens und Trinkens seines Fleisches und Blutes von der „gläubigen
Hinnahme seiner irdisch-menschlichen Erscheinung", während der Evglist an die gläubige
Aneignung des Versöhnungstodes Christi denkt. Wie Kreyenbühl meint Odeberg
(237. 239. 260), daß der Genuß von Fleisch und Blut Jesu die gläubige Aneignung seiner
Lehre bzw. seines spirituellen Leibes sei, dessen Realität nur durch „Fleisch" und „Blut"
deutlich betont werde.
[4] S. u. S. 166,1.
[5] Sp. trennt V.51-58 vom Vorausgehenden als ein anderes Quellenstück; Merx
und v. Dobschütz (ZNTW 28 [1929], 163. 166) scheiden V.51-56 als Interpolation aus,
ebenso Carpenter (428) V.51-58, während nach Wellh. V.51-59 ein Nachtrag (von fremder
Hand) ist; ähnlich Bousset, RGG[1] III 616.
[6] So auch Sp., Dibelius (RGG[2] III 356); ebenfalls Bousset, Kyrios[2] 177,1;
Faure, ZNTW 21 (1922), 119f., nur daß diese beiden den Satz auch V.54 streichen wollen.
[7] S. S. 98,2.
[8] Will man einen Zshg von V.28 mit V.27 konstruieren, so muß man voraussetzen,
daß die Hörer Jesu Wort V.27 richtig (wenngleich nur halb) verstehen und dabei noch
ein geistreiches Wortspiel mit dem Begriff ἐργάζεσθαι machen; denn ἐργ. heißt V.27
„sich erarbeiten, sich verschaffen" (Hesiod Op.42f.: βίον ἐργ. usw.), V.28 „wirken" (herm.

eine Bitte zu erwarten, wie sie D. 34 folgt (entsprechend der Folge von 4 15 auf 4 14): „gib uns dieses Brot!" — D. 30 schließt an D. 29 nur scheinbar an; denn in D. 30 ist vorausgesetzt, daß Jesus gefordert hat: „glaubt an mich", — wie es D. 35 der Fall ist. Läuft der Dialog in D. 30-33 glatt fort, indem die Legitimationsfrage gestellt (D. 30 f.) und abgewiesen wird (D. 32 f.), — so kann wiederum D. 34 nicht die Fortsetzung von D. 32 f. sein. Denn die Bitte: „gib uns allezeit dieses Brot" (vgl. 4 15), setzt voraus, daß das Lebensbrot von den Hörern als ein Wunderbrot aufgefaßt wird und also nicht schon (D. 32 f.) als der καταβαίνων ἐκ τ. οὐρ. bestimmt war[1]. Dagegen bilden D. 34. 35 einen geschlossenen Zsg: der mißver-stehenden Bitte gegenüber wird der Offenbarer als das Lebensbrot bezeichnet und dem Glauben das Leben verheißen. — D. 36-40 befremden wieder einigermaßen; denn D. 36 schilt die Hörer wegen ihres Unglaubens; das ist doch hier am Anfang der Diskussion nicht recht motiviert, eher schon, daß in D. 37-40 von der Heilssicherheit der Glaubenden gehandelt wird. Aber als organische und notwendige Fortsetzung von D. 34. 35 kann D. 36-40 kaum gelten[2]. Und jedenfalls ist D. 41 als Fortsetzung von D. 37-40 völlig unmoti-viert: das Murren der Juden über Jesu Aussage ἐγώ εἰμι ὁ ἄρτος ὁ καταβ. ἐκ τ. οὐρ. hat keinen Rückhalt an D. 37-40, sondern setzt ein Wort wie D. 33, oder besser D. 51a voraus. Dagegen gehören die D. 41-46 unter sich wieder eng zusammen. Der Unglaube der Juden, der in ihrem Murren zu Worte kommt (D. 41 f.), wird auf seinen metaphysischen Grund zurückgeführt: die Möglichkeit des Glaubens wird nur von Gott gegeben (D. 43-46). Indem hier der Glaube als das „Kommen zu Jesus" bezeichnet wird, hat das Thema des „Kom-mens" seinen organischen Ursprung im Dialog; und D. 36-40 würden zweifellos an D. 41-46 ihren sachgemäßen Anschluß haben. Ist D. 47-51a, das den Offenbarer als Lebensbrot charakterisiert, auch hinter D. 46 nicht unmöglich, so kommen diese Worte hier doch post festum; sie wären etwa hinter D. 33 besser am Platz.

Kann die ursprüngliche Ordnung auch nicht mit Sicherheit wiederhergestellt werden, so muß doch der Versuch dazu gemacht werden. Er ist dadurch erschwert, daß der Evglist, wie so oft, ein Stück der „Offenbarungsreden" der Komposition zu Grunde gelegt hat; auf ihn selbst gehen der Dialog und kommentierende Sätze zurück, und es ist vielleicht nicht immer möglich, seine Anmerkungen von den Glossen der Redaktion zu unterscheiden[3]. Indem ich davon ausgehe, daß D. 27 (analog 4 14) der Ausgangspunkt des Dialogs sein muß, und daß darauf D. 34 (analog 4 15) folgen muß, komme ich zu folgender Ordnung: D. 27. 34. 35. 30-33. 47-51a. 41-46. 36-40.

Unberücksichtigt ist dabei **D. 28 f.**, ein versprengtes Fragment, das die Redaktion hinter D. 27 ad vocem ἐργάζεσθαι eingefügt hat[4]. Daß D. 28 f. vom Evglisten stammt,

---

mand. II 4; IV 1, 1: τὸ ἀγαθὸν bzw. ἁμαρτίαν ἐργ.). Ist das schon angesichts der son-stigen Dialogführung in Joh unglaublich, so widerspricht es vollends den folgenden Äußerungen der Hörer (zumal D. 34!), in denen sich diese als absolut verständnislos er-weisen. — Odeberg (256) meint freilich, die Hörer konnten Jesu Wort D. 27 verstehen und mit D. 28 erwidern, da die Identifikation der „bleibenden Speise" und der „Werke Gottes" für den Juden, dem die Tora als geistige Nahrung galt, gegeben war. Aber warum fragen die Hörer denn, wenn ihnen der allegorische Sinn des Wortes Jesu deutlich ist? Vielmehr zeigt D. 34, daß sie nicht verstehen.

[1] Wieder kann man einigermaßen helfen, wenn man in D. 33 das ὁ καταβαίνων nicht substantivisch, sondern adjekt. versteht: „das Brot, das vom Himmel herabsteigt". Würde das D. 41. 50. 51a. (58 nicht widersprechen, so kann es doch nach D. 32 nicht wohl so verstanden werden. Es würde sich sonst ein sinnloser Identitätssatz ergeben. Der Sinn kann nur sein: der Vater gibt das wahre Brot vom Himmel her (D. 32), und dieses (vom Himmel kommende) Brot ist der, der vom Himmel herabkommt, der Offenbarer (D. 33).

[2] Vgl. selbst Lagr.: „Le v. 36 est un peu en dehors du thème."

[3] Wahrscheinlich ist D. 27b (ἦν κτλ.) ein Zusatz des Red., s. u.

[4] Vielleicht erklärt sich so zu einem Teile die von der Red. vorgenommene Ordnung der Verse. War D. 28 f. ad voc. ἐργ. an D. 27 gefügt, so war die ursprüngliche Fortsetzung D. 34 f. nicht brauchbar, wohl aber die Legitimationsfrage und die Antwort auf sie D. 30-33. Nun wurde D. 34 f. nachgebracht. Die dann folgende Fortsetzung D. 47-51a stellte die Red. ans Ende, um für D. 51b-58 einen Anschluß zu gewinnen. Denn die eucharistischen Worte

macht der Stil wahrscheinlich. Die Frage: τί ποιῶμεν κτλ., die hinter V.27 nicht paßt, könnte aus einem Dialog stammen, dessen Stichwort die ἔργα τοῦ θεοῦ waren; und die Frage hat den charakteristisch joh. Klang des Un= oder Mißverständnisses[1]. Von diesem Dialog ist, wie es scheint, sonst nichts erhalten[2]. Jesu Antwort korrigiert die Frage in doppelter Hinsicht: einmal tritt an Stelle der ἔργα, in die das besorgende Tun des Men= schen zerfällt[3], das eine und einheitliche ἔργον, und sodann wird paradox der Glaube an den Gottgesandten als „Werk" bezeichnet und damit der Begriff des ἐργάζεσθαι auf= gehoben: nicht durch das, was der Mensch wirkt, erfüllt er Gottes Forderung[4], sondern in dem Gehorsam unter das, was Gott wirkt. Sofern aber das Wirken des Menschen nicht ein Fertigbringen von je Etwas ist, sondern seinem wahren Sinne nach die Haltung, in der der Mensch eigentlich ist, läßt sich auch sagen, daß Jesu Wort den Begriff des ἐργάζεσθαι radikalisiert: der Mensch ist eigentlich nicht in dem, was er zustande bringt, sondern in der Hingabe an das, was Gott wirkt, also in dem, was er glaubend an sich geschehen läßt.

V. 27: Ἐργάζεσθε μὴ τὴν βρῶσιν τὴν ἀπολλυμένην,
        ἀλλὰ τὴν βρῶσιν τὴν μένουσαν εἰς ζωὴν αἰώνιον[5].

Die Mahnung erhebt sich wieder auf dem Hintergrund des joh. „Dualismus"; sie ist verständlich für jeden Menschen, denn sie wendet sich, wie das Angebot des Lebenswassers[6], an den Lebenswillen des Menschen und bringt ihm zum Be= wußtsein, daß das Leben nicht durch die irdische Nahrung gesichert wird; sie ist vergänglich, also auch das durch sie vermittelte Leben. Will der Mensch ewiges Leben haben, so muß er sich die Nahrung verschaffen, die unvergänglich ist[7]. Aber welches ist diese wunderbare Nahrung? wo ist sie zu finden?

_____

sind natürlich als die Lösung des Mysteriums vom Lebensbrot gedacht und mußten den Schluß bilden. Daß V.41-43 hinter V.35-40 gestellt wurde, läßt sich daher verstehen, daß die durch den Einspruch der Hörer getrennten Redeteile einigermaßen gleich lang gemacht werden sollten. — Dabei ist immer zu bedenken, daß der Red. nicht einen geordneten Text in Unordnung brachte, sondern daß er Fragmente zu ordnen suchte.

[1] Im Einzelnen zeigt sich der Stil des Evglisten in dem τοῦτό ἐστιν . . . ἵνα vgl. (4 34) 6 40 15 8. 12. (13) I Joh 3 8. 11 usw., vgl. Festg. Ad. Jül. 142.

[2] Nicht unmöglich wäre, daß 6 28 f. zu den Rede= bzw. Dialogfragmenten gehört, die in den Kap. 7 und 8 in eine notdürftige Ordnung gebracht sind; vgl. das Stichwort der ἔργα bzw. des ἐργάζεσθαι 8 39. 41 und im Anfang der ursprünglich vor Kap. 8 stehenden Wundergeschichte Kap. 9: V.3f. Der Text des Evg muß dem Red. gerade in den mittleren Partien stark zerbrochen und wohl auch verstümmelt vorgelegen haben; s. S. 238, 5.

[3] Unbefangen wird der Plur. „Werke" wie im AT (vgl. Num 8 11 von den Leviten: ἐργάζεσθαι τὰ ἔργα κυρίου), so auch oft im NT gebraucht, vgl. 3 19 f.; Mt 5 16 (καλὰ ἔ.) Eph 2 10 (ἀγαθὰ ἔ.); Jak 2 14 ff.; bes. in den Past. (ἀγαθὰ und καλὰ ἔ.) und in Apk. Die Zusammenfassung zur Einheit eines Werkes findet sich bes. bei Paulus (Röm 2 7 I Kor 15 58 I Th 1 3; vgl. I Pt 1 17). In bezug auf Jesus redet Joh sowohl im Plur. von seinen ἔργα (5 20. 36 9 3 f. 10 25. 32. 37 f. 14 10-12 15 24), wie im Sing. (4 34 17 4), der den Plur. unmiß= verständlich macht. — Zu ἔργα ἐργάζεσθαι s. S.113,7.

[4] Τὰ ἔργα τοῦ θεοῦ sind natürlich die Werke, die Gott fordert wie Jer 31 (48), 10; IV Esr 7 24; vgl. τὸ ἔργον τ. κυρίου I Kor 15 58; τὰ ἔργα μου Apk 2 26; τὰ ἔργα τοῦ νόμου Röm 2 15 usw. (anders Röm 14 20 I Kor 16 10 Phl 2 30).

[5] In V.27 dürfte schon ein Wort aus der Quelle (den Offenbarungsreden) zu= grunde liegen; ob wörtlich zitiert, mag zweifelhaft sein, da der Stil der Quelle auch im zweiten Halbvers ein Verbum erwarten läßt.

[6] S. S. 136.

[7] Μένειν εἰς τὸν αἰῶνα von Christus Hbr 7 24; Act. Thom. 117. 124. 139 p. 227,20; 234,1 f.; 246,21 f., von den Seinen I Joh 2 17; Act. Thom. 117 p. 227,20 f.; vom geistlichen γάμος Act. Thom. 124 p. 233,19; παράμονος (neben ἀληθινός und βέβαιος) als Attribut göttlicher Dinge und Akte (opp. σωματικός, πρόσκαιρος u. a.) Act. Thom. 36. 61. 78. 124 p. 154,3; 178,9; 193,17; 233,17.

Die Rede von solcher Nahrung und der Wunsch nach ihr sind uralt und weit verbreitet, und alt und verbreitet ist auch in mancherlei Gestalt die Verheißung der Erfüllung
des Wunsches. Die lebenerhaltende Kraft der Nahrung wird im primitiven Glauben als
magische Kraft gedacht, und speziell das Brot enthält nach solchem Glauben die konzentrierte Kraft der Fruchtbarkeit[1]. Jedoch ist weder das Brot noch sonst ein Nahrungsmittel[2] zu so ausgezeichneter Bedeutung gelangt wie das Wasser, was schon darin begründet ist, daß der Quell und das fließende Wasser sich nicht, wie etwa das Getreide, als
Objekt für die Arbeit des Menschen darbieten, sondern in der freien Bewegung des
Quellens und Strömens und in der Willkür ihres Auftretens göttliche Kraft unmittelbar
zu dokumentieren scheinen. Gleichwohl findet sich im Mythos neben dem Lebenswasser
auch das Lebensbrot bzw. irgendeine Nahrung, die ewiges Leben spendet[3]. Denn
leicht ist verständlich, daß die Phantasie ein ewiges Leben, wie es die Götter führen und
wie es die Menschen sich wünschen, auf eine Nahrung zurückführt, die vollendet gibt, was
irdische Nahrung immer nur teilweise gibt: das Leben. Wie Homer Nektar und Ambrosia
als Götterspeise kennt, so gibt es im babylonischen Himmel die „Speise des Lebens"[4],
und so kennt das Judentum die Himmelsspeise der Parnasa oder das himmlische Manna,
von dem sich die Engel nähren, und das in der messianischen Zeit die Nahrung der Erlösten sein wird[5], und so genießen die Hochzeitsgäste bei der himmlischen Hochzeit die
ἀμβροσία βρῶσις[6].

Natürlich möchte der Mensch dieser Lebensspeise teilhaftig werden. Gilt ihr Genuß
in der Regel als eschatologische Gabe — sei es als Teilnahme an himmlischen Mahlzeiten, sei es als Geschenk der kommenden Heilszeit —, so träumt doch die sehnsüchtige
Phantasie auch vielfach davon, daß irgendwo auf Erden solche Nahrung, ein „Kraut des
Lebens", gefunden werden müsse[7] oder ein Lebenselixier hergestellt werden könne[8].
Daneben geht der bildliche Sprachgebrauch einher, der Gottes Gesetz oder die Erkenntnis
des Ewigen als geistige „Nahrung" bezeichnet[9]. Vor allem aber erwächst in der Sphäre

---

[1] Vgl. den Art. „Brot" im Handwörterbuch des deutschen Aberglaubens (Brot ist
heilig, enthält konzentrierte Kraft und wird zu allerlei Zauber, bes. Wachstums- und
Fruchtbarkeitszauber verwandt).

[2] Allenfalls läßt sich daneben die Milch nennen, die als sakramentale Nahrung in
manchen Kulten (bes. Mysterienkulten) bezeugt ist. In der Gnosis ist dann „Milch" zur
Bezeichnung des Offenbarungswortes geworden, s. Schlier, Relg. Unters. 150,2;
ThWb I 645, 10ff. — Über den Lebensbaum s. zu Kap. 15. Vgl. auch ThWb II 841, A. 63.

[3] Lebenswasser und Lebensspeise erscheinen, wie schon im babylon. Adapa-Mythos
B 60ff. (Altoriental. Texte zum AT 1926, 145), oft nebeneinander. Wie in den Mithras-
mysterien Brot und Wasser genossen werden (Justin apol. I 66), so in der Abendmahls-
feier einzelner christlicher Gruppen, s. A. Harnack, Texte und Unters. VII 2 (1891), 115ff.;
A. Jülicher, Theol. Abhandl. f. C. Weizsäcker 1892, 217ff.; L. Fendt, Gnost. Mysterien 29ff.

[4] Adapa-Mythos B 60f. a. a. O. 145.

[5] Odeberg 240ff. u. s. zu V. 31. Vgl. auch die Vorstellung vom messianischen Mahl
Lk 14₁₅ Mt 14₂₅ Apk 3₂₀ usw., Dalman, W. J. 90—92; P. Volz, Die Eschatologie der
jüd. Gemeinde 1934, 367f.; für Griechentum und Hellenismus: E. Rohde, Psyche I
315,2; A. Dieterich, Nekyia 79f.

[6] Act. Thom. 7 p. 110,17.

[7] Die Suche nach dem Kraut des Lebens ist ein Hauptthema des Gilgamesch-Epos;
es ist weit verbreitet und wird bes. in Märchen viel variiert; vgl. A. Ungnad-
H. Greßmann, Das Gilgamesch-Epos 1911, 147ff.

[8] Vgl. die ἄλιμος τροφή des Epimenides, Plut. sap. conv. p. 157d, des Pytha-
goras, Porphyr. Vit. Pyth. 34 p. 35,11ff. Nauck., auch Porphyr. de abst. IV 20
p. 266,5ff. Vgl. ferner die Tradition vom φάρμακον ἀθανασίας, ThWb III 24,6ff.

[9] Am καλόν, σοφόν, ἀγαθόν „nährt" sich die Seele (Plat. Phaidr. p. 246e); sie
strebt zum „Mahle" der Götter (ebd. 247a). Porphyr. de abst. 20 p. 264,20ff. N. (doch
wirkt bei Porphyr auch der Sprachgebrauch der Mysterien ein, s. u.). Vgl. überhaupt den
übertragenen Sprachgebrauch von τρέφειν, τροφή = „erziehen", „Erziehung". Entsprechend
wird im Judentum die Tora als „Brot" bezeichnet, Str.-B. II 483f.; Odeberg 241f. Für
Philon s. zu V. 31 (S. 169, 5).

des Dualismus im Anſchluß an alte Kultbräuche die Vorſtellung von einem ſakramen=
talen Mahl, bei welchem dem Myſten die Nahrung geſpendet wird, die ewiges Leben
verleiht[1]. Wiederum aber kann das Sakrament zum Symbol der göttlichen Offenbarung
und der mit ihr geſchenkten Güter werden[2]. Sakramentaler Glaube und Glaube an das
Offenbarungswort ſind oft verbunden, zumal da auch das „Wort" als erfüllt von ma=
giſcher Kraft gedacht ſein kann. Deshalb iſt in den Texten manchmal nicht zu unterſcheiden,
ob von der ſakramentalen Speiſe oder den geiſtigen Gaben die Rede iſt[3]. Beide werden
der κοσμικὴ τροφή gegenübergeſtellt als die τροφὴ πνευματική[4], ἀσώματος und νοερός[5],
ἀμβροσιώδης[6], τελεία[7] und θεϊκή[8]. In der chriſtlichen Sphäre gilt Chriſtus, der ſolche
Nahrung ſpendet, als der τροφεύς[9].

Dieſer Anſchauungskreis und ſeine Sprache iſt der Hintergrund, auf dem
Joh 6 26 ff. zu verſtehen iſt. Auf die Frage nach der Nahrung, die das ewige Leben
gibt, und gegenüber den Antworten, die ſonſt auf dieſe Frage gegeben werden,
ſpricht der Offenbarer: „Ich bin das Brot des Lebens." Indeſſen erfolgt dieſe
Ausſage erſt D.35, nachdem die Hörer die Bitte um das Wunderbrot ausgeſprochen
haben[10]. Wie die törichte Bitte der Samaritanerin die Verſtändnisloſigkeit des

---

[1] Zur allgem. Orientierung über ſakramentale Mahlzeiten ſ. G. v. d. Leeuw,
Phänomenologie d. Rel. 335f. 342f. Für die helleniſt. Myſterien vgl. Frz. Cumont,
Die oriental. Religionen im röm. Heidentum paſſim; A. Dieterich, Mithraslit. 100ff.;
H. Hepding, Attis 1903, 184ff.; für die Gnoſis L. Fendt, Gnoſtiſche Myſterien 1922. —
In den helleniſt. Myſterien gilt weithin die Gottheit ſelbſt als die im heil. Mahl ange=
eignete Speiſe (ſ. Br., Exk. zu 6,59). Dieſe Anſchauung, die auch die Deutung der chriſtl.
Euchariſtie beeinflußt hat, liegt Joh 6 51b–58 zugrunde, nicht jedoch 6 27–51a. Vielmehr
liegt hier im Hintergrund die ganz andersartige Vorſtellung vom Lebensbrot, die in den
gleichen Anſchauungskreis hineingehört wie die Vorſtellung vom Lebenswaſſer (Kap. 4)
und vom Lebensbaum (Kap. 15). Das weiſt auf iraniſche Tradition. In den Mithras=
myſterien, in denen das Verzehren der Gottheit ſich nicht findet, genießen die Myſten
(wie in der mazdäiſchen Meſſe) Brot und Waſſer; Frz. Cumont, Die Myſterien des
Mithra 1911, 145f.
[2] S. S. 135.
[3] Vgl. die Stellen bei Schlier, Relg. Unterſ. 149ff. Ignatius ſcheint (Röm 7 3)
das Martyrium ſelbſt als Empfang der Euchariſtie zu deuten (Schlier a. a. O. 151f.).
Völlig zum Symbol geworden für das Offenbarungswort iſt die ſakramentale Speiſe in
den Od. Sal. (ſ. o. S. 135) 3. B. 4 10 8 16 19 1ff. 20 8 35 5. Sehr merkwürdig iſt, wie Clem.
Al. Ekl. Proph. 14, wo die τροφὴ θεϊκή als πίστις, ἐλπίς, ἀγάπη uſw. interpretiert
wird, auch die τροφὴ κοσμική nicht als irdiſche Nahrung verſtanden, ſondern umgedeutet
wird als ὁ πρότερος βίος καὶ τὰ ἁμαρτήματα.
[4] Did. 10 3.
[5] Porphyr. de abst. IV 20 p. 265,11 N. (vgl. p. 264,23f.: ψυχῆς οὖν λογικῆς
τροφὴ ἡ τηροῦσα λογικήν).
[6] Act. Thom. 36 p. 154,2.   [7] Act. Thom. 120 p. 230,14.
[8] Clem. Al. Ekl. Proph. 14,3.
[9] Vgl. Schlier, Chriſtus und die Kirche im Epheſerbrief 1930, 59,2; G. Born=
kamm, Mythos und Legende 13. — Schlier verſteht wohl mit Recht den mandäiſchen
Titel des „Pflegers" in dieſem Sinne. Wenn Chriſtus gar als „Brot" bezeichnet wird
(Act. Jo. 98 p. 200,7; manichäiſch bei E. Waldſchmidt=W. Lentz, Die Stellung
Jeſu im Manichäismus [Abh. d. Berl. Akad. 1924, 4] 65), ſo geht das wohl auf den Einfluß
des Joh zurück.
[10] D. 27b ἦν κτλ. iſt eine Anmerkung. Sie kann aber in dieſer Form ſchwerlich vom
Evgliſten ſtammen. Man müßte ſonſt annehmen, daß die Hörer ohne weiteres die Iden=
tifikation Jeſu mit dem Menſchenſohn vollziehen, was nach 12 34 ſehr unwahrſcheinlich
iſt. Auch fügt ſich der Satz ſchwer in die ſonſtigen Menſchenſohn=Ausſagen des Evg, in
denen Jeſus der Menſchenſohn iſt, ſofern er als Offenbarer auf Erden wandelt, erhöht
werden muß und als ſolcher der Richter der Welt iſt. In D. 27b iſt aber offenbar an die
Wirkſamkeit des Erhöhten gedacht (einerlei ob man mit Al L uſw. δώσει oder mit אD
das zeitloſe δίδωσιν lieſt). Dazu ſtimmt nur noch D. 53; und wie dieſer Vers wird auch

κόσμος bekundete, so jetzt (V. 34) die Bitte der Hörer, Jesus möge ihnen allezeit dieses Brot geben[1]. Jesu Antwort (V. 35), gefaßt in die Offenbarungs=Formel des ἐγώ εἰμι[2], sagt, daß in seiner Person das da ist, wonach sie fragen (V. 35):

V. 27b dem Red. gehören: Jesus wird die „bleibende Speise“ im Abendmahl geben. Das dürfte durch die Begründung: τοῦτον γάρ κτλ. bestätigt werden; denn schwerlich heißt σφραγίζειν hier wie 3 33 „beglaubigen“, sondern „weihen“, „konsekrieren“; s. Br., Wörterb. s. v. σφραγίς und bes. Ftз. J. Dölger, Sphragis als Taufbezeichnung 1911, 39 ff. 156 ff.; Antike u. Christentum I (1919), 1 ff. — Möglich aber ist, daß der Evglist geschrieben hatte: ἣν ἐγώ ὑμῖν δώσω, wie es 4 14 entsprechen würde. Die Bitte δός ὑμῖν V. 34 würde dann auch formal noch festeren Anschluß haben.

[1] Wenn die Juden statt βρῶσις jetzt ἄρτος sagen, so natürlich, damit das Stichwort der Rede genannt wird; βρῶσις kann mit ἄρτος als dem repräsentativen Nahrungsmittel wechseln, wie schon βρῶσις V. 27 an ἄρτος V. 26 anknüpfte.

[2] Verschiedene Formen der ἐγώ-εἰμι=Formel sind zu unterscheiden, wenngleich Übergänge zwischen ihnen stattfinden: 1. die Präsentationsformel, die auf die Frage antwortet: „Wer bist du?“ Mit dem ἐγώ εἰμι stellt sich der Redende als der und der vor; ἐγώ ist dabei Subjekt. Profane Beispiele sind häufig, vgl. Aristoph. Plut. 78: ἐγώ γάρ εἰμι Πλοῦτος, Eur. Tro. 862 f.; Hymn. Hom. I 480 = II 302 usw. Diese Formel findet sich bes. im Sakralstil des Orient: der erscheinende Gott stellt sich vor, vgl. Gen 17 1: „... da erschien Gott dem Abraham und sprach zu ihm: ich bin El=Schaddaj“; Gen 28 13 Jub 24 22 Apk 1 17. So auch in den Anfängen der Isis=Inschriften von Jos, Kymae, Andros und Nysa, z. B. Εἶσις ἐγώ εἰμι ἡ τύραννος πάσης χώρας (W. Peek, Der Isis=Hymnos von Andros 1930; Deißmann, L. u. O.4 109 ff.; Br., Ext. зu 8 12). So auch C. Herm. 1, 2: ἐγώ μέν ... εἰμι ὁ Ποιμάνδρης, ὁ τῆς αὐθεντίας νοῦς, Ginza 246, 1 ff.; 318, 29 ff. So auch die Wendung: „der Gesandte des Lichtes bin ich“ u. ähnl. Ginza 58, 17. 23; 59, 1. 15; „der Schatz bin ich, der Schatz des Lebens“ J. B. 202, 28 ff. — Eine Nebenform ist es, wenn sich der Gesetzgeber zu Beginn seines Gesetzes mit dem „Ich bin“ präsentiert wie hammurapi (Altorientaл. Texte zum AT 1926, 381) oder Jahve Ex 20 2. — 2. Die Qualifikationsformel, die auf die Frage antwortet: „Was bist du?“ Antwort: „Ich bin das und das“, oder: „Ich bin ein solcher, der ...“. Auch hier ist ἐγώ Subjekt. Profane Beispiele: Epikt. diss. IV 8, 15 f.: ἐγώ φιλόσοφός εἰμι ... μουσικός ... χαλκεύς, I 19, 2; II 19, 29; III 1, 23; Ез 28 2. 9 (der König von Tyrus spricht: „Ich bin ein Gott“). Auch diese Formel im oriental. Sakralstil: Jes 44 6: „Ich bin der Erste und der Letzte, und außer mir gibt es keinen Gott“; 44 24: „Ich bin Jahve, der alles gemacht hat“; 45 5-7 48 12. Solche Qualifikationsformeln schließen sich oft an die Präsentationsformel an, und die Rede geht manchmal in eine Aufzählung der Taten der Gottheit (im Ich=Stil) über. Wie bei Deut. Jes, so in dem Gebet an Ischtar bei A. Ungnad, Die Religion der Babylonier u. Assyrer 1921, 200 f., und in den Isis=Inschriften. Vgl. die Qualifikationsformeln der Isis=Inschr. von Kymae 41 f.: ἐγώ εἰμι πολέμου κυρία, ἐγώ κεραύνου κυρία εἰμί (Peek a. a. O. 124). Häufig in mandäischen Texten: „Ein Hirte bin ich, der seine Schafe liebt“ (J.B. 44, 27); „Ein Fischer bin ich, der ...“ (J.B. 144, 8; 154, 26). Der Qualifikationsformel korrespondiert das Gebet über das hymnus im Du=Stil, vgl. das Gebet an Ischtar; Apul. Met. XI 25 (Gebet an Isis); Ginza 271, 22 ff.; Ed. Norden, Agnostos Theos 183 ff. (Im Munde von Menschen wird diese Formel zur Konfessionsformel wie Ginza 454 ff. der ständige Anfang der Lieder: „Ein Mana bin ich des großen Lebens“ und Ähnliches, vgl. Ginza 251, 15 ff.; 273, 1 ff. und Lidzbarski, J.B. 43 f. Ebenso in der Sterbeformel der Markosier Iren. I 21, 5: ἐγώ υἱὸς ἀπὸ Πατρός, ... σκεύος εἰμι ἔντιμον ...) — 3. Die Identifikationsformel, in der sich der Redende mit einer anderen Person oder Größe identifiziert. Auch hier ist ἐγώ Subjekt. So identifiziert sich der ägypt. Gott Rê mit Chepre: „Ich bin es, der als Chepre entstand“ (Altorientaл. Texte 1). So spricht Isis in der bei Plut. de Is. et Os. p. 354 c zitierten Inschr.: ἐγώ εἰμι πᾶν τὸ γεγονὸς καὶ ὂν καὶ ἐσόμενον. Solche kosmologischen Identifikationsformeln auch Ginza 207, 33 ff. Moderne Beispiele bei Stefan George: „Ich bin der Eine und bin Beide ...“ (Der Stern des Bundes 1920, 21); „Ich bin ein Funke nur vom heiligen Feuer ...“ (Der siebente Ring 1919, 123). Als Identifikationsformel (wenn nicht als Präsentationsformel) ist vielleicht auch das ἐγώ ὁ θεός εἰμι usw. der syrischen Propheten Orig. c. C. VII 9 p. 161, 6 f. K. зu verstehen. Bes. begegnen solche Formeln im Zauber, wobei oft alte Präsentations= oder Qualifikationsformeln benutzt sind, vgl. Pap. Gr. mag. IV 185 ff.; V 145 ff.; XII 227 ff. (auch

ἐγώ εἰμι ὁ ἄρτος τῆς ζωῆς.
ὁ ἐρχόμενος πρὸς ἐμὲ οὐ μὴ πεινάσῃ,
    καὶ ὁ πιστεύων εἰς ἐμὲ οὐ μὴ διψήσει πώποτε[1].

Die ganze Paradoxie der Offenbarung ist in dieser Antwort enthalten: wer etwas von ihm möchte, muß wissen, daß er ihn selbst empfangen soll; wer ihn um die Gabe des Lebens angeht, muß lernen, daß er selbst es ist, den er eigentlich will. Er gibt das Lebensbrot[2] also, indem er es ist. Er ist es aber, da er in seiner Person nichts für sich ist, sondern im Dienste des Vaters für die Menschen da ist[3]. Wer das Leben von ihm empfangen will, muß also an ihn glauben, — oder wie es in bildlicher Wendung heißt „zu ihm kommen"[4].

Deißmann, L. u. O. 113; Br., Exk. zu Joh 8,12); vgl. bes.: ἐγώ εἰμι ἡ ἀλήθεια (Pap. Gr. mag. V 148), ἐγὼ ἡ Πίστις εἰς ἀνθρώπους εὑρεθεῖσα (ebd. XII 228). — 4. Die Rekognitionsformel, die sich von den andern dadurch unterscheidet, daß hier das ἐγώ Präd. ist. Denn sie antwortet auf die Frage: „Wer ist der Erwartete, der Erfragte, der Besprochene?" Antwort: „Ich bin es." (Vgl. Fragen wie Eur. El. 581: ἐκεῖνος εἶ σύ; Jes 41₄: „Wer hat's gewirkt und getan?" Mt 11₃.) So sagt bei Aristoph. Equ. 1023 der Paphlagonier: ἐγὼ μέν εἰμ᾽ ὁ κύων, nämlich der in dem soeben verlesenen Orakel angekündigte Hund. (Im Griech. steht in solchen Sätzen statt ἐγώ wohl meist ὅδε, Aesch. Cho. 219; Eur. Or. 380 usw.) Auch diese Formel findet sich im Sakralstil, und zwar manchmal so, daß durch das ἐγώ εἰμι etwas, was man schaut oder schon kennt, neu interpretiert wird; vgl. C. Herm. 1,6: τὸ φῶς ἐκεῖνο . . . ἐγώ, Νοῦς, ὁ σὸς θεός; Isis-Inschr. von Kymae[7]: ἐγώ εἰμι ἡ καρπὸν ἀνθρώποις εὑροῦσα (= „Ich bin es, die . . ."). 10: ἐγώ εἰμι ἡ παρὰ γυναιξὶ θεὸς καλουμένη (Peek 122). Als eigentliche Offenbarungsformel, d. h. so, daß sich der gegenwärtig Redende durch das ἐγώ εἰμι als der Erwartete und Erfragte offenbart, Ps. Clem. Hom. 2, 24 p. 28, 30 ff. Lag., wo Dositheos zu Simon sagt: εἰ σὺ εἶ ὁ ἑστώς, καὶ προσκυνῶ σε, und dieser antwortet: ἐγώ εἰμι. In eigentümlicher Anwendung in Deut.-Jes, wo sich Gott in der dichterisch-fingierten Gerichtsverhandlung den andern Göttern gegenüber durch sein „Ich bin es, der . . ." ausweist, Jes 41₄ 43₁₀f. 52₆; ähnlich Dt 32₃₉. — In den ἐγώ-εἰμι-Sätzen Joh 6₃₅. 41 48. 51 8₁₂ 10₇. 9. 11. 14 15₁. 5 liegt offenbar die Rekognitionsformel vor, auch wenn in der Quelle das ἐγώ εἰμι im Sinne der Präsentations- oder Qualifikationsformel gemeint gewesen sein sollte. Denn im Zshg des Evg ist das ἐγώ stark betont und steht ständig im Gegensatz zu falscher, vorgeblicher Offenbarung (vgl. 6₄₉-₅₁ 10₁₀. 11-13; vgl. auch 5₄₃). Dagegen dürfte 11₂₅ und vielleicht auch 14₆ die Identifikationsformel vorliegen. Über 8₂₄. ₂₈ 13₁₉ s. zu den betr. Stellen. Anderwärts wie 4₂₆ 8₁₈. ₂₃ 18₅f. ₈ hat das ἐγώ εἰμι nicht den Charakter einer sakralen Formel.

[1] Das Offenbarungswort zweifellos aus der Quelle; der anschließende Dialog V. 30-32 vom Evglisten, der in V. 33 wieder ein Wort der Quelle verwendet. In der Quelle dürfte das „Ich bin" als Präsentation gemeint gewesen sein (s. vor. A.); die Fortsetzung der Präsentation ist die Verheißung wie Ginza 58, 23 ff.; 59, 1 ff. 15 ff.; J.B. 204, 5 ff.; vgl. Od. Sal. 33, 6 ff., s. zu 7,37.

[2] Der Gen. τῆς ζωῆς ist, wie ὁ ἄρτος ὁ ζῶν V. 51₀ zeigt, Gen. qual.; die ζωή aber ist als die Leben schaffende Kraft zu verstehen; s. S. 21. Natürlich sind ὁ ἄρτ. τῆς ζωῆς V. 35. 48 und ὁ ἄρτ. ὁ ζῶν V. 51₀ gleichbedeutend, und ζῶν bedeutet wie in der Verbindung mit ὕδωρ „lebendig machend" (s. S. 136). —

[3] Vgl. E. Gaugler a. a. O. 55f., der mit Recht sagt, daß die ἐγώ-εἰμι-Aussagen nicht als Seins-Aussagen verstanden werden dürfen, d. h. sie beschreiben nicht das Wesen Jesu an sich, sondern das Offenbarungsgeschehen.

[4] „Kommen" zu Jesus wie V. 37. 44f. 65 5₄₀ 7₃₇. Der Ausdruck darf weder aus der historischen Situation Jesu noch aus der kultischen Terminologie verstanden werden, wie sie Röm 5₂ (προσαγωγή); Hbr 4₁₆ (προσέρχεσθαι) und sonst vorliegt (s. M. Dibelius, SA Heidelb. 1917, IV, 19 f.); er ist vielmehr im Mythos traditionell: der Offenbarer „ruft" die Menschen zu sich, und die hörenden „kommen" zu ihm; s. zu 7₃₇. — In der Verheißung ist die Erfüllung des Verlangens nach Leben in die Stillung des Hungers und des Durstes auseinandergelegt (vgl. Sir 15₄ 24₂₁ und s. S.165,3). Der symbolische Sinn des ἄρτος und die Gleichheit des Lebensbrotes und Lebenswassers wird daran ganz deutlich.

Die Welt aber verlangt der Glaubensforderung gegenüber ein legitimierendes σημεῖον (V. 30); sie will sehen, um glauben zu können (s. 4 48; 20 29). Und indem sie fragt: τί ἐργάζῃ;[1], zeigt sie ihre ganze Torheit: was der Offenbarer wirkt, ist nicht ein τι, ein einzelnes ἔργον, an dem man ihn erkennen könnte, um daraufhin zu glauben[2]. Die Juden fordern ein Wunder, analog dem Mose=Wunder der Mannaspeisung (V. 31). So reden sie, weil Jesus das Lebensbrot verheißen hat, und zeigen damit, daß sie sein Wort nicht verstehen, sondern immer noch wähnen, daß eine leibliche Nahrung das Leben gibt[3]. Der Hinweis auf das Mannawunder ist aber auch deshalb bedeutsam, weil nach jüdischem Glauben der kommende Messias als „zweiter Erlöser" Mose als dem „ersten Erlöser" entsprechen muß[4], weil sich also auch das Mannawunder in der Endzeit wiederholen muß[5]. Es kommt also in dem Hinweis der menschliche Wahn zutage, zu wissen, welche Kennzeichen der Erlöser haben muß; der Wahn, über Kriterien zu verfügen, von deren Zutreffen die Anerkennung der Offenbarung abhängt, — während doch Gottes Offenbarung alle Bilder, die sich menschliches Wünschen von ihr macht, zerschlägt und es gerade die Probe echten Heilsverlangens ist, zu glauben, wenn Gott ganz anders begegnet als der menschlichen Erwartung entspricht. Mit dem ἀμ. ἀμ. λέγω ὑμῖν (V. 32) weist Jesus die jüdische Selbsttäuschung zurück, daß das von Mose einst gespendete Brot als echtes „Brot vom Himmel" gelten könne[6]. In der Antithese, die den „Vater" Jesu als den alleinigen Spender des Himmels= brotes bezeichnet, wird durch den betonten Zusatz τὸν ἀληθινόν[7] zum Ausdruck gebracht, wie im Verhältnis zur Offenbarung alles weltliche Gut nur Schein ist. — Seine Begründung findet der allgemeine Satz V. 32 in V. 33: es gibt ja nur eine Weise, in der das „Leben" der Welt vermittelt wird, Gottes Offenbarung: das Brot Gottes ist der Offenbarer, der vom Himmel kommt und der Welt Leben schenkt[8].

Damit ist über die Einrede V. 30 f. hinüber wieder der Punkt der Rede von V. 35 erreicht, und im Tone der Verheißung wird die Glaubensforderung gestellt V. 47 f.:

---

[1] Das τί ἐργάζῃ will Blaß nach syr^s streichen; mit Unrecht.
[2] Die Frage der Juden ähnlich wie 2 18, doch charakteristisch davon verschieden durch ἵνα κτλ. Dazu vgl. Mt 15 32 und rabbin. Parr. bei Schl. — Gegen Burney, der (75) das ἵνα als falsche Übersetzung des Relat. δ auffaßt, Goguel, Rev. H. Ph. rel. 3 (1923), 377.
[3] Hier zeigt sich die Künstlichkeit der Verknüpfung von V. 27 ff. mit der vorangehenden Speisungsgeschichte, s. S. 161.
[4] S. S. 61, 8; dazu noch Str.=B. I 68 f. 85 ff.; IV 798.
[5] Das Mannawunder von Ex 16 spielt schon im AT (Dt 8 3 Neh 9 15 Ps 78 24 — worauf Joh 6 31 anspielt — 105, 40) und dann in der jüd. Tradition eine große Rolle (Sap 16 20; Sibyll. Fr. 3, 466 p. 232 Geffken; I Kor 10 3; vgl. Str.=B. II 481 f; Odeberg 239 ff.). Man erwartet vom Messias die Wiederholung dieses Wunders (syr. Bar. 29, 8; Str.=B. II 481; IV 890; 954; Schl. z. St.; Joach. Jeremias, Golgotha 83, 4; Die Abend= mahlsworte Jesu 88, 2; Odeberg 242 f. — Philon deutet das Manna auf den θεῖος λόγος (bzw. die σοφία) als die οὐράνιος ψυχῆς τροφή, leg. all. II 86; III 169—175; det. pot. ins. 118; quis rer. div. her. 79. 191; congr. er. gr. 100. 173 f.; fug. et inv. 137.
[6] Das ἔδωκεν, das B D al in V. 32 statt δέδ. lesen, dürfte nach V. 31 konformiert sein. Korrekter ist das Präs. von syr^sc. — Das ὑμῖν zeigt, wie die Generationen der Wüsten= zeit und der Gegenwart als Einheit gelten.
[7] S. S. 32, 1.
[8] Das ὁ καταβ. ἐκ τ. οὐρ. darf nicht als Attribut zu ὁ ἄρτος τ. θ. verstanden werden, sondern ist Präd., s. S. 163, 1.

[ἀμὴν ἀμὴν λέγω ὑμῖν],
48 *ἐγώ εἰμι ὁ ἄρτος τῆς ζωῆς·*
47 *ὁ πιστεύων ⟨εἰς ἐμὲ⟩ ἔχει ζωὴν αἰώνιον*[1].

Hatte D.32 gesagt: nur Gott spendet das Himmelsbrot, und fügte D.33 hinzu: das Brot Gottes ist der Offenbarer, so vollendet D.47f.: „Ich bin es!" Was grundsätzlich gilt, ist in Jesu Person geschichtlich wirklich geworden. Daran schließt sich die Verheißung für den Glauben, die zugleich Forderung des Glaubens ist, — analog wie D.35, nur hier in unbildlicher Wendung wie etwa 3 15f.

Wie D.30-33 im Dialog, so wird jetzt **D.49 — 51a** in der Rede, anschließend an die Verheißung des ewigen Lebens, das wahre Himmelsbrot dem Manna gegenübergestellt[2]. Der Gegensatz wird zunächst allgemein formuliert: das Manna konnte kein Leben spenden; die Väter, die es gegessen, sind gestorben (D.49). Himmelsbrot ist nur das zu nennen, was unvergängliches Leben spendet (D.50)[3]. Dann folgt (D.51a) wieder das Offenbarungswort: „Ich bin es, auf den das zutrifft, was vom Himmelsbrot gilt"[4].

Durch das dreimalige *ἐγώ εἰμι* ist der erste Teil der Diskussion zusammengehalten; er stellte Jesus als das echte Lebensbrot dar und erhob in der Form der Verheißung die Forderung des Glaubens. Im zweiten Teil wird die Möglichkeit des Glaubens das ausdrückliche Thema, eingeleitet wiederum durch den verständnislosen Einspruch der „Juden", durch den Jesu Worte über die Glaubensmöglichkeit provoziert werden (D.41-46).

Das Murren der Juden **D. 41**[5] hat seinen Gegenstand in dem entscheidenden *ἐγώ εἰμι* von D.51. Der Anspruch der Offenbarung ruft den Widerspruch der Welt hervor; sie nimmt gerade daran Anstoß, daß ihr die Offenbarung in der Geschichte, in der Sphäre, in der sie vertraut und zu Hause ist, begegnet, daß der der Offenbarer sein will, über dessen Woher sie Bescheid wissen **D. 42**[6].

---

[1] D.47f. ist (von der Einführungsformel abgesehen) der Quelle entnommen; doch dürfte der Evglist die beiden Zeilen umgestellt haben. Die *ἐγώ-εἰμι*-Formel muß der Verheißung vorangehen. In D.47 verlangt das *πιστ.* eine Ergänzung (vgl. D.35); tatsächlich lesen C K D pl *εἰς ἐμέ*, was aber vielleicht nur richtige Konjektur ist. Der Evglist könnte das *εἰς ἐμ.* gestrichen haben. Das *εἰς θεόν* von syr^sc ist falsche Konjektur.

[2] D.49 und 50 ist Bildung des Evglisten; beide Verse sind Prosa; in D.50 zeigt das durch den *ἵνα*-Satz explizierte *οὗτος* den Stil des Evglisten, s. folg. Anm.

[3] *Οὗτος* bezieht sich nicht zurück auf den Offenbarer (das *ἐγώ* von D.47f.), sondern vorwärts auf *ἄρτος*. Es liegt einer der typischen Definitionssätze des Evglisten vor (Festg. Ad. Jül. 142); das *οὗτος* wird durch *ἵνα* expliziert („dieses", d. h. „solcher Art ist das Brot ..., daß ..."). Gegen Burney auch hier mit Recht Goguel, s. S.169,2. Natürlich ist *ὁ ἐκ τ. οὐρ. καταβαίνων* hier (anders als D.33) Attribut.

[4] Nach dem zeitlos definierenden *καταβαίνων* D.50 muß es D.51a *καταβάς* heißen, weil jetzt vom historischen Ereignis die Rede ist; vgl. den Gedankenfortschritt von D.32f. zu D.47f. — Zu *ὁ ἄρτος ὁ ζῶν* s. S. 168, 2.

[5] *Γογγύζειν* D.41. 43. 61 7 32 (*γογγυσμός* 7 12) ist zunächst das unartikulierte Gemurmel, dann das unterdrückte Murren und Munkeln, das Zeichen des Ärgers, der Unzufriedenheit ist. In LXX bezeichnet *γογγ.* (für לון und רגן) oft die undankbare Widerspenstigkeit und den Zweifel an Gottes Treue; so auch I Kor 10 10 Phil 2 14 usw., s. Rengstorf, ThWb s. v.; E. Lohmeyer zu Phil 2 14 (Meyers Komm.). Bei Joh ist der übliche profane Sprachgebrauch.

[6] In ℵb syr^sc ist *καὶ τ. μητέρα* fortgelassen, offenbar weil nach der späteren christlichen Anschauung die Torheit der Juden nur in der Meinung liegen konnte, den Vater Jesu zu kennen (s. Br.). Damit ist der Evglist freilich mißverstanden; denn die Torheit der Juden liegt nicht darin, daß sie sich über Jesu Vater irren, sondern darin, daß sie einem Menschen den Anspruch bestreiten, der Offenbarer zu sein; s. S. 40, 2 zu 1, 14.

Daß der Anspruch des Offenbarers in der Tat — von der Welt her gesehen — ein absurder ist, kommt in dem πῶς νῦν λέγει . . . charakteristisch zum Ausdruck[1]. Im Widerspruch der „Juden" zeigt sich die eigentümliche Verkehrung des menschlichen Wissens um Offenbarung ins Nichtwissen[2]. Ein Wissen liegt ja auch im jüdischen Widerspruch, das Wissen nämlich, daß als Offenbarung Göttliches, nicht Menschliches begegnen müsse. Aber es ist ins Nichtwissen verkehrt, sofern das Göttliche der Offenbarung als ein konstatierbar übermensch= liches Phänomen gedacht ist, statt als das Geschehen, welches den Menschen, der konstatieren will, selbst zunichte macht. Daher versteht der Widerspruch nicht, daß das Göttliche nicht so zum Menschlichen in Gegensatz gestellt werden kann, wie er in der Sicherheit seines Urteils meint: „Wie kann ein gewöhnlicher Mensch behaupten, der Offenbarer zu sein!" Gerade diese Absurdität bekundet das Offenbarungsgeschehen; und Voraussetzung für sein Verständnis ist, daß der Mensch die Sicherheit fahren läßt, mit der er meint, Göttliches und Mensch= liches als objektiv konstatierbare Phänomene beurteilen zu können[3].

Das Motiv des „Woher" ist 7 26-28 weiter ausgeführt[4]; hier dient die Äußerung der Juden, in der der Evglist die Mk 62f. erhaltene Tradition in seiner Weise gestaltet hat, nur als Demonstration ihres Unglaubens und leitet den Evglisten zum folgenden Stück seiner Quelle. Er schickt ihm ein μὴ γογγύζετε voraus (V. 43): Murren und Aufregung sind unnötig; sie haben dort einen Sinn, wo sich Rede und Gegenrede auf gleicher Ebene bewegen, und wo die Diskussion die Möglichkeiten des Widerlegens und Überzeugens enthält. Diese Ebene der Sicherheit eben muß preisgegeben werden; solange der Mensch auf ihr verweilt, ist er blind für die Offenbarung (V. 44):

> οὐδεὶς δύναται ἐλθεῖν πρός με
> ἐὰν μὴ ὁ πατὴρ ὁ πέμψας με ἑλκύσῃ αὐτόν[5].

Es liegt nicht in der Macht der „Juden", sich ein Urteil über den Offenbarer zu bilden; sie haben ja schon geurteilt, ehe sie zu überlegen angefangen. Denn ihre Überlegung selbst ist schon Unglaube, weil sie sich in der Sicherheit mensch= lichen Urteilens bewegt. Und ihren Unglauben zu überwinden, reicht ihr Denken, das immer in der Sphäre des Unglaubens bleibt, nicht aus. Nur Gott selbst könnte das ändern; nur der „kommt" zu Jesus[6], den der Vater „zieht"[7].

---

[1] Vgl. das πῶς 34. 9 715 833 1234 145. u. s. S. 96, 1. — Odeberg erwägt (264, 3), wie weit die Aussage Jesu, er sei, obwohl ein Mensch, vom Himmel gekommen, mit jüd. Vorstellungen übereinstimmt oder ihnen widerspricht. Daß das Letztere der Fall ist, ist richtig; das Wesentliche aber ist nicht, daß die Juden unzureichende Theorien über die Offenbarungsmöglichkeiten Gottes haben, sondern daß sie überhaupt Theorien darüber haben und also den konkret begegnenden Anspruch Gottes nicht hören. Auch bei richtiger Theorie kann das Hören ausbleiben Mt 23 29f. par.

[2] S. S. 39.

[3] Es versteht sich, daß die altkirchlichen dogmatischen Versuche, die Einheit von Menschlichem und Göttlichem in Jesus in den Kategorien menschlicher und göttlicher „Natur" begreifen zu wollen, in absolutem Widerspruch zu Joh stehen.

[4] Auch im heidnischen und gnostischen Hellenismus wird das Woher des Gott= gesandten diskutiert, vgl. ZNTW 24 (1925), 119f.; G. P. Wetter, Der Sohn Gottes 90ff.

[5] Über den störenden redakt. Zusatz κἀγώ κτλ. s. S. 162. Natürlich ist möglich, daß in der zweiten Zeile das ὁ πατήρ oder das ὁ πέμψας με ein Zusatz des Evglisten ist. Das Fehlen von ὁ πατήρ in A ist schwerlich von Bedeutung, so wenig wie andere Varianten.

[6] Zu ἐλθεῖν s. S. 168, 4 und zu 7, 37.

[7] Ἑλκειν in übertragener Bedeutung im klass. Griech. wie in LXX, s. Br. 3. St. und Wörterb.; Oepke, ThWb II 500, 21ff. Ebenso im Rabbin. das entsprechende מָשַׁךְ,

Der Evglift hat (V. 45a) den Satz durch eine Anspielung auf Jes 54₁₃[1] erläutert[2] und damit gesagt, daß dieses Geschehen, in dem der Glaube möglich
wird, eschatologisches Geschehen ist, — denn eine eschatologische Weissagung
ist ja das Prophetenwort, und für den Glauben findet sie ihre Erfüllung[3]. Der
Gedanke (und das Quellenstück) läuft weiter **V. 45b. 37b**:

> 45b πᾶς ὁ ἀκούσας παρὰ τοῦ πατρὸς καὶ μαθὼν
>   ἔρχεται πρός με,
> 37b καὶ τὸν ἐρχόμενον πρός με
>   οὐ μὴ ἐκβάλω ἔξω.

Was jenes „Ziehen" des Vaters ist, wird jetzt vollends deutlich. Schon das
πᾶς deutet an, daß nicht an die determinierende Auswahl Einzelner gedacht ist,
sondern daß es jedem frei steht, zu den vom Vater Gezogenen zu gehören. Die
Folge von V.44 auf V.42 läßt ja auch keinen Zweifel: nicht im Festhalten der
eigenen Sicherheit, sondern in ihrer Preisgabe wird der Glaube möglich; diese
Preisgabe aber ist nichts anderes als sich vom Vater ziehen lassen. Vollends
V.45b zeigt: jenes Ziehen ist kein magischer Vorgang, keine mit Naturkraft sich
vollziehende Determination[4]. Es geschieht vielmehr darin, daß der Mensch in
der Preisgabe des eigenen Urteils auf den Vater „hört" und „lernt", daß er
Gott zu sich reden läßt[5]. Nicht hinter der Glaubensentscheidung des Menschen,
sondern in ihr vollzieht sich das „Ziehen" des Vaters. Der aber, der zu Jesus
kommt, empfängt die Verheißung: „ich werde ihn nicht verstoßen".

Da das Hören vom Vater und Lernen im Grunde nichts anderes ist als
das Glauben, d. h. das Kommen zu Jesus, so ist die Aussage eine Paradoxie,
die das Wesen des Glaubens deutlich macht. Es gilt: es glaubt nur, wer glaubt;
d. h. aber: der Glaube hat keine Stütze außerhalb seiner selbst; er sieht ja, was
er sieht, nur im Glauben[6]. Aber freilich ist der Glaube nicht eine Seelenhaltung,
die als solche in der Reflexion ihrer selbst sicher wäre. Sondern der Glaube ist
auf seinen Gegenstand bezogen; er ist ein Verhältnis zu dem Geglaubten, und
als solches hat er seine Sicherheit, die nur im Geglaubten ruhen kann: τὸν
ἐρχόμενον πρός με οὐ μὴ ἐκβάλω ἔξω. Nur als Ergreifen der Verheißung ist
der Glaube seiner selbst sicher.

Der Evglift hat den Satz der Quelle kommentiert (V. 46), um das ἀκούειν
und μανθάνειν nicht einem Mißverständnis auszusetzen, und um jene Identität

---

ſ. Schl. 3. St.; Odeberg 266,1. Vom Ziehen Gottes oder des Göttlichen in der gnoſt.
Sphäre, ſ. Oepke a. a. O. 500,32ff. — Odeberg 266 (A.3 von 264) hat recht: V.44 ist
die treffende Antwort auf V.42; aber auch Br. hat recht, daß Jesus die Einrede der Juden
ignoriert, — d. h. daß er sich nicht auf ihre Diskussionsbasis begibt.

[1] Καὶ (sc. θήσω) πάντας τοὺς υἱούς σου διδακτοὺς θεοῦ.

[2] Zur Formel ἔστιν γεγρ. ſ. S. 87,4 und Schl. 3. St. — Die Berufung auf die Propheten (Plur.) wie Act (7₄₂) 13₄₀. Der Evglift könnte etwa auch an Stellen wie Jer 24₇
31₃₃ſ. (LXX 38₃₃ſ.) Joel 2₂₇.₂₉ Hab 2₁₄ denken. Auch in der rabbin. Literatur ist diese
Hoffnung lebendig: Str.-B. III 634 (zu I Th 4₉) 704; IV 1153f.

[3] Vgl. I Th 4₉, während Bar 21₆ imperativisch sagt: γίνεσθε δὲ θεοδίδακτοι,
ἐκζητοῦντες τί ζητεῖ κύριος ἀφ' ὑμῶν.

[4] Vgl. Ad. Schlatter, Der Glaube im NT 1927, 205f. 213; W. Herrmann,
Ges. Aufſätze 1923, 111.

[5] Durch das μαθὼν wird der ἀκούσας als der echte Hörer bestimmt im Unterschied
vom bloßen Anhörer; vgl. 5₂₅ und Polyb. III 32,9: ὅσῳ διαφέρει τὸ μαθεῖν τοῦ μόνον
ἀκούειν, τοσούτῳ κτλ.

[6] S. S. 118 zu 3,33.

des ἀκ. und μανθ. mit dem Kommen zu Jesus deutlich zu machen[1]. Nicht daß
ein besonderes und direktes Gottesverhältnis in der Möglichkeit des Menschen
stünde; ein solches läßt sich vielmehr nur vom Offenbarer aussagen; jedes
andere Gottesverhältnis ist also durch diesen vermittelt[2]. — Die durch die Redaktion verstellte Fortsetzung ist V. 36: ἀλλ᾽ εἶπον ὑμῖν κτλ.[3]. Jenes vermittelte „Sehen" war für die Hörer eine Möglichkeit gewesen, aber sie haben
sie nicht ergriffen. Was Jesus zu Anfang gesagt hat (V. 26[4]), bestätigt sich also
durch ihr Verhalten gegenüber seinem Wort: sie haben das σημεῖον der Speisung
nicht verstanden. Mit dem Worte „Sehen" wird dabei gespielt. Zwar haben
sie nicht „gesehen" im Sinne des echten Sehens, das ein Hören und Lernen vom
Vater ist. Aber sie haben „gesehen", sofern in dem Wahrnehmen des geschichtlichen Ereignisses die Möglichkeit echten Sehens gegeben ist; ja, diese Möglichkeit
war für sie im extremen Sinne gegeben: im σημεῖον. Denn gilt eigentlich, daß
das Sehen des Glaubens keines σημεῖον bedarf (14 8-10 20 29), so wird doch der
menschlichen Schwäche unter Umständen das σημεῖον konzediert[5]. Aber dann
kann auch — wie hier — zutage kommen, daß in der Forderung eines σημεῖον gar kein echter Wille nach Gott lebendig war; auch wenn die Welt „sieht",
glaubt sie nicht.

Um den Zusammenhang der Quelle wieder aufnehmen zu können, muß
der Evglist jetzt das Wort V. 45b. 37b wiederholen; und er tut es (V. 37a), indem
er die erste Hälfte in einer für ihn charakteristischen Weise variiert: πᾶν ὃ δίδωσίν
μοι ὁ πατὴρ πρὸς ἐμὲ ἥξει[6]. Und er fügt den freilich auch in der Quelle enthaltenen, aber von ihm oft betonten Gedanken hinzu (V. 38): ὅτι καταβέβηκα
ἀπὸ τ. οὐρ. οὐχ ἵνα ποιῶ τὸ θέλημα τὸ ἐμὸν ἀλλὰ τὸ θέλημα τοῦ πέμψαντός
με[7]. Und nachdem der Hinweis auf den Willen des Vaters den Satz V. 37 begründet hatte, wird in V. 39 der Inhalt dieses Willens noch einmal in der beim
Evglisten beliebten Weise im Sinne von V. 37 beschrieben: τοῦτο δέ ἐστιν τὸ

---

[1] Der Stil des Evglisten ist deutlich. Der positiven Aussage ist das negierte Gegenteil
vorausgeschickt, s. S. 29, 1, speziell zu οὐχ ὅτι 7 22 I Joh 4 10. Zur Wiederaufnahme des
Subj. durch das Demonstr. vgl. 7 18 10 25 15 6 II Joh 9, zum betonten οὗτος überhaupt
s. S. 53, 5.

[2] S. S. 54 f. — Ὁ ὢν παρὰ τ. πατρ. = der vom Vater her ist d. h. gekommen ist;
vgl. 7 29 9 16. 33 17 7 und Bl.-D. § 237, 1.

[3] Gehört V. 36 ursprünglich hinter V. 46, so ist doppelt klar, daß das με hinter ἑωράκατε in A ℵ pc it sy^sc mit Recht fehlt. Das Gleiche ergibt sich aus der Beziehung von
V. 36 auf V. 26 (s. folg. Anm.). Zudem würde die pointierte Form des Satzes durch das
με gestört werden. Denn hier müssen Sehen und Glauben als Verhaltungsweisen einander gegenübergestellt werden, genau wie 20 29. — Zu dem die Gegensätze verbindenden
καὶ-καὶ (obgleich — so doch) s. Bl.-D. § 444, 3 und Kr. 3. St.

[4] Die Beziehung von V. 36 auf V. 26 scheint mir sicher zu sein; Wendts Versuch
(I 73 ff. II 67 f.), V. 36 auf die Rede 5 17 ff. zu beziehen, scheint mir undurchführbar zu
sein; s. S. 161, 6. — Vgl. übrigens die Antwort des Offenbarers (Hermes) auf eine Frage
in dem hermet. Frg. Nr. 29 bei Scott I 544: καὶ ἐν τοῖς ἔμπροσθεν εἶπον· σὺ δὲ οὐ συν-
ῆκας.

[5] S. S. 153.

[6] Der Evglist liebt das neutrale πᾶν (anders V. 45a), s. D. 39 17 2 I Joh 2 16 (auch
I Joh 5 4?). Im übrigen ist das διδόναι des Vaters an den Sohn auch für die Quelle
charakteristisch, s. S. 119, 3; 125, 9 und bes. 119, 1.

[7] V. 38 zeigt den Stil des Evglisten; zur vorausgestellten Negation s. A. 1 und
S. 29, 1. — Das ἀπὸ τ. οὐρ. (wie Sap 16 4) ist natürlich von dem ἐκ τ. οὐρ. V. 31-33. 41. 51
sachlich nicht verschieden. — Der Gedanke wie 4 34, s. zu 5 19.

θέλημα κτλ.[1]. Das „nicht verstoßen" wird jetzt zu einem „nicht verlieren"[2]; da Jesus und nur er der σωτήρ ist (3₁₇ 4₄₂), so würde ja sein ἐκβάλλειν die ἀπώλεια bedeuten. Und wie 3₁₇ der Zweck seiner Sendung negativ und positiv beschrieben ist, so folgt hier auf die negative Beschreibung des göttlichen Willens die positive V. 40: ἵνα κτλ.[3], in der durch das Hendiadyoin θεωρεῖν und πιστεύειν das Verhältnis des Glaubens zum geschichtlichen Offenbarer charakterisiert wird[4]. In solcher Kombination ist also das θεωρεῖν das echte Sehen, das die Möglichkeit des ὁρᾶν (V.36) ergreift. Und indem diese Wendung an Stelle des ὃ δίδωσίν (bzw. δέδωκέν) μοι ὁ πατήρ tritt, wird wieder deutlich, daß sich Gottes Wirken am Menschen nicht anders als im Akt des Glaubens vollzieht und nicht in einer mysteriösen Weise dahinter steht.

Die an die Sätze der Quelle (V.45b. 37b) gefügte Ausführung des Evglisten (V.38-40) — eine Art homiletische Ausspinnung — versichert also wieder, daß in Jesus Gott handelt, daß seine Geschichte Offenbarungsgeschehen ist, daß am Glauben an ihn das Heil hängt, daß aber der Glaube an ihn des Heiles auch sicher ist, da in diesem Glauben Gott selbst der Wirkende ist. Wie V.45b. 37b das letzte in der Diskussion verwendete Quellenstück zu sein scheint, so hatte diese selbst mit V.40 ihr Ende erreicht. V. 59 ist der ursprüngliche Abschluß der Szene. Diese spielte also, wie jetzt erst gesagt wird, in der Synagoge zu Kapernaum[5]. Die mit Jesus Diskutierenden sind V.41 als die Ἰουδαῖοι bezeichnet worden, — die typische Bezeichnung des Evglisten[6], während er V.24 im Anschluß an die Bezeichnung in der σημεῖα=Quelle (V.2. 5. 22) noch ὄχλος gesagt hatte.

6₅₁b-₅₈: Das Herrenmahl.

In Anlehnung an Sprache und Stil der Vorlage hat die Redaktion eine sekundäre Deutung des Lebensbrotes auf das Herrenmahl an= bzw. eingefügt[7]. Kommentierend beginnt gleich der erste Satz[8]: καὶ ὁ ἄρτος δὲ ... ἡ σάρξ μού ἐστιν = „und zwar ist das

---

[1] Zu dem redakt. Zusatz ἀλλὰ ἀναστήσω κτλ f. S.162. Charakteristisch für den Evglisten ist der Definitionssatz, f. S.170,3 und Festg. Ad. Jül. 142. Ebenso der vorausgestellte abs. Nom., der vielleicht Semitismus ist (Bl.=D. § 466,3; Raderm. 21f.), vgl. 8₄₅ 15₂ 17₂. — Im Unterschied von dem zeitlosen Präs. δίδωσιν V.37 heißt es V.39 δέδωκεν, weil dem Verlieren das Gegebensein vorausgehen muß. Mehr möchte R. Hermann, Von der Antike zum Christentum 1931, 38f. aus dem Unterschied der Tempora herauslesen.

[2] Auch dies ein beim Evglisten beliebter Begriff 3₁₆; u. f. bef. 10₂₈ 17₁₂ 18₉.

[3] Auch hier der typische Definitionssatz wie V.39; ἔχειν ζωὴν αἰων., wie 3₁₅f. usw. Zum redakt. Zusatz καὶ ἀναστήσω κτλ. f. S.162.

[4] Zu θεωρεῖν f. S. 45,1, zu πιστεύειν εἰς S. 31,3; beides ist auch 12₄₄ verbunden, aber im Parallelismus der Verse (Quelle!).

[5] Auch sonst trägt der Evglist die Ortsangabe manchmal nach: 1₂₈ 8₂₀. Die Schlußwendung ταῦτα εἶπεν ähnlich wie 12₃₆b, vgl. 8₃₀. — Zum Fehlen des Art. vor συναγ. (wie ἐν οἴκῳ u. dgl.) f. Bl.=D. § 255. Daß unter συναγ. hier nicht das Gebäude, sondern wie Apt 2₉ 3₉ die Versammlung gemeint sei (Schl.: „als Versammlung war"), ist eine unbegründete Annahme; συναγ. bei Joh noch 18₂₀, wo zweifellos das Gebäude gemeint ist. Nach Loisy wäre Kapernaum statt Nazareth (obwohl doch in V. 42 die Szene von Mk 6₁ff. vorschwebt) genannt, weil der Evglist die Szene in das Zentrum der galiläischen Tätigkeit versetzen will, und weil er die Volksmenge von der Speisung nicht nach Naz. schaffen könnte. Letzteres wird richtig sein.

[6] S. S. 59.   [7] S. S. 161f.

[8] Stilistisch angesehen könnte der Satz vom Evglisten stammen, der auch die Erläuterung eines Begriffes liebt, die mit καί angefügt ist (mit folgendem δέ wie hier I Joh 1₃; anders Joh 8₁₆. 17), f. Festg. Ad. Jül. 142. Hierin verrät sich jedoch nicht ein individueller Stil, sondern es ist der Stil glossierender Exegese, vgl. Mt 10₁₈ II Tim 3₁₂; Bl.=D. § 447,9.

Brot ... mein Fleisch"[1]. Wenn das Fleisch als das für das Leben der Welt gegebene bezeichnet wird, so ist zweifellos an Jesu Hingabe in den Tod gedacht, der ja nach urchristlicher Anschauung ein Tod $\dot{v}\pi\dot{\epsilon}\varrho$ ... ist[2]. Und wenn nicht etwa von Jesu $\psi v\chi\dot{\eta}$ (=Leben) die Rede ist, was spezif. joh. wäre[3], sondern von seiner $\sigma\dot{\alpha}\varrho\xi$, so deshalb, weil es sich um den Genuß von Fleisch (und Blut) Jesu handelt in dem Herrenmahl, das er durch seine Hingabe in den Tod gestiftet hat[4]. Die Formulierung ist aber zunächst noch absichtlich rätselhaft, und dementsprechend nehmen die „Juden" V. 52 Anstoß: $\pi\tilde{\omega}\varsigma$ $\delta\dot{v}v\alpha\tau\alpha\iota$ ...[5]. Sie verstehen dabei ganz richtig, daß es sich um wirkliches Verzehren seines Fleisches handelt, aber sie halten das für absurd[6].

Jesu Antwort (V. 53), feierlich formuliert mit dem $\dot{\alpha}\mu$. $\dot{\alpha}\mu$. $\lambda\dot{\epsilon}\gamma\omega$ $\dot{v}\mu$. und rhythmisch gegliedert, weist deutlich auf das Herrenmahl hin, indem jetzt zum Essen des Fleisches das Trinken des Blutes tritt[7]. Dadurch wird die Absurdität zum Anstoß, da der Blutgenuß als besonders abscheulich empfunden werden muß[8]. Dagegen wird man das $\tauo\tilde{v}$ $vio\tilde{v}$ τ. $\dot{\alpha}v\vartheta\varrho$., das jetzt an Stelle des μov tritt, nicht als eine beabsichtigte Steigerung des Rätsels auffassen dürfen; denn da es mit dem μov einfach alterniert (V. 52. 54-56), ist offenbar Jesu Identität mit dem „Menschensohn" unreflektiert vorausgesetzt und nicht als rätselhaft gedacht[9]. Der Ausdruck beruht wohl nur darauf, daß die Formulierung V. 53 aus der liturgischen Sprache der Gemeinde stammt.

Dem, der das Herrenmahl nicht genießt, wird also die Erlangung des Lebens abgesprochen; das Herrenmahl ist also, wie V. 54 noch deutlicher zeigt, als $\varphi\dot{\alpha}\varrho\mu\alpha\varkappa ov$ $\dot{\alpha}\vartheta\alpha$-$v\alpha\sigma\dot{\iota}\alpha\varsigma$ verstanden[10], und darauf beruht es auch wohl, daß statt des bloßen $\dot{\epsilon}\chi\epsilon\iota v$ (V. 40. 47) $\dot{\epsilon}\chi\epsilon\iota v$ $\dot{\epsilon}v$ $\dot{\epsilon}\alpha v\tauo\tilde{\iota}\varsigma$ gesagt wird[11]: der Teilnehmer am sakramentalen Mahl trägt in sich die Potenz, die ihm die Auferweckung garantiert[12]. — v. 54 fällt in den Stil der Rede zurück und bringt eine Verdeutlichung dadurch, daß der in V. 53 vorausgesetzte Gedanke jetzt ausgesprochen wird: der Teilnehmer am Herrenmahl „hat" das Leben insofern, als

---

[1] Der älteste Text ist zweifellos der von BCDL syr^{sc} it gegebene: $\varkappa\alpha\dot{\iota}$ $\dot{o}$ $\ddot{\alpha}\varrho\tauo\varsigma$ $\delta\dot{\epsilon}$ $\dot{o}v$ $\dot{\epsilon}\gamma\dot{\omega}$ $\delta\dot{\omega}\sigma\omega$ $\dot{\eta}$ $\sigma\dot{\alpha}\varrho\xi$ μov $\dot{\epsilon}\sigma\tau\iota v$ $\dot{v}\pi\dot{\epsilon}\varrho$ $\tau\tilde{\eta}\varsigma$ $\tauo\tilde{v}$ $\varkappa\dot{o}\sigma\mu ov$ $\zeta\omega\tilde{\eta}\varsigma$, wobei $\dot{v}\pi\dot{\epsilon}\varrho$ $\varkappa\tau\lambda$. als Apposition zu $\sigma\dot{\alpha}\varrho\xi$ gemeint ist und also ein $\deltaιδ\dot{o}\mu\epsilon v\eta$ zu ergänzen ist (Br., Lagr.). Wenn bei $\aleph$ und sonst gelegentlich $\dot{v}\pi\dot{\epsilon}\varrho$ $\varkappa\tau\lambda$. hinter $\delta\dot{\omega}\sigma\omega$ gestellt wird, oder wenn in K vor $\dot{v}\pi\dot{\epsilon}\varrho$ $\varkappa\tau\lambda$. noch einmal $\ddot{\eta}v$ $\dot{\epsilon}\gamma\dot{\omega}$ $\delta\dot{\omega}\sigma\omega$ wiederholt wird, so sind das erleichternde Korrekturen. Man könnte freilich fragen, ob $\dot{v}\pi\dot{\epsilon}\varrho$ $\varkappa\tau\lambda$. eine alte Glosse ist.

[2] Mt 14 24 I Kor 15 3 II Kor 5 21 Gal 3 13 Hbr 2 9 usw.; speziell verbunden mit $\deltaιδ\dot{o}v\alpha\iota$ Gal 1 4 2 20 Röm 8 32 Eph 5 2 Tit 2 14 Lk 22 19.

[3] Vgl. 10 15. 17 15 13 I Joh 3 16; s. auch 13 37 f.

[4] Vgl. Mk 14 22-25 parr.; I Kor 11 23-25 usw. — Wenn Joh 6 51b-56 $\sigma\dot{\alpha}\varrho\xi$ und $\alpha\tilde{\iota}\mu\alpha$ statt des sonst üblichen $\sigma\tilde{\omega}\mu\alpha$ und $\alpha\tilde{\iota}\mu\alpha$ für die Abendmahlselemente gesagt ist, so stimmt das offenbar mit dem syrischen, durch Ign. Röm 7 3 Phld. 4; Smyrn 7 1; Trall 8 1 bezeugten Sprachgebr. überein; s. auch Justin apol. I 66, 1 f. Vgl. Carpenter 434; Howard 265 f.

[5] Vgl. V. 42 34. 9 usw. Die Technik der Evglisten dient also dem Red. als Vorbild; aber die Imitation ist deutlich. Denn das Mißverständnis der Hörer ist hier ja nicht in dem joh. „Dualismus" begründet. — Das $\mu\dot{\alpha}\chi\epsilon\sigma\vartheta\alpha\iota$ setzt Rede und Gegenrede voraus, braucht aber nicht zu bedeuten, daß sich die Hörer in zwei Parteien, Anhänger und Gegner spalten.

[6] Auch wenn nach B it syr^{sc} $\alpha\dot{v}\tauo\tilde{v}$ fehlen muß, ist es dem Sinne nach richtig. — Daß die Hörer über die Zumutung der Anthropophagie entsetzt sind (Ho.), wird man kaum herauslesen dürfen; das $\pi\tilde{\omega}\varsigma$ $\varkappa\tau\lambda$. bezeichnet die Sinnlosigkeit des Wortes Jesu. — Phantastisch vermutet R. Eisler, ZNTW 24 (1925), 185 ff., im aramäischen Urtext sei an Jesus die Bitte um Fleisch (בִּשְׂרָא) gerichtet gewesen, worauf er erwidert habe, daß er die frohe Botschaft (בְּשׂוֹרָא) bringe. Vgl. R. Eisler, Das Rätsel des Joh.evg. 498.

[7] Akk. statt Gen bei $\varphi\alpha\gamma\epsilon\tilde{\iota}v$ s. Bl.-D. § 169, 2; Raderm. 121.

[8] Vgl. Lev 17 10 ff. Act 15 20 usw.

[9] Wie V. 27, s. S. 166, 10.   [10] S. S. 162.   [11] S. zu 5 26.

[12] Vgl. die ähnliche Vorstellung Röm 8 11.

Jesus ihn am letzten Tage[1] auferwecken wird, — also völlig anders als es die joh. Anschauung ist (3₁₈f.; 5₂₄f.; 11₂₅f. usw.). Andrerseits wird in V.₅₄ der Anstoß dadurch gesteigert, daß das φαγεῖν durch das stärkere τρώγειν ersetzt ist[2]: es handelt sich also um
reales Essen, nicht um irgendeine geistige Aneignung. Es liegt deshalb am nächsten, den
begründenden V. 55 in diesem Sinne zu verstehen: es ist wirklich so! Jesu Fleisch ist
wirkliche, d. h. reale Speise, und sein Blut ist realer Trank[3]! Möglich ist immerhin, daß
ἀληθής (wie sonst meist ἀληθινός) im Sinne eines „Dualismus" aufzufassen wäre[4], der
freilich nicht der spezifisch joh., sondern der sakramentale der Mysterien wäre: alle übrige
Nahrung kann nur scheinbar, nicht wirklich Leben spenden; allein das Sakrament ist
wirkliche, echte Nahrung, da es Leben vermittelt.

V. 56 bringt den Gedanken der sakramentalen Unio zum Ausdruck, der letztlich die
Anschauung von V.₅₃f. verständlich macht: wer im Herrenmahl Jesu Fleisch und Blut
genießt, der ist in mysteriöser Weise mit ihm vereinigt, und eben darauf beruht es, daß
er das Leben in sich hat[5]. Die Formel, mit der die Unio beschrieben wird — „er in mir
und ich in ihm" — ist die joh. Formel, die sonst das Glaubensverhältnis zum Offenbarer
beschreibt[6]. Wie der Redaktor sie hier der Sakramentsanschauung dienstbar gemacht hat,
so benutzt er in V. 57 den Gedanken von 5₂₁. ₂₆, um die Lebenskraft Jesu, auf der die
Wirkung des Sakraments beruht, zu charakterisieren: „wie (d. h. dementsprechend daß)
ich auf Grund des Vaters das Leben habe, so wird auch jener, der mich verzehrt, durch
mich leben"[7]. V. 58 endlich schließt die Rede und damit das Ganze ab, indem die Einheit
des Ganzen durch Wiederaufnahme von Begriffen und Wendungen des joh. Textes hergestellt wird. Deshalb wird jetzt der Begriff des „vom Himmel gekommenen Brotes"
aus V.₅₁ₐ bzw. V.₃₃ und ₅₀ wieder aufgenommen, und durch das οὗτός ἐστιν wird versichert, daß jenes wunderbare Himmelsbrot eben das Sakrament des Herrenmahles sei[8].
Und der letzte Satz, der abschließend dem Teilnehmer am Sakrament das ewige Leben
verheißt, nimmt aus V.₃₁f. ₄₉ das Motiv des Gegensatzes des Lebensbrotes zum Manna
wieder auf.

Die Redaktion, die 61-59. mit 6₆₀-71 verbunden hat, versteht V.₅₁ᵇ-₅₈ natürlich im
Sinne von V.₆₀f. als σκληρὸς λόγος und σκάνδαλον; und zwar besteht für sie das σκάνδαλον darin, daß der geschichtliche Jesus bei Lebzeiten sein Fleisch und Blut als Speise
bezeichnet, was die Hörer natürlich nicht verstehen können. Dagegen ist der Gedanke des

---

[1] Zum rabbin. Begriff des „letzten Tages" s. Schl. zu V.₃₉; ähnliche Formeln oft,
s. Br., Wörterb. 522.

[2] Τρώγειν, in LXX fehlend, im NT noch 13₁₈ Mt 24₃₈ bedeutet „zerbeißen",
* „zerkauen", s. Br., Wörterb.

[3] Statt ἀληθής lesen ℵ D al syrˢᶜ latt ἀληθῶς, was jedenfalls sachlich richtig,
vielleicht auch die richtige Lesart ist.

[4] Vorausgesetzt, daß nicht ἀληθῶς zu lesen ist, s. vor. Anm.

[5] Zur Anschauung von der sakramentalen Unio s. A. Dieterich, Mithraslit. 95ff.;
E. Reuterskiöld, Die Entstehung der Speisesakramente 1912; G. v. d. Leeuw, Phä-
nomenologie der Religion 335f. 342f.; Br., Exk. zu 6₅₉; H. Lietzmann, Exk. zu 1 Kor 10₂₀
(Hdb. z. NT).

[6] 15₄f. 17₂₁-₂₃; s. dort und zu 10₁₄f. — In D und einigen Cod. it ist der Text erweitert: καθὼς ἐν ἐμοὶ ὁ πατὴρ κἀγὼ ἐν τῷ πατρί (nach 10₃₈ 14₁₁). ἀμὴν ἀμὴν λέγω
ὑμῖν, ἐὰν μὴ λάβητε τὸ σῶμα τοῦ υἱοῦ τοῦ ἀνθρώπου ὡς τὸν ἄρτον τῆς ζωῆς,
οὐκ ἔχετε ζωὴν ἐν αὐτῷ. Der zweite Satz, wie das λάβητε und τὸ σῶμα zeigen, eine
Glosse auf Grund des synopt. Abendmahlstextes Mt 14₂₂ Mt 26₂₆.

[7] Wie der Zshg zeigt, kann διά hier nicht „wegen", „um ... willen" heißen, wenngleich
ζῆν διά τινα = „um eines andern willen leben" eine nicht seltene Wendung ist, vgl.
Wetst. u. Br.; dort aber auch Beispiele dafür, daß ζῆν διά c. Acc. auch bedeuten kann
„sein Leben verdanken", bes. Plut. Alex. 8 p. 668d, wo Alexander in Bezug auf seinen
Vater und auf Aristoteles sagt: δι᾽ ἐκεῖνον μὲν ζῶ, διὰ τοῦτον δὲ καλῶς ζῶν, s. Bl.-D.
§ 222; Raderm. 142.

[8] Das οὗτος hat nicht vorweisenden Sinn wie V.₅₀, sondern bezieht sich auf V.₅₁ᵇ-₅₇
zurück; es definiert nicht, sondern identifiziert.

Sakraments als solcher kein σκάνδαλον und kann es nicht sein. Damit ist aber der Begriff des σκάνδαλον veräußerlicht, und aus einem Charakter der Offenbarung, die als solche — ὁ λόγος σάρξ ἐγένετο! — immer σκάνδαλον bleibt, ein literarisches Motiv gemacht: die Hörer können nicht verstehen, daß Jesus vom Herrenmahl redet.

d) 5 1-47 7 15-24 8 13-20: Der Richter.

In der ursprünglichen Ordnung des Evg folgte Kap. 5 auf 6 1-59 [1]. Wie in Kap. 6 die Offenbarung als die κρίσις des natürlichen Lebensverlangens im Anschluß an eine Wundergeschichte dargestellt war, so in Kap. 5, ebenfalls auf dem Hintergrund einer Wundergeschichte, als die κρίσις der Religion [2]. Symbolisch dafür ist es, daß die Szene der Diskussion nunmehr der Tempel in Jerusalem ist (5 14ff.), und damit ist am Schluß des Kap. 3—6 umfassenden Abschnittes der Schauplatz erreicht, auf dem alle Diskussionen des folgenden Abschnittes Kap. 7—12 spielen.

Der Ausgangspunkt der Komposition des Evglisten ist wie in Kap. 6 eine Wunder= geschichte, und zwar eine Heilungsgeschichte, die in manchen Zügen an synoptische Hei= lungsgeschichten erinnert [3], aber nicht aus der synopt. Tradition stammt; vermutlich ist sie der σημεῖα=Quelle entnommen [4]. Aus ihr stammt auch das Stück 7 19-24 (s. u.). Der Evglist hat an dem Punkte, wo die Heilungsgeschichte in ein Streitgespräch über= geht, eine große Rede Jesu eingelegt und, um den Übergang zu gewinnen, den Text der Quelle bearbeitet. Statt des jetzt in V.16-18 vorliegenden Textes dürfte in der Quelle etwa gestanden haben: καὶ διὰ τοῦτο ἐζήτουν οἱ Ἰουδαῖοι ἀποκτεῖναι τὸν Ἰησοῦν, ὅτι ταῦτα ἐποίει ἐν σαββάτῳ [5]. Der Evglist hat aus diesem Satz zwei Sätze gemacht (V.16 und V.18) und dazwischen die „Antwort" Jesu geschoben (V.17), sodaß die Tötungsabsicht der Juden nun durch den Offenbarungsanspruch Jesu begründet ist und Jesus mit Bezug darauf V.19ff. sprechen kann.

Der Rede liegt wieder ein Text aus den „Offenbarungsreden" zugrunde, von dem sich die kommentierenden Sätze des Evglisten abheben. Wie in Kap. 6 hat auch hier die Redaktion ein Stück eingefügt, um die kühnen Worte Jesu nicht in Widerspruch zur traditionellen Eschatologie zu lassen; nur so nämlich sind die Verse 5 28f. zu verstehen. Die Fortsetzung der Komposition liegt in 7 15-24 vor. Dieses Stück ist an seinem jetzigen Platz unmöglich und gehört zweifellos in den Zshg von Kap. 5. Nicht nur nehmen 7 19-23 deutlich auf die Sabbatheilung und die Tötungsabsicht der Juden (5 1-18) Bezug, sondern es beziehen sich auch 7 16f. auf 5 19. 30 und 7 18 auf 5 41-44 zurück. Dazu kommt, daß sich 7 15 ausgezeichnet an 5 45-47 anschließt: Die Befremdung der Juden über Jesu Berufung auf die Schrift (7 15) erhält so ihre Motivierung. Endlich bezieht sich der Ruf zur δικαία

---

[1] S. S. 154f.

[2] S. S. 77.

[3] Der Stil entspricht den synopt. Heilungsgeschichten insofern, als das psycho= logische Interesse fehlt. Stilgemäß ist auch die Angabe über die Dauer der Krankheit V.5 und das Motiv, daß der Geheilte sein Bett davonträgt V.8f. Doch ist dieses Motiv, dessen ursprünglicher Sinn die Demonstration der Heilung ist, hier benutzt, um mit der Heilungs= geschichte den Sabbatstreit zu verknüpfen. Daß diese Verknüpfung sekundär ist, zeigt sich schon daran, daß die Zeitangabe V.9b (wie 9 14) nachklappt. Auch daß Jesus selbst die Initiative ergreift V.6, ist ein Zeichen später Bildung (wie 6 5, s. S.155). Weiteres s. u. S. 178, 4.

[4] Stilistisch fügt sich die Erzählung zu den übrigen wahrscheinlich der σημεῖα=Quelle entstammenden Stücken; sie zeigt kein schlechtes oder Übersetzungsgriechisch, aber ein semitisierendes Griechisch! Charakteristisch ist die Voranstellung des Verbums in V.7 (ἀπεκρίθη), V.8 (λέγει), V.12 (ἠρώτησαν), V.15 (ἀπῆλθον) und der damit zusammen= hängende Mangel an Satzverbindungen. Ungriechisch ist das ἐν τῇ ἀσθενείᾳ αὐτοῦ V.5. Auch das ἦν δὲ σαββ. ἐν ἐκ. τ. ἡμέρᾳ V.9 ist schwerlich gut griechisch.

[5] Das διὰ τοῦτο mag auf Rechnung des Evglisten kommen; er liebt es bes.; 5 16 ist es wie 5 18 8 47 10 17 12 18. 39 auf das folgende ὅτι bezogen. Er liebt auch das in V.18 sich findende οὐ μόνον — ἀλλὰ καί, vgl. 11 52 12 9 17 20 I Joh 2 2 5 6.

κρίσις 7₂₄ deutlich auf den Ausgangspunkt der Diskussion zurück; er gilt den „Juden", die sich 5₉ff. zu Richtern über Jesus aufgeworfen haben[1]. — Der Evglist hat in 7₁₉₋₂₄ den ursprünglichen Abschluß der 5₁ff. zugrunde gelegten Quelle verwendet. An das *ἐζήτουν . . . ἀποκτεῖναι* (s. S. 177) schloß sich ursprünglich Jesu Frage 7₁₉ an: *τί με ζητεῖτε ἀποκτεῖναι*, und es folgten D. 21-23, die freilich vom Evglisten bearbeitet sind (s. u.).

Damit ist freilich der ganzen Szene noch kein formaler Abschluß gegeben, der etwa 6₅₉ oder anderen Abschlußbildungen wie 8₅₉ 10₁₉₋₂₁ entspräche. Ich vermute, daß der ursprüngliche Schluß des Ganzen in 8₁₃₋₂₀ vorliegt[2]. 8₂₀ ist 6₅₉ par.; die Stichworte *μαρτυρία* und *κρίσις* von 5₃₀₋₄₇ 7₁₅₋₂₄ kehren in 8₁₃₋₁₉ wieder, und die ironische Berufung auf das Mose=Gesetz von 5₄₅₋₄₇ 7₁₉₋₂₃ findet ihren Höhepunkt in der Persiflage 8₁₇f.[3]

Die in Kap. 5 benutzte Geschichte[4] zeigt eine auffallende Verwandtschaft mit der Heilungsgeschichte Kap. 9₁₋₃₄, die ganz ähnlich aufgebaut ist: auch dort nach der umständlich erzählten Heilung die nachklappende Angabe, daß es Sabbat gewesen sei (9₁₄), und daran anschließend der Bericht von der Aktion der Gegner (in Kap. 9 wechselnd als *Ἰουδαῖοι* und *Φαρισαῖοι* bezeichnet), die sich auch dort zunächst an den Geheilten halten. Im Unterschied von Kap. 5 ist freilich dieser Bericht in Kap. 9 viel ausführlicher und führt nicht zu einem Vorgehen gegen Jesus, sondern schließt damit, daß die Pharisäer den Geheilten „hinauswerfen". Der Evglist hat auch in Kap. 9 die Quelle erweitert, vor allem durch ein Gespräch Jesu mit dem Geheilten (9₃₅₋₃₈), sodann durch eine Rede Jesu (8₁₂ usw.), die durch einen kurzen Wortwechsel (9₃₉₋₄₁) angeschlossen ist.

Die beiden Geschichten von Kap. 5 und 9 sind offenbar aus der gleichen historischen Situation zu verstehen. Es spiegelt sich in ihnen das Verhältnis des jungen Christentums zur umgebenden feindlichen (zunächst jüdischen) Welt wieder, und zumal in höchst eigenartiger Weise die Methode der Gegner, die sich an solche Menschen halten, die noch nicht zur christlichen Gemeinde gehören, aber mit ihr in Berührung gekommen sind und die Macht der in ihr wirkenden Wunderkräfte erfahren haben. Solche Menschen werden verhört, und man sucht dadurch Anklagematerial gegen die christliche Gemeinde zu gewinnen. Für den Evglisten bieten solche Erzählungen nicht nur den äußeren Anknüpfungs=

---

[1] Die Versetzung von 7₁₅₋₂₄ hinter 5₄₇ ist wie von Wendt, so von einer Reihe englischer Forscher vorgeschlagen worden (Howard 264; s. auch v. Dobschütz, ZNTW 28 (1929), 162f.). Dagegen wollen Spitta und Hirsch nur 7₁₉₋₂₄ aus Kap. 7 herausnehmen, und zwar stellt Sp. die Verse hinter 5₁₈ (um dann mit 5₃₀ff. fortzufahren), während Hirsch sie in 5₁₇ (hinter *ὁ δὲ ἀπεκρ. αὐτ.*) einfügt.

[2] Man würde eine solche Vermutung nicht wagen, wenn sich nicht Kap. 8 als eine notdürftig zusammengeflickte Sammlung von einzelnen versprengten Fragmenten erwiese, sodaß die Aufgabe erwächst, nach dem ursprünglichen Ort dieser Fragmente zu suchen. Zu diesen Fragmenten gehört auch das aus 8₄₈₋₅₀. ₅₄₋₅₅ bestehende Stück (s. u.), und man könnte versucht sein, auch dieses in den Komplex von Kap. 5 zu versetzen, weil sich auch hier das Thema der *δόξα* findet und 8₅₄f. sachlich zu 5₃₇ 8₁₉ gehört. Ich stelle aber das Stück lieber versuchsweise nach Kap. 7. Sicherheit ist hier naturgemäß nicht zu erreichen.

[3] Fragt man, wie die Redaktion dazu kam, die versprengten Stücke an ihre jetzigen Plätze zu setzen, so ist für 7₁₅₋₂₄ deutlich, daß dieses Stück zunächst geeignet war, das *ἐδίδασκεν* 7₁₄ zu illustrieren; es handelt ja D. ₁₆f. von der *διδαχή* Jesu; und daß sodann das Stichwort des *ζητεῖν ἀποκτεῖναι* (D.₁₉) die Verknüpfung mit 7₂₅ zu empfehlen schien. Für die jetzige Einordnung von 8₁₃₋₂₀ sind ebenso deutliche Gründe nicht zu finden. Immerhin konnte nach dem *ἐγώ εἰμι* 8₁₂ die Einrede 8₁₃ als angemessene Fortsetzung erscheinen; das beweist ja die Auffassung der heutigen Exegeten.

[4] Ihrem formgeschichtlichen Typus nach ist die Geschichte eine sekundäre Bildung. Wo in synopt. Apophthegmen ein Heilungswunder der Anlaß zu einem Streitgespräch ist, ist das Wunder nur ganz knapp erzählt (s. Gesch. d. synopt. Tr. 223); hier dagegen ist an eine ausführliche Wundergeschichte sekundär ein Streitgespräch angeknüpft. Charakteristisch dafür ist die nachklappende Zeitangabe D. 9b und die Unklarheit der Situation D. ₁₅ff. — Vergleichbar ist höchstens Mk 2₁₋₁₂, insofern auch hier Wundergeschichte und Streitgespräch sekundär kombiniert sind (s. Gesch. d. synopt. Tr. 12f.).

punkt; sondern sie sind ihm zugleich Illustrationen der Verlegenheit, in die die Welt durch die Offenbarung gerät, und der Feindschaft der Welt. Die Welt will das Ereignis, das für sie die κρίσις bedeutet, ihrer eigenen κρίσις unterwerfen; sie macht der Offenbarung gleichsam den Prozeß[1].

α) 5₁-₁₈: Heilungsgeschichte und Streitgespräch.
1. 5₁-₉ₐ: Die Heilung des Lahmen.

V. 1 ist die redakt. Verknüpfung des Evglisten: wie 2₁₃ motiviert ein Fest Jesu Reise nach Jerusalem[2]. Das Fest ist nicht bestimmt bezeichnet; aber es kann doch wohl nur das Paschafest gemeint sein, das 6₄ bevorstand, und dem dann in Kap. 7 nach einigem Abstand das Laubhüttenfest folgt[3]. V. 2—5 bringen die Situationsangabe[4]: die Szene ist ein Teich in Jerusalem beim Schaftor[5], der in der Landessprache[6] Bethsatha heißt[7], und der von fünf Hallen umgeben ist[8]. In

---

[1] S: S. 59.

[2] S. S. 86,2 und 3. Der redakt. Charakter der Motivierung ist deutlich; denn das Fest spielt im Folgenden keine Rolle.

[3] Die Lesarten schwanken zwischen ἡ ἑορτή (אCL) und bloßem ἑορτή (BAD Ferrargruppe, auch Orig., gegen hautsch, Die Evangelienzitate des Orig. 1909, 132). Andere Lesarten wie ἡ ἑορτή τῶν ἀζύμων (statt τῶν Ἰουδ. Λ) und ἡ σκηνοπηγία (131) sind sichtlich Korrekturen. Trotz der besseren Bezeugung von ἑορτή ist ἡ ἑορτή vorzuziehen; denn der Evglist nennt sonst immer ein bestimmtes Fest; ein solches muß auch hier gemeint sein, und die genauere Angabe konnte hier bei ἡ ἑορτή fehlen, da eben das 6₄ genannte Pascha gemeint war. Begreiflich, daß, nachdem durch Störung der ursprünglichen Ordnung diese Beziehung nicht mehr sichtbar war, das ἡ gestrichen wurde. (Der Hinweis darauf, daß im AT das Laubhüttenfest gelegentlich einfach als חָג, und also in LXX als (ἡ) ἑορτή bezeichnet werden konnte, wie I Kg 8₂A Ez 45₂₅ Neh 8₁₄. ₁₈ IIChr 7₈, erübrigt sich, da Laubhütten nicht in Frage kommt.) Vgl. im übrigen bes. Br., z̄n.

[4] Das ἔστιν V.₂ beweist schwerlich, daß zur Zeit des Erzählers Jerusalem noch nicht zerstört war (Schl.), so wenig wie aus dem ἦν 11₁₈ das Gegenteil folgt.

[5] Das ἡ ἐπιλεγ. fordert, daß die so charakterisierte Größe vorher genannt ist (Bl.-D. § 412,2); also ist κολυμβήθρα Nom., und zu ἐπὶ τῇ προβατικῇ ist πύλη zu ergänzen (Bl.-D. § 241,6; Br. Das Schaftor ist Neh 3₁. ₃₂ 12₃₉ genannt; es liegt nördlich vom Tempel). Aus Mißverständnis der Konstruktion entstanden Varianten: man faßte κολ. als Dat. (s. Tischendorf; so B. Weiß und Nestle, ZNTW 3 (1902), 172) oder strich ἐπὶ τῇ sodaß προβ. zum Nom. wurde (א* 554 e al. s. Br. z.St.), oder setzte ἐν statt ἐπὶ (אᶜ ADGL al; hierbei scheint προβ. als Stadtteil verstanden zu sein; vgl. in inferiore parte a b ff₂). Statt ἡ ἐπιλεγ. bieten einzelne Zeugen, bes. des W- und C-Textes ἡ λεγομένη, א* τὸ λεγόμενον (von Tischendorf und Schwartz III 153f. rezipiert), 1321 ἡ διερμηνευομένη, — alles Korrekturen mit Rücksicht auf das folgende Ἑβραϊστί.

[6] Ἑβραϊστί kann sowohl das at.liche Hebräisch wie das faktisch gesprochene Aramäisch bezeichnen (Str.-B. II 442ff.); natürlich ist hier das letztere gemeint.

[7] Der Name schwankt in der Überlieferung. Auszuscheiden hat Βηθσαιδα (B Ψ 0137 sa bo c vg syrʰ Tert. Hieron.), was nur Variante von Βηθζαθα ist. Βηθζαθα lesen (unter Nichtberücksichtigung orthographischer Varianten) א WL 33 D 713 a b d ff₂ l r Eus. Farhebr. (Nestle, ZNTW 3 (1902), 171). Die übrigen Zeugen Βηθεσδα. Für die letztere Lesart treten z̄n., Merx, Schl. ein; doch dürfte (außer der weniger guten Bezeugung) der allegor. Sinn von Βηθεσθα (חִסְדָּא bzw. בֵּית חִסְדָּא = Haus des Erbarmens) gegen die Ursprünglichkeit sprechen. Βηθζαθα wenigstens ist ein topographisch begründeter Name; denn es wird mit dem bei Jos mehrfach genannten Βεζεθα identisch sein (Dalman, O. u. W. 325f.). So hieß die nördliche, später einbezogene Vorstadt. (Der Name wäre dann abkürzend dem Teich beigelegt worden.)· Hier wurde im 4. Jahrh. in der Gegend des Schaftors ein Doppelteich als „Schafteich" gezeigt, und diese Angabe wird vielleicht durch die Grabungen bestätigt (Dalman a. a. O.; Meyer II 244). Ob die

(Anm. 7 [Fortsetzung] und 8 siehe folgende Seite.)

diesen Hallen liegen Kranke[1], die, wie der Leser sofort versteht, hier Heilung suchen[2]. Daß die Heilung nur zu bestimmten Zeiten gefunden werden kann, setzt V.7 voraus: nur dann nämlich, wenn das Wasser des Teiches in Bewegung gerät. Zugrunde liegt der Erzählung also offenbar die Anschauung von einem Teich, der aus einer intermittierenden Quelle gespeist wird[3]. V.4, der freilich eine sekundäre Glosse ist[4], fügt, was V.7 nur voraussetzt, in ausführlicher Schilderung in die Situationsangabe ein, und zwar der Anschauung des Volksglaubens entsprechend, daß von Zeit zu Zeit ein Engel das Wasser in Bewegung bringt und ihm dadurch die zeitweilige Heilkraft verleiht. In V.5 wird nun die neben Jesus stehende Hauptperson eingeführt, ein Kranker[5], der schon 38 Jahre hier liegt[6], ohne Heilung gefunden zu haben[7]. Warum, — das erklärt er V.7 selber: er kam nie rechtzeitig ins Wasser, da er niemanden hatte, der ihn hineinbrachte[8]. Diese

Lokalkenntnis des Erzählers freilich so gut ist, wie Kundsin, Topolog. Überl. 34ff. meint, ist zweifelhaft. Denn die Erzählung setzt doch wohl eine intermittierende Quelle voraus, wie sie für den Siloateich bezeugt ist (Dalman, O. u. W. 327). Es könnte also eine Verwechslung vorliegen.

[8] In der Quelle deuteten die fünf Hallen gewiß nicht allegorisch auf den Pentateuch; schwerlich auch im Sinne des Evglisten, bei dem Jesus als Befreier vom AT keine Rolle spielt; auch 5 39f. kann man nicht so interpretieren, s. u. Merx findet gar im Schaftor den „Hirten" Jesus, und im Teich die Taufe abgebildet. Nach Grill II 61ff. gehen die 5 Hallen auf die fünfgliedrige Gesellschaft: Pharisäer, Sadduzäer, Samariter, Johannesjünger, Essener!

[1] Κατακεῖσθαι von Kranken wie Mk 1 30 auch sonst nicht selten, s. Br., Wörterb. und Schl. z. St. — Ξηρός wie Mk 3 1 = „gelähmt", s. Br., Wörterb.; Schl. zu Mt 12 10. Zur Aufzählung s. Bl.-D. § 460,3; in D a b ist noch παραλυτικῶν hinzugefügt.

[2] Der namentlich im westl. Text bezeugte Zusatz: ἐκδεχομένων τὴν τοῦ ὕδατος κίνησιν ist eine erläuternde Glosse.

[3] Dies trifft für den Siloateich zu, s. S. 179, 7; s. auch Br. z. St.

[4] V.4 fehlt in ℵ BC syr[s] (syr[s] hat hier eine Lücke) wie in D l. Die Handschriften, die den Vers (in unter sich leicht variierenden Formen) bringen, versehen ihn z. T. mit Glossen (vgl. Nestle, ZNTW 3 (1902), 172,1) oder kritischen Zeichen. Seine Streichung wäre unerklärlich, während sich seine Hinzufügung auf Grund von V.7 leicht erklärt. — Der Engel ist wohl nicht der Engel des Wassers überhaupt (Apk 16 5; äth. Hen 66 1f. u. sonst; vgl. Bousset, Rel. d. Jdt. 323f.; M. Dibelius, Die Geisterwelt im Glauben des Paulus 1909, 80f.; Str.-B. III 818—820), sondern ein Sonderengel für diesen Teich (vgl. Str.-B. II 453f.). Der Glaube, daß Engel oder Geister einer bestimmten Quelle zugehören oder zu bestimmter Zeit einem Wasser Heilkraft verleihen, ist verbreitet, vgl. Br. z. St., Wellh. Joh 25, 1; Smith-Stübe, Die Religion der Semiten 1899, 129ff. 140f. — Zu καταβαίνειν ἐν Bl.-D. § 218 und Br. z. St., zu κατέχεσθαι νόσῳ Br. z. St. und Wörterb.

[5] Die Krankheit ist nicht näher bestimmt; aber nach V.8f. (im Vergleich mit Mk 2 11) liegt es näher, Lahmheit als Blindheit anzunehmen, s. Br.

[6] τρ. καὶ ὀκτὼ ἔτη ἔχων (vgl. V.6 8 57 11 17) ist nicht ungriech. (die Beispiele bei Br. treffen freilich nicht zu, weil dort die Ordinalzahl steht), wird aber durch das hinzukommende ἐν τῇ ἀσθ. αὐτοῦ ungriech. Korrekt wäre: τρ. καὶ ὀ. ἔτη ὢν ἐν ἀσθ. (ohne Art. und αὐτοῦ!) oder ὄγδοον καὶ τριακοστὸν ἔτος ἔχων ἐν ἀσθ.

[7] Die Angabe der langen Dauer der Krankheit gehört zur Topik der Heilungsgeschichten, s. Gesch. d. synopt. Tr. 236. Erwägungen der alten Exegeten, daß der Engel nur selten kam, etwa nur einmal jährlich an dem genannten Fest, sind eingetragen. Auch Loisys allegor. Verständnis: der Judaismus war die Quelle, die (wenn überhaupt) nur einen Kranken auf einmal heilte, während die andern warten mußten, liegt fern. — Die 38 Jahre sind weder im Sinn der Quelle noch im Sinn des Evglisten allegor. zu deuten auf die 38 Jahre, die die Israeliten nach Dt 2 14 von Kades Barnea bis zur Überschreitung des Sared unterwegs waren (richtig Howard 184). Loisy berechnet, daß es noch zwei Jahre bis zur Passion sind, sodaß die 38 + 2 = 40 Jahre die typische Zahl der Wüstenwanderung symbolisieren würden!

[8] Ἄνθρωπος braucht nicht als „Diener" (Lk 12 36 und sonst) verstanden zu werden.

Angabe ist durch Jesu Frage V.6 provoziert worden[1], denn Jesus ist es, der hier die Initiative ergreift. Auf die Antwort des Kranken hin spricht er V.8 das wunderwirkende Wort[2], dessen augenblicklichen[3] Erfolg V.9a berichtet.

2. 5 9b-18: Der Streit.

Die Erzählung durchläuft drei Szenen: V.10-13, V.14 und V.15-18. Auf die nachgetragene Angabe, daß es Sabbat gewesen sei V.9b[4], folgt **V.10** der Angriff der Juden; er ist nicht wie bei den synopt. Sabbatheilungen gegen Jesus selbst gerichtet, sondern gegen den Geheilten[5]; Gegenstand des Angriffes ist deshalb nicht die Heilung, sondern das Tragen des Bettes[6]. Die Antwort des Geheilten **V.11**[7] enthält nicht irgendein Argument, sondern beruft sich einfach auf den Befehl des Wundertäters. Und als die Juden **V.12** diesen identifizieren wollen[8], stellt sich **V.13** heraus, daß der Geheilte Jesus nicht kennt, und daß Jesus den Schauplatz schon verlassen hat[9]. — Die nächste Szene **V.14** spielt im Tempel[10]

Burney 99 nimmt das ἄνθρ. οὐκ ἔχω fälschlich als Semitismus in Anspruch; s. Colwell 74. Das ἵνα entspricht einem aram. Relat. (= ὅς), braucht aber kein Übersetzungsfehler zu sein (Burney 75; dagegen Goguel, Rev. H. Ph. rel. 3 (1923), 377; Colwell 96 ff.; s. Bl.-D. § 379). *Βάλλειν* = „legen", „bringen" wie 10 4 20 25. 27 Mt 7 33 Jak 3 3 und sonst; gut griechisch.

[1] Einen anderen Sinn hat die Frage nicht. Zn. meint, das θέλεις ὑγιὴς γενέσθαι sei ein Mittel, den erschlafften Willen des Kranken anzuregen. Wie falsch solche psychologische Erklärung ist, zeigt die Konsequenz: die Aufforderung, das Bett zu tragen V.8, bringe Glaubensmut in die Seele des Kranken und Kraft in seine Glieder. Und in der Folge rationalisiert Zn. weiter: ob die Heilung so plötzlich eingetreten sei, sei freilich zweifelhaft (Zn. streicht mit ℵ D das εὐθέως V.9, dessen Streichung durch das ἴδε ὑγιὴς γέγονας V.14 veranlaßt sein dürfte); Jesus habe den Ort verlassen, ehe die volle Wirkung eingetreten sei. — Natürlich darf nicht gefragt werden, aus welchem Grunde Jesus zum Teiche gegangen ist. Das γνούς zeigt (wie etwa Mt 2 8) sein wunderbares Wissen Jesu; wie er dann noch den Kranken fragen kann, ist eine der naiven Erzählung fernliegende Reflexion. Phantasie ist auch die Meinung Joach. Jeremias' (Jerusalem zur Zeit Jesu II A 1924, 34), die Kranken seien Bettler, und wahrscheinlich habe sich das Gespräch entsponnen, als der Kranke Jesus um eine Gabe bat.

[2] Formuliert fast genau wie Mt 2 9. 11. Abhängigkeit von Mt braucht deshalb nicht vorzuliegen. Daß der κράβατος von V.8 f. nicht früher erwähnt ist, braucht nicht zu befremden, da es selbstverständlich ist, daß die Kranken auf Lagern liegen. — Die asyndet. Imp. ἔγειρε ἄρον (Bl.-D. § 461, 1) gut griechisch; vgl. Soph. Trach. 1255; Ant. 534; häufig bei Epikt. und in Pap., s. Colwell 16 f. Zum vulgären κράβ. s. Br., Wörterb. — Über den ursprünglichen Sinn des Bett-Tragens als einer Demonstration des Wunders s. Gesch. d. synopt. Tr. 240 und vgl. bes. Mt 2 11 f. Nach Hirsch bedeutet es eine demonstrative Verletzung der Sabbatsitte, wenn der Geheilte auf Jesu Befehl „mit dem Bett auf dem Rücken unter den Juden öffentlich hin und her geht". Damit ist aber das περιπάτει zu sehr belastet.

[3] Zu εὐθέως s. A. 1.

[4] S. S. 178, 4.

[5] Das καί V.10 (= „und deshalb") braucht kein Semitismus zu sein, s. Burney 68; Colwell 88 f.

[6] Über das Verbot des Lasttragens am Sabbat Str.-B. II 454—461.

[7] Da ὅς δέ (AB) bei Joh nur hier begegnet, ist doch wohl mit ℵ C* L al ὁ δέ zu lesen (Bei D und K fehlt beides). — Das ἐκεῖνος wird der Evglist eingefügt haben; s. S. 53, 5.

[8] Daß ὁ ἄνθρ. verächtlich sei, wird man kaum heraushören dürfen; die Juden wollen offenbar einfach den Tatbestand feststellen.

[9] Ἐκνεύειν nur hier im NT, sinngleich mit ἀναχωρεῖν (6 15) oder ὑποχωρεῖν (Lk 5 16 9 10), mit dem es Just. dial. 9 2 f. wechselnd gebraucht wird. Die Anwesenheit des ὄχλος soll das ἐκνεύειν motivieren; wieso, ist kaum zu beantworten (Schanz: Furcht vor einem Konflikt; B. Weiß und Ho.: um das Aufsehen zu vermeiden). Woher der ὄχλος kommt, ist nicht zu fragen.

[10] Wieviel Zeit verstrichen ist, hat kein Interesse. Der Tempel ist wohl genannt als

Jesus findet den Geheilten hier und redet ihn an; sein Wort warnt ihn vor neuer Sünde, die schlimmeres Elend zur Folge haben werde[1]. Es bewegt sich also in der Sphäre des jüdischen Vergeltungsglaubens, der Krankheit auf Sünde zurück= führt[2], — höchst auffallend als Wort des joh. Jesus, das den 9₂f. verworfenen Grundsatz akzeptiert[3]. Im übrigen hat das Wort keine Beziehung zu der V.10 aufgeworfenen Frage, und V.14 hat nur die Bedeutung, die nächste Szene zu ermöglichen.

Der Geheilte meldet[4] nun V.15 den Juden, daß Jesus der Gesuchte ist[5]. Die Situation ist unklar, man soll sich offenbar vorstellen, daß alles V.14ff. Er= zählte im Tempel spielt, da ein neuer Ort nicht genannt ist[6]. Die aus der Situation herausfallenden Imperfekta (V.16.18) erklären sich daher, daß es dem Erzähler weniger auf die Anschaulichkeit ankommt, als darauf, die dauernde Haltung der Juden gegenüber dem üblichen (oder wiederholten) Tun Jesu zu charakterisieren[7]. Nichtsdestoweniger ist V.17 eine bestimmte Szene vorausgesetzt: Jesus „sagte daraufhin zu ihnen"! Und damit ist der eigentliche Konflikt gegeben; denn die Juden verstehen (V.18) sehr wohl den in diesem Worte liegenden Anspruch, und ihr Entschluß, Jesus zu töten, ist gefestigt[8].

Die Anknüpfung für Jesu folgende Rede[9] ist durch den aus der Szene sich heraushebenden Satz V.17 gegeben[10]: „Wie mein Vater noch ständig wirkt, so wirke auch ich."[11] Die Juden verstehen richtig, daß Jesus sich durch dieses Wort

---

Ort, an dem man erwarten darf, viele Menschen anzutreffen. Das εὑρίσκει ist offen= bar ebenso zufällig wie 1₄₁ff. 9₃₅.

[1] Μηκέτι mit Imp. wie Epikt. diss. IV 19,9; Frg. 23,19.

[2] Vgl. Mt 2₅, dazu Klostermann im Hdb. zum NT; Schl. zu Joh 9₂; Bousset, Rel. d. Jdt. 411f.; Str.=B. I 495f., II 193—197.

[3] Hirsch allegorisiert: „Durch die Scheidung von Jesus [das soll das μηκέτι ἁμάρ= τανε bedeuten!], der aus der Gesetzesknechtschaft befreien will, überliefert sich das Judentum dem Gerichte."

[4] BK al: ἀνήγγειλεν, א C al: εἶπεν, D φ 33 al: ἀπήγγ.

[5] Woher er jetzt seinen Namen kennt, ist gleichgültig. Daß er sich durch seine An= zeige von dem Verdacht reinigen wolle, die Gültigkeit des Sabbatgebotes zu bestreiten (Schl.), wäre als Motiv vorauszusetzen, sofern man überhaupt nach einem Motiv fragen darf. Aber der Leser ist offenbar nicht zu einem Urteil über das Verhalten des Geheilten herausgefordert; das Interesse an ihm erlischt mit V.15.

[6] S. S. 178, 4.

[7] Dem Imperf. der Quelle ἐζήτουν (V.18, s. S. 177), ist das ἐδίωκον des Evglisten (V.16) natürlich angepaßt. Das καὶ ἐζήτουν αὐτὸν ἀποκτ. in V.18, das K usw. lesen, ist Zusatz aus V.18. — Das ὅτι ταῦτα ἐποίει ἐν σαββ. begreift mit seinem schildernden Imperf. den soeben erzählten Einzelfall ein. Weil es der Erzählung darauf ankommt, die jüdische Haltung gegen Jesus zu beschreiben, wird als Grund der Feindschaft nicht, wie man nach V.10 erwarten sollte, sein Befehl an den Kranken angegeben, sondern ganz allgemein seine eigene Handlungsweise. — Unbegründet ist Schl.s Reflexion: „Die Eile, mit der sich die Juden des Sabbatschänders bemächtigen, setzt voraus, er werde sich flüch= ten." Ebenso seine Erwägung: die Verhandlung war noch nicht so weit gediehen, „daß Jesus das Wort verboten werden konnte. Er mußte noch gehört werden". Ein Ver= fahren, das den Bestimmungen des jüdischen Prozeßrechtes entspricht, will der Evglist nicht schildern, wie schon daraus hervorgeht, daß ein Ergebnis nicht berichtet wird.

[8] Λύειν vom Bruch des Gesetzes ist ebenso jüdisch (הִתִּיר) wie griechisch; s. Str.=B. I 739—741; Schl. zu Mt 16₁₉; Br., Wörterb.

[9] Über die Vorschläge, 7₁₉₋₂₄ in V.17 oder nach V.18 einzuschalten, s. S. 178, 1.

[10] Nur hier und V.19 ἀπεκρίνατο, während sonst über 50 mal ἀπεκρίθη steht. Um die Antwort als offizielle zu charakterisieren (Abbot bei Bd.)?

[11] So ist die Parataxe des griech. Satzes natürlich aufzulösen (s. Wellh., Joh. 134); es entspricht das ὥσπερ — οὕτως D.21.

Gott gleich macht, und so muß es für ihre Ohren wahnwißiger Frevel sein[1]. In welcher Weise diese Gleichheit verstanden werden soll, deutet die Gottesbezeichnung ὁ πατήρ μου an, die natürlich in dem exzeptionellen Sinne gemeint ist, in dem der joh. Jesus von Gott als seinem Vater redet[2], — und auch das verstehen die Juden richtig. Eines aber verstehen sie nicht, daß nämlich die Sohnschaft Jesu und sein Anspruch, Gott gleich zu sein und wie Gott zu wirken, erst dadurch Sinn erhält, daß Jesus, als der Sohn und als der wie Gott Wirkende, Gott offenbart[3], und daß er gerade als der Offenbarer seinen frevelhaft klingenden Anspruch erheben muß. Sie können die Gottgleichheit nur verstehen als Unabhängigkeit von Gott[4], während sie für Jesus das Gegenteil bedeutet, wie V.19 sofort ausführt[5].

Ist in der folgenden Rede der Bezug auf die Sabbatfrage völlig preisgegeben, so ist doch das Wort Jesu V.17 noch die Antwort 'auf den Vorwurf des Sabbatbruches; denn es enthält ja nicht nur die Behauptung der Gleichheit des Wirkens Jesu mit dem Wirken Gottes, sondern die Gleichheit, die V.19ff. hinsichtlich des Inhalts dieses Wirkens beschrieben wird, ist V.17 hinsichtlich ihrer Ständigkeit in den Blick gefaßt. Diesen Sinn hat jedenfalls das ἕως ἄρτι[6], wenngleich nicht ganz deutlich ist, ob dieses ἕως ἄρτι die Ständigkeit des Wirkens im Blick auf ein zu erwartendes Ende des Wirkens aussprechen soll[7]. Im Zshg kommt es jedenfalls zunächst auf die Ständigkeit an, und sofern in dem ἕως ἄρτι auf ein Ende des Wirkens gedeutet ist, kann dieses Ende kaum ein anderes sein als dasjenige, auf welches 9₄ hinweist: die Nacht, in der niemand wirken kann (vgl. 11 9f. 12 35 f.), d. h. das Ende des Offenbarungswirkens Jesu[8]. Es gibt also in der Tat — nicht

---

[1] Die großen Frevler Hiram und Nebukadnezar, der Pharao und Joasch haben sich nach jüdischer Anschauung Gott gleichgestellt, Str.-B. II 462—464. Es ist nach II Th 2₄ der Frevel des Antichrist. Für Philon ist es ein φίλαυτος καὶ ἄθεος νοῦς, der meint: ἴσος εἶναι θεῷ leg. all. I 49; leg. ad Cai. 118; vgl. Jos. ant. XIX 4ff. über Kaligula. Daß die rabbin. Exegese das אלהים einiger Schriftstellen auf Menschen deutet (Str.-B. II 464f.), hat für das Verständnis von Joh 5 18 so wenig Bedeutung wie der griech. Gebrauch von ἰσόθεος als ehrendes Prädikat für hervorragende Sterbliche (Wetst.). Natürlich wäre auch nach griech. Anschauung die Aussage Joh 5 17 ein Wahnwiß.
[2] Dabei ist gleichgültig, ob das ἴδιον V.18 betont, oder in dem abgeschliffenen Sinne der Koine gebraucht ist (Bl.-D. § 286). Das erstere ist bei Joh möglich (vgl. 5 43 7 18); es versteht sich aber bei ihm von selbst, daß Jesu Rede von seinem Vater ein besonderes Gottesverhältnis prätendiert (dabei sind ὁ πατήρ und ὁ πατήρ μου gl.ichwertig. Troß 1 14 wird Gott nie als der Vater der Menschen oder der Gläubigen bezeichnet, — außer 20 17, wo aber diese Vaterschaft ausdrücklich gegen die spezielle, für Jesus geltende, abgehoben wird. — Zur Bezeichnung Gottes als des Vaters s. S. 36f.
[3] S. zu 1 18 S. 56f.
[4] So wird das „sich Gott gleich machen" im Rabbinischen verstanden, s. Odeberg 203.
[5] Den Zshg von V.17 und V.19 hat Odeberg 203f. richtig erkannt.
[6] Man kann fragen, ob nicht das Wort V.17 schon aus dem V.19ff. zugrunde liegenden Text der „Offenbarungsreden" stammt, und ob der Evglist das ἕως ἄρτι eingesetzt hat, um die Beziehung auf die Situation herzustellen. Oder sollte ἕως ἄρτι eine ungeschickte Übersetzung sein?
[7] ῞Εως ἄρτι = „bis jeßt" gibt zunächst einen Term. ad quem an, kann aber in unbestimmteren Sinne gebraucht werden = „immer noch" (I Joh 2 9 I Kor. 4 13 8 7 15 6), jedoch unter der Voraussetzung, daß das in Frage stehende Verhalten oder Geschehen ein Ende nehmen kann, wird oder soll. Diese Voraussetzung braucht freilich nicht ausdrücklich gemacht zu werden, sodaß das ἕως ἄρτι fast einem ἀεί gleichkommt (vgl. I Kor 4 13 mit II Kor 4 11).
[8] Offenbar kann man nicht etwa verstehen: „Auch jeßt, obwohl es Sabbat ist"; denn das ἕως ἄρτι hat nicht eine Unterbrechung, sondern ein (definitives) Ab-

eine Unterbrechung, aber ein Aufhören des Wirkens Jesu[1]; jetzt aber, „so lange es Tag ist" (9₄) muß er wirken, und dafür ist der Sabbat so wenig eine Schranke wie für das Wirken des Vaters.

Die Ständigkeit des göttlichen Wirkens wird wie eine selbstver= ständliche Wahrheit vorausgesetzt; nicht sie ist das Paradoxe, sondern daß Jesus das Gleiche für sich in Anspruch nimmt. In welchem Sinne aber kann diese Stän= digkeit als selbstverständlich vorausgesetzt werden? Natürlich liegt nicht die grie= chische Anschauung zugrunde, für die der Satz von der Ständigkeit des göttlichen Wirkens durch den Gedanken des Gesetzes oder der Naturkraft bestimmt ist[2]. So wenig die ζωή, von der V.₂₁ff. die Rede ist, die Lebendigkeit der Natur, die Kraft der κίνησις im κόσμος ist, so wenig ist Gott als Ursprung, Kraft und Regel der κίνησις gedacht[3]. Gottes und des Offenbarers Wirken ist als das Wirken des eschatologischen Richters gedacht, der die eschatologische ζωή spenden oder ver= sagen kann. Es liegt daher offenbar der jüdische Gedanke zugrunde, daß Gott, obgleich er nach Gen 2₂f. Ex 20₁₁ 31₁₇ vom Schöpfungswerk ruht, doch ständig wirkt als der Richter der Welt, — wenngleich von der exegetischen Diskussion, in der dieser Gedanke bei den Rabbinen entwickelt wurde, bei Joh nichts mehr nach= klingt[4]. So ist der Zshg zwischen dem Sabbatstreit und Jesu Rede über sein richterliches Wirken deutlich: die Ständigkeit des göttlichen Wirkens gilt auch für das Wirken Jesu, eben weil es — als Wirken des Offenbarers — das Wirken des Richters ist[5].

Die Bedeutung der Heilungsgeschichte 5₁–₉ₐ als des Ausgangspunktes für Jesu Rede besteht offenbar darin, daß sie, als Geschichte eines Sabbatbruches, die Ständigkeit des Offenbarerwirkens symbolisch darstellt. Die Heilung selbst scheint für die Rede — anders als in Kap. 6 und 9 — keine symbolische Bedeutung zu

brechen des Tuns im Blick. — Natürlich kann man auch nicht verstehen: „Bis jetzt wirkte der Vater; von jetzt ab wirke ich"; denn das „von jetzt ab" müßte ausgedrückt sein; auch wäre dieser Gedanke bei Joh sinnlos. — An den „Weltsabbat", an dem Gottes Wirken aufhört, könnte man schon denken (G. Stählin, ZNTW 33 (1934), 244f.), aber doch nur in der joh. Modifikation, wonach Gottes Wirken eben mit Jesu Offenbarungswirken zusammen geschieht und zusammen aufhört.

[1] Vgl. das „zu spät" 7₃₃f. usw.

[2] S. S. 9 zum stoischen Logosbegriff.

[3] Vgl. Cic. de off. III 28; Max. Tyr. Diss. XV 6,2 (beides bei Br.); Plotin Enn. IV 7,13 p. 141,10f. Vollm. vom νοῦς: εἴπερ ἀεὶ καὶ αὐτὸς ὢν ἔσται δι' ἐνεργείας ἀπαύστου. Häufig in pantheist. Stücken des C. Herm., z. B. 5₉ 9₉ (καὶ τοῦτό ἐστιν ἡ αἴσθησις καὶ νόησις τοῦ θεοῦ, τὸ τὰ πάντα ἀεὶ κινεῖν); 11₅f. (οὐ γὰρ ἀργὸς ὁ θεός). ₁₂–₁₄. ₁₇ 14₃f. 16₁₉. Ebenso im hellenist. Judentum: Philo leg. all. I 5f. (παύεται γὰρ οὐδέποτε ποιῶν ὁ θεός κτλ.). 16–18; Cher. 87 (φύσει δραστήριον τὸ τῶν ὅλων αἴτιον παῦλαν οὐδέποτε ἴσχον τοῦ ποιεῖν τὰ κάλλιστα κτλ.); prov. I 6ff. (s. W. Bousset, Jüdisch=christl. Schulbetrieb 1915, 144f.). Jos. hat das Problem bei seiner Wiedergabe der Schöpfungsgeschichte Ant. I 33 nicht erörtert; seine Aussagen geben im übrigen kein klares Bild, s. Ad. Schlatter, Wie sprach Josephus von Gott? 49ff. Wie Philon schon Aristobul bei Eus. praep. ev. XIII 12,11. — Über Polemik gegen den deus otiosus Epikurs s. A. Fridrichsen, Symb. Osl. 12 (1933), 52—55.

[4] Die exegetische Arbeit der Rabbinen sucht die at.lichen Sätze von der Sabbatruhe Gottes und den Gedanken von der ständigen Wirksamkeit Gottes auf verschiedene Weise zu vereinen (s. Str.=B. II 461f.), vor allem durch die Unterscheidung seines Wirkens als Schöpfer und als Richter; s. bes. Odeberg 201f. — Ep. Arist. 210 scheint der griechische und jüdische Gedanke verbunden zu sein: frommes Denken versteht, ὅτι πάντα διὰ παντὸς ὁ θεὸς ἐνεργεῖ καὶ γινώσκει καὶ οὐθὲν ἂν λάθοι ἄδικον ποιήσας ἢ κακὸν ἐργασάμενος ἄνθρωπος.

[5] Den Zshg hat Odeberg 202f. klar erkannt.

haben; denn daß die dem Kranken geschenkte Gesundheit das „Leben“ symboli=
sieren soll, das der Offenbarer als Richter spendet, ist nicht angedeutet. Daß es
sich aber um Darstellung der Vollmacht (V.27) des Offenbarers handelt, ist endlich
daran deutlich, daß die Sabbatfrage nicht in der Weise ins Auge gefaßt ist wie bei
den Synoptikern, nämlich nicht unter der Frage, wieweit das Sabbatgebot für den
Menschen Gültigkeit hat und wie es (durch das Liebesgebot) begrenzt wird. Es
fehlen daher auch hier (wie Kap. 9) die Argumente des synopt. Jesus in den
Sabbatgesprächen. Vielmehr handelt es sich bei Joh nur um die Frage, ob das
Sabbatgebot eine Bindung für den Offenbarer sei, und um seine, in der Stän=
digkeit des Offenbarerwirkens gegründete Freiheit[1]. Dadurch wird freilich in=
direkt auch des Menschen Bindung an den Sabbat getroffen: wie das Offen=
barungsgeschehen nicht an ein Gesetz der Religion gebunden ist, so hebt auch der
Offenbarungsempfang aus Gesetz und Regel heraus: auch der Geheilte muß den
Sabbat brechen. Das Offenbarungsgeschehen bedeutet die Störung und Ver=
neinung der traditionellen religiösen Maßstäbe, und deren Vertreter müssen zu
Feinden des Offenbarers werden.

β) 5 19-47 7 15-24 8 13-20: Der Richter.

Die Gliederung der Komposition ist einfach: das Thema von 5 19-30 ist die
Gleichheit des Wirkens Jesu als des Richters mit dem Wirken Gottes; 5 31-47 und
7 15-24 behandeln die Frage nach dem Recht solchen Anspruches Jesu, bzw. die
Frage der μαρτυρία; 8 13-20 endlich schließen die Themata der μαρτυρία und der
κρίσις zusammen. Der Gedankengang des ersten Abschnitts verläuft so, daß
V.19f. die Gleichheit rein formal charakterisieren, indem sie die Gleichheit des
Wirkens als in der schlechthinnigen Abhängigkeit Jesu von Gott gegründete ver=
stehen lehren; daß dann V.21-23 das Wirken als das des eschatologischen Richters
beschreiben, worauf V.24-27 das eschatologische Gericht als das durch das Wort
Jesu sich vollziehende charakterisieren. V.30 lenkt zum Anfang zurück und faßt
zusammen.

1. 5 19-30: Der Offenbarer als der eschatologische Richter.

Mit dem bisher in Kap. 5 vermiedenen und deshalb jetzt feierlich wirkenden
ἀπεκρίνατο ... καὶ ἔλεγεν wird die Rede eingeführt, und sie beginnt mit dem
verpflichtenden ἀμὴν ἀμὴν λέγω ὑμῖν. Jesus redet zuerst von sich in dritter Pers.,
doch ohne daß darin ein Rätsel läge wie in Kap. 3; denn in V.24 tritt die erste
Pers.ein, die V.25 wiederum von der dritten Pers. abgelöst wird, der zum Schluß wieder
die erste Pers. folgt[2]. Ein eigentümliches Pathos kommt dadurch in die Rede: die
Worte des Redenden sollen nicht als Worte eines Ich verstanden werden, das
wie ein menschliches Individuum redet; der Redende, der als Ich vor den Hörern
steht, ist zugleich durch eine unendliche Kluft von ihnen geschieden; sie sehen den,
von dem die Rede ist, und sie sehen ihn zugleich nicht.

---

[1] Es ist deshalb ein völliges Mißverständnis, wenn Bl. meint, V.17 zeige die „echte
Frömmigkeit“ Jesu.
[2] Der Wechsel gibt keineswegs Anlaß zu literarkritischen Eingriffen; er gehört
vielmehr zum Stil der Offenbarungsrede; s. M. Dibelius, Die Formgeschichte des Evg [2]
1933, 284, A. 1.

V. 19: οὐ δύναται ὁ υἱὸς ποιεῖν ἀφ' ἑαυτοῦ οὐδέν,
ἂν μή τι βλέπῃ τὸν πατέρα ποιοῦντα.
ἃ γὰρ ἂν ἐκεῖνος ποιῇ,
ταῦτα καὶ ὁ υἱὸς ὁμοίως ποιεῖ[1].

Nachdem Jefu Wort V.17 vom Vorwurf des Hochmuts getroffen war, folgt jetzt scheinbar ein Wort der Demut. Aber Jefu Worte, als des Offenbarers, stehen jenseits der menschlichen Möglichkeiten von Hochmut und Demut.   Hinter V.19 steht der gleiche Anspruch, den V.17 erhebt; denn wenn V.19 — in einem negativen und einem positiven Satz — Jefu schlechthinige Abhängigkeit vom Vater beschreibt, so soll dadurch der Grund der Gleichheit seines Wirkens mit dem göttlichen aufgedeckt werden. Die vorangestellte negative Formulierung zeigt schon, daß nicht eine kosmologische Theorie gegeben wird, die das durch eine Mittlergestalt vermittelte Wirken Gottes beschreibt. Es ist klar: Thema ist das Wirken des „Sohnes" als dasjenige, das sich im Wirken Jefu vor den Hörern abspielt, an sie adressiert ist und ihre Entscheidung fordert. Die negative Formulierung begegnet dem Mißverständnis, als könne der Offenbarer als menschliche Person, abgelöst von seinem Auftrag, in den Blick gefaßt werden; als könne an ihm unterschieden werden, was Offenbarungsqualität hat und was nicht, oder als dürfte dasjenige an ihm, was als groß oder imposant erscheint, als Bild und Schatten von Gottes Wesen gelten.

Der Gedanke, daß der Offenbarer nicht ἀφ' ἑαυτοῦ handelt, durchzieht das ganze Evg[2]. Ursprung seines Wollens und Wirkens liegt nicht in ihm; er ist „gesendet"[3] und handelt im Auftrag. All das aber ist nicht im Interesse einer spekulativen Christologie gesagt, sondern deshalb, weil sein Ursprung seine Bedeutsamkeit begründet[4]: wer ihn hört, hört Gott, dessen Worte er redet (3.34 17.8); wer ihn sieht, der sieht Gott (14.9). Die Situation des Hörenden und Sehenden ist also durch den Satz von seiner Gottgleichheit bezeichnet, nicht sein metaphysisches Wesen[5].

---

[1] Die beiden durch γάρ verbundenen Sätze bestehen je aus zwei Gliedern, von denen das eine ein Hauptsatz ist, zu dem das andere in relativischem Verhältnis steht. Dadurch, daß die Stellung von Haupt= und Nebensatz im zweiten Satz umgedreht ist, ist die Möglichkeit der Verbindung der beiden Sätze durch γάρ herbeigeführt, während sonst eine antithetische Verbindung näher liegen würde. — Das ὁμοίως der letzten Zeile beschreibt nicht die Gleichheit der Art und Weise des ποιεῖν (= „in derselben Weise"), sondern bezeichnet die einfache Korrespondenz (= „ebenfalls", „auch") wie 6.11 21.13.

[2] Er handelt nicht von sich aus 5.19 8.28, redet nicht von sich aus 7.17f. 12.49 14.10 (ebenso vom πνεῦμα 16.13), ist nicht von sich aus gekommen 7.28 8.42 (vgl. 5.43); er geht nicht auf seinen Willen aus 5.30 6.38. Positiv: er tut den Willen des Vaters, erfüllt sein Gebot, wirkt seine Werke, s. S. 104, 2. — Zur Wendung ἀφ' ἑαυτοῦ s. Schl. 3. St. und zu 7.17.

[3] Daher als ständige Gottesbezeichnung im Munde Jefu ὁ πέμψας με (etwa 17 mal) oder ὁ πέμψας με πατήρ (etwa 6 mal, die Hff. differieren im Gebrauch der beiden Bezeichnungen gelegentlich). Außerdem etwa 15 mal die Wendung, daß der Vater ihn „gesandt" hat (ἀποστέλλω, s. dazu S. 30, 2).

[4] Vgl. über den Sinn der Präexistenzaussagen S. 97, 3 und f. u. S. 191.

[5] Vgl. Calvin zu V.19: Arius minorem Patre Filium inde colligebat, quia ex se nihil possit: excipiebant Patres, notari tantum his verbis personae distinctionem, ut sciretur Christum a Patre esse, non tamen intrinseca agendi virtute eum privari. Atqui utrinque erratum est. Neque enim de nuda Christi divinitate habetur concio, et quae mox videbimus, in aeternum Dei sermonem per se et simpliciter minime competunt, sed tantum quadrant Dei Filio quatenus in carne manifestatus est. Sit nobis ante oculos Christus, ut a Patre missus est mundo redemptor.

Es ift deshalb auch verfehlt, die Einheit Jesu mit Gott als die im sittlichen
Wollen und Handeln Jesu sich vollziehende zu verstehen[1]. Denn unter dem Gesichtspunkt des Ethischen würde Jesus den Menschen grundsätzlich gleichstehen,
und sofern man ein Handeln in sittlichem Gehorsam als ein μὴ ποιεῖν ἀφ' ἑαυτοῦ
bezeichnen könnte, würde es für alle Menschen, sofern sie sittlich handeln, gelten.
Jesu μὴ ποιεῖν ἀφ' ἑαυτοῦ aber bezeichnet die Autorisierung seiner Sendung,
die er als Offenbarer mit Keinem teilt. Jesus ist bei Joh nicht als sittliche Persönlichkeit gesehen[2]; vielmehr wendet sich 5₁₉ gerade gegen eine solche Sehweise;
nicht seine Demut, sondern sein Anspruch soll durch das μὴ ἀφ' ἑαυτοῦ zum Ausdruck gebracht werden. Sein Wirken soll nicht in den Blick gefaßt werden hinsichtlich dessen, was es für ihn bedeutet, sondern hinsichtlich dessen, was es für
die hörer bedeutet, hinsichtlich dessen, was durch ihn im κόσμος geschieht[3]. Auch
der Hohepriester redet 11₅₁ nicht ἀφ' ἑαυτοῦ, als sein menschlich schlaues Wort
den Charakter einer Prophetie gewinnt[4]. Und so geht es nicht auf die ethische
Qualität des Mose, sondern auf seine Sendung, wenn er Num 16₂₈ sagt, ὅτι οὐκ
ἀπ' ἐμαυτοῦ (sc. τὰ ἔργα ταῦτα), oder entsprechend, wenn Bileam Num 24₁₃
sagt: οὐ δυνήσομαι παραβῆναι τὸ ῥῆμα Κυρίου, ποιῆσαι αὐτὸ πονηρὸν ἢ καλὸν
παρ' ἐμαυτοῦ ὅσα ἂν εἴπῃ ὁ θεὸς ταῦτα ἐρῶ[5].
     Die Einheit von Vater und Sohn ist also in gewisser Weise nach Analogie des
Gottesverhältnisses der at.lichen Gottgesandten und Propheten verstanden, die ja sogar, wenn sie nicht wollen, Gottes Worte reden müssen[6]. Die
Einheit besteht nicht darin, daß diese Personen oder ihre Worte für sich genommen
eine besondere göttliche Qualität haben (etwa kraft ihres ethischen Gehaltes),

---

[1] Vgl. Harnack, 3ThK 2 (1892), 195f.; Bl. 3. St.: „Es handelt sich hier lediglich
um die Vollendung des religiösen Verhältnisses, in dem ein Mensch zu Gott stehen darf"!

[2] Wrede (Vorträge und Studien 206f.) htm. (S. 27f.) haben richtig gesehen, daß
eine Beurteilung des joh. Jesus nach ethischen Maßstäben eine Art Gespenst aus ihm
machen würde.

[3] Vgl. die moralistische Umdeutung bei B. Weiß: Der ursprüngliche Sinn von 5₁₉
(als eines Wortes des geschichtlichen Jesus) könne nicht der gewesen sein, daß sich Jesus
ein spezifisches Verhältnis zu Gott zuschreibt, aus dem er die Nachahmung des göttlichen
Tuns ableite; „denn das väterliche Tun nachzubilden ist die Aufgabe aller Gotteskinder
(Mt 5₄₅) und nicht eine Prärogative des Gottessohnes κατ' ἐξοχήν." Der ursprüngliche
Sinn sei der, „daß das Gotteskind zu einem Wirken gelange, das den Gegensatz von Tun
und Ruhen so wenig kennt, wie die Sabbatruhe Gottes sein fortgesetztes Wirken aus-
schließt. Wem die Erfüllung des göttlichen Willens nicht mehr eine Last, sondern eine
Lust, nicht mehr Mühe, sondern Erquickung ist (4₃₄), für den hat der Gegensatz der Werk-
tagsarbeit und der Sabbatruhe aufgehört." Gegenüber solchen Trivialitäten hat M. Dibelius (Festgabe f. Ad. Deißmann 174f.) recht, wenn er die Einheit von Jesus und
Gott als „die Einheit des Wesens vermöge göttlicher Qualität" versteht. Das göttliche
Wesen „schenkt Gott dem Sohne nicht aus Liebesgesinnung, sondern er vererbt es
ihm kraft Wesensgemeinschaft. Indessen bleibt diese Interpretation noch in der Sphäre
der bei Joh überwundenen Mythologie. Vgl. auch Loisy: die Gemeinschaft zwischen
Vater und Sohn ist eine metaphysische; aber der Evglist beschreibt sie nicht als métaphy-
sique et éternel, sondern als actuel.

[4] Zum formalen Sinn von (μὴ) ἀφ' ἑαυτοῦ vgl. auch 18₃₄.

[5] Von den falschen Propheten heißt es Jer 23₁₆: ἀπὸ καρδίας αὐτῶν λαλοῦσιν καὶ
οὐκ ἀπὸ στόματος κυρίου, ähnlich Ez 13₃. Umgekehrt Jer 29 (49)₁₄: ἀκοὴν ἤκουσα
παρὰ κυρίου, ebenso Ob 1₁; vgl. Jes 21₁₀ (ἀκούσατε ἃ ἤκουσα παρὰ κυρίου); 28₂₂
Ez 33₃₀ (ἀκούσωμεν τὰ ἐκπορευόμενα παρὰ κυρίου). „Nicht von sich aus, sondern von
Gott her" bezeichnet nicht die sittliche Beugung des Willens unter Gott, sondern die
Inspiration, den göttlichen Zwang. S. Schl. zu 7₁₇.

[6] Vgl. Num 24₁₃ (s. o. im Text); Jer 1₄₋₁₀ 20₇₋₉

sondern darin, daß Gott durch sie wirkt, daß sie in Gottes Auftrag handeln, daß ihre Worte die Hörer vor die Entscheidung über Leben und Tod stellen.

Indessen ist der Gedanke der Einheit Jesu mit Gott bei Joh doch nicht unter dem Einfluß der at.lichen Prophetie gebildet, bei der eine Aussage von der Gott= gleichheit des Propheten ja auch nicht begegnet[1]. Nicht nur, daß die Gottgleichheit Jesu ja nicht allein vom Reden, sondern ebenso von seinem Tun behauptet wird, — auch ist das autorisierte Reden Jesu nicht durch die Kategorien der Erwählung, Berufung und Inspiration interpretiert, sondern durch die Begriffe des gnostischen Mythos[2]. Dieser redet von der Sendung eines präexistenten Gottwesens, das in seiner metaphysischen Wesensart Gott gleich ist und von ihm entsandt wird, um im Auftrage und der Ausrüstung des Vaters[3] und in Einheit mit ihm[4] sein Offenbarungswerk zu vollbringen. Hier ist die Offenbarung nicht auf die intermittierende Inspiration, sondern auf die Wesensgleichheit des Ge= sandten mit Gott gegründet, die eine dauernde ist.

Von dieser Mythologie entfernt sich Joh freilich, behält aber ihre Begriff= lichkeit bei. Für ihn hat das Schicksal Jesu nicht kosmische Bedeutung als Ingang= setzung des Naturprozesses der Erlösung[5], auch bringt Jesus nicht wunderbare kosmologische und soteriologische Lehren; seine Lehre ist das Daß seiner Sendung[6], sein Offenbarersein. Vielmehr ist der Gedanke von Gottes Wirken in seinem Offenbarer vergeschichtlicht. Alle Wendungen, die besagen, daß der Sohn das tut, was der Vater tut, daß er den Willen des Vaters ausführt, sein Gebot erfüllt und sein Werk wirkt[7], daß er in der Vollmacht des Vaters handelt (5₂₇ 17₂), daß, was ihm gehört, dem Vater gehört und umgekehrt (17₁₀), daß er Gottes Worte bzw. das, was er beim Vater gesehen und gehört hat, redet[8], daß, wer ihn sieht, Gott sieht (14₉), daß er eins mit dem Vater ist[9], er im Vater und der Vater in ihm[10], daß der Vater in ihm seine Werke wirkt (14₁₀), — sie besagen alle dasselbe, was das καὶ θεὸς ἦν ὁ λόγος auch besagte[11]: Daß Vater und Sohn nicht als zwei getrennte Personen betrachtet werden können, deren Tun einander ergänzt, wobei — wie im Mythos — der Vater im geheimnisvollen Hintergrund des Ungeschichtlichen bleibt, oder die in der Intention ihres Wollens einig wären; sondern sie besagen, daß das Wirken von Vater und Sohn identisch ist[12]. Zwei

---

[1] Vielmehr wird hier das Gottesverhältnis unter den Begriffen der (Erwählung), Berufung und Inspiration gedacht, und dem korrespondiert die Auffassung vom Abstand des Propheten als Menschen von Gott. Natürlich kennt auch die heidnische Antike die Vorstellung der prophetischen Inspiration, s. Br. zu 12₄₉f.

[2] S. die folgenden Anm. und zu V.₂₀.

[3] Vgl. ZNTW 24 (1925), 104—107. 114f.; bes. Joh.=B. 222 (der Vater spricht zum Sohn): „Mein Sohn, komm, sei mir ein Bote, komm, sei mir ein Träger (der Aufgaben) . . .“ 224: „Darauf führte ich der Reihe nach die Werke aus, die mein Vater mir aufge= geben.“ Ginza 175, 4f. Zur Ausrüstung des Gesandten s. a. a. O. 109. Dazu Ginza 70, 3ff.; 333, 27ff.; Od. Sal. 10, 1f., s. o. S. 119, 3; 143, 3 und Br. z. St. In der jüdischen Gnosis werden solche Aussagen von Metatron gemacht, s. Odeberg 204f.

[4] S. zu 8₁₆ und ZNTW 24 (1925), 108; Schlier, Relg. Unters. 39ff., und vgl. J.B. 32, 18 (der Bote spricht): „Sage nicht, daß ich aus eigenem Antriebe zu dir gekommen bin usw.“

[5] S. S. 41f.   [6] S. S. 103f.   [7] S. S. 104, 2 und 186, 2.

[8] S. S. 103, 6, dazu Joh 3₃₄ 17₈.   [9] 8₁₆. ₂₉ 10₃₀ 16₃₂ 17₁₁.

[10] 10₃₈ 14₁₀f. 17₂₃.   [11] S. S. 16ff.

[12] Vgl. Calvin zu ἵνα πάντες τιμῶσιν V.₂₃: hoc membrum satis confirmat . . ., Deum non ita in Christi persona regnare, quasi ipse, ut solent ignavi reges, quiescat in coelo, sed quia in Christi persona potentiam suam declaret seque praesentem ex= hibeat.

göttliche Wesen im mythologischen Sinne kennt Joh nicht; Jesu Wirken ist streng unter dem Offenbarungsgedanken gedacht: was er redet und tut, das ist Wort und Tat des Vaters. Das „Kommen" des Offenbarers ist das Auftreten einer bestimmten geschichtlichen Person in einer bestimmten Geschichte, und seine „Er= höhung" ist das geschichtliche Ereignis der Kreuzigung.

Was also die Begrifflichkeit des Mythos für Joh leistet, ist dieses, daß sie eine über den at.lichen Gedanken der Prophetie hinausführende Charakteristik der Person und des Wortes Jesu ermöglicht. Das von Jesus gesprochene „Wort Gottes" gibt nicht, wie das prophetische Wort, die Erkenntnis der jeweiligen konkreten geschichtlichen Notwendigkeit im Lichte der göttlichen Forderung — dieses auszudrücken, leistet der Gedanke der Berufung und Inspiration —; viel= mehr ist sein Wort von seiner Person nicht zu scheiden: in der ganzen geschichtlichen Erscheinung eines Menschen ist ein für allemal die Offenbarung geschehen, sodaß sich an der Stellung zu ihm für immer Tod und Leben für Alle entscheidet. Die Konsequenz ist, daß von Jesus nicht wie von den Propheten einzelne durch ihn vermittelte Warnungen und Mahnungen, Scheltworte und Weisungen berichtet werden können, sondern daß seine Verkündigung nur das eine Wort vom Daß seines Gekommenseins als dem eschatologischen Geschehen sein kann. Die Kon= sequenz ist deshalb, daß man — während man auf den Propheten jeweils hören soll — an ihn „glauben" soll[1].

In der Sprache des Mythos formuliert V. 20 den Offenbarungsgedanken:

$$\text{ὁ γὰρ πατὴρ φιλεῖ τὸν υἱόν,}$$
$$\text{καὶ πάντα δείκνυσιν αὐτῷ ἃ αὐτὸς ποιεῖ,}$$
$$\text{[καὶ μείζονα τούτων δείξει αὐτῷ ἔργα, ἵνα ὑμεῖς θαυμάζητε]}^2.$$

---

[1] Das Eigentümliche des Verhältnisses von Wort und Person Jesu, das Eigen= tümliche nämlich der Tatsache, daß er in seiner Person der Offenbarer ist, und daß er nichts als das Daß seines Offenbarerseins durch sein Wort bezeugt, spiegelt sich wieder in dem doppelten Gebrauch von πιστεύειν. Ihn als den Offenbarer anerkennen, heißt πιστεύειν εἰς αὐτόν (bzw. εἰς τὸ ὄνομα αὐτοῦ oder abs. πιστεύειν, s. S. 31,3). Da man auf sein Wort hin „an ihn" glaubt, sieht es so aus, als sei die Voraussetzung für den Glauben „an ihn" die, daß man „ihm" glaubt; und so kann neben dem πιστεύειν εἰς αὐτόν auch πιστεύειν c. Dat. gebraucht werden, wobei dann πιστ. den allgemeinen Sinn von „Vertrauen schenken", „für wahr (zuverlässig) halten" hat. Wie man der Schrift glaubt (2 22) oder dem Mose bzw. seinen γράμματα (5 46 f.) oder der Predigt (12 38 nach Jes 53 1), so glaubt man seinen Worten (5 47), so glaubt man „ihm" (5 38. 46 8 31. 45 f. 10 37 f. 14 11). Hier ist überall gleichsam vom Standpunkt der Hörer aus gesprochen (vgl. 6 30: ἵνα ἴδωμεν καὶ πιστεύωμέν σοι. Vgl. auch 10 38: τοῖς ἔργοις). Faktisch besteht kein Unter= schied; denn man soll „ihm" ja glauben, daß man „an ihn" glauben soll, und das Eine ist nicht ohne das Andere. So kann πιστ. εἰς αὐτόν mit πιστ. αὐτῷ wechseln 8 30 f., und so kann I Joh 5 10 von πιστεύειν εἰς τ. μαρτυρίαν geredet werden, wie denn λαμβάνειν τ. μαρτυρίαν (im Sinne von glauben 3 11. 32 f. I Joh 5 9) bzw. λαμβάνειν τὰ ῥήματα (12 48 17 8) mit λαμβ. αὐτόν (1 12 5 43) gleichbedeutend ist. — Entsprechend kann auch πιστεύειν in Beziehung auf Gott sowohl mit εἰς konstruiert werden (12 44 14 1) wie mit dem Dat. (5 24 I Joh 5 10). — Vgl. J. Huby, Rech. sc. rel. 21 (1931) 404 ff. Ferner ThWB s. v. πίστις.

[2] Der letzte Satz von V. 20 dürfte ein Zusatz des Evglisten zur Quelle sein, der der Rede noch einmal den Bezug auf V. 1-18 gibt; vgl. 7 21. Die von Odeberg 208 angeführte jüdische Parallele (Gott gebietet dem Mose, größere Werke als die früheren zu tun, um das Volk zu erschüttern) ist eine zufällige. Die Verheißung des „Größeres als früher" liegt nahe, vgl. 1 50 14 12. An bestimmte einzelne Ereignisse, die im Folgenden erzählt werden, braucht 5 20 nicht gedacht zu sein, geschweige, daß die μείζονα ἔργα das „Lebendigmachen" sind, das Jesus „als Geist in den Sakramenten vollbringen wird"

Der Vater „liebt" den Sohn[1] und „zeigt" ihm alles, was er tut, — dem=
entsprechend, daß der Sohn nach V.19 nur wirkt, was er den Vater tun sieht[2].
Was im Mythos einst real gemeint war, ist für den Evglisten — und schon für
seine Quelle — zum Bilde geworden: unterschiedslos drücken die wechselnden
Wendungen, daß der Sohn tut oder redet, was er beim Vater gesehen oder von
ihm gehört hat, den gleichen Gedanken aus, daß er der Offenbarer ist, in dem
Gott selbst handelnd und redend begegnet[3]. Das ist vor allem daran
deutlich, daß die faktisch von Jesus gesprochenen Worte ja niemals etwas beschreiben,
was er in der himmlischen Sphäre gehört oder gesehen hätte; sie teilen keine
Mysterien mit[4]. Dementsprechend vollzieht sich auch das „Zeigen" Jesu (10₃₂
14₈ f.) nicht durch Vorweisung eines betrachtbaren Tatbestandes, sondern durch
sein anredendes und herausforderndes Wirken.

Es bedeutet keinen Unterschied, wenn es 5₁₉ f präsentisch heißt, daß der Sohn tut,
was er sieht, und 5₃₀, daß er richtet, wie er hört, und wenn es sonst im Präteritum
heißt, daß er redet, was er gehört oder gesehen hat. Ebenso steht neben dem πᾶν ὃ δίδωσίν μοι ὁ πατήρ 6₃₇ das δέδωκεν 10₂₉ (vgl. 5₃₆ 13₃ 17₂ ff.). Daß die präteritalen Wendungen vom Sehen und Hören in der Präexistenz reden, ist deutlich und wird durch
eine Wendung wie 5₃₆ bewiesen; τὰ ἔργα ἃ δέδωκέν μοι ὁ πατήρ (nämlich in der Präexistenz), ἵνα τελειώσω αὐτά (nämlich im geschichtlichen Wirken), oder wie 8₂₆: ἀλλ᾿
πέμψας με ἀληθής ἐστιν, κἀγὼ ἃ ἤκουσα παρ᾿ αὐτῷ, ταῦτα λαλῶ εἰς τὸν κόσμον, wo
das εἰς τ. κ. zeigt, daß sich das „Hören" nicht im κόσμος abgespielt hat. Es ergibt sich
aber auch daraus, daß das „Reden" dem Gekommensein bzw. das μὴ ἀφ᾿ ἑαυτοῦ λαλεῖν[5]
dem nicht von sich aus Gekommen= und Gesendetsein entspricht[6], wie denn das Ge=
kommen= und Gesendetsein mehrfach mit dem Gesehen= bzw. Gehörthaben verbunden
ist[7]; und es wird bestätigt durch 1₁₈: Offenbarungsspender ist der Präexistente[8].

(A. Schweitzer, Die Mystik des Ap. Paulus 1930, 357). — Das ἵνα kann als konsekutiv
verstanden werden, Bl.=D. § 391,5. Das ὑμεῖς ist nicht betont (BD.); vgl. V.38.39.44.
    [1] S. S.119 f. zu 3₃₅. Das φιλεῖ V.20 (D: ἀγαπᾷ) ist von dem ἀγαπᾷ 3₃₅ (17₂₄) nicht
verschieden; vgl. den Wechsel der Verba 11₃.₅.₃₆ 13₂₃ 19₂₆ 21₁₅-₁₇.
    [2] Zur mythologischen Terminologie s. S.119,3 und S. 188,3. Der Satz, daß der
„Sohn" „sieht", was der Vater tut und seine Werke nachahmt, hat ursprünglich kosmo=
logischen Sinn (s. S.12). Nach Platon Tim. 37c schafft der Demiurg den αἰσθητὸς κόσμος,
indem er auf den νοητὸς κόσμος als das παράδειγμα blickt. Von Plotin wird der Ge=
danke auf die Ψυχή übertragen, die das zweite Seiende nach dem Νοῦς ist: κοσμεῖν
ὀρεγόμενον καθ᾿ ἃ ἐν νῷ εἶδεν ... ποιεῖν σπεύδει καὶ δημιουργεῖ Enn. IV 7,13 p.
140,28 ff. Volkm. In dieser Tradition steht Philo conf. ling. 63 vom Logos: τοῦτον μὲν
γὰρ πρεσβύτατον υἱὸν ὁ τῶν ὅλων ἀνέτειλε πατήρ, ... καὶ γεννηθεὶς μέντοι, μιμού-
μενος τὰς τοῦ πατρὸς ὁδούς, πρὸς παραδείγματα ἀρχέτυπα βλέπων ἐμόρφου τὰ
εἴδη. Ebenso in der Hermetik: C. Herm. 9,6 (der κόσμος als ὄργανον τῆς τοῦ θεοῦ
βουλήσεως); 12,15 f. (der κόσμος, der μέγας θεὸς καὶ τοῦ μείζονος εἰκών, wird be=
schrieben als ἡνωμένος ἐκείνῳ καὶ σώζων τὴν τάξιν κα(τὰ τὴν) βούλησιν τοῦ πατρός);
bes. kore kosmu p. 458,18 ff. Scott, von Hermes: ὃς καὶ εἶδε τὰ σύμπαντα καὶ ἰδὼν
κατενόησε καὶ κατανοήσας ἴσχυσε δηλῶσαί τε καὶ δεῖξαι κτλ. (Eigentümlich modifiziert
C. Herm. 1,12 f.; Fr. bei Scott I 408—410). — Zur jüdischen Gnosis s. Odeberg 204,
auch 46 f. über das Wissen des Metatron von den himmlischen Geheimnissen.
    [3] Die Verkündigung des Sohnes wird 1₁₈ 3₁₁ 6₄₆ 8₃₈ auf sein Sehen zurückge=
führt. Wie das βλέπειν 5₁₉ in 5₃₀ durch das ἀκούειν abgelöst wird, so sind Sehen und
Hören 3₃₂ verbunden, während 8₂₆.₄₀ 15₁₅ das Hören allein steht (ebenso 16₁₃ vom
Geist). Charakteristisch der Wechsel 8₃₈: ἃ ἐγὼ ἑώρακα παρὰ τῷ πατρὶ λαλῶ· καὶ ὑμεῖς
οὖν ἃ ἠκούσατε παρὰ τοῦ πατρὸς ποιεῖτε, worauf gleich 8₄₀ folgt ... ὃς τὴν ἀλήθειαν
ὑμῖν λελάληκα, ἣν ἤκουσα παρὰ τοῦ θεοῦ. Vgl. auch den Wechsel 6₄₅ f.
    [4] S. S. 103 f. zu 3₁₁.   [5] S. S. 187.   [6] 7₂₈ 8₄₂.
    [7] 3₁₁-₁₃.₃₁ f. 8₂₆ 12₄₉ f., vgl. 5₃₆ 7₁₆-₁₈ 14₂₄.
    [8] Natürlich geht die Tatsache, daß das Sehen und Hören in der Präexistenz gemeint

Andrerseits zeigen die präsentischen Aussagen, daß auf die **Präexistenz** nicht zurückverwiesen wird als auf einen früheren betrachtbaren Zustand und auf die Sendung als auf ein mythisches Ereignis. Ein anschaulicher Inhalt des in der Präexistenz Geschauten und Gehörten wird ja nicht gegeben[1], und mythologische Gedanken über Jesu Eintritt in die Welt lehnt der Evglist ab[2]. Die Aussagen über Präexistenz und Sendung haben ihren Sinn nicht darin, daß sie beschreibend von Dingen reden, die für Jesus an sich bedeutsam sind, sondern sie charakterisieren die Bedeutsamkeit seiner Person und seines Wortes[3]: Jesu Handeln und Wort ist nicht ein menschlich=beliebiges, sondern ein determiniertes, wie auch das Tun seiner Gegner ein determiniertes ist (8 38. 41), und wie es auch das Wort seiner Gemeinde ist, in der der Geist redet (16 13). Und zwar ist diese Determiniertheit des Wortes Jesu nicht die momentane durch die Erkenntnis der jeweiligen Situation gegebene und im augenblicklichen Entschluß erfaßte. Im Gegenteil: diesen Charakter der Bestimmtheit soll Jesu Wort gerade verlieren und nicht als durch persönlichen Entschluß begründetes erscheinen[4]. Als determiniertes Wort ist es Gottes Wort, das als eschatologisches Wort nicht aus den Bedingungen der jeweiligen geschicht=lichen Situation erwächst, sondern die geschichtliche Situation als die Endsituation neu qualifiziert. Als solches ist das Wort einer menschlichen Kontrolle und Kritik entzogen und verlangt einfach Glauben. Es ist nicht betrachtbar, sondern es redet an und fordert Entscheidung. In diesem Sinne ist Jesu Wort nicht das ihm eigentümliche persönliche Urteil über Welt und Menschen, geschweige denn der Ausdruck seines Innenlebens, seiner Frömmigkeit, sondern ein λαλεῖν εἰς τὸν κόσμον (8 26); sein Reden ist sein Ge=sendetsein. Die Präexistenzaussagen kennzeichnen also im mythologischen Bilde den Charakter des begegnenden Wortes als eines nicht innerweltlich entsprungenen, und damit die Situation des Hörers als die der Entscheidung über Tod und Leben[5]. Die

---

ist, auch einfach daraus hervor, daß die Aussagen aus der Tradition des Mythos stammen Aber oben ist davon abgesehen, weil es sich hier um die Frage handelt, wie diese Aussagen bei Joh interpretiert sind.

[1] S. S. 103 f. und S. 190.   [2] S. S. 40, 2.

[3] Vgl. R. Hermann, Von der Antike zum Christentum 1931, 37: „Was der Vater ihm übergeben hat, kann man also alles hier auf Erden unter den Menschen und an den geschichtlichen Umständen seines Lebens aufzeigen ... Nichts was der Vater ihm ge=geben hat, bleibt rein transzendent", — d. h. aber: Jesu Person ist radikal vom Gedanken der Offenbarung aus gezeichnet.

[4] In diesem Punkte besteht Übereinstimmung mit dem prophetischen Wort (s. S. 187 f.). Auch die Propheten berufen sich auf ihr „Erlebnis" (sei es die Berufung, sei es der jeweilige Offenbarungsempfang) nicht, um dadurch die Gewißheit zu begründen, mit der sie ein Urteil über die jeweilige geschichtliche Situation fällen, oder um die Ent=stehung eines persönlichen Entschlusses zu veranschaulichen, sondern um die Autorität ihres Wortes zu charakterisieren, das auch für sie nicht ein dem menschlichen Urteil über die Situation entsprungenes, sondern ein göttlich determiniertes ist. Aber Joh ergänzt gleichsam den prophetischen Gedanken durch den gnostischen, indem er die Identität von Offenbarung und Offenbarer behauptet.

[5] S. S. 186. — L. Brun, Symb. Osl. V (1927) 1—22 bestreitet, daß die Aussagen vom Gehört= und Gesehenhaben Jesu auf die Präexistenz gehen, und will sie (wie z. B. auch W. Lütgert, Die joh. Christologie[2] 1916, 25—36; ähnlich Bl., S. 15 f.) auf die Gegen=wart des Wirkens Jesu beziehen: Jesus handle stets kraft göttlicher Initiative, auf Grund des fortwährenden „Zeigens" des Vaters, sodaß sein Tun ein fortwährendes Nachahmen ist. Die präteritalen Sätze seien so zu verstehen, daß das Hören und Sehen Jesu stets jeweils seinem Reden und Tun vorausgehe. Brun will diese Aussagen nach Analogie der at.lichen Prophetie verstehen (vgl. bes. Jes 21 10). Das dürfte nur bis zu einem gewissen Grade berechtigt sein, s. o. Und wenn Brun den mythologischen Präexistenzgedanken in den Aussagen Jesu nicht finden will, so ist auch das halb richtig. Denn der Präexistenz=gedanke ist nur ein Bild; es ist in der Tat nicht daran gedacht, daß Jesus früher einmal etwas gehört und gesehen hat; und es kann ja auch im Präsens geredet werden (s. o.), ja, gar im Futur (5 20 c). Aber ist die Präexistenzvorstellung entmythologisiert, so ist sie doch als Begriff festgehalten, und der Präexistenzbegriff darf nicht durch psychologische

Präexistenzaussagen wollen den Glauben nicht erleichtern, indem sie Jesu Worte auf einen zuverlässigen Ursprung zurückführen, sondern sie sind das Ärgernis, indem sie den Anspruch des Wortes charakterisieren[1].

V. 21-23 führen den Gedanken weiter, indem sie sagen, daß sich die Gleichheit des Wirkens Jesu mit dem Wirken Gottes darin vollzieht, daß Jesus der eschatologische Richter ist. Jesus ist also dadurch der Offenbarer, daß er der Richter ist, der über Tod und Leben entscheidet.

V. 21: ὥσπερ γὰρ ὁ πατὴρ ἐγείρει τοὺς νεκροὺς καὶ ζωοποιεῖ,
οὕτως καὶ ὁ υἱὸς οὓς θέλει ζωοποιεῖ.

Wirkt der Sohn wie der Vater, so ist ihm das charakteristische Wirken Gottes eigen, daß er Tote erweckt und lebendig macht, also das Amt des eschatologischen Richters[2]. Wirken also, wie das ὥσπερ — οὕτως zunächst denken ließe, beide als Richter? Nein; denn sein Amt hat Gott, wie der kommentierende Zusatz des Evglisten V. 22 sagt, an den Sohn abgetreten[3]. Und dieser Satz wird gegen ein Mißverständnis sogleich in V. 23 gesichert, indem eine Zweckbestimmung (ἵνα κτλ) hinzugefügt wird; es soll danach in V. 22 nicht gleichsam die Ablösung Gottes durch einen andern Richter ausgesagt sein, sondern die V. 19 f. beschriebene Gleich= heit des Wirkens von Vater und Sohn soll behauptet werden: der Sohn soll die gleiche Ehre haben wie der Vater. Der Vater also bleibt Richter, wie ja V. 21 durch das ὥσπερ — οὕτως gesagt hatte, daß beide, Vater und Sohn, das Richter= amt ausüben. Aber eben jenes mißverständliche ὥσπερ — οὕτως ist nunmehr deutlich geworden; denn nach Anweisung von V. 19 f. ist zu verstehen: eben durch den Sohn vollzieht Gott sein Richteramt. Ist auch die mythologische Formulierung des ἵνα=Satzes V. 23 immer noch mißverständlich, als gäbe es zwei göttliche Ge= stalten nebeneinander, und als müsse der Sohn analog wie der Vater behandelt werden, so läßt der hinzugefügte Grundsatz (ὁ μὴ τιμῶν κτλ.) keinen Zweifel: man kann nicht am Sohn vorbei den Vater ehren, die Ehre des Vaters und des Sohnes ist identisch; im Sohne begegnet der Vater, und der Vater ist nur im Sohne zugänglich.

Interpretation eliminiert werden. Die Analogie der prophetischen Inspiration (die übrigens auch nicht psychologisiert und vom Erwählungs= oder Berufungsgedanken isoliert werden darf), reicht zur Interpretation der joh. Aussagen nicht aus; diese stehen vielmehr deutlich in der Tradition des gnostischen Mythos. Man darf ja die Aussagen vom Hören und Sehen Jesu nicht gegen die Aussagen von seinem Gesendetsein und Kommen isolieren, die nicht mehr vom Gedanken der prophetischen Sendung aus ver= standen werden können, da ihnen die Aussagen vom Fortgehen und Erhöhtwerden korrespondieren. Endlich müssen die Aussagen im Zshg der joh. Anschauung von der Bestimmtheit alles Redens und Tuns durch sein Woher (s. S. 97,3) verstanden werden.

[1] S. S. 103 f.

[2] Das Amt des Richters wird nur nach der einen Seite, der des ζωοποιεῖν, be= schrieben (vgl. Schemone esre 2: „Du bist ein starker Held, ewiges Leben, ernährst die Lebendigen, machst lebendig die Toten. Gepriesen seist du, Jahwe, der lebendig macht die Toten!") Daß dem Lebendigmachen das Töten oder (nach V. 24 f.) das im Tode Lassen korrespondiert, ist selbstverständlich und ist durch das οὓς θέλει angedeutet. Das θέλει (Subj. ist der Sohn, nicht, wie Odeberg 206 meint, der Vater) beschreibt nicht die Willkür (= οὓς ἂν θέλῃ); vielmehr soll die Kongruenz von Wollen und Tun betont werden (Zn. mit Recht), sodaß also der Satz die ἐξουσία des Sohnes charakterisiert. Die polemische Abweisung des Anspruchs der Abrahams=Kindschaft (Schl.) ist hier nicht aus= gesprochen.

[3] In V. 22 kann man κρίνει wie κρινεῖ lesen ohne Unterschied des Sinnes. Doch ist in dem allgemeinen Satz das Präs. vorzuziehen.

Noch ist Eines nicht ausdrücklich ausgesprochen, wenngleich der Leser nach 3 19 nicht mißverstehen wird: nämlich daß dieses eschatologische Richterwirken des Sohnes sich in seinem gegenwärtigen Offenbarerwirken vollzieht. Daß neben Gott oder an Stelle Gottes der Messias oder der „Menschensohn" das Amt des eschatologischen Richters bekleiden wird, davon redete auch schon die jüdische und die urchristliche Apokalyptik[1]. Aber von dem eschatologischen Drama am Ende der Zeit, das in solchen Hoffnungen oder Ängsten erwartet wird, ist bei Joh nicht mehr die Rede. V. 24-27 bringen die Korrektur der alten Eschatologie im Sinne von 3 19: der eschatologische Gedanke hat seine Wahrheit in dem, was sich jetzt vollzieht, da das Wort Jesu erklingt, und so ist voll verständlich, daß Gott ihm das Gericht übergeben hat.

Durch das feierliche ἀμ. ἀμ. λέγω ὑμῖν werden die beiden entscheidenden Sätze V. 24 und V. 25 eingeführt. Abgehoben ist das Neue auch dadurch, daß im ersten Satz die erste Person an Stelle der dritten tritt.

V. 24: ὁ τὸν λόγον μου ἀκούων
   καὶ πιστεύων τῷ πέμψαντί με
ἔχει ζωὴν αἰώνιον
   καὶ εἰς κρίσιν οὐκ ἔρχεται,
ἀλλὰ μεταβέβηκεν
   ἐκ τοῦ θανάτου εἰς τὴν ζωήν.

Die Situation der Begegnung des Wortes ist also die Situation des Gerichtes. Natürlich ist die Aussage nicht auf die in Kap. 5 gezeichnete äußere Situation und ihre Zeit zu beschränken, sondern gilt schlechthin[2]. Jeder, der das Wort Jesu hört — wann und wo es sei — steht in der Entscheidung über Tod und Leben. Und die durch das Wort an den Hörer gerichtete Frage des Glaubens ist es also, an der sich das Gericht — die Scheidung von 3 18-21 — vollzieht[3]. Auf den schärfsten Ausdruck wird der Gedanke und sein Gegensatz zur traditionellen Eschatologie durch den letzten Satz gebracht: der Glaubende ist schon aus dem Tode ins Leben hinübergeschritten[4]. Die die alte Eschatologie beherrschenden Begriffe von Tod

---

[1] Bousset, Rel. d. Jdt. 263 f.; Str.-B. I 978 (rabbinisch ist die Vorstellung nicht, s. ebd. IV 1199—1212 auch 1103—1105); h. Windisch zu II Kor. 5 10 S. 170 f. (Meyers Komm.). Ferner Mt 25 31 ff. Lk 21 36 Act 10 42 17 31 I Th 2 19 I Kor. 4 5 II Kor. 5 10 Röm 14 9 und sonst; vgl. Br. zu V. 22. In der jüdischen Gnosis ist das Richteramt dem Metatron übertragen (Odeberg 204).
[2] Die Welt ist sub specie des erklingenden Wortes gesehen. Das Problem der „Heidenwelt", die noch nicht gehört hat, ist in solchen Aussagen nicht berücksichtigt. Die Welt ist gerichtet, sofern und soweit das Wort gesprochen ist und demzufolge sich die Menschen in Gläubige und Ungläubige scheiden. Der dritte Teil, die noch nicht Angeredeten, bleibt gleichsam in suspenso. — Richtig unterscheidet G. Stählin, ZNTW 33 (1934), 229 f. das joh. Jetzt von dem nunc aeternum der Mystik.
[3] S. S. 111—113. — Εἰς κρίσιν οὐκ ἔρχεται = „er braucht sich dem Gericht nicht zu stellen", dem Sinne nach = οὐ κρίνεται 3 18. Die Wendung ist ebenso griechisch (s. Wetst. und Br.) wie jüdisch (Schl., vgl. auch S. 112, 1).
[4] Entsprechend bekennen die Glaubenden, die an der Liebe das Kriterium des Glaubens haben (s. 13 34 f.): ἡμεῖς οἴδαμεν ὅτι μεταβεβήκαμεν ἐκ τοῦ θανάτου εἰς τὴν ζωήν, ὅτι ἀγαπῶμεν τοὺς ἀδελφούς I Joh 3 14. Zu Ausdruck und Gedanken vgl. Philo post. Caini 43 von denen, die dem βίος der πάθη und κακίαι entronnen sind: οὓς γὰρ ὁ θεὸς εὐαρεστήσαντας αὐτῷ μετεβίβασε καὶ μετέθηκεν ἐκ φθαρτῶν εἰς ἀθάνατα γένη, παρὰ τοῖς πολλοῖς οὐκέθ᾿ εὑρίσκονται. Plotin Enn. I 4, 4 p. 67, 16 ff. Dolkm. die Charakteristik des εὐδαίμων: ὃς δὴ καὶ ἐνεργείᾳ (nicht nur δυνάμει) ἐστὶ τοῦτο (τὸ τέλειον bzw. die τελεία ζωή) καὶ μεταβέβηκε πρὸς τὸ αὐτὸ εἶναι τοῦτο.

und Leben sind also preisgegeben, nach denen „Tod" die Vernichtung des irdischen Lebens im Sterben ist und das erwartete eschatologische „Leben" die Unsterblichkeit ist, die in der Rückgängigmachung oder der Aufhebung des Sterbens geschenkt wird. Das Problem des Sterbens ist Joh 5₂₄ nicht als solches behandelt[1]; aber die Problematik ist vorbereitet dadurch, daß vom Tode und Leben geredet wird, indem das Sterben ignoriert wird. Was aber bedeuten dann Tod und Leben, von denen hier geredet wird? Wenn Jesu Verheißung für den Glaubenden überhaupt vom Hörer verstanden werden soll, so verheißt sie ihm als Leben das, was er in all seinen Wünschen und Hoffnungen dunkel, irregeleitet und mißverstehend ersehnt: jene Eigentlichkeit der Existenz, die in der Erleuchtung des definitiven Sichverstehens geschenkt wird[2]. Und sie lehrt ihn, daß er, um diese Eigentlichkeit zu finden, sich von den landläufigen Begriffen von Tod und Leben abwenden und wissen soll, daß das Leben nur im Glauben an den Offenbarer geschenkt wird, da in ihm Gott begegnet und erkannt wird (17₃).

V. 25 betont mit stärkstem Nachdruck, daß das eschatologische Jetzt die Gegenwart des Offenbarungswortes ist: ἀμ. ἀμ. λέγω ὑμῖν ὅτι

> ἔρχεται ὥρα καὶ νῦν ἐστιν
> ὅτε οἱ νεκροὶ ἀκούσουσιν τῆς φωνῆς τοῦ υἱοῦ τοῦ θεοῦ
> καὶ οἱ ἀκούσαντες ζήσουσιν[3].

Mit der gleichen Wendung und im gleichen Sinne wie 4₂₃[4] wird die „kommende" eschatologische Stunde, die die Hoffnung am Ende der Zeit erwartet, als die gegenwärtige erklärt, in der das Wort des Offenbarers erklingt; sie ist die Stunde der Totenauferstehung[5]. Und deutlicher wird dadurch das neue ge-

---

[1] S. zu 11,25f.

[2] S. S. 22—26 und vgl. ThWb II 871, 35ff. — Die hellenistische Unsterblichkeitslehre (Br. zu V.₂₈) darf man nicht eintragen. Aber ebensowenig darf man das „Leben" als eine seelische Zuständlichkeit beschreiben. „Das ‚Leben' wird nicht in den Bewegungen des Bewußtseins und Wirkungen unserer Kraft aufgezeigt ... was darin in unserem Bewußtsein erscheint und erlebt wird, ist das, daß wir glauben und lieben können" (Schlatter, Der Glaube im NT[4], 496f.). Vgl. auch D. Faulhaber, Das Joh-Ev u. die Kirche 1938, 20f. Joh kennt also nicht jenes Kulminationsphänomen der Gnosis, in dem (in der Ekstase) die Negierung des Diesseits umschlägt in die positive Erfahrung des Jenseits, in dem das Jenseits zur diesseitigen Gegebenheit gebracht und also der Glaube zum Schauen wird, sodaß das Jetzt dieser Erfahrung kein Augenblick des diesseitigen Lebens wäre. Der joh. Offenbarer entnimmt die Gläubigen nicht der Welt (17₁₅); und die Eliminierung des künftigen Gerichtes bedeutet nicht die Eliminierung der Zukunft überhaupt im mystischen Jetzt.

[3] Der Rhythmus der Verse ₂₄f. ist nicht ganz klar und wird durch die Übersetzung ins Griechische (und Bearbeitung?) modifiziert worden sein.   [4] S. S. 139,7.

[5] Die Formulierung ist wieder durch die Tradition des gnostischen Mythos bestimmt, dessen Gedanke aber radikal vergeschichtlicht ist. Das Wort des mandäischen Gesandten, sein „Ruf", seine „Stimme" weckt die Toten. „Das Leben ruht in seinem Munde" (Mand. Lit. 134). Vgl.

Ginza 596,9ff.: „Darauf rief eine Stimme des Lebens;
> Ein Ohr das wachsam ist, hört.
> Mancher hörte und lebte auf;
> Mancher hüllte sich ein und legte sich (zum Schlafen) hin."

272,23ff.: „Du bist der Oberste der Ganzibräs (Schatzhalter),
> dem das Leben über jegliches Ding die Herrschaft verlieh.
> Die Toten hörten dich und lebten auf,
> die Kranken hörten dich und genasen."

275,19f.: „Wer auf die Rede des Lebens hört,
> findet Platz in der Skinä des Lebens" (vgl. 257,18ff.).

Weiteres bei Odeberg 194f., ZNTW 24 (1925), 109f. Von Mani in dem Fr. M. 311 bei

forderte Verständnis des Todes. Denn die νεκροί, von denen die Rede ist, sind ja die Menschen des κόσμος, die ein uneigentliches Leben leben, da sie das ἀληϑινὸν φῶς (1 9) und die von ihm gespendete ζωή nicht kennen[1].

Ähnlich wie die Begriffe Tod und Leben ist auch der Begriff des Hörens neu bestimmt, indem mit dem Worte gespielt wird. Von dem Hören, als einem bloßen Vernehmen, das von allen „Toten" ausgesagt wird, wird das echte „Hören" unterschieden: οἱ ἀκούσαντες ζήσουσιν. Es ist das Hören, in dem sich mit dem bloßen Vernehmen das πιστεύειν (V. 24) oder φυλάττειν (12 47) verbindet; ein Hören, das die „Juden" nicht aufbringen (8 43. 47), weil es nur dem möglich ist, der „aus der Wahrheit" ist (18 37).

Die gewaltigen Aussagen von V. 24 f. erhalten in **V. 26** eine Begründung:

$$\text{ὥσπερ γὰρ ὁ πατὴρ ἔχει ζωὴν ἐν ἑαυτῷ,}$$
$$\text{οὕτως καὶ τῷ υἱῷ ἔδωκεν ζωὴν ἔχειν ἐν ἑαυτῷ,}$$

eine neue, V. 21 verwandte Formulierung, in der der Offenbarer Gott gleichgesetzt wird. Wohl kann ζωὴν ἔχειν auch vom glaubenden Menschen ausgesagt werden; aber dieser hat das Leben „in ihm"[2], während Gott und der Offenbarer das Leben „in sich" haben[3], d. h. ihnen eignet die schöpferische Lebenskraft[4], während die ζωή, deren der Mensch teilhaftig werden kann, die Lebendigkeit des Geschöpfes ist[5]. V. 26 geht gewissermaßen noch einen Schritt hinter die Aussage von V. 21 zurück und dient so als Begründung: der Sohn verwaltet das Richteramt, weil er göttlichen Wesens ist.

Unnötig und nachklappend wird der letztlich zu begründende Satz noch einmal in **V. 27** wiederholt, nicht als Folgerung, sondern durch καί angefügt: καὶ ἐξουσίαν ἔδωκεν αὐτῷ κρίσιν ποιεῖν[6]. Schwerlich ist das noch ein Satz der Quelle; wahr-

§. W. K. Müller, Abh. d. Berl. Ak. 1904, 66f.: „Er belebt die Toten, erleuchtet die Finsternis", vgl. M. 32, ebd. S. 62. Aus der Lehrschrift der Peraten zitiert Hippol. El. V 14, 1 p. 108, 14 W.: ἐγὼ φωνὴ ἐξυπνισμοῦ ἐν τῷ αἰῶνι τῆς νυκτός. Vgl. Eph 5 14 (dazu M. Dibelius im Hdb. zum NT und Reitzenstein, J.E.M. 6. 135 ff.) und die φωνὴ τῆς ἀναστάσεως der alchemistischen Lehrschrift bei Reitzenst. a. a. O. 6 und H.M.R. 314. Vgl. ferner Od. Sal. 10, 1 f. (s. o. S. 119,3); 22, 8—11; 42, 14 ff. („Ich schuf die Gemeinde der Lebendigen unter seinen (des Todes) Toten und redete zu ihnen mit lebendigen Lippen.") — Vgl. Br. 3. St.; vor allem H. Jonas, Gnosis I 120 ff. 126 ff.
[1] Daß uneigentliches Leben als Tod bezeichnet wird, begegnet im Jüdischen gelegentlich (s. Str.-B. I 489; III 652 zu Mt 8 22; I Tim 5 6), ist aber kein ausgebildeter Sprachgebrauch. Im Griechentum ist s it dem orphischen σῶμα—σῆμα geläufig und begegnet bes. in der späteren Stoa, s. ThWB III 12, A. 33 und s. v. νεκρός. Vor allem aber ist es die Grundanschauung der dualistischen Gnosis; s. die vor. A., dazu ThWB III 12, 14 ff.; Reitzenst., J.E.M. 137; H. Jonas, Gnosis I 103 ff. — In der gnostischen Tradition stehen auch Philo (s. ThWb II 861, 6 ff.; III 13, 1 ff.) und Plotin (s. ThWb II 839, 20 ff.; III 12, 4 ff.).
[2] 3 16 20 31, vgl. auch 16 33: ἵνα ἐν ἐμοὶ εἰρήνην ἔχητε. Wie diese εἰρήνη „seine" εἰρήνη ist (14 27), so ist auch die ζωή des Glaubenden im Grunde „seine" ζωή, von der der Glaubende lebt.
[3] Nur in dem redakt. Zusatz 6 53 (s. S. 175) wird ἔχειν ζωὴν ἐν ἑαυτοῖς auch von den Glaubenden (als den Sakramentsempfängern) ausgesagt. Anders I Joh 3 15: πᾶς ἀνθρωποκτόνος οὐκ ἔχει ζωὴν αἰώνιον ἐν αὐτῷ μένουσαν, wo durch den Zusatz μένουσαν das Mißverständnis ausgeschlossen ist, als könne vom Eigenbesitz des Menschen die Rede sein.
[4] Natürlich ist Gottes ζωή seine Schöpferkraft, die er auch als Richter betätigt. Sie besteht nicht darin, daß Gott „beständig sich selber schaut in seliger Selbstgenüge" (B. Weiß). Vgl. vielmehr Od. Sal. 10, 2: „Er ließ in mir wohnen unsterbliches Leben usw.", s. S. 119,3.   [5] S. S. 21,3.
[6] Κρίσιν ποιεῖν ist im Zshg „Gericht halten" wie Jud 15; gr. Hen 1 9 (auch rabbin.,

scheinlich ist es ein Zusatz des Evglisten, wenn nicht gar schon des Red., der V.28f. eingefügt hat[1]. Der Verdacht, daß es sich um Redaktion handelt, erwacht erst recht gegenüber der hinzugefügten Begründung[2]: ὅτι υἱὸς ἀνθρώπου ἐστίν[3], — nach dem Vorangegangenen (V.19-23. 26) erwartet man höchstens: ὅτι υἱός ἐστιν. Möglich, daß der Red. nur das ἀνθρώπου eingefügt hat, um — V.28f. vorbereitend — die Aussage der traditionellen Eschatologie anzugleichen[4], nach der Jesus als der „Menschensohn" der eschatologische Richter ist[5]. Denn für den Evglisten, für den „Menschensohn" der Titel des in menschlicher Gestalt auf Erden wandelnden Offenbarers ist[6], ist Jesus als der „Menschensohn", der „erhöht" wird, freilich auch der Richter[7]; aber dieser Satz bedürfte selbst der Begründung und könnte nicht als begründender auftreten[8].

Auf alle Fälle aber sind V. **V. 28f.**[9] der Zusatz eines Red., der den Ausgleich der gefährlichen Aussagen V.24f. mit der traditionellen Eschatologie herstellen will[10]. Die Quelle wie der Evglist sehen ja das eschatologische Geschehen im gegenwärtigen Erklingen des Wortes Jesu. Die damit radikal beseitigte populäre Eschatologie aber wird gerade in V.28f. wieder aufgerichtet[11]. Die Korrektur des Red. besteht in dem einfachen Zusatz, sodaß schwer zu sagen ist, wie er sich den

---

(s. Schl.), nicht wie Gen 18₂₅ „Gerechtigkeit üben" (עָשָׂה מִשְׁפָּט). Zu ἐξουσίαν ἔδωκεν s. S. 36, 1.

[1] Der Quelle könnte der erste Satz von V.27 noch zugeschrieben werden, wenn die Rede hier neu ansetzte und mit einem weiteren (vom Evglisten oder Red. gestrichenen Satz zu V.30 führte.

[2] Die Empfindung, daß der ὅτι-Satz im Zshg eine unangemessene Begründung ist, leitete wohl Chrys., Theod. Mops. und die Pesch., ihn vom folgenden μὴ θαυμάζετε τοῦτο abhängen zu lassen; eine Verlegenheitsauskunft.

[3] Fehlt der Art., weil υἱὸς τ. ἀνθρ. nach Analogie von θεός, κύριος u. dgl. behandelt ist? vgl. 4₂₅; 10₃₆; Bl.=D. § 254.

[4] So will Wendt I 121; II 76 das ἀνθρ. streichen. Die Beseitigung der Schwierigkeit durch die Auflösung: κρίσιν ποιεῖν ὅ τι υἱὸς ἀνθρ. ἐστιν (Ch. Bruston, s. Bl.=D. S. 308 zu § 300, 1), ist nur eine Kuriosität.

[5] S. S. 193, 1.   [6] S. S. 74, 4; 107, 4; 166, 10.   [7] S. S. 108ff. und bes. 8₂₈ 12₃₁₋₃₄.

[8] Daß υἱὸς τ. ἀνθρ. D.27 die Bedeutung von „Mensch" im einfachen Sinne („Menschenkind") habe (Zn., Bl., Temple), daß also der Satz begründe, warum Jesus der geeignete Richter der Menschen sei (im Sinne von Hbr 4₁₅), ist angesichts des sonstigen Gebrauchs von υἱὸς τ. ἀνθρ. bei Joh wie im NT überhaupt, unglaublich. Der Gedanke, daß über die Menschen ein Mensch der geeignete Richter sei, findet sich in dem späten christlichen Apokryphon Test. Abrah. p. 92 James. Die merkwürdige Verwandtschaft dieser Stelle mit Joh 5₂₂. ₂₇ geht m. E. nicht darauf zurück, daß eine gemeinsame Quelle zugrunde liegt (so Schlier, Relg. Unters. 94,4), sondern darauf, daß Test. Abr. von Joh 5 beeinflußt ist.

[9] Das τοῦτο D.28 bezieht sich offenbar nicht auf das folgende ὅτι, sondern auf alles mit D.21 Gesagte; ὅτι ist begründend, nicht explikativ. Das μὴ θαυμ. unterscheidet sich deshalb von der 37 gebrauchten Formel, s. S. 101, 2. (Über die Auffassung des μὴ θαυμ. als Frage s. Bl.=D. S. 316 zu § 427, 2.) Die Wendungen ἀνάστασις ζωῆς und κρίσεως (Gen. des Zwecks; s. Bl.=D. § 166; das Fehlen der Art. Semitismus? s. Torrey 323; Bl.=D. § 259, aber auch Colwell 79) nur hier; vgl. ἀνάστασις εἰς ζωήν II Makk 7₁₄ und s. ThWb II 861, A. 214. Κρίσις hier anders als sonst bei Joh = „Verurteilung". Zu τὰ φαῦλα πράττειν s. S.113,7; τὰ ἀγαθὰ ποιεῖν sonst nie bei Joh; häufig im urchristl. Sprachgebr. τὸ ἀγ. ποιεῖν, vgl. Mt 19₁₆ Röm 7₁₉ 13₃ usw.

[10] Das Motiv wird durch Stellen wie II Tim 2₁₈; Pol. Phil 7₁ ganz deutlich. Weiteres bei Lietzmann zu I Kor 15₁₂ im Hdb. 3. NT.

[11] Auch daß D.28f. eine allgemeine Totenauferstehung lehren, während nach D.24f. nur die „Hörenden" zum Leben erweckt werden (vgl. οὓς θέλει D 21), zeigt, daß D 28f. nicht zum Vorhergehenden stimmen. Spiritualisierende Umdeutung von D.28f. nach D. 24f. ist andrerseits unmöglich trotz Od. Sal. 22, 8f.

Ausgleich mit V. 24 f. gedacht hat; etwa so, daß die in Jesu gegenwärtigem Wirken sich vollziehende κρίσις eine Antizipation des Endgerichtes ist, sodaß also die Totenauferstehung am Ende „sein Wort vor allen Menschen bewahrheiten wird"[1]. So etwa ist die Vorstellung in mandäischen Texten[2].

V. 30 lenkt zu V. 19 f. zurück und schließt so den Kreis des ersten Abschnittes der Rede:

> οὐ δύναμαι ἐγὼ ποιεῖν
> ἀπ᾽ ἐμαυτοῦ οὐδέν·
> καθὼς ἀκούω κρίνω,
> καὶ ἡ κρίσις ἡ ἐμὴ δικαία ἐστίν,
> ὅτι οὐ ζητῶ τὸ θέλημα τὸ ἐμόν,
> ἀλλὰ τὸ θέλημα τοῦ πέμψαντός με.

Der erste Satz charakterisiert, V. 19 entsprechend, formal und allgemein die Abhängigkeit des Sohnes vom Vater; der zweite Satz wendet diese Wahrheit auf das V. 21-27 geschilderte Richterwirken des Sohnes an und zieht daraus die Folgerung, daß das Gericht (das Urteil[3]) des Sohnes ein gerechtes ist; der dritte Satz fügt noch einmal die Begründung hinzu: im Wirken des Sohnes vollzieht sich der Wille des Vaters[4]. Indem dieser abschließende Vers wieder in erster Pers. gesprochen ist, tritt deutlich hervor, daß das Gesagte von dem gegenwärtig zu den Hörern redenden Menschen Jesus von Nazareth gilt[5]. Durch diese Formulierung ist aber auch der Übergang zum zweiten Teil der Rede gewonnen, der die Frage nach dem Recht dieses ungeheuren, von einem Menschen erhobenen Anspruches behandelt.

2. 5 31-47 7 15-24: Das Zeugnis für den Offenbarer.

Μαρτυρία ist das Stichwort von 5 31-40, δόξα das von 5 41-47 7 15-24. Wie Jesus nach V. 31 nicht selbst für sich Zeugnis ablegt, so sucht er nach 7 18 nicht seine Ehre; wie er nach V. 34 kein Zeugnis von Menschen annimmt, so V. 41 keine Ehre. Alles hängt aufs engste zusammen Wer selbst für sich zeugt und auf das beglaubigende Zeugnis Anderer verzichtet, scheint sich unabhängig von den Menschen zu machen. Aber indem er für sich zeugt, begibt er sich ja gerade in ihre Abhängigkeit; er unterwirft sich ihren Maßstäben, ihrem Urteil, um ihre Anerkennung zu finden, um „seine Ehre zu suchen". Deshalb lehnt der Offenbarer beides ab: weder zeugt er selbst für sich, noch geht es ihm um seine Ehre[6].

---

[1] So Bl., ähnlich Br., Lagr. u. A.; vgl. auch die Verteidigung der Ursprünglichkeit von V. 28 f. bei H.-D. Wendland, Die Eschatologie des Reiches Gottes bei Jesus 1931, 80—89; G. Stählin, ZNTW 33 (1934), 237 ff.; H. Pribnow, Die joh. Anschauung vom Leben 1934, 102 ff.; bes. Odeberg 196. 209 f. — Für Zusatz halten die Verse Wendt, Bousset (Kyrios 177, 1), Goguel, Introd. au NT II 1924, 358 f.; Faure (ZNTW 21 [1922], 119) und v. Dobschütz (ebd. 28 [1929], 163), Schlier (Relg. Unters. 94, 4) u. A. (s. Howard 258 ff.). Kompliziert Schwartz und Wellh.   [2] S. S. 112, 1.

[3] Ἡ κρίσις ἡ ἐμή = „das von mir gefällte Urteil" (Schl.).   [4] S. S. 186, 2.

[5] Zu dem Präs. καθὼς ἀκούω s. S. 190 f. Es versteht sich von selbst, daß das ἀκούω das Hören dessen, was der Vater sagt, meint und nicht das Hören auf die Aussagen der vor dem Richterstuhl Stehenden bedeutet.

[6] Die Parallelen, die Odeberg 226 ff. zum Thema der μαρτυρία aus der mandäischen und jüdischen Gnosis beibringt, wollen nur die Gleichheit der Terminologie zeigen und sind keine Sachparallelen, da es sich in ihnen nicht um die Beglaubigung des Offenbarers handelt, sondern um das Zeugnis für oder gegen die Seelen im Gericht.

a) Die μαρτυρία 5 31-40.

V. 31f.: ἐὰν ἐγὼ μαρτυρῶ περὶ ἐμαυτοῦ,
ἡ μαρτυρία μου οὐκ ἔστιν ἀληθής.
ἄλλος ἐστὶν ὁ μαρτυρῶν περὶ ἐμοῦ,
καὶ οἶδα ὅτι ἀληθής ἐστιν ἡ μαρτυρία,
ἣν μαρτυρεῖ περὶ ἐμοῦ[1].

Es ist als selbstverständlich vorausgesetzt — dem Charakter der Welt ent=
sprechend — daß nach den Worten 5 19-30 die Frage nach der Legitimation dessen
laut wird, der, als Mensch zu Menschen redend, solchen Anspruch erhebt. Mensch=
liches Denken würde verlangen, daß dieser Mensch sich auswiese, indem er seinen
Anspruch durch Berufung auf anerkannte Instanzen, durch beigebrachte „Zeugnisse"
Anderer glaubhaft machte. Da Jesus das verschmäht, kann die Welt seine Worte
nur so verstehen, daß er selbst für sich „zeugt"[2], und solches Zeugnis wäre nicht
gültig (8 13). In diesem Urteil hat die Welt recht: würde er wirklich selbst von sich
zeugen[3], so wäre sein Zeugnis nicht „wahr"[4]. Vorausgesetzt ist dabei, daß die
Welt unter dem Selbstzeugnis nur ein Zeugnis dessen verstehen kann, dem es um
die eigene Ehre geht; und ein solches Selbstzeugnis lehnt Jesus ab.

Aber die Welt hat Unrecht, wenn sie für seinen Anspruch ein Zeugnis fordert,
wie sie es annehmen könnte. Sein Anspruch ist ja der des Offenbarers; und diesen
Anspruch menschlich verfügbaren Kriterien unterwerfen, würde bedeuten, die
Kontinuität zwischen Menschlichem und Göttlichem, ein kommensurables Ver=
hältnis menschlicher und göttlicher Maßstäbe behaupten; es würde bedeuten, die
Offenbarung in die Sphäre menschlicher Diskussion hineinziehen.

So kann Jesus denn in der Tat auch sagen, daß er auf jede Legitimation
verzichtet und selbst für sich zeugt, und daß sein Zeugnis doch wahr ist (8 14). Auch
hier, wo er das Selbstzeugnis, wie es die Welt versteht, ablehnt, sagt er faktisch
das Gleiche, indem er sich auf das Zeugnis eines Anderen[5] beruft; denn dieser
Andere, der ihn bezeugt, ist der Vater, den sie nicht kennen (V. 36-38 8 19). Heißt es nicht
einfach: „und sein Zeugnis ist wahr", sondern: „ich weiß, daß sein Zeugnis wahr
ist", so deutet das οἶδα die Schranke an, die zwischen ihm, dem „Wissenden"[6], und
der Welt besteht. Nur solches direkte Wissen des Offenbarers, nicht die Berufung
auf allgemein anerkannte Kriterien, versichert der Wahrheit des Zeugnisses[7].

Ehe vom Zeugnis des Vaters aber ausführlich die Rede ist, wird in V. 33—35
noch das Zeugnis des Täufers geltend gemacht[8]. Er hat, befragt von den Juden,

---

[1] V. 32 enthält drei Zeilen. Hat der Evglist die beiden Zeilen der Quelle durch Ein=
fügung des οἶδα ὅτι erweitert? s. zu 12 50. In I Joh häufig der Verweis auf das Wissen
der Gemeinde (3 2. 5. 14 5 15. 18. 19. 20); s. Festg. Ad. Jül. 146).

[2] In V. 31 ist nicht das περὶ ἐμαυτοῦ betont, sondern das ἐγώ, wie der Gegensatz
des ἄλλος V. 32 zeigt.

[3] Ist das μαρτυρῶ V. 31 Ind. (Bl.=D. § 372, 1a)? Der Sinn wäre dann: „Wenn
wirklich, wie ihr meint . . ."

[4] Über die Ungültigkeit des Selbstzeugnisses rabbin. Sätze bei Str.=B. II 466. 522,
klassische Parallelen bei Wetst. u. Br. z. St.   [5] Zu ἄλλος statt ἕτερος s. Bl.=D. § 306, 3.

[6] S. S. 102, 1. Freilich hat der Evglist das οἶδα ὅτι vielleicht erst hinzugefügt, s. A. 1.

[7] Das οἴδατε, das א D codd. it syrᶜ lesen, ist sicher falsch und verdankt seine Ent=
stehung wohl dem Mißverständnis, daß der ἄλλος der V. 33 genannte Täufer sei. Zn.
zieht οἴδατε vor, weil οἶδα eine mit V. 31 unverträgliche Berufung auf Jesu eigenes Be=
wußtsein enthalte. Aber nicht nur wäre dann ein ὑμεῖς οἶδ. zu erwarten, während doch
erst V. 33 mit dem betonten ὑμεῖς beginnt, sondern vor allem ist in solcher Argumentation
die Paradoxie des Selbstzeugnisses verkannt.

[8] Natürlich stammen V. 33-35 (wie auch V. 36. 37a, s. u.; ähnlich v. Dobschütz, ZNTW

für die Wahrheit Zeugnis abgelegt[1] (V.33), und diesem Zeugnis — es ist ja im Grunde auch das Zeugnis Gottes, der den Täufer damit beauftragt hat (1 6-8 33 f.) — kommt immerhin eine relative Geltung zu. Die Relativität ist stark betont: das Zeugnis, das für Jesus in Frage kommt[2], kann er nicht von Menschen annehmen. Aber um der Hörer willen[3], die doch durch ihre Anfrage beim Täufer dessen Autorität anerkannt haben, mag auf das Johannes-Zeugnis hingewiesen werden (V.34). Freilich, was hat es genützt! Im Ernst hat ja keiner auf den Täufer gehört. Sein Auftreten — gleichsam eine Sensation — gewährte ihnen ein kurzes Vergnügen[4]; aber sie kennen nicht den Entschluß, der bei dem bleibt, wofür er sich entschieden hat, damit das, wozu er sich entschließt, bleibend sei (vgl. V.38 a). Was sein Licht zeigen sollte, haben sie nicht gesehen[5]. So schlägt es nur zur Anklage gegen sie um, wenn ihrer Forderung nachgegeben und eine von ihnen anerkannte Instanz als Zeuge konzediert wird (V.35).

Aber Jesus hat dies Zeugnis auch nicht nötig; das ihn beglaubigende Zeugnis ist ein größeres, als der Täufer es geben könnte[6]; es ist das Zeugnis des Vaters (V.36. 37 a)[7]. Und zwar besteht dieses Zeugnis zunächst in den ἔργα, die ihm der Vater „gegeben" hat[8]. Unter den ἔργα ist wie sonst[9] — in einer im Mythos tradi-

---

28 [1929], 163) vom Evglisten, der nach 1 6-8. 15. 19 ff. 3 22 ff. beim Thema der μαρτυρία die μαρτ. des Täufers nicht übergehen konnte. Schon der Verweis auf 1 19 ff. beweist es; dazu der Stil, der prosaisch ist, zumal das ἀλλὰ ταῦτα λέγω ἵνα ... D.34 (vgl. dazu 11 42 13 19 14 29 15 11 16 1. 4. 33 17 13 I Joh 1 3. 4 21 5 13); zu ἐκεῖνος f. S. 29, 1. Der Satz ἐγὼ δὲ οὐ παρὰ ἀνθρ. D.34 ist nach Analogie von D.41 (Quelle) gebildet.

[1] D.33-35 blicken auf die Tätigkeit des Täufers als auf eine abgeschlossene und vergangene zurück; über das Verhältnis zu 3 22 ff. reflektiert der Evglist nicht.

[2] Mit Art.: τὴν μαρτ.!

[3] Das ἵνα σωθῆτε ist im Sinne des ἵνα ... πιστεύσωσιν δι᾽ αὐτοῦ 1 7 zu verstehen.

[4] E. Lohmeyer, Das Urchristentum I 1932, 29 zu Joh 5 35: „Wohl eine kaum verhohlene Anspielung, daß Joh ihnen eine messianische Gestalt war."

[5] Der Täufer wird mit einem brennenden und leuchtenden Licht verglichen (der Art. entspricht dem Gleichnisstil, vgl. Mt 4 21 usw., anders Bl.-D. § 273, 1); es wird also seine relative Bedeutung anerkannt: er war nicht das φῶς (1 8), aber doch ein λύχνος. (Der Vergleich des Führers oder Lehrers mit einem Licht ist naheliegend und häufig; f. Schl. und Str.-B. II 466. Anders der Vergleich des Sterbens mit dem Erlöschen der Lampe Ginza 254, 12 f.; 256, 8 f., f. Br. Vgl. Hölderlin, Empedokl. I 2: „Sie lieben ihn? jawohl, so lang er blüht und glänzt, ... naschen sie. Was sollen sie mit ihm, nun er verdüstert ist, verödet?") Das ὑμεῖς δὲ κτλ., in dem das Bild als Metapher weitergesponnen wird, sagt: das Licht hat seinen Zweck verfehlt (ἀγαλλ. ἐν τ. φωτὶ αὐτοῦ wohl nicht „... in seinem Licht", sondern semitisierend „an seinem Licht"). Den ersten Satz von D.35 ἐκεῖνος κτλ. als Kritik am Täufer aufzufassen (Schwartz IV 521 f.; er will das πρὸς ὥραν zu καιόμενος καὶ φαίνων stellen; vgl. Mart. Pol. 11 2), widerspricht dem vorhergehenden ἀλλὰ ταῦτα λέγω κτλ. wie dem folgenden ὑμεῖς δὲ κτλ. — Πρὸς ὥραν = „für eine begrenzte Zeit" wie II Kor 7 8 Gal 2 5 Phm 15 Mart. Pol. 11 2; es scheint eine spezifisch jüdische Wendung zu sein (לפי שעה), f. Schl.; Str.-B. II 466 f.

[6] Zu n.s Auffassung: Jesus besitze ein stärkeres Zeugnis für seine Person als der Täufer für die seine, ist zwar grammatisch richtig, wird aber durch den Zshg ausgeschlossen, in dem es sich ja nur um das Zeugnis des Täufers für Jesus handeln kann. Korrekt müßte es heißen: μείζω ἢ (bzw. τῆς) τοῦ ᾽I., Bl.-D. § 185, 1. — Zur Form μείζω bzw. μείζων (BA) f. Bl.-D. §§ 46, 1; 47, 2; beides sind Akkusative = μείζονα (D).

[7] D.36. 37 a sind Bildung des Evglisten; τὰ γὰρ ἔργα κτλ. ist Prosa. Zur Wiederaufnahme des vorangestellten Subj. in D.36 und D.37 a f. S. 53, 5, zu D.36 speziell 10 25, zum „größeren" Zeugnis Gottes I Joh 5 9.

[8] Zum διδόναι des Vaters an den Sohn f. S. 125, 9. Zu τελειοῦν f. S. 143, 3; zu ἵνα τελ. Bl.-D. § 390, 2. 4. — Die Berufung auf Werke als auf Zeugnisse begegnet natürlich auch sonst; f. Br., Str.-B. 3. St.

[9] 10 25. 32. 37 f. 14 10 ff. 15 24; gleichwertig der sing. τὸ ἔργον 4 34 17 4.

tionellen Wendung[1] — das gesamte Offenbarungswirken Jesu zu verstehen[2]; mag dabei auch an σημεῖα wie 5₁₋₉ gedacht sein, so zeigt doch eben 5₁₉ff., daß die eigentlichen ἔργα das κρίνειν und ζωοποιεῖν sind. Genauer: Jesu Worte und Taten sind die μαρτυρία als das κρίνειν und ζωοποιεῖν, d. h. sie sind es nicht als anschaubare demonstrative Akte, sondern in eins mit dem, was sie wirken, dementsprechend, daß auch der Glaube die Beglaubigung Jesu heißen kann[3]. Dann aber ist deutlich, daß das Zeugnis des Vaters für ihn, das ihn legitimiert, und das Zeugnis, das er gibt, von dem, was er gesehen und gehört hat[4], identisch sind. Er bietet außer dem Zeugnis, das er gibt, nicht noch eine Legitimation, auf die hin man jenes Zeugnis glauben könnte. Der fragende Hörer kann nur auf das verwiesen werden, nach dessen Recht er fragt, auf das Objekt des Glaubens selbst. Es gibt keine Kriterien, die Rechtmäßigkeit des Offenbarungsanspruches festzustellen, seien es vertrauenswürdige Zeugnisse Anderer, seien es rationale oder ethische Maßstäbe, seien es innere Erlebnisse. Nur dem Glauben erschließt sich das Objekt des Glaubens; er ist die einzige Zugangsart.

Neben das Zeugnis der ἔργα tritt das Zeugnis des Vaters selbst (V.₃₇ₐ). Was ist darunter zu verstehen? Im Grunde kann ja das Zeugnis des Vaters nichts Anderes sein als das Zeugnis der ἔργα, die er dem Sohne gegeben hat. Und man könnte denken, daß die Nebeneinanderstellung nichts Anderes zum Ausdruck bringen soll, als daß der Sohn nicht „allein" ist (8₁₆), daß sein Tun nie für sich ins Auge gefaßt werden kann, sondern immer in seinem eigentümlichen Doppelcharakter verstanden werden muß, wie 8₁₆₋₁₈ sagt. Indessen heißt es 5₃₇ₐ nicht wie 8₁₈ μαρτυρεῖ, sondern μεμαρτύρηκεν. Es wird also auf ein in der Vergangenheit liegendes Zeugnis des Vaters verwiesen, das seine Gültigkeit immer noch hat: auf das Zeugnis der Schrift; nur sie kann ja in dem V.₃₈ genannten λόγος Gottes gemeint sein (vgl. 10₃₅). In welchem Sinne aber ist sie „Zeugnis"? Schriftbeweise im traditionellen Sinne können ja nicht gemeint sein; denn solche bringt der joh. Jesus nicht; vor allem aber würde ja der Gedanke von V.₃₆ zerstört werden, wenn die Berufung auf die Schrift als die Berufung auf eine anerkannte Autorität gemeint wäre, auf die hin man Jesu Wort akzeptieren könnte. Was gemeint ist, wird V.₃₉ deutlicher zeigen.

Dem doppelten Zeugnis von V.₃₆.₃₇ₐ entspricht der doppelte Vorwurf V.37[b].38a[5]: den Juden ist Gott gänzlich verborgen; sie haben keinen Zugang zu ihm[6], — so verstehen sie also das Zeugnis der Werke nicht; von Gottes in der

---

[1] S. S. 104,2; 188,3.   [2] Wesentlich richtig Wendt II 40f.
[3] Richtig Odeberg 221f.; s. auch S. 118 zu 3₃₃.   [4] S. S. 190ff.
[5] V.37[b] ist ein Satz der Quelle, der unmittelbar an V.₃₂ anschloß. V.₃₈ ist Bildung des Evglisten. Die Wendung μένειν ἐν verwenden Quelle wie Evglist; diesem ist eigentümlich, vom Bleiben des Wortes im Hörer zu sprechen (5₃₈ 15₇ I Joh 2₁₄.₂₄), während die Quelle sagt, daß der Offenbarer bzw. Gott im Glaubenden bleibt (15₅ I Joh 4₁₂.₁₆; weiteres zu 15₄). V.₃₈ ist Prosa; zur Wiederaufnahme des Obj. durch das Demonstr. s. S. 53,5.
[6] Zum Gedanken der Verborgenheit Gottes s. S. 54f. — Φωνή und εἶδος, Rede und Gestalt, konstituieren eine Person, so wie sie für andere wahrnehmbar ist (natürlich ist bei der φωνή nicht an die קול בַּת zu denken, s. Odeberg 222f.); vgl. Lohmeyer zu Apk 13₁₁ (Hdb. zum NT). — Daß es heißt οὔτε φωνὴν αὐτοῦ πώποτε ἀκ., obwohl doch Gott am Sinai zu Israel gesprochen hat, ist nicht ein Widerspruch, der durch die Annahme gelöst werden müßte, daß der Evglist die Stimme am Sinai den Engeln zuschrieb (Schl.); denn mag Israel Gottes Stimme „gehört" haben, — im echten Sinne hat es nicht gehört (s. S. 195). Gleiches wäre in bezug auf die prophetischen Worte des AT zu sagen.

Schrift begegnendem Wort lassen sie sich nicht wirklich treffen[1], — so verstehen sie also das Zeugnis der Schrift nicht. Beweis für beides[2] ist die Tatsache, daß sie dem gottgesandten Offenbarer nicht glauben. Wüßten die Juden von Gott, hörten sie ernsthaft auf das Wort der Schrift, so müßte sich das eben daran zeigen, daß sie dort glauben, wo Gott sich ihnen offenbart. In Jesu Wirken begegnet Gottes Offenbarung; wer hier nicht glaubt, zeigt, daß er Gott nicht kennt. Wer seine φωνή nicht hört, zeigt, daß er nie Gottes φωνή gehört hat[3]. Die prätendierte Gotteskenntnis der Juden ist also Lüge (vgl. 7 28 8 19. 55 16 3); nicht etwa bloßer Irrtum, der auf Mangel an Information beruht, sondern Schuld, denn sie ist Verschlossenheit gegen Gott. Das macht das Folgende deutlich.

V. 39 f.: ἐραυνᾶτε τὰς γραφὰς
ὅτι ὑμεῖς δοκεῖτε ἐν αὐταῖς ζωὴν αἰώνιον ἔχειν,
[καὶ ἐκεῖναί εἰσιν αἱ μαρτυροῦσαι περὶ ἐμοῦ]
καὶ οὐ θέλετε ἐλθεῖν πρός με
ἵνα ζωὴν ἔχητε.

Die Verschlossenheit der Welt gegen Gott gründet in ihrer vermeintlichen Sicherheit, und diese hat ihre höchste und verführerischste Gestalt in der Religion, für die Juden also in ihrer durch die Schrift bestimmten Lebenshaltung. Ihr „Forschen" in der Schrift verschließt ihr Ohr dem Worte Jesu[4]. Dementsprechend, daß der Angriff auf Jesus davon ausging, ihm Gesetzesverletzung vorzuwerfen (5 16), bezieht sich das ἐραυνᾶν hier nicht auf das Studium der Weissagung, sondern auf das die jüdische Haltung bestimmende Gesetzesstudium, wie auch der Verweis auf Mose V. 45 f. zeigt. Nur so hat auch der Vorwurf Sinn, daß sie meinen, in den Schriften „das ewige Leben zu haben"[5]. Eben diese Haltung begründet, wie 5 1-18 gezeigt hat, ihre Abweisung Jesu[6]. Im Sinne der Quelle ist dieser Satz eine Abweisung der jüdischen Religion überhaupt. Der Evglist hat (V. 37 a. 38 a entsprechend) die Parenthese eingefügt: „und jene sind es doch, die von mir zeugen", wie er in gleichem Sinne nachher die Quelle um V. 45-47 erweitert hat. Er hat damit die Anklage noch verschärft: eben in der Schrift redet ja der λόγος Gottes; durch sie war also die Möglichkeit gegeben, für die Offenbarung offen zu stehen. Denn in ihr erklingt Gottes Forderung, und durch sie wird damit die Armut des

---

[1] Das καί V. 38 ist koordinierend, nicht gegensätzlich („und dennoch" Br.); s. Bl.-D. § 445,4. Durch μένειν wird bei Joh in der Regel nicht primär das Zukünftigsein des Gegenwärtigen, sondern das Gegenwärtigsein des Vergangenen bezeichnet. Das durch μένειν ἐν ausgedrückte Verhältnis ist die Treue, und natürlich soll hier gesagt sein, daß die Juden der Schrift nicht treu sind, nicht mit Ernst auf sie hören; vgl. V. 42.

[2] Das ὅτι V. 38 natürlich nicht vom Real-, sondern vom Erkenntnisgrund; die Logik deutlich 8 19. — Das ὑμεῖς ist sowenig wie V. 39. 44 betont; Chrys. läßt es an allen drei Stellen fort.

[3] Odeberg 223 f. weist mit Recht auf die Beziehung von V. 37 f. auf V. 24 f. hin.

[4] Schon wegen des korrespondierenden καὶ οὐ θέλετε muß ἐραυνᾶτε als Ind., nicht als Imp. verstanden werden. Das ἐραυνᾶν (hellenist. statt ἐρευνᾶν, Bl.-D. § 30,4), auch bei Philon häufig in diesem Sinne, entspricht dem rabbin. דָרַשׁ für die Erforschung und Erklärung der Schrift und für die darauf gegründete Lehre, s. Schl. z. St. und Str.-B. II 467.

[5] Das entspricht den rabbin. Aussagen, daß in der Tora das ewige Leben für Israel gegeben ist, s. Schl. z. St. und Str.-B. II 467; III 129 ff. Vgl. Schlatter, Der Glaube im NT[4] 50 (zu Joh 5 39): „Damit ist Akibas Meinung genau formuliert." — Zur Unbetontheit von ὑμεῖς s. A. 2; δοκεῖν vom falschen Meinen wie V. 45 11 13. 31 13 39 16 2 20 15.

[6] Zum „Kommen" zu Jesus s. S. 168,4 und zu 7,37.

Menschen aufgedeckt. Die Juden haben diesen Sinn verdreht; sie meinen gerade als Blinde sehend zu sein (9₄₁)[1].

b) Die δόξα 5₄₁₋₄₇; 7₁₅₋₂₄.

Dem Zshg der Begriffe μαρτυρία und δόξα entsprechend[2], wird jetzt der Begriff δόξα[3] zum Thema der Anklage gemacht. Sie, die eine Legitimation von Jesus verlangen, offenbaren ihre gegen Gott verschlossene Haltung durch ihre Auffassung der Ehre. Seinen Gegensatz zu dieser Haltung spricht Jesus im ersten Satze aus:

V.41: δόξαν παρὰ ἀνθρώπων οὐ λαμβάνω.

Würde er sich legitimieren, so würde er damit δόξα von Menschen entgegennehmen. Er würde sich damit von ihnen abhängig machen, sich in ihre Sphäre begeben. Welches diese Sphäre ist, sagt der zweite Satz:

V.42: ἀλλὰ ἔγνωκα ὑμᾶς,
ὅτι τὴν ἀγάπην τοῦ θεοῦ οὐκ ἔχετε ἐν ἑαυτοῖς[4].

Ihr Standpunkt ist der entgegengesetzte, — diesen Sinn muß der Vorwurf, daß sie die ἀγάπη τοῦ θεοῦ nicht in sich haben, im Zshg haben. Da ihr Standpunkt V.44 so charakterisiert wird, daß ihnen die von Gott gegebene Ehre gleichgültig ist, bezeichnet das ἀγάπην τ. θ. μὴ ἔχειν also die Verschlossenheit gegen Gott; sie kümmern sich nicht um ihn[5]. Der Vorwurf läuft dem von V.38 par.: wie die Juden Gottes Wort nicht als bleibendes in sich haben, so haben sie die Liebe zu Gott (deren Möglichkeit durch das Schriftwort erschlossen würde) nicht in sich[6]. Wie sie wähnen, der Schrift treu zu sein, so bilden sie sich natürlich auch ein, Gott zu lieben. Aber dies ist Lüge wie jenes.

Jesus hat das erkannt[7], — womit nicht die übernatürliche Seelenkenntnis Jesu als des θεῖος ἀνήρ gemeint ist, die für den Evglisten ja überhaupt nur symbolische Bedeutung hat[8], womit vielmehr gesagt ist, daß die menschliche Verschlossenheit gegen Gott, die sich selbst nicht kennt, angesichts der Offenbarung zu-

---

[1] Es ist im Grunde der gleiche Vorwurf, den Paulus den Juden Röm 10₃ macht (vgl. auch II Kor 3₁₄ und schon Jer 8₈f.). Joh geht freilich noch weiter, da er den jüdischen ζῆλος θεοῦ nicht würdigt. [2] S. S. 197.

[3] Daß δόξα hier „Ehre" heißt, ist klar. Sachlich ist die „Ehre" Jesu (seine Anerkennung als des Offenbarers) nicht von der ihm vom Vater verliehenen „Herrlichkeit" verschieden (s. zu 8₄₉f. ₅₄ u. bes. zu 17₁). Der Evglist spielt aber mit den beiden Bedeutungen des Wortes, und es ist nicht möglich, den Wortsinn von δόξα 5₄₁. ₄₄ mit dem in 1₁₄ usw. (s. S. 44, 1) gleichzusetzen, wie V. Faulhaber, Das Joh-Evg und die Kirche 22f. will.

[4] Die Entsprechung von V.41 und V.42 ist formal nicht scharf; der Evglist wird in V.42 den Wortlaut der Quelle geändert haben, um an V.38 anzugleichen.

[5] Der Gen. τ. θεοῦ wird also Gen. obj. sein. Dafür spricht auch die sachliche Par. 3, 19: die Menschen lieben die Finsternis mehr als das Licht. Da freilich das „Licht" die Offenbarung der Liebe Gottes zur Welt ist (3₁₆), und da überhaupt die Liebe zu Gott der Liebe Gottes korrespondiert (vgl. I Joh 4₇ff., bes. V.₁₀. ₁₆), kommt es sachlich auf das Gleiche hinaus, ob man τ. θεοῦ als Gen. obj. oder subj. faßt, oder ob man gar bewußten Doppelsinn findet. Nur darf der Gen. subj. nicht verstanden werden, wie Zn will, nämlich als die Liebe Gottes zu den Menschen, die in Jesus wirksam ist und ihn zur Heilung des Lahmen veranlaßt hat; solche Liebe sei in den Hörern nicht lebendig. Das paßt nicht in den Zshg.

[6] Durch das ἔχειν ἐν ἑαυτῷ ist die ernstliche Liebe zu Gott gegen die vorgebliche abgegrenzt, vgl. V.38.

[7] Das ὅτι V.42 ist explikativ. Das ὑμᾶς nach ἔγνωκα entspricht semitischer Redeweise, s. Schl. zu Mt 25₂₄. [8] S. S. 75.

tage kommt, indem die Menschen den Anspruch des Offenbarers ablehnen. Das sagt V. 43:

$$\grave{\varepsilon}\gamma\grave{\omega}\ \grave{\varepsilon}\lambda\acute{\eta}\lambda\upsilon\vartheta\alpha\ \grave{\varepsilon}\nu\ \tau\tilde{\omega}\ \grave{o}\nu\acute{o}\mu\alpha\tau\iota\ \tau o\tilde{\upsilon}\ \pi\alpha\tau\varrho\acute{o}\varsigma\ \mu o\upsilon,$$
$$\varkappa\alpha\grave{\iota}\ o\grave{\upsilon}\ \lambda\alpha\mu\beta\acute{\alpha}\nu\varepsilon\tau\acute{\varepsilon}\ \mu\varepsilon\cdot$$
$$\grave{\varepsilon}\grave{\alpha}\nu\ \check{\alpha}\lambda\lambda o\varsigma\ \check{\varepsilon}\lambda\vartheta\eta\ \grave{\varepsilon}\nu\ \tau\tilde{\omega}\ \grave{o}\nu\acute{o}\mu\alpha\tau\iota\ \tau\tilde{\omega}\ \grave{\iota}\delta\acute{\iota}\omega,$$
$$\grave{\varepsilon}\varkappa\varepsilon\tilde{\iota}\nu o\nu\ \lambda\acute{\eta}\mu\psi\varepsilon\sigma\vartheta\varepsilon.$$

Weil sie keine Offenheit für Gott haben, können sie den, der im „Namen", d. h. im Auftrag Gottes[1] kommt, nicht anerkennen[2]. Dagegen werden sie kritiklos dem zufallen, der in eigener Autorität kommt. Warum? Weil sie in ihm nur sich selbst reden hören! Denn wer im eigenen Auftrag kommt oder — was das Gleiche ist — von sich aus redet (7 18), der sucht seine eigene Ehre (7 18); das aber bedeutet, daß er sich von denen abhängig macht, zu denen er redet. Ein solcher findet die Anerkennung der Welt, denn diese liebt, was ihr „eigen" ist (15 19). Taub für echte, von jenseits zu ihnen redende Autorität, wird die Welt damit gestraft, daß sie sich jeweils solchen Führern beugt, die überhaupt keine echte Autorität sind, sondern in denen nur die Tendenzen ihres eigenen Wollens laut werden. „Im eigenen Auftrag kommen", „von sich selbst aus reden" ist ja gleichbedeutend mit $\grave{\varepsilon}\varkappa\ \tau\tilde{\eta}\varsigma\ \gamma\tilde{\eta}\varsigma,\ \grave{\varepsilon}\varkappa\ \tau o\tilde{\upsilon}\ \varkappa\acute{o}\sigma\mu o\upsilon\ \lambda\alpha\lambda\varepsilon\tilde{\iota}\nu$ (3 31 I Joh 4 5). Dieses aber gründet in einem $\varepsilon\tilde{\iota}\nu\alpha\iota\ \grave{\varepsilon}\varkappa\ \tau\tilde{\eta}\varsigma\ \gamma\tilde{\eta}\varsigma,\ \grave{\varepsilon}\varkappa\ \tau o\tilde{\upsilon}\ \varkappa\acute{o}\sigma\mu o\upsilon$ (3 31 I Joh 4 5), $\grave{\varepsilon}\varkappa\ \tau\tilde{\omega}\nu\ \varkappa\acute{\alpha}\tau\omega$ (8 23). Das aber bedeutet eben: in solcher angeblichen Autorität redet nur die Welt zu sich selbst, ist sie sich selbst verfallen. Sie wird dadurch sich selbst zum Verderben; indem sie zu sich selbst redet, redet der Teufel zu ihr, dessen Kinder die „Juden" sind, und dessen Begierden sie vollbringen, während Jesu Rede ihrem Ohre unglaubwürdig klingt, weil sie Wahrheit ist (8 44 f.).

Es ist sehr möglich, daß die Quelle unter dem $\check{\alpha}\lambda\lambda o\varsigma$ den Teufel (oder Antichrist) verstand[3], und daß auch der Evglist schon hier, wie 8 41 ff. ausdrücklich, ihn meint, — freilich dann so, daß er ihn in geschichtlichen Personen, in Pseudo-Messiassen oder Irrlehrern, verkörpert sieht[4].

Die scheltende Frage V. 44 sagt deutlich, daß der Unglaube der Welt seinen Grund in ihrer Verfallenheit an sich selbst hat. Indem diese Welt im gegenseitigen Sich-Anerkennen ihre Sicherheit gewinnt, verschließt sie sich gegen Gott:

$$\pi\tilde{\omega}\varsigma\ \delta\acute{\upsilon}\nu\alpha\sigma\vartheta\varepsilon\ \grave{\upsilon}\mu\varepsilon\tilde{\iota}\varsigma\ \pi\iota\sigma\tau\varepsilon\tilde{\upsilon}\sigma\alpha\iota,$$
$$\delta\acute{o}\xi\alpha\nu\ \pi\alpha\varrho'\ \grave{\alpha}\lambda\lambda\acute{\eta}\lambda\omega\nu\ \lambda\alpha\mu\beta\acute{\alpha}\nu o\nu\tau\varepsilon\varsigma$$
$$\varkappa\alpha\grave{\iota}\ \tau\grave{\eta}\nu\ \delta\acute{o}\xi\alpha\nu\ \tau\grave{\eta}\nu\ \pi\alpha\varrho\grave{\alpha}\ \tau o\tilde{\upsilon}\ \mu\acute{o}\nu o\upsilon\ \vartheta\varepsilon o\tilde{\upsilon}\ o\grave{\upsilon}\ \zeta\eta\tau\varepsilon\tilde{\iota}\tau\varepsilon;[5]$$

---

[1] $\grave{\varepsilon}\nu\ \tau.\ \grave{o}\nu\acute{o}\mu\alpha\tau\iota$ heißt ursprünglich „unter Nennung (bzw. Anrufung) des Namens" (s. W. Heitmüller, Im Namen Jesu 1903), kann aber auch den Sinn gewinnen „unter Berufung auf", „im Auftrag von", s. Heitmüller a. a. O. 85f.; vgl. auch O. Grether, Name und Wort Gottes im AT 1934, 23f.

[2] Zu dem ungriech. $\lambda\alpha\mu\beta\acute{\alpha}\nu\varepsilon\iota\nu$ s. S. 35,4. Zum „Kommen" s. S. 30,3

[3] So die alte Kirche (s. Br.), auch Odeberg 226.

[4] Vgl. S.117,5 zu 3,31. — Daß der Evglist an bestimmte geschichtliche Personen gedacht hat, ist nicht notwendig anzunehmen, jedenfalls nicht, wie mehrfach angenommen, an Bar-Kochba (sein Aufstand 132—135). Denn das „Unknown Gospel", dessen Fragmente H. Idris Bell und T. C. Skeat 1935 aus Papyri herausgegeben haben, und vor allem das 1935 von C. H. Roberts herausgegebene Fragment des Joh-Evg zeigen, daß das Joh-Evg etwa um 100 in Ägypten bekannt gewesen sein muß.

[5] Ist V. 44, wie wahrscheinlich, in der Quelle der Schluß einer Rede gewesen, so erklärt sich daher das dritte überschießende Glied (s. S. 51,5). Die inkorrekte Koordination von Partiz. und Verb. fin. (Bl.-D. § 468,3) will Burney 96 auf den aramäischen Urtext zurückführen.

Sie können nicht „glauben", — natürlich an ihn, den Offenbarer; aber an ihn glauben heißt glauben schlechthin, da ja in ihm allein Gott begegnet. Sie können es nicht, weil sie gegenseitig „Ehre" voneinander nehmen, d. h. sich gelten lassen und so im befriedigten Geltungsbedürfnis ihre Sicherheit gewinnen, die durch den Offenbarer in Frage gestellt wird.

In dem Vorwurf, daß sie die von Gott gegebene δόξα verschmähen, ist der Gedanke vorausgesetzt, daß der Mensch ungesichert ist und wesensmäßig nach δόξα, nach Anerkennung fragt. Er hat damit die richtige Frage; aber indem er — hier wie überall[1] — sich selbst die Antwort zu geben versucht, verkehrt er die Wahrheit in Lüge. Er verkennt, daß seine Existenz — als die des Geschöpfes — als ganze Frage ist, und daß die Instanz, von der er die Anerkennung suchen sollte, vor der er die Geltung finden könnte, der eine alleinige Gott ist[2]. Nach der δόξα, die Gott gibt, fragen, würde bedeuten, die Ungesichertheit des weltlichen Seins erkennen und die selbstgeschaffene falsche Sicherheit fahren lassen Deshalb ist die Frage nach der δόξα, die Gott gibt, zugleich die Frage nach der δόξα, die Gott gebührt (vgl. 7 18): vor Gott gilt nur, wer ihn gelten läßt. Diesen doppelseitigen Anspruch stellt die Offenbarung in Jesus: wer ihn ehrt, ehrt den Vater (V. 23). Wer seine innerweltliche Geltung und Sicherheit nicht fahren läßt, kann nicht glauben[3].

Ist im Sinne der Quelle das δόξαν παρ' ἀλλήλων λαμβάνειν die allgemeine menschliche Haltung, und ist es das auch für den Evglisten, sofern die „Juden" für ihn die „Welt" repräsentieren, so erhält das δόξαν παρ' ἀλλ. λαμβ. in der jüdischen Sphäre doch seinen besonderen Charakter dadurch, daß hier das mißverstandene Gesetz die Möglichkeit bietet, sich jene Sphäre der Sicherheit zu schaffen. Und weil aus dieser auf Mose gestützten Sicherheit die Ablehnung des Anspruches

---

[1] S. S. 32. 39. 132 f. 164. 171.

[2] Das θεοῦ hinter μόνου fehlt in B a b sa bo und bei einigen Vätern, ist aber unentbehrlich. Geht der Ausfall auf Verlesung der Schreibung MONOΘΥΥΟΥ zurück (Bd.)? — Die Charakteristik Gottes als μόνος ist dem AT und Judentum geläufig (s. Br., Schl. z. St. und Wie sprach Jos. von Gott? 9 18; für Philo s. Leisegang, Index). Ebenso im Urchristentum: Röm 16 27 I Tim 1. 16 6 15 f. Jud 14 25 I Klem 43 6 II Klem 20 5 usw. Für die klassische Antike: E. Norden, Agnostos Theos 1913, 245, 1; in byzantin. Akklamationen: E. Peterson, Εἷς θεός 1928, 134. 196. — Dieser formelhafte Gebrauch liegt auch Joh 17 3 vor, nicht aber hier, wo das μόνος seinen Gegensatz nicht in den vielen Göttern des Polytheismus, sondern in dem παρ' ἀλλήλων hat: Gott steht als der Eine dem Vielerlei des menschlichen Miteinander gegenüber; statt vielfältige Rücksichten zu nehmen, wie es das δόξαν παρ' ἀλλ. λαμβ. erfordert, gilt es, auf die Stimme des Einen zu hören.

[3] Das menschliche Geltungsbedürfnis und die von ihm geschaffene Sicherheit, nicht das spezielle Laster der Ehrsucht soll getroffen werden. Dieses ist nur eine einzelne, besondere Form jener allgemein menschlichen Haltung. Die Mahnungen zur Demut und Warnungen vor dem Ehrgeiz, die sich Mt 10 42-45 parr., Mt 23 6-12 usw. und auch in der jüd. Literatur (Str.-B. I 192 ff. 917 f.; II 553) finden, sind also keine eigentlichen Parallelen. Über das Verhältnis der eigenen Ehre zur Ehre Gottes ist Seder Elij R. 14 (65) ähnlich geurteilt wie Joh 5 44: „Wenn jemand die Ehre Gottes mehrt, so wird Gottes Ehre und seine eigene Ehre gemehrt; wenn aber jemand die Ehre Gottes mindert und seine eigene Ehre mehrt, so bleibt die Ehre Gottes an ihrer Stelle, und seine Ehre wird gemindert." — Die rabbin. Mahnungen, die Gelehrten zu ehren, und die Diskussionen darüber, wie die den Lehrern erwiesene Ehre gegen die Ehre Gottes abzugrenzen sei, und ob ein Lehrer auf seine Ehre verzichten dürfe (Str.-B. II 553—556), darf man nicht in direkten Gegensatz zu Joh stellen, so wenig wie die Mahnungen zur Achtung vor der Ehre Anderer überhaupt. Der joh. Gedanke liegt in einer tieferen Schicht; er trifft das allgemein menschliche Einander-Geltenlassen, durch das sich die Welt gegen Gott verschließt. Auch die Bescheidenheit kann unter das δόξαν παρ' ἀλλήλων λαμβάνειν fallen.

Jesu erfolgt, zeigen V. 45—47 die Lüge dieser Sicherheit durch Berufung auf
Mose auf. Es bedarf gar nicht dessen, daß Jesus selbst als Kläger auftritt; schon
in ihrer eigenen Sphäre, in der sie das Leben zu haben meinen (V. 39), ersteht
ihnen der Ankläger[1], Mose, auf den sie ihre Hoffnung gesetzt haben[2]. Der Angriff
ist um so schärfer, als er offenbar darauf Bezug nimmt, daß Mose den Juden als
„Fürsprecher", Paraklet, galt[3]; eben dieser ist in Wahrheit ihr Ankläger[4]. Denn
sie haben wohl auf ihn „gehofft", ihm aber nicht „geglaubt"[5]. Das zeigt sich
(V. 46 b. 47) daran, daß sie jetzt den Worten Jesu nicht glauben; denn Mose hat
doch „von ihm geschrieben", sodaß die Offenheit für die Worte des Mose sich in
der Offenheit für die Worte Jesu bewähren müßte[6].

Der Gedanke ist also der gleiche wie in V. 38 f., und wieder darf man unter
dem, was Mose über Jesus geschrieben hat, nicht, wenigstens nicht primär, die
messianischen Weissagungen verstehen, sondern das, was für Mose charakteristisch
ist, das Gesetz. So entspricht es auch dem Anlaß der Rede, dem Sabbatkonflikt;
eben dieser illustriert, wie die „Juden" auf Mose „hoffen": das Gesetz gibt ihnen
die Möglichkeit des $\delta\acute{o}\xi\alpha\nu$ $\pi\alpha\varrho$' $\mathring{\alpha}\lambda\lambda$. $\lambda\alpha\mu\beta$. und damit den Wahn der Sicherheit,
während das Gesetz in Wahrheit ihnen Gottes Forderung und damit ihre Be-
grenztheit und ihre Angewiesenheit auf die $\delta\acute{o}\xi\alpha$, die Gott gibt, zum Bewußtsein
bringen will. Das zeigt auch der folgende Dialog 7 19-24.

Die Juden weisen diese Berufung auf Mose als Anmaßung zurück (7, 15)[7].
Wie kann sich Jesus auf die Schriften berufen! Er hat doch nicht studiert! Er
gehört doch nicht zur Zunft der Schriftgelehrten[8]! Jesus gibt darauf die Antwort
im Sinne von 5 19. 30.

V. 16: $\mathring{\eta}$ $\mathring{\epsilon}\mu\mathring{\eta}$ $\delta\iota\delta\alpha\chi\mathring{\eta}$ $\mathring{o}\mathring{\upsilon}\kappa$ $\mathring{\epsilon}\sigma\tau\iota\nu$ $\mathring{\epsilon}\mu\mathring{\eta}$
                    $\mathring{\alpha}\lambda\lambda\mathring{\alpha}$ $\tau\mathring{o}\mathring{\upsilon}$ $\pi\acute{\epsilon}\mu\psi\alpha\nu\tau\acute{o}\varsigma$ $\mu\epsilon$[9].

---

[1] $\mathring{E}\sigma\tau\iota\nu$ $\mathring{o}$ $\kappa\alpha\tau\eta\gamma$. $\mathring{\upsilon}\mu$. $M.$ = „der, der euch verklagt (Art.!) ist da; es ist Mose". —
Natürlich muß im Sinne von V. 38 f. erklärt werden; es liegt also nicht der mythologische
Gedanke vor, daß Mose jetzt im Himmel steht und vor Gott Klage erhebt.
[2] Die V. 45-47 sind wie V. 39 b (s. S. 201) eine Erweiterung der Quelle durch den
Evglisten; die Quelle hat sich nicht auf Mose berufen.   [3] Str.-B. II 561.
[4] Die Begriffe $\kappa\alpha\tau\acute{\eta}\gamma o\varrho o\varsigma$ und $\pi\alpha\varrho\acute{\alpha}\kappa\lambda\eta\tau o\varsigma$ waren als Fremdwörter ins Rabbinische übernommen worden, Str.-B. II 560.   [5] Zu $\pi\iota\sigma\tau\epsilon\acute{\upsilon}\epsilon\iota\nu$ c. Dat. s. S. 189, 1.
[6] Der Gegensatz $\gamma\varrho\acute{\alpha}\mu\mu\alpha\tau\alpha$ und $\mathring{\varrho}\acute{\eta}\mu\alpha\tau\alpha$ ist schwerlich betont (Schl. z. St. und Der
Glaube im NT[4] 201 f.). Vielleicht ist sogar für Jesu Worte hier nicht $\lambda\acute{o}\gamma o\iota$, sondern
$\mathring{\varrho}\acute{\eta}\mu\alpha\tau\alpha$ gesagt, um den gemeinsamen Charakter der Worte des Mose und Jesu zu be-
tonen. Denn $\mathring{\varrho}\acute{\eta}\mu\alpha\tau\alpha$ können speziell die $\nu\acute{o}\mu o\iota$ heißen (R. Hirzel, $\mathring{A}\gamma\varrho\alpha\varphi o\varsigma$ $\nu\acute{o}\mu o\varsigma$,
Abh. d. Königl. Sächs. Ges. d. Wiss. XX 1, 1900, S. 73, 1), vgl. das berühmte Thermo-
pylen-Epigramm: $\mathring{o}\tau\iota$ $\tau\mathring{\eta}\delta\epsilon$ $\kappa\epsilon\acute{\iota}\mu\epsilon\theta\alpha$ $\tau o\mathring{\iota}\varsigma$ $\kappa\epsilon\acute{\iota}\nu\omega\nu$ $\mathring{\varrho}\acute{\eta}\mu\alpha\sigma\iota$ $\pi\epsilon\iota\theta\acute{o}\mu\epsilon\nu o\iota$.
[7] $\Theta\alpha\upsilon\mu\acute{\alpha}\zeta\epsilon\iota\nu$ hier = „befremdet sein", vgl. 7 21 Mt 6 8 Eccl 5 7 Sir 11 21; gut griechisch,
s. bes. Aesch. Ag. 1399: $\theta\alpha\upsilon\mu\acute{\alpha}\zeta o\mu\acute{\epsilon}\nu$ $\sigma o\upsilon$ $\gamma\lambda\mathring{\omega}\sigma\sigma\alpha\nu$, $\mathring{\omega}\varsigma$ $\theta\varrho\alpha\sigma\acute{\upsilon}\sigma\tau o\mu o\varsigma$.
[8] $\Gamma\varrho\acute{\alpha}\mu\mu\alpha\tau\alpha$ $\epsilon\mathring{\iota}\delta\acute{\epsilon}\nu\alpha\iota$ ($\mathring{\epsilon}\pi\acute{\iota}\sigma\tau\alpha\sigma\theta\alpha\iota$ und dgl.) bedeutet nach verbreitetem Sprachgebrauch Schulunterricht genossen haben, zunächst den Elementarunterricht im Lesen
und Schreiben (s. Wetst. und Br.). Da der Unterricht an der Hand literarischer Texte
(im Judentum an der Hand des AT) erfolgte, kann das $\gamma\varrho\alpha\mu\mu$. $\epsilon\mathring{\iota}\delta$. die Bildung überhaupt bezeichnen, wie denn der $\mathring{\alpha}\gamma\varrho\acute{\alpha}\mu\mu\alpha\tau o\varsigma$ (Act 4 13, gut griech.) nicht nur der ist, der
nicht schreiben kann, sondern der Ungebildete überhaupt. — Da der Art. fehlt, ist der Sinn
nicht: „Wie versteht dieser die Schrift?" Indessen ist im Judentum der Schulunterricht
faktisch Unterricht in der Schrift, sodaß „gebildet sein" und „Schriftkunde haben" zusammen-
fällt, wie denn der $\gamma\varrho\alpha\mu\mu\alpha\tau\epsilon\acute{\upsilon}\varsigma$ im Judentum nicht wie im griech. Sprachgebrauch der
Schreiber (Sekretär) ist, sondern der Schriftgelehrte.
[9] Die Worte Jesu V. 16-18 dürften der Quelle entnommen sein; gehörten sie zu dem
5 19 ff. verwendeten Stück, so könnten sie ihren Platz etwa vor dem $\delta\acute{o}\xi\alpha\nu$ $\pi\alpha\varrho\mathring{\alpha}$ $\mathring{\alpha}\nu\theta\varrho$.
$\kappa\tau\lambda$. 5 40 gehabt haben.

Also sie haben recht: nicht aus dem Studium ist seine Lehre gewonnen; sie ist nicht das Ergebnis zünftiger Wissenschaft. Aber er ist auch gar nicht verantwortlich für seine Lehre; denn sie ist ihm vom Vater gegeben worden[1]. In den Ohren der Hörer kann das wieder nur eine Behauptung, nur eine Anmaßung sein; aber anders kann sich das Wort der Offenbarung nicht „legitimieren"; es muß das Mißverständnis, Anmaßung zu sein, riskieren. Es gibt nur einen „Beweis" für sein Recht:

V. 17: ἐάν τις θέλῃ τὸ θέλημα αὐτοῦ ποιεῖν,
γνώσεται περὶ τῆς διδαχῆς,
πότερον ἐκ τοῦ θεοῦ ἐστιν,
ἢ ἐγὼ ἀπ' ἐμαυτοῦ λαλῶ[2].

Wer das Wort des Offenbarers als Anrede hört und ihm gehorcht, wer glaubt, nur der wird das Kriterium gewinnen[3], ob es das Wort Gottes oder die Behauptung eines arroganten Menschen ist[4]. Nichts anderes als glauben bedeutet nämlich das ποιεῖν τὸ θέλημα αὐτοῦ. Es ist ein beliebtes, aber grobes Mißverständnis, daß V. 17 den Weg zum Glauben erleichtern wolle durch den Rat, man möge zuerst mit der ethischen Forderung als dem allgemein Einsichtigen Ernst machen und werde dann schon ein Verständnis für die dogmatische Lehre gewinnen[5]. Für Joh gibt es keine „Ethik", kein Tun des Willens Gottes[6], das nicht primär der Gehorsam des Glaubens wäre; er ist das von Gott geforderte Tun (vgl. 6₂₉). Freilich kennt Joh auch keine „Dogmatik" ohne „Ethik"; aber die geforderte Liebe erwächst aus dem Glauben und ist nicht ohne ihn[7]. Der Glaube hat das Tun der Liebe zur Folge, weil er nicht betrachtende Spekulation (und natürlich auch nicht blindes Akzeptieren eines Dogmas) ist, sondern Antwort auf die in Jesu Wort erklingende Anrede. Diese Antwort ist das geforderte Tun; und der Glaube hat die Verheißung, daß sich ihm der Gegenstand des Glaubens erschließt[8]. Solcher sehende Glaube ist das „Werk", das den Offenbarer bezeugt[9].

V. 18 nimmt das Stichwort der δόξα von 5₄₁ ff. wieder auf:

ὁ ἀφ' ἑαυτοῦ λαλῶν
τὴν δόξαν τὴν ἰδίαν ζητεῖ.
ὁ δὲ ζητῶν τὴν δόξαν τοῦ πέμψαντος αὐτόν,

---

[1] Es liegt nicht das Motiv vor, daß der θεῖος ἀνήρ ein Wissen hat, ohne je gelernt zu haben (L. Bieler, Θεῖος Ἀνήρ I 35), sondern das Motiv des Mythos s. S. 119, 3.

[2] Das Wort hat in seiner positiven Formulierung und mit dem verheißenden Futur (γνώσεται) an sich den einladenden Ton vieler Offenbarungsworte (vgl. 7₃₇ 8₁₂ Od. Sal. 33₆ ff. usw.). Erst im Zshg der Komposition des Evglisten gewinnt es den polemischen Klang.

[3] Zu γινώσκειν περί s. Bl.-D. § 229.

[4] Selbstverständlich ist mit διδαχή nichts anderes gemeint, als was sonst λόγος oder ῥήματα heißt. Zwar begegnet διδαχή nur hier und 18₁₉ (vgl. II Joh 9 f.), aber von Jesu διδάσκειν ist mehrfach die Rede 6₅₉ 7₁₄. 28 8₂₀. Das Wort ist hier am Platze in der Antwort auf den jüdischen Vorwurf V. 15; denn für jüdische Ohren muß Jesu Verkündigung als διδαχή erscheinen (vgl. 18₁₉). Wahrscheinlich stand in der Quelle (mein(e) Wort(e)", und der Evglist hat dafür dem Zshg entsprechend „meine Lehre" eingesetzt.

[5] So noch Hirsch: „Daß ein in seiner (Gottes) Gewalt stehendes Gewissen uns in eine stumme Bereitschaft für Gottes Willen und Wirken verwandelt, das ist der Weg zu Jesus." Darin liegt wohl ein richtiger Gedanke; es ist aber nicht der Sinn von Joh 7₁₇. M. Dibelius, Geschichte der urchristl. Lit. I 1926, 77 meint, mit der διδαχή Jesu sei auf die Bergpredigt angespielt. — Richtig W. Wrede, Messiasgeheimnis 201, 3; Charakter u. Tendenz des Joh-Evg 3.

[6] S. S. 143, 3.   [7] S. zu 13₃₄ f. 151 ff.   [8] S. S. 118.   [9] S. S. 200.

οὗτος ἀληθής ἐστιν
[καὶ ἀδικία ἐν αὐτῷ οὐκ ἔστιν] ¹.

In gnomischer Formulierung² wird der, der auf die δόξα seines Auftrag=
gebers aus ist, dem gegenübergestellt, dem es um seine eigene δόξα geht. Daß
damit der Offenbarer charakterisiert werden soll, ist deutlich. Aber soll nun etwa
V.18 neben V.17 demjenigen zu Hülfe kommen, der nach der Wahrheit der Lehre
Jesu fragt, indem ein solcher hingewiesen wird auf die überzeugende „Selbst=
losigkeit Jesu und der christlichen Prediger gegenüber der offensichtlichen Ehrsucht
der jüdischen Lehrer"³? Keineswegs! Denn einmal ist die „Ehrsucht" der jü=
dischen Lehrer nicht offensichtlich; sie ist vielmehr jenes dem Menschen eigene
Geltungsbedürfnis, das ihm selbst verdeckt sein kann, und das erst im Lichte der
Offenbarung deutlich wird⁴. Und sodann liegt keineswegs zutage, daß der
Offenbarer „selbstlos" ist; er erweckt vielmehr ständig das Mißverständnis, daß
er seine eigene δόξα sucht. Erst der Glaube überwindet ja dieses Mißverständnis
und erkennt, daß Jesus nicht „aus sich selbst redet" (V.17).

Freilich gibt V.18 das Kriterium an, wonach der Offenbarer als solcher zu
erkennen ist. Die beiden Sätze von V.18 enthalten ja, in antithetischer Form, eine
Schlußfolgerung: ist es so, daß der, der von sich aus redet, seine eigene Ehre sucht
— und jeder wird das bejahen —, dann muß von dem, der die Ehre seines Auf=
traggebers macht, gelten, daß er nicht von sich aus redet, daß seine Worte also
wahr sind⁵, — und auch das wird jeder zugeben, und ebenso die Anwendung auf
den Offenbarer: er wird dadurch als solcher erwiesen, daß er die Ehre dessen sucht,
der ihn geschickt hat. Aber ob dieses Kriterium nun im konkreten Falle, und also
hier bei Jesus, zutrifft, — das sieht nur der Glaube. M. a. W. V.18 bedeutet im
Munde Jesu nur den Anspruch, ihn als wahrhaftig anzuerkennen.

Der Evglist fügt hinzu: καὶ ἀδικία ἐν αὐτῷ οὐκ ἔστιν⁶ und gewinnt so ver=
möge der Doppeldeutigkeit von ἀδικία den Übergang zu V.19-24. Denn als Gegen=
satz zu dem vorhergehenden ἀληθής hat ἀδικία den speziellen Sinn von „Lüge,
Trug"⁷. Zugleich heißt es aber allgemein „Unrecht". Der Offenbarer ist „wahr=
haftig", da seine Worte ja nur im Auftrag gesprochene Worte sind, für die per=
sönliche Motive nicht in Betracht kommen. Und da auch sein Handeln ganz durch
seinen Auftrag bestimmt ist, kann ihm keiner ein „Unrecht" vorwerfen⁸, wie es
die Juden getan haben.

---

¹ Da die sprachliche Formulierung im Semitischen knapper ist, dürften die vier
Zeilen in der Quelle nur einen Doppelvers gebildet haben, zumal das οὗτος auf Rechnung
des Evglisten kommen wird (s. S.53,5). Der letzte Satz (καὶ ἀδ. κτλ.) fällt aus dem Rhyth=
mus und ist ein Zusatz des Evglisten, der auf V.19-24 vorbereitet.
² Der Art. in V.18 ist beidemal generisch. Ob der Satz faktisch noch auf Andere als
auf Jesus Anwendung finden kann oder nicht, bleibt in der Formulierung außer Betracht.
³ Htm.   ⁴ S. 202f. 204,1.   ⁵ 'Αληθής bedeutet hier natürlich „wahrhaftig".
⁶ Die Formulierung ist at.lich (II Reg 14,32; Ψ 91,16) und jüdisch (Schl.).
⁷ "Αδικος und ἀδικία in der LXX vielfach (für שֶׁקֶר) = „Lügner", „Lüge", s.
ThWb I 152,20. 29ff.; 154,13ff.; so auch im NT, s. Lk 16₁₁: ἐν τ. ἀδίκῳ μαμωνᾷ —
τὸ ἀληθινόν. Die Doppeldeutigkeit ist um so leichter zu verstehen, als „Lüge" im at.lichen
und nt.lichen Sinn nicht nur die subjektive Unwahrhaftigkeit, sondern auch die objektive
Nichtigkeit bedeutet, „Trug" im Sinne von „Schein". In Antithese dazu gewinnt auch
„Wahrheit" den Sinn des Echten und Rechten, sodaß der Gegensatz von ἀλήθεια und
ἀδικία ein reich differenzierter ist, s. ThWb I 156,8ff.; 243,6ff.; s. auch zu 3₂₁ S.111,7.
⁸ Es handelt sich nicht um ein moralisches Urteil über Jesus als sittliche Persön=
lichkeit. Einem solchen ist der Offenbarer gerade entzogen; s. zu 8₄₆.

7 19-24 rechnen mit den Juden gleichsam auf ihrem eigenen Boden ab und zeigen, daß Mose ihr Ankläger ist, wie 5 45-47 gesagt hatten. Jesu Sabbatverletzung war der Anlaß zu ihrem Angriff auf Jesus gewesen; sie meinen damit aus Treue gegen das Gesetz zu handeln, — und das ist ein Wahn, denn Mose, ihre anerkannte Autorität, spricht nicht für sie, vielmehr für Jesus. Dieser Gedanke ist klar, aber im Einzelnen ist die Argumentation kompliziert und nicht deutlich. Das liegt offenbar daran, daß der Evglist hier den ursprünglichen Schluß der in 5 1-18 verwendeten Heilungsgeschichte benutzt und erweitert hat.

Eine klare Argumentation liegt vor in V. 23: wenn der Sabbat gebrochen werden darf, um durch Erfüllung des mosaischen Gebotes[1] einen Menschen zu beschneiden, dann ist es doch wohl erst recht im Sinn des Mose, wenn der Sabbat gebrochen wird, um einen ganzen Menschen gesund zu machen, — eine typisch rabbinische Argumentation, sowohl hinsichtlich des Schlusses a minori ad maius[2], wie hinsichtlich seiner speziellen Anwendung[3]. Aus dem Vorhergehenden gehört dazu notwendig der Satz aus V. 22: „Mose hat euch die Beschneidung gegeben[4], und am Sabbat beschneidet ihr (demzufolge) einen Menschen[5]." Und als Verbindung mit dem aus 5 16-18 zu entnehmenden Satz der Quelle[6] gehört dazu jedenfalls aus V. 19 die Frage: τί με ζητεῖτε ἀποκτεῖναι, die stilgemäß die Argumentation einleitet[7]. Aber die ursprüngliche Fortsetzung dieser Frage und die Vorbereitung von V. 22 sind offenbar die Worte aus V. 21: ἓν ἔργον ἐποίησα καὶ πάντες θαυμάζετε διὰ τοῦτο. Denn das „eine Werk" (Jesu Verletzung des Sabat)[8] steht offenbar im Gegensatz zu der ständigen Sabatverletzung durch die Beschneidung (V. 23). Wie können die Juden an Jesu einem Werk Anstoß nehmen[9] wenn sie um der Beschneidung willen ständig den Sabbat brechen[10]!

Dieser klare Gedankengang ist durch die Bearbeitung des Evglisten verwirrt worden, weil er, in der Konsequenz von 5 45-47, die Juden als Übertreter des Mose=Gesetzes erscheinen lassen will. Daher V. 19 zunächst die rhetorische Frage: „Hat nicht Mose auch das Gesetz gegeben?"[11], die die Anklage vorbereitet: „Und keiner von euch hält das Gesetz[12]!" Wie können sie also Jesus wegen seiner Sabbatverletzung töten wollen! Die Ungeheuerlichkeit der Tötungsabsicht ist durch die Äußerung des ὄχλος V. 20 hervorgehoben, die für die Argumentation keine Bedeutung hat. Der von den Ἰουδαῖοι (5 15) unterschiedene ὄχλος[13], der von jener

---

[1] Zu λύειν τ. νόμον s. S. 182, 8.

[2] Zum rabbinischen Schlußverfahren קַל וָחֹמֶר („Leichtes und Schweres") s. Str.=B. III 223—226.

[3] Joma 85 b: „Wenn die Beschneidung, die eins von den 248 Gliedern am Menschen betrifft, den Sabbat verdrängt, um wieviel mehr muß sein ganzer Leib (wenn er in Todesgefahr schwebt) den Sabbat verdrängen!" (bei Schl. und Str.=B. 3. St., s. auch Br., der auf die verwandte Argumentation Justin Dial. 27 hinweist.)

[4] Διδόναι und (V. 23) λαμβάνειν τ. περιτομήν ist rabbin. Sprachgebrauch, s. Schl.

[5] Über die Praxis der Beschneidung am Sabbat s. Str.=B. 3. St.

[6] S. S. 177.   [7] Vgl. Mt 2 8 3 4 und Gesch. d. synopt. Tr. 42.

[8] Das ἔργον meint Jesu Tat nicht als Wundertat, sondern als „Werk", das den Sabbat bricht (richtig Bd.).   [9] Zu θαυμάζειν s. S. 205, 7.

[10] Das διὰ τοῦτο, mit dem V. 22 beginnt (om. א*), ist wohl mit dem vorausgehenden θαυμ. zu verbinden. Zieht man es zum Folgenden, so liegt Ellipse vor: „Darum sage ich euch . . ." (vgl. Hos 2 14).   [11] Zu διδόναι νόμον s. S. 53, 3.

[12] Τὸν νόμον ποιεῖν entspricht dem rabbinischen עָשָׂה הַתּוֹרָה (Schl.); im Griech. findet sich ποιεῖν τὰ δέοντα, τὰ δίκαια, τὰ τοῖς θεοῖς νομιζόμενα (BGU 1197, 21). — Der Vorwurf ist offenbar ganz allgemein gemeint und geht nicht auf den V. 23 genannten Sabbatbruch.   [13] Dieselbe Unterscheidung 7 12; s. S. 59.

Absicht nicht weiß, hält Jesu Äußerung für unglaublich[1]. Jesu Antwort (V.21) geht nicht darauf ein, sondern lenkt zum Gegenstand der Diskussion zurück, indem der Faden der Quelle wieder aufgenommen wird[2]: wie können die Juden Jesus wegen der einen Sabbatverletzung verurteilen! Mose gab die Beschneidungs= ordnung, die freilich in einer Anmerkung[3] als nicht eigentlich mosaisch charak= terisiert wird[4], und man richtet sich nach ihr und bricht so den Sabbat. Wie darf man also Jesus verurteilen! Das wäre oberflächlich (κατ' ὄψιν)[5] geurteilt; und die, die sich zu Richtern Jesu aufwerfen, müssen sich sagen lassen: „fällt ein ge= rechtes Urteil!" (V.24)[6].

Soll diese verwirrte Rede, in der den Juden einerseits Verletzung des Mose= Gesetzes vorgeworfen (V.19), andrerseits Verletzung des Sabbat in der Gefolg= schaft des Mose (V.23) vorgehalten wird, Sinn haben, so kann es nur der sein: die Juden brechen das Mose=Gesetz, weil sie, obwohl durch das Beschneidungsgebot angeleitet, nicht nach dem fragen, was Mose eigentlich gewollt hat. Ihnen, die sich durch das Gesetz gesichert fühlen, wird also ihre Unsicherheit zum Bewußtsein gebracht. Und indem sie sich im Wahn der Sicherheit falsch entscheiden, wird Mose zum Ankläger wider sie.

3. Abschluß: μαρτυρία und κρίσις 8₁₃₋₂₀[7].

8₁₃₋₂₀ bildet den eigentümlichen Abschluß des ganzen Komplexes 5₁ff., indem das seit 5₃₁ herrschende Thema der μαρτυρία jetzt mit dem Thema von 5₁₉₋₃₀, κρίσις, verbunden wird. Und zwar wird die paradoxe Art des κρίνειν wie des μαρτυρεῖν des Offenbarers dadurch endgültig geklärt, daß jetzt behauptet wird, Jesus richte nicht, und sein Selbstzeugnis sei wahr, — beides in äußerem Wider= spruch zu dem früher Gesagten. Es gilt also: er richtet, — und er richtet nicht! Er zeugt nicht für sich selbst, — und er zeugt für sich selbst! Er tut beides, — und er tut beides nicht! — je nachdem wie die Begriffe des Richtens und Zeugens verstanden werden. Daß es sich eben um die Frage nach dem richtigen Gesichts= punkt handelt, deutet die Formulierung der parallelen Verse 8₁₄ und ₁₆ mit ihrem „Wenn" an.

Die Anknüpfung an das Vorangegangene ist eng. Die Gegner[8] sagen formal

---

[1] Δαιμόνιον ἔχειν ist Bezeichnung der Besessenheit (wie 8₄₈f. ₅₂ 10₂₀ Mt 11₁₈ Lt 7₃₃ 8₂₇; vgl. Mt 3₂₂. ₃₀ 7₂₅ Lt 4₃₃ 13₁₁ Act 8₇ 19₁₃), und zwar hellenistische Bezeichnung, während der semitische Sprachgebrauch die Formel mit ἐν (ב) bildet, vgl. Lt 4₃₃ mit Mt 1₂₃, Lt 8₂₇ mit Mt 5₂. Mt 3₂₂ beide Formeln nebeneinander. Vgl. Iren. I 13,3: δαιμονᾷ τινα πάρεδρον ἔχειν. — Joh 7₂₀ ist die Wendung abgeblaßt: „Du bist verrückt!" Anders 8₄₈ f. dort.
[2] Fast könnte man denken, daß V.₂₀. ₂₁ₐ vom Red. stammt, der 7₁₅₋₂₄ an den jetzigen Platz gestellt hat. V.₂₂b (ἓν ἔργον ἐποίησα) würde sich besser an V.₁₉ anschließen.
[3] Die Anmerkung ist charakteristisch für den Evglisten, s. S. 173, 1.
[4] Das Beschneidungsgebot stammt nach Gen 17₁₀ 21₄ aus der Zeit der πατέρες, der Patriarchen (s. Röm 9₅ und Schl. z. St.), wenngleich es auch im Mose=Gesetz erscheint Lev 12₃. — Die Anm. hat offenbar nur gelehrtes Interesse, denn für den Zshg hat sie keine Bedeutung, sondern stört nur.
[5] Ὄψις hier nicht „Gesicht" (wie 11₄₄ Apk 1₁₆), sondern der äußere Anschein, wie oft; vgl. Lysias or. 16, 19 p. 147: ὥστε οὐκ ἄξιον ἀπ' ὄψεως ... οὔτε φιλεῖν οὔτε μισεῖν οὐδένα, ἀλλ' ἐκ τῶν ἔργων σκοπεῖν.
[6] Vgl. Sach 7₉: κρίμα δίκαιον κρίνατε.   [7] S. S. 178.
[8] Dem ὄχλος (7₂₀; vgl. 7₁₂. ₃₁f. ₄₀. ₄₃. ₄₉) gegenüber heißen die Gegner ohne Unterschied Ἰουδαῖοι (5₁₅ 7₁₃ 9₂₂) oder Φαρισαῖοι (hier wie 7₃₂. ₄₇ 9₁₃ usw.); vgl. bes. 4₁ mit 7₁.

ganz richtig (**D. 13**), daß Jesus selbst für sich Zeugnis ablegt. Gerade im Blick auf
7₁₆₋₁₈ macht dieser Einwand den Charakter des Offenbarungswortes deutlich:
es kann nur Selbstzeugnis sein; denn es wäre nicht mehr Gottes Wort, wenn es
andere, von den Menschen anerkannte Autoritäten zu seiner Beglaubigung be-
anspruchte[1]. Die Gegner freilich verstehen es als Menschenwort und müssen
deshalb seine Wahrheit bestreiten[2].

Demgegenüber kann Jesus nur darauf bestehen, daß sein Wort gerade als
Selbstzeugnis wahr ist **D. 14**ᵃ:

$$\varkappa\grave{a}v\ \grave{\varepsilon}\gamma\grave{\omega}\ \mu\alpha\varrho\tau\upsilon\varrho\tilde{\omega}\ \pi\varepsilon\varrho\grave{\iota}\ \grave{\varepsilon}\mu\alpha\upsilon\tau\tilde{o}\upsilon,$$
$$\grave{a}\lambda\eta\vartheta\acute{\eta}\varsigma\ \grave{\varepsilon}\sigma\tau\iota\nu\ \acute{\eta}\ \mu\alpha\varrho\tau\upsilon\varrho\acute{\iota}\alpha\ \mu o\upsilon^{3}.$$

Ist diese Behauptung im Wesen der Offenbarung begründet, so ebenso die
Tatsache, daß sie, äußerlich gesehen, im Widerspruch zu 5₃₁ steht[4]. Äußerlich gesehen, — denn das dort abgelehnte Selbstzeugnis war ja das Selbstzeugnis dessen,
dem es um die eigene Ehre geht, der sich vor den Anderen legitimiert und damit
ihren Anspruch anerkennt. Gerade so zeugt Jesus nicht für sich. Aber er „zeugt
für sich", indem er seinen Anspruch erhebt; und nur so ist sein Zeugnis wahr als
das Wort des Offenbarers, das immer das Mißverständnis der Welt riskieren muß.

In eigentümlicher Weise wird die Behauptung begründet **D. 14**ᵇ:

$$\acute{o}\tau\iota\ o\tilde{\iota}\delta\alpha\ \pi\acute{o}\vartheta\varepsilon\nu\ \tilde{\eta}\lambda\vartheta o\nu\ \varkappa\alpha\grave{\iota}\ \pi o\tilde{\upsilon}\ \acute{\upsilon}\pi\acute{a}\gamma\omega\cdot$$
$$\acute{\upsilon}\mu\varepsilon\tilde{\iota}\varsigma\ \delta\grave{\varepsilon}\ o\grave{\upsilon}\varkappa\ o\tilde{\iota}\delta\alpha\tau\varepsilon\ \pi\acute{o}\vartheta\varepsilon\nu\ \grave{\varepsilon}\varrho\chi o\mu\alpha\iota\ \tilde{\eta}\ \pi o\tilde{\upsilon}\ \acute{\upsilon}\pi\acute{a}\gamma\omega^{5}.$$

Das Selbstzeugnis des Offenbarers ist deshalb wahr, weil er sein Woher und
Wohin kennt. Daß dies sein Wissen, nicht etwa der Ursprung als solcher, die Behauptung begründet, entspricht ganz der gnostischen Anschauung, nach der den
Offenbarer sowohl wie die durch ihn erlösten Gnostiker eben dieses Wissen über
ihr Woher und Wohin charakterisiert, während für alle Übrigen der Offenbarer
und die Seinen „Fremde" sind[6]. Der Evglist kann diese gnostische Charakteristik
des Offenbarers übernehmen, weil schon in der Gnosis selbst das Wissen des
Gnostikers — wie auch immer mythologisch oder spekulativ entwickelt — im entscheidenden Sinne ein Verstehen seiner selbst, und zwar in seiner Fremdheit gegen-

---

[1] Calvin: quod in propria causa quisque suspectus est et legibus cautum est,
ne cui in rem suam loquenti credatur, id in filio Dei qui supra totum mundum eminet,
locum non habere.

[2] S. S. 198 A. 4.

[3] D.₁₄ wird vollständig aus den Offenbarungsreden stammen und zwar aus dem
5₁₉ff. verwendeten Stück. Der in D.₁₄. ₁₆. ₁₉ zugrunde gelegte Abschnitt der Quelle
könnte unmittelbar auf das 5₄₂₋₄₄ zugrunde liegende Stück gefolgt sein.

[4] Das *κἄν*, das sich auf 5₃₁ zurückbezieht, ist etwa zu umschreiben: „Auch wenn
ich unter anderem Gesichtspunkt (nämlich bei anderem Verständnis von Selbstzeugnis)
selbst für mich zeuge." — Zahns Erklärung des äußerlichen Widerspruchs, daß sich Jesus
nämlich nur so widerspräche, „wie es jeder geistvolle Mensch in lebendiger Rede tut",
verdirbt gerade den Sinn des Widerspruchs, der aus dem Wesen der Offenbarung folgt.
Jesus redet nicht als privatus quispiam ex communi hominum grege (Calvin), auch
nicht als „geistvoller" Mensch.

[5] Über den Wechsel von *καί* und *ἤ* (dafür א al *καί*) s. Bl.-D. § 446: das *ἤ* kommt
dem kopulativen Sinne nahe. — Das zweite Glied fehlt bei Orig. offenbar infolge des
homoioteleuton.

[6] S. S. 102, 1. Belege bei G. P. Wetter, ZNTW 18 (1917/18), 49—63; Schlier,
Relg. Unters. 141f.; Br. 3. St.; ThWb I 694, 23ff. — Für den Satz, daß der Offenbarer
und die Seinen „Fremde" in der Welt sind, s. ZNTW 24 (1925), 119f.; Schlier. Relg.
Unters. 16f.; Jonas, Gnosis 122ff.

über der Welt und in seiner Zugehörigkeit mit der göttlichen Welt bedeutet[1]. Die Berufung des Offenbarers auf sein Wissen über sein Woher und Wohin ist also nichts Anderes als die Berufung auf seine Einheit mit dem Vater, wie sie 5 19 ff. behauptet war und alsbald V. 16 wieder ausgesprochen wird.

Die Antithese könnte wohl auch lauten: ihr kennt euer Woher und Wohin nicht. Wenn es jedoch heißt: ihr kennt mein Woher und Wohin nicht, so wird damit nicht nur angedeutet, daß die entscheidende Selbsterkenntnis des Menschen von seiner Erkenntnis des Offenbarers abhängt; sondern es wird vor allem der Offenbarer selbst in seiner „Fremdheit" und Distanz gegenüber der Welt charakterisiert[2], aus der es eben zu verstehen ist, daß sein Selbstzeugnis — anders als das anderer Menschen — wahr ist. Andere Maßstäbe gelten für den Offenbarer als für andere Menschen; wie das in bezug auf seine μαρτυρία gilt, so auch in bezug auf seine κρίσις. Wie seine ungeheure Behauptung, daß er der Richter sei (5 19 f.), auf das Thema der μαρτυρία geführt hatte (5 31 ff.), so führt jetzt die Klarstellung seines μαρτυρεῖν auf die klarere Bestimmung seines κρίνειν; und und wie neben die Aussage, daß er nicht selbst für sich zeuge (5 31), die andere getreten war, daß er, recht verstanden, doch selbst für sich zeuge (8 14), so tritt jetzt neben den Satz, daß er der Richter sei (5 22. 27. 30), der andere Satz, daß er Keinen richte V. 15: ὑμεῖς κατὰ τὴν σάρκα κρίνετε, ἐγὼ κρίνω οὐδένα[3].

Zu dem ἐγὼ κρίνω οὐδένα möchte man ein κατὰ τὴν σάρκα ergänzen; es ist aber mit Bedacht weggelassen, damit der Gedanke um so schärfer heraustritt: wie Jesu μαρτυρία nach menschlichen Maßstäben keine μαρτυρία ist, so ist auch sein κρίνειν nach menschlichen Maßstäben kein κρίνειν; und zwar deshalb, weil menschliches Richten ein κρίνειν κατὰ τὴν σάρκα ist. Die Norm des menschlichen Richtens ist die σάρξ, was ebenso bedeutet, daß es sich auf das menschlich Wahrnehmbare, äußerlich Konstatierbare gründet (κατ' ὄψιν 7 24), wie daß es eben deshalb in seinem Urteil auf die Sphäre des Innermenschlichen begrenzt ist und gegenüber Allem versagt, was diese Sphäre in Frage stellt. So eben richtet der Offenbarer nicht und kann deshalb (vgl. 3 17 12 47) sagen, daß er Keinen richte[4]. Aber freilich in einem bestimmten Sinne richtet er doch V. 16:

καὶ ἐὰν κρίνω δὲ ἐγώ,
ἡ κρίσις ἡ ἐμὴ ἀληθινή ἐστιν,
ὅτι μόνος οὐκ εἰμί,
ἀλλ' ἐγὼ καὶ ὁ πέμψας με[5].

---

[1] H. Jonas, Gnosis I, hat den gnostischen Mythos als den Ausdruck eines bestimmten Welt= und Selbstverständnisses interpretiert.

[2] S. S. 210, 6.

[3] V. 15 f. ist hinter V. 13 f. nur dann befremdlich, sodaß man zur Annahme einer Interpolation geführt wird (Wellh., Sp.), wenn man nicht erkennt, daß 8 13-20 in den Zshg von Kap. 5 gehört. Ist aber das erkannt, so ist das Motiv des κρίνειν neben dem des μαρτυρεῖν völlig begründet. — V. 15 dürfte ein Zusatz des Evglisten zur Quelle sein, in der das κἂν ἐγὼ μαρτυρῶ κτλ. V. 14 und das καὶ ἐὰν κρίνω δὲ ἐγὼ κτλ. V. 16 unmittelbar nebeneinander standen. Das zeigt wohl auch die Wendung κατὰ τὴν σάρκα, die aus dem christlichen Sprachgebrauch stammen dürfte. Sie begegnet in der Form κατὰ σάρκα (nur II Kor 11 18 vielleicht κατὰ τὴν σ.) in der paulin. und deuteropaulin. Literatur und oft bei Ignatius; außerdem I Klem 32 2 Diogn. 5 8.

[4] S. S. 113.

[5] Über die Parallelität von V. 16 zu V. 14 s. A. 3. Das καὶ ἐὰν ... δὲ ἐγώ (über die Wortstellung Bl.=D. 475,2) gegenüber dem κἂν ἐγώ wird als Variation des Übersetzers zu beurteilen sein; s. folg. Anm.

Wie seine μαρτυρία, so ist auch sein κρίνειν „wahr", d. h. gültig[1]. Es ist das wegen seiner Einheit mit dem Vater[2], d. h. als das Offenbarungsgeschehen, wie es 3₁₇-₂₁ 5₂₄f. beschrieben war.

Der Evglist hat die mythologische Formulierung des Einheitsgedankens V. 17 f. zu einem das jüdische Verlangen persiflierenden Zusatz benutzt: ihren Ansprüchen ist Genüge getan. Im Gesetz der Juden — die Distanz, in der der joh. Jesus zu den „Juden" steht[3], ist durch das ἐν τῷ νόμῳ δὲ τῷ ὑμετέρῳ scharf beleuchtet — steht ja geschrieben[4], daß ein von zwei Zeugen einhellig gegebenes Zeugnis gültig ist[5]. Nun wohl! Das Zeugnis des Vaters, das ja 5₃₂ff. schon genannt war, und das Zeugnis Jesu selbst gehen zusammen[6]! Gerade die Juden haben also kein Recht zur Beschwerde; gerade von ihrem Gesetz aus müßten sie zur Anerkennung Jesu kommen. Dieser Gedanke, 5₃₉ff. allgemein ausgesprochen, hat hier in seiner konkreten Anwendung freilich keine Überzeugungskraft, weil ja der Gesetzesvorschrift nur in einem höchst äußerlichen Sinne genügt ist, und weil zudem das Zeugnis des Vaters im Grunde selbst ein Probandum ist. Der Satz ist also keine eigentliche Argumentation, sondern ein Wort des Hohnes: eurem Gesetz ist genügt, ja radikal genügt, denn hier bilden die zwei Zeugnisse wirklich eine Einheit, weil die beiden Zeugen Einer sind! Die Persiflage der Gesetzlichkeit ist also zum Äußersten getrieben. Was das Gesetz mit seiner Vorschrift von den beiden Zeugen wirklich lehren kann, ist also dieses, daß Gottes Offenbarung sich nicht vor Menschen auszuweisen hat, nicht der menschlichen Frage nach beglaubigenden

---

[1] Das ἀληθής von ℵ al gegenüber ἀληθινή von B D al wird Angleichung an V.₁₄ sein. Der Wechsel wird auf den Übersetzer zurückgehen (s. vor. Anm.); er sagt in V.₁₆ ἀληθινή unter dem Einfluß des (auch Apk 16₇ 19₂ nachwirkenden) Sprachgebrauches der LXX. Hier begegnet ἀληθινός öfter als Charakter der κρίσις (Jes 59₄ Dan 3₂₇ Tob 3₂. ₅) bzw. des κρίμα (Ψ 18₁₀). Der gleiche Sprachgebrauch im Judentum, s. Schl. und Str.=B. 3. St. „Wahr" ist in diesem Falle so viel wie „gerecht", und so entspricht das ἀληθινή 8, 16 dem δίκαια 7, 24. Im Griechischen wird ἀληθινός nicht so gebraucht, eher ἀληθής; vgl. Soph. Ed. Tyr. 501 κρίσις ἀληθής = richtiges Urteil, u. s. Wetst.
[2] S. S.108,4; 182f. 186ff. zu 5₁₇. ₁₉f., auch S.119,3; 143,3; ferner zu 10₃₀. Die Formulierung, daß der Sohn nicht „allein" ist, nicht „abgeschnitten" vom Vater, sondern mit ihm eins, ist typisch gnostisch. Vgl. J.B. 39,15f.: „Aber ich habe eine Stütze darin, daß ich weiß, daß ich nicht allein dastehe"; 40,1f.; Ginza 296,37ff. (das „große Leben" spricht zu dem Gesandten):

„Ängstige und fürchte dich nicht
und sage nicht: ich stehe allein da.
Wenn Angst dich befällt,
werden wir alle bei dir sein."

Ähnlich 316,32ff. — Weiteres ZNTW 24 (1925), 108; Schlier, Relg. Unters. 39f. Vgl. auch C. Herm. 12, 1: ὁ νοῦς οὐκ ἔστιν ἀποτετμημένος τῆς οὐσιότητος τοῦ θεοῦ, ἀλλ' ὥσπερ ἡπλωμένος, καθάπερ τὸ τοῦ ἡλίου φῶς, vgl. ebd. 15b; 1, 6; 11, 14. Dom Verhältnis des menschlichen νοῦς zur θεία ψυχή Philo quod det. pot. ins. 90; vgl. Gig. 23ff.
[3] S. S. 59.
[4] Zur Formel γέγραπται vgl. das rabbin. כָּתוּב (καθὼς γέγραπται), Bacher, Die exeget. Terminologie der jüd. Traditionslit. II 1905, 90f. Im Munde von Fremden: כָּתוּב בְּתוֹרַתְכֶם = γέγραπται ἐν τῷ νόμῳ ὑμῶν, Schl. z. St. Ebenso seit dem 3. Jahrh. v. Chr. die Formel der griech. Gesetzessprache ἐν νόμῳ γέγραπται, Deißmann, Bibelstudien 1895, 109f.; O. Michel, Paulus u. seine Bibel 1929, 68ff.; Br. z. St. und Wörterb. sub γράφω.
[5] Dt 17₆ 19₁₅; vgl. Str.=B. I 790f. zu Mt 18₁₆ und Schl. z. St.
[6] Das ἐγώ εἰμι ὁ μαρτ.κτλ. gehört natürlich nicht zu den großen ἐγώ-εἰμι=Aussagen (s. S. 167,2). Der Satz (in dem ἐγώ Präd. ist) ist kein Offenbarungsspruch, sondern Diskussionsrede. Anspielung auf Jes 43₁₀ (Bd.) liegt nicht vor.

Zeugnissen unterstellt werden darf; denn sonst müßte ja jene Vorschrift zur An=
wendung kommen, und das ist eine Absurdität.

Die Juden dokumentieren ihr Unverständnis für Jesu Einheit mit Gott und
damit für den Sinn von Offenbarung durch die Frage (V. 19): „Wo ist denn dein
Vater?" — nämlich damit er als Zeuge auftreten könnte. Dadurch hat der Evglist
den Anschluß an das folgende Wort der Quelle gewonnen:

$$\text{οὔτε ἐμὲ οἴδατε οὔτε τὸν πατέρα μου}$$
$$\text{εἰ ἐμὲ ᾔδειτε, καὶ τὸν πατέρα μου ἂν ᾔδειτε}^1.$$

Wie 5 37 gilt also, daß die Verschlossenheit der Menschen für Jesu Zeugnis
die Verschlossenheit Gottes ihnen gegenüber dokumentiert. Gott ist nur durch seine
Offenbarung zugänglich (1 18). Von Gott wissen, bedeutet ja nicht, hinreichend
über ihn informiert sein, sei es aus der Tradition (wie bei den Juden oder in
irgendeiner, auch christlichen, Orthodoxie), sei es aus allgemeinen Gedanken oder
Ideen; sondern es bedeutet, um ihn als um den wissen, der in seiner Offenbarung
begegnet, den Menschen in Frage stellend und seinen Gehorsam fordernd. Das
Wissen um Gott schließt also die echte Bereitschaft ein, ihn zu hören, wenn er
spricht. Fehlt diese Bereitschaft, bleibt also die Anerkennung des Offenbarers aus,
so ist auch kein echtes Wissen um Gott da. Dabei versteht sich von selbst, daß die
Anerkennung des Offenbarers nicht die Annahme eines christologischen Dogmas
ist (christologische Dogmen werden ja 6 42 7 26 f. 41 f. persifliert), sondern das Hören
auf sein eschatologisches Wort, jeweils im νῦν; ein Hören, das die Preisgabe aller
Sicherheit gebenden Dogmen einschließt. Diese Bereitschaft haben Jesu Gegner
nicht, und so ist er ihr Richter geworden.

V. 20 ist (analog 6 59) der Abschluß des ganzen Komplexes. Die Ortsangabe
charakterisiert die Bedeutsamkeit der Szene: im Tempel selbst hat Jesus das Urteil
gefällt, daß die Juden nichts von Gott wissen; im Tempel selbst haben sie ihre
Verschlossenheit für den Offenbarer dokumentiert²! Damit ist das Urteil über
die jüdische Religion gesprochen, damit aber zugleich, da die „Juden" die Welt über=
haupt repräsentieren, das Urteil über die Religion als eine dem Menschen seine
Sicherheit und sein Selbstbewußtsein gebende Sphäre überhaupt³.

Da das Gericht des Offenbarers über das Judentum in der Form der Er=
zählung als ein Zusammenstoß Jesu mit den jüdischen Autoritäten dargestellt
war, mußte motiviert werden, warum sich die Gegner den Angriff gefallen lassen

---

¹ Das ἄν, das in B vor ᾔδειτε, in ℵ danach steht, ist vielleicht mit D zu streichen,
wie es denn auch sonst oft bei Joh fehlt, s. D. 39 9 35, Bl.=D. § 360, 1. 2.

² Vermutlich enthält die Angabe ἐν τῷ γαζοφυλακίῳ einen besonderen Hin=
weis auf die Bedeutsamkeit der Szene; doch ist dieser nicht sicher festzustellen. Mit γ.
kann die Schatzkammer im Tempel gemeint sein. Indessen gab es deren nach II Esr 22 44
Jos. bell. 5, 200; 6, 282 mehrere. Es könnte jedoch eine derselben in ausgezeichnetem
Sinne so geheißen und in der jüd. Überlieferung eine Rolle gespielt haben, vgl. I Makk 14 49
und bes. II Makk 3 6. 22 f. (Heliodor=Legende!); 4 42. Ist diese hier gemeint, so ist ἐν τῷ γ.
zu verstehen „bei der Schatzkammer". — Nach anderer Auffassung ist γ. der Mk 12 41 par.
genannte Opferkasten (auch dann wäre ἐν = bei; und zwar wäre nach Str.=B. II 37 ff.
(wo freilich ἐν τ. γ. verstanden wird als „in dem Raum vor dem γ.") der Opferstock für
freiwillige Gaben gemeint, aus denen Brandopfer als „Nachtisch des Altars" bezahlt
wurden. — Nicht ausgeschlossen ist freilich, daß die Angabe aus der christlichen Tradition
stammt und nur der Anschaulichkeit der Szene dienen soll; so Hirsch I 73, der jede Orts=
kenntnis des Evglisten bestreitet.

³ Vgl. S. 139 f. zu 4 21 und S. 201 zu 5 39 f.

und Jesus nicht verhaften lassen[1]. Das geschieht durch die Angabe, daß seine „Stunde noch nicht gekommen war"[2]. Daß das Geschick des Offenbarers nicht von menschlichem Wollen, sondern von göttlicher Notwendigkeit abhängt, ist damit deutlich gesagt[3].

III. Kap. 7–10: Der Offenbarer im Kampf mit der Welt.

Bei der Erklärung von Kap. 6 war von 6₆₀₋₇₁ abgesehen worden. Die Frage nach der ursprünglichen Stellung von 6₆₀₋₇₁ hat drei Möglichkeiten zu erwägen: 1. 6₆₀₋₇₁ hat seinen richtigen Platz hinter 6₁₋₅₉ und bildet den Abschluß dieses Komplexes; 2. es hat seinen richtigen Platz vor dem 7₁ff. beginnenden Komplex, der ursprünglich von 6₁₋₅₉ durch Kap. 5 (d. h. 5₁₋₄₇ 7₁₅₋₂₄ 8₁₃₋₂₀) getrennt war; 3. es ist ein versprengtes Stück, dessen ursprünglicher Platz an ganz anderer Stelle zu suchen ist.

Die erste Möglichkeit dürfte ausscheiden: a) 6₁₋₅₉ ist durch V. 59 abgeschlossen. b) Als Hörerschaft Jesu sind in 6₆₀ff. μαθηταί vorausgesetzt, und zwar nicht der Kreis der Zwölf, sondern „Jünger" in weiterem Sinne[4]. Von solchen ist aber in 6₁₋₅₉ nicht die Rede; sondern die hier genannten μαθηταί (zuletzt 6₂₄ erwähnt) sind die Zwölf, die im Anschluß an das verwendete Traditionsstück als ständige Begleiter Jesu vorausgesetzt sind. c) Offenbar wird durch 6₆₀₋₇₁ ein tiefer Einschnitt in der Wirksamkeit Jesu markiert: die Trennung der Zwölf als der echten Jünger von der Masse der unechten Jünger. Dieser Abschnitt kann schwerlich zwischen Kap. 6 und Kap. 5 liegen, da diese Kapitel ein zusammengehöriges Paar bilden[5]; auch läßt doch die Entscheidungssituation 6₆₆f. annehmen, daß eine umfassendere öffentliche Wirksamkeit Jesu vorausging, als daß sie durch das e i n e Beispiel 6₁₋₅₉ hinreichend repräsentiert wäre[6]. — Gegen diese Erwägungen könnte es sprechen, daß 6₆₅ eine Verweisung auf 6₄₄ zu sein scheint. Doch warum wäre so ungenau zitiert[7]? Zudem war das zitierte Jesus=Wort nach 6₆₅ an die „Jünger" gerichtet, während das Wort 6₄₄ an die ungläubige Menge ging[8].

Die zweite Möglichkeit scheint die nächstliegende zu sein, weil dann die jetzige Stellung von 6₆₀₋₇₁ ohne weiteres begreiflich wäre: das Stück hing eben mit 7₁ff. in der Überlieferung des Textes zusammen. Hält man diese Erwägung für durchschlagend, so

---

[1] Während 7₃₀. ₄₄ 10₃₉ der Aussage von der Ungreifbarkeit Jesu die Angabe vorausgeht, daß man ihn greifen wollte, fehlt hier eine solche Angabe. Man wird daraus schwerlich ein Argument gegen die oben vollzogene Einordnung von 8₁₃₋₂₀ entnehmen können, als setze das καὶ οὐδεὶς ἐπίασεν αὐτόν eine Angabe von dem vorausgegangenen Versuch voraus; das ist ja auch in dem uns vorliegenden Text nicht der Fall. In der Tat ist das καὶ οὐδεὶς κτλ. durch die ganze Situation (die ja 5₁₆₋₁₈ ihren Ursprung hat) hinreichend begründet, sodaß das καί jenen adversativen Sinn von 1₅ usw. gewinnt (s. S. 28, 3).

[2] Zu ὥρα s. S. 81, 4. Gemeint ist die Stunde der Passion, die 12₂₃ 13₁ 17₁ gekommen ist, während sie hier wie 7₃₀ noch bevorsteht.

[3] Ebenso 7₃₀. ₄₄ 10₃₉ sachlich entsprechend 10₁₈ 14₃₀f. 18₁₀f.

[4] S. S. 80, 4; 128, 7.   [5] S. S. 155.

[6] Aus der Charakteristik der Worte Jesu, die dem Stück 6₆₀ff. vorausliegen müssen, als σκληρὸς λόγος (V. 60) läßt sich ein Argument nicht entnehmen, da diese Charakteristik für alle Reden Jesu gilt.

[7] Statt des ἐὰν μὴ ὁ πατήρ . . . ἑλκύσῃ αὐτόν (V. 44): ἐὰν μὴ ᾖ δεδομένον αὐτῷ ἐκ τοῦ πατρός (V. 65). Die Abweichung überrascht um so mehr, als 6₃₇. ₃₉ διδόναι anders gebraucht war (der Vater „gibt" dem Sohne die Glaubenden). Die sonstigen Selbstzitate Jesu bei Joh sind viel genauer; vgl. 8₂₄ mit 8₂₁; 13₃₃ mit 7₃₃f.; 15₂₀ mit 13₁₆; 16₁₅ mit 16₁₄ (auch 13₁₁ mit 13₁₀). Nur 14₂₈ wird nicht genau zitiert; aber hier wird überhaupt nicht auf ein einzelnes Wort verwiesen, sondern auf den Grundgedanken der vorausgehenden Rede (14₃f. ₁₈).

[8] Über die etwaige Beziehung von 6₆₂ auf 6₃₃. ₅₀f. ₃₈ s. bei der Erklärung von 6₆₂.

muß man die Konsequenz in Kauf nehmen, daß vor 6 60-71 ein Stück ausgefallen ist; denn an den Komplex 5 1-47 7 15-24 8 13-20 kann sich 6 60-71 nicht wohl direkt anschließen: a) Der Komplex von Kap. 5 ist durch 8 20 abgeschlossen. b) Auch in diesem Komplex begegnen die in 6 60-71 vorausgesetzten μαθηταί nicht. c) Auch in diesem Falle wäre die Entscheidungssituation immer noch reichlich früh angesetzt[1]. — Hält man also die Folge von 7 1 ff. auf 6 60-71 für ursprünglich, so muß man annehmen, daß ein Stück ausgefallen ist, das den Anfang der Szene enthielt, von der 6 60-71 der Schluß ist. Nach den Analogien in Joh wäre zu erwarten, daß die Erzählung mit einer bestimmten Situationsangabe (lokal und chronologisch) begonnen hätte, daß weiter eine Rede Jesu bzw. eine Diskussion Jesu mit den „Jüngern" gefolgt wäre, die ihren Höhepunkt und Abschluß in 6 60-71 fand. Diese Szene müßte nach 7 1 in Jerusalem oder mindestens in Judäa gespielt haben.

Es wäre nun möglich, daß das Stück, dessen Schluß 6 60-71 gebildet hat, versprengt und in einer anderen Partie des Evg aufzufinden wäre. Nun führt die Analyse von Kap. 8 in der Tat zu der Vermutung, daß 8 30-40 ein Stück ist, das ursprünglich unmittelbar vor 6 60-71 stand (s. u.). Aber damit wäre die Lücke noch nicht ausgefüllt; denn 8 30-40 kann nicht der Anfang einer Szene sein, sondern nur ihre Fortsetzung. Ob der Anfang noch aufzufinden ist, bleibe zunächst dahingestellt. Wie der Zustand von Kap. 7 und besonders von Kap. 8 zeigt, muß man jedenfalls damit rechnen, daß Stücke des ursprünglichen Textes verloren sind. Es wäre also möglich, daß einst vor Kap. 7 ein Komplex stand, der uns bis auf den Schluß (8 30-40 6 60-71) verloren ist. — Indessen ist diese Annahme nicht zu empfehlen, da 7 1 ff. eng an den Komplex von Kap. 5 angeschlossen ist. Wenn 7 1. 25 von der Absicht der Juden, Jesus zu töten, die Rede ist, so bezieht sich das auf 5 17-19 (7 19).

Dann bleibt also nur die dritte Möglichkeit: 6 60-71 ist ein von seinem ursprünglichen Platze versprengtes Stück; wo ist dieser zu suchen? Geht man von dem Inhalt des Stückes aus, so würde man es am liebsten zwischen Kap. 12 und Kap. 13 einsetzen. Bis Kap. 12 reicht die Wirksamkeit Jesu vor dem Volk und seinen Führern, von Kap. 13 ab ist er nur noch mit den Zwölfen zusammen[2]. Macht der Evglist die κρίσις, die Jesu Wirken für die Welt bedeutet, durch diese, der synoptischen Darstellung fremde, Disposition anschaulich, so ist zweifellos der beste Platz für die Erzählung 8 30-40 6 60-71, in der sich die κρίσις in einer konkreten symbolhaften Szene vollzieht, eben der Scheidungspunkt zwischen Kap. 12 und Kap. 13. Freilich läßt sich 8 30-40 6 60-71 nicht einfach an den Text von Kap. 12 anfügen oder glatt in ihn einfügen. Aber auch für Kap. 12 ist mit Verlust von ursprünglichem Gut und jedenfalls mit redaktionellen Eingriffen zu rechnen (s. u.).

Es scheint nach Allem das Geratene, das Stück 8 30-40 6 60-71 im Zusammenhang mit Kap. 12 zu erklären und von dem Komplex 5 1-47 7 15-24 8 13-20 gleich zu Kap. 7 überzugehen.

Wirft man schließlich die Frage auf, wie der Redaktor dazu kam, die versprengten Blätter, die 6 60-71 und 8 30-40 enthielten, gerade an ihren jetzigen Plätzen zu lokalisieren, so läßt sich eine Antwort wohl finden. Die Charakteristik der Rede Jesu als eines σκληρός λόγος 6 60 und ebenso die Aussage über das πνεῦμα und die σάρξ 6 63 paßte gut im Anschluß an die Verse 6 51b-58, durch die er die Rede vom Lebensbrot vermehrt hatte; so hatte er für 6 60-71 den gegebenen Platz gefunden. Was 8 30-40 betrifft, so ist mindestens so viel deutlich, daß es nahe lag, dieses Stück mit 8 41-47 zu kombinieren; denn in beiden Stücken werden die Juden der Teufelskindschaft bezichtigt, wenngleich in 8 30-40 im Gegensatz zur Abrahams-Kindschaft, in 8 41-47 im Gegensatz zur Gottes-Kindschaft.

---

[1] Ich habe lange versucht, an dieser zweiten Möglichkeit festzuhalten und 6 60-71 als Abschluß von Kap. 5 zu verstehen, muß sie aber jetzt doch preisgeben. Danach ist das S. 149 und S. 154, 8 Gesagte zu korrigieren.

[2] Von der eigentlichen Passionserzählung Kapp. 18—19 ist hier natürlich abzusehen.

a) 7 1-14. 25-52; 8 48-50. 54-55: **Die Verborgenheit und Kontingenz der Offenbarung.**

7 1-13 ist die Einleitung zu dem ganzen Komplex; sie bereitet ein Auftreten Jesu in Jerusalem beim Laubhüttenfest vor, das nach Zeit und Art überraschend ist. Dem entspricht der Fortgang 7 14. 25 f. [1]; die mit diesen Versen beginnende Szene findet 7 30 ihren Abschluß. Es folgt eine zweite Szene 7 31-36 ohne Abschluß, darauf eine dritte Szene 7 37-44, endlich eine vierte Szene 7 45-52. Während zwischen der zweiten und dritten Szene der Abstand von einigen Tagen liegt, scheinen die erste und zweite Szene am gleichen Tage zu spielen; ebenso die dritte und vierte. Dadurch scheint das ganze Stück 7 14-52 klar in zwei Teile gegliedert zu sein, deren jeder in zwei Abschnitte zerfällt, und zwar so, daß die Themen je der ersten und der zweiten Abschnitte einander entsprechen: 7 14. 25-30 und 7 37-44: die Frage der Herkunft Jesu, 7 31-36 und 7 45-52: der Versuch der Behörde, Jesus durch ausgesandte Diener verhaften zu lassen. Indessen ist diese Gliederung ein Schein, denn 7 31-36 und 7 45-52 müssen ja am gleichen Tage spielen, da die 7 32 ausgesandten Diener doch nicht erst nach drei bis vier Tagen zurückkehren! 7 37-44 sprengt also den Zusammenhang [2]; das Stück dürfte seinen Platz ursprünglich hinter V. 30 gehabt haben. Denn so schlecht V. 31 hinter V. 30 paßt, so gut hinter V. 44: das V. 43 genannte σχίσμα wird in V. 44 und 31 nach seinen beiden Seiten geschildert. So hebt sich auch der Anstoß, daß Jesus V. 33 trotz des V. 30 Erzählten weiterredet, als sei nichts geschehen; denn nunmehr liegen zwischen V. 30 und V. 33 einige Tage. Auch hat nun die Szene 7 31-36 den vermißten Abschluß durch 7 45-52 gefunden.

Dann ist die Gliederung so gedacht, daß 7 1-13 und 7 45-52 das Auftreten Jesu in Jerusalem als Einleitung und Schluß umrahmen und dieses selbst in die beiden Szenen 7 14. 25-30 und 7 37-44. 31-36 zerfällt. Dabei fällt auf, daß die erste Szene reichlich kurz und inhaltarm ist. Es ist auch schwer begreiflich, daß Jesu kurze Worte V. 28 f. schon den Zorn der Hörer erregen, der V. 30 zum Versuch des Ergreifens führt. Sollten nicht Jesus-Worte ausgefallen sein, die eine bessere Motivierung boten und der ganzen Szene mehr Gehalt gaben? Die Fragmenten-Sammlung in Kap. 8 bietet in der Tat ein Stück, das hierher zu versetzen naheliegt, nämlich 8 48-50. 54. 55, das jetzt mit 8 51-53. 56-59 zu einem unzusammenhängenden Konglomerat verbunden ist [3]. Natürlich ist keine Sicherheit zu erreichen; aber es läßt sich wohl nicht leugnen, daß 8 48-50. 54-55 zwischen 7 28 f. und 7 30 ausgezeichnet am Platze ist und für 7 30 eine treffliche Motivierung abgibt [4].

a) **Einleitung 7 1-13.**

Die Einleitung hat sichtlich den Zweck, einerseits Jesu Auftreten in Jerusalem vorzubereiten, und andrerseits deutlich zu machen, daß dieses Auftreten keine weltlichen Motive hat, daß sich der καιρός für ihn nicht aus weltlichen Erwägungen ergibt. Diese Absicht wird dadurch erreicht, daß Jesus die Aufforderung seiner Brüder, sich der „Welt" in Jerusalem zu offenbaren, abweist, dann aber doch — wenig später — nach Jerusalem geht. So klar dies ist, und so angemessen gerade dieser Gedanke die Einleitung zum Folgenden bildet, so anstößig ist die Form, in der er seinen Ausdruck findet. Denn Jesu Verhalten widerspricht seinem eigenen Wort [5]. Der Anstoß hebt sich für die Erkenntnis,

---

[1] Nach Transposition von 7 15-24 zu Kap. 5; s. S. 177 f.
[2] Vgl. die verschiedenen Versuche, mit diesem Anstoß fertig zu werden, in den Analysen von Wendt, Wellh., Sp. u. A. [3] Zur Analyse von Kap. 8 s. u.
[4] Verführerisch ist es, auch das Fragment 8 21-29 nach Kap. 7 zu transponieren. Man kann auch 7 31-36 als dürftig empfinden und Jesus-Worte vermissen, durch welche die Äußerung der Diener V. 46 besser motiviert wäre. 8 21-29 würde hinter 7 31-36 gut passen: die Themen stimmen überein: Jesu Fortgang und das Zu-Spät! Indessen dürfte es wahrscheinlicher sein, 8 21-29 als ein Stück der 8 12 beginnenden Lichtrede anzusehen; s. u.
[5] Es macht kaum etwas aus, ob V. 8 οὔπω (wie 2 4) oder mit ℵ D al lat syrsc. οὐκ gelesen wird. Zwar dürfte οὔπω eine Erleichterung des kategorischen οὐκ sein. Aber auch das οὔπω ἀναβ. εἰς τ. ἑορτ. ταύτην kann ja nur die Weigerung sein, zu diesem Feste zu gehen, zu dem Jesus dann doch geht. Notdürftig ist der Widerspruch V. 10 durch

daß der Evglift in 7₁-₁₃ ein Traditionsstück zugrunde gelegt hat, nämlich die Einleitung zu einer Wundergeschichte. Dafür spricht auch die oft beobachtete Parallelität von 7₁-₁₃ zu 2₁-₁₁[1]. Beide Male handelt es sich um den καιρός (bzw. die ὥρα 2₄), der (für das Wunder) nicht durch den menschlichen Wunsch bestimmt wird; warum der καιρός, der zunächst nicht da war, wenig später dann doch eingetreten ist, wäre in bezug auf eine Wundergeschichte eine pedantische Frage, da es ihr nur auf die Demonstration der gött= lichen Willkür ankommt. Dem Evglisten genügt es, durch das οὐ φανερῶς κτλ. V.₁₀ den Widerspruch notdürftig zu verdecken; er hat die Einleitung übernommen, weil auch ihm nur an jener Demonstration liegt. Nach den Motiven Jesu hat man also nicht zu fragen[2]. — So erklärt sich auch der andere Widerspruch, daß die Brüder Jesus zu einem Wirken, zumal zu Wundern, in Jerusalem auffordern, als ginge nicht 2₁₃-₂₂. ₂₃-₂₅ 4₄₅ 5₁ff. voraus[3].

das οὐ φανερῶς ἀλλ' (ὡς) ἐν κρυπτῷ verdeckt. Lagr. meint, Jesus lehne ab, im großen Pilgerzuge nach Jerusalem mitzugehen und feierlich in Jerusalem einzuziehen; aber das ist eingetragen; zuerst abgelehnt und dann doch vollzogen ist das einfache ἀναβαίνειν V.₈. ₁₀. Die Auskunft, daß Jesus, nachdem seine Brüder gegangen waren, einen gött= lichen Wink erhalten habe, seinen Entschluß zu ändern (B. Weiß, 3n., Bl., Lütgert, Joh. Christ. 103 f.), ist, gemessen am joh. Jesus=Bild, komisch: redet Jesus je Anderes, als was er von Gott gehört hat? und hat Gott nach einigen Tagen seinen Entschluß ge= ändert? — Schwerlich darf man die Schwierigkeit durch die Annahme einer Zweideutig= keit von D.₈ beheben, wie Br. und Omodeo (Mistica 58 f.; so schon Ephraem) möchten: das ἀναβαίνειν κτλ. bedeute nach dem Verständnis der Brüder: „hinaufreisen (nach Jerusalem) zu diesem Fest"; im Sinne Jesu aber: „emporsteigen (zum Himmel) an diesem Fest". Dann hätte Jesus seine Brüder, die sein Wort in dieser Situation ja in ihrem Sinne verstehen mußten, bewußt getäuscht. Zudem entstehen die joh. Mißverständnisse nicht aus der Doppeldeutigkeit der Präpositionen; s. S. 85, 2. — Eine andere Weise, den Widerspruch zu eliminieren, ist die Auslassung von εἰς τ. ἑορτ. ταύτην bei Chrys., min. 69 und q. Dann verliert das ἀναβαίνω seinen futur. Sinn und geht nur auf die momentane Gegenwart; s. Bl.=D. § 323, 3. — Daß sich in Jesu Weigerung, zum Laub= hüttenfest zu gehen, der christliche Protest gegen die Übernahme dieses jüdischen Festes ausspreche (Ed. Schwartz, 3NTW. 7 [1906], 22), ist überscharfsinnig. — Vgl. noch R. Schütz, 3NTW. 8 (1907), 251 f.

[1] S. S. 85, 4. Es ist auch zu beachten, daß die Brüder Jesu bei Joh nur in diesen beiden Stücken vorkommen (20₁₇ sind seine ἀδελφοί die Jünger, 21₂₃ sind die ἀδ. die Christen überhaupt). Eine dritte Variation des Motives, daß Jesus sein Wunder nicht dann tut, wenn es erwartet wird, sondern erst später, enthält die Lazarus=Geschichte Kap. 11. Die Gleichheit des Motives dürfte dafür sprechen, daß alle diese Geschichten aus der σημεῖα=Quelle (s. S. 78, 4) stammen. — War 7₁-₁₃ ursprünglich die Einleitung zu einer Wundergeschichte, und stammte sie wie 2₁-₁₁ aus der σημεῖα=Quelle, so kann man fragen, ob sie hier die Einleitung zu dem 5₁ff. berichteten Wunder war. Dafür spricht, daß 7₃ voraussetzt, daß Jesus bisher nur in Galiläa Wunder getan hat, und daß jetzt ein Wunder in Jerusalem folgen muß.

[2] Der Eindruck, daß in 7₁-₁₃ ältere Tradition zugrunde liegen muß, ist das Richtige in den Analysen Wellh.s und Goguels (Introd. au NT. II 411 ff.), wenngleich ich hier weder eine „Grundschrift" (Wellh.) finden kann noch alte historische Tradition (Goguel, der hier dieselbe Tradition findet wie in 10₄₀-₄₂). — In dem Versuch, die Redaktion des Evglisten von dem Traditionsstück zu trennen, war Sp. auf dem rechten Wege; man muß nur noch weitergehen. Natürlich stammt V.₁ vom Evglisten; er dient der Ver= knüpfung von Kap. 7 mit Kap. 5. (Zu μετὰ ταῦτα s. S. 85, 6, zu οὐ γάρ s. S.110, 3.) Der Evglist hat weiter in V.₄-₈ die Quelle bearbeitet; und zwar sind D.₄b. ₅. ₆b. ₈b. redakt. Zusätze im eigentlichen Sinn, während D.₇ wohl ein Vers aus den Offenbarungs= reden ist. Endlich dürften D.₁₀b. ₁₃ ganz vom Evglisten stammen.

[3] „Jesus wird aufgefordert, nach Judäa zu gehen, weil Galiläa nur ein Winkel sei; in Judäa hat man bis jetzt von seiner Wirkung nichts gesehen. Das schlägt dem, was jetzt in Kap. 1—6 zu lesen steht, ins Gesicht" (Wellh.). Die Auskunft, daß 7₃ nicht Wunder gemeint seien, wie Jesus sie schon getan hat, sondern solche ἔργα, wie er sie 5₂₀. ₃₆ erst verheißen hat (Wendt I 133; II 46 f.), ist schon wegen des εἰ ταῦτα ποιεῖς D.₄ (s. u.) nicht möglich.

V. 1 gibt die Verknüpfung mit dem Vorangegangenen und damit zugleich die allgemeine Situationsangabe: Jesus hält sich jetzt in Galiläa auf[1], um den Nachstellungen der Juden zu entgehen[2]. Vorausgesetzt ist also, daß er sich vor dieser Zeit in Judäa (Jerusalem) aufgehalten hat. **V. 2** fügt die speziellere Angabe der chronologischen Situation, die für das Folgende Voraussetzung ist, hinzu: das Laubhüttenfest[3] der Juden[4] steht bevor. Die Aufforderung der Brüder an Jesus **V. 3—5**, zum Fest nach Jerusalem zu gehen[5] und sich dort der Welt zu offenbaren, zeigt das Unverständnis der Welt gegenüber der Art der Offenbarung. Denn die Brüder repräsentieren hier, wie D. 6 f. zeigt, die Welt, und so wird ihre törichte Aufforderung D. 5 auf ihren Unglauben zurückgeführt[6]. Ihr Unglaube zeigt sich nach D. 3 nicht in der Ablehnung seiner Person, sondern im Mißverständnis seiner ἔργα, unter denen sie natürlich seine Wunder verstehen[7]. Nach ihrer Meinung sind die Wunder die Legitimation seines Anspruches[8], und so fordern sie ihn zu einer solchen Demonstration in Jerusalem auf[9]. Sie motivieren

---

[1] Durch die Imperf. περιεπάτει und οὐ ... ἤθελεν wird ein Zeitabschnitt von einiger Dauer markiert, und zwar die Zeit zwischen Pascha (5₁) und Laubhütten. In περιπατεῖν ist hier nicht die Bedeutung des Umherwanderns betont, sondern das Wort gewinnt wie öfter im Zshg. den Sinn von „sich aufhalten" (vgl. 10₂₃ Mk 11₂₇).

[2] Das ὅτι ἐζήτουν κτλ. bezieht sich auf 5₁₇₋₁₉ (7₁₉). — Wie die Festreisen schematisch Jesu Aufenthalt in Jerusalem begründen (s. S. 86, 2), so das Verfolgungsmotiv hier und 4₁₋₃ den Aufenthalt in Galiläa.

[3] Das Laubhüttenfest heißt in LXX ἑορτή (τῶν) σκηνῶν (Lev 23₃₄ Dt 16₁₃ u. sonst; so auch Philo spec. leg. I 189) oder ἑορτή (τῆς) σκηνοπηγίας (Dt 16₁₆ 31₁₀; so auch Jos. ant. 4, 209; 8, 100; 13, 241). Jos. sagt öfter einfach σκηνοπηγία (ant. 13, 372; 15, 50; vgl. 8, 123: τὴν σκηνοπηγίαν καλουμένην ἑορτήν). — Das Fest dauerte nach Dt 16₁₃. 15 Ez 45₂₅ Jubil 16₂₀₋₃₁; Jos. ant. 13, 242 sieben Tage, und zwar vom 15. bis 21. Tischri (Sept./Okt.). Dazu kommt nach Lev 23₃₄₋₃₆ II Chron 7₈ f. II Esr 18₁₈; Philo spec. leg. I 189; II 211 noch ein Schlußtag, sodaß das Fest Num 29₁₂₋₃₉ II Makk 10₆; Jos. ant. 3, 245 als achttägig gilt. Nach einer in LXX noch fehlenden Glosse zu I Kön 8₆₅ (nach II Chron 7₁₉) hat Salomo das Fest 14 Tage gefeiert; danach auch Jos. ant. 8, 123. — Zur Feier des Festes s. Str.-B. II 774—812.   [4] S. S. 59, 1.

[5] Das μετάβηθι (nicht ἀνάβηθι) D. 3 könnte an eine Übersiedelung statt einer Festreise denken lassen. War das in der Quelle so gemeint, so würde die Zeitangabe D. 2 auf die Redaktion des Evglisten zurückgehen (so Wellh.). Mit dieser Möglichkeit muß man rechnen.

[6] D. 5 ist eine der typischen Motivierungen des Evglisten, s. S. 110, 3 und vgl. bes. 5₂₂ 8₄₂ 20₉. Daß Jesu Brüder zu seinen Lebzeiten nicht zu seinen Anhängern gehörten, wußte er aus der Tradition (Mk 3₂₁. 31-35 6₆ usw.). Im Sinne der Quelle waren die Brüder so wenig „ungläubig" wie Jesu Mutter 2₃. Eine gewisse Parallele ist die Aufforderung der Mutter und der Brüder Jesu, zur Taufe des Johannes zu gehen im Hebr.-Evg., s. Arn. Meyer, Handb. zu den Neutest. Apokr. 1904, 25.

[7] Vgl. den 5₂₀ 7₂₁ 9₃ vorausgesetzten Sprachgebrauch, der von dem des Evglisten (s. S. 199 f.) zu unterscheiden ist, der aber Mt 11₂ deutlich vorliegt. — Stammt das zugrunde liegende Traditionsstück aus der σημεῖα-Quelle, so nehmen die Brüder auf die 2₁-₁₁ 4₄₆-₅₄ 6₁-₂₆ erzählten Wunder Bezug.

[8] Ebenso die Anschauung 6₁₄ f.; s. S. 157 f.; vgl. auch S. 95, 1.

[9] Zu ἵνα mit Ind. Fut. (auch sonst im NT. wie in Inschr. und Pap.) s. Bl.-D. § 369, 2; Raderm. 173. — Das Subj. οἱ μαθηταί σου befremdet. Im Zshg können nicht die mit Jesus in Galiläa befindlichen und mit ihm zum Fest pilgernden Jünger gemeint sein; denn D. 3 f. setzt ja voraus, daß Jesus in Galiläa schon Wunder getan hat. So können nur die Jünger (im weiteren Sinne) gemeint sein, die Jesus bei seinem früheren Wirken in Jerusalem gewonnen hat (vgl. 2₂₃ 3₂₆ 4₁); von solchen kann aber die Quelle gerade nicht geredet haben, da sie vielmehr voraussetzt, daß Jesus bisher in Jerusalem noch keine Wunder getan hat. Und davon abgesehen: warum sollen gerade die μαθηταί und nicht vielmehr jedermann die Wunder sehen? Es folgt, daß οἱ μαθ. ein vom Evglisten eingesetztes Subj. ist, durch das mit dem früher Erzählten ein notdürftiger Ausgleich her-

ihre Aufforderung V.₄ₐ mit der allgemeinen Weisheit, daß nicht im Verborgenen wirken darf, wer den Anspruch auf öffentliche Geltung erhebt[1]. Sie urteilen nach den menschlichen Maßstäben, für die das obskure Galiläa ein *κρυπτόν* bedeutet, die Hauptstadt dagegen die *παρρησία*. Im Sinne des Evglisten erhebt sich ihr Wort weit über die Situation, wie er durch seinen Zusatz V.₄b: *εἰ ταῦτα ποιεῖς, φανέρωσον σεαυτὸν τῷ κόσμῳ* schon deutlich macht[2]. Es ist sachlich die gleiche Forderung, wie sie 10₂₄ an Jesus gerichtet wird[3]. Als ob sich Jesus nicht von Anfang an der Welt offenbart und öffentlich geredet habe, — so wie in seinem Sinne überhaupt von offenbaren die Rede sein kann! Als ob das *κρυπτόν*, das mit dieser Offenbarung wesensmäßig verbunden ist — weil es heißt ὁ *λόγος σὰρξ ἐγένετο* —, in der zeitweiligen Beschränkung seines Wirkens auf Galiläa läge!

Die Welt versteht nicht, daß Jesu *φανεροῦν* immer ein zweideutiges ist und damit für sie, sofern sie sich in ihrem Weltsein festhält, immer den Charakter des *κρυπτόν* hat, da man die *δόξα* nur am Fleischgewordenen wahrnimmt[4]. Gerade in dem Wirken, das die Welt für ungenügend hält, erfüllt der Offenbarer die Forderung: *φανέρωσον σεαυτὸν τῷ κόσμῳ*, und gerade so vollzieht sich die Offenbarung *ἐν παρρησίᾳ*. Diese *παρρησία* ist „Öffentlichkeit", freilich nicht im Sinne der Welt, nämlich demonstrative Aufdringlichkeit, sondern „Öffentlichkeit" im Sinne der undemonstrativen Alltäglichkeit (18₂₀).

---

gestellt wird; in Wahrheit ist dadurch aber „heller Unsinn geworden" (Wellh.). Ursprünglich war der Sinn: „Damit man (auch dort) die Werke sehe, die du tust." — Torrey 340 vermutet einen Übersetzungsfehler; es müsse heißen: „Daß man deine Jünger und die Werke sieht, die du tust." Aber es besteht kein Grund zu der Annahme, daß die *σημεῖα*-Quelle aus dem Semitischen übersetzt ist.

[1] Dieser Anspruch wird durch das *ζητεῖ* ... *ἐν παρρησίᾳ εἶναι* bezeichnet. *Παρρησία* bedeutet hier natürlich nicht, wie ursprünglich im Griechischen, das Recht oder auch den Mut zur Öffentlichkeit, die Redefreiheit oder Offenheit (vgl. E. Peterson, Reinh. Seeberg Festschr. 1929, 283—297), sondern, wie später häufig, Öffentlichkeit. In diesem Sinne ist *παρρ.* auch als Fremdwort ins Rabbinische übergegangen (s. Str.-B. und Schl. z. St.). — Bei dem grundsätzlichen Charakter des Wortes ist es gleichgültig, ob *αὐτό* (BD*; besser korrespondierend) oder *αὐτός* (so auch die Syrer; nach dem folgenden *φαν. σεαυτόν* korrigiert?) gelesen wird; s. Bl.-D. § 405, 1.

[2] V.₄b wird vom Evglisten stammen; denn schwerlich war in der *σημεῖα*-Quelle von einer Offenbarung an den *κόσμος* die Rede. Das ist die Sprache des Evglisten und der Offenbarungsreden, vgl. 1₉ 3₁₇. ₁₉ 8₂₆ 9₃₉ usw., auch 2₁₁ 17₆. — Windisch, Theol. Tijdschr. 1918, 230 verweist auf Kore Kosmou Stob. I 403, 18ff., wo die Elemente den Schöpfer bitten: *ἀνάτειλον* (Scott, Herm. I 486, 37: *ἀνάδειξον*) *ἤδη σεαυτὸν χρη⌈ματί⌉ζοντι τῷ κόσμῳ*, was nicht als Sachparallele gelten kann. Ebensowenig Tos. Sota 4, 7 (Schl. z. St.), wo Mose den im Nil begrabenen Josef ruft (in Schl.s Übersetzung): *εἰ φανερὸς ἡμῖν σεαυτόν, καλόν* (ähnlich in anderen Versionen der Legende bei G. Kittel, Die Probleme des paläst. Spätjudentums 1926, 169ff.). Das *φανεροῦν σεαυτόν* bedeutet hier nur „sich zeigen", „zum Vorschein kommen" und hat nicht den Sinn von „sich offenbaren". — Das *εἰ ταῦτα ποιεῖς* (nicht hypothetisch, sondern eine reale Tatsache bezeichnend, s. Bl.-D. § 372, 1a) charakterisiert auch den Anspruch Jesu. Die Formulierung ist durch die Verknüpfung mit V.₃ veranlaßt: wenn du solche Wunder tust, wie bisher, so liegt darin eine Demonstration, die der Öffentlichkeit bedarf.

[3] 10₂₄ hat *παρρησία* freilich den Sinn von Offenheit.

[4] S. S. 40f. — Daß dem Evglisten heidnische Polemik gegen das obskure Wirken Jesu vorschwebt, wie sie bei Orig. c. Cels. VI 78, p. 149, 22ff. Koetschau (vgl. Act 26₂₆) bezeugt ist, ist möglich. Aber der Satz spricht so sehr einen Grundgedanken des Evg aus, daß eine ausdrückliche Bezugnahme nicht angenommen zu werden braucht. Jedenfalls richtet sich der Satz genau so gut gegen ein sich selbst mißverstehendes Christentum.

Jeſu Antwort weiſt den Geſichtspunkt der Welt ab V. 6: „Meine Zeit iſt noch nicht gekommen; eure Zeit iſt jederzeit da[1]." Der καιρός iſt der aus dem Fluß der Zeit (χρόνος) herausgehobene entſcheidende Zeitpunkt des Handelns[2]. Auch die Welt weiß, daß jedes bedeutungsſchwere Handeln und Geſchehen ſeinen καιρός hat; und ſo würden die Brüder Jeſu es an ſich auch verſtehen können, wenn er ihre Aufforderung für den gegenwärtigen Augenblick abweiſt, um ihr ſpäter zu folgen. Aber das ὁ καιρὸς ὁ ἐμὸς οὔπω πάρεστιν verweiſt nicht im Sinne der Welt auf eine künftige Gelegenheit, ſondern iſt die Abweiſung des Standpunktes der Welt überhaupt; es bedeutet nicht: „jetzt noch nicht, aber ſpäter!", ſondern beſagt, daß ſich vom Standpunkt der Welt das Jetzt der Offenbarung überhaupt nicht beſtimmen läßt[3]. So will denn auch die Fortſetzung: ὁ δὲ καιρὸς ὁ ὑμέτερος κτλ. ſagen: die Welt kennt überhaupt kein Jetzt echter Entſcheidung[4]. Iſt ihr καιρός immer da, ſo iſt er in Wahrheit nie da, und in all ihrem Handeln wird nie etwas entſchieden, weil immer ſchon alles entſchieden iſt; ſie iſt ja „im Tode". Entſcheidung gibt es für ſie nur, wo ſie in Frage geſtellt wird, ob ſie im Tode „bleiben" will (12₄₆ uſw.); nur da, wo Einer nicht aus weltlichen Motiven und nach weltlichen Kriterien, ſondern die Welt preisgebend handelt. Solcher Art iſt aber auch das Handeln des Offenbarers; es iſt eschatologiſches Geſchehen, und deshalb gilt für ihn der Geſichtspunkt der Welt (V.₄) nicht: die Offenbarung iſt keine eindeutige innerweltliche Demonſtration, ſo daß das Feſt in Jeruſalem für ſie der καιρός wäre.

Daß der echte καιρός der Augenblick der Entſcheidung für oder wider die Welt iſt, ſagt V. 7:

$$\text{οὐ δύναται ὁ κόσμος μισεῖν ὑμᾶς,}$$
$$\text{ἐμὲ δὲ μισεῖ,}$$
$$\text{ὅτι ἐγὼ μαρτυρῶ περὶ αὐτοῦ}$$
$$\text{ὅτι τὰ ἔργα αὐτοῦ πονηρά ἐστιν[5].}$$

Wer den καιρός, der durch die Begegnung des Offenbarers gegeben iſt, erkennt, der ruft den Haß der Welt hervor, da ſich für ihn die Augenblicke, die

---

[1] Ob die Antitheſe V.₆ aus den Offenbarungsreden ſtammt wie V.₇ oder vom Evgliſten gebildet iſt, wird ſich ſchwer entſcheiden laſſen.

[2] Im Griechiſchen bezeichnet καιρός vor allem den für das Handeln entſcheidenden, unwiderbringlichen Augenblick, den das Schickſal (bzw. die kosmiſche Konſtellation) darbietet, und der in dieſem Sinne determiniert iſt. Im bibliſchen (und rabbin.) Sprachgebrauch wird deshalb καιρός für den von Gott determinierten Zeitpunkt, vor allem für den eschatologiſchen Zeitpunkt gebraucht (mit näherer Beſtimmung wie Lk.19₄₄ Apk 11₁₈ 1Pt 1₅ u. A., oder ohne ſolche wie Mk 13₃₃ Lk 21₈ Apk 1₃ u. A.). Joh 7₆ iſt der καιρός auch der eschatologiſche Zeitpunkt, jedoch im Sinne des Evgliſten, nämlich ſo, daß Jeſu Wirken als das eschatologiſche Geſchehen gedacht iſt (ſ. o.); deshalb kann καιρός hier auch den urſprünglichen Sinn des entſcheidenden Augenblickes für das Handeln behalten. — S. auch ThWB. s. v. καιρός.

[3] Mit Recht Odeberg 270ff. gegen das Verſtändnis des καιρός Jeſu als der günſtigen Zeit für ſein Wirken, wie es z. B. Sp. und Bd. vertreten. Es handelt ſich um die für den Erlöſer beſtimmte „spiritual time".

[4] B. Weiß: „Für ſie iſt die Zeit, ſich öffentlich der Welt zu zeigen, allezeit bereit." Das iſt eine falſche pedantiſche Ergänzung; denn ſich öffentlich der Welt zu zeigen, kommt für ſie gar nicht in Frage. Der Satz hat ganz allgemeinen Charakter. — Richtig Odeberg 279f. und D. Faulhaber, Das Joh-Evg und die Kirche, Diſſ. Heidelberg 1935, 44.

[5] V.₇ dürfte aus den Offenbarungsreden ſtammen; doch könnte er auch vom Evgliſten nach dem Muſter des 15₁₈ff. zugrunde gelegten Stückes dieſer Reden gebildet ſein; vgl. beſ. 15₁₈f. ₂₂.

für die Welt wichtig sind, zur Bedeutungslosigkeit nivellieren. Daß der καιρός
der Brüder immer da ist, entspricht der Tatsache, daß sie vom Haß der Welt nicht
getroffen werden; ihr Handeln bewegt sich innerhalb der Sphäre der Welt; sie
gehören zur Welt[1]. Jesus dagegen wird vom Haß der Welt getroffen, weil sein
Handeln der Welt den echten καιρός gibt, weil die Offenbarung die Welt in ihrer
Geschlossenheit und Sicherheit in Frage stellt[2]. Jesus „bezeugt"[3] der Welt, daß
ihre Werke böse sind. Er tut das nicht durch Moralpredigten[4], sondern als der
die Welt in Frage stellende Offenbarer, der um die Welt wirbt. „Böse" sind ja
die „Werke" der Welt nicht erst als unmoralische Taten, sondern als das welt=
liche Handeln schlechthin, in dem sich keine Entscheidung vollzieht. Das Offen=
barungsgeschehen ist ja das Kommen des Lichtes in die Finsternis, und das „Zeug=
nis", die Anklage, vollzieht sich ganz von selbst in der Reaktion der Welt[5].

V. 8f. führen wieder in die Situation zurück: Jesus wird nicht mit den Brüdern
zum Feste gehen[6]; er bleibt in Galiläa; denn seine Zeit ist noch nicht „erfüllt",
— daß sein Handeln eschatologisches Handeln ist, ist in dieser Wendung angedeutet[7].

Nachdem eine gewisse, nicht genauer bestimmte Zeit verstrichen ist, reist Jesus
doch nach Jerusalem[8]. V. 10. Der Evglist sucht den Widerspruch mit V. 8 durch
das οὐ φανερῶς ἀλλ' (ὡς) ἐν κρυπτῷ[9] auszugleichen[10]. Ist ein Ausgleich insofern
auch nicht möglich, als Jesus dann doch öffentlich auftritt (V. 14. 25 f.), so kann er
für die Auffassung des Evglisten doch gelten, weil nach dieser Jesus ja trotz des
öffentlichen Lehrens der verhüllte Offenbarer bleibt und sein Wirken nicht im
Sinne der Aufforderung von V. 3 f. den Charakter des κρυπτόν verliert.

---

[1] Vgl. 15 19. — Daß Gleich und Gleich sich gern gesellt (Sir 13 15), daß sich die Bösen
gegen den Frommen zusammentun (Sap 2 12), daß Zurechtweisung leicht Haß zuzieht
(Rabb. bei Str.=B.), sind Sätze, die Joh 7 6 höchstens illustrieren, aber, da sie in der Sphäre
der Erfahrung bleiben, nicht den grundsätzlichen Charakter dieses Wortes haben.

[2] Vgl. 3 20 15 18. Das Gleiche gilt für Jesu Jünger, die durch ihre Entscheidung
gegen die Welt diese ihrerseits wieder zur Entscheidung herausfordern (15 18 f. 17 14
I Joh 3 13).

[3] Μαρτυρεῖν hat hier durchaus forensischen Sinn und bedeutet so viel wie an=
klagen (s. S. 30, 5 und vgl. κρίσις und ἐλέγχειν 3 19-21). Das Forum ist Gott, vor dem
der κόσμος als der Angeklagte steht; s. S. 58 f. — Auch dieses μαρτυρεῖν wird zur Auf=
gabe der Jünger 15 26 f.

[4] Solche fehlen bei Joh überhaupt, bei dem auch μετανοεῖν und μετάνοια nicht
begegnen.

[5] S. S. 114 f.

[6] Natürlich ist das ὑμεῖς — ἐγώ V. 8 keine joh. Antithese, sondern einfach aus der
Situation zu verstehen. — Über die Lesarten οὐκ und οὔπω s. S. 216, 5. — Zu ἀναβαίνειν
s. S. 86, 3; das ἀναβ. εἰς τ. ἑορτήν entspricht dem jüd. Sprachgebrauch, s. Schl.

[7] Πληροῦν bzw. πληροῦσθαι vom Vollenden bzw. vom Ablauf einer bestimmten
Zeit häufig im Griechischen, in LXX, bei Jos. und in der urchristl. Literatur; s. Br. z. St.
und Wörterbuch. — Von Rechts wegen kann Obj. bzw. Subj. nur eine Zeitstrecke sein
(χρόνος, ἡμέραι, ἔτος, auch καιροί plur., vgl. z. B. Act 7 23. 30 9 23 Lk 21 24), nicht ein
Zeitpunkt. Mißbräuchlich aber ist auch der καιρός das Subj. des πληροῦσθαι, Jos. ant.
6, 49 Mk 1 15; so auch hier. Natürlich liegt eschatologischer Sprachgebrauch vor, s. S. 220, 2
und zu πληρ. IV Esr 4 35 ff. Mk 1 15 Gal 4 4.

[8] Das muß die Quelle auch erzählt haben, und V. 10 könnte aus ihr stammen (zu
ὡς δὲ . . . τότε vgl. 11 6 aus der σημεῖα=Quelle?). Aber V. 11-13 ist natürlich ein redakt.
Stück des Evglisten, vgl. 7 43. 31 10 19-21. Für ihn ist das betonte ἐκεῖνος charakteristisch
(s. S. 29, 1), ebenso das μέντοι nach Negation (4 27 7 13 20 5; auch 21 4; ὅμως μέντοι 12 42;
μέντοι sonst nur dreimal im NT. und nirgends nach Negation); der φόβος τ. Ἰουδ.
auch 19 38 20 19.

[9] Das ὡς fehlt אD pc it var syr sc.   [10] S. S. 216 f.

Daß Jesu bisheriges Wirken Unruhe[1], ein hin= und herfragen unter der Fest=
menge[2] hervorruft (**V. 11 f.**), ist ein Motiv, das das Folgende durchzieht. Während
früher (5 16 ff. 641 f.) allein die Opposition an Jesu Worten erwuchs, pflegt es
jetzt immer zu einem σχίσμα, einer Spaltung, zu kommen (7 43 9 16 10 19). Daß
solches hin= und Widerreden[3] nicht die echte κρίσις ist, die zwischen der Welt
und den Glaubenden scheidet, sondern innerhalb des κόσμος bleibt, der Sensation
und Erregung liebt[4], in dem man gern disputiert, das zeigt sich daran, daß niemand
sich für das, was er vertritt, einsetzt (**V. 13**)[5]. Auf allen lagert die Furcht vor den
„Juden", d. h. vor den autoritativen Stimmen der Welt. Und doch konstituiert
jeder die Welt mit, — was seinen symptomatischen Ausdruck darin findet, daß
der — doch auch jüdische — ὄχλος als die unverbindlich redende Menge von den
᾽Ιουδαῖοι als den Autoritäten unterschieden werden kann (V. 12. 40. 43. 31 f.), und
daß doch mit ὁ ὄχλος auch οἱ ᾽Ιουδαῖοι (V. 11. 35) wechseln kann[6]

β) Die Verborgenheit der Offenbarung 7 14. 25-29; 8 48-50. 54-55; 7 30.

Am vierten Tage des Festes[7] tritt Jesus im Tempel[8] lehrend auf[9] (**V. 14**).
Das weckt (**V. 25 f.**) die verwunderte Frage einiger Jerusalemer[10], die wissen, daß
man Jesus töten wollte (5 18), und daß er — so wird man ergänzen dürfen —
deshalb aus Jerusalem entwichen war (7 1). Redet er jetzt öffentlich[11], ohne daß
ein Verbot von der Behörde erfolgt[12], so scheint es ja, daß diese ihn als den

---

[1] Zu γογγυσμός f. S. 170,5. Hier wie D. 32 ist nicht der unwillige Ärger, sondern
das Unterdrückte, Unbestimmte, Unentschiedene gemeint.

[2] ῾Εορτή dürfte hier nicht das Fest, sondern die Festmenge bezeichnen wie Plot.
Enn. VI 6 12, p.412, 21 Volkm. und vielleicht auch Mt 14 2 (Joach. Jeremias, Die Abend=
mahlsworte Jesu 1935, 35).

[3] Das Urteil der Einen: Jesus ist ἀγαθός, wählt ein möglichst allgemeines Prä=
dikat, von dem sich im folgenden die bestimmteren ὁ Χριστός (D. 26. 41) und ὁ προφήτης
(D. 40) abheben. Das Urteil der Anderen: πλανᾷ τὸν ὄχλον, ist offenbar eine typische
Charakteristik jüdischer Polemik, vgl. D. 47; 12 19 Mt 27 63; Justin dial. 69,7 (Jesus als
μάγος und λαόπλανος); Str.=B. I 1023 f. — Die Textvarianten (ἐν τ. ὄχλῳ ℵD, Hinzu=
fügung von δέ hinter ἄλλοι bei manchen Zeugen, f. Bl.=D. § 447, 6) sind ohne Bedeutung.

[4] Das ἐκεῖνος klingt gewiß nicht geringschätzig (Chrys. usw., vgl. Br.), sondern
ist symptomatisch für die Sensation, die Jesus hervorruft. Wie sich im σχίσμα die κρίσις
verzerrt widerspiegelt, so in dem ἐκεῖνος im Munde der Juden das christliche ἐκεῖνος.

[5] Παρρησία (f. S. 219, 1) bedeutet im Gegensatz zum Unterdrückten des γογγυσμός
die Öffentlichkeit; sachlich aber ist hier das παρρ. λαλεῖν zugleich auch das offene, mutige
Reden.

[6] S. S. 59.

[7] Τῆς ἑορτῆς μεσούσης = in der Mitte des Festes, nach geläufigem griech.
Sprachgebrauch, den auch LXX, Philo und Jos. kennen; f. Br. und Schl. z. St. — Die
Mitte des Festes ist der vierte Tag, f. S. 218, 3.

[8] „hinaufgehen" in den Tempel ist geläufige Wendung bei den Rabbinen und
Jos.; f. Schl.

[9] Διδάσκειν von Jesus ausgesagt wie 6 59 7 28. 35 8 20. 28 18 20 (f. S. 206, 4). Man
darf 7 14 nicht an irgendeine andere Lehre denken, als sie an all den anderen Stellen ge=
meint ist, wie z. B. Schl. mit Berufung auf den rabbin. Sprachgebrauch und offenbar
unter dem Einfluß des mißverstandenen D. 16 (f. S. 206) will: die ethische Belehrung.

[10] ῾Ιεροσολυμίτης im NT. nur hier und Mk 1 5; einige Male in LXX und bei
Jos.; f. Br., Wörterbuch. — Daß „einige" von den Jerusalemern so reden, ist darin be=
gründet, daß nach der Darstellung 7 20 der ὄχλος in seiner Gesamtheit keine Kenntnis
von der Absicht der Behörde hat.

[11] Zu παρρησία f. S. 219, 1.

[12] Οὐδὲν αὐτῷ λέγουσιν nach Schl. z. St. und zu Mt 21 3 „echt palästinische Formel".
— Μή ποτε (wie 4 29 μήτι) nur hier bei Joh. — Zu ἄρχοντες f. S. 94, 3.

Meſſias anerkannt hat[1]. Aber ſofort wird dieſer abſurde Gedanke zurückgewieſen
(V. 27): Unmöglich! Der Meſſias muß ja geheimnisvollen Urſprungs ſein[2]; aber
Jeſu Herkunft iſt allgemein bekannt! — Alſo ein Menſch, deſſen Herkunft man
kennt[3], kann nicht der ſein, in dem ſich Gott offenbart! Der Urſprung der Offenbarung muß Geheimnis ſein.

Es zeigt ſich wieder, daß die Welt wohl über die Begriffe verfügt, die der
Offenbarung angemeſſen ſind; denn in der Tat: der Urſprung der Offenbarung
iſt Geheimnis. Aber ebenſo zeigt ſich wieder, daß die Welt ſich ſelbſt nicht verſteht und den Sinn jener Begriffe, die in einem urſprünglichen Fragen wurzeln,
in ihr Gegenteil verdreht[4]. Was ſie Geheimnis nennt, iſt gar kein echtes Geheimnis. Den geheimnisvollen Urſprung, das Jenſeits ihrer ſelbſt, macht ſie in
ihrer albernen Mythologie zum Dieſſeits. Sie meint über die Kriterien zu verfügen, um zu konſtatieren, ob und wo Gottes Geheimnis ſichtbar wird, ſodaß
nichts mehr geheimnisvoll iſt. Die Anerkennung des echten Geheimniſſes ſetzt
gerade das Irrewerden an den geläufigen Maßſtäben voraus. Deshalb bleibt
der Welt die Offenbarung verborgen, und gerade indem ſie weiß, weiß ſie nichts.

Jeſu Wort V. 28 f. antwortet auf das Gerede, als ſei es direkt an ihn gerichtet
geweſen[5]. Die Unanſchaulichkeit der Szene lehrt, daß im Grunde nicht eine Diskuſſion in Jeruſalem erzählt wird; die hiſtoriſche Szenerie iſt nur Verkleidung des
wirklichen Geſchehens, nämlich des Streites zwiſchen der Welt und dem Offenbarer vor Gottes Tribunal[6]. Jeſus antwortet nicht „einigen Jeruſalemern“,
ſondern er antwortet der Welt, die in jenem Gerede zu Worte kam. Daß ſeine
Worte aus einer anderen Sphäre erklingen, wird ſchon durch das feierliche ἔκραξεν
οὖν ἐν τῷ ἱερῷ διδάσκων kenntlich gemacht[7].

---

[1] Daß Jeſu ganzes Wirken und Reden den Meſſias-Anſpruch enthält, iſt als ſelbſt-
verſtändlich vorausgeſetzt.
[2] Zugrunde liegt ein Satz der meſſianiſchen Dogmatik (ſ. S. 63, 3, dazu h. Greßmann, Der Meſſias 1929, 449 ff.; Str.-B. II 488 f.). Es handelt ſich Joh 7 27 wohl nicht
um den Gedanken, daß man zwar weiß, er wird Davidide ſein, aber er wird vor ſeinem
Auftreten an einem verborgenen Orte weilen (dazu auch Str.-B. II 339 f.); vielmehr iſt
in dem πόθεν ἐστίν doch ausgeſprochen, daß es ſich um den Urſprung handelt; dieſer
gilt auch nach IV Esr 7 28 13 22; ſyr. Bar. 29, 3 als ſchlechthin verborgen. In dieſem
Punkte wird der gnoſtiſche Mythos die jüdiſche Meſſias-Mythologie beeinflußt haben.
— Auf Grund dieſes Mythos, wenn nicht ſchon auf Grund der allgemein verbreiteten
Vorſtellung vom geheimnisvollen Urſprung des Göttlichen überhaupt, kommt es im
Hellenismus zu analogen Diskuſſionen im Leben wirklicher oder angeblicher θεῖοι ἄνθρωποι (G. P. Wetter, Sohn Gottes 90 ff.; vgl. auch L. Bieler, Θεῖος Ἀνήρ I 1935, 134 f.).
Als der angeklagte Apollonios von Tyana durch ein Wunder legitimiert wird, nimmt
ihn der Statthalter Tigellinus beiſeite und fragt ihn, wer er ſei: Apollonios gibt Heimat
und Vater an und behauptet nur, daß Gott mit ihm ſei; aber ἔδοξε τῷ Τιγελλίνῳ ταῦτα
δαιμόνιά τ᾽ εἶναι καὶ πρόσω ἀνθρώπου (Philoſtr. Vit. Ap. IV 44, ähnlich I 21). Umgekehrt behauptet der Lügenprophet Alexander von Abonuteichos, ein Abkomme des
Perſeus zu ſein, und die Paphlagonier (εἰδότες αὐτοῦ ἀμφοτέρους τοὺς γονέας ἀφανεῖς
καὶ ταπεινούς) fallen auf den Schwindel herein (Luc. Alex. 11).
[3] Natürlich iſt wie 6 42 vorausgeſetzt, daß ſie ſich in dieſer Hinſicht nicht irren;
ſ. S. 40, 2; 170, 6.
[4] S. S. 38 f. 132 f. 136 f., beſ. 171.
[5] Es iſt charakteriſtiſch, wie oft Jeſus auf ein nicht direkt an ihn gerichtetes Gerede
das Wort ergreift: 4 34 6 43. 61 7 16. 28 16 19. Auch 7 33 iſt dazu zu rechnen.
[6] S. S. 58 f.
[7] Zu κράζειν = inſpiriertes Reden ſ. S. 50, 3. Das ἐν τ. ἱερῷ διδ. war unnötig;
es kann alſo nur den Zweck haben, die Bedeutſamkeit des Wortes zu charakteriſieren.

κἀμὲ οἴδατε καὶ οἴδατε πόθεν εἰμί.
καὶ ἀπ' ἐμαυτοῦ οὐκ ἐλήλυθα,
ἀλλ' ἔστιν ἀληθινὸς ὁ πέμψας με,
ὃν ὑμεῖς οὐκ οἴδατε,
ἐγὼ οἶδα αὐτόν,
ὅτι παρ' αὐτοῦ εἰμι
κἀκεῖνός με ἀπέστειλεν[1].

Daß ſie ihn und ſeine Herkunft kennen, iſt nicht in dem Sinne eine ironiſche Beſtreitung ihres Wiſſens, als ſeien ſie falſch orientiert. Nein! Sie haben ſchon recht[2]; man kennt ja ſeine Eltern (6₄₂). Aber in paradoxer Weiſe iſt das zugleich die Derneinung ihrer Kenntnis[3]. Ihr Wiſſen iſt ein Nichtwiſſen; ſie verdecken ſich mit ihrem — an ſich richtigen — Wiſſen gerade das, was es zu wiſſen gilt. Ihr Wiſſen genügt ihnen, ihm die Anerkennung zu verſagen: er, deſſen Herkunft man kennt, kann der Meſſias nicht ſein (D.27)! In Wahrheit kennen ſie ihn alſo nicht, denn ſie kennen den nicht, der ihn geſandt hat.

Das ἀπ' ἐμαυτοῦ οὐκ ἐλήλυθα, das ſeine göttliche Autoriſierung bezeichnet[4], ſoll im Zſhg. ſagen, daß ein Urteil über ſeine Herkunft im Sinne der Welt ſinnlos iſt: man verſteht ſeinen Urſprung nur, wenn man ſeine Autorität anerkennt, ſein Wort hört und von ſeiner Perſon, ſo wie ſie ſich dem Blick der Welt darbietet, abſieht. Er redet ja in göttlichem Auftrag: ἀλλ' ἔστιν ἀληθινὸς ὁ πέμψας με. Er hat ſich nicht ſelbſt autoriſiert (vgl. 5₄₃), ſondern er iſt wirklich geſandt, und — zwei Gedanken verſchlingen ſich in dieſem Satz — der ihn geſandt hat, iſt wahrhaftig[5]. Wer ihm den Glauben verweigert, der ſtraft Gott Lügen, wie umgekehrt der, der ihm glaubt, Gottes Wahrhaftigkeit anerkennt (3₃₃).

Während nach 5₃₇f. 8₁₉ der Unglaube gegenüber Jeſus den Dorwurf begründet, daß die Juden Gott nicht kennen, dient hier ihre Unkenntnis Gottes als Beweis dafür, daß ſie den Urſprung Jeſu nicht kennen. Natürlich iſt hier aber nicht eine Gotteserkenntnis vorausgeſetzt, die man außerhalb des Derhältniſſes zu Jeſus haben könnte. Dielmehr iſt vorausgeſetzt der Gedanke von 5₃₇f. 8₁₉: die Erkenntnis Gottes erweiſt ſich als wirklich in der Anerkennung Jeſu. Wenn

---

[1] D.28f. dürfte ein Zitat aus den Offenbarungsreden ſein, das der Evgliſt redigiert hat. Die erſte Zeile wird ſeine Bildung ſein, durch die er das Zitat dem Zſhg. einfügt. Im ſemitiſchen Text der Quelle werden der Relativſatz (ὃν ὑμεῖς κτλ.) und der Begründungsſatz (ὅτι παρ' αὐτοῦ εἰμι) Hauptſätze geweſen ſein, wenn ſie nicht gar erſt vom Evgliſten eingefügt ſind. — In D.29 fügen einige Zeugen ein δέ hinter ἐγώ ein. Statt παρ' αὐτοῦ leſen א e syrˢᶜ Text παρ' αὐτῷ (syrˢ freilich auch ἤμην ſtatt εἰμι), was Zn. und Bl. akzeptieren; es wird aber Korrektur ſein, die den Gedanken des ſtändigen Seins des Sohnes beim Dater ausdrücken will (ſ. S.56, 6; 108, 4). Bedeutungslos die Dariante ἀπέσταλκεν אD.

[2] Durch das καὶ ... καὶ („ſowohl ... als auch") erhält der Satz einen beſonderen Ton: „Gewiß! Ihr kennt mich und wißt ..." Weizſäcker trifft den paradoxen Sinn ſehr gut: „So? Mich kennt ihr und wißt ...?"

[3] Das καὶ in dem καὶ ἀπ' ἐμ. κτλ. hat jenen adverſativen Sinn von 1₅ uſw.; ſ. S. 28, 3.

[4] S. S. 187. — Dom „Kommen" Jeſu ἔρχεσθαι abſ. 5₄₃ 7₂₈ 8₁₄. ₄₂ 10₁₀ 12₄₇ 15₂₂; ἔρχ. εἰς τ. κόσμον 3₁₉ 9₃₉ 11₂₇ 12₄₆ 16₂₈ 18₃₇; ἐξέρχ. ἐκ (ἀπό, παρά) τ. θεοῦ (πατρός) 8₄₂ 13₃ 16₂₇f. ₃₀ 17₈; καταβαίνειν ἐκ (ἀπό) τ. οὐρανοῦ 3₁₃ 6₃₄. ₃₈. ₄₁f. (ſof. ₅₈). Dgl. S.30, 3. Über die Terminologie des Jgn. vgl. Schlier, Relig. Unterſ. 35f.

[5] Ἀληθινός hier nicht im Sinne von „wirklich" wie ſonſt oft als Gottesattribut (ThWB. I 250, 19ff.), ſondern (wie 3₃₃ und 8₂₆) = ἀληθής, „wahrhaftig" (ſo auch ſonſt von Gott ebd. I 250, 14ff.; ebd. 249, 41ff. über die Dertauſchung von ἀληθινός und ἀληθής).

also die Unkenntnis des Ursprunges Jesu in der Unkenntnis Gottes gründet, so heißt das: sie gründet darin, daß man Jesus die Anerkennung versagt. Es ist also klar: vom Ursprung Jesu wissen, heißt nicht, irgendwelche mythologischen oder spekulativen Theorien über den Ursprung des Offenbarers haben — mit solchen verbauen sich die Juden ja gerade den Weg zu Jesus —, sondern heißt, an die göttliche Autorisierung seines Wortes glauben.

Der Offenbarer selbst gründet seinen Anspruch nur darauf, daß er Gott kennt: ἐγὼ οἶδα αὐτόν. Und diese seine Gotteserkenntnis wiederum besteht nicht in einer mythologischen oder spekulativen Theologie[1], sondern einfach im Wissen um seinen Auftrag: ὅτι παρ᾽ αὐτοῦ εἰμι κἀκεῖνός με ἀπέστειλεν[2]. Er nimmt nicht irgendwelche metaphysischen Qualitäten für sich in Anspruch und beruft sich nicht auf irgendeine Instanz, die auch von den Juden anerkannt werden könnte, sondern nur auf das Wissen um seine Sendung. Nur als der Gesandte tritt er mit seinem Anspruch vor die Hörer, und nur wer ihn als den Gesandten anerkennt, erkennt, wer er ist, und woher er kommt.

Analog wie auf die Behauptung der Einheit von Gotteserkenntnis und Anerkennung Jesu 5 37 f. die Frage der δόξα Jesu folgte 5 41 ff., so folgt auch jetzt 8 48-50. 54 f. das Thema der δόξα[3]. Die Juden[4] nehmen (8, 48) begreiflichen Anstoß an Jesu Worten[5]; diese beweisen ihnen, daß Jesus ein Samariter ist[6], daß er besessen ist[7]. Seine Antwort (V. 49) weist den Vorwurf schlicht ab: „Ich bin nicht besessen, sondern ich ehre nur meinen Vater, — ihr aber verunehrt mich!"

---

[1] S. S. 190.

[2] Das ὅτι ist natürlich nicht rezitat., sondern begründend. Aber indem das Gottes=verhältnis als in der Sendung gründend bezeichnet wird, wird eben diese zugleich als das Wesen des Gottesverhältnisses (als der Inhalt des Wissens) bezeichnet. — Ob man das κἀκεῖνος κτλ. noch in den ὅτι=Satz einbezieht oder nicht, macht sachlich keinen Unter=schied. — Zu εἶναι παρά s. S. 173, 2.

[3] Zur Einfügung von 8 48-50. 54 f. hinter 7 29 s. S. 216.   [4] S. S. 222.

[5] Καλῶς λέγειν = „etwas mit Recht, zutreffend sagen" im Griechischen ge=bräuchlich. Das οὐ καλῶς λέγομεν nimmt nicht etwa auf eine frühere Äußerung Bezug; denn das Σαμαρ. εἶ σύ ist ja noch nirgends gesagt worden, und das δαιμ. ἔχεις kann sich nicht auf 7 20 beziehen. Der Sinn ist: „Haben wir nicht recht, wenn wir sagen . . ." Der Sinn ist der gleiche wie V. 52. Sehr wahrscheinlich aber ist es, daß der Evglist den Juden einen typischen Satz jüdischer Polemik in den Mund legt; s. folgende Anm.

[6] Das Σαμαρίτης εἶ σύ hat vielleicht keinen anderen Sinn als das Urteil über den Amhaarez „das ist ein Samariter" d. h. etwa ein Ketzer (Str.=B. z. St.). Es wäre im 3hg. dadurch bes. motiviert, daß Jesus den Juden (7 28) ihre Gotteskenntnis bestritten hat. Als Schimpfwort überhaupt ist Σαμ. jedenfalls nicht nachgewiesen. Möglich wäre auch, daß Jesus durch das Wort als ein samaritanischer Goet bzw. Gnostiker bezeichnet werden soll, wie Celsus sie schildert (Orig. c. Cels. VII 8; vgl. Norden, Agnost. Theos 188—190); so steht ja auch neben jenem Urteil über den Amhaarez das andere „das ist ein Magier"; vgl. Merx 215—218. 221—235. Der Vorwurf würde dann mit dem fol=genden δαιμ. ἔχεις identisch sein (O. Bauernfeind, Die Worte der Dämonen im Mk=Evg. 1927, 1), wie denn auch Jesus V 49 nur auf den Vorwurf der Besessenheit erwidert. — Phantastisch Eisler, Rätsel 455.

[7] Das δαιμόνιον ἔχεις ist hier in schärferem Sinne gemeint als 7 20, nämlich wie Mk 3 22. Charakteristisch ist aber der Unterschied von der synoptischen Tradition (Mk 3 22 Mt 12 24 = Lk 11 15). Bei Joh wird Jesus nicht vorgeworfen, daß er mit der Hilfe dämonischer Kraft ein Wunder vollbringt, sondern daß er von einem Dämon be=sessen ist, und daß darauf seine Worte beruhen. Es ist ein Vorwurf, der auch im Hellenis=mus von den Ungläubigen gegen den θεῖος ἄνθρωπος erhoben wird, den die Gnostiker den Christen machen und umgekehrt; vgl. Wetter, Sohn Gottes 73—80; Allgemeineres über die Verspottung des θεῖος ἄνθρ. bei L. Bieler, Θεῖος Ἀνήρ I 132 f.

Gerade aus dem ungeheuerlichen Anspruch, den er erhebt, daß allein er, der gewöhnliche Mensch, um dessen Herkunft man weiß, Gott kennt, und daß er von Gott gesandt ist, erwächst der Dorwurf gegen ihn. Aber gerade diesen An= spruch muß er erheben, denn gerade so ehrt er den Dater, von dem er ja diesen Auftrag hat. Die Juden aber verunehren durch ihre Beschimpfung ihn. Die Paradoxie seiner Situation wird dadurch deutlich, daß es nicht etwa heißt, wie man erwarten könnte: sie verunehren Gott! Natürlich tun sie das; sie machen ja Gott zum Lügner, indem sie Jesus den Glauben verweigern (I Joh 5₁₀). Aber sie tun das eben damit, daß sie seinen Offenbarer nicht ehren; und er muß doch diese Ehre beanspruchen; denn seine Ehre und die des Daters sind ja nur Eins (5₂₃)! Also sucht er doch seine Ehre? Don neuem kann das Mißverständnis er= wachsen, und Jesus kommt ihm zuvor **D. 50. 54f.**:

$$\dot{\epsilon}\gamma\dot{\omega} \ \delta\dot{\epsilon} \ o\dot{\upsilon} \ \zeta\eta\tau\tilde{\omega} \ \tau\dot{\eta}\nu \ \delta\dot{o}\xi\alpha\nu \ \mu o\upsilon\cdot$$
$$\dot{\epsilon}\sigma\tau\iota\nu \ \dot{o} \ \zeta\eta\tau\tilde{\omega}\nu \ \varkappa\alpha\dot{\iota} \ \varkappa\varrho\dot{\iota}\nu\omega\nu.$$
$$\dot{\epsilon}\dot{\alpha}\nu \ \dot{\epsilon}\gamma\dot{\omega} \ \delta o\xi\dot{\alpha}\sigma\omega \ \dot{\epsilon}\mu\alpha\upsilon\tau\dot{o}\nu,$$
$$\dot{\eta} \ \delta\dot{o}\xi\alpha \ \mu o\upsilon \ o\dot{\upsilon}\delta\dot{\epsilon}\nu \ \dot{\epsilon}\sigma\tau\iota\nu.$$
$$\dot{\epsilon}\sigma\tau\iota\nu \ \dot{o} \ \pi\alpha\tau\dot{\eta}\varrho \ \mu o\upsilon \ \dot{o} \ \delta o\xi\dot{\alpha}\zeta\omega\nu \ \mu\epsilon,$$
$$\dot{o}\nu \ \dot{\upsilon}\mu\epsilon\tilde{\iota}\varsigma \ \lambda\dot{\epsilon}\gamma\epsilon\tau\epsilon \ \ddot{o}\tau\iota \ \vartheta\epsilon\dot{o}\varsigma \ \dot{\eta}\mu\tilde{\omega}\nu \ \dot{\epsilon}\sigma\tau\iota\nu,$$
$$\varkappa\alpha\dot{\iota} \ o\dot{\upsilon}\varkappa \ \dot{\epsilon}\gamma\nu\dot{\omega}\varkappa\alpha\tau\epsilon \ \alpha\dot{\upsilon}\tau\dot{o}\nu,$$
$$\dot{\epsilon}\gamma\dot{\omega} \ \delta\dot{\epsilon} \ o\tilde{\iota}\delta\alpha \ \alpha\dot{\upsilon}\tau\dot{o}\nu.$$
$$\varkappa\ddot{\alpha}\nu \ \epsilon\ddot{\iota}\pi\omega \ \ddot{o}\tau\iota \ o\dot{\upsilon}\varkappa \ o\tilde{\iota}\delta\alpha \ \alpha\dot{\upsilon}\tau\dot{o}\nu,$$
$$\dot{\epsilon}\sigma o\mu\alpha\iota \ \ddot{o}\mu o\iota o\varsigma \ \dot{\upsilon}\mu\tilde{\iota}\nu \ \psi\epsilon\dot{\upsilon}\sigma\tau\eta\varsigma.$$
$$\dot{\alpha}\lambda\lambda\dot{\alpha} \ o\tilde{\iota}\delta\alpha \ \alpha\dot{\upsilon}\tau\dot{o}\nu$$
$$\varkappa\alpha\dot{\iota} \ \tau\dot{o}\nu \ \lambda\dot{o}\gamma o\nu \ \alpha\dot{\upsilon}\tau o\tilde{\upsilon} \ \tau\eta\varrho\tilde{\omega}[1].$$

Nein! Er sucht nicht seine Ehre! Indessen: wie er nicht richtet (8₁₅ 12₄₇), aber der Dater ihn zum Richter macht (5₂₂. ₂₇) und er also doch richtet (5₃₀), — wie er nicht selbst für sich zeugt (5₃₁), aber auf das Zeugnis des Daters für sich ver= weist (5₃₂. ₃₆f.) und also doch selbst für sich zeugt (8₁₈), — so sucht er freilich nicht seine Ehre, aber der Dater sucht sie und tritt in seinem Streit mit der Welt für ihn ein[2]; und so beansprucht er auch selbst, eben indem er das geltend macht, seine Ehre. Das alles gilt, weil und sofern er der Offenbarer ist, der nur im Auf= trag des Wortes handelt; denn würde er im Sinne der Welt auf seine δόξα aus sein, so wäre seine δόξα nichts, so wenig sein Zeugnis gültig wäre, wenn er im Sinne der Welt selbst für sich zeugen würde (5₃₁).

Wie aber verschafft ihm der Dater die δόξα? Während ausdrücklich gesagt ist, daß er der Richter dadurch ist, daß er das Wort verkündigt, das die Toten erweckt (5₂₄f.), und während gesagt ist, daß der Dater für ihn zeugt durch die Werke, die er ihm gegeben hat (5₃₆), fehlt hier eine ausdrückliche Angabe da= rüber, wie das geschieht, daß der Dater ihm Ehre gibt. Nun, es braucht nicht aus=

---

[1] D.₅₀. ₅₄f. dürfte ganz aus den Offenbarungsreden stammen; doch könnte freilich der zwischen den beiden οἶδα αὐτόν stehende Satz eine Einfügung des Evglisten sein. — Das ἡμῶν D.₅₄ ist begreiflicherweise vielfach in ὑμῶν korrigiert worden (ℵ K pm); aber der ὅτι=Satz führt hier so gut wie D.₅₅ direkte Rede ein.

[2] Zu ὁ ζητῶν D.₅₀ ist τὴν δόξαν μου zu ergänzen wie das ὁ δοξάζων με D.₅₄ zeigt; vgl. auch das ἄλλος ἐστιν ὁ μαρτυρῶν 5₃₂. Sachlich bedeutet es freilich keine Änderung des Sinnes, wenn man das ζητῶν wegen seiner Verbindung mit κρίνων abs. versteht (Br.): „Der die Untersuchung führt und als Richter das Urteil fällt." Denn das Bild von dem Rechtsstreit Jesu mit der Welt vor Gottes Tribunal (s. S. 223) ist, wie eben das κρίνων zeigt, ja in jedem Falle festzuhalten.

drücklich gesagt zu werden; denn es versteht sich von selbst: wie sich sein Richter=
amt in seinem gegenwärtigen Wirken vollzieht, und wie dieses die Werke
sind, die ihm der Vater gegeben hat, so vollzieht sich auch das δοξάζειν des Vaters
in nichts anderem als eben in diesem Offenbarungswirken, also auch ge=
rade in diesem Augenblick vor den Augen der Gegner, zu denen er redet. Sie
sind dafür freilich blind; denn sie können seine δόξα nicht sehen, da sie seinen
Vater nicht kennen, so wenig sie das Zeugnis der Werke verstehen, da sie Gott
nicht kennen[1]. Die δόξα des Offenbarers ist verborgen; sie ist nicht „Ehre" im
Sinne der Welt, sondern sie ist die verborgene „Herrlichkeit", die ihm als dem
Offenbarer, dem Sohne, zukommt[2]. Daß er diese eben durch sein Wirken als
der σάρξ γενόμενος gewinnt, sagt 12 28 ausdrücklich[3], und dies gesehen zu haben,
bekennt ja 1 14 die glaubende Gemeinde.

Jesus aber kann sich der Welt gegenüber nur auf sein Wissen berufen
(vgl. 7 29 und s. S. 225); ja, er muß es tun und damit das Ärgernis herausfordern;
denn leugnete er es, so wäre er ein Lügner wie die Gegner. Er würde es aber
leugnen, wenn er schwiege; denn sein Wissen um Gott ist ja nichts anderes als
sein Wissen um sein eigenes Gesendetsein[4]. So fällt sein Wissen um Gott und
sein Wissen um sein eigenes Gesendetsein in eins zusammen: „Aber ich kenne
ihn und halte sein Wort[5]."

Jesu Worte erregen begreiflicherweise den Zorn der Hörer (7, 30), und man
will ihn ergreifen. Aber — ähnlich wie 8 20 — es liegt gleichsam ein Bann auf
den Gegnern: keiner kann Hand an ihn legen[6]; denn seine Stunde ist noch nicht

---

[1] Wie auf die Berufung auf das Zeugnis des Vaters die Bestreitung der Gottes=
erkenntnis der Juden 5 37 folgt, so hier auf die Behauptung des δοξάζειν des Vaters.

[2] Über den Doppelsinn von δόξα als „Ehre" und „Herrlichkeit" s. zu 17 1. Völlig
verfehlt ist es, überall den Sinn von Ehre durchführen zu wollen (Hirsch I 226); der be=
herrschende Sinn von δόξα ist bei Joh der von Herrlichkeit im Sinne der Manifestation
des Göttlichen (s. S. 44, 1). Darin hat Faulhaber 22 f. ganz recht; doch verkennt sie, daß
der Evglist mitunter mit der doppelten Bedeutung des Wortes spielt, wie hier der Wechsel
τιμᾶν, ἀτιμάζειν, ζητεῖν τ. δόξαν ganz deutlich macht.

[3] S. auch zu 13 31 17 4.

[4] S. S. 225.

[5] In der Wendung τὸν λόγον τηρεῖν ist λόγος als das gebietende Wort, das
Gebot verstanden, wie die damit wechselnde Wendung τὰς ἐντολὰς τηρεῖν (14 15. 21
15 10 I Joh 2 3 f. 3 22. 24 5 2 f.) beweist. Das τ. λόγ. τηρ. beschreibt hier das Verhältnis Jesu
zum Worte Gottes, sonst das Verhältnis des Menschen zum Worte Jesu (8 51 f. 14 23 f.
15 20 17 6 I Joh 2 5). Vgl. Jesu Berufung auf die ἐντολή, die ihm der Vater gegeben hat
10 18 12 49 15 10; auch 14 31. — Τηρεῖν heißt im Griechischen nicht nur bewachen, be=
hüten, sondern auch in acht nehmen, acht geben auf; es kann zum Obj. haben ὅρκους,
τὴν πίστιν, τὸ πρέπον (s. Liddell-Scott). So wird es in LXX (neben φυλάσσειν) zur
Wiedergabe von נצר und bes. von שמר gebraucht und kann hier zum Obj. haben τοὺς
λόγους (I Reg 15 11), τὰ ῥήματα (Prov 3 1), ἐντολάς (Sir 29 1). Entsprechend Jos. ant.
8, 120 (τ. ἐντολάς). 395 und 9, 222 (τὰ νόμιμα); so auch τηρεῖν τ. ἐντ. Mt 19 17 Apk 12 17
14 12; vgl. τήρησις ἐντολῶν I Kor 7 19; dazu verwandte Wendungen s. Br., Wörterbuch.
Überall hier bedeutet τηρ. „bewahren" im Sinne von beachten, sich treu danach richten.
Anderwärts kann τηρ. den Sinn von aufbewahren (διατηρεῖν τὸ ῥῆμα Gen 37 11 =
nicht vergessen; ebenso συντηρεῖν Lk 2 19) haben, oder den Sinn von behüten, so bei
Joh 12 7 17 11 f. 15 I Joh 5 18. — Mit τηρεῖν kann φυλάττειν wechseln, das auch den
doppelten Sinn von bewachen und treu beobachten hat; bei Joh im ersten Sinne 12 25
17 12 I Joh 5 21; im zweiten 12 47 (sc. τὰ ῥήματα); vgl. Lk 11 28 (τ. λόγον).

[6] Πιάζειν wie 8 20 usw.; ἐπιβάλλειν τ. χεῖρα ist geläufig; meist steht wie V. 44 der
Plur., s. Br. 3. St.

gekommen[1]. Sein Schicksal ist nicht durch menschliches Wollen, sondern durch göttliches Walten bestimmt[2].

γ) Die Kontingenz der Offenbarung 7 37-44. 31-36.

Der Abschnitt zerfällt in die beiden Stücke 7 37-44. 31 und 7 32-36, die eng miteinander verbunden sind[3]. Das einladende Wort Jesu, mit dem das erste Stück beginnt, liefert nicht etwa das Thema des Abschnittes, sondern gibt nur Anlaß zu einem σχίσμα unter den Hörern (V. 43), wobei die Frage nach dem Ursprung des Offenbarers wieder eine Rolle spielt. Jedoch ist auch diese Frage nicht das eigentliche Thema und wird von Jesus nicht (wie V. 28 f.) aufgenommen. Seine Worte, die das eigentliche Neue und damit das Thema des Abschnittes enthalten, begegnen erst im zweiten Stück; sie handeln von seinem Fortgang und das bebedeutet: von der Kontingenz der Offenbarung.

1. Das σχίσμα 7 37-44. 31.

Die neue Szene spielt am „letzten Tage des Festes, am großen" (V. 37), also am dritten (oder vierten) Tage nach dem soeben Erzählten[4]; daß der Schauplatz wieder der Tempel ist, ist nicht ausdrücklich gesagt, dürfte sich aber von selbst verstehen. Die Szene ist eingeleitet durch ein Wort Jesu, das durch das ἔκραξεν (wie V. 28) wieder als ein gottgegebenes gekennzeichnet ist:

$$ἐάν\ τις\ διψᾷ,\ ἐρχέσθω\ [πρός\ με?]^5,$$
$$καὶ\ πινέτω\ ὁ\ πιστεύων\ εἰς\ ἐμέ^6.$$

Als der Heilbringer, der Offenbarer, tritt Jesus vor die Festmenge und ruft die Dürstenden zu sich[7]. Er spendet also das Wasser, das allen Durst stillt (4 14),

---

[1] Die ὥρα ist hier wie 8 20 die Stunde der Passion.

[2] Rationalistisch Zn.: „Sie (die Jerusalemer von V. 15) werden den ὄχλος (die Festpilger) gefürchtet haben!" Natürlich liegt ein mythisches bzw. legendarisches Motiv vor, wie es stark vergröbert im mand. Joh.B. 96 begegnet. Slav. Jos. Fr. 1, 16 (Kl. Texte 11, 19) dürfte von christlicher Tradition abhängig sein. Vgl. K. Zwierzina, Die Legenden der Märtyrer vom unzerstörbaren Leben (in Innsbrucker Festgruß 1909, 130—158), und s. zu 8, 59.   [3] Zur Umstellung der beiden Stücke s. S. 216.

[4] Je nachdem, ob das Schlußfest nach den sieben Tagen des eigentlichen Festes (s. S. 218, 3) mitgerechnet ist oder nicht, ist der 7. oder 8. Tag des Festes gemeint. Für keinen dieser beiden Tage ist die Bezeichnung „der große" bezeugt. Da aber einerseits die eigentlichen Festriten am 8. Tage nicht mehr vollzogen wurden, zu denen vor allem die Wasserspende auf dem Brandopferaltar gehört (s. u.), und da andrerseits der 7. Tag vor den vorhergehenden durch besondere Feierlichkeiten ausgezeichnet war, so dürfte der 7. Tag gemeint sein; so auch Str.=B. II 490 f.; Joach. Jeremias, Golgotha 1926, 81.

[5] Das πρός με fehlt ℵ*Dbe und ist vielleicht eine naheliegende, sachlich richtige Ergänzung.

[6] Das ὁ πιστεύων εἰς ἐμέ ist mit dem vorhergehenden πινέτω als dessen Subj. zu verbinden. Nicht nur, weil sich, wenn das ὁ πιστ. εἰς ἐμέ zum folgenden gezogen wird, schlechterdings kein passendes Schriftwort finden läßt, sondern auch, weil der Satzrhythmus diese Verbindung verlangt, vor allem aber, weil sich sonst die grotesk-komische Vorstellung ergeben würde, daß aus dem Leib des Trinkenden, der seinen Durst stillt, Wasserbäche strömen. — Daß auch ein Mensch als Spender des Guten mit einer Quelle verglichen werden kann (Prov 18 4 Cant 4 15) oder mit einem Brunnen (Rabbin. bei Str.=B. und Schl.), kommt im Jhg nicht in Frage. — Über die schwankende Auffassung in der alten Kirche s. Lagr.

[7] Der Ruf ἐρχέσθω (πρός με) ist der typische Ruf des Heilbringers und Offenbarers; s. S. 168, 4 und vgl. den Ruf der „Weisheit" Prov 9 4 Sir 24 19 51 23 f. (auch hier ergeht der Ruf an die Durstigen); ferner Mt 11 28 Od. Sal 30 1 ff. (auch hier der Ruf zur „Lebensquelle des Herrn") 31 6 33 6 Joh.B. 48, 6 ff. (der Ruf des Hirten); 87, 6; 154, 8 ff.; Ginza 29, 21; 47, 21 f. (hier verbunden mit „glaubet an mich"); vgl. P. Oxy. XI 1381, 203.

das „Wasser des Lebens"[1]. Kein Zweifel, daß damit nichts Anderes gemeint ist, als die Gabe, die er als der Offenbarer zu spenden hat, durch welche Bilder sie auch jeweils bezeichnet wird: die Offenbarung, oder besser: sich selbst. Freilich wird das Wasser, das Jesus spendet, in der Anmerkung des Evglisten **V. 39**[2]

— In der Tat dürfte das Wort Jesu V. 37 aus den Offenbarungsreden stammen, und zwar wohl aus dem gleichen Stück, dem 4 13f. entnommen ist. Ging in der Quelle ein ἐγώ-εἰμι-Satz voraus? Einem solchen pflegt eine Verheißung zu folgen; s. S. 168, 1.

   [1] S. S. 132ff.
   [2] Es ist kein Anlaß, **V. 39** als Glosse der kirchlichen Redaktion zu streichen; auf diese geht vielmehr V. 38b zurück, der V. 39 unzulässig vom Worte Jesu V. 37. 38a trennt. Vgl. die Anmerkungen des Evglisten 2 21f. 11 13 12 16 33. Daß die Interpretation des von Jesus gespendeten Wassers als des Geistes der jüdischen Anschauung vom Laubhüttenfest entspricht (s. im Text), spricht dafür, das V. 39 vom Evglisten stammt. Nur V. 39b könnte redakt. Glosse sein (s. S. 124, 7), wenngleich die Anschauung, daß die Gemeinde den Geist erst nach dem δοξασθῆναι Jesu empfängt, die der Abschiedsreden ist (vgl. bes. 14 26 16 7); ebenso 20 22. — Zur Vorstellung des Geistes unter dem Bilde des Wassers s. S. 133, 5. **V. 38b** dagegen, der den Zshg zwischen V. 37. 38a und V. 39 sprengt, ist der kirchlichen Redaktion zuzuschreiben. Die Verlegenheit, die gemeinte Schriftstelle zu finden, entsteht vor allem dann, wenn man das ὁ πιστ. εἰς ἐμέ als zum Zitat gehörig ansieht. Verbindet man es mit dem Vorangehenden (s. S. 228, 6), so läßt sich der Satz ποταμοὶ κτλ. freilich auch nicht als direktes Zitat nachweisen, wohl aber als deutliche Beziehungnahme auf eschatologische Weissagungen, daß in der Heilszeit aus dem Tempel oder aus Jerusalem eine Quelle entspringen wird (s. S. 133, 4). Die in at.lichen Texten nicht vorliegende Formulierung ἐκ τ. κοιλίας αὐτοῦ könnte dadurch veranlaßt sein, daß der Red. an 19 34 denkt (Jeremias, Golg. 82; A. Schweitzer, Die Mystik des Apostel Paulus 347f.). Da der Red. griechisch schreibt, ist an einen Übersetzungsfehler nicht zu denken (Burney: Verwechslung von מַעְיָן = Quelle [Joel 3 18] mit מֵעַיִן = Leib; dagegen Goguel, Rev.

H. Ph. rel. 1923, 380; Torrey: von מִגַּוָּה = aus ihrer [Jerusalem] Mitte [Sach 14 8] mit מִגֵּוֵהּ = aus seinem Bauche). Kein Übersetzungsfehler, aber ein starker Aramaismus läge vor, wenn κοιλία dem rabbin. גּוּף [גּוּפָא] entspräche, das ursprünglich „Höhlung" bedeutet, dann aber im Sinne von Person oder als Ersatz für das persönliche Pron. gebraucht wird, sodaß ἐκ τ. κοιλ. αὐτοῦ einfach hieße „von ihm" (Str.-B. II 492; Jeremias, Golg. 82). L. Köhler (Marti-Festschr. 1925, 177) will das Wort auf Jes 58 11f. zurückführen und zwar auf einen zur Zeit des Joh noch unversehrten Jes-Text. Es sei nämlich das מְמֵךְ von Jes 58 12 als מֵעֶיךָ hinter מַיִם V. 11 einzusetzen: „Dein Leib sei ein Quellort von Wassern." — Wieder eine andere Konjektur bei R. Eisler, Orpheus 1921, 148f.; Ἰησοῦς βασιλεύς II 1930, 101. 249. — Wer diese Erklärungen für unsicher oder falsch hält, kann daran erinnern, daß κοιλία in LXX außer seiner anatomisch-physiologischen Bedeutung auch den Sinn: das Innere (eines Menschen) haben kann und mit καρδία gleichbedeutend sein kann, mit dem es gelegentlich in Varianten wechselt (s. Br. 3. St.). — Im gnostischen Kreis ist wohl von der „Lebensquelle des Herrn" die Rede (Od Sal 30 1) und bei den Mandäern wird der Gesandte auch direkt als der „Sprudel des Lebens", als „lebendes Wasser" u. dergl. bezeichnet (s. S. 135, 7). Aber die Vorstellung, daß das Lebenswasser aus dem Leibe des Erlösers kommt, ist nicht bezeugt. Man müßte dann schon an kultische Bilder denken; vgl. Bousset, Hauptpr. 280, 2; H. Greßmann, Die oriental. Religionen im hellenist.-röm. Zeitalter 1930, 31; E. Curtius, ges. Abh. II 1894, 127—156; H. Prinz, Altorient. Symbolik 1915, 81. 87. 137 (Tafel X 7—9; XII 5. 8; XIII 1. 2). Daß solche Darstellungen die Phantasie beeinflussen können, zeigen Apk 9 19; herm. vis. 3, 8, 2; 9, 2, 4 und bes. Eus. h. e. V 1, 22; vgl. Wetter, Sohn Gottes 55, 1. — Exegeten, die das ὁ πιστ. κτλ. zum Zitat ziehen, suchen dem ἐκ τ. κοιλ. noch einen bes. Sinn abzugewinnen. Jn. will κοιλ. von der physiologischen Bedeutung als Fortpflanzungsorgan her verstehen: der Gläubige wird auch für Andere eine Quelle des Geistes sein. Leisegang (Pneuma Hagion 1922, 37f.) faßt κοιλ. als Unterleib; und indem er auf das hellenistisch-mystische Verständnis der Inspiration als der Schwängerung durch das πνεῦμα verweist, will er hier die Weissagung finden, daß die Jünger ἐγγαστρίμυθοι (Propheten) werden.

auf den Geist gedeutet, den die Glaubenden nach seiner Verherrlichung[1] emp=
fangen werden. Aber das bedeutet keine verengernde Spezialisierung der Gabe;
denn der Evglist versteht nach den Abschiedsreden unter dem Geist nicht eine
besondere Gabe, die sich in besonderen Phänomenen des christlichen Lebens
dokumentierte[2]. Vielmehr ist für ihn das $\pi\nu\varepsilon\tilde{\nu}\mu\alpha$ der $\mathring{\alpha}\lambda\lambda o\varsigma$ $\pi\alpha\varrho\mathring{\alpha}\varkappa\lambda\eta\tau o\varsigma$ (14₁₆),
der Jesus vertritt, in dem Jesus selbst zu den Seinen kommt.

Warum wählt der Evglist dieses Jesus=Wort, das doch für die folgende Szene
keine thematische Bedeutung hat, zum Ausgangspunkt? Offenbar deshalb, weil
dieses Wort in der Situation des Laubhüttenfestes besondere Bedeutung gewinnt
und, ähnlich wie 4₂₁₋₂₄, sagt, daß dem jüdischen Kult in dem in Jesus sich voll=
ziehenden eschatologischen Geschehen das Ende gesetzt ist. An die Stelle der für
das Laubhüttenfest charakteristischen Wasserspende, die als eine symbolische Dar=
stellung des endzeitlichen Wassersegens und als eine Vorwegnahme des endzeit=
lichen Geistesempfanges gedeutet wurde[3], tritt Jesus als der Spender des Lebens=
wassers, des Geistes. Die Verheißung ist erfüllt; die Heilszeit ist in Jesus zur
Gegenwart geworden.

Von hier aus ist auch die **V. 40 — 42** geschilderte Wirkung des Wortes Jesu[4] auf
die Menge am besten verständlich[5]. Es erwacht wieder die Frage, ob er der eschato=
logische Heilbringer ist. Die einen halten ihn für „den Propheten", andere für den
Messias[6], andere endlich lehnen diese Meinungen auf Grund ihrer messianischen

---

[1] $\varDelta o\xi\alpha\sigma\vartheta\tilde{\eta}\nu\alpha\iota$ geht hier auf die Verherrlichung Jesu durch Kreuz und Erhöhung;
vgl. bes. 12₁₆ und s. zu 17₁. Vgl. J. Schneider, Doxa 1932, 123; H. Kittel, Die Herr=
lichkeit Gottes 1934, 246f.

[2] Z. B. Wundertaten, Zungenreden; s. H. Gunkel, Die Wirkungen des hl. Geistes[3]
1909.

[3] Vgl. Str.=B. II 799—805 über die Wasserspende am Laubhüttenfest; Jeremias,
Golg. 60—65. 80—84; W. A. Heidel, Americ. Journ. of Philology 45 (1928), 233f. —
Die Wasserspende, die während der sieben Tage des Festes beim Morgenopfer dargebracht
wurde, scheint frühzeitig mit den eschatologischen Weissagungen der Heilsquelle in Ver=
bindung gebracht worden zu sein. Zwar wurde das Libationswasser nicht getrunken;
nichtsdestoweniger wurde Jes 12₃ auf den Ritus bezogen: „Ihr werdet mit Frohlocken
Wasser schöpfen aus den Quellen des Heils", und der Frauenvorhof, die Stätte der fest=
lichen Freudeveranstaltungen, wurde als „Stätte des Schöpfens" bezeichnet. Der Fest=
jubel wurde auf eine Ausgießung des Geistes zurückgeführt.

Jeremias verweist darauf, daß der Brandopferaltar, auf dem die Wasserspende
dargebracht wurde, der jüdischen Tradition (seit wann?) als der heilige Fels und zu=
gleich als der Verschlußstein der Unterwelt galt, aus dem die Gewässer der Endzeit hervor=
strömen werden. Er meint daraufhin, daß sich Jesus in dem Worte V.₃₇ als „der Lebens=
wasser spendende heilige Felsen" vorstelle. Indessen ist der Felsen ja mit keinem Worte
genannt! — Noch phantastischer will Grill II 129, A. 384 V.₃₇ aus der Symbolik der
Eleusinien erklären, die in die gleiche Jahreszeit fallen wie Laubhütten.

[4] Sekundäre Überlieferung liest $\tau\grave{o}\nu$ $\lambda\acute{o}\gamma o\nu$ ($\tauo\acute{\nu}\tauo\nu$) statt $\tau\tilde{\omega}\nu$ $\lambda.$ $\tau.$, wenn nicht
ein Versehen, so eine Korrektur, weil Jesus ja nur ein Wort gesprochen hat. Der sicher
ursprüngliche Plur. beruht nicht darauf, daß alle am Fest gesprochenen Worte (seit V.₁₄)
gemeint sind, sondern zeigt, daß das Wort V.₃₇ als repräsentativ für Jesu Verkündigung
gedacht ist. Schwerlich braucht man die Frage zu erheben, ob hinter V.₃₉ ein Stück aus=
gefallen ist.

[5] Der Stil zeigt die für den Evglisten charakteristischen Eigentümlichkeiten jüdischer
Redeweise; so die Frage $o\mathring{v}\chi$ $\mathring{\eta}$ $\gamma\varrho\alpha\varphi\grave{\eta}$ $\varepsilon\tilde{\iota}\pi\varepsilon\nu$, der Gebrauch von $\sigma\pi\acute{\varepsilon}\varrho\mu\alpha$ zur Bezeichnung
der Nachkommenschaft (griechisch meist für den einzelnen Nachkommen), die Wendung
$\mathring{o}$ $X\varrho.$ $\mathring{\varepsilon}\varrho\chi\varepsilon\tau\alpha\iota$; s. für alles Schl. z. St. — Übrigens ist $\mathring{\alpha}\pi\grave{o}$ $B\eta\vartheta\lambda.$ $\tau\tilde{\eta}\varsigma$ $\varkappa\acute{\omega}\mu\eta\varsigma$ $\varkappa\tau\lambda.$ gut
griechisch, Colwell 41f.

[6] So wenig wie 1₂₀f. stehen die Bezeichnungen im Verhältnis einer Rangordnung
(s. S. 62, 4); beide meinen den eschatologischen Heilbringer, und die Doppelheit der Aus=

Dogmatik ab: der Messias muß ein in Bethlehem geborener Davidide sein[1], während Jesus doch aus Nazareth stammt[2]! Wieder ist gezeigt, daß die Dogmatik den Weg zu Jesus verbaut[3]; doch verweilt der Evglist hier nicht länger bei diesem Motiv, sondern begnügt sich mit dem Bericht, daß um Jesu willen ein σχίσμα im ὄχλος entstand (V. 43)[4], und macht diese Spaltung V. 44. 31 anschaulich. Wieder wollen einige Jesus ergreifen, aber wieder sind ihre Hände wie gelähmt (wie V.30); viele aus dem ὄχλος aber fassen Glauben, indem sie an die vielen Wunder erinnern, die Jesus getan hat[5]. Dieser Glaube, von dem hier wie 8 30 10 42 11 45 schematisch berichtet wird, ist wie 2 23 10 42 11 45 durch die Wunder begründet. Er ist so wenig zuverlässig, wie der von 2 23 [6]. In Zshg hat der Bericht nur den Sinn, das Eingreifen der Behörde zu motivieren und so zu dem Worte Jesu zu führen, das das eigentliche Thema des Stückes ist.

2. Das Zu=spät 7 32-36.

Die Behörde[7] erfährt von dem Vorgang (V. 32) — auf welchem Wege, interessiert nicht — und entsendet Diener, die Jesus verhaften sollen[8]. Daß diese alsbald zur Stelle sind, wird nicht ausdrücklich erzählt, ist aber V.45 vorausgesetzt. Überhaupt ist die Erzählung ganz unanschaulich; es kommt nur auf Jesu Wort (V. 33) an. Dieses hat seinen Bezug auf die Absicht der Behörde V.32[9]. Ihre Absicht ist (nach 5 18) natürlich die, Jesus zu beseitigen. Als Antwort darauf ist Jesu

---

sagen malt nur die Unsicherheit der messianischen Dogmatik. — Zu ὁ προφ. s. S.61f.; 158, 2. Vielleicht spricht die jüdische Erwartung, daß der wiederkehrende Mose das Quell=wunder vom Horeb wiederholen werde (Jeremias, Golg. 64), dafür, daß unter dem Propheten Mose verstanden ist.

[1] Nach II Sam 7 12f. Jes 11 1 Jer 23 5 wird als Messias ein Davidide erwartet; nach Mi 5 1 muß er in Bethlehem geboren werden; vgl. Schürer II 615; Bousset, Rel. d. Judent. 226 f.; Str.=B. I 11—13. 82 f.; Dolz, Eschatologie 203 f.; Staerk, Soter I 1 ff. — Nach einem Aus= gleich dieses Dogmas mit dem von der verborgenen Herkunft des Messias (V.27) braucht man kaum zu suchen; genug, daß zwei Sätze messianischer Spekulation gegen Jesus geltend gemacht werden. Wäre ein Ausgleich erforderlich, so wäre er gegeben, wenn V.27 die Verborgenheit nicht vom Ursprung gemeint wäre, s. S. 223, 2.
[2] So ist nach 1 45 (6 42) 7 52 vorauszusetzen. Die Juden irren sich natürlich ebenso= wenig wie 6 42 7 27. Von der Bethlehemgeburt Jesu weiß also der Evglist nichts, oder will er nichts wissen; s. W. Wrede, Charakter und Tendenz des Joh=Evg.[2] 1933, 48.
[3] S. S. 224.   [4] Das Motiv wie 9 16 10 19.
[5] Vorausgesetzt ist offenbar die Anschauung, daß sich der Messias bei seinem Auftreten durch Wunder legitimieren wird. Sehr klar ist diese Vorstellung in der jüdischen Literatur nicht bezeugt. Aber es scheint, daß die Wunder, die man von der Heilszeit selber erwartete (vgl. z. B. Jes 35 5 f. und s. S.169, 5), auch als Legitimations= wunder des Messias aufgefaßt werden konnten. Diese Anschauung ist auch Mt 11 2 ff. par. Mt 13 22 II Th 2 9 vorausgesetzt. Vgl. auch die Zeichenforderung Mk 8 11 Mt 12 38 par. und s. Dolz, Eschatologie 209.   [6] Vgl. 2 24 f. und s. zu 8 30.
[7] Die Subj. sind V.32 zweimal genannt: (ἤκουσαν) οἱ Φαρ. und (ἀπεστ.) οἱ ἀρχιερ. καὶ οἱ Φαρ. Das wird ursprünglich sein, wenn auch syr[s] die Hohenpriester und Pharisäer gleich zu Anfang nennt und dann mit dem unbestimmten „sie" fortfährt. Mit dem bloßen οἱ Φαρ. sind die Personen, mit οἱ ἀρχ. καὶ οἱ Φαρ. (wie V.45 11 47 18 3) die Behörde bezeichnet, das Synedrion; s. Schürer II 251 f. Für die vulgäre Auffassung erscheinen die Pharisäer als Schriftgelehrte und begegnen deshalb neben den ἀρχιερεῖς wie bei den Synoptikern die γραμματεῖς (diese nie bei Joh), vgl. 7 32. 45. 48 11 47. 57 18 3. Auch 11 46 (12 19. 42) und in Kap.9 erscheinen die Pharisäer als Behörde.
[8] Über die „Diener" (auch 18 3. 12. 18 19 6) — halb Kultuspersonal, halb Polizei — s. Schürer II 443. — Ἀποστέλλειν wird 5 33 11 3 abs. gebraucht; doch besteht kaum Grund, das ὑπηρέτας hier für interpoliert (nach V.45) zu halten, obwohl seine Stellung schwankt und es gelegentlich fehlt.   [9] S. S. 223, 5.

Wort von grausiger Ironie erfüllt. Die Gegner haben — wie die Juden von
V.27 — schon recht: er muß beseitigt werden! Und sie täuschen sich doch ebenso
schrecklich wie jene: sie ahnen nicht, inwiefern sie Recht haben, und was die Be=
seitigung Jesu bedeutet:

$$\text{ἔτι χρόνον μικρὸν μεθ' ὑμῶν εἰμι}$$
$$\text{καὶ ὑπάγω πρὸς τὸν πέμψαντά με.}$$
$$\text{ζητήσετέ με καὶ οὐχ εὑρήσετε,}$$
$$\text{καὶ ὅπου εἰμὶ ἐγὼ ὑμεῖς οὐ δύνασθε ἐλθεῖν}[1].$$

Nicht ihn werden sie zunichte machen, wenn sie ihn beseitigen, sondern sich
selbst. Es ist im Grunde gar nicht ihr Werk, wenn sie ihn töten, sondern seine
Tat, sein Hingang zum Vater, der ihn gesandt hat[2]. Auf diese Rückkehr zum Vater
ist hier aber nicht verwiesen als auf seine Erhöhung und Verherrlichung und ihre
Bedeutung für die Glaubenden[3], sondern als auf seinen Abschied von der Welt
und dessen Bedeutung für die Ungläubigen als des Zu=spät. Sein Fortgang aus
der Welt bedeutet für die Welt das Gericht[4], und zwar wird dieses Gericht eben
darin bestehen, daß er fort ist, daß es dann keine Offenbarung mehr für sie gibt.
Dann „werden sie ihn suchen", sie werden vergebens nach Offenbarung verlangen;
aber dann ist es zu spät; er wird ihnen dann unzugänglich sein[5].

Was also den Hörer des Wortes in eine so furchtbare Verantwortung bringt,
das ist die historische Kontingenz der Offenbarung. Sie steht nicht be=
liebig zur Verfügung, sondern nur in einer beschränkten, von ihr selbst gesetzten
Zeit[6]. Sie besteht ja nicht in allgemeinen Wahrheiten, die zeitlos ergreifbar sind,
oder auch in einem Dogma, das jederzeit verfügbar wäre, sondern sie begegnet
in der Zeit, sie ist je persönliche Gegenwart. Ist die Gelegenheit, da die Anrede
des Offenbarers traf, versäumt, so gilt es: zu spät!

Selbstverständlich ist in dieser symbolhaften Szene nicht darauf reflektiert,
daß die Gemeinde das Wort Jesu wieder aufnimmt, und daß die Offenbarung
je und je in der Zeit wieder zur Gegenwart wird. Das symbolhaft Gesagte ist
grundsätzlich zu verstehen: wie in Jesus die Offenbarung wirklich wird als histo=
risch begrenztes Ereignis, so jeweils in der ihn verkündigenden Predigt[7]. Denn
diese hat ihre Legitimation nur in jenem Ereignis und nicht in allgemeinen Wahr=
heiten oder einem dogmatischen System. Freilich wird in ihr jenes Ereignis nicht

---

[1] Zweifellos ein Zitat aus den Offenbarungsreden, ursprünglich wohl mit dem
Zitat 7₂₈f. zusammenhängend. Der Evglist verwendet es auch 13₃₃. — Der Gedanke
geht auf den Mythos zurück und ist schon im Judentum auf die „Weisheit" übertragen
worden (Prov 1₂₃₋₃₁ und vgl. Eucharisterion II 8ff.); vgl. 3NTW. 24 (1925), 126—128;
Schlier, Relig. Unters. 76f. — Nach der Gnosis ist die Rückkehr des Erlösers, der durch
seine Himmelfahrt zugleich die Seinen befreit und so der Welt alle Lichtteile entzieht
(s. zu 12₃₂), das Gericht der Welt; s. 3NTW. 24 (1925), 136; Jonas, Gnosis I 278 und
vgl. bes. Ginza 346, 33ff.; 517, 6ff.; auch 529, 30ff.; 530, 25ff.; s. u. S. 233, 1.
[2] Von Jesu ὑπάγειν in Korrelation zu seinem Kommen reden 8₁₄ 13₃; statt ὑπάγειν:
πορεύεσθαι 16₂₈, ἀναβαίνειν 3₁₃ 6₆₂. Ohne diese Korrelation ὑπάγειν 7₃₃ 8₂₁f. 13₃₃. ₃₆
14₄f. ₂₈ 16₅. ₁₀. ₁₇; πορεύεσθαι 7₃₅ 14₁₂. ₂₈ 16₇. ₂₈; ἀναβαίνειν 20₁₇. Zur Terminologie
des Ign. s. Schlier, Relig. Unters. 76. — Zur Terminologie des „Kommens" s. S. 224, 4.
[3] So das ὑψωθῆναι 3₁₄ 12₃₂ (doch kann auch dies unter dem Gesichtspunkt des
Gerichtes angesehen werden 8₂₈), das δοξασθῆναι 12₂₃. ₃₁f. 17₅.
[4] Vgl. zu 8₂₈ 16₈₋₁₁. Ganz parallel ist 8₂₁₋₂₄.
[5] Das εἰμὶ haben syr^sc als εἶμι gelesen; sicher mit Unrecht. Futurisches εἶμι auch
12₂₆ 14₃ 17₂₄.
[6] Wie die Zeitlichkeit auch in anderer Hinsicht dem Offenbarungsgeschehen wesent=
ich ist, zeigt das ἔτι μικρόν und πάλιν μικρόν 16₁₆ff.   [7] S. S. 45f.

in historischer Erinnerung als „Leben Jesu" vergegenwärtigt, so wenig wie durch den Hinweis auf die geistesgeschichtlichen Wirkungen der historischen Person Jesu, sodaß gar durch geschichtsphilosophische Analyse ein zeitloser Gehalt der durch ihn bestimmten Geschichte aufgewiesen und damit die Offenbarung doch wieder verfügbar gemacht würde. Sondern im gepredigten Wort wird er selbst als Anrede an die Welt vergegenwärtigt (so, wie es der Evglist selbst tut), je jetzt, im begrenzten Jetzt der Zeit. Und immer droht das Zu=spät. Denn menschliches Suchen und Forschen kann die Offenbarung nicht finden; sie ist unzugänglich.

Mit dem Zu=spät aber ist das Gericht da; denn dann steht der Mensch in jener Angst, die durch das ζητήσετέ με κτλ. beschrieben wird[1]. Ob diese Angst in einem verzweifelten Suchen ausbrechen wird, ist gleichgültig; sie ist auch in der scheinbar angstlosen „Geistlosigkeit" da[2]; sie wartet dann nur. Das ζητήσετέ με will nicht etwas beschreiben, was einmal passieren wird, sondern was die Welt in ihrem Sein bestimmen wird[3]. Denn daß es auch ein Suchen geben kann, dem ein Finden beschieden ist, kann hier außer Betracht bleiben[4].

Die Verständnislosigkeit der Welt wird durch das groteske Mißverstehen der „Juden" (V. 35) charakterisiert[5], Jesus wolle das Land verlassen, um etwa in der Diaspora[6] die Griechen zu belehren[7]. Daß die Vermutung unsicher ist und die „Juden" dem Worte Jesu also ratlos gegenüberstehen, beschreibt V. 36[8]; und gerade die Betonung der Ratlosigkeit läßt auf die Ironie aufmerken, mit der die Äußerung V.35 berichtet ist. Ähnlich nämlich, wie 11 51f. Kaiaphas, werden die „Juden" hier zu Propheten wider Wissen und Wollen. Denn der Fortgang Jesu wird in der Tat dazu führen, daß Jesus auch den Griechen predigen wird[9]. So wird dann das Zu=spät auch für das Volk als Ganzes wirksam werden, und die Gottesherrschaft wird, wie Mt 21 43 es formuliert, den Juden genommen und einem Volke gegeben werden, das ihre Früchte bringt.

---

[1] Ähnlich wird die Verzweiflung des treulosen Volkes als vergebliches Suchen Gottes Hos 5 6 geschildert; doch beruht Joh 7 34 auf dem gnostischen Mythus, vgl. (Prov 1 28); Ginza 347, 15 ff.; 588, 26 ff.; Mand. Lit. 155 und s. S. 232, 1.

[2] Vgl. Kierkegaard, Der Begriff der Angst (deutsch), Jena 1923, 93.

[3] Es ist sinnlos, zu fragen, ob der Evglist an eine bestimmte Situation des jüdischen Volkes denkt (vgl. 5 43). Man pflegt auf die Weissagungen Lk 17 22 19 43 f. 21 20-24 zu verweisen.   [4] Vgl. Dt 4 29 Jes 55 6 Jer 29 13 f. u. a.

[5] Zur Technik der Mißverständnisse s. S.89, 2; s. bes. 8 22. — Πρὸς ἑαυτ. = πρὸς ἀλλήλους (wie 4 33), Bl.=D. § 287; ποῦ = wohin, Bl.=D. § 103. Das ὅτι möchte Bl.=D. § 480, 6 nicht elliptisch verstehen, sondern = δι᾽ ὅτι wie 14 22 9 17 usw. (vgl. auch §§ 299, 4; 456, 2). Aber vielleicht ist das ὅτι (wie 14 22?) konsekutiv zu verstehen, vgl. Hb 2 6 = Ps. 8 4 usw., s. Br. z. St.

[6] Διασπορά in LXX mehrfach die Zerstreuung des Volkes unter die Heiden (Dt 28 25 30 4 Jer 41 17), aber auch die Gesamtheit der Zerstreuten (Jes 49 6 Ψ 146 2 II Makk 1 27 Ps Sal 8 34), ferner, wie hier, als Bezeichnung des Gebietes der Zerstreuung Jud 5 19). Der dazu gesetzte Gen. kann die Zerstreuten bezeichnen (διασπ. τοῦ Ἰσραήλ Jes 49 6) oder, wie hier, die Völker, unter die Israel zerstreut ist; s. Bl.=D. § 166; Rabbin. bei Schl. und Str.=B. — Die Ἕλληνες sind die Griechen (bzw. die gräzisierten Orientalen), s. Windisch, ThWB. II 506, 25 ff.

[7] Sinnlos Zn.s Vermutung: die Juden hätten „wahrscheinlich als möglich vorgestellt, daß er, der kein Schüler der einheimischen Rabbinen war (7 15), damit (nämlich mit dem ὑπάγω κτλ.) auf einen angesehenen Lehrer der Diaspora als seinen Lehrer und Absender hindeute". Ebenso falsch ist es, wenn Sp. V. 33 καὶ ὑπάγω κτλ. streicht, da es sich doch nicht mißverstehen ließe.

[8] Die Formulierung τίς ἐστιν ὁ λόγος οὗτος scheint charakteristisch rabbinisch zu sein, s. Schl.

[9] S. zu 12 20 ff.

δ) Schluß 7 45-52.

Die Szene 7 32-36 bedarf keines besonderen Abschlusses, der V. 30. 44/31 entspräche; denn dafür tritt 7 45-52 ein; d. h. das Schlußmotiv hat sich zu einer selbständigen Szene erweitert, in der ebenfalls von einer Art σχίσμα berichtet wird: die Spaltung, die Jesu Auftreten im Volke hervorruft, macht sich in einem gewissen Grade auch im Kreis der Behörde geltend.

Die V. 32 ausgesandten Diener kehren erfolglos zum Synedrium zurück und rechtfertigen sich (V. 46): „Noch nie hat ein Mensch so geredet, wie dieser Mensch redet[1]!" Jesu Worte haben also solche Macht, daß die Häscher ihn nicht zu greifen wagten[2].

Die Erwiderung der Behörde V. 47 f., die die Anschauung der offiziellen Repräsentanten des Volkes[3] für hinreichenden Beweis hält, Jesus als einen Volks= verführer zu bezeichnen[4], zeigt die Blindheit gerade der Verantwortlichen, in denen sich die Welt ihre Ordnung und Vertretung gibt. Und ihr Fluch über das Volk[5], das das Gesetz nicht kennt (V. 49)[6], zeigt, woher sie, und woher damit

---

[1] Der Satz ὡς οὗτος κτλ. fehlt in אcB al wohl infolge Homoiotel. — Das οὐδέποτε ... ἄνθρωπος ist nach Burney 99 Semitismus; dagegen Colwell 74. — Im übrigen zeigt freilich 7 45-52 die semitisierende Schreibweise des Evglisten: Voranstellung der Prädi= kate (V. 45. 47. 50. 52) und mangelhafte Verbindung der Sätze. Zu den Formulierungen der Fragen διὰ τί V. 45 und μὴ καὶ ὑμεῖς V. 47 vgl. Schl. zu 6 9 und zu Mt 22 29; zu ὁ ὄχλος κτλ. V. 49 s. u. zu V. 49. Zu ἐγείρεσθαι Schl. zu Mt 11 11.

[2] Das Motiv wie V. 30. 43; vgl. bes. 18 6. Psychologische Reflexionen über die ὑπηρέται haben zu unterbleiben. Psychologisch anschaulich ist dagegen der Bericht des Plutarch Marius 44 über die Soldaten, die von Marius zur Ermordung des M. Antonius ausgeschickt sind; sie überraschen ihn, aber: τοιαύτη δέ τις ἦν, ὡς ἔοικε, τοῦ ἀνδρὸς ἡ τῶν λόγων σειρὴν καὶ χάρις, ὥστε ἀρξαμένου λέγειν ... ἅψασθαι μὲν οὐδεὶς ἐτόλ- μησεν οὐδὲ ἀντιβλέψαι κτλ. Anders wieder, aber vielleicht von Joh beeinflußt, die Darstellung der Soldaten, die Act. Thom. 105, p. 217, 20 ff. vom König Misdai ausgesandt sind, um den Apostel Thomas zu verhaften: εἰσελθόντες δὲ οἱ πεμφθέντες ἔσω εὗρον αὐτὸν πλῆθος πολὺ διδάσκοντα ... θεασάμενοι δὲ τὸν πολὺν ὄχλον περὶ αὐτὸν ἐφο- βήθησαν καὶ ἀπῆλθον πρὸς τὸν βασιλέα αὐτῶν καὶ εἶπον· οὐκ ἐτολμήσαμεν εἰπεῖν αὐτῷ τι· ὄχλος γὰρ ἦν πολὺς περὶ αὐτὸν κτλ. — S. auch zu 8 59. Nach der Darstellung 7 32-36 haben die Diener nur ein Wort Jesu gehört; aber dies gilt ohne Zweifel wie das Wort 7 37 als repräsentativ (s. S. 230, 4), sodaß der Eindruck, den sie erhalten haben, motiviert ist, und man zu kritischen Operationen keinen Anlaß hat (s. S. 216, 4). Die Szene 7 32-36 ist ohnehin unanschaulich (s. S. 231).

[3] Die Differenzierung zwischen den ἄρχοντες (s. S. 94, 3) und den Φαρ. unter- scheidet zwischen den Mitgliedern des Synedriums und den Angehörigen der religiösen Gruppe, die im Volke das größte Ansehen hat. Da aber beide sich auf den νόμος stützen, ist an dieser Differenzierung schwerlich viel gelegen.   [4] S. S. 222, 3.

[5] Ἐπάρατος (in LXX ἐπικατάρατος) bei Philo und Jos., auch griechisch; s. Br. Wörterbuch. — Der Aussagesatz hat wie sonst in semitischen Fluch= und Segensformeln imperativischen Sinn: „sie sollen verflucht sein!" (Merx z. St.). — In V. 49 sind wohl nicht zwei Sätze ineinandergeschoben (Zn., Br.). Aber die Verbindung mit dem vorigen Satz (ἀλλά) impliziert den Gedanken: „Mag der ὄχλος meinetwegen an ihn glauben!"

[6] Daß mit dem ὄχλος, der das Gesetz nicht kennt, der Am haarez (עַם הָאָרֶץ)

der rabbinischen Literatur gemeint ist, als dessen Charakteristikum nicht selten Unkenntnis des Gesetzes gilt, dürfte nicht zweifelhaft sein. Mit Am haarez ist im AT. in der ex= ilischen Zeit das grundbesitzende, kriegsdienstpflichtige Vollbürgertum gemeint, in der nachexilischen Zeit im wesentlichen die fremde oder völkisch gemischte Landbevölkerung im Unterschied von der Gola, den zurückgekehrten Exilierten (E. Würthwein, Der ʿam haarez im AT. 1936). Im rabbinischen Sprachgebrauch ist Am haarez eine eindeutig religiöse Charakteristik. Das Wort ist Schimpfwort und bezeichnet denjenigen, der im Halten der Gebote und Gebräuche lax ist und dadurch dem Frommen Anstoß bietet. (Im 2. Jahrhundert p. Chr. scheint sich ein spezieller Sprachgebrauch herausgebildet zu

auch die Welt, ihre Sicherheit gewinnen: aus dem Gesetz. Daß der ὄχλος beun=
ruhigt wird, und daß es im ὄχλος Gläubige gibt — wie unbeständig sie durchweg
sein mögen —, während die offiziellen Autoritäten, aufs Ganze gesehen, un=
erschüttert bleiben, das macht anschaulich, daß bei denjenigen, die nach den Maß=
stäben der Welt die fragwürdigsten sind, am ersten Empfänglichkeit für das Wort
des Offenbarers zu finden ist.

Aber sofort zeigt das Verhalten des Nikodemus[1], daß es Ausnahmen gibt.
Auch unter den offiziellen Autoritäten entsteht so etwas wie ein σχίσμα, wenn=
gleich es nur ein Einziger ist, der der geschlossenen Masse der Anderen widerspricht
(V. 50f.). So wenig die menschlich Fragwürdigen als solche schon Glaubende
sind, so wenig braucht menschlicher Rang die Empfänglichkeit für die Offenbarung
auszuschließen.

Die schlichte Sachlichkeit, die in Nikodemus zu Worte kommt, läßt erkennen,
daß die Offenbarung nicht einfach das Gesetz schlechthin negiert, sondern daß es
der Mißbrauch des Gesetzes ist, durch den die Welt taub wird für den Offenbarer.
Wie schon 5 38f. 45-47 zeigten, daß für diejenigen, die sich durch das Gesetz ihre
Sicherheit verschaffen, statt sich durch dasselbe aufrufen zu lassen, das Gesetz zum
Ankläger wird[2], so wird jetzt klar gemacht, daß solche Menschen die Sachlichkeit
verlieren und gar nicht mehr hören, was das Gesetz sagt[3]. Nikodemos muß sie
daran erinnern, daß nach dem Gesetz niemand, ohne gehört zu sein, verurteilt
werden darf[4]. Aber wie wenig sie zur Sachlichkeit bereit sind, zeigt ihre Er=
widerung: für sie ist die Sache schon entschieden! Und zwar können sie mit einem
Schein des Rechtes urteilen (V. 52). Sie stützen sich auf die Schrift und liefern
damit einen Beweis für Jesu Vorwurf 5 39f.[5]. Sie wissen, daß aus Galiläa kein

---

haben, wonach die galiläische Landbevölkerung, die den Zehnten nicht zahlen will, als
A. h. bezeichnet wird.) Da im Judentum normalerweise Kenntnis und Halten des Ge=
setzes eine Einheit bilden, da Bildung und Frömmigkeit zusammenfallen, kann der A. h.
als ein solcher charakterisiert werden, der das Gesetz nicht kennt; so in dem bekannten
Wort Hillels: „Ein Ungebildeter (בור) ist nicht sündenscheu, und ein Am haarez ist nicht
fromm." Das darf nicht so mißverstanden werden, als sei für die Frömmigkeit spezifisch
gelehrte Bildung gefordert und als sei Unbildung im theoretischen Sinne für den A. h.
charakteristisch. Deshalb ist A. h. auch nicht die Bezeichnung für eine bestimmte Schicht
oder Klasse (so Str.=B., die durch ihr eigenes Material widerlegt werden), geschweige,
daß man in den πτωχοί Lk 6 20 Mt 5 3 den A. h. finden dürfte (so Str.=B. I 190). Viel=
mehr ist A. h. ein Schimpfwort, das das Individuum trifft (auch Priester können so ge=
scholten werden, Str.=B. II 495), und das natürlich auch über einen Haufen (ὄχλος) von
Individuen gesprochen werden kann. Vermutlich ist das ἐθνικός Mt 5 47 18 17 Wieder=
gabe von A. h. — Vgl. Schürer II 468f.; Str.=B. I 190—192; II 494—500; J. Abra=
hams bei Montefiore, The Synoptic Gospels II² 1927, 647—669; C. G. Montefiore,
Rabbinic Literature and Gospel Teachings 1930, 3—15; S. Daiches, JThSt. 30 (1929),
245—249; Moore, II 157—160; auch G. Dalman, Jesus=Jeschua 29f.; M. Dibelius,
Der Brief des Jakobus 39f.

[1] Die Charakteristik des Nik. ὁ ἐλθὼν κτλ., die in א* fehlt, könnte aus 19 39 ein=
gedrungen sein.　　[2] S. S.205.

[3] Der νόμος als Subj. des κρίνειν wie Röm 3 19 als Subj. des λέγειν. Das entspricht
dem Sprachgebrauch der Rabbinen und des Jos., s. Schl. Aber dieser Sprachgebrauch
findet sich auch auf griechischen Inschriften, s. Br. Über die Personifikation des νόμος
in der griechischen Literatur vgl. R. Hirzel, Ἄγραφος νόμος (Abh. der Königl. Sächs.
Gesellsch. der Wissensch., phil.=hist. Kl. XX 1, 1900) 80, 2.

[4] Dieser Grundsatz gilt nach at.lichem Recht (Dt 1 16f. 17 4; ebenso die Rabbinen
und Jos., s. Schl.) wie nach griechischem, s. Wetstein.

[5] Das ἐραύνησον bezieht sich im Zshg zweifellos auf die Schriftforschung wie
5 39, nicht etwa auf die Erkundung gegenwärtiger Umstände wie IV Reg 10 23. Denn

Prophet ersteht[1]. Ihre Schriftforschung führt zu jener Dogmatik, die ihnen ihre Sicherheit gibt, indem sie ihnen die Kriterien für die Offenbarung verfügbar macht und sie dadurch taub macht für das Wort der Offenbarung.

Die Autoritäten zeigen durch ihr Verhalten, indem sie einerseits „schrift= gemäß" lehren und sich andrerseits um ihrer Sicherheit willen zur Inkorrektheit gegen das Gesetz fortreißen lassen (V.51), daß es ihnen eben um nichts Anderes als um diese ihre Sicherheit geht, für die die Schrift das Mittel ist. Nicht die In= korrektheit selbst ist es, die sie ins Unrecht setzt; sie ist nur Symptom. Daß ihr Mißbrauch des Gesetzes auch mit völliger Korrektheit Hand in Hand gehen kann, wird Kap.9 zeigen; hier stellen die Synhedristen wirklich ein solches Verhör an, wie Nikodemus es gefordert hatte.

b) 8 41-47. 51-53. 56-59: ein Fragment.
Analyse von Kap.8[2].

Daß der Text der Kapp.8—10 nicht in seiner ursprünglichen Ordnung vorliegt, zeigt deutlich 10 19-21. Diese Verse können nur das Schlußstück eines Komplexes gewesen sein, der die Erzählung einer Blindenheilung und einer darauffolgenden Rede Jesu (bzw. einer Diskussion) umfaßte. Sie stehen jetzt an einer unmöglichen Stelle. Denn freilich ist der Fortgang 10 22 ff., der Beginn einer neuen Szene, einwandfrei; aber das vorausgehende Stück 10 1-18 läßt sich nicht als eine an die Kap.9 erzählte Blindenheilung anschließende Rede verstehen. Dazu kommt, daß die Reihenfolge 10 1-18 und 10 22-39 unmöglich ist. 10 22 ff. ist die Einleitung zur Hirtenrede, zu der 10 1-18 gehört. 10 27 ff. nimmt deutlich auf das 10 1 ff. Gesagte Bezug und kann von diesem nicht, wie es nach der gegenwärtigen Ordnung der Fall ist, durch den Abstand von einigen Wochen, ja auch nur einigen Tagen, getrennt sein[3]. 10 1-18 gehört also in die 10 22 ff. beginnende Szene und wird hinter 10 26 einzufügen sein (s. u.).

Welches ist nun der Komplex, den 10 19-21 ursprünglich abschloß? Die hier vorausgesetzte Blindenheilung ist Kap.9 erzählt; aber 10 19-21 kann kaum direkt an Kap.9 angeschlossen werden[4], sondern setzt eine längere Rede oder Diskussion als den Wort=

---

das ὅτι ... ἐγείρεται kann nicht eine Tatsache der Gegenwart meinen, sondern ist ein dogmatischer Satz. Sollte das ἐγείρεται wirklich Korrektur eines ursprünglichen ἐγήγερται, das syr[sc] gelesen haben, so wäre es freilich in dem abgewiesenen Sinne ge= meint (s. folg. Anm.). Aber ἐγείρ. wird ursprünglich sein; es ist das zeitlose Präs. des dogmatischen Satzes. Übrigens würde ἐγήγ., wenngleich es auf den Tatbestand der Vergangenheit hinweist, auch den dogmatischen Sinn haben, daß das Erstehen eines Propheten aus Galiläa unmöglich ist.

[1] Der Satz widerspricht II Kön 14 25, da der dort genannte Prophet Jona ben Amittai Galiläer ist. Auch stimmt der Satz nicht zur rabbinischen Tradition (s. Str.=B. und Schl.), nach welcher aus jedem Stamm Israels ein Prophet hervorgegangen ist. Die Rücksicht auf II Kön 14 25 könnte die Änderung eines ἐγήγ. in ἐγείρ. veranlaßt haben (s. vor. Anm.). Will man nicht annehmen, daß der Evglist II Kön 14 25 übersehen hat oder daß er einer anderen (für uns nicht sichtbaren) Tradition folgt, so liegt die Konjektur nahe, daß es ὁ προφ. heißen muß, und daß die Synhedristen die Herkunft „des" Pro= pheten (im Sinne von V. 40) aus Galiläa bestreiten. Kaum wird man annehmen dürfen, daß der Evglist absichtlich die Synhedristen „im blinden Eifer" (Ho., B. Weiß) einen Fehler machen läßt.

[2] 7 53—8 11 hat, wie die Textüberlieferung zeigt, zum Joh=Evg weder in seiner ur= sprünglichen Form, noch in seiner kirchlich redigierten Gestalt gehört und scheidet deshalb aus. Für das Einzelne vgl. Br.

[3] 10 22 ff. spielt am Tempelweihfest, also im Dez.; der letzte chronologisch fixierte Termin war 7 37, also Sept./Okt. In die Zwischenzeit fällt Kap.9, dessen Zeit nicht ge= nauer angegeben ist. Da die neue Angabe 10 22 auf Kap.9 folgt, ist man geneigt, den Abstand zwischen Kap.9 und Kap.10 eher größer als kleiner anzunehmen.

[4] So eine Reihe englischer Forscher, s. Howard 264.

wechſel 9 39-41 voraus; und das iſt auch nach der Analogie des Aufbaues von Kapp. 6 und 5 zu erwarten. Wie 6 22-27, und vor allem wie 5 17-19 die Überleitung von der Wunder= geſchichte zur Jeſus=Rede (bzw. Diskuſſion) iſt, ſo iſt 9 39-41 offenbar der Übergang von der Wundergeſchichte zu einer Rede Jeſu über das Licht; auf eine ſolche weiſt auch der Anfang der Geſchichte 9 4f. ſchon hin. Der Beginn dieſer Lichtrede dürfte 8 12 ſein. Aber 8 12 findet in 8 13-20 keine Fortſetzung; dieſes Stück kann ſchon deshalb nicht zur Lichtrede gehört haben, weil es in V. 20 einen eigenen Abſchluß hat, während den Schluß der Lichtrede 10 19-21 bildet. 8 13-20 wird vielmehr der urſprüngliche Abſchluß des Komplexes Kap. 5 ſein[1]. Nun findet ſich 12 44-50 ein ſituationsloſes Stück, das offen= bar ein verſprengtes Fragment der Lichtrede iſt, und das in der Tat ſeinen beſten Platz hinter 8 12 findet[2].

Es fragt ſich, ob die Lichtrede noch mehr umfaßt hat; und es liegt am nächſten, das folgende Stück des 8. Kapitels danach zu befragen: 8 21-29. Dieſes Stück bietet, ſo wie es da ſteht, ſchwerlich poſitiven Anlaß, es der Lichtrede zuzuweiſen[3]. Es kommt aber Folgendes hinzu: in Kap. 12 findet ſich außer V. 44-50 noch ein verſprengtes Fragment der Lichtrede 12 34-36[4]. Dieſes Stück iſt an das Vorhergehende ad voc. $\dot{\nu}\psi\omega\vartheta\tilde{\eta}\nu\alpha\iota$ angeflickt; in Wahrheit paßt es an ſeinem jetzigen Platze nicht. Denn 12 34 ſetzt klar voraus, daß Jeſus vorher von der Erhöhung des Menſchenſohnes (und zwar in 3. Perſon) geſprochen hat. Das iſt aber nicht der Fall; ja es iſt im unmittelbar Vorausgehenden vom Menſchen= ſohn überhaupt nicht die Rede[5]. Wohl aber ſchließt ſich 12 34-36 ausgezeichnet an 8 28f. an[6]. Durch dieſe Anfügung iſt nun das Stück 8 21-29 12 34-36 als Beſtandteil der Lichtrede er= wieſen. Man hat auch kaum Anlaß, nach weiterem, zu ihr gehörigen Material zu ſuchen; denn 10 19-21 iſt als Abſchluß des bisher gefundenen Komplexes (9 1-41 8 12 12 44-50 8 21-29 12 34-36) gut am Platze.

Es fragt ſich dann weiter, wie über den übrigen Beſtand von Kap. 8 zu ur= teilen iſt, und dabei empfiehlt es ſich, vom Ende auszugehen, da dieſes deutlich der Ab= ſchluß eines Komplexes iſt und alſo die Möglichkeit gibt, einen Faden für den Weg nach rückwärts zu finden. Nun iſt deutlich, daß in 8 48-59 zwei Themata miteinander wechſeln, ohne organiſch verbunden zu ſein: 1. Jeſu $\delta\delta\xi\alpha$ V. 48-50. 54-55, 2. Jeſus und Abraham V. 51-53. 56-59. Wie V. 54 an V. 50 anſchließt, ſo V. 56 an V. 53. Offenbar ſind V. 48-50 und V. 51-53 ad voc. $\delta\alpha\iota\mu\dot{o}\nu\iota o\nu$ $\dot{e}\chi\epsilon\iota\varsigma$ zuſammengeſtellt. Die Fortſetzung des erſten Stückes ließ ſich hinter V. 53 gut nachbringen, da das $\dot{e}\dot{a}\nu$ $\dot{e}\gamma\dot{\omega}$ $\delta o\xi\dot{a}\sigma\omega$ $\dot{e}\mu\alpha\nu\tau\dot{o}\nu$ (V. 54) hinter dem $\tau\dot{\iota}\nu\alpha$ $\sigma\epsilon\alpha\nu\tau\dot{o}\nu$ $\pi o\iota\epsilon\tilde{\iota}\varsigma$ (V. 53) ſachlich paſſend erſchien, während die zweite Hälfte des zweiten Stückes (V. 56-59) dann mechaniſch angefügt wurde. — Nun iſt offenbar 8 51-53. 56-59 der Schluß einer Diskuſſion, in den 8 48-50. 54-55 aus anderem Zſhg eingefügt ſind. Werden 8 48-50. 54-55 entfernt[7], ſo fragt ſich, ob 8 51-53. 56-59 als Abſchluß des Vorhergehenden zu verſtehen iſt.

Voraus geht 8 30-47; aber dies iſt kein einheitliches Stück, ſondern beſteht aus zwei Fragmenten: 8 30-40 und 8 41-47. In V. 30-40 berufen ſich die Juden auf ihre Abrahams= Kindſchaft, die Jeſus ihnen beſtreitet; in V. 31-47 berufen ſie ſich auf ihre Gottes=Kindſchaft, und Jeſus ſchilt ſie Teufelskinder. Natürlich ſind Abrahams= und Gottes=Kindſchaft ver= wandte Themata, und ſo erklärt ſich, daß die Redaktion die beiden Stücke verbunden hat. Aber im Text ſind die beiden Themata nicht miteinander in Beziehung geſetzt; der An= ſchluß von V. 41 iſt vielmehr ſehr hart, und das mit der Abrahams=Kindſchaft zuſammen= hängende Thema der $\dot{e}\lambda\epsilon\nu\vartheta\epsilon\rho\dot{\iota}\alpha$ findet in V. 41-47 keine Fortſetzung; der beherrſchende

---

[1] S. S. 178.

[2] Auch Hirſch verſetzt 12 44-50 in den Zſhg von 8 12ff., will aber, da er 8 13-20 an ihrem jetzigen Platze läßt, 12 44-50 hinter 8 19 einfügen.

[3] Über die Möglichkeit, 8 21-29 hinter 7 31-36 zu ſtellen, ſ. S. 216, 4.

[4] Von 12 33 als einer vermutlich zu 12 32 gehörigen Gloſſe kann hier abgeſehen werden.

[5] 12 23 war das letztemal vom Menſchenſohn die Rede, und zwar von ſeinem $\delta o\xi\alpha$= $\sigma\vartheta\tilde{\eta}\nu\alpha\iota$. Darauf kann ſich 12 34 natürlich nicht beziehen.

[6] Hirſch hat zuerſt erkannt, daß 12 34-36 zu 8 28 gehört.

[7] 8 48-50. 54-55 ſind wahrſcheinlich hinter 7 29 einzufügen; ſ. S. 216.

Gegensatz ist nicht mehr: ἐλεύθερος — δοῦλος, sondern ἀλήθεια — ψεῦδος. Freilich gehören ἐλευθερία und ἀλήθεια sachlich zusammen, wie V. 32 zeigt. Ein ursprünglicher literarischer Zshg wird aber durch die sachliche Zusammengehörigkeit nicht bewiesen. Vielmehr ist klar, daß, während 8 30-40 an solche Hörer gerichtet ist, die (V. 30 f.) Jesu Worten Glauben geschenkt hatten (wie wertlosen Glauben auch immer!), V. 41-47 an Hörer gerichtet ist, die sein Wort von vornherein ablehnen. Der (ausdrückliche) Vorwurf der Teufelskindschaft und die Bestreitung der Gotteskindschaft der „Juden" dient V. 41-47 zur Begründung der Tatsache, daß sie nicht glauben können. Der (indirekte) Vorwurf der Teufelskindschaft und die Bestreitung der Abrahams-Kindschaft der „Juden" dient V. 30-40 zur Begründung des Satzes, daß das Wort des Offenbarers zur Freiheit führt. — Nun leuchtet wohl ein, daß zu 8 51-53. 56-59 als vorausgehendes Stück 8 41-47 gehört. Der Anschluß von 8 51 an 8 47 ist vortrefflich; und in all diesen Stücken herrscht der gleiche Ton schärfster Polemik. Dagegen scheinen 8 30-40 ihrer Adresse nach mit 6 60-71 zusammenzugehören; und diese beiden Stücke finden im Anschluß an Kap. 12 ihren besten Platz[1].

Es bleibt die Frage nach dem rückwärtigen Anschluß von 8 41-47. 51-53. 56-59. Und hier findet sich m. E. keine andere Auskunft als die, daß das Stück, dessen Abschluß 8 41 ff. bildet, verloren ist bis eben auf diesen Abschluß. Angesichts des Zustandes des Evg gewiß keine befremdende Tatsache; denn wenn man überhaupt mit der Zerstörung des ursprünglichen Textes rechnet, so hat man auch mit der Möglichkeit von Textverlust zu rechnen. Es ist sozusagen die Probe darauf, daß man die Stücke, die sicher Einleitungen und Abschlüsse sind, einander zuordnet[2]. Es ergibt sich dann nämlich, daß in unserem Text mehr Abschlüsse als Einleitungen erhalten sind, — was doch den Verlust ursprünglichen Textes beweisen dürfte[3]. — 8 41-47. 51-53. 56-59 ist also ein Fragment, und es fragt sich schließlich nur noch, wo es im Evg einzuordnen ist, mit anderen Worten, wo im Evg eine Lücke anzunehmen ist. Da man nicht unnötig mehr Bruchstellen annehmen wird, als sich der Untersuchung aufdrängen, hat man keinen Anlaß, die Ursprünglichkeit der Folge von 9 1 ff. auf 8 59 (sowenig wie die der Folge von 10 22 ff. auf 10 19-21) zu bezweifeln. Die Lücke liegt also zwischen 7 52 und 8 41.

a) 8 41-47. 51: Die Teufelskindschaft der Juden.

Das Stück beginnt mit einem scharfen Angriff Jesu auf die „Juden"[4], indem er sie — zunächst verhüllt — Teufelskinder schilt V. 41: „Ihr tut die Werke eures Vaters!" Es ist müßig, erraten zu wollen, worauf sich dieser Vorwurf ursprünglich bezog[5]; klar aber ist aus dem Folgenden, daß unter dem „Vater" der Juden der Teufel verstanden ist. Die Erwiderung zeigt, daß über dieses Thema bisher nicht geredet war; vielmehr setzt die Diskussion darüber eben jetzt ein. Der Vorwurf Jesu setzt das allgemeine Bekannte voraus, daß sich die Juden Gottes Kinder,

---

[1] S. S. 215.

[2] Einleitung 6 1 ff. = Abschluß 6 59; 5 1 ff. = 8 20; 7 1 ff. = 7 30; 7 37 ff = 7 43 f. 31; 7 32 = 7 52; 9 1 ff. = 10 19-21; 10 22 ff. = 10 39. Ohne entsprechende Einleitung also stehen die Abschlüsse 6 71 und 8 59.

[3] Falls 8 30-40 zusammen mit 6 60-71 ursprünglich zu der 12 20 beginnenden Szene gehört haben sollten, mußte auch hier mit einem Textverlust gerechnet werden; denn ein glatter Anschluß ist nicht möglich.

[4] Als Subj. werden 8 52. 57 die Ἰουδαῖοι genannt. Sie sind selbstverständlich in V. 41 ff. als die Diskussionsredner vorauszusetzen, da nur so die Diskussion der Vaterschaft Sinn hat.

[5] Als Vermutung läßt sich nur eines sagen: das Vorausgegangene könnte zum Stichwort die ἔργα gehabt haben. Dann dürfte das versprengte Stückchen 6 28 f. ein Rest des verlorenen Textes sein. Das von Gott verlangte ἔργον ist nach 6 29, an Jesus zu glauben. Die Juden beweisen, daß sie die Werke des Teufels tun dadurch, daß sie Jesus nicht „lieben" (8 41 f.), bzw. daß sie ihm nicht glauben (8 45 f.).

daß sie Gott ihren Vater nennen[1]; und er bestreitet ihnen das Recht dazu. Ist Gott aber nur nominell ihr Vater, so sind sie ja ehebrecherisch gezeugte Kinder[2], die neben ihrem nominellen Vater noch ihren eigentlichen Vater haben. Diesem Gedankengang entspricht die Erwiderung: „Wir wurden nicht ehebrecherisch gezeugt! Wir haben nur einen Vater, Gott[3]!"

Jesu Antwort ist eine lange Scheltrede (V. 42-47. 51[4]). Sie beginnt V. 42 mit der Widerlegung der jüdischen Erwiderung: die echte Gotteskindschaft müßte sich — ebenso wie nach 5 37f. 8 19 die wirkliche Gotteskenntnis — darin erweisen, daß sie ihn anerkennen[5]. Ist er doch — wie hier wieder nachdrücklich betont wird[6] — nichts aus sich selbst, sondern nur der Gesandte Gottes. Weil nun der Unglaube die Ablehnung des Wortes Jesu ist, kann die vorwurfsvolle Frage V. 43 die Form gewinnen: „Warum versteht ihr meine Sprache nicht[7]?" Der Grund hierfür aber ist nichts Anderes als der Unglaube selbst: „Weil ihr mein Wort nicht hören könnt[8]!" Wer sich also entschuldigen will, daß er das Wort der Offenbarung nicht versteht, der muß sich sagen lassen, daß dieses Nichtverstehen im Nichtglauben seinen Grund hat. Wie es überhaupt ein Verstehen von Worten, in denen eine Sache ihren Ausdruck findet, nicht gibt für denjenigen, der kein Verhältnis zur Sache selbst hat, so gilt das Gleiche für das Wort des Offenbarers. Ist die Offenbarung die Infragestellung des natürlichen Menschen, so gibt es kein Verstehen der Offenbarung für den Menschen, der seiner eigenen Fragwürdigkeit nicht inne wird. Es gibt also kein Verstehen der Offenbarung, das sich aus einer gesicherten Stellung des Menschen erhöbe; kein Verstehen, das ein neutrales Einsichtnehmen und ein objektives Urteilen über das Recht der Offenbarung wäre. Denn alles Verstehen

---

[1] Bousset, Rel. d. Jdt. 377f.; Str.-B. I 219f. 392—396; Moore II 201—209. In der rabbinischen Literatur wird auch die Frage diskutiert, wann die Israeliten das Recht haben, sich Kinder Gottes zu nennen, ob schlechthin, oder nur, wenn sie Gottes Worte annehmen und seinen Willen tun; Str.-B. I 220; Moore II 203.

[2] Zu ἐκ πορνείας vgl. Gen 38 24: ἐν γαστρὶ ἔχει ἐκ πορνείας; rabbinisch מַנְאוּף, Schl. zu Mt 15 19.

[3] Man könnte auch übersetzen: „Wir haben Gott als einzigen Vater."

[4] In dieser Rede ist ein Text der Offenbarungsreden benutzt, der V. 43-46. 51 zugrunde liegt. V. 42 scheint eigene Formulierung des Evglisten zu sein, für die geläufige Wendungen der Offenbarungsreden verwandt sind. Möglich wäre nur, daß das ἐγὼ [γὰρ] ἐκ τ. θεοῦ ἐξῆλθον καὶ ἥκω Zitat ist und ursprünglich mit dem Satz ὑμεῖς ἐκ τοῦ πατρὸς τοῦ διαβόλου ἐστέ V. 44 einen antithetischen Doppelvers gebildet hat. Jedenfalls ist das οὐδὲ γὰρ κτλ. für den Evglisten charakteristisch, s. S. 218, 6; ebenso das beliebte ἐκεῖνος.

[5] S. S. 201. — Das Anerkennen ist hier (vgl. 3 19) durch ἀγαπᾶν bezeichnet; vielleicht weil der Gedanke von I Joh 5 1 vorschwebt (vgl. auch den Gegensatz von ἀγαπᾶν und ἀνθρωποκτόνος I Joh 3 14f. und s. hier V. 44). Sonst ἀγαπᾶν in diesem Sinne 14 15. 21 ff.; ebenso φιλεῖν 16 27. Sachlich besteht kein Unterschied von πιστεύειν, das V. 45f. für ἀγ. eintritt.

[6] Zum „Kommen" Jesu s. S. 224, 4 (ἥκω nur 8 42). Zu „nicht von mir selbst aus" s. S. 187.

[7] Λαλιά (s. S. 149, 1) heißt hier „Sprache" im Unterschied von λόγος als den Inhalt des Gesprochenen; genauer genommen „Dialekt" wie Mt 26 73 und sonst. Γινώσκειν vom Verstehen einer Sprache wie Act 21 37 und ἐπιγιν. II Esr 23 24. — Die Formulierung ist die des Mythos, in dem der Offenbarer als ein „Fremder" in dieser Welt erscheint; s. S. 210, 6; dazu Bornkamm, Mythos und Legende 11; und vgl. bes. Mand. Lit. 224: „Woher ist dieser fremde Mann, dessen Rede nicht unserer Rede gleicht?"

[8] Zu ἀκούειν s. S. 195. Typisch das Mißverständnis Zahns: das ὅτι κτλ. könne nicht Antwort auf die Frage διὰ τί κτλ. sein, weil „das Wort anhören können" nur Folge, nicht Ursache des „die Sprache nicht verstehen" sein könne. Man müsse das ὅτι (wie

des Menschen gründet in seinem Sich-selbst-verstehen; und eben dieses wird durch die Offenbarung in Frage gestellt. Was sie sagt, ist außerhalb des Glaubens nicht zu verstehen, — so sehr der Glaube selber ein Verstehen ist[1].

Können die „Juden" nicht verstehen, so liegt das daran, daß sie das echte Hören nicht aufbringen können, ein Hören, das nicht immer wieder nur das schon Gewußte vernehmen und gewiß auch bereichern und vertiefen will, sondern das bereit ist, das Neue zu vernehmen und deshalb alles schon Gewußte und damit dessen Voraussetzung, das eigene Selbstverständnis, preiszugeben. Solches Hören können sie nicht aufbringen! Wer hier weiter nach dem Warum des Könnens fragen würde, würde zeigen, daß er nicht versteht, wie in dieser Sphäre Können und Wollen Eines sind. Im Wollen des Unglaubens konstituiert sich ja das Sein des Ungläubigen. Er will aus solchem Sein heraus und kann nicht anders wollen. Kann er auch anders sein? Ja, denn er wird ja durch die Frage des Offenbarers eben in seinem Sein in Frage gestellt; er wird zur Entscheidung gerufen. Aber wenn er sich im und zum Unglauben entscheidet, so ist diese Entscheidung nicht weiter auf einen außerhalb ihrer liegenden Grund zurückzuführen; sie wäre sonst keine Entscheidung gegenüber der Offenbarung, und sie wäre keine das Sein konstituierende Entscheidung. Und eben dieses, daß die Entscheidung des Unglaubens das Sein des Menschen konstituiert, daß der Unglaube wirklich das Sein des Ungläubigen ist, und daß der Mensch nicht noch etwas Neutrales hinter seinem Unglauben ist, — das ist in dem ὅτι οὐ δύνασθε ausgesprochen.

Wohl kann gesagt werden, daß in der Entscheidung des Unglaubens das Woher des Ungläubigen zutage kommt. Aber das Woher ist zweideutig. Angesichts der Offenbarung wählt die Entscheidung das Woher; und dieses gewählte Woher ist dann ein eindeutiges: Gott oder der Teufel[2]. Wird nach dem Grunde des Seins des Ungläubigen gefragt, so kann nicht auf ein geschichtliches Woher verwiesen werden, sondern nur auf ein mythisches: die Ungläubigen sind Kinder des Teufels V. 44.

Im gnostischen Mythos ist solcher Verweis wirklich eine rationale Ätiologie; denn hier ist der Glaube nicht echte Entscheidung, sondern Wiedererinnern des mythischen Ursprunges; der Gnostiker ist ja ein φύσει σωζόμενος[3], und der Ungläubige ist auf Grund seiner schlechten φύσις verloren. Akzeptiert Joh diese mythologische Sprache, so kann sie für ihn nur ein extremer Ausdruck der zweifachen Tatsache sein, daß 1. für Glaube und Unglaube nicht rationale, verfügbare Gründe maßgebend sind (man kann nicht erklären, warum der Eine glaubt, der Andere nicht, weil der Mensch im Glauben oder Unglauben ja erst er ist), und daß 2. die Entscheidung des Glaubens oder Unglaubens den Menschen seiner Verfügung entreißt, da sie die Entscheidung für sein Woher ist, das ihn völlig bestimmt, sodaß nichts, was er tut, je anders als aus Gott oder aus dem Teufel getan sein kann, — was ja nichts Anderes bedeutet, als daß der Mensch im Glauben oder Unglauben erst er ist. In diesem Sinne werden die Juden V. 44 Teufelskinder gescholten.

Im vorliegenden Text ist offenbar nicht nur vom Teufel, sondern auch vom Vater des Teufels die Rede. Denn das ὑμεῖς ἐκ τ. πατρ. τ. διαβ. ἐστέ kann grammatisch

---

7³⁵) verstehen: „so frage ich, weil ..." Aber diese Logik ist gerade die der von Jesus bekämpften Juden.
  [1] Vgl. M. Scheler über die Voraussetzungen des Verstehens in: Krieg und Aufbau 1916, 393—429: Liebe und Erkenntnis.   [2] S. S.115.
  [3] S. S.41, bes. Anm. 2.

korrekt nur verstanden werden: „ihr stammt vom Vater des Teufels." Wäre gemeint:
„. . . vom Teufel als eurem Vater", so müßte vor dem dann prädik. πατρός der Artikel
fehlen (B.=D. § 268, 2). Könnte man hier eine grammatische Inkorrektheit in Kauf
nehmen, so kann doch der Schluß nur heißen: „denn ein Lügner ist auch sein (nämlich
des Teufels) Vater." Man kann ja aus dem individuellen ψεύστης nicht ein generelles
ψεύστης entnehmen, auf das sich das αὐτοῦ beziehen sollte, sodaß sich der Sinn ergäbe:
„Denn ein Lügner ist er (der Teufel) und der Vater jedes Lügners." Ebensowenig kann
man aus dem ψεύστης (troß Bl.=D. § 282, 3) den Begriff ψεῦδος entnehmen und darauf
das αὐτοῦ beziehen, um zu verstehen: „Denn er ist ein Lügner und der Vater der Lüge."
Nun wäre zwar an sich möglich, daß hier ein Mythos vom Teufel und seinem Vater
vorliegt[1]; aber der Verweis auf den Teufelsvater hat hier keinen Sinn. Derjenige,
der als ἀνθρωποκτόνος und Lügner charakterisiert wird, ist der Teufel selbst[2]; er ist
der Vater der Juden, dessen Begierden sie zu vollbringen trachten, wie auch nach I Joh 3 8
der Sünder ein Kind des Teufels ist. Und es wäre widersinnig, wenn der πατήρ in dem
ὑμεῖς ἐκ τοῦ πατρός ein anderer wäre als der in dem τ. ἐπιθυμίας τ. πατρός ὑμῶν,
nämlich der Vater des Teufels. Es liegt also nahe, wenn man nicht gegen die Grammatik
übersetzen will, am Anfang das τοῦ διαβόλου als das, freilich richtige, Interpretament
eines Glossators anzusehen, oder mit K und Orig. das τοῦ πατρός (aber nicht auch mit
syr⁵ und Chrys. das ἐκ) als schlechten Zusatz zu streichen. Indessen würde damit der
Teufelsvater am Schluß noch nicht beseitigt sein, und man müßte hier weitere Korrekturen
vornehmen.

Mir ist wahrscheinlich, daß die Schwierigkeiten darauf zurückgehen, daß ein aus
dem Semitischen übersetzter Text vorliegt. Im Urtext dürfte das „vom Vater" am An=
fang des Verses durch das Pron. poss. determiniert gewesen sein, und die richtige Über=
setzung wäre: ἐκ τ. πατρός ὑμ. τοῦ διαβ., wobei τοῦ διαβ. Apposition wäre. So läßt
sich auch der Schluß erklären. Die Pointe des Ganzen liegt ja zweifellos darin, den jüdi=
schen Unglauben mit seiner Feindschaft gegen Wahrheit und Leben als der Teufelskind=
schaft entspringend zu charakterisieren. Deshalb muß das λαλεῖν τὸ ψεῦδος nicht vom
Teufel, sondern vom Teufelskind ausgesagt sein, auf das das ψεύστης ἐστὶν καὶ ὁ πατὴρ
αὐτοῦ auch allein paßt: ein Lügner ist ja auch sein Vater, der Teufel. Ein solcher Mensch
redet ἐκ τῶν ἰδίων, d. h. „aus der Familie, wie er vom Vater gelernt hat"[3]. Dabei weist
auch der Unterschied der Tempora: einerseits ἦν (und ἔστηκεν s. u.), andererseits λαλεῖ.
Wie die Tempora, so müssen die Subjekte verschieden sein: das Präteritum (bzw. die
Präterita) handeln vom Teufel[4], das Präsens beschreibt (hier wie 8 38) das ständige Ver=
halten des Teufelskindes. Dieser Sinn läßt sich durch die schon von Lachmann vorge=
schlagene Korrektur von ὅταν in ὃς ἄν leicht erreichen[5]. Wahrscheinlicher ist mir jedoch, daß
auch hier ein Versehen der Übersetzung vorliegt; es sollte heißen: (πᾶς οὖν) ὁ λαλῶν
τὸ ψεῦδος . . .[6].

Ist das der ursprüngliche Sinn, so muß freilich zugegeben werden, daß dieser im
heutigen Texte nicht vorliegt. Stammt dieser vom Evglisten, so bleibt keine andere Aus=
kunft, als daß der Evglist, seine Quelle mißverstehend, den Unglauben der Juden auf
die direkte Vaterschaft des Teufels und die indirekte des Teufelvaters zurückführt. Denn
der mehrfach empfohlene Ausweg, statt des Teufels und seines Vaters hier Kain als

---

[1] In der Gnosis ist vom Vater des Teufels oder sonst von seinem Ursprung mehr=
fach die Rede; s. Br. und vgl. bes. Act. Thom. 32, p. 148, 16 ff.; 76, p. 195, 5; Act. Phil. 110,
p. 42, 8 ff.
[2] Wie auch Act. Phil. 119, p. 48, 10 die „Schlange" als ἀνθρωποκτόνος bezeichnet ist.
[3] So Wellh., der aber fälschlich das „aus der Familie" in Gegensaß zu ἐκ τ. ἰδ. stellt.
[4] Richtig betont Wellh. den Unterschied der Tempora, meint aber fälschlich, daß
die Präterita nicht auf den Teufel paßten.
[5] Oder auch durch Einfügung von τις hinter λαλῇ, s. Bd.
[6] Zum Stil vgl. I Joh 24. 9-11. 29; 34. 6-10 47 usw.

den Vater der Juden und den Teufel als Vater Kains zu finden[1], scheint mir nicht gang=
bar. Abgesehen davon, daß man dann das τοῦ διαβ. am Anfang streichen (Wellh.) oder
durch Κάϊν ersetzen (Drachmann, Hirsch) müßte: es ist höchst unwahrscheinlich, daß eine
Gestalt des AT.s und damit ein geschichtliches Ereignis wie Kains Brudermord als Ur=
sprung des jüdischen Unglaubens genannt wäre. Der Antithese: Ich — Ihr (vgl. von
oben — von unten 8,23) entspricht nur die Antithese: von Gott — vom Teufel. Der
Behauptung der Gotteskindschaft der Juden gegenüber sind ja V. 42-44 gesprochen,
nicht etwa gegenüber der Behauptung der Abrahams=Kindschaft, von der V. 33-40 die
Rede ist (s. S. 237 f.). Das allein entspricht auch I Joh 3 s.

Durch ihren Unglauben zeigen die „Juden", daß sie Teufelskinder sind[2].
Diese Teufelskindschaft bestimmt ihr Sein: sie sind darauf aus, die Begierden ihres
Vaters zu vollziehen[3]; das heißt: sie sind auf Mord und Lüge aus; denn ihr Vater
war ja von Anfang an ein Mörder[4] und hatte in der Wahrheit keinen Stand[5].

---

[1] So Wellh., Drachmann, ZNTW. 12 (1911), 84 f.; Hirsch. — So ist die Stelle in
der Corderius=Cat. 238 verstanden worden (πατέρα τῶν Ἰουδ. καλεῖ τὸν Κάϊν). Ent=
sprechend heißt es Ps. Clem. Hom. 3, 25, p. 43, 5 Lag. von Kain: φονεὺς γὰρ ἦν καὶ
ψεύστης. Auch bei Afraat (331 Wright) werden die Juden als Söhne Kains angeredet.
Nach dem Gebet des Cyriacus 8 (ZNTW. 20 [1921]) 25 hat die „Schlange" Adam be=
trogen und Kain zum Brudermord angestiftet.

[2] Zu dem die Herkunft, den Ursprung bezeichnenden εἶναι ἐκ s. S. 95, 5; 97, 3; 117, 6.

[3] Ἐπιθυμία im Joh=Evg nur hier; außerdem I Joh 2 16 f. Das Verbum fehlt im
Ev und in den Briefen. — Für den Teufel sind ἐπιθυμίαι charakteristisch, vgl. Act. Phil. 111,
p. 43, 12; 44, 1. 20. Auch Röm 7 7 ff., wo die ἐπιθυμίαι auf die ἁμαρτία zurückgeführt
werden, scheint ein Mythos vom Teufel, seinem Betrug und seinem Mordwillen (V. 11),
zugrunde zu liegen, den Paulus ins Geschichtliche übertragen hat.

[4] Das seltene ἀνθρωποκτόνος im NT. nur hier und I Joh 3 15 (hier auch in
einem Quellenstück, s. Festg. Ad. Jül. 149 f.). Von der „Schlange" auch Act. Phil. 119,
p. 48, 10. Das ἀπ' ἀρχῆς wie I Joh. 3, 8 nicht auf ein geschichtliches, sondern auf
ein vorgeschichtliches Ereignis, wie von solchen der Mythos redet, um die geschichtliche
Situation des Menschen auf die mythische Vorgeschichte als ihren Ursprung zurückzu=
führen; vgl. Act. Phil. 111, p. 44, 20: ἡ γὰρ ἐπιθυμία τοῦ ὄφεώς ἐστιν ἐξ ἀρχῆς. — Ob
die Quelle an eine spezielle mythologische Geschichte denkt, kann dahingestellt bleiben.
Daß im Teufel alles Morden seinen Ursprung hat, versteht sich für die Gnosis wie für
den iranischen Dualismus, in dem die Teufelsgestalt ihren Ursprung hat (s. Br., Exkurs
3. St.), von selbst; vgl. äth. Hen. 8, 1; Jub. 11, 5. Der Evglist mag an die Paradieses=
geschichte denken (vgl. Röm 7 11). Schon das Judentum hatte ja die iranische Konzeption
übernommen, daß der Teufel Gottes Gegenspieler ist, und daß durch ihn der Tod in
die Welt gekommen ist; vgl. Sap 1 13 2 24; Vit. Ad. und Ev.; Bousset, Rel. d. Judent. 408 f.;
Str.=B. I 139—149.

[5] Das ἐστηκεν ist entweder als ἔστ. zu lesen und dann als präsent. Perf. von
ἵστημι zu verstehen (Bl.=D. § 97, 1): „er steht nicht (fest)"; oder als ἔστ.; es wäre dann
Imperf. zu dem spät aus ἔστηκα gebildeten Präs. στήκω (Bl.=D. § 73). Im ersten Falle
würde der präterialen Aussage (ἦν) eine präsentische folgen. Nun ist an sich möglich,
das Verhalten des Teufels präsentisch zu beschreiben (I Joh 3 8: ἀπ' ἀρχῆς . . . ἁμαρ=
τάνει). Aber hier dürfte neben ἦν doch das Imperf. gemeint sein; der präsentische Satz
ὅτι οὐκ ἔστιν κτλ. soll doch offenbar begründen, wie es immer war. — Das „Stehen
in" bezeichnet die Zugehörigkeit zu etwas, und zwar als eine den Zugehörigen schlechthin
bestimmende; vgl. Röm 5 2 I Kor 15 1 16 13 Phil 4 1 usw. Ebenso der rabbinische Sprach=
gebrauch (Schl.); vgl. Ginza 276, 29; 286, 31: „sie stehen außerhalb der Kušta (= ἀλή=
θεια)". Auch hier braucht keine Anspielung auf einen Mythos vorzuliegen, nach dem der
Teufel je einmal innerhalb der Sphäre der Wahrheit gestanden hätte, um dann diesen
Stand zu verlieren. Daß Lüge das Wesen des Teufels ist, versteht sich zufolge seines
iranischen Ursprungs von selbst; s. Br., Exkurs 3. St. und vgl. bes. Act. Thom. 143, p. 250,
15 f. vom ἄρχων (τοῦ κόσμου): τὸ ἀληθὲς οὐκ ἔγνω, ἐπειδήπερ ἀληθείας ἐστὶν ἀλλό=
τριος. Porphyr. abst. II 42, p. 171, 22 Nauck von den bösen Dämonen: τὸ γὰρ ψεῦδος
τούτοις οἰκεῖον. Ginza 22, 22 f.: der Satan ist „ganz von Zauberei, Täuschung und Ver=
führung voll". Mand. Lit. 198 spricht der Gesandte zur Ruha (dem teuflischen Weltgeist):

Daß damit eben das Wesen des Teufels beschrieben wird, sagt der Zusatz: „Denn Wahrheit war nicht in ihm[1]."

Daß der Teufel ein Mörder ist, und daß er ein Lügner ist, muß in seiner Einheit verstanden werden. *Ζωή* und *ἀλήθεια* gehören ja zusammen als die göttlichen Mächte, die dem Menschen die Eigentlichkeit seiner Existenz geben[2]; und so gehören auch Lüge und Feindschaft gegen das Leben zusammen. Die Begriffe *ἀλήθεια* und *ψεῦδος* einerseits und *ζωή* und *θάνατος* andrerseits sind, wie gerade die mythologische Form der Rede zeigt, nicht an der griechischen Frage nach der rationalen Erkenntnis alles Seienden orientiert, sondern an der Frage nach der Wirklichkeit, der Eigentlichkeit der menschlichen Existenz, seiner *ζωή*. Wie *ἀλήθεια* nicht die Aufgedecktheit alles (weltlich) Seienden ist, sondern Gottes Wirklichkeit und zwar als die sich den Menschen erschließende, offenbarende, und sie damit zu ihrer Eigentlichkeit bringende, — so ist *ψεῦδος* nicht, in formalem Sinne, die trügerische Verdecktheit des Seienden oder der Irrtum überhaupt, sondern der sich Gott entgegensetzende Wille, der sich in seiner trügerischen Wirklichkeit durch solchen Gegensatz erst konstituiert[3], das Nichts, das in seiner Empörung vorgibt, etwas zu sein, und das sein Sein nur in dieser Empörung hat. Als solches Nichts ist das *ψεῦδος* tötend, da es den, der es als wirklich nimmt, um seine eigentliche Existenz bringt.

Solche Feindschaft gegen das Leben und gegen die Wahrheit macht also das Wesen der „Juden" aus, und daraus entspringt ihr Unglaube[4]. Es ist bei dem grundsätzlichen Charakter der Aussage nicht zu fragen, ob der den Juden indirekt gemachte Vorwurf des Mordwillens noch eine spezielle Motivierung hat. Die Feindschaft gegen die Offenbarung ist als solche Feindschaft gegen das Leben. Im Sinne des Evglisten findet diese Feinschaft jedoch ihren symbolhaften Ausdruck in der 5₁₈ zuerst aufgetauchten Absicht der Juden, Jesus zu töten, auf die 7₂₅ Bezug genommen wurde, und die von da ab als ständig im Hintergrund lauernde vorausgesetzt wird (7₃₀ ₄₄. ₃₂ 8₅₉ 10₃₉), bis sie zu festen Entschlüssen führt (11₅₃).

Ebenso geht der Vorwurf der Lüge nicht auf spezielle lügenhafte Aussagen der Juden; das ihnen (indirekt) vorgeworfene *λαλεῖν τὸ ψεῦδος* charakterisiert ihr Reden überhaupt, sofern es von der Feindschaft gegen die Offenbarung, d. h. gegen die Wahrheit, geleitet ist. Gerade, daß solches *λαλεῖν τὸ ψεῦδος* auch ohne Wissen, ja „mit gutem Gewissen" geschehen kann, zeigt das Unheimliche

„Deine Augen sind Augen der Lüge, meine Augen sind Augen der Wahrheit. Die Augen der Lüge verdunkeln und schauen nicht die Wahrheit."

[1] Zu diesem *εἶναι ἐν* vgl. 1₄₇ 2₂₅ 7₁₈ usw., von der *ἀλήθεια* auch I Joh 1₈ 2₄. Verwandt damit das *ἔχειν ἐν ἑαυτῷ* 5₂₆ ₄₂ und *μένειν ἐν* 5₃₈ 14₁₀ I Joh 2₁₄ usw. Die Bestimmtheit des Seins durch die Größe, die in einer Person „ist" oder „bleibt", ist damit ebenso bezeichnet wie durch die korrespondierenden Wendungen, die vom Sein (10₃₈ 14₁₀f. ₂₀ I Joh 1₇ 2₅ usw.) oder Bleiben (8₃₁ 12₄₆ I Joh 2₆. ₁₀ usw.) einer Person in ... reden. — Der *ὅτι*-Satz dürfte ein Zusatz des Evglisten zur Quelle sein.

[2] Zu *ζωή* s. S. 21ff. und speziell 21, 3; 109, 2; zu *ἀλήθεια* s. S. 32, 1; 50,1; 140f.

[3] S. S. 27f. — Büchsel (Joh. und der hellenistische Synkretismus 1928, 106) und Odeberg (303) haben recht, daß bei Joh kein eigentlicher Dualismus vorliegt.

[4] Die Anschauung, daß der Satan Menschen inspirieren kann, um sie als seine Werkzeuge zu benutzen (vgl. Mk 3₂₂ usw.), kommt hier nicht in Frage. Der Aussage liegt vielmehr der gnostische Gedanke zugrunde, daß der Ursprung der Bösen im Bösen liegt; ein Gedanke, der oft in grob mythologischer Form (Zeugung durch den Teufel oder durch einen bösen Geist) ausgeprägt ist. Vgl. Act. Pt. et Pl. 55, p. 203, 1f.; Iren. I 15, 6; Ginza 25, 22ff.; 374, 35 usw., s. Br. 3. St. Über Herakleons Exegese s. von Loewenich 144.

der Satanskindschaft. Wie die Wirklichkeit Gottes, die im steten Bestande der Welt
gegenwärtig ist, ständig von der „Welt" verdeckt wird[1], so geschieht das „die Lüge
reden" ständig im Miteinander der Menschen, die ihre eigene Ehre suchen und
Ehre voneinander nehmen (5 41 ff.). Es geschieht freilich auch in dem Reden,
das die Moral ausdrücklich als „Lüge" kennzeichnet; es geschieht aber auch in
allen Worten, in denen sich die Menschen gegen Gott sichern wollen, sei es in
der Wissenschaft oder in der Kunst. Es geschieht in extremer Weise in allem Reden,
in dem sich die Menschen gegen die ihnen begegnende Offenbarung wehren; die
„Lüge" ist hier nichts anderes als der zu Worte kommende Unglaube. Und deshalb darf nicht gefragt werden, inwiefern die Juden etwa in der vorliegenden
Diskussion „gelogen" haben.. Ihr ganzes Verhalten ist Lüge; und so zeigt V. 45 f.
sofort, daß der ψεύστης nicht nur einer ist, der „lügt", sondern vielmehr einer,
der mit der „Wahrheit" nichts zu tun haben will[2].

V. 45: „Weil aber ich es bin, der die Wahrheit sagt, glaubt ihr
mir nicht!" Tritt der Satz mit seinem ἐγώ δέ formal in Gegensatz zu dem V. 44
beherrschenden ὑμεῖς, so ist er sachlich die Folgerung: gerade, weil er die „Wahrheit" sagt, können sie, deren Wesen Feindschaft gegen die „Wahrheit" ist, ihm
nicht glauben[3]. Wie λαλεῖν τὸ ψεῦδος, so ist τὴν ἀλήθειαν λέγειν insofern zweideutig, als es — von jedem Menschen ausgesagt — bedeutet: die Wahrheit sagen
in dem allgemeinen Sinne, in dem es die moralische Forderung gebietet; als es
aber — vom Offenbarer ausgesagt — bedeutet: die Wirklichkeit Gottes im Worte
enthüllen und gegen die Menschen geltend machen. Mit dem Doppelsinn spielen
Jesu Worte; denn wenn die folgende Frage: „Wenn ich die Wahrheit sage,
warum glaubt ihr nicht?" (V. 46 b) das jüdische Verhalten zunächst deshalb
als ein widersinniges erscheinen läßt, weil sie einem Manne nicht glauben, der
die Wahrheit sagt[4], so findet der Widersinn eben darin seine Erklärung, daß dieser
Mann, indem er „die Wahrheit sagt" zugleich „die Wahrheit", nämlich Gottes
Wirklichkeit aufdeckt, sodaß sie gar nicht glauben können. Denn sie können ja
ihr Sein nur behaupten, wenn sie sich jene Wirklichkeit verdecken.

Der eigentümlichen Doppeldeutigkeit entspricht die dazwischen geschobene
Frage: „Wer von euch kann mich einer Sünde überführen?" (V. 46 a)[5].
Denn diese Frage setzt zunächst den allgemeinen Sinn von Wahrheit voraus: sie
müßten ihm glauben als einem, der die Wahrheit sagt. Aber — könnten sie
fragen — welche Garantie haben sie, daß er wirklich die Wahrheit sagt? Nun!
Er ist glaubwürdig, als Unbescholtener; denn wer könnte ihn einer Sünde überführen[6]? Aber die Frage ist zweideutig; denn sollte Jesu Anspruch, die „Wahrheit" zu sagen, dem menschlichen Urteil über seine Unbescholtenheit unterworfen

---

[1] S. S. 25 f. 27 f.

[2] Diese Erklärung gilt auch dann, wenn man im Sinne des Evglisten als Subj. des
λαλεῖν τὸ ψεῦδος nicht das Teufelskind, sondern den Teufel (oder gar Kain) verstehen
muß (s. S. 241 f.). Denn in jedem Falle führt ja auch der Evglist das Verhalten der ungläubigen Juden auf den Teufel zurück und erklärt damit, daß der Unglaube seinen
Grund in der Macht hat, die ihr scheinhaftes Sein nur aus der Empörung gegen die
Wahrheit gewinnt, und daß so das Wesen des Unglaubens Lüge ist.

[3] Burneys Vermutung (S. 77), daß ὅτι falsch statt ὅς übersetzt sei (s. zu 9 17), mißversteht den Gedanken gründlich. — Zum vorangestellten ἐγώ s. S. 174, 1.

[4] Deshalb heißt es hier auch οὐ πιστεύετέ μοι, nicht: εἰς τὸ ὄνομα τοῦ υἱοῦ τ.
θεοῦ, εἰς τὸν υἱόν oder dergl. Über den Wechsel von πιστ. c. Dat. und πιστ. εἰς s. S. 189, 1.

[5] Der Ausfall von V. 46 in D pc beruht auf Homoiotel.

[6] Ἐλέγχειν περί = „überführen wegen" auch griechisch, s. Br.

werden? Dann würde der vom Offenbarer aufgerufene Mensch ja schließlich doch über ein Kriterium über ihn verfügen! Nein! Wie das ἀδικία ἐν αὐτῷ οὐκ ἔστιν 7 18 sagte, daß Jesus dem Menschen schlechthin nur als der Offenbarer begegnet und nicht etwas als Mensch für sich ist[1], so bedeutet die 8 46 behauptete „Sündlosigkeit" nichts Anderes, als daß er „aus Gott" ist, während jene vom Teufel sind[2]. Die Frage τίς ... ἐλέγχει με κτλ. kann also eigentlich nur im Glauben beantwortet werden, und sie weist den Aufgerufenen nicht auf ein verfügbares Kriterium hin, sondern im Grunde erhebt sie gerade den Anspruch des Offenbarers. Seine „Sündlosigkeit" charakterisiert gar nicht seine „Persönlichkeit", so wie sie sich für menschliche Maßstäbe darstellt; sie ist nicht aufweisbar oder durch wohlwollende Beobachtung zu bestätigen; sondern sie ist der Charakter seines Wortes, das als Wort der Offenbarung alles kritische Fragen verbietet[3].

V. 47 gibt die Antwort auf die Frage von V. 46 b und läßt dabei die Zweideutigkeit fallen. Warum glauben sie ihm nicht, der doch „die Wahrheit sagt?" Die „Wahrheit", die er sagt, sind die Worte Gottes, und es gilt: „Nur wer aus Gott ist, der hört die Worte Gottes." Also können sie nicht „hören", weil sie nicht „aus Gott sind"[4]. Die Rede ist damit zum Anfang zurückgekehrt: V. 43 f. fragte: Warum versteht ihr meine Sprache nicht? Weil ihr mein Wort nicht hören könnt! Und warum? Weil ihr vom Teufel stammt! V. 46 f. wiederholt Frage und Antwort: Warum glaubt ihr nicht? Weil ihr nicht von Gott stammt!

---

[1] S. S. 207.

[2] So charakterisiert auch der gnostische Mythos den Gesandten als sündlos. Vgl. Ginza 59, 1 ff: „Der wahrhaftige Gesandte bin ich.
                an dem keine Lüge ist,
            der Wahrhaftige, an dem keine Lüge ist,
            nicht ist an ihm Mangel und Fehl."
Vgl. ZNW. 24 (1925), 113 f. und Br. 3. St.

[3] Deshalb gilt die „Sündlosigkeit" nicht nur für die Person des Offenbarers, sondern auch für die ihn verkündigende Gemeinde. Denn was V. 47 von jenem sagt, sagt I Joh 4 6 von dieser: „Wer Gott kennt, hört uns; wer nicht aus Gott ist, hört uns nicht." — So kann Luther den Satz wagen, daß der Prediger als Prediger nicht für die Vergebung seiner Sünden zu bitten habe (EA. 26, 35; vgl. F. Gogarten, Glaube und Wirklichkeit 1928, 52 f.).

[4] V. 47 b διὰ τοῦτο κτλ. ist ein Zusatz des Evglisten zur Quelle, s. S. 63, 6. (Daß der ὅτι-Satz in einigen Zeugen fehlt, ist offenbar nur ein Versehen.) Nach allem möchte ich den Text der Quelle so rekonstruieren:

43 διὰ τί τὴν λαλιὰν τὴν ἐμὴν οὐ γινώσκετε;
        ὅτι οὐ δύνασθε ἀκούειν τὸν λόγον τὸν ἐμόν.
42 ἐγὼ [γὰρ] ἐκ τοῦ θεοῦ ἐξῆλθον καὶ ἥκω,
44 ὑμεῖς ἐκ τοῦ πατρὸς ⟨ὑμῶν⟩ τοῦ διαβόλου ἐστέ.
    ἐκεῖνος ἀνθρωποκτόνος ἦν ἀπ᾽ ἀρχῆς
    καὶ ἐν τῇ ἀληθείᾳ οὐκ ἔστηκεν.
    ὁ λαλῶν τὸ ψεῦδος ἐκ τῶν ἰδίων λαλεῖ,
        ὅτι ψεύστης ἐστὶν καὶ ὁ πατὴρ αὐτοῦ.
46 c ὁ ὢν ἐκ τοῦ θεοῦ τὰ ῥήματα τοῦ θεοῦ ἀκούει,
45 ἐγὼ δὲ ὅτι τὴν ἀλήθειαν λέγω, οὐ πιστεύετέ μοι.
46 a. b. τίς ἐξ ὑμῶν ἐλέγχει με περὶ ἁμαρτίας;
        εἰ ἀλήθειαν λέγω, διὰ τί οὐ πιστεύετέ μοι;
51 ἐάν τις τὸν ἐμὸν λόγον τηρήσῃ
        θάνατον οὐ μὴ θεωρήσῃ εἰς τὸν αἰῶνα.

Natürlich ist die Rekonstruktion unsicher. Ich erwäge, ob die letzte Zeile von 44 vom Evglisten stammt (ὅτι ψεύστης κτλ.), und ob die Quelle statt dessen etwa einen Satz enthielt: ἐγὼ δὲ τὰ ῥήματα τοῦ θεοῦ λαλῶ.

Den Abſchluß der Scheltrede bildet **V. 51**: den als Teufelsfindern im Tode befindlichen „Juden" tritt das Wort entgegen — durch das feierliche ἀμὴν ἀμὴν λέγω ὑμῖν abgeſetzt —: „Wer mein Wort hält[1], der wird den Tod nicht ſehen in Ewigfeit[2]." Wie ſeine Worte nach 6₆₃ „Geiſt und Leben" ſind, ſo wird dem Glauben an ſein Wort[3] das Leben geſchenkt, über das der Tod feine Macht mehr hat[4]. Werden die „Toten" die Stimme des Sohnes Gottes hören?

β) 8₅₂₋₅₃.₅₆₋₅₉: Jefus und Abraham.

Gerade das letzte Wort Jeſu, ſeine Verheißung, provoziert den erregten Widerſpruch der Juden (**V. 52**): jetzt ſteht es feſt: Jeſus iſt ein Beſeſſener[5]. Ihr νῦν ἐγνώκαμεν iſt das Gegenſtück zu dem ἐγνώκαμεν der glaubenden Gemeinde (6₆₉ I Joh 3₁₆ 4₁₆). Beiderlei γινώσκειν iſt durch das Wort des Offenbarers hervorgerufen; an ihm ſcheiden ſich Glaube und Unglaube. Der Unglaube argumentiert: wie fann Jeſu Wort Ewigfeit ſchenken[6], wo doch ſelbſt Abraham[7] und die Propheten geſtorben ſind! Jeſus beanſprucht alſo — ſo verſtehen ſie **V. 53** ganz richtig —, mehr zu ſein als jene[8]. In dem τίνα σεαυτὸν ποιεῖς; iſt nur als Frage formuliert, was der Vorwurf 5₁₈ ſagte, daß Jeſus ſich Gott gleich macht (vgl. 10₃₃ 19₇). Und die Formulierung zeigt zugleich, warum ſie den Anſpruch Jeſu nicht verſtehen; ſie mißverſtehen ihn als den Anſpruch perſönlicher Geltung; ſie meſſen ihn an ſich ſelbſt, die von unbändigem Geltungsbedürfnis erfüllt ſind[9]. Eben als ſolche verſtehen ſie den Inhalt ſeines Wortes richtig: er beanſprucht göttliches Leben zu haben[10], — und verſtehen ihn doch falſch, da ſie ſich von den

---

[1] Mit dieſer Überſetzung will ich nicht der Lesart von D sy sa (ὅς ἄν) gegenüber der der übrigen Zeugen (ἐάν τις) den Vorzug geben. Sachlich bedeuten beide Lesarten das Gleiche.

[2] Θεωρεῖν wie ἰδεῖν 3₃ (ſ. S. 95, 3). In der Wiederholung des Wortes durch die Juden V.₅₂ tritt dafür in gleichem Sinne γενέσθαι ein, ſ. u.

[3] Τὸν λόγον τηρεῖν bezeichnet den Gehorſam gegen das Wort, alſo den Glauben, ſ. S. 227, 5.

[4] Dem Glauben wird die ζωή (αἰώνιος) verheißen 3₁₆. ₃₆ 5₂₄ 6₄₀. ₄₇, während der Unglaube das Leben nicht „ſehen" wird 3₃₆. Negativ formuliert wie 8₅₁ auch 11₂₅ſ., dort aber fombiniert mit der poſitiven Formulierung.

[5] Δαιμόνιον ἔχεις wie 8₄₈ ſ. S. 225, 7. Das νῦν charafteriſiert das ἐγνώκαμεν als die jetzt neu gewonnene Erfenntnis, vgl. 16₂₉ſ. Auch das erweiſt die Kombination von V.₅₁₋₅₃ mit V.₄₈₋₅₀ als ſefundär.

[6] Statt θεωρεῖν D.₅₁ ſagen ſie γενέσθαι θανάτου, das auch Mt 9₁ Hb 2₉ IV Esr 6₂₆ begegnet und rabbiniſche Terminologie iſt, ſ. Schl. und Str.-B. zu Mt 16₂₈. Doch iſt der übertragene Gebrauch von γενέσθαι auch griechiſch (ThWB. II 674, 31 ff.), und es begegnet γ. θανάτου (Leonidas, Anthol. Pal. VII 662) wie ἀθανασίας (C. Herm. 10, 8). — Wohl allzu ſcharfſinnig will Odeberg 305 den Wechſel von θεωρεῖν und γενέσθαι darauf zurückführen, daß der Satz im Munde Jeſu und der Juden verſchiedenen Sinn hat.

[7] Das „ſelbſt" kommt in dem ὅστις D.₅₃ zum Ausdruck (= „der doch", Bl.-D. § 293, 2). Das ὅτι, das D a ſtatt deſſen leſen, iſt nach Burney 77 Semitismus.

[8] Entſprechend hatte die Samariterin 4₁₂ erfannt, daß Jeſu Anſpruch ihn über Jakob erhebt. Über die Hochſchätzung Abrahams im Judentum ſ. O. Schmitz in Theol. Abh. Ad. Schlatter dargebracht 1922, 99 ff.; J. Jeremias, ThWB. I 7, 30 ff. „Daß Abraham ſtarb, iſt der zwingendſte Beweis für die Unvermeidlichkeit des Todes" (Schl. z. St.; ſ. auch Str.-B. z. St.). — Neben Abr. bzw. den „Vätern" ſtehen die Propheten, vgl. Sir 44—49; daß die „Väter" und die Propheten geſtorben ſind, ſagt ſchon Sach 1₅. — Formal ähnlich Hom. Il. 21, 107: κάτθανε καὶ Πάτροκλος, ὅς περ σέο πόλλον ἀμείνων. Lucr. III 1042 ff.: ipse Epicurus obit decurso lumine vitae, qui genus humanum ingenio superavit . . . tu vero dubitabis et indignabere obire?

[9] S. S. 204.

[10] Daß Jeſu Wort den Juden den Anſpruch zu erheben ſcheint, er ſei ein Mann

in ihrer Sphäre herrschenden Vorstellungen von Tod und Leben nicht frei machen
können[1]. Sie kennen nur jenes Leben, das ein Sich-festhalten an sich selbst ist,
und können das Leben, das sich in der Preisgabe dieses Lebenswillens erschließt,
nur Tod nennen.

Jesu Antwort läßt die Inadäquatheit der jüdischen Maßstäbe deutlich werden
V. 56: In der Tat! Ich bin größer als Abraham! Aber so direkt ist die Antwort
freilich zunächst nicht gegeben; vielmehr in einer Form, die erkennen läßt, daß es
nicht auf die Größe der Person Jesu an sich ankommt, sondern auf seine heilsgeschichtliche Rolle: „Euer Vater Abraham jubelte, daß er meinen Tag
sehen sollte, und er sah ihn und ward froh[2]." Der „Tag" Jesu ist natürlich
nicht nur die Zeit seines Auftretens im bloß chronologischen Sinne, sondern zugleich und vor allem (eine gewisse Doppeldeutigkeit wird beabsichtigt sein) der
eschatologische Tag, der Tag des Kommens des „Menschensohnes"[3]. Das bedeutet:
Abraham wußte sich nicht selbst als Erfüllung des Heilswaltens Gottes und als
das Maß für die Größe göttlicher Offenbarung, sondern er schaute aus nach der
Erfüllung im Messias und will also selbst an dem Größeren gemessen sein[4]. Wenn
die Juden also Abraham gegen Jesus ausspielen, so verkehren sie den Sinn der
Verheißung, wie sie durch ihre Berufung auf Mose den Sinn des Gesetzes ver-

---

wie Henoch oder Elia oder andere, von denen die Legende behauptete, sie seien nicht
gestorben (Str.-B. IV 766; Odeberg 305 f.), liegt im Zshg. nicht nahe.
     [1] S. S. 193 f.
     [2] Statt des Inf. des Zweckes und der Folge (τοῦ ἰδεῖν) steht nach hellenistischem
Sprachgebrauch ἵνα. Der Sinn kann nur sein „er begehrte mit Entzücken zu sehen" oder
„er jubelte, daß er sehen sollte", Bl.-D. 392, 1a; Windisch, ZNW. 26 (1927), 206; vgl.
auch Colwell 114 gegen die Annahme eines Übersetzungsfehlers (Burney 111) oder eines
Textfehlers im aramäischen Original (Torrey 329). — Zu ἰδεῖν s. S. 95, 3; es wird im
Sinne von „erleben" häufig mit ἡμέρα verbunden, s. Wetst.
     [3] Das AT. redet vom „Tage Jahwes" als dem Tage des eschatologischen Gerichts
und Heils (ThWB. II 946, 22 ff.). Wie dieser Tag auch als der „Tag des Gerichtes"
und ähnlich, oder einfach als „jener Tag" bezeichnet werden kann, so, wo die Messias-
Gestalt in das Bild der Eschatologie aufgenommen ist, als der „Tag des Auserwählten"
(äth. Hen. 61, 5) und ähnlich (Volz, Eschatologie 208; ThWB. II 954, 1 ff.). Etwas
anders, nämlich als Bezeichnung der messianischen Heilsepoche, der rabbinische Ausdruck
„die Tage des Messais" (Str.-B. IV 816; Schl. z. St.). Lk 17 24 setzt die Formel „Tag des
Menschensohnes" voraus, und für das griechische Urchristentum war das Verständnis
der ἡμέρα τοῦ Κυρίου (I Kor 1 8 5 5 II Kor 1 14 usw.) als des Tages der Parusie Jesu
Christi selbstverständlich und ebenso die Bildung der Formel ἡμέρα (᾿Ιησοῦ) Χριστοῦ
(Phil 1 6. 10 2 16). — Auch daß der Jubel des Abr. durch ἀγαλλιᾶσθαι bezeichnet wird,
erweist seine Freude als eschatologisch bestimmte (ThWB. I 19, 40 ff. und vgl. bes. I Pt 1 6. 8).
S. auch die folgende Anm.
     [4] Der rabbinischen Spekulation war es selbstverständlich, daß Abrahams Hoffnung
auf die eschatologische Heilszeit gerichtet war, und sie hatte (vor allem in Ausdeutung
von Gen 15 9 ff.) ausgemalt, in welcher Weise Gott ihm die „kommende Welt" (mit
vielen Einzelheiten) gezeigt hatte (Merx 179 ff.; Str.-B. II 525 f.; Schl. z. St.; Odeberg
306; Lohmeyer, Urchristentum I 132). Dabei begegnet auch die Aussage, daß sich Abraham
über das Gesehene freute (vgl. Abrahams Freude über die Verheißung Jb 14, 21; 15, 17).
Trotzdem wird das εἶδεν καὶ ἐχάρη V. 56 nicht auf die Freude gehen, die Abraham bei der
Schau der Künftigen empfand, sondern nach ἠγαλλ. ἵνα seine gegenwärtige Freude
über die Erfüllung der Verheißung (Odeberg 307 vereinigt beides). So auch Test. Levi
18, 14: τότε ἀγαλλιάσεται ᾿Αβρ. καὶ ᾿Ισαὰκ καὶ ᾿Ιακώβ, κἀγὼ χαρήσομαι. — Daß
Abraham in seiner gegenwärtigen himmlischen Existenz an den Schicksalen seines Volkes
teilnimmt, sagte auch die jüdische Spekulation (Str.-B. Index s. v. Abr.); es ist in der
Bitte Lk 16 24 vorausgesetzt. S. auch zu 12 41. — Daß Abrahams Freude sich im Hades
ereignete, daß also 8 56 die Hadesfahrt Jesu als schon geschehen voraussetzt, behauptet
Eisler, Rätsel 474 f.

kehren[1]. Was ihnen abgeht, ist die Bereitschaft des Wartens, die ihre Echtheit er=
weist in der Bereitschaft des Glaubens, wenn der verheißene Größere begegnet.
Jetzt ist der Tag da; jetzt ist die eschatologische Zeit Gegenwart; aber den Juden ist
es verborgen, — verborgen, weil sie gefangen sind in den Maßstäben ihrer sie
sichernden Weltanschauung, und weil sie deshalb den Sinn des eschatologischen
Handelns Gottes, das diese Welt mit ihren Maßstäben zerbricht, überhaupt nicht
fassen können.

Die Juden bleiben in ihrem Denken gefangen V. 57: Wie kann der noch nicht
50jährige Jesus[2] den Abraham gesehen haben[3]! Aber die Anschauung der Welt
von Zeit und Alter ist vor Gottes Offenbarung nichtig, ebenso wie ihre Anschauung
von Leben und Tod V. 58: „Ehe Abraham ward, bin ich." Der Offenbarer
gehört nicht wie Abraham der Reihe der gewordenen Wesen an[4]. Das $\dot{\varepsilon}\gamma\dot{\omega}$, das
Jesus als der Offenbarer spricht, ist ja das Ich des ewigen Logos, der im Anfang
war, das Ich des ewigen Gottes selbst[5]. Aber daß das $\dot{\varepsilon}\gamma\dot{\omega}$ der Ewigkeit laut

---

[1] S. S. 205.

[2] Zu $\dot{\varepsilon}\chi\varepsilon\iota\nu$ mit der Altersangabe s. S. 180, 6. Schwerlich sollen die 50 Jahre das
ungefähre Alter Jesu angeben (so die Presbyter bei Iren. II 22, 5), was der Lk 3 23 be=
zeugten Tradition stark widersprechen würde (s. S. 90, 2). Es soll doch wohl nur ein
volles Mannesalter bezeichnet werden. Nach Num 4 3 8 24 f. dauerte die Dienstpflicht
der Leviten bis zum 50. Jahr. Nach Hippokrates (bei Philo opif. mundi 105) ist das
50. Jahr die Grenze des Mannesalters.

[3] Statt $\dot{\varepsilon}\dot{\omega}\varrho\alpha\varkappa\alpha\varsigma$ lesen $\aleph$*0124 syr[s] sa $\dot{\varepsilon}\dot{\omega}\varrho\alpha\varkappa\dot{\varepsilon}\nu$ $\sigma\varepsilon$, von Bd. akzeptiert, aber
zweifellos Konformation nach V. 56. Der Wechsel des Subj. kann zufällig sein, indem
das $\dot{\varepsilon}\chi\varepsilon\iota\varsigma$ unwillkürlich das $\dot{\varepsilon}\dot{\omega}\varrho\alpha\varkappa\alpha\varsigma$ nach sich zog. Es kann aber auch Absicht vorliegen.
Nach Odeberg (307) soll deutlich werden, daß Abraham den „Tag" Jesu nicht nur vor=
aussah, sondern daß eine actual interrelation in the spiritual world besteht. Aber viel=
leicht soll das $\dot{\varepsilon}\dot{\omega}\varrho\alpha\varkappa\alpha\varsigma$ der Juden andeuten, daß sie sich die Art des Sehens falsch vor=
stellen, nämlich nach der Art irdischen Sehens, wonach Menschen einander als vorhandene
Wesen gegenseitig wahrnehmen, daß die Juden also in plumper Mythologie stecken.

[4] Zwar ist das $\varepsilon\dot{\iota}\mu\iota$ statt eines $\ddot{\eta}\mu\eta\nu$, das man erwarten könnte (natürlich nicht
ein $\dot{\varepsilon}\gamma\varepsilon\nu\dot{o}\mu\eta\nu$ im Munde des Offenbarers!), charakteristisch. Aber nicht eigentlich, weil
das Präs. $\varepsilon\dot{\iota}\mu\iota$ betont wäre. Denn Merx (179, 1) hat wohl recht, daß das $\dot{\varepsilon}\gamma\dot{\omega}$ $\varepsilon\dot{\iota}\mu\iota$ einem
einfachen אָנֹכִי entspricht (vgl. Ψ 89 2: $\pi\varrho\dot{o}$ $\tau o\tilde{v}$ $\ddot{o}\varrho\eta$ $\gamma\varepsilon\nu\eta\vartheta\tilde{\eta}\nu\alpha\iota$ ... $\sigma\dot{v}$ $\varepsilon\dot{\iota}$ = אַתָּה), und
wenn der Text auch griechisch konzipiert ist, so dürfte bei dem semitisierenden Evglisten
doch eine „virtual translation" vorliegen. Das dem Werden entgegengesetzte Sein des
Offenbarers verträgt im Grunde überhaupt keine temporale Bestimmung, und eben
auf diesen Gegensatz kommt es an: von ihm kann ein $\gamma\varepsilon\nu\dot{\varepsilon}\sigma\vartheta\alpha\iota$ nicht ausgesagt werden.
(In D fehlt freilich das $\gamma\varepsilon\nu\dot{\varepsilon}\sigma\vartheta\alpha\iota$, und $\pi\varrho\dot{\iota}\nu$ ist also präpos. verstanden; s. Bl.=D. § 395.
Der Gegensatz ist dann schlichter.) — Mit den $\dot{\varepsilon}\gamma\dot{\omega}$-$\varepsilon\dot{\iota}\mu\iota$-Sätzen der Offenbarungsreden,
in denen das $\dot{\varepsilon}\gamma\dot{\omega}$ Präd. ist, und die als Subj. ein Subst. verlangen (s. S. 167, 2), hat dieser
Satz nichts zu tun.

[5] So ist zu formulieren nach 1 1: $\varkappa\alpha\dot{\iota}$ $\vartheta\varepsilon\dot{o}\varsigma$ $\ddot{\eta}\nu$ $\dot{o}$ $\lambda\dot{o}\gamma o\varsigma$ (s. S. 16 f.), d. h. indem Jesus
spricht, spricht Gott das $\dot{\varepsilon}\gamma\dot{\omega}$ $\varepsilon\dot{\iota}\mu\iota$. Abzuweisen aber ist die Vorstellung, daß der Sinn
des $\dot{\varepsilon}\gamma\dot{\omega}$ $\varepsilon\dot{\iota}\mu\iota$ sei: „ich (Jesus) bin Gott", daß der Satz also die Identifizierung Jesu mit
Gott vollzöge. Dieses Verständnis beruht auf der Anschauung, daß das $\dot{\varepsilon}\gamma\dot{\omega}$ $\varepsilon\dot{\iota}\mu\iota$ Wieder=
gabe einer der geheimnisvollen jüdischen Formeln sei, die den Gottesnamen umschrieben,
und die einerseits aus den Buchstaben des Tetragrammaton יהוה bzw. יהוא, anderer=
seits aus at.lichen Worten gebildet sind. So wird vermutet, daß das $\dot{\varepsilon}\gamma\dot{\omega}$ $\varepsilon\dot{\iota}\mu\iota$ Wieder=
gabe des אֲנִי הוּא (bzw. אֲנִי וְהוּ) sei, das auf Grund von Stellen wie Dt 32 39; Jes 41 4
43 10 46 4 48 12 zur Gottesbezeichnung wurde (G. Klein, Der älteste christliche Katechismus
und die jüdische Propaganda=Literatur 1909, 44 ff.; G. P. Wetter, ThStKr. 88 [1915],
224 ff.; vgl. Odeberg 308 f.). Oder es sei Wiedergabe des אֶהְיֶה, das aus Ex 3 14 als

Gottesbezeichnung gewonnen wurde (K. Zickendraht, ThStKr. 94 [1922], 162 ff.; Lagr.;
Odeberg 309 f.). Der Sinn des Satzes Jesu wäre dann: „Ich bin der 'Ich=bin'". Aber

wird in einem geschichtlichen Menschen, der noch nicht 50 Jahre alt ist, der als Mensch einer von Ihresgleichen ist, dessen Vater und Mutter man kennt, das können die Juden nicht fassen. Sie können es nicht verstehen, weil der Satz von der „Präexistenz" des Offenbarers nur im Glauben verstanden werden kann; denn nur so wird der Sinn von „Präexistenz" erfaßt, nämlich als die Ewigkeit des göttlichen Offenbarungswortes[1]. Alle spekulativen Präexistenz-Vorstellungen, die Jesus, bzw. den Messias, als ein irgendwo vorhandenes präexistierendes Wesen vorstellen[2], betrachten den Offenbarer gerade so unter der Kategorie der Zeit, wie es die Einrede der Juden V.57 in ihrer Weise tut, während der echte Sinn der „Präexistenz" gerade diese Betrachtungsweise abschneidet.

In den Ohren der Juden ist Jesu Wort eine Blasphemie, — und solche Auffassung herauszufordern, kann die Offenbarung nicht vermeiden. Sie versuchen (V.59) ihn zu steinigen[3]; aber Jesus „verbirgt sich" und verläßt den Tempel[4]. Wieder macht die Unanschaulichkeit des Berichtes deutlich, daß der Offenbarer dem Zugriff der Welt entzogen ist[5].

C) 9₁₋₄₁ 8₁₂ 12₄₄₋₅₀ 8₂₁₋₂₉ 12₃₄₋₃₆ 10₁₉₋₂₁: **Das Licht der Welt.**

a) Heilungsgeschichte, Diskussion und Streitgespräch: 9₁₋₄₁.

Eine Heilungsgeschichte leitet, wie Kap. 5, den neuen Abschnitt ein (9₁₋₇). Als Überleitung zu der durch sie vorbereiteten Rede Jesu dient wie in Kap. 5 ein Gespräch über das Wunder bzw. den Wundertäter zwischen dem Geheilten und den jüdischen Autoritäten (9₈₋₃₄) und zwischen jenem und Jesus selbst (9₃₅₋₃₈). Die Erzählung ist weit ausführlicher als in Kap. 5 und von vornherein von gespannter Stimmung beherrscht. Zur Streitfrage wird das Wunder als Sabbatheilung, wie — ebenso wie in Kap. 5 — erst nachträglich (V.14) berichtet wird. Wie in Kap. 5 schließt sich endlich ein kurzes Streitgespräch zwischen Jesus und den Gegnern an (9₃₉₋₄₁), das die unmittelbare Einleitung zur folgenden Rede bildet[6].

---

ist es möglich, das aus dem bloßen ἐγώ εἰμι herauszulesen? Das ἐγώ müßte ja Subj. und Präd. zugleich sein! Und abgesehen von der Frage, wann und in welchen Kreisen diese Gottesbezeichnungen überhaupt bekannt waren (sie fehlen bei A. Marmorstein, The old rabbinic doctrine of God I 1927 in der Liste der Gottesnamen S. 54—107), im Zshg ist dies Verständnis nicht möglich; denn es würde dann der Ton auf dem Präd. liegen, während im Zshg, nach dem πρὶν 'Αβρ. γενέσθαι, der Ton auf dem ἐγώ als Subj. liegen muß und ein Präd.-Nomen überhaupt nicht zu erwarten ist.

[1] S. S. 18 und S. 190ff.

[2] Über die jüdischen Vorstellungen von der Präexistenz des Messias s. Bousset, Rel. d. Judent. 263; Dolz, Eschatologie 204ff.; Str.-B. II 333—352.

[3] Steinigung als Strafe der Gotteslästerung Lev 24₁₆; Sanhedr. 5, 3ff.; Act. 7₅₈. Über eine im Tempel vorgenommene Steinigung s. Schl. 3. St. Die Reflexion, woher man im Tempel die Steine zur Hand hatte (Str.-B.; Schl.: weil dauernd am Tempel gebaut wurde), ist überflüssig. Vgl. ferner Str.-B. I 1008—1019.

[4] Bl.-D. § 471, 2 fragt, ob das koordinierte ἐκρύβη καὶ ἐξῆλθεν als ἐκρύβη ἐξελθών zu verstehen sei. — Das ἐκρύβη auch 12₃₆. Die Kombination dieser Stellen mit der Vorstellung vom „verborgenen Messias" bei R. Eisler, Ἰησοῦς βασιλεύς II 47 3, ist phantastisch.

[5] Vgl. 7₃₀. 44 8₂₀ 10₃₉ und s. S. 228, 2. Vgl. ferner Lt 4₃₀ und das Entrückungsmotiv in der Apollonios-Legende (Philostr. Vit. Ap VIII 5, p. 300, 26 Kayser). — Jn. erklärt wieder rationalistisch: „Einen Augenblick müssen sie gezögert haben, welchen Jesus benutzte, sich ohne Aufsehen zu entfernen." Ähnlich B. Weiß, während nach Ho. der Evglist die Leser „ratend und sinnend" stehen läßt. — Vgl. die Szene bei Lucian, Demon. 11, wo die Athener, die den Demonax schon steinigen wollen, durch seine klugen Worte umgestimmt werden; s. S. 234, 2.

[6] Zur Rekonstruktion des ganzen Komplexes s. S. 236f.

Die Wundergeschichte und die an sie anschließende Diskussion ist wie in Kap. 5 aus einer Quelle entnommen — man wird ohne weiteres vermuten dürfen: aus der σημεῖα= Quelle[1] — und vom Evglisten durch seine Zusätze bereichert, und zwar in größerem Umfang als in Kap. 5. Von ihm stammen V.4-5; V.22-23, 29f. (-34 a) und V.39-41; seine Redaktion hat auch in V.16f. und V.35-38 eingegriffen[2].

1. Die Heilung des Blinden: 9 1-7.

Die Blindenheilung Joh 9 ist nicht einfach aus den Geschichten Mk 8 22-26 10 46-52 literarisch abzuleiten[3], sondern sie variiert das in ihnen vorliegende Motiv selbständig[4]. Stilistisch entfernt sich die Erzählung vom synoptischen Typus vor allem durch die Aus= führlichkeit der an sie anschließenden Diskussionen. Ein Zeichen fortgeschrittenen Stadiums ist es, daß Jesus selbst die Initiative zum Wunder ergreift[5], sodaß das Wunder zur Demon= stration wird, was durch die dem Evglisten zugehörigen Verse 4 f. noch besonders betont wird. Demgemäß fehlt wie 5 6 ff. die Erwähnung der πίστις des Kranken.

Die Situationsangabe V. 1 enthält keine Verknüpfung mit dem Voran= gegangenen, sondern hat den Charakter der Einleitung einer ursprünglichen Einzelgeschichte[6]. Die Begleitung der Jünger, die seit Kap. 6 nicht erwähnt waren, ist wie als selbstverständlich vorausgesetzt[7]. Der Anblick eines Blinden[8] veranlaßt einen Dialog zwischen Jesus und den Jüngern. Ihre Frage (V. 2),

---

[1] Die Sprache ist wie in allen Stücken der σημεῖα=Quelle ein semitisierendes Grie= chisch, aber kein Übersetzungsgriechisch (gegen Burney mit Recht Colwell). Die Satz= verbindungen sind durchweg primitiv (asynd., καί, οὖν, δέ, kein μέν). Das Präd. steht oft am Anfang des Satzes. Überflüssiges αὐτοῦ findet sich V.2. 18 (falls es hier nicht betont sein soll), überflüssiges ἡμεῖς V.24. Griechisch ist das Part. coni. D.6. 11. 25, dagegen nicht V.2. 19 (ἠρώτησαν λέγοντες, schlechte Gräzisierung für ἠρώτησαν καὶ εἶπαν); ver= mieden ist das Part. coni. in der Formel ἀπεκρ. καὶ εἶπ. V.20. 30. 34. Griechisch ist die Stellung des αὐτοῦ V.6, des σου V.10, des ποτε V.13 (doch ist dieses schlecht statt τὸν πρὶν τυφλ. oder τὸν πρὸ τοῦ τυφλ.); griechisch auch das ἐκ γενετῆς V.1 und das θεοσεβής V.31.
[2] Für Wellh. und Sp. ist der Wechsel von Φαρ. V.13. 16 mit 'Ιουδ. V.18 ein Indizium dafür, daß V.17 (bzw. V.18)-23 ein Zusatz des Evglisten zur Quelle ist. Aber daß der Blinde in V.18-23 als bisher unbefragt gilt (Wellh.), läßt sich m. E. nicht behaupten. Auch daß die Pharisäer in V.13-16 nicht (wie die Juden in V.18-23) bezweifelt haben, daß der Mann wirklich blind gewesen ist, läßt sich schwerlich gegen die Ursprünglichkeit von V.18-23 geltend machen; es muß vielmehr als Zeichen ihrer Ratlosigkeit aufgefaßt werden, daß sie jetzt auf diesen Gedanken kommen. Endlich darf man gegen V.18-23 schwerlich daraus ein Argument gewinnen, daß bisher die Eltern nicht genannt waren. Das wäre nur dann der Fall, wenn man mit Sp. das ἐκ γενετῆς V.1 als Zusatz ansehen müßte, um deswillen nachher die Eltern aufgeboten werden müssen, weil sie allein das ἐκ γεν. bezeugen können; darüber s. u.
[3] Auch das Motiv der Heilung durch Speichel V.6 braucht nicht aus Mk 8 23 zu stammen (gegen Gesch. der synopt. Tr. 242).
[4] Daß eine aus anderer Tradition stammende Geschichte auf Jesus übertragen ist, hat man keinen Grund anzunehmen. Freilich wird die Frage der Theodizee anläßlich eines Blindgeborenen in der jüdischen Legende behandelt (zwei Varianten bei Bin Gorion, Der Born Judas II 206—210, eine Fassung bei Gaster, Exempla Nr.407). Aber hier wird überall die Bosheit des Blinden enthüllt und so Gottes Gerechtigkeit erwiesen. — Über Blindenheilungen in der hellenistischen Wundertradition s. Gesch. der synopt. Tr.248; Br. Exkurs hinter V.34. Gegen die Annahme buddhistischen Einflusses auf Joh 9 s. R. Garbe, Indien und das Christentum 1914, 35 ff.
[5] Wie 6 5 ff. 5 6; s. S.155, 1; 181.
[6] Καὶ παράγων εἶδεν wie Mk 2 14; vgl. Mk 1 16 2 23 Mt 9 27. — Παράγειν heißt nicht nur „vorbeigehen" (= עבר, Schl. zu Mt 9 9), sondern auch „weitergehen", vgl. Mt 9 9. 27.
[7] S. S. 80, 4.
[8] Der Blindgeborene heißt nach griech. Sprachgebrauch τυφλὸς ἐκ γενετῆς (Wetst. und Br.); semitisch wäre „blind aus seiner Mutter Leib" (Schl.; vgl. Mt 19 12 Act 3 2 14 8 usw.).

ob die Blindheit des Mannes ihren Grund in seiner eigenen Sünde oder in der
seiner Eltern hat[1], setzt bekannte jüdische Anschauungen voraus[2]. Ob die Frage
einer bloßen Neugier entspringt, oder ob sie von vornherein die Absurdität der
jüdischen Anschauung kennzeichnen soll, — jedenfalls dient sie dazu, ein Wort
Jesu zu provozieren (V. 3). Dieses weist die Diskussion der Frage ab; freilich
nicht so, als ob es die jüdische Fragestellung widerlegte oder einen neuen Gesichts=
punkt zur Beurteilung solcher Fälle gäbe wie das Herrenwort Lk 13₂₋₅[3]. Viel=
mehr bezieht sich das Wort allein auf den vorliegenden Einzelfall: er hat seinen
Sinn darin, daß an diesem Blinden Gottes Werke offenbar werden sollen[4]. Da=
mit ist auf das Heilungswunder vorausgewiesen; denn der, welcher „Gottes
Werke"[5] wirkt, ist ja Jesus, dem der Vater gegeben hat, sie zu wirken (5₃₆). Das
Leiden des Blinden dient also dem gleichen Zweck wie die Krankheit des Lazarus:
ἵνα δοξασθῇ ὁ υἱὸς τοῦ θεοῦ δι' αὐτῆς (11₄), wie es der Sinn des Kana=Wunders
war: ἐφανέρωσεν τὴν δόξαν αὐτοῦ (2₁₁). Freilich sind Jesu Wunder „Werke
Gottes", nur insofern sie σημεῖα sind[6], als Hinweise oder Symbole der eigent=
lichen Werke oder „des Werkes", das er im Auftrag des Vaters vollbringt. Und
so ist die folgende Geschichte von vornherein im Lichte dieser Symbolik zu ver=
stehen: er, der dem Blinden das Augenlicht schenkt, ist das „Licht der Welt"[7].
So sagt es gleich V.₅, und so führt es die folgende Rede dann aus.

Das Wirken des Offenbarers ist begrenzt[8], — das sagt V. 4f.: V.₄ im Hin=
blick auf den Offenbarer selbst: er muß seine Zeit ausnutzen![9]; V.₅ im Hinblick

---

[1] Woher die Jünger wissen, daß er blind geboren ist, darf natürlich nicht gefragt
werden. — Das ἵνα hat konsek. Sinn wie I Joh 1₉ usw., Bl.=D. § 391, 5.

[2] Krankheit als Strafe eigener Sünde s. S.182, 2. Daß die Schuld der Eltern an
den Kindern gestraft wird, ist allgemeine antike Anschauung (für das AT s. Ex 20₅ Dt 5₉
usw., für die klass. Antike Br.), die besonders im Judentum entwickelt ist (vgl. Tob 3₃f.
und s. Str.=B. 3. St.). — Wie von eigener Schuld bei einem Blindgeborenen die Rede
sein kann, ist eine Frage, die Sp. veranlaßt, das ἐκ γενετῆς als Zusatz zu streichen (s. S. 250, 2;
vgl. Dibelius Formgesch. 89). Rabbin. Aussprüche über ein Sündigen des Kindes im
Mutterleib finden sich bei Str.=B. erst aus der Zeit des (2.) 3. Jahrh.s. Daß auch angesichts
der von Geburt an Verstümmelten Gott als gerechter Richter zu preisen war, zeigt Schl.
3. St.; vgl. auch S. 250,4 — Schwerlich ist an Sünden in der Präexistenz gedacht, wenn=
gleich der Gedanke der Seelen=Präexistenz in das synkretist. und hellenist. Judentum ein=
gedrungen war (Sap 8₁₉f., weiteres bei Br.; vgl. Rud. Meyer, Hellenistisches in der
rabb. Anthropologie 1937). Schwerlich ist auch der Glaube an Seelenwanderung vor=
ausgesetzt (J. Kroll, Die Lehren des Hermes Trismeg., Reg., S.422). Vielleicht will
aber die Frage eine unmögliche Alternative stellen und so die Absurdität des Dogmas
erweisen.

[3] Etwa wie Br. formuliert: „Es gibt unverschuldetes Leiden, demgegenüber man
nicht nach dem Grund, sondern nach dem Zweck fragen soll."

[4] Der ellipt. Satz ἀλλ' ἵνα κτλ. wie 1₈ usw. Er ist für den Evglisten charakteristisch
(s. S.29, 1), dessen redigierende Arbeit eben mit diesem Satz einsetzt und V.4f. umfaßt.
Die ursprüngliche Fortsetzung der Antwort Jesu ist also unterdrückt.

[5] Die ἔργα τ. πέμψ. sind die Werke, die der Sendende, Gott, zu wirken gegeben
bzw. aufgetragen hat; vgl. 10₃₂ und s. S.143, 3; 164,3; 199f.

[6] S. S.78f. 88. 161.

[7] Über den Begriff φῶς τ. κόσμου s. zu 8₁₂. Das φῶς εἰμι τοῦ κόσμου 9₅ ist kein
eigentlicher ἐγώ=εἰμι=Satz, sondern die Abwandlung eines solchen zum Zweck bildlicher
Rede; daher fehlt vor φῶς der Art. (nach Torrey Semitismus).

[8] Ἕως V.₄ = solange als, s. Bl.=D. § 455, 3 (ebenso ὡς 12₃₅f., was einige Zeugen
auch 9₄ lesen). Den gleichen Sinn hat ὅταν V.₅ (vgl. Lk 11₃₄).

[9] Der Text von V.₄ ist umstritten: ἡμᾶς δεῖ . . . τοῦ πέμψ. ἡμᾶς lesen ℵ*WL Kᶜ
0124 sa; ἐμὲ δεῖ . . . τοῦ πέμψ. με ℵᵃ ACNΓΔΘ und die lat. und syr. Übersetzungen.
Dagegen lesen BD 0124 bo pal Kᵛ°. Nonnus an der ersten Stelle ἡμᾶς, an der zweiten

auf die Welt, der sein Wirken gilt, im Sinn der Mahnung, die nachher 12₃₅f.
deutlicher gesprochen wird, im Sinn also auch des warnenden Hinweises auf das
Zu=spät (7₃₃ 8₂₁). Ist diese Mahnung und Warnung, die ja in der folgenden Rede
ihre Ausführung findet, ohne weiteres verständlich, so kann der Hinweis auf die
Begrenztheit der Zeit des Offenbarers als auf ein Motiv seiner eigenen Nutzung
der Zeit (D.₄) im Zshg schwerlich einen anderen Sinn haben als, im Vorblick auf
D.₁₄, zu sagen, daß auch der Sabbat für Jesu Wirken keine Schranke bedeutet;
D.₄ ist also eine ungefähre Parallele zu 5₁₇[1].

Die Heilung des Blinden wird D. 6 zunächst ähnlich beschrieben wie Mk 8₂₃[2].
Die umständliche Manipulation Jesu soll wohl seine Handlung deutlich als Sabbat=
bruch erscheinen lassen; vgl. D.₁₄f.[3] Die Heilung muß noch vervollständigt
werden durch die Waschung im Teiche Siloam (D. 7[4]), die den Blinden sehend

με. Bezeugt ist also am besten ἡμᾶς für die erste, με für die zweite Stelle, m. a. W. der
Text von BD etc. Indessen kann dieser Text nicht der ursprüngliche sein, wenngleich
B. Weiß, Br., Lagr., Bl. an ihm festhalten. Beide Male ἡμᾶς wollen Ho., Htm. wie
Tischendf. lesen; für ἐμέ treten Bd., Hirsch ein, und das wird die ursprüngliche Lesart
sein. Das ἐμέ wurde in ἡμᾶς geändert, um dem Satz den Charakter einer (für die Christen)
allgemeingültigen Gnome zu geben, da es befremdete, daß für Jesu Wirken, das nach
D.₅ selbst das Licht der Welt ist, die Nacht ein Ende setzen soll. Die erste Korrektur zog
in einzelnen Handschr. die zweite nach sich. — S. folgende Anm. und vgl. noch A. v. Har=
nack, SA. Berlin 1923, 107, der unter Hinweis auf 3₁₁ das „Wir" als ein potenziertes
„Ich" verstehen möchte, da in gewissem Sinne alles Gotteswirken Jesu Wirken sei.

[1] Die Künstlichkeit dieser Beziehung von D.₄ auf den Zshg. ist nicht zu leugnen.
Es befremdet ohnehin, daß die Begrenztheit der Offenbarungszeit nicht nur für die Welt,
sondern auch für den Offenbarer selbst eine Mahnung, die Zeit auszunutzen, sein soll;
und erst recht, daß er, der nach D.₅ das Licht der Welt ist, und dessen Weggang für die
Welt die Nacht bedeutet, — daß er nach D.₄ selbst von Tag und Nacht abhängig ist. —
Die Schwierigkeiten beruhen darauf, daß der Evglist (wie 11₉f.) ein Stück aus den
Offenbarungsreden entnommenen Lichtrede, die von D.₃₉ an zugrunde liegt, hier ein=
gefügt hat, um den symbolischen Charakter der Geschichte gleich deutlich zu machen. Die
Folge von D.₅ auf D.₄ macht den Eindruck, daß in D.₄ ursprünglich gar nicht vom Wirken
des Offenbarers die Rede war, sondern vom ἐργάζεσθαι der Menschen, das an das
Tageslicht gebunden ist. Das war im gleichen Sinne bildlich gemeint wie die Rede vom
περιπατεῖν 11₉f.: Wie die Arbeitsmöglichkeit des Menschen an das Tageslicht gebunden
ist, so die Heilsmöglichkeit an die Gegenwart des Offenbarers, der, solange er in der
Welt ist, das „Licht der Welt" ist. In der Quelle lautete also D.₄ einfach:
δεῖ ἐργάζεσθαι ἕως ἡμέρα ἐστίν.
ἔρχεται νὺξ ὅτε οὐδεὶς δύναται ἐργάζεσθαι.
Um des Zshgs willen hat der Evglist die Aussage auf das Wirken Jesu bezogen und
deshalb am Anfang ein ἐμέ und hinter dem ἐργάζεσθαι das τὰ ἔργα τ. πέμψ. με hin=
zugefügt. Wahrscheinlich hat er auch die ursprüngliche Reihenfolge der Verse geändert;
in der Quelle dürfte D.₅ vorangestanden haben. Auf D.₅. ₄ folgte in der Quelle viel=
leicht 11₉f.; s. zu 11, 9f.

[2] Für χαμαί = χαμᾶζε und für πηλός = Teig s. die Belege bei Br. Das von
τ. ὀφθαλμ. getrennte und vorangestellte αὐτοῦ entspricht nach Bl.=D. § 473, 1 und S.306
(zu § 248, 1) einem Dat. — Über die Verwendung des Speichels als heil=' bzw. Zauber=
mittels s. Klostermann (Hdb. z. NT) und Str.=B. zu Mk 7₃₃; Gesch. der synopt. Tr. 237, 1.

[3] Für eine etwaige Urform der Geschichte ist diese Erklärung natürlich nicht not=
wendig. — Das Kneten (von Teig) gehörte nach Schab. 7, 2 zu den 39 am Sabbat ver=
botenen Arbeiten (Str.=B. I 615f.). Über verbotene Heilungen, speziell von Augenleiden,
am Sabbat s. Str.=B. zu 9, 16.

[4] Wie der Blinde den Weg findet, darf nicht gefragt werden. — Zu νίπτειν εἰς
vgl. griech. λούειν εἰς und dergl., s. Br. und Bl.=B. § 205. — Über die Namensform
Σιλωάμ (LXX Jes 8₆ für הַשִּׁלֹחַ) s. Br. und Schl. z. St.; Bl.=D. § 56, 3; Dalman, Jesus=
Jeschua 13. — Über die Lage des Teiches s. Str.=D. z. St.; Dalman, O. und W. 327f.;
R. Eisler, Ἰησ. βασ. II 518—525. — Wurde zur Zeit der Erzählung dem Wasser des

macht[1]. Die vom Evglisten, wenn nicht gar erst vom Redaktor, hinzugefügte Er=
klärung des Namens[2] steigert den symbolischen Sinn der Geschichte zum allegorischen:
der ἀπεσταλμένος ist Jesus (3₁₇. ₃₄ 5₃₆ usw.); wie der Blinde durch das Wasser
des Siloam das Augenlicht empfängt, so empfängt der Glaube von Jesus, dem
„Gesandten" das Licht der Offenbarung[3].

2. Die Diskussion über das Wunder: 9₈-₃₈[4].

9₈-₁₂: Die Ratlosigkeit der Leute. Ohne daß vom Verbleib Jesu
etwas berichtet wäre (anders 5₁₃b), wird das Aufsehen geschildert, das die Hei=
lung hervorruft. Es ist darin das für die Wundergeschichte typische Motiv der
„Zeugen" verwendet[5], jedoch nicht als Abschluß der Geschichte zu ihrer Beglau=
bigung, sondern als Vorspiel der Haupterzählung: in der Ratlosigkeit der Leute
spiegelt sich schon die Verlegenheit der Autoritäten. V.8f. schildern das erstaunte
Fragen[6]. Die Zweifel an seiner Identität mit dem vormals Blinden muß der
Geheilte beseitigen (V.9) und beschreiben, wie die Heilung zugegangen ist (V.10f.)[7].
Anders als der Geheilte 5₁₂f. weiß er wenigstens den Namen seines Helfers,
aber nichts über seinen Verbleib (V.12). Im Sinne des Evglisten ist das Befremdende
und Unkontrollierbare des Offenbarungsgeschehens mit alledem angedeutet.

9₁₃-₁₇: erstes Verhör des Geheilten. Der Geheilte wird zu den Phari=
säern[8] geführt als zu der kompetenten Instanz, an die man sich zu wenden hat
(V.13). Der Leser weiß, daß damit gerade der falsche Weg eingeschlagen ist, in=
dem das Unerwartete, Neue, den alten, verfügbaren Maßstäben unterworfen
wird. Jetzt wird gesagt (nachträglich wie 5₉), daß die Heilung am Sabbat ge=
schehen sei (V.14), und das Verwunderliche wird zum Anstoß. Der Tatbestand
wird vorläufig festgestellt (V.15[9]) und die Verlegenheit der Behörde beschrieben
(V.16): das Wunder scheint zu zeigen, daß Jesus in göttlicher Legitimation han=

Siloah bereits Wunderkraft zugeschrieben wie später? Vgl. J. Jeremias, Golgotha 22, 6;
bei Str.=B. nur Belege für seine Kraft zu ritueller Reinigung. — Eine gew. Analogie ist
die Sendung des aussätzigen Naeman zum Jordan IIKg 5₁₀.

[1] Das beständig gebrauchte βλέπειν bezeichnet im Unterschied von ὁρᾶν speziell
den physischen Akt des Sehens.

[2] Die Erklärung faßt den Namen, der ursprünglich ein Subst. ist (emissio sc. aquae),
als Part. Pass. Vgl. Eisler, Ἰησ. βασ. II 82, 1; 356, 1.

[3] Möglich, daß der Evglist angesichts des Unglaubens der Juden an Jes 8₆ denkt:
„Weil dieses Volk verachtet hat die Wasser von Siloah . . ." Allegorische Deutungen des
Siloah bei Rabbinen: Str.=B. z. St. — Daß die Heilung zugleich die Taufe (φωτισμός) sym=
bolisiere, meint Omodeo, Mistica 80.

[4] Wie sich in der Diskussion die historische Situation der Gemeinde spiegelt s. S. 178f.

[5] Gesch. der synopt. Tr. 241; Wendland, Die urchristl. Literaturformen 238f. (304f.).

[6] Daß neben den Nachbarn und anderen Bekannten die Eltern nicht genannt werden,
entspricht der Ökonomie des Erzählungsstiles; sie werden für V.18-23 vorbehalten, wo
sie ihre Rolle zu spielen haben (s. S. 250, 2). Daß erst jetzt zur Sprache kommt, daß der
Blinde ein Bettler war (wie Mk 10₄₆; προσαίτης ein spätes Wort, s. Br.), beruht wohl
darauf, daß für den Erzähler Blinde so gut wie selbstverständlich Bettler sind. — Zu οἱ
θεωροῦντες . . . ὅτι πρ. ἦν s. Bl.=D. § 330: wie das ἦν plusquamperf. Sinn hat, so auch
das θεωρ. Das ὅτι hält Burney (78) für falsche Übersetzung von ‏ד‎ = ὅτε; dagegen
Colwell 100f.

[7] Die Schilderung ist gegenüber V.6f. etwas verkürzt; unnötige Reflexionen der
alten Exegese darüber bei Br. — In ἀνέβλεψα ist die Bedeutung des ἀνα = „wieder"
nicht mehr wirksam; s. Br., Wörterbuch und vgl. ἀνέζησεν Röm 7₉.

[8] S. S. 231, 7. — Die Vorausnahme des Obj. (τόν ποτε τυφλόν) durch αὐτόν ent=
spricht ebenso semitischem Sprachgebrauch (Burney 86) wie griechischem (Colwell 50f.).

[9] Das πάλιν blickt einfach auf V.10 zurück.

delt[1]; aber der Sabbatbruch[2] widerspricht dieser Annahme, da er Jesus als einen Sünder erweist[3]. So kommt es wieder zu einem σχίσμα[4]. Der Geheilte selber, vor die Frage gestellt[5], bekennt, daß er Jesus für einen Propheten halte (V.17). Die wunderbare Kraft Jesu hat also auf ihn den gleichen Eindruck gemacht wie Jesu wunderbares Wissen auf die Samariterin (4.19); aber wie bei dieser, so bedeutet auch bei ihm solches Bekenntnis nur den ersten Schritt. Dieser ist freilich bedeutsam genug; aber ehe das betont (V.30-33) und weitergeführt (V.35-38) wird, wird weiter von der Reaktion der Behörde auf den Sachverhalt berichtet. Der Kampf der Finsternis gegen das Licht und das Opfer, das die Entscheidung des Glaubens bedeutet, sollen deutlich werden.

9.18-23: das Derhör der Eltern. Die Behörde[6] — die ἄλλοι von V.16 bleiben unberücksichtigt — gerät jetzt auf den Gedanken, die Tatsache der Heilung in Frage zu stellen[7], offenbar, weil sie die Sache so auf die bequemste Weise aus der Welt schaffen könnte (V.18f.). Die formale Korrektheit, mit der sie verfährt, sichert sie also nicht gegen den sachlichen Mißbrauch des Rechtes. Sie verhört jetzt die Eltern des Geheilten[8], aber mit dem Erfolg, daß die anstößige Tatsache bestehen bleibt und mit ihr die Verlegenheit. Diese Verlegenheit der Behörde wird durch das doppelte οὐκ οἴδαμεν der Eltern anschaulich gemacht, das mit schadenfroher Vorsicht der Behörde die Verantwortung für ihr Urteil zuschiebt, und durch das ebenso schadenfrohe αὐτὸν ἐρωτήσατε κτλ. (V.20f.)[9]. Der Evglist motiviert in einem Zusatz V.22f. die Vorsicht der Eltern durch ihre Furcht, aus der Synagoge gestoßen zu werden[10].

---

[1] Zur Legitimation durch Wunder s. S. 95, 1 und Str.=B. 3. St. — Man könnte fragen, ob die Formulierung οὐκ ἔστιν οὗτος παρὰ θεοῦ ὁ ἄνθρωπος vom Evglisten statt einer anderen eingesetzt ist; vgl. 6.46 7.29 17.7 und s. S. 173, 2. Indessen ist das unsicher. Br. vergleicht I Makk 2.15. 17: οἱ παρὰ τοῦ βασιλέως.

[2] Die Formel τηρεῖν τὸ σαββ. entspricht dem שָׁמַר אֶת־הַשַּׁבָּת (Schl.), ist aber nicht ungriechisch, s. S. 227, 5.

[3] In ἄνθρ. ἁμαρτ. ist nicht das ἄνθρ., sondern das ἁμαρτ. betont, wie V.24 zeigt; vgl. Lk 24.7 und die Bezeichnung der Sünder als ἄνδρες ἁμαρτωλοί Sir 15.7. 12 27.30. Anders wohl Lk 5.8.

[4] Vgl. 7.43 10.19. Der Evglist hat das Motiv hier offenbar in die Quelle eingefügt; auf ihn geht V.16b (ἄλλοι κτλ.) zurück (die ἄλλοι spielen auch weiterhin keine Rolle); ebenso auch der Schluß von V.17: ὁ δὲ κτλ. (s. S. 255, 3). V.17 schloß ursprünglich an V.16a an und war keine ernstgemeinte Frage, sondern entrüsteter Ausruf: „Wie kannst du von ihm behaupten, daß er dir die Augen öffnete!“ Im Zshg damit hat der Evglist wohl auch den Anfang von V.18 umgestaltet. Die Quelle wird einfach gesagt haben: καὶ οὐκ ἐπίστευσαν περὶ αὐτοῦ κτλ.

[5] Infolge der Umgestaltung von V.16f. durch die Evglisten (s. vorige Anm.) hat die Frage V.17 den Sinn gewonnen: „Was sagst du angesichts der Tatsache, daß er ...“, s. Bl.=D. § 456, 2. Gegen Burney (76), der ὅτι für falsche Übersetzung von דְּ = ὅς hält, Colwell 101—103.

[6] Daß an Stelle der Φαρισ. jetzt die Ἰουδαῖοι treten, geht auf die Redaktion des Evglisten zurück (s. Anm. 4) und ist kein Indizium für den sekundären Charakter von V.18-23 (s. S. 250, 2). [7] Das ἦν V.18 wie V.24 plusquamperf., s. S. 253, 6.

[8] Ἕως ὅτου V.18 = bis (daß) wie I Reg 30.4 I Makk 14.10 Lk 13.8 usw., Bl.=D. 455, 3. — Das nach griechischem Sprachgefühl unnötige αὐτοῦ hinter γονεῖς ist nach Burney (88) Aramaismus; doch vgl. Colwell 49f., der Beispiele aus vulgärem Griechischen bringt.

[9] Ἡλικίαν ἔχειν = alt genug sein, mündig sein, ist geläufig, s. Br.; entsprechende Wendung im Rabbinischen, s. Str.=B. — Das αὐτός ist betont, Bl.=D. § 283, 4.

[10] Ἀποσυνάγωγος im NT nur hier, 12.42 16.2. Es entspricht nach Schl. dem rabbin. מְנֻדֶּה, der von dem völlig von der Gemeinde Getrennten (מְשׁוּמָּד) zu unterscheiden ist; s. Str.=B. IV 293—333; Schürer II 507. 543f.; Schwartz, Aporien 1908, 146f. — V.22f.

9₂₄-₃₄: **3weites Verhör des Geheilten.** Von neuem läßt die Behörde den Geheilten vorführen. Sie handelt also scheinbar korrekt und läßt es sich etwas kosten[1]. Aber in Wahrheit ist ihre Entscheidung schon gefallen: „Wir wissen, daß dieser Mensch ein Sünder ist." Sie möchten dem Geheilten die Verantwortung zuschieben; er soll Gott die Ehre geben und die Wahrheit bekennen[2], d. h. ihnen zustimmen (V.₂₄). Er läßt sich aber nicht verblüffen, sondern bleibt bei dem, was er weiß (V.₂₅)[3]. Die Verlegenheit der Behörde zeigt sich in der wiederholten Frage nach dem Tatbestand (V.₂₆), als könnte — etwa durch einen Selbstwider-spruch des Verhörten — doch noch etwas für Jesus entscheidend Belastendes herausgebracht werden; und sie wird erst recht durch die ironische Antwort des Geheilten beleuchtet (V.₂₇): indem er sich stellt, als traue er ihnen wirklichen Ernst zu, ironisiert er den Unernst ihrer Untersuchung aufs schärfste. Demgegenüber hält ihre scheinbare Objektivität nicht stand: sie schmähen ihn (V.₂₈)[4] und jagen ihn fort (V.₃₄), — d. h. im Sinne des Evglisten, der V.₂₂f. hinzugefügt hatte, sie stoßen ihn aus der Synagoge[5]. Dabei stellen sie sich auf den Standpunkt, daß sie es als Mose=Jünger nicht nötig haben, nach einer anderen Jüngerschaft zu fragen. Sie wissen um die göttliche Legitimation des Mose[6]; von einer Legiti-mation Jesu wissen sie nichts (V.₂₉). Indem sie sagen: „Was aber diesen angeht,

---

ist deutlich ein Zusatz zur Quelle aus der Zeit, in der das Bekenntnis zu Jesus als dem Messias (das im Jhg ja noch gar nicht in Frage kommt) den Ausschluß aus der Synagoge zur Folge hatte. Der Stil des Evglisten ist deutlich: zu ταῦτα εἶπαν ... ὅτι f. ταῦτα λέγω ἵνα 5₃₄, ταῦτα λελάληκα ἵνα 14₂₅ 15₁₁ 16₁. ₄. ₃₃ 17₁₃ und vgl. I Joh 2₁. ₂₆ 5₁₃ und Wendungen wie ταῦτα (τοῦτο) εἶπεν u. dgl. 6₅₉ 7₉. ₃₉ 8₂₀. ₃₀ usw. Zum ἤδη=Satz vgl. 7₁₄ 15₃; zu ἵνα ἐάν 11₅₇ (was auch Sachparallele ist); I Joh 2₂₈; zu διὰ τοῦτο κτλ. 6₆₅ 12₂₇ 13₁₁ 19₁₁ I Joh 3₁ 4₅; ähnlich 5₁₆. 18 8₄₇ 10₁₇ 12₁₈. ₃₉.

[1] Daß das langwierige Verhör die einschüchternden Verhöre der Christen vor Juden und Heiden widerspiegele (Baldensperger, Rev. h. Ph. rel. 2 (1922), 17f.), ist ein durch V.₂₂ veranlaßtes Urteil. Nach der Absicht der Quelle soll die Langwierigkeit doch wohl nur das παράδοξον des Geschehens illustrieren; und für den Evglisten gilt das insofern auch, als für ihn das παράδοξον das Offenbarungsgeschehen überhaupt ist.

[2] Δὸς δόξαν τ. θεῷ: eine Formel, die zur (dankbaren) Anerkennung (Ψ 67₃₅ Apk 14₇; vgl. Lk 17₁₈ usw.), zum Gehorsam (Jer 13₁₆ II Esr 10₁₁; vgl. Röm 4₂₀ Apk 16₉) und speziell zum Geständnis der Wahrheit auffordert (Jos 7₁₉); so — wie hier — auch im rabbin. Sprachgebrauch, s. Str.=B. und Dalman, Jesus=Jeschua 193f.

[3] Das εἰ ἁμαρτ. ἐστιν κτλ. steht in einem gewissen Widerspruch zu dem Bekenntnis V.₁₇, das auf den Evglisten zurückgeht (f. S. 254, 4); doch wiegt der Widerspruch nicht schwer; denn die Aussage V.₂₅ bedeutet einfach die Weigerung, das Urteil der Behörde zu akzeptieren. — Das (gut griech.) ἓν οἶδα hält Burney (112) völlig unmotiviert für falsche Übersetzung statt τοῦτο (חֲדָא sei fälschlich als חֲדָא gelesen). Zum plusquamperf. ὤν f. Bl.=D. § 339, 3.

[4] Das ἐκεῖνον V.₂₈ ist verächtlich gesprochen (Bl.=D. § 291, 1). Für den Evglisten dürfte es freilich die unfreiwillige Anerkennung des ἐκεῖνος in anderem Sinne sein (f. S. 29, 1). „Schüler des (Mose)" ist geläufige jüdische, vom Christentum übernommene Formel (Str.=B.), die aber ebenso griechisch ist (Br., Wörterbuch).

[5] Vom Evglisten stammt sicher V.₂₉ mit dem charakteristischen τοῦτον οὐκ οἴδαμεν πόθεν ἐστίν, vgl. 8₁₄ 7₂₇f.; auch 2₉ (f. S. 82, 9); 3₈ 19₉. Dann ist aber auch V.₃₀ dem Evglisten zuzuschreiben (zu ἐν τούτῳ vgl. 4₃₇); wieviel vom Folgenden, ist schwer zu entscheiden und ist auch relativ belanglos. Wahrscheinlich aber hat Sp. recht, daß in der Quelle an V.₂₈ gleich das καὶ ἐξέβαλον αὐτὸν ἔξω von V.₃₄ anschloß, vor allem V.₃₃ klingt wie eine Bildung des Evglisten (f. S. 254, 1). — Das ἐκβάλλειν, das in der Quelle im Sinne von Mk 1₄₃ gebraucht war, bedeutet für den Evglisten den Ausschluß aus der Synagogengemeinschaft (vgl. III Joh 10).

[6] Zu Mose hat Gott Num 12₂. 8 usw. gesprochen; vgl. Jos. ant. 8, 104: τοὺς δέκα λόγους τοὺς ὑπὸ τοῦ θεοῦ Μωϋσεῖ λαληθέντας.

so wissen wir nicht, woher er ist", bestätigen sie Jesu Wort, daß ihnen seine Herkunft verborgen ist (8₁₄ 7₂₈). Im Besitz ihrer Tradition, aus der sie ihre Sicherheit gewinnen, sind sie blind für die ihnen begegnende Offenbarung; und wie 5₃₈ ff. gezeigt wurde, daß gerade ihre Berufung auf Mose zur Anklage für sie wird, so geschieht das hier durch die Worte des Geheilten: Das Verhalten der Juden ist ungeheuerlich[1]. Gerade auf Grund ihres Wissens von Gott, das sie als Mose=Jünger zu haben beanspruchen, müßten sie Jesu Legitimation anerkennen. Wie können sie angesichts des unzweifelhaften Wunders sich sträuben! (V.₃₀). Sie haben doch ein Wissen — und indem sich der Geheilte in dem οἴδαμεν mit den Juden zusammenfaßt, zeigt er, daß auch er ein Mose=Jünger ist, und gerade ein echter! —, das hier entscheidet: Gott erhört keinen Sünder, sondern nur einen Frommen[2] (V.₃₁). Bildet dieses Wissen die eine Voraussetzung für eine unbefangene Urteilsbildung, so die unerhörte Heilung[3] die andere (V.₃₂). Der Schluß wird V.₃₃ in negativer Formulierung gezogen: Jesus ist also durch das Wunder als παρὰ ϑεοῦ (vgl. V.₁₆) legitimiert[4]. Die Bosheit der Juden kommt darin zutage, daß sie sich gar nicht auf die Argumentation einlassen, wie sie als Mose=Jünger müßten, sondern sich die Belehrung durch ihn verbitten (V.₃₄). Auch das mit einem Schein des Rechtes, sofern die Tatsache seines Blindgeborenseins für sie seine Sündigkeit beweist: er ist ganz und gar[5] in Sünden geboren[6]. Sie bemerken gar nicht, wie sie sich damit selbst widersprechen: jetzt paßt es ihnen, seine einstige Blindheit, die sie vorhin noch bezweifelt hatten (V.₁₈), als Tatsache zu nehmen.

9₃₅₋₃₈: das Bekenntnis des Geheilten zum Menschensohn[7]. Wie 5₁₄ findet Jesus jetzt den Geheilten[8] und legt ihm die entscheidende Frage vor:

---

[1] Das γὰρ V.₃₀ begründet wie 7₄₁ ein impliziertes Nein!, oder es verschleiert die Frage: οὐ γὰρ ἐν τούτῳ . . .; Bl.=D. § 452, 2.

[2] Das mußten die Juden aus Jes 1₁₅ Ps 66₁₆ ff. 109₇ Prov 15₂₉ usw. wissen; entsprechende rabbin. Aussagen bei Str.=B. zu 9₁₆. ₃₁. — Daß der Grundsatz auch in der griech. und hellenist. Welt bekannt ist, zeigen die Beispiele bei Wetst. und Br. Als selbstverständlich ist dabei vorausgesetzt, daß das Wunder je von Gott geschenkt wird, wie denn die jüdischen Wundergeschichten in der Regel das Wunder als Gebetserhörung darstellen. — Merkwürdig stehen in V.₃₁ nebeneinander das griechische ϑεοσεβής (nur hier im NT; das Subst. nur I Tim 2₆) und das jüdische „wer seinen Willen tut". Das ποιεῖν τὸ ϑέλ. αὐτ. hat hier natürlich nicht den speziellen Sinn von 7₁₇; es ist sachlich etwa das Mi 6₈ geforderte Verhalten. Die Formel häufig im Judentum (Str.=B. I 467) und im NT (Mt 3₃₅ Mt 7₂₁ 21₃₁ Eph 6₆ Hb 10₃₆ 13₂₁ I Joh 2₁₇; vgl. Röm 2₁₈ usw.).

[3] Ἀκουσϑῆναι für Bekanntwerden wie Mt 11₂₂ Act 11₂₂; ἐξ αἰῶνος die griechisch gebräuchliche Wendung statt ἀπ' αἰῶνος (Gen 6₄ Jes 64₄ Lk 1₇₀ Act 3₂₁ 15₁₈).

[4] Das ἄν fehlt im Nachsatz wie 8₃₉ 15₂₄ 19₁₁; Bl.=D. § 360, 1.

[5] Ὅλος = als Ganzer, d. h. ganz und gar wie 13₁₀.

[6] Vgl. Ψ 50₇: ἰδοὺ γὰρ ἐν ἀνομίαις συνελήμφϑην, καὶ ἐν ἁμαρτίαις ἐκίσσησέν με ἡ μήτηρ μου. Ψ 57₄: ἀπηλλοτριώϑησαν οἱ ἁμαρτωλοὶ ἀπὸ μήτρας, ἐπλανήϑησαν ἀπὸ γαστρός. Dem entspricht die rabbin. Charakteristik der Heiden (Str.=B. 3. St.) oder auch einzelner Sünder (Str.=B. 528 zu 9₂).

[7] Angesichts des parallelen Aufbaues der in Kap. 5 und Kap. 9 zugrunde liegenden Geschichten wird man annehmen müssen, daß die 9₃₅ ff. erzählte Begegnung Jesu und des Geheilten in der Quelle berichtet war. Die vorliegende Form von 9₃₅₋₃₈ dürfte aber im wesentlichen auf den Evglisten zurückgehen, dessen Stil in D.₃₇ deutlich ist. Es ist aber nicht möglich, Quelle und Bearbeitung zu scheiden.

[8] Offenbar ist vorausgesetzt, daß der Geheilte Jesus bei der Begegnung erkennt. Wie das möglich ist, da er ihn doch vor der Heilung nicht hatte sehen können, darf man natürlich nicht fragen.

„Glaubst du an den Menschensohn?" (V. 35)[1]. Die Formulierung der Frage setzt voraus, daß dem Gefragten der Titel „Menschensohn" verständlich ist, und zwar in dem Sinne, daß er nicht eine als zukünftig erwartete, sondern eine gegenwärtig begegnende Gestalt bezeichnet[2]. Der „Glaube" an den Menschensohn kann hier ja nicht die Erwartung des auf den Wolken des Himmels kommenden, sondern nur die Anerkennung eines Gegenwärtigen sein, wie denn der Geheilte sofort fragt, wer er sei, damit er an ihn glauben könne (V. 36)[3]. Als selbstverständlich ist dabei aber natürlich der messianisch-eschatologische Sinn des Titels vorausgesetzt[4]. Die Umständlichkeit des Dialogs — hervorgerufen dadurch, daß Jesus nicht einfach fragt: glaubst du an mich? — hat doch wohl den Sinn, den Abstand zu betonen, der zwischen der bisherigen Anerkennung Jesu durch den Geheilten und dem geforderten Bekenntnis besteht[5]. Der Geheilte hat Jesus als einen Propheten (V. 17), als durch Gott legitimiert (V. 33) anerkannt und damit die höchste Möglichkeit innerhalb der jüdischen Sphäre erreicht; aber er ahnt noch nicht, daß sein Helfer der „Menschensohn", der eschatologische Heilbringer, ist; er weiß noch nicht, daß er, wenn er Jesus als den verstehen will, der er wirklich ist, die Sphäre des Alten gänzlich hinter sich lassen muß. So weit, wie er bisher gekommen ist, kann also ein Mensch unter dem Eindruck der Person Jesu gelangen, wie sie grundsätzlich jedem Ehrlichen zugänglich ist. Der entscheidende Schritt aber erfolgt erst angesichts der ausdrücklichen Frage und angesichts der Selbstoffenbarung im Wort. Doch fragt diese Frage nichts Unbegründetes und behauptet dieses Wort nichts Unverständliches: „Du hast ihn gesehen! Der mit dir redet, der ist es!" (V. 37)[6]. Weder provoziert eine Theophanie das Bekenntnis noch eine bloße Forderung, deren Erfüllung ein Willkürakt wäre. Aber wie ohne das von jenseits gesprochene Wort die eigene Erfahrung des Menschen unverstanden wäre, so ist das Wort seinerseits verständlich, weil es den Sinn der Erfahrung aufdeckt. So kann der Geheilte bekennen: „Ich glaube, Herr!"[7] und dem Offenbarer huldigen[8] (V. 38).

---

[1] Zweifellos ist mit B ℵ D syr[s] (εἰς τ. υἱὸν) τ. ἀνθρώπου, nicht mit K pl latt τ. θεοῦ zu lesen. — Den Satz als Aussage statt als Frage zu verstehen (Schl.), scheint mir nicht möglich.

[2] Die Erzählung setzt also das Verständnis des Menschensohntitels voraus, das dieser in der christlichen Gemeinde gewonnen hat; vgl. Mt 11 19 par. Lf 19 10 Mt 2 10 usw.

[3] Καὶ τίς = „Wer denn?" vgl. 14 22 und s. Bl.-D. § 442, 8. Rabbinische Fragen, die mit „und" beginnen bei Schl. — Zum ἵνα-Satz s. Bl.-D. § 483; nach Burney (76. 85) wäre ἵνα falsche Übersetzung des aram. Relat.-Pron.; es müßte richtig heißen: εἰς ὃν πιστεύσω. Dagegen Colwell 96 ff.

[4] Zum „Menschensohn" s. S. 76. 102 ff. 107 ff.

[5] So im Sinne des Evglisten. In der Quelle könnte die Formulierung darauf beruhen, daß „an den Menschensohn glauben" naive Bezeichnung des christlichen Glaubens ist; vgl. Lf 18 8; auch Mt 11 19 par.

[6] Das ἑώρακας bezieht sich auf den gegenwärtigen Moment; das Perf. bringt zum Ausdruck, daß dieses Sehen zum bleibenden Besitz geworden ist (Schl.). — Das καί — καί ist charakteristisch für den Evglisten, vgl. 7 28 12 28. Das zweite καί hat dabei nicht wie 6 36 15 24 den Sinn „und trotzdem" (s. S. 283), aber es bringt eine Steigerung: „und gerade der . . ." Zu ἐκεῖνος s. S. 53, 5; es ist hier besonders auffallend, da es sich auf den Redenden selbst bezieht, Bl.-D. 291, 4.

[7] Die Anrede κύριε besagt im Zshg mehr als das bloße „Meister" und ist dem προσεκύνησεν (s. folgende Anm.) entsprechend zu verstehen.

[8] Zu προσκυνεῖν s. S. 139, 3. Das Wort meint hier nicht die ehrerbietige Huldigung vor einem Menschen (I Reg 20 41 Ruth 2 10) oder auch vor dem Wundertäter (Mt 5 6 Mt 8 2 9 18), sondern vor dem „Menschensohn" als göttlicher Gestalt, wie denn προσκ.

3. Streitgespräch: 9₃₉₋₄₁.

Wie 5₁₆₋₁₈ schließt sich 9₃₉₋₄₁ ein kurzes Streitgespräch an den bisherigen Bericht und leitet zur folgenden Rede über. Wie dort ist auch hier ein Wort aus der im folgenden zugrunde gelegten Rede, die den Offenbarungsreden entnommen ist, benutzt (V.₃₉), das den Dialog veranlaßt. Deutlicher aber als dort wird dadurch hier der symbolische Sinn der Wundergeschichte — Jesus das „Licht der Welt" — hervorgehoben. So wenig wie in Kap. 5 kümmert sich der Evglist um die Anschaulichkeit der Szene; Jesus spricht sein herausforderndes Wort, und die Pharisäer, die in seiner Umgebung vorausgesetzt werden[1], verstehen die Herausforderung wie 5₁₈ die „Juden".

V. 39: εἰς κρίμα ἐγὼ εἰς τὸν κόσμον τοῦτον ἦλθον,
      ἵνα οἱ μὴ βλέποντες βλέπωσιν
      καὶ οἱ βλέποντες τυφλοὶ γένωνται[2].

Wieder wird das Kommen des Offenbarers in diese Welt[3] als das Gericht beschrieben[4]; und zwar besteht nach diesem Wort das Gericht darin, daß eine radikale Umkehrung der menschlichen Verfassung erfolgt: die Blinden werden sehend, die Sehenden blind. Es ist von vornherein klar, daß die Begriffe „sehend" und „blind" an den Begriffen von „Licht" und „Finsternis" orientiert sind, die 1₅ff. 3₁₉ff. das gottgeschenkte Heil und das Sich-verschließen gegen Gott bezeichneten. Wie die Begriffe „Licht" und „Finsternis" nicht „bildlich", sondern gerade im eigentlichsten Sinne gebraucht sind, sofern sie das Heil des definitiven Selbstverständnisses bzw. seinen Verlust bezeichnen[5], so gilt das Gleiche von den Begriffen „sehend" und „blind". Jedoch kann mit den Begriffen gespielt werden, und der Gebrauch kann jederzeit ins Bildliche umschlagen[6]. Und so wird man

---

[4] 20ff. 12₂₀ die Verehrung Gottes bezeichnet. Vgl. Bousset, Kyrios 249; J. Horst, Proskynein 292f.; Horst sagt vielleicht mit Recht, daß der Geheilte jetzt das δὸς δόξαν τ. θεῷ (V.₂₄) in wahrem Sinne erfüllt.

[1] Selbstverständlich bedeutet οἱ μετ᾽ αὐτοῦ ὄντες V.₄₀ „die (gerade) bei ihm standen" (vgl. 11₃₁ 12₁₇ 18₁₈), nicht „die zu ihm standen" (Hirsch).

[2] Die drei Zeilen entstammen der Quelle, in der, wie 12₄₆ff. zeigt, das Kommen des Lichtes als das Gericht beschrieben war. Ob die erste Zeile dort das zweite Glied eines Doppelverses war (das erste Glied könnte der Satz gewesen sein: ἐγὼ εἰμι τὸ φῶς τοῦ κόσμου, der wie das ἐγὼ εἰμι ὁ ἄρτος τῆς ζωῆς 6₃₅. ₄₈. ₅₁ in der Rede öfter wiederholt worden sein könnte, vgl. 10₁₁. ₁₄ 15₁. ₅), muß unsicher bleiben; s. S. 262, 6.

[3] Zum erstenmal begegnet hier ὁ κόσμος οὗτος, das auch I Kor 3₁₉ 5₁₀ 7₃₁ Eph 2₂ als Ersatz für עוֹלָם הַזֶּה (dafür sonst οὗτος ὁ αἰών) gebraucht ist. Bei Joh findet es sich relativ selten (8₂₃ 9₃₉ 11₉ 12₂₅. ₃₁ 13₁ 16₁₁ 18₃₆ I Joh 4₁₇) im Vergleich mit dem abs. κόσμος. Ign. sagt mit einer Ausnahme (Mg. 5, 2) immer nur ὁ κόσμος (8mal); dagegen ὁ αἰὼν οὗτος (dies nie bei Joh.); s. Schlier, Relig. Unters. 129. — Geht das τοῦτον auf den Evglisten zurück? — Vgl. Faulhaber 28.

[4] S. 3₁₇₋₂₁, auch 5₂₂₋₂₄. ₂₇. ₃₀.   [5] S. S. 22ff.

[6] So 8₁₂ 12₃₅f. 11₉f.; vgl. Kap.10. — Der bildliche Gebrauch von „Sehen" und „Blindsein" ist wie der von „Licht" und „Finsternis" allgemein verbreitet. Vgl. Jes 6₉ 42₁₆ 56₁₀ Mt 15₁₄ (dazu Wetst.) 23₁₆. ₂₄; P. Oxy. I 1; V 840, 31 (Kl. Texte 8, 16; 31,5). Ferner Aesch. Ag. 1623 (οὐχ ὁρᾶς ὁρῶν τάδε;); Plat. Phaed. 99e; Lucian vit. auct. 18 (τυφλὸς γὰρ εἶ τῆς ψυχῆς τὸν ὀφθαλμόν). Besonders entwickelt ist dieser Sprachgebrauch in Gnosis und Mystik, vgl. C. Herm. 1, 27; 7; 10, 8f. 15; 11, 21; für die mand. Literatur ZNW 24 (1925), 110f. 123; vgl. bes. Joh.-B. 175, 24f.:
    „Ich zeigte ihm ins Auge, er wollte aber nicht sehen;
    Ich zeigte ihm, er wollte aber mit dem Auge nicht sehen."
179, 18ff.:   „Wenn jemand mit eigener Hand seine Augen blendet,
      wer soll ihm ein Arzt sein?"
S. auch S.113, 6; 114, 1 und Bornkamm, Mythos und Legende 14. — Häufig begegnet

auch in V.₃₉ in der Folge auf 9₁₋₃₈ bildliche Redeweise finden, die eigentümlich auf die eigentliche anspielt. Von vornherein ist auch klar, was V.₄₁ vollends deutlich ist, daß von den βλέποντες mit eigentümlicher Ironie gesprochen ist: es sind die, die sich einbilden, zu sehen. Deshalb gilt auch hier wie 3₁₉, daß das κρίμα[1] das Gericht ist, sofern es eine Scheidung vollzieht, obwohl es zunächst nicht der Fall zu sein scheint, da ja die Scheidung der Blinden und der Sehenden schon vor dem Kommen des Lichtes vorzuliegen scheint. Aber in Wahrheit kommt es erst beim Kommen des Lichtes zutage, ja entscheidet es sich erst jetzt, wer sehend oder blind ist[2]. Die Pharisäer müssen es ja gleich unfreiwillig bezeugen (V. 40) und erhalten es von Jesus bestätigt (V. 41), daß sie Blinde sind, ohne es zu wissen.

Die „Blinden" und die „Sehenden", für die Jesu Kommen das κρίμα bedeutet, sind also keine vorhandenen und aufweisbaren Gruppen, sondern jeder ist gefragt, ob er zu diesen oder jenen gehören will. Ja, in Wahrheit waren bis jetzt alle blind; denn V.₄₁ zeigt, daß die „Sehenden" nur solche waren, die zu sehen wähnten, und die „Blinden" solche, die um ihre Blindheit wußten[3], wie denn das Blindsein gleichbedeutend ist mit dem Sein in der Finsternis, — vor der Offenbarung die einzige Möglichkeit (vgl. 12₄₆). Aber alle waren blind in einem vorläufigen Sinne; und durch das Kommen des Lichtes erhält das „Sehen" wie das „Blindsein" einen neuen und seinen definitiven Sinn. Und eben darin besteht das Gericht: die „Blinden" werden „sehend" als solche, die „glauben" an das „Licht", und deren Sehen jetzt nicht mehr ein Sich-selbst-zurechtfinden im Wahne des Sehenkönnens ist, sondern ein Erhelltsein durch die Offenbarung; und das „Blindsein" ist jetzt nicht mehr nur ein Irren im Dunkel, das um sich als Irren immer wissen kann und damit die Möglichkeit des Sehendwerdens hat, sondern es hat eben diese Möglichkeit verloren. Wer nicht glaubt, ist gerichtet (3₁₈), und eben in der Festhaltung des Wahnes, sehend zu sein, vollzieht sich an ihm das Gericht. Den Blinden, die sich auf ihr Blindsein festlegen, gilt: „es bleibt eure Sünde"[4]. Es ist die Paradoxie der Offenbarung, daß sie, um Gnade sein zu können, Ärgernis geben muß und so zum Gericht werden kann[5]. Um

---

dieser Sprachgebrauch bei Philo, vgl. ebr. 155—161; fug. inv. 122 f.; migr. Abr. 38—42; rer. div. haer. 77—80; leg. all. III 108—113; Cher. 58 f.; somn. I 164; II 160—163. 192; decal. 67 f.; spec. leg. I 54.

[1] Κρίμα (bei Joh nur hier) von κρίσις, dem Akt des Richtens, als dessen Ergebnis ursprünglich unterschieden; doch verwischt sich der Unterschied manchmal. — Εἰς κρίμα ohne Artikel, s. Bl.-D. § 255.

[2] S. S. 115. — Ho. erklärt in zu enger Beziehung zur vorausgehenden Geschichte: „Im ersten Gliede ist das Nichtsehen oder Blindsein leiblich, im zweiten geistig verstanden, während umgekehrt das Sehen im ersten Gliede geistig, im zweiten leiblich gemeint ist." In Wahrheit ist Blindsein und Sehen jedesmal „geistig" verstanden. — Zur Sache vgl. außer den S. 258, 6 genannten mandäischen Stellen Ginza 180, 22 f.: „O die sagen: wir gehören dem Leben und das Leben ist bei uns, während das Leben nicht bei ihnen ist"; ferner Plat. symp. 204a: αὐτὸ γὰρ τοῦτό ἐστι χαλεπὸν ἀμαθία, τὸ μὴ ὄντα καλὸν κἀγαθὸν μηδὲ φρόνιμον δοκεῖν αὑτῷ εἶναι ἱκανόν· οὔκουν ἐπιθυμεῖ ὁ μὴ οἰόμενος ἐνδεὴς εἶναι οὗ ἂν μὴ οἴηται ἐπιδεῖσθαι. Vor allem Mt 11₂₅, dessen νήπιοι den μὴ βλέποντες und dessen σοφοὶ καὶ συνετοί den βλέποντες von Joh 9₃₉ entsprechen. — Im Indischen: P. Deußen, Allgem. Gesch. der Phil. I 2 (1899), 71:

„In des Nichtwissens Tiefe hin sich windend,
Sich selbst als Weise, als Gelehrte wähnend,
So laufen ziellos hin und her die Toren,
Wie Blinde, die ein selbst auch Blinder anführt."

[3] Das εἰ τυφλοὶ ἦτε V.₄₁ bedeutet: wenn ihr eure Blindheit anerkennen würdet.
[4] Vgl. 3₃₆ 12₄₆ und s. S.121. Vgl. Faulhaber 44 f.   [5] S. S.111.

Gnade sein zu können, muß sie die Sünde aufdecken; wer sie sich nicht aufdecken lassen will, legt sich auf sie fest, und so wird durch die Offenbarung die Sünde erst definitiv zur Sünde[1].

β) Das Licht der Welt: 8₁₂; 12₄₄₋₅₀; 8₂₁₋₂₉; 12₃₄₋₃₆.

1. Der Ruf des Offenbarers: 8₁₂ 12₄₄₋₅₀.

8, 12: πάλιν οὖν αὐτοῖς ἐλάλησεν ὁ ᾽Ιησοῦς λέγων·[2]
　　　ἐγώ εἰμι τὸ φῶς τοῦ κόσμου.
　　　ὁ ἀκολουθῶν μοι οὐ μὴ περιπατήσῃ ἐν τῇ σκοτίᾳ,
　　　ἀλλ᾽ ἕξει τὸ φῶς τῆς ζωῆς[3].

Indem sich Jesus das „Licht der Welt" nennt, charakterisiert er sich als den Offenbarer; er redet im Ton der Verheißung, der Einladung; und das ἐρχέσθω von 7₃₇ ist auch hier mitzuhören. Er ist das Licht, nicht weil er die Helligkeit schenkte, kraft deren je etwas Beliebiges in der Welt nach Bedarf und Interesse erhellt würde, sondern weil er die Helligkeit schenkt, in der das Dasein selbst erhellt wird und zu sich selbst, zum Leben, kommt. Das φῶς τοῦ κόσμου schenkt das φῶς τῆς ζωῆς[4]. Die Offenbarung redet zu Menschen, für die nicht dieses oder jenes in Welt und Leben in Frage steht, sondern denen es um sich im Ganzen, um ihre Eigentlichkeit, geht. Von dieser Frage ist der Mensch umgetrieben; er muß Licht haben, — wie noch der Einwand derer bezeugt, die von dem Wahne,

---

[1] Deshalb hat die Diskussion des Problems der „natürlichen Theologie" zu berücksichtigen, daß nicht alle Menschen außerhalb des Glaubens im gleichen abgekehrten Verhältnis zu Gott stehen, sondern daß es verschieden liegt für die, die das Wort der Offenbarung noch nicht gehört, und für die, die es abgewiesen haben.

[2] Über die Folge von 8₁₂ auf 9₄₁ s. S. 237. Ob der einführende Satz πάλιν οὖν κτλ. vom Evglisten oder vom Red. stammt, ist belanglos.

[3] Der ἐγώ-εἰμι-Satz dürfte der Rede als einzelner Satz vorangestellt sein wie 6₃₅; auf ihn folgen erst die Doppelverse.

[4] Die mit τὸ φῶς verbundenen Genetive haben verschiedenen Charakter; τὸ φῶς τ. κόσμου (Gen. obj.) heißt „Licht für die Welt" (vgl. 1₄ τ. φῶς τῶν ἀνθρ. und Luc. Alex. 18: εἰμὶ Γλύκων ... φάος ἀνθρώποισι); anders 11₉ (Gen. subj.); τὸ φῶς τ. ζωῆς heißt entweder (Gen. auct.) „Licht, wie die ζωή (= lebenschaffende Kraft, f. S. 21, 3) es schenkt", was am besten zu 1₄: ἡ ζωὴ ἦν τ. φῶς τ. ἀνθρ. passen würde; oder (Gen. epexeg.) „Licht, das Leben (= Lebendigkeit, f. S. 109, 2) ist". Wie 1₄ ist φῶς nicht bildlich gebraucht (f. S. 22), und es liegt kein Vergleich vor, so wenig wie 6₃₅ 10₁₁ 15₁. Denn es handelt sich ja um das eigentliche Licht (1₉). Daher sind rabbin. Aussagen, in denen Gott, das Gesetz, Israel oder einzelne Lehrer ein „Licht" oder eine „Leuchte" genannt werden (Dalman, W. J. 144; Str.-B. I 237 f., II 357; Odeberg 286), keine Parallelen. Vielmehr liegt der gnostische Sprachgebrauch zugrunde, dessen Voraussetzung der metaphysische Dualismus von Licht und Finsternis ist, und in dem „Licht" ebenso die Lebenskraft der göttlichen Welt ist wie die Offenbarung, deren Kommen in die Welt die Scheidung von Licht und Finsternis bewirkt (f. S. 24; 113, 6). Hier ist zwar die Formel „Ich bin das Licht" nicht nachgewiesen (Odeberg 288); wohl aber wird der Gesandte nicht nur immer wieder als der Spender des Lichtes bezeichnet, sondern auch das „Licht", „der Leuchtende" und dgl. genannt (f. S. 25, 1; ЗNТW 24 (1925), 110 f.; Br. 3. St., Odeberg 287), und er sagt von sich: „der Gesandte des Lichtes bin ich" (Ginza 58, 17. 23). Über das „Licht des Lebens" vgl. bes. Ginza 178, 29 ff.; dort spricht (179, 23 ff.) Mandā d᾽Haijē (= γνῶσις τῆς ζωῆς, Titel des Gesandten): „Ich bin gekommen, um bei euch zu weilen und euch im Lichte des Lebens aufzurichten ... und ihr sollt Wahrhaftige vor mir im Lichte des Lebens sein." Ferner 182, 28 ff.: „M. d. H. offenbarte sich allen Menschenkindern und erlöst sie von der Finsternis zum Lichte, von der Dunkelheit zum Lichte des Lebens." Ginza 391, 12 spricht der Erlöste, der die Kušta (= ἀλήθεια) fand: „Da wurden meine Augen des Lichtes voll." — Vgl. G. P. Wetter, Beiträge zur Religionswiss. I 2 (1914), 171 ff.

sehen zu können, leben (9₄₀); und deshalb ist das Leben ein Weg, der entweder im Licht oder im Dunkel verlaufen kann[1], der entweder in das Leben oder in den Tod (V.21. 24) führt.

Daß das Licht der Offenbarung in Jesus begegne, sagt das ἐγώ εἰμι[2]; dabei ist das ἐγώ betont nicht im Gegensatz zu anderen Lichtspendern, die Offenbarung verheißen[3], sondern im Gegensatz zu der menschlichen Sicherheit, die das Licht schon zu haben meint. Es soll nicht ein angstvolles Fragen, das hier und dort nach dem Lichte sucht, in die rechte Richtung gelenkt werden, sondern es soll das Fragen überhaupt erst geweckt werden[4]. Das ἐγώ εἰμι charakterisiert also den unerwarteten Einbruch der Offenbarung in die Welt, das Paradoxe, daß dieser Einbruch in der Person Jesu geschieht. Deshalb ist für den Satz, daß er das Licht der Welt ist, nicht der Universalismus bezeichnend, sondern der „Dualismus": die Welt ist ohne die Offenbarung Finsternis[5].

Weil der Offenbarer das Licht ist, so kann die gläubige Aufnahme der Offenbarung — indem die eigentliche Redeweise jetzt in bildliche oder metaphorische umschlägt — als ein ihm „Nachfolgen" bezeichnet werden[6], womit — wie mit dem Essen des Lebensbrotes und dem Trinken des Lebenswassers — nichts anderes als eben das Glauben bezeichnet ist, wie denn das ἀκολουθεῖν sofort durch das πιστεύειν (12₄₄) abgelöst wird. Aber weil er das Licht ist, kann das Glauben ein Nachfolgen heißen; das „Licht des Lebens" haben, bedeutet: ihn haben. Und wie er spricht: ἐγώ εἰμι ὁ ἄρτος τῆς ζωῆς, so könnte er natürlich auch sagen: ἐγώ εἰμι τὸ φῶς τῆς ζωῆς. Er gibt das Licht, und ist es zugleich; er gibt es, indem er es ist, und er ist es, indem er es gibt. Die Zusammengehörigkeit beider Gedanken ist für den Begriff der Offenbarung entscheidend: sie ereignet sich jenseits des Menschen nicht in dem Sinne, daß ihm etwas Unverständliches begegnete, zu dem sein eigenes Leben keinen verständlichen Bezug hätte; sondern er hat im Glauben das Licht, d. h. die Offenbarung ist ein seine Existenz bestimmendes Geschehen. Aber er hat das Licht nicht als einen verfügbaren Besitz wie ein Wissen oder eine ihm zu eigen gewordene Qualität, sodaß er über dem Offenbarten den Offenbarer vergessen könnte. Die Offenbarung wird nie zum Offenbarten; das Licht, das der Glaubende hat, ist immer das Licht, das Jesus ist. Und nur so wird ihm das Licht wirklich zu eigen; denn der Wahn jener sehend Blinden besteht gerade darin, daß sie über einen sicheren Besitz zu verfügen meinen und deshalb das Leben verfehlen und nie in echtem Sinne sich zu eigen sind.

---

[1] Das περιπατεῖν ist wie 12₃₅ bildlich oder besser metaphorisch gebraucht (vgl. die eigentliche Verwendung im Vergleich 11₉f.) und bezeichnet die gesamte Lebenshaltung oder Lebensrichtung (Griech. gebräuchlicher in diesem Sinne ist πορεύεσθαι Soph. Oed. tyr. 884; Plat. Phaed. 82d). Es ist aber von dem περιπατεῖν der paränetischen Terminologie (I Th 2₁₂ Röm 13₁₃ usw.) zu unterscheiden. Dieses bedeutet die praktische Lebensführung, die durch die Frage nach der Norm bestimmt ist (daher περιπ. κατά Röm 8₄ 14₁₅ usw., oder Bestimmung durch ein Adv. wie ἀξίως I Th 2₁₂; εὐσχημόνως Röm 13₁₃ usw.), während das joh. περιπ. durch die Frage nach der Sphäre, innerhalb deren sich das Leben bewegt, bestimmt ist (daher περιπατ. ἐν, welches von dem II Kor 4₂ Kl 3₇ usw. wohl zu unterscheiden ist). So umfaßt das joh. περιπ. die praktische Lebenshaltung wie den Glauben, ja diesen primär.
[2] Zu ἐγώ εἰμι s. S. 167, 2. Wie 6₃₅ usw. ist ἐγώ Präd., τ. φῶς τ. κ. ist Subj.
[3] Polemik gegen andere Offenbarungsspender (Mithra oder andere Lichtgottheiten) liegt bei Joh nicht vor.   [4] S. S.55.   [5] S. S.33f.
[6] Das metaphor. ἀκολουθεῖν in diesem Sinne auch 10₄f. 27, während es 12₂₆ 13₃₆f. 21₁₉f. 22 die Jüngerschaft (s. S.69, 5) in der Hinsicht bezeichnet, daß sie sich in der Übernahme des Schicksals Jesu vollzieht.

Die folgenden Worte der Rede[1] machen die Verantwortung des Hörers, dem das Wort des Offenbarers begegnet, in drei Abſätzen deutlich, deren erſter (12 44 f.) und dritter (V. 49 f.) den Gedanken ausſprechen: im Offenbarer begegnet Gott; ſie umſchließen den dadurch begründeten Gedanken: die Offenbarung iſt das Gericht (V. 46-48).

12, 44 f.: *ὁ πιστεύων εἰς ἐμέ*

  οὐ πιστεύει εἰς ἐμὲ ἀλλὰ εἰς τὸν πέμψαντά με,

καὶ ὁ θεωρῶν ἐμέ

  θεωρεῖ τὸν πέμψαντά με[2].

Beide Sätze ſagen in ſynonymem Parallelismus das Gleiche: Jeſus iſt nichts für ſich; er iſt der Offenbarer, der Gott ſichtbar macht[3]. Wie in ſeinem Reden und Tun Gottes Handeln ſich vollzieht, ſo iſt Gott auch wirklich in ihm ſichtbar und zugänglich[4]. Das aber ſchließt natürlich ein: nur in ihm iſt Gott ſichtbar und zugänglich; die Stellungnahme zu ihm iſt alſo entſcheidend für das Schickſal des Menſchen. Das wird zunächſt nach ſeiner poſitiven Seite beſchrieben V. 46: „Ich bin als Licht in die Welt gekommen, damit jeder, der an mich glaubt, nicht in der Finſternis bleibe." Der Satz variiert nur das Thema 8 12 und erinnert durch das *ἵνα . . . μὴ μείνῃ* wieder daran, daß die Welt ohne die Offenbarung Finſternis iſt, und daß ihre Ablehnung ein Sich-feſtlegen auf die Sünde iſt[5]. Der Satz iſt hier aber nur Folie für den entſcheidenden Gedanken des Folgenden[6]: V. 47 f.: *καὶ ἐάν τίς μου ἀκούσῃ τῶν ῥημάτων καὶ μὴ φυλάξῃ,*

  ἐγὼ οὐ κρίνω αὐτόν.

[οὐ γὰρ ἦλθον ἵνα κρίνω τὸν κόσμον, ἀλλ' ἵνα σώσω τὸν κόσμον.]

ὁ ἀθετῶν ἐμὲ καὶ μὴ λαμβάνων τὰ ῥήματά μου

  ἔχει τὸν κρίνοντα αὐτόν.

[ὁ λόγος ὃν ἐλάλησα, ἐκεῖνος κρίνει αὐτὸν [ἐν τῇ ἐσχάτῃ ἡμέρᾳ]][7].

---

[1] Über die Folge von 12 44-50 auf 8 12 ſ. S. 237. Dieſe Folge entſpricht auch ganz dem Stil der Offenbarungsreden: *ἐγώ εἰμι . . . ὁ πιστεύων,* vgl. 6 35. 48/47 11 25 (entſprechend in den bildlichen Wendungen 15 1ff.), während umgekehrt das *ὁ πιστεύων . . .* 12 44 ohne vorhergehendes *ἐγώ εἰμι* in der Luft ſchwebt. — Ed. Norden (Agnoſtos Theos 1913, 298f.) hatte die richtige Empfindung, daß 8 12 die Einleitung einer *ῥῆσις* iſt. Seine Meinung, daß der Evgliſt die Motive dieſer *ῥῆσις* auf die verſchiedenen Reden von Joh 8 verteilt habe, wird durch die S. 236ff. gegebene Analyſe widerlegt. Deshalb iſt es auch nicht möglich, daß Röm 2 19 auf Joh 8 12 Bezug nimmt, während Röm 2 20 auf Joh 8 31 ff. anſpiele.

[2] Die einleitende Formel *Ἰ. δὲ ἔκραξεν* (ſ. S. 50, 3) *καὶ εἶπεν* ſtammt natürlich vom Red. — Ob der Text der Quelle vom Evgliſten redigiert iſt (das Längenverhältnis der Zeilen iſt nicht ebenmäßig), kann man fragen; vielleicht hieß der erſte Doppelvers in der Quelle einfach: *ὁ πιστεύων εἰς ἐμὲ πιστεύει εἰς τὸν πέμψαντά με*; das *οὐ . . . ἀλλά* könnte auf den Evgliſten zurückgehen, ſ. S. 29, 1.

[3] Zur Synon. von *πιστεύειν* und *θεωρεῖν* ſ. S. 45, 3. — Der erſte Satz entſpricht formal einer jüdiſch-chriſtlichen Gnome (ſ. zu 13 20), hat jedoch einen weitergehenden Sinn. Die Gnome ſagt, daß die je übergeordnete Inſtanz rechtmäßig durch die je untergeordnete vertreten wird, ſodaß, was dieſer gegenüber geleiſtet (bzw. nicht geleiſtet wird), angeſehen wird, als wäre es jener erwieſen. Dieſer Vertretungsgedanke kann für den Offenbarungsgedanken höchſtens ein Bild ſein; denn der Offenbarer vertritt Gott nicht im rechtlichen Sinne, ſondern in ihm, und nur in ihm, begegnet Gott ſelbſt.

[4] S. S. 186ff. und ſ. zu 14 8-11.   [5] S. S. 259.

[6] Wahrſcheinlich iſt V. 46 eine Bildung des Evgliſten (ſchon das undeterminierte *φῶς* befremdet), durch die er einen Satz der Quelle erſetzt hat, und zwar den Satz, den er 9 39 verwendet hat, der das Kommen des *φῶς* als das Gericht beſchreibt (ſ. S. 258, 2); dann iſt das *ἐγὼ οὐ κρίνω* von V. 47 noch beſſer motiviert.

[7] Daß der Text der Quelle durch exegeſierende Zuſätze des Evgliſten erweitert iſt,

Das Verheißungswort ist also zugleich Entscheidungsfrage; um Gnade sein zu können, muß die Offenbarung zugleich Gericht sein. Sie ist das nicht ihrer Intention nach. War 9₃₉ die Tatsache, daß sie Gericht ist, festgestellt, so tritt jetzt die andere Seite der Sache hervor: daß sie Gericht ist, dafür trägt der Mensch selbst die Verantwortung: lehnt er das Wort des Offenbarers ab[1], so zieht er sich selbst das Gericht zu, — wie in zwei Sätzen im synonymen Parallelismus gesagt wird[2]. Der Evglist hat durch seine Zusätze den Gedanken verstärkt und verdeutlicht: wie 3₁₇ betont er, daß Jesus nicht die Welt zu richten, sondern sie zu retten gekommen ist. Und er erläutert das dem ἤδη κέκριται 3₁₈ entsprechende ἔχει τὸν κρίνοντα αὐτόν: Jesu Wort richtet ihn[3]. Zieht sich der Mensch durch seine Ablehnung des Wortes das Gericht zu, so ist das Wort gewissermaßen sein Richter.

Das ist aber deshalb so — und damit kehrt der Gedanke zu V.₄₄f. zurück —, weil in Jesus Gott begegnet:

V. 49 f.: ὅτι ἐγὼ ἐξ ἐμαυτοῦ οὐκ ἐλάλησα,

           ἀλλὰ [ὁ πέμψας μὲ πατήρ αὐτός μοι ἐντολὴν δέδωκεν

           τί εἴπω καὶ τί λαλήσω. Καὶ οἶδα ὅτι ἡ ἐντολὴ αὐτοῦ

           ζωή αἰώνιός ἐστιν. ἃ οὖν ἐγὼ λαλῶ,]

           καθὼς εἴρηκέν μοι ὁ πατήρ, οὕτως λαλῶ[4].

Das Verheißungswort Jesu wird zum Gericht, weil Jesus nicht von sich aus, sondern nur im Auftrag des Vaters redet. Dieser Satz, den die Quelle offenbar in derselben schlichten Antithetik aussprach wie sonst[5], ist vom Evglisten erweitert. Er erläutert den Gedanken der Einheit Jesu mit dem Vater hier wie sonst durch den Gehorsamsgedanken[6]: in dem, was Jesus spricht, erfüllt er nur des Vaters Gebot; und zwar erfüllt er es, weil dieses Gebot, d. h. seine Erfüllung, oder besser: weil seine Sendung ewiges Leben für die Welt bedeutet[7]. Der Gedanken-

---

ist deutlich. Der οὐ γάρ=Satz D.₄₇ ist eine seiner typischen Erläuterungen und entspricht speziell 3₁₇; f. S.110, 3; 111, 1. Ebenfalls ist der letzte Satz von D.₄₈ seine Glosse, die sich durch ihre Prosa und das ἐκεῖνος verrät, das das Subj. wieder aufnimmt, f. S. 53, 5. Das ἐν τ. ἐσχ. ἡμ. endlich ist sekundärer Zusatz des kirchlichen Red., f. S.162.

[1] Zu ἀκούειν f. S.195. 239f., zu φυλάττειν f. S. 227, 5. Das sonst bei Joh nicht begegnende ἀθετεῖν braucht nicht aus Lk 10₁₆ zu stammen (Br.). Zu λαμβάνειν τ. ῥημ. f. S. 51, 6; 104, 3.

[2] Vgl. Ginza 183, 11 f. von den Frevlern: „Mit ihrem eigenen Schlage werden sie geschlagen, ohne daß mein Schlag sie zu treffen braucht."

[3] Das κρίνει D.₄₈ ist im Sinne des Evglisten als Präs. zu lesen; so nur entspricht der Satz dem ἤδη κέκριται von 3₁₈. Der Red. freilich will κρινεῖ lesen.

[4] Der Satz der Quelle ist vom Evglisten glossiert. Für ihn ist charakteristisch das das Subj. wieder aufnehmende αὐτός (wie sonst ἐκεῖνος und οὗτος, f. S. 53, 5, vgl. bes. 5₃₇ und für Wiederaufnahme durch αὐτός 5₃₆); ferner das καὶ οἶδα ὅτι, vgl. 5₃₂ I Joh 3₅.₁₅ und f. Festg. Ad. Jül. 146f. Für ihn bezeichnend ist auch der Gedanke, daß Jesus der ἐντολή des Vaters gehorcht (10₁₈ 14₃₁ 15₁₀). Es ist damit freilich nur ein schon in der Quelle vorliegender und für den Mythos wesentlicher Gehorsamsgedanke besonders betont; f. zu 8₂₉. Mittels des ἃ οὖν ἐγὼ λαλῶ lenkt er zum Text der Quelle zurück.

[5] 7₁₆f. 8₂₈ 14₁₀, vgl. 5₁₉.₃₀ 6₃₈. Zum Gedanken f. S.186ff.

[6] S. Anm. 4.

[7] Hirsch (II 99) erklärt καὶ οἶδα bis ἐστιν für eine sekundäre Glosse, da er meint, daß ἐντολή in diesem Satz (D.₅₀) eine andere Bedeutung habe als im vorigen (D.₄₉). Dort sei der Sinn: „Mein Vater hat mir Befehl gegeben"; das habe der Red. mißverstanden als: „Er hat mir das von mir weiterzugebende Gebot übermittelt", d. h. Gott habe an Jesus das neue Gesetz gegeben, wie er einst dem Mose den Dekalog übermittelt hat; dieses neue Gesetz bringe den Menschen, die es erfüllen, das ewige Leben. — Indessen ist dieses Verständnis keineswegs geboten, ja auch gar nicht naheliegend. Außerdem ist der καὶ-οἶδα=Satz für den Evglisten gerade charakteristisch, f. Anm. 4.

gang ist damit geschlossen, indem zum Schluß der positive Sinn der Sendung Jesu wieder hervorgehoben wird.

2. Drohung und Mahnung: 8₂₁₋₂₉ 12₃₄₋₃₆ₐ.

Ganz wie sonst unterbricht der Evglist den Fluß der Rede durch eine Dis=kussion Jesu mit den Juden (8₂₁₋₂₉ 12₃₄₋₃₆)[1]. Anlaß gibt ein weiteres Wort Jesu, das von den Juden wieder mißverstanden wird, V. 21: „Ich werde fortgehen, und ihr werdet mich suchen, und in eurer Sünde werdet ihr sterben. Wohin ich gehe, dorthin könnt ihr nicht kommen[2]." Es ist dieselbe Unheilsweissagung, die Jesus schon 7₃₄ gesprochen hatte, der drohende Hinweis auf das Zu=spät, hier er=weitert durch das καὶ ἐν τῇ ἁμαρτίᾳ ὑμῶν ἀποθανεῖσθε[3], — formal störend, aber sachlich treffend.

Daß der Evglist Jesus dieses Wort in der Folge auf 12₄₄₋₅₀ sprechen läßt, könnte zunächst als unmotiviert erscheinen. Es ist aber wohl begründet, wenn man bedenkt, daß es das Thema des „Zu=spät" enthält, das den Abschluß der Licht=rede in der Quelle bildete (12₃₅ f.). Dieses Thema, das zu Beginn (9₄ f.) schon präludiert war, arbeitet der Evglist zu einer selbständigen Szene aus; und indem er auf 12₃₅ f. hinsteuert, benutzt er zur Einleitung V. 21 jenes schon einmal ver=wendete Wort.

Wie 7₃₅ f. müssen die Juden auch hier Jesu Wort gröblich mißverstehen (V. 22): will er sich etwa das Leben nehmen?[4] Und wie dort müssen sie damit auch hier wieder zu Propheten werden, ohne daß sie es wissen. Denn er wird in der Tat sein Leben hingeben (10₁₇ f.), — anders freilich, als sie es meinen; denn sie selbst sind es ja, die ihn töten werden (V. 28).

Jesus ignoriert die Frage und fährt fort, die Scheidung, die zwischen ihm und ihnen besteht, zu kennzeichnen, die das οὐ δύνασθε von V. 21 begründet.

V. 23:
$$\begin{array}{l}
ὑμεῖς \ ἐκ \ τῶν \ κάτω \ ἐστέ, \\
ἐγὼ \ ἐκ \ τῶν \ ἄνω \ εἰμί. \\
ὑμεῖς \ ἐκ \ τούτου \ τοῦ \ κόσμου \ ἐστέ, \\
ἐγὼ \ οὐκ \ εἰμὶ \ ἐκ \ τοῦ \ κόσμου \ τούτου^5.
\end{array}$$

---

[1] Zum Anschluß von 8₂₁₋₂₉ 12₃₄₋₃₆ an 12₄₄₋₅₀ s. S. 237. — Als Hörerschaft sind jetzt (wie 7₃₅) die „Juden" vorausgesetzt, hinter oder unter denen die Pharisäer verschwinden (8₂₂ 10₁₉), mit denen der ὄχλος (12₃₄) wechseln kann, s. S. 59; 222.

[2] In V. 21 ist der 7₃₄ zitierte Satz der Quelle (s. S. 232), vom Evglisten erweitert durch καὶ ἐν τ. ἁμ. κτλ.

[3] Die Wendung ist at.lich, was sie auch als einen Zusatz des Evglisten erweist; vgl. Dt 24₁₆ Ez 3₁₉ 18₂₄.₂₆ Prov 24₉. Das ἐν ist vielleicht instrumental gemeint (Bl.=D. § 219, 2), sodaß genauer zu übersetzen wäre „an eurer Sünde" (Br.).

[4] Das Mißverständnis ist weniger gut motiviert als das von 7₃₅ f., aber man darf nicht nach einer Motivierung aus der Situation fragen. Einerseits soll die Verständnis=losigkeit der Juden charakterisiert werden; andrerseits soll ihr Wort eine unbewußte Prophetie sein. Über die Beurteilung des Selbstmordes im Judentum s. Br. 3. St.; Str.=B. I 1027 f.

[5] Ob der Doppelvers aus der Quelle stammt, in der er die 7₃₄ unterdrückte Fort=setzung des V. 21 zitierten Wortes gewesen sein könnte, oder ob er vom Evglisten nach Analogie solcher in den Offenbarungsreden enthaltenen Antithesen gebildet worden ist, wird sich schwer sagen lassen. Daß der Begriff οὗτος ὁ κόσμος auftritt, spricht aber für Bildung durch den Evglisten, s. S. 258, 3. — Daß das ἐκ im ersten Doppelvers die Her=kunft, im zweiten die Zugehörigkeit bezeichne (B. Weiß), ist eine unangemessene Unter=scheidung, da die Herkunft ja gerade die Zugehörigkeit bedeutet; s. S. 95, 5; 97, 3; 117, 6.

Er und sie gehören zwei verschiedenen Welten an, der göttlichen und der
widergöttlichen[1]. Eben deshalb gilt — so wird mit Rückweisung auf V. 21 gesagt[2] —, daß sie in ihren Sünden sterben werden (V. 24). Freilich braucht jener
Gegensatz von Unten und Oben kein statisches Geschiedensein zu bedeuten; denn
der Offenbarer, der von oben herabkommt[3], ermöglicht ja dem Menschen den
Weg nach oben. Aber zu einem definitiven wird der Gegensatz durch den Unglauben: „Denn, wenn ihr nicht glauben wollt, daß ich es bin, so werdet ihr in
euren Sünden sterben." Der Inhalt des Glaubens ist durch das bloße ἐγώ εἰμι
angegeben; es klingt rätselhaft und soll rätselhaft klingen; denn es weckt ja die
Frage: σὺ τίς εἶ; Sie haben also nicht verstanden, wer er ist. Aber wer ist er?
Was ist zu dem ἐγώ εἰμι als Präd. zu ergänzen[4]? In den unmittelbar vorausgehenden Worten steht ein Titel Jesu, der seine Sendung charakterisiert, nicht
zur Diskussion, sodaß man ihn ohne weiteres hier ergänzen könnte; denn das
ἐγώ εἰμι τὸ φῶς τοῦ κόσμου 8 12 liegt doch zu weit zurück[5]. Offenbar soll man
überhaupt keinen speziellen Titel ergänzen; der Sinn ist vielmehr der: ich bin
alles das, von dem ich sagte, daß ich es bin[6]. Alle anderen ἐγώ-εἰμι-Sätze sind
also gleichsam auf dieses prädikatlose ἐγώ εἰμι reduziert[7]. Sogleich aber zeigt die
Antwort auf die Frage: „Wer bist du?", daß alles, was Jesus von sich sagt, in
dem Titel „Menschensohn" zusammengefaßt ist.

Das drohende ἐὰν γὰρ μὴ πιστεύσητε setzt voraus, daß die Juden wissen
könnten, wer er ist; daß ihr Unglaube Schuld ist. Und deshalb findet ihre Frage
die — gleichfalls rätselhafte — Antwort V. 28: „Wenn ihr den Menschensohn
erhöht habt, dann werdet ihr erkennen, daß ich es bin." Eine direkte Antwort
wird also verweigert; wenn sie es jetzt nicht erkennen, so werden sie es erkennen,
wenn es zu spät ist! Der Sinn seines „Ich bin es" wird ihnen aufgehen, wenn
sie „den Menschensohn erhöht haben"; denn dann werden sie erkennen, daß er
der Menschensohn ist. Das τότε γνώσεσθε ὅτι ἐγώ εἰμι ist offenbar doppelsinnig. Es nimmt deutlich das prädikatlose ἐγώ εἰμι von V. 24 wieder auf, und
zugleich muß man nach dem Vordersatz doch ergänzen: „Daß ich der Menschensohn bin." Alles das, was er ist, läßt sich also durch den geheimnisvollen Titel

---

[1] Zum Gegensatz Unten=Oben s. S. 117, 3. Die Begriffe sind neutral.
[2] Rückverweisungen sind für den Evglisten charakteristisch, s. 6 38. 65 8 24 13 33 14 28
15 20 16 15.   [3] S. S. 224, 4.
[4] Daß ἐγώ hier nicht als Präd., sondern als Subj. gedacht ist (s. S. 167, 2), geht aus
der Frage σὺ τίς εἶ (vgl. 1 19) hervor.
[5] Daß man nicht aus V. 23 ergänzen darf: ὅτι ἐκ τῶν ἄνω εἰμί, zeigt schon die
Frage σὺ τίς εἶ.
[6] Vgl. Schl.: „Gerade die Abwesenheit von Attributen beschreibt kräftig das, was
im Glauben geschieht. Jesus gilt die Bejahung, an ihn schließt sich der Glaubende an,
nicht an diese oder jene Leistung, nicht an diese oder jene Gabe." — Die kühne Ausdrucksweise legte sich dem Evglisten vielleicht nahe durch die Erinnerung an das Gotteswort
Jes 43 10: ἵνα γνῶτε καὶ πιστεύσητε καὶ συνῆτε ὅτι ἐγώ εἰμι, — nämlich all das, was
Gott von sich Jes 43 sagt; vgl. Jes 41 4 46 4 48 12 Dt 32 39.
[7] Das ἐγώ εἰμι 8 24. 28 hat völlig anderen Charakter als das von 8 58; zu vergleichen
ist nur noch das von 13 19. Aber sowenig wie 8 58 (s. S. 248, 5) ist es möglich, das ἐγώ
εἰμι aufzulösen in ein „Ich bin der 'Ich bin'" und die Aussage als die Selbstidentifizierung
Jesu mit Gott zu verstehen. Sollte das ἐγώ εἰμι als Umschreibung des Gottesnamens
dienen, so könnten die Juden nicht fragen: „Wer bist du?", sondern dann müßten sie an
der für ihre Ohren blasphemischen Aussage Anstoß nehmen. Aber es ist deutlich, daß
in diesem Abschnitt Jesus für die Juden nicht Ärgernis, sondern Rätsel ist; das Wort
löst nicht Empörung aus, sondern Frage.

„Menschensohn" bezeichnen[1]. Geheimnisvoll — nicht sofern es ein eschatologischer Titel ist; denn in diesem Sinne ist er den Hörern bekannt, wie ihre Frage 12₃₄ sogleich bestätigt: der Menschensohn ist der Messias, der Heilbringer. Geheimnisvoll aber, sofern sie nicht sehen, daß das Eschaton, das sie von der Zukunft erwarten, Gegenwart ist, daß dieser Mensch Jesus der Menschensohn ist.

Das Geheimnis ist aber noch reicher und unheimlicher. Sie wissen aus der Tradition natürlich auch, daß der Menschensohn, indem er das Heil bringt, zugleich der eschatologische Richter ist. Aber sie ahnen nicht, daß sie ihn selbst zu ihrem Richter machen, indem sie ihn „erhöhen". Der Doppelsinn des „Erhöhens" ist deutlich: sie erhöhen Jesus, indem sie ihn kreuzigen; aber eben damit wird er auch als der Menschensohn zu seiner himmlischen Herrlichkeit erhöht[2]; und indem sie ihn zu richten meinen, wird er ihnen zum Richter.

Das Ende wird also auch für sie ein Erkennen sein. Freilich ist die Erkenntnis, die sie dann gewinnen werden, nicht die, die ihnen jetzt aufgehen sollte, und die der Glaube schon jetzt gewinnt[3], auch wenn sie später erst volle Klarheit erreichen wird[4]. Denn als den Offenbarer werden die, die jetzt den Glauben verweigern, ihn dann nicht sehen, sondern als den Richter[5]. Sie werden als vergebliche Suchende (V.21) dann des Zu-spät inne werden, und ihre Erkenntnis wird — in irgendeiner Form[6] — Verzweiflung sein. Wie 7₃₃f. ist diese Unheilsweissagung natürlich nicht auf die Zeitgenossen Jesu beschränkt, sodaß man für das τότε gar nach einem chronologischen Datum (etwa die Zerstörung Jerusalems) suchen müßte. Vielmehr gilt sie für alle, die dem Offenbarer den Glauben verweigern, wann und wo sein Wort erklingt; für alle, die sich durch ihren Unglauben mit den Juden identifizieren, die Jesus ans Kreuz gebracht haben. Das Kreuz war die letzte und definitive Antwort der Juden auf Jesu Offenbarungswort, und immer, wenn die Welt ihren Unglauben die letzte Antwort sein läßt, „erhöht" sie den Offenbarer, indem sie ihn zu ihrem Richter macht.

Was zwischen Frage und Antwort steht, ist in jeder Hinsicht problematisch, wie die Ratlosigkeit der Exegeten und die vorgeschlagenen Konjekturen zeigen[7]. Ich vermag in V.26.27 nur ein Trümmerstück zu sehen, das die Red. wohl oder übel ad voc. ταῦτα λαλῶ (V.26 und V.28) hierher gesetzt hat, und das seinen ursprünglichen Platz etwa im Zshg von 8₁₃-₂₀ gehabt haben könnte. Die Aussage, daß Jesus vieles über die Hörer zu reden und zu richten hat, scheint sagen zu wollen, daß er das tun könnte, daß er es aber unterläßt: er könnte es, aber der Vater ...! Indessen: wenn Jesus redet, was er

---

[1] Zu υἱός τ. ἀνθρ. f. S.74,4; 76,102ff. 107ff.

[2] Zu ὑψωθῆναι f. S.110,2. Die Annahme, daß der Evglist zu seiner doppelsinnigen Formulierung dadurch veranlaßt war, daß im syrischen und palästinensischen Aramäisch אזדקף sowohl „erhöht" wie „gekreuzigt werden" bedeuten kann, ist nicht notwendig; f. G. Kittel, ZNTW 35 (1936), 282ff. (Hier Auseinandersetzung mit Hirsch, der aus der Voraussetzung, daß jener Sprachgebrauch nur für das nördliche Syrien gilt, Folgerungen für die Herkunft des Joh zieht.) Fr. Schulthess, ZNTW 21 (1922), 220 verweist auf das aram. אַרִים, das ebenso „beseitigen" wie „erhöhen" bedeuten kann.

[3] 6₆₉.

[4] Vgl. 2₂₂ und bes. 12₁₆, in dem auch das τότε von 8₂₈ wiederkehrt.

[5] Ganz unmöglich Odeberg 295: „Wenn ihr den Menschensohn in eurer geistigen Schau erhöht haben werdet, ..." Das Wort sei eine Heilsverheißung wie 7₁₇.

[6] S. S.233.

[7] Für das ὅ τι (bzw. ὅτι) V.25 Torrey: ἔτι, Holwerda: οὐκ ἔχω ὅτι. — Wellh. hält das περὶ ὑμῶν V.26 für redakt. Änderung eines ursprünglichen περὶ ἐμαυτοῦ. Nach Merx wird die „Urform" den Sinn gehabt haben: „Wer bist denn du, daß du so etwas sagen kannst? Antwort: Das habe ich euch schon längst gesagt!"

vom Vater gehört hat, ist das nicht ein *πολλὰ περὶ ὑμῶν λαλεῖν καὶ κρίνειν*[1]? Der *ἀλλά*=
Satz hätte doch nur rechten Sinn, wenn die Aussage vorherginge, daß Jesus nicht von
sich aus redet (vgl. 7 16 12 49 f. 14 10; auch 6 38 7 28); dann wäre die Betonung, daß der
Vater *ἀληθής* ist, motiviert (vgl. 7 28)[2]. Eine Konjektur wird man schwerlich wagen
dürfen[3].

Ferner: die Bemerkung, daß die Juden nicht erkannten, daß Jesus vom Vater
sprach, stimmt wohl zu 5 37 f. 8 19 und ist auch nach V. 26 begreiflich. Aber wozu hier diese
Bemerkung, wo es sich im Zshg doch um die Frage handelt, wer er, Jesus, ist? Denn
die freilich mögliche Gedankenverbindung zwischen der Erkenntnis seiner Person und der
des Vaters ist ja im Text nicht hergestellt. Und während in V. 26 f. die Möglichkeit voraus=
gesetzt ist, unter dem *πέμψας με* (fälschlich) einen anderen als den Vater zu verstehen,
ist in V. 28 f. die Identität beider als selbstverständliche vorausgesetzt. — Man muß also
darauf verzichten, V. 26 f. im jetzigen Zshg zu verstehen.

Es fragt sich, ob V. 25 b zu V. 26 f. gehört und damit ebenfalls dem ursprünglichen
Zshg fremd ist, oder ob man den Satz *τὴν ἀρχὴν ὅ τι* (bzw. *ὅτι*) *καὶ λαλῶ ὑμῖν* als vor=
läufige Antwort auf die Frage V. 25 a und damit als Vorbereitung der Antwort V. 28
verstehen kann.

(Τὴν) ἀρχήν, mit oder ohne Artikel, heißt „zuerst" und kann im Sinn von *ἐν ἀρχῇ*
das zeitliche Zuerst meinen; es steht dann in einem ausgesprochenen oder unausgesprochenen
Gegensatz zu einem Später[4], heißt aber nie „von Anfang an" (= *ἐξ ἀρχῆς*[5]). Sehr
häufig aber steht *(τ.) ἀρχήν* nicht im zeitlichen, sondern im logischen Sinne: „zuerst" =
„erstlich", „von vornherein", und zwar ist das besonders in negierten Sätzen bzw. in
Sätzen mit negativem Sinn der Fall[6].

Versucht man das *τ. ἀρχ.* V. 25 b im zeitlichen Sinne zu verstehen, so fragt sich,
welcher Gegensatz vorschwebt. Sieht man diesen Gegensatz in dem Jetzt der gegenwärtigen
Situation, so versucht man zu übersetzen (indem man aus der vorhergehenden Frage
ἐγώ εἰμι ergänzt): „Ich bin, was ich schon am Anfang zu euch sagte." Aber das ist schon
durch das Präs. *λαλῶ* ausgeschlossen[7]; auch müßte dann das *ἐγώ εἰμι* nicht nur aus=

---

[1] Br. sucht zu helfen: „Trotzdem fährt Jesus zu reden fort, weil Gott in seiner
Wahrhaftigkeit an seiner Verheißung festhält und deshalb auch sein Gesandter seine
Predigt nicht von Erfolg oder Mißerfolg abhängig machen kann." Was für eine Ver=
heißung ist gemeint? Das durch den Gesandten gesprochene Verheißungswort (z. B.
8 12 7 37) ist ja als solches zugleich das richtende Wort!

[2] Wie Schl. aus dem *ἀλλά*=Satz folgern kann: „Das gibt Jesus das Recht, zu
schweigen", verstehe ich nicht; vielmehr gilt: er hat die Pflicht, zu reden.

[3] Etwa in der Richtung: *πολλὰ ἔχω ... κρίνειν (καὶ ἐγὼ ἐξ ἐμαυτοῦ οὐ λαλῶ)
ἀλλ᾽ ...*, oder: *... ἀλλ᾽ (εἰ ἐμοὶ μὴ πιστεύετε) ὁ πέμψας με ...*

[4] Oft im Gegensatz zu *νῦν*, z. B. Thuk. II 74, 3: *ὅτι οὔτε τὴν ἀρχὴν ἀδίκως ...
ἐπὶ γῆν τήνδε ἤλθομεν, ... οὔτε νῦν ... ἀδικήσομεν*; ebenso Anaxag. Fr. 6 (Diels[3] I
402, 10 f.); Isocr. Nicocl. 28, p. 32. Ohne das *νῦν*, aber in gleichem Sinne, Andoc. 3, 20;
Gen 41 21. Im Sinne von „das erstemal" im Gegensatz zu einem zweitenmal: Gen 43 18. 20
Dan 8 1 Θ (LXX: *τὴν πρώτην*!); 9 21 LXX (Θ: *ἐν τῇ ἀρχῇ*).

[5] Damit fällt für Joh 8 25 die vielfach (Belser, Ödeberg, Lagr. als möglich) ver=
tretene Auffassung fort: „Von Anfang an bin ich, was ich zu euch sage." Dann müßte
ἐξ ἀρχῆς gesagt sein. Das gilt auch für die Übersetzung: „Von Anfang an — was ich
auch zu euch reden mag — habe ich vieles über euch zu sagen und zu richten."

[6] Herod. 1, 193 (*οὐδὲ πειρᾶται ἀρχὴν φέρειν* = es versucht erst gar nicht ...);
3, 39; 4, 25 (*τοῦτο δὲ οὐκ ἐνδέχομαι τὴν ἀρχήν* = das aber glaube ich von vornherein nicht);
Soph. Ant. 92 (*ἀρχὴν δὲ θηρᾶν οὐ πρέπει τἀμήχανα*: von vornherein nicht, überhaupt
nicht); Phil. 1239; El. 439 ff.; Plat. Gorg. 478 c; Philol. Fr. 3 (Diels[3] I 310, 5 f.); weiteres
bei Br. — Ohne Negation: Herod. 1, 9; Philo Abr. 116; decal. 89; vgl. bes. Ps. Clem.
Hom. VI 11, p. 77. 1 f. Lag.: *διὸ τὸν λόγον ἐγκόψας ἔφη μοι· εἰ μὴ παρακολουθεῖς
οἷς λέγω, τί καὶ τὴν ἀρχὴν διαλέγομαι*;

[7] Die Frage, ob hier und bei anderen Übersetzungsversuchen nicht ein *λέγω* statt
des *λαλῶ* vorausgesetzt ist, kann man beiseite lassen, da *λαλεῖν* bei Joh statt *λέγειν* ge=
braucht werden kann; vgl. 12 50. — Ob man *ὅτι* oder *ὅ τι* liest, steht natürlich frei.

gesprochen, sondern auch durch ein (τὰ) νῦν bestimmt sein. Man kann auch nicht übersetzen: „Ich war schon am Anfang, was ich auch jetzt euch sage"; denn — von anderem
abgesehen — die Ergänzung von ἤμην ist nicht selbstverständlich, und vor allem dürfte
νῦν vor λαλῶ nicht fehlen. Bezieht man umgekehrt das τ. ἀρχ. auf das Jetzt der Gegenwart, so muß der korrespondierende Gegensatz in der Zukunft liegen[1]; er wäre in dem
ὅταν . . . τότε V.28 ausgesprochen. Aber zu dem ὅ τι καὶ λαλῶ ὑμῖν bildet das γνώσεσθε
keine verständliche Entsprechung; der Text müßte verderbt sein[2].

Die meisten neueren Erklärer verstehen deshalb wie die Alten[3] das τ. ἀρχ. im
logischen Sinne als „überhaupt", wie denn die alte Exegese es vielfach mit ὅλως wiedergibt. Der Satz wird dann als Frage mit negativem Sinn aufgefaßt: „Ihr fragt, weshalb
ich überhaupt mit euch rede?"[4] Aber das haben sie ja gar nicht gefragt![5] Man könnte
höchstens übersetzen: „Wozu rede ich überhaupt noch mit euch!"[6], und könnte diesen
Satz in der Tat als Einleitung zu V.28 auffassen, sodaß der Gedankengang zu verstehen
wäre: „Wer bist du?" „Es hat keinen Sinn, mit euch darüber zu reden. Aber wenn ihr
den Menschensohn erhöht habt, dann werdet ihr erkennen . . ."[7]. So verstanden, würde
V.25b die Ausscheidung von V.26f. bestätigen. Aber: non liquet.

Die Erkenntnis, die den Ungläubigen aufgehen wird, wenn es zu spät ist,
war durch das τότε γνώσεσθε ὅτι ἐγώ εἰμι als die des Richters charakterisiert
worden. Als solche ist sie zugleich die zu spät gewonnene Erkenntnis der göttlichen Legitimation Jesu; und so geht der Satz weiter: „und daß ich nichts
von mir aus tue, sondern so rede, wie mich der Vater gelehrt hat." Die Verbindung beider Gedanken entspricht dem Gedankengang von 12₄₄₋₅₀: weil Jesus
als der Offenbarer Gottes Worte redet, ist die Offenbarung das Gericht. Der
Evglist wiederholt diese Begründung hier, weil er wieder in den Text der Quelle
zurücklenkt, deren Schlußmotiv — der Hinweis auf das Zu-spät — er durch die
Szene 8₂₁₋₂₈ vorbereitet hat; V. 28 b—29 ist die vom Evglisten glossierte unmittelbare Fortsetzung des 12₄₉f. verwendeten Quellenstückes:

---

[1] So scheint syr[s] zu verstehen: „Das Erste, welches ich mit euch reden werde, (ist),
daß ich vieles zu reden habe über euch und zu richten" (Merx). Aber was ist das Zweite?
Denn im folgenden ἀλλά-Satz ist das nicht ausgesprochen. Auch ist bei diesem Verständnis
das καί vor λαλῶ ignoriert. — Hirsch übersetzt: „Weil ich denn zu euch rede [aber das
kann ὅτι καὶ λαλῶ ὑμῖν gar nicht heißen], so habe ich erst einmal über euch viel zu reden
und zu urteilen", — aber der ἀλλά-Satz bringt kein „zweitens". Er steht auch deshalb
in keinem rechten Verhältnis zu dem Gesagten, weil in diesem περὶ ὑμῶν betont sein soll
(zumal Hirsch in V.28 das εἰς τ. κόσμον streicht).
[2] Der Sinn müßte etwa sein: „Am Anfang, so viel ich auch zu euch reden mag,
glaubt ihr nicht; aber einst . . ."
[3] S. Br. und Lagr.
[4] Diese Übersetzung würde nach Bl.-D § 300, 2 dem klassischen Sprachgebrauch entsprechen. Man könnte auch verstehen: „Ihr werft mir vor, daß ich . . . rede." Aber das
„ihr werft mir vor" läßt sich schwer ergänzen. Zudem ist für diese wie für jene Übersetzung vorausgesetzt, daß die Frage σὺ τίς εἶ keine echte Frage sei, sondern eine verächt-
liche Abweisung Jesu: „Wer bist denn du überhaupt, daß du zu uns reden willst!" Aber
nach dem absichtlich rätselhaften ἐγώ εἰμι V.24 und angesichts der Antwort V.28 darf
man das σὺ τίς εἶ doch nur als echte Frage verstehen.
[5] S. vorige Anm.
[6] Freilich müßte dann τ. ἀρχ. eigentlich vor λαλῶ stehen (Wellh.). Aber man darf
wohl annehmen, daß es als -emphatisch vorausgestellt ist; durch das καί vor λαλῶ wird es
gewissermaßen wieder aufgenommen.
[7] Die Versuche, beim Verständnis von τ. ἀρχ. = „überhaupt" den Satz als Aussage zu fassen, sind unbefriedigend. „Zuerst und vor allem steht fest, daß ich zu euch rede"
(Schl. als möglich), — das scheitert daran, daß das καί ignoriert ist, und daß ein „steht
fest" nicht wohl ergänzt werden kann. „Von vornherein bin ich, was ich zu euch rede"
(Bd., Schl. als möglich), — aber auch hier ist das καί ignoriert.

καὶ ἀπ᾽ ἐμαυτοῦ ποιῶ οὐδέν,
   ἀλλὰ [καθὼς ἐδίδαξέν με ὁ πατήρ, ταῦτα λαλῶ καὶ]
   ὁ πέμψας με μετ᾽ ἐμοῦ ἐστιν.
οὐκ ἀφῆκέν με μόνον,
   ὅτι ἐγὼ τὰ ἀρεστὰ αὐτῷ ποιῶ πάντοτε[1].

Die Einheit des Gesandten mit seinem Sender[2] beschreibt in der Sprache des Mythos den Offenbarungsgedanken[3]. Durch seine Einfügung betont der Evglist, daß sich die Einheit darin vollzieht, daß Jesus das redet, was ihn der Vater gelehrt hat[4], und gewinnt damit den Anschluß an das Vorangegangene, der durch V.21 ff. unterbrochen war, zurück. So könnte er sogleich das letzte Wort der Quelle (12₃₅f.) folgen lassen, das als Folgerung aus dem Ganzen die abschließende Mahnung bringt. Aber wieder unterbricht er die Rede durch einen Einwand des zuhörenden ὄχλος[5], der dazu dient, die Dringlichkeit des Augenblickes und die Blindheit der Welt für das entscheidende Geschehen der Gegenwart deutlich zu machen.

Der Einwand (12, 34)[6] knüpft an Jesu Wort V.28 an, daß sie den Menschensohn erhöhen werden: „Wir hörten aus dem Gesetz, daß der Messias für immer bleibt! Wie kannst Du da sagen, daß der Menschensohn erhöht werden muß[7]?

---

[1] Es ist begreiflich, wenn Delafosse in V.28 den Satz ὅταν ὑψώσητε ... ἐγώ εἰμι als Glosse ausscheidet, weil V.26-29 so scheinbar einen geschlossenen Zshg bilden. Aber der ausgeschiedene Satz wird durch den Bezug auf V.24 als ursprünglich erwiesen, während V.26-27 den Zshg sprengen (f. S. 266f.). Die Einsicht, daß V.28b. 29 auf 12₄₉f. zurückgreifen, bestätigt die Analyse. Schon deshalb ist es ein Fehler, daß Hirsch V.28 zwar an seiner Stelle läßt, unmittelbar darauf aber 12₃₃-₃₆ folgen läßt und V.29 hinter 12₃₂ versetzt. Die Annahme, daß der Red. „die beiden Aussagegruppen 8₂₉ und 12₃₃-₃₆a die Plätze gegeneinander hat tauschen lassen" (II 75), setzt ein viel zu künstliches Verfahren des Red. voraus. Dieser hat nicht Unordnung gestiftet, sondern sich bemüht, einen in Unordnung geratenen Text zu ordnen.

[2] Zu ποιῶ οὐδέν vgl. 5₁₉. ₃₀; zu μετ᾽ ἐμοῦ und οὐκ ἀφ. ... μόνον vgl. 16₃₂ 8₁₆. Vgl. ferner 10₃₀.

[3] S. S.188. Ferner ZNTW 24 (1925), 108; Schlier, Relg. Unterf. 39—42. — Häufig ist der Gedanke in der mandäischen Literatur ausgesprochen, z. B. Joh.-B. 39, 15f.: „Aber ich habe eine Stütze darin, daß ich weiß, daß ich nicht allein dastehe": 401f.: „Du bist von unserer Pflanzung, so werden wir dich nicht allein lassen. Du sollst nicht sagen: ich stehe allein da." Ginza 146, 9f.: „Deine Rede sei unsere Rede, sei mit uns verbunden und werde nicht abgeschnitten." Vgl. Ign. Mg. 7,1: ὥσπερ οὖν ὁ κύριος ἄνευ τοῦ πατρὸς οὐδὲν ἐποίησεν, ἡνωμένος ὢν κτλ. Weiteres f. zu 10₃₀. — Zu τὰ ἀρεστὰ ... ποιῶ f. ZNTW 24 (1925), 113f.; Schlier, Relg. Unterf. 42; vgl. bef. Ign. Mg. 8, 2: (Ἰησ. Χρ.) ὃς κατὰ πάντα εὐηρέστησεν τῷ πέμψαντι αὐτόν; ferner Ginza 147, 29ff. (Daß ἀρεστός gern in Beziehung auf Gott gebraucht wird, f. Br.).

[4] S. S.186, 2 und vgl. 7₁₆.

[5] Daß hier der bisher nicht genannte ὄχλος als Hörerschaft auftaucht, ist für die Unanschaulichkeit der Darstellung charakteristisch (f. S. 258) und kann kein Einwand gegen die Analyse sein. Der ὄχλος mußte hier Subj. der Frage sein, weil der primitive Standpunkt der populären apokalyptischen Hoffnungen zu Worte kommen soll.

[6] 12₃₃ ist nicht mit Hirsch hierher zu ziehen, sondern hinter 12₃₂ zu belassen; denn diese Anmerkung muß doch direkt auf das Wort folgen, das sie erläutert (vgl. 7₃₉); hier dagegen wäre sie durch V.28b. 29 von ihm getrennt.

[7] Jesus hat zwar 8₂₈ nicht ausdrücklich gesagt δεῖ ὑψωθῆναι; doch kann das kein Einwand gegen die Neuordnung der Verse sein; denn von der Erhöhung des Menschensohnes hat er ja gesprochen. Läßt man 12₃₄-₃₆ an ihrem überlieferten Platz, so ergibt sich der weit stärkere Anstoß, daß Jesus vom Menschensohn vorher überhaupt nicht gesprochen hat (f. S.237). Daß der Evglist die Formulierung δεῖ ὑψωθῆναι wählt, ist leicht verständlich: ohne es zu wissen, formuliert der ὄχλος den Glaubenssatz. — Nach Torrey (JBL 51 [1932], 320ff.) läge ein Mißverständnis vor infolge der Doppelbedeutung des

Was ist das für ein Menschensohn?" Die unmittelbare Gleichsetzung von Menschensohn und Messias in diesen Worten, zeigt, daß die Frage von dem Verständnis
des Menschensohnes als des eschatologischen Heilbringers geleitet ist[1]. Und nicht
darin besteht der Irrtum der Fragenden, daß sie in dieser Auffassung Unrecht hätten;
sondern darin, daß sie in ihren Phantasien das eschatologische Ereignis in die
Dimension des weltlichen Geschehens hinabziehen und nicht verstehen, daß es die
Welt verneint. Der ὄχλος vertritt das Wunschbild der jüdischen Apokalyptik[2],
wonach der Heilbringer vom Himmel kommt, um auf Erden die Heilszeit aufzurichten, die kein Ende nehmen wird[3]. Diesem apokalyptischen Bilde gilt hier
wie sonst[4] der Kampf des Evglisten. Gottes Offenbarer bringt das Heil nicht
als einen weltlich gegebenen Zustand, den der Mensch in seiner Verfügung haben
wird, unbesorgt, weil ja der Heilbringer „für immer bleibt". Die Offenbarung
ist vielmehr Infragestellung, Verneinung der Welt, und die Annahme ihrer Gabe
fordert deshalb die Preisgabe aller menschlichen Wunschbilder, Preisgabe alles
Besitzen- und Verfügenwollens, — auch des Verfügenwollens über die Zukunft,
wie sie ja auch die Preisgabe der alten Vorstellungen von Leben und Tod fordert[5].
Deshalb kommt der Offenbarer nicht, um „für immer zu bleiben", sondern um
alsbald wieder zu gehen. Er „muß erhöht werden", wie der Evglist in der Terminologie des gnostischen Mythos sagt[6], — freilich nicht, um an Stelle der jüdischen
Mythologie die gnostische zu setzen, sondern weil die gnostische Begrifflichkeit
jenen wesentlichen Gedanken zum Ausdruck bringt: der Offenbarer wird durch
sein Kommen nicht zu einem Welt-Phänomen, sondern er bleibt der fremde Gast,
der wieder Abschied nimmt. Die Abschiedsreden werden es vollends deutlich
machen: in seinem Gehen erst erschließt sich der Sinn seines Kommens. Seine
Begegnung macht das Jetzt zur eschatologischen Zeit. Würde sie Dauer gewinnen,
so wäre sie nicht mehr eschatologische, sondern weltliche Zeit. Eben das gibt

---

dem ὑψωθῆναι zugrunde liegenden aram. Worte אסתלק, das „in die Höhe gehoben
werden" wie „fortgehen" bedeutet. Der ὄχλος verstehe Jesu Wort 12₃₂: „Wenn ich
aus dem Lande fortgegangen bin." Aber 1. gehört 12₃₄ hinter 8₂₉, und 2. ist 12₃₄ eine
Bildung des Evglisten, der griechisch schreibt.

[1] In der spätjüdischen Eschatologie ist weithin an Stelle der überlieferten Gestalt
des Messias (des davidischen Königs der Heilszeit) die des Menschensohnes (der seinen
Ursprung im Mythos hat) getreten, soweit nicht beide Gestalten kombiniert worden sind;
s. Bousset, Rel. des Judent. 259 ff.; Moore II 331 ff. — Zu μένειν εἰς τ. αἰῶνα s. S. 164, 7
und Schl. zu 8, 34.

[2] Der ὄχλος beruft sich auf den νόμος, d. h. das AT (vgl. 10₃₄). Ob der Evglist
an bestimmte Schriftstellen gedacht hat, ist schwer zu sagen. Nach Jer 24₆ Ez 37₂₅ Joel 3₂₀
wird Israel für immer sein Land bewohnen. Der Thron Davids wird nach 1.Kg 8,25; 9,5
nie leer stehen. David wird nach Ez 37₂₅ für immer Israels Herrscher sein (vgl. Jes 9₆
Ps 72₅ 110₄ in messianischer Deutung). Das Reich des Menschensohnes ist nach Dan 7₁₃f.
ein ewiges Reich. Über die ewige Dauer der messianischen Zeit in der jüdischen Hoffnung s. Orac. Sib. III 49f. 766; PsSal 17₄; äth. Hen. 62,14; Rabbinisches bei Merx 328.
— Das μένειν heißt 12₃₄ „bleiben" im allgemeinen Sinn, nicht in dem speziellen „am
Leben bleiben" wie 21₂₂ und sonst.

[3] Daß nach entwickelteren apokalyptischen Systemen die messianische Zeit ein Ende
nimmt und ihr der neue Äon folgt (Bousset, Rel. des Judent. 286 ff.), daß damit auch die Zeit des Messias begrenzt ist (freilich nicht durch seine „Erhöhung"!
s. Str.-B. III 824 ff.), bleibt für das populäre Hoffnungsbild, das der ὄχλος vertritt,
außer Betracht.

[4] S. S.91. 111 ff. 121. 139 f. 158 und sonst.

[5] S. S.193 f.   [6] S. S.107, 5; ZNTW 25 (1925), 126 f.

dem Jetzt, da er begegnet, die Last der Verantwortung, macht es zum Augen=
blick der Entscheidung über Leben und Tod[1].

Jesus geht auf die Frage des ὄχλος scheinbar nicht ein; sondern er mahnt
einfach, das Jetzt auszunutzen, **V. 35 f.**:

[ἔτι μικρὸν χρόνον τὸ φῶς ἐν ὑμῖν ἐστιν.]
περιπατεῖτε ὡς τὸ φῶς ἔχετε,
ἵνα μὴ σκοτία ὑμᾶς καταλάβῃ.
καὶ ὁ περιπατῶν ἐν τῇ σκοτίᾳ
οὐκ οἶδεν ποῦ ὑπάγει.
ὡς τὸ φῶς ἔχετε,
πιστεύετε εἰς τὸ φῶς,
ἵνα υἱοὶ φωτὸς γένησθε[2].

Es gilt gerade im Gegensatz zur jüdischen Hoffnung — und damit zu allen
Wunschbildern einer Heilszukunft —, nicht vom Jetzt wegzublicken und in eine
mythische Zukunft zu starren, in der die Träume sehnsüchtiger Phantasie zu ver=
fügbarer Realität werden sollen; es gilt vielmehr offen zu sein für den Augen=
blick, in den hinein unerwartet das Wort des Offenbarers spricht. Es ist — und
ist immer wieder — nur ein flüchtiges Jetzt: „Nur noch eine kleine Zeit ist das
Licht unter euch!" Es ist der gleiche Hinweis auf das Zu=spät, den 7₃₃ f. 8₂₁
gaben. Daher gilt die Mahnung, in der Sache und Bild sich eigentümlich mischen:
„Geht euren Weg, so lange es hell ist, damit euch nicht Finsternis überfällt![3]
Wer im Finstern einhergeht, weiß nicht, wohin sein Weg führt." Es scheint ein
reines Gleichnis zu sein, innerhalb dessen τὸ φῶς und σκοτία ihren eigentlichen
Sinn haben: das Tageslicht und nächtliches Dunkel[4]. Aber wenn der Satz καὶ ὁ
περιπατῶν κτλ. auch völlig den Charakter einer bildhaften Gnome hat, so ge=
winnt doch der erste Satz schon durch seine imperativische Form metaphorischen
Sinn, und τὸ φῶς schillert in eigentümlichem Doppelsinn von Tageslicht und
„wahrem" Licht. Und infolgedessen gerät auch die Gnome in ein Zwielicht: der
Hörer merkt, daß auf jenes Wissen des Gnostikers angespielt ist, der sein Woher
und Wohin kennt[5]. So kann sich die Schlußmahnung anschließen, ohne daß die
Formulierung zum Ausdruck zu bringen brauchte, daß jetzt das Bild seine An=
wendung findet: „Solange ihr das Licht habt, glaubt an das Licht!"

Verheißend endlich lautet das letzte Wort: „damit ihr Söhne des Lichtes
werdet." Der Glaubende also braucht das Hereinbrechen der Nacht nicht mehr zu
fürchten; für ihn ist das Rätsel des ἔτι μικρὸν χρόνον überwunden[6]. Damit hat

---

[1] Vgl. Faulhaber 43 f.

[2] Die Sätze sind offenbar die Schlußverse der Lichtrede der Quelle. Der erste Satz,
der den Zshg mit V.₃₄ herstellt, dürfte vom Evglisten stammen. Das Überschießen der
letzten Zeile entspricht dem Stil (f. S.51, 5). — Die Textvarianten sind bedeutungslos.

[3] Zu περιπατεῖν f. S. 261, 1. Ὡς wie ἕως 9₄ (als Variante auch 12₃₅f.) = so
lange als, wie Lk 12₅₈ Gal 6₁₀; f. Bl.=D § 455, 3. Καταλαμβάνειν (anders als 1₅) = über=
fallen, überraschen, was auch im Griechischen gern von Nacht und Dunkel wie vom
Tode gebraucht wird, f. Br. und Liddell=Scott.

[4] Daß der Satz zunächst als Gleichnis empfunden werden soll, zeigt das artikellose
σκοτία (begreiflicherweise fügen einzelne Handschriften den Artikel hinzu). — Zum bild=
lichen Gebrauch von Licht und Finsternis f. S.23; f. auch S.259,2; vgl. Hiob 12₂₅; Rabbin.
bei Str.=B. z. St.

[5] S. S.102, 1. An sich liegt das Bild freilich nicht fern; vgl. Platon, Phaed. 82d
von den von den ἐπιθυμίαι Geleiteten: ὡς οὐκ εἰδόσιν, ὅπῃ ἔρχονται.

[6] Der Begriff des Sohnes (oder Kindes) mit dem Gen. der Sache bezeichnet nach

die eschatologische Verheißung — sei es im Sinne der jüdisch=urchristlichen, oder der gnostischen Tradition[1] — neuen Sinn gewonnen: was die apokalyptische Phantasie von kosmischen Umgestaltungen erwartet, das hat der Glaubende schon gegenwärtig.

γ) Abschluß: 12₃₆b; 10₁₉-₂₁[2].

Nach seinen letzten Worten „verbirgt" Jesus sich wieder (12₃₆b wie 8₅₉) und überläßt die Hörer[3] sich selbst. Wie schon bei der Verhandlung mit dem Geheilten unter den Pharisäern (9₁₆), so kommt es unter ihnen zu einem σχίσμα[4], und die Diskussion 10₂₀f. entspricht genau der von 9₁₆. Nur hat der Anspruch der Rede Jesu den Anstoß gesteigert: das Urteil der einen Seite lautet nicht mehr ἄνθρωπος ἁμαρτωλός, sondern δαιμόνιον ἔχει καὶ μαίνεται: er ist besessen und wahnsinnig[5]. Die andere Seite urteilt wie die ἄλλοι 9₁₆ und hält das Wunder der Blindenheilung für eine Legitimation Jesu. So spiegelt sich das κρίμα, zu dem das „Licht" gekommen ist, im σχίσμα ab.

d) 10₁-₃₉: Der gute Hirt.

Die in Kap. 10 enthaltene Hirtenrede samt den zu ihr gehörigen Diskussionen hat ihre Einleitung 10₂₂ff.[6] und ihren Abschluß 10₃₁-₃₉. Es fragt sich zunächst, wieweit die Einleitung reicht, und wo der verstellte Abschnitt 10₁-₁₈ einzufügen ist. Die Einleitung umfaßt sicher V. 22-25; aber auch V. 26, in dem das οὐ πιστεύετε von V. 25 wieder aufgenommen ist, dürfte zu ihr gehören. Mittels des metaphorischen Wortes von den πρόβατα leitet V. 26 eben auf die Hirtenrede hin[7]. Andrerseits gehören V. 27-30 eng zusammen und bilden sichtlich den Schluß der Rede; das letzte Wort V. 30 ruft die Empörung der Juden V. 31 hervor[8]. Man kann nun freilich nicht einfach 10₁-₁₈ zwischen V. 26 und V. 27 stellen; V. 1 schließt sich schlecht an V. 26 an und noch schlechter V. 27 an V. 18. Vor allem aber ist V. 1-18 in sich keine geordnete Einheit, sondern zerfällt in einzelne Stücke, die wohl alle durch das Bild vom Hirten und den Schafen zusammengehalten werden, untereinander aber, und zum Teil auch in sich selbst, schlecht zusammenhängen.

10, 1—5, durch V. 6 ausdrücklich geschlossen, enthält (nach V. 6) eine παροιμία, deren Pointe der Gegensatz zwischen dem Hirten und dem Dieb und Räuber ist; ein Gegensatz,

---

semitischem Sprachgebrauch die Zugehörigkeit zu und Bestimmtheit durch die betr. Sache; Str.=B. I 476ff.; Schl. zu 17₁₂.

[1] Licht ist nach jüdischem wie gnostischen Glauben das Wesen der göttlichen Welt und deshalb auch des eschatologischen Heils (s. S. 23, 7; 24, 1). Die Auferstandenen werden in φῶς oder δόξα verwandelt werden, vgl. I Kor 15₄₂ff. Phil 3₂₁ usw.; Bousset, Rel. des Judent. 277; Str.=B. I 752 zu Mt 17₂; Volz, Eschatologie 396ff. Für die Gnosis vgl. z. B. Ginza 391, 12; 396, 19. 37; 562, 20ff.; Od. Sal. 11₁₁ 15₂ 21₃ 25₇. — Die Formel „Söhne des Lichts" begegnet auch Lk 16₈ und bezeichnet I Th 5₅ Eph 5₈ die eschatologische Existenz; Ign. Philad. 2, 1 ist sie erweitert zu τέκνα φωτὸς ἀληθείας. In der mandäischen Literatur werden die Wesen der Lichtwelt „Söhne des Lichts" genannt (Odeberg 335).

[2] Zum Anschluß von 10₁₉-₂₁ s. S. 236.   [3] S. S. 264, 1.

[4] Das πάλιν bezieht sich, wie V. 21 zeigt, auf 9₁₆ zurück.

[5] Δαιμόνιον ἔχει wie 8₄₈. ₅₂; s. S. 225, 7. Zum Vorwurf des μαίνεσθαι vgl. Sap 5₄; Plat. Phaedr. 249d: ἐξιστάμενος δὲ τῶν ἀνθρωπίνων σπουδασμάτων καὶ πρὸς τῷ θείῳ γιγνόμενος νουθετεῖται μὲν ὑπὸ τῶν πολλῶν ὡς παρακινῶν, ἐνθουσιάζων δὲ λέληθε τοὺς πολλούς.

[6] Zur Umstellung der Stücke 10₁-₁₈ und 10₂₂ff. s. S. 236.

[7] Vgl. wie 6₂₇ das Thema der Rede vom Lebensbrot in einer metaphorischen Wendung vorbereitet ist, und das Thema der Lichtrede durch 9₃₉-₄₁.

[8] Es scheint mir nicht möglich zu sein, V. 1-18 hinter V. 29 einzufügen, wie es mehrfach in der englischen Forschung geschieht; s. Howard 264.

der daran verdeutlicht wird, daß der Hirt durch die Tür in den Hof geht, während der Dieb einen anderen Weg wählt. Sofern hier von der Tür die Rede ist, ist es die Tür, die zu den Schafen führt; und sofern die παροιμία von der Person Jesu handelt, stellt sie ihn als den dar, dem die Schafe als ihrem rechtmäßigen und wohlbekannten Hirten folgen. Freilich ist die Gleichung: der Hirt = Jesus nicht ausdrücklich vollzogen; denn das ganze Stück hat reinen Gleichnischarakter und gibt ein geschlossenes Bild.

Ein zweites Stück bildet 10, 7—10, durch eine neue Einführung eingeleitet. Es scheint zunächst, daß eine neue παροιμία beginnt, die von Jesus unter dem Bilde der Tür handelt. In Wahrheit ist das jedoch nur in D. 7 und D. 9 der Fall, während D. 8 und D. 10 wieder den Gegensatz zwischen den Hirten und dem Dieb und Räuber zum Thema haben[1]. Bewegen sich also D. 8 und D. 10 in der Anschauung von D. 1-5, so widerspricht ihr D. 7 und D. 9, weil die Tür hier nicht in Betracht kommt als der Eingang des Hirten zu den Schafen, sondern als die Tür, durch welche die Schafe zur Weide und wieder zurück in die Hürde geführt werden; und sofern von Jesus die Rede ist, springt das Bild von Vers zu Vers um. D. 7-10 machen den Eindruck, glossatorische Deutung der παροιμία zu sein, die sich an Einzelheiten von D. 1-5 hält[2]. Deshalb besteht auch gegen die Folge von D. 7-10 auf D. 1-6 kein Bedenken; und daß die Deutung von der παροιμία durch eine neue Einführung abgesetzt ist, nachdem D. 6 die Unverständlichkeit der παροιμία betont war, erscheint nur als angemessen. Fragen kann man nur, ob die die Anschauungsbilder durcheinanderwerfende Deutung einheitlich ist. Es dürfte wahrscheinlich sein, daß die Deutung in D. 8 und D. 10 die ursprüngliche Fortsetzung von D. 1-5 verwertet, während D. 7 und D. 9 Glossen des Evglisten sind. Jedenfalls liegt der ganzen Komposition ein Quellenstück zugrunde, das vom Evglisten mit einem szenischen Rahmen und mit Erläuterungen versehen ist. Man wird nicht zweifeln, daß auch die Hirtenrede aus der Quelle der Offenbarungsreden stammt.

D. 11 setzt neu an, und in D. 11—13 erscheint Jesus als der gute Hirt, dessen Wesen hier am Gegensatz zum Mietling verdeutlicht wird. So wenig wie der Dieb und Räuber, spielt hier die Tür eine Rolle. Das Stück hat wie D. 1-5 reinen Gleichnischarakter, — abgesehen von dem einleitenden Satze ἐγώ εἰμι κτλ. Damit aber ist offenbar der ursprüngliche Anfang der Hirtenrede gefunden; dafür spricht die Analogie der anderen großen Offenbarungsreden, und damit ist auch der beste Anschluß an D. 22-26 gewonnen. Die Hirtenrede ist die Antwort auf die Frage von D. 24: εἰ σὺ εἶ ὁ Χριστὸς κτλ., und zugleich die Verweigerung der Antwort, weil Jesus nicht, wie gefordert, παρρησίᾳ redet, sondern ἐν παροιμίᾳ. Der Sinn des ἐγώ εἰμι ὁ ποιμὴν ὁ καλός wird nun in der Weise erschlossen, daß ein reines Gleichnis D. 11-13 den Begriff des ποιμήν beschreibt. Da eben dieses auch die Verse 1-5 tun, so erscheint es als das Gegebene, auf D. 11-13, als den ursprünglichen Anfang, D. 1-5(-10), als die ursprüngliche Fortsetzung, folgen zu lassen.

D. 14 setzt wiederum neu ein mit der Wiederholung des ἐγώ εἰμι. In sich sind D. 14—18 nicht einheitlich. Es folgt auf das ἐγώ εἰμι keine Gleichnisrede mehr. In D. 14 f. wird das Verhältnis zwischen Jesus und den Seinen in unbildlicher Rede beschrieben, wobei der für dieses Verhältnis gebrauchte Terminus des γινώσκειν an die

---

[1] Die Lesart von sa in D. 7: „ich bin der Hirte der Schafe" hat nur den Wert einer Konjektur, die zwischen D. 7 und D. 8 und damit zwischen D. 7 f. und D. 1-5 Einheit stiftet; diese Einheit wird jedoch in D. 9 auf alle Fälle zerbrochen. Wellh., der in D. 7 ποιμήν statt θύρα lesen will, muß deshalb D. 9 als Glosse ausscheiden. Sp. hält D. (6) 7-10 für eine sekundäre Einfügung, weil diese Verse eine allegorische Deutung der Hirtenparabel von D. 1-5 bringen; ist das letztere richtig, so das erstere nur insofern, als D. 1-5 aus der Quelle des Evglisten stammen, dagegen D. 6-10 von ihm selbst; s. u. Wendt will D. 1-9 als das Gleichnis von der Tür von D. 10ff. als dem Hirtengleichnis unterscheiden; aber Jesus als die Tür ist nur das Thema von D. 7 und D. 9. — Über andere Versuche s. J. Jeremias, ThWB III 178, 26ff.

[2] Das ἐγώ εἰμι ἡ θύρα (τ. προβ.) ist gar nicht die Selbstvorstellung des Offenbarers wie in den anderen ἐγώ-εἰμι-Sätzen, sondern ein deutender Satz wie ὁ σπείρων ... ἐστιν ὁ υἱὸς τ. ἀνθρ. Mt 13 37 u. Ä.

Beschreibung des Gleichnisses V.1-5 erinnert: der Hirte ruft die Schafe mit Namen, und die Schafe kennen seine Stimme. Der letzte Satz von V.15 freilich enthält demgegenüber ein anderes Motiv, nämlich das des für den Hirten charakteristischen τιϑέναι τὴν ψυχήν, das aus dem Gleichnis V.11-13 stammt. Ist dieses Motiv in den ebenfalls ganz unbild= lichen Versen 17f. weiter ausgesponnen, so steht dazwischen V.16 ein völlig neues Motiv: der Ausblick auf die eine Herde und den einen Hirten; und zwar redet V.16 in meta= phorischer Rede, deren Bilder (die αὐλή, das ἄγειν, das ἀκούειν τῆς φωνῆς) wieder aus dem Gleichnis V.1-5 entnommen sind. — Offenbar gehören V.14-18 mit V.7-10 zusammen als glossatorische Erläuterungen der vorhergehenden zweiteiligen Gleichnisrede V.1-5. 11-13; und wiederum kann man fragen, ob alle diese Glossen von einer Hand stammen. Offenbar stammt in diesem Komplex V.14-18 noch ein Stück aus der Quelle, und zwar der Anfang: ἐγώ εἰμι bis κἀγὼ γινώσκω τὸν πατέρα (V.14. 15a). Das dürfte schon der Stil beweisen; dafür spricht auch, daß der Neueinsatz mit dem wiederholten ἐγώ εἰμι dem Stil der Offen= barungsrede angemessen ist[1]; bestätigt aber wird es vollends dadurch, daß die Verse 27-30 offenbar mit V.14. 15 eine Einheit bilden und ein zusammenhängendes Quellenstück sind.

Das Ergebnis ist also ein doppeltes: 1. Die ursprüngliche Ordnung des ganzen (vom Evglisten unter Zugrundelegung seiner Quelle geschaffenen) Komplexes ist die folgende: 10 22-26. 11-13. 1-10. 14-18. 27-39. — 2. Die zugrunde gelegte Quelle umfaßte: 10 11-13. 1-5. 8. 10. 14-15a. 27-30. Hierbei ist davon abgesehen, daß sich auch erläuternde An= merkungen des Evglisten innerhalb dieser Quellenstücke finden können. Das wird bei der Exegese zu fragen sein; und ebenso wird bei der Exegese die Frage behandelt werden, ob die Redaktion sich auf die Ordnung des verwirrten Textes beschränkt, oder die Er= läuterungen des Evglisten von sich aus noch vermehrt hat.

α) Einleitung: 10 22-26.

Die Verse 22. 23 teilen Zeit und Ort der Szene mit: es ist das Tempel= weihfest[2], und Jesus hält sich in der Halle Salomos auf[3]. Die Angabe, daß es Winter war[4], soll schwerlich nur die Wahl des Aufenthaltsortes motivieren, sondern deutet das nahe Ende an: die Jahreszeit bildet die Offenbarungszeit ab[5]. Daß Jesu Wirken vor dem Abschluß steht, zeigt auch V.24; und die folgende Rede Jesu ist seine letzte große Offenbarungsrede vor dem Volk. Freilich ist sie schon kaum mehr an das Volk gerichtet wie die früheren Reden, insofern sie nicht mehr wie jene Ruf, Einladung und Drohung ist. Jesus steht schon in eigentüm= licher Geschiedenheit von den Hörern und redet über sich und die Seinen gleich=

---

[1] S. S. 258, 2.

[2] Τὰ ἐγκαίνια (für חֲנֻכָּה) war das Fest der Wiedereinweihung des durch die Syrer entweihten Tempels durch Judas Makkabäus am 25. Kislev 165 a. Chr., vgl. I Makk 4 36-59 II Makk 1 9. 18 10 1-8; Jos. ant. XII 316—325; Schürer I 208f.; Str.=B. 3. St. — Über die Datierung des Tempelweihfestes auf die Wintersonnenwende s. Ed. Norden, Die Geburt des Kindes 1924, 26f.

[3] Die Halle Salomos, die nach Jos. ant. XX 220f.; bell. V 185 noch vom salomoni= schen Tempelbau stammte, lag an der Ostseite des Tempels; vgl. Jos. ant. XV 396—401; bell. V 190—192. 411—416; Str.=B. zu Act 3 11 (II 625f.); Dalman, O. u. W. 310f.; Jerusalem und sein Gelände 1930, 116ff.

[4] Der Kislev fällt in die Monate Nov./Dez.; s. Schürer I 745ff.

[5] S. S.127 zu 3 30. — Nach Hirsch (I 264f.) wäre das Tempelweihfest als das dem Christentum fremdeste jüdische Fest um des Kontrastes willen gewählt worden. „An einem Fest, das der Erneuerung des Tempeldienstes galt, hat die Judenschaft ihre Scheidung von Jesus vollendet und damit ... den Tempel gerade dem Untergange geweiht." Phantastisch behauptet Huber (Begriff der Offenb. 9), daß die Hirtenrede Berührungen mit Ψ 29 (ψαλμὸς ᾠδῆς τοῦ ἐγκαινισμοῦ τοῦ οἴκου τοῦ Δαυείδ) habe. — Anspielung auf die Lichtsymbolik, die durch die Bezeichnung des Festes als τὰ φῶτα (Jos. ant. XII 325) nahegelegt sein könnte, fehlt.

sam aus der Ferne. Und eine Andeutung darauf ist wohl auch der Schauplatz; denn die Halle Salomos war nach Act 5₁₂ (3₁₁) ein Versammlungsort der Urgemeinde[1]. So dienen Zeit= und Ortsangabe dazu, auf das Bedeutsame des Folgenden hinzuweisen.

Ebenso zeigt die Forderung der „Juden" (V. 24), daß es sich um einen Höhepunkt der Geschichte Jesu handelt. Die Ungewißheit hat lange genug gedauert[2] und muß ein Ende haben! Die letzte Frage wird an Jesus gerichtet; er soll die entscheidende Antwort geben, ob er der Messias ist! Hat er es nicht deutlich genug gesagt in seinen Reden? Für die Ansprüche der „Juden" nicht; für sie, die jetzt eine Antwort παρρησία fordern[3], waren alle bisherigen Selbstoffenbarungen Jesu παροιμίαι. Er ist ja der verhüllte Offenbarer, weil er sich ihnen gegenüber nicht legitimieren kann; weil das Recht seines Anspruches nur dem sichtbar ist, der die Entscheidung des Glaubens vollzieht, und weil seine Gabe nur dem sichtbar ist, der der eigenen Nichtigkeit inne wird. Daher ist seine Rede nur für den Kreis der Glaubenden keine παροιμία mehr (16₂₅₋₂₅. ₂₉). Die Symbolik der Szene findet in diesem scheinbar sinnlosen εἰπὸν ὑμῖν παρρησία ihren schärfsten Ausdruck. Sie fordern eine Antwort, die sie der Entscheidung enthebt, eine Antwort, wie Jesus sie bisher höchstens der Samariterin (4₂₆) und dem geheilten Blinden (9₃₇) geben konnte. So, wie sie wollen, daß er es sage, hat er es in der Tat nie gesagt[4] und kann er es nie sagen. Er kann sich nicht durch „direkte", sondern nur durch „indirekte" Mitteilung offenbaren[5]; sein Reden παρρησία ist nur eschatologische Möglichkeit (16₂₅).

Eben deshalb kann Jesus jetzt nicht mit einem einfachen ἐγώ εἰμι antworten; denn damit würde er sich zu ihrem Messiasbilde, zu ihrem Weltbilde bekennen. Er kann ihre Frage nur indirekt beantworten, V. 25: „Ich sagte es euch, und ihr glaubt nicht[6]." So wie er es sagen kann und muß, hat er es längst gesagt. Sie haben es nicht verstanden, weil sie nicht glauben. Wie sie gesehen haben, ohne zu „sehen" (6₃₆), so haben sie gehört, ohne zu „hören". Denn wie hat er es ihnen gesagt? „Die Werke, die ich tue im Namen meines Vaters, sie zeugen von mir." Sein Offenbarungswirken, das er im Auftrag des Vaters vollzieht[7], ist sein Zeugnis[8], d. h. also ein Reden, das nicht eindeutig, keine „direkte Mitteilung" ist, sondern das die Entscheidung des Hörers fordert.

---

[1] S. Kundsin, Topologische Überl. 38f.

[2] Αἴρειν τ. ψυχήν = in hohe Erwartung versetzen, gespannt machen; s. Wetst., bes. Jos. ant. III 48: οἱ δ᾽ ἦσαν ἐπὶ τὸν κίνδυνον τὰς ψυχὰς ἠρμένοι, anders Ψ 241 85₄.

[3] Zu παρρησία s. S. 219, 1. Hier bedeutet παρρ. wie 16₂₅. ₂₉ im Gegensatz zu παροιμία Offenheit; vgl. Mt 8₃₂.

[4] Goguels Meinung (Introduct. au NT II 1924, 427f.; Rev. H. Ph. rel. V 1925, 519) scheint mir irrig zu sein, nämlich daß V. 24 auf eine Quelle zurückgehe, da die Frage nach den voraufgegangenen Selbstoffenbarungen sinnlos sei.

[5] Vgl. Kierkegaard, Einübung im Christentum[2], deutsch, Jena 1924, 119ff.; bes. 120: „Die Aussage kann ganz direkt sein; aber daß er mit dabei ist, daß er (als Zeichen des Widerspruchs) es sagt, das macht es zu indirekter Mitteilung".

[6] Das ἐπιστεύσατε B pc dürfte Korrektur sein. Zu καί = aber s. S. 28, 3.

[7] Zu ἐν τ. ὀν. s. S. 203, 1.

[8] Das Zeugnis der Werke wie 5₃₆; s. S. 199f. — Hirsch (II 84f.) will V. 25b. 26a (τὰ ἔργα bis οὐ πιστεύετε) als Zusatz der Red. streichen, weil sie die Einheitlichkeit der Rede durch Vorwegnahme des ἔργα=Motivs (V. 32ff.) störten und die Beziehung auf das Hirtengleichnis verdunkelten. Letzteres dürfte nicht der Fall sein, und daß die Rede vom ἔργα=Motiv umrahmt ist, dürfte auch unbedenklich sein. Für den Evglisten ist nicht nur der Gedanke vom μαρτυρεῖν der ἔργα charakteristisch, sondern auch der Stil: Wiederaufnahme des Subj. durch das Demonstr. s. S. 53, 5.

V.₂₅ sagt also: Alles war vergebens! Und warum —, das erklärt **V. 26**, der den eigentümlich johanneischen „Prädestinationsgedanken" zum Ausdruck bringt[1]. Daß die „Juden" nicht zu denen gehören, die Gott „zieht" (6₄₄), daß sie aus der Tiefe, aus „dieser Welt", stammen (8₂₃), wird hier in metaphorischer Sprache gesagt: „Aber ihr glaubt nicht, weil ihr nicht zu meinen Schafen gehört[2]." Damit ist das Motiv der folgenden Rede vorausgenommen und der Übergang zu ihr gewonnen[3].

Die Rede ist eine παροιμία (V.₆), und als solche ist sie die paradoxe, durch den Charakter der Offenbarung geforderte Antwort auf die Frage V.₂₄. Paradox ist die Rede auch darin, daß sie vom Verhältnis Jesu zu den Seinen und der Seinen zu ihm handelt. Sie gibt dadurch zu verstehen, daß ihn, den Offenbarer, zu kennen, nur im Kreise der Seinen zur Wirklichkeit wird; und sie begründet so indirekt das οὐ πιστεύετε. Aber gerade indem dieses Thema abgehandelt wird, indem sich die Rede also in dem Kreise bewegt, außerhalb dessen die Hörer stehen, wird die einzige Möglichkeit des Offenbarers, sich zu offenbaren, deutlich. Er kann sich nicht in den Kreis des Unglaubens begeben; und der Unglaube kann nur dadurch angegriffen werden, daß ihm der Kreis des Glaubens entgegengestellt wird. So hat die Rede gerade in ihrem paradoxen Charakter doch den Sinn der Einladung.

Endlich ist es bedeutsam, daß die Hirtenrede die letzte der Offenbarungsreden vor dem Volk ist[4]. Indem sie über das Verhältnis des Offenbarers zu den Seinen handelt, läßt sie zum Schluß — ohne sachlich Anderes zu sagen als die früheren Reden — die höchste Möglichkeit des Glaubens sehen als letzten Appell an die Welt. Und damit ist sie zugleich der Übergang zum zweiten Teil, dessen Reden jenes Wechselverhältnis ausdrücklich behandeln, und zwar so, daß nun nicht mehr über das Verhältnis, sondern aus ihm heraus gesprochen wird. Eben dadurch, daß die Hirtenrede noch über das Verhältnis redet, unterscheidet sie sich von den Abschiedsreden. In der παροιμία vom Hirten ist von den Gläubigen in 3. Pers. die Rede; in der παροιμία vom Weinstock (Kap. 15) heißt es: Ihr und ich!

β) Der gute Hirt: 10₁₁-₁₃. ₁-₁₀. ₁₄-₁₈. ₂₇-₃₀[5].

1. Der gute Hirt und der Mietling: 10₁₁-₁₃.

Mit dem ἐγώ εἰμι der Offenbarungsrede beginnt Jesus[6]; der erste Satz ist noch keine παροιμία, sodaß umschrieben werden müßte: „Ich bin einem guten Hirten zu vergleichen." Wie in den Sätzen vom Lebensbrot und vom Licht der Welt (6₃₅ 8₁₂) handelt es sich nicht um einen Vergleich, sondern ein Titel des Offenbarers wird genannt: er ist der gute Hirt. Wie alles Wasser der Erde Hinweis ist auf das eine Lebenswasser oder alles Brot der Erde auf das eine Brot des Lebens und alles Sonnenlicht des Tages auf das Licht der Welt, wie jedem

---

[1] S. S.171f. 174. 240.
[2] Zu dem εἶναι ἐκ f. S.97, 3. — K D pm it fügen hinzu καθὼς εἶπον ὑμῖν. Das kann doch nur eine Glosse sein, die zum Folgenden gehört und auf V.₃f. bzw. V.₁₄ zurückverweist. Sie ist veranlaßt, weil es auffiel, daß die zusammengehörigen Stücke im vorliegenden Text getrennt sind. [3] S. S. 272, 7.
[4] Freilich redet Jesus 12₂₀-₃₃ 8₃₀-₄₀ 6₆₀-₆₅ auch zum Volk; aber diese Rede hat nicht mehr den Charakter der Offenbarungsrede.
[5] Zugrunde liegt ein Stück der Offenbarungsreden, wie es für die ἐγώ-εἰμι-Rede von vornherein wahrscheinlich ist, und wie es durch die kommentierenden Zusätze V.₆. ₇-₁₀. ₁₅b-₁₈ erwiesen wird, f. S.273f. Da die Rede in Gleichnisform verläuft, ist der Versbau recht locker. [6] S. S.167, 2.

irdischen Weinstock der „wahre" Weinstock gegenübersteht, so steht allem Hirten=
tum der Welt der eine, der „gute" Hirte gegenüber. Alles Hirtentum der Welt
ist nur Abbild und Hinweis auf jenes echte, eigentliche Hirtentum, das sich im
Walten des Offenbarers erweist. Eben in diesem Sinne ist Jesus der gute Hirt.
Gewiß könnte es statt καλός auch ἀληθινός heißen[1]. Indessen bringt das καλός
die Bedeutsamkeit des Offenbarers in bestimmter Hinsicht zum Ausdruck; nicht
seine Absolutheit, sein Entscheidendsein allein wird durch καλός bezeichnet, sondern
auch sein Sein für ... Das zeigt schon an, daß der Titel ein Selbstverständnis
des Menschen voraussetzt oder fordert, das um menschliches Sein als Angewiesen=
sein auf ... weiß. Der Frage des Menschen, der von solchem Wissen — offen
oder verdeckt — umgetrieben wird, begegnet das Wort des Offenbarers: ἐγώ
εἰμι, Ich bin der Gesuchte; Ich bin der gute Hirt.

Das Hirtenbild hat in der Geschichte mannigfache Ausprägungen und An=
wendungen erfahren. Der Vergleich des Herrschers mit einem Hirten und seines
Volkes mit einer Herde ist im alten Orient[2] wie in der griechischen Antike[3] alt und ver=
breitet. Er ist auch dem AT so geläufig, daß der Vergleich meist gar nicht ausgeführt
wird, sondern auf Anspielungen oder Metaphern reduziert ist. Wie Mose einst der Hirt
der Schafe Gottes war (Jes 63₁₁ vgl. Pf 77₂₁), so hat Gott den David von seiner Herde
geholt,

„daß er weide Jakob, sein Volk, und Israel, sein Erbe.

Und er weidete sie mit frommem Sinn, leitete sie mit kundiger Hand" (Pf 78₇₀-₇₂).
Damit das Volk nicht sei „wie Schafe, die keinen Hirten haben", muß Gott einen Mann
bestellen, der es führt (Num 27₁₇). Bekehrt sich das abtrünnige Israel, so wird Gott
ihm Hirten nach seinem Sinn geben, die es mit Einsicht und Klugheit weiden (Jer 3₁₅).
An Stelle der schlechten Hirten, unter denen die Schafe verwahrlost sind und sich zer=
streut haben, wird Gott bessere bestellen (Jer 23₁-₄; vgl. 2₈ 12₁₀). Der messianische
Davidide wird einst als einziger Hirt die geeinte Herde weiden (Ez 34₂₃ 37₂₄; vgl. Mi 5₃).
Entsprechend heißt es vom Messias PfSal 17₄₅:

πoιμαίνων τὸ ποιμνίον Κυρίου ἐν πίστει καὶ δικαιοσύνῃ,
καὶ οὐκ ἀφήσει ἀσθενῆσαι ἐν αὐτοῖς ἐν τῇ νομῇ αὐτῶν.

---

[1] In der Selbstvorstellung des Offenbarers hat das καλός absoluten Sinn (vgl.
den Choral „Tut mir auf die schöne Pforte"). Daß καλός und nicht ἀληθινός (1₉ 6₃₂
15₁) gewählt ist, liegt daran, daß es als Charakteristik des Hirten angemessener und auch
geläufig ist (Str.=B. 3. St.; Siebig, Angelos I 1925, 58; Ginza 181, 18ff.). Als Gottes=
prädikat begegnet καλός selten; s. Peterson, Εἷς Θεός 31f. — In LXX steht καλός für
יָפֶה und טוֹב; natürlich ist es im Sinne von ἀγαθός gemeint, wie denn act. Thom. 25. 39,
p. 141, 3; 157, 13; Exc. ex Theod. 73, 3 ποιμ. ἀγαθ. gesagt wird; so auch Philo agric. 49.
[2] Für Babylonien=Assyrien s. M. Jastrow, Die Religion der Bab. und Ass. I, 1902,
69; Br. Meißner, Bab. und Ass. I, 1920, 48f.; A. Jeremias, Das AT im Lichte des
alten Orients⁴ 652f.; L. Dürr, Ursprung und Ausbau der israelit.=jüd. Heilandserwartung
1925, 117ff.; H. Greßmann, Messias 210f. — Für Ägypten: Dürr a. a. O. 120f. —
Im Parsismus ist Yima, der König der Vorzeit, der „gute Hirt": Chantepie de la
Saussaye, Lehrbuch der Religionsg.⁴ II, 1925, 213; Bertholet, Religionsgesch. Lesebuch²
1 (1926), 28.
[3] Im Griechentum ist die Bezeichnung der Herrscher und Könige seit Homer (ποιμὴν λαῶν) geläufig; s. Liddell=Scott; νέμειν wird vom Herrscher wie vom Hirten gebraucht.
Bei Plat. resp. 343 ab vertritt Thrasymachos den Standpunkt, es sei absurd, zu denken:
τοὺς ποιμένας ἢ τοὺς βουκόλους τὸ τῶν προβάτων ἢ τὸ τῶν βοῶν σκοπεῖν; ebenso
haben die ἄρχοντες wie die ποιμένες nur ihren eigenen Nutzen im Auge. Dagegen
Sokrates 345 c. d: ... τῇ δὲ ποιμενικῇ (sc. τέχνῃ) οὐ δήπου ἄλλου τοῦ μέλει ἤ, ἐφ᾽
ᾧ τέτακται, ὅπως τούτῳ τὸ βέλτιστον ἐκποριεῖ. Vgl. Polit. 267dff. (Vergleich des
Königs als des νομεὺς καὶ τροφὸς ἀγέλης mit dem Viehhirten); Xenoph., Cyrop. VIII
2, 14; Epikt. Diss. III 22, 35. Weiteres, auch die Anwendung des Hirtenbildes auf Philo=
sophen, bei E. Lohmeyer, Christuskult und Kaiserkult 1919, 48f.

Im Judentum werden dann wie Mose und David, so auch die Propheten als gute Hirten
bezeichnet, während schlechte Hirten wie im AT die schlechten Führer des Volkes genannt
werden[1]. Entsprechend kann Israel als Herde bezeichnet werden[2].

Daß auch Gott als Hirt bezeichnet wird, entspricht seiner Auffassung als des
Königs im alten Orient[3] wie im AT.: „Denn er ist unser Gott und wir sein Volk, die
Schafe seines Weidens" (Ps 95₇ 79₁₃ 100₃; vgl. Gen 49₂₄). Er wird als „Hirte Israels"
angerufen (Ps 80₂), und man begreift nicht seinen Zorn gegen die Schafe, die er weidet
(Ps 74₁). Einst „ließ er sein Volk wie Schafe ausziehen und leitete sie in der Wüste wie
eine Herde" (Ps 78₅₂; vgl. 77₂₁ Jes 63₁₄); so wird er es denn in der Heilszeit wieder zu
Weide und Wasser leiten (Jes 49₉f.). Mit dem Bilde des siegreichen Herrschers ver-
bindet sich das des fürsorglichen Hirten (Jes 40₁₀f.), und neben der Fürsorge[4] wird das
Sammeln der zerstreuten Herde beschrieben (Jer 31₁₀; vgl. Mi 2₁₂ 4₆f.)[5]. Zu großen
Allegorien wird das Bild Ez 34 Sach 11₄₋₁₇ ausgesponnen und erst recht in der allegorischen
Darstellung der Weltgeschichte äth. hen. 85—90, in der das Bild ganz seine Anschaulichkeit verloren hat[6]. — Daneben wird das Bild von Gott als dem Hirten auf das Individuum, den Frommen, bezogen. Wie Jakob Gott seinen Hirten nannte (Gen 48₁₅), so
rühmt der Fromme Ps 23 die Fürsorge Gottes als seines Hirten[7].

Das Hirtenbild des NT ist weithin von der at.lichen Tradition abhängig. Das
Urteil über das Volk, das Schafen gleicht, die keinen Hirten haben (Mk 6₃₄ Mt 9₃₆), nimmt
Num 27₁₇ wieder auf; daß Jesus der rechte Hirt ist, schwebt dabei vor. Ebenso ist Jesus
der Hirt, wenn es Mt 14₂₇ nach Sach 13₇ heißt: πατάξω τὸν ποιμένα καὶ τὰ πρόβατα
διασκορπισθήσονται[8]. Doch ist die Herde hier nicht mehr das Volk, sondern die Jüngerschaft; diese ist auch Lk 12₃₂ als kleine Herde bezeichnet, ohne daß die Gestalt des Hirten
eine Rolle spielte[9]. Als Hirt wird Jesus in seiner messianischen Rolle I Pt 2₂₅ (mit
Anspielung an Jes 53₆) bezeichnet; und Hb 13₂₀ wie I Pt 5₄ zeigen, daß die Bezeichnung
schon traditionell geworden ist[10]. Es ist dabei abgeblaßt; vom Weiden der Herde ist nicht

---

[1] Str.-B. II 536f.; P. Siebig, Angelos I (1925), 57f.; Odeberg 314ff. Vgl. IV Esr 5₁₈
(Phaltiel zu Esra): „Laß uns nicht im Stich, dem Hirten gleich, der seine Herde den
bösen Wölfen preisgibt"; Asc. Jes. 3, 24. — Odeberg (318) weist darauf hin, daß in der
rabbin. Literatur der Messias nie als Hirt bezeichnet wird.   [2] Odeberg 316f.

[3] Dürr a. a. O. 121f.; Greßmann a. a. O. 211f.; W. Eichrodt, Theologie des AT I,
1933, 119.

[4] Die Fürsorge erscheint in der Regel als Sorge für gute Weide (Jes 49₉ Ez 34₁₄)
und Wasser (Jes 49₁₀ Ez 23₂).

[5] Das Bild von der zerstreuten Herde auch I Kön 22₁₇, von den irrenden Schafen
Jes 53₆. Das Suchen der Verirrten Ez 34₄. ₁₆.

[6] Der Messias erscheint hier nicht etwa unter dem Bilde eines Hirten, sondern als
weißer Farre.

[7] Philons Verwendung des Hirtenbildes gehört nicht in diese Tradition, wenn
er auch gelegentlich Ps 23₁ zitiert, um Gott (agric. 50) oder den Logos (mut. nom. 115)
als Hirten zu charakterisieren. Gottes Herde ist der κόσμος (agric. 51); gewöhnlich aber
gebraucht Philon das Bild so, daß als Herde die αἰσθήσεις gelten (sacr. Ab. et C. 105;
quod det. pot. ins. sol. 25; post. C. 98; agric. 34) bzw. die sieben τοῦ ἀλόγου δυνάμεις
(mut. nom. 110; vgl. post. C. 66; agric. 30) und als Hirt der νοῦς (sacr. Ab. et C. 105;
agric. 30. 34. 48. 66) oder der λογισμός (sacr. Ab. et C. 105; agric. 29; mut. nom. 111)
oder der ὀρθὸς λόγος (post. C. 68; agric. 51) oder der θεῖος λόγος (mut. nom. 114. 116).
Philon folgt darin der kynisch-stoischen Tradition; s. J. Quasten in „Heilige Überlieferung" (J. Herwegen dargeboten) 1938, 51ff.

[8] Barn 5₁₂ wird Sach 13₇ in etwas anderem Sinne zitiert; Jesus gilt hier als der
Hirt des Volkes.

[9] Reines Gleichnis ist die Parabel vom verlorenen Schaf (Lk 15₄₋₇ Mt 18₁₂₋₁₄),
in der Jesu Wirken mit dem Tun eines Hirten verglichen wird, er aber nicht in der traditionellen Rolle „des" Hirten erscheint. Auch die Scheidung der Schafe und Böcke (Mt 25₃₂f.)
hat mit dem traditionellen Hirtenbild nichts zu tun.

[10] Vgl. Mart. Pol. 19, 2: Jesus als der ποιμὴν τῆς κατὰ τὴν οἰκουμένην καθολικῆς
ἐκκλησίας. Vgl. auch V Esr 2₃₄.

mehr die Rede[1]; so wird auch Apk 12₅ 19₁₅ das Wort Pf 2₉ (nach LXX) benutzt, um den Messias=Hirten nicht im Verhältnis zu seiner Gemeinde, sondern zu seinen Feinden zu charakterisieren. Daneben ist freilich auch die Bezeichnung der Gemeinde als Herde traditionell geworden[2], und als Hirten sind dabei die Gemeindeleiter gedacht[3].

Das Hirtenbild Joh 10 entspricht in einigen Zügen der at.lichen Tradition: der Hirt leitet die Herde (V.₄) und führt sie zur Weide (V.₉); er schützt sie vor den Wölfen (V.₁₁₋₁₃) und unterscheidet sich eben darin von den schlechten Hirten[4]. Ein entscheidender Unterschied aber ist der, daß der Hirt Joh 10 nicht messianischer Herrscher ist; alle Züge einer königlichen Gestalt fehlen. Dementsprechend ist seine Herde nicht das Volk Israel, sondern es sind die „Seinen", und jede Analogie zu einem Wort wie Mt 9₃₆ fehlt. Von geringerem Gewicht wäre es, daß andrerseits im AT die Motive der Hürde, der Tür und des Gegensatzes des Hirten zum Dieb und Räuber fehlen, wenn damit nicht ein anderer entscheidender Unterschied zusammenhinge: es fehlt im AT der für das joh. Hirtenbild wesentliche Gedanke: das wechselseitige (durch γινώσκειν bezeichnete) Verhältnis von Hirt und Herde[5], das durch das Rufen des Hirten und das Hören auf seine Stimme beschrieben wird. Diesen Unterschieden gegenüber besagen die Übereinstimmungen, die sich auf die allgemeinsten Charakteristika des Hirtenamtes beziehen, wenig; die Unterschiede zeigen vielmehr, daß das joh. Hirtenbild entweder eine originale Konzeption ist oder in einem anderen Traditionszusammenhang steht.

Das Letztere scheint der Fall zu sein. Es ist an sich schon wahrscheinlich, daß das Hirtenbild ebenso aus dem Schatz gnostischer Tradition geschöpft ist wie die Bilder der anderen Offenbarungsreden. Die Tradition des Hirtenbildes wird am deutlichsten in der mandäischen Literatur sichtbar, in der sich der Vergleich des Gesandten mit dem Hirten mehrfach findet. In den recht zusammenhangslosen Paränesen, die die zweite Hälfte des Rechten Ginza V 2 enthält (S.180, 5 ff.), und die vielfach traditionelle Bilder der Gnosis verwenden[6], findet sich auch die Mahnung (181, 18 ff.): „Zu Mandā d'Haijē habt Vertrauen. Wie ein guter Hirte, der (seine Schafe) hütet, hält er von euch jeglichen Geist des Abfalls fern. Wie ein guter Hirte, der seine Schafe zu ihrer Hürde führt, setzt er euch hin und pflanzt euch vor sich auf." Daß die Paränese traditionelles Material verwendet, zeigen die beiden großen Hirtenstücke im Joh.=B (S.42, 19 ff.); es wird da=

---

[1] Nur Apk 7₁₇ dient das Motiv (nach Ez 34₂₃ usw.) zur Beschreibung der himmlischen Seligkeit. Aber der Weidende ist nicht der Hirt, sondern das ἀρνίον!

[2] Act 20₂₈ IPt 5₂f. IKlem 16₁ 44₃ 54₂ 57₂; Ign. Philad.2, 1. Die Geläufigkeit der Anschauung von der Kirche als der Herde Jesu bezeugt auch Joh 21₁₅₋₁₇. Eine bloße Allegorie ist die Darstellung der verschiedenen Sünder unter dem Bilde der Schafherde und die Bezeichnung des ἄγγελος τρυφῆς καὶ ἀπάτης wie des ἄγγελος τῆς τιμωρίας als Hirten herm. sim. VI.

[3] S. vorige Anm.; vgl. ferner die ποιμένες neben den διδάσκαλοι Eph 5₁₁. Auch herm. sim. IX 31, 4—6 heißen die Gemeindeleiter Hirten; sie werden vom Herrn der Schafe unterschieden. Act. Petri et Andr.4, p.119,10 wird Petrus als πατὴρ καὶ ποιμὴν angeredet.

[4] Die Gestalt des Mietlings entspricht etwa den schlechten Hirten der at.lich=jüdischen Tradition; doch werden diese als positiv schlecht charakterisiert, während bei Joh nur in Betracht kommt, daß jener in der Gefahr sein Leben nicht riskiert. Daß das rabbin. Recht die Verpflichtungen der bezahlten Hüter (μισθωτοί) genau abgrenzt (Str.=B. z. St., Bornhäuser 58 f.), trägt zum Verständnis des Gleichnisses nichts bei. Das Bild des Mietlings als solches kann nicht auf eine bestimmte Tradition zurückgeführt werden, sondern ist überall möglich (s. unten S.282, 4), als Bestandteil der Hirtensymbolik ist es nur Joh 10 bezeugt.

[5] Charakteristisch für den Unterschied Ez 34₃₀: „Und dann (wenn Gott die Herde in Sicherheit gebracht hat) sollen sie erkennen, daß ich, Jahve, ihr Gott mit ihnen bin."

[6] Vgl. die Terminologie der Lichtsymbolik, die sich durch das Ganze zieht (das „Licht des Lebens" 181, 6; 182, 13. 15), die „Stimme des Lebens" (180, 5), der „Ruf" (181,11; 182,27), Mandā d'Haijē als der „Weinstock" (181,27). Vgl. auch 182,28 ff. (s. o. S. 260, 4); 180,22 f. (s. oben S. 259. 2); 183.11 f. (s. oben S. 263, 2).

durch bestätigt, daß die hier im Zusammenhang begegnenden Bilder von den Wölfen und Löwen, die die Schafe bedrohen, auch in jenen Paränesen (183, 1f.) als Metaphern auftauchen. Das erste Stück des Joh.=B.s (44, 27ff.) ist eine Offenbarungsrede, in der die Hirtengestalt als Bild verwendet ist: „Ein Hirte bin ich, der seine Schafe liebt." Zwei spätere Zusätze lassen das Bild zur Allegorie werden[1]; das ursprüngliche Gleichnis be= schreibt die Fürsorge des Hirten, seine Sorge für Weide und für Sicherheit: „Ich trage (die Schafe) hin und tränke sie mit Wasser aus meiner hohlen Hand ... Ich bringe sie nach der guten Hürde, und bei mir weiden sie" (45 3ff.). „Nicht springt ein Wolf in unsere Hürde, und vor einem grimmigen Löwen brauchen sie sich nicht zu ängstigen ... Ein Dieb dringt nicht in ihre Hürde, und um ein eisernes Messer[2] brauchen sie sich nicht zu kümmern" (45 11ff.). Angehängt ist eine Paränese (48 1ff.), in der das Bild zur Allegorie geworden ist, und die in der vorliegenden Form jünger sein dürfte, die aber wieder in Sprache und Stil alte Tradition enthält[3]. Gerade, daß der „Hirt" hier zum Schiffer geworden ist, der die Schafe aus der Wasserflut in sein Schiff rettet, zeigt, wie alt und fest die Bildersprache ist. Der Ruf des „Hirten"[4] erklingt: „Meine Schäflein, meine Schäflein, kommet! Nach meinem Rufe richtet euch! ... Ein jedes, das auf meinen Ruf gehört und auf meine Stimme geachtet und seinen Blick mir zugewendet hat, das fasse ich mit meinen beiden Händen ... Wer auf meinen Ruf nicht gehört, der versank."

Das zweite Stück (51 5ff.) ist in der vorliegenden Form späteren Datums, wie die Polemik gegen fremde Religionen (auch das Christentum) beweist. Indessen ist das den Aufbau bestimmende Motiv und die Bildersprache alt. Die Beauftragung und Ent= sendung des Gesandten aus der Himmelswelt[5] wird hier unter dem Bilde der Beauf= tragung eines Hirten dargestellt: „Komm, sei mir ein liebevoller Hirte und hüte mir tausend von zehntausend." Bild und Allegorie mischen sich in der Ausführung; es kehren die Gestalten des Löwen, des Wolfes und des Diebes wieder. Der Schluß berichtet kurz, wie der Gesandte den Auftrag übernimmt, die tausend Schafe hütet, den Verirrten nach= geht und die geforderte Anzahl bewahrt.

Alles zeigt, daß das Hirtenbild zum alten Bestande der mandäischen Bildersprache gehört. Hier finden sich auch die für die joh. Hirtenrede wichtigen Züge wieder, nicht nur die Sorge des Hirten für Weide und Wasser, die Hürde, der Schutz vor dem Wolf und dem Dieb, sondern vor allem das Wichtigste: der Hirt ist nicht eine königliche Gestalt, sondern der aus der Himmelswelt entsandte Erlöser. Er sammelt nicht ein Volk, sondern die in der Welt verlorenen und gefährdeten Seinen. Sein Verhältnis zu ihnen wird so beschrieben, daß er die Schafe „liebt" und „um seinen Hals trägt" (Joh.=B. 44, 27f.), daß er sie ruft (48 2ff.), und daß sie gerettet werden, wenn sie auf seine Stimme hören (48 11ff.). Vom gegenseitigen „Kennen" ist zwar nicht die Rede; diese Wendung begegnet aber ja auch Joh 10 nicht im eigentlichen Gleichnis, sondern in seiner Deutung (V. 14f. 27), und das Motiv des Kennens ist im übrigen charakteristisch für die mandäische und überhaupt für die gnostische Literatur. Daß der entsandte Offenbarer „zu denen kommt, die ihn kennen und verstehen", daß sie ihm entgegengehen, schildert Joh.=B. 218, 1ff. Vgl. Mand. Lit. 205:

---

[1] Die Zusätze sind 45 5-11 und 46 5—47 14; sie unterscheiden sich stilistisch und sprach= lich vom alten Gleichnis; s. Ed. Schweizer, EGO EIMI 1939, 64ff.
[2] Das Messer hat der Dieb, um die Schafe zu schlachten, vgl. Joh 10 10.
[3] Die Wasserflut, von der hier die Rede ist, hat ihren literarischen Ursprung nicht wie diejenige des Einschubs 46 5—47 14 in den Überschwemmungen des babylonischen Gebietes, der späteren Heimat der Mandäer, sondern sie ist die mythische Flut des Süf= Meeres, aus dem der im „Schiffe des Glanzes" (48 10) kommende Erlöser die Seinen rettet. — Zum Süf=Meer s. Jonas, Gnosis I 322, 4.
[4] Er ruft, nachdem er „auf die höchste Stelle" gestiegen ist; vgl. Od. Sal. 33 3: die Gnaden=Jungfrau „trat auf einen hohen Gipfel und ließ die Stimme erschallen".
[5] Über dies Motiv s. ZNTW 24 (1925), 105f., auch 108.

„Das Kommen des Hibil=Uthra ist wie das Šitils, der zum Hause seiner Freunde geht.
Als die Jünger die Stimme hörten des Anoš, des großen Uthra,
verehrten und priesen sie das große Leben über die Maßen[1]."

Es fehlt in den mandäischen Hirtentexten nur das Gegenbild des Mietlings und damit der Zug, daß der Hirt sein Leben für die Schafe einsetzt.

Die Verbreitung des Hirtenbildes in gnostischen und gnostisierenden Kreisen bezeugen auch die apokryphen Apostelakten, wenngleich hier auch mit dem Einfluß von Joh 10 gerechnet werden muß[2]. In diesen Zusammenhang gehört es auch, wenn in der hermetischen Gnosis diejenige Gottheit zum spezifischen Offenbarer geworden ist, für die die Hirtenrolle seit alters charakteristisch ist: Hermes. Er ist zwar gewiß nicht nur aus diesem Grunde zum Offenbarer geworden, sondern auch, weil er der Götterbote und Seelengeleiter war. Daß indessen Hirtengestalt und Offenbarer zusammengehören, zeigt ebenso der Name Ποιμάνδρης, den der Offenbarer C. Herm. 1 trägt, wie das Hirtenkostüm des Offenbarungsengels Herm. vis. 5[3].

Wieweit im übrigen ältere mythologische Tradition das gnostische Hirtenbild geformt hat, wird sich angesichts des Synkretismus der Traditionen in der in Frage kommenden Zeit schwer entscheiden lassen[4]. Zu untersuchen wäre, wieweit in den altchristlichen Darstellungen Christi als des guten Hirten außer der neutestamentlichen andere Tradition, und etwa auch gnostische, wirksam ist[5].

Dieses Sein für ... wird in dem Gleichnis **V. 11—13** nach der extremsten Möglichkeit beschrieben, die ein Sein für Andere haben kann, indem dem guten

---

[1] Weiteres ZNTW 24 (1925), 117f., auch 118f. Dazu Bornkamm, Myth. und Leg. 43f.; E. Käsemann, Leib und Leib Christi 1933, 74ff. (Motiv der Sammlung).

[2] Inmitten gnostischer Motive erscheint das Hirtenbild act. Thom. 25 und 39. In 25 wird Christus p. 140, 9ff. angerufen: φύλαξον δὲ αὐτοὺς καὶ ἀπὸ τῶν λύκων, φέρων αὐτοὺς ἐν τοῖς σοῖς λειμῶσι. πότισον δὲ αὐτοὺς ἀπὸ τῆς ἀμβροσιώδους σου πηγῆς ... κύριος ὢν καὶ ἀληθῶς ποιμὴν ἀγαθός. Ähnlich 39, p. 157, 13ff.; vgl. 59, p. 177, 2f.; 67, p. 184, 18ff. Das Motiv der Sammlung der verirrten Schafe 57, p. 174, 8f. Gnostisch klingt das Gebet 156; hier p. 265, 5ff.: καὶ ἀνῆλθες μετὰ πολλῆς δόξης, καὶ συναγαγὼν πάντας τοὺς εἰς σὲ καταφεύγοντας παρεσκεύασας ὁδόν, καὶ ἐπὶ τῶν ἰχνῶν σου πάντες ὥδευσαν οὓς ἐλυτρώσω· καὶ εἰσαγαγὼν εἰς τὴν ἑαυτοῦ ποίμνην τοῖς σοῖς ἐγκατέμειξας προβάτοις ... συνάγαγε αὐτὰς εἰς τὴν σὴν μάνδραν (Hürde); auch das Folgende in gnostischer Terminologie. — Unsicher ist die Bezeugung Mart. Andr. 9, p. 52, 4; 14, p. 55, 18; Mart. Matth. 3, p. 220, 4; aber auch wenn die hier begegnenden Bezeichnungen Christi als des ποιμήν alle sekundär sein sollten, beweisen sie doch ihre Beliebtheit in den diese Literatur tradierenden Kreisen.

[3] Reitzenstein, Poimandres 1904, 11ff. 32ff.; M. Dibelius, Exkurs zu Herm. vis. V 7 im Ergänzungsband zum Hdb. zum NT; auch zu sim. IX 1, 4.

[4] Auch der ägyptische Anubis erscheint als Hirt; ebenso der phrygische Attis (s. Br. Exkurs zu Joh 10₂₁ und die dort genannte Literatur). Mythologische Tradition steckt in der Aberkios=Inschrift (H. Hepding, Attis 1903, 84), in der sich Aberkios charakterisiert als   μαθητὴς ποιμένος ἁγνοῦ,
ὃς βόσκει προβάτων ἀγέλας ὄρεσιν πεδίοις τε,
ὀφθαλμοὺς ὃς ἔχει μεγάλους πάντη καθορῶντας.

[5] Ob das der Fall ist bei der Darstellung in der Praetextat=Katakombe (Wilpert, Tafel 51), wo der Hirt die Schafherde vor feindlichen Tieren schützt, wage ich nicht zu entscheiden. Wohl aber scheint es mir für das Hirtenbild auf dem Grabmal des (kleinasiatischen) Beratius Nikatoras zu gelten. Der Hirt trägt ein Schaf auf der Schulter; links und rechts von ihm Drache und Löwe. Dargestellt ist die Himmelsreise der Seele; vgl. J. Quasten, Mitteil. des Deutschen Archäolog. Inst., Röm. Abt. 35 (1938), 50ff. Drache und Löwe typisch für die mandäischen Texte. Auch unter den gnostisch=christlichen Bildern des „Aureliergrabes" erscheint der gute Hirte in einer noch nicht endgültig interpretierten Fassung (Atti della Pontif. Accad. Rom. di Archeol., Ser. III, Memorie, Vol. I, Part. II, 1924, Taf. 12). Über die Lämmer=Allegorien in der altchristlichen Plastik H. Gerke, ZNTW 33 (1934), 160—196.

Hirten der Mietling gegenübergestellt wird[1]. Der Offenbarer ist „der gute Hirt“, indem er — einem guten Hirten gleich — sein Leben für die Schafe einsetzt[2], während der Mietling in der entscheidenden Situation, in der sich echtes Hirtentum zu bewähren hat, die Herde im Stich läßt und sie dem Wolf preisgibt[3]. Das Gleichnis zeigt, was die Herde am echten Hirten hat, ohne daß es weiter beschrieben zu werden braucht. Indirekt wird in der Motivierung des Verhaltens des Mietlings (οὗ οὐκ ἔστιν τὰ πρόβατα ἴδια) schon deutlich, daß ein echtes Sein für ... in einem Gegenseitigkeitsverhältnis gründet: dem echten Hirten gehören die Schafe zu eigen; sie sind nicht nur auf ihn angewiesen, wie sie auch auf einen μισθωτός angewiesen sein können, sondern sie sind ihm auch wert; sie bedeuten etwas für ihn, wie er für sie[4]. Darin aber ist zugleich ein Anspruch enthalten: die Sicherheit, die der Mensch beim Offenbarer findet, ist nicht durch eine geschäftsmäßig zu gewinnende Sicherung zu haben, sondern nur durch ein Sich-zu-eigengeben. Der Mensch ist im allgemeinen wohl bereit, sich Gottes um seiner Sicherheit willen zu versichern. Aber will er Gott wirklich als seinen Gott, der für ihn ist, — oder will er ihn nur als einen μισθωτός? Ist es ihm ernst, daß Gott für ihn sei, oder treibt er Götzendienst?

2. Der gute Hirt und der Dieb und Räuber: 10₁₋₆.

Ehe die Anwendung erfolgt, wird das Gleichnis weitergeführt, indem das Wesen eines Hirten am Gegensatz zum κλέπτης und λῃστής verdeutlicht wird.

[1] Es liegt ein Gleichnis vor, nicht eine Allegorie. Die Artikel vor ποιμήν und μισθωτός entsprechen dem Stil der Gleichnisse (Mt 4₃: ὁ σπείρων, Lk 12₃₉: ὁ οἰκοδεσπότης usw.) und Bildworte (4₃₆ Mt 2₁₉ Mt 24₂₈ usw.). Der μισθωτός darf also nicht auf eine bestimmte Größe gedeutet werden, etwa auf die jüdischen Autoritäten, wenngleich es richtig ist, daß deren Verhältnis zum jüdischen Volk dem des μισθ. zur Herde entspricht. Aber das gilt ebenso in bezug auf alle anderen unechten Autoritäten. Erst recht darf der Wolf nicht allegorisiert werden; nach Schwartz bildet er die Römer ab, — aber vor diesen rettet Jesus die Herde ja gar nicht! Aber auch der Teufel ist nicht gemeint (Schl., Odeberg); das Gleichnis will nur durch das Gegenbild das radikale Sein Jesu für die Seinen verdeutlichen.

[2] Τιθέναι τ. ψυχήν heißt hier (und vielleicht auch 13₃₇f. 15₁₃): das Leben einsetzen, riskieren, zu seiner Hingabe bereit sein, wie LXX Jdc 12₃ I Rg 19₅ 28₂₁. Dagegen heißt es D. 17f.: das Leben hingeben wie sonst δοῦναι τ. ψυχήν und das lateinische vitam ponere (Wetst.). Dies kann in D. 11 nicht die Bedeutung sein; denn für einen Hirten ist es wohl charakteristisch, daß er sein Leben für die Schafe riskiert, nicht aber, daß er es für sie opfert. Das rabbin. נָתַן נַפְשׁוֹ עַל (oder מָסַר) kann beide Bedeutungen haben, wie die Beispiele bei Schl. zu Mt 20₂₈ und Str.-B. 3. St. und zu Act 15₂₆ zeigen; vgl. auch Siebig, Angelos I (1925), 58f. — א*D lesen δίδωσιν statt τίθησιν (vgl. D. 15) wohl unter Einwirkung traditioneller Formeln (I Makk 2₅₀ Mk 10₄₅ par.; auch Gal 1₄ Tit 2₁₄ u. dgl.). Durch D. 17f. ist τιθ. doch wohl als ursprünglich erwiesen; ebenso durch 13₃₇f. 15₁₃ I Joh 3₁₆.

[3] Zu (ὁ) οὐκ ὢν ποιμ. s. Bl.-D. § 430, 1; Raderm. 212; Moulton, Einl. 366f.; οὐκ beim Part. nur hier bei Joh. — Μέλει μοι περί τινος auch 12₆; Mt 12₁₄ usw., auch klassisch; Bl.-D. § 176, 3. — Der letzte Satz (D.₁₃) ist sichtlich eine erläuternde Glosse des Evglisten; ihr schlechter Anschluß hat in vielen Handschriften die Einfügung von ὁ δὲ μισθ. φεύγει veranlaßt.

[4] Gut kommt das in der Schilderung des Themistios I, p. 10f. Dind. zur Geltung, wo auch dem ποιμήν der μισθωτός gegenübergestellt wird: ποίμνιον ἐκεῖνο εὔκολον τοῖς λύκοις, ὅτῳ ὁ ποιμὴν ἀπεχθάνοιτο . . . κακὸς βουκόλος . . . αὐτὸς δὲ ἔσται μισθωτὸς ἀντὶ βουκόλου . . . ὁ δὲ ἀγαθὸς νομεὺς πολλὰ μὲν ὀνίναται ἐκ τοῦ ἔργου, πλείω δὲ ἔχει ἀντωφελεῖ, θηρία τε ἀπερύκων καὶ πόας ὑγιεινῆς προορώμενος· καὶ μὲν δὴ ἀντιφιλοῦσι μάλιστα βόες μὲν ἀγαπῶντα βουκόλον κτλ. — Philon stellt post. Caini 98 und agric. 26ff. den κτηνοτρόφος und den ποιμήν einander gegenüber als Bilder des λογισμός, je nachdem er die αἰσθήσεις schlecht oder gut verwaltet; ähnlich mut. nom. 110ff.

Die Verse 1—3 schildern, wie sich der Hirt vom Dieb und Räuber unterscheidet[1]: er kommt zu den Schafen durch den rechtmäßigen Eingang in die Hürde[2], der ihm vom Türhüter selbstverständlich geöffnet wird[3], während er für den Dieb verschlossen ist, sodaß dieser über die Mauer hereinsteigen muß[4]. Diese Schilderung beschreibt nichts anderes als das Eigentumsrecht des Hirten auf die Schafe, damit aber zugleich sein im Eigentumsrecht gründendes Verhältnis zu ihnen: der Weg zu ihnen ist ihm nicht verschlossen. Aber auch ihr Verhältnis zu ihm ist darin angedeutet; denn im Sinne von V.3 und V.4 wird man ergänzen dürfen: die Schafe sind mit der Weise seines Kommens vertraut; vor dem Dieb, der über die Mauer steigt, würden sie scheu werden. Aber es ist nicht so gemeint, als sollte ein Kriterium angegeben werden, vermöge dessen die Schafe den Hirten erkennen können. Als ob es dessen bedürfte! Als ob die Schafherde eine zweifelnde, kritisierende Gesellschaft wäre! Vielmehr soll umgekehrt klar werden, daß die Schafe den Hirten mit instinktiver Sicherheit erkennen[5]; und deshalb heißt es: „Und

---

[1] Wie V.11-13 liegt V.1-5 ein echtes Gleichnis vor, das nicht allegorisiert werden darf (richtig Lagr.). Die Gestalt des Diebes und Räubers ist also nicht bestimmt zu deuten. Jeder ist es, der sich unrechtmäßig anmaßt, über die Herde zu verfügen, jeder Verderber also der Glaubenden oder zum Glauben Berufenen, jeder, der für diese eine Versuchung sein könnte, — und zwar je in einer realen geschichtlichen Situation. Daher ist die Deutung auf den Teufel (Odeberg) falsch, so gewiß in jedem Verführer der Teufel wirkt. In der Situation des Evglisten können es ebenso die jüdischen Autoritäten (übliche Deutung) wie die Irrlehrer des I Joh sein; ebenso die Pseudo-Messiasse (Wellh.) wie die Pseudo-Heilande der hellenistischen Welt. Nicht aber können es die Herodianer sein (Schwartz), zu denen Jn. noch die Hasmonäer, die Sadduzäer und alle messianischen Prätendenten fügt, indem er die geistigen Autoritäten ausdrücklich ausschließt! Wenn Wellh. die Deutung auf die jüdischen Autoritäten deshalb ablehnt, „weil es auf sie nicht zutrifft, daß ihnen die Herde nicht folgt", so verkennt er, daß die Herde gar nicht das jüdische Volk ist, sondern die ἴδιοι. — Vgl. Carpenter 388, 2.
[2] Als αὐλή wird ein das Haus umgebender Hof bezeichnet, der als Schafhürde dienen kann, s. Br. — Natürlich ist die αὐλή nicht zu deuten (Odeberg: die himmlische Welt, ja gar die „siebente Halle" des Himmels). Erst V.16 bringt eine sekundäre Deutung.
[3] Der θυρωρός darf nicht gedeutet werden; er ist weder Mose (Chrys.), noch der Täufer (Godet, Jn.), noch gar der Vater (Calvin, Bengel, Schl., Odeberg) oder Jesus selbst (Aug.). Die Deutung auf Gott ist dadurch veranlaßt, daß man unter dem Einfluß von V.7 und V.9 die θύρα in V.1 auf Jesus deutet. Dann sind mit dem ποιμήν die von Jesus zur Verwaltung der Gemeinde bestellten Jünger gemeint (anders freilich Odeberg, für den Jesus Hirt und Tür zugleich ist). Aber in V.1-5 ist alles auf den Gegensatz: Hirt — Dieb und Räuber gestellt; die θύρα hat keine selbständige Bedeutung, und der Satz vom θυρωρός ist ein bloß ausmalender Zug (richtig B. Weiß, Ho., Bd.). Auch ist es, zumal angesichts D.14f. 27, unmöglich, im ποιμήν V.3-5 jemand anders als Jesus zu finden.
[4] Ἀλλαχόθεν (= ἄλλοθεν) nur hier im NT; populäres Wort, s. Br. — Das ἀναβαίνων zeigt, daß der Hof als von einer Mauer umgeben gedacht ist. Daß die Hürde verschlossen wird, wenn die Herde drin ist, wird gelegentlich erwähnt, Str.-B. zu V.1.
[5] Die gequälte Allegorese Jn.s führt sich selbst ad absurdum: die drei Merkmale, an denen man den rechten Hirten erkenne, seien bei Jesus erfüllt: 1. er kommt auf dem rechtmäßigen Weg, sofern er sich der Taufe unterzogen hat und sich in den legitimen Stätten des Gottesdienstes, Synagoge und Tempel, bewegt; 2. er hat hier Einlaß gefunden; „weder in der Synagoge noch im Tempel haben die Wächter der Ordnung ihm das Lehren zu verwehren gewagt"; 3. „Fremd hat seine Lehre dem Volk im allgemeinen nicht geklungen ..." (Verweis auf 8₃₀f. 7₃₁. ₄₇f. 12₄) „Wenn dies wechselnde Stimmung und bald wieder verhallende Stimmen aus dem Volke waren, so hat sich doch zwischen ihm und einzelnen Volksgenossen ein inniges und festes persönliches Verhältnis hergestellt"!!

die Schafe hören seine Stimme[1]." Sie kennen ihn längst, und deshalb er=
kennen sie ihn jeweils sofort. Und dieses Verhältnis der Vertrautheit wird V. 4
weiter ausgemalt[2]: der Hirt führt die Schafe hinaus auf die Weide; er schreitet
voraus, und sie folgen ihm, weil sie seine Stimme kennen[3].

Was das Gleichnis hiermit sagen will, ist ohne weiteres klar: die Seinen
erkennen den Offenbarer mit derselben unfehlbaren Sicherheit, mit dem die
Schafe ihren Hirten erkennen. Offenbar aber darf aus dem Bild nicht die Tat=
sache in die Deutung übertragen werden, daß der Hirt regelmäßig, alltäglich zu
seiner Herde kommt und sie zur Weide führt. Denn wenn von Jesu „Kommen"
die Rede ist[4], so ist sein einmaliges Kommen, das Kommen des Offenbarers,
des σὰρξ γενόμενος, in die Welt gemeint. Und dieses hat das Gleichnis deutlich
im Auge, wenn es schildert, wie die Schafe dem Ruf des Hirten folgen (V.3f.;
vgl. V.27), und die Deutung bestätigt es, wenn es heißt: ἐγὼ ἦλθον, ἵνα ζωὴν
ἔχωσιν (V.10), oder: κἀγὼ δίδωμι αὐτοῖς ζωὴν αἰώνιον (V.28), — Wendungen,
in denen stets der Sinn jenes einen entscheidenden „Kommens" beschrieben wird.
Daß der Offenbarer aber, wenn er kommt, den Seinen schon bekannt ist, besagt
nichts anderes, als was in den Sätzen gesagt ist, daß zu ihm kommt, wen der Vater
zieht (644), wen der Vater ihm gibt (637) oder wem es vom Vater gegeben ist
(665). Seine Stimme hören die, die „aus der Wahrheit sind" (1837), wie er denen
unverständlich ist, die „von unten", die Kinder des Teufels sind (823. 42-47). Des=
halb hieß es ja V.26: ἀλλ᾽ ὑμεῖς οὐ πιστεύετε, ὅτι οὐκ ἐστὲ ἐκ τῶν προβάτων
τῶν ἐμῶν[5].

Deshalb ist es falsch, die Entsprechung zur Schafherde des Gleichnisses in
der christlichen Gemeinde, der Kirche, zu finden[6]. Der Herde entspricht vielmehr
die Gesamtheit derer, die „aus der Wahrheit sind", mögen sie auch in der Welt
zerstreut sein und noch nicht zur Gemeinde gehören. Sie werden nicht erst da=

---

[1] Das ist, auch wenn man nicht übersetzen darf „sie hören auf seine Stimme", im
Sinne von οἶδασι τ. φωνὴν αὐτοῦ V.5 gemeint (vgl. 1837). Denn da das φωνεῖ erst im
folgenden Satze gesagt wird, ist die Szene offenbar so vorzustellen, daß die Schafe die
Stimme des Hirten hören, wenn er noch draußen ist und den Türhüter begrüßt, und in
frohe Erregung geraten; er kommt dann herbei, ruft sie bei Namen (dieser ausmalende
Zug auch sonst in Schilderungen, vgl. Theokr.2, 101; 4, 46; Longus, Past. IV 26, 4; 38, 4,
s. Br.) und führt sie hinaus. — Wenn in τὰ ἴδ. προβ. das ἴδια einen Ton hat und nicht
einfach für αὐτοῦ steht (Bl.=D. § 286), so im Sinne von V.12: „Die Schafe, die ihm gehören",
— aber nicht im Gegensatz zu den Schafen eines anderen Besitzers, die sich auch in dieser
αὐλή befänden (Sp.).
[2] Ἐκβάλλειν im abgeblaßten Sinn ähnlich wie 57 usw. Vgl. BGU 597, 4: ἵνα
βάλῃ τὸν μόσχον πρὸ τῶν προβάτων. Das Bild des leitenden Hirten auch Num 2717
(Josua); Ps 802 (Gott). Entspricht das Vorangehen des Hirten dem wirklichen Brauch?
Dagegen Schweizer a. a. O. 147, Anm. 37.
[3] V. 5 ist sichtlich ein Interpretament des Evglisten. Die Reflexion auf den ἀλλό=
τριος (der natürlich nicht zu deuten ist) stört den beherrschenden Gegensatz zwischen dem
ποιμήν und dem κλέπτης καὶ λῃστής. An V.4 werden sich ursprünglich V.8 und V.10
angeschlossen haben.   [4] S. S. 224, 4.
[5] Richtig Lütgert (Joh. Christ. 85f.): „Der Ton der Rede liegt darauf, daß eine
jenseits des bewußten Verkehrs und der geschichtlichen Beziehungen liegende Verbindung
zwischen dem Hirten und der Herde besteht." Daß Jesus als der rechte Hirt erkannt wird,
„beruht nicht auf der Wirksamkeit des ʻgeschichtlichenʼ Jesus, da der Erfolg desselben ja
gerade erklärt werden soll, sondern auf einer über die geschichtlichen Zusammenhänge
hinausreichenden Gemeinschaft der Herde, die in der Einheit Jesu mit Gott ihren Grund hat."
[6] So z. B. Schl. und Carpenter (388, 2). Erst recht ist die Schafherde nicht das
jüdische Volk (Ho., Jn., Wellh.); diese Deutung ist durch den sekundären V.16 veranlaßt.

durch seine Herde, daß sie sich zur Gemeinde zusammenfinden, — es müßte denn
sein, daß man von einer präexistenten Kirche reden will, zu der von je diejenigen
gehörten, die sich als die Seinen erweisen, sobald sein Wort sie trifft. Der gnostische
Hintergrund dieser Gedankenbildung ist unverkennbar; denn nach gnostischer
Lehre sind ja die vom Erlöser Berufenen — die präexistenten Seelen, die in die
Welt zerstreuten Lichtfunken — eine ursprüngliche Einheit: der Leib des Urmenschen, jener himmlischen Lichtgestalt, die einst von den dämonischen Mächten
der Finsternis überwältigt und zerrissen wurde. Und das Werk des Erlösers besteht ja darin, die zerstreuten Lichtfunken zu sammeln und zur ursprünglichen
Einheit zusammenzubringen[1]. Preisgegeben ist bei Joh das Mythologische des
Gedankens; vom Fall des Urmenschen und von der Präexistenz der Seelen ist
nicht mehr die Rede. Festgehalten aber ist der Gedanke, daß das eigentliche Sein
des Menschen mehr ist als sein zeitlich-historisches Dasein, und daß der Mensch
deshalb von je ein Verhältnis — wenngleich ein verdecktes — zum Offenbarer
hat, auch ehe dieser ihm begegnet ist. Freilich ist dieses Verhältnis — da der
Mythos preisgegeben ist — nicht ein naturgegebenes und deshalb kein eindeutiges,
an das der Mensch nur „erinnert" zu werden braucht; vielmehr er muß sich dafür
entscheiden. Erklingt an jeden Menschen der Ruf des Offenbarers, so hat jeder
die Möglichkeit, sein eigentliches Sein in dem Zugehörigsein zum Offenbarer zu
entdecken, — aber auch, es zu verlieren[2].

Ist also die „Herde", deren Hirt Jesus ist, nicht eine geschichtliche, sondern
eine vorgeschichtliche Gemeinschaft, so gilt freilich der Sinn des Gleichnisses auch
für die geschichtliche Kirche. Auch sie ist die „Herde", die ständig sich dadurch zu
realisieren hat, daß sie der Stimme des „Hirten" folgt. Denn wenn das Gleichnis
auch zunächst von dem einen entscheidenden Kommen Jesu redet, so ist er doch
— wie die Abschiedsreden zeigen werden — immer wieder ein Kommender. Und
sofern er im Geist kommt, gilt auch dafür wieder: die Seinen kennen ihn, während
die Welt ihn nicht kennt (14₁₇).

Das Gleichnis ist mit V.₄ ₍₅₎ geschlossen. Ihm folgte in der Quelle die Anwendung; der Evglist hat diese um einige Züge vermehrt[3] und durch V. 6 stark
gegen das Gleichnis abgesetzt. Indem V. 6 von der Verständnislosigkeit der
Hörer[4] gegenüber dieser „Rätselrede"[5] berichtet, begründet er nicht nur V.₂₆ und
bereitet V.₃₁ ff. vor, sondern beleuchtet durch das Gegenbild der verständnislosen
Hörer zugleich den Sinn der Rede: allein die Seinen sind es, die den Offenbarer
verstehen.

---

[1] ZNTW 24 (1925), 118f.; Schlier, Relg. Unters. 97ff.; ders., Christus und die
Kirche im Eph. 37ff.; Käsemann, Leib und Leib Christi 65ff.; Jonas, Gnosis I 104ff.
— S. unten S. 292, 8. — Vgl. bes. act. Jo.100, p.201,1ff.; wenn hier die Wendung
von den γένος προσχωροῦν ἐπ' ἐμὲ φωνῇ τῇ ἐμῇ πειθόμενον aus Joh 10 stammen
sollte, so wäre das Kapitel eine charakteristische Interpretation; vgl. dazu Schlier, Christus
und die Kirche 44.
[2] S. S. 97f. 115. 172. 240.
[3] S. S. 273f. und s. unten.
[4] Die at.lich-jüdische Wendung οὐκ ἔγνωσαν τίνα ἦν (s. Schl.) ist für den Stil des
Evglisten bezeichnend.
[5] Παροιμία (im NT nur noch 16₂₅.₂₉ IIPt 2₂₂) heißt ähnlich wie παραβολή
ebenso Sprichwort wie Rätselrede; s. Br. 3. St. und Wörterbuch. Daß das Sprichwort
auch ein Bildwort sein kann, zeigen Aristoph. Thesm. 528; IIPt 2₂₂.

3. Die Deutung: 10 7-10. 14-18. 27-30.

a) Die Exklusivität und Absolutheit der Offenbarung: 10 7-10.

Die Deutung hält sich zuerst (V.7-10) im wesentlichen an den in V.1-4 ge-
zeichneten Gegensatz Hirt — Dieb und Räuber, um nachher das Verhältnis des
Hirten zu den Schafen zum Thema zu machen. Freilich mischt sich im ersten Stück
die Ausdeutung der Tür dazwischen[1]; und das Durcheinander ist wohl nur so
zu erklären, daß der Evglist den Text der Quelle durch eigene Glossen (V.7. 9)
erweitert hat. Denn wie die sicher der Quelle angehörigen Verse 14-15a. 27-30
zeigen, folgte auch in der Quelle dem Gleichnis eine Deutung, welche die Bilder
als Metaphern aufnahm. So werden auch V.8 und 10 der Quelle angehören; sie
schließen an V.4 vortrefflich an[2].

V. 8 betont, ganz in metaphorischer Sprache, die Exklusivität und Absolutheit der Offenbarung: „alle, die vor mir kamen, sind Diebe und Räuber";
zugleich aber auch die innere, gleichsam instinktive Sicherheit des Glaubens: „aber
die Schafe hörten nicht auf sie". Der Offenbarer stellt sich in diesem Worte allen
angeblichen Offenbarern früherer Zeiten gegenüber als der Einzige[3]. Dabei ist
es eine sekundäre Frage, an welche historischen Gestalten bei den vor Jesus Gekommenen gedacht ist. Das Wort hat grundsätzlichen Sinn, und so sind alle angeblichen Offenbarer, alle angeblichen Heilande gemeint, die einst Menschen zu
sich riefen, denen einst Menschen folgten. Dagegen stehen weder konkurrierende
Offenbarer der Gegenwart (so gewiß sie sachlich auch mitgetroffen sind) im Blick,
noch gar religiöse Autoritäten der Gegenwart überhaupt[4]. Das Jetzt steht im
Blick als das eschatologische Jetzt, in welchem das Licht in das Dunkel scheint,
das bis dahin über die ganze Welt gebreitet war. Damit ist freilich auch das Urteil
über die Religionen der Gegenwart gesprochen, sofern sich diese auf angebliche
Offenbarer früherer Zeiten berufen. Stammt die Quelle aus den Kreisen der
Gnosis[5], so sind unter solchen Pseudo-Offenbarern gewiß auch Mose und die Propheten des ATs einbegriffen[6]. Im Sinne des Evglisten ist das natürlich nicht der

---

[1] S. S. 273.

[2] Sonst müßte man annehmen, daß V.8 und 10 vom Evglisten stammen und V.7
und 9 von der Red. Doch zeigt sich zum mindesten in V.7 und 9 nichts von dem spezifischen
Interesse der Red., wie es z. B. 6 51b-58 5 28f. 10 16 wirksam ist.

[3] Das von den vor Jesus Gekommenen ausgesagte ἔρχεσθαι hat natürlich den
gleichen Sinn und Anspruch wie das von Jesus (V.10) ausgesagte. Man darf hier also
nicht auf das semitisch-pleonastische „kommen, um etwas zu tun" verweisen (Schl.). Es
handelt sich um das „Kommen" des Offenbarers (s. S.224, 4). Die Formulierung entspricht der gnostischen Überzeugung von der Überlegenheit des Offenbarers über alle
Vorgänger; vgl. das Wort des Baruch an den zwölfjährigen Jesus im gnostischen
Baruch-Buch: πάντες οἱ πρὸ σοῦ προφῆται ὑπεσύρησαν hipp. V 26, 29, p.131, 23 W.
Mit Recht erinnert Br. an die mandäische Anschauung, daß die Uroffenbarung durch die
Herolde der falschen Religionen verdorben ist und bleibt, bis der himmlische Gesandte
erscheint. Dagegen ist die Gegenüberstellung der φαῦλοι κατάσκοποι, die von Menschen
abgesandt sind und des κύριος κατάσκοπος bei Antisthenes (Wetter, Sohn Gottes 165, 3)
keine wirkliche Parallele. — Richtig Odeberg.

[4] Die Deutung auf die Pharisäer bzw. auf die jüdischen Autoritäten überhaupt
(so wie viele Schl.) ist nicht möglich. Von den Pharisäern und ihresgleichen kann das
„Kommen" in dem hier einzig in Frage stehenden Sinne (s. vorige Anm.) gar nicht
ausgesagt werden. Auch ist jene Deutung durch das εἰσίν keineswegs gefordert; denn
dieses hat gar keinen chronologischen Sinn, d. h. es besagt nichts über die Zeit, sondern
nur über die Geltung jener Pseudo-Offenbarer.

[5] S. S. 5.

[6] So verstehen Joh 10 8 natürlich die christlichen Gnostiker und die Manichäer, s. Br.

Fall; er kann das Wort gleichwohl in seiner kategorischen Form übernehmen, weil nach seiner Auffassung Mose und die anderen Autoritäten des ATs von vornherein nichts anderes als Zeugen für Jesus sind, also überhaupt nicht als mit ihm konkurrierende Offenbarer und Heilbringer in Frage kommen[1]. An wen er also bei den vorher Gekommenen gedacht haben mag, läßt sich kaum bestimmt sagen. Sofern er nicht ganz allgemein die heidnischen Religionen im Sinne hat, wird er an die Offenbarer und Heilande der hellenistisch-gnostischen Welt denken, deren Anhängerschaften in seine Gegenwart hereinreichen[2]. Möglicherweise aber denkt er auch an jenen gnostischen Satz, daß sich der Offenbarer in den verschiedenen Zeitaltern in verschiedenen Personen inkorporiert hat[3]. Das ist im Sinne seiner Eschatologie eine Irrlehre: es gibt nur diese eine Wende der Zeit, da der eine Offenbarer, Jesus, erschienen ist. Sachlich ereignet sich dieses Jetzt aber immer wieder, wo das Wort Jesu Ereignis wird, sodaß die „vor mir" Gekommenen nicht auf bestimmte Erscheinungen der Vergangenheit zu begrenzen sind. Es sind alle angeblichen Offenbarer aller Zeiten, die durch das im Glauben erfahrene „Kommen" Jesu nunmehr erledigt sind.

V. 10 beginnt wie ein Gleichnissatz, redet aber in Wahrheit metaphorisch; denn im zweiten Gliede tritt für das zu erwartende ποιμήν das ἐγώ ein. Der Vers redet vom Gegensatz des wahren Offenbarers zu den falschen hinsichtlich ihrer Bedeutsamkeit für die Menschen: diese bringen nur Verderben[4], jener schenkt Leben und Fülle[5].

Die Glossen des Evglisten fügen sich, so sehr sie formal stören, sachlich genau zu den Gedanken der Quelle, insofern **V. 9** das Motiv von V.10 zu einer Heilsverheißung erweitert[6], und **V. 7** im Anschluß an das Bild der Tür das Motiv der Exklusivität und Absolutheit der Offenbarung variiert[7].

---

[1] Vgl. 5₃₉. ₄₅ff. 8₅₆ 12₄₁. — Das Gleiche gilt natürlich in bezug auf den Täufer, der für den Evglisten nichts als Zeuge für Jesus ist; vgl. 1₆₋₉ usw. — Begreiflich ist, daß manche Abschreiber den Sinn nicht erfaßten und, um die at.lichen Autoritäten vermeintlich zu retten, entweder das πάντες strichen (D) oder das πρὸ ἐμοῦ (אֵ K al syr ˢ it pesch), welch letzteren Lagr. und Bl. meinen folgen zu müssen.

[2] An „Personen fürstlichen Standes", vor allem die Herodianer zu denken (Zn.), ist absurd. Politische Heilbringer kommen nur soweit in Frage, als sie zugleich religiöse sind, also Pseudo-Messiasse; als solche könnten allenfalls auch die römischen Kaiser gelten, doch fehlt bei Joh sonst jede Bezugnahme auf den Kaiserkult.

[3] S. S.11,1; 37, 4.

[4] Test. Abr. 10, p.88: οὗτοί εἰσιν κλέπται, οἱ βουλόμενοι φόνον ἐργάζεσθαι καὶ κλέψαι καὶ θῦσαι καὶ ἀπολέσαι mag auf Joh 10₈ beruhen. Doch scheint die Erwähnung des Schlachtens als Charakteristikum des Diebes traditionell zu sein; s. S. 280, 2.

[5] Das καὶ περισσὸν ἔχ. fehlt bei D nur infolge Homoiotel. Sachlich ist es entbehrlich, da der Begriff ζωή schon alles sagt; aber er ist um der Antithese willen rhetorisch erweitert. Περισσὸν ἔχειν = mehr als genug haben wie Xen. An. VII 6, 31 und sonst. Vgl. in ähnlicher Schilderung Philo mut. nom.115: ἐξ ἑτοίμου ἀγαθὰ πάρεστιν ἀθρόα.

[6] Zu σωθήσεται s. S.111,1. — Das εἰσελεύσεται καὶ ἐξελεύσεται beschreibt (in polarem Ausdruck) nach at.lich-jüdischer Weise den dauernden Zustand (Dt 28₆ 1Sam 29₆ Pf 121,8 usw.; Rabbinisches bei Schl.). Die Beschreibung paßt hier nicht recht (s. folg. Anm.), entspricht aber dem Aus- und Einführen der Schafe durch den Hirten Num 27₁₇. Die Weide wie Jes 49₉; Ez 34₁₄ Pf 23₂ usw.

[7] Formal sind V.₇ und ₉ glossatorische Ausdeutungen der θύρα von V.1f., wobei jetzt die Tür nicht als der Eingang des Hirten, sondern als der Aus- und Eingang der Schafe ins Auge gefaßt ist (s. S. 273). Der ἐγώ-εἰμι-Satz **V. 7** ist nicht Selbstvorstellung des Offenbarers, sondern deutende Glosse (s. S. 273, 2); daher das in den Formeln der Selbstvorstellung fehlende ὅτι, das befremdete und in BL gestrichen ist; daher auch das τ. προβάτων, das dem Stil der ἐγώ-εἰμι-Sätze nicht entspricht. In **V. 9** dagegen liegt ein echter

Hatte das erste Stück des Gleichnisses V.11-13 das Sein des Offenbarers
als ein Sein für die Seinen deutlich gemacht, und war dabei schon sichtbar ge=
worden, daß solchem Für=sein des Offenbarers das Zu=eigen=sein der Seinen ent=
spricht, so verdeutlicht das zweite Stück V.1-5 dieses Zu=eigen=sein. Beide Momente
bringt das erste Stück der Deutung zur Geltung, sofern V.9 und 10 die Bedeutsam=
keit des Offenbarers für die Seinen charakterisieren, während V.7 und 8 den in
jenem Zu=eigen=sein liegenden absoluten und exklusiven Anspruch deutlich machen.

Dieser Anspruch ist im Grunde in allen Reden des Offenbarers enthalten;
da er hier ausdrücklich ausgesprochen wird, bedarf er genauerer Klärung im Sinne
des Evglisten. Das ἐγώ εἰμι ... Jesu besagt stets: es gibt nur einen Führer
zum Heil, nur einen Offenbarer. Es gibt für die Frage nach dem Heil nicht
verschiedene Möglichkeiten, sondern nur die eine. Entscheidung ist gefordert.
Darin liegt die Intoleranz der Offenbarung.

Toleranz, d. h. die Anerkennung jedes ehrlichen Wollens als gleichen
Rechtes, ist gefordert in derjenigen Sphäre, in der das Ziel dem Wollen und
Können des Menschen anheimgegeben ist. Wo es sich um das letzte Ziel handelt,
und wo deshalb das Ziel selbst in der Ungewißheit des Suchens steht — und
das ist außerhalb der Offenbarung der Fall —, da ist das ehrliche Suchen selbst
das letzte dem Menschen Anheimgegebene. Außerhalb der Offenbarung sind
deshalb alle Menschen Suchende, sodaß menschliches Richten sinnlos und Toleranz
gefordert ist. Der Mensch kann von anderen Menschen nur die Anerkennung
dessen verlangen, was der Andere versteht, worin er sich versteht. Daß der Andere
das verstehe und in dem sich verstehe, was je einer als Licht für sich gefunden
zu haben meint, kann er vom Anderen nicht verlangen.

Aber angesichts der Offenbarung, die Jedem das echte Sich=verstehen er=
schließt, hört das Suchen auf, und Anerkennung ist gefordert. Hier kann es keine
Toleranz geben. Freilich ist es die Offenbarung, die intolerant ist, Menschen
können gegeneinander nur tolerant sein; und sofern Menschen den intoleranten
Anspruch der Offenbarung zu vertreten haben, richtet sich dieser in erster Linie
gegen sie selbst. Die Intoleranz des „Homo religiosus" und des Dogmatikers ist
nicht die Intoleranz der Offenbarung.

Die echte Intoleranz der Offenbarung hat freilich in der menschlichen Sphäre
ein Analogon. Schon in der Antike, in der sich die Polis durch die Strafen des
Todes und der Verbannung gegen die sophistische Zersetzung des Nomos, die den
Menschen — d. h. die Subjektivität — zum „Maß aller Dinge" macht, wehrt,
gibt es eine Intoleranz. Sie fordert den Einsatz des Menschen für die Polis; sie
bindet aber nicht das Gewissen des Menschen durch die Lehre von einem exklusiven
Heilsweg. Deshalb hat auch die „Toleranz" der Antike keinen grundsätzlichen

---

ἐγώ-εἰμι-Satz vor, und es ist wahrscheinlich, daß der Evglist zu seinen Glossen dadurch
veranlaßt wurde, daß seine Quelle (bzw. seine Tradition) diesen Satz enthielt, den er
durch das καὶ εἰσελ. καὶ ἐξελ. erweitert hat (s. vorige Anm.). Ursprünglich war nur vom
Eingehen die Rede, und das Bild vom Offenbarer als der Tür hatte mit dem Hirten=
gleichnis nichts zu tun. Die Tür ist ursprünglich (wie der Weg 14₆) der Eingang zum
Leben (zur Lichtwelt). Über die Tür zur Lichtwelt in der gnostischen Tradition s. ZNW 24
(1925), 134f.; Br., Exkurs zu 10₂₁; Odeberg 319—326; J. Jeremias, ThWB III 179,
Anm. 80. Die jüdischen Parallelen bei Odeberg sind fragwürdig; der von ihm betonte
Unterschied der vom Offenbarer geöffneten Tür der Unterwelt (als Ausgangstür) und
der Tür der Lichtwelt (als Eingangstür) ist ein relativer. Ursprünglich sind beide Türen
identisch, da im Sinne der Gnosis die Welt, in der wir leben, selbst die „Unterwelt", die
Hölle, ist; vgl. z. B. Schlier, Christus und die Kirche im Eph. 18ff.

Charakter. Die moderne Idee der grundsätzlichen Toleranz entsteht erst am Gegensatz zur christlichen Intoleranz, zu dem Anspruch, daß das Heil dem Menschen nur im Namen Jesu Christi gegeben sei. Die Opposition gegen diesen Anspruch ist klassisch zuerst in der Bittschrift des Symmachus gegen die Entfernung der Ara Victoriae aus dem Senatssaal zu Rom durch Kaiser Gratian (382) formuliert: „Quid interest, qua quisque prudentia verum requirat? uno itinere non potest perveniri ad tam grande secretum[1].“ Indem die moderne Toleranzidee schließlich aber — in radikalem Relativismus — auf den Gedanken eines objektiven Verum überhaupt verzichtet, erhebt sich gegen sie wiederum eine profane Intoleranz aus der Einsicht, daß das relativistische Geltenlassen jeden Anspruches — die „Gerechtigkeit“ des „historischen Virtuosen“[2] — jedes Sich=einsetzen für eine Sache lähmt.

Echte Toleranz kann in dieser Sphäre nur die Anerkennung der Wahrhaftigkeit sein, in der sich ein Mensch wirklich einsetzt. Der Glaubende aber setzt sich nicht für die Offenbarung ein, als ob er sie zur Geltung zu bringen hätte, sondern er hat nur auf sie zu hören, ihre Geltung anzuerkennen. Seine Intoleranz gegen den Unglauben besteht nicht darin, daß er dem Ungläubigen die Ehrlichkeit und den Ernst seines Einsatzes bestritte; dieser kann ihm im Gegenteil Vorbild und Vorwurf sein. Als Mensch hat er den anderen gerade zu tolerieren. Seine Intoleranz besteht vielmehr darin, daß er den Anspruch der Offenbarung konzessionslos zu Gehör bringt, als den Anspruch derjenigen Macht, die jedes Sich=einsetzen des Menschen schon überholt und illusorisch gemacht hat. Sie besteht darin, zu vertreten, daß jeder Einsatz und jeder Ernst des Menschen, in dem er seine Eigentlichkeit erst gewinnen will, scheitert; daß die Offenbarung den Verzicht darauf verlangt, sich im Einsatz selbst zu gewinnen, weil in der Offenbarung Gott selbst sich für den Menschen eingesetzt hat; daß Jesus gekommen ist, um Leben und Fülle zu schenken. Solchem Offenbarungsglauben korrespondiert die eigentümliche Sicherheit des Glaubens, während dem Einsatz des Menschen wesensmäßig die Unsicherheit korrespondiert und er in seinem Heroismus ein Verzweifelter — im objektiven Sinne — ist.

b) Die Sicherheit des Glaubens: 10 14-18. 27-30.

Die eigentümliche Sicherheit des Glaubens war im Gleichnis V. 1-5 schon zur Erscheinung gekommen, wenn es davon redete, daß die Schafe die Stimme des Hirten hören und kennen, und ebenso in dem metaphorischen Satz der Deutung V. 8, daß die dem Offenbarer zu Eigenen auf die falschen Propheten nicht hören. Jetzt wird — indem nur noch wenige Metaphern aus dem Gleichnis übernommen werden — jener Begriff des „Kennens“ zum Stichwort (V. 14 f. 27), und zwar so, daß er zur Beschreibung des wechselseitigen Verhältnisses zwischen dem Offenbarer und der Seinen dient. Und eben mit der Charakteristik dieser Wechselseitigkeit wird die Sicherheit des Glaubens charakterisiert, die endlich in V. 28-30 das ausdrückliche Thema ist[3]. Damit wird zugleich das Motiv des Seins des Offenbarers für die Seinen, das im ersten Teil des Gleichnisses V. 11-13 illustriert war, wieder aufgenommen und zur höchsten Entfaltung gebracht.

---

[1] Symm. Rel. III 10, p. 8, 1 ff. Meyer.
[2] Nietzsche, Unzeitgemäße Betr. II (Vom Nutzen und Nachteil der Historie) S. 154 f. der Krönerschen Taschenausgabe.
[3] Über die Zugehörigkeit von V. 14. 15a. 27-30 zur Quelle f. S. 274.

Die Rede setzt **V. 14** neu ein mit dem wiederholten ἐγώ εἰμι ὁ ποιμὴν ὁ καλός[1], und der Neueinsatz zeigt die Bedeutsamkeit des Themas an: „und ich kenne die Meinen, und die Meinen kennen mich[2]." Zum erstenmal wird hier das Verhältnis des Offenbarers und der Seinen als ein wechselseitiges γινώσκειν beschrieben. Solche Beschreibung stammt aus der Terminologie der Mystik, und ähnliche Formeln begegnen in der gnostischen Literatur. Ihr Sinn ist der, daß sie die wechselseitige Bestimmtheit der zu einer Einheit Verbundenen durch-einander beschreibt[3].

Wird für dieses Verhältnis das Verbum γινώσκειν gebraucht, so meint es nicht ein rationales, theoretisches Erkennen, bei dem das Erkannte dem Er-kennenden gegenüber steht in der Distanz des objektiv Wahrgenommenen; sondern es meint ein Innewerden, bei dem der Erkennende durch das Erkannte — näm-lich durch Gott — in seiner ganzen Existenz bestimmt ist. Es ist ein Erkennen, in dem sich Gott dem Menschen erschließt und ihn damit in sein göttliches Wesen verwandelt[4]. Weil durch solches γινώσκειν — sei es das des Menschen, das sich auf Gott richtet, sei es das auf den Menschen gerichtete Erkennen Gottes — das Verhältnis wesenhafter Verbundenheit bezeichnet wird, so kann eben das das ewige Leben genannt werden, daß der Mensch Gott und seinen Gesandten er-kennt (17₃). Wie die zwischen Vater und Sohn bestehende Einheit (10₃₀) ein Sein des Vaters im Sohne und des Sohnes im Vater genannt werden kann (10₃₈ 14₁₁ 17₂₁), so kann sie auch dadurch beschrieben werden, daß gesagt wird: der Sohn „kennt" den Vater (10₁₅ 17₂₅). Entsprechend kann auch für das vom Glaubenden ausgesagte γινώσκειν das εἶναι ἐν eintreten (15₁ff. 17₂₁). Daß sich dieses γινώσκειν als eine existentielle Haltung im Halten der Gebote (I Joh 2₃.₅), in der ἀγάπη (1₃₃₄f. 14₂₁ff. 15₁₂.₁₇ I Joh 4₇f.)[5] weiter vollzieht, kommt in Kap. 10 noch nicht zur Geltung, sondern wird erst in den Abschiedsreden entwickelt; es ist erst innerhalb des Kreises der Gläubigen verständlich und bleibt in einer an die „Juden" gerichteten Rede außer Betracht.

Indessen zeigt diese letzte vor dem Volk gehaltene Offenbarungsrede ihre Nähe zu den Abschiedsreden auch dadurch, daß das Verhältnis zwischen dem Offenbarer und den Seinen als ein Gegenseitigkeitsverhältnis dargestellt wird. Wenn es nicht nur heißt, daß sie ihn „kennen", sondern auch, daß er sie „kennt", so wird damit, wie ihre Bestimmtheit durch ihn, so auch seine Bestimmt-heit durch sie behauptet. Und das ist die höchste Aussage, die über den Offen-barer gemacht werden kann. Denn darin ist gesagt, was das Gleichnis V.₁₁-₁₃ schon andeutete, daß sein Sein als Offenbarer schlechterdings nichts ist als ein

---

[1] S. S. 258, 2.
[2] Der K-Text liest καὶ γινώσκομαι ὑπὸ τῶν ἐμῶν, was sachlich keinen Unterschied macht; die aktivische Formulierung entspricht den Wendungen des Gleichnisses besser; ὑπὸ c. Gen. beim Pass. findet sich bei Joh außerdem nur 14₂₁ III Joh 12.
[3] ThWB I 693, 23ff. und überhaupt 692, 11ff.; s. Br. 3. St. und O. Weinreich, AR 19 (1916—19), 165—169. Dazu etwa noch act. Jo.100, p. 201, 11f. — Die Rezi-prozitätsformel braucht an sich keinen mystischen Sinn zu haben, sondern besagt als solche nur, daß das Sein der gegenseitig aufeinander Bezogenen auch gegenseitig durch sie be-stimmt ist, daß der eine für den anderen ist und darin sein Sein gewinnt. Daher spielt die Formel auch in der Erotik eine Rolle wie in dem bekannten Vers „Ich bin dîn und du bist mîn." — Die joh. Reziprozitätsformeln: 10₁₄f. ₃₈ 14₁₀. ₂₀ 17₂₁. ₂₃ [6₅₆].
[4] ThWB I 695, 10ff.
[5] ThWB I 711, 19ff.

Sein für sie[1]. Dient in der Mystik eine solche Reziprozitätsformel dazu, die Ein=
heit der Mysten mit Gott zu beschreiben, in der jeder Unterschied verschwindet,
so hat die Formel im Kreis des Offenbarungsgedankens freilich einen anderen
Sinn. Denn so sehr das γινώσκειν der Glaubenden besagt, daß ihr Sein im γινώ=
σκειν des Offenbarers gründet, so wenig gründet sein Sein, als des Offen=
barers, in ihrem γινώσκειν, wenngleich es ein schlechthinniges Sein für sie ist.
Ja, gerade weil es ein echtes Sein für sie ist, kann es nicht in ihrem Verhalten
zu ihm gegründet sein, sondern ist es in Gott gegründet, der ihn zum Offenbarer
macht. Das Wechselverhältnis ist also nicht ein Kreislauf wie in der Mystik, in
der sich der Mystiker zu gleichem Range mit der Gottheit erhebt[2], sondern ein
von Gott gestiftetes Verhältnis. Und dieses Verhältnis entreißt den Menschen
gerade einem solchen Kreislauf des Seins, in dem er im Grunde immer nur sich
selbst begegnen kann. Die Offenbarung entlarvt das mystische Gottesverhältnis
als Trug, indem sie ihren Charakter als anredendes Wort nie verliert, — als
Anrede, die von jenseits erklingt; sie entlarvt das mystische Streben als das Streben,
die Anrede Gottes zum eigenen Wort des Menschen zu machen, das er aus sich
selbst erklingen hört.

Eben das ist **V. 15** gesagt: „auf Grund dessen, daß mich der Vater kennt
und ich den Vater kenne"[3], d. h. das Verhältnis der Glaubenden zu ihm gründet
in seinem Verhältnis zu Gott. Wie jedes mystische Verhältnis zum Offenbarer,
so ist durch sein Gottesverhältnis auch jedes pietistische Verhältnis zu ihm gleichsam
gestört. Er gibt sich nicht dem umarmenden Gefühl zu eigen; denn er ist nichts
als der Offenbarer, in dem Gott den Menschen anredet.

Indem das Verhältnis Jesu zu Gott ebenfalls durch die Reziprozitätsformel
beschrieben wird, wird er als der Offenbarer bezeichnet und Gott als der durch
ihn Offenbare. Es wird dadurch einerseits charakterisiert sein schlechthinniges
Sein für Gott; d. h. er ist nichts außer dem, was er für Gott ist, erhebt aber eben
deshalb den absoluten Anspruch, der Offenbarer zu sein. Andrerseits wird dadurch
Gottes schlechthinniges Sein für ihn — und, weil er der Offenbarer ist, damit
auch für die Menschen — charakterisiert; d. h. Gott ist als Gott nicht ohne seine
Offenbarung[4]. Wie in V.14 das begründende Erkennen des Offenbarers dem
Erkennen der Seinen vorausgeht, so in V.15 das begründende Erkennen Gottes

---

[1] Vgl. Od.Sal.8₁₂ff.:
  „Erkennt meine Erkenntnis,
      die ihr wahrhaft von mir erkannt seid;
  liebet mich inbrünstig,
      die ihr geliebt seid!
  Denn ich wende mein Angesicht nicht von den Meinen,
      weil ich sie kenne."

[2] Vgl. z. B. Angelus Silesius:
  „Ich weiß, daß ohne mich Gott nicht ein Nu kann leben:
      werd ich zunicht, — er muß vor Not den Geist aufgeben."
Oder: „Nichts ist als ich und Du, — und wenn wir zwei nicht sein,
      so ist Gott nicht mehr Gott und fällt der Himmel ein."
Nur als paradoxer Ausdruck der Glaubenssicherheit verstanden, ließen sich solche Sätze
mit dem joh. Verständnis des Gottesverhältnisses vereinen.

[3] Καθώς hat wie oft bei Joh nicht einfach vergleichenden, sondern zugleich be=
gründenden Sinn; vgl. 13₁₅.₃₄ 15₉f.₁₂ usw., bes. 17₁₁.₂₁. Diese Stellen zeigen, daß es
falsch wäre, D.14 und D.15 durch starke Interpunktation zu trennen und D.15 zu über=
setzen: „Wie mich der Vater kennt, so kenne auch ich den Vater."

[4] S. S.18.

dem in ihm begründeten Kennen des Offenbarers. Es wird nicht das Leben
der Gottheit als ein mystischer Kreis in sich verschlungener Ströme charakterisiert,
sondern Gottes Offenbarungstat. Ist D. 14 f. gleichsam eine Variation des Themas
von 1 1 f., so ist dadurch zugleich die Aussage von D. 30 vorbereitet: ἐγὼ καὶ ὁ
πατὴρ ἕν ἐσμεν.

Der Evglist hat freilich den Fortgang unterbrochen durch die **Verse 15 b—18**,
die man als seine Anmerkung zum vorliegenden Text auffassen muß[1]. Um den
Anschluß für sie zu gewinnen, fügte er an D. 14 f. an: καὶ τὴν ψυχήν μου τίθημι
ὑπὲρ τῶν προβάτων[2], das Motiv aus D. 11 entnehmend, dabei freilich das τιθέναι
τὴν ψυχήν jetzt verstehend als „das Leben hingeben", wie D. 17 f. zeigen[3]. Der
Anschluß an D. 15 a ist etwas gezwungen, da der Satz keine angemessene Fortsetzung der Reziprozitätsformel ist; immerhin sachlich gerechtfertigt, insofern der
Satz das schlechthinnige Sein des Offenbarers für die Seinen ausspricht, wie es
in jener Formel auch zum Ausdruck kommt.

Der Gedanke wird aber erst in D. 17 f. fortgeführt; dazwischen schiebt sich als aber-
malige Unterbrechung D. 16, und diesen Vers wird man infolgedessen wohl nur als eine
sekundäre Einfügung der Red. verstehen können[4]. Er ist von dem spezifisch kirchlichen
Interesse getragen mit seiner Weissagung der Mission und der universalen Kirche. Wenn
der gleiche Gedanke auch 11 52 17 20 vom Evglisten selbst ausgesprochen ist, so ist doch
begreiflich, daß die Red. ihn hier einfügte, weil sie ihn in der Hirtenrede vermißte[5]. Für
den sekundären Charakter von D. 16 spricht auch die nachträgliche allegorische Deutung
der αὐλή von D. 1 auf das jüdische Volk[6]. Nicht nur in diesem findet der Offenbarer die
Seinen, sondern in aller Welt. Daß erst die Missionsarbeit der Jünger diese Schafe
sammeln muß, brauchte nicht zum Ausdruck gebracht zu werden. Es versteht sich von
selbst, daß er in ihrer Arbeit wirkt[7], sodaß er sagen kann: „Auch jene muß ich leiten." In
seinen Boten werden sie seine Stimme hören, und er wird auch ihr Hirt sein. So wird
es zu einer Herde unter einem Hirten kommen, d. h. zu einer Kirche, deren Herr er ist[8].

---

[1] Der Stil des Evglisten ist deutlich. Zu διὰ τοῦτο ... ὅτι D. 17. s. S. 63, 6; 177, 5;
zu οὐδεὶς ... ἀλλ' ἐγώ s. S. 29, 1. Zu dem nachgefügten ταύτην τ. ἐντολ. κτλ. vgl.
Wendungen wie 6 27 9 23, und sachlich vgl. 12 49 f. 14 31. Dazu die spezifisch semitischen
Ausdrücke in D. 18, s. u.   [2] Zur Lesart δίδωμι (א*DW) s. S. 282, 2.
[3] Zu τιθέναι τ. ψυχήν s. S. 282, 2. Über den Bedeutungsunterschied in D. 11 und
17 f. s. auch v. Dobschütz, ZNTW 28 (1929), 162; er will freilich für D. 15 b den Sinn von
D. 11 festhalten; doch ist das bei der deutlichen Beziehung von D. 17 auf D. 15 b nicht möglich.
[4] So auch Wellh., Hirsch u. A., während Sp. D. 17. 18 (bis auf den Schlußsatz) streicht.
[5] Über den traditionell gewordenen Vergleich der Kirche mit der Herde Jesu s.
S. 279, 2.
[6] Die αὐλή, nicht etwa die Herde, ist auf das jüdische Volk gedeutet! Nach Odeberg
(330) wäre der Sinn von D. 16 nur: es gibt Menschen, die Jesus zu seinen Schafen rechnet,
und die noch nicht zur Herde gehören, sondern ihr erst zugeführt werden müssen. Aber
dem widerspricht sowohl das ἐκ wie das ταύτης.   [7] Vgl. 4 37 f.
[8] Möglich, daß auf die Weissagung die Formulierung Ez 34 23 37 24 eingewirkt hat,
in der dem Volke der davidische König als der eine Hirt verheißen wird (Ez 34 23 LXX:
καὶ ἀναστήσω ἐπ' αὐτοὺς ποιμένα ἕνα καὶ ποιμανεῖ αὐτούς. 37 24: ... καὶ ποιμὴν εἷς
ἔσται πάντων). Daß der Gedanke des Mythos von der Sammlung der zerstreuten Lichtfunken hier zugrunde liegt (s. S. 285, 1), wird man nicht annehmen; denn statt ἀγαγεῖν
wäre dann zweifellos gesagt συναγαγεῖν (vgl. Ign. Mg. 10, 3; Od. Sal. 10 s; act. Thom. 156
p. 265, 5. 15; Mart. Andr. 14, p. 55, 2). — Zu unterscheiden ist vom kirchlichen wie vom
mythologischen Einheitsgedanken der stoische Gedanke von der Einheit der Menschheit,
der auch mittels des Bildes der Herde formuliert werden kann (Stoic. vet. fr. I 61, 2 ff.
v. Arn.: ἵνα ... εἰς δὲ βίος ᾖ καὶ κόσμος, ὥσπερ ἀγέλης συννόμου νόμῳ κοινῷ συν-
τρεφομένης); s. Br., der auch auf die philosophische Idee von der ursprünglichen und
schließlich wiederkehrenden Einheit der Religion hinweist.

Jesu Hingabe seines Lebens (V.15b), in der sich sein Sein für die Seinen
endgültig erweist, wird nun in V.17f. in seiner Bedeutung noch näher erläutert.
V. 17: „Deshalb liebt mich der Vater, weil ich mein Leben hingebe, um es dann
wieder zu nehmen[1]." Zweierlei ist in diesem Satze ausgesprochen: 1. sein Opfer
gehört zu seinem Werke, macht ihn zum Offenbarer; denn daß ihn der Vater
„liebt", bezeichnet (wie das γινώσκειν des Vaters V.15) sein Verhältnis zum Vater
und eben damit seine Würde als die des Offenbarers[2]. Also eben darin, daß er
für die Seinen ist und dies in seinem Tode bestätigt, ist er der Offenbarer. Natürlich darf die mythologische Sprache nicht dazu verführen, den Gedanken ins
Trivial-Menschliche herabzuziehen, als habe Jesus durch sein Opfer die Liebe des
Vaters und damit seine Würde erst gewinnen müssen. Der Vater liebte ihn ja
πρὸ καταβολῆς κόσμου (17₂₄); und es ließe sich wohl auch umgekehrt sagen, daß
er sein Leben hingibt, weil der Vater ihn liebt. Was gesagt werden soll, ist eben
dieses, daß in seinem Opfer die Liebe des Vaters zu ihm wirklich ist, und daß
deshalb dieses Opfer Offenbarung der Liebe des Vaters ist.

2. Die Hingabe des Lebens ist — menschlich gesprochen — keine endgültige;
Jesus wird das hingegebene Leben wieder nehmen[3]. Oder im Sinne der Abschiedsreden formuliert: Jesu Tod am Kreuz ist seine Verherrlichung; denn gerade in seinem Opfer erweist er sich ja als der Offenbarer.

Den Offenbarungscharakter seines Todes betont auch **V. 18:** sein Tod ist
nicht einfach ein Schicksal, das über ihn kommt (vgl. 14₃₀), sondern freie Tat[4].
Als Tat des Offenbarers ist sie aber beides in Einem: Tat seiner Freiheit[5], wie
Gehorsam, durch den er das Gebot des Vaters erfüllt[6]. Gerade weil er nichts
für sich ist, hat er die absolute Freiheit[7]. — Bei dem grundsätzlichen Charakter,
den solche Aussage bei Joh hat, darf man kaum eine naive apologetische Absicht
hinter V.18 vermuten[8]. Sollte nur das Vorauswissen des künftigen Todes dargestellt sein, so wären in V.17f. Futura zu erwarten wie in den Vaticinia Mk 9₃₁f.
10₃₃f. und sonst. Ihnen gegenüber sind die Präsentia in V.15b.17f. vielleicht
noch besonders zu betonen: es handelt sich gar nicht allein um den Kreuzestod;
dieser ist vielmehr nur das sachlich notwendige Ende der Lebenshingabe, die
schon in dem ὁ λόγος σὰρξ ἐγένετο von 1₁₄ ihren Anfang genommen hat; wie
denn auch das δοξασθῆναι Jesu am Kreuz in Einheit steht mit dem durch sein
ganzes Leben hindurch sich vollziehenden δοξασθῆναι[9].

---

[1] So ist zu übersetzen; denn der ἵνα-Satz gibt natürlich nicht eigentlich die Absicht
oder den Zweck des τίθημι τ. ψ. μ. an.

[2] Zum ἀγαπᾶν des Vaters s. S.119, 3.

[3] Vielleicht ist dieses τιθέναι und λαμβάνειν τ. ψυχήν symbolisiert in dem τιθ.
und λαμβ. der ἱμάτια 13, 4. 12; s. Carpenter 405, 1. — Zu λαμβ. τ. ψ. vgl. das
ἀνέστησεν ἑαυτόν Ign. Sm. 2; dazu Schlier, Relig. Unters. 69, 2.

[4] Der Aor. ἦρεν (so א*B gegen die übrigen Zeugen) ist wie ἐβλήθη und ἐξηράνθη
15₆ gnomisch; Bl.D. § 333, 1. — Αἴρειν τ. ψυχήν ist semitische Formel, s. Schl., auch
ἐξουσίαν ἔχειν entspricht semitischer Rede, Schl.

[5] Zu ἐξουσία = Recht, Vollmacht, s. S. 36, 1.

[6] Zur Erfüllung der ἐντολή vgl. 14₃₁ 15₁₀ und s. S. 263, 4.

[7] Nach stoischer Lehre hat der Mensch die ἐξουσία über sein Leben und daher auch
das Recht zum Selbstmord (Ad. Bonhöffer, Epiktet und das NT 1911, 6ff.; E. Benz, Das
Todesproblem in der stoischen Philosophie 1929, 54ff. 68ff.). Von solcher im Menschen-
tum begründeten ἐξουσία ist Joh 10₁₈ nicht die Rede. Inwieweit ein freiwilliges menschliches Selbstopfer eine Analogie zu Jesu Opfer ist, s. zu 15₁₃.

[8] So Ho., Htm., Br., Wrede, Charakter und Tendenz 51f.

[9] S. zu 12₂₈f. 13₃₁f.

Über die Anmerkung V.15b-18 schließt V.27-30 an V.14. 15a an[1]. In **V. 27f.** werden die beiden korrespondierenden Sätze von V.14 zweimal, und jedesmal in der umgekehrten Reihenfolge variiert: dem $\gamma\iota\nu\acute{\omega}\sigma\kappa\upsilon\sigma\acute{\iota}$ $\mu\varepsilon$ $\tau\grave{\alpha}$ $\grave{\varepsilon}\mu\acute{\alpha}$ von V.14 entspricht in V.27a das $\tau\grave{\alpha}$ $\pi\rho\acute{o}\beta\alpha\tau\alpha$ ... $\grave{\alpha}\kappa\upsilon\acute{o}\upsilon\sigma\iota\nu$, in V.27c das $\grave{\alpha}\kappa\upsilon\lambda\upsilon\vartheta\upsilon\~{\upsilon}\sigma\iota\nu$ $\mu\upsilon\iota$; das $\gamma\iota\nu\acute{\omega}\sigma\kappa\omega$ $\tau\grave{\alpha}$ $\grave{\varepsilon}\mu\acute{\alpha}$ von V.14 wird in V.27b wiederholt, und ihm entsprechen dann die Aussagen von V.28. In dieser variierenden Wiederholung wird jetzt der in V.14f. indirekt enthaltene Gedanke der Sicherheit des Glaubens das eigentliche Thema.

Die Sicherheit des Glaubens ist gleichsam eine doppelte. Sie wird einmal sozusagen als die subjektive Sicherheit charakterisiert durch die Aussagen, daß die Seinen den Offenbarer kennen und ihm folgen, wie es das Gleichnis V.3f. und die Deutung schon zu Anfang V.8 gesagt hatten. Solche Sicherheit hat der Glaube, weil er einfaches Hören und Gehorchen ist; würde er nach Gründen suchen, so würde er sofort seine Sicherheit verlieren. Er ist als hörender Glaube sich selbst Beweis seiner Sicherheit; durch die Annahme des Zeugnisses bestätigt er die Wahrheit Gottes[2]. Er ist sich selbst Beweis seiner Sicherheit aber nur deshalb, weil er hörender Glaube ist, d. h. weil er seine Sicherheit in dem findet, woran er glaubt; d. h. seine Sicherheit ruht in Wahrheit außerhalb seiner, und eben deshalb findet er sie nur im Hören. Diese sozusagen objektive Sicherheit ist durch die Aussage charakterisiert: „und ich kenne sie", und weiter durch die Verheißungen von V.28: eben weil die Sicherheit der Glaubenden nur die der Hörenden ist und auf keine andere Weise zur innerweltlichen Erfahrung, zur Gegebenheit gebracht werden kann, ist sie auch unerschütterlich. Die Welt kann dem Glaubenden, der seine Sicherheit jenseits ihrer hat, nichts mehr anhaben: „Ich schenke ihnen ewiges Leben, und sie werden wahrlich in Ewigkeit nicht verloren gehen, und niemand wird sie aus meiner Hand reißen[3]."

Die letzte Aussage von V.28 wird in **V.29f.** ausdrücklich motiviert, entsprechend der Motivierung, die V.14 in V.15 erhalten hatte: die Sicherheit, die die Glaubenden beim Offenbarer finden, ist begründet in seinem Verhältnis zu Gott, in seiner Einheit mit Gott. Das Verhältnis der Glaubenden zu Jesus ist als solches ihr Verhältnis zu Gott; niemand kann sie Jesus entreißen, da niemand sie Gott entreißen kann[4]; er und der Vater sind ja eins[5]. Diese letzte Aussage,

---

[1] V.14. 15a. 27-30 bilden ein zusammenhängendes Quellenstück, s. S. 274.

[2] Dgl. 3,33 und s. S.118 und 172.

[3] Das $o\grave{\upsilon}$ $\mu\grave{\eta}$ $\grave{\alpha}\rho\pi\acute{\alpha}\sigma\eta$, das $\aleph$DL pc statt des $o\grave{\upsilon}\chi$ $\grave{\alpha}\rho\pi\acute{\alpha}\sigma\varepsilon\iota$ der übrigen Zeugen lesen, dürfte Angleichung an den vorhergehenden Satz sein. — Das pathetische $o\grave{\upsilon}$ $\mu\grave{\eta}$ wie in den Verheißungen 4,14 6,35. 37 8,12. 51 11,26. Zur Verheißung $o\grave{\upsilon}$ $\mu\grave{\eta}$ $\grave{\alpha}\pi\acute{o}\lambda$. vgl. 3,16 6,39 17,12 18,9. '$A\rho\pi\acute{\alpha}\zeta\varepsilon\iota\nu$ $\grave{\varepsilon}\kappa$ τ. $\chi\varepsilon\iota\rho\acute{o}\varsigma$ unbildlich II Rg 23,21; bildlich Plut. Ages. 34, p.615d und sonst (s. Wetst. und Br.). Dgl. auch Jes 43,13: $\grave{\varepsilon}\gamma\grave{\omega}$ $\kappa\acute{\upsilon}\rho\iota\upsilon\varsigma$ $\acute{o}$ $\vartheta\varepsilon\grave{o}\varsigma$ $\grave{\varepsilon}\tau\iota$ $\grave{\alpha}\pi'$ $\grave{\alpha}\rho\chi\~{\eta}\varsigma$, $\kappa\alpha\grave{\iota}$ $o\grave{\upsilon}\kappa$ $\grave{\varepsilon}\sigma\tau\iota\nu$ $\acute{o}$ $\grave{\varepsilon}\kappa$ $\tau\~{\omega}\nu$ $\chi\varepsilon\iota\rho\~{\omega}\nu$ $\mu\upsilon\upsilon$ $\grave{\varepsilon}\xi\alpha\iota\rho\upsilon\acute{\upsilon}\mu\varepsilon\nu\upsilon\varsigma$.

[4] In V.29 lesen B latt: δ ... $\mu\varepsilon\~{\iota}\zeta\upsilon\nu$; K syrr, Basil., Chrys., Cyr. Al.: $\acute{o}\varsigma$ ... $\mu\varepsilon\~{\iota}\zeta\omega\nu$. Außerdem finden sich die Mischlesarten (bzw. Verschreibungen) δ ... $\mu\varepsilon\~{\iota}\zeta\omega\nu$ ($\aleph$LW) und $\acute{o}\varsigma$ ... $\mu\varepsilon\~{\iota}\zeta\upsilon\nu$ (A). Sachlich bezeugt den K-Text D: $\acute{o}$ $\delta\varepsilon\delta\omega\kappa\acute{\omega}\varsigma$ $\mu\upsilon\iota$ $\pi\alpha\tau\grave{\eta}\rho$ $\mu\varepsilon\~{\iota}\zeta\omega\nu$. — Den Text von B versteht Aug. (Tract. in Jo 48, 6) so, daß er als das Jesus vom Vater Gegebene seine Berufsausrüstung, seine Logosqualität, erklärt. R. Schütz streicht V.26-28 als Interpolation und verbindet D.29 mit V.25: Jesu Werke bezeugen seine Einheit mit dem Vater, die ihm niemand rauben kann (ZNTW 10 [1909], 324ff.; 18 [1917/18], 223; ebenso Sp.). Aber es ist absurd, das Logos-sein Jesu oder seine Einheit mit dem Vater als das, was ihm der Vater gegeben hat, zu verstehen. Der Vater hat ihm ja „alles gegeben", weil er ihn liebt (3,35 5,20), d. h. weil er der in Einheit mit ihm verbundene Logos ist. Unter dem, was der Vater ihm gegeben hat, lassen sich im Zshg nur die Seinen

die schon D.15 im Hintergrund stand, bringt den Offenbarungsgedanken zum schärfsten Ausdruck, der über die bisherigen Formulierungen des Gedankens der Einheit von Vater und Sohn 519f. 816 1244f. noch hinausgeht und seine Analogie nur in dem θεὸς ἦν ὁ λόγος 12 hat: in Jesus und nur in ihm begegnet Gott den Menschen[1]. Die Schroffheit der Formulierung soll den Anstoß erregen, der dem Offenbarungsgeschehen als dem Angriff Gottes auf die Welt wesensmäßig eigen ist.

γ) Abschluß: 10 31-39.

Jesu herausforderndes Wort ist für die Hörer eine Gotteslästerung; die Wirkung ist dieselbe wie die seines Wortes 858: man will ihn steinigen (V. 31)[2]. Eine anschauliche Szene zu schildern, verschmäht der Evglist; Jesus ergreift ruhig weiter das Wort, und es kommt, ähnlich wie 813-20 zu einem Disput, in dem die „Juden" mit ihren eigenen Waffen geschlagen werden. Der symbolhafte Charakter der Szene ist deutlich: sie bildet den Kampf der Offenbarung mit der Welt ab; oder genauer: sie bietet ein Beispiel des ἐλέγχειν περὶ ἁμαρτίας im Sinne von 168f.

Jesu erste Worte V. 32 beleuchten die Situation[3]. Seine vorwurfsvolle Frage entspricht den Fragen 719. 23 846: Was ist eigentlich der Grund für den Haß der Welt? Es ist nur der, daß er „(gute) Werke" im Auftrag des Vaters wirkt[4]. In dem Begriff der „(guten) Werke" ist sein ganzes Wirken als des Offen=

verstehen, die er nicht verloren gehen läßt (637. 39 176. 9. 12. 24 189). Da sich von diesen aber (trotz Lagr.) nicht sagen läßt: μεῖζον πάντων, so muß diese Lesart falsch sein; sie ist durch das Versehen eines Abschreibers entstanden, der ein Obj. zu dem δέδωκεν vermißte. Sinn hat nur ὅς ... μείζων: „der Vater, der sie mir gegeben hat, ist größer als Alles"; daß nach D.28 zu δέδωκεν als Obj. αὐτά zu ergänzen ist, versteht sich von selbst; schwanken kann man nur, ob man dieses αὐτά auch im folgenden Satz zu ἁρπάζειν ergänzen soll, oder, da dieser Satz begründenden Charakter hat, verstehen soll: „Niemand kann etwas der Hand des Vaters entreißen." — Bestätigt wird diese Auffassung durch die Parallele Mand. Lit.182f.: „Euer Vater verfügt über ausgedehnte Kraft, die ausgedehnter ist als jegliche Grenze ... Der Gute bekleidet und umhüllt seine Söhne, er hebt sie empor und zeigt ihnen das Wesen des großen Friedens des Lebens." — Gegen Burneys Annahme eines Übersetzungsfehlers (101f.) s. Goguel, Rev.H.Ph.rel.3 (1923), 379; Colwell 103f.
[5] Schl.'s Erwägung, daß der Gedanke fern liegt: die Bewegung des christlichen Lebens führe über Jesus hinaus zum Vater, ist sachlich treffend; im Zshg hat D.30 aber nur die Bedeutung, die Sicherheit des Glaubens zu charakterisieren, was Schl. auch zur Geltung bringt.
[1] Selbstverständlich ist der Satz D.30 im Sinne des Offenbarungsgedankens und nicht als kosmologische Theorie zu verstehen, wie sie etwa ein stoischer Satz enthält: ἅπαντά τ' ἐστιν αἰθήρ, ὁ αὐτὸς ὢν καὶ πατὴρ καὶ υἱός (Chrysipp bei v. Arnim, Stoic. vet. fr. II 316, 20). Wirkliche Analogien liegen in der durch den Offenbarungsgedanken bestimmten gnostischen Mythologie vor. Vgl. S.108, 4; 212,2; 269,3. — Odeberg (331f.) findet hier (ähnlich wie in dem ἐγώ εἰμι 858, s. S. 248, 5) in dem ἐγώ die Wiedergabe des geheimnisvollen Gottesnamens אני, womit bei den Rabbinen die göttliche Schekhina bezeichnet werde (die Belege sind nicht überzeugend), und umschreibt D.30: „in me (J) the Schekhina is present, and now (in me) the Father and the Schekhina are united and Salvation is brought about." Eine völlig unnötige Komplikation des einfachen Satzes. Zur Sache vgl. noch S.182f.; 186ff.
[2] Das οὖν von D pc it dürfte ursprünglich sein gegen das ausdrücklich auf 859 verweisende πάλιν (bzw. οὖν πάλιν) der übrigen Zeugen.
[3] Ἀπεκρίθη wie 218, s. S. 87, 7.
[4] Zu den ἔργα Jesu s. S.164,3; 199f.; 251,5; sie heißen καλά bei Joh nur hier; sonst häufig: Mt 516 IPt 212 I Tim 510 618 usw. Da die Stellung des καλά in der Überlieferung schwankt, könnte es Glosse sein; jedenfalls ist es neben dem ἐκ τοῦ πατρός völlig entbehrlich, und es fehlt D.37. — Ἐκ (τ. πατρός) vgl. 327 665, wie παρά 114 544 645 usw.;

barers zusammengefaßt. Es sind seine Wunder[1]; aber sie sind es doch nur als
σημεῖα, nur sofern sie mit seinem Wirken durch das Wort zu einer Einheit zusammengehören[2]. Zu den (καλὰ) ἔργα gehören also die Worte so gut wie die
Wunderwerke, ja sie sind es im Grunde eigentlich und allein. Ist sein Offenbarungswirken für die Welt der Grund ihres Hasses, so zeigt sich, daß die Welt
gar nicht weiß, was für sie das Heil ist, und daß deshalb sein Wirken für die Welt
zum Angriff gegen sie werden muß. Darin offenbart sich die Sünde der Welt,
daß sie, was zu ihrem Heile geschieht, als Vorwurf empfindet. Ihre Blindheit
ist aber dadurch dokumentiert, daß sie den Angriff gegen sich als Angriff gegen
Gott auffaßt (V. 33); und es zeigt sich wieder, daß sie Gott gar nicht kennt[3];
was sie Gott nennt, ist nur die religiöse Verklärung ihrer eigenen Maßstäbe und
Urteile[4]. Und eben darin erweist sich wieder, daß sie um Gott wissen könnte
— ihr Verhalten wäre sonst ja nicht Sünde zu nennen —, aber daß dieses Wissen
grauenhaft pervertiert ist[5], indem es, statt sie zu erschüttern, sie in Sicherheit
wiegt. Formal haben sie ja ganz recht: auf Gotteslästerung steht die Strafe der
Steinigung[6]; und Gotteslästerung ist es, wenn sich ein Mensch zu Gott macht[7].
Aber es zeigt sich, daß die „Juden", gerade wenn sie von Gott reden, keine Bereitschaft haben, Gott zu hören, wenn er spricht. Sie verstehen nicht, daß er ihnen
gerade in der Alltäglichkeit in einem Menschen ihresgleichen begegnet. Sie kennen
nur eine Weise, „sich zu Gott zu machen", und verraten damit ihre eigene Eitel-
keit, ihr Trachten nach der δόξα παρ' ἀλλήλων (5₄₄). Ihr Unglaube ist aber
nicht ein bloßes Ablehnen, bloßes Nein-sagen, sondern positive Feindschaft, Haß,
Angriff, — wie es nicht anders sein kann, wenn das Gute nicht als Geschenk
Gottes, sondern als Ziel menschlicher Leistung, in der sich der Mensch selbst verwirklicht, verstanden wird. Wo die Offenbarung nicht Glauben weckt, muß sie
Empörung wecken.

V. 34—36 bringen als Verteidigung Jesu einen Schriftbeweis. Jesus verweist
die Juden auf ihr Gesetz[8], auf das sie sich ihm gegenüber in ihrem Urteil V.₃₃ stützen;
in Wahrheit widerlegt es sie. Es enthält ja Pf 82₆ ein Wort, in dem Gott Menschen
als Götter anredet[9]. Kann nun schon ein Mensch durch Gottes ausdrückliche Anrede

---

gleichbedeutend V.₃₇ τὰ ἔργα τοῦ πατρός μου; es bleibt sich gleich, ob man versteht:
Werke, die zu tun der Vater ihm verliehen hat (5₃₆), oder zu denen er ihn beauftragt
hat (4₃₄ 9₄); es sind die Werke, die er „im Namen des Vaters" tut (V.₂₅). Δεικνύναι
wie 2₁₈. Διθάζετε Praes. de conatu, Bl.-D. § 319. — Ähnlich die vorwurfsvolle Frage
Manis, s. Br. 3. St.
  [1] Vgl. den Vorwurf 7₂₃.
  [2] S. S.78 f. 161. 173. 199 f., und vgl. wie 5₂₀ das Heilungswunder mit den μείζονα
ἔργα eine Einheit bildet, und wie Kap. 9 und 11 die Wunder das Wirken des Offenbarers
demonstrieren; vgl. vor allem die Parallelität der ῥήματα und ἔργα 14₁₀. S. weiter
zu V.₃₇ f.
  [3] 5₃₇ 7₂₉ 8₁₉.   [4] S. S. 201. 234.
  [5] S. S. 201 ff.; 208 f.; 234 ff.
  [6] S. S. 249, 3.
  [7] S. S.183, 1; auch Str.-B. und Schl. zu 10₃₃.
  [8] Das ὑμῖν, das in אDΘ it syrˢ fehlt, könnte Zusatz sein; vgl. 8₁₇ und s. S.59, 2.
Zu ἐστιν γεγραμμ. s. S. 87, 4. Unter νόμος kann, wie unter תורה, die ganze Schrift
verstanden werden; vgl. 15₂₅ I Kor 14₂₁ und s. Str.-B. 3. St.
  [9] Zitiert ist ohne Rücksicht auf den ursprünglichen Sinn und Zusammenhang des
Verses. Im Psalm sind Gottwesen (die Götter der Völker) angeredet. In der rabbin.
Exegese wird das Wort bald auf die Israeliten, bald auf die „Dienstengel" gedeutet,
Str.-B.

als Gott bezeichnet werden, dann folgt — a minori ad maius[1] —, daß Jesus erst recht sich Gottes Sohn nennen darf[2]. Denn ihn hat Gott „geheiligt und in die Welt gesandt"[3].

Die schriftgelehrte Argumentation ist 7₂₃ 8₁₇f. verwandt, ist jedoch nicht so fest auf den Zshg bezogen. Denn das ὅτι εἶπον· υἱὸς τοῦ θεοῦ εἰμι entspricht weder Jesu Wort V.₃₀ noch den jüdischen Vorwurf von V.₃₃ genau. Die Argumentation trägt den Charakter typischer altchristlicher Schriftbeweise[4] und befremdet innerhalb des Joh-Evg. Man muß damit rechnen, daß hier ein Einschub der Red. vorliegt[5]. Sonst müßte man ähnlich wie 8₁₇f.[6] die Argumentation als eine Persiflage der jüdischen Schrifttheologie auffassen: diese Art des Scharfsinnes findet immer nur, was ihr paßt; und sie ist mit ihren eigenen Waffen leicht zu schlagen.

Die Antwort, die Jesus V.37f. gibt, ist im Sinne des Offenbarungsgedankens gesprochen: „Wenn ich die Werke meines Vaters[7] nicht tue, so glaubt mir nicht! Tue ich sie aber, so glaubt, wenn ihr mir nicht glaubt, meinen Werken!" Welches aber sind diese Werke? Schwerlich sind hier nur seine Wunder im Unterschied von seinem übrigen Wirken gemeint; denn freilich haben die Wunder die Möglichkeit, den Empfänglichen weiter zu führen zum eigentlichen Glauben[8], sodaß der Sinn der Mahnung der sein könnte: haltet euch an die Tatsache, daß die Wunder mich legitimieren[9], und lernt diese Wunder als σημεῖα verstehen[10]! Aber ein solcher Gedanke wäre eher in einer Diskussion zu erwarten, die an ein Wunder anschließt, als gerade hier. Auch haben ja gerade die Wunder in Kap. 5 und Kap. 9 den Anstoß hervorgerufen, sodaß der Verweis auf sie als Legitimation nicht sehr einleuchtend wäre. Vor allem aber kann der Sinn von V.37f. doch kein anderer sein als der von 14₁₁, wo auch die Jünger von der Person Jesu weg auf seine ἔργα verwiesen werden; hier aber sind die ἔργα, wie 14₁₀ zeigt, nicht die Wunder, sondern die ῥήματα Jesu, in welche die Wunder als redende σημεῖα

---

[1] Vgl. Str.-B. III 223—225; hier unter den verschiedenen Schlußformen zuletzt die Joh 10₃₅f. vorliegende: „Wenn (das und das statthat), ist es dann nicht (vollends) recht, daß . . ."

[2] Zu V. 35: ὁ λόγος τ. θ. ist hier nicht Gottes Wort überhaupt, sondern jene Anrede Gottes Ps 82₆ (Ho., Lagr.). Dagegen meint ἡ γραφή nicht diese einzelne Schriftstelle, sondern die Schrift überhaupt. Ὁ λόγος ἐγένετο πρός ist at.lich-jüdische Formel (Gen 15₁ Hos 1₁ und Schl.). καὶ οὐ κτλ. wird nicht Parenthese sein, sondern zum Bedingungssatz gehören. Zu λυθῆναι s. S.182, 8. „Daß λυθῆναι von der Satzung auf den Gottes Gabe beschreibenden Spruch übertragen wird, entspricht der Ausdehnung der Formel νόμος auf den Psalter" (Schl.). — Zu V. 36: Das ὃν ὁ πατήρ κτλ. ist dem Hauptsatz vorangestellt; s. Bl.-D. § 478. Zu der volkstümlich direkten Rede βλασφημεῖς s. B.-D. § 470, 1.

[3] Ἡγίασεν καὶ ἀπεστ. εἰς τ. κ. ist ein Hendiadyoin. Die durch ἁγιάζειν bezeichnete Aussonderung aus der profanen Sphäre ist zugleich die Ausrüstung für den Beruf, die Sendung; s. zu 6₆₉ 17₁₇. ₁₉ und vgl. Jer 1₅: . . . ἡγίακά σε, προφήτην εἰς ἔθνη τέθεικά σε. Sir 49₇ von Jeremia: ἡγιάσθη (נוצר) προφήτης. Joh.-B. 217₁₇f.: „Es wählte einen Mänä aus und sandte ihn zu uns", vgl. Ginza 70, 1ff. — Vgl. R. Asting, Die Heiligkeit im NT 311; und s. zu 6₆₉.

[4] Vielleicht stammt die Verwendung von Ps 82₆ schon aus der apologetischen Tradition des Urchristentums, das seine Behauptung der Göttlichkeit Jesu bald gegen die jüdische Polemik (Str.-B. zu V.₃₃) verteidigen mußte; s. Br. z. St.

[5] So auch Hirsch, der freilich nur V.₃₄. ₃₅ dem Red. zuschreibt; das ist aber nicht möglich, denn der Schluß a min. ad mai. V.₃₄₋₃₆ ist eine Einheit.

[6] S. S.212f.

[7] Τὰ ἔργα τ. πατρ. = die mir vom Vater verliehenen oder aufgetragenen Werke, s. S. 295, 4.

[8] Durch die Wunder läßt sich Nikodemus 3, 2 zur Frage führen; das Wunder ist für den Blinden Kap. 9 der Weg zum Glauben; vgl. S.154.

[9] S. S. 95, 1.   [10] S. S. 296, 2.

nur eingeschlossen sein können[1]. Wie V. 32 muß auch V. 37 f. mit den ἔργα das ganze Offenbarungswirken Jesu gemeint sein.

Aber in welchem Sinne kann Jesus dann von seiner Person weg auf sein Wirken verweisen, wenn doch dieses Wirken im Grunde in nichts anderem besteht als in der ständigen Behauptung: ἐγώ εἰμι …? wenn sein Wirken sich im Grunde nur in seinem Worte vollzieht, in dem er von seiner Person als dem Offenbarer redet? Die Antwort ist nur möglich, wenn der Unterschied erfaßt wird zwischen dem Wort, das nur über eine Sache redet, und dem Wort, in dem die Sache selbst gegenwärtig ist, zwischen dem theoretisch oder dogmatisch orientierenden und dem anredenden, in die Existenz greifenden Wort. Als nur über seine Person redende dogmatische Aussagen sind Jesu Worte unglaubwürdig; glaubwürdig können sie nur werden, wenn sie als Anrede gehört werden, — und so allein können sie seine Werke heißen. Als solche aber hat der Evglist sie ständig dargestellt; als Worte, die nicht ein Dogma bringen, sondern die Dogmen zerstören; als Worte, die das natürliche Selbstverständnis des Menschen in Frage stellen, die sein verdecktes und verdrehtes Wissen um Gott und sein Verlangen nach dem Leben zur Echtheit und Eigentlichkeit bringen wollen. So kann V. 37 f. nur den Sinn haben: ein bloß dogmatischer Glaube auf die Autorität eines unverbürgten Wortes hin ist freilich nicht gefordert, sondern ein Glaube, der Jesu Worte als sein Wirken an sich selbst erfährt[2]. Und die Mahnung, den Werken zu glauben, kann nur bedeuten, sich durch Jesu Worte in die Frage bringen zu lassen, sich in der Sicherheit des bisherigen Selbstverständnisses erschüttern, sich seine Existenz aufdecken zu lassen. Die Erkenntnis, daß er und der Vater eines sind (V. 30), oder wie es jetzt formuliert wird: „daß in mir der Vater ist und ich im Vater bin"[3], steht nicht am Anfang, sondern am Ende des Glaubensweges. Sie kann nicht als dogmatische Wahrheit blind akzeptiert werden, sondern ist die Frucht des Glaubens an die „Werke" Jesu. Zuerst gehört, kann sie nur Anstoß hervorrufen; aber eben dieses Wecken des Anstoßes gehört mit zum „Werk" des Offenbarers.

Der Abschluß der Szene wird V. 39 in knappster Form gegeben wie 7 30. 44 8 20. 59 [4]. Daß Jesu „Stunde" noch nicht gekommen ist (7 30 8 20), hört der Leser zwischen den Zeilen.

IV. Kap. 10 40–12 33; 8 30–40; 6 60–71: Der geheime Sieg des Offenbarers über die Welt.

Das vierte Stück des ersten Hauptteiles umfaßt zwei Abschnitte 10 40—11 54 und 11 55—12 33 mit den hierzu wahrscheinlich gehörigen Fragmenten 8 30-40 6 60-71. Der erste Abschnitt gruppiert sich um das Wunder der Erweckung des Lazarus, der zweite erzählt das letzte Auftreten Jesu in Jerusalem. Zusammen stellen sie das Ende und Ergebnis des Wirkens Jesu in der Öffentlichkeit dar: seine letzte Tat führt zum Todesbeschluß der Behörde, und seine letzten Worte führen zur endgültigen Scheidung zwischen Glauben und Unglauben. So bildet das Ganze den Übergang zur Passionsgeschichte und zu der ihr vorausgeschickten Szene des Abschiedes Jesu von den Seinen.

---

[1] S. 296, 2.   [2] Richtig Hirsch I 268 f. — S. S. 200.

[3] Der Akt des Erkennens und der Zustand werden in ἵνα γνῶτε καὶ γινώσκητε unterschieden; πιστεύσητε statt γινώσκ. in ℵK ist schlechte Korrektur; vielmehr entspricht sachlich πεπιστεύκαμεν καὶ ἐγνώκαμεν 6 69. Zu γινώσκειν s. S. 290. Zur Reziprozitätsformel, mit der jetzt die Einheit beschrieben wird, s. S. 290 f.

[4] S. S. 228, 2.

Lehren die Abschiedsreden, die Passion Jesu als die Vollendung seines Werkes und als seine Verherrlichung zu verstehen, so ist schon das Übergangsstück von dieser Wahrheit durchleuchtet. Eine eigentümliche Ironie erfüllt den ersten Abschnitt; nicht erst in den Worten des Hohenpriesters (11₅₀), der wider Wissen und Willen die Heils=bedeutung des Todes Jesu weissagt, sondern schon im Ganzen: über den, der den Toten zum Leben erweckt, verhängt die weltliche Behörde den Tod. Die Nichtigkeit des Kampfes der Welt gegen den Offenbarer und ihres Sieges über ihn ist dadurch gekennzeichnet. Solche Ironie waltet auch im zweiten Abschnitt: der königliche Einzug Jesu ist der Weg zum Kreuz; aber die Stunde der Verzweiflung ist die Stunde der Verherrlichung, und das Ende des von der Welt Gerichteten ist das Gericht über die Welt. Daß es für die Seinen die entscheidende Probe ist, ob sie solches verstehen, wird in beiden Abschnitten deutlich gemacht; im ersten durch die Frage an Martha: πιστεύεις τοῦτο; (11₂₆), im zweiten durch die Frage an die Jünger: μὴ καὶ ὑμεῖς θέλετε ὑπάγειν; (6₆₇).

Sind insofern die beiden Abschnitte der Übergang zu Kap. 13—20, so haben sie, sofern sie eben damit zugleich der Abschluß des ersten Hauptteiles sind, noch eine besondere Bedeutung. Sie korrespondieren in ihrem symbolischen Sinne den beiden Abschnitten des Vorspiels Kap. 2. Die Symbolik des Lazarus=Wunders liegt nicht nur — analog anderen Wundergeschichten — darin, daß es Jesus als den Spender des Lebens dar=stellt; sondern, durch ihre Umrahmung eigentümlich isoliert, gewinnt die Geschichte wie 2₁₋₁₂ den Charakter einer Epiphaniegeschichte (s. u.). Und wenn der Zustand von Kap. 12 auch eine erschöpfende Charakteristik erschwert, so ist doch soviel klar, daß die Erzählung vom Einzug Jesu in Jerusalem, um die sich das andere gruppiert, das eschatologische Geschehen symbolisiert, das sich in seiner Passion vollzieht: durch sie wird Jesus zum Herrn der Welt, wie es 2₁₃₋₂₂ geweissagt hatte; und wie dort erscheinen auch hier die Juden als die verblendeten Werkzeuge des Offenbarungsgeschehens.

a) 10₄₀—11₅₄: Der Todesbeschluß.

Der erste Abschnitt 10₄₀—11₅₄ ist durch 10₄₀₋₄₂ und 11₅₄ eingerahmt. 10₄₀₋₄₂ hat zunächst die Bedeutung, die Zäsur zwischen dem Vorangegangenen und dem Folgenden zu markieren. Es tritt gleichsam eine Pause ein, ehe die entscheidende Wendung erfolgt. Jesus hat seine provozierende Wirksamkeit in Jerusalem ab=geschlossen und zieht sich in eine entlegene Gegend zurück. Aber noch deutlicher und stärker redet 11₅₄ von diesem Abschluß und Rückzug: Jesus geht in die Ein=samkeit. Zwischen dieser halben und ganzen Verborgenheit Jesu steht sein Auf=treten 11₁ff., das also aus dem Fluß der Ereignisse herausgehoben und relativ isoliert ist, wenngleich es als Ereignis, das für sein Schicksal entscheidende Folgen hat, in den Gang des Geschehens fest verwoben ist. Durch ihre Umrahmung ist also die Lazarus=Geschichte zu einer Epiphanie=Geschichte gemacht, analog 2₁₋₁₂ (s. o.); und diese Analogie tritt um so stärker hervor, als wie in 2₁₋₁₂ das Auf=treten des Offenbarers zur wunderwirkenden Tat, Wunsch und Erwartung der Welt mißachtend, die ihm gemäße Stunde wählt[1].

α) Einleitung 10₄₀₋₄₂[2].

Jesu öffentliche Wirksamkeit hat ihr Ende erreicht; der Ring schließt sich (V. 40): Jesus begibt sich an den Ort zurück, von dem er seinen Ausgang nahm[3],

---

[1] S. S. 217, 1.
[2] Man kann fragen, ob in diesem redakt. Stück des Evglisten die σημεῖα=Quelle benutzt ist, in der eine Aussage wie 10₄₁ gestanden haben könnte. Schwerlich klingt in 10₄₀₋₄₂ eine Erinnerung an die Tatsache nach, daß sich Jesus in seiner letzten Zeit im Verborgenen gehalten habe (Htm.), und erst recht darf man hier nicht eine auch Mk 10₁ begegnende geschichtliche Tradition finden (Bd.); Mk 10₁ enthält überhaupt keine Tra=

in die Gegend östlich vom Jordan, zur Taufstätte des Täufers[1]. Er hält sich hier
für eine Weile auf[2], und zwar nicht in absoluter Zurückgezogenheit; denn „viele
kamen zu ihm" (V. 41)[3]. Er ist also offenbar als immer noch wirkend vorzustellen;
jedoch spielt sich diese Wirksamkeit in entlegener Gegend ab, und von ihr wird
nichts berichtet. Der Abschnitt soll nur die Zäsur markieren (s. o.). Die Situation
gibt aber Anlaß, das Zeugnis des Täufers, mit dem 1₁₉ff. begann, aus dem Munde
des Volkes bestätigen zu lassen. Der Täufer selbst kann ja nicht mehr als Zeuge
auftreten; sein Ende ist vorausgesetzt (5₃₃₋₃₅). So müssen diejenigen, die einst
sein Zeugnis gehört haben, jetzt seine Richtigkeit bestätigen, indem sie zugleich die
Inferiorität des Täufers gegenüber Jesus bekunden, die der Täufer ja auch
selbst bekannt hatte[4]. Daß das für Viele auch der Grund zum Glauben ist (V. 42),
zeigt hier wie so oft[5], daß Jesu Wirken nicht schlechthin erfolglos blieb. Freilich
ist die Bemerkung hier wie sonst schematisch; die Erfolge bleiben im Dunkel und
haben keinen Einfluß auf den Fortgang. Es ist nicht einmal klar, ob der Evglist
den offenbar durch die σημεῖα veranlaßten Glauben als einen unzulänglichen
beurteilt wissen will[6]. Charakteristisch für den schematischen Charakter des Stückes
ist auch, daß die Begleitung der Jünger nicht erwähnt wird, die doch nach 11₁ff.
vorausgesetzt ist. Das Interesse konzentriert sich ganz auf die Person Jesu.

β) Die Auferstehung und das Leben 11₁₋₄₄.

Die Wendung erfolgt; die ὥρα der Passion naht. Der äußere Anlaß der Schicksals=
wende ist die Erweckung des Lazarus, und der Evglist hat diese ihre Bedeutung hell be=
leuchtet. Die Jünger ahnen, daß der Weg zum Freunde in den Tod führen wird (11₇₋₁₆),
und Jesu an sie gerichtetes Wort (V. 9) deutet an, daß der Tag seines Wirkens abläuft.
Durch die Erweckung des Lazarus ist der Todesbeschluß des Synedriums veranlaßt (11₄₇₋₅₃),
und nachher muß noch einmal die Erinnerung an dieses Wunder den Todesbeschluß
bekräftigen (12₁₇₋₁₉).

Wie auf diese Weise zum Ausdruck kommt, daß es Jesu Berufswirken ist, das ihn
ans Kreuz bringt, so ist ebenfalls von vornherein sichtbar, daß der Sinn des Kreuzes
das δοξασθῆναι Jesu ist (11₄ f. u.); und der Hohepriester muß als unfreiwilliger Prophet
andeuten, wie sich dieses δοξασθῆναι vollziehen wird (11₅₁f.). Mit Bedacht hat der

---

dition, sondern ist ein redakt. Stück (Gesch. der synopt. Tr. 365). G o g u e l (Introd. II
429 f.) will hier ein Fragment der 7₁ff. (s. S. 217, 2) entdeckten Quelle finden: Jesus
wartet in der Zurückgezogenheit auf günstige Umstände und bleibt indessen in Kontakt
mit seinen Anhängern in Judäa (es sind die πολλοί von V. 41). Eher ist zu vermuten,
daß hier wie 11₅₄₋₅₇ zum Vorschein kommt, daß an diesen Orten „zur Zeit des Evglisten
eine Christengemeinde mit ihrer eigenen, wenn auch dürftigen Lokaltradition bestanden
hat" (K u n d s i n, Topol. Überl. 49 f.; vgl. 20 f.; ZNTW 22 (1923), 89 f. hatte er vermutet,
daß sich in diesen Stellen die Flucht der Jünger aus Jerusalem nach der Steinigung des
Stephanus widerspiegele).

   [3] Das πάλιν, das nur syr[s] und e fehlt, weist auf 1₂₈ zurück.
   [1] Τὸ πρῶτον entweder = zuerst, das erstemal (wie 12₁₆); dann wäre an den
Wechsel der Taufstätten (1₂₈ 3₂₃) gedacht; oder wie τὸ πρότερον (so אDΘal) einfach =
früher (wie wohl 19₃₉); s. Bl.=D. § 62.
   [2] Ist mit DHK pl ἔμεινεν gegen B ἔμενεν zu lesen, so ist der Aor. komplexiv (Bl.=D.
§ 332, 1).
   [3] Da das ἔλεγον ὅτι κτλ. doch nicht wohl an Jesus gerichtet sein kann, sondern
das Gerede über ihn beschreibt, ist nicht vor καὶ πολλοὶ ἦλθ. πρ. αὐτ. zu interpungieren,
sondern dahinter. Das Folgende ist dann zu übersetzen: „Und man sagte . . ."
   [4] 1₁₅. [27]. 30 3₂₇₋₃₀. — In der Formulierung 'Ι. μὲν σημ. ἐπ. οὐδέν ist die polemische
Absicht deutlich: der Täufer galt seinen Anhängern auch als Wundertäter; s. Bdsp. 89, 5;
Reitzenstein, Taufe 61 und s. S. 4 f. 29.
   [5] 2₂₃ 4₃₉ 7₃₁ 8₃₀ 11₄₅ 12₄₂.   [6] 2₂₃, s. S. 92

Evglist gerade dieses σημεῖον gewählt, das als Totenerweckung nicht nur das größte der erzählten Wunder ist, sondern das am Eingang der Passion Jesus als die ἀνάστασις und die ζωή erscheinen läßt (V.₂₅)[1].

Der Bericht über das σημεῖον selbst, das bei den Synoptikern keine Parallele hat, wird der σημεῖα=Quelle entnommen sein[2]. Da der Evglist die Wundergeschichte hier nicht wie in den Kap. 6, 5 und 9 als Ausgangspunkt für eine folgende Rede oder Diskussion benutzt hat, hat er sie in hohem Maße durch kleinere und größere Zusätze ausgestaltet und so seinem Zwecke dienstbar gemacht[3]. Dadurch ist die Person des Lazarus in den Hintergrund gedrängt und sind die Schwestern zu den Hauptpersonen gemacht worden[4].

Die Gliederung ist einfach. 11₁₋₁₆ ist die Einleitung sowohl hinsichtlich des äußeren Verlaufes des Geschehens wie hinsichtlich seiner Bedeutung. Sie zerfällt in zwei Teile: V.₁₋₅ bringt die Angabe der äußeren und inneren Situation, V.₆₋₁₆ zeigt im Dialog zwischen Jesus und seinen Jüngern die aus der Situation folgende Konsequenz. — 11₁₇₋₄₄ ist der Hauptteil, der wieder in zwei Teile zerfällt: V.₁₇₋₂₇ und V.₂₈₋₄₄, Teile, in denen die beiden Möglichkeiten, Jesus als die ζωή zu verstehen, dargestellt werden. V.₂₈₋₄₄ gliedert sich in die durch den äußeren Ablauf gegebenen Stücke V.₂₈₋₃₂, V.₃₃₋₄₀, V.₄₁₋₄₄. Ein Abschluß kann fehlen; er wird durch 11₄₅₋₅₃ ersetzt.

[1] Barock ist B. W. Bacons Hypothese (Hibbert Journ. 1917 Jan., nach Windisch, ZNTW 20 (1921), 89): die Erweckung des L. falle auf das Datum von 10₂₂, auf das Tempelweihfest; der Evglist wolle durch seine Erzählung das jüdische Chanukka=Fest, das dem Gedächtnis der Helden und Märtyrer der Makkabäerzeit galt, christianisieren. — Noch phantastischer Grills Erklärung (II 162—192): Maria und Martha sind ursprünglich die Morgen= und Abendröte der indischen Mythologie, Lazarus ist der Mond, Jesus aber Sabazios=Dionysos.

[2] Stilistisch fügt sich die Erzählung zu den anderen mutmaßlichen Stücken der σημεῖα=Quelle. Die Sprache ist ohne grobe Semitismen, jedoch semitisierend; vgl. die häufige Voranstellung des Verbums, die Asyndeta oder primitiven Satzverbindungen; ferner das ἴδε V.₃.₃₆ bzw. ἔρχου καὶ ἴδε V.₃₄ (s. S.69, 8); das abs. ἀποστέλλειν V.₃ dürfte Semitismus sein (vgl. Apok 1₁ und Schl. zu Mt 27₁₉); ebenso das ποιεῖν ἵνα V.₃₇ (vgl. Ez 36₂₇ Eccl 3₁₄ Apok 3₉ 13₁₂. ₁₅f. Kol 4₁₆; Bl.=D. § 392, 1e), die Zeitangabe V.₁₇ (s. S.180, 6) und das φωνῇ μεγάλῃ V.₄₃ (Schl. 3. St. und zu Mt 27₄₆).

[3] Die Spannung zwischen dem Wunder und dem durch dasselbe symbolisierten Sinne ist hier empfindlicher als in den Kap.6 und 9, und äußerlich angesehen ist Wellh.s Urteil richtig: „Wenn das — nämlich Jesu Wort V.₂₅f. — gilt, so ist die Auferweckung des Lazarus höchst überflüssig. Der Spruch, der die Pointe von V.₂₁₋₂₇ ist, raubt dem Ganzen alle Bedeutung." Das ist jedoch nur richtig, wenn man vom Gesichtspunkt der Wundergeschichte aus urteilt, die der Evglist seiner Quelle entnommen hat, nicht von seinem eigenen Gesichtspunkt aus. Der Evglist hat gleichsam jene Erwägung auch schon angestellt und bringt die doppelte Möglichkeit, sich zum σημεῖον zu stellen, durch die Differenzierung der Martha und Maria zum Ausdruck, s. u.

[4] Die Analysen Wendts, Spittas, Schwartz' und Wellh.s (s. auch P. Wendland, Die urchristl. Literaturformen 305f. bzw. 239f.) haben kein einleuchtendes Ergebnis erzielt, und es ist fraglich, ob ein solches zu erreichen ist. Die sprachliche Untersuchung liefert nicht hinreichende, wenngleich bestätigende Kriterien. Wohl ist deutlich, daß Jesu Worte V.₉f. ₂₅f. nicht aus der σημεῖα=Quelle, sondern aus den Offenbarungsreden stammen. Der Stil des Evglisten aber hebt sich nicht durchweg scharf von dem der σημεῖα=Quelle ab. Immerhin unterscheidet sich der Satzbau in V.₂₈₋₃₂ von dem primitiveren der Quelle, und andrerseits finden sich die Anm. 2 aufgezählten Semitismen alle in dem mutmaßlichen Text der Quelle. Bildungen des Evglisten sind sicher die durch seine theologischen Gedanken gekennzeichneten Stücke V.₄. ₇₋₁₀. ₁₈. ₂₀₋₃₂. ₄₀₋₄₂, in denen er wie sonst Worte aus den Offenbarungsreden verwendet. Seine Anmerkung ist V.₁₃, während die Anmerkung V.₂ vom kirchlichen Red. stammt, wie schon der Kyriostitel verrät (s. S.128, 4). Es bleiben dann übrig die Verse 1. 3. 5-6. 11-12. 14-15. 17-19. 33-39. 43-44, in denen man zunächst den Text der Quelle finden möchte. Indessen zeigen manche Unklarheiten, daß diese Verse kein ursprünglicher Bericht sind; vermutlich war eine alte Erzählung schon bei der Aufnahme in die σημεῖα=Quelle redigiert worden, und der Evglist hat sie weiter bearbeitet. Alles läßt sich nicht mehr klären; wahrscheinlich ist, daß die Schwestern

1. Einleitung 11₁₋₁₆.

a) 11, 1—5. — D.₁.₃.₅ geben die äußere Situation an: in Bethanien[1] liegt ein Mann krank[2], Lazarus[3] (**D. 1**). Daß er ein Freund Jesu ist, kommt D.₃ und ₅ zutage: seine Schwestern Maria und Martha[4] senden an Jesus die Botschaft (**D. 3**): „Siehe, der, den Du lieb hast, ist krank!"[5], eine Botschaft, die natürlich die indirekte Bitte ist, daß Jesus komme und den Kranken heile. Für den Leser erhält diese Bitte ihre Motivierung in **D. 5**[6]. Dazwischen steht **D. 4**[7] ein Wort Jesu — an die ihn umgebenden Jünger, ist vorausgesetzt — über den Sinn dieser

ursprünglich, wenn überhaupt genannt, so doch anonym waren, und daß ihre Identifikation mit Martha und Maria sekundär ist; s. u. zum Einzelnen: S. 302, 1. 4. 6. 7; 305, 4. 7. 9; 309, 2. 5; 310, 3; 311, 3. 4. 6.

[1] Über die Lage von Bethanien östlich vom Ölberg s. Dalman, O. und W. 265f; Str.-B. und Schl. zu Mt 21₁₇. Für den Leser ist das Dorf als die Heimat (s. S. 72, 5) des ihm bekannten Schwesternpaares charakterisiert. Bekannt war es aus Lk 10₃₈₋₄₂ und wohl auch aus weiterer Legendenbildung. Ihre κώμη, in die Jesus auf der Reise durch Samaria nach Jerusalem kommt, ist bei Lk nicht genannt, und an Bethania kann Lk seinem Reiseaufriß zufolge nicht gedacht haben. Solche Identifikation pflegt sekundär zu sein (Gesch. der synopt. Tr. 68f. 257f.). — Die Angabe kann nicht erst ein Zusatz des Evglisten sein, denn daß Martha und Maria die Schwestern des Laz. sind, ist hier weder ausgesprochen noch offenbar gemeint (Schw., Wellh.). Im folgenden ist es allerdings vorausgesetzt; aber diese Identifizierung scheint sekundär zu sein, s. u. — **D.2** ist Glosse der kirchlichen Red. (s. S. 301, 4); ihre Absicht ist, die hier genannte Maria mit der Frau zu identifizieren, die aus Mk 14₃₋₉ par. (Lk 7₃₇f.) bekannt ist; das entspricht der Tendenz, die in der Tradition gegebenen Daten zu einer dem Leser bekannten Welt zu verknüpfen. Auch Joh 12₁₋₈ findet sich ja jene Geschichte, aber es ist nicht wahrscheinlich, daß D.2 darauf vorausweist; vielmehr ist mit Bl.-D. § 339, 1 zu verstehen: „M. war (genauer wäre 'ist') diejenige, welche bekanntlich ... gesalbt hat."

[2] Zu ἦν δέ τις s. 1₅. Zu Λαζ. ἀπὸ Βηθ. vgl. Jos. bell. 2, 585: ἀνὴρ ἀπὸ Γισχάλων und s. S. 72, 5.

[3] Λάζαρος (wie Lk 16₂₀; Jos. bell. 5, 567) = לַעְזָר, Abkürzung von אֶלְעָזָר (= dem Gott hilft), Str.-B. zu Lk 16₂₀. — Die Benennung dessen, an dem Jesus ein Wunder tut, mit einem Eigennamen ist in der alten Tradition singulär (Mk 10₄₆ Lk 8₄₁); s. Gesch. der synopt. Tr. 256f. Daß der Name Laz. aus Lk 16₁₉₋₃₁ stamme (sodaß die Geschichte zeigen wolle: die Juden glauben auch dann nicht, wenn Lazarus von den Toten aufersteht), ist eine oft geäußerte Vermutung.

[4] So ist im Sinne des jetzt vorliegenden Textes jedenfalls zu sagen. Waren die Schwestern ursprünglich unbenannt, so wäre αἱ ἀδ. αὐτοῦ zu erwarten. Hieß es ursprünglich einfach: ἀπέστειλαν οὖν πρὸς αὐτὸν λέγοντες (man schickte zu ihm)? — Zu den Namen מרים bzw. מרים und מרתא s. Str.-B. I 36; II 184.

[5] Mit φιλεῖν, das D.₃₆ wiederkehrt, wechselt ἀγαπᾶν D.₅ ohne Bedeutungsunterschied (s. S. 190, 1); die Derben haben hier nicht einen spezifisch joh. Sinn, sondern bezeichnen das menschliche Verhältnis; s. M. Dibelius, Festg. für Ad. Deißmann 181. — Nach R. Eisler (Rätsel 373ff.) verrät D.₃, daß in der Quelle die Vorgeschichte erzählt gewesen sein muß, die das ὂν φιλεῖς begründete. Eisler identifiziert nun den Lazarus einerseits mit dem „reichen Jüngling", den Jesus nach Mk 10₂₁ „lieb gewann", andrerseits (wie schon Kreyenbühl) den „Lieblingsjünger" des Joh und erschließt durch weitere Kombinationen als Quelle ein „Lazarus-Evangelium".

[6] Nach D.₃ sollte man erwarten, daß Lazarus als einziger, oder wenigstens als erster Gegenstand der Liebe Jesu genannt wäre. Man hat den Eindruck, daß τὴν M. καὶ τ. ἀδ. αὐτῆς καὶ eine sekundäre Einfügung ist.

[7] In der Quelle folgte D.₅ unmittelbar auf D.₃. D.₄ stammt (wie 9₃₋₅) vom Evangelisten, der das ὡς οὖν ἤκουσεν der Quelle (D.₆) in dem ἀκούσας δέ voraufnimmt, um an das ἀσθενεῖ (D.₃) seinen Satz über den Sinn der ἀσθένεια anzufügen. D.₄ zeigt seinen charakteristischen Stil: zu οὐκ ... ἀλλά wie zur Explikation des Begriffes δόξα τ. θ. durch den ἵνα-Satz s. S. 29, 1; zu πρὸς θάν. vgl. I Joh 5₁₆f., zu ὑπὲρ τ. δόξης vgl. III Joh 7 ὑπὲρ τ. ὀνόματος, zu δι' αὐτῆς am Schluß des Satzes vgl. 1₇ 3₁₇ I Joh 4₉.

Erkrankung: sie wird nicht zum Tode führen[1], sondern ihr Zweck ist die Verherr= lichung Gottes. Das heißt zunächst natürlich — wie die analoge Wendung 9₃b[2] —, daß sie der Anlaß zu Jesu Wundertat sein wird. Das erläuternde ἵνα δοξασϑῇ κτλ. soll dementsprechend sagen, daß diese Tat auch Jesus selbst verherrlichen wird, der, indem er die δόξα des Vaters sucht (7₁₈), zugleich die eigene δόξα erwirbt (8₅₄); denn die δόξα des Vaters und des Sohnes bilden eine Einheit[3]. Aber es kann kein Zweifel sein, daß es sich nicht nur um das δοξασϑῆναι durch eine Wundertat handelt; vielmehr liegt hinter diesem ersten Sinn der andere: Jesu Wundertat wird ihn ans Kreuz bringen, d. h. aber, sie wird zu seiner end= gültigen Verherrlichung führen. Das zeigt die Stellung der Geschichte (s. S. 300), und in solchem Sinne ist fortan von Jesu δοξασϑῆναι die Rede: 12₁₆. ₂₃. ₂₈ 13₃₁f. 17₁. ₄f.

b) 11, 6—16. — Hatten V.1-5 die Situation in ihrem äußeren und inneren Bestande gezeichnet, so wird in dem Dialog Jesu mit seinen Jüngern das Ge= wicht der Entscheidung deutlich, die mit Jesu Entschluß, dem Freunde zu helfen, fällt. In der Darstellung besteht eine gewisse Spannung zwischen diesem für den Evglisten charakteristischen Motiv: Jesu Gang führt in den Tod, — und dem anderen durch die Quelle gegebenen: Jesus schiebt — zunächst unbegreiflich — die Erfüllung der Bitte hinaus. Es ist dieses das gleiche Motiv, das 2₃f. 7₆ff. begegnet: Jesu Wirken hat seine eigene Stunde, ein Motiv, das in einer Wunder= geschichte seinen bestimmten Platz hat, das aber der Evglist gern übernimmt, weil es die Freiheit des Offenbarers von weltlichen Gesichtspunkten demonstriert[4]; und das hat gerade hier seinen besonderen Sinn, wo die Wahl der rechten Stunde für das Wunder zugleich der erste Schritt in das δοξασϑῆναι der Passion ist.

Das zweite Motiv beherrscht **V.** 6; freilich so, daß der Sinn noch verborgen ist: Jesu Zögern erscheint unbegründet und erhält erst in V.₁₅ seine Aufklärung. Am dritten Tage erst[5] will sich Jesus mit den Jüngern nach Judäa[6] aufmachen (**V.** 7)[7]. Damit ist das erste Motiv angeschlagen: die Jünger wissen, was das εἰς τὴν Ἰουδαίαν πάλιν bedeutet; sie erinnern an die Steinigungsabsicht der Juden (10₃₁)[8] und warnen damit vor dem Weg, der in den Tod führen wird (**V.** 8).

---

[1] Schwerlich ist ein Doppelsinn beabsichtigt, sodaß die Jünger verstehen müßten: „nicht zum Sterben", während Jesus meinte: „nicht zum Totbleiben" (Br.). Das wäre gar kein joh. Doppelsinn (s. S. 95, 2). Vielmehr ist der Satz auf die Leser berechnet: der Tod ist nicht das Ende und der Sinn der Krankheit.

[2] S. S. 251.

[3] S. zu 12₂₈ 13₃₁f.   [4] S. S. 81. 85. 220f.

[5] Hat es für den Evglisten einen symbolischen Sinn, daß Jesus den dritten Tag wählt?

[6] Das den Abschnitt mit 10₄₀ verknüpfende εἰς τ. Ἰουδ. statt des zu erwartenden εἰς τὴν Βηϑανίαν soll die Einrede V.₈ provozieren. Es stammt natürlich vom Evglisten; in der Quelle folgte auf V.₆ unmittelbar V.₁₁: ⟨ἔπειτα aus V.₇⟩ μετὰ τοῦτο λέγει αὐ= τοῖς. (So richtig Faure, ZNTW 21 (1922), 114, 1, der aber darin irrt, daß die dem Evglisten zugehörigen Verse mit 10₄₀₋₄₂ einen ursprünglichen Zshg. gebildet hätten. Freilich besteht dieser Zshg., aber er ist gerade die Redaktionsarbeit des Evglisten). — Die Quelle setzte, wie V.₁₁-₁₅ zeigt, die Jünger als Umgebung Jesu voraus wie 9₂. Aber wie im Kap. 9 sind die Jünger nachher (von V.₁₇ an) verschwunden; sie haben weder für das Wunder noch für die Intention des Evglisten eine Bedeutung.

[7] Zu dem pleonast. ἔπειτα μετὰ τοῦτο s. Bl.=D. § 484. — Ἄγωμεν wie V.₁₅f. 14₃₁ Mt 1₃₈; Epikt. Diss. III 22, 55 usw.

[8] Zu νῦν = neulich erst, eben noch, verweist Br. auf Jos. ant. 11, 24; c. Ap. 1, 46. Es ist im Griechischen geläufig, vgl. Plat. resp. 341 c usw.

Jesu Antwort (**V. 9 f.**) spricht im Bilde den gleichen Gedanken aus wie 9₄: die
Zeit seines Wirkens ist begrenzt:

[οὐχὶ δώδεκα ὧραί εἰσιν τῆς ἡμέρας;]
ἐάν τις περιπατῇ ἐν τῇ ἡμέρᾳ, οὐ προσκόπτει,
[ὅτι τὸ φῶς τοῦ κόσμου τούτου βλέπει·]
ἐὰν δέ τις περιπατῇ ἐν τῇ νυκτί, προσκόπτει,
[ὅτι τὸ φῶς οὐκ ἔστιν ἐν αὐτῷ]¹.

Der Gedanke ist als allgemeiner Satz formuliert: zwölf Stunden umfaßt der
Tag², d. h. er ist begrenzt, — begrenzt durch die Nacht, die hereinbrechen wird
(vgl. 9₄). Die beiden ἐάν=Sätze enthalten in der Form schlichter Schilderung die
Mahnung, den Tag auszunutzen (vgl. 9₄). Es versteht sich im Zshg von selbst,
daß dieses Wort (wie 9₄) auf Jesus selbst angewandt werden und seinen Ent=
schluß begründen soll: er muß die kurze Zeit, die ihm auf Erden noch bleibt, aus=
nutzen³.

Mit dem ταῦτα εἶπεν **V. 11** fällt gleichsam wieder der Schleier vor den ge=
heimen Hintergrund der Geschichte; ohne Bezug auf V. 8-10 redet Jesus von seiner
Absicht, zu Lazarus zu wandern⁴. Und zwar redet er — damit das παράδοξον
der Erweckung um so größer erscheint — in zweideutiger Weise: er will den „ein=
geschlafenen" Lazarus „aufwecken"⁵. Die Jünger mißverstehen **V. 12** das Wort
in plumper Weise⁶, was ein Zusatz des Evglisten (**V. 13**) erläutert⁷. Jesus klärt
sie aber auf (**V. 14**), indem er offen sagt⁸, daß Lazarus gestorben sei. Mit dem
κεκοίμηται ist auch das ἐξυπνίσω αὐτόν erklärt, und es ist nun verständlich (**V. 15**),
warum Jesus sich um der Jünger willen freut, nicht schon früher gegangen zu

---

¹ Das Wort stammt ohne Zweifel aus der Lichtrede der Offenbarungsreden,
deren Stücke der Evglist auf verschiedene Abschnitte verteilt hat: 9₄f. ₃₉ 8₁₂ 12₄₄-₅₀. ₃₅f.,
s. S. 252. 260. 262. 271. Vermutlich gehörte 11₉f. mit 9₄f. in der Quelle eng zu=
sammen, und vielleicht darf man als ursprünglichen Zshg rekonstruieren: 9₅. ₄ (s. S. 252, 1);
11₉. ₁₀ 12₃₅. ₃₆. Dies wäre der zweite Teil der Lichtrede gewesen; der erste umfaßte
8₁₂ 12₄₄-₅₀ (statt V. ₄₆ ursprünglich 9₃₉, s. S. 262, 6). — Der Evglist hat den Text in 11₉f.
durch die begründenden ὅτι=Sätze glossiert (vgl. sein Verfahren in 12₄₇-₅₀; s. S. 262f.);
im ersten derselben ist das τοῦ κόσμου τούτου (s. S. 260, 4) unmotiviert; der zweite hat den
künstlichen Sinn: „denn in sich selbst hat er ja kein Licht" (denn an Mt 6₂₃ Lt 11₃₅ ist
nicht zu denken; eher an Philo spec. leg. 192 vom Propheten: ἔχοντι νοητὸν ἥλιον ἐν
αὐτῷ), und die Korrektur von ἐν αὐτῷ in ἐν αὐτῇ D ist sehr begreiflich. — Für eine
Bildung des Evglisten halte ich auch die einleitende Frage οὐχὶ κτλ.; sie ist charakteristisch
im Semitischen für die Einführung eines Bildwortes, vgl. Mt 10₂₉ par.; Lt 14₂₈. ₃₁
15₈; Gesch. der synopt. Tr. 195f.
² Über die Stundeneinteilung des jüdischen Tages Str.=B. 3. St.
³ Daß für Jesus selbst, sofern er das φῶς ist, eigentlich keine Nacht bevorsteht,
bleibt wie 9₄ außer Betracht. Das zeigt, daß das Wort (wie 9₄, s. S. 252, 1) ursprünglich
nicht auf ihn ging, sondern eine Mahnung an die Hörer war. — Falsch Ho. und Br. nach
Apollinaris Cat. 315, 20: Jesus wolle die Jünger beruhigen: ehe seine Stunde gekommen
ist, können ihm die Juden nichts anhaben.
⁴ Über den ursprünglichen Anschluß von V.11 an V. ₆ s. S. 303, 6.
⁵ Ἐξυπνίζω (auch LXX) ein hellenistisches Wort; klassisch ist ἀφυπνίζω, s. Br.
⁶ Das ist kein „joh." Mißverständnis (s. S.95, 2); denn es handelt sich ja nicht um
die Verwechslung des Himmlischen und Irdischen. Vielmehr liegt ein primitives Kunst=
mittel der Quelle vor (vgl. Mt 5₃₉). — Zur Weisheit der Jünger, daß der Schlaf gesund
ist, vgl. die Parr. bei Wetst. und Str.=B. — Der Doppelsinn von κοιμᾶσθαι ist uralt;
s. ThWB III 13, Anm. 60; Joh.=B. 168, 6f.: „Das Mysterium des Todes ist der Schlaf",
dazu Lidzb. — Zu κοίμησις (im NT nur hier) ThWB a. a. O.
⁷ Vgl. die Erläuterungen 2₂₁ 7₃₉ 12₁₆. ₃₃.
⁸ Zu παρρησία s. S.219, 1.

sein[1]; sie sollen das Wunder der Totenerweckung erleben und Glauben fassen[2]. Das aus V.7 wieder aufgenommene ἄγωμεν[3] ruft das Wort des Thomas **V. 16** hervor und bringt damit wieder das erste Motiv zum Klingen: dieser Weg wird in den Tod führen. Des Thomas Wort, nicht mehr an Jesus, sondern an die Gefährten gerichtet, ist keine Warnung mehr, sondern bedeutet Ergebung in das den Jüngern mit Jesus gemeinsam drohende Schicksal[4]. Zum erstenmal taucht hier die Wahrheit auf, daß die Jünger das Schicksal Jesu für sich übernehmen müssen; die Abschiedsreden werden dieses Thema entwickeln, und an Stelle der resignierten Ergebung wird die klare Entschlossenheit treten. Daß es sich jetzt noch um blinde Ergebenheit handelt, ist auch dadurch zum Ausdruck gebracht, daß Thomas[5] es ist, der das Wort spricht; er, der sich auch 14₅ blind zeigt, und der nach 20₂₄ff. „sehen" muß, um glauben zu können.

2. Die Auferstehung und das Leben 11₁₇-₄₄.

a) Jesus und Martha 11₁₇-₂₇.

V.17-19 geben die äußere Situation an, die für das Folgende die Voraussetzung ist. Als Jesus nach Bethanien kommt, ruht der Tote schon vier Tage[6] im Grabe (**V. 17**)[7]. Die Entfernung Bethaniens von Jerusalem[8] wird **V. 18** ausdrücklich angegeben, um die Anwesenheit der Juden zu motivieren (**V. 19**). Diese sind, dem Brauch entsprechend[9], gekommen, um die Schwestern zu trösten; im

---

[1] Das ὅτι κτλ. hängt nicht von πιστ., sondern von χαίρω ab. Der eingefügte ἵνα-Satz, der das δι' ὑμᾶς erläutert, stammt vielleicht vom Evglisten.

[2] Das ἵνα πιστ. ist gesprochen, als ginge nicht 2₁₁ voraus. Die Entwicklung der Jünger interessiert nicht; die Darstellung ist schematisch, s. S.144, 1. Die Reflexion, daß der Glaube der Jünger durch den Tod des Lazarus in der Abwesenheit Jesu erschüttert worden sei (Schl.), trägt ein dem Evglisten fremdes Interesse ein.

[3] So vom Gesichtspunkt des vorliegenden Textes aus. Faktisch hat der Evglist das ἄγωμεν der Quelle V.15 in V.7 vorausgenommen.

[4] Daß sich μετ' αὐτοῦ auf Lazarus beziehe, ist eine barocke Idee Zn.s. — Natürlich gehört V.16 mit V.7-10 dem Evglisten; in der Quelle schloß V.17 an V.15 an, wie auch aus dem αὐτόν V.17 hervorgeht, das sich auf V.15 zurückbezieht und an V.16 keinen Rückhalt hat.

[5] Θωμᾶς ist ein griechischer Name (Bl.-D. § 53, 2d), der als Äquivalent für das semitische תְּאוֹמָא (= Zwilling) gebraucht wurde; s. 14₅ 20₂₄ 21₂.

[6] Zu τέσσ. ἤδη ἡμ. ἔχοντα s. S.180, 6. — Die vier Tage im Grabe besagen, daß der Tod vor vier Tagen erfolgt ist, da nach orientalischer Sitte der Tote am Sterbetag begraben wird (vgl. Act 5₆. 10). Der vierte Tag wird deshalb gewählt sein, weil sich nach jüdischem Glauben die Seele noch drei Tage in der Nähe des Leichnams aufhält, sodaß am vierten Tag jede Hoffnung auf Wiederbelebung entschwunden ist; s. Schl. z. St., Str.-B. und Br. zu V.39; Bousset, Rel. des Judent. 297, 1; Dalman, Jesus-Jeschua 170. 197f.; E. Böklen, Die Verwandtschaft der jüd.-christl. mit der pars. Eschat. 1902, 28f.; Lehmann-Haas, Textbuch zur Religionsgesch.² 1922, 162f. — Wie die vier Tage gerechnet sind, d. h. ob die zwei Tage von V.6 einbegriffen sind oder nicht (s. Br.), ist gleichgültig.

[7] V.17 klingt, als sei Jesus direkt zum Grabe gekommen, was im Widerspruch zu V.34. 38 stehen würde. Aber eine klare Ortsangabe enthält V.17 nicht; s. Anm. 9.

[8] Das ἦν ist wie 4₆ 18₁ 19₄₁ dem Tempus der Erzählung angeglichen; daß Jerusalem zur Zeit des Erzählenden nicht mehr steht (Merx), ist daraus also nicht zu erschließen. Der Akk. auf die Frage „wie weit entfernt"? ist, wie häufig, durch ἀπό ersetzt; s. Bl.-D. § 161, 1; Raderm. 122; Br. und Schl. z. St. — Die Angabe der Entfernung (15 Stadien = 3 Kilometer, Str.-B.) ist nach Dalman, O. und W.13. 266 ungenau.

[9] Die Variante im K-Text: πρὸς τὰς περὶ M. κ. M. braucht keinen anderen Sinn zu haben als das πρὸς τὴν M. κ. M., s. Br. — Über den Brauch der „Tröstung der Trauern-

Sinne der Erzählung freilich ist ihre Anwesenheit notwendig, weil sie als Zeugen
des Wunders gebraucht werden.

Mit **V.** 20 beginnt die entscheidende Szene: Martha läuft auf die Kunde, daß
Jesus komme, ihm entgegen und trifft ihn, wie aus V.30 zu schließen ist, noch
draußen vor dem Dorf, während Maria zu Hause bleibt[1]. In dem Ausruf der
Martha **V.** 21f. redet der Glaube an Jesu wunderbare Kraft. Der erste Satz
— kaum als Vorwurf gedacht, vielmehr als schmerzliches Bedauern — spricht das
Vertrauen auf den Krankenheiler aus, das Martha ihm, nicht anders als andere,
entgegenbringt. Er bildet die Folie für den zweiten Satz, in dem das Neue und
Eigene des Glaubens an Jesus sich aufschwingt: Martha weiß, daß Gott ihm jede
Bitte erfüllen wird. Natürlich ist ihr Wort eine indirekte Bitte, den Bruder zu
erwecken; aber es ist bedeutsam, daß es nicht als Bitte, sondern als Bekenntnis
formuliert ist, dessen *νῦν οἶδα* ebenso zu dem *νῦν ἐγνώκαμεν* 8₅₂ im Gegensatz
steht, wie es mit dem *νῦν οἴδαμεν* 16₃₀ zusammengeht. So ist das Wort über
die Situation hinaus zum Ausdruck des Glaubens an seine Hilfe, ja überhaupt
an ihn als den Offenbarer, dem Gott alles gibt (3₃₅ usw.), geworden. Aber auch
das ist bedeutsam, daß ihr Glaube an seine Kraft der Glaube an die Kraft seines
Gebetes ist, was dann durch **V.** 41f. noch beleuchtet wird. Eben damit ist der Offenbarer der Sphäre des *θεῖος ἄνθρωπος*, als den ihn die alte Wundergeschichte sieht,
entrückt und als der gesehen, der alles, was er hat, von Gott hat.

Jedoch zeigt der folgende Dialog, daß im Grunde nichts anderes als ein
Bild des Glaubens gezeichnet, nicht etwa ein glaubenskräftiger Mensch dargestellt
werden soll. Jesus gewährt die Bitte der Martha mit dem zweideutigen *ἀναστή-
σεται ὁ ἀδελφός σου* (**V.** 23), mit dem sie sich nicht zufrieden gibt, weil sie es auf
die *ἀνάστασις ἐν τῇ ἐσχάτῃ ἡμέρᾳ* bezieht (**V.** 24)[2]. Die johanneische Technik
des Mißverständnisses ist deutlich; aber ihre Durchführung ist infolge der Bindung
des Evglisten an die Wundergeschichte nicht rein. Denn im Grunde soll ja der
primitive Begriff der *ἀνάστασις* nicht dadurch korrigiert werden, daß Jesus an

---

den" s. Str.=B. IV 1, 592—607. — Auffallend ist, daß die Juden D.33 nicht als Tröstende,
sondern als Weinende bezeichnet werden. Wellh. meint, daß es sich D.33 um das Trauer=
gefolge am Grabe bzw. unmittelbar nachher auf dem Wege vom Grabe handelt, und
schließt daraus, daß D.17 in der Tat sagen wollte, Jesus sei gleich zum Grabe gegangen
(s. S. 305, 7). Er folgert weiter, daß D.18f. sekundär sind. Der ursprüngliche Be=
richt erzählte also, daß Jesus, als er zum Grabe kam, den Trauernden begegnete, die
den Lazarus soeben bestattet hatten. Demzufolge muß auch das *τέσσ. ἤδη ἡμ. ἔχοντα* in
D.17 als sekundärer Zusatz beurteilt werden, und damit ist ebenfalls D.39 als solcher Zusatz
erwiesen. — Diese Rekonstruktion ist vielleicht richtig; sie beseitigt auch die Gestalten
der Martha und Maria aus der Urform der Erzählung (s. S. 301, 4). Indessen wäre
diese Urform wohl nicht erst vom Evglisten (Wellh.), sondern schon in der *σημεῖα*-
Quelle bearbeitet worden; denn die Steigerung der Größe des Wunders durch die An=
gabe, daß Lazarus schon seit drei Tagen tot war, entspricht wohl der Tendenz der Wunder=
überlieferung, nicht aber der des Evglisten, für den das Wunder zum Symbol wird.
Und offenbar bot ihm seine Quelle durch Nennung der Martha und Maria die Mög=
lichkeit für seine Komposition D.20-32.

¹ Die Differenzierung der Schwestern ist beabsichtigt; in ihr ruht gerade die Pointe
der Erzählung. Der Evglist kann aus Lk 10₃₈-₄₀ die Anregung dazu gewonnen haben;
die Charaktere der Schwestern bei Joh mit denen bei Lk gleichzusetzen, ist jedoch nicht
möglich.

² Über die jüdische Auferstehungshoffnung s. Schl. 3. St. und ThWB I 370, 10ff.;
II 858, 4ff.

Stelle der eschatologischen ἀνάστασις im populären Verstande vermöge seiner Wunderkraft ein sofortiges ἀναστῆναι des Lazarus bewirkt, sondern, wie D. 25 f. zeigt, dadurch, daß der Begriff der eschatologischen ἀνάστασις derart umge= wandelt wird, daß die von Martha gemeinte künftige Auferstehung gleichgültig wird gegenüber der gegenwärtig im Glauben erfaßten. Diese aber findet in der Erweckung des Lazarus nur ihr Symbol

D. 25 f.: ἐγώ εἰμι ἡ ἀνάστασις καὶ ἡ ζωή.

ὁ πιστεύων εἰς ἐμὲ κἂν ἀποθάνῃ ζήσεται,

καὶ πᾶς ὁ ζῶν καὶ πιστεύων εἰς ἐμὲ οὐ μὴ ἀποθάνῃ εἰς τὸν αἰῶνα[1].

Jesus redet als der Offenbarer[2]. Er ist die Auferstehung[3] und das Leben, da für diejenigen, die an ihn glauben, d. h. ihn als den Offenbarer Gottes an= erkennen, Leben und Tod, so wie die Menschen sie kennen und nennen, keine Realitäten mehr sind. Wenn sich der Offenbarer nicht nur als die ζωή bezeichnet (vgl. 14 6), sondern auch als die ἀνάστασις, so hat das seinen Grund nicht nur darin, daß der Dialog am Gegensatz gegen die primitive Auferstehungs=Vor= stellung orientiert ist und sagen will: was in jener Vorstellung sinnvolle Frage ist, das findet in Jesus seine Antwort. Sondern es bringt auch zum Ausdruck, daß die ζωή ein eschatologisches Phänomen ist, d. h. daß sie nur in der ἀνάστασις zugänglich wird. Jesu „ich bin das Leben" beschreibt nicht seine metaphysische Wesenheit, sondern seine Gabe für den, der zum Glauben kommt und damit „aufersteht"[4]. Eben dieses, daß er die ζωή ist in seiner Bedeutsamkeit für den Glauben, ist in der Verbindung von ἀνάστασις und ζωή gesagt[5].

Die Selbstprädikation wird in einem Doppelverse entfaltet. Beide Verse sagen positiv und negativ das Gleiche[6], indem sie in paradoxer Formulierung[7] die Begriffe Tod und Leben in eine andere Sphäre heben, für die menschlicher Tod und menschliches Leben nur Abbilder und Hinweise sind: der Glaubende mag

---

[1] Das Wort stammt ohne Zweifel aus den Offenbarungsreden. Man könnte ver= muten, daß es sich um ein Fragment der 5 19 ff. verwendeten Rede handelt. Wieweit der Evglist die Formulierung redigiert hat, ob etwa das καὶ πιστεύων εἰς ἐμέ in D. 26 von ihm zugesetzt ist, kann man fragen; s. S. 308, 2.

[2] Zu ἐγώ εἰμι s. S. 167, 2.

[3] Ἀνάστασις darf nicht aktivisch verstanden werden (so wenig wie ζωή) als „die Auferweckung" (Schl.). Damit wäre der Sinn des ἐγώ εἰμι mißverstanden; denn dieses charakterisiert nicht das Wesen oder das Tun des ἐγώ, sondern seine Gabe bzw. seine Bedeutsamkeit. Odeberg betont (334), daß dem ἀνάστασις als aram. Äquivalent קימא entspricht, ein Wort, das auch in den mandäischen Quellen technisch ist, nicht das rabbin. תחיית המתים (vivificatio mortuorum). Die Begründung, daß das letztere im 3sg keinen Sinn gäbe, ist freilich nicht zutreffend.

[4] Es liegt also mehr darin als: „der einst die Toten erwecken wird, steht jetzt vor dir" (R. Hermann. Von der Antike zum Christentum. Festgabe für D. Schultze 1931, 32).

[5] Daß καὶ ἡ ζωή in ꝓ45 a l syrs Cypr. fehlt, kann nur ein Versehen sein. — Wenn Jesus act. Jo. 98, p. 200, 8 s. unter anderen, meist charakteristisch gnostischen Titeln auch die Titel ζωή und ἀνάστασις trägt, so liegt darin ein Hinweis auf die Herkunft dieser Titel aus der gnostischen Tradition, auch wenn wiederum Joh 11 25 f. auf die act. Jo. eingewirkt hat.

[6] Falsch ist es, mit Calvin, Bd., Schl. u. A. in den beiden Versen verschiedenen Sinn zu finden: der erste lehre die Auferstehung, der zweite die Unzerstörbarkeit des Auferstehungslebens. Das setzt eine unzulässige Interpretation des πᾶς ὁ ζῶν D. 26 voraus, s. S. 308, 2.

[7] Es ist bezeichnend, daß es nicht heißt ἡ ἀληθινὴ ζωή (was sachlich ja zutreffend wäre) wie Ign. Eph 7 2 und sonst; s. ThWB II 840, 4 ff.; 861, 6 ff.; 865, Anm. 268.

den irdischen Tod sterben; gleichwohl hat er das „Leben" in einem höheren, im
endgültigen Sinne[1]. Und wer noch im irdischen Leben weilt[2] und ein Glaubender
ist, für den gibt es keinen Tod im endgültigen Sinne; das Sterben ist für ihn
wesenlos geworden. Denn Leben und Tod im menschlichen Sinne — das höchste
Gut und der tiefste Schrecken — sind für ihn wesenlos geworden; er steht ja, sofern er den Offenbarer glaubend sieht, vor Gott selbst. „Nam mors animae
abalienatio est a Deo"[3].

Die Frage πιστεύεις τοῦτο[4] fragt also, ob der Mensch bereit ist, Leben
und Tod, so wie er sie kennt, wesenlos sein zu lassen. Er ist im allgemeinen gern
bereit, zu hören, daß die im Tode erfolgende Vernichtung des Lebens selber
nichtig sei, — aber nur, um so — erleichtert oder ängstlich — das Leben, das er
als „der Güter höchstes" kennt, festzuhalten. Der Glaube läßt auch dieses fahren.
Das bedeutet: er beansprucht nicht zu wissen, welcher Art die ζωή sei, die ihm verheißen wird. Trägt die ihm verheißene Gabe den gleichen Namen wie das Gut,
das dem Menschen als höchstes gilt, heißt sie eben ζωή, so muß freilich das, was
er „Leben" nennt, ein Hinweis auf jenes „Leben" sein; aber nur in dem Sinne,
daß dasjenige, was in der hiesigen ζωή eigentlich sein sollte, ja was er
— wenngleich es sich ständig verhüllend — eigentlich sein wollte, in jener
ζωή wirklich ist. Die verheißene ζωή kann also nicht anschaulich beschrieben,
inhaltlich bestimmt werden, — weder als das „geistige" Leben im idealistischen
Sinne[5], noch als ein Phänomen des Bewußtseins, des seelischen Lebens, etwa gar
als die mystische Unio[6]. Jede Darstellung des Was und Wie der verheißenen
ζωή könnte nur von menschlichen Möglichkeiten reden, und ihre höchsten wären
nicht besser dran als die primitivsten — angesichts der verheißenen ζωή, die als
eschatologische — als ἀνάστασις καὶ ζωή — jenseits der menschlichen Möglichkeiten steht. Die Bereitschaft für sie ist die bereite Übernahme des irdischen Todes,
d. h. die Preisgabe des Menschen, so wie er sich kennt und sich will. Jene ζωή
erscheint also für die Welt unter der Maske des Todes[7].

Die Antwort der Martha (V. 27) zeigt die echte Haltung des Glaubens,
indem sie jede Aussage über die ζωή vermeidet, ganz vom Ich absieht und nur
vom Du redet, von dem, der ihr als der Offenbarer Gottes begegnet ist, und
den sie als solchen glaubend anerkennt[8]. Die verheißene ζωή kann sie nicht sehen;

---

[1] S. S. 193 f.
[2] Da das ὁ ζῶν im zweiten Verse dem κἂν ἀποθάνῃ im ersten korrespondiert, muß
es wie dieses im Sinne des menschlichen Denkens gemeint sein und also vom irdischen
Leben verstanden werden. Falsch also Hermann a. a. O. 32: „Wer das dem Glauben
verheißene Leben errungen hat und dennoch (!) ein Glaubender bleibt." Diese
und damit auch die von Calvin usw. vertretene Auffassung (s. S. 307, 6) könnte
höchstens die der Quelle sein, wenn das καὶ πιστ. εἰς ἐμέ ein Zusatz des Evglisten sein
sollte (s. S. 307, 1). Aber der Evangelist hätte dann die Quelle in höchst bedeutsamer Weise
korrigiert.   [3] Calvin 3. St.
[4] Nur hier und I Joh 4₁₆ erhält πιστεύειν bei Joh ein Akk.-Obj.; s. Huby, Rech.
sc. rel. 21 (1931), 406 f.
[5] Über die griechische Auffassung vom eigentlichen Leben s. ThWB II 836, 3 ff.;
838, 36 ff. In dieser Tradition steht Philon, der der Paradoxie von Joh 11₂₅ f. z. B. in
der Umdeutung des bekannten Heraklitwortes nahekommt; s. ThWB II 861, 15 ff.
[6] S. S. 194, 2.
[7] So auch bei Paulus II Kor 4₇ ff.; s. ThW. III 20, 35 ff.
[8] Es ist unverständlich, wie manche Exegeten sagen können, Martha habe Jesus
nicht recht verstanden. Dibelius (Festg. für Deißmann 185) hat recht, daß V.₂₇ das christologische Bekenntnis der Gemeinde ist.

aber sie kann anerkennen, daß in Jesus der eschatologische Einbruch Gottes in die Welt geschieht. Die Namen, die ihr Bekenntnis ihm beilegt, sind eschatologische Titel; und von ihnen ist hier der dritte der bedeutsamste, weil das ὁ εἰς τὸν κόσμον ἐρχόμενος den Einbruch des Jenseits in das Diesseits am deutlichsten ausspricht[1].

b) Die Auferweckung des Lazarus 11 28-44.

11, 28—32. — Die Verse 28-32 schildern einerseits das äußere Geschehen, das für das Folgende Voraussetzung ist, lenken aber andrerseits den Blick auf das beherrschende Thema des ganzen Abschnittes. Die breite Ausführung in 11 28-44 zeigt nämlich, daß die Auferweckung des Lazarus nicht nur Symbol für Jesu Wort V. 25 f. ist; sie könnte dann viel kürzer erzählt sein. Vielmehr gibt 11 28-44 ein Gegenbild zu 11 17-27: der primitive Glaube derer wird gezeichnet, die des äußerlichen Wunders bedürfen, um Jesus als den Offenbarer anzuerkennen.

Unter Übergehung alles nicht unbedingt Notwendigen[2] wird erzählt, daß Martha ihre Schwester veranlaßt[3], zu Jesus zu gehen (V. 28 f.). Daß sie es heimlich[4] tut, kann seinen Grund nicht darin haben, daß die Juden Jesus feindlich nachstellen; diese erscheinen vielmehr als der zunächst neutrale ὄχλος (V. 42), auf den Jesu Tat in verschiedener Richtung wirkt (V. 45 f.). In der Ökonomie der Darstellung kann das λάθρα nur den Sinn haben, zwischen Maria und dem ὄχλος der Juden zu differenzieren und den Blick des Lesers zunächst auf Maria zu lenken. Für das Geschehen selbst muß das λάθρα freilich erfolglos bleiben, da die Anwesenheit der Juden für die folgende Szene (V. 33 ff.) notwendig ist. Daß die erste Szene noch vor der κώμη spielt (V. 30), dient ebenfalls jener Differenzierung[5]. — Maria geht zu Jesus, — natürlich in stiller Hoffnung oder doch Erwartung; die Juden dagegen denken nur an den Weg zum Grabe (V. 31), gutmütig, aber hoffnungslos[6]. Für sie ist es Zufall, daß sie Jesus begegnen.

Der entscheidende Vers ist V. 32, in dem Maria das gleiche Wort spricht, das als erstes auch Martha gesprochen hatte, während das zweite Wort der Martha (V. 22) im Munde der Maria fehlt. In ihr ist also die erste Stufe des Glaubens dargestellt, über die sich ihre Schwester erhob. Daß sie nur klagend oder gar vorwurfsvoll rede, wird man gleichwohl nicht sagen dürfen. Wenn nicht eine unbestimmte Hoffnung auf ein Wunder aus ihrem Wort spricht, so doch wenigstens

---

[1] Über den Messiastitel ὁ ἐρχόμενος s. Klostermann zu Mt 11 3 (Hdb. zum NT); vgl. ferner 3 19 6 14 und s. S. 224, 4. — Der Titel fehlt in den Bekenntnissen 1 50 4 42 6 69 und vor allem in dem sonst mit 11 27 übereinstimmenden 20 31. — I Joh 2 23 4 15 5 5 enthalten nur das υἱὸς τ. θεοῦ.

[2] Weder wird berichtet, daß Martha sich von Jesus verabschiedet, noch daß er ihr einen Auftrag an die Schwester gegeben habe (φωνεῖ σε V. 28). Auch daß Martha wieder mit zu Jesus zurückgeht, bei dem sie V. 39 vorausgesetzt ist, wird nicht erzählt, weil der Evglist hier nur an Maria interessiert ist. Alle diese Ungenauigkeiten (s. auch zu V. 30) veranlassen nicht zu kritischen Scheidungen; V. 28-32 ist (wie V. 20-27) ganz Bildung des Evglisten, für den auch die semitisierende Sprache (vgl. Schl.) charakteristisch ist.

[3] Zu ἐφώνησεν ... εἰποῦσα (statt λέγουσα) s. Bl.-D. § 420, 2.

[4] Zu λάθρα oder λάθρα s. Bl.-D. § 26.

[5] Warum Jesus inzwischen nicht weiter gegangen ist, darf also nicht gefragt werden. Die ursprüngliche Erzählung berichtete freilich vielleicht anders; s. S. 305, 9.

[6] Das ταχέως V. 31 ist von den ταχύ V. 29 nicht verschieden, s. Br. und Bl.-D. § 102, 2. — Das δόξαντες κτλ. versteht sich aus der Sitte, am Grabe zu klagen; vgl. Sap 19 3. — Statt ἵνα κλαύσῃ (dazu Raderm. 154 f.) will Bl.-D. 390, 4 mit syr s Chrys. lesen: κλαῦσαι.

die Erwartung, daß Jesus einen Trost für sie hat. Das zeigt doch ihre Eile, zu ihm zu kommen[1]. Jene Gewißheit der Martha aber ist ihr nicht eigen[2].

11, 33—40. — Das Wunder der Erweckung wird in V. 33-40 vorbereitet[3]. Die Klage der Maria und der Juden ruft die höchste Erregung Jesu hervor (V. 33). Man wird diese im Zshg nicht anders verstehen dürfen denn als seinen Zorn über die Glaubenslosigkeit, die sich in der Klage ausspricht, welche in seiner — des Offenbarers — Gegenwart über den Tod des Lazarus erhoben wird[4]. Denn dieses Motiv: die Glaubenslosigkeit der Beteiligten trotz seiner Gegenwart, beherrscht auch die Verse 36f. und 39. Die Glaubenslosigkeit, deren Widersinn bloßgestellt wird, ist im Sinn der Wundergeschichte der Zweifel an der Kraft Jesu, den Toten zu erwecken. Doch ist dieser nur das symbolische Bild einer Glaubenslosigkeit, die nicht versteht, daß der Offenbarer die Auferstehung und das Leben ist, angesichts dessen der irdische Tod nichtig ist (V. 25f.).

Jesus läßt sich nun zum Grabe führen (V. 34)[5]. Die Angabe, daß er weinte (V. 35), — wobei das Weinen als Zeichen der Erregung im Sinne von V. 33 zu verstehen ist — hat schwerlich einen anderen Zweck als den, die Äußerung der Juden (V. 36f.)[6] zu provozieren[7] und damit jenes Motiv der Glaubenslosigkeit

---

[1] In diesem Sinne ist eine gewisse Par. die schon von Wetst. zitierte Stelle Cic. in Verr. V 49, 129: mihi obviam venit et ita me suam salutem appellans ... filii nomen implorans mihi ad pedes misera iacuit, quasi ego eius excitare ab inferis filium possem.

[2] Umgekehrt sieht Hirsch in Martha (deren Antwort V. 27 er ignoriert) den „Typ des gewöhnlichen kirchlichen Christentums mit judaistischem Einschlag", während in der anbetend schweigenden Maria „die christliche Haltung Leid und Tod gegenüber gemalt werden sollte" (I 290f.).

[3] Mit V. 33 nimmt der Evglist seine mit V. 20 verlassene Quelle wieder auf; in dieser (der schon bearbeiteten σημεῖα-Quelle, s. S. 301, 4) schloß V. 33 an V. 19 an, und V. 33 begann: Ἰ. οὖν ὡς εἶδεν αὐτὰς κλαιούσας κτλ. — Wieweit der Evglist die Verse 33-40 bearbeitet hat, läßt sich nicht sicher sagen. V. 33 wird vollständig aus der σημεῖα-Quelle stammen (s. folgende Anm.) und ebenso V. 34. Die Verse 35-37, die unter sich eng zusammenhängen, nehmen auf Kap. 9 Bezug. Nun wäre eine solche Bezugnahme auch in der σημεῖα-Quelle wohl nicht undenkbar; indessen wirken die Verse doch wie ein Einschub, nach welchem in V. 38 durch das πάλιν ἐμβρ. ἐν ἑαυτ. der Anschluß an V. 34 wiedergewonnen wird. So werden V. 35-37 vom Evglisten stammen, der das Hauptmotiv (s. o. im Text) verstärken will. Vom Evglisten stammt natürlich V. 40, während V. 38 (bis auf das πάλιν ... ἑαυτ.) der Quelle gehört.

[4] Br. fragt, ob hier eine Polemik gegen die für die Juden charakteristische Totenklage vorliege, analog der Polemik der Mandäer und Manichäer. Eine gewisse Analogie liegt in der Tat vor; doch ist die Polemik im Sinne des Evglisten zu interpretieren. — In der Quelle aber hatte das ἐνεβριμ. κτλ. überhaupt einen anderen Sinn: die pneumatische Erregung des θεῖος ἄνθρωπος wurde beschrieben; vgl. 13 21 und C. Bonner, Harv. Theol. Rev. 20 (1927), 171—180: ἐμβριμᾶσθαι und ταράσσειν werden wie στενάζειν (vgl. Mk 2 34 Röm 8 26 usw.) als voces mysticae gebraucht (vgl. auch die μανία und das ταραχθῆναι des Offenbarungsempfängers C. Herm. 13, 4. 6). Sonst wird ἐμβριμ. (mit Dat. oder absl.) im Sinne von „(jemanden) anfahren, zornig sein" gebraucht. Und wenn im Sinne des Evglisten hier auch der Affekt des Zornes gemeint sein soll, so paßt das doch nicht zu dem ἐτάραξεν ἑαυτ., was nur die pneumatische Erregung bezeichnen kann. Der Affekt ist dadurch als selbsterzeugter charakterisiert, aber gewiß nicht in Polemik gegen das stoische Ataraxie-Ideal, wie alte und neue Exegeten meinen; s. Br. — Das τῷ πνεύμ. bei ἐνεβριμ. ist mit ἐν ἑαυτῷ V. 38 völlig gleichbedeutend; es ist Semitismus, vgl. Mk 8 12. — Über die alte Exegese s. Br.; über Calvin und Godet: M. Dominicé, L'humanité de Jésus d'après Calvin 1933, 208f.

[5] Die Reflexion der alten Exegeten (s. Br.), wieso der Allwissende Fragen stellen kann, ist töricht. Die Erzählung ist naiv wie etwa Gen 3 9 18 9, wo von Gottes Fragen an Menschen erzählt wird.   [6] Zum Wechsel von ἔλεγον und εἶπαν s. Bl.-D. § 329.

[7] Über die Reflexionen der alten Exegese s. Br.

angesichts des Offenbarers heller zu beleuchten¹. Jesus — wiederum in jenem Grimm über die Glaubenslosen — kommt zum Grabe², das durch einen Stein verschlossen ist (V. 38). Sein Befehl, den Stein zu entfernen, muß den Einspruch der Martha hervorrufen (V. 39)³, der wiederum jenes Motiv zum Bewußtsein bringt⁴, und den Jesus mit der Erinnerung an seine früheren Worte zu Martha zurückweist (V. 40). Er hatte ihr ja die Auferweckung des Bruders verheißen (V.₂₃), wenngleich diese im Lichte von V.₂₅f. nur ein Symbol der eigentlichen Glaubenserfahrung sein kann⁵.

11, 41—44. — So vorbereitet folgt nun die Erzählung des Wunders selbst⁶, dessen Charakter durch V.₄₁f. von vornherein — im Sinne des Evglisten — deutlich gemacht wird. Jesus richtet den Blick in die Höhe zum Gebet⁷, — aber er spricht keine Bitte aus, sondern dankt für die schon gewährte Erhörung (V. 41). Es scheint also, daß der Gottessohn des Bittgebetes nicht bedarf; und eben dieses scheint in V. 42 noch betont zu werden: da der Sohn der Erhörung durch den Vater stets gewiß ist, bedarf er nie der Bitte; hat er jetzt gebetet, so geschah es nur um des anwesenden Volkes willen, „damit sie Glauben fassen", daß Gott ihn gesandt hat. Inwiefern können sie das, wenn sie ihn beten sehen? Da sie das Wunder ja in jedem Fall sehen würden, auch wenn er nicht gebetet hätte, so kann der Sinn nur der sein, daß sie sein Wunder erst dann recht auffassen, wenn sie es als eine ihm geschenkte Gabe Gottes verstehen; wenn sie ihn also nicht als einen Magier, einen θεῖος ἀνήρ, auffassen, der aus eigener Kraft handelt und der seine eigene δόξα sucht (7₁₈ 8₅₀), sondern als den, den Gott gesandt hat, und der nichts von sich aus tut, sondern der nur tut, was ihm der Vater gegeben hat⁸.

Jesu Gebet ist also die Demonstration dessen, was er stets von sich gesagt hat, daß er nichts von sich aus ist. Aber wird es damit nicht zum Schauspiel, zur

---

¹ V.₃₈ nimmt auf V.₃ und V.₅ Bezug, V.₃₇ auf die Kap.9 erzählte Heilungsgeschichte. V.₃₅-₃₇ stammen vermutlich vom Evglisten, s. S. 310, 3.
² Das σπήλαιον zeigt, daß an ein Grab nach Art der jüdischen Felsengräber gedacht ist, wie sie in der Mischna beschrieben werden; s. Str.=B. I 1049—51 zu Mt 27₆₀.
³ Die Charakteristik der Martha als ἀδελφή τ. τετ. (in syr⁸ Θ al gestrichen) zeigt gewiß nicht, daß Martha hier als die einzige Schwester des Lazarus gilt (Wellh.), wohl aber, daß in der Quelle nicht ausführlich von den Schwestern erzählt gewesen sein kann, daß also V.₂₀-₃₂ auf den Evglisten zurückgeht (s. S. 301, 4). Auch paßt ihre Äußerung gar nicht zu dem Ergebnis des Dialogs V.₂₀-₂₇. — Zu τεταρταῖος (im NT nur hier; s. Br.) s. S. 305, 6. Bei dem ἤδη ὄζει denkt der Erzähler offenbar nicht daran, daß der Tote nach V.₄₄ (vgl. 19₄₀) doch wohl einbalsamiert war.
⁴ In der Quelle, in der der Evglist V.₃₉ gewiß schon fand (s. S. 305, 9), war das Motiv ein anderes: das παράδοξον des Wunders sollte gesteigert werden; vgl. Theod. Mops. (bei Br.) und Wendland, Literaturformen 240 bzw. 306.
⁵ Daß die Formulierung von V.₄₀ der von V.₂₃ nicht gleich ist, hat nur den Sinn, zu betonen, daß im Wunder Gottes δόξα offenbar wird; vgl. V.₄.
⁶ Wie V.₄₀, so stammen V.₄₁f. vom Evglisten; das zeigt ihr theologischer Gehalt, ihre Terminologie (ἵνα πιστ. . . . ἀπέστειλας vgl. 6₂₉ 17₃. ₈. ₂₁ und sonst) und ihr Stil (zu dem charakteristischen ἀλλά . . . ἵνα vgl. 1₈. ₃₁ 3₁₇ 9₃ 11₅₂ 12₉. ₄₇ 14₃₁ 17₁₅ und bes. 13₁₈ 15₂₅; s. auch S.29, 1). Der Quelle gehört nur das ἦραν οὖν τὸν λίθον V.₄₁ an; daran schloß sich V.₄₃ an, aus dem nur das (καὶ) ταῦτα εἰπών auszuheben und etwa das Subj. Ἰησοῦς (οὖν) zu ergänzen ist.
⁷ Vgl. 17₁. Der Beter richtet Ps 123₁ die Augen zu Gott im Himmel empor (Ps 121₁ zu den Bergen). Im Judentum wird das Emporblicken beim Gebet selten erwähnt, aber doch gelegentlich vorausgesetzt wie Mk 6₄₁ parr. Lk 18₁₃ zeigen; dazu Str.=B. II 246; G. Harder, Paulus und das Gebet 1936, 7, 5. Nach Philo Vit. Mos. I 190 hat die διάνοια der Frommen gelernt ἄνω βλέπειν τε καὶ ὁρᾶν. — Zur Gebetsanrede πάτερ s. Str.=B. I 392; Schl. zu Mt 11₂₅; Moore II 208.
⁸ S. S. 306 zu V.₂₂; ferner S.186, 2.

Farce? Es ist selbstverständlich, daß Jesu Worte V. 41 f. von den Umstehenden nicht gehört werden; sie sehen nur seine Gebetshaltung und müssen in dieser Situation sein Gebet als ein Bittgebet verstehen. Sind sie getäuscht? Nein; denn es ist das Bittgebet dessen, der in vollendeter Einheit mit dem Vater steht[1]. Daß er als Bittender vor Gott steht, ist dadurch bezeichnet, daß des Vaters Verhalten zu ihm das ἀκούειν ist (ἤκουσάς μου); wenn er weiß, daß der Vater ihn ständig erhört (πάντοτέ μου ἀκούεις), so ist damit gesagt, daß er, der Sohn, aus der Haltung des Bittenden nie heraustritt, sondern daß er sie ständig festhält. Eben darum bedarf er nicht dessen, daß er sich aus einer gebetslosen Haltung erst durch einen besonderen Akt zum Bittgebet erhebt; vielmehr muß, wenn er sich in der besonderen Situation sein Verhältnis zu Gott als das eines Bittenden zum Bewußtsein bringt, die Bitte sogleich in Dank umschlagen. Denn der, welcher sich stets in der Haltung des Bittenden vor Gott weiß, kann nicht anders, denn sich zugleich als den stets von Gott Beschenkten wissen. Aber entsprechend kann er sich nicht als den stets Erhörten wissen, wenn er sich nicht stets als den Bittenden weiß. Der Charakter seiner Gemeinschaft mit Gott wird eben dadurch klar dargestellt: er hat ein Bittgebet nicht nötig wie andere, die sich dazu erst aus der Haltung der Gebetslosigkeit und d. h. der Gottlosigkeit aufraffen müssen; denn er steht ständig als der Bittende und damit als der Empfangende vor Gott[2]. In ihm ist verwirklicht, was als eschatologische Möglichkeit den Seinen verheißen ist[3]. Die Demonstration seines Gebetes besteht also nur darin, daß er sich als den zeigt, der er ist, und damit freilich die Möglichkeit des Mißverständnisses gibt, als ein anderer zu erscheinen[4]. Aber in der ständigen Provokation solchen Mißverständnisses bewegt er sich ja immer.

Nun erst spricht Jesus das wunderwirkende Wort[5] und ruft den Lazarus aus dem Grabe (V. 43)[6]. Das Hervorkommen des noch von den Binden Umwickelten (V. 44)[7] ist selber ein kleines Wunder[8]. Ein letztes Wort Jesu hat den

---

[1] Lütgert, Joh. Christol. 90 ff. versteht Joh 11 41 f. richtig; nur müßte die Analyse noch schärfer sein.

[2] Jes 65 24 (καὶ ἔσται πρὶν κεκράξαι αὐτοὺς ἐγὼ ὑπακούσομαι αὐτῶν κτλ.) ist keine Par., denn dort wird nicht der Beter, sondern Gott charakterisiert.

[3] Vgl. 14 13 15 7. 16 16 23 f. I Joh 3 21 f. 5 14 f. In diesem Sinne ist es richtig, daß Jesu Verhalten D. 41 f. ein „nichtmenschliches" ist; es ist es, sofern das eschatologische Sein nicht mehr menschliches ist. Um deswillen aber ist sein Beten nicht ein „Schein" geworden (Wrede, Charakter und Tendenz 46 f.) oder „nur eine Anbequemung an menschliche Formen" (Htm.). Vielmehr ist es das Beten aus einem Gottesverhältnis, das für alles menschliche richtende Norm und eschatologisches Ziel ist.

[4] Nachgeahmt ist diese Demonstration im Sterbegebet des Thomas act. Thom. 167, p. 282, 3 f.: ταῦτα δὲ λέγω οὐκ ἐνδοιάζων, ἀλλ᾽ ὅπως ἀκούσωσιν οὓς ἀκοῦσαι χρή.

[5] Das Wort ist durch φωνῇ μεγ. ἐκραύγ. als inspiriertes charakterisiert; s. S. 50, 3 und Ign. Philad. 7, 1: ἐκραύγασα . . . μεγάλῃ φωνῇ, θεοῦ φωνῇ.

[6] D. 43 f. stammen aus der Quelle, s. S. 311, 6.

[7] Zu κειρία = Binde und σουδ. (latein. Fremdwort) = Schweißtuch s. Br. 3. St. und Wörterbuch, zu κειρ. auch Raderm. 12; ὄψις heißt hier (anders als 7 24) Gesicht wie Apok 1 16 und öfter. — Über die ursprüngliche Bedeutung der Umwickelung der Toten (Sicherung gegen die Wiederkehr) s. L. Radermacher, Philologus 65 (1906), 147 f.; J. Scheftelowitz, Das Schlingen- und Netzmotiv im Glauben und Brauch der Völker 1912, 27; Fr. Pfister, Wochenschrift für klass. Philol. 1914, 918 f. Nach Str.-B. scheinen Binden zum Umwickeln von Händen und Füßen in der rabbin. Literatur nicht erwähnt zu sein, dagegen das Schweißtuch.

[8] So schon in der alten Exegese aufgefaßt, s. Br.

Sinn, die Rückkehr des Erweckten in das alltägliche Leben zu demonstrieren[1]. Von der Wirkung des Wunders ist nicht die Rede; zumal werden die Schwestern nicht mehr erwähnt. Der Evglist hat das, was davon in der Quelle gestanden haben wird, übergangen oder in V. 45 verwertet; er hat ja die Geschichte in einen größeren Zshg gestellt, wie im nächsten Abschnitt sichtbar wird.

γ) Der Todesbeschluß des Synedriums 11 45-54 [2].

Die Wirkung des Wunders ist wie 7 43 9 16 10 19 eine zwiespältige (V. 45 f.)[3]. Doch kommt es hier nicht auf die Schilderung des σχίσμα an, sondern darauf, daß die Ungläubigen[4] Jesus bei der Behörde denunzieren[5] und dadurch den Fortschritt der Handlung veranlassen. Gerade der Unglaube muß wider Wissen und Willen Jesu δοξασϑῆναι herbeiführen, wie V. 51 noch deutlicher wird.

Die Hohenpriester und Pharisäer[6] berufen eine Sitzung des Synedriums[7] und sind ratlos[8] angesichts der unleugbaren Wunder Jesu (V. 47)[9]. Läßt man ihn gewähren, so werden die Römer einschreiten und die Existenz des Volkes vernichten[10]. Diese Erwägung (V. 48) zeigt, daß die Behörde weiß: an Jesus glauben, heißt seinen messianischen Anspruch anerkennen; aber sie zeigt ebenso, daß sich die Behörde vom Sinn dieses Anspruches keine Vorstellung machen kann, so wenig wie das Volk, das Jesus zum König machen wollte (6 15; vgl. 12 12 f.). Sie ist von dem Gedanken beherrscht, den sie 19 12 vor Pilatus geltend macht, weil sie nicht versteht, daß Jesu βασιλεία nicht ἐκ τοῦ κόσμου τούτου ist[11].

Die Verblendung erreicht ihren Gipfel in dem Vorschlag des Wortführers

---

[1] S. Gesch. der synopt. Tr. 240; E. Bickermann, ZNTW 23 (1924), 287.

[2] Mit Recht erklärt J. Finegan (Die Überlieferung der Leidens= und Auferstehungs= geschichte Jesu 1934, 40 f.) V. 45-54 für eine joh. Bildung, der keine Quelle zugrunde liegt. Der Stil des Evglisten ist deutlich: zu ὅτι V. 47 f. 7 35 8 22; zu ὤν V. 49 11 8 7 50 10 33 12 17 18 26; zu τοῦτο δὲ ... εἶπεν V. 51 f. S. 157, 1; zu οὐκ ... ἀλλά V. 51 und 52 f. S. 29, 1; zu ἀλλ' ἵνα V. 52 f. S. 311, 6. — Phantastisch vermutet Eisler, ᾽Ιησ. βασ. II 232, 1, die Quelle für diesen Abschnitt seien die „Logia" des Matthäus. Aber auch Goguels Zu= trauen zu der alten Überlieferung, die er hier verarbeitet glaubt (Introd. II 430 ff.; Jésus 464), kann ich nicht teilen.

[3] Zu V. 45: schlecht steht der Nom. οἱ ἐλϑόντες statt des Gen.; zu ἐπίστ. κτλ. f. S. 91, 3.

[4] So charakterisiert syr s die τινές mit Recht.

[5] Die Pharisäer als Behörde f. S. 59, 5; 231, 7.

[6] ᾽Αρχιερ. und Φαρ. zusammen wie 7 32. 45, f. S. 231, 7.

[7] Über das Synedrium als höchste jüdische Behörde und seine Mitglieder f. Klostermann zu Mk 8 31 (Hdb. zum NT); Schürer II 237—267; Str.=B. I 997—1001. — Der Plur. ἀρχιερεῖς, in dem der amtierende Hohepriester, seine Amtsvorgänger und die Angehörigen der hohenpriesterlichen Familien zusammengefaßt sind, ist geläufig.

[8] Τί ποιοῦμεν ist offenbar deliberative Frage, in der nur selten der Ind. Präs. statt des Konj. oder des Ind. Fut. steht (Bl.=D. § 366, 4; Raderm. 155; verschiedene Zeugen korrigieren dementsprechend). Man müßte sonst die Frage als rhetorische auf= fassen, die die Antwort Nein verlangt (Br.).

[9] Das ὅτι wie 7 35? 8 22 elliptisch: „so fragen wir, weil ..."

[10] Der τόπος kann die Stadt Jerusalem sein (syr , Chrys. t. VIII 386 e) oder wahr= scheinlicher der Tempel; vgl. Act 6 13 f. 7 7 II Makk 3 12. 18. 30 5 17-20 III Makk 1 9 2 14; Rab= binisches bei Schl. z. St. — Das jüdische Volk heißt hier wie nicht selten (Br.) ἔϑνος, statt dessen V. 50 λαός. Der Gen. ἡμῶν vertritt den Dat. sympathet., Bl.=D. S. 306 zu § 284, 1.

[11] Im slav. Jos. (Kl. Texte 11², S. 22) ist die Erwägung von Joh 11 48 gleich mit der von 18 36 kombiniert.

Kaiaphas[1], des diesjährigen Hohenpriesters (**V. 49 f.**)[2]. Die scheltenden Worte, mit denen der Vorschlag eingeleitet ist, stellen die Verblendung kraß ins Licht: gerade Klugheit und Überlegung, wie sie in der Welt Geltung haben und stets einen Ausweg wissen, führen hier ins Verderben. Als politische Frage wird beurteilt, was sich in politische Kategorien nicht fassen läßt. Die politische Klugheit fordert, das kleinere Übel dem größeren vorzuziehen, und verlangt die Durchführung des Grundsatzes, daß im Interesse des Volkes der Einzelne geopfert wird[3]. In Wahrheit wird dieser Satz in einem ganz anderen Sinne Geltung gewinnen als Kaiaphas meint (**V. 51 f.**), und dieser erscheint so im Lichte tragischer Ironie als Prophet wider Wissen und Willen[4]: was er gesagt hat, wird in Erfüllung gehen, da Jesus für sein Volk, ja für die Kinder Gottes, die in aller Welt

---

[1] Zu εἰς τις = ein gewisser, s. Bl.-D. § 301, 1. — Καϊάφας (קַיָּפָא) war 18—36 im Amt (Schürer II 271). Als Hoherpriester im Prozeß Jesu wird er Mt 26₃. ₅₇, dagegen nicht bei Mk und Lk genannt; sonst erscheint er Lk 3₂ Act 4₆; bei Joh noch 18₁₃ f. ₂₄. ₂₈.

[2] Das τοῦ ἐνιαυτ. ἐκ. ist schwerlich temporaler Gen. mit der Bedeutung „in, innerhalb" (Bl.-D. § 186, 2; vgl. A. Bischoff, ZNTW 9 (1908) 166 f. gegen Zn.), sondern heißt offenbar „(Hoherpriester) jenes Jahres" und setzt also voraus, daß die Person des Hohenpriesters jährlich wechselte, wie es bei heidnischen Hoherpriester-Ämtern in Syrien und Kleinasien der Fall war (s. Br.). Der Evglist ist also, wie auch seine Auffassung von den Pharisäern zeigt (s. S. 231, 7), über die jüdischen Rechtsverhältnisse falsch orientiert, da der jüdische Hoherpriester auf Lebenszeit gewählt wurde. Auch wenn man in Rechnung stellt, daß in der damaligen Zeit die Hohenpriester infolge häufiger Absetzung durch die Römer oft kürzer im Amt waren (Schürer II 268 ff.), wäre die Charakteristik nicht zutreffend, zumal Kaiaphas im Unterschied von seinen Vorgängern besonders lange amtierte. Eisler, Ἰησ. βασ. I 127, 2; II 776 versucht die Angabe des Joh historisch zu rechtfertigen.

[3] Συμφέρει mit ἵνα statt Inf. wie 16₇ Mt 5₂₉ f. 18₆; s. Bl.-D. § 393, 1; Schl. zu Mt 5₂₉; zur Umgehung des Komparativs s. Raderm. 69. — Das ὑπέρ heißt hier „an Stelle von"; so auch V. 52, doch ist hier zugleich „zugunsten von" mit gemeint. — Zum Grundsatz des Kaiaphas s. II Sam 20₂₀-₂₂ Jon 1₁₂-₁₅; Jos. bell. II 103 f. Ausdrücklich formuliert ist der Grundsatz in den Stellen bei Merx, Schl. und Str.-B. z. St., ferner Dalman, Jesus-Jeschua 157. Der gleiche Grundsatz im Griechischen und Lateinischen, s. Windisch zu II Kor 5₁₄ (Meyers Komm.). Als Sprichwort in Türkische Märchen (Märchen der Weltliteratur) 199.

[4] Vgl. 7₃₅ 8₂₂. Daß es Sache des Propheten ist, nicht ἀφ' ἑαυτοῦ zu reden, s. S. 187. Auch das Griechentum kennt die Anschauung, daß ein Mensch unter Umständen nicht ἀφ' ἑαυτοῦ redet oder handelt, sondern daß ein Gott ihm Wort oder Tat eingibt (s. die Beispiele bei Br., in denen aber das Moment der tragischen Ironie fehlt; über diese s. P. Friedländer, Die Antike I [1925], 17. 305). Aber griechische Anschauung hätte die unbewußte Weissagung hier nicht weiter motiviert; für sie hätte die Ironie eben darin gelegen, daß das Planen des Einzelnen der dunklen Macht des Schicksals ausgeliefert ist (vgl. Plut. de fato 7, p. 572 c). Der Evglist jedoch begründet die Weissagung noch dadurch, daß Kaiaphas der Hoherpriester war, d. h. durch die mit seinem Amte gegebene Inspiration. Es treffen also auch die jüdischen Beispiele für unbewußte Weissagung (Str.-B.) nicht zu. Daß der Hoherpriester einst (durch Urim und Tummim) Orakel gab (Ex 28₃₀ Lev 8₈ Num 27₂₁; Jos. ant. 6, 115; nach 3, 218 gilt das für die Gegenwart nicht mehr), ist schwerlich die den Evglisten leitende Anschauung; bei Joh. Hyrkan scheint die προφητεία nicht mit dem Amte gegeben, sondern etwas Besonderes daneben zu sein (Jos. bell. 1, 68 f.); die Beispiele bei Schl. beweisen nichts für den Zshg von Amt und prophetischer Inspiration. Es liegt also doch wohl die hellenistische Anschauung zugrunde, die Philo spec. leg. IV 192 ausspricht: ... ἐπειδὴ καὶ ὁ πρὸς ἀλήθειαν ἱερεὺς εὐθύς ἐστι προφήτης, οὐ γένει μᾶλλον ἢ ἀρετῇ παρεληλυθὼς ἐπὶ τὴν τοῦ ὄντος θεραπείαν, προφήτῃ δ' οὐδὲν ἄγνωστον ... Über Priester-Propheten im hellenistischen Ägypten s. E. Fascher, Προφήτης 1927, 76—93; Fr. Cumont, Die orientalische Rel. im röm. Heidentum³ 1931, 81. 87; Br., Exk. zu 1, 21; doch vgl. auch Lohmeyer, Urchristentum I 163 f.

zerſtreut ſind, ſterben wird[1]. Was die weltliche Behörde nach dem Urteil politiſcher Klugheit tun wird, muß dazu dienen, nicht ihren Willen, ſondern den Willen Gottes zur Erfüllung zu bringen, wie ihn Jeſus ſchon 10₁₇f. ausgeſprochen hatte[2].

Der Todesbeſchluß, längſt beabſichtigt (5₁₈ 7₁ 8₄₀. 59 |0₃₁), wird nun endgültig gefaßt (V. 53). Er gelangt aber noch nicht ſofort zur Ausführung; denn Jeſus hat ſich inzwiſchen zurückgezogen[3] und weilt mit ſeinen Jüngern in Ephraim (V. 54)[4]. Wie die Behörde ihren Beſchluß verfolgt, zeigt alsbald V.₅₇.

b) 11₅₅—12₃₃ 8₃₀₋₄₀ 6₆₀₋₇₁: Der Weg zum Kreuz[5].

α) Der Einzug in Jeruſalem: 11₅₅—12₁₉.

11,55—12, 19 bilden eine zuſammenhängende Kompoſition, die aus verſchiedenen Stücken beſteht. 11, 55-57, eine zuſtändliche Schilderung, bringt eine Ruhepauſe zwiſchen den Ereigniſſen. Aber indem die Ruhe von Frage und Hinweis auf das Drohende erfüllt iſt und ſo die Spannung erweckt wird, iſt das Stück zugleich die Einleitung zum Folgenden. — Die Salbungsgeſchichte 12, 1-8 führt Jeſus in die Nähe von Jeruſalem. Sie dient einmal der Verknüpfung der Handlung, da Jeſu Anweſenheit in Bethanien der Anlaß für Herbeiſtrömen des ὄχλος iſt und ſo die Kataſtrophe beſchleunigen muß (V. 9-11). Zugleich wirkt ſie aber auf den Leſer als eine retardierende Pauſe, jedoch ſo, daß ſie eine Vorahnung des Kommenden aufſteigen läßt (V.₇). — Der Einzug 12,12-19 bildet mit ſeinem Kontraſt des Volksjubels (V.12-18) und der Stimmung der Behörde (V.19) den Höhepunkt. Dadurch, daß er zwiſchen die beiden Unheil verkündenden Verſe 10f. und 19 geſtellt iſt, gerät er in das Licht, in dem er geſehen werden ſoll: gerade der meſſianiſche Einzug führt Jeſus in den Tod, — ein Mißverſtändnis, inſofern das Volk, das Jeſus als den König umjubelt, den meſſianiſchen Anſpruch (wie 6₁₅) falſch verſteht. Und doch mit vollem Recht; der Offenbarer muß ja ſtändig das Mißverſtändnis hervorrufen, um ſein Werk zu wirken. Und deshalb iſt dieſer Weg in den Tod gerade der Weg zur Vollendung; und Jeſus zieht wirklich, wenngleich in anderem Sinne, als es ſcheint, als der eſchatologiſche König in Jeruſalem ein.

Der mit großer Kunſt komponierte Abſchnitt hat im weſentlichen bekannte Tradition verwendet. 11₅₅₋₅₇ freilich iſt eigene Bildung des Evgliſten (ſ. u.); in 12₁₋₈ ſcheint er die Salbungsgeſchichte nach einer ſchriftlichen Quelle zu erzählen, die er redigiert und durch V. 9-11 ergänzt hat (ſ. u.). Auch in 12₁₂₋₁₉ ſcheint er eine ſchriftliche Quelle benutzt und durch Zuſätze bereichert zu haben (ſ. u.). Während bei den Synoptikern die Salbung dem Einzug folgt, iſt die Reihenfolge bei Joh umgekehrt. Möglicherweiſe beruht das

---

[1] Allzu ſcharfſinnig lieſt Fridrichſen aus V.₅₂, daß Israel das Heilsinſtrument für die ganze Welt ſein ſoll (B. Sundkler, A. Fridrichſen, Arbeiten und Mitteilungen aus dem neuteſt. Seminar zu Uppſala VI 1937, 40f.).

[2] Συνάγειν εἰς ἕν griechiſche Wendung; ſ. Br. Zur Sache ſ. S. 292, 8; beſ. Od. Sal. 10₈f., dazu Burney 169; Did. 9, 4, dazu Knopf (Hdb. zum NT, Ergänzungsbd.).

[3] Zu παρρησία ſ. S.219, 1. Montgomery hält ἐν τ. Ἰουδαίοις für falſche Überſetzung ſtatt ἐν τ. Ἰουδαίᾳ; ſ. Colwell 115f.

[4] Εἰς Ἐφρ. λεγ. πόλιν: der Gebrauch von λεγ. (vgl. 19₁₇) wie in Pap.; ſ. Colwell 41. — Über das nicht ſicher zu identifizierende Ephr. ſ. Br.; nach Dalman, O. u. W. 231ff. iſt das heute eṭ-ṭaijibe genannte Dorf, etwa 7 Kilometer nordöſtlich von Bethel, gemeint. Chryſ. t. VIII 390c lieſt Ἐφρατά; D lieſt ἀπῆλθεν εἰς τὴν χώραν Σαμφουρείν (= Sepphoris) ἐγγὺς τῆς ἐρήμου εἰς Ἐφραίμ λεγομένην πόλιν. Vgl. auch Kundſin 49f. — Nach Wellh. iſt die Flucht Jeſu 11₅₄ eine Dublette zu 10₄₀. Die Angabe ſtehe 10₄₀ am richtigen Platz; ſachlich aber ſei 11₅₄, weil von einer wirklichen Flucht berichtend, vorzuziehen. Die Angabe ſei ein Fragment aus der Grundſchrift, der aber 11₅₅₋₅₇ ſowenig angehöre wie 11₄₅₋₅₃. Dieſe Kritik (mit ihren Konſequenzen) iſt von dem Vorurteil betr. einer Grundſchrift geleitet. In Wahrheit iſt 11₅₄ genau ſo ſchematiſch wie 10₄₀.

[5] Zur Charakteriſtik des ganzen Abſchnittes ſ. S. 298f.

darauf, daß der Evglist in seiner Quelle die beiden Geschichten in dieser Reihenfolge fand. Für ihn selbst mag darin ein tieferer Sinn liegen: die Salbungsgeschichte ist eine Weissagung der Passion, die mit dem Einzug ihren eigentlichen Anfang nimmt[1].

1. Einleitung 11 55-57 [2].

Die Verse schildern, welche Situation Jesus erwartet, wenn er nach Jerusalem kommen wird. **V. 55** bringt die chronologische Angabe: das Paschafest steht bevor[3]; die Festpilger strömen nach Jerusalem, und zwar früh genug, um die notwendigen levitischen Reinigungen vorzunehmen[4]. Die Stadt ist also voll von Festpilgern, und deren Erwägungen (**V. 56**) beschreiben die Situation nach ihrer inneren Seite. Wie beim Laubhüttenfest (7 11-13), so ist auch jetzt die Menge von der Frage erfüllt: Wird Jesus kommen? Man neigt zu der Meinung: gewiß nicht! Denn man weiß ja — so ist **V. 57** im Zshg zu verstehen —[5], daß die Behörde[6] den Befehl zu seiner Verhaftung gegeben hat[7]. So ist die Spannung auf das Folgende geweckt.

2. Die Salbung in Bethanien 12 1-8 [8].

V. 1 f. bringt die Situationsangabe: die Geschichte spielt sechs Tage[9] vor dem Pascha[10] in Bethanien bei einem Gastmahl[11]. Wer der Gastgeber ist, wird

---

[1] Etwas anders htm.: der sterbende Jesus, wie ihn die Salbungsgeschichte andeutet, soll vor den triumphierenden, den der Einzug zeigt, gestellt werden.

[2] Die Einleitung ist ein redakt. Stück des Evglisten. Zu ἦν δὲ ἐγγύς mit folgender Festangabe s. 2 13 6 4 7 2. Der Zeitangabe folgt καὶ ... wie 2 13 5 1 10 22; vgl. 3 22. Das ἐζήτουν οὖν καὶ ἔλεγον entspricht 7 11. Das τί ὑμῖν δοκεῖ; zeigt die Gewohnheit der semitischen Umgangssprache (Schl. z. St. und zu Mt 17 25). Zu δεδώκεισαν δὲ ... ἵνα ἐάν τις ... vgl. 9 22 (s. S. 254, 10).

[3] Zu τὸ πάσχα τ. ᾽Ιουδ. s. S. 59, 1; 86, 4.

[4] Vgl. Ex 19 10 f. Num 9 10 II Chr 30 17 f.; Str.=B. z. St., vgl. auch 18 28. ῾Αγνίζειν für kultische Lustrationen wie in LXX (Br.) und Act 21 24. 26 24 18; oft bei Jos. (Schl.). Vgl. E. Williger, Hagios 1922, 62 f.

[5] Die Menge schließt aus der Jesus drohenden Gefahr, daß er nicht kommen wird. Ob ihre Erwägungen auch durch die Beobachtung gestützt sind, daß „sich Jesus nicht unter denen zeigt, die sich die Reinigung verschaffen" (Schl.), ist gleichgültig.

[6] Ihre Bezeichnung wie 11 47.

[7] Das bei Joh sonst nicht verwendete und im NT überhaupt seltene ὅπως dient zur Vermeidung eines doppelten ἵνα; Bl.=D. § 369, 4; Raderm. 203.

[8] Die Erzählung gehört wie ihre Parallele Mk 14 3-9 = Mt 26 6-13 zu den biographischen Apophthegmen (Gesch. der synopt. Tr. 37). Als sekundäre Variante wird sie erwiesen 1. durch die namentliche Bezeichnung der Personen (V. 2 f. 4), 2. durch die Verschiebung der Pointe (s. zu D. 6-8), 3. durch die Vorstellung von der Armenunterstützung (s. S. 318, 2). — Quelle für den Evglisten war weder Mk noch Mt; denn offenbar hat nicht erst er die Martha in V. 2 eingebracht und die salbende Frau, die bei Mk und Mt noch namenlos ist, mit Maria identifiziert, sondern er fand diese Darstellung in seiner Quelle. Sonst wäre verwunderlich, daß er die Hauptrolle der Maria und nicht wie in Kap. 11 der Martha zugeschrieben hätte. Vor allem aber würde er zweifellos gesagt haben, daß das Gastmahl im Hause des Lazarus stattfand, und dieser wäre als der Bruder der Martha und Maria (bzw. sie als seine Schwestern) charakterisiert worden. Es kann auffallen, daß Martha und Maria nicht eingeführt werden; aber offenbar wird die Bekanntschaft mit ihnen wie 11 1 vorausgesetzt, und in der Tat entspricht die Rolle der Martha der Erzählung Lk 10 40. — Vom Evglisten dagegen stammt in V. 1 das ὅπου ἦν κτλ., das mit Kap. 11 verknüpft, und ebenso in V. 2 der Satz ὁ δὲ Λάζαρος κτλ. S. auch Anm. 10; S. 317, 1; 318, 1.

[9] Zu πρὸ ἓξ ἡμ. τ. πάσχα, das seine Analogien in LXX, bei Jos. und anderen hellenistischen Schriftstellern wie in Inschriften und Papyri hat, s. Br. und Bl.=D. § 213; S. 303.   [10] und [11] s. nächste S.

nicht gesagt[1]. Berichtet wird nur, daß Maria Jesu Füße salbt und mit ihren Haaren abtrocknet (V. 3). Die Tiefe ihrer Verehrung wird naiv deutlich gemacht, indem die Menge und die Kostbarkeit der Salbe hervorgehoben wird[2]; und ihre Demut wird dadurch beschrieben, daß sie nicht Jesu Haupt, sondern seine Füße salbt[3]. Der Duft der Salbe erfüllt das Haus, — was wohl nicht nur das Groß= artige des Vorganges schildern soll[4], sondern auch symbolische Bedeutung hat: alsbald wird die εὐωδία τῆς γνώσεως die Welt erfüllen[5].

Jedenfalls soll aus dem Folgenden die tiefere Bedeutung, die dieser Akt der Huldigung für Jesus hat, deutlich werden. Darüber kommt die ursprüngliche Pointe der Erzählung, daß nämlich die verschwenderische Tat der Liebe ihren besonderen Wert hat gegenüber verständig=zweckvoller Wohltätigkeit, zu kurz[6]. Ganz fehlt dieser Gedanke freilich nicht. Die Erwägung, daß für das verschwendete Geld besser Armen hätte geholfen werden sollen (V. 5)[7], — bei Mk von τινές, bei Mt von den μαθηταί gesprochen — ist hier dem Judas in den Mund gelegt (V. 4)[8]. Indem nun vom Evglisten dem Judas, der hier wie 6 71 als der künftige

---

[10] Möglicherweise enthielt schon die Quelle diese Zeitangabe; denn wie Mk und Mt zeigen, war die Erzählung schon früh mit der Passionsgeschichte verbunden. Ob der Evglist eine feste Berechnung der Tage im Sinne hat, ist zweifelhaft. Jedenfalls ist die Berechnung nicht sicher zu erkennen, da man weder weiß, ob als Paschatag der 14. (vgl. 18 28) oder der 15. Nisan gelten soll, noch, ob er bei der Rechnung mitgezählt werden soll oder nicht. Zur Verfügung stehen danach der 8. bis 10. Nisan.

[11] Δεῖπνον ποιεῖν wie Mk 6 21 Lk 14 12. 16; auch LXX und Pap., s. Br., Wörterbuch.

[1] Nach Mk 14 3 par. findet das Mahl im Hause Simons „des= Aussätzigen" statt. Schwerlich hat der Evglist diese Angabe gestrichen. Gehört sie ursprünglich zur Tradition, so dürfte sie beseitigt worden sein, als man die Personen der Martha und Maria in die Geschichte einbrachte. Nun soll man offenbar verstehen, daß Jesus wie Lk 10 38-42 bei den Schwestern zu Gast ist.

[2] Λίτρα im NT nur hier und 19 39 (auch in Pap. und Jos. ant. 14, 106 und sonst; s. Br., Wörterbuch) entspricht dem römischen Pfund (libra), das in der Kaiserzeit 327,45 g betrug (Br.), während Str.=B. nach rabbin. Angaben 273 g berechnet. Die Menge ist verschwenderisch, vgl. Hug bei Pauly=Wiss., Real=Enc., 2. Reihe I 2, Sp. 1860. — Μυρ. νάρδου πιστικῆς (= Salböl von echter Narde, s. Klostermann zu Mk 14 3 im Hdb. zum NT) wie Mk 14 3; außerdem: πολυτίμου wie Mt 26 7 ℵADΘ, während Mk 14 3 πολυτελοῦς liest, vielleicht ist πολυτίμ. erst aus Mt eingedrungen wie V. 8, s. u.

[3] Daß sie die Füße salbt, hat zwar seinen Sinn (s. im Text); auch ist Salbung der Füße eines Gastes in rabbin. Literatur bezeugt (Str.=B. I 427 f.; vgl. auch Aristoph. Desp. 608). Indessen dürfte die Angabe auf den Einfluß von Lk 7 38 zurückgehen, wo erzählt wird, daß die mit Salbe gekommene Frau Jesu Füße mit ihren Tränen über= strömt und mit ihren Haaren abtrocknet. Denn das Motiv des Abtrocknens ist ja nur in dem Lk=Zhg begründet. Ist καὶ ἐξέμαξεν κτλ. sekundärer Zusatz? Die Wiederholung von τ. πόδας könnte darauf hinweisen; vgl. Schwartz (1908, 178).

[4] Dies war gewiß in der Quelle der einzige Sinn.

[5] So mehrfach die alte Exegese; s. Br. — Ign. Eph 17 1 (διὰ τοῦτο μύρον ἔλαβεν ἐπὶ τῆς κεφαλῆς αὐτοῦ ὁ κύριος, ἵνα πνέῃ τῇ ἐκκλησίᾳ ἀφθαρσίαν) geht auf die Mk= Mt=Version zurück. Vgl. auch II Kor 2 14 f.; Nestle, ZNTW 4 (1903), 272; 7 (1906), 95 f.; E. Lohmeyer, Vom göttlichen Wohlgeruch, SA Heidelb. 10 (1919), Abh. 9.

[6] S. Gesch. der synopt. Tr. 37. Nach J. Jeremias, ZNTW 35 (1936), 75—82, besteht die Pointe der Geschichte darin, daß Jesus an Stelle der Alternative: Almosen oder Luxus, die andere setzt: Almosen oder Liebeswerk; die rabbin. Unterscheidung von Almosen und Liebeswerk sei dafür die Voraussetzung.

[7] Die Formulierung entspricht wesentlich Mk 14 5, zumal die Angabe des Preises, die Mt 26 9 fehlt.

[8] Das entspricht der Tendenz der Überlieferung, anonyme Personen zu benennen; vgl. Gesch. der synopt. Tr. 71 f., 256 f., 338.

Verräter charakterisiert wird, das Motiv untergeschoben wird[1], daß er es gar nicht ehrlich meint, sondern nur das ihm entgehende Geld bedauert (V. 6)[2], wird die eigentliche Pointe gestört. Noch mehr geschieht das aber dadurch, daß Jesu auf V. 5 bezogenes Wort erst V. 8 nachklappend gebracht wird. Und auch wenn, wie wahrscheinlich, V. 8 eine erst später in den Text gedrungene Randglosse ist[3], ist nur um so klarer, daß es der Erzählung auf die andere Pointe ankommt, die schon bei Mk und Mt an die alte Geschichte angehängt ist: die Salbung Jesu ist die Vorausnahme der Salbung seines Leichnams (V. 7)[4]. Hat die Geschichte bei Joh mit diesem Worte geschlossen, so steht sie als eindrucksvolle Weissagung vor dem Folgenden und bildet so eine Kontrast=Parallele zur Weissagung des Kaiaphas. Wie der Feind, so hat auch die Jüngerin mehr getan, als sie wußte.

3. Übergang 12 9-11[5].

Der Zweck der Verse 9-11 tritt in V. 10 f. zutage: das Verfolgungsmotiv, das den ganzen Abschnitt durchzieht (11 53. 57 12 10 f. 19), soll erklingen. V. 9 hat die Bedeutung der Motivierung; daher ist es begreiflich, daß der ὄχλος von V. 9 mit dem von V. 12, der aus der Quelle stammt, konkurriert (s. u.). Mit dem V. 9 genannten ὄχλος sind, wie V. 17 zeigt, die πολλοὶ ἐκ τῶν Ἰουδαίων von 11 19 gemeint, die auf die Nachricht, daß Jesus wieder in Bethanien ist, dorthin strömen[6], von Neugier getrieben. Eben dieser Zulauf begründet den Beschluß der Behörde (V. 10 f.), der den von 11 53 noch überbietet: auch Lazarus muß sterben[7]! Dieser Beschluß, der im folgenden keine Rolle mehr spielt, soll die Maßlosigkeit des

---

[1] V. 6 ist eine Bildung des Evglisten. Zu dem οὐχ ... ἀλλ᾿ s. S. 29, 1. — Γλωσσόκομον = Kasse im NT nur hier und 13 29. Zu dem hellenistischen Wort (auch in LXX und bei Jos.) s. Br., Wörterbuch; es ist als Fremdwort auch in das Rabbinische eingedrungen (Schl., Str.=B.). Auch βάλλειν εἰς γλ. ist bezeugt.

[2] Das κλέπτης zeigt, daß man βαστάζειν in dem oft bezeugten Sinn von entwenden, stehlen verstehen muß (Br.). Vorausgesetzt ist dann, daß die Jüngergemeinschaft Gaben für die Armen erhält und verteilt, also der etwa Act 4 37 angedeutete bzw. spätere kirchliche Brauch.

[3] V. 8 fehlt bei D b r syr[s]; er entspricht (mit Umstellung der ersten Wörter) genau Mt 26 11.

[4] Das ist der klare Sinn von Mk 14 8 Mt 26 12. Die Formulierung bei Joh ist kaum verständlich, kann jedoch keinen anderen Sinn haben. Man kann wohl nur übersetzen: „Laß sie! Sie soll es für den Tag meines Begräbnisses verwahren!" (B. Weiß: „damit sie ... aufbewahrt habe"; Bl.: „sie sollte es aufgehoben haben" ist gleich unwahrscheinlich), d. h. Maria soll den Rest der Salbe für die Bestattung aufbewahren. (Sie zerbricht das Gefäß ja auch nicht wie Mk 14 3; s. Schwartz.) Damit wäre aber ja gesagt, daß Jesus jetzt schon mit der Salbe der Bestattung gesalbt ist bzw. daß die Intention dieser Salbung bei seiner Bestattung ihre Erfüllung findet. — Begreiflich, daß Abschreiber korrigierten: in K pm ist ἵνα gestrichen und τετήρηκεν für τηρήσῃ geschrieben. Für τηρήσῃ konjiziert P. Schmiedel ποιήσῃ nach Mt 26 12. Torrey (343) vermutet falsche Übersetzung: auf ἄφες αὐτήν folgte das Imperf., das als Fragesatz gemeint war: „sollte sie es für den Tag meiner Bestattung aufbewahren?" — was einen guten Sinn gäbe, der durch die Konjektur ἵνα τί = warum? auch zu erzielen wäre.

[5] V. 9-11 ist eine Bildung des Evglisten. Zu (ἦλθον) οὐ (μόνον) ... ἀλλ᾿ ἵνα s. S. 29, 1; speziell zu ἀλλ᾿ ἵνα S. 311, 6; ἐβουλεύσαντο ... ἵνα wie 11 53; motivierender ὅτι=Satz am Schluß wie 3 18 5 38 8 20 10 13 und sonst.

[6] So ist der Artikel vor ὄχλος als anaphorischer, d. h. auf 11 19 zurückweisender verständlich (Bd. will ihn mit B K pm streichen), und die Stellung von πολύς braucht nicht als prädikative nach Analogie von πᾶς und ὅλος verstanden werden (Bl.=D. § 270, 1; Raderm. 112).

[7] Zu dem πολλοὶ ... ἐπίστευον s. 11 45 und S. 91, 3.

Grimmes der Gegner charakterisieren; aber er soll doch wohl auch das 15₁₈—16₄ₐ ausgeführte Motiv schon erklingen lassen: der Jünger Jesu hat nichts Besseres zu erwarten als Jesus selbst[1].

4. Der Einzug in Jerusalem 12₁₂₋₁₉.

Die Grundlage von V.₁₂₋₁₉ hat der Evglist offenbar einer Quelle entnommen; denn der von ihm D.₉ aufgebotene ὄχλος, der, wie man erwartet, das Geleit Jesu bilden sollte, ist zunächst nicht genannt, sondern ein neuer ὄχλος[2], nämlich die nach Jerusalem gekommenen Festpilger, holt Jesus ein. Erst nachträglich (D.₁₈) wird sein Entgegen= gehen auch durch das Lazarus=Wunder motiviert. Und wie D.₁₇ zutage kommt, denkt sich der Evglist auch den ὄχλος von D.₉ als Begleitung Jesu. D.₁₇f. stammt also vom Evglisten, D.₁₂f. aus der Quelle[3]. Fraglich ist, wem D.₁₄f. zuzuschreiben ist. Standen diese Verse in der Quelle, so waren sie schon in dieser ein sekundärer Zusatz, der den Bericht nach den Synoptikern ergänzte, wie der Nachtragscharakter verrät. Aber auch der Evglist könnte die Ergänzung vorgenommen haben, um den Gedanken von D.₁₆ — denn dieser Vers ist ihm zuzuschreiben — zum Ausdruck zu bringen[4].

Die Quelle kann nicht einer der Synoptiker sein; denn sie unterscheidet sich vom synoptischen Bericht dadurch, daß Jesu jubelndes Geleit dort offenbar durch die mit Jesus nach Jerusalem ziehenden Anhänger gebildet wird, hier dagegen durch die aus Jerusalem entgegenkommende Menge[5].

Im Sinne des Evglisten knüpft **V.12f.** zugleich an 11₅₅f. an. Die Festpilger in Jerusalem ziehen Jesus am folgenden Tage[6] mit Palmzweigen entgegen[7] und begrüßen ihn als den messianischen König[8]; die Befürchtung der Behörde

---

[1] So auch Htm.

[2] Auch hier ist der (in ℵ K D pm fehlende) Artikel anaphorisch, und zwar ist er auf das folgende ὁ ἐλθών bezogen.

[3] Wenn D.₁₂f. aus der gleichen Quelle stammt wie 12₁₋₇, so könnte aus dieser auch das τῇ ἐπαύριον stammen. Der redakt. Charakter von D.₁₇f. ergibt sich aus der Bezugnahme auf Kap.11. Außerdem s. zu διὰ τοῦτο ... ὅτι 18 S.177, 5.

[4] Wollte man annehmen, daß D.₁₄f. als Ergänzung nach den Synoptikern von der kirchlichen Redaktion stammt, so würde dieser auch D.₁₆ angehören. Dann wäre die Folge, daß man auch 2₁₇.₂₂ dieser Redaktion zuschreiben müßte (s. S.87, 3) und ebenso, was weniger bedenklich wäre, 7₃₉b (s. S.229, 2).

[5] In diesem Punkte würde der synoptische Bericht hinsichtlich der Frage der Ge= schichtlichkeit den Vorzug verdienen. Im übrigen ist er ganz vom Weissagungsbeweis aus gestaltet, während bei Joh. das Weissagungsmotiv nachgetragen ist. Vgl. Gesch. der synopt. Tr. 281.

[6] Syr⁸ vervollständigt nach Mk 11₁ parr.: „Am folgenden Tage zog Jesus aus und kam an den Ölberg, und das viele Volk ...“

[7] Die βαΐα τῶν φοινίκων entsprechen den στιβάδες Mk 11₈ und den κλάδοι Mt 21₈ (zu βαΐα, was schon an sich Palmzweige heißt, s. Br., Wörterbuch). Palmzweige sind der Schmuck des Siegesfestes und des triumphierenden Königs (I Makk 13₅₁ II Makk 10₇ Apk 7₉; s. Schl. und Str.=B.). — Nach Br. weist vielleicht das artikulierte die Palm= zweige auf einen christlichen Kultbrauch hin. In der Tat könnte ein solcher auf den Bericht eingewirkt haben; denn Palmbäume, von denen die Pilger die Palmzweige hätten schneiden können, gab es in Jerusalem wohl nicht, sodaß Schl. und Eisler an= nehmen, es seien die Palmblätter gemeint, die zum Feststrauß von Laubhütten gehörten und in den Häusern aufbewahrt wurden; s. Schl. z. St.; Eisler, Ἰησ. βασ. II 475; ferner Dalman, O. und W. 274; Arbeit und Sitte I 64. 434. — Wie die Palmzweige, so zeigt wohl auch das εἰς ὑπάντησιν (DGL al: συναντ., AKU al: ἀπαντ.), daß es sich um den Einzug des messianischen Königs handelt. Denn die Wendung gehört zu der Termino= logie, mit der die Einholung des Königs und hochgestellter Personen beschrieben wird; s. E. Peterson, ZsystTh 1929, 682—702; Schl. zu Mt 8₃₄.

[8] Das erste Stück des Heilrufes stammt wie Mk 11₉ aus Ψ 117₂₅f. Die LXX hat das נָא הוֹשִׁיעָה des hebr. Textes richtig als σῶσον δή übersetzt. Dieser Ruf (IISam 14₄

(11₄₈) scheint also berechtigt zu sein. Nachtragend berichtet **V. 14**, daß Jesus auf einem Eselchen[1] eingeritten sei; dabei erweckt das εὑρών den Eindruck, daß er es zufällig gefunden habe[2]. Die Bedeutsamkeit der Tatsache aber wird **V. 15** durch das Zitat von Sach 9₉ betont, das auch Mt 21₅ in den Mt=Bericht eingefügt hatte[3]. Ähnlich wie 2₁₇. ₂₂ wird **V. 16** gesagt: die Einsicht in diese Tatsache, daß sich in Jesu Einzug die Sacharja=Weissagung erfüllte, ging den Jüngern erst nach seiner Verherrlichung auf[4].

V. 17—19 wiederholen das Motiv von V. 9-11 und berichten demgemäß zunächst von dem Beifall des Volkes. Recht schwerfällig werden dabei zufolge von V. 9 und 12 zwei ὄχλοι unterschieden[5]: **V. 17** der ὄχλος von V. 9, der Zeuge des Lazarus=Wunders war, und **V. 18** der ὄχλος von V. 12, dessen Huldigung nun nachträglich auch auf jenes σημεῖον zurückgeführt wird. Die Bedeutung, die gerade dieses Wunder für den Tod Jesu und damit nach 11₄ für sein δοξασθῆναι hat, wird also nachdrücklich betont; und zugleich wird durch das ἐμαρτύρει V. 17 wieder angedeutet, wie Jesu Person den Gegenstand des Prozesses zwischen Gott und der Welt bildet[6]. Auch wo der Evglist der Tradition folgt, sieht er also Jesu Geschichte als die κρίσις der Welt.

Die Erwägung der Pharisäer[7] zeigt, wie sich der Todesbeschluß befestigt: sie haben recht gehabt! Wenn sie nicht handeln, wie beschlossen, so ist die Gefahr

---

II Kön 6₂₆ an den König, Pf 20₁₀ an Gott für den König gerichtet) ist zum Heilruf geworden; vgl. Mt 11₉ Mt 21₉; Did. 10, 6 und f. Dalman, W. J. 180—82; anders Eisler, 'Ιησ. βασ. II 472—75. — Das εὐλογημένος κτλ. war im Pfalm kollektiv gemeint und galt den in den Tempel Einziehenden; hier ist es individuell verstanden und auf den messianischen König bezogen als den ἐρχόμενος (f. S. 309, 1). Das ἐν ὀν. κυρίου ist schwerlich mit εὐλογ. zu verbinden (Heitmüller, Im Namen Jesu 86), vielmehr mit ὁ ἐρχ.; es heißt also „im Auftrag" (f. S. 203, 1). — Folgt dem aus dem Pfalm entnommenen Heilruf Mt 11₁₀ der Preis der βασιλεία Davids, so hier der des βασιλεὺς τοῦ 'Ισρ., entsprechend wie Lk 19₃₈ das ὁ ἐρχ. durch ὁ βασ. ergänzt ist.

[1] 'Ονάριον nur hier im NT. Ist das Deminutiv wegen des πῶλος im Zitat gewählt?

[2] Schwerlich darf man freilich schließen, daß die Legende von Mk 11₁ff. parr. dem Erzähler (Quelle oder Evglist, f. S. 319) noch unbekannt war. Denn freilich wird sich diese erst allmählich aus der aus Sach 9₉ gefolgerten Tatsache entwickelt haben, daß Jesus auf einem Esel eingeritten sei. Aber V. 14f. machen so sehr den Charakter eines Nachtrages, daß man annehmen wird, der Nachtrag ist in Erinnerung an die schon bekannte Geschichte vorgenommen worden. (S. auch Anm. 4.)

[3] An Stelle des χαῖρε σφόδρα Sach 9₉, das Mt 21₅ fortläßt, tritt hier ein μὴ φοβοῦ, wie es aus Jes 41₁₀ 44₂ (Zeph 3₁₆) in Erinnerung sein mochte. Im folgenden ist der Sach.=Text noch stärker als bei Mt verkürzt; der Wortlaut weicht dabei von LXX ab.

[4] S. S. 90, 7. — Dem ἐγερθῆναι 2₂₂ entspricht das δοξασθῆναι 12₁₆ (f. S. 230, 1). Das ἐπ' αὐτῷ statt des zu erwartenden περὶ αὐτοῦ (so D 1241) meint nicht, daß das Schriftwort auf ihm beruhe (Bd.), sondern entspricht dem rabbin. ב (Schl. zu Mt 11₁₀); vgl. Apk 10₁₁. — Wenn die Jünger als Subj. des ἐποίησαν gedacht sind, so ist an die Mt 11₁ff. erzählte Beschaffung des Esels gedacht (f. Anm. 2). Aber das Subj. kann ebensowohl der ὄχλος bzw. ein „man" sein (vgl. 15₆ 20₂), was gut griechisch wäre (Colwell 59f.); das ταῦτα ἐποίησαν meint dann die Huldigung. — Nach Grill II 207—210 beruht die Erzählung wieder auf der Dionysos=Mythologie: das Eselsfüllen ist das dionysische Reittier und ist zugleich Symbol der hellenischen Völkerwelt.

[5] Da DE*L al it sy aus dem ὅτε D. 17 ein ὅτι machen, identifizieren sie die beiden ὄχλοι. — Das ὤν D. 17 drückt die Gleichzeitigkeit mit dem durch ὅτε eingeleiteten Satz aus; Raderm. 227.

[6] Zu μαρτυρεῖν f. S. 30, 5; zum Bild des Prozesses S. 58f.; 223 usw.

[7] Daß hier die Φαρ., D. 19 die ἀρχιερεῖς genannt sind, bedeutet keinen Unterschied, wie ja 11₄₇. ₅₇ beide zusammen genannt sind. — Πρὸς ἑαυτ. = πρὸς ἀλλήλους, Bl.=D. § 287.

nicht mehr zu bannen[1]; denn die ganze Welt läuft hinter ihm her[2]! Ihre Äußerung steht als eine Selbstrechtfertigung auch im Rahmen jenes großen Prozesses, ohne daß sie es wissen; und zugleich ist sie wieder eine unbewußte Weissagung auf den σωτὴρ τοῦ κόσμου wie 7 35 11 51 f., deren Erfüllung die nächste Szene ahnen läßt.

β) Das Mysterium des Todes Jesu: 12 20-33; 8 30-40; 6 60-71.

Der Text des Evg scheint in 12 20-50 nicht in seiner ursprünglichen Form erhalten zu sein. Klar dürfte sein, daß der Rückblick auf Jesu öffentliches Wirken 12 37-43 ursprüng= lich den Schluß des ganzen ersten Teiles des Evg gebildet haben muß. 12 44-50 ist ein versprengtes Stück, das in die 8 12 beginnende Lichtrede hineingehört[3]; und ebenso wird 12 34-36, das keine angemessene Weiterführung von 12 20-33 ist, zur Lichtrede gehören[4]. Es fragt sich, ob mit 12 33 der Schluß des vorangegangenen Komplexes gegeben ist, dem ursprünglich 12 37-43 folgte. Man wird das an sich nicht für unmöglich halten dürfen. Da sich aber früher ergab, daß die vermutlich zusammengehörigen Stücke 8 30-40 6 60-71 vielleicht in die mit 12 23-33 gegebene Situation der κρίσις gehören[5], so fragt es sich weiter, ob man diese Stücke als angemessene Fortsetzung von 12 23-33 verstehen kann. Das ist zweifellos der Fall; auch würde 6 60-71 als Abschluß des Ganzen und als Überleitung zum zweiten Teil außerordentlich gut am Platze sein. Wird man auch zurückhaltend urteilen und mit der Möglichkeit rechnen, daß ein Stück des ursprünglichen Textes ver= loren ist, so wird man doch den Versuch machen dürfen, den Text in der angegebenen Zusammenstellung zu interpretieren.

1. Der Zugang zu Jesus 12 20-33.

Sehr schwierig ist es, zu einem sicheren Urteil über 12 20-33 zu gelangen; die Aporien des Textes, die sich freilich z. T. durch die Einsicht in die Kompositionstechnik des Evglisten lösen, haben gerade hier vielfach zu kritischen Eingriffen geführt[6]. Zwar scheint mir, daß 12 23-33 als Einheit verständlich ist. Ein Text aus den „Offenbarungs= reden" liegt zugrunde, zu dem die Verse 23. 27 f. 31 f. gehören. Der Evglist hat ihn D. 24-26 durch eigenartig redigiertes Material aus der synoptischen Tradition ergänzt; er hat ferner nach seiner Art die Jesus=Rede D. 29 f. durch einen kurzen Dialog unterbrochen und D. 32 ein Interpretament hinzugefügt.

Wie aber ist über die einleitende Szene 12 20-22 zu urteilen? Jedenfalls ist sie, äußerlich angesehen, ein Fragment, dem die Fortsetzung fehlt. Die durch Philippus und Andreas umständlich an Jesus übermittelte Bitte der Ἕλληνες, zu Jesus geführt zu werden, bleibt ohne Antwort. Die Ἕλληνες sind sofort wieder von der Szene verschwunden, und schwerlich wird man das als Analogie zu dem Verschwinden des Nikodemus in Kap. 3 ansehen dürfen; denn mit diesem hat Jesus doch eine Weile diskutiert. Nun läßt sich freilich Jesu Rede D. 23-33 als eine indirekte Antwort auf jene Bitte verstehen (s. u.); und man muß also mit der Möglichkeit rechnen, daß der Evglist D. 20-22 — mag er diese Szene selbst geschaffen, oder mag er sie einer Quelle entnommen haben — der Rede

---

[1] Οὐκ ὠφελεῖν οὐδέν wie 6 63; vgl. Mt 27 24 und sonst; s. Br., Wörterb.
[2] DL φ al lat sy fügen zu ὁ κόσμος ein ὅλος. „Die (ganze) Welt" im Sinne von „jedermann" ist semitische Redeweise (Schl.; Str.=B.); ebenso (ἀπ)έρχεσθαι ὀπίσω für „folgen"; vgl. Mt 1 20 mit Mt 4 22 und s. Hiob 21 33 Lk 14 27 Jd 7; vgl. πορεύεσθαι ὀπίσω Dt 13 5 Jer 2 25 Lk 21 8 II Pt 2 10.
[3] S. S. 237. 262 f.   [4] S. S. 237. 269 ff.   [5] S. S. 215. 238.
[6] Wellh. sieht in 12 20-36 lauter ungeordnete Fragmente; Wendt hält D. 28b-30 für einen Zusatz des Evglisten zu seiner Quelle; Sp. will Jesu Rede D. 23 unmittelbar an D. 19 anschließen und streicht aus dieser (von anderen Korrekturen abgesehen) D. 26 und D. 30, während Hirsch nur D. 26 dem Bearbeiter zuschreibt. Weiteres bei Howard 258 ff.; s. u. S. 325, 4. Ed. Meyer (I 334 f.) meint, D. 28 ff. sei ursprünglich die Fortsetzung der Szene D. 20-22 gewesen: „Die zugrunde liegende Erzählung wird gelautet haben, daß Jesus für die griechischen Proselyten ein Zeichen der Bestätigung erbittet und erhält."

V. 23-33 als Einleitung vorausgestellt hat, um dadurch zum Verständnis der Rede anzu-
leiten. Demgemäß soll in der folgenden Interpretation verfahren werden. Doch muß
man sich dabei bewußt sein, daß man so vielleicht nur dem Gedankengang des Red. folgt;
denn der Verdacht, daß zwischen V. 22 und V. 23 ein Stück ausgefallen ist, läßt sich nicht
zum Schweigen bringen. Er wird bes. dadurch gesteigert, daß in V. 29 der ὄχλος unvermittelt auftritt. Nach V. 20-22 mußte man annehmen, daß Jesus nur von seinen Jüngern
umgeben ist; wäre er in der Öffentlichkeit, inmitten des Volkes zu denken, so wäre auch
schwer zu verstehen, daß die Ἕλληνες ihn nicht direkt anreden können.

Der Text der Offenbarungsrede hat seine Parallelen in einer Reihe mandäischer
Texte, in denen teils die Situation des himmlischen Gesandten, teils die Situation der
aus der Himmelswelt stammenden Seele in dieser irdischen Welt dargestellt wird [1]. Der
Gesandte und die Seele sind ja gleich nach Ursprung und Wesen, und gleich ist ihr mythisches Schicksal, sodaß von beiden das Gleiche ausgesagt werden kann und die Texte manchmal kein klares Urteil erlauben, ob vom Gesandten oder von der Seele die Rede ist . Die
in Frage kommenden Texte schildern die Angst, die den Gesandten (bzw. die Seele) überfällt vor den Nachstellungen der dämonischen Weltmächte, und zwar teils angesichts
seiner Aufgabe, in der Welt den Auftrag des „Vaters" zu erfüllen [3], teils angesichts der
Stunde, in der sein „Maß voll ist" und er sich anschickt, diese Welt zu verlassen [4]. In seiner
Angst [5] hebt er „seine Augen zum Lichtort empor" [6]. Seiner Klage und seinem Hilferuf [7]
wird Antwort; ein tröstender Ruf klingt aus der Höhe, ein Helfer wird ihm gesandt [8].

---

[1] G. P. Wetter (Verherrlichung 57f.) hatte vermutet, daß die Szene Joh 12 20 ff.
einem christlichen Mysterium nachgebildet sei, in dem die Rolle der Kultusgottheit vom
Priester agiert wurde. Diese an sich unwahrscheinliche Konstruktion wird jetzt durch die
mandäischen Parallelen klar widerlegt.

[2] S. Lidzbarski, Mand. Lit. 208, 1; vgl. auch H. Odeberg, Die mand. Religions-
anschauung (Uppsala Univ. Årsskr. 1930, Teologi. 2), 8f.

[3] Bes. Joh.-B. 224, 6 ff.; vgl. Mand. Lit. 192f. (XXII); 202 (XXXIII); 208f.
(XLII); auf die Seele bezogen Ginza 328, 9ff.; 477, 1ff. und in zahlreichen Stücken des
2. Buches des Linken Ginza.

[4] So bes. in einer Reihe von Liedern im 3. Buch des Linken Ginza, die beginnen:
„Mein Maß ist voll, und ich ziehe hinaus" (Nr. 15. 36. 44) oder: „Ich werde erlöst, mein
Maß ist voll" (Nr. 22). Vgl. auch Ginza 183, 25ff.; Joh.-B. 59, 2f. Etwas anders die
Lieder Nr. 18. 37. 45 im 3. Buch des Linken Ginza: „Obwohl ich noch jung war, wurde
mein Maß voll." Überall redet hier die Seele.

[5] Vgl. z. B. Ginza 328, 26: „(Ich) ängstigte mich und ängstigte meine Seele"; 477, 19:
„Ich geriet in Angst, und Furcht kam über mich"; 503, 5: „Ich erschrak, mich überkam
Angst"; ferner 184, 1f.

[6] Mand. Lit. 193, 4; Ginza 546, 31; 564, 36.

[7] So ständig in den betr. Liedern im 2. Buch des Linken Ginza, in denen die Seele
klagt, daß sie aus ihrer himmlischen Heimat verbannt ist auf diese vergängliche Erde in
den Körper, wo sie den Nachstellungen der bösen Mächte ausgeliefert ist; ferner Ginza
328, 9ff.; 346, 15ff.; Joh.-B. 59, 1ff.; 62, 10ff.; 68, 4ff.; 224, 6ff.; Mand. Lit. 208 (XLII);
209 (XLIII); 223f. (LVI). Vgl. auch aus den Anm. 4 genannten Liedern des Linken Ginza
533, 3ff.; 546, 23ff.; 564, 18ff.; 571, 31ff., ferner 592, 14ff. — Vgl. auch Jonas, Gnosis
I 109—113.

[8] In den Liedern im 2. Buch des Linken Ginza erscheint ein Bote oder „Helfer"
mit tröstenden und verheißenden Worten („Zu uns sollst du emporsteigen" 457, 1 und
dergl.); oder es heißt: „Da kam der Ruf des großen Helfers" (477, 25). Entsprechend
wird in den betr. Liedern des 3. Buches ein Uthra, ein „Helfer", gesandt, der die Seele
emporbringt; oder es wird einfach das verheißende Wort dieses Helfers berichtet (572, 19ff.).
Die Sendung des „Helfers" ebenso Ginza 328, 31; 346, 24; 593, 10. Ähnlich die Erhörung
der Bitte Mand. Lit. 193, 5ff.; die Sendung des Boten Mand. Lit. 202, 9ff.; 225, 1ff.;
Joh.-B. 60, 15ff.; 69, 3ff. Eine Verheißung antwortet der Bitte Mand. Lit. 208f. (XLII
und XLIII). Joh.-B. 224, 10f. wird dem klagenden Gesandten ein Stab gesandt, „der
mir Rede und Erhörung verlieh". — Vgl. Ginza 296, 37ff. und 316, 28ff. die Verheißung
an den Gesandten, daß, wenn er sich ängstigt, ihm Helfer beistehen werden, ebenso 317, 1ff.,

Der vom Evgliften benutzte Text läßt sich freilich nicht mit Sicherheit rekonstruieren; aber deutlich heben sich von ihm die interpretierenden Verse 29f. 33 ab. Mit großartiger Sicherheit hat der Evglift für seinen Zweck das Wort in V. 23 vorangeftellt, das in der Quelle nur zusammen mit V. 31 der Aussage V. 28 gefolgt sein kann[1]. Das ursprüngliche Eingangsmotiv der ταραχή, der Klage und des Rufes liegt in V. 27 vor. Der Evglift hat wahrscheinlich die Klage umgestaltet durch Einfügung des Selbfteinwandes ἀλλὰ διὰ τοῦτο κτλ.[2]. In der Quelle werden die Bitten πάτερ σῶσον κτλ. und πάτερ δόξασον κτλ. parallel geftanden und den gleichen Sinn gehabt haben; der Evglift differenziert sie infolge der ihm eigenen Anschauung vom δοξασθῆναι Jesu (f. u.). — Der Klage folgt V. 28 die Antwort, die die Gewährung der Bitte verheißt. Das νῦν der ταραχή (V. 27) wird so von dem νῦν des δοξασθῆναι (V. 23) bzw. des ὑψωθῆναι (V. 31f.) abgelöft. Die Erhöhung des Menschensohnes aber ift die Kataftrophe des Kosmos, — in der Sprache des Mythos: weil der Erlöser die einst von der Finfternis gefangenen Lichtfunken, mittels derer die Dämonen der Finfternis die Welt geftalteten, ihnen entzieht[3], — in entmytho= logifierter Rede: weil der Gesandte kraft seiner Erhöhung die Seinen nach sich zieht (V. 32[4]).

a) 12 20-22: Die Frage nach dem Zugang.

Einige „Griechen", die auch zu dem Fest nach Jerusalem gekommen sind, haben das Verlangen, Jesus kennen zu lernen[5], ohne daß ihre Bitte besonders motiviert würde. Zweifellos sind es sog. Proselyten[6]; wenn sie nicht als solche (als προσήλυτοι oder σεβόμενοι) bezeichnet werden, sondern als Ἕλληνες, so offenbar deshalb, weil sie als Repräsentanten der griechischen Welt aufgefaßt werden sollten. Der Weg, den sie gehen müssen, ist umftändlich; sie wenden sich

---

daß die himmlische „Stimme" zu ihm gelangen soll. Vgl. noch Ginza 184, 4f.: „O du Mann, der du nach dem Leben rufeft, und dem das Leben antwortet." — Daß es sich um einen alten traditionellen Typus handelt, zeigt Od. Sal. 21 1-3:
„Ich hob die Arme empor zur Gnade des Herrn,
  daß er meine Bande von mir löse.
Da hob mich mein Helfer empor zu seiner Gnade und Erlösung.
Ich zog die Finfternis aus und kleidete mich in sein Licht."
S. auch ZNTW 24 (1925), 123—126.

[1] Es liegt kein Grund vor, zu bezweifeln, daß die Quelle den Titel „Menschensohn" (= Mensch) enthielt; f. S. 107, 4, ferner S. 74, 4; 76. 196.

[2] Man könnte wohl auch fragen, ob die Frage καὶ τί εἴπω; vom Evgliften ein= gefügt ift. Aber Fragen sind in den mand. Texten mit der Klage oft verbunden; vgl. bef. Ginza 572, 35f.: „Wen soll ich rufen, und wer wird mir antworten, wer soll mir ein Helfer sein?" — Man könnte eher die Vermutung wagen, daß der Selbfteinwand nicht eine Einfügung in die Quelle, sondern die Umgestaltung ihres ursprünglichen Wort= lautes ift, der gelautet haben könnte: διὰ τί ἦλθον εἰς τὴν ὥραν ταύτην; denn derartige Fragen sind in den mand. Texten typisch; vgl. Ginza 328, 11ff.; Joh.=B. 224, 6ff. („Herr der Größe! Was habe ich gesündigt, daß du mich in die Tiefe gesandt haft? . . ."). So ftändig in den betr. Liedern des 2. Buches des Linken Ginza („Wer hat mich in der Tibil wohnen lassen?" „Wer hat mich in das Leid der Welt geworfen?" „Warum . . . warfen sie mich in das körperliche Gewand?" usw.).

[3] S. S. 10; 41; 113, 6; 285.   [4] S. zu V. 32.

[5] Diesen im Griechischen geläufigen Sinn hat ἰδεῖν wie Lt 9 9 23 8 Act 28 20 Röm 1 11. Vgl. Diog. Laert. VI 34: ξένων δέ ποτε θεάσασθαι θελόντων Δημοσθένην.

[6] Im Unterschied von den Ἑλληνισταί (Act 6 1) sind Ἕλληνες geborene Griechen (f. 7 35); f. Windisch, ThWB II 506, 25ff. Da sie zum Fest nach Jerusalem kommen, sind sie Proselyten, gleichgültig welchen Grades; sie gehören also zu den ἀλλόφυλοι, ὅσοι κατὰ θρησκείαν παρῆσαν Jof. bell. 9, 427. Vgl. über die προσήλυτοι und σεβόμενοι bzw. φοβούμενοι τὸν θεόν Schürer III 174f.; Str.=B. 3. St. und II 715—23. — Ἀναβαί= νειν wie 2 13; προσκυνεῖν von der kultischen Gottesverehrung wie Act 24 11; f. S. 139, 3; 257, 8.

an Philippus[1]; dieser teilt es dem Andreas mit[2], und beide tragen dann Jesus ihre Bitte vor. Jesus aber scheint die Bitte in den folgenden Worten zu ignorieren. Was er V.23 ff. sagt, ist zum mindesten keine direkte Antwort, und eine solche wird auch weiterhin nicht gegeben, wie denn auch weiterhin von den Ἕλληνες mit keinem Worte mehr die Rede ist.

Der Sinn dieser Szene wird zunächst aus seiner Folge auf V.19 deutlich; die dort ausgesprochene unbewußte Weissagung: ὁ κόσμος ὀπίσω αὐτοῦ ἀπῆλθεν, wird durch die Bitte der Ἕλληνες illustriert: die griechische Welt fragt nach Jesus! Daß sich die Griechen, um zu ihm zu gelangen, an die Jünger wenden müssen, dürfte also auch symbolischen Sinn haben: der griechischen Welt wird der Zugang zu Jesus durch die Apostel vermittelt[3].

Darf man nun 12 20-33 als eine Einheit fassen[4], so ergibt sich noch mehr: die Bitte der Griechen, zu dem historischen Jesus geführt zu werden, findet keine Erfüllung; sie ist falsch. V.23-33 zeigt, daß der Offenbarer, um als solcher vollendet zu werden, von der Erde Abschied nehmen muß, daß er aber eben dadurch als der Erhöhte „alle nach sich ziehen wird" (V.32). Auf die direkte historische „Gleichzeitigkeit" kommt es gar nicht an; es kommt vielmehr darauf an, ein Verhältnis zum Erhöhten zu gewinnen. So läßt es sich verstehen, daß die Bitte der Griechen gerade jetzt stattfindet, da die ὥρα des δοξασθῆναι gekommen ist.

b) 12 23-26: Das Gesetz des Zuganges.

Die Stunde, auf die 7 6. 8. 30 8 20 vorauswiesen, ist gekommen (V.23), es ist die Stunde, da der Gesandte in die himmlische Herrlichkeit zurückkehren wird[5]. Die Paradoxie dieser Stunde wird deutlich zum Bewußtsein gebracht: die Stunde des δοξασθῆναι ist zugleich die Stunde der Passion. Das sagt zunächst das Bildwort V. 24, dessen unausgesprochene Anwendung sich von selbst ergänzt: wie das Samenkorn „sterben" muß, um Frucht zu bringen, so kann auch der Weg zum δοξασθῆναι Jesu nur durch den Tod führen. Bringt dieses Wort die eigentümliche Paradoxie, daß der ans Kreuz Erhöhte als solcher der zur δόξα Erhöhte ist, noch nicht klar zum Ausdruck, so wird doch ein wesentliches Moment des δοξασθῆναι dadurch besonders deutlich gemacht. Denn von sonstigen Anwendungen

---

[1] Zu Phil. s. S.72, 2. Schon 1 44 war Bethsaida als seine Heimat angegeben worden. Wenn dieses jetzt als galiläisches bezeichnet wird, so liegt vielleicht ein geographischer Irrtum vor (s. S.72, 5), oder es beruht darauf, daß sich auch die jüdischen Anwohner des östlichen Seeufers Galiläer nannten (Schl.). Vielleicht muß man aber doch annehmen, daß ein galiläisches (sonst unbekanntes) Bethsaida hier von dem bekannten nichtgaliläischen unterschieden werden soll; so D. Buzy, Rech. sc. rel. 28 (1938), 570 ff. — Vgl. noch K. Furrer, ZNTW 3 (1902), 264.

[2] Zu Andreas, der wie 1 44 6 8 neben Phil. erscheint, s. S.70, 6; 72, 2. Waren diese beiden Jünger zusammen Heidenmissionare?

[3] Es ist nicht unmöglich, daß für die Konzeption der Szene ein späterer christlicher Brauch als Muster gedient hat, wonach ein Heide, der sich der Gemeinde anschließen wollte, durch zwei Gemeindeglieder empfohlen werden mußte. Wetter (Sohn Gottes 70, 1) verweist auf Szenen in Mönchsgeschichten, in denen die Besucher durch Jünger angemeldet werden mußten.

[4] S. S. 321 f.

[5] Zu ἡ ὥρα ἵνα wie 13 1 16 2. 32 statt ὅτε 4 21 s. Bl.-D. § 382, 1. Gegen Burney, der die Wendung (ebenso wie Odeberg 277 f.) für einen Semitismus hält, s. Colwell 99 f. — Natürlich darf ὥρα nicht im engsten Sinne gefaßt werden, sodaß die ὥρα von 12 23 mit der von 13 1 17 1 konkurrieren würde. Überall ist das gleiche Jetzt gemeint.

des traditionellen Bildes[1] unterscheidet sich die hier gegebene durch den Gegensatz: μόνος μένει ... πολὺν καρπὸν φέρει. Was V. 32 (in mythologischer Sprache) deutlicher gesagt ist, ist hier angedeutet: Jesu δοξασθῆναι ist nicht ein mythischer Vorgang, der ihn allein beträfe, sondern ein heilsgeschichtliches Ereignis: zu seiner δόξα gehört die Sammlung seiner Gemeinde. Insofern läßt sich V. 24 als indirekte Antwort auf die Bitte der Ἕλληνες verstehen: durch seine Passion wird Jesus, als der Erhöhte, für sie zugänglich.

Daran reiht sich **V. 25** ein aus der synoptischen Tradition bekanntes Herrenwort in johanneischer Fassung[2]: das Leben[3] ist so eigentümlichen Charakters, ist so sehr jedem Verfügen=wollen entzogen, daß es gerade dann verloren geht, wenn man es festhalten will, und gerade dann gewonnen wird, wenn man es preisgibt. Könnte man zunächst meinen, daß V. 25 von Jesus selbst gelten und also den Satz von V. 24 verdeutlichen soll: der Weg zu seinem δοξασθῆναι führt durch den Tod, — so zeigt V. 26, daß in V. 25 vielmehr die Geltung des für ihn bestehenden Gesetzes auf seine Jünger ausgedehnt wird[4]. Auch **V. 26** ist die johanneische Variante eines synoptischen Wortes[5], des Wortes von der Nachfolge. In der synoptischen Fassung antwortet es auf die Frage: wer ist mein echter Jünger? Die Antwort heißt: wer mir nachfolgt[6]. Der Evglist aber hat dem Worte einen

---

[1] Das Motiv ist verbreitet; es ist I Kor 15 36 f. auf den Tod und die Auferstehung des Einzelnen angewandt wie auch in der rabbin. Literatur (Str.=B. 3. St. und zu I Kor 15 37) und I Klem 24 4 f. (hier weiteres Material bei Knopf im Hdb. zum NT). Anderwärts wird es auf die individuelle Entwicklung eines Menschenlebens angewandt, so auch in der rabbin. Literatur (Str.=B. 3. St.) und Epikt. IV 8, 36 f. — Hippol. El. VI 16, 6 (ἐὰν δὲ μείνῃ δένδρον μόνον, καρπὸν μὴ ποιοῦν. ⟨μὴ⟩ ἐξεικονισμένον ἀφανίζεται) dürfte in der Formulierung von Joh 12 24 beeinflußt sein, hat aber sachlich nichts damit zu tun (richtig Bd.).

[2] Daß bei Joh das ἕνεκεν ἐμοῦ (καὶ τοῦ εὐαγγελίου) von Mt 10 39 Mk 8 35 parr. fehlt, ist gewiß ursprünglich; vgl. Lk 17 33. Der Evglist hat seinerseits das Wort durch den interpretierenden Zusatz ἐν τῷ κόσμῳ τούτῳ (s. S. 258, 3) εἰς ζωὴν αἰώνιον (vgl. 4 14. 36 6 27) vermehrt. Die Paradoxie des Wortes ist dadurch geschwächt; ebenso dadurch, daß die Verben in der Antithese wechseln: φιλεῖν — ἀπολλύναι gegenüber μισεῖν — φυλάττειν, während sie in der synoptischen Fassung (außer Lk 17 33) die gleichen bleiben: σώζειν (bzw. εὑρεῖν) — ἀπολλύναι. Das φυλ. (s. S. 227, 5) dürfte der Evglist wegen des Zusatzes εἰς ζ. αἰών. gewählt haben.

[3] ψυχή heißt hier natürlich „Leben" wie 10 11. 15. 17 usw.

[4] Die unleugbare Spannung, die zwischen den Versen 24, 25 und 26 besteht, legt die Frage nahe, ob V. 25 oder V. 26 (oder beide) von der kirchlichen Red. aus der synoptischen Tradition zugesetzt ist. Streicht man V. 26, so erhält V. 25 die eindeutige Beziehung auf Jesu Schicksal. Dann aber kommt das πολὺν καρπὸν φέρει von V. 24 nicht zur Geltung, und die — freilich nicht mit Sicherheit zu behauptende — Beziehung auf V. 20-22 geht in V. 23 ff. ganz verloren. Streicht man, was näher liegt, V. 25, so fallen diese Bedenken fort. Aber gegen die Streichung von V. 25 und V. 26 spricht in gleicher Weise, daß ihre Formulierung charakteristisch johanneisch ist. Man wird sich damit abfinden, daß V. 24-26 vom Evglisten in seine Quelle eingefügt sind, s. S. 321. — Trifft das zu, so ist auch klar, daß das ἕνεκεν ἐμοῦ des Mt=Mk=Textes auch für Joh gilt. V. 25 spricht nicht einfach die allgemeine Wahrheit des „Stirb und werde" aus, sondern redet von dem Gesetz, das für den Jünger Jesu gilt; vgl. Gogarten, M. Luthers Predigten 1927, 537.

[5] Mk 8 34 parr. Mt 10 38 = Lk 14 27. Der Evglist hat die ihm vorliegende Fassung des Wortes verkürzt durch Weglassung des Kreuztragens (s. u.) und erweitert durch καὶ ὅπου κτλ. Zu ὅπου ... ἐκεῖ vgl. 14 3 17 24.

[6] So am deutlichsten Lk 14 27, während Mt 10 38 das blassere ἄξιός μου εἶναι an Stelle des μαθητής μου εἶναι getreten ist. Die Mk=Fassung bringt den Sinn nicht so deutlich zum Ausdruck, weil hier die Jüngerschaft durch ὀπίσω μου ἐλθεῖν und ἀκολουθεῖν bezeichnet ist, während in der Mt=Lk=Fassung das ἀκολουθεῖν (bzw. ἔρχεσθαι) ὀπίσω μου gerade die Bedingung der Jüngerschaft bezeichnet, die in der Mt=Fassung ἀπαρ-

neuen Sinn gegeben. Es antwortet bei ihm auf die Frage: wer wird (nach meinem Weggang) mir folgen (in die himmlische δόξα)? Und die Antwort lautet: wer mein Diener ist[1]. Denn offenbar wird das ἀκολουϑείτω durch das johanneische καὶ ὅπου κτλ. exegesiert; es muß also Imp. der Verheißung sein. Freilich ist die Verheißung, daß der Diener ihm nachfolgen wird, und daß er sein wird, wo Jesus ist, eigentümlich doppelsinnig. Dem vordergründigen Sinne nach wird dem Diener die Nachfolge in den Tod verheißen[2]. Aber wie für Jesus selbst die Erhöhung ans Kreuz zugleich das δοξασϑῆναι ist, so ist auch die Verheißung der Nachfolge und des Seins, wo er ist, die Verheißung der Teilnahme an seiner δόξα[3]. Eindeutig lautet dann die Verheißung in der Wiederaufnahme zum Schluß: „Wenn einer mir dient, den wird der Vater ehren"[4]. Die Verheißung von V.26 nimmt also die Verheißungen des Abschiedsreden, daß die Seinen bei ihm sein werden (in seiner δόξα), und daß der Vater sie lieben wird, voraus[5].

Der Zshg von V.23-26 ist fest geschlossen[6], und man darf nicht sagen, daß der Blick wechselt und bald auf der Gestalt Jesu (V.23f.), bald auf den Jüngern ruhe. Vielmehr besteht eine Einheit: Jesus läßt sich, als Offenbarer, nicht an sich betrachten, und die Aussagen über ihn sind nicht Mythologie oder Spekulation. Von seiner Erhöhung kann nur so geredet werden, daß von ihrer Bedeutsamkeit geredet wird; so, wie sie Gesetz und Verheißung für die ist, die die Seinen sein wollen. Es kann nur zugleich von ihm und den Seinen gehandelt werden. Das gilt ja auch für die Erlösungslehre des gnostischen Mythos. Aber gerade dadurch, daß dem mythologisch formulierten Wort vom Zusammenhang des Erlösers mit den Seinen (V.31f.) die Verse 23-26 vorausgeschickt sind, wird an die Stelle des kosmischen Zusammenhangs, den der Mythos meint, der geschichtliche gesetzt. Nicht die „Natur" der Seinen, sondern ihr „Dienst" stiftet ihre Einheit mit ihm.

Darf man V.20-26 als geschlossenen Zshg verstehen[7], so wird der Frage nach dem Zugang zu Jesus (V.20-22) die Antwort gegeben; wer nach dem Zugang zum historischen Jesus fragt, wird auf den Weg zum Erhöhten gewiesen[8]. Der Erhöhte aber ist nicht direkt zugänglich, etwa in Momenten ekstatischer oder mystischer Schau, die die geschichtliche Existenz des Menschen unterbrechen. Vielmehr ist der Weg zu ihm der Weg des „Dienstes", der zur Übernahme des Todes in seiner Nachfolge führt.

νεῖσϑαι ἑαυτόν lautet. Alle synoptischen Fassungen enthalten als Epexegese der verlangten Nachfolge oder Selbstverleugnung noch das αἴρειν (bzw. λαμβάνειν oder βαστάζειν) τὸν σταυρὸν αὐτοῦ, das bei Joh fehlt.

[1] Hat die dem Evglisten vorliegende Fassung des Wortes schon statt μαϑητής (Ξt) διάκονος gelesen, so beruht das wohl auf der Einwirkung des paulinischen und deuteropaulinischen Sprachgebrauchs (IIKor 3₆ 6₄ ITh 3₂; Kl 1₂₃. ₂₅ Eph 3₇ ITim 4₆).

[2] Zu ἀκολουϑεῖν s. S. 69, 5; 261, 6.

[3] Sowohl weil das ἀκολουϑείτω Verheißung ist, wie weil es doppelsinnig ist, muß der Evglist das Motiv des Kreuztragens, das die synoptischen Fassungen enthalten, und das dem Worte doch wohl ursprünglich zugehört, weglassen.

[4] Der Sinn der Verheißungen: ihm in die δόξα zu folgen und bei ihm zu sein, — und: vom Vater geehrt werden, ist natürlich der gleiche. Zu τιμήσει κτλ. vgl. IV Makk 17₂₀ von den Märtyrern, die vor Gottes Thron stehen: καὶ οὗτοι οὖν ἁγιασϑέντες διὰ ϑεὸν τετίμηνται. Zur himmlischen bzw. eschatologischen τιμή Röm 2₇. ₁₀ IPt 1₇ Hbr 2₇. ₉.   [5] Vgl. 17₂₄ 14₃ und 14₂₁ 16₂₇ 17₂₃₋₂₆.

[6] Schwerlich ist also die Folge der Verse 23-26 durch Abhängigkeit von Mk 8₃₁₋₃₅ motiviert (Htm.): V.23f. entspreche Mk 8₃₁ und infolge von Assoziation werde dann V.25f. = Mk 8₃₄f. gebracht.   [7] S. S. 321f.   [8] S. S. 324.

c) 12 27-33: Die Ermöglichung des Zuganges.

D. 27 setzt neu an, und in gewisser Weise laufen D. 27-33 den Versen 23-26 parallel[1]. Die ὥρα des δοξασθῆναι, von der D. 23 schon geredet hatte, wird in D. 27 f.
genauer charakterisiert; und ihre Bedeutsamkeit, von der D. 24 andeutend gesprochen hatte, wird D. 31 f. in der Sprache des Mythos beschrieben.

D. 27 stellt die Situation des Gesandten in der Sprache des Mythos dar:
νῦν ἡ ψυχή μου τετάρακται, d. h. „mir ist angst"[2]. Je weniger es sich im
Sinne des Evglisten um eine psychologische Schilderung dessen handeln kann, der
ja gar nicht des göttlichen Zuspruches zur Überwindung seiner Angst bedarf (D. 30),
desto mehr soll der sachliche Sinn des νῦν deutlich werden. Die folgenden Worte
interpretieren es als das Jetzt der Entscheidung: welches ist das rechte Wort,
das rechte Gebet dieser Stunde?[3]. Welches ist also der rechte Sinn dieser ὥρα?
Die ὥρα ist die Stunde des Todes; die Stunde, vor der menschliche Angst zittert,
aus der menschliche Angst gerettet werden möchte: πάτερ, σῶσόν με ἐκ τῆς
ὥρας ταύτης. Ist solches Verlangen die rechte Antwort auf die Frage der
Stunde? Nein![4] Flucht aus dieser Stunde würde ihren Sinn zunichte machen[5].
Ihr Sinn kann aber nur der sein, daß sie nicht im Interesse des Menschen, sondern
im Dienste Gottes steht. Das rechte Wort kann also nur lauten: πάτερ, δόξασόν
σου τὸ ὄνομα (D. 28)[6]. Damit ist aber auch der Mythos entscheidend korrigiert;
denn in ihm sind die Bitten σῶσόν με und δόξασον gleichbedeutend: indem der
Gesandte aus dem Erdendasein befreit wird, wird zugleich der Vater, der ihn
befreit, verherrlicht. Bei Joh aber wird der Vater verherrlicht, indem der Sohn
das Erdendasein in seiner ganzen Tiefe auf sich nimmt[7].

---

[1] Darüber, daß D. 23. 27. 31 f. in der Quelle zusammengehörten, s. S. 323.

[2] Mit ψυχή ist nach üblichem Sprachgebrauch (wie mit καρδία 14 1. 27) einfach das
Ich bezeichnet; vgl. Mt 14 34. — Im Unterschied von 11 33 soll hier natürlich weder der
Zorn noch die pneumatische Erregung (s. S. 310, 4) geschildert werden, sondern die Angst
des Gesandten, den die dämonischen Weltmächte bedrohen, s. S. 322, 5. Sachliche Parr.
sind 14 1. 27, sprachliche Gen 41 8 Ψ 30 10 41 6 f. 54 5 Thren 2 11.

[3] Durch die Einfügung von ἀλλὰ διὰ τοῦτο κτλ. (s. S. 323) hat der Evglist das
πάτερ, σῶσόν με κτλ. zur Frage gemacht.

[4] Ἀλλά = nein, nach Selbstfrage wie klassisch, Bl.-D. § 448, 4.

[5] Das beziehungslose διὰ τοῦτο muß umschrieben werden: „deswegen, nämlich
um dieser Stunde willen", d. h. „um sie zu übernehmen". Grammatisch einfacher ist
es freilich, mit Schw. und Sp. den Satz auch als Frage zu verstehen: „Aber kam ich denn
dazu (nämlich um zu bitten σῶσόν με) in diese Stunde?" Indessen ist es pedantisch,
für das διὰ τοῦτο einen grammatischen Beziehungspunkt zu fordern.

[6] Das ὄνομα des Vaters bezeichnet diesen selbst, und zwar deshalb, weil der Vater
eben dann verherrlicht ist, wenn er als Vater anerkannt, genannt wird; vgl. 17 6 und
s. S. 37, 4.

[7] Da der Evglist die Mt 14 32-42 parr. bezeugte Tradition, zu welcher in seiner
eigentlichen Passionsgeschichte eine Parallele fehlt, gekannt haben wird, ist D. 27 f. als
das von ihm geschaffene Gegenstück dazu anzusehen (vgl. h. Windisch, Joh. und die
Synoptiker 94. 110). Dem Gebet Mt 14 36 entspricht das σῶσόν με, und das dort folgende
ἀλλ' οὐ κτλ. ist in dem δόξασον κτλ. radikalisiert. Entsprechend ist das ἦλθεν ἡ ὥρα
Mt 14 41, das vielleicht schon D. 23 vorschwebt, in das νῦν D. 31 verwandelt worden und
damit an Stelle des sichtbaren geschichtlichen Geschehens das unsichtbare heilsgeschichtliche, das sich in jenem vollzieht, gesetzt worden. — Hat der Evglist das Mk-Evg gekannt,
so ist es möglich, daß er, wie er sich in D. 25 f. auf Mk 8 34 f. bezogen hätte, jetzt auch ein
Gegenstück zu Mk 9 2-8 zu geben beabsichtigt. Aber es ist auch möglich, daß er die Ver-
klärungsgeschichte Mk 9 2-8 noch in ihrem ursprünglichen Sinn als Auferstehungsgeschichte
kannte (vgl. Gesch. der synopt. Tr. 278 f.) und also die φωνή D. 28 als Gegenstück zu der
Himmelsstimme Mk 9 7 aufgefaßt hat.

Indem Jesus in dieser Stunde wie ein Mensch in seiner Angst erscheint, wird sichtbar, daß solche Entscheidung in solcher Stunde jedem Menschen obliegt. Aber Jesus ist freilich nicht nur der Prototyp, an dem das vom Menschen geforderte Verhalten exemplarisch sichtbar wird (vgl. 13.15), sondern er ist auch und vor allem der Offenbarer, dessen Entscheidung die menschliche Entscheidung für Gott in solcher Stunde erst möglich macht (vgl. 16.33). Nicht sein Seelenkampf soll sichtbar werden, sondern seine faktisch gefällte Entscheidung; nicht die Stunde eines individuellen βios, sondern die Stunde, die über das Schicksal der Welt entschieden hat (V.31). Und das $\delta\iota'\ \dot{v}\mu\tilde{a}\varsigma$ von V.30 gilt dem Sinne nach nicht nur für die $\varphi\omega\nu\dot{\eta}$ von V.28, sondern auch für das Gebet V.27, auf das die $\varphi\omega\nu\dot{\eta}$ antwortet.

Dem auf das Individuelle und Biographische gerichteten Blick oder dem nach der geistes- und weltgeschichtlichen Bedeutung fragenden Interesse kann der Sinn der $\tilde{\omega}\varrho a$ freilich nicht offenbar werden. Denn erst die göttliche $\varphi\omega\nu\dot{\eta}$[1] macht die Stunde zu dem, was sie ist: $\varkappa a\grave{\iota}\ \dot{\epsilon}\delta\acute{o}\xi a\sigma a\ \varkappa a\grave{\iota}\ \pi\acute{a}\lambda\iota\nu\ \delta o\xi\acute{a}\sigma\omega$: die Bitte wird erhört, da sie schon erhört ist[2]. Das künftige $\delta o\xi\acute{a}\zeta\epsilon\iota\nu$ ist ein $\pi\acute{a}\lambda\iota\nu\ \delta o\xi\acute{a}\zeta\epsilon\iota\nu$; es entspricht also einem schon vorausgegangenen $\delta o\xi\acute{a}\zeta\epsilon\iota\nu$. Dieses aber ist weder von der $\delta\acute{o}\xi a$ Jesu in seiner „Präexistenz" zu verstehen (schon deshalb nicht, weil es sich um das $\delta o\xi\acute{a}\zeta\epsilon\iota\nu$ des $\ddot{o}\nu o\mu a$ des Vaters handelt, das durch Jesu, als des Offenbarers, Wirken verherrlicht wird 17.4), noch von Einzelereignissen des Lebens Jesu, sondern von seiner Wirksamkeit als ganzer, in welcher er ja die Ehre des Vaters suchte (7.18), durch welche die Werke des Vaters offenbar wurden (vgl. 9.4 mit 11.4), und auf welche zurückblickend er sagen kann: „Ich verherrlichte Dich auf der Erde, indem ich das Werk vollbrachte, das zu tun Du mir gegeben hast" (17.4). Die $\delta\acute{o}\xi a$, die Gott durch das Wirken des Sohnes empfing, ist ja nichts anderes als die Tatsache, daß Gott offenbar wurde (17.4. 6). Indem Gott ihn zum Offenbarer machte, hat Gott seinen eigenen Namen verherrlicht; wird er ihn weiter verherrlichen, so heißt das nichts anderes, als daß Jesus weiter der Offenbarer bleiben wird, und zwar gerade durch seinen Tod[3].

In der $\tilde{\omega}\varrho a$ (V.23), in dem $\nu\tilde{v}\nu$ (V.27. 31) sind also Vergangenheit und Zukunft aneinander gebunden. Daß die Todesstunde die Stunde der Verherrlichung Gottes ist, beruht darauf, daß das ganze Wirken Jesu der Offenbarung diente. Aber ebenso beruht dieses, daß sein ganzes Wirken Offenbarung sein kann, darauf, daß er auch den Tod in seinen Dienst mit aufnimmt. Das alles aber ist in seiner Bedeutsamkeit, d. h. sofern es Offenbarung Gottes ist, die Tat

---

[1] Daß dem Ruf des Gesandten die himmlische Stimme antwortet, entspricht der Darstellung der mandäischen Texte; s. S. 322, 8. Angesichts der Tatsache, daß die $\varphi\omega\nu\dot{\eta}$ V.29 vom $\ddot{o}\chi\lambda o\varsigma$ als Donner interpretiert wird, vgl. Ginza 533, 22 f. nach dem Klageruf der Seele: „Auf der Stelle entstand ein Beben in der Welt", indem nämlich jetzt ein Uthra als Helfer gesandt wird. Ebenso heißt es Mand. Lit. 201 bei der Schilderung des Aufstiegs des Gesandten (bzw. der Seele), der für die Welt das Gericht bedeutet: „Eine Stimme war im Himmel, ein Donner im Hause der Sterne." An die jüdische Vorstellung von der קוֹל בַּת (Br. 3. St. und Str.-B. I 125—134) ist in diesem Zshg nicht zu denken; so wäre eher Mart. Pol. 9, 1 zu verstehen. Über Himmelsstimmen, die den Sterbenden emporrufen, s. auch Frz. Bieler, $\Theta\epsilon\tilde{\iota}o\varsigma\ \dot{a}\nu\dot{\eta}\varrho$ I 46. Zur $\varphi\omega\nu\dot{\eta}$ überhaupt s. S. 194, 5.

[2] Das die beiden Aussagen stark verbindende $\varkappa a\grave{\iota}\ \ldots\ \varkappa a\grave{\iota}$ entspricht dem sonst vom Evangelisten gern gebrauchten $\varkappa a\vartheta\dot{\omega}\varsigma$ (... $o\ddot{v}\tau\omega\varsigma$), vgl. bes. 17.2.

[3] Entsprechend gilt auch die Aussage, daß sich durch Jesus die $\varkappa\varrho\acute{\iota}\sigma\iota\varsigma$ der Welt vollzieht, von seinem vorangegangenen Wirken (3.19 5.22. 24. 30) wie von dem gegenwärtigen, die Zukunft bestimmenden Jetzt (V.31) und aller Zukunft (16.8-11).

des Vaters, der verherrlichte und verherrlichen wird, der dieses Leben mit seinem
Ende als sein Tun verstanden wissen will¹.

Wie Vergangenheit und Zukunft, so sind deshalb auch die δόξα des Vaters
und die δόξα des Sohnes aneinander gebunden. Denn wenn der Vater
sich durch das Wirken des Sohnes ehrt, d. h. sich offenbart, so ist damit zugleich
der Sohn geehrt als der Offenbarer². Ist grammatisch auch zu dem ἐδόξασα
und δοξάσω als Objekt τὸ ὄνομά μου zu ergänzen, so entsteht doch infolge der
Weglassung des Objekts eine beabsichtigte Zweideutigkeit: indem Gott sein ὄνομα
zur Anerkennung bringt, bringt er zugleich den Offenbarer zur Anerkennung.
Deshalb ist die ὥρα ja die Stunde, da der Sohn verherrlicht wird (V.23), wie denn
der Vater auch im vergangenen Wirken des Sohnes dessen Ehre suchte (5₂₃ 8₅₀. ₅₄).
Was zur Ehre Gottes geschah, geschah zugleich, damit der Sohn geehrt werde (11₄);
ja, der Sohn muß geehrt werden, damit er dem Vater Ehre verschaffen kann (17₁);
er ist ja der Offenbarer; Vater und Sohn sind Eins (10₃₀)³.

Die ὥρα Jesu ist deshalb — indem sie im Lichte des δι' ὑμᾶς V.30 verstanden
wird — zugleich die Entscheidungsstunde für den Menschen, an den der Offen=
barer sein Wort richtet. In der ταραχή Jesu ist zugleich seine ταραχή dargestellt
(vgl. 14₁. 27). Wird er verstehen, daß Jesu Tod wesentlich zur Offenbarung Gottes
gehört? Daß alles Reden Jesu von seinem Gesendetsein, in dem alle menschlichen
Maßstäbe und Wertungen in Frage gestellt und zunichte gemacht werden, sein
Siegel empfängt im Tode Jesu? Daß also alles Reden nicht als bloße Rede, als
allgemeine Wahrheit, als Weltanschauung des Pessimismus oder der Askese, an=
geeignet werden kann, sondern nur als ein Wirken, das auf den Tod zielt und sich
im Tode als der radikalen Preisgabe zur Ehre Gottes vollendet? Wird er ver=
stehen, daß Jesu Offenbarung die Verherrlichung Gottes und damit das Gericht
über die Welt ist?

Wie schwer dem Menschen solches Verstehen ist, hat der Evglist V. 29 durch
sein Mittel des Mißverständnisses wieder deutlich gemacht⁴. Der ὄχλος⁵ versteht
nicht die göttliche Stimme, die Jesus als den Offenbarer beglaubigt. Die einen
halten die Himmelsstimme für einen Donner⁶, für ein gleichgültiges Naturereignis,
— es sind die Gleichgültigen, die nicht merken, daß das, was hier vorgeht, sie selbst
angeht. Die anderen meinen, ein Engel habe mit Jesus gesprochen⁷; sie nehmen
ein gewisses Interesse aber ein falsches; das Interesse des Unbeteiligten, vielleicht
mit Sympathie oder Respekt, aber auch ohne zu wissen, daß sie selbst die Ange=
redeten sind⁸. Eben das sollten sie aber wissen; denn: οὐ δι' ἐμὲ ἡ φωνὴ αὕτη

---

¹ Weiteres s. zu 17₁; s. auch S.146f.   ² Weiteres s. zu 17₁.   ³ S.S. 294f.
⁴ Vielleicht bot die Quelle dem Evglisten auch für V.29 Grundlage oder Anregung;
vgl. Ginza 577, 17ff., wo die Seele, der die „Helfer" erscheinen, von den Weltmächten
sagt: „Sie sahen nicht den hohen Vater, sahen nicht meine Helfer; sie sahen nicht meinen
sanften Geleiter, der mich aus ihrer Mitte zog und wegführte ... Er bekleidete mich
mit Glanz von sich ..."
⁵ Sein Auftreten ist unmotiviert und überraschend, s. S. 322.
⁶ Daß umgekehrt im AT (Ps 29₃₋₉ Hiob 37₄ 1Sam 12₁₈) und sonst in der Antike
(Wetst., Br., Frz. Boll, Aus der Offenbarung Johannis 1914, 18f.) der Donner als
himmlische Stimme verstanden werden kann, hat mit dieser Äußerung nichts zu tun;
vgl. vielmehr S. 328, 1. Man kann fragen, ob der Evglist einen Satz der Quelle, der
vom Donner in Parallelismus mit der φωνή redete, zu seiner Schilderung umgestaltet hat.
⁷ Zur Vorstellung, daß ein Engel vom Himmel redet, s. Gen 21₁₇ 22₁₁ 1Kön 13₁₈.
⁸ Eine ähnliche Differenzierung der Urteile in der von Schl. zitierten rabbinischen
Geschichte betr. der Errettung eines Mädchens vor dem Ertrinken: ging die Rettung

γέγονεν ἀλλὰ δι' ὑμᾶς (**D. 30**). Wie der Offenbarer ein ausdrückliches Bittgebet nicht zu sprechen braucht (11 42), so bedarf er für sich auch nicht eines besonderen göttlichen Trostwortes.

Den wahren Sinn der Stunde beschreibt **D. 31**: jetzt findet das Gericht über diese Welt statt[1]. Jetzt wird der Herrscher dieser Welt[2] hinausgeworfen werden aus seinem bisherigen Herrschaftsgebiet[3]. In der kosmologischen Terminologie des gnostischen Mythos wird also die Bedeutung der Entscheidungsstunde beschrieben[4]. Hat im Sinne des Evglisten der Mythos seinen mythologischen Gehalt verloren und ist vergeschichtlicht worden[5], so dient seine Sprache andrerseits dazu, die traditionelle urchristliche Eschatologie zu eliminieren[6]. Die Wende der Äonen erfolgt eben jetzt[7]; freilich so, daß das Jetzt der Passion in unlösbarer Verbundenheit mit dem vergangenen Wirken Jesu und seiner künftigen Verherrlichung steht, ja eben diese Verbundenheit stiftet (D. 28). Seit diesem Jetzt ist der „Fürst der Welt" gerichtet (16 11) und das Schicksal des Menschen ein definitives geworden, je nachdem, ob sie den Sinn dieses Jetzt erfassen, ob sie glauben oder nicht (3 36 5 25). Keine Zukunft des Weltgeschehens wird Neues bringen, und alle apokalyptischen Zukunftsbilder sind nichtige Träume.

Die κρίσις ist damit auch die Scheidung. Denn wenn Jesus **D. 32** — wieder in der Sprache des Mythos[8] — sagt, daß er als der Erhöhte, d. h. als der Ver-

---

natürlich zu, oder ist sie ein Wunder? Jedoch handelt es sich dabei um die Beurteilung eines an sich eindeutigen Sachverhalts.

[1] Das τούτου dürfte der Evglist jedesmal zu κόσμου hinzugefügt haben, s. S. 258, 3; es fehlt übrigens 14 30; sein Fehlen 12 31 D al dürfte kaum ursprünglich sein; s. auch S. A. Fries, ZNTW 6 (1905), 129 ff.
Der ἄρχων τοῦ κόσμου (τούτου) ist natürlich nicht der Tod, sondern der Teufel. Der Ausdruck im NT nur hier und 14 30 16 11. Gleichbedeutend ὁ θεὸς τ. αἰῶνος τούτου II Kor 4 4 (dazu Windisch in Meyers Kommentar) und ὁ ἄρχων τ. αἰῶνος τούτου Ign. Eph. 17, 1; 19, 1; Mg. 1, 3; Tr. 4, 2; Röm. 7, 1; Phld. 6, 2. Vgl. auch die Termini, die I Kor 2 6. 8 Eph 2 2 61 begegnen (dazu Lietzmann und Dibelius im Hdb. zum NT). Die Vorstellung vom Teufel als Weltherrscher ist aus dem iranischen Dualismus in das Judentum eingedrungen (Bousset, Rel. des Judent. 33 1 ff. 513 ff.), das auch das griechische κοσμοκράτωρ als Fremdwort übernahm (Str.-B. 3. St.), und ist in der gnostischen und gnostisierenden Literatur weit verbreitet; s. Br. 3. St. und Schlier, Relg. Unters. 129; Christus und die Kirche 6, 2; 11, 1. Unmöglich ist der Versuch von Fries a. a. O., nachzuweisen, daß nicht der Teufel, sondern Metatron gemeint sei, da in der jüdischen Literatur שַׂר הָעוֹלָם (ἄρχων τ. κόσμ.) nie den Teufel, sondern nur (Gott und) den Metatron bezeichnet.
[3] Das βληθήσεται ἔξω, das D statt ἐκβλ. ἔξω liest, ist eine bedeutungslose Variante; das βληθ. κάτω von Θ it syr und einigen Vätern wird Korr. nach Lk 10 18 Apk 12 7-12 20 3 sein. — Daß der Aufstieg des Gesandten die Vernichtung der Welt und ihres (oder ihrer) Herrscher bedeutet, ist die Lehre des gnostischen Mythos, s. S. 41; 113, 6; ZNTW 24 (1925), 136; Br. 3. St.; Schlier, Relg. Unters. 14 ff. — Mand. Lit. 222: „Ich werde den Bösen töten und in das Ende der Welt werfen" handelt zwar vom bösen Menschen; doch ist dieser ebenso eine Verkörperung des Weltherrschers wie der Glaubende eine solche des Gesandten.
[4] Vgl. die Benutzung des gnostischen Mythos zur Beschreibung des Heilswerkes Christi I Kor 2 6-8 Phil 2 6-11 Kol 2 15 und bes. Asc. Jes.
[5] Dem dient die Voranstellung von D. 23-26 vor D. 27-33; s. S. 326.
[6] S. S. 91. 111 ff. 121. 139 f. 144 ff. 193 f. 230. 247 f.
[7] Entsprechend Gal 4 4 II Kor 5 17.
[8] S. ZNTW 24 (1925), 131 f. Dazu Ginza 429, 16 ff.; Joh.-B. 81, 2 f.; 84, 2 ff.; 160, 22 ff. („Ich leite meine Freunde . . . Ich werde sie auf Thronen unter glänzenden Fahnen in die Höhe ziehen"); Exc. ex Theod. 26; 58 (ἀναλαμβάνειν und ἀναφέρειν); Iren. I 13, 6

herrlichte[1], alle[2] zu sich ziehen werde[3], so versteht es sich von selbst, daß er zwar Allen diese Möglichkeit darbietet, daß sich diese aber nur bei den Seinen verwirklicht, die als seine Diener bei ihm sein werden (V.₂₆ 14₃ 17₂₄).

Die Verheißung ist zweideutig. Denn wie wird er die Seinen zu sich ziehen? Zweifellos dadurch, daß er für sie den Tod überwunden hat und ihnen an der δόξα teilgibt, die er als Erhöhter jenseits des Todes beim Vater hat (17₂₄). Und dieses ist innerhalb des Mythos auch der einzige Sinn des Satzes. Aber Jesu ὑφωϑῆναι ist, wie die Anmerkung des Evglisten V. 33 ausdrücklich sagt[4], zugleich seine „Erhöhung" an das Kreuz, die ja in paradoxer Weise zugleich sein δοξασϑῆναι ist. Wenn er als Erhöhter die Seinen nach sich zieht, so zieht er sie also auch an das Kreuz, d. h. in den Haß und die Verfolgung durch die Welt, die ihn selber trafen. Die Abschiedsreden werden das ausdrücklich entwickeln[5]. Aber auch für die Seinen ist solches Gezogenwerden zugleich ein Erhöhtwerden ἐκ τῆς γῆς. Sie werden dann, so sehr sie noch ἐν τῷ κόσμῳ sind (17₁₁), nicht mehr ἐκ τοῦ κόσμου sein im Sinne der wesenhaften Zugehörigkeit zur Welt (17₁₄.₁₆); sie sind kein ἴδιον des κόσμος mehr (15₁₉), und sie stehen deshalb wie er jenseits des Todes (17₂₄)[6].

Die Verheißung V.₃₂ ist also im Zeichen des Kreuzes gesprochen; sie ist wie D.₂₅f. an das Gesetz der Nachfolge ins Kreuz gebunden. Dem entspricht es, daß der Offenbarer die Verheißung in der Stunde der Erniedrigung ausspricht; vom Erniedrigten hat man sie sich sagen zu lassen. Das „zu sich ziehen" ist also in gewisser Weise zugleich ein „von sich stoßen". Die göttliche φωνή gibt gerade der Erniedrigung den Glanz und die Würde der δόξα und gibt ihr damit die Ewigkeit: „Die Erniedrigung gehört ihm ebenso wesentlich an wie die Erhöhung. Wer ihn also nur in seiner Hoheit lieben könnte, dessen Blick ist verwirrt; er kennt Christus nicht, liebt ihn also auch nicht; er mißbraucht ihn[7]."

(ἀνασπᾶν); act. Andr. 5, p.40, 17 (ἀνάγεσϑαι); act. Jo.100, p.201, 4 (ἀναλαμβάνεσϑαι). Od. Sal. 31 wird beschrieben, wie der aufsteigende Erlöser dem Höchsten seine Söhne „darbringt" (קרב, Frankenberg: προσφέρειν; ist das das παραστῆσαι von II Kor 4₁₄ und sonst?). Das Kreuz wird act. Jo.98, p.200, 12 als ἀναγωγὴ βεβαία bezeichnet; vgl. dazu Schlier, Relg. Unters. 122 und überhaupt 110ff. (über die μηχανή Christi) und 136ff. (über die Himmelsreise). Act. Thom. 156, p.265, 5f. (s. S.281, 2); 169, p.283, 7f. (bzw. 17f.) erscheint der hingerichtete Apostel den Gläubigen in der Rolle des Erlösers und spricht: ἀνῆλϑον γὰρ καὶ ἀπέλαβον τὸ ἐλπιζόμενον . . . καὶ μετ᾽ οὐ πολὺ συναχϑήσεσϑε πρός με. Entsprechend das συλλαμβάνεσϑαι act. Jo.100, p.201, 3; vgl. die Vorstellung, daß der Erlöser die Seinen „sammelt", s. S.285, 1; 292, 8; 315, 2. — Spiritualisiert ist der Gedanke, wenn bei Ign. Eph.9,2 die πίστις der ἀναγωγεύς ist; ebenso C Herm.4, 11b, wo die Schau der εἰκὼν τοῦ ϑεοῦ den Weg in die Höhe leitet; s. Odeberg 100. — S. auch zu 14₃.

[1] Ὑφωϑῆναι und δοξασϑῆναι sind gleichbedeutend; s. S. 110, 2; 232, 3. — Das ἐάν ist wie 14₃ fast = ὅταν; vgl. 8₂₈.

[2] Πάντα, das ℵ*D latt statt πάντας lesen, kann doch wohl nur der Akk. des Sing. masc. sein, sodaß die Variante für den Sinn nichts bedeutet. Das wäre aber auch der Fall, wenn man πάντα = omnia (latt) verstehen müßte; Bl.-D. § 138, 1.

[3] Zu ἕλκω s. S 171, 7; ἑλκύσω hellenistisch für ἕλξω, Bl.-D. § 101.

[4] Zur Form der Anm. s. S. 157, 1. — Σημαίνειν ist term. techn. für die andeutende Rede des Orakels (s. Br.). — „Falsch" (Wendt, Sp.) ist die Anmerkung, sofern in der Quelle das ὑφωϑῆναι eindeutig im Sinne des Mythos verstanden war; aber diesen korrigiert der Evglist gerade.   [5] 15₁₈ff. 16₁ff. 17₁₄.

[6] S. Faulhaber a. a. O. 42f.

[7] Kierkegaard, Einübung im Christentum², Jena 1924, 132; vgl. überhaupt die ganze Abhandlung „Von der Hoheit will er alle zu sich ziehen" 129—231.

2. Der Anſtoß 8₃₀₋₄₀[1].

Wie manchmal, ſo finden auch jetzt Jeſu Worte Glauben bei vielen Hörern
(V. 30)[2]. Ob ſolcher Glaube echter Glaube iſt, muß ſich daran zeigen, daß er
die Probe beſteht, daß er den Anſtoß überwindet, den der Offenbarer und ſein
Wort für die Welt bedeuten. Auf ſolche Probe aber werden die „gläubig gewordenen Juden"[3] ſofort durch Jeſu nächſtes Wort geſtellt (V. 31f.); und es iſt bezeichnend, daß der Anſtoß, den dieſes Wort bietet, gerade daraus erwächſt, daß
es eine Verheißung iſt. Wiederum wird deutlich: die Welt weiß gar nicht, was
ſie eigentlich will; begegnet ihr das Heil, nach dem ſie verlangt, ſo muß es für
ſie zum Anſtoß werden. Ihre Verlorenheit wird zu ihrer Schuld, da die Menſchen
ſich nicht vorbehaltlos dem angebotenen Heil hingeben, d. h. ſich nicht ſelbſt preisgeben wollen und ſich damit auf ihre Verlorenheit feſtlegen. Wie ſie Blinde ſind,
die zu ſehen wähnen, ſo ſind ſie Sklaven, die ſich für Freie halten.

$$\dot{\epsilon}\grave{\alpha}\nu\ \dot{\upsilon}\mu\epsilon\tilde{\iota}\varsigma\ \mu\epsilon\acute{\iota}\nu\eta\tau\epsilon\ \dot{\epsilon}\nu\ \tau\tilde{\omega}\ \lambda\acute{o}\gamma\omega\ \tau\tilde{\omega}\ \dot{\epsilon}\mu\tilde{\omega},$$

$$\dot{\alpha}\lambda\eta\vartheta\tilde{\omega}\varsigma\ \mu\alpha\vartheta\eta\tau\alpha\acute{\iota}\ \mu o\acute{\upsilon}\ \dot{\epsilon}\sigma\tau\epsilon,$$

$$\varkappa\alpha\grave{\iota}\ \gamma\nu\acute{\omega}\sigma\epsilon\sigma\vartheta\epsilon\ \tau\grave{\eta}\nu\ \dot{\alpha}\lambda\acute{\eta}\vartheta\epsilon\iota\alpha\nu,$$

$$\varkappa\alpha\grave{\iota}\ \dot{\eta}\ \dot{\alpha}\lambda\acute{\eta}\vartheta\epsilon\iota\alpha\ \dot{\epsilon}\lambda\epsilon\upsilon\vartheta\epsilon\varrho\acute{\omega}\sigma\epsilon\iota\ \dot{\upsilon}\mu\tilde{\alpha}\varsigma[4].$$

Nicht die ſchnelle Zuſtimmung, ſondern die Glaubenstreue[5] verleiht den
Charakter echter Jüngerſchaft[6]. Und dieſer gilt die Verheißung. Wird ſonſt dem
Glauben die ζωή (αἰώνιος) verheißen[7], ſo iſt hier die Verheißung eine zweifache:
Erkenntnis der Wahrheit und Freiheit.

Es verſteht ſich von ſelbſt, daß die ἀλήθεια hier nicht die „Wahrheit" überhaupt iſt, die Erſchloſſenheit alles Seienden ſchlechthin im Sinne des griechiſchen
Fragens nach der ἀλήθεια. Dem Glaubenden wird nicht eine rationale Erkenntnis
verheißen, kraft deren er den Schein, die traditionellen Meinungen und Vor-
urteile, durchbrechen könnte und eine unverſtellte, umfaſſende Sicht in das Seiende

---

[1] Zur Folge von 8₃₀₋₄₀ auf 12₂₀₋₃₃ ſ. S. 321.   [2] S. S.91,3.

[3] Zum Wechſel von πιστεύειν εἰς αὐτόν (V.30) und πιστ. αὐτῷ (V.31) ſ. S.189, 1;
vgl. auch J. Huby, Rech. sc. rel. 21 (1931), 407f.

[4] Die Sätze dürften wie einige folgende (V.34f. 38) aus den Offenbarungsreden
ſtammen. Schon Merz hat (232) den gnoſtiſchen Charakter der Verheißung empfunden.
In der Tat gilt in der Gnoſis die irdiſche Welt als Kerker, das leibliche Daſein als Ge-
fangenſchaft der Seelen (Jonas, Gnoſis I 106; Schlier, Relg. Unterſ. 154; Bornkamm,
Myth. und Leg. 113). Der Geſandte iſt der Befreier (Schlier a. a. O. 154f. und über
die λύτρωσις: Chriſtus und die Kirche 73, 2; ferner Bornkamm a. a. O. 12. 19); er ſprengt
die himmliſche Mauer (Schlier, Chr. und die Kirche 18ff.). Vgl. Od. Sal.17₁₀ff.:

„Nichts ward mir verſchloſſen erfunden,
    denn die Pforte zu allem (?) war ich geworden.
Ich ging zu all meinen Gefangenen, ſie zu befreien,
    daß ich keinen ließe gebunden oder bindend."

Ferner Od. Sal.42₁₅ff. die Bitte der Gefangenen um Befreiung. Zu den ZNTW 24
(1925), 135 genannten Stellen ſ. noch Ign. Phld.8,1: πιστεύω τῇ χάριτι ᾿Ι. Χριστοῦ,
ὃς λύσει ἀφ᾿ ὑμῶν πάντα δεσμόν. Act. Thom.43, p.161,9. „Wann werden die Gefangenen erlöſt werden?" fragen die Seelen Ginza 524, 28, und Ginza 547,17 ruft eine
Stimme aus der Höhe: „Die Gefangenen ſollen befreit werden"; ſ. ferner Ginza 549, 6ff.;
558, 1ff.; 561, 20; 583, 11ff. und ſonſt.

[5] Μένειν ἐν zur Bezeichnung der Treue (wie I Tim 2₁₅ II Tim 3₁₄) iſt auch im
Griechiſchen gebräuchlich; ſ. Br. Zum joh. Gebrauch ſ. S.200, 5; 201, 1; 243, 1.

[6] ᾿Αληθῶς hier = ὄντως (V.36) nach geläufigem Sprachgebrauch. — Μαθητής
iſt hier Bezeichnung des Chriſten wie 13₃₅ 15₈ und bei Ign. Mg.9, 1; ſ. dazu Schlier,
Relg. Unterſ. 57. — Über die Geſchichte des Wortes im Urchriſtentum ſ. Br., Wörterbuch,
A. v. Harnack, Miſſion und Ausbreitung³ I 381—384.

[7] 3₁₅f. uſw.

gewönne, um je nach Bedarf und Interesse das Einzelne richtig zu erkennen. Vielmehr ist die Frage nach der ἀλήθεια orientiert an der Frage nach der ζωή als dem eigentlichen Sein des um sein Sein besorgten Menschen, dem diese Frage aufgegeben ist, da er Geschöpf ist[1]. Gottes ἀλήθεια ist also Gottes Wirklichkeit, die allein Wirklichkeit ist, weil sie Leben ist und Leben gibt, während die Scheinwirklichkeit der Welt ψεῦδος ist, weil sie angemaßte Wirklichkeit im Gegensatz zu Gott ist und als solche nichtig ist und den Tod bringt[2]. Die Verheißung der Erkenntnis der ἀλήθεια ist also sachlich mit der Verheißung der ζωή identisch.

Gottes Wirklichkeit aber heißt ἀλήθεια, sofern sie sich im Kampf gegen das ψεῦδος in Jesus offenbart[3]. Dementsprechend wird ihre Erkenntnis dem Glauben an Jesus verheißen. Das bedeutet einmal, daß dieses Erkennen nicht ein Betrachten im Sinne des griechischen θεωρεῖν ist, das aus der Distanz erwächst und Distanz gibt, sondern daß es die Aufnahme der Wahrheit ist, die aus der gehorsamen Beugung unter die Offenbarung erwächst, daraus also, daß der Mensch, sich selbst preisgebend, nicht aus dem ψεῦδος in angemaßter Selbständigkeit, sondern als Geschöpf leben will[4]. Das bedeutet deshalb aber zugleich, daß der Glaube ein verstehender sein wird, sobald er sich seinem Gegenstand öffnet, und daß er nicht das blinde Akzeptieren eines Dogmas ist. Denn das Leben ist für den Menschen die Erleuchtung der Existenz im echten Selbstverständnis, das Gott als seinen Schöpfer kennt[5]. Die Folge von πιστεύειν und γινώσκειν ist nicht so gedacht, daß demjenigen, der das Dogma akzeptiert, in mystagogischer Lehre esoterische Erkenntnisse mitgeteilt würden; nirgends — auch nicht in den Abschiedsreden — trägt Jesus solche vor. Auch nicht so, daß sich·dem Glaubenden in Versenkung und innerer Schau eine neue Erkenntniswelt erschlösse; nirgends ist von dergleichen die Rede; immer bleibt der Glaube an das Wort gebunden und schwingt sich nicht in mystischer Schau darüber hinaus. Vielmehr zeigt die durchgehende Charakterisierung des Glaubens als einer Haltung, die das bisherige Selbstverständnis des Menschen preisgibt, daß das γινώσκειν nichts anderes ist als ein Strukturmoment des Glaubens selbst, nämlich der Glaube, sofern er sich selbst versteht[6]. Es wird also sachlich nichts anderes verheißen als 7 17: so wenig

---

[1] S. S. 25. 27.
[2] Über den Zshg von ἀλήθεια und ζωή einerseits, von ψεῦδος und θάνατος andrerseits s. S. 243; Faulhaber 86. Zum Ganzen s. ThWB I s. v. Ἀλήθεια.
[3] Die Christen heißen deshalb II Joh 1 οἱ ἐγνωκότες τὴν ἀλήθειαν. Das εἰδέναι τὴν ἀλήθειαν ist nach I Joh 2 21 für sie bezeichnend. Richtig Wrede, Char. und Tendenz 1 f.
[4] Zu γινώσκειν als „anerkennen" s. S. 34.   [5] S. S. 22—26. 194.
[6] Πιστεύειν und γινώσκειν sind bei Joh nicht hinsichtlich ihres Gegenstandes verschieden. Daß der Vater Jesus gesandt hat, ist Obj. des Glaubens (11 42 17 8. 21) wie des Erkennens (17 3); daß er bzw. seine Lehre vom Vater stammt, wird geglaubt (16 27-30) wie erkannt (7 17). Die ἀλήθεια wird erkannt (8 32), aber ebenso geglaubt, da der Glaube an den glaubt, der die ἀλήθεια ist (14 6). Daß Jesus der Christus ist, wird geglaubt (11 27 20 31), aber mit dem Glauben zugleich auch erkannt (6 69). So können πιστ. und γιν. nebeneinander im synonymen Parallelismus stehen (17 8). Da πιστ. die erste Zuwendung zu Jesus zu bezeichnen pflegt, kann, wo beide Verben verbunden sind, πιστ. an erster Stelle stehen (6 69 8 31 f.; vgl. 10 38). Daß aber auch die umgekehrte Reihenfolge möglich ist (16 30 I Joh 4 16), zeigt, daß πιστ. und γιν. nicht einfach als Anfangs= und Endstadium unterschieden werden dürfen, sodaß es im Christentum Pistiker und Gnostiker gäbe. Das γιν. kann sich nicht vom πιστ. lösen, das πιστ. muß aber als echtes zugleich ein γιν. sein; d. h. das Erkennen ist ein Strukturmoment des Glaubens. Während alles menschliche Erkennen der ἀλήθεια immer nur ein glaubendes ist, wird das Verhältnis des Offenbarers zu Gott allein als γιν. und nicht auch als πιστ. bezeichnet. Für den Menschen gibt es ein Ende des Glaubens erst, wenn sein Dasein als irdisches zu Ende ist und ihm

außerhalb des Glaubens das Objekt des Glaubens sichtbar ist, so sehr ist der Glaube
selbst ein Erkennen, und zwar deshalb, weil Gottes Offenbarung, an die der
Glaube glaubt, ἀλήθεια ist, göttliche Wirklichkeit und als solche Leben schenkende,
das menschliche Sein durchleuchtende Macht. Sich ihr öffnen heißt, sie als ἀλήθεια
verstehen; so erschließt sich dem Glauben sein Gegenstand[1].

In gewisser Weise wird dem Glauben also nur der Glaube verheißen; der
Glaube hat alles, dessen er bedarf: die Glaubenserkenntnis ist das ewige Leben
(17₃). Gleichwohl kann noch eine weitere Verheißung gegeben werden, in der
nichts anderes gesagt ist, als wie die Existenz des Glaubenden durch die Erkenntnis
der ἀλήθεια bestimmt ist: ἡ ἀλήθεια ἐλευθερώσει ὑμᾶς. Es handelt sich
nicht um eine zeitliche Folge von Wahrheitserkenntnis und Freiheit im rationa-
listisch-positivistischen Sinne, daß sich nämlich aus der Erkenntnis praktische Folgen
für die Entwicklung des Einzelnen oder der Gemeinschaft ergäben. Denn so wenig
das Erkennen der ἀλήθεια die Erkenntnis des Seienden überhaupt ist, so wenig
ist die ἐλευθερία die aus solcher Erkenntnis erwachsende menschliche Freiheit des
Geistes überhaupt, die sich in der individuellen und kulturellen Entwicklung Gestalt gibt und über die Bindungen durch Natur, Tradition und Konvention Herr
wird. Vielmehr: so gewiß das Glauben im Glaubenden allmählich zu sich selbst
kommt (daher das Futurum ἐλευθερώσει), so gewiß kommt es doch nur zu dem,
was es schon ist: der Glaubende ist als der, der die ἀλήθεια erkennt und d. h.
aus ihr lebt, frei.

So wenig aber die ἐλευθερία die Geistesfreiheit im rationalistisch-positivisti-
schen Sinne ist, so wenig ist sie es im stoischen oder idealistischen Sinne. Denn
freilich läßt sich auch deren Verwirklichung interpretieren als ein Zu-sich-selber-
kommen, nämlich als ein Freiwerden, das immer schon in einem Freisein des
Erkennenden gründet. Und zwar gründet hier, in Stoa und Idealismus, das Erkennen im ursprünglichen Freisein des Menschen, das ihm, als λόγος oder Geist,
eigen ist. Im Erkennen wird dieses ursprüngliche Freisein aufgedeckt und gegenüber allen Bindungen durchgeführt, sodaß das Freiwerden nichts anderes ist als
der Vollzug der ursprünglichen Freiheit in der Selbsterkenntnis des Menschen[2].
Dabei gilt als das eigentliche Selbst des Menschen sein Geist, seine Innerlichkeit,
und es wird zugleich die Voraussetzung gemacht, daß diese Innerlichkeit dem
Menschen zur Verfügung steht, sodaß er im Rückzug auf sie frei ist[3].

Bei Joh kann die ἐλευθερία nicht als Inhalt der das Sein des Menschen
aufdeckenden Erkenntnis bezeichnet werden[4]. Und nur scheinbar besteht bei ihm
der gleiche Fundierungszusammenhang, daß sich nämlich das Freiwerden im Vollzug der schon vorgegebenen Freiheit abspielt. Denn freilich ist die Freiheit vor-
gegeben, aber nicht in dem ursprünglichen Sein des Menschen, sondern durch
Gottes Offenbarung, die dem Menschen im Wort als dem eschatologischen Ereignis begegnet. Da er sich diese Freiheit im Glauben zu eigen macht, ist sein

---

ein θεωρεῖν geschenkt wird, das sich nicht mehr auf die in der σάρξ verhüllte δόξα des
Sohnes, sondern auf diese direkt richtet (17₂₄). — Od. Sal. 42 ₈f. stehen Kennen und
Glauben in synon. Parallele. Anders Jes 50₁₀: ἵνα γνῶτε καὶ πιστεύσητε καὶ συνῆτε,
wo das Erkennen die Voraussetzung für das Glauben und Begreifen ist. — Vgl. zum
Ganzen ThWB I 712, 41ff. und s. v. πίστις; ferner Faulhaber 33f.

[1] S. S. 118. 206.
[2] Für den stoischen Freiheitsbegriff s. Schlier, ThWB II 488, 51ff.; H. Jonas,
Augustin und das paulinische Freiheitsproblem 1930, 8ff. Einige Zitate auch bei Br. z. St.
[3] S. bes. Jonas a. a. O.
[4] Es könnte bei Joh z. B. nicht heißen: γνώσεσθε ὅτι ἐλεύθεροι ἐστε.

Freisein, als die von ihm angeeignete Freiheit, in seinem Freiwerden, als dem ergreifenden Glauben, begründet. Und sofern der Glaube nie aufhören kann, sofern also dieses Freiwerden durchgehalten werden muß (als $\mu\acute{\epsilon}\nu\epsilon\iota\nu$ $\grave{\epsilon}\nu$ $\tau\tilde{\omega}$ $\lambda\acute{o}\gamma\omega$) und damit stets neu vollzogen werden muß, hat der Mensch sein Freisein nicht anders als im ständigen Freiwerden. Das aber ist darin begründet, daß seine Freiheit nicht die Unabhängigkeit seiner Innerlichkeit von Natur und Geschichte ist, sondern die Freiheit von der „Welt", die er mitkonstituiert[1], d. h. von allem, was er bisher war, von seiner Vergangenheit, von sich selbst[2]. Die Freiheit bedeutet für ihn als eschatologische Gabe die Erschließung der Zukunft, seiner selbst als eines Zukünftigen, Neuen. Das aber wird erst voll deutlich aus der folgenden Diskussion[3] über die Freiheit.

Die Juden verstehen **V. 33** ganz richtig, daß eine solche Verheißung das Urteil über sie enthält, sie seien Knechte; und sie bestreiten dieses Urteil mit dem Hinweis auf ihre Abrahams-Kindschaft[4]. Ihre Frage[5] zeigt, daß sie auch die Freiheit richtig verstehen als die Freiheit, die das Gottesverhältnis dem Menschen gibt. Aber sie verkennen, daß die Freiheit nur eschatologische Gabe sein kann; sie halten sie für das Charakteristikum des Juden, dem sie kraft seiner Abrahams-Kindschaft als Besitz schon zu eigen ist[6].

Jesu durch das pathetische $\mathring{\alpha}\mu\mathring{\eta}\nu$ $\mathring{\alpha}\mu\mathring{\eta}\nu$ $\lambda\acute{\epsilon}\gamma\omega$ $\mathring{\upsilon}\mu\tilde{\iota}\nu$ eingeleitete Antwort **V. 34** weist sie auf ihren Wahn hin: „Jeder, der die Sünde tut, ist ein Knecht[7]." Der Begriff der Freiheit wird also dadurch bestimmt, daß der Begriff der Knechtschaft bestimmt wird als ein $\pi\omicron\iota\epsilon\tilde{\iota}\nu$ $\tau\mathring{\eta}\nu$ $\mathring{\alpha}\mu\alpha\varrho\tau\acute{\iota}\alpha\nu$. So könnten wohl auch Stoa und Idealismus reden[8], jedoch von der Voraussetzung aus, daß die „Sünde" nur auf

---

[1] S. S. 33 f. [2] S. S. 95 ff.

[3] In der Diskussion scheint der Evglist V. 34 f. die Fortsetzung des V. 31 f. zitierten Wortes aus den Offenbarungsreden benutzt zu haben. Man möchte etwa rekonstruieren:

$$\pi\tilde{\alpha}\varsigma\ \grave{o}\ \pi\omicron\iota\tilde{\omega}\nu\ \tau\mathring{\eta}\nu\ \mathring{\alpha}\mu\alpha\varrho\tau\acute{\iota}\alpha\nu\ \delta\omicron\tilde{\upsilon}\lambda\acute{o}\varsigma\ \mathring{\epsilon}\sigma\tau\iota\nu$$
$$\langle\ldots?\rangle$$
$$\grave{o}\ [\delta\grave{\epsilon}]\ \delta\omicron\tilde{\upsilon}\lambda\omicron\varsigma\ [\omicron\mathring{\upsilon}?]\ \mu\acute{\epsilon}\nu\epsilon\iota\ \grave{\epsilon}\nu\ \tau\tilde{\eta}\ \omicron\mathring{\iota}\kappa\acute{\iota}\alpha\ \epsilon\mathring{\iota}\varsigma\ \tau\grave{o}\nu\ \alpha\mathring{\iota}\tilde{\omega}\nu\alpha,$$
$$\grave{o}\ \langle\delta\grave{\epsilon}\rangle\ \upsilon\mathring{\iota}\grave{o}\varsigma\ \langle\omicron\mathring{\upsilon}?\rangle\ \mu\acute{\epsilon}\nu\epsilon\iota\ \epsilon\mathring{\iota}\varsigma\ \tau\grave{o}\nu\ \alpha\mathring{\iota}\tilde{\omega}\nu\alpha\ (\text{f. S. 337, 3}).$$

Hinter der ersten Zeile ist vermutlich ein Glied des Doppelverses gestrichen. Zum Stil $\pi\tilde{\alpha}\varsigma$ $\grave{o}$ ... f. S. 241, 6.

[4] Zur Formulierung $\sigma\pi\acute{\epsilon}\varrho\mu\alpha$ $'A\beta\varrho.$ f. Röm 9 7 11 1 II Kor 11 22 Gal 3 16 Hb 2 16 und Str.-B. 3. St. — Zum Stolz des Juden auf seine Abrahamskindschaft Mt 3 9 par. und dazu Str.-B. I 116—121.

[5] Zu diesem $\pi\tilde{\omega}\varsigma$ der Verständnislosigkeit f. S. 96, 1; 171, 1.

[6] Das ist der Standpunkt des pharisäischen Judentums. Während die Zeloten mit dem Satze, daß der Jude keinem Menschen, sondern nur Gott untertan ist, den Kampf um die politische Freiheit begründen (Jos. bell. 2, 118; 7, 323 ff.), ist für den rabbin. Standpunkt die Freiheit des Juden unabhängig von seiner politischen Situation; sie ist in seiner Abrahamskindschaft bzw. in der Gotteskindschaft und dem Besitz der Tora begründet; f. Schl. 3. St.; Str.-B. I 116 f.; Odeberg 296 f. Daß Jesu Rede eine Umdeutung der Freiheitsverheißungen des Galiläers Judas (Jos. bell. 7, 343 f.) sei, behauptet R. Eisler ($'I\eta\sigma.$ $\beta\alpha\sigma.$ II 66, 5). — Die von den Juden Jesus gegenüber behauptete Freiheit ist also nicht die politische (so de Wette u. a.), „wobei das ägyptische und babylonische Knechtshaus vergessen, der Schein von Freiheit im Römerreich zu günstig beurteilt erschiene" (ho.); noch auch die soziale (Godet, B. Weiß: „Freiheit der Person war unter gewissen Vorbehalten allen Nachkommen Abrahams verbürgt").

[7] $T\tilde{\eta}\varsigma$ $\mathring{\alpha}\mu\alpha\varrho\tau\acute{\iota}\alpha\varsigma$ ist eine interpretierende Glosse, die zwar sachlich nicht falsch ist, aber die Pointe verdirbt, da es auf die Definition des Begriffes Knecht ankommt („ein Knecht ist, wer Sünde tut und also ein Sündenknecht ist"). Die Glosse fehlt in D b syr[s] und bei Clem. Al.; sie dürfte in der Tat ganz sekundärer Zusatz sein.

[8] Daß der $\varphi\alpha\tilde{\upsilon}\lambda\omicron\varsigma$ ein $\delta\omicron\tilde{\upsilon}\lambda\omicron\varsigma$ ist, ist ein stets wiederkehrender stoischer Satz; f. v. Arnim, Stoic. vet. fragm. I 54, 23 ff.; III 86, 30 f.; 155, 17 f.; 156, 14 f.; Plut. Cat.

dem Irrtum des Menschen beruht über das, was sein eigentliches Sein ist, über
den Unterschied dessen, was ἐφ' ἡμῖν und was οὐκ ἐφ' ἡμῖν ist, also letztlich auf
dem Irrtum über das Wesen der Freiheit als einer ihm ursprünglich eigenen.
Es ist also freilich nach stoischer Anschauung kein ἁμαρτάνων ein ἐλεύθερος, sofern sich der ἁμαρτάνων in die Knechtschaft der ἀλλότρια, der ἔξω, der οὐκ ἐφ'
ἡμῖν und damit οὐ πρὸς ἡμᾶς begibt. Aber er ist doch nie an das ἁμαρτάνειν
versklavt, weil sein ἴδιον, sein Geist, der Bereich ist, der unabhängig von allem
ἔξω ist und immer ἐφ' ἡμῖν bleibt. Er braucht nur aufgeklärt zu werden, um die
ihm eigene Freiheit auch zu vollziehen[1]. Die Frage nach der Freiheit bleibt hier
stets die Frage nach der Unabhängigkeit von dem, was ich nicht selbst bin, und in
der Beschränkung auf das Selbst wird die Freiheit gewonnen[2]; das ἁμαρτάνειν,
so sehr es in die Knechtschaft unter die Dinge führt, ist nie Notwendigkeit.

Der Satz aber, daß, wer die Sünde tut, ein Knecht ist, will sagen, daß der
Sündigende gerade der Sünde versklavt ist; daß er sich verloren hat und sich nicht
auf einen unverlierbaren Bezirk innerer Freiheit zurückziehen kann. Denn der
Offenbarer führt ihn zur Freiheit ja nicht dadurch, daß er ihn auf sein ursprünglich
freies Selbst sich zu besinnen heißt, sondern dadurch, daß er ihn zum Glauben ruft,
— zum Glauben an ihn, den Gott zur Rettung der verlorenen Welt gesandt hat.
Wie sein Kommen als eschatologisches Ereignis der Welt ein Ende macht, so ist
die Freiheit, die er verheißt, die eschatologische Gabe, also die Freiheit von der
Welt und d. h. zugleich die Freiheit von der Vergangenheit und damit die Freiheit des Menschen von sich selbst. Denn die Welt, — das ist ja der Mensch selbst,
der sie konstituiert[3], und die Vergangenheit ist seine Vergangenheit, sein Woher,
aus dem er kommt, und das ihn bestimmt[4].

Freiheit von sich selbst kann der Mensch nur als Geschenk, als eschatologische
Gabe empfangen, nicht sich selbst erringen. Denn alles, was er von sich aus unternimmt, ist von vornherein durch das bestimmt, was er schon ist. Nur wer handeln
könnte aus dem, was er nicht ist, wäre frei; d. h. aber: Freiheit ist nur eine eschatologische, von Gott durch die Offenbarung gegebene Möglichkeit. Ihr Empfang
setzt aber eben das Eingeständnis voraus, ein Knecht zu sein, Knecht der eigenen
Vergangenheit, der Welt, der Sünde.

Das verkennen die Juden, wenn sie sich gerade kraft ihrer Vergangenheit,
ihrer Abrahams=Kindschaft, die Freiheit zusprechen[5]. Denn wohl hätten sie das

---

min. 67, p. 692c; Epikt. diss. II 1, 23 (οὐδεὶς τοίνυν ἁμαρτάνων ἐλεύθερός ἐστιν); IV 1, 3;
ferner Br. 3. St.
    [1] Epikt. IV 1, 41ff. usw., bes. II 26, 1: πᾶν ἁμάρτημα μάχην περιέχει. ἐπεὶ γὰρ
ὁ ἁμαρτάνων οὐ θέλει ἁμαρτάνειν, ἀλλὰ κατορθῶσαι, δῆλον ὅτι ὃ μὲν θέλει οὐ ποιεῖ . . .
7: λογικῷ ἡγεμονικῷ δεῖξον μάχην καὶ ἀποστήσεται. I 17, 14: εἰ γὰρ ἀληθές ἐστι τὸ
„πάντας ἄκοντας ἁμαρτάνειν" (Plat. Protag. 345d), σὺ δὲ καταμεμάθηκας τὴν
ἀλήθειαν, ἀνάγκη σε ἤδη κατορθοῦν.   [2] S. Jonas a. a. O.
    [3] S. S. 33f.   [4] S. S. 95ff.
    [5] Da sich die Juden auf ihre Abr.=Kindschaft berufen und nicht etwa auf ihre Moral,
ihre Gesetzestreue, gerät die Diskussion nicht in den Kreis der jüdischen Erörterungen
über das Verhältnis der aktualen Sünde zum „bösen Triebe" und über die Möglichkeit
der Herrschaft über den „bösen Trieb", die Odeberg 297—300 zum Vergleich heranzieht
(vgl. bes. Sir 15 11-17). Im übrigen zeigen diese Erörterungen, daß auch die jüdische Anschauung einen Bezirk innerer Freiheit kennt; es ist aber die rein formal verstandene
Freiheit des Willens, Gottes Geboten zu gehorchen oder nicht; s. Bousset, Rel. des Judent.
404ff.; Moore I 453ff. — Die bei Str.=B. 3. St. zitierten rabbin. Sätze haben keinen grundsätzlichen Charakter, sondern laufen auf die Wahrheit hinaus: „Wer dem Teufel den
kleinen Finger gibt, des nimmt er die ganze Hand."

Recht, sich auf die Abrahams-Kindschaft zu berufen, wenn sie deren Sinn verstünden als die verpflichtende Verheißung für die Zukunft. Sie sollten aus der Abrahams-Kindschaft die Freiheit als göttliche Gabe verstehen; sie mißverstehen sie aber als einen Besitz, der ihnen zu eigen ist. Wohl hätte der Blick in die Vergangenheit, in die Geschichte, sein Recht, wenn es der Blick auf Gottes Taten wäre, die zur Treue verpflichten, indem sie immer den Menschen von sich weg auf Gottes Zukunft weisen. Ob das Haften der Juden an ihrer Geschichte diese echte Treue ist, muß sich daran erweisen, ob sie Gottes Offenbarung in Jesus, die sie in ihrem gegenwärtigen Sein in Frage stellt, anerkennen[1]. Daß sie hier versagen, daß ihre Treue zur Geschichte unecht ist, zeigt das Folgende.

Zunächst jedoch wird in V. 35 f. die Freiheit noch einmal als die eschatologische charakterisiert, die der Mensch allein durch Jesus empfangen kann. Der Evglist benutzt dazu in V. 35 offenbar noch einen Satz der Quelle, dem er durch seinen Zusatz V. 36 einen bestimmten Sinn gegeben hat. V. 35 scheint ursprünglich ein Bildwort gewesen zu sein: wie ein Sklave[2] keine sichere Stätte, kein Heimatrecht, in einem Hause hat im Unterschied vom Sohn des Hauses, so hat auch der Sünder (als „Sklave") keine Sicherheit der Zukunft, während der vom Offenbarer Befreite der Zukunft sicher ist[3]. V. 36 aber zeigt, daß der Evglist unter dem υἱός in V. 35 Jesus verstanden wissen will[4] und hier also den Gegensatz zwischen dem einen Freien und den Sündenknechten ausgesprochen findet. Das Bild, das er damit schon in V. 35 verdorben hat, läßt er in V. 36 ganz fallen, um den Gedanken von V. 32 in einer im Lichte von V. 33-34 genauer bestimmten Form auszusprechen: Jesus verheißt die Freiheit, nur er kann sie schenken, und nur das ist echte Freiheit[5].

Daß der Empfang der echten Freiheit die Preisgabe der falschen Sicherheit voraussetzt, zeigt V. 37-40, indem die Diskussion von V. 33 f. weitergeführt wird. Mit Recht haben sich die Juden auf ihre Abrahams-Kindschaft berufen (V. 37: οἶδα ...); indessen nur äußerlich verstanden, — in Wahrheit mit Unrecht (ἀλλά). Denn wäre

---

[1] S. S. 201. 205. 208 f. 247 f.

[2] Im Bildwort sind die Artikel vor δοῦλος, οἰκία und υἱός die generischen Artikel des Gleichnisstiles wie Mk 4 3 usw.

[3] Es gäbe freilich eine Möglichkeit, V. 35 nicht als Bildwort aufzufassen; dann nämlich, wenn man die Begriffe als technisch gebrauchte Metaphern verstehen dürfte. Anlaß zu solcher Erwägung gibt das μένειν εἰς τ. αἰῶνα, das ja aus dem Bilde herauszufallen scheint. Freilich könnte dieses nicht in dem Sinne von 6 27 12 34 gemeint sein (s. S. 164, 7 und Schl. zu 8 34). Vielmehr hätte μένειν in der Verbindung mit οἰκία den Sinn von „wohnen", „herbergen" (s. S. 69, 7). Dann wäre οἰκία nach geläufigem gnostischen Sprachgebrauch Metapher für „Welt", ebenso wie „wohnen" Metapher für das irdische Leben in der Welt wäre (Jonas, Gnosis I 100 ff.). Dann müßte man aber annehmen, daß der Evglist den Satz der Quelle ins Gegenteil verwandelt hat; der ursprüngliche Sinn wäre gewesen: „Der Sklave muß ewig im Hause wohnen bleiben, der Sohn nicht", da der Sohn die Welt verlassen und in die himmlische Heimat zurückkehren wird. Unmöglich ist das nicht. — Jedenfalls darf man die οἰκία nicht mit dem „Haus des Vaters" von 14 2 gleichsetzen; denn ohne nähere Bestimmung kann das bloße οἰκία diesen Sinn nicht haben; auch hat im „Hause des Vaters" der δοῦλος überhaupt keine, auch keine vorübergehende, Stätte.

[4] So auch Zn., Br., Schl., Bd. Daß man so verstehen muß, zeigt das V. 36 mit V. 35 verbindende οὖν. Auch kann der Evglist das μένει εἰς τ. αἰῶνα schwerlich anders als 6 27 verstanden haben. — Da es sich um die nachträgliche Interpretation eines gegebenen Wortes handelt, kann man die Härte, die in der Gegenüberstellung des generellen ὁ δοῦλος und des individuellen ὁ υἱός liegt, in Kauf nehmen. Schwerlich darf man einfach V. 36 als redaktionellen Zusatz streichen, wie Wellh., Sp. und Hirsch wollen.

[5] Das „nur er" entspricht dem Tone, den ὁ υἱός im Zshg trägt, das „nur das" dem ὄντως in der Folge auf V. 33.

ihre Abrahams=Kindschaft eine echte, so würden sie an Jesus glauben; statt dessen
wollen sie ihn töten[1]. In ihrem Verhalten, das aus der vermeintlichen Sicherheit
ihres Besitzes fließt, kommt zutage, daß sie ihrer Geschichte, sofern es die gott=
gelenkte Geschichte ist, untreu sind. Die gottgelenkte Geschichte, an deren Anfang
Abraham steht, wäre nur dann wirklich ihre Geschichte, wenn sie den Sinn der
Gestalt Abrahams erfaßten, die auf die Zukunft, die eschatologische Zukunft, ver=
weist[2]. Da sie das verkennen und aus der Abrahams=Kindschaft einen sicheren
Besitz machen, verwandeln sie ihre Geschichte in pure Vergangenheit. Während
ihre Geschichte, echt verstanden, gerade den Sinn hatte, sie von der jeweiligen
Vergangenheit zu lösen und auf die gottgeschenkte Zukunft zu verweisen, ihnen
also Zukunft und Leben zu schenken, sodaß das Woher, aus dem sie jeweils leben,
Gottes Zukunft ist, — wird die zur bloßen Vergangenheit entstellte Geschichte
zur zukunftraubenden, d. h. lebenraubenden Macht; ihr Woher ist das des Todes;
ihr Vater ist, wie V.38 andeutend sagen wird, der Teufel. Und so ist ihre Mord=
absicht nur das ihrem Selbstverständnis entsprechende Verhalten[3].

Wie 538 die Untreue der Juden gegen ihre Geschichte durch den Vorwurf
charakterisiert wurde, daß sie dem Worte Gottes nicht treu sind[4], so wird hier
ihre Mordabsicht darauf zurückgeführt, daß Jesu Wort in ihnen keine Stätte findet[5].
Sein Wort ist ja Gottes Wort, wie V. 38 in mythologischer Sprache versichert[6]:

> ἃ ἐγὼ ἑώρακα παρὰ τῷ πατρὶ λαλῶ·
>
> καὶ ὑμεῖς οὖν ἃ ἠκούσατε παρὰ τοῦ πατρὸς ποιεῖτε[7].

Weil sein Wort in Gott seinen Ursprung hat, verstehen sie ihn nicht; denn ihr Ur=
sprung, der all ihr Handeln bestimmt, ist ein anderer, und zwar — das liegt in
der Antithese — der Teufel[8]. Sie, die sich für Abrahams=Kinder halten, sind in
Wahrheit Teufelskinder; sie wollen ja den töten, der Gottes Wort zu ihnen spricht.

Die Juden, die sich V.33 auf ihre Abrahams=Kindschaft berufen hatten, um
ihre Freiheit zu beweisen, verstehen, daß Jesus ihnen die Abrahams=Kindschaft
abgesprochen hat[9], und behaupten trotzig und blind: ὁ πατὴρ ἡμῶν ᾿Αβραάμ
ἐστιν (V. 39). Jesus widerlegt sie, indem er sein früheres Wort (V.37) wieder=

---

[1] Das ζητεῖτέ με ἀποκτεῖναι hat ebenso grundsätzlichen Charakter wie der den
Juden 844 vorgeworfene Mordwille (s. S.243); dem entspricht die allgemeine Moti=
vierung ὅτι ὁ λόγος κτλ., die sich von der speziellen Motivierung 719ff. deutlich unter=
scheidet. Der Vorwurf fordert also nicht für 830-40 die Einfügung in einen Zshg, in dem
von einer Tötungsabsicht der Juden ausdrücklich die Rede war. Zudem ist diese durch
1145-53 1210f. 19 hinlänglich illustriert.   [2] S. S.247f.
[3] S. S. 243.   [4] S. S. 200f.
[5] Χωρεῖν vom λόγος ausgesagt, bedeutet im Griechischen das Wandern, das Sich=
verbreiten des Wortes (s. Wetst.); danach wäre zu verstehen: „Mein Wort gelangt nicht
in euch hinein, findet bei euch keinen Platz." Vielfach versteht man in Bezugsetzung zu
V.31: „Es macht bei euch keine Fortschritte."
[6] V.38 dürfte wieder ein Zitat aus den Offenbarungsreden sein. Zur mytho=
logischen Terminologie s. S.104, 2; 186, 2 und bes. 188f.
[7] Der Text ist unsicher, doch sind die Varianten sachlich bedeutungslos. Beidemale
ὅ statt ἅ in K; Umstellung von ἃ ἐγώ in K D; ἑωράκατε statt ἠκούσατε in ℵ*KD (pedan=
tische Korrektur; s. S.45, 3); παρὰ τῷ πατρί im 2. Gliede statt π. τοῦ πατρός in K D
(ebenso). Nur einige Varianten von D möchte man für ursprünglich halten: die Ein=
fügung von μου bzw. ὑμῶν hinter πατρί bzw. πατρός und die Einfügung von ταῦτα
vor λαλῶ und ποιεῖτε.   [8] S. S. 239f.
[9] Selbstverständlich liegt kein Mißverständnis der Juden vor in dem Sinne, daß
sie Jesus gegenüber auf der natürlichen Abkunft von Abraham insistierten; sie haben
richtig verstanden und behaupten (mit der unbestrittenen natürlichen zugleich) die geistige
bzw. heilsgeschichtliche Zugehörigkeit zu Abraham (richtig Odeberg 302). Es besteht

holt: sie können nicht Abrahams-Kinder sein, weil sie ihn töten wollen, — und
indem er diesem Wort einen Satz vorausschickt, der die Beweiskraft des Wortes
deutlich macht[1]: „Wäret ihr Kinder Abrahams, so würdet ihr Abrahams
Werke tun[2]!" An ihrem Tun müßte sich das Recht ihrer Behauptung erweisen;
denn das Verhalten eines Menschen ist durch sein Woher, seinen Ursprung bestimmt[3]. Ihr Tun aber widerlegt sie; denn sie tun nicht die Werke Abrahams[4],
sondern im Gegenteil: sie wollen ihn töten (V. 40). Hatte V.38 ihre Mordabsicht
auf die Tatsache zurückgeführt, daß sie Jesu Wort, weil es Gottes Wort ist, nicht
verstehen, so dient jetzt die gleiche Tatsache dazu, das Widersinnige ihres Mordwillens deutlich zu machen. Statt des „weil" heißt es jetzt „obgleich": die Juden
wollen Jesus töten, obgleich er ein Mensch ist, der ihnen die Wahrheit gesagt hat[5].
Aber indem die ἀλήθεια als die charakterisiert wird, die er von Gott gehört hat,
und indem so wieder mit dem Doppelsinn des Wortes gespielt wird — „die Wahrheit sagen" im allgemeinen moralischen Sinne, und: Gottes Wirklichkeit offenbaren[6] —, gewinnt auch das „obgleich" zugleich wieder den Sinn von „weil":
gerade weil er der Offenbarer ist, wollen sie ihn töten. Dem entsprechend hat auch
der Schlußsatz: „Das tat Abraham nicht" nicht nur den Sinn: so etwas, wie
einen Menschen, der die Wahrheit sagt, zu töten, lag dem Abraham fern. Sondern
darüber hinaus deutet der Satz Abrahams Stellung zur Offenbarung an: Abraham
war nicht wie ihr verschlossen gegen den kommenden Offenbarer.

Ist der Mordwille der Juden der Beweis dafür, daß sie nicht Abrahams
Kinder sind, und damit auch dafür, daß sie nicht frei sind, so ist offenbar dieser
Mordwille ein besonders deutliches Zeichen ihrer Unfreiheit. In der Tat! Darin,
daß sie sich seiner entledigen wollen, verrät sich ihre verborgene Angst, die „Angst
vor dem Guten"[7]. Denn eben das „Gute" fordert vom Menschen die innere
Freiheit zur Selbsthingabe. Die verborgene Angst aber bezeichnet gerade das
Gute als das Böse und verfolgt es. In dieser Verkehrung findet die Unfreiheit
ihren deutlichsten und unheimlichsten Ausdruck; für sie ist die Verheißung der
Freiheit gerade der Anstoß.

also gar kein Widerspruch zwischen V.37 und V.39 (Wellh., Schw.), als spräche V.39 den
Juden die Abr.-Kindschaft ab, die ihnen V.37 zuerkannt hatte.
[1] Ein regelrechter Beweisgang liegt vor: Behauptung: die Juden sind nicht Kinder
Abrahams; Beweis: 1. die Abr.-Kindschaft erweist sich in „Werken Abrahams",
2. die Juden wollen Jesus töten, 3. das ist kein Werk Abrahams; Schluß: also sind die
Juden nicht Kinder Abrahams. — Die Schlußfolgerung ist nicht ausgesprochen; sie versteht sich im Zshg von selbst.
[2] Für den Gedanken bleibt es sich gleich, wenn man mit B ποιεῖτε liest und dann
den Satz als Imp. auffaßt: „Seid ihr Abrahams Kinder, so tut auch Abrahams Werke!"
Aber das ποιεῖτε wird Korrektur sein, weil das irreale ἐποιεῖτε (ℵD pm, dazu noch ἄν
CKL pm) zu dem ἐστε des Vordersatzes (statt dessen ἦτε in CK pl) nicht zu passen schien;
s. Bl.-D. § 360, 1 und Br. z. St.
[3] S. S.97, 3. 240. — Der allgemeine Gedanke, daß sich die Kindschaft in der geistigen Nachfolge zu bewähren hat, ist natürlich sonst oft ausgesprochen; s. Br. z. St.
[4] Der Begriff der „Werke Abrahams" ist rabbinisch (Str.-B.). Zu solchen Werken
werden gerechnet „ein wohlwollendes Auge, ein bescheidener Sinn und ein demütiger
Geist". Aber an spezielle Werke Abrahams ist Joh 8 39 kaum gedacht; eher könnte das
ἐπίστευσεν von Gen 15 6 vorschweben.
[5] Der Begriff ἄνθρωπος ist nicht betont; das ἀνθρ..ist einfach einem τις gleichwertig wie 4 29; s. Bl.-D. § 301, 2.
[6] S. S.244. — Zum ersten Sinn vgl. Ψ 14 2 in der Charakteristik des Frommen:
λαλῶν ἀλήθειαν ἐν καρδίᾳ αὐτοῦ.
[7] Kierkegaard, Der Begriff der Angst, Jena 1923, 117ff. 135ff.

22*

3. Die Scheidung 6₆₀₋₇₁ [1].

Daß die Offenbarung der Anstoß, das Ärgernis sei, war von Anfang an an=
schaulich geworden durch die Mißverständnisse und Legitimationsforderungen; in
8₃₀₋₄₀ war der Anstoß zum ausdrücklichen Thema gemacht worden, und 6₆₀₋₇₁
zeigt, wie es an diesem Anstoß zur endgültigen Scheidung kommt, zur Scheidung
gerade auch im Kreise der Jünger. Es zeigt sich, wer ein echter Jünger ist, und
wer nur zu einem vorläufigen, unechten Glauben gelangt ist. Der Anstoß wurde
gerade den Juden, die an ihn „gläubig geworden waren", gegeben (8₃₁); sie
repräsentieren das unechte Jüngertum. Das echte Jüngertum, das „bei seinem
Worte bleibt", wird durch die Zwölf dargestellt. Sie werden hier als solche zum
ersten Mal und — von 20₂₄ abgesehen — zum einzigen Mal bei Joh genannt. Wohl
werden sie als die ständigen Begleiter Jesu sonst vorausgesetzt [2]; aber ihre Wahl
ist nicht erzählt worden; der Evglist setzt die Bekanntschaft mit der synoptischen
Tradition voraus [3]. Eine aus dieser Tradition stammende Jünger=Geschichte aber
hat er hier zu seiner Komposition verwertet und eigentümlich umgestaltet: die
Geschichte vom Messias=Bekenntnis des Petrus. Wie dieses im Mk=Evg den Ein=
schnitt bildet und die neue Periode der Jüngerbelehrung einleitet, so hat Joh
ganz analog, nur noch viel radikaler, das Petrus=Bekenntnis zum Wendepunkt
gemacht. Von jetzt ab ist Jesu Wirksamkeit ganz auf den Kreis der Seinen be=
schränkt.

Jesu Worte dünken vielen der „Jünger" eine „harte Rede" zu sein [4], „wer
vermag sie anzuhören"! [5] (D. 60). Daß der Anstoß gerade von den „Jüngern"
genommen wird, macht den Charakter des Ärgernisses vollends deutlich: selbst
für diejenigen, die sich nicht von vornherein abweisend und feindselig zu Jesus
stellen, sondern ein Verhältnis zu ihm suchen, gilt es die Probe zu bestehen.
Viele versagen und „murren" wie die Juden (D. 61) [6]. Jesus weiß das [7], er

---

[1] Über die Einreihung von 6₆₀₋₇₁ an dieser Stelle f. S. 214 ff. 321. Hirsch will den
ganzen Abschnitt als Zusatz des Red. streichen; dagegen f. Evang. Theologie 4 (1937),
125 f. — Der Abschnitt ist eine Komposition des Evglisten mit Benutzung synoptischer
Tradition (f. im Text). Typisch ist, daß Jesus auf ein nicht an ihn gerichtetes Gerede
hin das Wort ergreift (f. S. 223, 5); die Frage, mit der er beginnt, ist ähnlich wie 16₁₉.
Zur Anmerkung D. 64 f. S. 157, 1, vgl. speziell 13₁₁; zum Selbstzitat D. 65 f. S. 265, 2.
Zum erklärenden διὸ τοῦτο D. 65 f. S. 63, 6, vgl. bef. 13₁₁; zu ἔλεγεν δέ D. 71 f. S. 89, 1.
Für den Evglisten bezeichnende Semitismen: das wiederholte αὐτοῦ hinter μαθητ.
D. 60. 61. 66; die Vorausstellung des Prädikats D. 68. 70; das εἰδέναι ἐν ἑαυτῷ D. 61; das
ἀπελθεῖν εἰς τ. ὀπίσω und περιπατεῖν μετά D. 66; auch die Formulierung von D. 64a
(f. Schl.).   [2] S. S. 80, 4.

[3] In gewissem Sinne ist aber 6₆₀₋₇₁ der joh. Ersatz für den synoptischen Bericht
von der Berufung der Zwölf.

[4] D. h. eine Rede, die der Einsicht und dem guten Willen zuviel zumutet. Σκλη=
ρός als Charakter des λόγος auch im Griechischen (f. Wetst. und Br.); vgl. bef. Eur.
tr. 1036 N.: πότερα θέλεις σοι μαλθακὰ ψευδῆ λέγω ἢ σκληρ' ἀληθῆ; φράζε· σὴ γὰρ
ἡ κρίσις. So auch in LXX Gen 21₁₁ 42₇ Dt 1₁₇; ebenso Jud 15 nach Hen. 1, 9. Ent=
sprechend im Rabbinischen, f. Schl. Von den ἐντολαί Herm. mand. XII 3, 4; 4, 4. —
Ähnlich wird das Offenbarungswort C. Herm. 13, 2—6 charakterisiert (αἴνιγμά μοι
λέγεις ... ἀδύνατά μοι λέγεις καὶ βεβιασμένα).

[5] Das αὐτοῦ geht auf den λόγος, nicht auf Jesus. Ἀκούειν heißt im Zfhg „an=
hören", wobei dann das δύνασθαι in ein „wollen" übergeht (f. Br., der auf Epikt.
II 24, 11 verweist). Im Sinne des Evglisten wird der Satz zweideutig sein, indem man zugleich
verstehen soll: „Wer vermag auf sie zu hören?" — nämlich im Sinn des echten Hörens,
f. S. 195.   [6] Vgl. 6₄₁ und f. S. 170, 5.

[7] Εἰδέναι ἐν ἑαυτῷ ist ungriechisch und entspricht jüdischer Redeweise (f. Schl.),
die im NT verschieden wiedergegeben wird; vgl. Mt 2₈ 5₃₀ Mt 16₇.

durchschaut ja die Menschen (2,25). Dieses Wissen aber stellt im Sinne des
Evglisten nur dar, daß es zum Wesen der Offenbarung gehört, Anstoß zu er=
regen; wer es erfaßt hat, weiß von vornherein, daß die Menschen murren
werden, wenn sie das anstößige Wort hören.

Dem entspricht Jesu Frage: „Daran nehmt ihr Anstoß?" — eine weder er=
staunte, noch vorwurfsvolle, sondern einfach konstatierende Frage[1]: „So also steht
es, daß die Rede des Offenbarers für euch ein Ärgernis ist[2]!" „Wie wird es dann
sein[3] — so fährt er (V. 62) fort —, wenn ihr den Menschensohn aufsteigen seht
dorthin, wo er vordem war[4]?" Dann wird — so ist offenbar zu verstehen — das
Ärgernis erst recht groß sein! Wollte man einwenden, daß Jesu ἀναβαίνειν doch
kein σκάνδαλον sein könne, sondern vielmehr das Ärgernis des σκληρὸς λόγος
aufheben würde, so würde man verkennen, daß sich dieses ἀναβαίνειν gar nicht
als glorreiche Demonstration der δόξα Jesu vor der Welt vollzieht; es ist ja nichts
anderes als das am Kreuz geschehende ὑψωθῆναι und δοξασθῆναι. Was die
Jünger davon „sehen" werden, ist nichts anderes, als was Kapp. 13—19 gezeigt
wird; und sofern es dabei im äußerlichen Sinne etwas zu sehen gibt, werden die
Ungläubigen es auch sehen. Ja, diese werden selbst den Menschensohn „erhöhen"
(8 28); und wenn sie dann erkennen werden, daß „er es ist", so wird es zu spät sein,
und sie werden ihn in ihrer Verzweiflung als den Richter erkennen[5]. Was 8 28
Drohung ist, ist 6 62, dem Jshg entsprechend, Frage: werden sie das σκάνδαλον
des Kreuzes überwinden, oder wird es für sie das Gericht bedeuten[6]?

Die Frage hat nicht den Charakter der eindeutigen Abweisung; aber sie
enthält doch jenes Moment des Zurückstoßens, das mit dem „Zu=sich=ziehen"
wesensmäßig verbunden ist[7]. Sie ist indirekt die Entscheidungsfrage, wie sie
nachher V. 67 direkt gestellt wird. Der Hörer des Wortes Jesu soll sich klar machen,
was es gilt; nimmt er jetzt schon Anstoß am Worte Jesu, so wird er erst recht
Anstoß nehmen am Kreuz. Nicht daß das Kreuz einen zweiten, neuen Anstoß
brächte; es macht nur endgültig deutlich, welches der eine Anstoß ist: den An=
spruch, daß er der Offenbarer Gottes sei, erhebt ein purer Mensch, dessen Leben
im Tode endet! Und dieser Ausspruch, der vom Menschen die Preisgabe aller
Sicherungen fordert, wird am Kreuze deutlich als die Forderung der Preisgabe
des Lebens selbst, als die Forderung der Nachfolge an das Kreuz[8].

Wie entsteht der Anstoß? Er entsteht, wenn sich der Blick auf die σάρξ richtet.
Dann freilich muß Jesu Anspruch unverständlich sein; denn es gilt allerdings
(V. 63):

$$\tau\grave{o} \ \pi\nu\varepsilon\tilde{\upsilon}\mu\acute{a} \ \acute{\varepsilon}\sigma\tau\iota\nu \ \tau\grave{o} \ \zeta\omega\sigma\pi\sigma\iota\sigma\tilde{\upsilon}\nu,$$
$$\acute{\eta} \ \sigma\acute{a}\rho\xi \ \sigma\grave{\upsilon}\kappa \ \acute{\omega}\phi\varepsilon\lambda\varepsilon\tilde{\iota} \ \sigma\grave{\upsilon}\delta\acute{\varepsilon}\nu^{9}.$$

---

[1] Wegen des logischen Verhältnisses zum folgenden Satz ist das τοῦτο ὑμᾶς σκανδ.
als Frage aufzufassen; sie entspricht einem Bedingungssatz („wenn dies schon, was
dann ..").
[2] Zu σκανδαλίζειν = „zu Fall bringen" in übertragenem Sinn s. Br. Wörterbuch;
bei Joh noch 16 1; das Subst. I Joh 2 10. [3] Zur Aposiopese s. Bl.=D. § 482.
[4] Das ἀναβαίνειν korrespondiert dem 6 33. 38. 50 f. genannten καταβαίνειν. Aber
keineswegs ist für das Verständnis von V. 62 die Rede 6 27-59 Voraussetzung. Die Vor=
stellung begegnet ja ständig in wechselnder Terminologie, s. S. 232, 2. Daß V. 62 nicht
auf die genannten Verse zurückgreift, geht daraus hervor, daß das Stichwort des ἄρτος
τ. ζωῆς in V. 60 ff. nicht begegnet; wohl auch daraus, daß in der Rede V. 27-59 nicht vom
Menschensohn geredet wird außer in den redakt. Stücken V. 27 b (s. S. 166, 10) und V. 53
(s. S. 175). [5] S. S. 265 f. [6] S. S. 107 f. zu 3 12. [7] S. S. 331.
[8] S. S. 325 f. 331.
[9] Der Satz klingt wie ein Zitat; ob er aus den Offenbarungsreden stammt, ist zweifel=

Das wissen natürlich auch die Hörer[1], und fast könnte der Satz eingeleitet sein wie 4₃₅: *οὐχ ὑμεῖς λέγετε ὅτι*, und es müßte dann weitergehen wie dort: *ἰδοὺ λέγω ὑμῖν*. Oder es könnte von diesem Satze heißen wie 4₃₇: *ἐν γὰρ τούτῳ ὁ λόγος ἀληθινὸς ὅτι*. Denn es gilt ja, hic et nunc die Konsequenzen zu ziehen aus dem, was als allgemeine Wahrheit alle wissen: „Die Worte, die ich zu euch gesprochen habe, sind Geist und sind Leben[2]!" Aber diese *ῥήματα*[3] sind ja gerade das *σκάνδαλον*! Dann ist also der Satz: *τὸ πνεῦμα κτλ.* nicht eine erleichternde Hilfe, die den Anstoß beseitigt, indem sie zu einer spiritualisierenden Umdeutung auffordert[4], sondern der Satz ist Ruf zur Entscheidung. Was *σάρξ* und was *πνεῦμα* ist, das sieht nur der sich entscheidende Glaube; es ist nicht durch glaubenslose Überlegung zu finden, die an verfügbaren Kriterien mißt. Das *πνεῦμα* ist Gottes wunderbare Kraft, die durch kein Rechnen festgestellt wird.

Also ist die *σάρξ* zweideutig! Soll sich der Blick nicht auf die *σάρξ* richten, sondern auf Jesu Worte, so muß er sich in gewissem Sinne gerade auf die *σάρξ* richten; denn: *ὁ λόγος σὰρξ ἐγένετο*! Der Anstoß soll ja entstehen und Glauben ist das Hören, das ihn überwindet, indem der Blick an der *σάρξ* die *δόξα* wahrnimmt; sieht er die *σάρξ* nur als *σάρξ*, so überwindet er ihn nicht. *Σάρξ* sind Jesu *ῥήματα*, sofern sie als der Anspruch eines Menschen, der „sich Gott gleich macht" (5₁₈), dem Hörer begegnen. Dieser überwindet den Anstoß aber nicht dadurch, daß er in den Worten einen „geistigen" Gehalt, ewige Wahrheiten, zeitlose Ideen findet, sondern dadurch, daß er glaubt, daß ihm im Anspruch dieses Menschen Gott begegne. Daß Jesu Worte „Geist und Leben" sind, ist eine Verheißung, nicht eine einleuchtende Wahrheit.

D.₆₀₋₆₃ machen also das Ärgernis Jesu und seines Wortes endgültig deutlich, um die Glaubensforderung in ihrer Absurdität erscheinen zu lassen. D.₆₄₋₇₁ zeigen, daß solche Forderung die Scheidung zur Folge hat: es trennen sich Glaube und Unglaube. Waren sie, so lange die Entscheidungsfrage nicht aktuell wurde, ununterscheidbar — Jesus weiß, daß die Scheidung erfolgen wird (**D. 64 a**): „Aber es gibt manche von euch, die nicht glauben" —, sie haben es — so ist zu verstehen — bisher selbst nicht gewußt, sondern meinten, Glaubende zu sein. Aber wer kann seines Glaubens sicher sein? „Deshalb habe ich euch gesagt: niemand kann zu mir kommen, wenn es ihm nicht vom Vater gegeben ist" (**D. 65**)[5]. In der Preisgabe der eigenen Sicherheit vollzieht sich das Glauben,

haft, da die Antithese nicht deren charakteristischen Stil zeigt; vgl. etwa I Kor 15₅₀ und f. die folgende Anm.

[1] Daß der „Geist" (Gottes) lebendig macht, weiß auch das AT, f. Gen 2₇ 6₃. ₁₇ 7₁₅. ₂₂ Pf 104₂₉f. Hiob 34₁₄f. Ez 37₅f. (*πνεῦμα ζωῆς ... καὶ δώσω πνεῦμά μου εἰς ὑμᾶς καὶ ζήσεσθε*). 9f. Ferner II Makk 14₂₆ II Kor 3₆; Rabbinisches bei Schl. z. St. — Nach stoischer Lehre Phil. opif. m. 30: *ζωτικώτατον τὸ πνεῦμα*. — Zum *πνεῦμα*-Begriff f. S. 98, 3.

[2] Sind die Worte *πνεῦμά ἐστιν καὶ* eine redakt. Ergänzung, die die Beziehung auf den vorhergehenden Satz unnötig verdeutlichen will? In D. 68 fehlt die Entsprechung.

[3] In D. 63 *ῥήματα* für falsche Übersetzung von דְּבָרִים (bzw. מִלִּין) = „Dinge (über die ich sprach)" zu halten (Burney 108f.), ist ein willkürlicher Einfall. Der Gedanke, daß Worte Leben sind, bzw. der Begriff „Worte des Lebens" (D. 68), findet sich im Jüdischen (Schl. zu D. 63 und D. 68) wie im Mandäischen (Br. zu D. 68); vgl. auch Od. Sal. 12; Act. Thom. 124, p. 234, 3: *τοῦτο δὲ ζῶντες λόγοι μηδέποτε παρερχόμενοι*. Im Turfanfr. M1 wird das Hymnenbuch als „voll von lebendigen Worten" bezeichnet.

[4] So wenig wie II Kor 3₆ das *πνεῦμα* den geistigen Sinn des *γράμμα* bedeutet.

[5] Zum Selbstzitat f. S. 265, 2; D. 65 weist schwerlich speziell auf D. 44 zurück, f. S. 214, 7. Entweder geht die Verweisung nicht auf eine bestimmte Aussage, sondern erinnert an

das der Mensch deshalb nie als ein Werk seines eigenen zweckvollen Tuns zu=
wege bringen kann, sondern das er nur als ein von Gott gewirktes erfährt[1]. In
der Stunde der Entscheidung zeigt es sich, ob sein Glauben eigenes Werk oder
Gabe Gottes war.

Der Evglist hat nach seiner Weise[2] in einer Anmerkung das Wissen Jesu
nachdrücklich betont (V. 64b) und dabei im Vorblick auf das Folgende zugleich
auf das Vorauswissen der extremsten Möglichkeit des Unglaubens, des Verrates,
hingewiesen[3].

Eben jetzt, da Jesu Rede als σκληρὸς λόγος vollends deutlich ward, ist die
Stunde der Entscheidung da, und jetzt[4] fallen viele Jünger von ihm ab und lassen
ihn im Stich (V. 66)[5]. Dieses Faktum ist selbst wieder eine Erneuerung des An=
stoßes, eine Verführung: um Jesus wird es einsam; wer wird, wenn die Vielen
sich zurückziehen, bei ihm ausharren wollen? Und so richtet Jesus (V. 67) an
die Zwölf die entscheidende Frage: „Wollt nicht auch ihr fortgehen?" Aber
gerade in der kritischen Situation wird das echte Bekenntnis des Glaubens
wach, das hier im Namen der Zwölf Petrus ausspricht (V. 68). Es ist zunächst
streng mit Bezug auf die Situation und auf Jesu vorangegangene Worte formu=
liert: „Herr, zu wem sollten wir fortgehen? Du hast Worte ewigen
Lebens!" Es zeigt damit den Charakter echten Bekenntnisses, insofern es 1. aus
der Situation erwächst und deshalb nicht allgemeine Zustimmung zu einer
Lehre, sondern Tat der Entscheidung ist, und insofern es 2. die Antwort auf
die durch die Offenbarung gestellte Frage, nicht Ergebnis der Spekulation ist[6].

Doch erhebt sich das Bekenntnis zugleich über die Grenzen der Situation,

---

den wiederholt ausgesprochenen „deterministischen" Gedanken überhaupt (6₄₄ 8₄₃f.;
vgl. auch 3₂₇). Oder es soll auf eine bestimmte Aussage verwiesen werden; dann ist
diese im vorliegenden Texte des Evg nicht erhalten. Διδόναι (s. S.125, 9) wird so wie
hier nur noch 3₂₇ 19₁₁ gebraucht. Διὰ τοῦτο wird hier nicht durch das folgende ὅτι
(= weil) expliziert (s. S.177, 5), sondern bezieht sich auf das Vorhergehende; ὅτι ist
rezitativ wie 9₂₃ usw. (s. S. 254, 10).   [1] S. S.171f.   [2] S. S.157, 1; vgl. bes. 13₁₁.
[3] Daß Jesus den Verrat vorausgewußt hat, ist ein wichtiges Motiv der urchrist=
lichen Apologetik; s. 13₁₁. 18f. 21-30 Mt 14₁₈-₂₁ parr. — Wenn das Vorauswissen als ἐξ
ἀρχῆς bezeichnet wird, so ist gewiß der Anfang der Jüngerschaft bzw. der Augenblick
der Erwählung (V.₇₀) gemeint (vgl. 15₂₇ 16₄ I Joh 2₇ usw.), nicht das Wissen des
Präexistenten von Uranfang (vgl. 1₁f. I Joh 1₁ 2₁₃f.), sodaß das uranfängliche Wissen
des Metatron (Odeberg 46) keine Parallele ist.   [4] Es bleibt sich gleich, ob man ἐκ
τούτου als „infolgedessen" (so 19₁₂) oder als
„von jetzt ab" versteht. Jedenfalls ist nicht an eine allmähliche Entwicklung gedacht,
sondern an einen jetzt eben sich ereignenden Abfall.   [5] Durch den Doppelausdruck,
der fast einem Parall. membr. gleichkommt, erhält
der Satz sein Pathos. — Ἀπέρχεσθαι εἰς τὰ ὀπίσω nicht wie 18₆ „zurücktreten", sondern
„weggehen" im Sinne von „abfallen" wie נָסוֹג אָחוֹר Jes 1₄ (coni.) 50₅; vgl. ὑπάγειν
ὀπίσω Mt 8₃₃ par. Anders (ἐπι)στρέφειν εἰς τὰ ὀπίσω = „sich umwenden" 20₁₄;
Mt 13₁₆ (dazu Schl. zu Mt 24₁₈). Περιπατεῖν μετά charakteristisch semitische Bezeichnung
der Gemeinschaft, wobei es sich gleichbleibt, ob das περιπ. im eigentlichen oder im über=
tragenen Sinne gemeint ist; s. Schl. z. St. und vgl. Apk 3₄.   [6] Dieser Charakter des Bekenntnisses tritt durch den Vergleich mit den synoptischen
Stellen, in denen die gleiche Tradition primitivere Form gewonnen hat, deutlich hervor
(Mt 8₂₇-₂₉ parr.). Die Motive der johanneischen Fassung sind dort wohl vorgebildet:
das Bekenntnis ist die Antwort auf Jesu Frage; es wird gegen das abgehoben, was die
„Leute" über Jesus sagen. Aber erst bei Joh treten diese Motive deutlich heraus, weil
das Bekenntnis aus einer bestimmten Situation erwächst und das Ärgernis überwindet.

indem es die aus dem Glauben wachsende **Erkenntnis**[1] in dem Satze ausspricht: „Du bist der **heilige Gottes**" (**V. 69**), indem es also nicht einfach Ausdruck innerer Erfahrung und Gewißheit ist, sondern das Woran des Glaubens deutlich formuliert; indem so der Glaubende nicht von sich redet, sondern von dem, an den er glaubt. Auch in dieser Formulierung aber ist der Antwortcharakter des Bekenntnisses gewahrt: das σὺ εἶ korrespondiert dem ἐγώ εἰμι, das ausgesprochen oder unausgesprochen alle Worte Jesu durchklingt[2]. Aber zugleich ist die Neuheit, die jedem echten Bekenntnis jeweils eigen ist, bewußt zum Ausdruck gebracht, indem das Wort des Petrus Jesus einen Titel beilegt, der in dessen eigenen Worten keine Rolle gespielt hat[3]. Petrus bekennt Jesus weder als den Messias oder den Menschensohn, noch als den „Sohn", als den, „den Gott gesandt hat", oder auch als den σωτήρ, sondern als den „heiligen Gottes"[4]. Also keiner der geläufigen Messias=, Heilands= oder Erlösertitel aus der jüdischen oder hellenistisch-gnostischen Tradition ist gewählt, sondern eine Bezeichnung, die als Messiastitel überhaupt keine erkennbare Tradition hat[5]. Es kommt in dieser Bezeichnung zunächst zum Ausdruck, daß Jesus der Welt schlechthin als der Jenseitige gegenübersteht und zu Gott gehört[6], und zwar als Einziger: er ist der heilige Gottes.

---

[1] Zu πεπιστ. καί ἐγνώκ. s. S. 333, 6. Auch diese Formulierung spricht dafür, daß 6₆₀₋₇₁ an 8₃₀₋₄₀ anzufügen ist; die Folge von πιστεύειν—γινώσκειν, die nach 8₃₁ f. den charakterisiert, der beim Worte Jesu „bleibt", wird eben an den Zwölfen, für die Petrus redet, realisiert als an denen, die nicht „fortgegangen", sondern bei ihm geblieben sind.

[2] Auch hier ist der Unterschied von Mk 8₂₉ deutlich, wo sich wohl das σὺ εἶ findet, aber nicht in jener Korrespondenz.

[3] In vielen, namentlich späteren Zeugen ist das Bekenntnis nach 11₂₇ oder nach Mk 8₂₉ oder Mt 16₁₆ umgestaltet worden. Am ursprünglichen, durch ℵ D bezeugten Text kann kein Zweifel sein.

[4] Auch darin zeigt sich der Abstand von Mk 8₂₉ Lk 9₂₀. Nur Mt 16₁₆ geht einen Schritt in der Richtung auf Joh weiter.

[5] Als ὁ ἅγιος wird Jesus auch I Joh 2₂₀ (3₃ als ἁγνός) bezeichnet; Apk 3₇ als ὁ ἅγιος, ὁ ἀληθινός. Aber beiderwärts liegt kein Titel vor; der Sinn ist nicht: „Der, der der Heilige ist", sondern: „Der, der heilig ist." Act 3₁₄ heißt Jesus ὁ ἅγιος καὶ δίκαιος wie Mk 6₂₀ der Täufer; und im Gebet an Gott wird er Act 4₂₇. ₃₀ ὁ ἅγιος παῖς σου genannt. Als Messiastitel begegnet ὁ ἅγιος τ. θεοῦ nur noch Mk 1₂₄ = Lk 4₃₄. Ob der Titel eine Vorgeschichte hat, läßt sich kaum sagen. J. Naish, Expositor 8, Ser. 22 (1922), 66 meint auf Grund des Nachweises, daß ἅγιος technische Bezeichnung für die Geweihten in den Mysterienkulten war, daß Jesus dargestellt werde as the supreme and representative initiate. Dem Evglisten diese Vorstellung zuzuschreiben, gibt das Evg keinen Anhaltspunkt.

[6] Ἅγιος bezeichnet die göttliche Sphäre gegenüber der Welt und damit auch das aus der profanen Welt Ausgegrenzte und zu Gott Gehörige; s. S. 297, 3. (Über den ursprünglichen Sinn des Heiligkeitsgedankens s. G. v. d. Leeuw, Phänomenologie der Religion 23 ff.). Die Vorstellung von Glanz (δόξα) und Macht kann sich mit der Vorstellung des Heiligen ebenso verbinden wie der Gedanke des sittlich Reinen. Doch konstituiert beides den Begriff der Heiligkeit nicht. — Natürlich ist „heilig" ein Attribut der zur göttlichen Sphäre gehörigen Wesen wie der Engel (Tob 11₁₄ 12₁₅ äth. Hen. 1, 9 Mk 8₃₈ Apk 14₁₀ usw., s. Bousset, Rel. des Judent. 321, 2) und des πνεῦμα. Als aus der Welt ausgegrenzt heilig ist zunächst die Sphäre des Kultischen heilig (Ps 106₁₆ LXX: Aaron als ὁ ἅγιος τοῦ κυρίου); so der Tempel (Act 6₁₃ usw.) und Jerusalem (Jes 48₂ Mt 4₅ usw.); so auch das erwählte Volk (Num 16₃ usw.). Auch kultisch geweihte (Jdc 13₇ 16₁₇) oder von Gott erwählte Personen wie Propheten (Sap 11₁ Lk 1₇₀ Act 3₂₁ II Pt 3₂) und Apostel (Eph 3₅) sind heilig, und in diesem Sinne ist Jesus der ἅγιος παῖς Gottes (s vor. Anm.). — Der kultische Sinn kann zugleich ein eschatologischer sein. Deshalb sind die der seligen Endzeit Teilhaftigen heilig (Jes 4₃ Dan 7₁₈. ₂₂), und die Gemeinde der Endzeit heißt heilig (äth. Hen. 38, 4; 47, 4; 62, 8 usw., s. Str.=B. II 691), und des=

Der Titel drückt also Jesu besonderes Verhältnis zu Gott aus entsprechend dem
ὃν ὁ πατὴρ ἡγίασεν 1036. Und wie es dort weitergeht: καὶ ἀπέστειλεν εἰς τὸν
κόσμον[1], so ist auch hier durch das ὁ ἅγιος τ. ϑ. nicht nur das Negative ausgesagt,
daß Jesus nicht zur Welt gehört, sondern, da das Bekenntnis ja das Ergebnis
der Erfahrung ist, daß Jesus ῥήματα ζωῆς αἰωνίου hat, so ist damit zugleich
ausgesprochen, was er für die Welt ist: er vertritt Gott in der Welt als der Offenbarer, der Leben spendet. Da diese ῥήματα aber zugleich der σκληρὸς λόγος
sind, so schließt seine Heiligkeit sein Richteramt ein. Der Heilige, den Gott geheiligt hat (1036), ist also zugleich der mit δόξα Ausgerüstete[2], weil seine δόξα
eben darin besteht, daß er der Offenbarer ist, der die ἐξουσία des κρίνειν und
ζωοποιεῖν hat (521. 27).

Endlich aber wird man an dieser Stelle, in der Folge auf 1220-33 und im
Vorblick auf 1719 sagen müssen, daß Jesus durch das ὁ ἅγιος τ. ϑεοῦ auch als der
bezeichnet wird, der sich für die Welt zum Opfer geweiht hat, zumal V.70f. auf
die Passionsgeschichte Bezug nimmt. Nicht nur die Frage Jesu V.62, sondern
auch das Bekenntnis des Petrus steht im Lichte des Mysteriums des Todes Jesu.

Petrus hat das Bekenntnis im Namen der Zwölf abgelegt[3]. Sind diese nach
V.67-69 die treuen Jünger, weil sie sich, das σκάνδαλον überwindend, für Jesus
entschieden haben, so sind sie nach V. 70 die Zwölf, die er „erwählt" hat[4]. Beides
schließt sich nicht aus, sondern besteht miteinander[5]. Indem sich der Glaubende
für Jesus entscheidet, weiß er, daß er nicht von sich aus, sondern von ihm aus
existiert; und er soll, wie 1516 sagt, seine Entscheidung nicht so verstehen, daß er,
Jesus, sondern daß Jesus ihn erwählt hat. Eben dieses wird in V. 70f. eigentümlich beleuchtet. Denn der Sinn dieser Verse, in denen sich der Evglist wieder
an die Gemeindetradition anlehnt[6], ist der, zu zeigen, daß selbst für denjenigen,
der aus dem Kreise der Ungläubigen in den Kreis der μαθηταί vordrang, und
der auch das Ärgernis überwand, das diesen Kreis bis auf die Zwölf verkleinerte,
keine Sicherheit gegeben ist. Wenn selbst „einer der Zwölf" — wie mit nachdrück-
lichem Tone zum Schluß wiederholt wird — zum Verräter wird, wer wird dann
sicher sein? Wer wird auf seine eigene Entscheidung bauen oder aus dem Bewußtsein seiner Erwählung einen sicheren Besitz machen? Ja, je höher der Mensch

---

halb nennen sich die Christen in ihrem eschatologischen Bewußtsein ἅγιοι (Röm 17 827
usw.). — Heilig schlechthin aber ist Gott (Jes 62 Lev 1144 192 Joh 1711 1Pt 115f. Apk
48 610), der „der Heilige" ist (Bousset, Rel. des Judent. 312, 4; Str.-B. III 762f.; Moore
II 101f.). — Zum Ganzen s. A. Fridrichsen, hagios-Qadoš 1916; Ed. Williger,
Hagios 1922; R. Asting, Die Heiligkeit im Urchristentum 1930 (dazu Norsk teol. tids-
skri t 1931, 21—43); Procksch und Kuhn, ThWBI 87—116; W.Staerk, Soter I 1933,
109f.   [1] S. S.297, 3.
[2] M. Dibelius, Festg. für Ad. Deißmann 1927, 182, 2.
[3] Er redet in der 1. Pers. plur., und daß das ein echter Plur. ist, zeigt das αὐτοῖς
V.70.
[4] Vgl. 1318 1516. 19. Natürlich ist das ἐκλέγεσθαι wie Lk 613 Act 12 zu verstehen
und nicht nach dem Herrenwort aus dem Diatessaron (Ephr. ed. Aucher-Moesinger 50):
elegi vos antequam terra fieret (vgl. Eph 14).   [5] S. S.172.
[6] Vgl. Mk 1417-21 parr., bei Joh 1321-30 neu gestaltet. — Das ἔλεγεν V. 71 = „er
meinte damit" (wie 827) ist gut griechisch; s. Colwell 57f. — Der Verräter heißt wie bei
den Synoptikern Ἰούδας; den Vaternamen (Σίμωνος ohne Artikel, s. Bl.-D. § 162, 2)
nennen diese nicht; dagegen bezeichnen sie ihn als Ἰσκαριώτης (s. Lohmeyer zu Mk 1419
in Meyers Kommentar, Klostermann zu Mk 319 im Hdb. zum NT), was hier als Bei-
name des Vaters gebraucht ist (ℵ D al lesen ἀπὸ Καρυώτου, was in D auch 124 132. 26
1422 steht).

gekommen ist, umso tiefer wird sein Fall sein; es ist dann der Treubruch, der Jesus
verrät: wer das vermag, der ist ein Teufel[1]. Wer also zu denen gehört, die durch
den Kreis der δώδεκα repräsentiert werden[2], wer am σκάνδαλον des σκληρὸς
λόγος nicht scheiterte, der soll wissen, wie groß seine Verantwortung ist, wieviel
für ihn auf dem Spiele steht. So bringt dieser Schluß die Größe und das Wagnis
des Bekenntnisses mächtig zum Ausdruck.

Abschluß: 12 37-43.

12 37-43 gibt einen Rückblick auf die nunmehr abgeschlossene öffentliche Wirksamkeit Jesu und stellt als deren Gesamtergebnis fest: οὐκ ἐπίστευον εἰς
αὐτόν (V. 37). Das Verwunderliche ist, daß Jesu Wirksamkeit dabei durch die
Wendung σημεῖα ποιεῖν beschrieben wird, obwohl doch seine σημεῖα den Reden
untergeordnet waren und sich sein eigentliches Wirken im offenbarenden Wort
vollzog. Nur für den vom Worte unberührten Zuschauer mochten die σημεῖα
das Charakteristische sein (7 31 10 41), wie sie in den Augen der Behörde das Verführerische sind (11 47). Daß diese Charakteristik hier im Rückblick begegnet, wird
zunächst einen äußerlichen Grund haben: V. 37 f. dürfte — wie 20 30 f.[3] — aus
der σημεῖα-Quelle übernommen sein, in der diese Formulierung sachgemäß war[4].
Aber daran, daß der Evglist sie übernehmen konnte, zeigt sich, wie für ihn die
Begriffe σημεῖα und ῥήματα (λόγοι) zusammenfließen: die σημεῖα sind redende
Taten; ihr Sinn wird in den Reden entwickelt; die ῥήματα aber sind nicht Menschen-
worte, sondern Offenbarungsworte voll göttlicher Wunderkraft, sind Wunderwerke[5]. So konnte auch der Evglist im Rückblick Jesu Wirken als ein σημεῖα ποιεῖν
charakterisieren.

Das Ergebnis — der Unglaube — wird in den beiden Zitaten V. 38—40 als
gottverhängte Notwendigkeit erklärt; es erfüllt sich in ihm nur, was der Prophet
Jesaja geweissagt hat[6]. Hatte in der Quelle das Zitat von Jes 53 1 (V. 38) wohl

---

[1] Διάβολος ist nicht als Appellat. = „Verleumder" zu verstehen, sondern wie
immer bei Joh als „Teufel" (8 44 13 2 I Joh 3 8. 10). Wenn Joh die Synoptiker gekannt
hat, so muß man annehmen, daß er am Schluß der Szene Mk 8 27-33 bewußt geändert
hat, indem er an Stelle des Wortes Jesu, das den Petrus als einen Satan schilt (Mk 8 33
Mt 16 23), die Kennzeichnung des Judas als eines Teufels setzte.

[2] Es ist der Kreis der Gemeinde, die auch in den Abschiedsreden durch die Zwölf
repräsentiert wird.

[3] S. S. 78.

[4] Das wird dadurch bestätigt, daß die beiden Zitate V. 38 und V. 40 schwerlich von
einer Hand geschrieben sein können (Faure, ZNTW 21 [1922], 103 f.). In V. 38 ist Jes 53 1
wörtlich nach LXX zitiert, während das Zitat von Jes 6 10 in V. 40 die LXX nicht benutzt
(syr⁵ pesch gleichen an LXX an). Daß die Einführungsformeln der Zitate verschieden
sind, wird freilich nicht als Kriterium der Quellenscheidung gelten können; denn auch
der Evglist verwendet die Formel ἵνα πληρωθῇ (13 18 15 25 17 12). Deutlich aber ist einerseits, daß V. 39 f. mit dem διὰ τοῦτο ... ὅτι vom Evglisten stammt (s. S. 177, 5), und
andrerseits, daß V. 41 nicht auf V. 38, sondern auf V. 40 Bezug nimmt (gegen Faure; vgl.
H. Smend, ZNTW 24 [1925], 150). Geht V. 39 ff. auf den Evglisten zurück (das gilt auch
für V. 42 f.), so muß V. 37 f. von ihm seiner Quelle entnommen worden sein.

[5] S. S. 79. 161, und vgl. 1 63.

[6] Der Evglist rechtfertigt in seiner Anm. V. 41 die Deutung von Jes 6 10 auf die
Wirksamkeit Jesu. Mit der Schau der δόξα Jesu durch den Propheten dürfte die Tempel-
vision Jes 6 gemeint sein (so deutlich K D pm lat sy, die ὅτε statt ὅτι lesen [nach Burney 78
wäre ὅτι ein Übersetzungsfehler; dagegen Colwell 100 f.], und wohl auch W: ἐπεί). Nach
1 18 kann ja der Prophet nicht Gott selbst gesehen haben (anders Büchsel, Joh. und der
hellenistische Synkr. 78, während nach Delafosse 12 41 vom kirchlichen Redaktor stammt,

apologetischen Sinn, wie ihn der urchriſtliche Schriftbeweis oft hat[1], ſo gewinnt
es in der Verbindung mit Jeſ 6 10, das der Evgliſt hinzufügt[2], neue Bedeutung.
Denn im Sinne des Evgliſten ſoll der Gedanke der Determination den Charakter
der Offenbarung verdeutlichen: die Offenbarung bringt das eigentliche Sein des
Menſchen zutage[3]. Am Anblick des jüdiſchen Unglaubens, der nicht ein zufälliges
Faktum iſt, ſoll dem Leſer die Frage erſchreckend aufſteigen, wohin er gehört,
„woher" er iſt, was ſein Sein beſtimmt. Der Gedanke, daß das konkrete Verhalten
im einzelnen durch die tiefſten Gründe des Seins beſtimmt iſt, ſchlägt die Verant=
wortlichkeit nicht nieder, ſondern weckt ſie erſt eigentlich, indem er das Gewicht
des konkreten Handelns zum Bewußtſein bringt. Auf ſein eigentliches Sein kann
der Menſch nicht als auf etwas Naturgegebenes blicken, ſondern er entdeckt es
erſt in ſeinen Entſcheidungen. Die Erinnerung an die Weiſſagung iſt daher im
Sinne des Evgliſten ſchärfſter Appell.

Dieſe Abſicht, den Willen zu wecken, ſpricht auch aus den letzten von ihm
hinzugefügten Worten (**V. 42 f.**), die die Schwere der Glaubensentſcheidung an
denen aufweiſen, die zwar glauben[4], aber nicht für ihren Glauben einzuſtehen
wagen. Sie fürchten, von den Phariſäern[5] aus der Synagoge geſtoßen zu werden[6].
Es ſind ſogar auch viele von den „Oberen[7]", — alſo zumal ſolche aus dem ὄχλος[8].
Aber ihr Glaube iſt, wie ja 2 23 8 30 ff. ſchon hatten erkennen laſſen, kein echter
Glaube; denn ihnen ſteht die von Menſchen verliehene Ehre höher als die von
Gott geſchenkte[9], — was ja nach 5 44 das entſcheidende Glaubenshindernis iſt.

---

der 1 18 korrigiert). Und entſprechend iſt Subj. des ἰάσομαι V. 40 Jeſus. Daß als Subjekt
der Theophanie des AT der präexiſtente Logos gilt, hat ſeine Analogien; vgl. Philo
ſomn. I 229 f.; Juſtin apol. I 62. 63; vgl. auch I Kor 10 1. Dieſer Auffaſſung des εἶδεν
τ. δόξαν αὐτοῦ darf man nicht entgegnen, daß vielmehr die prophetiſche Schau der Zu=
kunft gemeint ſein müſſe; denn beides fällt für den Evgliſten zuſammen: was Jeſaja
damals im Tempel ſchaute, war die zukünftige δόξα Jeſu, die ihm durch ſein Wirken
zuteil wird; vgl. S. 247, 4.
[1] Auch Röm 10 16 wird Jeſ 53 1 in der apologetiſchen Argumentation zitiert. —
In V. 38 heißt ἀκοή wie Röm 10 16 f. Gal 3 2 und ſonſt „Predigt", nicht, wie Schl. meint,
„was wir (nämlich Jeſus; vgl. 3 11) gehört haben". Der βραχίων bezeichnet nicht da=
neben etwas anderes, ſondern charakteriſiert die Predigt als göttliche Tat. — Zur Ein=
führungsformel ſ. Str.=B. I 74 zu Mt 1 22.
[2] S. S. 346, 4. — Da die Imperative des hebräiſchen Textes in präteritale Indi=
kative geändert ſind, erſcheint Gott (nicht der Teufel Cyrill Al.) als Wirker der Verſtockung,
und Subj. des ἰάσομαι wird Jeſus. Ob der Evgliſt ſeinen Text aus einer ihm vorliegenden
Überſetzung genommen oder ſelbſt gebildet hat, wird ſich kaum ſagen laſſen. Die Voran=
ſtellung der Blendung entſpricht der Bedeutung, die dieſes Bild für ihn hat; ſ. zu Kap. 9,
beſ. S. 258, 6. Bemerkenswert iſt, daß er die in ἰάσομαι gegebene Anregung, das Bild
vom Offenbarer als Arzt zu verwerten, nicht benutzt hat, obwohl das Bild im gnoſtiſchen
Anſchauungskreis traditionell iſt und bald in die chriſtliche Literatur überging; vgl. Br.
z. St. und zu Ign. Eph. 7, 2 im Ergänzungsband zum Hdb. zum NT; A. v. Harnack,
Miſſion und Ausbreitung⁴ I 129 ff.; Reitzenſtein, Taufe 207; Bornkamm, Mythos und
Legende 12.
[3] S. S. 112 f. 114 f. 240. — Br. hat darin recht, daß das οὐκ ἠδύναντο nicht mit
Chryſ. einem οὐκ ἤθελον gleichgeſetzt werden darf, — nämlich im Sinne einer Ab=
ſchwächung. Für den Evgliſten aber fällt beides zuſammen.
[4] Ὅμως μέντοι nur hier im NT; ὅμως bei Joh ſonſt nie (im NT nur noch I Kor
14 7 Gal 3 15); μέντοι bei Joh beliebt (4 27 7 13 12 42 20 5 21 4), ſonſt nur II Tim 2 19
Jk 2 8 Jud 8; ſ. Bl.=D. § 450, 1 f.
[5] Dieſe als Behörde gedacht; ſ. S. 59, 5; 231, 7.   [6] S. S. 254, 10.
[7] Zu den ἄρχοντες ſ. S. 94, 3. Beiſpiele ſind Nikodemus (3 1 7 50 19 39) und Joſeph
von Arimathia (19 38).   [8] S. S. 91, 3.
[9] Ἤπερ nur hier im NT; אL λ 565 pm leſen ὑπέρ; ſ. Bl.=D. § 185, 3.

Immerhin sind diese Schwankenden von den radikal Ungläubigen verschieden, wie denn Nikodemus ja 7₅₀ im Rat für Jesus eingetreten war und sich 19₃₉ an seiner Bestattung beteiligt, ebenso wie Joseph von Arimathia, dessen Jüngerschaft aus Furcht vor den Juden eine heimliche ist (19₃₈). Solche heimlichen Jünger haben offenbar noch die Möglichkeit, daß ihr Glaube ein echter werde.

Wie also wird sich der, der dieses Ergebnis überblickt, entscheiden? Daß es gilt, die δόξα τοῦ θεοῦ über die δόξα τῶν ἀνθρώπων zu stellen, ist ihm zum Schluß nachdrücklich gesagt. Wird er den Mut zum Wagnis aufbringen?

B. Kap. 13—20: Die Offenbarung der δόξα vor der Gemeinde[1].
I. 13₁–17₂₆: Der Abschied des Offenbarers.

Der neue Teil des Evg ist durch die erste Szene deutlich charakterisiert: er handelt von dem Verhältnis Jesu zu seinen Jüngern, von seiner ἀγάπη zu den ἴδιοι. Seine Sendung ist als ganze das Wirksamwerden der göttlichen ἀγάπη (3₁₆). Der erste Teil (Kap. 3—12) hatte gezeigt, wie diese ἀγάπη kämpfend um den κόσμος wirbt, und wie sie für ihn das σκάνδαλον bedeutet, das er sich zum Gericht werden läßt. Der zweite Teil zeigt, wie sich die ἀγάπη der Gemeinde der „Seinen" offenbart, und zwar direkt in den Abschiedsszenen der Nacht vor der Passion und dann indirekt in der Passion selbst und dem Ostergeschehen.

Auch bei den Synoptikern steht zwischen der Wirksamkeit Jesu in der Öffentlichkeit und dem Passionsgeschehen ein Abschnitt, der Jesus allein im Verkehr mit seinen Anhängern zeigt (Mk 13₁—14₄₂ parr.). Auch hier eine Belehrung der Jünger über die Zukunft (Mk 13₁-₃₇); auch hier das nächtliche Mahl und damit verknüpfte Weissagung des Jüngerschicksals (Mk 14₁₇-₃₁); auch hier ein Gebet Jesu (Mk 14₃₂-₄₂). Aber bei den Synoptikern zerfällt die Darstellung in einzelne Szenen, die sich über den Raum einiger Tage verteilen; auch ist es hier nicht stets der gleiche geschlossene Jüngerkreis, in dem sich Jesus bewegt; dem letzten Mahl mit den Jüngern geht das Gastmahl in Bethanien voraus (Mk 14₃-₉); und endlich wird die Einheit auch dadurch zerrissen, daß nicht nur die Vorbereitung des letzten Mahles ausführlich erzählt wird (Mk 14₁₂-₁₆), sondern daß sich auch der Bericht vom Todesbeschluß des Synedriums und vom Verrat des Judas (Mk 14₁f. 10f.) in die Darstellung einschieben.

Bei Joh dagegen ist alles, was der Passion unmittelbar vorausgeht und auf sie hinleitet, in die Gespräche und Reden einer einzigen Nacht zusammengedrängt. Hier gibt es keinen Szenenwechsel mehr, und nur der geschlossene Kreis der Jünger umgibt Jesus. So kommt auch äußerlich zur Erscheinung, wie bei Joh alles, was geschieht und geredet wird, von einer inneren Einheit getragen wird. Der Abschied des Offenbarers von den Seinen ist das einheitliche Thema der Kap. 13—17; und in der Behandlung dieses Themas wird der Offenbarungsgedanke endgültig geklärt. Ihm ist dienstbar gemacht, was an Geschehen noch berichtet wird, und er beherrscht alle Worte Jesu, sodaß alle synoptischen Motive — Zukunftsbelehrung, Weissagung des Jüngerschicksals, Gebet Jesu — eigentümlich umgeschmolzen sind, — sodaß auch — das Befremdendste der joh. Darstellung — das fehlen kann, was im synoptischen Bericht vom letzten Mahl die Hauptsache ist, die Stiftung des Herrenmahles.

Wie in dieser Darstellung der letzten Nacht den Synoptikern gegenüber eine ungeheure Konzentration erreicht ist, so ist damit auch eine viel stärkere Abgrenzung gegen alles vorher Berichtete vollzogen. Die bunten Bilder des ersten Teiles sind verschwunden; der Lärm des Kosmos ist verklungen; es herrscht die Stille der Nacht. Vor allem aber: Jesus, wenngleich derselbe als der Offenbarer, ist doch wie ein Anderer. Er ist jetzt nicht mehr der, der im Kampfe steht, sondern der, der zu den Seinen, zu seiner

---

[1] Zur Gliederung s. S. 28. 77 (bes. Anm. 2).

Gemeinde redet. Die Jüngerbelehrungen, die sich bei den Synoptikern durch das ganze Wirken Jesu hindurchziehen und mit der Volksbelehrung teils verbunden sind, teils neben ihr herlaufen[1], sind bei Joh ausschließlich in diese letzte Nacht verlegt[2]. Durch die damit erreichte radikale Zweiteilung des Evg ist ein Grundgedanke auch äußerlich deutlich gemacht: Jesu Wirken ist die $\varkappa\varrho\iota\sigma\iota\varsigma$, die die Scheidung zwischen Licht und Finsternis bewirkt. Es wäre freilich zu einfach gesagt, daß Kap. 3—12 die Sphäre der Finsternis, Kap. 13—17 die Sphäre des Lichtes zur Darstellung bringt. Wie der erste Teil den Kampf des Lichtes gegen die Finsternis schildert, so bildet die Finsternis, der $\varkappa\acute{o}\sigma\mu o\varsigma$, für die Jüngerbelehrung des zweiten Teiles den dunklen Hintergrund, der nicht vergessen werden darf. Die Gemeinde steht in der Welt und soll in der Welt wirken (17₁₅. ₁₈); sie existiert auf Erden nur in dem ausdrücklichen Gegensatz zur Welt; und auch von ihr, die „zum Licht gekommen" ist (3₂₁), gilt nunmehr: $\tau\grave{o}\ \varphi\tilde{\omega}\varsigma\ \grave{\epsilon}\nu\ \tau\tilde{\eta}\ \sigma\varkappa o\tau\acute{\iota}\alpha\ \varphi\alpha\acute{\iota}\nu\epsilon\iota$ (1₅). So hat es symbolische Bedeutung, daß die Szene in der Nacht spielt.

Die Jünger aber, von denen die Rede ist, sind nirgends ausdrücklich als die Zwölf bezeichnet. Freilich läßt zumal 13₂₁-₃₀ an den bekannten Jüngerkreis der Zwölf denken, und zu ihm gehören ja auch Petrus, Thomas, Philippus, Judas und Judas Ischarioth, die redend oder handelnd auftreten. Aber 13₂₃ erscheint ein Jünger, „den Jesus liebte", und der unter den bekannten nicht zu suchen ist. Jedenfalls scheint die Nennung der $\delta\acute{\omega}\delta\epsilon\varkappa\alpha$ bewußt vermieden zu sein. Der um Jesus versammelte Jüngerkreis repräsentiert die $\check{\iota}\delta\iota o\iota$ überhaupt[3], und nur einmal wird auf den Unterschied der verschiedenen Jüngergenerationen reflektiert (17₂₀). Es ist die Gemeinde, in der Jesus hier steht, und zu der er redet, für die er betet. Die Gemeinde, deren Konstituierung symbolisch durch 13₁-₂₀ beschrieben wird, und deren Lebensgesetz — in 13₁₂-₂₀ schon angedeutet — in 13₃₄f. 15₁-₁₇ entwickelt wird.

Die Frage, ob der Text der Kap. 13—17 in richtiger Ordnung vorliegt, wird dadurch geweckt, daß 14₂₅-₃₁ offenbar der Abschluß der Abschiedsreden ist: 1. das $\tau\alpha\tilde{\upsilon}\tau\alpha\ \lambda\epsilon\lambda\acute{\alpha}\lambda\eta\varkappa\alpha\ \acute{\upsilon}\mu\tilde{\iota}\nu$ 14₂₅ faßt, wie das im Unterschied von 15₁₁ 16₁. ₄. ₂₅. ₃₃ hinzugefügte $\pi\alpha\varrho'\ \acute{\upsilon}\mu\tilde{\iota}\nu\ \mu\acute{\epsilon}\nu\omega\nu$ zeigt, das von Jesus Gesprochene endgültig zusammen[4]; 2. D. ₂₆-₂₈ enthält in der Tat eine knappe Zusammenfassung der Hauptmotive des Vorangegangenen; 3. das $\epsilon\grave{\iota}\varrho\acute{\eta}\nu\eta\nu\ \grave{\alpha}\varphi\acute{\iota}\eta\mu\iota\ \acute{\upsilon}\mu\tilde{\iota}\nu$ D. ₂₇ ist der Abschiedswunsch; 4. D. ₃₀f. leitet zum Passionsgeschehen über: das $\check{\epsilon}\varrho\chi\epsilon\tau\alpha\iota\ \varkappa\tau\lambda$. D. ₃₀ hat 18₁ff. im Auge, und das $\grave{\epsilon}\gamma\epsilon\acute{\iota}$$\varrho\epsilon\sigma\vartheta\epsilon\ \varkappa\tau\lambda$. des Schlusses schließt die Szene auch äußerlich; nur 18₁ ist die angemessene Fortsetzung. Die Kap. 15—17 stehen also situationslos; daß die in ihnen enthaltenen Reden und das Abschiedsgebet unterwegs gesprochen worden seien, ist mit keinem Wort gesagt und ist auch eine absurde Vorstellung.

Die Folgerung ist unvermeidlich, daß die Kap. 15—17 entweder eine sekundäre Einfügung sind, oder daß sie am falschen Platze stehen. Das Erste[5] ist deshalb nicht möglich, weil Kap. 15—17 ihrem Inhalt[6] wie ihrer Form nach völlig joh. sind; sie zeigen wie die Reden in Kap. 13 und 14 (und wie alle Reden des Evg) die eigentümliche Kompo-

---

[1] Nach Antezipationen wie Mt 4₁₀-₁₃ parr. 7₁₇-₂₃ par. in den mit Mt 8₂₇ parr. einsetzenden geheimen Belehrungen über das Messiasschicksal.

[2] Verlegt apokryphe Tradition solche Jüngerbelehrung in die 40 Tage nach der Auferstehung, so stimmt sie in gewisser Weise mit Joh überein, sofern hier im Grunde der $\delta o\xi\alpha\sigma\vartheta\epsilon\acute{\iota}\varsigma$ redet. Und doch verdirbt sie gerade den joh. Sinn, weil nach Joh der $\delta o\xi\alpha\sigma\vartheta\epsilon\acute{\iota}\varsigma$ nicht direkt zugänglich ist; s. u.

[3] Von den $\check{\iota}\delta\iota o\iota$ ist 13₁ die Rede. Die meist gebrauchte Bezeichnung $\mu\alpha\vartheta\eta\tau\alpha\acute{\iota}$ hat 13₃₅ 15₈ deutlich den weiten Sinn 8₃₁; s. S. 332, 6.

[4] Das $\pi o\lambda\lambda\acute{\alpha}$ D. ₃₀, das in syr[s] fehlt, ist ein schlechter Zusatz, der freilich in allen Handschriften durchgedrungen ist. Er soll den Anstoß beseitigen, daß noch weitere Reden folgen.

[5] So Wellh., Ed. Meyer (Urspr. I 313), Br., während P. Corssen, ZNTW 8 (1907), 125—142 diesem Schluß dadurch entgehen will, daß er das $\grave{\epsilon}\gamma\epsilon\acute{\iota}\varrho\epsilon\sigma\vartheta\epsilon\ \check{\alpha}\gamma\omega\mu\epsilon\nu\ \grave{\epsilon}\nu\tau\epsilon\tilde{\upsilon}\vartheta\epsilon\nu$ 14₃₁ (wie noch einige andere Stücke) als Einfügung aus den Synoptikern streicht.

[6] Dies hat Corssen (s. vorige Anm.) mit Recht betont.

sitionsweise des Evglisten auf Grund der von ihm verwendeten Offenbarungsreden. Auch wäre nicht verständlich, wie ein selbständiger, in Form und Geist des Evg schreibender Bearbeiter — denn um einen solchen, nicht um einen Gelegenheits=Interpolator müßte es sich dann ja handeln — diesen Abschnitt an diesen unmöglichen Platz stellte und nicht etwa zwischen 14₂₄ und ₂₅ einfügte. Es bleibt also nur die zweite, vielfach gezogene Konsequenz: die Kap. 15—17 stehen am falschen Platz; d. h. die uns vorliegende Ordnung beruht teils auf Zufall, teils auf Verlegenheitsversuchen, das in Unordnung geratene Material einigermaßen zu ordnen[1].

Der Versuch, die ursprüngliche Ordnung wieder zu finden, muß, trotz aller Unsicherheit, gemacht werden. Wo im Vorangegangenen findet Kap. 15 den besten Anschluß? Unter den verschiedenen Vorschlägen[2] ist der einleuchtendste, Kap. 15 an 13₃₅ anzufügen; 15₁₋₁₇ ist geradezu der Kommentar des Liebesgebotes 13₃₄f. Ebenso schließt sich 13₃₆ff. ausgezeichnet an 16₃₃ an; es würde damit die traditionelle Reihenfolge der Weissagungen der Jüngerflucht und der Petrus=Verleugnung (so Mk=Mt) hergestellt sein[3].

Es ist aber mit der Einfügung der Kap. 15—16 hinter 13₃₅ noch nicht getan; denn wo bleibt Kap. 17? Es kann unmöglich hinter 14₃₁ stehen; denn auf 14₃₁ muß sinngemäß 18₁ folgen, und weiterhin wäre selbstverständlich für Kap. 17 kein Platz mehr. Unmöglich ist es aber auch, Kap. 17 innerhalb der Reden unterzubringen[4]; es muß seinen Platz am Anfang haben[5]. Man kann erwägen, ob Kap. 17 dem ganzen Abschnitt Kap. 13—16 ursprünglich voausging. Die Zäsur zwischen Kap. 3—12 und der Passions= und Ostergeschichte wäre durch dieses Gebet ausgezeichnet markiert. Hinter den bewegten Szenen Kap. 3—12 und gerade nach dem Abschluß 12₃₇₋₄₃ wäre Kap. 17 eine Ruhepause vor dem neuen Einsatz der Handlung. Indessen fällt es schwer, sich das

---

[1] Natürlich kann man auch hier fragen, warum der Red. Kap. 15—17 nicht vor 14₂₅ einfügte. Indessen ist die vorliegende Ordnung als Ergebnis einer wohl oder übel infolge des trümmerhaften Zustandes des Manuskriptes notwendigen Redaktion leichter verständlich denn als das Ergebnis einer selbständigen Bearbeitung, wie sie die erste Hypothese voraussetzt.

[2] Bacon will Kap. 15 an 13₂₀ anschließen und ordnet: 13₁₋₂₀ 15₁—16₃₃ 13₂₁—14₃₁ (wobei 13₃₆₋₃₈ als Interpolation gestrichen wird); 17₁₋₂₆. — Spitta scheidet 13₁₂₋₂₀. ₃₆₋₃₈ aus der „Grundschrift" aus und ordnet: 13₂₁₋₃₁a 15₁—17₂₆ 14₁₋₃₁, wobei er kleinere Zusätze innerhalb der einzelnen Stücke ausscheidet. Ähnlich Moffat (s. Howard 264) und Bernard; nur daß diese auf 16₃₃ zunächst 13₃₁b—14₃₁ folgen lassen und Kap. 17 am Schlusse belassen. — Waberton Lewis (s. Howard 264) ordnet: 13₁₋₃₂ 15₁—16₃₃ 13₃₃₋₃₈ 14₁₋₃₁ 17₁₋₂₆. — Wendt ordnet: 13₃₁₋₃₅ 15₁—16₃₃ 13₃₆—14₃₁ 17₁₋₂₆. Fast ebenso Macgregor, nur daß dieser 13₃₆₋₃₈ als späteren Zusatz ansieht. — Allen Bedenken gegenüber will G. Stettinger, Textfolge der joh. Abschiedsreden 1918 bes. in der Auseinandersetzung mit Spitta die überlieferte Ordnung als die ursprüngliche verteidigen.

[3] Eine gewisse Schwierigkeit scheint es zu sein, daß sich die Frage des Petrus 13₃₆ auf Jesu Wort 13₃₃ zu beziehen scheint. Das aber ist eben nur Schein; in Wahrheit ist die Petrus-Frage vor 16₅ nicht möglich. Deshalb wird man urteilen müssen, daß V. ₃₃ dem Red. den Anlaß gab, 13₃₆ff. an den jetzigen Platz zu stellen. — Die m. E. einzige Schwierigkeit, Kap. 15. 16 vor Kap. 14 zu rücken, ist die Tatsache, daß in 14₁₆ der Parallet, von dem doch in 15₂₆ 16₇ff. 12ff. schon die Rede ist, neu eingeführt zu werden scheint. Doch erledigt sich das, wenn man sieht, daß der Evglist in 14₁₆ ein Quellenstück benutzt hat. Andrerseits wird die Umstellung dadurch bestätigt, daß 16₅ nicht wohl hinter 13₃₆ 14₅ff. gesprochen sein kann. Auch muß 16₁₆ff. offenbar die erste Behandlung des Themas μικρόν sein, da es hier in seiner Problematik erörtert wird, während es 14₁₉ nicht mehr der Diskussion bedarf.

[4] So Sp., s. Anm. 2.

[5] Schwerlich ist es ein Einwand dagegen, daß 17₈ das Glaubensbekenntnis der Jünger von 16₃₀ voraussetzt. Denn Kap. 17 ist das Gebet des Offenbarers für seine Gemeinde, die er auf der Erde zurückläßt. Auf ihren Glauben bezieht sich 17₈ und blickt nicht auf ein bestimmtes Ereignis zurück.

Gebet Kap. 17 situationslos zu denken[1], und schwerlich wird man durch Konjektur eine Situationsangabe finden wollen, die durch Zufall oder infolge der Redaktion verloren gegangen wäre. In Wahrheit aber weist das Gebet durch seinen Inhalt (Jesu δοξασϑῆναι und die Bewahrung der Gemeinde) in die Situation der Reden, in denen der in seine δόξα heimkehrende von den Seinen Abschied nimmt. Dann ist der gegebene Platz hinter 13 30. Das wird dadurch bestätigt, daß der Anschluß der Worte Jesu 13 31: νῦν ἐδοξάσϑη κτλ. an das Gebet ausgezeichnet ist; die Bitte: δόξασόν σου τὸν υἱόν (17 1), hat — der Beter weiß es — ihre Erhörung gefunden; und daraufhin kann Jesus den Seinen alles das sagen, was er in den folgenden Reden spricht als der, der im Grunde schon der δοξασϑείς ist. Ja, man kann geradezu die Reden als einen Kommentar der im Gebete ausgesprochenen Gedanken auffassen. Bestätigt wird das endlich dadurch, daß nun verständlich wird, warum bei Joh das eigentliche Herrenmahl nicht erzählt wird: es ist durch Kap. 17 ersetzt (s. u.).

Man könnte also von 13 31a: ὅτε οὖν ἐξῆλϑεν zu 17 1 hinüberlesen: Ἰησοῦς ἐπάρας τ. ὀφϑ. . . . εἶπεν. Indessen vermute ich, daß das Gebet doch noch eine besondere Einführung hatte, und daß diese in 13 1 erhalten ist. Zweifellos hat sich ja der Red. in 13 1-3 betätigt; denn der heutige Text ist unmöglich, wie schon die Korrekturen der Hss. und der Streit der Exegeten zeigen. Zur Analyse s. u.; ich vermute, daß die Einführung von Kap. 17 ursprünglich lautete: ὅτε οὖν ἐξῆλϑεν, εἰδὼς ὁ Ἰησοῦς ὅτι ἦλϑεν αὐτοῦ ἡ ὥρα ἵνα μεταβῇ ἐκ τοῦ κόσμου τούτου πρὸς τὸν πατέρα, ἀγαπήσας τοὺς ἰδίους τοὺς ἐν τῷ κόσμῳ εἰς τέλος, ἐγείρεται ἐκ τοῦ δείπνου καὶ ἐπάρας τοὺς ὀφϑαλμοὺς αὐτοῦ εἰς τὸν οὐρανὸν εἶπεν. Jedenfalls ist klar, daß das εἰδὼς κτλ. von 13 1 als Einleitung zu dem Gebet Kap. 17 ausgezeichnet geeignet ist; es ist ja das Gebet in der ὥρᾳ des μεταβῆναι und der Erweis seines ἀγαπᾶν.

Die Gliederung des ganzen Komplexes ist — die Neuordnung vorausgesetzt — sehr einfach. 13 1-30 erzählt das letzte Mahl Jesu mit seinen Jüngern; 17 1-26 bringt das Abschiedsgebet; 13 31-35 15 — 16 33 13 36 — 14 41 enthalten die Abschiedsreden und Gespräche.

a) 13 1-30: Das letzte Mahl.

α) Die Konstituierung der Gemeinde und ihr Gesetz: 13 1-20.

Daß sich 13 1-30 in die beiden Teile D. 1-20 und D. 21-30 gliedert, ist deutlich. Es sind zwei eng verbundene Szenen, die Fußwaschung und die Weissagung des Verrats, verbunden durch die Situation des Mahles. Die Einleitung der ersten Szene ist durch die Redaktion erweitert worden (s. u.); ursprünglich sind nur die Zeitangaben aus D. 1 und D. 2 und der ganze D. 3. Die eigentliche Erzählung gliedert sich so: 1. D. 4-11 die Fußwaschung mit dem Dialog zwischen Petrus und Jesus, 2. D. 12-20 eine Rede Jesu, die eine Interpretation der Fußwaschung gibt, mit einigen angehängten Herrenworten. Faktisch hat nun aber auch schon D. 4-11 eine, wenngleich verhüllte Interpretation der Fußwaschung gegeben, und die zweite Deutung konkurriert mit der ersten. Nach der ersten ist die Fußwaschung als eine symbolische Handlung Jesu zu verstehen, die den Dienst darstellt, den er den Jüngern erwiesen hat, und dessen Sinn sie erst später erkennen werden. Nach der zweiten ist sie für die Jünger ein Vorbild des Dienens. Beides bildet keine ursprüngliche Einheit, wie deutlich daraus hervorgeht, daß nach D. 7 der Sinn der Fußwaschung dem Jünger erst später verständlich werden wird. Es wäre eine groteske Verkennung des joh. Stiles, zu meinen, daß das γνώσῃ δὲ μετὰ ταῦτα wenige Augenblicke nachher in D. 12-17 seine Erfüllung finde.

Nun dürfte klar sein, daß die erste Deutung die spezifisch johanneische ist, was auch stilistische Merkmale anzeigen (s. u.). Sie umfaßt die D. 6-10, die wie D. 3 dem Evglisten gehören[2]. Er hat seiner Erzählung eine Quelle zugrunde gelegt, die von der Fuß-

---

[1] Ist überhaupt ein Monolog — und ein solcher wäre das Gebet dann ja, formell betrachtet — in ur= und altchristlicher Literatur zu denken?

[2] Ähnlich Wellh. — Von Dobschütz, ZNTW 28 (1929), 166 scheidet D. 6-11 als „sakra-

waschung berichtete und an den Akt (V. 4f.) die Deutung V. 12-20 anschloß. Das Quellen=
stück gehört zur Gattung der Apophthegmen, in denen eine Handlung oder ein szenischer
Rahmen den Hintergrund für ein Herrenwort bildet[1]; und zwar liegt offenbar ein relativ
spät gebildetes Apophthegma vor, da Jesu eigene Aktion hier die Veranlassung zu seinem
Worte gibt[2]. Wenn der Evglist dieses Apophthegma benutzt und mit einer neuen Deu=
tung versieht, so will er damit die alte nicht ausschalten, sondern neu begründen. Die
innere Einheit der beiden Interpretationen hat die Exegese zu erweisen[3].

Es ist bei der Analyse noch unberücksichtigt gelassen, daß beide Deutungen durch
Anhänge oder Anmerkungen vermehrt sind, die redaktionellen Charakter haben;
und es bleibt die Frage, zu welcher Schicht der Überlieferung sie gehören. Nun gehören
die Zusätze V. 10b. 11 und V. 18. 19 sichtlich zusammen; und zwar sind sie nicht einer sekun=
dären Red., sondern der des Evglisten selbst zuzuschreiben, wie außer stilistischen Merk=
malen (s. u.) ihr Zshg mit 644. 70 wie mit 1429 164 zeigt. — Außerdem sind an die zweite
Deutung die Verse 16 und 20 angehängt[4]. Da beide Verse Varianten synoptischer Herren=
worte sind und in ihrer Formulierung nicht (wie etwa 1225 f. joh. Charakter zeigen, sind
sie nicht vom Evglisten hinzugefügt, wie sich auch schon daraus ergibt, daß sein eigener
Zusatz V. 18f. die beiden zusammengehörigen Logien auseinanderreißt. Es ist also nur
die Frage, ob diese Verse von der kirchlichen Red. als Ergänzung aus synoptischer Tradition
hinzugefügt sind oder ob sie sich schon in der dem Evglisten vorliegenden Quelle an das
Apophthegma von der Fußwaschung angeheftet hatten. Das Letztere, ein in der Über=
lieferung häufiges Vorkommnis[5], dürfte der Fall sein; man begriffe sonst nicht, warum
der Red. die Verse getrennt eingefügt hätte.

1. 131-3: Exposition.

Die Zeitbestimmung V. 1 πρὸ δὲ τῆς ἑορτῆς τοῦ πάσχα kann nicht den ganzen Satz
datieren wollen, sondern nur das εἰδώς[6]; denn eine Datierung des ἀγαπήσας ... εἰς
τέλος ἠγάπησεν wäre ja unsinnig. Nun wäre der Satz: „Da Jesus vor dem Paschafeste
wußte, daß seine Stunde gekommen sei ...“ an sich sinnvoll; aber als Begründung des
ἀγαπήσας ... ἠγάπησεν ist er sinnlos. Und ebenso sinnlos wäre es, das εἰδώς nur
temporal zu fassen, weil das wieder auf eine Datierung des εἰς τέλος ἠγάπησεν hinaus=
laufen würde. Höchstens könnte man versuchen, das πρὸ δὲ τ. ἑορτ. τ. π. als konstruktionslos
vorangestellte Zeitbestimmung des ganzen Abschnittes zu fassen: „Es war vor dem Pascha=
fest.“ Dann wäre das εἰδώς ... ἠγάπησεν αὐτούς ein in sich geschlossener Satz[7]. Aber
das wäre befremdlich[8]. Zudem konkurriert das εἰδώς V. 1 mit dem von V. 3 formal und
sachlich. So drängt sich die Vermutung auf, daß V. 1 εἰδώς bis εἰς τέλος ἠγ. αὐτ. Ein=
fügung in einen gegebenen Text ist. Da diese Einfügung aber als willkürliche redaktionelle
Glosse nicht zu erklären ist[9], dürfte der Satz ein Stück des in Unordnung geratenen Textes
sein, das der Red. am falschen Ort untergebracht hat, und die Vermutung liegt nahe,

mentalen Zusatz“ aus der „ganz ethisch=paränetisch eingestellten Erzählung von der Fuß=
waschung“ aus. Auch Sp. trennt zwischen V. 1-11 und V. 12-20, scheidet aber V. 12-20 aus
der „Grundschrift“ aus.

[1] Gesch. der synopt. Trad. 8.

[2] Zugrunde liegt der Bildung offenbar das Herrenwort Lk 2227 bzw. eine Variante
desselben; s. Gesch. der synopt. Trad. 49.

[3] Das Quellenstück ist in semitisierendem Griechisch geschrieben. In der Erzählung
ist das Verbum in der Regel vorangestellt. Charakteristisch ist das ἤρξατο V. 5, das über=
flüssige αὐτοῦ V. 12, die Frage V. 12 (s. Schl.), der Schluß a mai. ad min. V. 14, vielleicht
auch ποιεῖν c. Dat. V. 12. Die dem Evglisten zugehörigen Sätze zeigen neben seinen Stil=
eigentümlichkeiten auch (wie sonst) semitische Färbung: Voranstellung des Verbums,
ἔχειν μέρος μετά V. 8.   [4] Über V. 16 und V. 17 s. u. S. 363, 3. 362, 6.

[5] Gesch. der synopt. Trad. 64f.

[6] So syr³ und die alten Erklärer, s. Zn.   [7] So Htm., Hirsch.

[8] Eine gewisse Analogie wäre das τῇ ἐπαύριον 622; s. S. 160, 2.

[9] Welches Motiv hätte veranlaßt, dem εἰδώς in V. 3 noch eines in V. 1 vorauszu=
schicken?!

daß es die ursprüngliche Einleitung von Kap. 17 ist[1]. Dann muß man freilich die Konse=
quenz ziehen, daß das ἠγάπησεν αὐτούς nicht ursprünglich ist; denn schließt man das
εἰδὼς κτλ. an das ὅτε οὖν ἐξῆλθεν von 13 31 a an[2], so würde das εἰς τέλος ἠγ. wieder
eine sinnlose Datierung erhalten. Ich vermute deshalb, daß das εἰς τέλος ursprünglich
zu ἀγαπήσας τ. ἰδ. τ. ἐν τ. κ. gehörte und daß statt des ἠγάπησεν ursprünglich dastand
ἐγείρεται ἐκ τοῦ δείπνου (oder etwa ἀνέστη). Dies konnte der Red. nicht gebrauchen,
weil es V. 4 vorgriff; er änderte es in einfachster Weise, ohne freilich dadurch einen sinn=
vollen Text zustande zu bringen.

Aus V. 1 ist also als ursprünglich nur die Zeitbestimmung der πρὸ δὲ τ. ἑορτ. τ. π.
zu halten; und diese ist mit der speziellen Bestimmung der Situation V. 2 καὶ δείπνου
γινομένου unmittelbar zu verbinden. Die beiden Angaben aber bestimmen das
ἐγείρεται V. 4. Dazwischen schiebt sich in V. 2 ein neuer Gen. abs. und in V. 3 ein
subordiniertes, als kausal zu verstehendes Part.: εἰδὼς κτλ. Diese Überfüllung des
Textes ist schwerlich ursprünglich. Da nun V. 3 formal und sachlich joh. ist, dürfte der
Gen. abs. von V. 2 als redaktionelle Glosse auszuscheiden sein[3]; sie soll, höchst un=
nötig, auf V. 11. 18 f. 21-30 vorbereiten[4].

Das letzte Mahl Jesu mit seinen Jüngern ist **V. 1** datiert auf die Zeit πρὸ
τῆς ἑορτῆς τοῦ πάσχα[5]. Gemeint ist, wie das Folgende zeigt, der Tag un=
mittelbar vor dem Paschahfest, also der 13. Nisan[6]. Die genauere Situations=

---

[1] S. S. 351. Übrigens hätte der Red., so ungeschickt er formal verfahren ist, sachlich
nicht falsch gehandelt, indem er das ἠγάπησεν gleichsam als Thema an den Anfang des
Ganzen stellte.   [2] S. S. 3)1.

[3] Keineswegs muß man aus der Formulierung von 13 27-29 eine Bezugnahme auf
V. 2 herauslesen, sodaß V. 2 durch 13 21-30 als ursprünglicher Bestandteil des Textes er=
wiesen wäre; s. u. — Will man alle Möglichkeiten erwägen, so kann man natürlich auch
fragen, ob nicht das εἰδὼς κτλ. V. 3 redakt. Einfügung ist und ob nicht (statt V. 1) dieser
Vers die ursprüngliche Einleitung zu Kap. 17 war. Aber wenn V. 3 als solche auch nicht
unpassend wäre, so fehlt doch das Motiv des ἀγαπᾶν, das V. 1 enthält; und zudem zwingen
die formalen Anstöße, V. 1 als Einfügung anzusehen, während V. 3, wenn V. 2 ausgeschieden
ist, gut an seinem Platze steht. Hirsch, der V. 1 beibehält, streicht V. 3 (wie V. 2) als Zu=
satz des Red.

[4] Der Text von V. 2: τοῦ διαβόλου κτλ. ist unsicher. B א L lesen: εἰς τ. καρδίαν
ἵνα παραδοῖ (bzw. παραδῷ) αὐτὸν Ἰούδας Σίμωνος Ἰσκαριώτης; dagegen D K pl lat:
εἰς τ. καρδίαν Ἰούδα Σίμωνος Ἰσκαριώτου (D: ἀπὸ Καρυώτου wie 6 70 usw.). Mit der
zweiten Lesart stimmt syr s (und einige codd. it) sachlich überein: „Und der Satan war
eingetreten in das Herz des J., des Sohnes des S., des Skar., daß er ihn überliefere.“
Gegen B usw. spricht nicht nur, daß es überhaupt merkwürdig wäre, zu sagen: „Der
Teufel hatte es sich ins Herz gesetzt“, sondern vor allem, daß der Sinn dann βεβλημένον
erfordern würde (für βάλλεσθαι εἰς νοῦν = „sich in den Kopf setzen“ s. Wetst. und Br.);
und trotz Orig. und Lagr. kann man den Text von B nicht übersetzen: „Als der Teufel
es schon (dem Judas) ins Herz gegeben hatte, daß Judas ...“ Absurd ist die von Schl.
erwogene, jedoch abgelehnte Auffassung, daß der Teufel als Jesus ins Herz gegeben
hatte. Ursprünglich kann nur der Text von D usw. sein (über den syr. Text s. Merx).
Der Text von B wird Korrektur sein, die den Widerspruch mit V. 27 vermeiden will. —
Vgl. noch Herm. mand. V 2, 2 von der ἐνέργεια der ὀξυχολία: παρεμβάλλει ἑαυτὴν
εἰς τὴν καρδίαν τοῦ ἀνθρώπου ἐκείνου.

[5] Der auch bei Lk 2 41 begegnende Ausdruck ist im Judentum nicht gebräuchlich, wo es
entweder einfach heißt „das Pascha“ oder „das Fest der ungesäuerten Brote“ (Lk 22 1)
oder auch „die ungesäuerten Brote“ (Mt 14 12 parr.). — Das Paschalamm wurde am
Nachmittag des 14. Nisan geschlachtet und am Abend verzehrt. Es folgte vom 15. bis
21. Nisan das Fest der ungesäuerten Brote. In ungenauem Sprachgebrauch konnte das
ganze siebentägige Fest als Pascha oder auch umgekehrt als das Fest der ungesäuerten
Brote bezeichnet werden; s. Str.-B. I 985. 987 f. zu Mt 26 2. 17; s. ferner S. 86, 4. — Merx
will nach syr s lesen: „Vor dem Ungesäuerten“, was doch sichtliche Korrektur des griechisch=
christlichen Sprachgebrauches ist.

[6] An sich brauchte das πρὸ τ. ἑορτ. τ. π. nur die Nähe zum Paschafest zu bezeichnen
(so Joach. Jeremias, Die Abendmahlsworte Jesu 1935, 36—38; er will für 13 1 den

angabe bringt **V. 2**: καὶ δείπνου γινομένου[1]. Es handelt sich um eine ge=
wöhnliche Mahlzeit, und zwar, wie V.30 zeigt, um die übliche Hauptmahlzeit am
Abend, nicht, wie bei den Synoptikern, um das Paschahmahl; denn es ist ja der
13. Nisan, und von einer Paschamahlzeit ist mit keinem Wort die Rede[2]. — Ist
damit die äußere Situation angegeben, so charakterisiert **V. 3** die innere: εἰδὼς
⟨ὁ Ἰησοῦς⟩ ὅτι κτλ.[3]. Das folgende Geschehnis tritt dadurch gleich in das
Licht besonderer Bedeutsamkeit, wie sie in dem Dialog V.6ff. alsbald — wenigstens
andeutend — entfaltet wird. Noch dreimal wird dieses εἰδὼς wieder begegnen:
wie es hier am Anfang der eigentlichen Passionsgeschichte steht, so wieder am
Schluß, als „alles vollendet ist" (19₂₈); und dazwischen begegnet es in der Ein=
führung des „hohenpriesterlichen" Gebetes Kap. 17[4] und dort, wo Jesus sich der
Welt zum Leiden ausliefert (18₄). Das ganze Geschehen ist dadurch als Offen=
barungsgeschehen gekennzeichnet: Jesus handelt als der, der da „weiß", als der
vollkommene „Gnostiker"[5], dessen Tun und Erleiden nicht in dem Wirkungs=
zusammenhang des weltlichen Geschehens Ursprung und Ziel hat, sondern in
dem Gott selber wirkt, mit dem als dem „Vater" er in Einheit steht. Wieder
dient die Sprache der Gnosis dem Ausdruck des Offenbarungsgedankens: Jesus
weiß, daß ihm „der Vater alles in die Hände gegeben hat"[6], daß er „von Gott
ausgegangen ist"[7] und wieder „zu Gott fortgeht"[8]. Wie das ganze Passions=
geschehen, so ist also auch im besonderen die folgende Geschichte der Fußwaschung
als Offenbarungsgeschehen zu verstehen, als ein Mysterium für Blick und Urteil
der Welt.

Widerspruch mit der synoptischen Chronologie beseitigen, den er für 18₂₈ doch nicht
leugnen kann. Aber diese war schon 11₅₅ und genauer 12₁ angegeben. Vor allem aber
ist 13₁ auf den 13. Nisan dadurch festgelegt, daß 18₂₈ am folgenden Tage spielt; dieser
aber ist der 14. Nisan. — Die Datierung des letzten Mahles und des Todes Jesu auf den
13. und 14. Nisan widerspricht der synoptischen Chronologie, nach der es die Tage des
14. und 15. Nisan sind. Die vergeblichen Versuche, die johanneische und synoptische
Chronologie zu harmonisieren (Zn.: gewaltsame Interpretation des Joh nach den
Synoptikern, Str.=B.: bei Joh ist nach der offiziellen sadduzäischen Rechnung datiert,
bei den Synoptikern nach der populären pharisäischen; dagegen Dalman, Jesus=Jeschua
S.80ff.), können hier auf sich beruhen. Ebenso trägt die historische Frage, welche der
beiden Datierungen die richtige ist (vermutlich die johanneische) für die Interpretation
des Joh nichts aus; s. auch zu 13₃₀.
    [1] Das γενομένου (K D pl lat) statt des γινομένου (B ℵ* L W) ist entweder ein=
faches Versehen oder sinnlose Korrektur; denn die Mahlzeit ist ja noch nicht vorüber,
sondern geht nach V.₂₁ weiter. Das δ. γινομένου braucht nicht den Anfang der Mahlzeit
zu markieren, sodaß durch das ἐγείρεται V.₄ eine Unterbrechung bezeichnet wäre (s.
S. 355, 2). Denn γίνεσθαι braucht nicht das Eintreten, sondern kann einfach das Statt=
finden der Mahlzeit bezeichnen (so γίνεσθαι üblich bei ἀγορά, σύνοδοι, τὰ Ὀλύμπια,
δεῖπνον u. dgl., s. die Lexika). Der Sinn ist einfach: „bei Gelegenheit einer Mahlzeit";
s. Windisch, Joh. und die Synoptiker, S.71.
    [2] Übrigens hat im Pascharitual die Fußwaschung keine Stelle, s. Dalman, Jesus=
Jesch., S. 108.
    [3] Daß der Vers vom Evglisten stammt, beweist ebenso die gnostische Terminologie,
die der Evglist stets zum Ausdruck des Offenbarungsgedankens verwendet, wie die Be=
deutung des Verses für die Komposition (s. o.). — Das unentbehrliche ὁ Ἰησοῦς ist
natürlich der Red. infolge ihrer Eingriffe in V.₁ und ₂ zum Opfer gefallen.
    [4] 13₁ ist als Einleitung zu Kap. 17 zu nehmen, s. S. 351.
    [5] S. S. 102, 1; 210f.
    [6] S. S. 119,3; 188; 190, 2.   [7] S. S.97,3; 224,4.
    [8] S. S.232, 2. Vgl. E. Pfeiffer, Virgils Bukolika 1930, 102f.

2. 13₄₋₁₁: Fußwaschung und erste Deutung.

Die Handlung ist in V. 4 f. ausführlich beschrieben[1] sodaß der Leser die Absurdität des Geschehens gleich empfindet, wie Petrus es alsbald zum Ausdruck bringt (V.₆₋₈), und wie Jesus selbst es nachher bestätigt (V.₁₂₋₁₄). Jesus, der Meister (V.₁₃), erhebt sich[2], um Sklavendienst an den Jüngern zu verrichten[3]. Durch den Einspruch des Petrus V. 6[4] wird das Rätselvolle zum Bewußtsein gebracht[5]. Sein Einwand steht in gewisser Weise auf der gleichen Stufe wie die Einwendungen und Fragen der Juden in der früheren, und die der Jünger in der folgenden Erzählung. Petrus urteilt κατὰ τὴν σάρκα (8₁₅), κατ᾽ ὄψιν (7₂₄). Der „gesunde Menschenverstand" vermag nicht das scheinbar Absurde zu begreifen[6]. Jesu Antwort V. 7 — feierlich eingeleitet durch das ἀπεκρ. καὶ εἶπεν — ist jedoch nicht nur ein Tadel der Unwissenheit, sondern zugleich Entlastung und Verheißung: Petrus kann jetzt noch nicht wissen, was er durch Jesu Dienst erfährt; er wird es hernach erkennen[7]. Μετὰ ταῦτα: es versteht sich von selbst, daß das nicht bedeutet: wenige Minuten später, sodaß dem Petrus die Gnosis durch die zweite Deutung V.₁₂ff. geschenkt würde. Vielmehr weist das μετὰ ταῦτα auf die entscheidende Wende, die eben jetzt bevorsteht, auf Jesu Tod und Auferstehung[8]. Dann wird ja der Geist Erkenntnis schenken und in alle Wahr-

---

[1] Λέντιον (Leinentuch), ein ins Griechische und Jüdische eingedrungenes lateinisches Lehnwort; s. Br. und Str.=B.; βάλλειν = einschütten ist gebräuchlich (z. B. Epitt. Diss. IV 13, 12; Jdc 6₁₉); νιπτήρ (Waschbecken) ist sonst nicht bezeugt; doch ποδανιπτήρ Herod. II 172. Der für die Synoptiker so charakteristische Gebrauch von ἄρχεσθαι (Dalman, W. J. 21 f.), um den Eintritt der Handlung anzugeben, nur hier bei Joh; der Semitismus ist für die Quelle bezeichnend; s. S. 352, 3. — Daß das Ablegen der ἱμάτια (des Obergewandes) symbolisch das Ablegen des Lebens bedeute (vgl. 10₁₇f.), ist zweifelhaft; erst recht, daß das λέντιον auf das Tuch vorausweise, in das Jesu Leichnam gehüllt wurde (Loisy); dieses wird ja 19₄₀ gar nicht ausdrücklich erwähnt.
[2] Das ἐκ τ. δείπνου könnte die Vorstellung erwecken, als habe das Mahl schon begonnen (s. S. 354, 1). Indessen dürfte es vom Evglisten oder Red. in die Quelle eingefügt sein, da das δεῖπνον γινομένου von V.₂ infolge der Einfügung von (V.₂ und) V.₃ zu weit zurücklag und weil an die Situation wieder erinnert werden mußte. Denn das Absurde der Fußwaschung liegt darin, daß sie vom Meister vollzogen wird, nicht in der befremdlichen Wahl des Termins. Dieser spielt in der Frage des Petrus und in den Deutungen keine Rolle. Es brauchte in dem ἐγείρεται überhaupt nicht vorausgesetzt zu sein, daß sich Jesus und die Jünger schon zu Tisch gelegt hatten (s. Dalman, W. J. 18 f., auch Schl. z. St.). Da dies aber dem πάλιν V.₁₂ zufolge doch der Fall ist, dient das ἐγείρεται nur dazu, das Überraschende der Handlung zu betonen; doch . S. 3ͼ1, 7.
[3] Zur Fußwaschung als Sklavendienst s. Str.=B., Br. und Schl. z. St.
[4] Daß Petrus als Letzter an die Reihe kommt (Orig.), ist nicht angedeutet, so wenig wie, daß er der Erste ist (die katholische Exegese seit Aug., auch Loisy). Die Frage der Reihenfolge interessiert den Erzähler nicht. Petrus ist, wie so oft in der alten Überlieferung, Repräsentant und Sprecher; s. Gesch. der synopt. Trad. 336.
[5] Hinter λέγει αὐτῷ V.₆ lesen K D pl ἐκεῖνος, was den Stil noch johanneischer macht. Das νίπτεις ist praes. de con. (vgl. 10₃₂; Bl.=D. § 319). Das σύ ist betont, wie die Paraphrase des Chrys. 414e = Cat. 337, 1 richtig, wenngleich mit falscher Nuance ausführt: ταῖς χερσὶ ταύταις, ἐν αἷς ὀφθαλμοὺς ἀνέῳξας καὶ λεπροὺς ἐκάθηρας καὶ νεκροὺς ἀνέστησας, τοὺς ἐμοῦ νίπτεις πόδας;
[6] Natürlich ist keine individuelle Psychologie zu treiben, um den Einwand des Petrus zu erläutern; er hat eine gewisse (wenngleich nicht genaue, Lohmeyer) Analogie in Mt 3₁₄.
[7] Daß das ἄρτι in syr ˢ und einigen lat fehlt, besagt nichts, da es dem Sinne nach doch aus dem folgenden μετὰ ταυτα herauszuhören ist. — In Jesu Antwort sind die Personalpronomina unbetont wie oft bei Joh., s. Colwell 51—55.
[8] Das zeigen ebenso die Stellen, die von der durch die Auferstehung geschenkten

23*

heit führen (14₂₆ 16₁₃); dann wird Jesus nicht mehr in Rätseln, sondern in unverhülltem Worte reden (16₂₅)[1]; dann werden die Jünger ermessen können, worin Jesu Dienst für sie bestand.

Es ist bedeutsam, daß die Erkenntnis dessen, was geschieht, in die Zukunft verwiesen wird. Man kann nicht sagen, daß die Fußwaschung ein Geschehen abbildet, das sich erst in der Zukunft ereignen wird. Es heißt ja V.10: „ihr seid alle rein"; d. h. Petrus hat durch die Fußwaschung schon empfangen, was er haben muß, er weiß es nur noch nicht und wird es erst nach Passion und Ostern erkennen. Verständlich ist das aus der Grundanschauung des Evgs, wonach Kommen und Gehen Jesu eine Einheit sind. Wohl wäre sein Kommen und sein Wirken nichts ohne seine „Verherrlichung" durch die Passion. Aber diese kommt nicht als etwas Neues hinzu, sondern ist von vornherein in seinem Kommen schon enthalten[2]; sein Tod ist nur die Demonstration dessen, was in und seit seiner Fleischwerdung immer schon geschah[3]. Was der Tod Jesu Besonderes ist, ist er nicht als ein die Person Jesu treffendes Ereignis; sondern er ist es kraft der besonderen Erfahrung oder Erkenntnis, die der Glaubende angesichts des Kreuzes gewinnt. Das Kreuz zeigt ihm die ganze Wahrheit des ὁ λόγος σὰρξ ἐγένετο, es führt ihn, wie Kap.16 und 14 zeigen, in die λύπη und ταραχή, aus der die χαρά und εἰρήνη erwachsen. Petrus wird also durch das γνώσῃ δὲ μετὰ ταῦτα nicht eigentlich auf äußere Ereignisse verwiesen, die ihn unterrichten werden, sondern er wird in seine eigene Existenz verwiesen. Die Möglichkeit, die er als Glaubender schon hat, erschließt sich ihm, indem sie angeeignet wird, wenn der Glaube die Probe zu bestehen hat.

Was also ist der Sinn der Fußwaschung? Eines wird gleich deutlich aus dem Sträuben des Petrus: er versteht nicht, daß Jesus sich zum Dienst an den Seinen erniedrigt. Und wie sehr das gegen den Sinn des natürlichen Menschen geht, zeigt sein abermaliges und noch energischeres Sträuben V. 8[4]. Denn selbstverständlich ist dieses nicht psychologisch[5], sondern sachlich zu interpretieren: der natürliche Mensch will solchen Dienst gar nicht. Warum nicht? Es handelt sich um den Dienst des fleischgewordenen Gottessohnes, nicht um einen persönlichen Liebesdienst überhaupt; denn warum sollte sich der natürliche Mensch einen solchen nicht gefallen lassen? Und wenn er ihn gewiß auch einmal aus

---

[1] Erkenntnis im Gegensatz zum früheren Nichterkennen reden (2₂₂ 12₁₆) wie 16₁₂f. (οὐ... ἄρτι... ὅταν δέ); 22 (νῦν μὲν... δέ); 13₁₉. ₃₆ (νῦν... ὕστερον); 14₂₉. — Wellh.s Frage, ob V.7 auf eine spätere kirchliche Einrichtung gehe, ist absurd. Natürlich kann das μετὰ ταῦτα auch nicht speziell bedeuten: „Nachdem du verleugnet hast und dennoch mein Jünger geblieben bist" (Schl.), — so gewiß alle λύπη und ταραχή der Jünger in das Bevorstehende mit einbegriffen ist.

[2] Es ist die joh. Fassung des gnostisch-christlichen Gedankens, daß erst der Auferstandene die volle Offenbarung gibt; s. Act. Io. 96 p. 198, 20ff.: τίς εἰμι ἐγὼ γνῷ (γνώσῃ?) ὅταν ἀπέλθω. ὁ νῦν ὁρῶμαι τοῦτο οὐκ εἰμί· ὄψει ὅταν σὺ ἔλθῃς.

[3] S. S.328f.

[3] Vgl. 14₃₁: ἀλλ᾽ ἵνα γνῷ ὁ κόσμος κτλ.

[4] Zu dem Σίμων, das s^{vr} statt Πέτρος liest, s. Merx 3. St. und zu Mt, S. 160—171, aber dazu auch A. Dell, ZNTW 15 (1914, 14—21). — Statt νίψῃς liest D νίψεις, das nach οὐ μή dem Konj. gleichwertig ist; Bl.-D. § 365, 2. — Zu εἰς τ. αἰῶνα s. S.137, 1. Das οὐ μή... εἰς τ. αἰῶνα ist charakteristisch joh., s. 4₁₄ 8₅₁ 10₂₈ 11₂₆.

[5] Auch daran darf man nicht denken, daß wiederholte Weigerung Zeichen der Höflichkeit ist; denn dann müßte die zweite Weigerung schon halbe Bejahung sein, wie es die rabbinische Regel Berakh. 34a (Str.-B. I 122 zu Mt 3₁₄) vorschreibt.

Hochmut abweisen kann, so redet doch aus Petrus nicht einfach solcher Hochmut[1]. Es ist vielmehr die menschliche Gesinnung als solche, die das Heil nicht in der Niedrigkeit, die Gott nicht in der Knechtsgestalt sehen will.

Jesu Antwort sagt, daß nur, wer sich diesen Dienst gefallen läßt[2], Gemeinschaft mit ihm hat, mit ihm verbunden bleibt, nämlich auf seinem Weg in die δόξα[3]. Das aber ist für den Jünger ja das Entscheidende, was seiner Jüngerschaft den letzten Sinn gibt, daß er sein wird, wo Jesus selbst sein wird (12 26 17 24). Dann hängt aber für ihn alles daran, daß er sich diesen Dienst gefallen läßt.

Daß dies entscheidend ist, hat Petrus (V. 9) jetzt gehört; — inwiefern aber, das hat er noch nicht verstanden. Denn jetzt schlägt seine Weigerung ins Gegenteil um: er begehrt noch mehr, als er schon erhalten hat. Er versteht also nicht, daß es sich bei dem, was Jesus schenkt, um ein Einziges und Ganzes handelt, was nicht eine Zuteilung nach mehr oder weniger, oder eine geringere oder größere Sicherung zuläßt. Wer mehr haben will, dem entzieht sich der Offenbarer, indem er den Toren darauf hinweist, daß er schon hat, was er braucht (V. 10): wie der, der gebadet ist, ganz rein ist und keiner weiteren Waschung bedarf[4], so bedarf, wer Jesu Dienst empfangen hat, keiner weiteren Sicherung für den Weg zur δόξα[5].

---

[1] Falsch B. Weiß (ähnlich Ho.): „Petrus, statt sich in wahrer Bescheidenheit zu fügen, wie es ihm zukam, weigert sich nun kategorisch und mit leidenschaftlicher Entschiedenheit . . .; er zeigt dadurch, daß die Bescheidenheit, die ihm die Weigerung eingibt, nicht frei ist vom natürlichen Eigenwillen und von dem Hochmut, der sich keinen Liebesdienst gefallen lassen will."

[2] Daß es einfach σε heißt statt τοὺς πόδας σου, ist nur abgekürzte Redeweise. Sie zeigt indessen, daß die Fußwaschung nicht im Gegensatz zu einem Vollbad gedacht ist; denn beruhte die Pointe auf diesem Gegensatz, so wäre die Abkürzung nicht möglich; s. zu V. 10.

[3] Ἔχειν μέρος μετά τινος (bei Joh nur hier) beruht auf der at.lich-jüdischen Wendung (bzw. הָיָה חֵלֶק לְ עָם). Der Sinn ist ursprünglich: mit einem Anderen Anteil haben an einem bestimmten Dritten (Dt 10 9 14 27. 29; Schl. zu Mt 24 51); mehr oder weniger abgeschliffen bezeichnet die Redensart die Schicksalsgemeinschaft (II Reg 20 1 Jes 57 6 Ψ 49 18 Mt 24 51 Apk 20 6 21 8; Ign. Pol. 6, 1; Schl. a. a. O.), nicht aber die persönliche Lebens- und Gesinnungsgemeinschaft; sie ist also von κοινωνίαν ἔχειν μετά (I Joh 1 3. 6 f.) und von εἶναι ἐν (Kap. 15) zu unterscheiden (gegen H. Seesemann, Der Begriff κοινωνία im NT 1933, 95 f.).

[4] Χρείαν ἔχειν ist joh.; meist mit ἵνα s. S. 91, 3. Ὅλος wie 9 34.

[5] Der Sinn des unsicher überlieferten Verses ist umstritten. Das εἰ μὴ τοὺς πόδας (das in D noch ergänzt ist: οὐ χρ. ἔχει τὴν κεφαλὴν νιψ. εἰ μὴ τ. πόδ.) fehlt in ℵ c v codd. bei Orig., Tert. und vielleicht bei anderen lat. Vätern (s. Zn., Lagr.). Liest man es, so redet V. 10 von zwei Waschungen, einer vorausgehenden, umfassenden, dem Vollbad, und einer folgenden, partiellen, der Fußwaschung. Die erstere wäre die entscheidende, die zweite, wenngleich noch notwendig, so doch zweiten Ranges. Das entspricht nicht dem Pathos von V. 8 f., wonach die Fußwaschung als das schlechthin Entscheidende erscheint. Und was wäre mit den beiden Waschungen gemeint? Nach der meist vertretenen Auslegung geht das λούεσθαι auf die Taufe als die „Generalreinigung", die Fußwaschung auf das Herrenmahl, das die unvermeidlichen neuen Sünden vergibt. (Die Pointe des Wortes läge dann in der Polemik gegen weitere Taufen oder Waschungen, also gegen jüdische Reinigungsriten oder besser gegen jüdisch-gnostische Taufsekten.) Aber es ist doch grotesk, daß das Herrenmahl durch die Fußwaschung abgebildet sein soll, zumal da doch die Situation des Mahles gegeben war! — H. v. Campenhausen (ZNTW 33 (1934), 259—271, hält die Fußwaschung für Abbildung der Taufe (so auch A. Schweitzer, Die Mystik des Apostels Paulus 350; P. Fiebig, Angelos 3 (1930), 121—128); die durch das λούεσθαι erlangte Reinheit dagegen bezeichne nach 15 3 die Reinigung durch das Wort Jesu. Daß die Taufe als Fußwaschung dargestellt werde, beruhe auf dem altkirchlichen Taufritus, nach dem der Täufling nur bis über die Knöchel im Wasser steht. V. 10 richte sich gegen die Verfechter des ältesten Ritus (den der Johannes-Jünger), nach dem

Wer Jesu Dienst empfangen hat, ist mit ihm zur Gemeinschaft des Schicksals verbunden, ist also des Weges zur δόξα sicher; denn Jesu Dienst hat ihn gereinigt. Wer zur Gemeinde der Jünger gehört, für den gilt: „und ihr seid rein". Worin der durch die Fußwaschung dargestellte Dienst Jesu besteht, ist nicht ausdrücklich gesagt; es versteht sich im Grunde von selbst, was 15₃ ausgesprochen wird: „Schon seid ihr rein um des Wortes willen, das ich zu euch geredet habe." Das Wort also hat sie gereinigt. In seinem Wort, das er spricht, und das er, indem er es spricht, selbst ist, vollzieht sich sein Dienst. Sein Wort ist ja nicht eine von seiner

der Täufling ganz untertaucht. Das Wort bedeute also: wer durch Jesu Wort ganz rein geworden ist, bedarf keiner weiteren Waschungen, sondern nur noch der Taufe, und bei dieser genügt ein Fußbad. Aber kann V.10 zwei Antithesen enthalten? Nämlich 1. wer durch mein Wort rein ward, bedarf nur noch der Taufe, keiner weiteren Waschungen, und 2. bei der Taufe ist nur ein Fußbad, kein Untertauchen notwendig? Möglich erscheint mir nur die erste Antithese: wer durch das Wort gereinigt ist, bedarf nur noch der (als Fußwaschung dargestellten) Taufe. (Die Pointe des Wortes wäre dann die gleiche wie bei der anderen Auffassung.)

Gegen beide Deutungen aber spricht, daß in ihnen zwei notwendige Reinigungen unterschieden werden. Es heißt aber doch von dem λελουμένος, daß er ganz rein sei (καθαρὸς ὅλος), und wenn nach dem λούεσθαι noch eine Fußwaschung nötig ist, so ist der Gebadete eben nicht ganz rein. Es folgt m. E. zwingend, daß das εἰ μὴ τοὺς πόδας ein schlechter Zusatz ist (so auch Lagr.). Er beruht darauf, daß das λούεσθαι auf die Taufe gedeutet wurde (wozu der I Kor 6₁₁ Eph 5₂₆ Tit 3₅ Act 22₁₆ Hbr 10₂₂ bezeugte Sprachgebrauch veranlaßte) und daß man diese nicht in der Fußwaschung abgebildet sah. Man mußte nun neben ihr die Fußwaschung konzedieren, einerlei wie man sich mit der Frage abfand, was sie bedeute. Daß man in ihr das begründende Urbild eines kirchlichen Sakraments der Fußwaschung gesehen hätte, daß die Erzählung also den Charakter einer ätiologischen Kultlegende gewonnen hätte (G. Bertram, Die Leidensgeschichte und der Christuskult 1922, 41; Kundsin, Topol. Überl. 56), ist nicht wahrscheinlich, da ein Sakrament der Fußwaschung vor Augustin nicht bezeugt ist (Joh. Zellinger, Bad und Bäder in der altchristlichen Kirche 1928). In Mönchsviten ist freilich öfter von Fußwaschungen die Rede (G. P. Wetter, Der Sohn Gottes 60, 3).

Liest man den Text ohne εἰ μὴ τ. πόδ., so liegt offenbar ein Bildwort vor: „Wie der, der gebadet ist, keiner Waschung mehr bedarf, sondern ganz rein ist, so . . ." (λούεσθαι = ein Bad nehmen, νίπτεσθαι = sich waschen, bzw. sich waschen lassen, können unter Umständen auf das Gleiche hinauskommen [wie P. Oxy. 840, 32—34; Kl. Texte 31, 5], sind aber an sich verschieden, z. B. Philo somn. I 148). Der Satz könnte sogar auf ein Sprichwort Bezug nehmen (vielleicht auch auf jüdische Diskussionen über rituelle Waschungen). Die Anwendung muß sein: „So bedarf der, der durch die Fußwaschung Gemeinschaft mit mir bekommen hat, keiner weiteren Reinigung." Es ist doch klar, daß in der Antwort auf V.9 der λελουμένος von V.10 eben der ist, der die Fußwaschung empfangen hat, die damit eben als einer vollständigen Waschung, die ganz rein macht, gleichwertig bezeichnet wird (s. S. 357, 2). Der λελ., der mit dem, was er empfangen hat, nicht zufrieden ist, wird ja in V.10 zurechtgewiesen; es ist Petrus, der die Fußwaschung empfangen hatte und noch mehr wollte.

Damit ist die Frage, was die Fußwaschung bedeute, an sich noch nicht entschieden; sie könnte eine sakramentale Waschung, dann aber nur die Taufe, sein. Indessen kann diese Frage nicht auf Grund von V.10, sondern nur auf Grund des Zshgs entschieden werden; s. o. im Text.

Auch P. Fiebig bezieht das λελουμ. auf die Fußwaschung, hält aber an dem εἰ μὴ τ. πόδ. fest, indem er ὁ λελ. 1. präsentisch versteht und es 2. als semitischen casus pendens auffaßt: „Von dem, der jetzt von mir gebadet wird, gilt: er braucht sich nur die Füße waschen zu lassen." Das scheint mir nicht möglich zu sein. — Eine Kuriosität ist R. Eislers Deutung (ZNTW 14 (1913), 268—271), daß die Fußwaschung die mystische Gemeinschaft mit Jesus abbilde, weil sie ein Hochzeitsbrauch sei. Als solcher ist sie im Heidentum (Servius Aen. IV 167) und im Judentum (aber erst spät) bezeugt. Bei Joh vollziehe Jesus als der himmlische Bräutigam die Fußwaschung an seiner mystischen Braut, der Kirche. Aber von Brautmystik findet sich bei Joh sonst keine Spur.

Person lösbare Lehre, ein Komplex von allgemeingültigen Gedanken. Vielmehr begegnet in allen einzelnen Worten, die er spricht, er selbst als das Wort; in ihm als dem Offenbarer wird — in der Gestalt des Fleisches, im Schicksal des Todes — Gottes Gegenwart Ereignis. Sich seinen Dienst gefallen lassen, heißt also glauben, heißt: bereit sein, sich die Maßstäbe, nach denen die Welt mißt, was groß und göttlich ist, zerbrechen zu lassen. Wer das vermag, der ist frei von der Welt und damit „rein". Nichts anderes kann ja die durch das Wort als den Dienst Jesu vermittelte Reinheit sein als eben die Freiheit, die 8₃₂ dem „Bleiben in seinem Wort", der Glaubenstreue, verheißen wird[1]. Wer sich seinen Dienst gefallen läßt, d. h. wer seinem Wort glaubt, der bedarf keiner anderen Heilsmittel mehr.

Man kann nur weiter fragen, ob, wenn der Dienst Jesu gerade durch die Fuß= waschung dargestellt ist, daran gedacht ist, daß sich der Empfang dieses Dienstes für den Gläubigen in einem bestimmten Geschehen aktualisiert, in dem, wie in der Fußwaschung, die Reinigung symbolisch dargestellt wird, nämlich in der Taufe[2]. Diese Frage wird nämlich dadurch dringlich, daß sich die Polemik in V.10 wahrscheinlich nicht nur ganz allgemein gegen Versuche wendet, die Sicherheit des Heiles durch andere Mittel als den Glauben zu gewinnen, sondern daß sie gegen die Einführung von bestimmten Reinigungs= mitteln, nämlich Waschungen oder Taufen gerichtet ist[3]. Ist aber das der Fall, so gibt es nur zwei Möglichkeiten: Entweder wendet sich V.10 dagegen, daß die christliche Taufe durch weitere Waschungen (oder Wiederholung) ergänzt wird; und in diesem Falle könnte die Taufe als selbstverständliche christliche Übung in der Fußwaschung dargestellt sein, eben als der Akt der individuellen Zu= und Aneignung des Dienstes Jesu. Oder Jesu Dienst durch das Wort und als Wort ist von vornherein im Gegensatz gegen jede sakramentale Reinigung, also auch gegen die Taufe gedacht[4].

[1] S. S. 334—337. — Καθαρός bei Joh nur hier und 15₃, beide Male in meta= phorischem Sinne; καθαρίζειν I Joh 1₇. ₉ auf Grund des kultischen Sprachgebrauches (das Subj. ist I Joh 1₇ τὸ αἷμα Ἰησοῦ), aber auch metaphorisch. Die Interpretation der Reinheit als Freiheit von der Welt steht mit der Auffassung der Reinheit als Reinheit von ἁμαρτία und ἀδικία (I Joh 1₇. ₉) nicht im Widerspruch (vgl. 8₃₄); jedoch hat I Joh 1₇. ₉ einen spezielleren Sinn als Joh 8₃₂ 13₁₀, insofern dort an die Reinigung der Christen von Sündenschuld gedacht ist im Zusammenhang der Polemik gegen die gnostische Idee von der Sündlosigkeit des Gnostikers.

[2] Die „Reinigung", die nach Tit 2₁₄ Hb 1₃ II Pt 1₉ durch Christus, nach I Joh 1₇ Hb 9₁₄ (vgl. Herm. sim. V 6, 2) speziell durch sein Blut beschafft wird, wird nach Eph 5₂₆ Hb 10₂₂ durch die Taufe vermittelt.

[3] Es ist zu bedenken, daß im Urchristentum die Grenzen zwischen reinchristlichen und synkretistischen Gemeinden zunächst kaum zu ziehen sind (vgl. W. Bauer, Recht= gläubigkeit und Ketzerei im ältesten Christentum 1934, wo nur leider gerade die jüdisch= christlichen Taufsekten nicht berücksichtigt sind); ferner, daß sich Joh speziell mit der Täufersekte auseinandersetzt (s. S.4f. 29. 76. 122f.) und daß die Gnosis, mit der er kämpft, gerade in Taufsekten organisiert ist. — Über die Taufbewegung s. W. Brandt, Die jüdischen Baptismen 1910; Elchasai 1912; G. Hölscher, Gesch. der israelitischen und jüdischen Rel. 1922, 207ff. 237ff.; Urgemeinde und Spätjudentum (Avh. ut . av Det Norske Videnskaps Akademi i Oslo II. Hist.-Filos. Kl. 1928, Nr. 4); bes. Jos. Thomas, Le mouvement baptiste en Palestine et Syrie 1935. — Aus der Polemik gegen täufe= rische Riten erklären Joh 13₁₀ z. B. Brandt, Die jüdischen Bapt. 121f.; Hölscher, Urgem. und Spätj. 12 (vgl. 19); beide sehen in Hb 6₁f. das Zeugnis für ein Christentum, das verschiedene Waschungen (βαπισμοί) übte. Vgl. Schl. zu V.9: „Joh wehrt eine Tauf= praxis ab, die wie die der Essäer, Hemerobaptisten oder des Banus die beständige Wieder= holung der Waschungen nötig machte."

[4] So Kreyenbühl II 102—119; Reitzenstein, Taufe 160, 1. Man kann diese Mög= lichkeit nicht etwa durch die Erwägung ausschließen, daß in solchem Falle Joh nicht von der Kirche rezipiert worden wäre. Denn man konnte ja sowohl durch Interpretation wie durch Interpolation die Sakramente in das Evg hineinbringen. Das Letztere ist ja 3₅ 6₅₁b-₅₈ auch geschehen.

Ist es auch befremdlich, sich eine urchristliche Richtung vorzustellen, in der die Taufe abgewiesen wurde, so ist das doch nicht von vornherein ausgeschlossen und wäre aus dem Gegensatz zu solchen Richtungen zu verstehen, in denen der Taufe und Taufbädern überhaupt ein übermäßiger Wert zugeschrieben wurde. In der Tat ist die Stellung des Joh zu den Sakramenten problematisch. Das Herrenmahl wird von ihm überhaupt nicht genannt[1]; und in seinem Bericht vom letzten Mahle ist es durch das Gebet Jesu ersetzt[2]. Von der Wiedergeburt handelt er, ohne dabei der Taufe zu gedenken[3]. Die Jünger gelten als καθαροί, ohne daß ihre Taufe berichtet ist; sie sind rein durch das Wort Jesu (15₃). Indessen berichtet Joh unbefangen, daß Jesus wie der Täufer getauft habe: 3₂₂ 4₁; und zumal 4₁ scheint mit seiner Verbindung von μαθητὰς ποιεῖν und βαπτίζειν zu zeigen, daß der Eintritt in die Jüngerschaft mit dem Empfang der Taufe verbunden ist. Aber 3₂₂ 4₁ sind ganz unbetont, und in der Verkündigung Jesu spielen die Sakramente keine Rolle. Man kann sich also den Tatbestand wohl nur so erklären, daß sich der Evglist mit dem kirchlichen Brauch von Taufe und Herrenmahl zwar abfindet, daß dieser ihm aber infolge des Mißbrauches verdächtig bleibt, und daß er deshalb davon schweigt[4]. In Wahrheit sind für ihn die Sakramente überflüssig: die Jünger sind „rein" durch das Wort (15₃), und sie sind — nach dem das Herrenmahl ersetzenden Gebet — „heilig" ebenfalls durch das Sakrament (17₁₇). Hat sich der Evglist mit den Sakramenten abgefunden, so kann er sie nur so verstanden haben, daß in ihnen das Wort in einer besonderen Weise vergegenwärtigt wird. Das entspricht der Tatsache, daß er auch dem Tode und der Auferstehung Jesu nicht eine spezifische Bedeutung neben der Menschwerdung und dem Wirken Jesu zuschreibt als Ereignissen, in denen die Sakramente begründet sind, sondern daß er dieses alles als Einheit sieht[5]. Nach allem wird man also schwerlich sagen dürfen, daß die Fußwaschung die Taufe darstelle; sie stellt vielmehr den Dienst Jesu dar, den er durch das Wort und als das Wort den Seinen leistet.

„Und ihr seid rein" — das wies den Petrus, der mehr haben wollte, als er schon empfangen hatte, zurück auf das, was er schon hat[6]. Zeigt schon das ὑμεῖς, daß Petrus als Repräsentant der Jünger gesprochen hat[7], so ist weiter aus dem Ganzen der Abschiedsreden deutlich, daß die Jünger die christliche Gemeinde überhaupt repräsentieren. Für alle, die im Glauben Jesu Dienst sich zu eigen machen, gilt deshalb mit dem καθαροί ἐστε zugleich das γνώσῃ δὲ μετὰ ταῦτα (V.7). Was sie als die Reinen sind, können sie nie abschließend wissen; es muß ihnen stets neu aufgehen. Für sie sind Jesu Passion und Ostern als historische Vorkommnisse freilich nichts Bevorstehendes. Aber das Entscheidende, auf das Petrus verwiesen wurde, waren ja nicht die Ereignisse als solche, sondern seine Erfahrung an ihnen. Und so ist der Glaubende durch das μετὰ ταῦτα stets vor-

---

[1] 6₅₁b-₅₈ ist kirchliche Interpolation, s. S.161f. 174—177.

[2] S. S.351 und zu Kap.17; s. ferner S.370f.

[3] Das (ἐξ) ὕδατος 3₅ ist kirchliche Interpolation, s. S.98, 2.

[4] Eine Verlegenheitsauskunft scheint mir die Behauptung zu sein, daß der Evglist aus Gründen der Arkandisziplin von den Sakramenten geschwiegen habe (Joach. Jeremias, Die Abendmahlsworte Jesu 1935, 48f.). Denn noch bei Justin ist nichts von Arkandisziplin zu spüren; mögen ihre Anfänge auch weiter zurückreichen als ins 4. Jahrhundert, in dem sie erst eigentlich entwickelt wird, so scheint sie sich doch jedenfalls erst vom Ende des 2. Jahrhunderts ab „leise anzukündigen" (G. Anrich, RGG² I 532; ferner G. Anrich, Das antike Mysterienwesen in seinem Einfluß auf das Christentum 1894, 126ff.; N. Bonwetsch, RE³ II 53f.).

[5] S. S.356. — Nur 19₃₄ scheint für die Sakramente ihre Begründung im Tode Jesu aufgezeigt zu werden; und das scheint auch der Sinn von I Joh 5₇f. zu sein. Indessen dürften beide Stellen auf die kirchliche Redaktion zurückgehen. Im übrigen ist die Stellung von I Joh zu den Sakramenten ebenso problematisch wie die des Evgs; s. zu I Joh 2₂₀. ₂₇.

[6] S. S.356.   [7] S. S.349.

ausgewiesen auf die Momente seines Lebens, in denen die Predigt vom Gekreuzigten ihn in jene λύπη und ταραχή führt, in denen er, als der Probe seines
Glaubens, erst erfassen lernt, was sein Glaube bedeutet. Denn die radikale Erfassung dessen, was der Dienst Jesu bedeutet, erfolgt in der Aneignung dieses
Dienstes im geschichtlichen Vollzug der Existenz, nicht im dogmatischen Wissen
oder in einer „christlichen Weltanschauung".

Der Evglist hat anmerkungsweise in V.11[1] hinzugefügt, daß sich unter den
Jüngern ein Unreiner, der Verräter, findet. Wieder, wie 6₆₄.₇₀f. ist diese Voraussage an exponierter Stelle gegeben, und sie wiederholt sich V.18. Auch hier ist
nicht primär das apologetische Motiv wirksam, sondern die Absicht, eine falsche
Sicherheit des Glaubens zu erschüttern[2]. Gerade die Zusage, daß er schon rein
ist, kann der Jünger nur recht hören, wenn er weiß, daß es unter den Jüngern
den Unreinen gibt. Auch zur Jüngerschaft zu gehören, der Jesus die Füße gewaschen hat[3], ist keine Garantie[4].

3. 13₁₂₋₂₀: Die zweite Deutung.

Die Paradoxie des Bildes: der Meister den Jüngern die Füße waschend,
ist in V.6₋₁₁ nur nach einer Seite hin zur Geltung gebracht worden: der Jünger
soll sich solchen Dienst gefallen lassen. In V.12₋₂₀ kommt die andere Seite zu ihrem
Recht: der Jünger soll solchen Dienst dem Jünger auch seinerseits erweisen[5].
Durch Rückgriff auf V.4f.[6] und in der gleich umständlichen Erzählungsweise wird
V.12 die neue Szene eingeleitet[7], und durch die rhetorische Frage: γινώσκετε
τί πεποίηκα ὑμῖν;[8] ist die Belehrung vorbereitet. Und zwar ist dabei durch das
ὑμῖν schon kenntlich gemacht, daß Jesu vorbildliches Handeln nicht als bloßes
Anschauungsbild gleichsam im leeren Raume steht, sondern daß die Jünger es
an sich selbst erfahren haben.

---

[1] Der Stil des Evglisten ist kenntlich; zu ἤδει γάρ s. 2₂₅ (4₄₄) 6₆.₆₄; zu διὰ τοῦτο
6₆₅ und S.63,6. Der Vers ist also nicht redaktionelle Glosse, sondern eine Anmerkung
des Evglisten selbst (s. S.352); die Anm. beginnt im Grunde schon mit V.10b: καὶ ὑμεῖς κτλ.
[2] S. S.345f.
[3] Daß die Füße des Judas nicht gewaschen worden seien, wie alte Ausleger meinen,
ist eine falsche Eintragung in den Text, wie schon daraus hervorgeht, daß die Erzählung
13₂₁₋₃₀ keine Ausnahme voraussetzt: bis dahin ist der Verräter an keinem äußeren Zeichen
kenntlich.
[4] Man könnte sagen, daß das Nebeneinander des καϑαροί ἐστε und des ἀλλ'
οὐχὶ πάντες dem Nebeneinander von Ind. und Imp. bei Paulus entspricht (Röm 6₁ff.
I Kor 5₇ usw.).
[5] In V.12₋₂₀ ist (wie in V.4f.) eine Quelle zugrunde gelegt, s. S.351f.
[6] Das ὅτε οὖν, das nach der Unterbrechung den Faden von V.4f. wieder aufnimmt,
dürfte vom Evglisten stammen (s. S.160,7); die Quelle las etwa: εἶτα ἔλαβεν τ. ἱμ. κτλ.
[7] Ist das gut bezeugte, aber gelegentlich fehlende (vgl. v. Soden) πάλιν ein alter
Zusatz? Dann wäre vollends deutlich, daß die Fußwaschung die Mahlzeit nicht unterbricht, s. S.355,2.
[8] Die Frage ist gestellt, als ginge V.6₋₁₁ nicht voraus; als rhetorische Frage kollidiert
sie mit dem οὐκ οἶδας ἄρτι D.₇. Zur Form der Frage vgl. Sifre Num. 115 (in Schl.s
Übersetzung): γινώσκετε τί πεποίηκα αὐτοῖς; In der Tat ist ποιεῖν c. Dat. in dem
Sinne „jemandem etwas (Gutes oder Böses) erweisen" kein gutes Griechisch (Bl.=D.
§ 157, 1); in LXX steht es öfter für לְ עָשָׂה (z. B. I Reg 5₈ Jes 5₄ Hos 10₃). Es begegnet
jedoch auch in griechischer Lit., z. B. Antiphon fr. 58 (Diels=Kranz II 364, 5); Epikt.
Diss. I 9, 21; IV 6, 23 und s. Liddell=Scott.

V. 13 betont zunächst die Paradoxie des Geschehenen: es ist wirklich[1] der Lehrer und Herr[2], der den Jüngern die Füße gewaschen hat. Wenn nun er — so folgert V. 14 a maiore ad minus[3] — ihnen das getan hat, so sind sie sich auch gegenseitig zu diesem Dienst verpflichtet. V. 15 wiederholt den Imp. von V.14 in einem allgemeinen Satz: Jesu Tun ist verpflichtendes Beispiel[4] für seine Jünger, — wobei natürlich das Füßewaschen als symbolisch-repräsentativer Akt des Liebesdienstes überhaupt gemeint ist[5]. Das Liebesgebot, das nach 13₃₄ 15₁₂ das Vermächtnis des scheidenden Offenbarers ist, ist hier vorausgenommen, wie denn 131-20 überhaupt ein Vorspiel für die folgenden Reden ist[6].

Wie schon in V.12, so ist auch hier das zu dem ἐποίησα gestellte ὑμῖν für das Verständnis wesentlich. Das vorbildliche Handeln Jesu wird nicht als Idealbild, als Muster oder Modell einer allgemeinen sittlichen Wahrheit angeschaut, wie es Historie oder Rhetorik zeichnen könnten[7]; sondern es ist als Dienst vom Jünger erfahren. Jesus wird als ὑπόδειγμα erst für den sichtbar, an dem er sein Werk getan hat. Das καθώς hat für den Evglisten — einerlei, ob sich die Quelle dessen schon bewußt war — begründenden Sinn wie 13₃₄ 15₁₂: auf Grund dessen, was sie empfangen haben, sind sie verpflichtet[8]. Jesu Werk ist also nicht eine objektive Leistung, ein weltgeschichtliches Faktum, das der Betrachtung offenliegt, sei es ein Gut der Kultur, sei es seine geschichtliche Gestalt als solche. Er ist in seinem Tun nicht sichtbar für den Blick auf das, „was dabei herauskommt", sodaß die Verkündigung ein Bild seiner Persönlichkeit zu entwerfen oder etwa auch aufzuzeigen hätte, was aus Petrus geworden ist. Er ist nur sichtbar in dem, was

---

[1] Καλῶς = „richtig" wie 4₁₇ 8₄₈; s. S.225, 5.

[2] Ὑμεῖς (unbetont!) φωνεῖτέ με schwerlich „ihr ruft mich", sodaß ὁ διδ. und ὁ κύρ. Vokative wären (was zwar das korrekte grammatische Verständnis wäre, Bl.-D. § 147, 3 und vgl. 20₂₈), sondern „ihr nennt mich", weil es auf den Gegensatz von φωνεῖσθαι und εἶναι ankommt; ὁ διδ. und ὁ κύρ. stehen also als eingeführte Namen im Nom. (Bl.-D. § 143 und vgl. I Reg 9₉). — Ὁ διδ. und ὁ κύρ. bestimmen sich gegenseitig, sodaß κύριος also nicht kultischer Terminus ist (s. S.128, 4); es ist freilich auch nicht bloße Höflichkeitsanrede (wie 6₆₈ 11₃. ₁₂ usw.), sondern wie das διδ. der jüdischen Anrede des Lehrers als רַבִּי entspricht, so das κυρ. dem מָרִי. Beides sind Anreden an Respektspersonen, bes.

an Rabbinen (Dalman, W. J. 267f.) und werden auch kombiniert (Str.-B. z. St.). So wechseln bei Joh διδ. (3₂. ₁₀ 11₂₈) und ῥαββί (1₃₈. ₄₉ usw.), und ῥ. wird 1₃₈ als διδ. erklärt. Daß im Griechischen die Personalsuffixe nicht wiedergegeben werden, ist üblich (Mt 4₃₈ 9₁₇ usw.); 8ʸʳ ⁸ fügt sie wieder hinzu. — Vgl. Bousset, Kyrios 82 und zur Entwicklung des Gebrauches von διδ. Harnack, Mission und Ausbreitung³ 383, 2; Schlier, Relig. Unters. 56f.

[3] Der typisch jüdische Schluß קַל וְחוֹמֶר (Str.-B. III 223—226) ist für das Traditionsstück charakteristisch. Das πόσῳ μᾶλλον von D u. a. bringt den Charakter des Schlusses noch deutlicher zum Ausdruck.

[4] Ὑπόδειγμα, das die Attizisten zugunsten von παράδειγμα verwerfen, ist das in Tat oder Wort vor Augen gestellte Beispiel, Vorbild, Muster; s. ThWB II 32, 38ff. — Ἵνα nach ὑπόδ. διδόναι wie nach den Ausdrücken des Sollens, Verpflichtetseins, Bl.-D. § 393. Zum ἵνα-Satz rabbin. Par. bei Schl.

[5] Der Sinn von V.14f. ist also der gleiche wie der von Lk 22₂₇; s. S.352, 2.

[6] V.15 dürfte eine Bildung des Evglisten sein, die den Sinn von V.14 betont; zu dem explizierenden ἵνα-Satz s. S.29, 1 und vgl. bes. 13₃₄; zu καθώς 13₃₄ I Joh 2₆ 4₁₇ (auch 2₂₇ 3₃. ₇. ₂₃). Vgl. Kundsin, Charakter 207.

[7] Außer Xen. mem. IV 3, 18 (Sokrates als Vorbild) bei Br. vgl. Epikt. Diss. IV 8, 31 (vom idealen κυνικός): ἰδοὺ ἐγὼ ὑμῖν παράδειγμα ὑπὸ θεοῦ ἀπέσταλμαι μήτε κτῆσιν ἔχων μήτε οἶκον μήτε γυναῖκα μήτε τέκνα, ἀλλὰ μηδ᾽ ὑπόστρωμα μηδὲ χιτῶνα μηδὲ σκεῦος· καὶ ἴδετε, πῶς ὑγιαίνω.

[8] S. S.291, 3.

er je für mich ist. Der Imp. gilt also nur für die Sphäre, in der man seinen Dienst empfangen hat — nur wer geliebt ist, kann lieben —, und seine Erfüllung ist nicht die Leistung eines dem seinen analogen Werkes, sondern die Bereitschaft zum gleichen Sein für den Anderen. Der Imp. fordert auch nicht Vergeltung, die ihm erwiesen würde — daß sich die Liebe der Jünger gar nicht direkt auf ihn richten kann, wird 14₁₅₋₂₄ ausführen —, sondern die Wendung zum Anderen. Er ist nicht das ὑπόδειγμα für eine Imitatio; sondern der Empfang seines Dienstes erschließt dem Jünger eine neue Möglichkeit des Miteinanderseins; und in der Bereitschaft, diese Möglichkeit zu ergreifen, muß sich zeigen, ob er den Dienst recht empfangen hat. So wenig der Jünger an ein Werk gewiesen wird, so sehr in ein Tun, und zwar in ein solches Tun, das im Tun Jesu begründet ist und deshalb nie den Charakter des Werkes gewinnen kann. 13₃₄f. und 15₁₋₁₇ werden diesen Sachverhalt weiter entwickeln; dabei wird dann auch das Eigenartige deutlich werden, daß das Liebesgebot ein Gebot für den Kreis der Jüngerschaft, für die Gemeinde, ist. Schwerlich wird freilich in der Quelle bei dem ἀλλήλων D.₁₄ an den ausgegrenzten Kreis einer Jüngerschaft gedacht sein[1]; aber der Evglist versteht es in diesem Sinne[2].

Vielleicht bildet **D. 17** in der Quelle den ursprünglichen Abschluß des Stückes[3]. Die Mahnung wird hier zur Verheißung in der Form eines Makarismus[4]: Heil dem, der nach dem Gehörten und Erkannten handelt[5]!

---

[1] So wenig wie etwa Mk 9₅₀, oder so wenig wie der Bruder Mt 5₂₃f. Lk 17₃f. auf den Mitjünger beschränkt ist.

[2] Man darf aber nicht um deswillen den vom Jünger D.₁₂₋₂₀ geforderten Liebes= dienst auf die gegenseitige Vergebung beschränken (Zn., Schl.), als folge das aus der Verbindung von D.₁₂₋₂₀ mit D.₆₋₁₁. Denn die Fußwaschung bildet auch nach D.₆₋₁₁ nicht etwa nur die Sündenvergebung durch Jesus ab, sondern seinen Dienst als ganzen. Außer= dem ist 13₁₋₂₀ das Vorspiel zu 13₃₄f. 15₁₋₁₇, wo von gegenseitiger Sündenvergebung nicht die Rede ist.

[3] D.₁₇ könnte freilich auch zu den schon in der Quelle angefügten Logien D.₁₆ und ₂₀ gehören. Diese sind nach dem Stichwort πέμπειν zusammengestellt (s. Gesch. der synopt. Trad. 160f. 351f.); dann sollte vielleicht durch Einfügung von D.₁₇ die Ver= heißung von D.₂₀ in einen sachlichen Zshg gebracht werden: heil euch, wenn ihr euch einen Liebesdienst erweist! Denn er gilt als mir selbst erwiesen. Möglich aber auch, daß D.₂₀ an D.₁₆ gefügt war, um ein Mißverständnis zu verhüten, bzw. ein Gegengewicht zu bilden: der Bote ist zwar geringer als der, der ihn sandte (D.₁₆); daraus folgt aber nicht, daß man den Boten geringschätzig behandeln dürfe (D.₂₀). — Daß D.₁₇ vom Evglisten hinzugefügt sei (das οἴδατε könnte an die mehrfachen οἴδατε in I Joh erinnern, 2₂₀f. 3₅. ₁₅, der ganze Spruch an I Joh 2₂₉), wird man kaum annehmen dürfen; er hätte ihn doch gewiß an den Schluß des Abschnittes gestellt.

[4] Das μακάριοι geht nicht „auf die Beseligung, welche die echte Jüngerschaft mit sich bringt" (B. Weiß), sondern auf das heil, das dem echten Jünger geschenkt wird. — Makarismen in 2. Pers., im Griechischen selten, sind für die semitische Rede charakteristisch; s. ZNTW 19 (1919/20), 170; Ed. Norden, Agnostos Theos 1913, 100, 1; H. L. Dirichlet, De veterum macarismis (Religionsgesch. Vers. und Vorarb. XIV 4) 1914.

[5] Das ταῦτα bezieht sich auf das D.₁₆ bzw. D.₁₂₋₁₆ Gesagte; εἰ = wenn demnach, wie sich aus dem Gesagten ergibt; ἐάν = wenn in Zukunft; Bl.=D. § 372, 1a; Raderm. 175f. — Die Mahnung als proverbialis sententia (Calvin) häufig; vgl. Lk 11₂₈ Mt 7₂₁.₂₄₋₂₇ Jk 1₂₂. ₂₅ Röm 2₁₃ IIKlem 3₁₋₅. Jüdische Parallelen bei M. Dibelius zu Jk 1₂₂ S. 109 (Meyers Komm.); Str.=B. I 467. 469f.; III 84ff.; griechische Parallelen bei Br. 3. St., bes. Hes. Op. 826f.: τάων εὐδαίμων τε καὶ ὄλβιος, ὃς τάδε πάντα εἰδὼς ἐργάζηται ἀναίτιος ἀθανάτοισιν; bes. oft bei Epikt. — Vgl. Calvin zu D.₁₇: Neque enim vera cognitio dici meretur, nisi quae fideles eousque adducit, ut se capiti suo conforment. Vana potius imaginatio est, dum Christum et quae Christi sunt extra nos conspicimus.

Schon in der Quelle war das Apophthegma durch angehängte Logien vermehrt worden, die den Imp. D.14f. bekräftigen und spezialisieren sollen[1]. **D. 16** ist eine Variante des Herrenwortes, das Mt 10₂₄ und (verstümmelt) Lk 6₄₀ begegnet[2]. Das Wort hat die typische Form eines Maschal, und zwar eines Bildwortes[3]. Die Erinnerung daran, daß der Knecht nicht größer ist als sein Herr, daß der Bote[4] nicht mehr ist als der, der ihn gesandt hat, verstärkt den im D.13f. liegenden Gedanken des „erst recht"[5]. **D.20** fügt als Bekräftigung der Mahnung[6] die Verheißung hinzu, daß ein Liebesdienst, der einem Boten Jesu erwiesen ist, als diesem selbst und damit auch Gott erwiesen gelten soll. Dazu ist ein Herrenwort benutzt, das sich bei den Synoptikern in den Varianten Mt 10₄₀ und Lk 10₁₆ findet[7].

Zwischen D.17 und D.20 hat der Evglist, ähnlich wie D.11, wieder eine Anmerkung gefügt[8]. Wieder wird **D. 18** auf den Verräter hingewiesen[9]; und wieder hat der Hinweis den Sinn, den Jünger vor falscher Sicherheit zu warnen und damit die Mahnung zum ποιεῖν (D.17) zu verstärken. Die Weissagung ist hier in der Form des Zitates von Ψ 40₁₀ gegeben[10]. Der Psalmvers soll im Zshg offenbar weniger die Tatsache betonen, daß das grausige Geschehen von Gott

---

[1] S. S. 352.

[2] Ursprünglich ein profanes Sprichwort? S. Gesch. der synopt. Trad. 103. 107. — Joh zitiert nicht etwa nach Mt, denn er hätte keinen Anlaß gehabt, das διδάσκαλος—μαθητής in ἀπόστολος—πέμψας zu ändern, da jenes in den Zshg besser gepaßt hätte. Auch zeigt D.20, der in der Quelle mit D.16 verbunden war, daß in D.16 ἀπόστ.—πέμψ. ursprünglich ist. Die Varianten sind leicht verständlich. Rabbin. Parallelen bei Str.-B. 3. St. und I 577f. zu Mt 10₂₅.

[3] S. Gesch. der synopt. Trad. 181. — Daß ein Bildwort vorliegt und daß die Jünger nicht im Ernste Jesu sind, zeigt 15₁₅. Wie δοῦλοι ist κύριος im Bildwort eigentlich zu verstehen, hat also nicht kultischen Sinn; s. folgende Anm.

[4] Ἀπόστολος heißt im Rahmen des Bildwortes „Bote", nicht „Apostel" (s. vorige Anm.), s. K. H. Rengstorf, ThWB I 421, 40ff. Ἀποστ. bei Joh nur hier.

[5] Der Gedanke von D.12-15, daß der erfahrene Dienst verpflichtet, kommt in D.16 nicht zum Ausdruck. Auch darin zeigt sich, daß D.16 im Zshg sekundär ist.

[6] So muß man D.20 jedenfalls nach dem jetzt vorliegenden Zshg interpretieren, auch wenn das Verhältnis von D.20 zu D.16 in der Quelle einen anderen Sinn gehabt haben sollte, s. S. 363, 2. Man muß also das Störende in Kauf nehmen, daß in D.16 der (Diener und) Bote der von der Mahnung selbst Getroffene ist, während in D.20 zum Liebesdienst gerade dem Boten gegenüber gemahnt wird.

[7] Über das Verhältnis der synoptischen Varianten zueinander und zu Mt 10₄₁f. Mk 9₃₇. ₄₁ s. Gesch. der synopt. Trad. 152f. Die rabbinische Literatur enthält Parallelen in dem mehrfach ausgesprochenen Grundsatz, daß „der Abgesandte eines Menschen ist wie dieser selbst", Str.-B. I 590; II 167. 466. 558; ThWB I 415, 3ff.

[8] Das οὐ περὶ πάντων ὑμῶν λέγω entspricht dem ἀλλ' οὐχὶ πάντες D.11; es schließt freilich schlecht an das μακάριοι D.17 an. Einige Handschriften suchen zu bessern durch Einfügung von γάρ hinter οἶδα.

[9] Das ἐγώ (unbetont!) οἶδα τίνας ἐξελεξάμην ähnlich wie 6₇₀. Statt τίνας lesen K D pm grammatisch korrekter οὕς. Orig. XXXII 14, 152 (p. 447, 16 Pr.) paraphrasiert: τίς ἐστιν ἕκαστος ὧν ἐξελεξάμην, Zahn: τίνες εἰσὶν οὕς ... Beides ist richtig; falsch aber ist es, wenn Zn. das ἐγὼ οἶδα τίν. ἐξελ. und gleichfalls das ἵνα ... πληρωθῇ parenthesiert und als Entsprechung zu dem οὐ περὶ πάντ. ὑμ. λέγω lesen will: ἀλλ' ὁ τρώγων ... ἐπῆρεν ... Vielmehr ist das ellipt. ἀλλ' ἵνα („aber es sollte die Schrift erfüllt werden") charakteristisch für den Evglisten, s. S.29, 1.

[10] Zu γραφή s. S.90, 8. Hier ist die bestimmte einzelne Schriftstelle gemeint. Zu ἵνα πληρ. s. S.346, 4. Das Zitat stammt nicht aus LXX, die das von Joh mit ἐπῆρεν wiedergegebene הִגְדִּיל mit ἐμεγάλυνεν übersetzt und auch sonst abweicht (s. folgende Anm.). Das μετ' ἐμοῦ, das א K D pl hinzufügen, dürfte Ergänzung nach Mk 14₁₈ oder Lk 22₂₁ sein.

vorausgesehen oder vorausbestimmt ist, als vielmehr auf das Unglaubliche hin=
weisen, daß der Verräter ein Tischgenosse Jesu ist[1], zum Freundeskreise gehört.
Das apologetische Motiv kommt jedoch in V. 19 zur Geltung: das Schreckliche
solchen Geschehens darf den Glauben der Jünger an den Offenbarer nicht er=
schüttern[2]; Jesus hat es vorausgesagt[3]. Freilich wird der apologetische Gedanke
im Sinne des Evglisten zu modifizieren sein: es liegt ihm nicht eigentlich daran,
den Anstoß eines Einzelfaktums, wie der Verrat des Judas es ist, durch das Vor=
herwissen Jesu zu beseitigen. Sondern wie der Hinweis auf den Verräter die
Sicherheit des Jüngers erschüttern und eine ständig für ihn bestehende Möglich=
keit aufzeigen soll, so ist auch der Anstoß der ständig bestehende, daß es untreue
Jünger gibt. Das ist es im Grunde, was Jesus im voraus weiß: es ist eine im
Wesen der Offenbarung, nämlich in ihrem Verhältnis zur Welt, begründete Tat=
sache. Daß das Vorauswissen diesen Charakter hat, kommt hier freilich noch nicht
zum Ausdruck, wie es später 16 1. 4. 32f. 14 29 geschieht. —

Zwei Deutungen der Fußwaschung sind also kombiniert. Der Sinn
dieser Kombination erschließt sich der Erkenntnis, daß beide Stücke von der durch
Jesu Dienst geschaffenen Gemeinde als der Gemeinschaft der Jünger mit ihm
und untereinander handeln. Im ersten Stück ist die Gemeinschaft mit ihm das
ausdrückliche Thema, und zwar so, daß ihre Begründung in dem Dienst Jesu
aufgezeigt wird als in einem dem natürlichen Verstande widersprechenden Er=
eignis, dessen bindende Kraft sich in der geschichtlichen Existenz des Jüngers
erweisen wird, wenn der Jünger bereit ist, sein Leben auf dieses Ereignis und
allein darauf zu stellen. Das zweite Stück fügt hinzu, daß diese Gemeinschaft
der Jünger mit Jesus zugleich eine Gemeinschaft der Jünger untereinander
erschließt, und daß diese durch die Tat verwirklicht werden muß, wenn jene be=
stehen soll. Dieser Doppelheit entspricht die Gliederung der Weinstockrede 15 1-17:
das μείνατε ἐν ἐμοί 15 1-8 entspricht 13 6-11, das μείνατε ἐν τῇ ἀγάπῃ 15 9-17
entspricht 13 12-20. Die Konstituierung der Gemeinde und das Gesetz ihres Seins
ist also in 13 1-20 dargestellt.

β) Die Weissagung des Verrates 13 21-30.

Von der Gemeinde kann nicht die Rede sein, ohne daß der Möglichkeit gedacht
wird, daß sich in ihr ein Unwürdiger findet. Unwürdigkeit aber ist im Kreise derer,
die Jesu Dienst empfangen haben, gleichbedeutend mit Verrat. Das Bewußtsein,
zur Jüngerschaft zu gehören, darf nicht zur Illusion der Sicherheit verführen.
Der Evglist hat das gleich, als die Jüngerschaft zum erstenmal als ausgegrenzter

---

[1] Die Tischgenossenschaft ist durch das ὁ τρώγων μου τὸν ἄρτον bezeichnet (LXX:
ὁ ἐσθίων ἄρτους μου) wie Mt 14 18 durch ὁ ἐσθίων μετ' ἐμοῦ; vgl. Mk 14 20 par.: ὁ
ἐμβαπτόμενος μετ' ἐμοῦ εἰς τὸ τρύβλιον und Lk 22 21: ἡ χεὶρ τοῦ παραδιδόντος με
μετὰ ἐμοῦ ἐπὶ τῆς τραπέζης. — Daß Joh an das Herrenmahl denkt, weil er τὸν ἄρτον
statt des ἄρτους der LXX hat, ist nicht zu erweisen; auch der hebräische Text hat den Sing.
[2] Die parallelen ἵνα=Sätze 13 19 14 29 16 1. 4. 33 haben natürlich alle den gleichen Sinn.
Wenn es 14 29 einfach heißt ἵνα πιστεύσητε, so ist 13 19 das ἵνα πιστεύητε ergänzt durch
das ὅτι ἐγώ εἰμι, dem wie 8 24. 28 ein bestimmendes Prädikatsnomen fehlt. Zu ergänzen
ist wie 8 24: der Offenbarer; s. S. 265. Ist die Formulierung (πρὸ τοῦ γενέσθαι) durch
die Erinnerung an Jes 46 10 bestimmt?
[3] Das ἀπ' ἄρτι kann schon wegen V. 10f. 6 70 nicht heißen „von jetzt an", sondern
markiert einfach den Gegensatz zu ὅταν γένηται und heißt „jetzt" bzw. „schon jetzt" wie
14 7; gleichbedeutend 14 29 νῦν.

Kreis ins Licht trat, hervorgehoben (6₆₆-₇₁), und er hat in der eben erzählten Szene, die die Konstituierung der Gemeinde darstellte, zweimal daran erinnert (V.₁₁.₁₈f.). Dieser Gedanke gewinnt jetzt Gestalt in einer besonderen Szene[1], der Szene von der Weissagung des Verrates 13₂₁-₃₀.

Die Szene 13₂₁-₃₀ stammt aus der Tradition; daß der Evglist einen der synoptischen Berichte[2] benutzt habe, läßt sich nicht erweisen und ist unwahrscheinlich. Ob er überhaupt eine schriftliche Quelle benutzt hat, ist nicht mit voller Sicherheit zu entscheiden, da seine stilistischen Eigentümlichkeiten durchweg sichtbar sind. Vielfach hält man V.₂₇-₂₉ für eine Einfügung (sei es des Evglisten in seine Quelle, sei es der Red. in den Text des Evg), da diese Verse den Zshg zwischen V.₂₆ und ₃₀ unterbrechen. Eine Unterbrechung aber ist in Wahrheit nur V.₂₈f., denn an V.₂₇ schließt V.₃₀ gut an; das λαβὼν τὸ ψωμίον V.₃₀ steht nicht im Widerspruch zu dem μετὰ τὸ ψωμίον V.₂₇, sondern nimmt es wieder auf[3]. V.₂₈f. aber ist eine der charakteristischen Anmerkungen des Evglisten; und es fragt sich nur, ob eine Anmerkung zu seinem eigenen oder zu einem Quellenbericht. Die umgebenden D.₂₇ und ₃₀ enthalten beide das beim Evglisten beliebte ἐκεῖνος (s. S.29,1); indessen könnte das ja auf stilistische Bearbeitung des Quellentextes zurückgehen[5] und brauchte also nicht gegen die Benutzung einer Quelle zu sprechen[6]. Für eine solche spricht vielleicht schon das σατανᾶς D.₂₇, da der Evglist sonst immer διάβολος sagt; vor allem aber Folgendes: die Erzählung ist in D.₂₃f. offenbar so angelegt, daß Petrus und die anderen Jünger durch den Jünger an der Brust Jesu die Antwort auf die Frage, wer der Verräter sei, erhalten. Das Verfahren des Petrus ist zwar heimlich; daß aber auch die Frage jenes Jüngers an Jesus und Jesu Antwort heimlich sei, ist nicht gesagt und wäre widersinnig. Wäre das wirklich gemeint, so müßte doch mindestens gesagt sein, daß der Versuch des Petrus seinen Zweck verfehlte. In D.₂₈f. aber ist vorausgesetzt, daß niemand die Antwort gehört hat. Also muß in der Tat D.₂₈f. als Einfügung des Evglisten in seine Quelle gelten. Aber ebenso ist klar, daß er die Quelle auch sonst bearbeitet hat. Zweifellos stammt die Einführung des Wortes Jesu D.₂₁ von ihm (s. u.); ebenso hat er den in der Quelle nicht näher bezeichneten Jünger, der „an der Brust Jesu lag" als den, ὃν ἠγάπα ὁ Ἰησοῦς, charakterisiert D.₂₃[7]. In D.₂₇ geht das λέγει οὖν κτλ. wohl auf ihn zurück, da dieses Wort den Gedanken des bewußten Handelns Jesu in seiner Passion so stark zum Ausdruck bringt; ebenso wird er in D.₃₀ das ἦν δὲ νύξ hinzugefügt haben, das symbolischen Charakter hat. Außerdem mögen einzelne Wendungen wie das ἐκεῖνος D.₂₇.₃₀ (s. o.) oder das (freilich nicht ganz sicher bezeugte) οὕτως D.₂₅ auf ihn zurückgehen. Die Quelle berichtete wie die Synoptiker, daß Jesus bei einer Mahlzeit vorausgesagt hat,

---

    [1] So ist die Folge von 13₂₁-₃₀ auf 13₁-₂₀ aufzufassen. Loisy meint, daß in 13₁-₂₀ das Gesetz der Liebe, in 13₂₁-₃₀ die den Jüngern drohenden Verfolgungen und Bedrängnisse abgebildet werden. Aber in 13₂₁-₃₀ kommt ja das Böse nicht von außen, sondern aus der Gemeinde selbst.

    [2] Mk 14₁₈-₂₁ Mt 26₂₁-₂₅ Lk 22₂₁-₂₃; s. Gesch. der synopt. Trad. 284f.

    [3] Dabei ist es gleichgültig, ob etwa D.₂₇b: λέγει οὖν κτλ. die Einfügung des Evglisten in einen Quellenbericht ist, s. u.

    [4] S. S.157, 1. Zu τινὲς γὰρ ἐδόκουν vgl. 11₁₃.₃₁ 16₂ (20₁₅). Auch das Mißverständnis ist typisch joh. (s. S.89, 2). Die Jünger verstehen nicht eine Vokabel falsch (s. S.95, 2); sie verstehen das ποιεῖν (D.₂₇) vom innerweltlichen Handeln, während es in Wahrheit das Handeln einer überweltlichen, in Judas wirkenden, Macht ist. Zwar ist es teuflisches, nicht göttliches Handeln; aber auch jenes gehört zu dem gottgefügten Offenbarungsgeschehen, s. u. Dergleichbar sind 7₃₅f. 8₂₂.

    [5] Auch das τότε D.₂₇ (das freilich nicht sicher bezeugt ist) könnte vom Evglisten eingefügt sein, der es 8₂₈ 12₁₆ gebraucht. Indessen dürfte es 7₁₀ 11₆.₁₄ schon von den betr. Quellen geboten sein.

    [6] Ein Zeichen dafür, daß D.₃₀ aus einer Quelle stammt, ist vielleicht das εὐθύς; es begegnet bei Joh sonst nicht außer 19₃₄, was vermutlich Interpolation ist.

    [7] Darin dürften W. Soltau, ThStKr 1915, 375 und Hirsch (II 102) recht haben, wenngleich nicht in dem Urteil, daß der Zusatz auf den Red. zurückgeht.

einer seiner Jünger werde ihn verraten. Die Kennzeichnung des Judas als des Verräters, die in den Fassungen des Mk und Lk noch fehlt, hatte schon Mt in den alten Bericht hineingebracht, und zwar, indem er den Judas einfach fragen ließ: μήτι ἐγώ εἰμι ῥαββί; worauf Jesus antwortete: σὺ εἶπας. Viel geschickter verfährt die Quelle des Joh, indem sie aus dem ὁ ἐμβαπτόμενος μετ᾽ ἐμοῦ εἰς τὸ τρύβλιον (Mk 14 20), das ursprünglich wie das ὁ τρώγων μου τὸν ἄρτον V. 18 nur allgemein sagt: „ein Tischgenosse", eine Handlung herausspinnt, die den Verräter kennzeichnet. Auch das ist für die Quelle charakteristisch, daß sie den Verrat auf satanische Eingebung zurückführt. Eben dieser Zug aber machte den Quellenbericht für den Evglisten besonders geeignet; denn ihm kommt es nicht mehr, wie der alten Geschichte, in erster Linie auf die Kennzeichnung des Verräters an, sondern auf die Charakteristik seiner Tat.

Der Einsatz der neuen Szene ist in **V. 21** deutlich markiert[1], und die Bedeutsamkeit des Folgenden wird durch die Einführung des Wortes Jesu stark zum Bewußtsein gebracht: ἐταράχθη τῷ πνεύματι καὶ ἐμαρτύρησεν καὶ εἶπεν: Jesus redet als Prophet[2]. Einer aus dem um ihn versammelten Jüngerkreis wird ihn verraten[3]! Sein Wort ruft unter den Jüngern Ratlosigkeit hervor (**V. 22**): wer kann gemeint sein[4]? Aber keiner wagt direkt zu fragen, und Petrus — der hier natürlich wieder im Sinne der Anderen handelt — sucht es heimlich durch Vermittlung des Lieblingsjüngers, der seinen Platz Jesu zunächst hat[5], zu erfahren (**V. 23f.**)[6]. Dieser — eine rätselhafte Gestalt; denn bisher war von ihm nicht die Rede, und nirgends erfährt man, wer es eigentlich ist[7] — hat den Mut, Jesus zu fragen (**V. 25**)[8] und erhält die Antwort (**V. 26**), es sei derjenige, dem Jesus den nächsten Bissen geben wird[9]. Er gibt ihn dem Judas[10],

---

[1] Die Übergangswendung ταῦτα εἰπών wie 7 9 9 6 11 28. 43 18 1; vgl. 11 11.

[2] Zu ἐταρ. τ. πνεύμ. s. S. 310, 4, zu ἐμαρτ. s. S. 30, 5. — Das pneumatische Reden, nicht die seelische Erschütterung Jesu, wird charakterisiert; vgl. G. Bertram, Die Leidensgeschichte Jesu und der Christuskult 1922, 36.

[3] Die Worte stimmen genau mit Mk 14 18 überein, nur daß das ἀμήν doppelt gesetzt ist und daß (wie Mt 26 21) das ὁ ἐσθίων μετ᾽ ἐμοῦ fehlt.

[4] Hier weicht die Darstellung von der des Mk-Mt ab, nach welcher die Jünger ihrer selbst unsicher werden und fragen: μήτι ἐγώ; Vielmehr sucht wie Lk 22 23 jeder den Verräter unter den anderen.

[5] Vorausgesetzt ist die griechisch-römische Sitte des Zu-Tische-Liegens (s. Br.), die zur Zeit des NTs im palästinischen Judentum verbreitet war; s. G. Hölscher, Sanhedrin und Makkot (Ausgew. Mischnatraktate 6) 1910, 53, 7; Dalman, W. u. W. 297f.; Str.-B. IV 618 und vgl. bes. Plin. Ep. IV 22, 4: Cenabat Nerva cum paucis; Veiento proximus atque etiam in sinu recumbebat. — Über die Rangordnung beim Gastmahl s. Dalman, Jesus-Jeschua 106f. — Zur Coni. periphr. ἦν ἀνακ. s. S. 64, 4. — Daß ὃν ἠγάπα ὁ ᾽I. das vorzugsweise Lieben bezeichnet, macht der Zshg deutlich wie die anderen Stellen, an denen die Formel begegnet 19 26 21 7. 20; vgl. 20 2.

[6] Das νεύει zeigt, daß Petrus heimlich verfährt; das λέγει αὐτῷ ist also als Flüstern gedacht. Das εἰπὲ τίς ἐστιν bedeutet, wie V. 25 zeigt, er soll bei Jesus nachfragen, wer gemeint ist. Der mißverständliche Ausdruck ist in A D syr s und sonst korrigiert worden: νεύει οὖν τούτῳ Σ. Π. πυθέσθαι (bzw. πυνθάνεσθαι, Bl.-D. § 328) τίς ἂν εἴη.

[7] Jos. Martin, Symposion (Studien zur Gesch. und Kultur der Altert. XVII 1/2) 1931, 316 findet hier den Topos des „Liebespaares", der in der Symposienliteratur unter dem Einfluß Platons ausgebildet worden sei: „Jesus und Johannes werden durch den festausgebildeten Topos der beiden, die sich lieben, im letzten Abendmahl fest verankert." Unwahrscheinlich; wie es denn Phantasie des Verf.s ist, daß der Evglist unter dem Einfluß der Symposienliteratur ein „vollkommenes literarisches Symposion geschaffen" habe; s. u. S. 368, 9.

[8] Das οὕτως heißt wohl „dementsprechend", nicht „ohne Umstände" (vgl. 4 6 S. 129, 8 und 11 48). Es fehlt ℵ D λ al. Statt ἀναπεσών lesen ℵ* K D pm ἐπιπεσών. ℌ D al fügen dahinter οὖν ein.   [9] Ψωμίον vor Joh nur in Pap., s. Br.

[10] Die Benennung des Judas wie 6 71, s. S. 345, 6.

und dieser ist damit als der Verräter gekennzeichnet[1]. Aber nicht hieran haftet
die weitere Erzählung; sie biegt sozusagen ab, indem sich das Interesse auf die
Tat des Verrats als solche richtet. Diese wird (V. 27) doppelt charakterisiert: ein=
mal durch die Aussage, daß nach diesem Bissen der Satan von Judas Besitz er=
griff[2], sodann durch Jesu Aufforderung: „Was du tust, das tu alsbald[3]!" Durch
beides ist die Tat aus dem Bereich menschlichen, psychologisch=motivierten Handelns
hinausgehoben. Hier handelt nicht ein Mensch; hier handelt der Satan selbst,
der Gegenspieler Gottes und des Offenbarers. Und doch zeigt sich auch hier
die abgründige Nichtigkeit dieses Gegenspielers, dessen scheinhaftes Sein nur die
Empörung des Nichts ist[4]. Sofern sein Handeln in die Geschichte des Offenbarers
eingreift, ist es von diesem selbst angeordnet. Jesus gibt ihm gleichsam das Stich=
wort, indem er dem Judas jenen Bissen gibt[5] und ihn auffordert, ohne Säumen
seine Tat zu tun. Durch die Bemerkung über das Mißverständnis der Jünger
(V. 28f.) hat der Evglist den unbegreiflichen Charakter des Vorganges noch her=
vorgehoben[6].

Der Verräter ist nun aus dem Kreis der Jünger ausgeschieden; nachdem
er den Bissen empfangen hat, geht er hinaus (V. 30). Was er nun unternimmt,
wird nicht berichtet; denn historisch=novellistisches Interesse leitet den Erzähler
nicht. Erst 18₂₅, wo er für die Handlung notwendig ist, wird Judas wieder auf=
treten. Die Szene schließt mit der Zeitangabe: ἦν δὲ νύξ. Sie mag, wie I Kor 11₂₃
vermuten läßt, in der Tradition mit der Erzählung vom letzten Mahle Jesu ver=
bunden gewesen sein; sie hat aber für den Evglisten jedenfalls einen tieferen Sinn[7]:
sie soll andeuten, daß jetzt die Nacht gekommen ist, die Jesu irdischem Wirken ein
Ende setzt[8]. Aber indem die Nacht nun der Hintergrund des folgenden Gebetes
und der Abschiedsreden ist, wird noch einmal symbolisch dargestellt: τὸ φῶς ἐν
τῇ σκοτίᾳ φαίνει (1₅)[9].

---

[1] S. S. 367.

[2] Die Vorstellung von der Besessenheit durch teuflische Geister, die die Voraus=
setzung für die Formulierung ist, ist im Judentum und Heidentum verbreitet, s. Str.=B.
3. St.; Schl. zu Mt 12₄₅; Bousset, Rel. des Judent. 336—339; Br. z. St.; Cumont, Die
orientalischen Rel. im römischen Heidentum³ 1931, 139—141. 286—290; Bousset, AR 18
(1915), 134ff. — Das τότε (es fehlt ℵ D al lat ꞩꝩᷓ Orig.) braucht nicht einen Gegensatz
im Auge zu haben (etwa Lf 22₃ oder gar D.₂, s. S.353,3), sondern wird nur die Bedeut=
samkeit des Augenblicks hervorheben wollen: „Dies war der Augenblick, in dem ...!"

[3] Ὅ ποιεῖς ist praes. de con., vgl. D.₆; τάχιον wie Hb 13₂₃ und sonst = schnell;
s. Bl.=D. § 244, 1; Raderm. 70; Br. z. St. Der Sinn des Satzes ist also: „Was du tun
willst (mußt), das tu gleich. Vgl. Epikt. Diss. IV 9, 18: ποίει ἃ ποιεῖς.

[4] S. S. 243.

[5] „Es ist eine Art satanisches Sakrament, das Judas genießt" W. Wrede, Vor=
träge und Studien 1907, 136; vgl. dort überhaupt S.136f.

[6] S. S. 366, 4. Die Vorstellung, daß Judas die Kasse führt, wie 12₆ (s. S.318, 2).
Die Erwägung, daß Judas für das Fest einkaufen solle, setzt voraus, daß die Festzeit
noch nicht angebrochen ist; s. S. 353, o.

[7] Vgl. die Symbolik der Zeitangabe 10₂₂ (S.274f.).

[8] 9₄ 11₁₀ 12₃₅; vgl. auch Lf 22₅₃.

[9] Vgl. Howard 189: „Yet the paschal moon was shining at the full. He (Joh)
was thinking of the dark night of the soul." — Daß das ἦν δὲ νύξ eine „für den Schluß
oder die Bezeichnung der Dauer eines Symposions" typische Bemerkung sei, behauptet
Martin (s. S. 3₋7, 7), der auch den „dialogtechnischen Zweck" der Entfernung des Judas
hervorhebt und diese in Analogie stellt zu der Entfernung des Alexidemos in Plutarchs
Symposion. Dieser geht freilich vor der Mahlzeit, und zwar aus Ärger, weil er keinen
Ehrenplatz erhalten hat.

Zum erstenmal begegnete hier die Gestalt des Lieblingsjüngers, der mit der gleichen Charakteristik (ὅν ἠγάπα bzw. ἐφίλει ὁ 'Ι.) auch 19₂₆ am Kreuz neben der Mutter Jesu auftritt und 20₂-₁₀ in der Ostergeschichte neben Petrus. Auch 21₂₀-₂₃ erscheint er neben Petrus und wird 21₂₄ als der μαρτυρῶν περὶ τούτων καὶ ὁ (vl: ὁ καὶ) γράψας ταῦτα bezeichnet. Man pflegt ihn auch in dem ἄλλος μαθητής zu finden, der 18₁₅f. dem Petrus den Eingang in die αὐλή des Hohenpriesters ermöglicht als γνωστὸς τῷ ἀρχιερεῖ, und endlich findet man ihn in dem Zeugen am Kreuz 19₃₅, veranlaßt durch 21₂₄ und durch die Erwägung, daß außer dem 19₂₆ genannten Lieblingsjünger ja kein anderer unter dem Kreuz ausharrte[1].

Von diesen Stellen muß zunächst 18₁₅f. ausscheiden; denn durch nichts ist angedeutet, daß der ἄλλος μαθητής der Lieblingsjünger sei; und daß er neben Petrus auftritt, ist noch kein Beweis dafür. Ferner sind 19₃₅ als redaktionelle Glosse und Kap. 21 als redaktioneller Nachtrag für sich zu nehmen. Hier ist unter dem Lieblingsjünger eine bestimmte historische Gestalt verstanden, offenbar eine für den Kreis, der das Evg herausgibt, autoritative Gestalt, die der Autorität des Petrus an die Seite gestellt wird. Klar ist auch, daß die Redaktion in dem Lieblingsjünger den Verf. des Evg. sieht und daß sie ihn für einen Augenzeugen hält. Die Versuche, die hier gemeinte Gestalt zu identifizieren, sind zahllos; in der Regel sieht man in ihm den von Papias genannten „Presbyter" Johannes, der in der nachapostolischen Zeit in der Kirche Kleinasiens eine Rolle gespielt haben muß[2], — wobei noch offenbleibt, ob man der Auffassung der Red. zustimmt, daß dieser Presbyter der Verf. des Evg und daß er ein Augenzeuge gewesen sei[3].

Hat die Red. recht, so stellt sich der Evglist in der Gestalt des Lieblingsjüngers selbst dar und behauptet zugleich von sich, daß er ein Augenzeuge sei. Das Letztere ist jedenfalls ausgeschlossen; denn so gewiß sich der Evglist in den Kreis derer einschließt, die 1₁₄ das ἐθεασάμεθα sprechen[4], so wenig kann er ein Augenzeuge im Sinne historischer Augenzeugenschaft sein[5]; und daß er es gleichwohl habe behaupten wollen, ist unglaublich. Eher wäre verständlich, daß er sich in der Maske des Lieblingsjüngers als den Verf. des Evg darstellen will, — jedoch ohne daß er damit beansprucht, als ein Angehöriger des historischen Zwölferkreises zu gelten. Denn daß im Sinne des Evglisten der Lieblingsjünger eine bestimmte historische Gestalt sei, ist zu verneinen. Es wäre dann nicht verständlich, warum er nicht wie sonst den Namen des Jüngers nennt, sondern jene mysteriöse Charakteristik wählt[6]. Der Lieblingsjünger ist vielmehr eine Idealgestalt[6].

Für die genauere Interpretation ist von 19₂₆f. auszugehen. Wenn diese Szene, in der Jesus seine Mutter dem Lieblingsjünger als ihrem „Sohn" übergibt, symbolische Bedeutung hat — wie kaum zu bezweifeln ist —, so kann unter der Mutter, die, am Kreuze ausharrend, sich zum Gekreuzigten bekennt, doch nur das Judenchristentum verstanden werden[7]. Der Lieblingsjünger repräsentiert also das Heidenchristentum, — frei-

---

[1] Ihn mit einem der beiden zuerst berufenen Jünger (1₃₅ff.) zu identifizieren, besteht kein Recht; s. S. 70, 8.   [2] Papias bei Eus. h. e. III 39, 3—8.

[3] Aus der Fülle der Literatur s. Br., Exkurs zu 13₂₃; A. Jülicher, Einleitung in das NT⁷ 390—423; bes. W. Heitmüller, ZNTW 15 (1914), 189—209. Neuerdings Omodeo, Mistica 169—192; Hirsch II 130—190.

[4] S. S. 45f.; in diesem Sinne ist auch I Joh 1₁ zu verstehen.

[5] Die oft genannten Gründe dafür anzuführen, ist überflüssig; vgl. die Anm. 3 genannte Literatur. Es genügt der Hinweis auf die Art, wie der Evglist mit der Überlieferung schaltet, die aus der ganzen Interpretation des Evgs deutlich wird.

[6] M. Dibelius (Festg. für Ad. Deißmann 179f.): Der Lieblingsjünger ist für den Evglisten der „Typus der Jüngerschaft in seinem Sinne", das „Urbild einer Jüngerschaft, die aus Offenbarungsempfängern Offenbarungsträger macht". So ist er nach Loisy der Typus des vollkommenen Gnostikers und geistigen Zeugen Jesu. Vgl. Omodeo, Mistica 65: der Lieblingsjünger ist la figura esoterico-misterica che deve giustificare nella sua pienezza la rivelazione e l'interpretazione nuova della vita di Gesù."

[7] Der Evglist konnte am Kreuz nicht wie sonst den Lieblingsjünger neben Petrus auftreten lassen, da er nicht im Widerspruch zur Tradition Petrus unter dem Kreuz erscheinen lassen konnte.

lich nicht hinsichtlich seiner völkischen Eigenschaft, sondern sofern es das eigentliche, zu seinem echten Selbstverständnis gelangte Christentum ist[1]. Das Selbstbewußtsein dieses von den jüdischen Bindungen freien Christentums zeigt sich in den beiden Szenen 13 21-30 20 2-10, wo der Lieblingsjünger neben Petrus, dem Repräsentanten des Juden=christentums, erscheint. Er und nicht Petrus ist es, der an der Brust Jesu liegt und Jesu Meinung ermitteln kann. Und in eigentümlicher Weise wird 20 2-10 das Verhältnis von Juden= und Heidenchristentum dargestellt, deren jedes in seiner Weise — eben in verschiedenem Sinne — den Anspruch erhebt und erheben kann, dem anderen „voraus" zu sein. So ist auch verständlich, daß der Lieblingsjünger keinen Namen erhält und mit keinem der historischen Jünger identifiziert werden kann. Er ist ein Eindringling in ihren Kreis, und er gehört doch zu ihnen. Will sich der Evglist selbst in dieser Gestalt darstellen? In gewisser Weise wohl, sofern er eben in sich das Selbstbewußtsein und Überlegenheits=gefühl des freien Heidenchristentums trägt. Aber nicht seine Person, sondern seine Sache wird durch den Lieblingsjünger repräsentiert.

In der Darstellung des letzten Mahles Jesu ist die Mahlzeit selbst nur Anlaß für Jesu symbolische Handlung und für seine Worte, zumal die Weissagung des Verrates. Die Mahlzeit selbst spielt keine Rolle, und damit ist gegeben, daß ein Bericht über die Einsetzung des Herrenmahles fehlt. Das scheint das Urteil zu begründen: „Es stellt wohl die größte Rücksichtslosigkeit dar, die Joh seinen um die synoptische Überlieferung besorgten Lesern gegenüber sich erlaubt hat, daß er jede Anspielung auf das Abendmahl unterläßt[2]." Wie wäre diese Rücksichtslosigkeit zu verstehen? Die apo=logetische Auskunft, Joh „ergänze" nur die Synoptiker und könne den Bericht vom Herren=mahl übergehen als seinen Lesern hinreichend bekannt, ist fadenscheinig. Kennen denn die Leser nicht auch die Geschichten von der Weissagung des Verrates und von der Ver=leugnung des Petrus[3]? Die Darstellung des Joh ist in sich geschlossen, und an keinem Ort wäre ein Platz für das Herrenmahl, das, wenn es überhaupt als Bestandteil des Abschiedsmahles gedacht ist, dann auch sein Höhepunkt sein muß[4]. Auch die Auskunft, daß der Evglist das Herrenmahl aus Gründen der Arkandisziplin verschweigt, ist nicht möglich[5].

Aber liegt denn wirklich jene Rücksichtslosigkeit vor? Unterläßt der Evglist wirklich jede Anspielung auf das Abendmahl? Keineswegs! Das Urteil, daß Joh eine von Jesus bei der letzten Mahlzeit vorgenommene Stiftung der Eucharistie nicht anerkannte[6],

---

[1] Unter den Begriff des Heidenchristentums fällt also auch das paulinische Christen=tum; und wenn schon auf eine historische Gestalt geraten werden sollte, die dem Evglisten dieses freie Christentum repräsentiert, so ist Bacons Ansicht: Paulus sei gemeint, sachlich die beste. Sie ist freilich unmöglich, da die joh. Theologie und Begrifflichkeit (bei aller sachlichen theologischen Verwandtschaft) keine historischen Beziehungen zur paulinischen hat und in ihr der Auseinandersetzung mit dem Judentum in völlig anderer Weise voll=zogen wird als bei Paulus (s. z. B. πίστις im T. WB). Wie Paulus ist der Evglist selbst „Heidenchrist" in diesem Sinne, auch wenn er von Geburt her Jude gewesen sein sollte, was seine Sprache sehr wahrscheinlich macht.

[2] Windisch, Joh. und die Synoptiker 72. Dort 70—79 ausführliche Diskussion des Problems.

[3] Mit Recht Windisch a. a. O. gegen die Ergänzungstheorie. Sie hat den komischen Streit zur Folge, an welcher Stelle des joh. Berichtes man sich das Herrenmahl eingefügt denken müsse. Über die protestantische Diskussion s. B. Weiß 394 f., über die katholische Tillmann 246.

[4] An sich wäre es natürlich möglich, daß ein Stück des ursprünglichen Textes ver=loren gegangen wäre. Aber diese Annahme ist schon dadurch unmöglich gemacht, daß das Gebet Jesu der Ersatz für das Herrenmahl ist, s. o. im Text.

[5] S. S. 360, 4.

[6] Windisch a. a. O. 74. Er erwägt daneben die Möglichkeit, daß die joh. Kritik sagen wolle: die Eucharistie sei nicht beim letzten Mahle, sondern bei der wunderbaren Speisung eingesetzt worden. — Alb. Schweitzer (Die Mystik des Apostels Paulus 354 f.) nimmt Korrektur des synoptischen Berichtes durch Joh an: da der Geist, der den Ele=

geht wohl zu weit. Richtig aber ist, daß er an Stelle des Herrenmahles das „hohepriester=
liche" Gebet Jesu bringt, und zwar mit unverkennbarer Beziehung auf das Sakrament
der Eucharistie. Wie er schon in Kap. 6 in der Rede vom Lebensbrot den Gewinn des
Lebens, den primitive Anschauung an das Sakrament knüpfte, als Frucht des Glaubens
an Jesus als das Wort der Offenbarung dargestellt hatte, so läßt er jetzt an Stelle des
Sakramentes das Gebet Jesu treten. Die für das Herrenmahl charakteristischen Gedanken,
daß im Opfertode Jesu für die Seinen die Gemeinde gegründet und mit ihm (durch den
Genuß von Leib und Blut) zu geheimnisvoller Gemeinschaft verbunden ist und daß
diese Gemeinde der „neue Bund" ist, sind in diesem Gebet und in der damit eng ver=
bundenen Rede aufgenommen und umgewandelt. Im Tode Jesu als der ὥρα seines
δοξασθῆναι ist die Gemeinschaft der Seinen mit ihm und untereinander als heilige Ge=
meinde gegründet durch ihn, der sich für sie (ὑπὲρ αὐτῶν! 17₁₉) „geheiligt" hat. Und
diese Gemeinde ist wie durch ihre Erkenntnis und ihren Glauben, so auch durch die Liebe
mit ihm verbunden und durch diese auch untereinander; die Liebe aber ist der Inhalt
der καινὴ ἐντολή, — dieses die Entsprechung der καινὴ διαθήκη[1]. Damit dürfte der
Evglist nicht gegen das kirchliche Sakrament polemisiert haben; er wird es hinnehmen
wie das Sakrament der Taufe[2]. Aber als sakramentale Handlung ist es ihm gleichgültig,
ja gar bedenklich, und seine Darstellung gibt nur das, was als sein eigentlicher Sinn
gelten kann[3].

b) (13₁) 17₁₋₂₆: Das Abschiedsgebet.
α) Die Einführung: 13₁[4].

Mit dem ὅτε οὖν ἐξῆλθεν (13₃₁) ist die äußere Szene gleichsam versunken,
und nur die Situation des Abschieds als solche ist gegenwärtig. Sie ist bewegt
von der λύπη und ταραχή derer, von denen der Offenbarer Abschied nimmt;
aber diese λύπη und ταραχή wird sehr viel weniger direkt sichtbar in den Worten
derer, die davon erfüllt sind, als vielmehr indirekt in den Worten des scheidenden
Offenbarers, die in sie hinein gesprochen sind. Denn es ist nicht eine Abschieds=
szene, in der beide Seiten in gleicher Weise bewegt sind; vielmehr er, der Abschied=
nehmende, beherrscht die Situation. Und seine beherrschende Gestalt wird zum
Eingang charakterisiert durch das εἰδώς ... und ἀγαπήσας ...

Jesus ist der vollkommene Gnostiker, der um sein Woher und Wohin weiß[5],
für den das Kommen in diese Welt und das Gehen aus ihr nicht rätselhaftes,
unbegreifliches Schicksal ist. Er kennt auch die Stunde seines Fortganges[6] und weiß,

---

menten des Mahles ihre Unsterblichkeitskraft gibt, erst nach Tod und Auferstehung Jesu
wirksam wird, so kann Jesus unmöglich beim letzten Mahl Brot und Wein als seinen Leib
und sein Blut gespendet haben. Ähnlich Loisy (Conₜr. d'Hist. du Christ. I 79): der
irdisch anwesende Christus kann sich nicht selbst zum Genuß austeilen.
[1] Die Entsprechung von καινὴ ἐντολή und καινὴ διαθήκη ist von Windisch a. a. O. 73
richtig beobachtet worden. Die Rede vom Weinstock aber ist nicht durch den Weintrunk
der Eucharistie veranlaßt, s. u.
[2] S. S. 3₋0.
[3] Es ist möglich, daß sich der Evglist nicht nur an den aus I Kor 11₂₄f. Mk 14₂₂₋₂₄ parr.
bekannten Stiftungsworten orientierte, sondern auch an mit der Feier verbundenen
liturgischen Gebeten. A. Greiff (Das älteste Pascharituale der Kirche Did. 1—10
und das Johannesevg 1929) weist auf folgende Berührungen zwischen Joh 17 und Did 10
hin: die Anrede „heiliger Vater" Did 10, 2 — Joh 17₁₁; der Dank für den heiligen Namen
10₂—17₆. ₂₆; die Bewahrung vor dem Bösen 10₅—17₁₁. ₁₅; die Heiligung der Seinen
10₅—17₁₁; die Vollendung in der Liebe 10₅—17₂₂.
[4] Die Interpretation folgt dem S. 3₋1 rekonstruierten Text.
[5] S. S. 102, 1. 210f. 354. Natürlich hat das εἰδώς keinen apologetischen Sinn,
wie Ammonius Cord. Cat. 331 (bei Br.) meint.
[6] Zu ὥρα ἵνα s. S. 324, 5.

daß sie jetzt gekommen ist[1]. Was jetzt geschieht, ist also kein zufälliges oder tragisches Geschehen und hat Grund und Sinn nicht in menschlichen Plänen und Entschlüssen. Jesus wählt nicht wie etwa ein Heros die rechte Stunde, um in den Tod zu gehen[2]. Es vollzieht sich in seinem Schicksal das Geschehen der Offenbarung.

War diese $\overset{?}{\omega}\varrho\alpha$ 12₂₃ als die des $\delta o\xi\alpha\sigma\vartheta\tilde{\eta}\nu\alpha\iota$ bezeichnet, so hier rein formal als die des $\mu\varepsilon\tau\alpha\beta\tilde{\eta}\nu\alpha\iota$ $\dot{\varepsilon}\varkappa$ $\tau o\tilde{v}$ $\varkappa\acute{o}\sigma\mu ov$ $\tauo\acute{v}\tauov$[3]. Denn hier wird die $\overset{?}{\omega}\varrho\alpha$ zum Thema gemacht in ihrer Bedeutsamkeit, die sie für die Jünger hat. Für sie ist sie zunächst die Stunde, da er geht; daß dieses $\mu\varepsilon\tau\alpha\beta\tilde{\eta}\nu\alpha\iota$ zugleich ein $\delta o\xi\alpha\sigma\vartheta\tilde{\eta}\nu\alpha\iota$ ist, müssen sie erst lernen. Daß sein $\mu\varepsilon\tau\alpha\beta\tilde{\eta}\nu\alpha\iota$ nicht nur Ende, sondern zugleich Vollendung seines Werkes ist, wird dem Leser aber sogleich zum Bewußtsein gebracht: $\dot{\alpha}\gamma\alpha\pi\acute{\eta}\sigma\alpha\varsigma$ $\varepsilon\dot{\iota}\varsigma$ $\tau\acute{\varepsilon}\lambda o\varsigma$: bis zum Ende, und d. h. zugleich bis zur Vollendung[4], erwies er ihnen seine Liebe. Natürlich ist das keine biographische Notiz, als solle Jesu Heroismus dadurch charakterisiert werden, daß er den Seinen „bis zum letzten Atemzuge" treu war; sondern es will sagen, daß auch das Ende selbst nichts anderes ist als eine Tat der Liebe, ja das notwendige Ende, in dem das begonnene Liebeswirken seine Vollendung erfährt.

Sein Werk, das Werk des Offenbarers, das 3₁₆ auf die Liebe des Vaters zur Welt zurückgeführt war, wird hier zum erstenmal ausdrücklich als Ganzes durch $\dot{\alpha}\gamma\alpha\pi\tilde{\alpha}\nu$ charakterisiert[5], und zum erstenmal werden als Objekt dieses $\dot{\alpha}\gamma\alpha\pi\tilde{\alpha}\nu$ ausdrücklich die $\check{\iota}\delta\iota o\iota$ genannt. In Kap. 3—12 war Jesu Wirken als Kampf mit der Welt und als $\varkappa\varrho\acute{\iota}\sigma\iota\varsigma$ geschildert, und die $\varkappa\varrho\acute{\iota}\sigma\iota\varsigma$ war wesentlich als Gericht deutlich geworden. Doch war in der letzten großen Rede vor dem Volk Kap. 10 der Sinn seines Wirkens als ein auf die $\check{\iota}\delta\iota o\iota$ gerichtetes $\dot{\alpha}\gamma\alpha\pi\tilde{\alpha}\nu$ im Bilde erkennbar geworden; und am Schluß des öffentlichen Wirkens hatte sich die definitive Scheidung vollzogen, auf Grund deren sich ein enger Jüngerkreis um Jesus zusammenschloß (6₆₀₋₇₁)[6]. Aber erst vom Ende her fällt das volle Licht auf das ganze Wirken: es war im Grunde nichts als ein $\dot{\alpha}\gamma\alpha\pi\tilde{\alpha}\nu$ $\tauo\grave{v}\varsigma$ $\check{\iota}\delta\acute{\iota}ov\varsigma$. Dieses $\dot{\alpha}\gamma\alpha\pi\tilde{\alpha}\nu$ gelangt jetzt im Gebet und in den Abschiedsreden zu entfalteter Darstellung, in der alles, was bisher $\pi\alpha\varrho o\iota\mu\acute{\iota}\alpha$ war, in $\pi\alpha\varrho\varrho\eta\sigma\acute{\iota}\alpha$ deutlich werden soll (16₂₉); nur noch gelegentlich klingt das Gerichtsmotiv 13₃₃ an in der Erinnerung, daß jenes „Zu spät" (7₃₃ f. 8₂₁ f. 12₃₅ f.) jetzt Wirklichkeit wird.

---

[1] S. S. 324; über die sachliche Gleichzeitigkeit von 12₂₃ 13₃₁ 17₁ s. S. 324, 5. — Daß mit 13₁ die dritte Epoche beginnt, während die beiden ersten Epochen mit Kap. 2 (s. 2₄!) und Kap. 7 (s. 7₆. ₈) mit der Konstatierung beginnen, daß die Stunde noch nicht da ist (Ho.), ist schwerlich richtig; denn Kap. 2 bedeutet nicht den Beginn einer Epoche; und Kap. 7 ist kein stärkerer Einschnitt als 4₄₃ und 10₄₀. — Ebensowenig ist einleuchtend, daß sich 13₁ an Lk 9₅₁ (Goguel, I. trod. II 225, 2) oder an Lk 22₁₄ (Loisy) anlehne.

[2] Vgl. als Gegenbild etwa den Ödipus in Sophokles Oed. Col.

[3] Das $\mu\varepsilon\tau\alpha\beta\tilde{\eta}\nu\alpha\iota$ $\dot{\varepsilon}\varkappa$ τ. $\varkappa\acute{o}\sigma\mu ov$ hat nicht den einfachen Sinn von „sterben" wie in den rabbinischen Stellen bei Str.-B. und Schl., in denen es charakteristischerweise auch nicht heißt: aus dieser Welt. Es ist die Terminologie des gnostischen Mythos und ist in seiner Korrelation zu seinem „Kommen" (s. S. 224, 4) zu verstehen; s. S. 232, 2. Zu $\dot{\varepsilon}\varkappa$ τ. $\varkappa$. $\tauo\acute{v}\tauov$ s. S. 258, 3.

[4] $E\dot{\iota}\varsigma$ $\tau\acute{\varepsilon}\lambda o\varsigma$ heißt hier jedenfalls nicht wie Lk 18₅ usw. „am Ende", „schließlich"; auch nicht wie Ψ 9₁₉ usw. „für immer", sondern „bis zum Ende", „bis zuletzt" wie Mk 13₁₃ usw. (vgl. $\check{\alpha}\chi\varrho\iota$ $\tau\acute{\varepsilon}\lambda o\varsigma$ Apk 2₂₆). Aber wie oft (z. B. 1 Th 2₁₆ PsSal 1₁) kann das den Sinn gewinnen „bis zum äußersten", „bis zur Vollendung" (s. Br.); nach Bl.-D. S. 302 ist „völlig", „ganz und gar" die „hell. weitaus häufigste Bedeutung".

[5] Das $\dot{\alpha}\gamma\alpha\pi\tilde{\alpha}\nu$ bzw. $\varphi\iota\lambda\varepsilon\tilde{\iota}\nu$ 11₃. ₅. ₃₆ hat keinen grundsätzlichen Sinn; s. M. Dibelius, Festg. für Ad. Deißmann 181.

[6] S. S. 340 ff.

Wer die ἴδιοι sind, braucht nach Kap. 10 nicht mehr ausgeführt zu werden[1]. Es sind die Seinen (10₁₄), die ihm der Vater gegeben hat (10₂₉). Und wenn sie der Gegenstand seiner Liebe sind, während nach 3₁₆ der κόσμος das Objekt der Liebe des Vaters ist, so ist diese Differenzierung kein Widerspruch, sondern sachgemäß. Natürlich richtet sich die Liebe des Sohnes wie die des Vaters werbend auf die ganze Welt; aber diese Liebe kommt zur Verwirklichung nur dort, wo sich der Mensch ihr erschließt. Und von dem Kreise derer, die sich ihr erschlossen haben, ist jetzt die Rede[2]. In der äußeren Situation wird dieser Kreis durch die Zwölf (Elf) repräsentiert; aber eben indem hier nicht von den μαθηταί, sondern von den ἴδιοι die Rede ist, wird deutlich, daß jene die Repräsentanten der Glaubenden überhaupt sind[3], und zugleich, daß diese unter dem Gesichtspunkt der wesenhaft zum Offenbarer Gehörigen gesehen werden, deren Zugehörigkeit zu ihm nicht im Zeitlichen, sondern im Ewigen gegründet ist[4].

Indem nun aber die ἴδιοι als die ἐν τῷ κόσμῳ charakterisiert werden[5], wird der Sinn der Situation erst in vollem Umfang deutlich: ihm, der die Welt verläßt, stehen sie gegenüber als die, die noch in der Welt bleiben. Er läßt sie zurück in der Welt[6], und so geraten sie, die doch niemand aus seiner Hand soll reißen können (10₂₈), in eine eigentümliche Distanz zu ihm. Und doch soll gerade durch diesen Abschied, der die Distanz schafft, sein ἀγαπᾶν erst zur Vollendung gebracht werden!

Damit ist das Thema des Folgenden gewonnen, des Gebetes wie der Abschiedsreden. Es ist das Thema, das schon 12₂₀₋₃₃ präludiert war, das Problem des Abschieds des Offenbarers, das Problem der Distanz, die Frage nach der Beziehung der Glaubenden zum Offenbarer, nachdem die direkte persönliche Beziehung aufgehört hat. Das Thema ist also die Indirektheit der Offenbarung[7].

Speziell aber ist mit 13₁ das Gebet Kap. 17 eingeleitet und charakterisiert als Abschiedsgebet und als Akt des ἀγαπᾶν. Ein Gebet der Liebe ist es sowohl als Bitte um die Verwirklichung der δόξα des Offenbarers (V.1-5), wie als Fürbitte für die Gemeinde (V.6-26)[8].

---

[1] Unbegreiflich, wie Merx wegen syr⁸ τὰ ἴδια lesen will, was sich auf 1₁₁ zurückbeziehe: Jesus verläßt jetzt sein Eigentum, die Welt, wieder, nachdem er es zum äußersten geliebt und für die Welt eine Erlösung gestiftet hat. Aber unter τὰ ἴδια 1₁₁ sind die Menschen schlechthin verstanden, auf die der Logos als Schöpfer seinen Anspruch als auf sein Eigentum erheben kann (s. S. 34), während die ἴδιοι von 13₁ die Seinen im Sinne von Kap. 10 sind.

[2] M. Dibelius (Festg. für Ad. Deißmann 173—179) hat darin recht, daß durch ἀγαπᾶν nicht die „ethische" Haltung, sondern die Selbstmitteilung bezeichnet wird. Es wäre nur deutlicher zu sagen, daß der Sinn des ἀγ. nicht am Subj., sondern am Werk orientiert ist. Es verhält sich mit ἀγ. wie mit ζωὴν διδόναι; der Offenbarer „gibt" der Welt das Leben (6₃₃), und er „gibt" es doch nur den Seinen, die es empfangen (10₂₈).

[3] S. S. 349. 360.   [4] S. S. 284f. 349, 3.

[5] Schl.s Parallelen aus der rabbinischen Literatur sind falsch. In all den Wendungen: πάντα τὰ ἔθνη τὰ ἐν τῷ κόσμῳ, πᾶς μαμωνᾶς ὁ ἐν τῷ κόσμῳ usw. dient das ἐν τῷ κόσμῳ nur der Verstärkung des Begriffes πᾶς. Joh 13₁ aber hat es den durch die Abschiedssituation bestimmten antithetischen Sinn.

[6] Das Motiv ist durchgehends betont: 17₁₁f. 15₁₈f. 16₂₈ff. 14₁ff.

[7] Richtig Schl., Der Glaube im NT⁴ 185f.: „Dadurch, daß uns Joh Jesu Wort an die Jünger nur in der Form der Abschiedsreden gibt, ... hat er scharf beleuchtet, wo für ihn die wichtigste Glaubensfrage entsteht, dadurch nämlich, daß die Gemeinde von Jesus geschieden ist und an den ihr Unbekannten und Unsichtbaren zu glauben hat."

[8] Seit David Chytraeus (1531—1600), der das Gebet als praecatio summi sacerdotis bezeichnet, pflegt man es das „hohepriesterliche" Gebet zu nennen.

Dem Gebet ist, wie den Reden, ein Text aus den „Offenbarungsreden" zugrunde gelegt. Einige kommentierende und erweiternde Zusätze des Evglisten lassen sich leicht abheben; anderes bleibt unsicher[1]. Das Gebet gehört zu dem Typus der Gebete des aus der Welt scheidenden Gesandten, wie sie in verschiedenen Variationen aus der gnostischen Literatur bekannt sind[2].

β) Die Bitte um Verherrlichung: 17₁₋₅.

Die Gebetsworte sind eingeleitet (V. 1) durch die Angabe der feierlichen Gebetshaltung: ἐπάρας τοὺς ὀφθαλμοὺς αὐτοῦ εἰς τὸν οὐρανόν[3], in der der Offenbarer zum letztenmal in rein menschlicher Haltung erscheint; denn nach dem νῦν ἐδοξάσθη 13₃₁, das die Erhörung des Gebetes ausspricht, ist alles Menschliche von ihm abgetan, und nicht nur in den folgenden Reden redet er als der δοξασθείς, sondern als solcher bewegt er sich auch in dem Geschehen der Passion.

πάτερ, ἐλήλυθεν ἡ ὥρα[4].
δόξασόν σου τὸν υἱόν,
        ἵνα ὁ υἱὸς δοξάσῃ σέ.

Die Gebetsanrede ist das einfache πάτερ, der Gottesbezeichnung entsprechend, die durchweg das Verhältnis Gottes zum Offenbarer charakterisierte. Es ist aber ja auch die übliche Gebetsanrede der Glaubenden, und äußerlich ist kein Unterschied sichtbar[5]. Wie die Gebetshaltung, so hält also auch die Anrede die Paradoxie fest, daß der Offenbarer, gerade um seine Vollendung als Offenbarer zu gewinnen, sich in den Schranken des Menschlichen hält.

Die entscheidende Stunde ist da[6]. Damit sie ihren Sinn erfülle, muß sie zur Stunde der Verherrlichung (12₂₃) werden; und das ist die erste Bitte des Gebetes, ja im Grunde sein ganzer Inhalt. So wird sie zur eschatologischen Stunde, in der die Wende der Zeiten erfolgt[7]. Die Bitte δόξασον erhält eine erste Motivierung: ἵνα ... δοξάσῃ σε, und so wird gleich die Einheit der δόξα des Vaters und des Sohnes deutlich: eine ist nicht ohne die andere[8]. Das End-

---

[1] Jedenfalls ist das Gebet nicht einfach ein „schriftstellerisches Produkt" des Evglisten (Br.).

[2] ZNTW 24 (1925), 130 f., dazu noch Joh. B. 236—239; C. Herm. 1, 29—32 und der manichäische Text T. II D 173 a[2] (Reitzenst., J.C.R. 37). Ferner Exk. zu Joh 17 bei Br.; Bornkamm, Myth. und Leg. 39, 1. Einzelnachweise im Folgenden. — Der Charakter des Abschiedsgebetes ist verkannt, wenn T. Arvedson, Das Mysterium Christi 1937, 132 es in Analogie zu Dankgebeten stellt, die die Inthronisation des Königs bzw. des Weltherrschers begleiten.

[3] S. S. 311, 7. — Die Variante ἐπῆρε ... καὶ εἶπεν (K) ist gleichgültig.

[4] Die erste Zeile ist den folgenden, die (in der Quelle) im Parall. membr. verlaufen, vorangestellt; vgl. 6₃₅ (S. 168).   [5] Anders 20₁₇.

[6] Über das Verhältnis von 12₂₃ 13₃₁ 17₁ s. S. 324, 5. — Hier wie im Folgenden haben Gebet und Abschiedsreden als Vorbild für Hölderlins Empedokles gedient. Dgl. Hölderlin, Sämtliche Werke, hrsg. von v. Hellingrath III 162, 3 f.: „Näher tritt und näher meine Stund'."

[7] Die δόξα ist das Attribut der eschatologischen Offenbarung des Messias und der Heilszeit, vgl. Mk 8₃₈ 13₂₆ Mt 19₂₈ 25₃₁ Röm 8₁₈ I Th 2₁₂ usw. Ebenso gehört aber die Verherrlichung des Gesandten zu der eschatologischen Zeitenwende des gnostischen Mythos; s. S. 330 f. Gewänder des Glanzes werden dem emporsteigenden Erlöser (bzw. der mit ihm gleichgesetzten Einzelseele) verliehen (Mand. Lit. 226, 5; Ginza 524, 8; 562, 20 f.), er wird in Licht gekleidet (OdSal 21₃; vgl. 10₁ff. 25₇f.) und erscheint als leuchtender Stern (Schlier, Relig. Unters. 28 ff.). Dgl. auch den Schluß des Perlenliedes Act. Thom. 112 f. p. 223, 9 ff. Die Bitte um Verherrlichung: Mand. Lit. 208 s. S. 382, 2; s. ferner S. 375, 1.

[8] S. S. 329.

ziel ist die δόξα des Vaters, der die des Sohnes zu dienen hat; entsprechend kann aber auch die δόξα des Vaters nur verwirklicht werden, wenn der Sohn δόξα erhält.

Worin aber besteht die Verherrlichung des Sohnes? Soweit sich die Interpretation zunächst am Mythos orientiert, in dessen Sprache geredet wird, vollzieht sich das δοξασθῆναι Jesu darin, daß er die Erde verläßt und in die himmlische Existenzweise zurückkehrt, deren Wesen eben δόξα ist[1]. Schon für den Mythos bedeutet aber diese δόξα nicht nur die Substanz und Erscheinungsweise himmlischen Seins, sondern zugleich die göttliche Macht des Wirkens[2]. Jesu δοξασθῆναι heißt also zugleich, daß er mit Macht ausgestattet wird, zur Wirksamkeit gelangt. Endlich aber ist δόξα „Ehre" und kann δοξάζειν „ehren" heißen[3], sodaß Jesu δοξασθῆναι zugleich seine Anerkennung bedeutet, sein Geehrtwerden, das ihm bisher versagt war[4].

Was aber bedeutet im Zshg des Evgs Jesu Erhöhung in die himmlische Existenzweise, sein Wirken und seine Ehre? Sein Wirken besteht, wie V.₂ interpretiert wird, darin, daß er den Seinen ewiges Leben zu schenken vermag; der δοξασθείς ist also der in seiner Gemeinde Wirkende. Und zwar ist er das nicht anders denn als der Offenbarer; denn das Leben, das er schenkt, ist nach V.₃ nichts anderes als die Erkenntnis Gottes und seiner selbst als des Offenbarers. Er ist also dort der Wirkende, wo er als der Offenbarer anerkannt und geehrt ist. Seine δόξα ist also zugleich seine Ehre. Durch seine δόξα ist er also als der wirkende und anerkannte Offenbarungsträger bezeichnet, und eben deshalb ist er zugleich der Himmlische[5]; denn eben deshalb gehören seine und des Vaters δόξα untrennbar zusammen[6]. Wenn er den Vater offenbart, so bringt er ihn zu Ehre und Wirksamkeit, so verherrlicht er ihn. Und wenn der Vater verherrlicht wird, so erhält der Sohn δόξα als der Träger der Offenbarung, der der einzige Weg zum Vater ist. Beides läßt sich nicht trennen, wo der Gedanke der Offenbarung echt erfaßt ist. Die δόξα des Gesandten kann gar nicht da sein, wo nicht eben damit auch die δόξα des Vaters ist, und umgekehrt.

Das heißt aber: Jesu δόξα ist nicht ein Vorhandenes, eine metaphysische Qualität, die außerhalb der Offenbarung und des Glaubens sichtbar wäre, die theoretisch in einem christologischen Dogma anerkannt werden könnte, sondern sie vollzieht sich in seinem Wirken als Offenbarer und in der diesem Wirken

---

[1] Δόξα als das Wesen der himmlischen Welt V.₅ ₂₄ Lk 24₂₆ usw. — Daß Jesu δοξασθῆναι zunächst sein Hinaufstieg in die himmlische Welt ist, zeigt der Wechsel mit ὑψωθῆναι 3₁₄ usw., s. S.110, 2; s. auch S.232, 2. — Zur δόξα des aufsteigenden Erlösers s. Schlier, Relig. Unters. 14. 17. 22f. und vgl. I Tim 3₁₆: ἀνελήμφθη ἐν δόξῃ; Act. Thom. 156 p. 265, 5: ἀνῆλθες μετὰ πολλῆς δόξης.

[2] S. S.44, 1.

[3] S. S.202, 3; 227, 2. Vgl. I Reg 2₃₀: τοὺς δοξάζοντάς με δοξάσω, καὶ ὁ ἐξουθενῶν με ἀτιμωθήσεται und die zu Joh 17₁. ₅ öfter angeführte formale Parallele Pap. Graec. Mag. VII 502ff.: κυρία Ἶσις, ... δόξασόν με, ὡς ἐδόξασα τὸ ὄνομα τοῦ υἱοῦ σου Ὥρος. Der Sinn von δοξάζειν dürfte hier schwanken zwischen „ehren" und „mit (Wunder-)Kraft ausstatten". Vgl. ferner in der Jsis-Inschrift von Kyme Z.40: οὐθεὶς δοξάζεται ἄνευ τῆς ἐμῆς γνώμης (W. Peek, Der Jsishymnus von Andros 1930, 124). Über δοξάζειν = preisen, am Schluß von Wundergeschichten s. E. G. Gulin, Die Freude im NT I, 1932, 100, 1. Über die δόξα-Afflamation (vermutlich syrischen Ursprungs) s. E. Peterson, ΕΙΣ ΘΕΟΣ 1926, 224ff. 323. 324f.   [4] 8₄₉f. ₅₄; s. S.225f.

[5] Vgl. I Tim 3₁₆ neben ἀνελήμφθη ἐν δόξῃ: ἐπιστεύθη ἐν κόσμῳ.

[6] S. 5₂₃ (S.192); 12₂₈ (S.329). Vgl. auch OdSal 10₄:
„Ich ward stark und gewaltig und nahm die Welt gefangen.
Das ward (von) mir (getan) zur Ehre des Höchsten, Gottes, meines Vaters."

korrespondierenden Haltung der Menschen innerhalb der Geschichte. Darin, daß die Geschichte durch sein Wirken die Möglichkeit des Glaubens (und Unglaubens) und damit des Lebens (und des Todes) erhalten hat, besteht seine δόξα. Sein Wirken nimmt nicht mit seinem irdischen Leben ein Ende, sondern beginnt gerade mit ihm im eigentlichen Sinne. Er hat nicht Lehren, nicht Ideen gebracht, die unabhängig von ihm Gemeingut der Geschichte nach ihm geworden sind und hinter denen er verschwindet. Er ist „verherrlicht", d. h. er ist zum eschatologischen Ereignis geworden, über das die Geschichte nicht hinauskommt, sondern das das Ende für alle Geschichte bedeutet. In seiner Anerkennung oder Verwerfung entscheidet sich für alle Geschichte, ob sie Leben oder Tod ist.

Die ὥρα des Scheidens ist die Stunde des δοξασθῆναι. Aber wenn es so ist, wenn Jesus jetzt bittet: δόξασόν σου τὸν υἱόν und wenn er nach V. 5 die δόξα jetzt wieder erhalten soll, die er einst in seiner Präexistenz hatte, — ist damit nicht gesagt, daß er während seines irdischen Wirkens keine δόξα hatte? Aber hatte er sie denn nicht? Sahen nicht die Glaubenden die Fülle seiner δόξα (1₁₄)? Mußte er sie nicht schon haben, wenn er nach V. 4 den Vater auf Erden verherrlichte und damit doch zugleich selbst verherrlicht war? So hatte ja auch die Himmelsstimme 12₂₈ gesprochen: ἐδόξασα! Und in der Tat: so wird ja jetzt V. 2 auch die Bitte weiter begründet: καθὼς ἔδωκας αὐτῷ ἐξουσίαν πάσης σαρκός[1], denn dieser Satz ist einem καθὼς ἐδόξασας αὐτόν gleichwertig[2]. Der Vater, der den Sohn liebte, hatte ihm alles in die Hand gegeben (3₃₅ 13₃); er hatte ihm die ἐξουσία gegeben, Gericht zu halten (5₁₉ff.); schon sein Kommen in die Welt war das eschatologische Ereignis (3₁₉ 9₃₉). Also: die Bitte δόξασον steht nicht nur in keinem Widerspruch dazu, daß Jesu irdisches Leben schon ein Wirken in δόξα war, sondern ist vielmehr gerade dadurch begründet. Was erbeten wird, war ihm schon geschenkt worden und wird eben deshalb erbeten. Aber in welchem Sinne? Soll die δόξα, die er hatte, ihm auch weiterhin verliehen werden? Mythologisch gesprochen: Ja! So hieß es ja auch 12₂₈ nach dem ἐδόξασα: καὶ πάλιν δοξάσω.

Indessen handelt es sich in Wahrheit nicht um die Erneuerung der alten δόξα oder gar um die Ablösung einer bisherigen, geringeren δόξα durch eine künftige, höhere[3]. Die bisherige δόξα war ja die des μονογενής mit ihrer ganzen Fülle (1₁₄); und könnte die künftige mehr umfassen als 3₃₅ 5₁₉ff. gesagt war? Aber was sie war, war sie nur sub specie der jetzigen ὥρα; ja, sie wird es jetzt

---

[1] Das καθώς begründet die ganze Aussage δόξασον κτλ., nicht speziell den ἵνα=Satz. Zu dem begründenden καθώς s. S. 291, 3. — Der Satz ist (wie V. 2f. überhaupt) prosaische Erläuterung und ist vom Evglisten zur Quelle hinzugefügt. Für ihn wird das πᾶσα σάρξ (כָּל־בָּשָׂר) = alle Menschen (nur hier bei Joh) charakteristisch sein.

[2] Ἐξουσία (Vollmacht) ist, wie das hinzugefügte πάσ. σαρκ. zeigt, hier nicht die Macht des Pneumatikers (s. S. 36, 1), sondern messianischer Terminus (s. 5₂₇; dazu S. 195f.). Es ist die königliche Macht, die Gott eigen ist (vgl. Num 16₂₂ Jer 32₃₇ I Klem 59₃; Herm. mand. IV 1, 11) und die er dem Messias überträgt; vgl. die als messianische Weissagungen verstandenen Psalmstellen Ψ 2₈ 8₇ (G. Stählin, ZNTW 33 [1934], 232) und Apk (2₂₆) 12₁₀ Mt 28₁₈. — Zum διδόναι des Vaters s. S. 120 (119, 3). Das ἔδ. bezeichnet den Akt der Übergabe, während das folgende δέδ. sagt, daß das Gegebene zum gegenwärtigen Besitz geworden ist. Doch ist der Unterschied nicht wesentlich, vgl. 3₃₅ usw.

[3] So z. B. Grill I 316—318; Pribnow 112.

erst eigentlich. Anders gesagt: der Evglist hat das irdische Wirken Jesu so gezeichnet, wie es im Lichte des Endes erst verstanden werden kann und verstanden werden soll: als eschatologisches Geschehen. In der ὥϱα des Scheidens sind **Vergangen-heit und Zukunft aneinander gebunden**, sodaß jene durch diese, und diese durch jene ihre Bedeutung erhält[1].

Als historisches Ereignis wird Jesu Leben alsbald ein Stück Vergangenheit sein; aber so betrachtet offenbart es auch nicht seine δόξα. Ewige und entscheidende Gegen-wärtigkeit hat diese Vergangenheit, indem sie durch jene ὥϱα an die Zukunft ge-bunden ist. Die Vergangenheit als solche kann nicht festgehalten werden; man kann nicht bei ihr verweilen. Solchen Versuch macht Jesus zuschanden, indem er sich von den Seinen trennt, sodaß sie in der Welt ohne ihn sind. Wer bei dem durch historische Erinnerung rekonstruierten „historischen Jesus" verweilen will, muß bald inne werden, daß er ohne ihn ist. Die Offenbarung ist als κρίσις aller Geschichte nicht ein der Weltgeschichte einverleibtes Kapital, sondern steht der Geschichte als ständige Zukunft gegenüber; der Offenbarer ist als der δοξασθείς der Herr und Richter, der die ἐξουσία πάσης σαρκός innehat.

Aber umgekehrt ist der δοξασθείς zugleich und immer der σὰρξ γενόμενος. Der Erhöhte ist der Erniedrigte, und die Erniedrigung ist nicht mit der Rückkehr in die himmlische δόξα (V.5) ausgelöscht. Was vom Erhöhten ausgesagt wird, gilt zugleich vom Erniedrigten[2]. Das eben bedeutet es, daß das Kommen Jesu das Gericht ist: eben die historische Gestalt Jesu, eben seine mensch-liche Geschichte ist durch die ὥϱα des δοξασθῆναι zum eschatologischen Ereignis eingesetzt worden. Die Offenbarung besteht des weiteren nicht etwa in inneren Erleuchtungen durch ein himmlisches Wesen, nicht in mystischen Schauungen[3], sondern sie ist immer nur in der Predigt des σὰρξ γενόμενος gegeben. Und seine künftigen Machterweise bestehen nicht in besonderen Kraftbegabungen und „Wundern"[4], sondern darin, daß das Wort des σὰρξ γενόμενος richtet und die Toten lebendig macht (5₂₄f.).

Die ἐξουσία, die dem Offenbarer eigen ist und die sich über „alles Fleisch" erstreckt, wird nach ihrer Absicht verdeutlicht: ἵνα πᾶν ὃ δέδωκας αὐτῷ δώσῃ αὐτοῖς ζωὴν αἰώνιον[5]. Indem hier ausdrücklich — der Situation entsprechend — nur die positive Wirkung der Offenbarung ins Auge gefaßt wird[6], wird doch indirekt durch den Gegensatz von πᾶσα σάρξ und πᾶν ὃ δέδ. αὐτῷ[7] zugleich ihre kritische Wirkung deutlich. Jesu ἐξουσία erstreckt sich natürlich auch auf die, die ihm der Vater nicht „gegeben" hat; denn auch ihr Geschick ist — ob sie es wissen oder nicht — durch die Offenbarung getroffen: sie sind gerichtet.

---

[1] S. S.328ff.
[2] Als Mittel der Beschaffung der ζωή ist z. B. 3₁₄f. die Erhöhung, 3₁₆ die Er-niedrigung genannt; s. S.109ff.; s. ferner S.331.
[3] So sehr der Glaube an die Offenbarung in solcher Gestalt gewinnen kann.
[4] So sehr solche den Glaubenden geschenkt werden.
[5] In den Handschr. wechseln δώσῃ (אᶜ AC) bzw. δώσει (BEH pm) αὐτοῖς mit δώσω αὐτῷ (א pc) oder ἔχῃ (D, om. αὐτ.). Zum Fut. statt Konj. s. Bl.-D. § 369, 2; Raderm. 178. Der Satz zeigt den Stil des Evglisten; zu dem neutralen (πᾶν) ὃ δέδωκας s. D.₂₄ 6₃₇. ₃₉ (s. S.173, 6); zu dem vorausgenommenen Obj. s. 6₃₉ (s. S.174, 1); zu καθὼς ... ἵνα s. D.₂₁ 13₃₄.
[6] Zu ihrer Bezeichnung als die Gabe der ζωὴ αἰώνιος s. S.21, 3; 109, 2. Zum διδόναι s. S.36, 1; vgl. bes. 10₂₈ I Joh 5₁₁.
[7] Zum „deterministischen" Sinn der Wendung s. S.171f. 174.

Ein weiterer Zusatz[1] erklärt den Begriff der ζωή αἰώνιος als das **Erkennen Gottes und seines Gesandten (V. 3)**. Der Satz, der den Gedanken von V. 6 f. (Quelle) schon vorausnimmt, hat im Zshg die Bedeutung, deutlich zu machen, worin die δόξα Gottes und des Sohnes besteht, darin nämlich, daß Gott durch seinen Sohn geoffenbart wird. Deshalb aber müssen beide, Gott und sein Gesandter[2], nicht etwa Gott allein, als Gegenstand des γινώσκειν genannt sein, da der Vater nur als der erkannt wird, der den Sohn gesandt hat und es die Erkenntnis des Einen nicht ohne die des Anderen gibt[3]. Daß das Erkennen Anerkennen bedeutet, versteht sich von selbst[4]; ebendeshalb kann ja gesagt werden, daß die ζωή αἰώνιος nichts anderes ist als jene Erkenntnis; in ihr findet sich der Mensch wieder zu seinem Schöpfer zurück und hat also das Leben[5]; in ihr ist er ganz von dem Erkannten — von Gott — bestimmt[6]; in ihr hat er die Freiheit von Sünde und Tod[7].

Aufs neue setzt die Bitte an (V. 4 f.), indem jetzt die Motivierung (V. 4) der eigentlichen Bitte (V. 5) vorausgeht:

$$\grave{\epsilon}\gamma\acute{\omega}\ \sigma\epsilon\ \grave{\epsilon}\delta\acute{o}\xi\alpha\sigma\alpha\ \grave{\epsilon}\pi\grave{\iota}\ \tau\tilde{\eta}\varsigma\ \gamma\tilde{\eta}\varsigma$$
$$\tau\grave{o}\ \check{\epsilon}\varrho\gamma o\nu\ \tau\epsilon\lambda\epsilon\iota\acute{\omega}\sigma\alpha\varsigma\ \grave{o}\ \delta\acute{\epsilon}\delta\omega\varkappa\acute{\alpha}\varsigma\ \mu o\iota\ [\grave{\iota}\nu\alpha\ \pi o\iota\acute{\eta}\sigma\omega].$$
$$\varkappa\alpha\grave{\iota}\ \nu\tilde{\upsilon}\nu\ \delta\acute{o}\xi\alpha\sigma\acute{o}\nu\ \mu\epsilon,\ \pi\acute{\alpha}\tau\epsilon\varrho,\ \pi\alpha\varrho\grave{\alpha}\ \sigma\epsilon\alpha\upsilon\tau\tilde{\omega}$$
$$\tau\tilde{\eta}\ \delta\acute{o}\xi\eta\ \tilde{\eta}\ \epsilon\tilde{\iota}\chi o\nu\ [\pi\varrho\grave{o}\ \tau o\tilde{\upsilon}\ \tau\grave{o}\nu\ \varkappa\acute{o}\sigma\mu o\nu\ \epsilon\tilde{\iota}\nu\alpha\iota]\ \pi\alpha\varrho\grave{\alpha}\ \sigma o\acute{\iota}[8].$$

Hieß die Begründung der Bitte V. 2, daß der Vater dem Sohn schon die ἐξουσία geschenkt hatte, so lautet sie jetzt, daß der Sohn den Vater schon auf Erden[9] verherrlicht hat. Beides ist das Gleiche: die Verherrlichung des Vaters vollzog sich in der Vollbringung des aufgetragenen Werkes[10], — aber das Werk,

---

[1] Ein charakteristischer Definitionssatz des Evglisten, s. 3 19 und S. 110, 3. Nur hier und 1 17 bei Joh das Ἰησοῦς Χριστός (öfter in I und II Joh), s. S. 4. — Einige Handschr. haben den Ind. γινώσκουσιν, s. Raderm. 173.

[2] Durch das ὃν ἀπεστ. ist Jesus als der Offenbarer charakterisiert; s. S. 30, 2. Daß der Evglist hier das feierliche Ἰησ. Χρ. wählt, versteht sich daher, daß es die bekenntnismäßige Formulierung der Gemeinde ist; vgl. z. B. I Joh 4 2 Röm 1 4 I Tim 6 13 II Tim 2 8. Eben das Bekenntnis der Gemeinde wird so als Ergebnis des Wirkens Jesu dargestellt. Deshalb erhält auch Gott die traditionellen Attribute μόνος und ἀληθινός; zu μόνος s. S. 204, 2; zu ἀληθ. s. S. 32, 1; oft als Gottesattribut s. ThWB I 250, 14 ff.; Schl. z. St. Beide Attribute verbunden bei Athenaeus VI 62 p. 253 (3. Jahrh. a. Chr., bei Br.); I Klem 43 6; Martyr. Justini 4, 9; vgl. Philo spec. leg. I 332: τὸν ἕνα καὶ ἀληθινὸν θεόν. Die Attribute sind liturgisch, sodaß durch sie eine Unterscheidung von Vater und Sohn (so Orig., s. Br.) nicht beabsichtigt ist; vgl. die Verbindung von Gott und J. Chr. in Aussagen wie I Tim 6 13 II Tim 4 1 Mt 28 19; s. H. Lietzmann, ZNTW 22 (1923), 269—271; Gesch. der Alten Kirche II 1936, 104.

[3] Natürlich folgt aus der Koordination nicht, daß Gott und Jesus Christus als zwei verschiedene Erkenntnisobjekte nebeneinanderstehen. Vielmehr wird Einer mit dem Anderen erkannt, wie es dem Offenbarungsgedanken von Joh entspricht; vgl. 14 9. Auch ist nicht etwa τὸν . . . θεόν prädikatives Obj. zugleich zu σέ und zu Ἰ. Χρ. (Bousset, Kyrios 246; A. v. Gall, ΒΑΣΙΛΕΙΑ ΘΕΟΥ 1926, 459); s. zu I Joh 5 20.

[4] S. S. 333 f.; 34 5. — Zur Sache s. Faulhaber 56 f.

[5] 14 s. S. 25. Als Gegenstück s. Plut. de Is. et Os. 1 f. (s. u. S. 390, 2).

[6] S. S. 290.   [7] 8 32 s. S. 332 ff.

[8] V. 4 f. ist Text der Quelle, der an V. 1 anschließt. Der Evglist dürfte ihn durch das ἵνα ποιήσω und das πρ. τ. τ. κ. εἶναι erweitert haben.

[9] Daß ἐπὶ τ. γ. zu ἐδόξασα und nicht zum Folgenden gehört, beweist der Versbau und die antithet. Korrespondenz zwischen ἐπὶ τ. γ. und παρὰ σεαυτῶ. Ebenso korrespondieren ὃ δέδωκας und ἣ εἶχον. — Das ἐπὶ τῆς γῆς ist einem ἐν τῷ κόσμω gleichwertig; s. S. 117, 6.

[10] Zu τ. ἔργ. τελ. s. S. 143, 3. Statt τελειώσας lesen K und Θ ἐτελείωσα. — **Die** Versicherung, daß der Gesandte den Auftrag ausgeführt hat, findet sich ebenso in ent-

das der Vater dem Sohne „gegeben"[1] hatte, ist ja das $\varkappa\varrho\iota\nu\varepsilon\iota\nu$ und $\zeta\omega o\pi o\iota\varepsilon\tilde{\iota}\nu$, also der Vollzug der $\dot{\varepsilon}\xi o\upsilon\sigma\iota\alpha$[2]. Im Offenbarer sind Müssen und Dürfen, Recht und Pflicht, eines. Sein höchstes Müssen ist sein freistes Verfügen; sein $\dot{\varepsilon}\varrho\gamma o\nu$ steht jenseits der Kategorie der Leistung[3].

Wie die Hinweisung auf das Vergangene V.2 zur Motivierung der Bitte V.1 diente, so erscheint nun die Bitte ($\varkappa\alpha\iota\ \nu\tilde{\upsilon}\nu\ \varkappa\tau\lambda$.) als Folgerung aus dem Vergangenen; und das $\delta\delta\xi\alpha\sigma o\nu$ wird jetzt näher bestimmt: $\tau\tilde{\eta}\ \delta\delta\xi\eta\ \tilde{\eta}\ \varepsilon\tilde{\iota}\chi o\nu\ldots$ $\pi\alpha\varrho\grave{\alpha}\ \sigma o\iota$[4]. Die Sprache ist mythologisch: der Sohn verlangt danach, aus seinem Erdendasein wieder in die himmlische Herrlichkeit erhoben zu werden, die ihm einst in der Präexistenz eigen war, — ganz der Denkweise des gnostischen Mythos entsprechend. Was aber ist dadurch für den Offenbarungsgedanken des Evgs gesagt? Besteht das $\delta o\xi\alpha\sigma\vartheta\tilde{\eta}\nu\alpha\iota$ Jesu darin, daß sein irdisches Leben zum eschatologischen Ereignis eingesetzt wird, das aller Geschichte ein Ende macht, indem es für alle Geschichte die $\varkappa\varrho\iota\sigma\iota\varsigma$ bedeutet, so besteht es zugleich darin, daß dadurch die Welt den Charakter der Schöpfung wiedergewinnt.

Welches die $\delta\delta\xi\alpha$ ist, die der präexistente Logos hatte, geht ja aus 1₁₋₄ hervor: er war Gottes Offenbarung, war Gott als sich Offenbarender[5]. Nichts anderes war freilich der $\sigma\grave{\alpha}\varrho\xi\ \gamma\varepsilon\nu\acute{o}\mu\varepsilon\nu o\varsigma$ auch. Aber im Fleischgewordenen ist die Offenbarung kritische Macht gegenüber dem Kosmos, der sich gegen Gott verselbständigt hat. Im Präexistenten war die Offenbarung die schöpferische Macht[6], die für die Menschen „Licht" gewesen wäre, wenn sie sich als Geschöpfe verstanden hätten[7]. Die Offenbarung als kritische Macht aber hat ja keinen anderen Sinn als den, daß sie die Welt aus der angemaßten Selbständigkeit befreie und die Glaubenden zu „Kindern des Lichtes" (12₃₆) mache, die sich als Geschöpfe wissen[8]. Soll der Fleischgewordene in die himmlische $\delta\delta\xi\alpha$, die er einst hatte, zurückkehren, so ist damit gesagt, daß die Offenbarung als kritische Macht ihr Ziel darin erreichen soll, daß die Welt wieder als Schöpfung verständlich wird. Jesu Wirken hat keinen anderen Sinn als den, das überhörte Wort Gottes in der Schöpfung wieder vernehmlich zu machen; die blinden Augen wieder sehend zu machen für das „Licht der Menschen", das für sie das Leben ist (1₄). Die Offen=

---

sprechenden Zusammenhängen des gnostischen Mythos. Joh.=B. 224, 17ff.: „Darauf führte ich der Reihe nach die Werke aus, die mein Vater mir aufgegeben. Die Finsternis drückte ich nieder und richtete das Licht in hohem Maße auf. Ohne Fehler stieg ich empor ..." Mand. Lit. 190; OdSal 104f. 178ff C. Herm. 1, 29. (Auf die Einzelseele übertragen Ginza 471, 25f.; Manich. Turfan Fr. T. II D 173a², 3NCW 24 [1925], 114). Ausführlich Act. Thom. 144—148, z. B. p. 252, 8f.: $\dot{\iota}\delta o\grave{\upsilon}\ \tauo\iota\gamma\alpha\varrho o\tilde{\upsilon}\nu\ \dot{\varepsilon}\pi\lambda\acute{\eta}\varrho\omega\sigma\acute{\alpha}\ \sigmao\upsilon\ \tau\grave{o}\ \dot{\varepsilon}\varrho\gamma o\nu\ \varkappa\alpha\grave{\iota}\ \tau\grave{o}\ \pi\varrho\acute{o}\sigma\tau\alpha\gamma\mu\alpha\ \dot{\varepsilon}\tau\varepsilon\lambda\varepsilon\acute{\iota}\omega\sigma\alpha$, ähnlich p.255, 1ff.; s. dazu 3NCW 24 (1925), 114f. und bes. 131, 2. Auch Act. Thom.113, p.224, 13f. — Ob in solchen Wendungen die Formelsprache orientalischer Königsinschriften fortlebt (Arvedson a. a. O. 133), kann dahingestellt bleiben.

[1] Zu $\dot{\varepsilon}\varrho\gamma o\nu$ s. S.143, 3; 164, 3; 199f.; 275; 295f. — Für $\delta\acute{\varepsilon}\delta\omega\varkappa\alpha\varsigma$ begegnet wie in V.₆. ₈. ₁₁. ₂₂. ₂₄ die Variante $\dot{\varepsilon}\delta\omega\varkappa\alpha\varsigma$.

[2] 5₂₀f. ₃₆; s. S.200.   [3] S. S.293.

[4] Zur Formulierung s. Ign. Magn. 6, 1: $\delta\varsigma\ \pi\varrho\grave{o}\ \alpha\dot{\iota}\acute{\omega}\nu\omega\nu\ \pi\alpha\varrho\grave{\alpha}\ \pi\alpha\tau\varrho\grave{\iota}\ \tilde{\eta}\nu$; Act. Io.100, p.201, 12: $\gamma\iota\nu\acute{\omega}\sigma\varkappa\varepsilon\ \gamma\acute{\alpha}\varrho\ \mu\varepsilon\ \dot{o}\lambda o\nu\ \pi\alpha\varrho\grave{\alpha}\ \tau\tilde{\omega}\ \pi\alpha\tau\varrho\grave{\iota}\ \varkappa\alpha\grave{\iota}\ \tau\grave{o}\nu\ \pi\alpha\tau\acute{\varepsilon}\varrho\alpha\ \pi\alpha\varrho'\ \dot{\varepsilon}\mu o\iota$. S. ferner 3NCW 24 (1925), 104f.; Schlier, Relig. Unters. 33f.

[5] S. S.18.

[6] Das $\pi\varrho\grave{o}\ \tauo\tilde{\upsilon}\ \tau\grave{o}\nu\ \varkappa\acute{o}\sigma\mu o\nu\ \varepsilon\tilde{\iota}\nu\alpha\iota$ will natürlich die $\delta\delta\xi\alpha$ nicht als eine bloß zeitlich vor der Schöpfung bestehende bezeichnen, sondern als eine jenseits der geschaffenen Welt bestehende; es hat denselben kritischen Sinn wie das $\dot{\varepsilon}\nu\ \dot{\alpha}\varrho\chi\tilde{\eta}$ 1₁, s. S.18.

[7] S. S.25.   [8] S. S.25f.

barung, die als eschatologisches Geschehen das Gericht für die Welt ist, bedeutet zugleich die Aufdeckung der Welt als Schöpfung[1].

γ) Die Fürbitte für die Gemeinde: 17₆₋₂₆.

Die ausdrückliche Bitte um Verherrlichung umfaßt V.1-5. Die eigentliche Fürbitte setzt mit V.9 ein. V.6-8 beschreiben ausführlicher als die Andeutungen in V.2 und V.4 das in der Vergangenheit liegende Werk des Offenbarers und könnten auch als weitere Motivierung der Bitte δόξασον verstanden werden. Der Nachdruck in V.6-8 liegt jedoch auf der Charakteristik der Glaubenden, sodaß V.6-8 besser als einleitende Motivierung der Fürbitte aufzufassen ist. Die Fürbitte selbst bittet in V.9-19 um die Bewahrung und Heiligung der Gemeinde; dabei klingt in V.11 schon das Thema der Einheit der Gemeinde an, für die dann in V.20-23 gebeten wird. Den Schluß bildet V.24-26 die Bitte um die Vollendung der Gemeinde.

1. Die Begründung der Gemeinde: 17₆₋₈.

ἐφανέρωσά σου τὸ ὄνομα τοῖς ἀνθρώποις,
οὓς ἔδωκάς μοι ἐκ τοῦ κόσμου.
σοὶ ἦσαν κἀμοὶ αὐτοὺς ἔδωκας,
καὶ τὸν λόγον σου τετήρηκαν.

In der Sprache des Mythos wird V.6 das Werk des Offenbarers charakterisiert: Gottes Namen hat er kundgemacht[2], und zwar den Menschen, die Gott ihm gegeben hat aus der Welt heraus, die Gottes Eigentum von jeher waren[3] und die nun in Treue die mitgeteilte Offenbarung bewahren[4]. Für den Evglisten — aber auch schon für seine Quelle — bedeutet die Mitteilung des Gottesnamens nicht mehr die Übermittlung eines geheimnisvollen, machthaltigen Namens, der

---

[1] S. S. 26. — Die Formulierung V5. unterscheidet sich von der des Christus-Liedes Phil 2₆₋₁₁ dadurch, daß in diesem der erhöhte Christus eine über seine Gottgleichheit in der Präexistenz hinausgehende Würde, die des κύριος, erhält. Sachlich besteht freilich kein Unterschied; denn das Entscheidende der κύριος-Würde ist die Anerkennung des Gottessohnes, die auch der joh. Jesus erst nach der Erhöhung findet.

[2] Φανεροῦν wie 2₁₁ 7₄ 9₃; von γνωρίζειν V.26 15₁₅ nicht unterschieden. — Zur Offenbarung des göttlichen ὄνομα vgl. aus dem Naassenerlied hippol. El. V10, 2, p.103, 18ff. W.: σφραγῖδας ἔχων καταβήσομαι ... μυστήρια πάντα δ' ἀνοίξω, μορφὰς δὲ θεῶν ἐπιδείξω. [καὶ] τὰ κεκρυμμένα τῆς ἁγίου ὁδοῦ, γνῶσιν καλέσας, παραδώσω. Der Offenbarer bringt Mysterien: Ginza 296, 9ff.; 316, 20; 319, 3f.; 392, 29; Mand. Lit.193, 1ff. Für die Act. Thom. s. Bornkamm, Myth. und Leg.13. Ferner Pap. Graec. Mag. II 127f.; XII 92ff.: ... ἐδωρήσω τὴν τοῦ μεγίστου ὀν(όματός) σου γνῶσιν. Zur Bedeutung der Kenntnis des göttlichen Namens in der Gnosis s. W. Heitmüller, Im Namen Jesu 217. S. ferner OdSal 8₂₁f. 15₆₋₈ 22₆ 23₂₂ 39₇f. 41₁₅ 42₂₀. — Nicht zu vergleichen ist also Ψ 21₂₃: διηγήσομαι τὸ ὄνομά σου τοῖς ἀδελφοῖς μου.

[3] Daß der Vater dem Sohn die Glaubenden „gibt", s. S.120 (119, 3); s. ferner S.294, 4. Gnostisch gesprochen sind es die Pneumatiker, die φύσει σωζόμενοι (s. S.41, 2; 95, 5; 285). Vgl. bes. Ginza 296, 3ff. (der Auftrag an den Gesandten): „Erwähle und hole Erwählte aus der Welt ... Erwähle und hole die Seelen, die des Lichtortes würdig und wert sind. Gewähre ihnen Belehrungen ..." — Zu παρὰ σοῦ s. S.173, 2.

[4] Der Sinn von τηρεῖν (zur Perf.-Form s. Br. und Bl.-D. § 83, 1) ist für den Evglisten der gleiche wie in der Wendung τηρεῖν τὸν λόγον (s. S.227, 5, Nonnus sagt für τηρεῖν in Joh 17 stets φυλάττειν). In der Terminologie des Mythos bedeutet das τηρεῖν ebenso die treue Beobachtung wie die Hütung vor Profanierung. Vgl. hippol. El. 27, 2, p.133, 2 W.: τηρῆσαι τὰ μυστήρια ταῦτα καὶ ἐξειπεῖν μηδενὶ μηδὲ ἀνακάμψαι ἀπὸ τοῦ ἀγαθοῦ ἐπὶ τὴν κτίσιν. Pap. Graec. Mag. XII 93f. (Fortsetzung des Zitats von Anm. 2): καὶ τηρήσω ἁγνῶς μηδενὶ μεταδιδοὺς εἰ μὴ τοῖς σοῖς συμμύσταις εἰς τὰς σὰς ἱερὰς τελετάς. Zu τηρεῖν τὸ βάπτισμα bzw. τὴν σφραγῖδα s. F. J. Dölger, Sphragis 1911, 130ff.

im Mysterium, in der Himmelsreise der Seele oder im Zauber durch das Aus=
sprechen wirksam wird, sondern die Erschließung Gottes selbst[1], die Erschließung
der ἀλήθεια[2]. In seinem Wirken wirkt ja Gott, in ihm begegnet Gott selbst[3].
Und es ist das Gleiche, ob es heißt, daß er Gottes Namen offenbart oder daß er
seine eigene δόξα offenbart[4]. Die Glaubenden aber sind es, die Gott ihm ge=
schenkt hat — können sie doch ihren Glauben nicht als eigenes Werk verstehen[5] —,
und die dadurch der Welt entnommen sind; durch ihren Glauben bezeugen sie,
daß ihr Ursprung nicht in der Welt liegt, sondern daß sie Gottes Eigentum[6] von
jeher waren[7]. Sie bilden als die, die Gottes durch den Offenbarer vermitteltes
Wort bewahren, die Gemeinde, für die er betet[8].

Die der Gemeinde geschenkte Erkenntnis wird vom Evglisten weiter er=
läutert. V.7 sagt, daß die Glaubenden Jesus wirklich als den Offenbarer er=
kannt haben[9]: sie haben, was Gott ihm geschenkt hat, wirklich als Gottes Ge=
schenk erkannt[10]. Und zwar haben sie das jetzt erkannt[11]: gerade angesichts der
Passion vollendet sich die Glaubenserkenntnis; angesichts des Todes, der sonst
das Band zwischen Mensch und Mensch zerreißt, gewinnen sie erst das rechte
Verhältnis zu ihm. V.8 fügt hinzu: solche Erkenntnis gewannen die Glaubenden,
weil Jesus ihnen die Worte gegeben hat, die ihm der Vater gab[12], und sie diese
Worte annahmen, d. h. glaubten[13]. Damit wird sowohl die Aussage von V.6
erläutert: „dein Wort haben sie bewahrt": es waren ja des Vaters Worte, die
Jesus ihnen übermittelte; — wie auch das πάντα ὅσα δέδωκάς μοι von V.7:
Gottes Gabe an Jesus sind eben die Worte, die er ihnen übermittelte. Aus
solchem Glauben erwuchs die echte Erkenntnis[14]: καὶ ἔγνωσαν ἀληθῶς ..., in
der wiederum der Glaube zu sich selbst kommt[15]: καὶ ἐπίστευσαν. Es ist ja das

---

[1] Vgl. 12₂₈ (s. S. 327, 6); ebenso V.₁₁f. ₂₆. Das ὄνομα, das Jesus offenbarte, hat
Gott ihm nach V.₁₁ „gegeben"; es ist nichts anderes als die „Worte", die er ihm nach
V.₈ „gegeben" hat; und wie er das ὄνομα „offenbarte", hat er die ῥήματα (V.₈) bzw.
den λόγος Gottes (V.₁₄) den Seinen „gegeben".
[2] S. S.332ff.   [3] S. S.140 und vgl. 14₉.
[4] Vgl. 2₁₁, s. S. 83. Jesus offenbart durch sein Tun Gottes Werke 9₃ bzw. Gottes
und seine eigene δόξα 11₄.   [5] S. S.172. 240.
[6] Das σοί ist der Plur. des adjekt. Pron., nicht der Dat. von σύ. — Als formale
Parallele vergleicht Br. Epikt. Diss. IV 10, 16 (der sterbende Philosoph spricht zu Gott):
σὰ γὰρ ἦν πάντα, σύ μοι αὐτὰ δέδωκας.
[7] S. S.115; entsprechend von den Ungläubigen S.240.
[8] Als Parallele zum Ganzen s. OdSal 17₁₂ff., wo der rückblickende Erlöser spricht:
     „Ich schenkte (ihnen) reichlich mein Wissen
          und meine Fürbitte in meiner Liebe.
     Ich säte in ihre Herzen meine Früchte
          und verwandelte sie durch meine Kraft.
     Sie empfingen meinen Segen und wurden lebend,
          sie scharten sich zu mir und wurden erlöst."
Vgl. ferner C. Herm. 1, 29: ... καὶ ἔσπειρα αὐτοῖς τοὺς τῆς σοφίας λόγους κτλ.
[9] Zur Perf.=Form ἔγνωκαν s. Br. und Bl.=D. § 83, 1.
[10] Vgl. 3₃₅; s. S.119, 3.
[11] Das νῦν ist offenbar betont wie V.₁₃ 13₃₁ 16₅.   [12] Vgl. 12₄₉f. usw.
[13] Zu λαμβάνειν s.S. 35₄ 51₆. — Der Wechsel der Tempora (τετήρ. und ἔγνωκαν
V.₆f., ἔλαβον und ἔγνωσαν V.₈) ist darin begründet, daß V.₆f. das Wesen der Glau=
benden beschreibt, während V.₈ sagt, wie es dazu gekommen ist. Varianten sind be=
deutungslos.
[14] Das ἀληθῶς soll wohl die Echtheit des γινώσκειν charakterisieren, nicht wie 7₂₆
(= wirklich) die Tatsache des γιν. feststellen.
[15] S. S.333f.

Gleiche, was erkannt und was geglaubt wird; denn gleichbedeutend ist ὅτι παρὰ σοῦ ἐξῆλθον und ὅτι σύ με ἀπέστειλας[1]. Und dieses eine ist: Jesus als den Offenbarer verstehen und so Gott erkennen (V.8). Das also ist die christliche Gemeinde: eine Gemeinschaft, die nicht zur Welt gehört, sondern aus der Welt herausgeholt ist, deren Ursprung in Gott ruht, und die begründet ist durch das Wort des Offenbarers, das als solches erkannt wird angesichts der Passion, d. h. angesichts der Verwerfung durch die Welt; eine Gemeinschaft, die also begründet ist durch nichts als den Glauben, der in Jesus Gott erkennt.

2. Die Bitte um Bewahrung und Heiligung der Gemeinde: 17 9-19.

Für die so charakterisierte Gemeinde bittet der scheidende Offenbarer: ἐγὼ περὶ αὐτῶν ἐρωτῶ V. 9[2]. Und er spricht damit im Grunde keine zweite Bitte aus neben dem δόξασόν σου τὸν υἱόν, denn seine δόξα hat er ja als der in der Gemeinde Wirksame und von ihr Anerkannte[3]. Ehe aber die Fürbitte sich entfaltet, wird zuerst ausdrücklich festgestellt, daß sie sich nur auf die Gemeinde bezieht, nicht auf die ungläubige Welt[4]. Denn freilich erstreckt sich Gottes Liebe, die im Sohne wirksam wird, auf die ganze Welt (3 16); und insofern die Bitte für die Gemeinde auch die Gewinnung der Welt durch sie zum Gegenstand hat (V.21. 23), ist die Welt auch in die Fürbitte einbezogen. Aber das τήρησον κτλ. (V.11 ff.) kann natürlich nur für die Gläubigen gesprochen werden; für die Ungläubigen ist der Verherrlichte der Richter[5].

> ἐγὼ περὶ αὐτῶν ἐρωτῶ [...], ὅτι σοί εἰσιν·
> καὶ τὰ ἐμὰ πάντα σά ἐστιν καὶ τὰ σὰ ἐμά[6].

Für die Seinen bittet der scheidende Offenbarer — und wieder schieben sich Motivierungen ein —, weil sie Gott gehören[7], dessen Eigentum sie also auch dann bleiben, wenn er sie Jesus geschenkt hat[8]. Denn (V. 10) einen Unterschied des Eigentums gibt es zwischen Vater und Sohn nicht; beide sind ja Eins (10 30)[9].

---

[1] Entsprechend ist 16 30 der Inhalt des πιστεύειν das ὅτι ἀπὸ θεοῦ ἐξῆλθες. — Zu Jesu ἐξέρχεσθαι s. S.224, zu seinem Gesendetsein S.30, 2.

[2] Mand. Lit. 190 f. (vgl. 194) schließt sich ebenso an den Rückblick des Erlösers auf sein vollbrachtes Werk die Fürbitte an:
"Ich pflanzte ... des Lebens Pflanzen,
   wahrhafte, gläubige Männer.
Ich befehle meinem Erbauer:
   Richte deine Augen auf meine Pflanzen ..."

Vgl. auch Mand. Lit. 208:
"(Es) ruhe der Glanz des Lebens auf mir.
Er ruhe auf meinen Jüngern,
   welche die Sieben in dieser Welt verfolgen."

[3] S. S. 375.

[4] V. 9b οὐ περὶ κτλ. ist sicher ein Satz des Evglisten; zum Stil s. S.29, 1. Daß dabei an Jer 7 16 11 14 14 11 gedacht sei (σὺ μὴ προσεύχου περὶ τοῦ λαοῦ τούτου), ist nicht wahrscheinlich; denn ein entsprechender Gegensatz liegt dort nicht vor.

[5] S. S.111 ff. 258 f. und vgl. 16 8-11.

[6] So dürfte der Wortlaut der Quelle wohl zu rekonstruieren sein; doch bleibt es für V.10 f. überhaupt unsicher; s. Anm. 4. Man könnte auch das καὶ τὰ ἐμὰ κτλ. als Interpretation des Evglisten ansehen und als zweites Glied des Doppelverses lesen καὶ δεδόξασμαι ἐν αὐτοῖς.

[7] Das ὅτι begründet nicht das δέδωκάς μοι, sondern das ἐρωτῶ.

[8] Vgl. den gleichen Gedanken in mythologischer Sprache OdSal 31 4: „Er (der Erlöser) brachte ihm (dem höchsten) dar die Söhne, die durch ihn gewonnen waren."

[9] S. S.294 f. und vgl. 16 15.

Aber wenn es so ist, welchen Sinn hat dann überhaupt die Fürbitte? Die Zu=
gehörigkeit der Gemeinde zu Gott ist nicht begründet — und darin ist der ent=
scheidende Gedanke des Mythos preisgegeben — in ihrer kosmisch=substanzialen
φύσις, sondern in Gottes eschatologischer Offenbarung in der Geschichte und in
ihrer Entscheidung für diese Offenbarung. Sie gehört Gott nur, insofern sie
Jesus gehört, d. h. sie hat ihren Ursprung in der Ewigkeit nur, insofern sie an
ihrem Ursprung in dem in Jesus sich vollziehenden eschatologischen Geschehen fest=
hält[1]. Daß sie Jesus gehört, hat seinen Sinn nur darin, daß sie eben damit Gott
gehört (τὰ ἐμὰ πάντα σά ἐστιν); daß sie Gott gehört, wird nur darin wirklich,
daß sie Jesus gehört (τὰ σὰ ἐμά). Sie steht, da sie sich Gottes Offenbarung in
der Entscheidung des Glaubens an Jesus aneignet, in der Unsicherheit
alles geschichtlichen Seins, dem kein unmittelbares Gottesverhältnis gegeben ist.
Aber sie steht, da sie sich im Glauben an Jesus Gottes Offenbarung aneignet,
in der vollen Sicherheit des Wissens, daß Jesus für sie vor Gott da ist: er bittet
den Vater für sie.

> καὶ δεδόξασμαι ἐν αὐτοῖς
>   καὶ οὐκέτι εἰμὶ ἐν τῷ κόσμῳ·
> καὶ αὐτοὶ ἐν τῷ κόσμῳ εἰσίν,
>   κἀγὼ πρὸς σὲ ἔρχομαι[2].

Noch deutlicher wird in dieser Motivierung die Situation der Gemeinde.
Wohl ist ihre Zugehörigkeit zu Jesus gegründet in einer geschichtlichen Entschei=
dung; aber es ist die Entscheidung für das eschatologische Geschehen, nicht für
eine bestimmte innergeschichtliche Möglichkeit, für ethische, politische oder kulturelle
Werke und Werte. Wohl hat Jesus in der Gemeinde seine δόξα[3], aber nicht wie
ein Großer der Geschichte, der in seinen geschichtlichen Werken und Wirkungen
Gegenwart bleibt. „An den Jüngern wird sichtbar, was Jesus ist[4]." Aber was
ist er? Er ist ja als Gottes Offenbarer der Richter der Welt, die Infragestellung
der Welt; und so hat er in der Gemeinde seine δόξα, indem auch sie für die Welt
Gericht und Infragestellung bedeutet[5]. Eben das, was die Würde der Gemeinde
ausmacht, daß er in ihr verherrlicht ist, das bedeutet für sie Schrecken, ταραχή
und λύπη: daß sie, obwohl in dieser Welt, doch nicht von dieser Welt ist. Das
ist damit gesagt, daß er, der in ihr Verherrlichte, nicht mehr in der Welt ist (V. 11).
Seine δόξα ist in ihr nicht sichtbar gegenwärtig wie die Herrlichkeit eines Messias[6].
Sie ist weltlich überhaupt nicht aufweisbar oder doch nur paradox darin, daß
die Gemeinde für die Welt, der sie fremd ist, ein Anstoß ist. Die Gemeinde kann
sich also vor der Welt nicht ausweisen. Sie kann sich aber auch selbst nicht ihres
Besitzes trösten: ihres Glaubensstandes, ihres Dogmas, ihres Kultus, ihrer Organi=
sation. Dies alles hat nur Sinn, wenn es Zeichen ihrer Entweltlichung, nicht
Genuß von Gegebenem ist. Der Offenbarer ist für sie nicht in weltlich Gegebenem

---

[1] Vgl. Faulhaber 57.
[2] Zweifellos liegt die Quelle zugrunde; ihre Form ist jedoch nicht sicher herzu=
stellen, s. S. 382, 6.
[3] Statt δεδόξασμαι liest D: ἐδόξασάς με, was Korrektur ist, aber sachlich keinen
Unterschied bedeutet (s. 12₂₈ und S. 328). Sachlich gleichwertig ist infolge des Zshgs der
δόξα von Vater und Sohn auch das ἐγώ σε ἐδόξασα von V.4. Im Zshg von V.10f. aber
kommt es auf die Betonung der δόξα an, die Jesus hat, und zwar dauernd in der Ge=
meinde; daher das Perf., während V.4 wie 12₂₈ der Aor. stehen mußte.
[4] Schl. z. St.   [5] Das wird 16₈₋₁₁ ausgeführt.
[6] Diese Anschauung ist schon 12₃₄ ausgesprochen, s. S. 270f.

gegenwärtig: „Ich bin nicht mehr in der Welt." Und doch ist sie in der Welt![1] Das ist ihre Situation, daß sie als weltliche Gemeinschaft ihr entweltlichtes Sein durchführen soll. Und es hängt für sie alles davon ab, daß sie das „und ich gehe zu dir" richtig verstehe: daß sie ohne ihn, d. h. ohne jede weltliche Sicherung, sein muß, und daß sie gerade darin ihre Sicherheit findet; daß sie sich dessen freut, daß er zum Vater geht (14 28).

Nun endlich ist der Sinn der Fürbitte deutlich geworden.

πάτερ ἅγιε, τήρησον αὐτούς
ἐν τῷ ὀνόματί σου ᾧ δέδωκάς μοι,
[ἵνα ὦσιν ἓν καθὼς ἡμεῖς].

Die Bitte um Bewahrung ist nach dem Vorausgegangenen ohne weiteres deutlich als die Bitte, die Gemeinde, die in der Welt steht, vor dem Verfall an die Welt zu bewahren, sie in ihrem entweltlichten Sein rein zu erhalten[2]. So wird die Bitte V. 15 ff. wiederholt, und es zeigt sich, daß die Bitte um die Bewahrung der um die Heiligung gleich ist. Heiligkeit bedeutet ja Entweltlichung[3]. Und dem entspricht die Anrede „Heiliger Vater!"[4]. Wie das τήρησον dem ἁγίασον von V. 17 entspricht[5], so das ἐν τῷ ὀνόματί σου dem ἐν τῇ ἀληθείᾳ. Und wie die ἀλήθεια Gottes in Jesus offenbare Wirklichkeit ist[6], so auch das ὄνομα Gottes. Es ist ja der Name, den Gott Jesus „gegeben" hat[7], daß er ihn offenbare (V.6), d. h. nichts anderes als die ῥήματα, die Gott ihm „gegeben" hat, sie zu sagen (V.8). Durch dieses ὄνομα soll Gott die Gemeinde in der Welt bewahren, d. h.

---

[1] Vgl. das Gebet des Gesandten an den Vater Joh.-B. 236, 20 ff.: „Wie weh ist mir um meine Jünger, die in die Finsternis geworfen sind . . ." Und vgl. bes. die Sorge des Gesandten um die Reinheit der Gläubigen 237, 16 ff.

[2] Zu τηρεῖν s. S. 227, 5. Wie hier auch I Th 5 23 (Apk 3 10); ebenso φυλάττειν II Th 3 3 Jud 24. Vgl. das Gebet im Λόγος τέλειος: θέλησον ἡμᾶς διατηρηθῆναι ἐν τῇ σῇ γνώσει Pap. Graec. mag. I 607 f. bzw. Scott, Hermetica I 376; Reitzenst., H. M. R. 287. Im Zauber: Pap. Graec. mag. XII 260 ff.: ἄσπιλον ἀπὸ παντὸς κινδύνου τηρηθῆναι, φοροῦντί μοι ταύτην δύναμιν.

[3] S. S. 297, 3; 344, 6.

[4] „Heiliger Vater" auch OdSal 31 5; als Gebetsanrede Did. 10, 2; Act. Petri cum Sim. 27, p. 74, 4. — „Heilig" ist im AT und Judentum geläufige Charakteristik Gottes, s. Bousset, Rel. des Judent. 312; Str.-B. III 762 f.; A. Fridrichsen, Hagios = Qadoš 22 ff. 61 ff. Selten im Griechischen, doch häufig im Hellenismus wohl infolge semitischen Einflusses, s. Cumont, Die oriental. Rel. im röm. Heidentum[3] 266; Fridrichsen a. a. O. 51 f.; Ed. Williger, Hagios 1922, 81 ff; Br., Wörterb. In der Anrede an Gott begegnet ἅγ. im hellenist. Judent., s. Fridrichsen a. a. O. 63; vgl. das ἅγιος ὁ θεός und ἅγιος εἶ in dem Hymnus C. Herm. 1, 31.

[5] Künstlich möchte R. Asting, Die Heiligkeit im Urchristentum 1930, 307 zwischen τηρεῖν und ἁγιάζειν unterscheiden; aber vgl. z. B. die Gleichwertigkeit von τηρεῖν ἐκ V. 15 und ἁγιάζειν ἀπό Herm. vis. III 9, 1.

[6] S. S. 50, 1; 140; 332 f.

[7] D²N 69 al lat lesen οὕς (δέδ. μοι), was sichtlich Korrektur (Angleichung an V.6) ist. In Frage kommen nur ᾧ (אBCLW Θ pm) und ὅ (DU pc), Varianten, zwischen denen auf Grund von Textzeugen schwerlich zu entscheiden ist. Nach Burney 102 f. wäre ὅ ursprünglich und zwar falsche Übersetzung von ר, was richtig durch οὕς wiederzugeben wäre. Auch J. Huby (Rech. sc. rel. 27 [1937], 408 ff.) verteidigt ὅ (im Sinne von οὕς) als ursprünglich unter Verweis auf V. 2. 24 6 37. 39. Aber unmittelbar nach αὐτούς kann ὁ δέδ. μοι schwerlich so verstanden werden, sondern kann nur auf das ὄνομα gehen, sodaß ὅ und ᾧ gleichbedeutend sind. Huby hält die Aussage, daß Gott Jesus seinen Namen gegeben habe, für unmöglich, da man nicht ergänzen könne, „um ihn zu offenbaren"; aber Entsprechendes muß man doch zu τὰ ῥήματα ἃ δέδ. μοι V. 8 auch ergänzen, und nach V. 6 liegt die Ergänzung sehr nahe.

die Offenbarung, die Jesus gebracht hat, soll als die entweltlichende Kraft in der Gemeinde lebendig sein[1].

Hängt die Existenz der Gemeinde davon ab, daß sie ihre Reinheit behalte, d. h. daß sie Sinn und Wesen nicht aus der Welt, sondern vom Jenseits her empfange und bewahre, so gehört zu ihrem Wesen die Einheit. Zur Bitte um die Erhaltung der Reinheit fügt sich deshalb die Bitte um die Einheit der Gemeinde, hier zunächst nur kurz anklingend, nachher V.20-23 weiter ausgeführt[2]. Die Einheit der Gemeinde hat Vorbild und Grund[3] in der Einheit des Offenbarers mit dem Vater; welchen tieferen Sinn diese Begründung hat, wird in V.20-23 deutlich werden. Die Bitte um Bewahrung erhält zunächst weitere Motivierung und Verstärkung.

$$\ddot{o}\tau\varepsilon\ \ddot{\eta}\mu\eta\nu\ \mu\varepsilon\tau'\ \alpha\dot{v}\tau\tilde{\omega}\nu$$
$$\dot{\varepsilon}\gamma\dot{\omega}\ \dot{\varepsilon}\tau\dot{\eta}\varrho o v v\ \alpha\dot{v}\tau o\dot{v}\varsigma\ [\dot{\varepsilon}v\ \tau\tilde{\omega}\ \dot{o}v\dot{o}\mu\alpha\tau\dot{\iota}\ \sigma o v^{4}]\ \varkappa\alpha\dot{\iota}\ \dot{\varepsilon}\varphi\dot{v}\lambda\alpha\xi\alpha,$$
$$\varkappa\alpha\dot{\iota}\ o\dot{v}\delta\varepsilon\dot{\iota}\varsigma\ \dot{\varepsilon}\xi\ \alpha\dot{v}\tau\tilde{\omega}\nu\ \dot{\alpha}\pi\dot{\omega}\lambda\varepsilon\tau o$$
$$\varepsilon\dot{\iota}\ \mu\dot{\eta}\ v\dot{\iota}\dot{o}\varsigma\ \tau\tilde{\eta}\varsigma\ \dot{\alpha}\pi\omega\lambda\varepsilon\dot{\iota}\alpha\varsigma,$$
$$[\ddot{\iota}v\alpha\ \dot{\eta}\ \gamma\varrho\alpha\varphi\dot{\eta}\ \pi\lambda\eta\varrho\omega\vartheta\tilde{\eta}^{5}.]$$

In die Bitte drängt sich abermals die Motivierung (V. 12), indem wie V.11a die Situation der Gemeinde charakterisiert wird, die der Offenbarer allein in der Welt zurückläßt. Ihre Ungesichertheit scheint im Gegensatz zu stehen zu der Sicherheit, die seine einstige Anwesenheit verlieh. Einst bewahrte und behütete

---

[1] Es liegt am nächsten, das $\dot{\varepsilon}v$ instrumental zu verstehen; doch wäre lokales Verständnis auch möglich, da es sich sachlich gleich bleibt, ob sich die Bewahrung durch die Kraft oder in der Sphäre des $\ddot{o}v\rho\mu\alpha$ vollzieht; auch im letzteren Falle wäre ja der Name als bewahrende Macht verstanden. Die Vorstellung vom Gottesnamen als Machtmittel ist dem AT wie dem Judentum geläufig; s. O. Grether, Name und Wort Gottes im AT 44ff.; W. Heitmüller, Im Namen Jesu 132ff. Im hellenistischen Sprachgebrauch wird $\ddot{o}v\rho\mu\alpha$ geradezu mit $\delta\dot{v}v\alpha\mu\iota\varsigma$ synonym; vgl. die Attribute ‚die $\ddot{o}v\rho\mu\alpha$ erhalten kann, Br., Wörterb. s. v. 3a, dazu Pap. Graec. mag. XIII 183f. 501ff. 555f., bes. auch XIII 796ff.: $\tau\dot{o}\ \gamma\dot{\alpha}\varrho\ \ddot{o}v\rho\mu\dot{\alpha}\ \sigma o v\ \ddot{\varepsilon}\chi\omega\ \dot{\varepsilon}v\ \varphi v\lambda\alpha\varkappa\tau\eta\varrho\dot{\iota}o v\ \dot{\varepsilon}v\ \varkappa\alpha\varrho\delta\dot{\iota}\alpha\ \tau\tilde{\eta}\ \dot{\varepsilon}\mu\tilde{\eta}\ \varkappa\tau\lambda.$; vgl. Did. 10, 2; s. unten. (Dem entspricht es, daß $\ddot{o}v\rho\mu\alpha$ und $\pi v\varepsilon\tilde{v}\mu\alpha$ gleichbedeutend werden können, s. Reitzenst., Poimandres 17, 6; S. Preisigke, Vom göttlichen Fluidum 1920, 33f., und vgl. I Kor 6₁₁.) Die gnostischen Äonen können sowohl $\dot{o}v\dot{o}\mu\alpha\tau\alpha$ wie $\delta v v\dot{\alpha}\mu\varepsilon\iota\varsigma$ heißen, s. K. Müller, Nachr. der Ges. der Wissensch. zu Göttingen, phil.-hist. Kl. 1920, 180—182. — Die Formel $\tau\eta\varrho\varepsilon\tilde{\iota}v\ \dot{\varepsilon}v\ \tau.\ \dot{o}v.$ geht gewiß auf den Glauben an die „Macht" des gesprochenen Namens zurück; doch liegt die Anschauung bei Joh nicht mehr vor. Man darf also nicht verstehen, daß die Bewahrung dadurch bewirkt wird, daß die Gemeinde den Namen Gottes nennt oder gebraucht (Heitmüller, Im Namen Jesu 84) oder daß sie als Kultverein durch die Nennung des Namens Jesu charakterisiert sei (Bousset, Kyrios 225). Daß für Joh Gottes $\ddot{o}v\rho\mu\alpha$ nichts anderes ist als die Offenbarung, durch die Jesus Gott kenntlich macht, zeigt die Parallele mit $\dot{\alpha}\lambda\dot{\eta}\vartheta\varepsilon\iota\alpha$ D.17 wie mit den $\dot{\varrho}\dot{\eta}\mu\alpha\tau\alpha$ D.8 und dem $\lambda\dot{o}\gamma o\varsigma$ D.14, s. S. 381, 1. Parallel bzw. korrespondierend ist die Formel $\delta\iota\alpha\tau\eta\varrho\varepsilon\tilde{\iota}v\ \dot{\varepsilon}v\ \tau\tilde{\eta}\ \sigma\tilde{\eta}\ \gamma v\dot{\omega}\sigma\varepsilon\iota$ (S. 384, 2); vgl. Did. 10, 2: $\varepsilon\dot{v}\chi\alpha\varrho\iota\sigma\tau o\tilde{v}\mu\dot{\varepsilon}v\ \sigma o\iota,\ \pi\dot{\alpha}\tau\varepsilon\varrho\ \ddot{\alpha}\gamma\iota\varepsilon,\ \dot{v}\pi\dot{\varepsilon}\varrho\ \tau o\tilde{v}\ \dot{\alpha}\gamma\dot{\iota}o v\ \dot{o}v\dot{o}\mu\alpha\tau\dot{o}\varsigma\ \sigma o v,\ o\tilde{v}\ \varkappa\alpha\tau\varepsilon\sigma\varkappa\dot{\eta}v\omega\sigma\alpha\varsigma\ \dot{\varepsilon}v\ \tau\alpha\tilde{\iota}\varsigma\ \varkappa\alpha\varrho\delta\dot{\iota}\alpha\iota\varsigma\ \dot{\eta}\mu\tilde{\omega}v,\ \varkappa\alpha\dot{\iota}\ \dot{v}\pi\dot{\varepsilon}\varrho\ \tau\tilde{\eta}\varsigma\ \gamma v\dot{\omega}\sigma\varepsilon\omega\varsigma \ldots$

[2] Der $\ddot{\iota}v\alpha$-Satz D.11, der dies Motiv vorausnimmt, ist vom Evglisten in die Quelle eingefügt. [3] Zum begründenden $\varkappa\alpha\vartheta\dot{\omega}\varsigma$ s. S.291, 3.

[4] Das $\tilde{\eta}$ (bzw. $o\tilde{v}\varsigma$) $\delta\dot{\varepsilon}\delta\omega\varkappa\dot{\alpha}\varsigma\ \mu o\iota$ dürfte in N* syr⁸ mit Recht fehlen; es wird aus D.11 pedantisch ergänzt sein.

[5] Das $\dot{\varepsilon}v\ \tau.\ \dot{o}v.\ \sigma o v$, das die Zeile übermäßig lang macht, wird vom Evglisten stammen, sicher auch das $\ddot{\iota}v\alpha\ldots\pi\lambda\eta\varrho$. Dagegen dürfte das $\varepsilon\dot{\iota}\ \mu\dot{\eta}\ \varkappa\tau\lambda.$ schon in der Quelle gestanden haben, in der freilich der Artikel generell gemeint gewesen wäre: geht ein Glied der Gemeinde verloren, so ist es nie ein echtes Glied gewesen (vgl. I Joh 2₁₉). Der Evglist hat den Artikel individuell verstanden und auf Judas bezogen; er fügt daher $\ddot{\iota}v\alpha\ \varkappa\tau\lambda.$ hinzu, an 13₁₈ erinnernd. — Zum Satz, daß kein zum Heil Bestimmter verlorengeht, s. 10₂₈f. und S. 294, 3.

er die Seinen[1], sodaß keiner von ihnen verloren ging, außer dem, für den es be=
stimmt war[2]. So ist es begreiflich, wenn sich in den folgenden christlichen Gene=
rationen der Wunsch erhebt, daß man doch zur ersten Generation der Augen=
zeugen gehört hätte! Indessen, wie steht es mit der Sicherheit, die diese vor den
Nachkommenden scheinbar vorausgehabt haben? Ging denn niemand verloren?
Und wenn man sich trösten will, daß nur verloren ging, dem es verhängt war,
— wer wußte denn, ob er selbst nicht ein solcher war? Und wer von den Nach=
geborenen weiß, ob er es nicht gewesen wäre? Auf die Sicherheit kann man nur
zurückblicken als auf etwas, das einst geschenkt war; man kann nicht auf sie als
auf etwas Gegenwärtiges bauen, wie jener Wunsch es fälschlich meint. Nein!
Die Zeitgenossen hatten vor den Nachgeborenen nichts voraus; und eben das ist
der Sinn der Fürbitte: sie bittet darum, daß aus der Verschiedenheit der äußeren
historischen Situation der Generationen kein sachlicher Unterschied erwachse; und
sie zeigt eben damit an, daß ein solcher Unterschied nicht bestehe: die gleiche Be=
wahrung, in der die Jünger Jesu zu seinen Lebzeiten standen, wird auch den
Nachgeborenen zuteil werden; wer zu den echten Jüngern gehört, wird nicht
verloren gehen. Denn worin vollzog sich Jesu bisheriges τηρεῖν und φυλάττειν?
Worin anders, als darin, daß er den Seinen den Namen Gottes offenbarte (V.6),
daß er ihnen die Worte mitteilte, die ihm der Vater gegeben hatte (V.8)? Aber
all das wird ja den späteren Generationen auch zuteil werden.

Ja, mehr als das! Durch seinen Fortgang von der Welt wird der Sinn
seines irdischen Wirkens erst völlig deutlich, wird die Offenbarung erst vollendet
werden: νῦν δὲ πρὸς σὲ ἔρχομαι (V.13)[3]. Jetzt ist die Stunde der Trennung,
und die in ihr gesprochenen Worte[4], die den Sinn dieser Trennung erschließen,
bringen erst die Existenz der Jünger zur Vollendung als eschatologische Existenz.
Denn eben diese wird damit bezeichnet, daß den Jüngern die Freude, die Jesus
selbst hat, als eine vollendete, erfüllte geschenkt werden soll. Χαρά ist wie εἰρήνη,
die 14 27 16 33 an ihre Stelle tritt[5], Bezeichnung des eschatologischen, jenseitigen

---

[1] So ist es auch die Aufgabe des mandäischen Gesandten, die Gläubigen zu „be=
hüten", Ginza 335, 9 f.; 353, 1 ff.

[2] Zum Ausdruck υἱὸς τῆς ἀπ. f. 12 36 (S. 271, 6); der Gen. bezeichnet die Zugehörig=
keit (vgl. bef. Jes 57 4 II Reg 12 5 Jub 10 3 Mt 23 15). II Th 2 3 heißt so der Antichrist;
Act. Pil. II 4 (22), 3 p. 327 Tischend., der Satan.

[3] Der Satz dürfte das erste Glied eines Doppelverses sein, der unmittelbar an den
Text der Quelle V.12 anschloß. Das zweite Glied hat der Evglist durch seine Bildung
(καὶ ταῦτα λαλῶ κτλ.) ersetzt; sie dürfte dem Sinne nach gelautet haben wie V.11: καὶ
αὐτοὶ ἐν τῷ κόσμῳ εἰσίν, woran sich die mutmaßliche Fortsetzung V.14 gut anschließen
würde. Daß V.13 Bildung des Evglisten ist, ergibt sich daraus, daß das ταῦτα λαλῶ
mit der Formel ταῦτα λελάληκα (f. S. 254, 10) zusammengehört, die überall auf ihn
zurückgeht. Ferner ist die Wendung von der χαρὰ πεπληρωμένη für ihn charakteristisch,
f. 15 11 16 24 I Joh 1 4 II Joh 12.

[4] Das ἐν τῷ κόσμῳ muß infolge des Gegensatzes zum Vorausgehenden den Sinn
haben: jetzt, da ich noch in der Welt bin, im Augenblick des Abschieds. Das ταῦτα λαλῶ
bezieht sich zweifellos nicht allein auf das Gebet, sondern ebenso auf die folgenden Ab=
schiedsreden, vgl. 15 11.

[5] Εἰρήνη und χαρά verbunden in der Schilderung des eschatologischen Heils
auch Jes 55 12 Röm 14 17 (15 13) Gal 5 22 Jubil 23 29; äth. Hen. 5, 7. 9; OdSal 31 3; Act.
Thom. 148, p. 258, 1. Auch bei Philon gehören εἰρήνη und χαρά zusammen als Folge
der ἀρετή Leg. all. I 45; III 81; Cher. 86. — Schon deshalb ist das Verständnis Gulins
(a. a. O. 63 f.) zu eng: es sei die Freude am Leidensweg, der in die Herrlichkeit führe,
gemeint.

Heiles[1]. Ihm, dem Offenbarer, ist solche Freude eigen, da er das Diesseits ver=
läßt, ja eigentlich schon gar nicht mehr in der Welt ist (V.₁₁). Soll sie den Seinen
als πεπληρωμένη zuteil werden, so ist damit wie 15₁₁ gesagt, daß das, was sie
schon als Freude durch ihn gewonnen haben, zur Vollendung gebracht werden
soll; die glaubende Zuwendung zu ihm gewinnt dadurch ihren Sinn, daß das
Leben des Glaubenden sich zur eschatologischen Existenz vollende[2]. Die Freude

---

[1] Freude ist ein Charakter wie der kultischen Feier, so der (weithin nach Analogie
der kultischen Feier vorgestellten oder in ihr vorausgenommenen) Heilszeit. Wie in
ägyptischen Zukunftsschilderungen (Ad. Erman, Die Literatur der Ägypter 1923, 147.
156 f. bzw. Altorientalische Texte zum AT, hrsg. von H. Greßmann² 55. 48), so in den
Weissagungen des ATs (z. B. Jes 9₂ 35₁₀ 55₁₂ 65₁₈ Zeph 3₁₄ Sach 9₉ 10₇ Ps 126₃ff.),
des Judentums (Bar 5₁; syr. Bar. 30, 2; 73, 1 f.; äth. Hen. 5, 7. 9; 25, 6; Sibyll. III 619.
785 f.; Rabbinisches s. folgende Anm.) und des heidnischen Hellenismus (Verg. Ekl. IV
50 ff.). Ebenso im NT (Mt 25₂₁. ₂₃ Lk 1₁₄ 2₁₀ 1Th 2₁₉f. 1Pt 1₈ 4₁₃ Apk 21₄ usw.);
doch gilt hier diese Freude auch schon als gegenwärtig, ohne deshalb ihren eschatologischen
Charakter zu verlieren (Röm 15₁₃ II Kor 1₂₄ 8₂ Gal 5₂₂ und sonst); sie findet im kultischen
Jubel ihren Ausdruck (Act 2₄₆ 11₂₈D; Mart. Pol. 18, 3). Kultische Freude ist auch für
die Mysterien charakteristisch; der Festruf am dritten Tage (εὕρεσις) der römischen Isis=
Feier heißt: εὑρήκαμεν, συνχαίρομεν (Athenag. 22, p. 140, 20 f. Geffcken); im Attis=Fest
wird der 25. März nach den beiden Trauertagen als τὰ Ἱλάρια gefeiert (H. Hepding,
Attis 1903, 167 f.). Die Freude der Gottesschau beschreibt Pap. Graec. mag. IV 624 ff.
(Dieterich, Mithraslit. 10, 19 ff.); vgl. auch Apul. Met. XI 24, p. 286, 8 ff. Helm. und bes.
das Schlußgebet des λόγος τέλειος (Pap. Graec. mag. III 599 f.; Scott, Hermetica I
374/6; Reitzenst., H. M. R. 286): χαίρομεν, ὅτι σεαυτὸν ἡμῖν ἔδειξας, χαίρομεν, ὅτι
ἐν πλάσμασιν ἡμᾶς ὄντας ἀπεθέωσας τῇ σεαυτοῦ γνώσει. Hat sich hier kultische My=
sterienfrömmigkeit zur Mystik erhoben und hat die „Freude" hier eschatologisch=jen=
seitigen Charakter, so ebenfalls in der Gnosis. Nach C. Herm. 13, 8 zieht als zweite
δύναμις (nach der γνῶσις) bei der Wiedergeburt die χαρά in die Seele ein: παραγενο=
μένης ταύτης ... ἡ λύπη φεύξεται. Und 13, 18 dankt der Wiedergeborene: γνῶσις ἁγία,
φωτισθεὶς ἀπὸ σοῦ διὰ σοῦ τὸ νοητὸν φῶς ⟨ὑμνῶ⟩· ὑμνῶν δὲ χαίρω ἐν χαρᾷ νοῦ. Vgl.
auch den Text aus der „Lehre der Kleopatra" bei Reitzenst., H. M. R. 314. Wie für
die Mandäer „Freude" ein Charakter der Lichtwelt ist (Br. zu 15₁₁ und E. G. Gulin,
Die Freude im NT II 1936, 37, 1), so ist für sie der eschatologische Tag der „große Tag
der Freude" (Mand. Lit. 134); Freude hat der Offenbarer den Gläubigen gebracht (Mand.
Lit. 196):

> „Du kamest aus dem Hause des Lebens,
>   du kamest, was brachtest du uns?
> Ich brachte euch, daß ihr nicht sterbet
>   und eure Seele nicht gehemmt werde.
> Für den Tag des Todes brachte ich euch Leben,
>   für den trüben Tag Freude."

Freude und Leben gehören in den OdSal zusammen (31₆f. 41₃); der Erlöser verkündigt
Freude (31₃), und die Glaubenden empfangen sie von ihm (31₆ 32₁), sodaß sie Tag
und Nacht jubeln (41₇ 28₂ 40₄); der Herr ist ihre Freude (7₁f. 15₁); sie freuen sich
im Herrn (41₃); heilige Freude erfüllt sie als die Frucht, die sie dem Herrn bringen
(8₁f. 23₁). So ist auch für das gnostisierende Christentum der Act. Thom. die
Freude charakteristisch (c. 14, p. 120, 8; c. 142, p. 249, 2. 6. 14; c. 146, p. 255, 11; c. 148,
p. 258, 1). — Bei Philon ist das aus dieser Tradition stammende Motiv der eschatologisch=
mystischen Freude kombiniert mit der stoischen Freude=Lehre; es tritt hervor, wenn er
die reine Freude als etwas Jenseitiges, nur Gott Eigenes beschreibt (Abr. 201—207;
spec. leg. II 54 f.), die dem Menschen nur in der mystischen Vereinigung mit Gott ge=
schenkt wird (H. Lewy, Sobria ebrietas 1929, 34—37). Vgl. die Trias der Gaben, die
dem Vollkommenen zuteil wird: πίστις, χαρά und ὅρασις θεοῦ (praem. et poen. 24—51).
— Zum Ganzen s. ThWB I 19, 25 ff. 40 ff.; II 771, 23 ff.; 772, 2; 773, 12 ff. und s. v.
χαρά; Ed. Norden, Die Geburt des Kindes 1924, 57 f.; Gulin II 36 ff.

[2] E. G. Gulin, Die Freude im NT II 1936, 67—71 behauptet, daß χαρά hier
wie sonst bei Joh „metonymisch" zu verstehen sei, d. h. den Gegenstand der Freude
bedeute; das πληροῦσθαι will er nach Analogie von 7₈ 12₃₈ usw. verstehen als „ver=

25*

ist als eschatologische auch dadurch charakterisiert, daß niemand sie rauben kann (16₂₂); sie ist also, wie die εἰρήνη, die er schenkt (14₂₇), von anderer Art, als die Welt sie geben und also auch nehmen kann. Es ist **seine** Freude, die ihnen zuteil werden soll; d. h. sie sollen nicht eine Freude von der Art erhalten, wie die seine ist, sondern **diese seine** Freude **selbst** soll zu der ihren werden; dadurch nämlich, daß ihre Freude in der seinen begründet ist, wenn sich in ihnen der Sinn seines Kommens und Gehens als des eschatologischen Geschehens realisiert. Nicht auf ein künftiges dramatisches kosmisches Ereignis sollen sie warten, sondern sie sollen schon solche sein, die „vom Tode zum Leben hinübergeschritten" sind, obwohl sie noch in der Welt sind. Fragt man nach dem Woran der Freude[1], so zeigt sich, daß ein solches nicht anschaulich gemacht werden kann; es ist nichts anderes als das Wissen um die Geschiedenheit von der Welt und die Zugehörigkeit zu ihm.

Die Paradoxie dieser eschatologischen Freude hebt **D. 14** hervor:

$$\text{ἐγὼ δέδωκα αὐτοῖς τὸν λόγον σου,}$$
$$\text{καὶ ὁ κόσμος ἐμίσησεν αὐτούς}^2.$$

Die Situation der Jünger wird durch diese Sätze in ihrer Zwiespältigkeit charakterisiert: sie haben durch Jesus Gottes Wort empfangen, und doch[3] sind sie dem Haß der Welt preisgegeben[4]. Daß dieses „und doch" in Wahrheit ein „deshalb" ist, erläutert der Evglist: sie gehören ja nicht mehr zur Welt, haben ihren Ursprung nicht in ihr[5], wie Jesus selbst. Was zu ihr gehört, das liebt die Welt (15₁₉), was sich von ihr sondert, verfolgt sie mit ihrem Haß. Aber weil der Haß der Welt seinen Grund darin hat, daß die Gemeinde durch das Wort zur

---

wirklich werden", „eintreffen". Der Sinn von D.₁₃ sei: weil Jesus „seine Freude" ihnen gibt, trifft der Gegenstand ihrer Freude ein, d. h. es werden ihre freudigen Erwartungen erfüllt. Nun ist zwar richtig, daß das πληροῦσθαι der χαρά nicht bedeuten kann, daß der Freudenzustand seinen Gipfelpunkt erreicht. Aber πληροῦσθαι kann hier auch nicht wie bei γραφή oder καιρός heißen: „erfüllt werden"; denn χαρά enthält in sich gar nicht den Gedanken der Determination. Dielmehr heißt πληροῦσθαι (vgl. auch zu τελειοῦν D.₂₃): zur eschatologischen Vollendung gebracht werden. Im rabbinischen Sprachgebrauch bezeichnet „völlige Freude" die eschatologische Freude, die sich einstellen wird, wenn der Messias kommt (Pes. Kah. 21, 147a bei Schl., Spr. und H. 51 und zu Mt 9₁₅), und die aller irdischen Freude gegenüber vollendet ist (Pes. Kah. 29, 189b bei Schl., Spr. und H. 51 f. und zu Joh 3₂₉; dies und Weiteres bei Str.=B. zu 3, 29. Dagegen ist in den Beispielen bei Str.=B. zu 16₂₄ die „vollkommene Freude" die Freude am Gesetz). Nun handelt es sich bei Joh freilich nicht um den Gegensatz der irdischen und messianischen Freude, sondern um die Dollendung der Freude, die die Jünger als solche schon haben (es müßte sonst heißen: τὴν ἐμ. χαρὰν τ ὴν πεπλ.). Aber die Anlehnung an jenen Sprachgebrauch ist doch deutlich; die Vollendung ist als eschatologische gemeint wie 15₁₁ 16₂₄ I Joh 1₄ II Joh 12; f. zu D.₂₃.

[1] Dgl. z. B. die Aufzählung des verschiedenen Woran der Freude Philo leg. all. III 86 f.; quod. det. pot. ins sol. 136 f.; spec. leg. II 185; praem. poen. 32. 50.

[2] D.₁₄a ist die Fortsetzung des Textes der Quelle (f. S. 386, 3); der ὅτι=Satz D.₁₄b dürfte (wie D.₁₅) Bildung des Evglisten sein, für welche der Fortgang der Quelle (D.₁₆) als Muster gedient hat. Das Fehlen des letzten Satzes (καθὼς κτλ.) in D pc it syrˢ geht auf Homoiotel. zurück.

[3] Zu diesem καί f. S. 28, 3.

[4] Das ἐμίσησεν beschreibt als schon vollzogene Tatsache, was erst bevorstehen würde, wenn die Situation des Gebetes als historische genommen würde (f. D.₁₈). In der Anrede an die Jünger 15₁₈—16₄ wird diese Fiktion gemacht, und es steht das Futur. — Ebenso weist der Gesandte Joh.=B. 238₂₀ff. seinen Vater auf die Not der Gläubigen in der Welt hin: „Denn in Trübsal sind sie geworfen. Zorn und Verfolgung des Truges müssen sie ertragen …"; vgl. 237₂ff.

[5] Zu εἶναι ἐκ in diesem Sinne f. S.97, 3. — Zur Sache f. S.331.

entweltlichten, eschatologischen Größe geworden ist, so ist eben dieser Haß für die Gemeinde das Kriterium, daß sie wirklich, wie Jesus selbst, nicht mehr zur Welt gehört.

Eben das ist die Aufgabe der Gemeinde, in der Welt als eschatologische Gemeinde zu existieren **D. 15**: Jesus bittet nicht, daß Gott die Seinen aus der Welt fortnehme, sondern daß er sie vor dem Bösen bewahre[1]. Diese Worte richten sich einerseits gegen die urchristliche Naherwartung des Endes und die Sehnsucht nach der glorreichen Parusie, die die Gemeinde zu einer ecclesia triumphans machen soll, — nein! zum Wesen der Kirche gehört eben dieses: innerhalb der Welt eschatologische, entweltlichte Gemeinde zu sein[2]; andrerseits gegen die ständig drohende Versuchung, der Welt zu verfallen; die Gemeinde darf sich durch den Haß der Welt nicht verführen lassen, ihrem Wesen untreu zu werden; sie darf sich nicht für die Weltgeschichte mit Beschlag belegen lassen, sich als Kulturfaktor verstehen, sich in einer „Synthese" mit der Welt zusammenfinden und Frieden mit der Welt machen. Sie muß ihren Charakter der Entweltlichung festhalten, muß „vor dem Bösen, d. h. eben vor der ‚Welt', bewahrt" bleiben[3]; sie würde sonst ihr Wesen verlieren (**D. 16**):

$$\dot{\varepsilon}x \ \tauο\tilde{υ} \ κόσμου \ οὐκ \ εἰσίν,$$
$$καθὼς \ ἐγὼ \ οὐκ \ εἰμὶ \ ἐκ \ τοῦ \ κόσμου[4].$$

Ihr Ursprung und also ihr Wesen liegt ja, wie noch einmal wiederholt wird, nicht in der Welt wie Ursprung und Wesen des Offenbarers, dem sie ihre Existenz verdankt. Und durch diese Erinnerung aufs neue motiviert, wiederholt sich die Bitte um Bewahrung in neuer Form (**D. 17**):

$$ἁγίασον \ αὐτοὺς \ ἐν \ τῇ \ ἀληθείᾳ·$$
$$ὁ \ λόγος \ ὁ \ σὸς \ ἀλήθειά \ ἐστιν[5].$$

Ausgegrenzt aus der Welt soll die Gemeinde als heilige Gemeinde in der Welt stehen[6]. Aber ihre Ausgegrenztheit aus der Welt soll ihr eigen sein kraft

---

[1] D.₁₅ ist die Bildung des Evglisten; zu οὐκ . . . ἀλλά s. S.29, 1; zu ἀλλ' ἵνα S.311, 6. Αἴρειν ἐκ τ. κόσμου ist rabbinische Formel, s. Schl.; ebenso entspricht τηρεῖν ἐκ (auch Apk 3₁₀) dem rabbinischen Sprachgebrauch, s. Schl.

[2] Ginza 463, 1ff. wird der Gläubige gemahnt: „Harre aus und wohne in der Welt, bis dein Maß dir voll wird." Ähnlich 464, 16ff.: „So harre aus und wohne im Hause des Elends . . . Siehe uns an und halte dich rein."

[3] Über die Bestimmung der Welt als böse s. S.33f. Ob ἐκ τοῦ πον. mask. oder neutral zu verstehen ist, ist sachlich gleichgültig. Nach I Joh 2₁₃f. 5₁₈ möchte man mask. verstehen (vgl. Mt 6₁₃ 13₁₉. ₃₈ Eph 6₁₆ und bes. II Th 3₃: φυλάξει ἀπὸ τοῦ πονηροῦ). Aber I Joh 5₁₈f. zeigt, daß die mythologische Vorstellung hier wie I Joh 3₁₂ nur sprachliche Form ist. Für das neutrale Verständnis wäre Did. 10, 5 Parallele: τοῦ ῥύσασθαι αὐτὴν (sc. τὴν ἐκκλησίαν) ἀπὸ παντὸς πονηροῦ.

[4] Satz der Quelle, den der Evglist D.₁₄ schon benutzt hat (s. S. 388,2); das καθώς hat hier ursprünglich nicht begründenden Sinn, schwerlich auch für den Evglisten. — Auch D.₁₇ stammt aus der Quelle; das zweite Glied unterscheidet sich charakteristisch von den Definitionssätzen des Evglisten, der etwa gesagt haben würde: αὕτη δέ ἐστιν ἡ ἀλ., ὁ λόγος σου, ὃν ἐλάλησα.

[5] K pm: ἐν τ. ἀλ. σου, was Korr. ist; B pc: ἡ ἀλήθεια, was sachlich richtig ist; aber als Größe sui generis braucht ἀλ. den Artikel nicht zu haben, s. Bl.=D. § 253.

[6] Zur Bitte um Bewahrung und zum Begriff der Heiligkeit s. S. 384. Zu ἁγιάζειν = aus der Sphäre des Profanen herausnehmen und in die Sphäre des Göttlichen stellen, s. I Kor 6₁₁; Pap. Graec. n.a; . IV 522 (Dieterich, Mithraslit. 4, 22f.): ἁγίοις ἁγιασθείς ἁγίασμασι ἅγιος. Die ἐκκλησία als ἁγιασθεῖσα Did. 10,5. Br., Wörterb.; LXX=Stellen bei Williger, hagios 100, 4; vgl. bes. Sir 45₄, wo das ἡγίασεν (nämlich Gott den Mose) parallel ist mit ἐξελέξατο αὐτὸν ἐκ πάσης σαρκός, und vgl. die jüdische Formel: „Ge=

der Offenbarung[1], die fie begründet hat, und die nichts anderes ift als das ihr durch Jefus übermittelte Wort Gottes[2]. Ihre Heiligkeit beruht alfo nicht auf ihrer eigenen Qualität, ihre Abgrenzung von der Welt hat fie nicht felbft durch Ritus, Inftitution und durch befondere Lebensweife herzuftellen; dies alles kann nur Zeichen, nicht Mittel der Entweltlichung fein[3]. Ihre Heiligkeit ift alfo auch nichts Statifches, kein gegebener Befitz; fie kann fie nur haben im ftändigen Vollzug ihrer entweltlichenden Haltung, in ftändigem Bezug auf das fie aus der Welt rufende Wort, auf die fie von der Welt befreiende Wahrheit.

Die Heiligkeit der Gemeinde ift deshalb auch nichts bloß Negatives, fondern fchließt eine pofitive Aufgabe ein (**V. 18**): wie der Vater den Sohn in die Welt fandte, fo fendet diefer feine Jünger in die Welt[4]. Wie die Sendung des Sohnes in die Welt für diefen nicht nur Schickfal, fondern Aufgabe ift, fo auch die Sendung der Gemeinde durch den Sohn[5]. Die Gemeinde hat eine der feinen analoge und in ihr begründete Aufgabe[6]. So wenig wie die Gemeinde ift alfo die Welt eine ftatifche Größe. Sofern fie nicht glaubt, ift fie freilich gerichtet; aber fie wird, wie durch Jefu Perfon und Wort, fo ftändig wieder durch das Beftehen der Gemeinde in ihrer Mitte und durch deren Wort in Frage geftellt, zur Entfcheidung gerufen. Die Gemeinde übernimmt Jefu Angriff auf die Welt, das

---

priefen fei, der uns geheiligt hat durch feine Gebote" (Schl. z. St. und zu V.19); Str.=B. z. St.); f. ferner S. 384, 5. Sachlich vgl. Mand. Lit. 128: „Er fonderte ab die Freunde feines Kušta (= ἀλήθεια=)Namens von der Finfternis zum Lichte, vom Böfen zum Guten, vom Tode zum Leben und ftellte fie auf den Pfaden der Kušta und des Glaubens auf." Vgl. vor allem Act. Thom. 156, p. 266, 3: ἁγίασον αὐτοὺς ἐν μιαρᾷ χώρᾳ (fo wird zu lefen fein); die Bitte entfpricht genau der joh.: die in der Welt befindlichen Glaubenden follen ihr enthoben fein. (Die Fortfetzung p. 266, 4ff. geftaltet die Bitte um in paulinifcher Terminologie.) — Enger ift der Sinn I Klem 60₂: καθάρισον ἡμᾶς τὸν καθαρισμὸν τῆς σῆς ἀληθείας, wo fpeziell die Sündenvergebung gemeint ift.

[1] Das ἐν ift zweifellos inftrumental; f. S. 384f. (bef. 38᷍, 1). Wie ὄνομα kann auch ἀλ. als δύναμις aufgefaßt werden, f. ZNTW 27 (1928), 152. 157f.

[2] Zu ἀλήθεια und zum Verhältnis von ἀλ. zu λόγος, ῥήματα, ὄνομα f. S. 381, 1; 384f.; f. auch Afting, Heiligkeit im Urchriftentum 313f. Vgl. Mand. Lit. 165: „Ihr feid aufgerichtet und gefeftigt, meine Erwählten, durch die Rede der Wahrheit, die zu euch gekommen ift . . ." (Weiteres bei Afting). — Der Sinn von ἀλ. ift alfo anders als in der formalen Par. Ψ 118₁₄₂: ὁ λόγος σου ἀλήθεια (אמת) = „dein Wort fteht feft"; ebenfo R. Exod. 38, 1 (bei Schl.). — Bei Plut. de Is. et Os. 1f., p.351e wird der durch den Kultus vermittelten Heiligkeit die durch die ὄρεξις τῆς ἀληθείας erlangte gegenübergeftellt. Aber die ἀλ. ift hier nicht die offenbarte Wirklichkeit Gottes, fondern die rechte Erkenntnis des Seienden; denn das εὔδαιμον der αἰώνιος ζωή ift: τὸ τῇ γνώσει μὴ ἀπολιπεῖν τὰ γινόμενα (an Erkenntnis nicht hinter der Wirklichkeit zurückbleiben) bzw. γινώσκειν τὰ ὄντα καὶ φρονεῖν.

[3] Im Judentum dagegen wird die Heiligkeit durch die Erfüllung der Gebote gefichert; Tanch. שלח 31, 74 (Schl. zu V.19): ἐφ᾽ ὅσον ποιεῖτε τὰς ἐντολάς, ὑμεῖς ἐστε ἡγιασμένοι· ἀπεκλίνατε ἀπὸ τοῦ νόμου, γεγόνατε βεβεβηλωμένοι (Schl.s Übertragung). Bei Ign. Eph. 2, 2 (ἵνα . . . κατὰ πάντα ἦτε ἡγιασμένοι) bewährt die Gemeinde ihre Heiligkeit durch einmütigen Gehorfam unter Bifchof und Presbyterium.

[4] V.₁₈ ift fchwerlich ein Satz der Quelle, deren Text mit V.₁₇ vielleicht zu Ende ift; doch f. S. 392, 6. Die Ausfendung der Erwählten in die Welt durch den Erlöfer hat im Mythos keine Parallele. Als folche könnte höchftens der Gedanke gelten, daß das „finftere Haus" der Welt durch die in it᷍ weilende Seele erleuchtet wird (Ginza 514, 18f.; 515, 20ff.; 109, 6ff.).

[5] Ἀπέστειλα Aor. wie ἐμίσησεν V.₁₄; f. S. 388, 4. Daß die Sendung der Jünger in das Leidensfchickfal fendet (Gulin a. a. O. 57), ift richtig; ἀποστέλλειν ift aber primär die Sendung in eine Aufgabe.

[6] Zum begründenden καθώς f. S.291, 3.

ἐλέγχειν und κρίνειν, wie 16₈-₁₁ ſagen wird, — den Angriff, der zugleich die paradoxe Form des Liebeswerbens um die Welt iſt (3₁₆), der der Welt die Mög=lichkeit des Glaubens ſtändig eröffnet (V.₂₁.₂₃). Sie übernimmt dieſen Angriff und die Pflicht des Werbens nicht erſt durch Miſſionsunternehmungen, ſondern ſchon einfach durch ihre Exiſtenz.

Ihre Aufgabe kann die Gemeinde nur übernehmen, wenn ſie bleibt, was ſie iſt, die aus der Welt ausgegrenzte Gemeinde, deren Exiſtenz einzig auf Gottes Offenbarung in Jeſus gründet. So wendet ſich das Gebet wieder zurück zum Gedanken der Heiligkeit der Gemeinde, und indem der alte Abendmahlsbericht mit ſeinem ὑπὲρ ὑμῶν¹ interpretiert wird, heißt es **D.19**: καὶ ὑπὲρ αὐτῶν ἐγὼ ἁγιάζω ἐμαυτόν². Jeſus, der ἅγιος τοῦ θεοῦ (6₆₉), erweiſt ſeine Heiligkeit dadurch, daß er ſich für die Seinen opfert³. Wie ſeine Sohnſchaft, ſeine δόξα nichts iſt, was er für ſich hat, ſondern wie ſein beſonderes Sein, kraft deſſen er Gottes Sohn iſt, ſein Sein für die Welt, bzw. für die Seinen, iſt⁴, ſo iſt ſeine Heilig=keit nichts anderes als der Vollzug dieſes ſeines Seins für die Welt, für die Seinen. Da das Weſen der Welt nicht in einem kosmiſch=ſubſtantialen Andersſein als Gott beſteht, ſondern in ihrem Gerichtetſein gegen Gott, in ihrer Empörung gegen Gott⁵, ſo iſt auch ſeine Heiligkeit kein ſtatiſches, ſubſtantiales Andersſein als die Welt, ſondern er gewinnt ſie erſt im Vollzuge ſeines Eintretens für Gott gegen die Welt. Dieſer Vollzug aber heißt Opfer. Im Opfer iſt er in der gött=lichen Weiſe ſo gegen die Welt, daß er zugleich für ſie iſt; — für die Seinen, ſofern ſich an ihnen verwirklicht, was er für die Welt iſt. So findet ſein Opfer ſeinen Sinn darin: ἵνα ὦσιν καὶ αὐτοὶ ἡγιασμένοι ἐν ἀληθείᾳ = daß auch die Seinen wahrhaft geheiligt ſeien⁶. Natürlich heißt das nicht, daß ſie eine

---

¹ 1 Kor 11₂₄, vgl. das ὑπέρ Mk 14₂₄ und in all den Wendungen, die vom Tode Jeſu Chriſti als eines Opfers für die Gemeinde reden, ſ. S.175, 2; ſ. ferner 10₁₅ 11₅₀f.

² Das ἐγώ, das in ℵAW pc fehlt, iſt nicht geſichert; jedenfalls trägt es keinen beſonderen Ton.

³ Ἁγιάζω bedeutet hier im Abſchiedsgebet am Eingang der Paſſion und ver=bunden mit dem ὑπὲρ αὐτῶν „heiligen" im Sinne von „zum Opfer weihen", wie auch Chryſ. erklärt τί ἐστιν· ἁγιάζω ἐμαυτόν; προσφέρω θυσίαν (bei Br. mit der Fortſetzung). Außerhalb der Bibel iſt das Wort ſelten, ſ. Br., Wörterb. und ſ. S. 389, 6. In LXX ſteht ἁγιάζειν häufig für ‏קדשׁ‎ = weihen, Gott bzw. der Sphäre des Kultus zueignen (Frid=richſen, Hagios=Qadoš 8). Die Weihe zum Opfer iſt gemeint Ex 13₂ Dt 15₁₉, die Prieſter=weihe Ex 28₄₁. Schwerlich iſt Joh 17₁₉ auch auf dieſe angeſpielt (obwohl bei Philon der Logos als Prieſter und Hoherprieſter gilt, leg. all. III 82; de ſomn. I 215; II 183), ſodaß Jeſus als Prieſter und Opfer zugleich charakteriſiert würde (wie Hb 9₁₁-₁₄), — ſo richtig es an ſich iſt, daß Jeſu Selbſtopfer das prieſterliche Opfer erſetzt. Aber auch 10₁₈ 15₁₃ iſt Jeſu Selbſthingabe des Lebens nicht als prieſterlicher Akt charakteriſiert. Vgl. noch IV Makk 17₂₀: die Märtyrer als ἁγιασθέντες. Dagegen iſt das „ſich ſelbſt heiligen" des frommen Juden, das in der Erfüllung der Gebote beſteht (Schl. und Str.=B. 3. St.) keine Parallele; es hat nur den negativen Sinn der Ausgrenzung und enthält nicht das Moment des ὑπέρ. Da die Anſpielung auf die Abendmahlsworte doch wohl unbeſtreitbar iſt, trifft auch Aſtings Interpretation (Heiligkeit 314f.) nicht zu: „Ich kehre zu ihrem Beſten in die himmliſche Sphäre zurück." Richtig ſagt M. Dibelius (Feſtg. für Deißmann 182, 2), daß ἁγ. vom Sendungsgedanken aus zu verſtehen ſei (ſ. S. 34+f.); falſch aber iſt es, dadurch den Opfergedanken auszuſchließen; beides iſt für Joh eine Einheit; für ihn beginnt die Paſſion ſchon mit der Fleiſchwerdung.

⁴ S. 4₃₄ (S.143); 5₁₉ (S.186); 12₄₄f. (S.262); 10₁₄f. (S. 290f.).

⁵ S. S. 33f. 243.

⁶ Da hier ἐν ἀλ. im Unterſchied von V.₁₆ ohne Artikel ſteht, wird man die Wen=dung im adverb. Sinne = ἀληθῶς verſtehen müſſen (ſo wohl auch I Joh 3₁₈; zwei=deutig II Joh 1 III Joh 1), wenn auch das Verſtändnis im Sinne von ἐν τῇ ἀλ. ſachlich

von überirdischen Kräften durchströmte Sakramentsgemeinschaft sein sollen — der Evglist hat ja gerade den Bericht von der Stiftung des sakramentalen Mahles durch das Gebet Jesu ersetzt[1] —, sondern daß sie der Welt — als dem Bösen (V.15) — entnommen sein sollen, und zwar — wie sie nach 15₃ rein sind um seines Wortes willen — durch die ἀλήθεια, durch die im Worte Jesu sich vollziehende Erschließung Gottes (V.16f.); daß sie „bewahrt" bleiben sollen durch den „Namen Gottes" (V.11). Es hätte wohl auch gesagt werden können: „damit auch sie sich heiligen für einander"[2]. Und zweifellos schließt die Sendung der Gemeinde in die Welt (V.18) auch die Forderung der Opferbereitschaft in der Nachfolge Jesu ein. Ausdrücklich gesagt aber ist nur das andere: der Sinn des Opfers Jesu findet darin seine Erfüllung, daß eine in ihm gegründete, der Welt enthobene Gemeinschaft der Seinen besteht[3].

3. Die Bitte um Einheit der Gemeinde: 17₂₀₋₂₃.

Das V.11 schon kurz erklungene Motiv wird jetzt zum selbständigen Gegenstand der Bitte: die Einheit der Gemeinde. Und dabei wird jetzt (V. 20)[4] ausdrücklich betont, daß Jesu Fürbitte ihren Bezug nicht nur auf die historische Situation hat, in der sie der Evglist gesprochen sein läßt, sondern daß sie für alle Gläubigen, jetzt und künftig, gesprochen ist[5]. Natürlich gilt das auch für alle vorangegangenen Bitten; daß es erst jetzt ausdrücklich gesagt wird, ist leicht verständlich: die Bitte um die Einheit der Gemeinde faßt ja deren Erstreckung durch die Zeit bewußt in den Blick. Für alle Glaubenden also, über Raum und Zeit hinüber, ergeht die Bitte: ἵνα πάντες ἓν ὦσιν (V. 21). Aber wie ist die hier erbetene Einheit genauer zu verstehen? Es kann nicht die Bitte um die Sammlung derer sein, die — zerstreut in alle Welt — dem Offenbarer kraft ursprünglicher Verwandtschaft zu eigen gehören[6]. Denn Jesus betet ja für die, die schon gesammelt sind, für die Glaubenden. Auch hat der Evglist dadurch, daß er die Bitte um Einheit V.11 mit der um Bewahrung verknüpft hat, gezeigt, daß er sie als die Bitte um die innere Einheit der Gemeinde, um ihre Einheitlichkeit versteht. Diese Einheit ist natürlich nicht als die einer Organisation gedacht[7]. Durch das περὶ τῶν πιστευ-

richtig wäre (so 4₂₃f. II Joh 3f. III Joh 3f.; der Artikel kann fehlen; s. Bl.=D. § 258). Die wahrhafte Heiligkeit ist dann gemeint im Gegensatz zu aller kultischen (4₂₃f.; s. S. 140f.), nicht im Gegensatz zu der, die die Jünger bisher schon hatten (Asting, Heiligkeit 315).

[1] S. S. 370f., auch S. 360.

[2] Vgl. die Folge von 13₁₂₋₂₀ auf 13₆₋₁₁.

[3] Gulin a. a. O. 57 möchte überhaupt verstehen: damit sie (zum Opfer) geweiht seien. Aber das ἐν ἀλ. und die Parallelität von ἁγιάζειν und τηρεῖν macht diese Auffassung unwahrscheinlich.

[4] V.20 ist als Bildung des Evglisten deutlich; zu dem οὐ μόνον, ἀλλὰ καί s. S. 177, 5.

[5] Vgl. Act. Petri c. Sim. 9, p. 96, 3f.: ὑμεῖς οὖν, ἀγαπητοί μου, καὶ οἱ νῦν ἀκούοντες καὶ οἱ μέλλοντες ἀκούειν. Die Mahnrede Ginza 26, 1 ff. richtet sich an „alle Nasoräer, die jetzt sind, und die noch geboren werden sollen". Vgl. auch Mand. Lit. 140: „Nun beten wir zu dir (die Gläubigen zu Manda dhaije) ... für uns, unsere Freunde, die Freunde unserer Freunde, die Freunde des großes Stammes des Lebens und das ganze Nasiräertum des Lebens, das in der Tibil (auf Erden) angefüllt und ausgesät ist ..."

[6] Das wäre im Sinne des Mythos gedacht (s. S. 281, 1. 2; 285; 292, 8) und vgl. bes. Act. Io. 95, p. 198, 9: ἑνωθῆναι θέλω καὶ ἑνῶσαι θέλω. In der Tat könnte den Bitten V. 20-23 ein Quellentext zugrunde liegen, in dem die Bitte diesen Sinn hatte. Er ist aber vom Evglisten so stark bearbeitet, daß man ihn kaum noch rekonstruieren kann.

[7] Bei Ign. hat der Gedanke diese Wendung gewonnen; vgl. Eph 51: ... ὑμᾶς μακαρίζω τοὺς ἐγκεκραμένους οὕτως (die mit dem Bischof verbundenen), ὡς ἡ ἐκκλησία Ἰ. Χριστῷ καὶ ὡς Ἰ. Χριστὸς τῷ πατρί, ἵνα πάντα ἐν ἑνότητι σύμφωνα ᾖ.

ὄντων διὰ τοῦ λόγου αὐτῶν εἰς ἐμέ V.₂₀)[1] ist indirekt gesagt, daß die Einheit eine solche der Tradition des Wortes und des Glaubens ist; und wie sich solche Weitergabe des Wortes vollzieht, zeigt konkret wie das Evg selbst, so I Joh (vgl. bes. 1₃).

Vielleicht könnte man fragen, warum von der Einheit der Liebe, wie sie in I Joh als Konsequenz des Glaubens entwickelt wird, hier nicht die Rede ist. Aber das Thema der ἀγάπη soll ausdrücklicher Behandlung vorbehalten bleiben und ist hier nur angedeutet, indem zu dem ἵνα πάντες ἓν ὦσιν gefügt wird: καθὼς σύ, πάτηρ, ἐν ἐμοὶ κἀγὼ ἐν σοί, damit, ähnlich wie schon V.₁₁, sowohl Art wie Grund der Einheit aufgezeigt werde. Die Einheit der Seinen soll der zwischen Vater und Sohn gleichen[2]; d. h. also: wie das Sein des Sohnes ein Sein für den Vater ist und umgekehrt, so muß das Sein der einzelnen Glaubenden ein Sein für einander sein; — wie 13₃₄f. 15₁₂ sagen wird: in der Verbundenheit der ἀγάπη[3]. Und wie im Sohn der Vater begegnet, weil der Sohn nichts Individuelles für sich ist, so darf auch innerhalb der Gemeinde der Eine im Anderen nicht die Individualität sehen, schätzen oder kritisieren, sondern er darf in ihm nur das Glied der Gemeinde sehen[4]. Nicht persönliche Sympathien oder gemeinsame Zwecke konstituieren die Einheit, sondern das in allen lebendige, die Gemeinde begründende Wort, dessen Anspruch und Gabe Jeder dem Anderen gegenüber vertritt, indem er für ihn ist[5].

Aber solche Einheit ist auch in der Einheit von Vater und Sohn begründet. Kraft der Einheit von Vater und Sohn ist ja Jesus der Offenbarer; und in dieser Tatsache soll die Einheit der Gemeinde gründen. Sie gründet also nicht in natürlichen oder weltgeschichtlichen Gegebenheiten, und sie kann auch nicht durch Organisation, durch Institutionen oder Dogmen hergestellt werden; diese können echte Einheit höchstens bezeugen, sie können sie aber auch vortäuschen. Geschaffen werden kann die Einheit nur durch das Wort der Verkündigung, in der der Offenbarer — in seiner Einheit mit dem Vater — jeweils gegenwärtig ist. Und bedarf die Verkündigung zu ihrer Realisierung in der Welt der Institutionen und Dogmen, so können diese doch nicht die Einheit echter Verkündigung garantieren. Andrerseits braucht durch die faktische Zersplitterung der Kirche, die übrigens gerade

---

Mg. 1, 2: Ign. wünscht den Gemeinden die ἕνωσις σαρκὸς καὶ πνεύματος Ἰ. Χριστοῦ. … πίστεώς τε καὶ ἀγάπης, … τὸ δὲ κυριώτερον Ἰησοῦ καὶ πατρός. Vgl. auch Ign. Eph. 2, 2.

[1] Τῶν πιστευόντων zeitlos charakterisierendes Part. wie Röm 1₁₆ und sonst. — Διὰ τ. λόγ. αὐτ. geht natürlich nicht nur auf die Predigt der ersten Generation, sondern auf die christliche Predigt überhaupt. Auf den Unterschied zwischen διὰ τοῦ λ. hier und διὰ τὸν λ. 4₃₉. ₄₁ weist Schl. mit Recht hin.

[2] Zur Einheit von Vater und Sohn und zu ihrer Beschreibung durch die Reziprozitätsformel s. S. 290f. 17₂₁ ist die Einheit wie 10₃₈ 14₁₀ als das gegenseitige Ineinandersein beschrieben wie in der „Biene" des Salomon von Bosra c. 37 (Reitzenst., J. E. M. 100); s. auch Wetter, Verherrlichung 77ff.

[3] Wie ja auch der Vater den Sohn liebt V.₂₃f. ₂₆; s. S. 119, 3.

[4] Vgl. Ign. Mg. 6, 2: μηδεὶς κατὰ σάρκα βλεπέτω τὸν πλησίον, ἀλλ᾽ ἐν Ἰ. Χριστῷ ἀλλήλους διὰ παντὸς ἀγαπᾶτε.

[5] Falsch daher Ho.s Charakteristik: die Einheit „sei zunächst als Einheit der Motive und Zielpunkte des geistigen Strebens zu denken, bedingt durch die Einheit des Gottesbildes im Bewußtsein aller Einzelnen …". Das ist offenbar idealistisch gedacht. Nicht besser B. Weiß, der zwar gegen Ho. protestiert, selbst aber die Einheit als „eine durch die mystische Lebensgemeinschaft mit Christus und Gott vermittelte Lebenseinheit" versteht. Br. sieht richtig, daß die spezifische kirchliche Einheit gemeint ist.

die Folge ihrer Institutionen und Dogmen ist, die Einheit der Verkündigung nicht vereitelt zu werden. Überall kann das Wort echt erklingen, wo die Tradition festgehalten wird.

Da die Echtheit der Verkündigung nicht durch Institutionen und Dogmen kontrollierbar ist und da der dem Wort antwortende Glaube unsichtbar ist, so ist auch die echte Einheit der Gemeinde unsichtbar, wenngleich sie sich nach 13₃₅ in dem ἀλλήλους ἀγαπᾶν bezeugen soll. Unsichtbar ist sie, da sie überhaupt kein weltliches Phänomen ist; das sagt der zweite ἵνα-Satz, der den ersten wieder aufnimmt: ἵνα καὶ αὐτοὶ ἐν ἡμῖν ὦσιν[1]. Das ἓν εἶναι ist also gleichbedeutend mit dem ἐν ἡμῖν εἶναι; die Gemeinde ist eine einige dadurch, daß sie nicht mehr zur Welt gehört, weil sie völlig bestimmt ist[2] durch das in Jesus sich ereignende Offenbarungsgeschehen, weil sie eine eschatologische Größe ist. Aber deshalb ist die Unsichtbarkeit ihrer Einheit auch nicht die Unsichtbarkeit einer Idee, sondern die des eschatologischen Geschehens, das sich, nur dem Glauben verständlich, jeweils innerhalb der Geschichte ereignet. Das Christentum ist nicht eine welt= geschichtliche Größe, sodaß sein „Wesen", das seine Einheit konstituiert, erst aus einer Übersicht der Geschichte abgelesen werden könnte und denen, die in dieser Geschichte leben, also eigentlich verborgen wäre. Vielmehr vollzieht sich diese Einheit jeweils in Verkündigung und Glauben[3].

Zweck oder Folge solcher Einheit[4] ist: ἵνα ὁ κόσμος πιστεύῃ ὅτι σύ με ἀπέστειλας. Gibt es im Kosmos, in der Geschichte, jene eschatologische Ge= meinde, so gibt es für die Welt immer wieder die Möglichkeit des Glaubens. Die Gemeinde ist freilich für die Welt immer ein Ärgernis, das ihren Haß entflammen kann (V.14). Aber eben damit ist ihr ja auch immer die Möglichkeit der Ent= scheidung für den Offenbarer gegeben, die immer Überwindung des Anstoßes war und sein wird. Freilich auch die Möglichkeit der Entscheidung gegen ihn und damit jene Möglichkeit der Erkenntnis, die Verzweiflung bedeutet[5]. Aber darauf ist hier nicht reflektiert, vielmehr nur auf die Möglichkeit des Glaubens[6]. Und deshalb ist das Gebet für die Gemeinde zugleich auch eine Fürbitte für die Welt, in der die Gemeinde, wie V.18 schon sagte, ihre Aufgabe hat[7].

Die Bitte um die Einheit der Gemeinde empfängt V. 22 f. erneute Moti= vierung, indem nicht nur noch einmal die Erkenntnis der Welt als letztes Ziel dieser Einheit genannt wird (V.23b), sondern diese Einheit auch als Sinn und Erfüllung des Offenbarungswirkens Jesu bezeichnet wird[8]. Zweimal wird dieser

---

[1] Die beiden von ἐρωτῶ (V.20) abhängigen ἵνα-Sätze (der dritte ἵνα-Satz steht nicht mehr in dieser Abhängigkeit), die sachlich parallel sind, konkurrieren formal miteinander. Vermutlich gehörte einer von beiden der Quelle an. Das ἕν, das ℵ K pl lat im zweiten Satz vor ὦσιν einfügen, ist natürlich angleichende Korrektur, wenngleich sachlich nicht falsch. [2] Zu εἶναι ἐν s. S.243, 1. [3] S. S.232f. [4] Das ἵνα von V.21 hängt nicht mehr wie die beiden ersten von ἐρωτῶ (V.20) ab, sondern gibt Zweck oder Folge des ἕν (bzw. ἐν ἡμῖν) εἶναι an. Aber auch wenn der Glaube der Welt als die Folge der Einheit der Gemeinde gedacht ist, so erscheint diese Folge doch im Zshg der Bitte als Endziel. [5] Vgl. 8₂₈ und s. S.266. [6] Da gesagt ist ἵνα ... πιστεύῃ, nicht etwa ἵνα γινώσκῃ, ist sicher in diesem Sinne und nicht nach 8₂₈ zu interpretieren; dann ist natürlich auch das ἵνα γιν. V.23 im Lichte des ἵνα πιστ. zu verstehen. — Ob πιστεύῃ (ℵ*BCW) oder πιστεύσῃ (KD Θ) gelesen wird, bleibt sich gleich. [7] S. S. 390 und vgl. Faulhaber 58f. [8] Die Sätze ἵνα ὦσιν κτλ. in V.22 und 23 sind offenbar parallele Finalsätze und entsprechen den beiden ersten ἵνα-Sätzen von V.21. Der zweite ἵνα-Satz von V.23 (ἵνα

Gedanke zum Ausdruck gebracht und dadurch sein Gewicht betont: die δόξα, die ihm der Vater verliehen hatte, hat er den Seinen gegeben, damit sie eins seien, wie er und der Vater eins sind (V.₂₂); er ist in ihnen und der Vater in ihm, damit sie vollendet werden zur Einheit (V.₂₃ₐ)[1]. Der Sinn der beiden Sätze ist der gleiche; sie sagen, daß Jesu Werk seine Erfüllung darin findet, daß es eine einheitliche Gemeinde gibt. Sein Werk wird zuerst damit beschrieben, daß er den Seinen die ihm vom Vater geschenkte δόξα gegeben hat. Wieder ist damit in der Sprache des Mythos[2] sein Wirken als das des Offenbarers beschrieben; denn was heißt das anderes, als daß er ihnen den Namen Gottes offenbarte (V.₆), den Gott ihm gegeben hatte (V.₁₁)?, als daß er ihnen Gottes Worte übermittelte, die er von Gott erhalten hatte (V.₈)? Er hat ihnen seine δόξα also geschenkt dadurch, daß er unter ihnen als der Offenbarer anerkannt wird und damit selbst verherrlicht ist (V.₁₀). Aber wenn einerseits der Glaube der Gemeinde ihre δόξα heißen kann, die ihr von ihm geschenkt wurde, wenn sie also in gleicher Weise verherrlicht ist wie er selbst, und wenn andrerseits seine δόξα darin besteht, daß er der Offenbarer ist und als solcher geglaubt wird[3], so gilt auch von der Gemeinde, daß sie an seinem Offenbarungswirken teilbekommt. So hatte ja schon V.₁₈ gesagt, daß er die Seinen in die Welt sendet, wie ihn der Vater gesandt hatte; so hatte schon V.₂₁ die Aufgabe der Gemeinde für die Welt als letztes Ziel hingestellt, wie es gleich V.₂₃ᵦ wieder tun wird. In der Tat: daß er ihnen seine δόξα schenkte, bedeutet, daß nach seinem Weggang sie ihn in der Welt vertreten sollen, daß seine „Geschichte" nicht zu einem Stück Vergangenheit wird, sondern als eschatologisches Geschehen in der eschatologischen Gemeinde ständig in der Welt präsent ist[4].

γινώσκῃ) ist ihnen nicht parallel; er entspricht dem dritten ἵνα=Satz von V.₂₁. — Die Überfülle der Sätze in D.₂₁₋₂₃ geht gewiß darauf zurück, daß der Evglist eine Quelle bearbeitet hat. Jedoch liegt kein Anlaß zur Annahme redaktioneller Glossen und zu ihrer Ausscheidung vor, wie Hirsch (II 117f.) meint. Es ist nicht richtig, daß V.₂₀f. von den späteren Heidenchristen rede, während das αὐτοῖς D.₂₂ auf die Jünger gehe, die gegenwärtig das Gebet hören; sondern wie D.₂₀f. nicht nur auf die gegenwärtigen Jünger, sondern auch auf die künftigen geht, so sind in dem αὐτοῖς D.₂₂ die Glaubenden aller Zeiten einbegriffen. Die historische Situation, in die der Evglist das Gebet gefaßt hat, darf nicht gepreßt, und das δέδωκα D.₂₂ darf nicht pedantisch auf den historischen Moment eingeschränkt werden.

[1] Da die beiden ἵνα ὦσιν=Sätze parallel sind (s. vor. Anm.), müssen auch die Sätze κἀγὼ τ. δόξαν κτλ. (D.₂₂) und ἐγὼ ἐν αὐτ. κτλ. (D.₂₃) als parallele Sätze verstanden werden.

[2] Die Vorstellung, daß der Gesandte die Glaubenden „verherrlicht", d. h. mit dem Glanz oder Licht ausstattet, die ihm selbst eigen sind, ist häufig in den mandäischen Schriften; s. Schlier, Relig. Unters. 66. Vgl. bes. Mand. Lit.193: „Verborgene Mysterien offenbarte er und legte Glanz über seine Freunde." Mand. Lit. 128:
  „Seiet ihr mein Glanz, und ich werde euer Glanz sein;
   seiet ihr mein Licht und ich werde euer Licht sein."
Ign. Eph. 2, 2: πρέπον οὖν ἐστιν κατὰ πάντα τρόπον δοξάζειν 'Ι. Χριστὸν τὸν δοξάσαντα ὑμᾶς. — Die Vermutung R. Ottos (Reich Gottes und Menschensohn 1934, 274), daß D.₂₂ die joh. Umformung der Verheißung Lf 22₂₉ sei, hat also wenig Wahrscheinlichkeit. Die Vorstellung stammt aus dem gnostischen Mythos, die Form hat ihr der Evglist gegeben, dessen Stil deutlich erkennbar ist; zum vorausgenommenen Obj. s. D.₂ und S.174, 1.

[3] S. S.375.

[4] Wie im Mythos eine Analogie zwischen dem Erlöser und den Erlösten besteht, so auch bei Joh zwischen Jesus und den Seinen. Wie er in die Welt gesandt ist, so sendet er sie (17₁₈); wie er in der Welt und doch nicht von der Welt ist, so auch sie (17₁₄. ₁₆ 15₁₉);

Das Gleiche aber sagt der parallele Satz: „Ich bin in ihnen, und du bist
in mir" (V.23). Denn er ist „in ihnen" nicht als Bild historischer Erinnerung,
das sehnsüchtige oder fromme Verehrung weckt oder zu begeisterter Nachahmung
aufruft, sondern eben als der Offenbarer, als der, in dem Gott ist. Daß sich
dieses sein Sein in ihnen darin realisiert, daß die Gemeinde von ihm zeugt im
Worte, das ihn verkündigt, werden die folgenden Reden zeigen.

Diese Tatsache nun, daß er als der Offenbarer in der Gemeinde gegenwärtig
ist, soll ihre Krönung darin finden, daß die Gemeinde einig sei: „Damit sie
eins seien, wie wir eins sind" (V.22)[1], „damit sie vollendet seien zur
Einheit" (V.23a)[2]. Sollte man nicht erwarten, daß umgekehrt die Einheit der
Gemeinde die Bedingung dafür wäre, daß sie als echte eschatologische Gemeinde,
in der er gegenwärtig ist, ihn in der Welt vertreten kann? Wie kann die Einheit
der Gemeinde als der Zweck seiner Gegenwart in ihr bezeichnet werden? Das
wäre nicht möglich, wenn die Einheit als ein weltliches Phänomen verstanden
wäre, als die in Institutionen und Dogmen durchgeführte, organisierte Einheit[3].
Eine solche ließe sich nicht als Endzweck, sondern nur als Mittel zum Zweck be=
greifen. Aber auch als menschlich=brüderliche Eintracht kann die Einheit nicht
gemeint sein[4]; denn daß eine solche als das Ziel des Offenbarungswirkens Jesu,
als der Sinn der eschatologischen Gemeinde gelten sollte, wäre unbegreiflich,
so gewiß die Eintracht des ἀλλήλους ἀγαπᾶν ein Kennzeichen der Gemeinde
sein soll (13 35). Die Einheit muß vielmehr als ein wesentlicher Charakter der
Gemeinde als eschatologischer verstanden werden, wenn sie als etwas Besonderes

wie die Welt ihn haßt, so haßt sie auch die Seinen (17 14 15 18 ff.). Wie sein Werk ein
μαρτυρεῖν war, so das ihre (15 27); sie vollbringen die gleichen Werke wie er (14 12); an
der Stellung zu ihnen entscheidet sich das Schicksal der Welt (I Joh 4 5 f. 5 1) wie an der
Stellung zu ihm (8 42 18 37); wie er die Welt besiegt hat (16 33), so ihr Glaube (I Joh 5 4);
s. auch S. 390 f.

[1] In dem diese Einheit charakterisierenden καθώς=Satz tritt an die Stelle der
Reziprozitätsformel von V. 21 jetzt die einfachere Beschreibung der Einheit: καθὼς ἡμεῖς
ἕν (sc. ἐσμέν); vgl. V. 11 10 30.

[2] Τελειοῦν hat hier (anders 4 34 usw., s. S. 143, 3) eschatologischen Sinn wie
I Joh 2 5 4 12. 17 f. und wie πληροῦν D. 13 (s. S. 387, 2). Als eschatologisches Prädikat be=
gegnet „Vollendung" häufig in den mandäischen Schriften. Die Stätte der Seligkeit ist
das „Haus der Vollendung" (Ginza, häufig, s. den Index bei Lidzb.). Der „böse Abathur"
schuf zwar, hat aber nichts „vollkommen" hergestellt (Ginza 305, 28 ff.). Der Fromme
wartet darauf, daß „das Licht vollkommen aufgerichtet" wird; die Gläubigen heißen
„die Vollkommenen" (Index zum Ginza). Weiteres zu I Joh 2 5. Vgl. C. Herm. 4, 4:
ὅσοι μὲν οὖν συνῆκαν τοῦ κηρύγματος καὶ ἐβαπτίσαντο τοῦ νοός, οὗτοι μετέσχον
τῆς γνώσεως καὶ τέλειοι ἐγένοντο ἄνθρωποι, τὸν νοῦν δεξάμενοι. Ferner Did. 10, 5:
μνήσθητι, κύριε, τῆς ἐκκλησίας σου τοῦ ῥύσασθαι αὐτὴν ἀπὸ παντὸς πονηροῦ καὶ
τελειῶσαι αὐτὴν ἐν τῇ ἀγάπῃ σου. Act. Thom. 54, p. 171, 10 f.: Jesus übergibt dem
Thomas eine Jungfrau mit der Weisung: σὺ ταύτην παράλαβε ἵνα τελειωθῇ καὶ μετὰ
ταῦτα εἰς τὸν αὐτῆς χῶρον συναχθῇ. — Wieweit Mysterienterminologie vorliegt
(s. Reitzenst., h. M. R. 338 f. und Br., Wörterb. zu τέλειος 2b), wieweit der Sprach=
gebrauch des Dualismus, der zwischen dem Weltlichen und Göttlichen als dem Unvoll=
kommenen und Vollkommenen unterscheidet, wird oft schwer zu sagen sein, da beides
sachlich verwandt ist. Verwandt auch der Sprachgebrauch, wonach τελειωθῆναι auf die
Vollendung im seligen Sterben geht (I Klem 50, 3; Mart. Andr. 11, p. 64, 4; Mart.
Matth. 31, p. 261, 23 usw.), nur daß hier zugleich der zeitliche Sinn mitklingt: das Ende
der Laufbahn erreichen.

[3] S. S. 392. 393 f.

[4] Nonnus beschreibt die Einheit der Jünger durch ὁμόφρονες (XVII 34) und
ὁμόζυγες (XVII 64. 68).

vom Sein der Gemeinde als einer Glaubensgemeinde abgehoben und als ihr
Sinn bezeichnet werden kann. Offenbar kommt in der Einheit der Gemeinde
gerade zum Ausdruck, daß sie eschatologische, entweltlichte Gemeinde ist, in der
die Differenzen des Menschlich-Individuellen, die eine weltliche Gemeinschaft
stets charakterisieren, ja sogar mit-konstituieren, ausgeschieden sind, wie schon
V.21 hatte erkennen lassen[1]. Die radikale Jenseitsbezogenheit der Gemeinde,
die alle einzelnen Glaubenden und alle einzelnen empirischen Glaubensgemein-
schaften zu einer überweltlichen Einheit verbindet, hindurch und hinüber über
alle menschlich-weltlichen Differenzierungen, ist der Sinn dieser Einheit. Dem
entspricht es, daß Art und Grund der Einheit ähnlich wie in V.21 durch das καθὼς
ἡμεῖς ἕν angegeben wird (V.22) und daß es (V.23) heißt: sie sollen vollendet
werden zur Einheit[2]. Diese Einheit wird in der Geschichte der Gemeinde stets
in Frage gestellt; sie droht vergessen oder gar verleugnet zu werden. Und von
dem Wissen um diese Einheit hängt es doch ab, ob die Gemeinde ihren Charakter
als eschatologische, entweltlichte Gemeinde behält, die durch nichts gegründet ist
und bleibt als durch das eschatologische Offenbarungsgeschehen. Nur so hat sie
die ihr von Jesus geschenkte δόξα, nur so ist er in ihr verherrlicht.

Nur so kann endlich die Gemeinde ihre Aufgabe erfüllen, in der Welt den
Offenbarer zu vertreten und der Welt die Möglichkeit zu geben, sich für ihn zu
entscheiden (V.23b). Diese Entscheidung, V.21 πιστεύειν genannt, heißt hier ohne
Unterschied des Sinnes γινώσκειν[3]. Inhalt dieses γιν. ist wie V.21: ὅτι σύ
με ἀπέστειλας, d. h. die Erkenntnis Jesu als des Offenbarers. Doch ist hinzugefügt: καὶ (ὅτι) ἠγάπησας αὐτοὺς καθὼς ἐμὲ ἠγάπησας[4]. Das heißt
nichts anderes als die Erkenntnis der Tatsache, daß die Gemeinde den Offenbarer
vertritt, daß in ihr als eschatologischer Gemeinde Gottes Offenbarung in der
Welt präsent ist.

4. Die Bitte um Vollendung der Glaubenden: 17₂₄₋₂₆.

Ging das Gebet bisher darauf, daß die vom Offenbarer in der Welt zurück-
gelassene Gemeinde ihrem Wesen als eschatologische Gemeinde treu bleibt und
so ihren Sinn in der Welt erfüllt, so geht es jetzt noch darüber hinaus. Schon die
neue Anrede, πατήρ, und das betonte θέλω, das jetzt an Stelle des bisherigen
ἐρωτῶ (V.9.15.20) tritt, machen die neue Wendung der Bitte kenntlich[5]; und die
Wiederholung der Anrede (V.25) gibt ihr ein besonderes Gewicht. Jesus fordert
von Gott, daß die Seinen bei ihm sein sollen, um seine Herrlichkeit zu schauen
(V.24)[6]. Welchen Sinn hat diese Bitte? Daß sie im Sinne der alten jüdisch-

---

[1] S. S. 393.   [2] S. S. 396, 2.
[3] S. S. 394, 6 und zum Verhältnis von πιστεύειν und γινώσκειν überhaupt S. 333, 6.
[4] Statt ἠγάπησας lesen D φ al a b r syr ἠγάπησα, eine formale Angleichung an
15₉ und zugleich eine sachliche an das vorausgehende ἐγὼ ἐν αὐτ. καὶ σὺ ἐν ἐμοί, den
Zshg störend.
[5] Das θέλω ist schwerlich im Sinne einer letztwilligen Verfügung zu verstehen
(Godet); denn es handelt sich ja nicht um ein Erbe, das Jesus hinterläßt. Man darf
auch nicht zu einem „ich möchte" abschwächen; der Ausdruck ist sehr kühn: Jesus, der
auf Erden nichts von sich aus hat, sondern nur den Willen des Vaters erfüllt (s. 4₃₄ und
s. S.186, 2), stellt hier gleichsam eine Forderung an Gott. Es ist ein Ausdruck der Sicherheit des Glaubens, daß er als der Verherrlichte für die Seinen da ist.
[6] V.24 zeigt den Stil des Evglisten. Das Subj. des ὅπου-Satzes (ἐκεῖνοι) ist durch
das absolute ὃ δέδωκας voraufgenommen, vgl. V.2 6₃₉ und s. S.174, 1. — Zu θέλω
ἵνα s. Schl. und Bl.-D. § 392, 1.

christlichen apokalyptischen Eschatologie gemeint sei, ist nach deren kritischer Beseitigung in 3 18 f. 5 24 f. 11 25 f. ausgeschlossen. Geht sie überhaupt auf eine zukünftige Schau der δόξα Jesu jenseits der zeitlich-irdischen Existenz des Glaubenden? Schaut der Glaubende nicht schon in dieser zeitlich-irdischen Existenz,
die für ihn ja eine eschatologische geworden ist, die Herrlichkeit des Offenbarers
(1 14) [1]? Ist Jesus nicht eben in seiner Gemeinde verherrlicht (V. 10)? Und wird
sie nicht in ihm, er nicht in ihr sein (V. 21. 23), sodaß die Seinen also, auch wenn
sie in der Welt sind, bei ihm sind und seine Herrlichkeit schauen? Hatte er nicht
abgelehnt zu bitten, daß Gott sie aus der Welt fortnehme (V. 15), und ging nicht
die ganze Fürbitte auf Entweltlichung der Gemeinde innerhalb der Welt?

Aber wollte man danach V. 24 interpretieren, so würde man den paradoxen
Charakter der Aussagen verkennen, die von der gegenwärtigen Schau der δόξα,
von der schon vollzogenen Entweltlichung der Gemeinde reden. Was die Gemeinde ist, das ist sie ja nicht in einer erfüllten gegenwärtigen Zuständlichkeit,
sondern im Glauben als der ständigen Überwindung der Gegenwart, des Welt-
seins, in ständiger Überwindung des Anstoßes, daß die δόξα nur an dem σάρξ
γενόμενος zu sehen ist. Aus der Zukunft lebt die Gemeinde, lebt der Glaubende;
und der Sinn seines Glaubens hängt daran, daß diese Zukunft nicht ein illusionärer
Traum, nicht ein futurum aeternum ist. Daß sie sich realisiere, darauf geht die
Bitte. Heißt es, daß die Seinen bei ihm sein sollen, wo er ist, so blickt die Bitte
offenbar auf die Aussagen zurück, daß er die Welt verläßt und schon nicht mehr
in der Welt ist, in der die Seinen sich noch befinden (V. 11. 13). Der Sinn der Bitte
kann also nur der sein, daß ihre Trennung von ihm eine vorläufige sein soll, daß
sie nach ihrer weltlichen Existenz mit ihm vereint werden sollen [2]. Das „mit
ihm sein, wo er ist" ist etwas anderes als sein Sein „in ihnen", von dem V. 23
redete; und die Schau der δόξα, die V. 24 meint, ist eine andere als die von 1 14.
Es ist die von der Hülle der σάρξ befreite δόξα, in die er selbst eingeht und in die
ihm sein „Diener" nach 12 26 folgen soll; er wird ja nach 14 3 wiederkommen
und die Seinen zu sich holen. Es ist also die Schau gemeint, von der I Joh 3 2
sagt: ὀψόμεθα αὐτὸν καθώς ἐστιν.

---

[1] Es läge nahe, die Frage auch so zu stellen: haben die Jünger nicht nach 1 14 die
δόξα Jesu schon während seiner Erdenzeit gesehen? Aber 1 14 ist keine historische Notiz,
sondern Bekenntnis der Glaubenden überhaupt (s. S. 45 f.). Auch die Zeitgenossen können
es nur sprechen in der nachträglichen Erkenntnis dessen, was ihnen während der Erdenzeit Jesu verborgen war.
[2] Die Sprache ist die des Mythos; vgl. die Bitte des Gesandten an den Vater
Joh.-B. 236, 26 ff.: „Wenn es dir beliebt ..., so mag das Maß meiner Jünger voll
werden, und meine Jünger mögen dann zum Orte des Lichtes emporsteigen." Ferner
Joh.-B. 161, 3 f.: „Ich und meine Freunde der Kuštā (= ἀλήθεια) werden in der Skīnā
(= Wohnung) des Lebens Platz finden." Act. Thom. 35, p. 152, 16 ff.: καὶ ὅπῃ αὐτὸν
καὶ σὺν αὐτῷ ἔσῃ εἰς τὸν αἰῶνα, καὶ ἐν τῇ ἀναπαύσει αὐτοῦ ἀναπαήσῃ καὶ ἔσῃ ἐν
τῇ χαρᾷ αὐτοῦ. Umgedeutet auf das mystische Erlebnis Od Sal 3 2. 5 f.:
„Sein Leib ist bei mir;
    an ihm hange ich, und er küßt mich ...
Ich küsse den Geliebten
    und ich werde von ihm geliebt.
Wo seine Ruhstatt ist,
    da weile ich auch.
Ich werde dort kein Fremdling sein ..."
Bei Lohmeyer, Σὺν Χριστῷ (Festg. f. Deißmann 218—257) finden sich außer 235 f.
keine echten Parallelen.

Aber anschaulich läßt sich darüber nicht reden; denn es gilt gleichfalls das I Joh 3₂ Gesagte: οὔπω ἐφανερώθη τί ἐσόμεθα. Und so wird die δόξα nur durch den mythologischen Satz charakterisiert: „die du mir gegeben haft, weil du mich liebteft vor der Grundlegung der Welt", — womit sachlich nichts anderes gefagt ift als mit jenem καθώς ἐστιν¹. Deutlich ift nur, daß für die Glaubenden ein Sein mit dem Offenbarer über den Tod hinaus erbeten und damit auch verheißen wird. Der Tod ift für sie ja wesenlos geworden (11₂₅ f.), jedoch nicht so, daß er deshalb ignoriert werden könnte, weil ihr irdisches Leben in sich gerundet und sinnvoll wäre; vielmehr deshalb, weil ihr Leben nicht in den Grenzen der zeitlich-geschichtlichen Existenz beschlossen ift. Auch das Offenbarungsgeschehen kann ja nicht verstanden werden als ein immanter weltgeschichtlicher Prozeß, der mit dem Kommen Jesu als dem Auftauchen einer neuen Idee in der Geistesgeschichte beginnt. Die Offenbarung hat ihre Wirklichkeit nicht in der inneren Überlegenheit des Lichtes über die Finsternis, sodaß der Glaubende im Wissen um die zeitlosen Werte und im inneren Anschluß an sie außerhalb des Streites stünde. Das zeitliche Geschehen bekommt vielmehr dadurch seinen Sinn, daß es von Mächten bestimmt ift, die ihm nicht immanent sind, sondern jenseits seiner ihre Wirklichkeit haben, ohne daß sie doch zeitlos im Sinne idealistischen Denkens wären. Das zeitliche Geschehen hat deshalb nie Rundung und Sinn in sich, und gerade darin liegt sein Ernst: was geschieht, kann seinen Sinn verfehlen, und die Geschichte ift nicht die Symphonie, in der sich alles harmonisch zum Ganzen webt, sondern in ihr vollzieht sich das Gericht. Darin liegt zugleich eine Verheißung: was geschieht, kann seinen Sinn gewinnen. Die Geschichte spielt sich vor dem Forum Gottes ab. Deshalb gilt auch für den Glaubenden, daß sich seine Teilhabe am Leben nicht in seiner zeitlich-geschichtlichen Existenz erschöpft, wenngleich über ein Dann hinter dem Tode nichts Anschauliches ausgesagt werden kann. Auf alle Spekulationen von der Himmelsreise der Seele, auf alle Beschreibungen eines jenseitigen Zustandes, wie sie der gnostischen Mythologie eigen sind, verzichtet der Evglift². Aber er läßt sich von der Einsicht, daß uns „die Aussicht nach drüben verrannt ift", nicht auf die Auskunft zurückwerfen, daß das menschliche Leben im Diesseits seine Abgeschlossenheit finden könne, sondern er kennt die doppelte Möglichkeit, daß es als gerichtetes zerbricht oder als glaubendes ewig ift.

Weil diese Ewigkeit an den Glauben gebunden ift, erhält Jesu Bitte für die Seinen ihre Motivierung durch den Hinweis auf ihre Glaubenserkenntnis (D. 25). Schon die Gebetsanrede πατήρ δίκαιε deutet den inneren Zsfg zwischen Gegenwart und Zukunft an: im Geschenk der Zukunft findet der gegenwärtige Glaube seine Erfüllung; so entspricht es der Tatsache, daß Gott gerecht ift³.

---

¹ Zur Liebe des Vaters zum Sohn s. S.119, 3. Zu πρὸ καταβ. κόσμου s. D. ₅ und S.15, 2. 3. Die Formel auch Mt (13₃₅) 25₃₄ Lf 11₅₀ Eph 1₄ und sonft im NT. Sie fehlt in LXX, bei Philo und Jos., begegnet aber AssMos 1₁₄; OdSal 41₁₅. Rabbinisch wäre ἀπ᾽ ἀρχῆς κτίσεως κόσμου, s. Schl. zu Mt 13₃₅. — Textvarianten in D.₂₄ sind ohne Bedeutung.

² Offenbar ift der gnostische Terminus ἀνάπαυσις (s. S. 398, 2) bei Joh vermieden. Zur Unanschaulichkeit der künftigen ζωή s. auch S. 307f.

³ Δίκαιος ift geläufiges Gottesattribut im AT und Judentum, s. z. B. Ψ 118₁₃₇ 140₅ 144₁₇ Dt 32₄ PsSal 2₃₆ 10₆; Jos. ant. XI 55; bell. VII 323. Im NT Apk 16₅ I Joh 1₉ Röm 3₂₆. — I Klem 27₁ 60₁ zeigt, daß die Bezeichnung in den liturgischen Sprachgebrauch übergegangen ift. — Auch als heidnisches Gottesattribut im Hellenismus, s. Br., Wörterbuch.

Was der Glaube bedeutet, wird dadurch zum Ausdruck gebracht, daß von
ihm als der Erkenntnis Gottes geredet wird, die ja nach D.3 die αἰώνιος ζωή ist,
und daß diese Erkenntnis dem Nichterkennen der Welt gegenübergestellt wird:
καὶ ὁ κόσμος σε οὐκ ἔγνω. Dadurch, daß dieser Satz durch καί mit den vorhergehenden Worten eng verbunden ist, wird an die Schuld der Welt erinnert: obwohl der Vater den Sohn vor der Grundlegung der Welt liebte, d. h. obwohl die
Welt selbst ihren Ursprung in der Liebe Gottes hat und deshalb die Möglichkeit
der Offenbarung von jeher gegeben war[1], — hat die Welt Gott nicht erkannt.
Davon hebt sich die Erkenntnis der Glaubenden ab; doch lautet die Antithese
nicht einfach: οὗτοι δέ σε ἔγνωσαν, sondern: ἐγὼ δέ σε ἔγνων καὶ οὗτοι
ἔγνωσαν ὅτι σύ με ἀπέστειλας. Alle Glaubenserkenntnis hat ihren Grund
in seiner Gotteserkenntnis[2] und ist deshalb Glaube an ihn als den Offenbarer
(vgl. D.3). Noch einmal wird betont (D. 26): sein Werk ist ihre Erkenntnis: καὶ
ἐγνώρισα αὐτοῖς τὸ ὄνομά σου[3], und damit dieses Werk nicht als ein ab-
geschlossenes, die Offenbarung nicht als eine Summe von Lehren, sondern als ein
Geschehen erscheine, heißt es weiter: καὶ γνωρίσω[4]. Wie das γνωρίσω nur
möglich ist auf Grund des ἐγνώρισα, so gewinnt das ἐγνώρισα erst seinen Sinn,
wenn es durch ein γνωρίσω fortgesetzt wird. Mit solcher Erkenntnis aber wird
den Seinen die Liebe Gottes geschenkt: ἵνα ἡ ἀγάπη ἣν ἠγάπησάς με ἐν
αὐτοῖς ἦ. Die auf den Sohn selbst gerichtete ewige Liebe Gottes, die πρὸ καταβολῆς κόσμου bestand, soll den Glaubenden zu eigen, d. h. zur bestimmenden
Macht ihres Lebens werden[5]. Worin besteht sie? Ist Liebe das Sein für …
in dem radikalen Sinne, daß es zugleich ein Sein von … ist, so besteht Gottes
ewige auf den Sohn gerichtete Liebe darin, daß Gott der Schöpfer ist. Gottes
Sein von … ist sein Sein als Schöpfer, in dem er sein Sein für … selbst gründet[6].
Er ist ja nicht ein für sich seiendes Wesen, sondern er ist nie ohne den Logos, durch
den er der sich offenbarende Schöpfer ist[7]. Soll durch den Offenbarer diese ewige
Liebe den Glaubenden vermittelt werden, so heißt das, daß in der Offenbarung
die Schöpfung als solche restituiert wird, daß die Welt in das ursprüngliche
Schöpfungsverhältnis zurückgebracht wird[8]. Gott wird als der Schöpfer den
Glaubenden gegenwärtig dadurch, daß sie den Offenbarer haben: κἀγὼ ἐν
αὐτοῖς[9]. Die stete Gegenwart der Offenbarung, d. h. die Bestimmtheit der
gläubigen Existenz durch die Offenbarung, durch welche die Welt wieder zur
Schöpfung wird, ist also das letzte Ziel der Glaubenserkenntnis.

Damit ist nicht etwa die Schau der δόξα in der jenseitigen Vollendung beschrieben[10]; vielmehr motiviert D.25f. gerade die Bitte von D.24. Ist aber jene
Bitte durch den Gedanken begründet, daß das Werk des Offenbarers in der Be-

---

[1] S. S.21f. — Schwerlich ist das erste καί in Korrespondenz mit dem zweiten zu
verstehen, sodaß das ἐγὼ δέ σε ἔγν. Parenthese wäre (Lagr.).
[2] S. S.290.
[3] Zum Sinn der mit D.6 fast gleichlautenden Formulierung s. S. 380f.
[4] Es bleibt sich gleich, ob man die beiden καί als bloß aufreihend versteht oder
als korrespondierendes „sowohl … als auch".
[5] Zu εἶναι ἐν s. S.243, 1.
[6] S. Fr. Rückert, Die Weisheit des Brahmanen I 15; II 12.
[7] S. S.18.				[8] S. S. 379f.
[9] Die Koordination der beiden Teile des ἵνα-Satzes entspricht der Koordination
in D.3; s. S. 378.
[10] Es handelt sich nicht um das εἶναι μετ' ἐμοῦ von D. 24, sondern wieder um das
εἶναι ἐν αὐτοῖς von D. 23.

stimmtheit der gläubigen Existenz durch die ewige Liebe Gottes, die durch den Offenbarer vermittelt wird, sein Ziel finde, so ist damit auch die innere Einheit der gläubigen Existenz in der Welt und ihrer jenseitigen Vollendung behauptet. Denn über die Liebe Gottes hinaus kann offenbar nichts geschenkt werden, und jede weitere Nachfrage nach der Zukunft ist nicht nur bedeutungslos geworden, sondern wäre auch eine Frage des Unglaubens.

Ist Jesus in der Gemeinde, indem die Offenbarung in ihr lebendig ist, so ist er auch in diesem Gebet in ihr. Wer spricht das Gebet? Nicht der „historische Jesus", sondern historisch gesprochen: die Gemeinde[1]. Aber in der Gemeinde spricht ja er selbst als der δοξασθείς.

c) 13₃₁—16₃₃: Abschiedsreden und Gespräche.

Die Fußwaschung und ihre Deutungen hatten das Thema des Abschieds präludierend behandelt, indem die Gemeinschaft der Glaubenden mit dem Offenbarer als durch seinen Dienst begründet und im geschichtlichen Leben sich erweisend kenntlich geworden war. Jesu Gebet hatte den Sinn des Abschieds als der Stunde des δοξασθῆναι deutlich gemacht und die Situation der vom Offenbarer verlassenen Gemeinde in ihrer Gefahr und in ihrer Verheißung erkennen lassen. Jetzt wird die Situation der Gemeinde in ihrer Verlassenheit in der Welt das beherrschende Thema; es ist das Thema der Indirektheit der Offenbarung[2].

Die Gliederung ist einfach[3]. Nachdem zunächst im Sinne von 17₁₋₈ noch einmal festgestellt ist, daß Jesu und Gottes δοξασθῆναι der Sinn der Abschiedsstunde ist (13₃₁f.), zeichnet 13₃₃ knapp die Situation des Abschieds, der Trennung mit ihrer Not. Der Weg zu ihrer Überwindung wird durch das Liebesgebot als das Vermächtnis Jesu 13₃₄f. gewiesen, und 15₁₋₁₇ erläutert, daß und wie das Liebesgebot diese Überwindung ist. Handelt also 13₃₁₋₃₅ 15₁₋₁₇ über das Thema Abschied und Vermächtnis, so ist in 15₁₈—16₁₁ das Thema die Stellung der Gemeinde in der Welt. Darauf folgt 16₁₂₋₃₃: die Zukunft der Gläubigen als die eschatologische Situation; endlich abschließend 13₃₆—14₃₁: die Gemeinschaft der Gläubigen mit dem Sohn und dem Vater.

α) Abschied und Vermächtnis: 13₃₁₋₃₅; 15₁₋₁₇.

1. Einleitung: 13₃₁₋₃₅.

13, 31: νῦν ἐδοξάσθη ὁ υἱὸς τοῦ ἀνθρώπου,
                 καὶ ὁ θεὸς ἐδοξάσθη ἐν αὐτῷ.

32: εἰ ὁ θεὸς ἐδοξάσθη ἐν αὐτῷ[4],
             καὶ ὁ θεὸς δοξάσει αὐτὸν ἐν αὐτῷ,
             [καὶ εὐθὺς δοξάσει αὐτόν][5].

Das νῦν ist der Augenblick, da Jesus das Gebet gesprochen hat; die Bitte: δόξασον (17₁) ist erfüllt: ἐδοξάθη ὁ υἱὸς τ. ἀνθρ. Es ist jenes νῦν, in dem

---

[1] Vgl. die Analogie des Gemeindegebetes Did. 10, s. S. 371, 3. — Als „Mystagogenunterricht" wird man das Abschiedsgebet nicht bezeichnen dürfen (Arvedson a. a. O. 133); solchen Charakter haben vielmehr die folgenden Reden. In Kap. 17 bringt sich die Gemeinde vielmehr das Vermächtnis Jesu zum Bewußtsein.
[2] S. S. 373.   [3] Zur Ordnung des Textes s. S. 349f.
[4] Das Fehlen dieses Gliedes in ℌ D al it syr ˢ beruht auf Homoiotel.; zur Wiederaufnahme des zweiten Gliedes des vorhergehenden Verses im folgenden s. S. 2f.; Schweizer 45.
[5] D. 31f. stammt aus den „Offenbarungsreden"; das letzte überschießende Glied hat der Evglist hinzugefügt, um die Beziehung auf die Passionssituation zu geben. Möglich wäre, daß die Quelle in V. 31 nur las ὁ υἱός, und daß der Evglist das τοῦ ἀνθρ. hinzugefügt hat; zu υἱὸς ἀνθρ. s. S. 74, 4.

Vergangenheit und Zukunft aneinandergebunden sind[1], wie es hier durch das paradoxe Nebeneinander von ἐδοξάσθη (V.31) und δοξάσει (V.32) besonders deutlich gemacht ist. Und es handelt sich um jene δόξα, die zugleich die des Sohnes und des Vaters ist[2]: καὶ ὁ θεὸς ἐδοξάσθη ἐν αὐτῷ[3]. Sofern sich das, was sub specie aeterni schon geschehen ist, in der zeitlichen Zukunft entfaltet, kann das δοξάσει — als hätte diese Zukunft noch einen Abstand von dem νῦν — wiederaufgenommen werden in dem καὶ εὐθὺς δοξάσει αὐτόν, durch das auf die unmittelbar bevorstehende Passion hingewiesen wird. Dadurch wird auch diejenige Paradoxie des δόξα-Begriffes wieder angedeutet, wonach die δόξα gerade im Kreuz zur Erscheinung kommt[4], und es wird damit zugleich die naive urchristliche Eschatologie abgewiesen, die die Offenbarung der δόξα Jesu erst von seiner zukünftigen Parusie erwartet (Mk 8₃₈).

Ist in dem νῦν ἐδοξάσθη sub specie aeterni die Zukunft des δοξάσει schon enthalten, und besteht in Wahrheit kein „Zwischen", das die Offenbarung des δοξασθείς in der Zukunft von der des σὰρξ γενόμενος in der Vergangenheit trennt, so gibt es ein solches Zwischen doch sub specie hominis: τεκνία[5], ἔτι μικρὸν μεθ᾽ ὑμῶν εἰμι (V.33). Die Zeit seiner persönlichen Gegenwart ist zu ihrem Ende gelangt: ζητήσετέ με, καὶ ... ὅπου ἐγὼ ὑπάγω ὑμεῖς οὐ δύνασθε ἐλθεῖν[6]. Die Seinen werden ihn vermissen; für sie wird jenes νῦν nicht sofort in seinem vollen Sinne deutlich sein. Ihr Glaube hat die Probe zu bestehen.

Der Evglist bringt das sehr stark dadurch zum Ausdruck, daß er Jesus betonen läßt: was hier zu den Jüngern gesagt wird, ist das Gleiche, was auch zu den Juden gesagt war (7₃₃f. 8₂₁). In gewisser Weise sind also die Gläubigen in der gleichen Situation wie die Menschen des κόσμος. Für jene enthält die Situation freilich nicht wie für diese das Moment des „Zu spät"; aber in gleicher Weise blicken beide auf ein „Nicht mehr" zurück, und deshalb scheint sich auch für die Jünger die Verzweiflung aufzutun. Sie müssen lernen: der Offenbarer ist für sie durch ihren Glauben nicht verfügbar geworden. Was dahinten liegt, garantiert die Zukunft nicht, sondern wird durch sie in Frage gestellt. Der, an den sie glaubten, entschwindet ihnen, und sie stehen ungesichert da.

Denn wie ist es möglich, in dieser Verlassenheit das Verhältnis zu ihm festzuhalten? Mit dieser Frage ist das Thema erreicht, und diese Frage erhält in

---

[1] S. S.328f. 376f.   [2] S. S.329. 375.

[3] Das ἐν ist beide Male wohl instrumental zu verstehen. Sachlich kommt die lokale Fassung auf das Gleiche hinaus; der Sinn wäre: die δόξα des Einen wird durch die des Anderen repräsentiert. Zur Sache vgl. OdSal 17₁:

> „Ich bin gekrönt durch Gott,
> er ist meine lebendige Krone."

[4] S. S.303.

[5] Die Anrede τεκνία, im Evg nur hier, begegnet im 1. Brief häufiger. Sie ist die Anrede des Lehrers an die Schüler (s. Str.-B. z. St.). Sie geht überall auf den Verf. zurück. Diese Anrede wie die Bezeichnung der Jünger als μαθηταί V.35 legt den Gedanken nahe, daß der Evglist ein Gegenstück zu dem rabbinischen Zukunftsbild geben will, wonach der Messias einst die Tora in neuer Weise auslegen wird (Str.-B. IV 1—3). — Über analoge Abschiedsszenen im βίος von Philosophen s. L. Bieler, Θεῖος ἀνήρ I 1935, 45.

[6] Natürlich ist V.33 eine Bildung des Evglisten wie V.34f. Zu Selbstzitaten bzw. Rückverweisungen s. S.265, 2. Vgl. auch vorige Anm.

V. 34 ihre erste Antwort[1]: $\grave{\epsilon}\nu\tau o\lambda\grave{\eta}\nu\ \kappa\alpha\iota\nu\grave{\eta}\nu\ \delta\acute{\iota}\delta\omega\mu\iota\ \acute{\upsilon}\mu\tilde{\iota}\nu$[2]. Die Zukunft wird unter einen Imperativ gestellt[3]! Die um ihr Sein als ein zuständliches Sein Besorgten werden in ein Sein verwiesen, das den Charakter des Sollens hat. Dem Wahn, daß das Haben ein verfügendes Besitzen sei, wird ein Haben gezeigt, das in der Erfüllung einer Aufgabe besteht. Der verzweifelnde Blick in die Vergangenheit, die nicht mehr ist, wird umgewendet in die Zukunft, die verpflichtend kommt. Eine unechte Zukunft, die nur das Verharren im Vergangenen wäre, wird zur echten Zukunft gemacht, die den Glauben fordert. Und indem der Inhalt der $\grave{\epsilon}\nu\tau o\lambda\acute{\eta}$ lautet: $\acute{\iota}\nu\alpha\ \grave{\alpha}\gamma\alpha\pi\tilde{\alpha}\tau\epsilon\ \grave{\alpha}\lambda\lambda\acute{\eta}\lambda o\upsilon\varsigma$, wird die Sorge um das Ich in die Sorge um den Anderen verwandelt. Wenn aber eben dieses, von der Vergangenheit frei werden und von sich selbst frei werden, unter den Imperativ gestellt wird, so fällt die als Aufgabe ergriffene Zukunft mit der Zukunft zusammen, die der Glaubenstreue verheißen ist; denn eben die Freiheit von der Vergangenheit, die Freiheit von sich selbst, war dem Glaubenden verheißen worden[4]. Der Imperativ selbst ist also Gabe, und er kann das deshalb sein, weil er Sinn und Verwirklichungsmöglichkeit gewinnt aus der Vergangenheit, die als Liebe des Offenbarers erfahren wurde: $\kappa\alpha\vartheta\acute{\omega}\varsigma\ \grave{\eta}\gamma\acute{\alpha}\pi\eta\sigma\alpha\ \acute{\upsilon}\mu\tilde{\alpha}\varsigma$. Denn mit diesem $\kappa\alpha\vartheta\acute{\omega}\varsigma$, das die Beziehung des $\grave{\alpha}\lambda\lambda\acute{\eta}\lambda o\upsilon\varsigma\ \grave{\alpha}\gamma\alpha\pi\tilde{\alpha}\nu$ zur erfahrenen Liebe Jesu ausdrückt, ist nicht der Grad und die Intensität des $\grave{\alpha}\gamma\alpha\pi\tilde{\alpha}\nu$ beschrieben (Loisy), auch nicht allein seine Art und Weise als die des Dienens, sondern es ist damit der Grund des $\grave{\alpha}\gamma\alpha\pi\tilde{\alpha}\nu$ bezeichnet[5]. Und deshalb wird der $\acute{\iota}\nu\alpha$-Satz mit betontem $\kappa\alpha\grave{\iota}\ \acute{\upsilon}\mu\epsilon\tilde{\iota}\varsigma$ wiederholt, damit eben dieses $\grave{\alpha}\lambda\lambda\acute{\eta}\lambda.\ \grave{\alpha}\gamma.$ als die Erfüllung des Sinnes der Liebe Jesu deutlich werde[6].

Nicht so steht es also, daß Jesus beim Scheiden als Ersatz für seine Gegenwart ein ethisches Prinzip aufrichtet, unter das das menschliche Leben allgemein zu stellen wäre; ein Prinzip, das etwa in Jesu historischer Gestalt anschaulich geworden wäre. Gerade dann wäre ja das Problem des Abschieds, das Problem des Verhältnisses zum entschwundenen Offenbarer, nicht gelöst; denn dann wäre dieses Verhältnis aufgelöst, man brauchte den Offenbarer nicht mehr, und der Gewinn der Zukunft wäre in die eigene Hand gelegt. Damit hätte aber auch die Vergangenheit ihren Sinn verloren; sie wäre, auch wenn sie pädagogische Bedeutung gehabt hätte, doch für die Zukunft gleichgültig geworden. Die Lösung von der Vergangenheit besteht aber nicht in ihrer Vergleichgültigung angesichts der Zukunft. Vielmehr löst die Zukunft in der Weise von der Vergangenheit, daß sie ein verfügendes Besitzen des Vergangenen zerstört und damit seine echte

---

[1] Die zweite und dritte Antwort wird in den Ausführungen über das $\mu\iota\kappa\varrho\acute{o}\nu$ des „Zwischen" 16₁₆₋₂₄ und 14₁₈₋₂₀ gegeben werden.

[2] V. 34f. stammt vom Evglisten. Für V. 34 zeigt das, außer dem charakteristischen $\kappa\alpha\vartheta\acute{\omega}\varsigma$ (S. 291, 3) und dem doppelten $\acute{\iota}\nu\alpha$-Satz, die Tatsache, daß er das $\grave{\alpha}\gamma\acute{\alpha}\pi\eta$-Motiv auch in den in Kap. 15 zugrunde liegenden Quellentext eingetragen hat. V. 35 ist einer seiner bezeichnenden Bestimmungssätze, vgl. 16₃₀ I Joh 2₃.₅ 3₁₆.₁₉.₂₄ 4₉.₁₃ 5₂, hier überall mit folgendem $\acute{o}\tau\iota$-Satz; ohne solchen I Joh 3₁₀ 4₂, mit folgendem $\acute{\iota}\nu\alpha$ 15₈ I Joh 4₁₇. Überall ist hier $\grave{\epsilon}\nu\ \tau o\acute{\upsilon}\tau\omega = \grave{\epsilon}\kappa$ oder $\delta\iota\grave{\alpha}\ \tau o\acute{\upsilon}\tau o\upsilon$ (so auch griechisch, s. Br. 3. St.); anders 4₃₇ 9₃₀.

[3] Wird in syr[s] (nach Merx) das $\grave{\alpha}\varrho\tau\iota$ des vorigen Satzes zum Folgenden gezogen, so tritt der Zshg ausdrücklich hervor: „Aber für das Jetzt, d. h. für die Zeit der Trennung, gebe ich euch ein neues Gebot."   [4] S. S. 334f.

[5] S. S. 291, 3 und vgl. H. K. Schumann, Um Kirche und Lehre 1936, 184ff.

[6] Der zweite $\acute{\iota}\nu\alpha$-Satz ist nicht parallel dem ersten von $\grave{\epsilon}\nu\tau o\lambda\grave{\eta}\nu\ \delta\acute{\iota}\delta\omega\mu\iota$ abhängig, sondern gibt den Zweck des $\kappa\alpha\vartheta\acute{\omega}\varsigma$-Satzes an.

Fruchtbarmachung ermöglicht. Um der Zukunft willen war die Vergangenheit; und die entschlossene Wendung zur Zukunft auf Grund der Vergangenheit bleibt gerade in echter Weise bei der Vergangenheit[1], — frei von ihr, sofern sie meine Vergangenheit ist, gebunden an sie, sofern Gottes Handeln in ihr wirkte.

War das der Sinn der Vergangenheit, daß die Begegnung mit Jesus als sein Dienst erfahren wurde, der den Glaubenden frei machte, so kann der Sinn der Zukunft nur der sein, daß in ihr diese Freiheit durchgeführt wird; und das geschieht in der Erfüllung des Liebesgebotes. Da dieses Gebot und seine Erfüllung in der erfahrenen Liebe des Offenbarers gründet, bleibt der Glaubende stets an den Dienst des Offenbarers gebunden und ist nie auf sich selbst gestellt. Und umgekehrt kann sich der Glaube, der jenen Dienst empfangen hat, nur in der Haltung des Dienens, der Liebe, weitervollziehen. Nur als die Liebenden bleiben die Seinen in der Erfahrung seiner Liebe, wie sie nur auf Grund dieser Erfahrung lieben und lieben können. So ist Vergangenheit und Zukunft der Glaubenden aneinander gebunden wie die einstige und die künftige δόξα des Offenbarers selbst: die Zukunft erhält ihren Sinn aus der Vergangenheit; und die Vergangenheit kommt zu ihrem Sinn in der Zukunft. Dann aber besteht in der Zukunft trotz der Trennung vom Offenbarer die Verbundenheit mit ihm. In ihrem Tun ist seine Tat gegenwärtig.

Und zwar gerade deshalb, weil es heißt ἀλλήλους ἀγαπᾶν. Eine direkt auf Jesus gerichtete Liebe gibt es nicht (vgl. 14 15-24); die Liebe hätte ihn sonst nicht als den Offenbarer verstanden, d. h. als den, in dem Gott begegnet; eine Liebe, die sich direkt auf Gott richtete, gibt es ja nicht (I Joh 4 20 f.). Jesu Liebe ist nicht persönlicher Liebesaffekt, sondern frei machender Dienst; ihre Erwiderung ist nicht eine mystische oder pietistische Christus=Innigkeit, sondern das ἀλλήλους ἀγαπᾶν.

So wird auch verständlich, in welchem Sinne diese ἐντολή eine καινή heißt. Nämlich nicht als ein neu entdecktes Prinzip oder Kulturideal, das durch Jesus in der Welt proklamiert worden wäre. Das Liebesgebot ist nicht „neu" wegen seiner relativen Neuheit in der Geistesgeschichte. „Neu" in diesem Sinne ist es weder im Blick auf das AT[2] noch im Blick auf die heidnische Antike, in der die Forderung des dienenden Füreinanderseins — wie auch immer motiviert — längst erfaßt ist[3]. Ist doch solche Erkenntnis im menschlichen Miteinander und seinen Möglichkeiten von vornherein angelegt[4]. Und könnte das Liebesgebot an irgendeinem Zeitpunkt der Geschichte als neu bezeichnet werden, so wäre es doch alsbald ein altes, wie es denn auch in der rückblickenden Betrachtung I Joh 2 7 „alt" genannt werden kann. Aber „neu" ist das Liebesgebot Jesu auch, wenn es alt=

---

[1] S. S. 336 f.

[2] Vgl. Lev 19 18. Der Lobspruch beim sabbatlichen Morgengebet der Priester im Tempel lautet: „Der in diesem Hause wohnt, pflanze unter euch Brüderlichkeit und Liebe, Frieden und Freundschaft" (Str.=B. 3. St.). Nach Jos. bell. 2, 119 sind vor allem die Essener unter den Juden φιλάλληλοι. — Für die Mandäer vgl. Ginza 20, 12 ff.; 38, 8 ff. (Liebet und ertraget einander); Joh.=B. 55 (Liebet und belehret einander).

[3] Zumal als politische Forderung ist sie in der antiken πόλις erfaßt und ist als solche ein Hauptanliegen der platonischen und aristotelischen Philosophie. In der Stoa wird die Forderung auf die Menschheit ausgedehnt und durch den Gedanken der Humanität begründet. In der späten Stoa gehören φιλάνθρωπος, κοινωνικός, εὐεργετικός u. dergl. zum Menschenideal, und bei Mark Aurel wird die Haltung selbstlos dienender Liebe eindrucksvoll anschaulich. Über die φιλία der Pythagoräer s. zu S. 35.

[4] Vgl. Bultmann, Glauben und Verstehen 1933, 241 f.

bekannt ist, sofern es das Geſetz der eschatologischen Gemeinde iſt, für die „neu"
nicht eine hiſtoriſche Eigentümlichkeit, ſondern ein Weſensprädikat iſt[1]. „Neu"
iſt das in der empfangenen Liebe des Offenbarers begründete Liebesgebot als
ein Phänomen der neuen Welt, die Jeſus heraufgeführt hat; und ſo wird I Joh 2₈
ſeine Neuheit als die des eschatologischen Geſchehens beschrieben.

Daß die neue Welt in der Gemeinde Wirklichkeit wird, ſagt **V. 35**: die gegen=
ſeitige Liebe in der Gemeinde iſt für die Anderen das Kriterium der Jüngerſchaft
Jeſu. Die Erfüllung des Liebesgebotes erweiſt die Fremdheit der Gemeinde
innerhalb der Welt, ſodaß die Welt die Liebenden als die Jeſus=Jünger bezeichnet.
Doch wohl nicht nur deshalb, weil in der Gemeinde die Liebe nicht bloß For=
derung, ſondern auch Erfüllung iſt[2]. Vielmehr auch deshalb, weil die Liebe ſelbſt
in der Gemeinde eine der Welt fremde Geſtalt gewinnt. Denn da die Liebes=
forderung in der Gemeinde durch die im Offenbarer begegnende Liebe Gottes
begründet iſt, muß ihre Erfüllung den Charakter der Entweltlichung tragen;
dann aber wird durch ſie alles menſchliche Lieben eigentümlich modifiziert, zu=
gleich begrenzt und erweitert. Gott iſt bei allem Lieben die „Zwiſchen=Beſtim=
mung"[3], und alles Lieben wird zur Verkündigung Jeſu[4], hat damit aber auch
die Möglichkeit, ſtets zum Anſtoß zu werden, nicht nur im einzelnen Fall, ſondern
beſonders, weil die Gemeinſchaft ſolchen Liebens die weltlichen Gemeinſchaften
eigentümlich durchkreuzt. Welche Möglichkeiten der Reaktion damit für die Welt
gegeben ſind, und daß ſich darin die Erfüllung des Auftrages der Gemeinde an
die Welt (17₂₁. ₂₃) vollzieht, darauf wird hier nicht ausdrücklich reflektiert; es
wird aber dadurch kenntlich gemacht, daß ſich an 13₃₁₋₃₅ 15₁₋₁₇ der Abſchnitt
15₁₈—16₁₁ anſchließt, der über die Stellung der Gemeinde in der Welt handelt.

Werden die mit Jeſus Verbundenen als ſeine μαθηταί[5] bezeichnet, ſo iſt
deutlich, daß dieſe „Jünger"= oder „Schülerſchaft" nicht als hiſtoriſche Charakteriſtik,
ſondern als eine Weſensbeſtimmung gemeint iſt. Die Verbundenheit mit Jeſus
verwirklicht ſich alſo nicht im Beſitz von Kenntniſſen und Dogmen, nicht in Inſti=
tutionen oder Erlebniſſen individueller Frömmigkeit, ſondern in der „Schüler=
ſchaft", im Gehorſam gegen das Liebesgebot. Aber das μαθητὴς εἶναι bezeichnet
ja nicht nur den Gehorſam, ſondern zugleich die Würde: als „Jünger" ſind die
Seinen die Freien; der Befehl iſt zugleich die Gabe[6].

So wird endlich auch verſtändlich, daß das Liebesgebot durch das ἀλλήλους
eine Einſchränkung zu erfahren ſcheint. Nicht allgemeine Menſchenliebe, nicht

---

[1] Über καινός als eschatologisches Prädikat ſ. ThWB III 451, 15ff. Wie in der
jüdiſchen und jüdiſch=chriſtlichen Eschatologie, ſo iſt es auch in der gnoſtiſchen gebräuchlich.
Nach Ign. Eph. 19, 2 wird die Herabkunft des Erlöſers durch einen Stern bekundet, deſſen
καινότης Befremden erweckt; ſ. dazu Schlier, Relig. Unterſ. 28 ff. und beſ. Exc. ex Theod. 74:
... ἀνέτειλεν ξένος ἀστὴρ καὶ καινός, καταλύων τὴν παλαιὰν ἀστροθεσίαν καινῷ
φωτί, οὐ κοσμικῷ λαμπόμενος, ὁ καινὰς ὁδοὺς καὶ σωτηρίους τρεπόμενος.
[2] Vgl. Tert. Apol. 39: vide, inquiunt, ut invicem ſe diligant; Min. Fel. Oct. 9, 2:
amant mutuo paene antequam noverint. Das wäre an ſich noch kein ſicheres Kriterium,
denn vgl. Jambl. Vit. Pythag. 33, 230 p. 123, 24 ff. Deubner: οὕτω θαυμαστὴν φιλίαν
παρέδωκε (sc. ὁ Πυθαγόρας) τοῖς χρωμένοις, ὥστε ἔτι καὶ νῦν τοὺς πολλοὺς λέγειν
ἐπὶ τῶν σφοδρότερον εὐνοούντων ἑαυτοῖς, ὅτι τῶν Πυθαγορείων εἰσί. S. auch L. Bieler
a. a. O. 125 f.
[3] Kierkegaard, Leben und Walten der Liebe, deutſch, Jena 1924, 113 ff.
[4] Vgl. Ign. Eph. 4, 1: ἐν τῇ ὁμονοίᾳ ὑμῶν καὶ συμφώνῳ ἀγάπῃ Ἰ. Χριστὸς ᾄδεται.
[5] Das ἐμοί iſt adjekt. wie 15₈. — Zu μαθητ. ſ. S. 332, 6.
[6] S. S. 403 und vgl. 8₃₁f.

Nächsten= und Feindesliebe wird gefordert, sondern Liebe innerhalb des Kreises der Glaubenden. Es versteht sich von selbst, daß damit nicht das umfassende Gebot der Nächstenliebe außer Kraft gesetzt werden soll; aber hier steht ja einfach die Existenz des Jüngerkreises in Frage! Wie bleibt der scheidende Offenbarer den Seinen gegenwärtig? Darin, daß bei ihnen das Geschenk seiner Liebe im gegenseitigen Lieben lebendig ist, und daß sie so innerhalb der Welt die neue Welt, die durch den Offenbarer Wirklichkeit ward, darstellen[1].

Weil die Einschränkung des ἀγαπᾶν, als eines Kriteriums des eschatologischen Seins, nicht durch die Zugehörigkeit zu einer weltlich bestimmten Gruppe gegeben wird, sondern durch die Zugehörigkeit zur eschatologischen Gemeinde, besteht für die Welt ständig die Möglichkeit, in den Kreis des ἀγαπᾶν einbezogen zu werden[2]. Nur dann schließt sie sich aus, wenn sie den Glauben verweigert, zu dem sie ständig durch die Existenz der Gemeinde herausgefordert wird, sei es durch das werbende Wort der Verkündigung (vgl. 167 ff.), sei es durch den Anstoß, den die Gemeinde — auch darin als werbende — der Welt bietet. Die Gemeinde aber erfüllt ihren Auftrag an die Welt (1721.23) nur dann, wenn ihr ἀγαπᾶν die Erwiderung der Liebe Jesu bleibt, und wenn sie es nicht mit einem weltlichen ἔργον, mit weltgeschichtlicher Wirksamkeit verwechselt. Nicht seine weltgeschichtlichen Wirkungen legitimieren den christlichen Glauben, sondern seine Fremdheit in der Welt als die Haltung derer, die sich lieben auf dem Grunde der göttlichen Liebe.

2. Der wahre Weinstock: 151-17.

Die Rede 151-17[3], durch keinen Dialog unterbrochen, kommentiert 1334 f. in der Weise, daß die Begründung des Liebesgebotes, die in dem καθὼς ἠγάπησα ὑμᾶς schon kurz gegeben war, tiefer geführt wird. Indem das Liebesgebot als der wesentliche Inhalt der Glaubenstreue entwickelt wird, wird deutlich, daß Glauben und Lieben eine Einheit bilden, daß nämlich der Glaube, der sich das καθὼς ἠγάπησα ὑμᾶς sagen läßt, nur echter Glaube ist, wenn er zum ἀγαπᾶν ἀλλήλους führt. Daher mahnt der erste Teil der Rede (V.1-8) durch das μείνατε ἐν ἐμοί zur Glaubenstreue, und der zweite Teil (V.9-17), der das ἐν ἐμοί zu einem ἐν τῇ ἀγάπῃ τῇ ἐμῇ spezialisiert, bringt auf diesem Grunde das Liebesgebot. Damit ist 151-17 auch ein Kommentar zu 131-20; denn die beiden Teile entsprechen den beiden Deutungen der Fußwaschung[4].

a) 151-8: μείνατε ἐν ἐμοί.

V. 1: ἐγώ εἰμι ἡ ἄμπελος ἡ ἀληθινή,
        καὶ ὁ πατήρ μου ὁ γεωργός ἐστιν.

Mit dem ἐγώ εἰμι stellt sich der Offenbarer wieder vor als der, auf den das Sehnen und Verlangen der Welt geht; wird nach dem „wahren Weinstock" gefragt, so heißt die Antwort: der bin ich[5]. Weder ein Vergleich liegt vor[6], noch eine

---

[1] Vgl. Faulhaber 38 f.; Schumann, Um Kirche und Lehre 196, 13.
[2] Vgl. Schlatter, Der Glaube im NT[4] 492 f.
[3] Der Rede liegt wieder ein Stück aus den „Offenbarungsreden" zugrunde; der Evglist hat es durch seine Zusätze kommentiert und bereichert.
[4] S. S. 365.
[5] Auch hier liegt die Rekognitionsformel vor: ἐγώ ist Präd., ἡ ἄμπ. ἡ ἀλ. ist Subj.; f. S.167, 2.
[6] Das Fehlen einer Vergleichungs=Partikel, der bestimmte Artikel und das ἀληθ. zeigen, daß kein Vergleich oder Gleichnis vorliegt, das etwa gar durch den Anblick eines

Allegorie[1]. Vielmehr wird allem, was sonst „Weinstock" zu sein vorgibt, Jesus als der wahre, der eigentliche „Weinstock" entgegengestellt[2]. Es ist nun für das Verständnis entscheidend, daß die Rede den Weinstock nicht in den Blick faßt hinsichtlich seiner Frucht, hinsichtlich des Weines, den er spendet[3], sondern nur als den Baum mit seinen Ranken, die von ihm mit Lebenskraft durchströmt werden, von ihm ihre Kraft zu Wachstum und Fruchtbringen erhalten und getrennt von ihm verdorren: der Weinstock ist der Lebensbaum. Und wie vom ὕδωρ ζῶν und vom ἄρτος und φῶς τῆς ζωῆς geredet wird, so könnte es auch heißen ἡ ἄμπελος τῆς ζωῆς[4]. Es liegt hier aber etwas anders als in den Worten vom Wasser und vom Brot des Lebens, indem nicht weltlichen Lebensmitteln der Offenbarer als der Spender des von jenen vergeblich erhofften Lebens gegenübergestellt wird, sondern er wird als der Ursprung des wahren Lebens dem Leben gegenübergestellt, das in der Natur anschaulich wird am Weinstock. Daß er der wahre Weinstock ist, heißt, daß alles natürliche Leben kein wahres Leben ist, daß Leben — so wie der Mensch nach ihm fragt und es ersehnt — nur in der Verbindung mit Jesus zu haben ist.

Wie der Mythos von einem Lebenswasser und Lebensbrot träumt[5], so auch von einem Lebensbaum[6]. Aber was er träumt, ist hier Wirklichkeit: ἐγώ εἰμι.

---

an der Wand des Hofes emporrankenden Weinstockes veranlaßt worden wäre (Zahn; andere derartige psychologische Reflexionen bei Stettinger, Textfolge 44). Aber natürlich bietet der Titel ἄμπελος wie der des ποιμήν Kap. 10 die Möglichkeit, metaphorische und vergleichende Rede anzuschließen. S. auch Schweizer 114 ff.

[1] Dem Charakter einer Allegorie widerspricht schon das ἐγώ εἰμι zu Anfang, das als Deutungsformel einer Allegorie am Schluß stehen müßte; s. auch Schweizer 120 f.

[2] Es ist der Sprachgebrauch des Dualismus. Von dem auf die eine irdische Welt beschränkten Blick aus heißt in bildlicher bzw. metaphorischer Rede Jer 2₂₁ „echt" (אֱמֶת, LXX ἀληθινή) der edle Weinstock im Gegensatz zum entarteten.

[3] Falsch also Loisy: Jesu Bezeichnung als Weinstock zeige, que le discours est dans un rapport aussi étroit avec l'eucharistie, que le contenue des chapitres XIII et XIV. — Über verschiedene Syrer, die statt ἄμπελος: ἀμπελών (Weingarten, Weinberg) gelesen zu haben scheinen, s. Merx und Zahn 3. St. und bes. Schweizer 158, A. 106.

[4] So sagt auch Nonnos: ἐγώ ... ζωῆς ἄμπ. εἰμι. Vgl. das Nebeneinander von φῶς ἀλ. (1₉ I Joh 2₈) und φῶς τ. ζωῆς (8₁₂); von ἄρτος ἀλ. (6₃₂) und ἄρτος τ. ζ. (6₃₅. ₄₈). OdSal 1₂ ff.:

„Geflochten ist mir der Kranz der Wahrheit;
    deine Zweige sind auf mir gesproßt!
Denn du gleichst nicht einem vertrockneten Kranze, ...
sondern du bist lebendig auf meinem Haupte ..."

[5] S. S. 134 f. 165.

[6] Daß der Weinstock Joh 15 nicht auf die at.lich-jüdische Tradition, sondern auf den Mythos vom Lebensbaum zurückgeht, hat Schweizer 39—41 gezeigt, der auch aus der Fülle der mandäischen Parallelen Beispiele bringt. (Auch bei den Mandäern ist der Lebensbaum ein Weinstock; im übrigen wird er je nach Zeit und Kultur verschieden vorgestellt, z. B. als Ölbaum, als Pinie, als Esche; s. auch ZNTW 24 [1925], 116 f.). Zum Lebensbaum vgl. außer Schweizer: W. Mannhardt, Der Baumkult der Germanen 1875; Aug. Wünsche, Die Sage vom Lebensbaum und Lebenswasser 1905; Uno Helmberg, Der Baum des Lebens (Annales Acad. scient. fennicae Ser. B 16, 3) 1922; Ad. Jacoby, Zeitschr. für Missionskunde und Religionswissenschaft 43 (1928), 78—85; W. Boette, Handwörterbuch des deutschen Aberglaubens 5 (1932/33), 460. — Über die Auffassung des Urmenschen bzw. des Erlösers als Weltenbaum s. E. Käsemann, Leib und Leib Christi 1933, 69 ff.; auch Schlier, Relig. Unters. 48 ff. — In der christlichen Tradition lebt der Lebensbaum in seiner Kombination mit dem (vielfach als Weinstock dargestellten) Kreuz fort; vgl. F. Piper, Evang. Kalender, Jahrb. für 1863, 17—94; F. X. Kraus, Real-Enz. der christl. Altert. II 983 ff.; Wünsche a. a. O. 23 ff.; H. Bergner, Monatschr. für kirchl. Kunst 3 (1898), 333 f.; L. v. Sybel, ZNTW 19 (1919/20), 85—91;

Heißt ἀληθινή also zunächst im formalen Sinne „echt", „wirklich" im Gegensatz zum Erträumten, Unwirklichen[1], so bedeutet es doch, weil es um die Frage nach dem Leben geht, zugleich „göttlich", weil es „wirkliches" Leben nur bei Gott gibt, demgegenüber alles weltlich-natürliche Leben nur Schein oder Lüge ist[2]. Auf der einen Seite steht der κόσμος mit allem, was er an Lebensmitteln bietet und an Lebenskraft erscheinen läßt, und womit er das Lebensverlangen des Menschen trügt. Gewiß! das Lebensverlangen soll Erfüllung finden, aber von der anderen Seite her, d. h. um den Preis, daß alle verführerischen Möglichkeiten des κόσμος als Schein erkannt und preisgegeben werden und statt ihrer die eine durch die Offenbarung erschlossene göttliche Möglichkeit gewählt wird: „der wahre Lebens= baum bin ich".

Die Entscheidungsfrage ist in der Rede nur indirekt gestellt, da sie ja an den Kreis derer gerichtet ist, die bereits gewählt haben. Infolgedessen tritt in der Rede auch das Motiv der Verheißung zurück gegenüber dem Motiv der Mahnung; es ist die Mahnung zum Bleiben. Sie ist durch das ἐγώ εἰμι begründet; denn dessen Sinn ist ja, daß er allein für alle Menschen, auch für die Glaubenden, der Ur= sprung des Lebens ist. Ehe die Mahnung ausgesprochen wird, wird durch den Satz καὶ ὁ πατήρ μου ὁ γεωργός ἐστιν[3] gesagt, daß das Sein Jesu für die Seinen seinen Grund in seinem Sein vom Vater her hat[4], und damit zugleich indirekt, daß er als Offenbarer den Vater für die Seinen zugänglich macht.

20 (1921), 93f.; R. Bauerreiß, Arbor Vitae 1938. Diese Kombination begegnet schon Ign. Trall. 11, 2; dazu Schlier, Relig. Unters. 108, 1; auch Käsemann a. a. O. 70f.
[1] Zu ἀληθινός s. S. 32, 1. — Wenn der Text aus dem Aram. oder Syr. übersetzt ist, so wäre es möglich, daß erst durch die Übersetzung von קֻשְׁטָא mit ἀληθινός dieser Sinn erreicht wurde, während in der Quelle der „Weinstock der Kusta" von vornherein den Weinstock der göttlichen Welt der „Wahrheit" bedeutete; s. Schweizer 60, A. 122.
[2] Eine gewisse Analogie bietet schon der platonische Sprachgebrauch, demzufolge „wahres" Sein nur der Welt der Ideen zukommt im Gegensatz zu den Phänomen der Welt des Werdens und Vergehens (ThWB I 240, 10ff.). Doch ist natürlich die Wirklichkeit des durch den Offenbarer vermittelten Lebens nicht die der Idee (Büchsel, Begr. d. Wahrh. 40f.). Wirkliche Analogie ist der Sprachgebrauch des Hellenismus (ThWB I 240, 27ff.; 250, 41ff.). Vgl. noch Act. Thom. 36 p. 153, 23ff.: ἀλλὰ λέγομεν περὶ τὸν ἄνω κόσμον, ... περὶ τῆς ἀμβροσιώδους τροφῆς καὶ τοῦ ποτοῦ τῆς ἀμπέλου τῆς ἀληθινῆς. Act. Thom. 61 p. 178, 8ff. bildet σωματικός und ἐπίγειος den Gegensatz zu ἀληθινός und παράμονος. Ferner 12 p. 118, 7f.; 14 p. 120, 12; 88 p. 203, 14f.; 124 p. 233, 25f.
[3] Daß Gott nicht ἀμπελουργός (Lk 13₇), sondern γεωργός genannt wird (Phil. plant. 1 unterscheidet beides), könnte zufällig sein, da auch sonst gelegentlich γεωργός den Weinbauern meint (Mt 12₁ff.; Porphyr. abst. 3, 10; vgl. Phil. somn. II 163). In= dessen scheint der Vergleich Gottes mit einem γεωργός geläufig gewesen zu sein (C. Herm. 14, 10; dazu J. Koll, Herm. Trism. 32), sodaß γεωργ. zur Metapher oder gar zum Titel für Gott wurde (Pap. Graec. Mag. I 26; dazu A. Dieterich, Abraxas 1891, 123f.; Reitzenst., Poim. 143). Philon, der von Gottes γεωργία redet (plant. 139), nennt ihn φυτουργός plant. 2. 73. 94; conf. ling. 61. 196; ebenso Act. Thom. 10 p. 114, 13. So redet Ign. Trall. 11, 1; Phld. 3, 1 von der φυτεία πατρός, Act. Phil. 119 p. 84, 12 umgekehrt von der γεωργία τοῦ ἐχθροῦ (vgl. Ign. Eph. 10, 3: τ. διαβόλου βοτάνη; vgl. Trall. 6, 1). Bei den Mandäern ist „Pflanzer" geläufige Bezeichnung sowohl für Gott wie für den Offenbarer; entsprechend ist der Offenbarer oder die Seele (die Seelen) als die Pflanze verstanden; s. Schlier, Relig. Unters. 48ff. und bes. die Rede des Gesandten Ginza 301, 10ff.:
„Ich bin ein sanfter Rebstock ...
Und das große (Leben, d. h. Gott) war mir der Pflanzer."
Der Offenbarer als Gottes Pflanzung und als Lebensbaum (s. S. 407, 6) fallen zusammen. Der gnostische Mythos scheint auch den Ausführungen bei Phil. plant. 4ff. zugrunde zu liegen, wo der κόσμος als von Gott gepflanzter Baum aufgefaßt wird, s. Heinemann nach Leisegang, Philos Werke IV 1923, 148ff.
[4] Vgl. 10₁₄f. ₂₉f.; s. S. 290f. 294f.

Das durch ihn vermittelte Gottesverhältnis wird hier aber nicht wie 10₁₄₋₁₈. ₂₇₋₃₀ daraufhin in den Blick gefaßt, daß in ihm die Sicherheit des Glaubens gründet, sondern es wird in seiner kritischen Bedeutung charakterisiert:

> **V. 2**: *πᾶν κλῆμα ἐν ἐμοὶ μὴ φέρον καρπόν,*
> *αἴρει αὐτό* [1].
> *καὶ πᾶν τὸ καρπὸν φέρον,*
> *καθαίρει αὐτὸ ἵνα καρπὸν πλείονα φέρῃ* [2].

Diese kritischen Sätze sind dem *μείνατε* (V.₄) voraufgeschickt, und dadurch ist das Verständnis des *μένειν* vorbereitet [3]. Das Gottesverhältnis bedeutet die Störung der menschlichen Sicherheit, — auch für den Glaubenden. Es schenkt keinen ruhenden Besitz, keine Beschaulichkeit, sondern es verlangt Bewegung, Wachsen; sein Gesetz ist das *καρπὸν φέρειν* [4]. Worin das Fruchtbringen besteht, wird nicht ausdrücklich gesagt; es ist jeder Erweis der Lebendigkeit des Glaubens [5], zu dem nach V.₉₋₁₇ vor allem die gegenseitige Liebe gehört. Hier kommt es zu= nächst nur darauf an, die Haltung des Glaubens als die der lebendigen Bewegt= heit zu charakterisieren. Der erste Satz sagt: die Ranke, die keine Frucht bringt, wird abgeschnitten [6]; ihr Zusammenhang mit dem Offenbarer ist gelöst, d. h. sie

---

[1] Bl.=D. § 466, 3 will mit lat *ἀρεῖ* lesen und entsprechend *καθαριεῖ* (D).

[2] V.₂ dürfte aus der Quelle stammen, für die (wie für die mandäischen Reden) die Partizipien mit „jeder, der", oft in antithet. Formulierung, charakteristisch sind: 3₂₀ 4₁₃ 6₄₅ 8₃₄ 11₂₈ 18₃₇ I Joh 2₂₉ 3₄. ₆. ₉f. usw. (freilich vom Evglisten nachgeahmt 3₁₅f. 6₃₇. ₄₀ 17₂); vgl. Schweizer 45, A. 244, wo mand. Parr. angeführt sind; f. u. S. 413, 1.

[3] Die Rede schwankt zwischen eigentlicher und bildlicher. Denn wenn Jesus auch nicht mit einem Weinstock verglichen wird, so stellt sich doch dem Hörer das Bild des Weinstocks vor Augen, sodaß er die Begriffe *κλῆμα, καρπὸν φέρειν* usw. als Metaphern versteht (s. Br.). — *Κλῆμα* nur hier im NT, aber mehrfach in LXX; im Griechischen geläufig (f. Br.). — Das Obj. ist im abs. Nom. vorausgenommen wie oft; Bl.=D. § 466. — Über antike Weinstocksbehandlung f. Wetstein.

[4] Vgl. R. Browning (f. S. 46, 1):
„Drum wechseln auch die Proben unsrer Prüfung,
Damit der Mensch Ihn nicht wie bloße Dinge
Schlankweg durchs eigne Leben anerkennt
Wie allgemein die Segnungen des Feuers."
„War Wahrheit nun für immer sicher? Nein!"

[5] Das *καρπὸν φέρειν* bedeutet den Erweis der Aktivität des Glaubens (jedoch nicht speziell die Missionsarbeit, Schl.), nicht den Erfolg oder Lohn (Röm 1₁₃ 6₂₁f. Phil 1₂₂). Ähnlich Mt 3₈ par. und sonst. In den mandäischen Schriften ist die Metapher des Fruchtbringens selten; doch f. Ginza 275, 33f.: „Du gleichst den schlechten Reben, die keine Früchte tragen"; Joh.=B. 204: „Der Weinstock, der Früchte trägt, steigt empor; der keine trägt, wird abgeschnitten." Im allgemeinen ist hier „Frucht" oder „Früchte" Metapher für die Gottheit oder für die himmlische Welt (vgl. OdSal 10₂ 11₂₃). Dagegen ist das Bild in den OdSal noch lebendig, vgl. 11₁f.:
„Mein Herz ward beschnitten,
und seine Blüte erschien;
die Gnade wuchs mit ihm
und brachte Früchte dem Herrn."
Ferner 11₁₂ 38₁₇. Der Erlöser sät seine Früchte in die Herzen der Gläubigen 17₁₃, und sie bringen Früchte durch ihn 14₁₇, tragen ihre Früchte 8₂ 11₁; ihre Lippen zeugen von den Früchten 12₂ 16₂. Vgl. noch Act. Thom. 61 p. 178. 10.

[6] „Abgeschnitten werden" ist in der mandäischen Literatur geläufiger Ausdruck für die Trennung von der Welt des Lebens und Lichtes. Die Bösen sollen „abgeschnittten" werden, die Frommen nicht; f. vor. Anm. und Ginza 60, 28; 87, 37; 320, 16ff.; 324, 22; 328, 8 usw. (Schweizer 161, A. 119). Manchmal heißt es „abgeschnitten vom Lichtort", oft wird das Wort aber absolut gebraucht. Im Zusammenhang mit dem Bild

ist vom Leben abgeschnitten und dem Tode verfallen (V.6)[1]. Der zweite Satz
steigert den Gedanken. Keiner kann sich mit dem Bewußtsein, Frucht zu bringen,
zufrieden geben; keiner kann sich auf das Erreichte verlassen. Der Imperativ
des καρπὸν φέρειν fordert keine abgegrenzte und aufweisbare Leistung; es gilt
πλείονα καρπὸν φέρειν; „genug ist nie genug!" Der Gedanke findet Ausdruck
in metaphorischer Rede: Gott als Weinbauer „reinigt" die fruchtbringende Rebe,
damit sie reichlicher Frucht bringe[2]. Auf welche Weise Gott die Reinigung vollzieht, darauf ist nicht reflektiert; der Gedanke ist einfach der: Gott sorgt schon
dafür, daß sich der Glaubende nie der Ruhe überlassen kann; er fordert stets Neues
von ihm und schenkt stets neue Kraft[3].

Scheinbar widerspricht es dem Gedanken der ständigen Bewegtheit der
gläubigen Existenz, wenn die tröstende Versicherung folgt V.3: ἤδη ὑμεῖς
καθαροί ἐστε. Aber ein Mißverständnis ist dadurch unmöglich gemacht, daß
es heißt: διὰ τὸν λόγον ὃν λελάληκα ὑμῖν[4]. Nicht auf sich selbst und das
schon Erreichte wird der Glaubende verwiesen, auf seine „Bekehrung" oder
Leistung. Der Grund seiner Reinheit liegt außerhalb seiner; freilich nicht in kirchlichen Institutionen und Heilsmitteln, sondern allein im Wort des Offenbarers[5].
Rein ist die Gemeinde und wird sie immer wieder, weil sie im Worte die stets
bewegende, lebenschaffende Kraft besitzt[6]. Aber neben der Mahnung von V.2
muß der Trost von V.3 stehen, damit nicht das Mißverständnis entstehe, als sei
die Zugehörigkeit zu Jesus, das Gottesverhältnis, ein zu erreichendes Ziel, dem
der Glaubende durch stete Bewegung immer näher kommt. Vielmehr begründet
die Zugehörigkeit zu ihm erst die Bewegung[7]; aber nur wo diese sich vollzieht,
ist auch jene in Wahrheit da. Der Mensch kann sich nicht selbst in Bewegung
bringen; aber er soll sich in Bewegung bringen lassen. Die Heilsgewißheit wird
dem Glaubenden geschenkt: „ihr seid schon rein"; — aber so, daß sein Blick auf das

vom Weinstock Lit. 252 f.: „und deine reinen Sprossen sollen trefflich gedeihen, ... sie
sollen mit dir verbunden und nicht abgeschnitten werden".

[1] An den Ausschluß aus der organisierten Kirche ist natürlich nicht gedacht. Dies
meint freilich Hirsch, der darin das Zeichen kirchlicher Redaktion erblickt, die er in Kap. 15
überhaupt reichlich konstatieren zu können meint.

[2] Καθαίρειν und ἀποτέμνειν gehört auch nach Phil. agric. 10; somn. II 62 zur
Pflege des Weinstocks.

[3] Die Reinheit ist im Rahmen des Bildes vom Weinstock zu verstehen; es ist die
Bereitschaft zum Fruchtbringen. An sittliche oder kultische Reinheit ist nicht gedacht;
anders also C. Herm. 13, 15, wo der durch die γνῶσις von den τιμωροί (den Kräften
des Bösen) Befreite und von dem göttlichen δυνάμεις Erfüllte angeredet wird: καλῶς
σπεύδεις λῦσαι τὸ σκῆνος (nämlich das σῶμα)· κεκαθαρμένος γάρ, oder in allegorischer
Umdeutung der Mysterienterminologie Phil. somn. I 226: ἐπειδὴ γὰρ ἐκάθηρεν ἡμᾶς
ὁ ἱερὸς λόγος τοῖς εἰς ἁγιστείαν εὐτρεπισθεῖσι περιρραντηρίοις (anders Bousset, Kyrios
170, 2). Natürlich bezeichnet das καθαίρειν auch meist disziplinäre Maßnahmen der Kirche,
so sehr diese unter Umständen die Aufgabe des καθ. übernehmen kann. Richtig dagegen
Loisy: das καθ. vollziehe sich à travers les épreuves de la vie, par l'action de l'esprit
et la pratique de la charité.

[4] V.3 ist zweifellos eine Bildung des Evglisten.

[5] S. Anm. 3. Διά = „wegen", „kraft" kommt hier dem instrum. διά c. Gen.
sehr nahe.

[6] Das Jesu gesamtes Wirken zusammenfassende Perf. λελαλ. zeigt, daß der λόγος
nicht ein einzelner Ausspruch, sondern Jesu Wort als ganzes ist, wie 5₂₄ 8₃₁ 12₄₈ usw.
— Selbstverständlich schließt dieser λόγος die Sündenvergebung ein, meint aber nicht
speziell diese (Zahn). — S. S. 358 f.

[7] Vgl. Faulhaber 52: gefordert ist „ein bewußtes Anerkennen dessen, daß der
Mensch zuvor und immer und auch ohne sein Entscheiden zu ihm von Jesus geliebt wird".

„Wort" gerichtet wird. Würde er, um seinen Glauben besorgt, auf sich selber sehen, ob er in der geforderten Bewegung steht, so würde er gerade in solcher Reflexion still stehen. Ist er in echter Bewegung, so hat er zur Reflexion keine Zeit. Wer aber im Blick auf das Wort in der Bewegung bleibt, hat die Gewißheit.

V. 4: μείνατε ἐν ἐμοί,

κἀγὼ ἐν ὑμῖν[1].

Die V.₂ und ₃ hatten den Charakter der Verbundenheit des Glaubenden mit dem Offenbarer indikativisch beschrieben, doch war im Ind. schon der Imp. enthalten: „Bringet Frucht!" Jetzt aber nimmt die Rede die Form des Imp. an: „Bleibet in mir[2]!" Die Abschiedssituation ist der Hintergrund der Rede; in ihr erklingt die Forderung der Treue; denn nichts anderes besagt das μείνατε[3]. Aber Treue hat verschiedenen Sinn, je nachdem, wem die Treue gehalten wird. Hier handelt es sich nicht um das treue Stehen zu einer Sache im Sinne eines Sich-einsetzens für die Sache; denn für die Geltung der Offenbarung kann sich der Mensch nicht einsetzen; auch könnte sich dann nicht ein reziprokes Verhältnis ergeben, wie es hier der Fall ist. Aber es handelt sich auch nicht um ein Treuverhältnis zwischen Personen; denn wie schon das Bild vom Verhältnis der Reben zum Weinstock zeigt, ist das Verhältnis des Glaubenden zum Offenbarer nicht ein persönliches Treueverhältnis, in dem Gabe und Forderung grundsätzlich gleich

---

[1] Soweit dürfte V.₄ aus der Quelle stammen; der erläuternde καθώς-Satz dürfte sachlich treffende Interpretation des Evglisten sein, die zugleich auf den Satz der Quelle V.₅ vorbereitet.

[2] Das ἐν bezeichnet die Verbundenheit, in der der „Bleibende" sich entweder durch den, in dem er „bleibt", bestimmen läßt (so μείνατε ἐν ἐμοί) oder umgekehrt ihn bestimmt (so κἀγὼ ἐν ὑμῖν); s. S.243, 1 und folgende Anm. Sofern das Bild vom Weinstock vorschwebt, bedeutet das ἐν des ersten Gliedes „an"; es muß aber zugleich als „in" verstanden werden, sofern es dem κἀγὼ ἐν ὑμῖν entspricht.

[3] *Μένειν ἐν* wird bei Joh 1. von Menschen ausgesagt und bezeichnet das Bleiben bei dem, was man hat oder ist, die Treue, die das in der Vergangenheit Geschenkte und Ergriffene in der Gegenwart festhält für die Zukunft (s. S.201, 1). So „bleibt" der Glaubende im Offenbarer 15₄₋₇ I Joh 2₆. 27f. 3₆. 24 (so auch Ign. Eph.10, 3) bzw. in Gott I Joh 4₁₃. 15f., oder er „bleibt" im Wort 8₃₁, in der ἀγάπη 15₉f. I Joh 4₁₆ (so auch OdSal 8₂₂); im Licht I Joh 2₁₀; der Sünder dagegen „bleibt" im Tode I Joh 3₁₄. — Anders nur I Joh 2₂₄, wo das „Bleiben" im Sohn und Vater nicht Forderung der Treue, sondern Verheißung ist. — 2. Vom Offenbarer oder Gott ausgesagt bezeichnet das μένειν ἐν die ewige Gültigkeit der göttlichen Heilstat für den Glaubenden. So „bleibt" der Offenbarer in den Glaubenden 15₄f. I Joh 3₂₄ bzw. Gott I Joh 4₁₂f. 15f. (vgl. 14₁₇ vom πνεῦμα: παρ' ὑμῖν μένει καὶ ἐν ὑμῖν ἔσται). Entsprechend kann gesagt werden, daß im Glaubenden „bleibt" das χρῖσμα I Joh 2₂₇, Gottes σπέρμα I Joh 3₉; die ζωὴ αἰώνιος I Joh 3₁₅; die ἀγάπη τ. θεοῦ I Joh 3₁₇ (vgl. OdSal 14₆). Auf das Verhältnis Gottes zu Jesus angewandt 14₁₀. — Anders, wenn von dem im Glaubenden „bleibenden" Worte die Rede ist; denn hier ist (außer I Joh 2₁₄) das Wort weniger als Heilsgut denn als Forderung gedacht, und sein „Bleiben" im Glaubenden bezeichnet dessen Treue (5₃₈) 15₇ I Joh 2₂₄. — Wo das μένειν ἐν in einer Reziprozitätsformel gebraucht wird wie 15₄f. I Joh 2₂₄ 3₂₄ 4₁₃. 15f., liegt also infolge der Differenz von 1. und 2. eine gewisse Paradoxie vor. — Für das reziproke Verhältnis zwischen dem Glaubenden und dem Offenbarer vgl OdSal 8₁₀ff.:

„Bewahret mein Geheimnis,
    die ihr darin bewahrt bleibt;
Bewahret meinen Glauben,
    die ihr darin bewahrt bleibt;
Erkennet meine Erkenntnis,
    die ihr wahrhaftig von mir erkannt seid;
Liebet mich inbrünstig,
    die ihr geliebt seid!" (Vgl. 28₃f.)

verteilt sind, auch wenn die Gabe von der einen Seite das Verhältnis begründet hat. Vielmehr ist es das Verhältnis des Glaubens; der Glaube aber ist die vorbehaltlose Entscheidung, sich unter Preisgabe eigenen Vermögens auf Gottes Tat zu gründen. Das μένειν ist das Verharren in der Haltung des Glaubens; es ist treues Stehen zur Sache nur in dem Sinne des stets Sich-umfangen-lassens, Sich-schenken-lassens[1]. Die geforderte Treue ist nicht primär ein ständiges Sein für, sondern ein Sein von, nicht ein Halten, sondern ein Sich-halten-lassen, wie es dem Verhältnis des κλῆμα zur ἄμπελος entspricht. In diesem Sinne kann das Verhältnis ein reziprokes sein, ja muß es das sein[2].

Wie aber verhält sich der Imp. „bleibet!" zu dem von V.2 „bringet Frucht!"? Der καθώς-Satz, der den Charakter eines reinen Vergleiches hat[3], läßt das Bleiben als die Bedingung des Fruchtbringens erscheinen, während nach V.2 das Fruchtbringen die Bedingung für das Bleiben am Weinstock ist. Aber es entspricht eben der Reziprozität des Verhältnisses, daß beides gesagt werden kann und muß[4]. Es gibt kein Bleiben in ihm (kein Gehaltenwerden) ohne Fruchtbringen, aber auch kein Fruchtbringen ohne Bleiben in ihm (ohne Sich-halten-lassen). Was gefordert ist, ist schon geschenkt: die Möglichkeit der Zukunft, die aber vom Glaubenden auch ergriffen werden muß. Eben deshalb ist auch beim Abschied kein Grund zur Klage; der Abschied bringt gerade zur Klarheit, daß der Sinn des Vergangenen die Erschließung der Zukunft ist.

So wenig also durch das reziproke μένειν ἐν ein mystisches Verhältnis der Gläubigen zu Jesus beschrieben ist[5], so wenig ist das „Bleiben" bei ihm Orthodoxie, kirchlicher Konservatismus[6]. Denn der Offenbarer ist nicht der Vermittler einer ein für allemal übernehmbaren Lehre; sein Wort ist nicht ein Dogma oder eine Weltanschauung, sondern das frei und lebendig machende Offenbarungswort, das die ganze Existenz neu begründet. Das μένειν ist das treue Durchhalten in der einmal getroffenen Entscheidung, die ja nur als stets neu vollzogene durchgehalten wird. Und entsprechend redet das κἀγὼ ἐν ὑμῖν nicht vom welt- und geistesgeschichtlichen Fortwirken Jesu in der christlichen Kultur und Kirche, sondern bedeutet die Verheißung, daß er stets Grund und Ursprung der Möglichkeit des Lebens bleibt.

Mit V.5 setzt die Rede neu an[7]:

ἐγώ εἰμι ἡ ἄμπελος,
ὑμεῖς τὰ κλήματα.
ὁ μένων ἐν ἐμοὶ κἀγὼ ἐν αὐτῷ,
οὗτος φέρει καρπὸν πολύν.

---

[1] Das μένειν ist also nicht mit der sonst im NT geforderten ὑπομονή identisch, so gewiß das μένειν des Glaubens die ὑπομονή einschließt.

[2] S. S. 411, 3.

[3] Das zeigt die Korrespondenz mit οὕτως; das καθώς also anders als 13₃₄ usw.

[4] Der scheinbare Widerspruch gibt keinen Anlaß zu literarkritischen Scheidungen, sondern ist gerade die Pointe.

[5] S. S.290f. Anders Bousset, Kyrios 177ff. Weil er den Charakter Jesu als des Offenbarers bei Joh verkennt, wundert er sich denn auch, daß Joh fast nur eine Jesus-Mystik und kaum eine Gottesmystik kenne.

[6] So in dem formal nah verwandten Stück Mand. Lit.217: „Bleibet fest und standhaft bei mir, meine Bekannten, ... meine Freunde, ... verändert nicht (die Rede) meines Mundes ..."

[7] Die Wiederholung des ἐγώ εἰμι entspricht dem Stil der Offenbarungsrede, s. 6₃₅. ₄₇. ₅₁ 10₁₁. ₁₄; s. auch S. 258, 2.

Der Gedanke von V. 4 ist jetzt als Verheißung formuliert, die im Zuge des Ganzen freilich der Mahnung subordiniert ist, wie es der Zusatz noch betont: ὅτι χωρὶς ἐμοῦ οὐ δύνασθε ποιεῖν οὐδέν[1]. Natürlich kann der Mensch χωρὶς αὐτοῦ es wohl zu allerlei technischen und moralischen Leistungen bringen. Aber hier ist nicht „von natürlichem und weltlichem Leben und Wesen, sondern von den Früchten des Evangelii" die Rede (Luther). Und angesichts dessen ist alles andere ein οὐδέν, — nicht im Lichte eines Pessimismus oder Quietismus, sondern auf Grund des Wissens um das wirkliche Leben des Menschen, eines Wissens, das die höchste Kraft zur Tat enthält, weil es nicht an die Leistung zu denken braucht und deshalb von der hemmenden Angst befreit ist; eines Wissens, das allem weltlichen Tun erst seinen Sinn geben kann. So entspricht das χωρὶς ἐμοῦ . . . οὐδέν dem χωρὶς αὐτοῦ ἐγένετο οὐδὲ ἕν: der Mensch ist Geschöpf und verdankt sein Sein dem Worte Gottes[2]. Er hat sich nicht selbst in der Hand und kann sich keinen Anfang setzen. Im Glauben ist der Mensch in das verlorene Schöpfungsverhältnis zurückgebracht, indem er versteht: χωρὶς αὐτοῦ οὐδέν.

V. 6: ἐὰν μή τις μένῃ ἐν ἐμοί,
ἐβλήθη ἔξω ὡς τὸ κλῆμα καὶ ἐξηράνθη[3].

Neben die Verheißung tritt die Drohung[4]: wer nicht treu ist, verfällt der Vernichtung. Diese besteht in der Trennung von dem das Leben vermittelnden Stamme. Weder bedeutet das βληθῆναι ἔξω kirchliche Exkommunikation, noch geht das Verbrennen auf das höllische Feuer[5]. Die Vernichtung ist schon an dem wirklich, der nur äußerlich zur Gemeinde gehört, in Wahrheit aber οὐκ ἐξ ἡμῶν

---

[1] Der ὅτι=Satz, der sich nicht in den Rhythmus fügt, ist Zusatz des Evglisten zum Text der Quelle. Das ὁ μένων entspricht den Partizipien 6 35. 47 8 12 11 25 12 44 bzw. den Partizipien mit πᾶς (s. S. 409, 2). Die Fortführung des ἐγώ-εἰμι-Satzes durch Partizipien entspricht dem Stil der Offenbarungsrede (Prov 1 33 Sir 24 21 f. OdSal 33 12); meist folgt dem verheißenden Part. antithetisch ein drohendes (vgl. schon den Aufbau von Prov 2; ferner Prov 8 35 f.; Prophetenrede bei Orig. c. Cels. VII 9 p. 161, 12 ff. Koetsch.; Kerygma Petri bei Clem. Al. Strom. VI 48, 2 p. 486, 9 ff. St.; Pf. Clem. Hom. 7 p. 15, 16 ff. Lag. Sehr häufig in der mandäischen Literatur s. S. 409, 2 und Kundsin, Charakter 257 f.). Es versteht sich von selbst, daß für das Part. ein Relativsatz eintreten kann (4 14 I Joh 2 5; Orig. c. Cels. s. o.; C. Herm. 4, 4 f., wo das Schema in Bericht umgesetzt ist) oder ein ἐάν=Satz (V. 6 6 51 7 17. 37 8 31. 51 12 47 I Joh 1 6 ff. 4 12; Pf. Clem. Hom. 7 s. o.; Sib. 1, 130). Diese Verheißungen und Drohungen können natürlich auch auf einen ἐστίν-Satz folgen (I Joh 1 5 ff.; Ker. Petri s. o.; nach „Du bist" OdSal 8 12 f.) oder auf einen Imperat., der zur Umkehr ruft (Pf. Clem. Hom. s. o.; Sib. 1, 30; C. Herm. 4, 4 f.). — Das κἀγὼ ἐν ὑμῖν (das hier nicht wie V. 4 Nachsatz ist) setzt das Part. μένων inkorrekt fort; korrekter wäre: καὶ ἐν ᾧ ἐγὼ μένω, Bl.=D. § 468, 3.

[2] Zur Tradition des χωρὶς αὐτοῦ οὐδέν s. zu 1 3 S. 19, 8; ferner K. Deichgräber, Rhein. Mus. 87 (1938), 6; Br. zitiert Ael. Arist. Or. 37, 10: Ἀθηνᾶς ἡγουμένης οὐδὲν πώποτε ἀνθρώποις ἡμαρτήθη οὐδ' αὖ πράξουσί ποτε χρηστὸν ἄνευ τῆς Ἀθηνᾶς. Die Stellen bei Str.=B. und Schl. illustrieren nur die sprachliche Wendung, nicht den Gedanken.

[3] Soweit nach der Quelle, die der Evglist durch das καὶ συνάγουσιν κτλ. erweitert hat (schon das καὶ ἐξηρ. könnte von ihm stammen) unter dem Einfluß typischer Schilderungen wie Mal 3 19 (41) Ez 15 4 Mt 3 10. 12 7 19 13 30. 40. Lohmeyer (Urchristentum I 29) meint, daß Joh hier Motive der Täuferrede aus der Spruchquelle bewahrt habe. — Die Aoriste ἐβλ. und ἐξηρ. können als gnomisch aufgefaßt werden (Bl.=D. § 333, 1) oder als Ausdruck der sicher eintretenden Folge (Bl.=D. § 333, 2; Raderm. 152. 155; dazu die Beispiele bei Br.), jedenfalls aber nicht in dem Sinne, daß das göttliche Urteil dem menschlichen Verhalten vorausgegangen sei (Schl.). — Die Varianten μείνῃ (K pl) und αὐτό (ℵ D pm, pedant. Korr.) sind bedeutungslos.

[4] S. A. 1; der ἐάν=Satz vertritt ein Part., s. ebenda.

[5] Die Rede hält am Bilde fest; also nicht wie Mt 9 43. 47; Mt 25 41 usw.

ist (I Joh 2₁₉). So wenig das μένειν und das καρπὸν φέρειν zwei einander fol=
gende Tatbestände sind, so wenig das μὴ μένειν und das ἔξω βληθῆναι.

Auf die Drohung folgt wieder Verheißung (V. 7)[1]: das erhörungsgewisse
Gebet[2] wird denen verheißen, die im Offenbarer „bleiben", d. h. ihm die Treue
halten, und in denen „seine Worte bleiben", d. h. für die seine Worte bestimmende
Gültigkeit behalten[3]. Ihnen war V.₄f. verheißen worden, daß er in ihnen bleibt,
und daß sie deshalb viele Frucht bringen werden. Wie verhält sich dazu die Ver=
heißung des erhörungsgewissen Gebetes[4]? Dieses Gebet ist offenbar eine
noch über das καρπὸν φέρειν hinausliegende Möglichkeit. Im Gebet tritt ja der
Glaubende gleichsam aus der Bewegung seines Lebens heraus, insofern das
Gebet keine den Anspruch des Augenblicks — für den Glaubenden: die Forderung
der Liebe — erfüllende Tat ist. In seinem Gebet tritt der Glaubende aber auch
insofern aus dem Zusammenhang seines Lebens heraus, als er der Erhörung
gewiß ist und die Zukunft, für die er bittet, nicht mehr als die ihn bedrohende
und zerstörende zu fürchten braucht. Er kann der Erhörung gewiß sein bei allem,
um das er bittet; denn um was anderes könnte er ja bitten — in welcher Form
auch immer — als um das μένειν des Offenbarers in ihm und um sein μένειν
im Offenbarer[5]? Wird ihm solches Gebet geschenkt, das ihn über den Zusammen=
hang des menschlich-weltlichen Lebens hinaushebt, so dokumentiert sich darin
seine eschatologische Existenz[6].

Sofern nun freilich das Gebet als einzelnes Vorkommnis doch innerhalb des
neugearteten Lebenszusammenhanges des Gläubigen steht, kann es selbst in das
καρπὸν φέρειν einbegriffen werden, und deshalb kann V. 8[7] alles bisher Gesagte
unter das Endziel stellen und sagen, daß sich die Verherrlichung des Vaters darin
vollzieht[8], daß die Glaubenden Frucht bringen und Jesu Jünger sind[9]. Da die

---

[1] V.₇ ist Bildung des Evglisten, für den die Wendung vom Bleiben des Wortes
im Hörer charakteristisch ist (s. S. 200, 5); der zweigliedrige ἐάν=Satz fügt sich nicht in
den Rhythmus. Der Gedanke fügt sich zwar in den Zshg, fällt aber ganz aus dem Bilde;
der Evglist bringt ihn auch V.₁₆ 14₁₃ 16₂₃f. ₂₆; vgl. I Joh 3₂₁f. 514f.

[2] Nur hier und I Joh 3₂₂ 5₁₅ III Joh 5 bei Joh ὁ ἐάν (B ὁ ἄν); sonst häufig, s.
Bl.=D. § 107. 371. — Die Variante αἰτήσεσθε ℵK al ist bedeutungslos.

[3] Das μένειν der ῥήματα in dem Glaubenden (s. S. 411, 3) ist gleichbedeutend
mit τὰς ἐντολὰς bzw. τὸν λόγον τηρεῖν V. 10. 20. Es fügt zu dem μένειν ἐν ἐμοὶ der
Glaubenden kein Zweites hinzu, sondern hebt das in der Glaubenstreue enthaltene
Moment des Gehorsams heraus.

[4] Wie V.₁₆ zeigt, ist das erhörungsgewisse Gebet nicht etwa mit dem Fruchtbringen
identisch, sondern ist seine Folge (wie nach V.₅ das Fruchtbringen die Folge des μένειν
Jesu in den Glaubenstreuen ist); im gewissen Sinne kann es aber in das Fruchtbringen
einbegriffen werden, s. zu V.₈. — Die Verheißung der Gebetserhörung gibt auch der
mandäische Offenbarer; s. Mand. Lit. 66. 140; Ginza 260, 6f. 268, 1ff. 389, 27ff.

[5] Ein solches Gebet ist ja nach I Joh 5₁₄ ein αἰτεῖσθαι κατὰ τὸ θέλημα αὐτοῦ,
wie es dem entspricht, daß seine Bedingung das μένειν der ῥήματα ist.

[6] S. S. 312.

[7] V.₈ stammt vom Evglisten, für den das ἐν τούτῳ ... ἵνα charakteristisch ist (s.
S. 403, 2). Das ἵνα expliziert das ἐν τούτῳ (Bl.=D. § 394), und dieses ist nicht auf das
Vorausgehende bezogen, in welchem Falle die Gebetserhörung die Verherrlichung des
Vaters wäre (ein an sich möglicher Gedanke, s. 14₁₃), deren Zweck dann das καρπ. φέρειν
wäre, was unsinnig wäre.

[8] Der Aor. ἐδοξάσθη ist entweder gnomisch zeitlos oder drückt die Sicherheit des
Zukünftigen aus, s. S. 413, 3.

[9] Auch wenn nicht γένησθε (BDL al), sondern γενήσεσθε (ℵAE usw.) zu lesen
ist, ist καὶ γεν. nicht ein selbständiger Satz, sondern gehört in den ἵνα=Satz hinein. Zur
Koordination von Konj. Aor. und Fut. s. Mt 5₂₅ Phil 2₁₀f. Eph 6₃; Bl.=D. § 369, 3;

Verherrlichung des Vaters zugleich die des Sohnes ist, so lenkt die Schlußwendung
zum Anfang (13₃₁f.) zurück und beantwortet in überraschender Weise die be-
drängende Frage des Abschieds: sein δοξασθῆναι, das ihn von den Seinen zu
trennen scheint, eint ihn gerade mit ihnen; denn durch ihren Glauben ist er verherrlicht. Aber noch in anderer Weise lenkt die Schlußwendung zum Anfang zurück, indem neben das ἵνα καρπὸν πολὺν φέρητε statt eines καὶ ἐγὼ δοξασθῶ
ἐν ὑμῖν (vgl. 17₁₀) das καὶ γένησθε ἐμοὶ μαθηταί tritt. Damit ist der Anschluß
an 13₃₅ gewonnen: die Vereinigung mit dem Getrennten vollzieht sich in der
Jüngerschaft; und nach V.₄₋₆ ist das μαθητὴς εἶναι in seinem radikalen Sinne
als das gegenseitige μένειν ἐν deutlich geworden. Damit ist aber zugleich auch
der Übergang zum zweiten Teile der Rede gewonnen; denn wie 13₃₅ die Jüngerschaft als das in Jesu Liebe begründete ἀλλήλους ἀγαπᾶν charakterisiert war,
wird jetzt das μένειν ἐν ἐμοί als das μένειν ἐν τῇ ἀγάπῃ interpretiert und so das
Liebesgebot auf seinen Ursprung zurückgeführt.

b) 15₉₋₁₇: μείνατε ἐν τῇ ἀγάπῃ.

V.₉₋₁₇ läuft parallel zu V.₁₋₈. Wie V.₁ mit dem Hinweis auf den Vater beginnt,
von dem her Jesus sein Sein für die Seinigen hat, so V.₉; und wie dort aus Jesu Sein
für die Seinen V.₄ (in der Quelle unmittelbar an V.₂ anschließend) der Imp. μείνατε
folgt, so hier V.₉b. Dem ἤδη ὑμεῖς καθαροί ἐστε V.₃, das den zum Imp. gehörigen Ind.
enthält, entspricht das ὑμεῖς φίλοι μού ἐστε V.₁₄, und dem Motiv des χωρὶς ἐμοῦ οὐδέν
V.₄ entspricht V.₁₆ das οὐχ ὑμεῖς … ἀλλ᾽ ἐγώ; dabei wird die Bestimmung des Auserwählten im καρπὸν φέρειν gesehen wie die des Jüngers V.₂ff. Wie endlich V.₇ die
höchste Möglichkeit des Jüngerseins im erhörungsgewissen Gebet gesehen ist, so auch
V.₁₆b. — V.₉₋₁₇ variiert das Thema von V.₁₋₈ in der Weise, daß das μένειν ἐν ἐμοί jetzt
als das μένειν ἐν τῇ ἀγάπῃ τῇ ἐμῇ erläutert wird; das Bild vom Weinstock ist dabei bis
auf die Metapher des καρπὸν φέρειν verschwunden[1].

V.9: καθὼς ἠγάπησέν με ὁ πατήρ,
κἀγὼ ὑμᾶς ἠγάπησα[2].
μείνατε ἐν τῇ ἀγάπῃ τῇ ἐμῇ,
(καθὼς ἐγὼ μένω αὐτοῦ ἐν τῇ ἀγάπῃ)[3].

Im Imp. μείνατε hat die Aussage ihre Pointe; der vorausgehende Satz
weist die Begründung des Imp. auf. Begründet ist er im Offenbarungsgeschehen,
d. h. in Jesu Dienst, der seinerseits in Gottes auf Jesus gerichteter Liebe begründet
ist[4]. Wie immer ist die Liebe nicht als persönlicher Affekt gedacht, sondern als

---

Raderm. 178. — Das ἐμοί adjekt. wie 13₃₅; falsch L: μοι, D*: μου. — Das γίνεσθαι
heißt „werden" oder „sein" im Sinne von „sich erweisen" wie Mt 5₄₅ I Kor 14₂₀ usw., s. Br.

[1] Der Evglist folgt in V.₉f. offenbar noch der Quelle, die im Sinne des Mythos
von der ἀγάπη redete als der auf den Sohn gerichteten und durch ihn vermittelten Liebe
Gottes. Daß in dieser Liebe das Liebesgebot begründet ist, ist der Gedanke des Evglisten,
auf den auch 13₃₄f. zurückging. Sein Stil ist in V.₁₁₋₁₃ deutlich zu erkennen, aber auch
in V.₁₄₋₁₇; doch dürften V.₁₄ und V.₁₆ (ohne den letzten ἵνα-Satz) aus der Quelle entnommen sein.

[2] Die variierende Stellung von ὑμ. ἠγ. in den Hss ist bedeutungslos.

[3] Das zweite Glied des zweiten Doppelverses der Quelle ist aus V.₁₀ zu entnehmen.
Der Evglist hat das μείνατε gleich als das τηρεῖν der ἐντολαί interpretiert, um dann
das Liebesgebot anfügen zu können.

[4] Vgl. V.₁ und s. S. 408. — Das καθώς hat wie 13₃₄ begründenden Sinn (s.
S. 291, 3), wenigstens für den Evglisten; in der Quelle mag es nur vergleichend gemeint
gewesen sein wie 12₅₀ 14₃₁ und V.₁₀. — Das κἀγώ κτλ. ist natürlich Nachsatz wie V.₄
17₁₈ 20₂₁.

das Sein für den Anderen, das die eigene Existenz völlig bestimmt[1]. Das vom Jünger geforderte Bleiben in der Liebe heißt, daß er in der empfangenen Liebe, im Geliebtwerden verharren soll, daß, wie schon V.4 sagte, seine Existenz ganz auf den Dienst des Offenbarers gegründet sein soll[2], wie es schon die Fußwaschung symbolisch dargestellt hatte[3].

Solches Verharren in der empfangenen Liebe ist aber nicht ein ruhender Zustand der sich selbst genießenden Heilssicherheit, geschweige denn ein Schwelgen in Andacht und Verzückung. Es ist nur wirklich in jener Bewegung des Fruchtbringens; es volzieht sich im Halten der Gebote (V. 10). Wie V.2 das καρπὸν φέρειν, so gilt jetzt das τηρεῖν der ἐντολαί als die Bedingung des μένειν[4]; so erläutert V.9ff. eben V.2. Ehe aber der konkrete Sinn des τηρ. τ. ἐντ. deutlicher gemacht wird, wird die Forderung noch einmal begründet durch das καθὼς ἐγὼ κτλ.[5]. Das Verhältnis der Glaubenden zum Offenbarer ist seinem Verhältnis zum Vater analog, ja in ihm begründet. Und dieses Verhältnis ist ja nicht eine metaphysische Substanzgemeinschaft oder ein mystisches Liebesverhältnis; sondern das Sein des Vaters für ihn macht ihn zum Offenbarer, und sein Sein für den Vater volzieht sich in seinem gehorsamen Wirken als Offenbarer[6]. So soll auch dem Dienst, den die Glaubenden vom Offenbarer empfangen haben, ihr Gehorsam entsprechen. Nur dann haben sie wirklich diesen Dienst empfangen, wenn sie „seine Gebote halten", die in Wahrheit ja nur ein Gebot sind[7], das Gebot der Liebe (V.12), — wenn also sein Sein für sie zum bestimmenden Gesetz ihres Lebens wird[8].

Bringt das τηρεῖν der ἐντολαί dem Jünger also im Grunde zum Bewußtsein, was er eigentlich schon ist, so hat die Mahnung zum τηρεῖν nicht den Sinn, ihn in die Sorge um sich selbst zu stellen; sie stellt ihn vielmehr in die Freude, wie es V. 11 als den Sinn der Weisung des Offenbarers ausdrücklich erklärt[9]: ἵνα ἡ χαρὰ ἡ ἐμὴ ἐν ὑμῖν ᾖ. Seine Freude soll zu der ihren werden, d. h. in der Verbundenheit mit ihm wird ihnen die eschatologische Existenz geschenkt, die ihm eigen ist, — wie sein Gebet es für sie erbeten hatte 17₁₃[10]. Und ähnlich

---

[1] S. S.119f., bes. 119, 3.
[2] S. S. 412. Vgl. OdSal 8₂₂:
„... bleibt in der Liebe des Herrn,
Ihr Geliebten in dem Geliebten,
Ihr Bewahrten in dem Lebendigen,
Ihr Erlösten in dem Erlösten."
[3] S. S. 356ff.   [4] Zu τηρεῖν τ. ἐντ. s. S. 227, 5.
[5] Statt ἐγώ lesen ℵ D lat κἀγώ. Das μου fehlt in B. Beides ohne Bedeutung.
[6] S. S. 263, 4; 291f. — Das Perf. τετήρηκα in der Abschiedssituation gegenüber dem τηρῶ von 8₅₅. Vgl. 10₁₈ 12₅₀ 14₃₁.
[7] Wie des Vaters ἐντολαί an Jesus (15₁₀) in Wahrheit eine ἐντολή sind (12₄₉f.), so redet er bald von seinen ἐντολαί (15₁₀ 14₁₅. ₂₁), bald von seiner ἐντολή (13₃₄ 15₁₂). Vgl. den Wechsel des Plur. und Sing. I Joh 2₃f. usw. und 2₇f.; bes. den Wechsel innerhalb I Joh 3₂₂f. Ebenso entspricht dem τηρεῖν τὸν λόγον 8₅₁f. 14₂₃ 15₂₀ 17₆ das τοὺς λόγους τηρεῖν 14₂₄ bzw. τὰ ῥήματα φυλάσσειν 12₄₇. Vgl. überhaupt den Wechsel von λόγος (8₃₁. ₄₃ 12₄₈ 17₁₄ usw.) und ῥήματα (3₃₄ 6₆₃ 17₈ usw.).
[8] S. S. 404 und s. Faulhaber 54.
[9] V.11 ist Bildung des Evglisten. Zu ταῦτα λελ. ἵνα s. S. 254, 10; ταῦτα bezieht sich auf das Vorausgehende wie stets in diesen Wendungen, und ἵνα ist final, d. h. es gibt den Zweck des λαλεῖν an wie 5₃₄ 16₁. ₄. ₃₃ 17₁₃ I Joh 2₁ 5₁₃.
[10] S. zu 17₁₃ S. 386ff. und s. Gulin II 38. 59f. Vgl. OdSal 8₁f.:
„Eure Liebe wachse empor vom Herzen bis auf die Lippen,
dem Herrn als Früchte zu tragen heilige Freude."

wie dort ist hier durch das (ἵνα) καὶ ἡ χαρὰ ὑμῶν πληρωθῇ gesagt, daß alles, was sie bisher von ihm gehabt haben, ein Vorläufiges, ein Anfang war, der — gerade vermöge seines Abschieds von ihnen — erst zur Vollendung gedeihen muß. Was in ihm schon Wirklichkeit ist, soll es in ihnen werden, — eben das ist der Sinn seiner Mahnung zum μένειν, zum τηρεῖν der ἐντολαί.

Jetzt gibt V. 12[1] den Inhalt der ἐντολαί an, die nun als im Grunde eine ἐντολή[2] erscheinen: es ist das ἀλλήλους ἀγαπᾶν, eben jene ἐντολή, die schon der Anfang der Rede 13 34 als das Vermächtnis Jesu brachte; und wie dort ist auch hier wieder durch das καθὼς κτλ. die Begründung des Gebotes gegeben. Der Radikalismus der Forderung der Liebe als des schlechthinnigen Seins für den Anderen wird V. 13 aufgezeigt, indem die höchste Möglichkeit der Liebe genannt wird: die Hingabe des Lebens[3] für die Freunde[4]. Diese höchste Möglichkeit aber soll für das vom Jünger geforderte ἀλλήλους ἀγαπᾶν das Charakteristische sein; denn er soll ja lieben καθὼς ἠγάπησα ὑμᾶς, d. h. seine Liebe soll in der empfangenen Liebe Jesu Grund und Norm haben[5]. Daß Jesu Liebe in der Hingabe seines Lebens besteht, ist zwar nicht ausdrücklich gesagt; es versteht sich aber im Zshg von selbst[6] und wird dadurch angezeigt, daß Jesus im Folgenden von den Jüngern als seinen φίλοι redet. Beschreibt nämlich V. 13, von V. 12 aus verstanden, ganz allgemein und grundsätzlich die höchste Möglichkeit der geforderten Liebe, so gerät er doch nachträglich in das Licht der Worte V. 14 f., in denen Jesus die Jünger seine Freunde nennt, und muß so zugleich als die Beschreibung des καθὼς ἠγάπησα ὑμᾶς verstanden werden[7].

Mit V. 13 sind also schon indirekt die Jünger als Jesu Freunde bezeichnet; daß sie es sind, ist in V. 14 vorausgesetzt, wenn es jetzt heißt ὑμεῖς φίλοι μού ἐστε, ἐὰν κτλ. Es handelt sich ja nicht darum, daß sie seine Freunde durch die Erfüllung seiner Befehle erst werden sollen; sie sind es schon, wie V. 15 sagt; das ἐὰν κτλ. gibt vielmehr die Bedingung dafür an, daß sich an ihnen verwirklicht,

---

[1] V. 12 f. stammt vom Evglisten. V. 12 ist einer der typischen Definitionssätze (S. 29, 1), und eng damit verwandt ist die Form von V. 13, zu dem III Joh 4 die genaue Parallele ist; hier wie dort fehlt auch vor dem ἵνα ein ἤ, s. Bl.-D. § 394.

[2] S. S. 416, 7.

[3] Τιθέναι τ. ψυχ. heißt hier schwerlich nur: das Leben einsetzen (s. S. 282, 2), was freilich für den Gesamtsinn auf das Gleiche hinausliefe. — Das Fehlen von τις in ℵ*D*, das Bl.-D. § 394 billigt, kann wohl nur Korr. sein.

[4] Daß es etwa noch größere Liebe wäre, sein Leben für die Feinde zu opfern (Röm 5 6 ff.), bleibt im Zshg außer Betracht, in dem es sich ja nur darum handelt, das ἀλλήλ. ἀγ. derer zu charakterisieren, die als Freunde verbunden sind. Der Sinn von V. 13 ist im Zshg der: Keiner erweist seinen Freunden größere Liebe als der, der für sie sein Leben hingibt. — Wie die vor- und außerchristliche Welt die Liebesforderung kennt (s. S. 404), so kennt sie natürlich auch die höchste Möglichkeit, den Tod für Andere (z. B. Tyrt. 6, 1 ff.; Diehl, Anthol. Lyr. Gr. I 9 f.). Das spezifisch Christliche ist allein die Begründung der Forderung und die dieser entsprechende Verwirklichung (s. S. 404 f.).

[5] Gulin 58 f. sagt mit Recht, daß hier in verhüllter Form auch die Leidensnachfolge gefordert ist.

[6] Es geht ja das Gebet voraus mit dem ὑπὲρ αὐτῶν 17 19. Ausdrücklich ist es gesagt I Joh 3 16.

[7] V. 13 enthält also in sich einen doppelten Sinn (natürlich keine Zweideutigkeit im Sinne von 2 19 usw., s. S. 89, 2), und zwar gilt der eine für den Zshg mit dem Vorausgehenden, der andere für den Zshg mit dem Folgenden. Nicht jedoch hat V. 13 einen „Eigenwert", der dem Zshg fremd wäre (Dibelius, Festg. für Deißmann 168 ff.). Es ist aber wohl möglich, daß V. 13 eine umlaufende Gnome aufgreift (oder auf sie anspielt), in welcher von Liebe im allgemein menschlichen Sinne die Rede war.

was sie schon sind; das ἐάν hat also den gleichen Charakter wie das in V.10, und der Gedanke entspricht V.2, wie das ὑμεῖς φίλοι μού ἐστε dem ἤδη ὑμεῖς καθαροί ἐστε V.3 entspricht. Neu ist jetzt nur, daß die Verbundenheit mit dem Offen= barer, die für die Glaubenden der Lebensgrund ist wie der Zshg der Rebe mit dem Weinstock (V.2), und die V.10 als das Bleiben in seiner Liebe bezeichnet war, jetzt durch den Begriff der Freundschaft charakterisiert wird[1]. An der Hand dieses Begriffs wird V.15f. genauer entwickelt, was die Verbundenheit mit dem Offenbarer für den Jünger bedeutet; und auf diesem Hintergrunde wird dann das Gebot von V.12 in V.17 abschließend wieder aufgenommen.

Die Bedeutung der Verbundenheit mit Jesus wird durch den φίλος=Begriff insofern geklärt, als der φίλος den Gegensatz zum δοῦλος bildet (V. 15). Der „Freund“ ist also der Freie, und zwar ist seine Freiheit nicht anders verstanden als 8 31-36, nämlich als die in der Offenbarung begründete eschatologische Gabe[2]. Denn wie diese 8 32 auf die Erkenntnis der „Wahrheit“ zurückgeführt war, so hier darauf, daß Jesus den Jüngern alles kundgetan hat, was er beim Vater gehört hat, d. h. daß er ihnen die „Wahrheit“ gebracht, den Vater offenbart hat[3]. Bildete den Gegensatz zum Freien 8 34 der Sündenknecht, so hier der δοῦλος, der „nicht weiß, was sein Herr tut“, der also den Herrn nicht versteht, der im Dunkeln steht und deshalb in ständiger Angst. Beides aber bildet eine Einheit, wie umgekehrt der „Freund“ eben dazu befreit ist, daß er Gott kennt und im Lichte ist[4]. Die Jünger sind dank des γνωρίζειν des Offenbarers nicht mehr δοῦλοι[5], sondern Freie und Freunde[6].

V. 16: οὐχ ὑμεῖς με ἐξελέξασθε,
ἀλλ᾽ ἐγὼ ἐξελεξάμην ὑμᾶς·
καὶ ἔθηκα ὑμᾶς ἵνα ὑμεῖς ὑπάγητε
καὶ καρπὸν φέρητε
καὶ ὁ καρπὸς ὑμῶν μένῃ[7].

---

[1] Daß statt eines ἀγαπητοί, das man etwa erwarten könnte, der Begriff φίλοι eintritt, könnte dadurch veranlaßt sein, daß der φίλος=Begriff V.13 (auf Grund einer Gnome? s. vor. Anm.) zur Beschreibung der höchsten Möglichkeit der Liebe verwendet war. Wahrscheinlicher aber ist es, daß die Formulierung in V.13 deshalb gewählt ist, weil der Gedanke von V.14f. schon vorschwebte. Dann wird die Veranlassung durch die Quelle gegeben gewesen sein, aus der die V.14 stammen dürfte (s. S. 415, 1), s. u. S. 419, 3. — Daß durch den φίλος=Titel gegen die urchristlich paulinische Anschauung von Christus als dem κύριος und von den Gläubigen als seinen δοῦλοι polemisiert werde (Bousset, Kyrios 155), ist unglaublich.
[2] Zur Freiheit s. S. 334ff.
[3] Zur Wahrheit s. S. 332ff. Zu πάντα ἃ ἤκουσα κτλ. s. S. 188. 190, 3. Zu ἐγνώρισα s. 17 26 (S. 400); dort ist das Obj. das ὄνομα des Vaters, was sachlich das Gleiche ist wie πάντα ἃ ἤκουσα; vgl. 17 6. 26 mit 17 8. 14. — Das πάντα steht nicht im Widerspruch zu 16 12, sodaß es dem Verdacht unterliegt, Glosse zu sein (Br.); denn V.15 ist sub specie des vollendeten Werkes Jesu gesprochen, dessen „Ergänzung“ durch den Geist nicht als Auffüllung von Lücken gemeint ist; s. zu 16 12.
[4] Den gleichen Sinn hat es, daß die Offenbarung in die παρρησία führt, vgl. I Joh 3 21 5 14.
[5] Das οὐκέτι geht darauf, daß sie als Jünger nicht mehr zur Welt gehören; es weist nicht auf ein früheres Stadium ihrer Jüngerschaft, etwa gar auf 13 16 zurück; 13 16 liegt wie 15 20 ein reines Bildwort vor.
[6] Auch Philon hat die Gegenüberstellung von φίλοι (Gottes) und δοῦλοι migr. Abr. 45; sobr. 55; s. Br. und E. Peterson, Zeitschr. für Kirchengesch. NF. 5 (1913) 179. Weiteres s. S. 419, 3.
[7] V.16 dürfte, vom letzten ἵνα=Satz abgesehen, aus der Quelle entnommen sein. Bildete er hier den Schluß der Rede, so ist das überschießende Glied am Platze, s. S. 51, 5;

Nun aber erfährt das zwischen dem Offenbarer und den Jüngern bestehende Freundschaftsverhältnis noch eine eigentümliche Bestimmung, das es gegen ein Freundschaftsverhältnis im griechischen oder modernen Sinne abgrenzt. Ist dieses ein Gegenseitigkeitsverhältnis, in dem die Verbundenen sich grundsätzlich gleichstehen und der Eine um die Freundschaft des Anderen wirbt[1], so ist die Freundschaft zwischen Jesus und den Seinen zwar auch ein Gegenseitigkeitsverhältnis; aber in ihm besteht keine Gleichheit. Sind sie Jesu Freunde, so sind sie es nicht, weil sie um ihn geworben hätten, wie er sich denn auch nicht ihren Freund, sondern nur sie seine Freunde nennt. „Nicht ihr habt mich erwählt, sondern ich habe euch erwählt." Daß sie, die ohne ihn ja nichts vermögen, auch gar nicht kraft ihres persönlichen Wertes um ihn hätten werben können, deutet das ἐκλέγεσθαι an; denn woraus sind sie erwählt[2]? Aus dem κόσμος, in dem der Mensch ein Gebundener ist, und aus dem ihn erst die Offenbarung befreit und zum φίλος fähig macht[3].

121, 1; 203, 5; 271, 2. Freilich könnte der Evglist den Text redigiert und das καὶ ἔθηκα ὑμ. oder das ὑπάγητε καὶ hinzugefügt haben.

[1] S. S. 411f.

[2] Bei ἐκλέγεσθαι (wie 6 70 13 18) ist nicht an den Gegensatz zu den Nichterwählten gedacht, sondern an den κόσμος, s. V. 19. Ginza 179, 25ff. spricht der Gesandte: „Ich habe euch von den Völkern und Generationen abgesondert, ich will euch in der Liebe zur Wahrheit aufrichten . . ." Mand. Lit. 75 wird er angeredet: „Du hast uns auserwählt und herausgeholt aus der Welt des Hasses, der Eifersucht und der Zwietracht . . ."

[3] Möglicherweise ist im Begriff φίλος das Auserwähltsein noch empfunden. Im Griechischen ist der φίλος der Götter ursprünglich der von einem Gott Geheiligte, Geweihte (z. B. der Herold), also in gewisser Weise auch ein Auserwählter. Vgl. Fr. Pfister (Pauly-Wissowa, Realenc. der klass. Altertumswissensch. XI 2127f.), der fragt, ob φίλος zum Pronominalstamm σφ gehört; die Grundbedeutung wäre dann „zu sich, zum Seinigen gehörig, eigen". Über den weiteren Gebrauch von φίλος θεοῦ (oder θεῷ) s. Peterson a. a. O. 161ff. (s. S. 418, 6). Der Begriff wird in der sokratisch-platonischen und in der stoischen Schule moralistisch gefaßt: der σώφρων oder der σοφός ist der Freund Gottes (bestritten von Aristoteles und Epikur). — Auch sonst in der Religionsgeschichte ist „Freund Gottes" ein auszeichnender Titel; vgl. Fr. Pfister, Blätter zur bayr. Volkskunde 11 (1927), 37; G. v. d. Leeuw, Phänomenologie der Rel. 453ff. Orientalisches bei Peterson a. a. O.; über φίλος als Ehrentitel von Hofbeamten Deißmann, Bibelst. 195f.; L. v. O. 324. — Wenn im AT Abraham als Freund Gottes bezeichnet wird (Ex 33 11 Jes 41 8 IIChr 22 7; vgl. Dan 3), so ist der Auswahlcharakter deutlich. Abraham behält diesen Titel im Judentum (Peterson a. o. O.; Dibelius in Meyers Kommentar zu Jak 2 23; Knopf im Erg.-Band zum Hdb. 3. NT zu IKlem 10 1), von dem ihn Christentum (Jak 2 23 IKlem 10 1) und Islam übernehmen. Das Judentum erweitert den Gebrauch des Titels auf Mose, andere Fromme und Israel (Sap 7 27; Str.-B. II 564f.; Schl. zu V. 15); ebenso nennt Philon nicht nur Abraham und Mose, sondern auch die Propheten Freunde Gottes. Er versteht den Titel im griechischen Sinne, wie denn für ihn schließlich jeder σοφός Gottes Freund ist (Peterson a. a. O.). Den erweiterten Gebrauch hat das Urchristentum zunächst nicht übernommen. Als Freunde Jesu erscheinen die Christen außer Joh 15 14f. nur Lk 12 4; dagegen heißen die Christen untereinander „Freunde" (Act 27 3 III Joh 15). In diesem Sinne findet sich der Titel auch in heidnischen θίασοι (Peterson a. a. O., G. P. Wetter, Der Sohn Gottes 63, 2); er hat sich im Christentum nicht durchgesetzt (Harnack, Mission und Ausbr. 3 I 405f.), war aber in gnostischen Kreisen beliebt. Bei den Mandäern werden die Frommen sehr häufig als die Freunde des Offenbarers (auch [des Namens] der Kušta) bezeichnet; und zwar sind die „Freunde" diejenigen,. zu denen der Erlöser „kommt" (Mand. Lit. 108. 139. 205) und denen er Offenbarung, Belehrung bringt (Mand. Lit. 79. 193; Joh.-B. 92, 3; 167, 23ff.; 221, 17; Ginza 333, 27ff., zitiert zu 3, 35 S. 120). Ähnlich bei den Manichäern (Peterson a. a. O.). Bei den christlichen Alexandrinern spielt der Titel „Freund Gottes" eine große Rolle für Märtyrer und Asketen, aber vor allem im mystischen Sinne, in dem er dann in der mittelalterlichen Mystik wieder Bedeutung gewinnt.

Infolgedessen hat aber auch das Gegenseitigkeitsverhältnis, das durch seine Wahl geschaffen ist, anderen Charakter als in einer menschlichen Freundschaft. Ihr Verhältnis zu ihm kann nicht die direkte Erwiderung seiner Freundesliebe sein, sodaß er auch ihr Freund heißen könnte[1]. Nur indirekt können sie seine Freundschaft erwidern; wie, — das sagen die folgenden Worte: „Und ich habe euch dazu bestimmt, daß ihr hingeht und Frucht bringt und eure Frucht bleibe[2]." In dem Erweis der Lebendigkeit ihres Glaubens besteht also — wie mit Wiederaufnahme der Metapher vom Fruchtbringen gesagt wird — die Erwiderung seiner Liebe. Daß sich das „Fruchtbringen" vor allem in dem ἀλλήλους ἀγαπᾶν vollzieht, legt der Jhg nahe; doch ist es nicht darauf zu beschränken; die in 15₁₈—16₄ₐ geforderte Haltung der Welt gegenüber gehört auch dazu[3]. Die Forderung birgt eine Verheißung in sich: „und daß eure Frucht bleibe", d. h. nichts anderes als daß das neue Leben der Glaubenden Ewigkeit habe[4].

Aber die Verheißung geht noch weiter[5], indem wie V.7 den Jüngern das erhörungsgewisse Gebet zugesagt wird. Kann denn noch mehr verheißen werden als die Ewigkeit des Lebens? Im Grunde nicht; aber die Erhörungsgewißheit, die dem Evglisten so wichtig ist[6], ist dem Glaubenden das Zeichen, daß er in der Ewigkeit des Lebens steht[7]. Er steht im Leben, sofern er im Glauben an den Offenbarer steht; deshalb bleibt auch der Gebetszugang zu Gott durch den Offenbarer vermittelt. Der Glaubende betet „im Namen" Jesu — wie jetzt über V.7 hinaus gesagt wird[8] —, d. h. im Bekenntnis zu Jesus, gleichsam unter Berufung auf ihn[9]. Also bis auf das Gebet erstreckt sich jenes χωρὶς ἐμοῦ οὐδέν.

V. 17 gibt in einer Schlußwendung[10] den Abschluß von V.9-17, damit aber zugleich auch der ganzen Rede; und indem noch einmal das ἀλλήλ. ἀγ. von 13₃₄f. 15₁₂ als die Forderung Jesu eingeschärft wird, schließt sich der Ring.

---

[1] Die Umkehrung, daß Gott der Freund des tugendhaften Menschen ist, findet sich im Griechischen; ebenso entsprechend modifiziert in Mystik und Pietismus, s. Peterson a. a. O.

[2] Zu τιθέναι = „einsetzen zu, bestimmen für" vgl. I Kor 12₁₈.₂₈ II Tim 1₁₁ Act 20₂₈; es ist auch im Griechischen gebräuchlich (mit doppeltem Acc.), s. Br. Vgl. auch das rabbin. הֶעֱמִיד תַּלְמִידִים (Schüler aufstellen), Str.-B. II 341 zu Joh 4₁. — Das ὑπάγειν bedeutet nicht ein „hingehen" (auf Missionsreisen, Lf 10₃), sondern steht pleonastisch wie oft im Semitischen, aber auch im Griechischen; s. Colwell 32. — Lagr. versteht den Satz als Beauftragung der Jünger zu Aposteln und findet hier la clef de tout ce discours.

[3] Vgl. I Joh 3₂₃, wo als Inhalt der ἐντολή das πιστεύειν und das ἀγαπ. ἀλλ. zusammengefaßt sind.

[4] Μένειν hier von der zukünftigen Dauer des Gegenwärtigen wie 6₂₇ 12₃₄ I Joh 2₁₇. Natürlich könnte auch 15₁₆ wie 6₂₇ εἰς ζωὴν αἰων. hinzugesetzt sein; s. S.164, 7, dazu herm. vis. II 3, 2.

[5] Wieder ist ein neuer ἵνα-Satz angehängt, dem ersten nicht koordiniert, sondern subordiniert wie 13₃₄ 17₂₁.₂₃.₂₄; er ist ein Zusatz des Evglisten zur Quelle. — Das αἰτῆτε (BL Ψ) statt αἰτήσητε ist ohne sachliche Bedeutung.

[6] S. S. 414, 1.

[7] S. S. 414. — Das Gebet erscheint auch Epikt. diss. II 27, 29 als Charakteristikum der Gottesfreundschaft: εἰς τὸν οὐρανὸν ἀναβλέπειν ὡς φίλον θεοῦ. Bei Philon ist ebenso die παρρησία ihr Zeichen (Peterson a. a. O. 170, 2. 178).

[8] So auch 14₁₃ 16₂₄.₂₆.   [9] S. S. 203, 1.

[10] Das ταῦτα ἐντ. . . . ἵνα scheint den ταῦτα λελάληκα ἵνα parallel zu sein (s. S.254, 10; 416, 9). Jedoch kann sich hier das ταῦτα doch nicht auf das Vorhergehende beziehen, sondern wird durch das folgende ἵνα expliziert (wie V.12 und 13); Gegenstand des ἐντέλλ. kann ja nur das ἀγαπᾶν sein. V.17 ist also abschließende Wiederaufnahme von V.12 (Htm., Lagr.).

Die Themata des μένειν ἐν ἐμοί (V. 1-8) und des μένειν ἐν τῇ ἀγάπῃ τῇ ἐμῇ (V. 9-17) bilden eine Einheit. Das μένειν ἐν ἐμοί ist die Forderung der Glaubens-treue, die freilich als die Forderung des καρπὸν φέρειν schon das Gebot des ἀγαπᾶν ἀλλήλους unausgesprochen einschließt. Die Forderung des μένειν ἐν τῇ ἀγάπῃ enthält primär das Liebesgebot, jedoch untrennbar von der Forderung des Glaubens. Die ganze Rede wie ihre beiden Teile handeln also von Glauben und Liebe als einer Einheit. Die starke Betonung dieser Einheit, die Ver-schlingung der Forderungen des Glaubens und der Liebe, hat darin ihren Grund, daß das faktische Leben ein zeitliches Nacheinander des Glaubens und des Liebens aufzuweisen scheint, dem gegenüber gerade ihre sachliche Einheit behauptet werden soll. Das Hören des Wortes und das Tun, die Glaubensentscheidung für das gehörte Wort und die Liebesentscheidung für den Anspruch des Bruders, — sie stehen faktisch im Verhältnis des zeitlichen Nacheinander. Welches aber ist ihr sachliches Verhältnis? Dieses wäre mißverstanden, wenn es auch als ein Nach-einander begriffen würde, wenn das Wort als Anleitung zu einem Tun, das Tun als Anwendung des Gehörten aufgefaßt würde.

Nach Joh 15 ist Glauben und Liebe eine sachliche Einheit. Der Glaube ist nicht echter Glaube, wenn er nicht treuer Glaube ist; d. h. aber, wenn er nicht derart ist, daß in ihm über alles künftige Tun schon vorweg entschieden ist. Da das Wort dem Glauben die in Jesus offenbare Liebe Gottes zusichert, und da die Liebe nur empfangen wird, wenn der Mensch durch sie zum Lieben befreit wird, so ist das Wort nur recht gehört, wenn der Glaubende als solcher der Liebende ist[1]. Das glaubende Hören ist also, da der an das Lieben gerichtete Anspruch des Bruders faktisch erst nachher in der Zeit konkret begegnet, eine Vorwegnahme der Zukunft. Der Glaubende antizipiert im Entschluß des Glaubens die konkreten Entscheidungen gegenüber dem Anspruch des Bruders in der Alltäglichkeit des Lebens. Der Glaube ist also in Einem die entschlossene Entscheidung für das gehörte Wort und die Entschlossenheit, die alle möglichen zukünftigen Entschei-dungen des Lebens in der Zeit schon ergriffen hat. Der Glaube ist also als isoliertes Phänomen gar nicht sichtbar, weder für die eigene Reflexion, noch für den Blick eines anderen Menschen. Er ist nur wirklich in der das Leben tragenden Ent-schlossenheit; und da diese Entschlossenheit des Glaubenden in der Entscheidung für das Wort gründet, ist der Glaube seiner selbst nur in dem Sinne sicher, daß er sich das Wofür seiner Entscheidung gegenwärtig hält, also im Blick auf das Wort[2]. Es gilt also μένειν ἐν ἐμοί als μένειν ἐν τῇ ἀγάπῃ τῇ ἐμῇ. Das ist das Vermächtnis des scheidenden Offenbarers, kraft dessen die Glaubenden mit ihm verbunden bleiben.

β) Die Gemeinde in der Welt: 15 18—16 11.

Deutlich bildet 15 18—16 11 eine Einheit. Das Thema, die Gemeinde in der Welt, wird in zwei Abschnitten behandelt: 1. der Haß der Welt 15 8—16 4a, 2. das Gericht über die Welt 16 4b-11. Zugrunde liegt ein Stück der „Offenbarungsreden", das sich in drei Teile gliederte: 1. die Parallelität des Schicksals der Gemeinde zu dem des Offenbarers: wie er, so wird auch sie vom Haß der Welt getroffen (15 18-20); 2. die Sünde der Welt: ihr Haß gegen den Offenbarer ist Haß gegen den Vater (15 21-25); 3. der Erweis der Sünde der Welt: der Paraklet wird sie der Sünde überführen (15 26—16 11). Der Evglist hat diese Disposition dadurch geändert, daß er den ersten Satz des dritten Stückes, der vom παρ-

---

[1] Vgl. H. K. Schumann, Um Kirche und Lehre 1936, 208.
[2] S. S. 404 f. 410 f.

τυρεῖν als dem Anklagen des Parakleten handelte, auf die Predigt deutete und in 15 26 f. dazu benutzte, mit der Weissagung des Hasses der Welt die Weissagung der Predigt der Gemeinde zu verbinden. Er nimmt das Motiv des dritten Quellenstückes (ausführlich eingeleitet durch 16 4 b-8) erst in 16 8 wieder auf, nachdem er in 16 1-4 a das Motiv des Hasses der Welt, das in 15 18-21 (bzw. -25) allgemein behandelt war, konkreter ausführt mit Bezug auf die historische Situation der Gemeinde. Dadurch wird 15 18—16 4 a zu einem geschlossenen Stück: der Haß der Welt gegen die Gemeinde. Diesem Thema ist das zweite Motiv der Quelle, die Rückführung dieses Hasses auf den Haß gegen den Vater, untergeordnet, und zugleich ist für den Haß der Welt gegen die Gemeinde der Grund angegeben: die Predigt der Jünger. Der Text der Quelle, den der Evglist reichlich glossiert hat, ist nicht überall mit voller Sicherheit zu erkennen, hebt sich aber in den Grundlinien deutlich heraus [1].

1. Der Haß der Welt: 15 18—16 4 a.

a) Die Gleichheit des Schicksals für Offenbarer und Gemeinde: 15 18-20.

V. 18: εἰ ὁ κόσμος ὑμᾶς μισεῖ,
　　　　γινώσκετε ὅτι ἐμὲ πρῶτον ὑμῶν μεμίσηκεν [2].

V. 19: εἰ ἐκ τοῦ κόσμου ἦτε,
　　　　ὁ κόσμος ἂν τὸ ἴδιον ἐφίλει ... [3]

V. 20: εἰ ἐμὲ ἐδίωξαν
　　　　καὶ ὑμᾶς διώξουσιν.
　　εἰ τὸν λόγον μου ἐτήρησαν,
　　　　καὶ τὸν ὑμέτερον τηρήσουσιν.

Durch seinen erläuternden Zusatz in V. 19 b stellt der Evglist den Zshg mit dem Vorigen her: auf die Erwählung der φίλοι (V. 16), die sie aus der Welt heraushebt [4], reagiert die Welt mit ihrem Haß. Wenn die φίλοι diese Erfahrung machen (V. 18 a), so darf es sie nicht befremden [5]; denn dieser Haß ist, wie sie sich sagen müssen [6], darin begründet, daß sie zu Jesus gehören und also erfahren müssen, was er vor ihnen erfuhr (V. 18 b) [7]. Dieser Hinweis auf sein Schicksal hat natürlich nicht den Sinn des solamen miseris socios habuisse malorum, sondern lehrt, daß aus Wesensverbundenheit auch Schicksalsgleichheit folge. Die φίλοι werden also angewiesen, ihr Schicksal als notwendig zu begreifen: wie ihn der Haß der Welt trifft, weil er nicht zur Welt gehört (8 23), d. h. aber gegen die Welt steht (7 7), so gilt auch von ihnen: die Welt wird sie hassen, weil sie nicht mehr zur Welt gehören (17 14). Das sagt V. 19 a indirekt, und der Evglist erläutert es V. 19 b durch die direkte Aussage. Der Bestätigung muß auch der Hinweis auf Jesu früher gesprochenes Wort dienen (V. 20 a) [8]. Diese Gnome bringt zwar, für sich

---

[1] Die Begründung der Analyse im Folgenden.

[2] Das γινώσκετε ὅτι könnte Zusatz des Evglisten sein; vgl. 5 32 12 50 (S. 198, 1. 263, 4). Er liebt solche Wendungen; vgl. 1 Joh 2 29 (Festg. Ad. Jül. 142) und das häufige οἴδαμεν ὅτι in 1 Joh (ebd. 146).

[3] V. 19 b. 20 a ist Zusatz des Evglisten; zu ὅτι ... διὰ τοῦτο s. 8 47 und S. 63, 6; zur Rückverweisung s. S. 265, 2; μνημόν. wie 16 4. 　[4] S. S. 419, 2. — S. auch S. 405.

[5] Dies der Sinn von V. 18, wie es deutlicher 1 Joh 3 13 formuliert ist: μὴ θαυμάζετε ... εἰ μισεῖ ὑμᾶς ὁ κόσμος.

[6] Ob γινώσκετε Ind. ist oder, wie wahrscheinlicher, Imp., ist gleich.

[7] Πρῶτον = πρότερον Bl.=D. § 62. — Das ὑμῶν, das in ℵ* D a b al fehlt, ist nach Zn. ein alter Zusatz, während Merx es auf Grund der einheitlichen syr. Überlieferung halten will.

[8] Der Hinweis geht ohne Zweifel auf 13 16. Nach syr s wäre nur μνημ. ὅτι εἶπον ὑμῖν zu lesen, wofür Merx eintritt, da τ. λογ. verfeinertes Griechisch sei. D liest τοὺς λόγους οὕς, ℵ 579 τὸν λόγον ὅν.

genommen, den Gedanken der Schickſalsgleichheit als Folge der Weſensverbunden=
heit nicht zum Ausdruck, ſoll aber im Zſhg natürlich ſo verſtanden werden. Neu
formuliert V.20bc den Grundgedanken: wie den Offenbarer die Verfolgung traf,
ſo wird ſie auch die φίλοι treffen; und in dem Maße, in dem er Glauben fand[1],
werden auch ſie Glauben finden, — d. h. aber: auch ſie werden dem Unglauben
der Welt begegnen. Das διώκειν iſt dem μισεῖν gegenüber wohl weniger eine
Steigerung als eine Spezialiſierung; denn der Haß der Welt kann ſich ebenſogut
in Verlockung und Verführung betätigen (vgl. 6₁₅ 7₃). Er iſt ja nicht bloß ein
pſychiſches Phänomen, ſondern die grundſätzliche Haltung der Welt gegen die
Offenbarung, die in allen Modi ihres Verhaltens wirkſam iſt. Aber freilich iſt
die Verfolgung ſozuſagen der normale Modus des Haſſes, in dem dieſer unverdeckt
zum Vorſchein kommt. In ſeinem Weſen aber iſt dieſer Haß — und deshalb wird
zuletzt der Unglaube genannt — die Ablehnung der Offenbarung.

Werden die φίλοι auf dieſe in der Weſensverbundenheit gründende Schickſals=
gleichheit hingewieſen, ſo iſt das ebenſo ein Troſt, eine Beſtätigung deſſen, daß
ſie wirklich φίλοι ſind, wie damit zugleich auch eine Mahnung: was bedeutet es,
ein „Freund" Jeſu zu ſein! Auf was muß er ſich gefaßt machen[2]!

b) Die Sünde der Welt: 15₂₁-₂₅.

V. 21, mit dem der Evgliſt zum nächſten Stück der Quelle überleitet, faßt den
Grundgedanken des Vorigen zuſammen: „Alles das aber[3] werden ſie euch antun
um meines Namens willen" — d. h. weil ihr euch zu mir bekennt, meine Freunde
ſeid[4] —, und erläutert die Ausſage durch das „weil ſie den, der mich ſandte, nicht
kennen". Sachlich ſagt die Erläuterung nichts anderes als das διὰ τὸ ὄνομά μου;
denn ſein ὄνομα iſt ja nichts anderes als der Anſpruch, den er als der Offenbarer,
den der Vater geſandt hat, erhebt. Den Vater anerkennen, würde heißen: auch
ihn, ſein ὄνομα, anerkennen; um ſeines ὄνομα willen ſeine Freunde verfolgen,
heißt: den Vater nicht kennen[5]. Das Verhalten der Welt iſt damit als Unglaube

---

[1] Das μου iſt zunächſt unbetont, erhält aber in dem ὑμέτ. ſeinen Gegenſatz, Bl.=D.
S. 306 zu § 284, 1. — Zu τ. λόγον τηρεῖν ſ. S. 227, 5.

[2] Ign. Röm 3₃: οὐ πεισμονῆς τὸ ἔργον, ἀλλὰ μεγέθους ἐστὶν ὁ Χριστιανισμός,
ὅταν μισεῖται ὑπὸ κόσμου. — Auch in den mand. Texten iſt oft von der Verfolgung die
Rede, die die Frommen in der Welt zu ertragen haben, z. B. Ginza 296, 18f. (das „große
Leben" ſpricht zu Anoš, dem Geſandten): „Belehre die Naſoräer, Mandäer und die Er=
wählten, die du aus der Welt erwählt haſt, die im Namen des Lebens in der Tibil (der
irdiſchen Welt) verfolgt werden." Ferner Ginza 383, 18ff.; 404, 30ff.; Mand. Lit. 160.
208; Joh.=B. 64, 11ff. uſw. Der Geſandte klagt wegen der Verfolgung der Seinen
Joh.=B. 236, 20ff.; 237, 2ff.; die Seele klagt Ginza 474, 9ff.; Mand. Lit. 132. 213 und
betet wegen der Verfolgungen Mand. Lit. 108f. Sie wird getröſtet Ginza 127, 8ff.;
260, 2ff.; 268, 4ff. oder gemahnt, die Verfolgungen zu beſtehen Ginza 22, 25ff.; Mand.
Lit. 195. — Natürlich können ſich ſolche Analogien aus der analogen hiſtoriſchen Situation
der Gemeinden ergeben. Es beſteht aber darüber hinaus ſachliche Verwandtſchaft, da
die Verfolgung und Feindſchaft der Welt hier wie dort als in dem Gegenſatz von Gott
(Offenbarer) und Welt begründet verſtanden wird. Wie denn auch bei den Mandäern
der Geſandte ſelbſt der iſt, „den alle Welten verfolgten" (Mand. Lit. 193, und ſ. S. 322;
ſ. auch Jonas, Gnoſis I 109ff.). Ebenſo enthalten die Od. Sal. das Verfolgungsmotiv 5₄
23₂₀ 28₈ff. 42₅.₇; in den Act. Thom. findet es in der Legende ſeine Geſtaltung (ſ. Born=
kamm, Myth. und Leg.). Verſpottung der Offenbarung durch die Welt C. Herm. 1, 29;
9, 4b; Ascl. I 12a; III 21 (Scott p. 308, 15f.; 334, 14) und im hermet. Frg. bei Scott
432, 20ff.

[3] Das ταῦτα πάντα (πάντα om. D 579 pc) umfaßt das μισεῖν und διώκειν D.18-20.

[4] Dgl. Mt 13₁₃ par.; Act 5₄₁; Polyc. Phl. 8, 2 und beſ. I Pt 4₁₆.

[5] Dgl. die Vorwürfe 5₃₇ 7₂₈ 8₁₉. 54f.

charakterisiert, und der Unglaube ist damit — als die Verschlossenheit gegen den Vater — schon als Sünde kenntlich gemacht. Damit ist der Übergang zum Folgenden gewonnen; denn jetzt wird das Verhalten der Welt ausdrücklich als Sünde aufgewiesen.

V. 22: εἰ μὴ ἦλθον καὶ ἐλάλησα αὐτοῖς,
　　　　ἁμαρτίαν οὐκ εἴχοσαν.
　　　　νῦν δὲ πρόφασιν οὐκ ἔχουσιν
　　　　περὶ τῆς ἁμαρτίας αὐτῶν[1].
V. 24: εἰ τὰ ἔργα μὴ ἐποίησα ἐν αὐτοῖς
　　　　[ἃ οὐδεὶς ἄλλος ἐποίησεν][2]
　　　　ἁμαρτίαν οὐκ εἴχοσαν.
　　　　νῦν δὲ καὶ ἑωράκασιν καὶ μεμισήκασιν
　　　　καὶ ἐμὲ καὶ τὸν πατέρα μου.

Sünde ist das Verhalten der Welt, weil es sich gegen Jesus wendet, der sich durch seine Worte und Werke[3] als den Offenbarer erwiesen hat. Gäbe es keine Offenbarung, so gäbe es auch keine Sünde im entscheidenden Sinne[4]. So aber gibt es keine Entschuldigung mehr[5]. Ist das Urteil: „sie sind Sünder" V. 22 durch das πρόφασιν οὐκ ἔχουσιν ausgedrückt, so in V. 24 durch das ἑωράκασιν καὶ μεμισήκασιν[6]; und daß dieses Hassen trotz der Möglichkeit des Sehens eben Sünde ist, wird dadurch zum Ausdruck gebracht, daß der Haß gegen Jesus zugleich als der gegen den Vater bezeichnet wird; eben dieses Verständnis von V. 24 bereitet der Evglist durch den eingefügten **V. 23** vor. Was wäre denn Sünde, wenn nicht der gegen Gott gerichtete Haß? Solcher ist aber der Unglaube, der Jesus abweist; denn in ihm ist ja Gott gegenwärtig[7]. Sünde ist also nicht primär ein unmoralisches Verhalten; sie besteht nicht in einem bestimmten Tun, sondern sie ist, wie 16 8 alsbald ausdrücklich definiert wird, der Unglaube.

Der Evglist fügt gleichsam als Anmerkung in **V. 25** den Hinweis hinzu[8], daß sich in solchem Haß die Weissagung erfülle[9]. Offenbar findet er in dem Zitat

---

[1] V. 23 sprengt den Rhythmus der Form und des Gedankens. Er könnte aus der Quelle stammen, müßte dort aber einen anderen Platz gehabt haben, etwa hinter V. 24; doch hätte der Evglist, der ihn vorausnahm, dann das mit ihm zusammengehörige Glied gestrichen. Der Vers kann aber auch Bildung des Evglisten sein nach dem Muster von Versen wie 5 23b 12 44 14 9b I Joh 2 23.

[2] Dieses Glied dürfte Zusatz des Evglisten sein.

[3] Zu Jesu ἔργα s. S. 199f.; 251, 5; 275; 295ff. Das Reden und Wirken Jesu ist eine Einheit, die nur rhetorisch in synon. Parallelen zerlegt wird, wie denn am Schluß nur ἑωρ. gesagt zu sein braucht, zu dem syr s pedantisch „meine Werke" fügt, was freilich formal richtig ist; indessen schließt das Sehen der Werke das Hören der Worte ein. Zum ungläubigen Sehen s. S. 173.

[4] S. S. 115. 121. 259. — Zu εἴχοσαν statt εἶχον s. Bl.-D. § 84, 2; ἄν fehlt wie 8 39 19 11; s. Raderm. 159.

[5] Πρόφασις = Entschuldigung s. Br., Wörterbuch und Schl. z. St.

[6] Zu καὶ ... καὶ = „obwohl ... so doch" s. 6 36.

[7] Vgl. 8 19 10 30 12 44 14 9 usw.

[8] Das ἀλλά (om syr s) will Zn. künstlich aus dem Gegensatz zu ἑωρ. V. 24 begreifen. Es versteht sich natürlich aus dem Zwischengedanken: „Zwar ist solches Verhalten unglaublich, aber ..."

[9] Zur Einführungsformel s. S. 87, 4; 346, 4; ἵνα elliptisch wie 13 18; zu ἐν τ. νόμῳ αὐτῶν vgl. 8 17 10 34 und s. S. 59, 2. — Ψ 34 19 68 5 sind die Feinde des Beters als οἱ μισοῦντές με δωρεάν bezeichnet; vgl. auch Ψ 118 161: ἄρχοντες κατεδίωξάν με δωρεάν, PsSal 7 1: οἱ ἐμίσησαν ἡμᾶς δωρεάν.

die Bestätigung für den Schuldcharakter des Hasses darin, daß die Grundlosigkeit[1] des Hasses betont ist.

c) Die Aufgabe der Jünger unter dem Haß der Welt: 15 26—164a.

War für die Quelle der Aufweis der Sünde der Welt das Ziel des Gedankenganges[2], und diente diesem Ziel der Hinweis auf den kommenden Parakleten (V. 26), so lenkt der Evglist nun zu seinem Hauptthema zurück: der Haß der Welt gegen die Jünger, und zwar jetzt speziell angesichts der Aufgabe der Jünger für die Welt.

1. Die Aufgabe der Jünger: 15 26-27.

In V. 18-20 war der die Jünger treffende Haß allgemein und unbestimmt geweissagt; ehe diese Weissagung in 161-4a bestimmter ausgeführt wird, wird in 15 26 f. begreiflich gemacht, warum jener Haß den Jüngern begegnen wird. Um ihrer Wesensgemeinschaft willen, so hieß die Begründung in V. 18-20; daß sich die Wesensgemeinschaft in ihrer Aufgabe, für ihn zu zeugen, erweist, das lehrt V. 26 f. Aber charakteristischerweise heißt es nicht einfach: „ihr werdet (oder sollt) meine Zeugen sein", sondern zuerst: „der Paraklet, d. h. der Geist, wird mein Zeuge sein"[3].

Nach dem Fortgang Jesu wird die Situation auf Erden insofern unverändert sein, als der Anstoß, den Jesu Wirken der Welt bot, nicht verschwinden wird. Das Zeugnis, das er bisher selbst von sich abgelegt hatte, wird an seiner Stelle der Paraklet, der Helfer, übernehmen, den er vom Vater senden wird. Zum ersten Male ist hier (V. 26) von der Sendung des Parakleten die Rede, von der auch 16 5-11. 12-15 14 15-17. 25 f. handeln[4]. Ist der Paraklet ursprünglich eine mythologische Gestalt[5], so läßt doch der Evglist keinen Zweifel, daß er unter ihm

---

[1] Δωρεάν nicht = gratis (Mt 10 8 Röm 3 24) oder frustra (Gal 2 21), sondern = immerito (חִנָּם; Targ. סָנְאֵי מַגָּן = „meine Hasser aus nichtigem Grund", Str.-B.).

[2] S. S. 421f.

[3] H. Windisch (Festg. Ad. Jül. 110—137) meint, daß alle fünf Parakletensprüche innerhalb der Abschiedsreden sekundär sind, d. h. daß sie ursprünglich selbständige, zusammengehörige Sprüche waren, die der Evglist eingearbeitet hat. In bezug auf 15 26 f. meint er, es sei evident, daß der Spruch eine Interpolation sei. Dabei ist verkannt 1. der Zshg der Quelle, in der die Einführung des Parakl. als des Zeugen für die Sünde der Welt (16 8-11) nach 15 21-25 ihren notwendigen Platz hatte (s. folgende Anm.), 2. der Gedankengang des Evglisten, der nach der allgemeinen Weissagung der Verfolgung 15 18-20 die bestimmte 16 1-4a folgen läßt, nachdem er vorher 15 26 f. den Grund des Hasses der Welt im Zeugnis der Jünger aufgedeckt hat.

[4] An der vorgenommenen Neuordnung der Abschiedsreden könnte irre machen, daß der Paraklet 15 26 als eine schon bekannte Gestalt auftritt, während er 14 16 neu eingeführt zu werden scheint. Indessen braucht 15 26 nur eine allgemeine Bekanntschaft mit dieser Gestalt im Kreise des Evglisten vorausgesetzt zu sein (ebenso wie etwa für die Gestalt des Menschensohnes Mt 25 31). Vor allem aber läßt sich aus den Formulierungen der Parakletenstücke ein Schluß auf die ursprüngliche Ordnung der Reden deshalb nicht ziehen, weil der Evglist diese Stücke seiner Quelle entnimmt, die ihm auch 14 16 die Formulierung bot (s. S. 350, 3). Daß umgekehrt nach der ursprünglichen Ordnung der Abschiedsreden der Paraklet 15 26 zum erstenmal begegnet, scheint sich aus dem kommentierenden Zusatz des Evglisten zu ergeben. Die Quelle las nur:

ὅταν ἔλθῃ ὁ παράκλητος,
ὃ⟨ς⟩ παρὰ τοῦ πατρὸς ἐκπορεύεται,
μαρτυρήσει περὶ ἐμοῦ
⟨καὶ⟩ ἐλέγξει τὸν κόσμον περὶ ἁμαρτίας (16 8; s. u. S. 432, 5).

[5] S. Exkurs.

den der Gemeinde geschenkten Geist versteht, den als Gabe des Erhöhten bzw.
Gottes empfangen zu haben, das junge Christentum sich bewußt war. Gebraucht
er 14₂₆ (20₂₂) die übliche urchristliche Bezeichnung τὸ πν. τὸ ἅγιον, so sagt er hier
wie 14₁₇ 16₁₃ τὸ πν. τῆς ἀληθείας[1]. Die ἀλήθεια ist ja für ihn die sich offenbarende göttliche Wirklichkeit[2], und die Funktion des Geistes besteht ja darin,
Offenbarung zu spenden in der Fortsetzung des Offenbarungswirkens Jesu, wie
durch das μαρτυρήσει περὶ ἐμοῦ gesagt wird (vgl. 14₂₆). Diesen Geist wird Jesus
vom Vater her senden, und vom Vater wird er ausgehen[3]. Die doppelte Charakteristik stellt den Offenbarungsgedanken sicher: auch nach Jesu Hingang ist Gottes
Offenbarung durch ihn vermittelt: er sendet den Geist (so ohne Zusatz 16₇), der
von ihm zeugt; aber er tut es in seiner Einheit mit dem Vater, der ihn zum Offenbarer gemacht hat; er sendet den Geist vom Vater her; vom Vater geht der
Geist aus, wie denn 14₁₆ gesagt wird, daß der Vater den Geist auf die Bitte des
Sohnes hin sendet, 14₂₆, daß er ihn „im Namen" des Sohnes sendet. Alle Wendungen besagen das Gleiche[4].

Daß der Geist die Kraft der Verkündigung in der Gemeinde ist, ist durch das
μαρτυρήσει schon angedeutet[5] und wird dadurch vollends deutlich gemacht, daß
neben das Zeugnis des Geistes das der Jünger selbst gestellt wird: καὶ ὑμεῖς
δὲ μαρτυρεῖτε (**V. 27**)[6]. Denn dieses ist nicht ein Zweites neben dem Ersten.
Wie anders als in der Verkündigung der Gemeinde sollte sich denn z. B. das

---

[1] Τὸ πνεῦμα τ. ἀλ. begegnet auch Test. Jud. 20 mit seinem Gegensatz πν. τῆς
πλάνης (dies auch I Joh 4₆), hat dort aber einen engeren Sinn. Es liegt dort die ani-
mistische Vorstellung zugrunde, wonach gute wie böse Möglichkeiten des Menschen auf
πνεύματα zurückgeführt werden. Derselbe Sprachgebrauch herm. mand. III 4. Es ist
offenbar die Terminologie eines synkretistischen Judentums, die der Evglist benutzt. Als
Ruhā da Kuštā erscheint das πν. ἅγ. in der sakralen Formel der Martosier Iren. I 21, 3.
Bei den Mandäern ist die R. d. K. zum bösen Prinzip gemacht worden.
[2] S. S. 50, 1; 140; 243; 332ff.
[3] Das ἐκπορ. ist zeitloses Präs. vgl. 3₃₁ und sonst. — Beide Vorstellungen von der
Sendung des Geistes begegnen auch sonst. Daß der erhöhte Herr ihn sendet, ist wie 16₇
I Joh 3₂₄ 4₁₃⸱ so auch Mt 1₈ Lk 24₄₉ Act 2₃₃ gesagt. Dementsprechend ist das πν. das
des κύριος II Kor 3₁₇f. Gal 4₆ Phil 1₁₉ Act 5₉ I Pt 1₁₁ (vgl. Röm 8₂). Es kann aber
ebenso auch πν. θεοῦ heißen Röm 8₁₁. ₁₄ I Kor 2₁₀ff. I Pt 4₁₄ I Joh 4₂f. usw., und so
können πν. θεοῦ und πν. Χριστοῦ wechseln Röm 8₉. So kann auch Gott als der Spender
des πν. bezeichnet werden II Kor 1₂₂ Gal 3₅ Act 2₁₇ Hb 2₄ usw., während andere Wendungen unbestimmt sind wie Röm 5₅ Gal 3₂ usw. Eine Kombination liegt Tit 3₆ vor:
Gott hat das πν. ausgegossen διὰ ’I. Χρ.
[4] Darauf beschränkt sich die „didaktisch-apologetische, vielleicht auch polemische
Bedeutung" der Relativsätze V.₂₆ (Windisch a. a. O. 118). Ein spekulatives Interesse
am trinitarischen Verhältnis liegt nicht vor. Ho. redet z. St. mit Recht von der „Varia-
bilität der Vorstellungen, die nicht behufs Konstatierung immanenter göttlicher Subsistenz-
verhältnisse ausgebeutet werden darf".
[5] Zu μαρτυρεῖν s. S. 30, 5; 103f.; 116ff.; 197ff.; 209ff. Der Evglist denkt
natürlich an die Wortverkündigung der Gemeinde, wobei μαρτ. seinen forensischen Sinn
behält, denn diese Verkündigung hat nach 16₄b-11 ja ihren Platz in dem großen Prozeß
zwischen Gott und der Welt (s. S. 58f. 223 und sonst). Mit Mt 13₁₁ parr., das sich auf
die spezielle Situation des angeflagten Jüngers vor einem irdischen Gericht bezieht, hat
V.₂₆ aber nichts zu tun (gegen Sasse, ZNTW 24 [1925], 271; Howard 228f.; Windisch
a. a. O. 118). Natürlich ist das Zeugnis durch Werke (vgl. 14₁₂) miteinbegriffen, wie bei
Jesus selbst.
[6] Καὶ δέ wie 6₅₁ (s. S. 174, 8); I Joh 1₃. — Das μαρτ. ist schwerlich Imp. (3n.),
wenngleich es die Aufgabe der Jünger beschreibt. Das Präs. spricht den Jüngern ihre
Rolle, die sie ausüben werden, zu: „Ihr seid (zu) Zeugen (bestimmt)."

16 8-11 geschilderte ἐλέγχειν des Parakleten vollziehen[1]? Aber wenn — wie Act 5 32 (15 28) — das Zeugnis des Geistes und das der Gemeinde als zwei Größen neben=einander genannt werden, so zeigt sich, daß einerseits das Wirken des Geistes kein ungeschichtlich=magisches ist, sondern des selbständigen Einsatzes der Jünger bedarf, — und daß andrerseits die Jünger das, was sie vermögen, nicht aus eigener Kraft vollbringen. Sie dürfen sich nicht auf den Geist verlassen, als läge ihnen nicht Verantwortung und Entscheidung ob; aber sie dürfen und sollen auf den Geist vertrauen. Es wiederholt sich also in der kirchlichen Predigt die eigentüm=liche Zweiheit, die im Wirken Jesu selbst besteht: er zeugt und der Vater zeugt (8 18). Die Predigt der Gemeinde aber wird nichts anderes sein als Zeugnis von Jesus; denn zu dem μαρτυρεῖτε ist natürlich das περὶ ἐμοῦ des μαρτυρήσει zu ergänzen. Es wird ersetzt durch das ὅτι ἀπ' ἀρχῆς μετ' ἐμοῦ ἐστε[2]. Ihre Predigt wird also „Wiederholung" seiner Predigt sein, bzw. „Erinnerung", wie 14 26 gesagt wird. Aber sehr merkwürdig ist es, daß es nicht ἦτε, sondern ἐστέ heißt[3]. Ihr Sein mit ihm ἀπ' ἀρχῆς hat also mit seinem Abschied kein Ende gefunden, sondern besteht weiter; und nur darin ist die Möglichkeit ihres Zeug=nisses begründet. Ihr Zeugnis ist also nicht ein historischer Bericht von dem, was war, sondern — so sehr auch in dem, was war, begründet — es ist „Wieder=holung", „Erinnerung" im Lichte der gegenwärtigen Gemeinschaft mit ihm[4]. Dann aber ist vollends klar, daß ihr Zeugnis und das des Geistes identisch sind[5]. Die Art dieses Zeugnisses aber, und wie in ihm das, was war, wieder aufgenommen wird, zeigt das Evg selbst:

> „Denn viel von dem, was einst in Tat und Wort
> höchst einfach lag, genügend klar gestellt,
> . . .
> Wuchs zu erneuter Deutung neu im Wissen.
> Was anfangs ich für Punkte hielt, sind Sterne."[6]

2. Der Haß der Welt: 16 1-4a.

War in 15 18-20 als Grund des Hasses der Welt gegen die Jünger Jesu nur dies sichtbar geworden, daß die Jünger als Freunde Jesu aus der Welt heraus=gehoben sind, so tritt jetzt das Abgründige dieses Hasses vollends ans Licht, nach=dem die Jünger als Zeugen für Jesus charakterisiert worden sind. Denn als solche wirken sie ja, wie Jesus selbst, für die Welt, — und gerade darum trifft sie der Haß der Welt. Denn dieses ihr Wirken wird die Welt als Angriff auf sich selbst verstehen und mit Haß und Verfolgung beantworten.

---

[1] So richtig Weizsäcker, Apostol. Zeitalter³ 519; Wrede, Messiasgeheimnis 189 f.

[2] 'Απ' ἀρχῆς wie I Joh 2 7. 24 3 11 II Joh 5 f. vom Anfang in der Zeit; ebenso ἐξ ἀρχῆς 16 4 6 64.

[3] Zn. beseitigt den Sinn durch perfektische Auffassung: „Ihr seid gewesen."

[4] Das μαρτυρεῖν der Jünger besteht also nicht darin, daß sie „erlebte Geschichte schlicht und einfach erzählen" (Torm, ZNTW 30 [1931], 133; ähnlich R. Asting, Die Ver=kündigung des Wortes 1939, 685); s. H. v. Campenhausen, Die Idee des Martyriums 40, 1.

[5] S. zu 16 13 14 26. — Daß das eigene Zeugnis der Jünger nicht mehr als inspiriert gedacht sei, daß also der Geist mit seinem Zeugnis selbständig neben den Jüngern stehe, und daß es deshalb nahegelegt sei, unter dem Parakl. „eine selbständige Person, einen Propheten, in dem sich der Geist manifestiert", zu denken (Windisch a. a. O. 118), scheint mir ein fundamentales Mißverständnis zu sein. Auch daß der Geist die historische Tradition „ergänze", ist falsch; sein Zeugnis müßte dann hinter dem der Jünger genannt sein.

[6] R. Browning a. a. O. (s. S. 46, 1).

Durch das ταῦτα λελάληκα ὑμῖν ἵνα[1] (**V. 1**) zeigt der Evglist, welches
die konkrete Abzweckung von Weissagung und Mahnung (15₁₈-₂₇) ist: in der
zeitgeschichtlichen Situation hat die Jüngerschaft die Probe zu bestehen; wird sie
treu bleiben oder abfallen? Wird sie den Anstoß bestehen[2]?

Die zeitgeschichtliche Situation ist zunächst durch das ἀποσυναγώγους
ποιήσουσιν ὑμᾶς (**V. 2**) angedeutet. Es ist die Zeit, in der die christliche Gemeinde gezwungen wird, sich aus dem Synagogenverband zu lösen[3] und damit
den Schutz einer religio licita zu verlieren. Es ist die Zeit, die etwa von Paulus
bis Justin reicht, sodaß eine genauere Zeitbestimmung nicht zu gewinnen ist[4].
Immerhin dürfte es sich nicht um die erste Zeit handeln; denn das ἀλλὰ ἔρχεται
ὥρα[5] hebt offenbar gegenüber dem schon Gewohnten, nicht weiter Verwunder-
lichen das Neue, Erstaunliche hervor: es wird zu Martyrien kommen! Wenn
die Hinrichtung eines Christen als ein Gott dargebrachter Dienst gilt[6], so sind als
Urheber vermutlich die Juden gedacht[7], und man ist in die nachpaulinische Zeit
gewiesen, in der sich das Judentum nicht mehr mit körperlichen Züchtigungen
(II Kor 11₂₄) und Ausschließung aus der Synagoge begnügte, sondern das selbständige Bestehen der christlichen Gemeinden als eine Konkurrenz empfand, die
man durch Anklage bei heidnischen Behörden unschädlich zu machen suchte[8].

An solchem Schicksal dürfen die Jünger Jesu keinen Anstoß nehmen; sie
wissen ja — wie **V. 3** mit fast wörtlicher Wiederholung von 15₂₁ gesagt wird[9] —,
worin die Feindschaft der Welt begründet ist. Der Satz ist eine Parenthese, nach

---

[1] S. S. 254, 10; 416, 9.

[2] Zu σκανδ. s. S. 341, 2. Es kann speziell heißen: zum Abfall in der Verfolgung
verführen; Mk 4₁₇ parr. Mt 24₁₀ Mk 14₂₇.₂₉ par.; Mart. Petri 3 p. 82, 22.

[3] Vgl. 9₂₂ 12₄₂ und s. S. 254, 10.

[4] Das Problem des Verhältnisses der Christen und der christlichen Gemeinden zum
Synagogenverband war naturgemäß für die Juden- und die heidenchristlichen Gemeinden
ganz verschieden und ebenso für die verschiedenen Teile der Oikumene. Paulus versteht
die ἐκκλησία als das wahre Israel (Gal 6₁₆, vgl. Phil 3₃), nicht als eine neue Religions-
gemeinschaft. Wieweit er die christlichen Gemeinden innerhalb des Synagogenverbandes
zu halten suchte, ist nicht deutlich. Daß er den Zshg nicht von vornherein abbrach, zeigt
II Kor 11₂₄f. Jedenfalls stehen seine Gemeinden nicht mehr im Synagogenverband; und
es scheint auch nicht, daß sie sich nur infolge von Zwang aus ihm gelöst hätten. Für
Palästina bezeugen Mk 13₉ parr. Lk 6₂₂, daß sich die christlichen Gemeinden zunächst
innerhalb der Synagoge konstituierten und ihre Selbständigkeit nur infolge des Aus-
schlusses erlangten. Das Gleiche bezeugt für die hellenistische Welt in gewissem Umfange
Act und wird für Kleinasien aus Apk 2₉ zu schließen sein.

[5] Ἀλλά = „ja sogar" wie II Kor 1₉ 7₁₁; Bl.-D. § 448, 6. — Syr⁰ las καί, was
Merx ebenso wie das Fut. ἐλεύσεται akzeptiert. — Zu ὥρα ἵνα s. S. 324, 5; zu ὥρα als
determiniertem Zeitpunkt s. S. 81, 4.

[6] Zu der eigentlich inkorrekten Verbindung λατρείαν προσφέρειν (λατρ. ist die
Handlung des Dienstes) vergleicht Br. die Wendungen δεήσεις und εὐχὴν προσφ. Hb 5₇;
Jos. bell. 3, 353.

[7] Vgl. NuR 21 (191a): „... daß jeder, der das Blut der Gottlosen vergießt, ist
wie einer, der ein Opfer darbringt" (Str.-B. 3. St.).

[8] Vgl. Act 17₅ff. 18₁₂ff.; Mart. Pol. 13, 1; Justin Dial. 95, 4; 110, 4; 131, 2;
133, 6. Der Evglist denkt doch wohl an solche systematische Bekämpfung der Christen,
nicht an einzelne Ereignisse, in denen die Juden eigenmächtig Christen töteten (Stephanus
Act 8₁ff.; Jakobus Eus. h. e. II 23, 17f.) oder zu töten suchten (II Kor 11₂₅ Act 14₁₉),
wenn dergl. auch immer wieder vorkommen mochte wie im Aufstand des Barkochba.
Vgl. Just. Dial. 16, 4: οὐ γὰρ ἐξουσίαν ἔχετε αὐτόχειρες γενέσθαι ἡμῶν διὰ τοὺς
νῦν ἐπικρατοῦντας. ὁσάκις δὲ ἂν ἐδυνήθητε, καὶ τοῦτο ἐπράξατε.

[9] Daß V. 3 in syr⁰ fehlt, hält Merx für ursprünglich.

der **V. 4a** mit dem ἀλλὰ ταῦτα λελ. ὑμ.[1] den Gedanken von V.₁ wiederauf=
nimmt, so den ganzen Abschnitt zum Ende bringend. An Stelle des negativen
ἵνα μὴ σκανδ. tritt jetzt das positive ἵνα ... μνημονεύητε αὐτῶν, andeutend,
daß die Existenz des Jüngers auf die „Erinnerung" gestellt ist, wie es ja zur Auf=
gabe des Parakleten gehört, zu erinnern (14₂₆)[2].

Das Motiv dieser durch die ἵνα=Sätze V.₁ und V.₄ betonten zeitgeschichtlichen
Weissagung ist offenbar weniger das apologetische in dem primitiven Sinne, daß
das Faktum der Verfolgungen deshalb keinen Anstoß bereiten darf, weil Jesus
es schon vorausgesehen und =gesagt hat, sodaß der Anstoß durch das Wissen
um die bloß faktische vorausgesagte Notwendigkeit überwunden wäre[3], — als
vielmehr die Absicht, das Geschehen als sachlich notwendig begreiflich zu machen,
was ja die Parenthese V.₃ ausdrücklich betont[4]. Die Erinnerung an die von Jesus
gesprochenen Worte öffnet dem Jünger den Blick für die Notwendigkeit des
Leidens und gibt ihm damit die Kraft zu seiner Überwindung.

2. Das Gericht über die Welt: 16₄b₋₁₁.

a) Die Situation der Jünger: 16₄b₋₇.

Der Evglist lenkt zurück zu den 15₂₆ verlassenen Worten seiner Quelle von
der μαρτυρία des Parakleten[5]. In seinem Zshg bedeutet diese μαρτυρία die
Krönung des ganzen Abschnittes, weil in ihr die Aufgabe der Jünger, die sie in
Verfolgung und Tod hineinführt, ihren Sinn und ihre Rechtfertigung erhält: im
Wirken des Parakleten, d. h. aber in der Wirksamkeit der Jünger, vollzieht sich
der Sieg der Offenbarung über die Welt und das Gericht der Welt. Diese Ver=
heißung stellt der Evglist aber nicht nur auf den dunklen Hintergrund der Ver=
folgungen (16₁₋₄a), sondern er vergrößert das Dunkel noch, indem er V.₄b₋₇ die
Situation der Jünger als die der Verlassenheit und Trauer charakterisiert.

Die Pointe von V.₄b₋₇ ruht in V.₆b. ₇, durch welche Verse die Paraklet=Ver=
heißung V.₈₋₁₁ vorbereitet wird. **V.4b** ist eine etwas gezwungene Übergangs=
wendung, durch die aus dem Gegensatz ἐξ ἀρχῆς — νῦν δέ die Situation des
Abschieds gewonnen wird[6]. Während man nach V.₁₋₄a erwartet: „Jetzt aber,
da ich fortgehe, muß ich es euch sagen", leitet das νῦν δὲ ὑπάγω πρὸς τὸν
πέμψαντά με (**V. 5**) nicht zu einer solchen Aussage über[7], sondern führt auf
die Situation der Jünger.

---

[1] Das ἀλλά fehlt D* syr ˢ (s. Bl.=D. § 448, 3). Das erste αὐτῶν fehlt ℵD syr ˢ,
das zweite D syr ˢ. Beides zufällige oder willkürliche Omissionen. Ob man das erste
αὐτῶν auf die eben geredeten Worte bezieht oder auf die Juden (zu deren ὥρα wären
2₄ 7₆ zu vergleichen), wie Schl. meint, der das zweite αὐτ. streicht, bleibt sich gleich.
[2] Die Ausdrucksweise ist umständlich. Das darf nicht dazu verführen, das explik.
ὅτι für falsche Übersetzung statt ἅ zu halten (Burney 75 f.) oder das unbetonte und in
syr ˢ fehlende ἐγώ zu betonen oder es als „töricht" zu streichen (Merx); es ist pleonastisch
wie D.₇ und öfter; s. Burney 79—82.
[3] Vgl. Just. Apol. 33, 2: ἃ γὰρ ἦν ἄπιστα καὶ ἀδύνατα νομιζόμενα παρὰ τοῖς
ἀνθρώποις γενήσεσθαι, ταῦτα ὁ θεὸς προεμήνυσε διὰ τοῦ προφητικοῦ πνεύματος
μέλλειν γίνεσθαι, ἵν᾽ ὅταν γένηται μὴ ἀπιστηθῇ, ἀλλ᾽ ἐκ τοῦ προειρῆσθαι πιστευθῇ.
[4] S. S. 365 zu 13₁₉.   [5] S. S. 425, 4.
[6] Zu ἐξ ἀρχῆς s. S. 427, 2. Statt ὅτι möchte Burney 78 lieber ὅτε lesen; s. S. 324, 5.
[7] Der Satz ταῦτα ... ἤμην will also nicht begründen, daß die Weissagung des
Jüngerleidens erst an dieser Stelle des Evgs begegnet, — etwa gar im Unterschied von
Mt, wo sie sich schon Kap. 10 findet (Loisy); sondern er hat seinen Zweck darin, daß er
„dem Gedanken des Fortgehens und dadurch begründeten Kommens des Parakleten
zum Anknüpfungspunkt dient" (Br.).

Es ist das *νῦν* seines Abschieds, der für ihn die Stunde der Erhöhung ist[1]. Aber dessen gedenken die Jünger nicht; sie blicken nicht auf ihn, sondern auf sich: *οὐδεὶς ἐξ ὑμῶν ἐρωτᾷ με κτλ.* (**V. 6**). Sie fragen nicht[2], wohin er geht — die Antwort wäre ja: zum Vater; und damit wäre das Rätsel gelöst —, sondern sie stehen in *λύπη*, weil sie in ihrer Not verlassen sein werden[3]. Die Überwindung der *λύπη* aber kann keine künstliche Beschwichtigung sein; sie kann nur daraus erwachsen, daß die Notwendigkeit der Verlassenheit verstanden wird: *ἀλλ' ἐγὼ τὴν ἀλήθειαν λέγω ὑμῖν, συμφέρει ὑμῖν ἵνα ἐγὼ ἀπέλθω* (**V. 7**)[4]. Die *λύπη* der Jünger beruht auf einem Mißverständnis; sein Weggang wäre, wie 14 28 es sagen wird, gerade ein Grund zur Freude. Warum? *ἐὰν γὰρ μὴ ἀπέλθω, ὁ παράκλητος οὐ μὴ ἔλθῃ πρὸς ὑμᾶς· ἐὰν δὲ πορευθῶ, πέμψω αὐτὸν πρὸς ὑμᾶς*[5].

In mythologischer Redeweise wird gesagt, daß die Offenbarung, die in Jesu Wirken geschah, ihren Sinn, wirkliche, d. h. absolute Offenbarung zu sein, nur behält, wenn sie den Charakter der Zukünftigkeit behält. Daß der Paraklet der Geist ist, in dessen Wirken sich Jesu Offenbarung weitervollzieht, war 15 26 schon gesagt worden und wird 14 26 noch deutlicher werden. Wie sich dieses Wirken vollzieht, wird V. 8—11 alsbald gesagt werden. Aber vorher wird V. 7 die Voraussetzung dafür deutlich gemacht: der historische Jesus muß scheiden, damit sein Sinn, der Offenbarer zu sein, rein erfaßt werde. Er ist nur der Offenbarer, wenn er es bleibt. Er bleibt es aber nur dadurch, daß er den Geist sendet; er kann den Geist nur senden, wenn er gegangen ist. Sachlich ist die Aussage gleichbedeutend mit der anderen, daß Jesus durch den Tod erhöht bzw. verherrlicht werden muß, um der zu sein, der er eigentlich ist.

Es ist klar, daß der Evglist nicht die einmalige historische Abschiedsszene psychologisch schildern will, sondern daß er das grundsätzliche Verhältnis des Jüngers zum Offenbarer aufzeigen will[6]. Es ist nicht ein menschlich-persönliches Verhältnis, wie man es zu anderen Menschen gewinnen kann, — weder für die ersten Jünger noch für die folgenden Generationen. Wird er für jene erst in vollem Sinne der Offenbarer dadurch, daß er von ihnen scheidet und ihren Blick von seiner menschlichen Gegenwart löst, so kann er es auch für diese nicht dadurch werden,

---

[1] Es ist das *νῦν* von 17 13 12 31 13 31; vgl. die *ὥρα* von 12 23 13 1 17 1.

[2] Daß gemeint sei: „Ihr fragt nicht, weil jetzt jeder von euch weiß, wohin ich gehe" (B. Weiß), ist eine unsinnige Korrektur des Textsinnes, veranlaßt durch das Bestreben, den Widerspruch mit 13 36 14 5 (wo nach der jetzigen Ordnung des Textes die Jünger doch gefragt haben) auszugleichen. Zn. versucht den Ausgleich durch die Auslegung, daß die Frage des Thomas 14 5 „kein teilnehmendes Fragen nach dem Schicksal Jesu" sei.

[3] Das *ταῦτα λελαλ.*, in dem V. 1 und 4a wieder aufgenommen wird, bezieht sich auf die Weissagung der Verfolgungen; aber angesichts V. 7, worauf die Rede lossteuert, und angesichts der Situation der Abschiedsreden überhaupt, ist zu verstehen: „Ihr seid von Trauer erfüllt, daß ihr dieses alles ohne mich, von mir verlassen, zu bestehen habt."

[4] Das *ἐγώ* ist beidemale ohne Ton; s. Burney 79—82. Das *τὴν ἀλ. λέγω* hat den formalen Sinn: es ist wahr, was ich sage; also etwa = *ἀμὴν ἀμὴν λέγω ὑμῖν*. Zu *συμφέρει ἵνα* s. S. 314, 3. Das erste *ἀπέλθω* statt Präs., s. Radermacher 178.

[5] Statt *οὐ μὴ ἔλθῃ* lesen ℵ K D pl: *οὐκ ἐλεύσεται.*

[6] Wird dies verkannt, so ist das Urteil Carpenters begreiflich, daß die Frage nicht recht beantwortet werden kann, warum eigentlich der Geist nicht schon zur Zeit des irdischen Lebens Jesu wirksam werden konnte. Zumal darf man nicht die Frage aufwerfen, wie sich der Paraklet zum Geiste Gottes im AT verhält; der Geist, den der joh. Jesus weissagt, ist nichts anderes als die Kraft des durch Jesus begründeten, in der Gemeinde wirksamen Wortes der Verkündigung.

daß er durch historische Erinnerung als historisches Phänomen, als menschliche Persönlichkeit repristiniert wird. Deshalb haben auch jene als die „Schüler erster Hand" nichts vor diesen als den „Schülern zweiter Hand" voraus, was das Glaubens= verhältnis zu ihm als zum Offenbarer betrifft[1]. Für beide steht er in der gleichen Distanz.

Die Offenbarung ist immer nur eine indirekte; sie erweckt dadurch, daß sie sich in der menschlich=geschichtlichen Sphäre ereignet, das Mißverständnis, als sei sie eine direkte. Um dieses Mißverständnis zu zerstören, muß der Offenbarer Abschied nehmen und die Seinen in der λύπη, in der Anfechtung, lassen, in der sich die Lösung vom direkt Gegebenen und ständig der Vergangenheit Verfallenden und die Hinwendung zum nur indirekt Greifbaren, ständig Zukünftigen voll= zieht[2]. Zwar werden die Jünger der folgenden Generationen, die nicht mit dem irdischen Jesus verkehrten, die λύπη seines Abschieds nicht in der äußerlich gleichen Weise erfahren. Aber die Gefahr des Mißverständnisses der Offenbarung als einer direkten wird für sie die gleiche sein. Denn was für die ersten Jünger das Verführerische war, ist ja der Schein einer falschen Sicherheit, die im direkt Ge= gebenen, im unmittelbar Erlebten und Geschenkten die Offenbarung zu haben meint, und die deshalb wünschen muß, daß es damit kein Ende nehme. Daß aber alles in der Zeit Geschenkte und Erlebte als solches wesenhaft ein Vergehendes ist und keine Sicherheit gibt, das wird dadurch zum Bewußtsein gebracht, daß der Schenkende selber entschwindet. Er würde sonst über dem Geschenk miß= verstanden. Er kann der Offenbarer nur sein als der ständig das Gegebene Zer= brechende, alle Sicherheit Zerstörende, ständig von jenseits Hereinbrechende und in die Zukunft Rufende. Nur so wird der Glaubende davor bewahrt, sich in der Wendung zur Gabe zu sich selbst zurückzuwenden und bei sich zu verweilen, statt sich, dem Sinn der Gabe entsprechend, von sich selbst losreißen zu lassen, sich ins

---

[1] Kierkegaard, Philos. Brocken, deutsch, Jena 1925; s. bes. 95 f.: „Es gibt keinen Schüler zweiter Hand. Wesentlich gesehen, ist der erste und der letzte gleich ..." Die „unmittelbare Gleichzeitigkeit ist ... bloß Veranlassung, und dies findet seinen stärksten Ausdruck darin, daß der Schüler, wenn er sich selbst verstünde, geradezu wünschen müßte, sie möge damit ihr Ende finden, daß Gott die Erde wieder verließe." „Die unmittelbare Gleichzeitigkeit ist so wenig ein Vorzug, daß der Gleichzeitige eben ihr Ende herbeiwünschen muß, damit er nicht dazu versucht werde, hinzulaufen und mit seinen sinnlichen Augen zu sehen, mit seinen irdischen Ohren zu hören."

[2] In diesem Sinne verstanden, hat Loisy recht: „L'esprit est comme enfermé dans la chair du Christ sur la terre; il gagnera, pour ainsi dire, par la glorification de Jésus, la pleine liberté de son action." Mißverständlich Corßen (ZNTW 8 [1907], 130): „Soviel mehr gilt dem Evglisten die innere religiöse Erfahrung als das historische Faktum an sich", — denn auch die religiöse Erfahrung enthält keine direkte Offenbarung. — Ed. Meyer (III 646, 3) meint, eine Analogie sei „die persische Lehre, daß Ahuramazda dem Zoroaster die Unsterblichkeit verweigert hat, weil dann die Auferstehung und Erlösung nicht möglich sein würde". Schwerlich! Erst recht handelt es sich hier nicht um die „moralische Be= urteilung des Todes Jesu, wonach sich in ihm die künftige Krönung seines Lebenswerkes, die höchste Bewährung seines Gehorsams gegen Gott und seines Sieges über die Welt darstellt" (Ad. Bonhöffer, Epiktet und das NT 1911, 326). Das richtige Verständnis vielmehr bei Hölderlin Empedokles II 4 (v. Hellingrath III, S. 154, 19 f.): „Es muß bei Zeiten weg, durch wen der Geist geredet ..." Vgl. auch R. M. Rilke, Die Sonette an Orpheus I 5:

„O wie er schwinden muß, daß ihr's begrifft!
Und wenn ihm selbst auch bangte, daß er schwände.
Indem sein Wort das hiersein übertrifft,
ist er schon dort, wohin ihr's nicht begleitet."

ständig Künftige weisen zu lassen. Die Offenbarung will ja den Glaubenden
frei machen[1]; die Sicherheit, die sie schenkt, ist nicht die Ständigkeit des Gegen=
wärtigen — des in Wahrheit immer schon Vergangenen —, sondern die Ewigkeit
der Zukunft[2]. Deshalb kann auch der Jünger der folgenden Generationen nie
festhalten, worin ihm die Offenbarung begegnete, sei es das Erlebnis der Seele,
sei es christliche Erkenntnis oder Kultur. Auch für ihn ist Jesus der ständig Ab=
schiednehmende; und wenn er die λύπη der Verlassenheit nicht kennt, wird er
auch die χαρά der Verbundenheit nicht erfahren.

Nichts anderes aber bedeutet es, daß die Offenbarung das Wort ist, und
zwar das Wort in seinem Gesprochenwerden. Das Wort, das nicht einen ein für
allemal anzueignenden Sinngehalt vermittelt, sondern das, als stets in die Situation
der Welt hineingesprochenes, den Hörer aus der Welt herausruft. Nur im Worte
war Jesus der Offenbarer, und nur im Worte wird er es sein; denn der Paraklet,
der ihn ablösen wird, ist das Wort. Aber sowenig das Wort eine abgeschlossene
Lehre, ein Komplex von Sätzen ist, so wenig ist es der historische Bericht von Jesu
Leben. Es ist das lebendige Wort, d. h. paradoxerweise: das von der Gemeinde
selbst gesprochene Wort; denn der Paraklet ist der in der Gemeinde wirkende
Geist. Daß damit dieses Wort nicht als der in den Glaubenden zu seinem Selbst=
bewußtsein erwachte menschliche Geist verstanden werden soll[3], das wird schon
dadurch sichergestellt, daß der Paraklet der Geist ist, den Jesus senden wird[4],
und der sein Werk fortführen wird. Das wird V. 13 f. und 14 26 noch ausdrücklich
klar gestellt werden; hier kommt zunächst die andere Seite der Sache in Betracht:
die ständige Neuheit und Zukünftigkeit des Wortes ist gerade dadurch gegeben,
daß es aus der jeweiligen Situation gesprochen sein wird. Nicht als werde es von
menschlicher Erwägung als Sinn und Konsequenz der Situation gefunden, als
sei es jeweils die „Sinndeutung" der Zeitgeschichte! Denn es ist ja zugleich in sie
hinein gesprochen, d. h. als Wort der Offenbarung gegen sie gesprochen. Die
Gemeinde muß und kann also, wenn sie überhaupt das sie konstituierende Wort
der Offenbarung verstanden hat, wissen, daß sie es ständig neu zu verstehen und
in ihre Gegenwart zu sprechen hat als das immer gleiche Wort, das eben deshalb
das gleiche ist, weil es ständig neu ist. Darin aber, daß die Gemeinde das vermag,
hat sie die Offenbarung und erweist sich als die echte aus der Zukunft lebende
eschatologische Gemeinde. Und darin hat sie ihre Verlassenheit und λύπη über=
wunden. Darin hat sie dann auch — und damit wird die Rücklenkung zum Zu=
sammenhang gewonnen — den Trost in den Verfolgungen; denn darin ist der
Sieg über die Welt gegeben.

b) Das Gericht über die Welt 16 8-11.

V. 8: καὶ [ἐλθὼν ἐκεῖνος] ἐλέγξει τὸν κόσμον περὶ ἁμαρτίας
                 [καὶ περὶ δικαιοσύνης καὶ περὶ κρίσεως][5].

---

[1] S. S. 334 ff.   [2] S. S. 412.

[3] Hegel findet in den joh. Parakleten=Worten den Beweis für seine geschichts=
philosophische Deutung des Christentums als der absoluten Religion, in der der Geist
im menschlichen Selbstbewußtsein zu sich selber kommt, bei sich selbst und damit in der
Wahrheit ist. Vgl. Otto Kühler, Sinn, Bedeutung und Auslegung der heiligen Schrift
in Hegels Philosophie 1934, 18 ff.

[4] S. S. 425 f.

[5] Zum Text s. S. 425, 4. Das ἐλθὼν ἐκεῖνος nimmt das ὅταν ἔλθη der Quelle
(15 26) wieder auf; καὶ π. δικ. καὶ π. κρ. wird Zusatz des Evglisten sein; ebenso die folgende
Erläuterung V. 9-11.

Die Funktion des Parakleten ist das ἐλέγχειν[1]: er wird die Schuld der Welt
aufdecken. Es schwebt das Bild eines Prozesses von kosmischen Dimensionen vor,
der vor dem Forum Gottes stattfindet[2]. Die Welt ist angeklagt; Kläger ist der
Paraklet[3]. Aber das Mythische des Bildes ist völlig verblaßt; denn der Prozeß
wird sich nicht erst am Ende der Tage abspielen, sondern alsbald nach Jesu Fort=
gang in der Geschichte. Und zwar nicht etwa in inneren Vorgängen im Gewissen
der Menschen[4], sondern in den einfachen geschichtlichen Tatsachen, die deutlich
sprechen, — sprechen freilich nur für die Ohren des Glaubens. Denn nicht die
geschichtlichen Wirkungen Jesu, sofern sie als weltgeschichtliche Phänomene all=
gemein sichtbar sind, sind diese Tatsachen, sondern das Bestehen der Jüngerschaft
Jesu, sofern in ihr Jesu Wort lebendig ist[5]. Wie in seinem Kommen, als dem
Kommen des Lichtes, das Gericht der Welt stattfand (3₂₀), so findet es weiter
statt darin, daß die Gemeinde sein Wort weiterverkündigt. Dabei ist nicht an die
christliche Polemik und Apologetik als solche gedacht[6]. Denn diese setzt ja voraus,
daß es eine gemeinsame Basis des Diskutierens und Überzeugens gibt, daß man
Kriterien aufweisen kann, an denen die Welt erkennen kann, daß sie im Unrecht
ist. Der Prozeß spielt sich aber in einer höheren Sphäre ab; die Welt selber merkt
es gar nicht, daß Existenz und Predigt der christlichen Gemeinde ihre eigene Über=
führung ist; sie kann den Parakleten ja nicht wahrnehmen (14₁₇); sie kann die
Gründe des Urteils nicht fassen, — denn wie sollte sie z. B. das ὑπάγω πρὸς τὸν
πατέρα D.₁₀ sehen? Das „das macht, er ist gericht" versteht nur der Glaube.

Das Gericht besteht darin, daß angesichts der in der Gemeinde fortwirkenden
Offenbarung der sündige Charakter der Welt zutage kommt. Das wird dadurch
erläutert, daß sich das ἐλέγχειν des Parakleten auf die drei Größen ἁμαρτία,
δικαιοσύνη und κρίσις bezieht. Wie schon die Artikellosigkeit beweist, ist
gemeint, daß die drei Begriffe in Frage stehen, nicht drei Fälle von Sünde,
Gerechtigkeit und Gericht. Es dürfen also nicht Subjektsgenetive zu den drei

---

[1] Die Rolle des Geistes als des Anklägers Test. Jud. 20; Sap 1₇₋₉ ist nicht ver=
gleichbar, da es sich bei Joh um ein kosmisches Drama, nicht um die Überführung sündiger
Individuen handelt. Deshalb sind auch Philons Sätze über das ἐλέγχειν der συνείδησις
(quod det. pot. ins. 146) oder des als Gewissen interpretierten Logos (deus imm. 135;
fug. et inv. 188), die auf stoischer Tradition beruhen (h. Leisegang, Der heilige Geist I
1919, 80f.), keine Analogie. Um das Gericht des Gewissens handelt es sich bei Joh ge=
rade nicht.
[2] S. S. 426, 5 usw. Dieser Gedanke ist ein gnostisches Motiv, das in radikaler
Weise Ginza 436, 28ff. ausgestaltet ist: Adam trägt dem „großen Leben" die „Rechts=
sache betreffend die Welt" vor, d. h. er erhebt Anklage wegen der Schöpfung, infolge
derer die Seelen der Herrschaft und der Verfolgung der niederen Mächte preisgegeben
sind. Nach Ginza 256, 28ff. werden die Uthras in die Welt herabgesandt, um den
Prozeß gegen sie zu führen und die Seelen rein zu sprechen und in die himmlische Welt
zu holen; s. Jonas, Gnosis I 136f. Eine gewisse Analogie sind die Stücke in Dt=Jes, in
denen Jahwe mit den Völkern rechtet (41₁ff. ₂₁ff. 43₉ff.). Aber hier verteidigt sich Jahwe,
wobei er Israel zum Zeugen für sich aufruft. Im Grunde ist dort Israel das Forum,
vor dem Jahwe sich rechtfertigt (vgl. 43₁₄ff. 44₆ff. 46₁ff.); s. S. 434, 7.
[3] In der Quelle beginnt die Schilderung 15₂₆, dessen μαρτυρήσει im Sinn der
Quelle bedeutet: „Er wird Anklage erheben."
[4] Es ist also nicht an Vorgänge wie die I Kor 14₂₄ angedeuteten zu denken.
[5] Auch die Mt 13₉ff. parr. genannten Vorgänge sind nicht gemeint. Jedoch wird
der Evglist das Bewußtsein haben, daß er den eigentlichen Sinn der Geistverheißung
von Mt 13₁₁ parr. aufdeckt.
[6] So Htm., Bd. u. a.

Substantiven ergänzt werden[1]. Die Frage ist merkwürdigerweise nicht direkt diese: auf wessen Seite ist die ἁμαρτία, die δικαιοσύνη? Wer ist gerichtet? Sondern diese: was bedeuten ἁμ., δικ. und κρ.? Das Gericht der Offenbarung besteht darin, daß der wahre Sinn aufgedeckt wird, den die in der Welt üblichen Maß=stäbe und Urteile haben[2]. Damit aber wird zugleich aufgedeckt, wer Sünder, wer Sieger, wer gerichtet ist.

V. 9: περὶ ἁμαρτίας μέν, ὅτι οὐ πιστεύουσιν εἰς ἐμέ[3]. Was Sünde ist, wird im Sinne von 15 21-25 festgestellt; es ist der Unglaube gegen den Offen=barer. Das Verhalten der Welt angesichts Jesu ist ein Festhalten der Welt an sich selbst, ein μένειν ἐν τῇ σκοτίᾳ (12 46; vgl. 9 41 3 36), und eben das ist Sünde. Sünde ist also nicht jeweils eine schreckliche Tat, sei es auch die Kreuzigung Jesu als solche; Sünde ist überhaupt nicht moralische Verfehlung als solche, sondern der Unglaube und das aus ihm fließende Verhalten, also die durch den Unglauben qualifizierte Gesamthaltung der Welt. Das heißt hinfort „Sünde". Und es handelt sich bei dieser Feststellung nicht um das einmalige historische Faktum des Un=glaubens der Juden, sondern dieser Unglaube ist seitdem die Reaktion der Welt gegen das ihr verkündigte Wort, durch das sie dauernd in die Entscheidung vor der Offenbarung gestellt wird[4]. Die Welt hat nicht einst einmal einen edlen Menschen verkannt, sondern sie hat die Offenbarung verworfen und verwirft sie weiter. Sie versteht unter Sünde die Empörung gegen ihre Maßstäbe und Ideale, die ihr Sicherheit geben. Aber die Verschlossenheit gegen die Offenbarung, die alle weltliche Sicherheit in Frage stellt und eine andere Sicherheit eröffnet, — das ist die eigentliche Sünde, der gegenüber alles frühere Sündigen nur etwas Vor=läufiges war[5].

V. 10: περὶ δικαιοσύνης δέ, ὅτι πρὸς τὸν πατέρα ὑπάγω καὶ οὐκέτι θεωρεῖτέ με. Was δικαιοσύνη ist, wird durch Jesu Hingang zum Vater klargestellt. Inwiefern? Da es sich um das Urteil in einem Prozeß handelt, bedeutet δικ. „Unschuld"; jedoch nicht in dem moralischen Sinne von Rechtschaffenheit[6], sondern in dem juristischen Sinne des Rechthabens, des Sieges im Prozeß[7]. Ebenso ist, da es sich um den Prozeß zwischen Gott und

---

[1] So richtig Ho. Daß man nicht zu ἁμ. ergänzen darf: τοῦ κόσμου, zu δικ.: μου, zu κρ.: τοῦ κόσμου, ist schon deshalb klar, weil sonst im letzten Gliede V. 11 „eine uner=trägliche Tautologie entstünde". Richtig auch Bl. u. Temple.

[2] Die Meinung Zn.s ist absurd: der Paraklet wird beweisen, daß es Sünde, Ge=rechtigkeit und ein Gericht („drei von der Welt . . . nicht anerkannte ethische Wahrheiten") gibt! Das weiß doch die Welt auch selbst; sie weiß nur nicht, wie diese Begriffe anzu=wenden sind; d. h. sie weiß nicht, daß sie, wenn sie solche Maßstäbe gebraucht, sich selbst verurteilt.

[3] Das ὅτι der Sätze V. 9-11 ist natürlich jedesmal explikativ, nicht begründend gemeint.

[4] Der Sinn ist klar, auch wenn man sich nicht mit Sicherheit auf das Präs. πιστεύουσιν berufen darf; denn dieses drückt vielleicht nicht die ständige Gegenwärtigkeit aus, sondern könnte wie ὑπάγω V. 10 echtes Präs. sein. Dann wäre aber der gegenwärtige Un=glaube als repräsentativ für den ständigen Unglauben der Welt gedacht. Jedenfalls ist das θεωρεῖτε V. 10 nicht auf die Gegenwart des Augenblickes beschränkt, und ebenso beschreibt das Perf. κεκρ. V. 11 das dauernde Bestehen des jetzt vollzogenen Urteiles.

[5] S. S. 115. 121. 259. 424.

[6] In diesem Sinne heißt Jesus δίκαιος Act 3 14 7 52 22 14 I Pt 3 18 (vgl. II Kor 5 21) I Joh 2 1. 29 3 7; entsprechend ποιεῖν τὴν δικαιοσύνην I Joh 2 29 3 7. 10; sonst fehlt δικαιο=σύνη bei Joh überhaupt außer an unserer Stelle.

[7] S. E. Hatch, Harv. Theol. Rev. 14 (1921), 103 ff. über den forensischen Sinn von δικ. Der צַדִּיק ist im Bundesbuch der, der im Gericht recht hat, und הַצַּדִּיק heißt

Welt handelt, klar, daß δικ. als von Gott zugesprochene Gerechtigkeit[1], als Sieg im eschatologischen Sinne in Frage steht. Was solche δικαιοσύνη bedeute, das wird klargestellt durch Jesu Hingang zum Vater; d. h. sie ist, wie V.33 es formuliert: Überwindung der Welt, Entweltlichung. Und zwar ist der Sinn dieser Entwelt= lichung um so deutlicher, als sie die Rechtfertigung dessen ist, den die Welt als Sünder schalt (9 24), der Sieg dessen, der am Kreuze hingerichtet wird; sie ist also völlige Freiheit vom Urteil und von der Macht der Welt. Und diese eschatologische Freiheit wird auch charakterisiert durch das καὶ οὐκέτι θεωρεῖτέ με: er ist für die Welt unsichtbar, ungreifbar geworden; er gehört nicht mehr zu ihr. Das also heißt δικαιοσύνη, und darauf blicken die Glaubenden, wenn sie wissen wollen, was Sieg ist. Sie haben teil an diesem Siege durch den Glauben (I Joh 5 4 f. 2 13 f. 4 4). Was ihnen Grund zur λύπη schien, ist gerade Grund zur Freude: daß sie ihn nicht mehr sehen[2]. Für die Welt ist dieser Sieg ebenso ein κρυπτόν (7 4) wie das

„den Prozeß gewinnen lassen" (Ex 23 7; vgl. Dt 25 1 II Sam 15 4 usw.; für den späteren Sprachgebrauch f. Str.=B. III 134). — Im orientalischen Sprachgebrauch ist der Zshg von Gerechtigkeit und Sieg ganz deutlich. Die צִדְקוֹת Jahves, die das Volk preist, sind seine Siege (Jdc 5 11), die „Großtaten", die er zugunsten des Volkes getan hat (I Sam 12 7). Zur Zeit des Gerichtes gilt: וַיִּגְבַּהּ יְהֹוָה צְבָאוֹת בַּמִּשְׁפָּט וְהָאֵל הַקָּדוֹשׁ נִקְדָּשׁ בִּצְדָקָה (Jes 5 16; LXX: καὶ ὑψωθήσεται κύριος σαβαὼθ ἐν κρίματι, καὶ ὁ θεὸς ὁ ἅγιος δοξασθήσεται ἐν δικαιοσύνη). Der „Mantel der Gerechtigkeit" (מְעִיל צְדָקָה; LXX: χιτὼν εὐφροσύνης), mit dem Gott Zion umhüllt hat (Jes 61 10), ist die escha= logische Verherrlichung; wie denn auch sonst die eschatologische Entscheidung als Prozeß vorgestellt wird Jes 41. 21 43 9 44 7 Jer 25 31 Joel 4 1 f. 12 (im Gegensinne Jes 1 18 3 13 Hos 4 1 Mi 6 1 f.). — Bei den Mandäern heißt זכא „unschuldig sein, obsiegen" (Lidzb., Joh.=B. 1 f.); die höheren Wesen, die „unschuldig" genannt werden, werden dadurch als ἀνίκητοι charakterisiert (Lidzb., ZDMG 61 [1907], 696, 6). Das Subst. זאכותא be= deutet „Schuldlosigkeit" und „Sieghaftigkeit"; f. ZNTW 24 (1925), 128 f.; Peterson, Εἷς Θεός 159 f.; T. Arvedson, Das Mysterium Christi 1937, 39 f. Vor allem ist charakteristisch die Zusammengehörigkeit des „Sieges" des Gesandten (oder der Seele) mit dem Empor= steigen von der Erde in die Lichtwelt. Von den drei Gesandten Hibil, Sitil und Anōš heißt es Mand. Lit. 13 (vgl. 144): „Sie ... führten einen Rechtsstreit und siegten ob, ... sieghaft sind sie, nicht unterliegend. Sie kamen aus einem lauteren Orte und gehen nach einem lauteren Orte." Ginza 257, 5 f (der „Erste" spricht zu den drei Uthras): „Ihr werdet siegreich hinausgehen, wenn eure Werke vollendet sind." Ginza 444, 25 f. (zur Seele): „Steig empor, führe deine Rechtssache und siege ob"; vgl. Ginza 521, 5 f.; Mand. Lit. 230. Ebenso ist in den Od. Sal. „gerechtfertigt werden" identisch mit der Krönung des Siegers und dem Emporsteigen: 17 1 ff. 25 10 ff. 29 4 f. 31 5. Der gleiche Sprach= gebrauch I Tim 3 16 (ἐδικαιώθη ἐν πνεύματι ... ἀνελήμφθη ἐν δόξῃ); Ign. Phld. 8, 2; Röm 5, 1 (f. Schlier, Relig. Unterf. 171). — Windischs Anstoß an δικ. Joh 16 9 f. (Festg. Ad. Jül. 120, 2) ist also völlig unberechtigt. Richtig schon Carpenter 394 f., der nur V. 8-11 einseitig auf die zeitgeschichtliche Apologetik und Polemik bezieht. Dalman, Jesus= Jeschua 194 versteht unter Verweisung auf Lk 7 29. 35 δικ. richtig im formal=juristischen Sinne als die Rechtfertigung des göttlichen Handelns; aber er berücksichtigt nicht den eschatologischen Charakter dieses Geschehens. — Übrigens kann auch im Griechischen νικᾶν den Sieg im Rechtsstreit bedeuten; f. z. B. Aristoph. Equ. 95; Av. 445. 447. 1101; Peterson a. a. O. 159; Br. Wörterbuch.

[1] Auch in der paulinischen Wendung δικαιοσύνη θεοῦ hat δικ. diesen Sinn; doch ist die δικ. θεοῦ nicht mit der δικ. von Joh 16 9 f. identisch; sie gilt ja nicht von Christus, sondern vom Glaubenden, und der Begriff steht in einer spezifisch paulinischen Anti= these, die bei Joh fehlt.

[2] Es könnte ja auch heißen: ὅτι οὐκέτι θεωροῦσίν με. Aber die Paradoxie des Sieges wird durch das θεωρεῖτε viel stärker zum Ausdruck gebracht, indem vom Stand= punkt der Jünger aus geredet wird: sie sollen wissen, daß gerade die Tatsache, daß sie ihn nicht mehr sehen, sein Sieg ist; vgl. 20 29.

Wesen der ἁμαρτία; für sie bedeutet das Scheitern im Tode die Verdammung durch Gott[1]; für sie muß sich der Sieg im Sichtbaren zeigen. Aber sein Sinn ist ja gerade die Überwindung des Sichtbaren durch das Unsichtbare; und so weiß sie nicht, daß sie verdammt, daß sie besiegt ist. Aber das wird eben der Paraklet zeigen.

V. 11: περὶ δὲ κρίσεως, ὅτι ὁ ἄρχων τοῦ κόσμου τούτου κέκριται. Natürlich steht der Begriff der κρίσις als des göttlichen, des eschatologischen Gerichtes in Frage. Die Welt redet von diesem Gericht als von einem kosmischen Ereignis in naher oder ferner Zukunft, sei es im Sinne einer naiven apokalyptischen Eschatologie, sei es, daß man meint, aus der Weltgeschichte das Gericht durch geschichtsphilosophische Deutung ablesen zu können. Die Welt meint in jedem Falle die Maßstäbe für dieses Gericht in ihren Begriffen von ἁμαρτία und δικαιοσύνη zu besitzen. Aber wie sie sich über den Sinn von ἁμ. und δικ. trog, so sieht sie auch nicht, daß die κρίσις schon erfolgt, daß der Fürst dieser Welt schon gerichtet ist[2], — daß sie also selbst schon gerichtet ist, gerade darin, daß sie an sich selbst, an ihren Maßstäben und Idealen, am Sichtbaren, festhält.

So wird durch die Offenbarung festgestellt, was ἁμαρτία, δικαιοσύνη und κρίσις bedeuten, was sie eben seitdem und dadurch bedeuten, daß in Jesus Gottes Offenbarung geschah. Ist davon nichts in der Welt sichtbar? Wenn der Paraklet den Sinn dessen, was geschah, auch nur für die Glaubenden sichtbar macht, so trifft sein ἐλέγχειν doch die Welt, sofern es sich in der Verkündigung der Gemeinde vollzieht. Dieses Wort und sein herausfordernder Anspruch erklingt in der Welt, und die Welt kann seitdem nicht wieder sein, wie sie vordem war. Es gibt kein unbefangenes Judentum und kein unbefangenes Heidentum mehr im Umkreis des Wortes der Verkündigung. Es gibt kein außerzeitliches Sein des Menschen, das nicht durch die Geschichte qualifiziert wäre, und es gibt auch kein Sein des Menschen — das ist der Sinn der Sendung des Parakleten — das nicht durch diese Geschichte entscheidend qualifiziert würde. Eben dagegen sträubt sich die Welt, daß ein kontingentes geschichtliches Ereignis das eschatologische Ereignis sein soll, durch das sie begnadet oder gerichtet ist. Das ist das σκάνδαλον für sie; denn sie beansprucht, alles, was innerhalb ihrer geschieht, ihren Maßstäben zu unterwerfen und es danach zu richten.

Der κόσμος hat alle drei Begriffe: ἁμ., δικ. und κρ., und er hat darin — so gut wie im Wissen vom Licht, vom Lebenswasser und Lebensbrot — ein Vorverständnis der Offenbarung, d. h. er hat die Möglichkeit, sich dem Worte der Verkündigung ebenso zu öffnen wie zu verschließen. Gerade deshalb kann er sündig sein, weil er weiß: der Mensch kann sich gewinnen (δικαιοσύνη) oder verlieren (κρίσις), und das steht in seiner Verantwortung: er kann schuldig werden (ἁμαρτία). Sein Schicksal entscheidet sich am Wort.

Der Abschnitt 15₁₈—16₁₁ ist eine zusammenhängende Rede wie 13₃₁-₃₅ 15₁-₁₇, weder durch einen Dialog unterbrochen, noch durch eine Äußerung der Jünger abgeschlossen. Deutlich zeigt sich daran, daß nicht in psychologischem

---

[1] Vgl. OdSal 42₁₀: „Ich ward nicht verworfen, auch wenn es so schien,
　　　　　　　　　ward nicht verloren, auch wenn sie um mich sorgten."
　　31₈: „Aber sie verdammten mich, als ich auftrat,
　　　　　　　der ich kein Verdammter war."
Vgl. 17₃ 25₅f. 28₉f.
[2] S. zu 12₃₁ S. 330.

Interesse eine historische Abschiedsszene gezeichnet werden soll, sondern daß die Szene nur die symbolische Darstellung der Situation ist, in der die Glaubenden ständig stehen, und die sie stets durch die Besinnung auf die Offenbarung zu bestehen haben.

Exkurs: Der Paraklet.

Es ist deutlich, daß der Evglist die Gestalt des Parakleten aus seiner Quelle übernommen und sie im Sinne der christlichen Tradition als das ἅγιον πνεῦμα interpretiert hat[1]. Der ursprüngliche Sinn der Gestalt wird zunächst deutlich durch die ihr in der Quelle zugeschriebenen Funktionen: 1. Der Paraklet wird vom Vater gesandt 14₁₆, bzw. er geht vom Vater aus 15₂₆; 2. er ist nicht der Welt, sondern nur den Gläubigen sichtbar 14₁₇; 3. er lehrt und führt in die Wahrheit 14₂₆ 16₁₃; 4. er redet nicht von sich aus 16₁₃; 5. er legt Zeugnis ab für Jesus gegen die Welt und überführt die Welt der Sünde 15₂₆ 16₈. — In alledem wird er als Offenbarer beschrieben wie Jesus selbst; denn auch dieser ist 1. von Gott gesandt (5₃₀ 8₁₆ usw.) und von Gott ausgegangen (8₄₂ 13₃ usw., s. S.224,4); 2. er ist nicht der Welt, sondern nur den Gläubigen sichtbar als der Offenbarer (1₁₀. 12 8₁₄. ₁₉ 17₈ usw.); 3. er lehrt und führt in die Wahrheit (7₁₆f. 8₃₂. ₄₀ff. usw.); 4. er redet nicht von sich aus (7₁₆f. 12₄₉f. usw., s. S.186, 2); 5. er legt Zeugnis ab für sich (8₁₄) und überführt die Welt der Sünde (3₂₀ 7₇ usw.). — Der Paraklet ist also eine Parallelgestalt zu Jesus selbst; und das wird dadurch bestätigt, daß beiden der Titel παράκλ. eignet (14₁₆: ... καὶ ἄλλον παρακλ. δώσει ὑμῖν)[2].

Deutlich ist zufolge 14₁₆, daß die Quelle die einander folgenden Sendungen der beiden Parakleten, Jesu und seines Nachfolgers, lehrte. Weder aus der christlichen Tradition noch aus seinen eigenen Intentionen hätte der Evglist zu einer solchen Verdoppelung der Gestalt des Offenbarers kommen können; er konnte die Gestalt des Jesus ablösenden Parakleten nur übernehmen, wenn er in ihr eine geeignete Form fand, seine Auffassung vom ἅγιον πνεῦμα zum Ausdruck zu bringen. Ihren Ursprung aber kann diese Gestalt nur in einem Anschauungskreis haben, in dem die Offenbarung nicht auf einen geschichtlichen Träger exklusiv konzentriert, sondern auf verschiedene einander folgende Boten verteilt war bzw. sich in ihnen wiederholte. Diese Anschauung aber begegnet vielfach in der heidnischen, jüdischen und christlichen Gnosis; sie findet sich in den Pseudo-Klementinen, bei den Mandäern und sonst und ist im Manichäismus systematisch entwickelt worden[3].

Aus der Gnosis aber dürfte auch der Titel παράκλητος stammen, und zwar im Sinne von „Beistand", „Helfer". Das ursprünglich passivisch gedachte παρακλ., das von den Lateinern vielfach mit advocatus wiedergegeben wird[4], hat später aktivischen Sinn gewonnen, sei es, daß man παρακλ. als παρακαλῶν empfand[5], sei es, daß es diesen Sinn durch den Gebrauch gewann, in dem παρακλ. mit dem aktivischen συνήγορος gleichbedeutend wurde[6]. Wenn παρακλ. auch nicht (wie das latein. advocatus) tech-

---

[1] S. Br. zu 14₁₉; Windisch a. a. O. 122f.; Gulin 49.

[2] I Joh 2₁ ist kein Quellenstück und darf dafür nur insofern in Anspruch genommen werden, als der Verf. den ihm überlieferten Titel benutzt, um ihn in seinem eigenen Sinne zu verwenden.

[3] Bousset, Hauptpr. 171ff.; Bultmann, Eucharisterion 18f.; Reitzenstein, Das mand. Buch des Herrn der Größe (SA. Heidelb. 1919, 12), 49ff.; Histor. Zeitschr. 126 (1922), 10; ZNTW 26 (1927), 53; Jf. Scheftelowitz, Die Entstehung der manich. Rel. und das Erlösungsmysterium 1922, 40, 8. 82; W. Staerk, ZNTW 35 (1936), 232ff.; Die Erlöserwartung in den östl. Religionen 1938, 40ff. 91ff.; E. Percy, Untersuchungen über den Ursprung der joh. Theologie 1939, 159ff.; 297, A. 43.

[4] S. Zn., Br. zu 14₁₆.

[5] So sicher nachweisbar erst bei christlichen Autoren, z. B. Orig. de or. 10, 2 (f. Br.); Oecumen. p. 191: παράκλητον τὸν ὑπὲρ ἡμῶν φησι τὸν πατέρα παρακαλοῦντα.

[6] Beides verbunden Clem. A. Quis div. salv. 25, 7.

nischer Ausdruck für den Anwalt vor Gericht wurde[1], so ist doch der Begriff zunächst durch die juristische Sphäre bestimmt: παράκλ. heißt der vor den Richtern zugunsten des Angeklagten Redende, der Fürsprecher und Helfer[2].

Wo die Situation des Menschen vor Gott als die Verantwortlichkeit vor dem Richter aufgefaßt wird, wird παράκλ. der Fürsprecher vor Gott, der Mittler, genannt. So sehr häufig im Judentum, das παράκλ. als Fremdwort übernommen hat[3]. Ebenso Engel wie Menschen, aber auch Opfer, Gebete, Buße und gute Werke können als Parakleten bezeichnet werden, die für die Menschen bei Gott eintreten. So erlangen nach Philon praem. poen. 166 f. die Sünder Gottes καταλλαγή mittels dreier παράκλητοι: der Güte Gottes selbst, der Fürbitte der frommen Väter und der eigenen Besserung; und nach spec. leg. I 237 ist der παράκλ. des um Vergebung Bittenden der κατὰ ψυχὴν ἔλεγχος (Gewissensbiß, Reue). Der Hohepriester aber nimmt nach vit. Mos. II 134 als seinen παράκλ. vor Gott dessen Sohn, den κόσμος, wenn er um die χορηγία ἀφθονωτάτων ἀγαθῶν bittet[4]. Ist hier der juristische Sinn schon abgeblaßt, so erst recht anderwärts, wo παράκλ. ganz allgemein den Fürsprecher, Vermittler bedeutet[5]. So bringen nach op. mundi 165 die αἰσθήσεις ihre Gaben dem λογισμός und nehmen dabei die πειθώ als παράκλ. mit, damit er sie nicht abweise[6].

Zur Struktur des παράκλ.=Begriffes scheint es also zu gehören, daß der παράκλ. ein Redender (bzw. Wirkender) ist für jemanden vor jemanden; daher die Verwandt= schaft mit μεσίτης und διαλλακτής[7]. Doch selbst diese doppelte Bestimmtheit scheint unter dem Einfluß des Sinnes παρακαλεῖν = „trösten" gelegentlich preisgegeben worden zu sein; denn anders ist es doch kaum verständlich, daß Aqu. und Thdn. das מנחמים Hiob 16₂ mit παράκλητοι (LXX παρακλήτορες, Symm. παρηγοροῦντες) wiedergeben[8].

Da der Fürsprecher und Vermittler faktisch ein Helfer ist, läßt sich παράκλ. in manchen Fällen einfach als „Helfer" übersetzen, umsomehr als παρακαλεῖν den Sinn haben kann: „um Hilfe bitten"[9].

Im christlichen Sprachgebrauch begegnen für παράκλ. — abgesehen vom profanen Sinne[10] — die beiden Bedeutungen Fürsprecher (deprecator) und Tröster (consolator). Orig. de princ. II 7, 4 (p. 151, 12 ff. Koetsch.) unterscheidet beide Bedeutungen aus= drücklich; die erste gelte, von Christus (I Joh 2 1 f.), die zweite vom Geist (Joh 14 26 f.). Richtig ist, daß παράκλ. I Joh 2 1 den Sinn von deprecator hat, und zwar begegnet es

---

[1] Statt dessen συνήγορος (opp. κατήγορος).

[2] Demosth. Or. 19, 1; Lykurg. Fr. 102; Phil. Jos. 239; in Flacc. 13. 22 f. 151; Did. 5, 2 = Barn. 20, 2: πλουσίων παράκλητοι (opp. πενήτων ἄνομοι κριταί).

[3] Str.=B. II 560—62; Schl. z. St.

[4] In gleichem Sinne gebraucht Philon παραιτητής: mut. nom. 129 (Fromme als Fürsprecher für die Sünden Anderer; vit. Mos. II 166 (Mose als Fürsprecher für das Volk, neben μεσίτης und διαλλακτής); spec. leg. I 244 (der Hohepriester für die Sünden des Volkes). So wird Test. Levi 5, 6 der bei Gott für Israel fürbittende Engel ὁ παραι- τούμενος genannt; ebenso Test. Dan. 6, 2, dazu μεσίτης θεοῦ καὶ ἀνθρώπων.

[5] So weist Bion bei Diog. Laert. IV 30 einen Schwätzer, der ihm mit seiner Bettelei lästig fällt, ab: τὸ ἱκανόν σοι ποιήσω ... ἐὰν παρακλήτους πέμψῃς καὶ αὐτὸς μὴ ἔλθῃς.

[6] Vgl. noch Phil. op. mundi 23.

[7] Anm. 4.

[8] Bd. vermutet freilich, daß diese Übersetzung von einer frühen Interpretation des joh. παράκλ. als Tröster beeinflußt sei.

[9] Thukyd. J 118: αὐτὸς (der delphische Gott) ἔφη ξυλλήψεσθαι καὶ παρακαλού- μενος καὶ ἄκλητος. Epikt. diss. III 21, 12: τοὺς θεοὺς παρακαλεῖν βοηθούς. Plut. Alex. 33: παρεκάλει τοὺς θεούς. — Im Hinblick auf Sap 7₂₂ 83 f. 91 f. 4. 9 könnte man versucht sein, auch Phil. op. mundi 23 παράκλ. einfach mit „Helfer" zu übersetzen: οὐδενὶ δὲ παρακλήτῳ —. τίς γὰρ ἦν ἕτερος — μόνῳ δὲ αὐτῷ χρησάμενος ὁ θεὸς ἔγνω δεῖν εὐεργετεῖν ... τὴν ἄνευ δωρεᾶς θείας φύσιν οὐδενὸς ἀγαθοῦ δυναμένην ἐπιλαχεῖν ἐξ ἑαυτῆς, doch wird auch hier „Fürsprecher" gemeint sein.

[10] Did. 5, 2 s. Anm. 2.

hier zum erstenmal so in der christlichen Literatur [1], später dann häufiger [2]; ebenso findet sich die Auffassung als consolator auch außer Orig. häufig [3].

Beide Bedeutungen aber treffen für den παράκλ. von Joh 14—16 nicht zu. Sofern Jesus selbst nach 14 16 ein παράκλ. ist, kann er damit nicht als „Fürsprecher" bezeichnet sein; denn als solcher wird er bei Joh nicht dargestellt. Auch das Gebet Kap. 17 stellt ihn nicht als den dar, der vor Gott als dem Richter fürbittend für die Sünden der Seinen eintritt. Ebensowenig kann das παράκλ. Jesus als „Tröster" bezeichnen wollen; denn auch als Tröster wird er nicht dargestellt [4], und auch zu den Funktionen des Geistes gehört das Trösten nicht. Ebenso gilt für den Geist auch, daß er nicht ein „Fürsprecher" für die Jünger bei Gott ist; er kann also auch nicht daher den Titel παράκλ. haben [5]. Auch der Geist ist, wie Jesus selbst, Offenbarer; und wenn er als solcher zum Ankläger der Welt wird (15 26 16 8), so erscheint er gerade nicht als Fürsprecher. Die in der rabbinischen Literatur gelegentliche Vorstellung vom heiligen Geist als Fürsprecher, die — ohne den Titel παράκλ. — auch Röm 8 27 bezeugt ist, kann also gerade nicht die Gestalt des Parakleten bei Joh erklären, zumal im Judentum für diese Rolle des Geistes nicht der Titel פְּרַקְלִיט, sondern nur סָנִיגוֹר bezeugt ist [6]. Aber der Rekurs auf jüdische Vorstellungen ist überhaupt bedeutungslos für die Frage nach dem Ursprung der Parakletengestalt, da deren Interpretation als Geist sekundär ist.

Eine Erklärung ist nur zu gewinnen, wenn ein Anschauungskreis aufgezeigt wird, in dem die Gestalt des Offenbarers (bzw. der Offenbarer) einen Titel trug, der mit παράκλ. übersetzt werden konnte. Das aber ist in der durch die mandäischen Schriften und die Od. Sal. bezeugten Gnosis der Fall [7]. Bei den Mandäern ist vielfach von Helfern und helfenden Wesen die Rede. Die Seele klagt Ginza 328, 27 ff., daß sie auf Erden keinen Helfer hat; ihr wird ein „hoher Helfer" gesandt [8]; ebenso Ginza 346, 21 ff.; 572, 36 ff.,

---

[1] Die Vorstellung von Christus als dem himmlischen Fürsprecher begegnet zwar auch sonst (Röm 8 34 Hb 7 25 9 24 I Klem 36 1; vom Geist Röm 8 27), jedoch ohne den Titel παράκλ.

[2] S. Zn., Br. zu 14 16, Bd. zu 15 26.

[3] S. Zn., Br., Lagr. zu 14 16, Bd. zu 15 26.

[4] Παρακαλεῖν begegnet bei Joh überhaupt nicht. An den jüdischen Messiastitel „Menachem" = Tröster (Bousset, Relig. des Judent. 227; Str.-B. I 66; H. Greßmann, Messias 460 f.) ist hier also nicht zu erinnern.

[5] Er könnte in dem Prozeß gegen die Welt vor dem Forum Gottes höchstens als der Fürsprecher Christi gelten. Aber gerade darin kann der Titel παράκλ. nicht begründet sein, vielmehr nur in der Aufgabe, die er — wie Jesus selbst — für die Jünger zu leisten hat.

[6] Es ist eine Stelle, LvR 6 (109 a); dazu kommt noch MidrHL 8, 9 f. (132 b), wo die „Himmelsstimme" (בַּת קוֹל) als סָנִיגוֹר bezeichnet wird. Beides bei Str.-B. II 562.

Dazu zieht S. Mowinckel mit fraglichem Recht noch Test. Jud. 20. Er versucht (ZNTW 32 [1933], 97—130) nachzuweisen, daß das Judentum die Vorstellung vom Geist (auf den dabei ältere Vorstellungen übertragen worden seien) als dem Fürsprecher, aber auch als dem Ankläger (beides bildet im Begriff des „Zeugen" eine Einheit) gekannt habe. Das würde aber zur Erklärung des joh. Parakleten höchstens soviel beitragen, daß verständlich würde, wie der Evglist die ihm von anderwärts gegebene Parakletengestalt mit dem Geist identifizieren konnte, und wie er I Joh 2 1 Jesus den Titel παράκλ. beilegen konnte. Aber vom Judentum her sind weder die Funktionen des Parakleten Joh 14—16 zu erklären, noch auch sein Titel. Denn als Fürsprecher erscheint er hier eben nicht, und sofern er Ankläger ist, dürfte er nicht παράκλ., sondern nur κατήγορος oder μάρτυς heißen. Daß im Titel παράκλ. nicht (wie in μάρτυς) die Anklagefunktion einbegriffen sein kann, zeigt der jüd. Sprachgebrauch deutlich, in dem פְּרַקְלִיטָא und קַטֵיגוֹרְיָא Gegensätze sind (Beispiele bei Mowinckel 102; Str.-B. II 560 f.; W. Lueken, Michael 1898, 22 f.).

[7] Auf die mand. Helfergestalt weisen auch Br. und Windisch a. a. O. hin.

[8] In den Liedern des zweiten Buches des Linken Ginza folgt regelmäßig auf die Klage der Seele das Kommen des Helfers; s. S. 322, 8.

wo Manda dhaije als Helfer zu ihr kommt, der auch sonst öfter so bezeichnet wird[1]. Lit. 134 wird der Sohn des ersten großen Lebens gepriesen, der kam, den Weg bahnte und für die Seelen ein Helfer, Geleiter und Führer ward. Der Gläubige versichert Lit. 212:

> „Ja, ich habe meinen Herrn Manda dhaije liebgewonnen (und hoffe),
>
>   daß mir in ihm ein Helfer erstehen wird,
>
> ein Helfer und eine Stütze,
>
>   vom Orte der Finsternis zum Orte des Lichtes.“

Der Gesandte ruft ihnen zu Lit. 195:

> „Der Welt Verfolgungen ertraget
>
>   mit wahrhaftem, gläubigem Herzen.
>
> Verehret mich in Gradheit,
>
>   damit ich mich hinstelle und euch ein Helfer sei,
>
> ein Helfer und eine Stütze . . .“

Die Gestalt des Helfers ist aber auch zu einem selbständigen mythologischen Wesen geworden, das den Titel Jawar = „Helfer“ als Eigennamen trägt[2]. Oft tritt er an Stelle Manda dhaijes[3] oder neben ihn[4]; öfter findet sich auch die Kombination Jawar Manda dhaije; ebenso tritt er an Stelle Hibils[5] oder wird mit ihm kombiniert[6]. Es wird von Jawar ausgesagt z. B., daß er Wohnungen für die Gerechten gründet[7], daß er die Taufe stiftet[8]; er ist der Offenbarer, der sanfte und wahrhafte Reden gesprochen hat[9]; er erhält von der Gottheit den Titel „unser Wort“, „Wort des Lebens“[10], auf seinen Namen hin sondern sich die Gläubigen ab[11], um seinetwillen werden sie verfolgt[12].

In den Od. Sal. ist die Gestalt des Helfers entmythologisiert. Als „Helfer“ wird 7₃ der Herr gepriesen, der sich im Fleisch offenbart hat; ähnlich 8₆ 21₂ (vgl. 5), während 25₂ Gott der Helfer genannt wird[13].

Es dürfte also das Wahrscheinlichste sein, daß die Gestalt des παράκλητος, die der Evglist in seiner Quelle fand, diese gnostische Gestalt des „Helfers“ ist.

γ) Die Zukunft der Glaubenden als die eschatologische Situation: 16₁₂₋₃₃.

Die Situation des Abschieds und ihr Problem ist auch die Voraussetzung der Gespräche in 16₁₂₋₃₃. Ob die Zukunft, in welche die Stunde des Abschieds hineinführt, das, was gewesen war, zunichte machen oder erst zur Geltung bringen wird, das ist die Frage. Es hängt davon ab, ob die Jünger verstehen, daß in ihrer Existenz das eschatologische Geschehen, das mit Jesus in die Welt hereinbrach, Ereignis bleiben wird, ob sie selbst ihre Situation als die eschatologische Situation erfassen werden. Als eschatologische Gemeinde hatte Kap. 17 die Jüngerschaft in den Blick genommen; als ihr Gesetz war

---

[1] Vgl. Lit. 52. 107. 139. 212; Ginza 284, 28; 285, 8; vgl. Lit. 132. — Auch andere mythologische Wesen gelten als Helfer, s. Ginza 320, 1; 322, 12 f.; Joh.-B. 60, 15 f.; 69, 3 f.

[2] Häufig auch Jawar-Ziwa.

[3] Z. B. wenn Jawar-Ziwa als der „siegreiche“, der „den Sieg errungen hat“, bezeichnet wird (Ginza 141, 36; 177, 8; 204, 6 f.; 238, 16), was sonst von Manda dhaije ausgesagt wird (z. B. Lit. 156. 165. 187). Oder wenn vom Festhalten an der Rede des Jawar-Ziwa die Rede ist (Ginza 268, 37), und überhaupt, wo Jawar als Gesandter und Offenbarer erscheint; s. auch Anm. 9.

[4] Joh.-B. 238, 25; Lit. 55. 149 f. 247.

[5] So im ersten Stück des 5. Buches des Rechten Ginza.

[6] S. Lidzbarski, Ginza, Index 599.

[7] Lit. 204. 243; Ginza 302, 30 ff.; Joh.-B. 208, 6 ff.   [8] Lit. 21. 149. 270 f.

[9] Lit. 71 f. 74. 85 f. 256.

[10] Ginza 289, 10 f.; er wird Ginza 291, 31 f. genannt: „Das Wort, die geliebte erste Schöpfung, an dem das Leben Gefallen hatte . . .“ Ginza 295, 15 f. spricht Anöš: „Ich bin ein Wort, ein Sohn von Worten, der ich im Namen des Jawar hierher gekommen bin.“

[11] Joh.-B. 204, 30.   [12] Ginza 310, 14; Joh.-B. 237, 4.

[13] Vgl. auch Od Sal 22₆. ₁₀ 25₂.

13₃₁₋₃₅ 15₁₋₁₇ das „neue", d. h. das eschatologische Gebot der Liebe aufgerichtet worden; daß sie als eschatologische Gemeinde vom Haß der Welt getroffen wird, und daß sich in ihrer Existenz das eschatologische Gericht über die Welt vollzieht, war 15₁₈—16₁₁ gezeigt worden. Nun wird an sie die Frage gerichtet: will sie wirklich als eschatologische Gemeinde existieren? Welcher Entschluß, welcher Einsatz ist gefordert? — Im Unterschied von den vorausgegangenen Reden werden Jesu Worte jetzt ständig vom Dialog unterbrochen. Dadurch erhalten die Ausführungen nicht nur ihre Gliederung, sondern auch eine eigentümliche Erregtheit. Die Überwindung der λύπη fordert eine klare Sicherheit, die im Kampf errungen werden muß.

Das Thema wird in drei Abschnitten behandelt: 1. 16₁₂₋₁₅ Verheißung der künftigen Dauer der Offenbarung, 2. 16₁₆₋₂₄ die Zukunft als die Situation der χαρά, 3. 16₂₅₋₃₃ die Bedingung für die Erfassung der eschatologischen Existenz. — Die Quelle der Offenbarungsreden liegt den Worten Jesu im ersten und im zweiten Teil zugrunde, während sie im dritten Teil nur noch in einem Verse (V.28) verwendet zu sein scheint.

1. Die Fortdauer der Offenbarung in der Zukunft: 16₁₂₋₁₅.

V. 12: ἔτι πολλὰ ἔχω ὑμῖν λέγειν,
ἀλλ᾽ οὐ δύνασθε βαστάζειν ἄρτι[1].

Die Rede setzt neu ein, und die ersten Worte zeigen, daß jetzt nicht wie bisher vom Inhalt der Zukunft — von der Aufgabe und vom Schicksal der Jünger — die Rede sein soll, sondern von der Zukunft als solcher. Die Weissagung der Fortdauer der Offenbarung, die V.13-15 gegeben wird, soll die Gefaßtheit auf die Zukunft erwirken, und das wird V.12 vorbereitet. Die Zukunft wird reicher sein, als sich im voraus sagen läßt. Noch vieles hätte Jesus zu sagen, aber die Jünger sind nicht fähig, das jetzt schon zu ertragen[2]. Die Worte sind aus der Abschiedssituation heraus formuliert, dürfen aber nicht psychologisch, sondern müssen aus der Sache verstanden werden. Die Gefaßtheit auf die Zukunft ist nicht nur die Forderung jener einmaligen Stunde, sondern charakterisiert die Existenz des Jüngers überhaupt. Der Glaubende ist nicht aus der Welt hinweggenommen (17₁₅), sondern hat in ihr eine Zukunft und hat zu bestehen, was sie bringt und verlangt. Was er aber zu bestehen hat, kann nicht in Worten vorweggenommen werden, die er gar nicht würde fassen können; denn das zu Bestehende kann erst, wenn es begegnet, in seinem Sinn und Anspruch bemessen werden. Nicht im Vorauswissen, aber im Glauben nimmt der Glaubende die Zukunft vorweg. Und so ist auch der scheinbare Widerspruch verständlich zwischen V.12 und 15₁₅: Jesus kann nicht alles sagen, was die Zukunft bringen wird, und doch hat er alles gesagt[3], alles nämlich, was den Glaubenden frei und gefaßt für die Zu-

---

[1] Man kann zweifeln, ob V.12 aus der Quelle stammt; die Formulierung erinnert an gebräuchliche Abschlußwendungen; vgl. II Joh 12 III Joh 13; Dion. hal. IX 30, 4: ἔχων ἔτι πλείω λέγειν παύσομαι. Andrerseits erinnert der Gedanke an den Satz der Mysterien, daß es ἄρρητα μυστήρια gibt, die zu vernehmen nur die τέλειοι oder πνευματικοί fähig sind; s. Br. Jedenfalls liegt im Folgenden eine der Quelle entnommene Parakletweissagung zugrunde, von der sich die Interpretamente des Evglisten abheben, und es dürfte doch wohl wahrscheinlich sein, daß V.12 ihre Einleitung war.

[2] Βαστάζειν im übertragenen Sinne wie Apk 2₂f. (vgl. Act 15₁₀ Mt 11₃₀) ist auch griechisch (s. Br.); im Rabbinischen entspricht סבל (Schl., Str.-B.). Ἄρτι = „jetzt schon" wie V.31 13₇.

[3] S. S. 418, 3. Wrede (Messiasgeh. 192) schreibt dem Joh „einen offenen Widerspruch zu: Jesus verweist auf die künftige Offenbarung, auf eine höhere Mitteilung, als die Jünger sie einstweilen empfangen, und doch sagt er bei Lebzeiten alles". Er will diesen Widerspruch mit Recht aus der Absicht des Evglisten verstehen; die Sätze: „Jesus

kunft macht. Sein Wort kann ja nicht einfach zur Kenntnis genommen und im Wissen verwahrt werden, sondern es erweist dem Glaubenden seinen Sinn und seine Kraft stets neu vor der begegnenden Zukunft. Die jeweils neu wirksam werdende Kraft seines Wortes wird die Zukunft erleuchten; diesen Sinn hat die folgende Weissagung.

V. 13: ὅταν δὲ ἔλθῃ ⟨ὁ παράκλητος⟩[1],
        ὁδηγήσει ὑμᾶς εἰς τὴν ἀλήθειαν πᾶσαν[2].

Wirkt der Geist in dem in der Gemeinde verkündigten Wort[3], so gibt dieses Wort dem Glauben die Kraft, in die dunkle Zukunft hineinzuschreiten, die durch das Wort jeweils erhellt wird[4]. Der Glaube wird jeweils die „Wahrheit" sehen, d. h. er wird des im Worte offenbaren Gottes gerade dadurch jeweils gewiß werden, daß er im Lichte dieses Wortes die Gegenwart versteht[5]. Die Verheißung ist keine andere als die von 8 31 f.[6].

Muß Jesus durch den Geist gleichsam ersetzt werden, wird erst die Leitung des Geistes zur vollen Wahrheit führen, — so doch nur deshalb, weil gerade da=

---

hat alles, was er noch verbirgt, schon gesagt" und „er hat noch nichts so gesagt, daß es verständlich geworden wäre", gehören zusammen.

[1] So las offenbar die Quelle; das ἐκεῖνος setzt der Evglist ein (f. S. 29, 1), der zu= gleich den Parakleten als das πνεῦμα τ. ἀλ. interpretiert (f. S. 425 f.).

[2] D liest ἐκεῖνος ὑμᾶς ὁδηγήσει; e m vg Euf. Cyr. Hier.: διηγήσεται ὑμῖν τὴν ἀλ. π., was sichtlich Korrektur ist. Ist das ἐν τῇ ἀλ. π. (א DL W Θ al, statt εἰς τὴν ἀλ. π.) ursprünglich, so kann doch der Sinn im Zfhg kein anderer sein als: „in alle Wahrheit"; ἐν statt εἰς würde dem häufigen Gebrauch von ἐν bei Verben des Gehens entsprechen (Bl.=D. § 218). In LXX bezeichnet ὁδηγεῖν ἐν die Leitung innerhalb eines Raumes bzw. in der Richtung eines Weges (Ψ 5 9 26 11 usw.; in gleichem Sinne der bloße Dat. Ψ 85 11); zur Angabe des Zieles ist ἐπί gebraucht (Ψ 24 5).

[3] S. S. 425 ff. 432.

[4] Das „jeweils" ist durch πᾶσαν (nachgestellt wie 5 22 10 4) zum Ausdruck gebracht. — Für das ὁδηγεῖν εἰς τ. ἀλ. bietet das AT formale Parallelen wie Ψ 24 5: ὁδήγησόν με ἐπὶ τὴν ἀλήθειάν σου und Ψ 85 11: ὁδήγησόν με . . . τῇ ὁδῷ σου, καὶ πορεύσομαι ἐν τῇ ἀληθείᾳ σου, dazu andere Stellen, die vom Wandeln in der Wahrheit reden (Pf 26 3 I Kö 2 4 Jef 38 3 usw.). Aber die „Wahrheit" (אֱמֶת) ist hier nicht wie bei Joh die Wahrheit, die geglaubt und erkannt wird, sondern entweder das Gesetz, die Norm des Handelns, oder die Aufrichtigkeit und Treue des Menschen. Deshalb sind auch Sap 9 11 10 10. 17 keine Sachparallelen, wo vom ὁδηγεῖν oder von der ὁδός der Weisheit die Rede ist. Ebenso sind die Stellen, die vom Geist als Führer reden, nur formale Analogien (Jef 63 14 Pf 143 10); ebenso Phil. gig. 55, während vit. Mos. II 265 der Geist der prophetischen Inspiration gemeint ist, aber dem νοῦς die ἀλ. (d. h. aber nicht Gottes Wirklichkeit, sondern das jeweils Richtige) zeigt. Sachparallelen, sofern es sich um die Leitung zur göttlichen Wirklichkeit handelt sind C. Herm. 7, 2: ζητήσατε χειραγωγὸν τὸν ὁδηγήσαντα ὑμᾶς ἐπὶ τὰς τῆς γνώσεως θύρας . . . 9, 10: ὁ δὲ νοῦς . . . ὑπὸ τοῦ λόγου μέχρι τινὸς ὁδηγη= θεὶς φθάνει μέχρι τῆς ἀληθείας. 10, 21: εἰς δὲ τὴν εὐσεβῆ ψυχὴν ὁ νοῦς ἐμβὰς ὁδηγεῖ αὐτὴν ἐπὶ τὸ τῆς γνώσεως φῶς; vgl. 12, 12.

[5] Daß der Geist die Glaubenden vor Selbstbetrug und Scheinfrömmigkeit bewahrt (Schl.), ist zwar richtig, aber ein dem Zfhg fremder Gedanke. Sachparallele ist Od Sal 7 21:
„Denn die Unwissenheit ist vernichtet,
    weil das Wissen des Herrn gekommen ist."

[6] Vgl. Hölderlin, Empedokles II 4 (v. Hellingr. III, S. 156, 18 ff.), wo freilich nicht im Worte der Verkündigung, sondern im Worte der Natur die Offenbarung fort= gesetzt wird: „Was ich gesagt,
Dieweil ich hie noch weile, wenig ist's,
Doch nimmt's der Strahl des Lichtes vielleicht zu
Der stillen Quelle, die euch segnen möchte,
Durch dämmernde Gewölke mit hinab,
Und ihr gedenket meiner!"

durch Jesus und sein Wort erst zur Geltung kommen. In diesem Sinne begründet (γάρ!) der folgende Satz die Verheißung:

οὐ γὰρ λαλήσει ἀφ' ἑαυτοῦ,
ἀλλ' ὅσα ἀκούει λαλήσει[1].

Der Satz versichert zunächst, daß das in der Gemeinde wirksame Wort wirklich Offenbarungswort, nicht menschliche Rede ist, ebenso wie das Wort Jesu, das er nicht von sich aus sprach[2]. Dabei ist es gleichgültig, von wem der Geist „hört", ob von Jesus oder von Gott; denn Beides ist, wie V. 15a erinnert, das Gleiche. Aber damit ist eben gesagt, daß das Wort des Geistes kein Neues ist gegenüber dem Worte Jesu, sondern daß der Geist dieses nur neu sagen wird. Nicht neue Erleuchtungen wird der Geist bringen, neue Mysterien enthüllen, sondern in der von ihm gewirkten Verkündigung wirkt Jesu Wort weiter[3].

Ehe das V. 14 f. ausdrücklich versichert wird, wird durch den Zusatz: καὶ τὰ ἐρχόμενα ἀναγγελεῖ ὑμῖν die im Jhg wesentliche Bedeutung des Wortes zum Bewußtsein gebracht: es erhellt die Zukunft. Ist dieser Satz nicht der Zusatz des kirchlichen Red.[4], sondern stammt er vom Evglisten, so lehnt sich dieser in kühner Deutung an die gemeinchristliche Vorstellung vom πνεῦμα τῆς προφητείας (Apk 19 10) an. Denn im Jhg versteht es sich von selbst, daß nicht an apokalyptische Weissagungen gedacht ist; es wäre ja kein Grund, warum Jesus solche nicht selbst hätte sagen können, und warum die Jünger sie „jetzt" nicht ertragen könnten. Vielmehr ist der Sinn gerade der, daß die Zukunft nicht in einem vorausgegebenen Wissen entschleiert, sondern durch das in der Gemeinde wirksame Wort jeweils erhellt wird[5].

V. 14: [ἐκεῖνος ἐμὲ δοξάσει, ὅτι]
ἐκ τοῦ ἐμοῦ λήμψεται
καὶ ἀναγγελεῖ ὑμῖν[6].

Hier wird ausdrücklich gesagt, daß das Wort des Geistes nicht als etwas Neues das Wort Jesu verdrängt oder überbietet. Vielmehr Jesu Wort eben ist es, das in der Verkündigung der Gemeinde lebendig sein wird; an sein Wort wird der Geist „erinnern" (14 26). Und gerade darin wird sich die Verherrlichung Jesu vollziehen[7]. Jesu Wort ist nicht ein ergänzungsbedürftiges Quantum von

---

[1] Dem ἀκούει (אL) gegenüber ist ἀκούσει (BDW) doch wohl Angleichung an die anderen Futura; das ἀκούσῃ von K pm verdient keine Beachtung. Mehrfach ist ἄν ergänzt.

[2] S. S. 186, 2.

[3] Daß der Geist in die großen Mysterien einweihen wird, während Jesus nur die kleinen gebracht hat (Windisch a. a. O. 120), ist ein falscher Gedanke; s. auch u. S. 444, 1. Vollends ist es irrig (ebd. 121), daß hier die „Tendenz der Herabsetzung" der Geistverkün= digung vorliege. Daß der Geist nur Jesu Wort neu sagen kann, ist die Legitimation des Wortes, das in der Gemeinde verkündigt wird.

[4] Diese Annahme scheint mir nicht notwendig zu sein. Nur wenn sie zuträfe, wäre der Satz eine Verweisung auf Apk (Sasse a. a. O. 274; Windisch a. a. O. 131, 1). — Ἀναγγέλλειν bei Joh außer V. 13 f. nur noch 4 25 16 25 v. l.; außerdem I Joh 1 5 für die christliche Predigt (so auch Act 20 20. 27 I Pt 1 12); ἀγγελία von der Verkündigung I Joh 1 5 3 11 als v. l. neben ἐπαγγελία; ἀπαγγέλλειν 16 25 I Joh 1 2 f. für die Verkündigung (so auch Act 26 20 Mt 11 18 [= Jes 42 1] Hb 2 12 [= Ψ 21 23]). — P. Joüon (Rech. sc. rel. 28 [1938], 234 f.) meint, daß ἀναγγ. bei Joh stets den speziellen Sinn von „referieren" (etwas Gehörtes berichten) habe.

[5] S. Faulhaber 53.

[6] Mit einigem Vorbehalt rekonstruiere ich so den Wortlaut der Quelle.

[7] S. S. 375.

Lehren, aber auch nicht ein entwicklungskräftiges Prinzip, das in der Geistesgeschichte erst voll zur Entfaltung käme; als Verkündigung des Geistes bleibt es
stets das von jenseits in die Welt gesprochene Wort. Und der Geist ist andrerseits
nicht das „innere Licht", das in eigener Legitimation Neues bringt, sondern er
ist die ständig neue Kraft des Wortes Jesu; er erhält das Alte in der ständigen
Neuheit des Gesprochenwerdens im Jetzt[1].

In einer Anmerkung (V. 15) kommentiert der Evglist[2] das V.14 Gesagte
durch die Erinnerung an die Einheit von Vater und Sohn (10₃₀ 1710): daß der
Geist Jesu Wort weiterverkündigt, bedeutet eben, daß es Gottes Wort, Offenbarung, ist.

2. Die Zukunft als die Situation der eschatologischen χαρά: 1616-24.

V.12-15 hatte auf die Zukunft verwiesen und damit das bisher Erfahrene als
etwas Vorläufiges hingestellt. Die Gegenwart ist der kritische Punkt, der Augenblick der λύπη; ihn gilt es zu überwinden, um die echte Einheit von Vergangenheit und Zukunft zu finden. Die Frage, die sich schon 1333 erhoben hatte, wird
aufs neue gestellt. Hieß es dort: ἔτι μικρὸν μεθ' ὑμῶν εἰμι, und war dann für
die Zeit der Verlassenheit den Jüngern als Vermächtnis das Gesetz ihrer Gemeinschaft gegeben worden und ihnen weiter ihre Situation und ihre Aufgabe
in der Welt angewiesen worden, so wird jetzt deutlich gemacht: auf jenes μικρόν
folgt in Wahrheit keine Zeit der Verlassenheit; diese ist nur ein Übergang, ein
zweites μικρόν. Alles das, was 1334 f. 151—1611 über das Gesetz und die Aufgabe der Gemeinde gesagt war, und was zugleich schon unter die Verheißung des
kommenden Parakleten gestellt war, tritt jetzt in ein neues Licht: μικρὸν καὶ
ὄψεσθέ με.

V. 16: μικρὸν καὶ οὐκέτι θεωρεῖτέ με,
        καὶ πάλιν μικρὸν καὶ ὄψεσθέ με[3].

---

[1] Daß die Offenbarung des Parakleten nicht eine bestimmt abgegrenzte, auf die
Schrift des NTs oder die kirchliche Tradition beschränkte Lehre ist, hat Loisy richtig gesehen: sie ist identisch mit der Predigt Jesu und ist deren illustration et développement,
jedoch nicht als bestimmt fixierte Größe. Das ist richtig, wenn nur das développement
nicht im Sinne geistesgeschichtlicher Entwicklung verstanden wird. Richtig ist auch, daß
der Evglist hier sein eigenes Werk rechtfertigt (so z. B. auch Windisch, Joh und die Synopt.
147), — nur freilich nicht im Sinne des κόσμος, als solle ein neues Stadium dogmen-
geschichtlicher Entwicklung gerechtfertigt werden. Treffend hat Wrede (Messiasgeh.
186—203) die Ansicht Weizsäckers widerlegt, als berufe sich der Evglist auf den Geist
als die Quelle neuer Offenbarung im Gegensatz zur älteren apostolischen Lehre. Es
müßte dann doch ein bestimmter Inhalt als neu gedacht sein, was nicht der Fall ist; Jesus
hat schon alles gesagt, was der Glaubende wissen muß. Wrede hat auch darin recht,
daß die joh. Anschauung vom Parakleten eine Analogie zum Messiasgeheimnis des Mk
ist: die durch den Parakleten gegebene Belehrung hat ihre Folie nicht an einer früheren
Stufe der Offenbarung (denn diese Belehrung ist die gleiche, die Jesus vorgetragen hat),
sondern am Unverstand der Jünger. Wredes Fehler ist nur der, daß er diesen Unverstand
als eine behebbare Schwäche versteht und nicht sieht, daß er die grundsätzliche Vorläufigkeit auch des glaubenden Wissens abbildet, das erst durch die Bewährung in der Zukunft
jeweils zu echtem Verstehen wird.
[2] Vgl. 1311; wie 665 ist die Anm. V.15 in die Rede Jesu einbezogen. Zur Verweisung auf früher Gesagtes s. S. 265, 2; zu διὰ τοῦτο . . . ὅτι s. S. 63, 6. — Das λήμψεται, das mehrfach statt λαμβάνει gelesen wird, ist Angleichung an V.14.
[3] Aus der Quelle stammt V.16; die ursprüngliche Fortsetzung ist V.20; vielleicht
gehört dazu weiter V.21-22a, jedenfalls aber V.22b (πάλιν δὲ ὄψομαι κτλ.) und V.23a
(bis οὐκ ἐρ. οὐδέν); vielleicht auch der ἵνα-Satz von V.24. — Das ὅτι (ἐγὼ) ὑπάγω πρὸς

Ein doppeltes μικρόν[1] gilt es also sich deutlich zu machen! 1. Die kurze Frist bis zum Abschied Jesu, 2. die kurze Frist bis zum Wiedersehen. Aber so einfach das gesagt scheint, so schwierig ist doch das Verständnis, wie durch das Jünger= gespräch und Jesu Worte V. 17—19 ausdrücklich betont wird. Aus der Mitte der Jünger[2] erhebt sich die Frage nach dem Sinn der Worte; und zwar hängt die Einsicht am Verständnis des Abschieds, des Fortgangs Jesu, wie durch das καὶ ὅτι ὑπάγω πρὸς τὸν πατέρα V.17 deutlich gemacht wird, das die Frage, unter Rückgriff auf V.10, zu den aus V.16 wiederholten Worten Jesu hinzufügt[3]. Die Jünger verstehen ebensowenig, wie einst die Juden verstanden, was Jesus von seinem Fortgang sagte (7₃₆)[4]. Sie wenden sich nicht direkt an Jesus; sie sind gleichsam schon von ihm verlassen. Aber in ihrer Ratlosigkeit, die keine Antwort findet, trifft sie Jesu Wort[5]. Er fixiert zunächst die Frage[6], um dann mit starker Betonung — ἀμὴν ἀμὴν λέγω ὑμῖν — fortzufahren:

V. 20: κλαύσετε καὶ θρηνήσετε ὑμεῖς,
         ὁ δὲ κόσμος χαρήσεται.
    ὑμεῖς λυπηθήσεσθε,
         ἀλλ᾽ ἡ λύπη ὑμῶν εἰς χαρὰν γενήσεται.

War 13₃₃ die Situation des ersten μικρόν als die des vergeblichen Suchens charakterisiert, so hier als die der Klage[7], der λύπη. Diese erhält ihren besonderen Sinn dadurch, daß ihr die χαρά des κόσμος korrespondiert; sie ist nicht die persön= liche Trauer über den Verlust eines geliebten, über den Hingang eines großen Menschen. Sie ist vielmehr die Situation der Einsamkeit im κόσμος, in der die= jenigen stehen, die durch Jesus aus dem κόσμος herausgerufen sind (17₁₆ 15₁₉), und die doch noch im κόσμος stehen (17₁₁) und seinem Haß preisgegeben sind (15₁₈—16₄a). Der κόσμος freut sich über den Weggang Jesu, weil Jesu Er= scheinung ihn in seiner Sicherheit in Frage stellte; er haßt die Gemeinde, weil deren Existenz die Fortdauer des Anstoßes bedeutet. Die Gemeinde aber muß mit ihrer Zugehörigkeit zu Jesus die Einsamkeit im κόσμος und seinen Haß auf sich nehmen, eben weil sie zu Jesus und nicht mehr zur Welt gehört (15₁₉). Das bedeutet für sie λύπη, θλῖψις (V.₃₃), ταραχή (14₁). Denn ihre Situation ist nichts Selbstverständliches; sie muß sich hineinfinden[8].

Und zwar muß sie es alsbald; schneller, als sie gedacht: μικρὸν καὶ οὐκέτι θεωρεῖτέ με. Um eine psychologische Schilderung handelt es sich nicht; auch das

---

τὸν πατέρα, das K pl, die Syrer und jüngeren Lateiner zu D.₁₆ hinzufügen, ist Glosse nach D.₁₇, wenn man nicht gar dort wegen die Bezeugung das καὶ ὅτι ὑπάγω κτλ. auch als Glosse streichen muß. Die Formulierung von D.₁₇ ist jedenfalls durch D.₁₀ hinreichend motiviert, und in D.₁₉ ist das ὑπάγω nicht wiederholt.

[1] Das μικρὸν καὶ ist semitisierend (griechisch wäre κατὰ μικρόν) = עוֹד מְעַט
Ex 17₄ Hos 1₄ Jes 10₂₅ Jer 51 (28)₃₃; gewöhnlich ist ἔτι hinzugefügt wie 13₃₃ 14₁₉.

[2] Ἐκ τῶν μαθ. sc. τινές wie 7₄₀; s. Bl.=D. § 164₂; Raderm. 125; schwerlich Semi= tismus, s. Colwell 86. — Die Redenden vertreten natürlich die ganze Jüngerschaft, wie denn D.₂₉ οἱ μαθ. reden.

[3] Falls es nicht Glosse ist, s. S. 444, 3.

[4] Τί ἐστιν τοῦτο ὃ λέγει ἡμῖν D.₁₇ ist rabbin. Formel, s. Schl. Zu οὐκ οἴδαμεν κτλ. D.₁₈ zitiert Schl. nach Mech. zu Ex 22₃: ὅρκος ὅτι οὐκ οἶδα τί λαλεῖς.

[5] Das Motiv der Allwissenheit (s. 1₄₈ 2₂₄ usw., bes. 6₆₁) dient dazu, seine Über= legenheit über die ratlosen Jünger zu zeigen.

[6] Zu ζητεῖν s. S. 124, 8.

[7] Κλαίειν und θρηνεῖν auch kombiniert Jer 22₁₀ zur Beschreibung der Totenklage; für diese κλαίειν auch 11₃₁, θρηνεῖν II Reg 1₁₇.

[8] S. ThWB IV 323, 15ff.

erste μικρόν muß (wie das zweite) aus der Sache verstanden werden. In der historischen Situation, die zum Bilde der Sache dient, bezeichnet es die kurze Frist vor der Passion. Aber es meint mehr; zunächst schon insofern, als angesichts der definitiven Trennung die ganze Vergangenheit als ein μικρόν erscheint, wie lang oder kurz sie gewesen sein mag. Sodann aber: das μικρόν meint grundsätzlich die Zeit der Begegnung der Offenbarung, der das Zu-spät folgt[1], und damit die Zeit der Antwort des Glaubens, die Zeit des Verweilens im Blick auf die Gabe, die Zeit des Erlebnisses, des Innewerdens der Freiheit, die Zeit der denkenden Betrachtung, des bewußten Verstehens. All das ist nur ein μικρόν und darf es nur sein. Es gibt kein Verweilen beim Erlebnis, wenn das Erlebte nicht zerfallen soll. Der Offenbarer begegnet jeweils dem geschichtlichen Erleben im konkreten Wort als der σὰρξ γενόμενος (so z. B. im Joh-Evg selbst). Antwortet ihm der Glaube, so verfügt er doch nicht über ihn[2]. Der Offenbarer entschwindet ihm wieder, da er nicht als der σὰρξ γενόμενος, sondern als der δοξασθείς ewig gegenwärtig sein will. Das Verweilen beim gehörten Wort in Erlebnis oder Gedanke ist immer nur ein μικρόν; das gilt für den jeweils erreichten Stand des Glaubens und der Erkenntnis. Jesus geht fort, — er geht in seine δόξα. An den Verherrlichten glauben, heißt nicht, mit ihm auf gleicher Fläche stehen, mit ihm, als sei er verfügbar, in direktem Verkehr stehen. Die Jünger können nicht alsbald dorthin kommen, wo er ist (13₃₃). Immer besteht die eigentümliche Distanz zwischen dem Glaubenden und dem Offenbarer; immer hat der Glaubende die Probe zu bestehen, in die scheinbar leere und dunkle Zukunft zu blicken und zu warten. Aber für sein Warten gilt auch: καὶ πάλιν μικρόν. Die λύπη der Verlassenheit soll zur χαρά werden[3].

Der Sinn der Verheißung ist aber nicht einfach der, daß der λύπη die χαρά nach einiger Zeit folgen wird; vielmehr hat die χαρά in der λύπη ihren Ursprung. Die λύπη gehört notwendig zur christlichen Existenz, wenn der Sinn der Offenbarung deutlich werden soll. Eben dieses wird V. 21[4] durch das Bild des gebärenden Weibes gezeigt: ihre λύπη, ihre θλῖψις erleidet sie eben um der χαρά willen[5]; aus ihrer λύπη entspringt ihre χαρά[6]. So also ist die λύπη zu verstehen, die die Jünger jetzt umfängt (V. 22):

[1] S. S. 232 f.
[2] Vergleichbar ist R. M. Rilke (Stundenbuch 1912, 76):
„Und wenn dich einer in der Nacht erfaßt,
so daß du kommen mußt in sein Gebet:
Du bist der Gast,
der wieder weitergeht."
Jedoch ist die christliche Verlassenheit von der, die die Mystik kennt, zu unterscheiden, sofern diese das Abreißen des direkten Gottesverhältnisses bedeutet. — Pribnow (16, 11) weist auf den Schmerz über das Abreißen des kultisch-mystischen Erlebnisses hin (Epikt. diss. IV 1, 106; Apul. met. 11, 24 p. 286, 15 ff. Helm).
[3] Γίνεσθαι εἰς ist semitisch, s. Mt 12₁₀ (= Ψ 117₂₂) Apk 8₁₁ 16₁₉ usw., Bl.-D. § 145, 1.
[4] Die Varianten (D it syr ἡμέρα statt ὥρα, D 579 c λύπης statt θλίψεως) haben nichts zu bedeuten.
[5] Die Wehen des gebärenden Weibes sind ein oft und in mannigfacher Anwendung gebrauchtes Bild: Jes 21₃ 26₁₇ 37₃ 66₇₋₉ Jer 30₆ Hos 13₁₃ Mi 4₉f.; auch griechisch: Hom. Il. 11, 269 (zur Freude nach der Geburt vgl. hymn. Hom. 1, 125 f.: χαῖρε δὲ Λητώ, οὕνεκα τοξοφόρον καὶ καρτερὸν υἱὸν ἔτικτεν). Auf die „Erlösung" Israels bezogen R. zu hL. 2, 14 (Schl. z. St.); über die „Wehen" der Endzeit, die dem Erscheinen des Heils vorangehen, s. Bousset, Relig. des Judent. 250 f.; Volz, Eschatologie 147; Moore II 361; Str.-B. I 950. — Daß der Evglist (oder seine Quelle) an diese Vorstellung anspielt (ho., htm., Stählin, ZNTW 33 [1934], 241 ff.; Gulin II 35 f.) ist nicht wahrschein-

$$\varkappa\alpha\grave{\iota}\ \dot{\upsilon}\mu\varepsilon\tilde{\iota}\varsigma\ o\grave{\upsilon}\nu\ \nu\tilde{\upsilon}\nu\ \mu\grave{\varepsilon}\nu\ \lambda\acute{\upsilon}\pi\eta\nu\ \check{\varepsilon}\chi\varepsilon\tau\varepsilon^1,$$
$$\pi\acute{\alpha}\lambda\iota\nu\ \delta\grave{\varepsilon}\ \check{o}\psi o\mu\alpha\iota\ \dot{\upsilon}\mu\tilde{\alpha}\varsigma,$$
$$\varkappa\alpha\grave{\iota}\ \chi\alpha\varrho\acute{\eta}\sigma\varepsilon\tau\alpha\iota\ \dot{\upsilon}\mu\tilde{\omega}\nu\ \dot{\eta}\ \varkappa\alpha\varrho\delta\acute{\iota}\alpha,$$
$$\varkappa\alpha\grave{\iota}\ \tau\grave{\eta}\nu\ \chi\alpha\varrho\grave{\alpha}\nu\ \dot{\upsilon}\mu\tilde{\omega}\nu\ o\dot{\upsilon}\delta\varepsilon\grave{\iota}\varsigma\ \alpha\check{\iota}\varrho\varepsilon\iota\ \dot{\alpha}\varphi'\ \dot{\upsilon}\mu\tilde{\omega}\nu^2.$$

Die Einsamkeit der Jünger, die der Grund ihrer λύπη ist, ist deshalb zugleich der Grund ihrer χαρά, weil sie ihrer Abwendung vom κόσμος entspringt; sie hat den positiven Sinn der Freiheit (8 32), und die Jünger werden dieses Sinnes inne werden: Jesus wird sie „wiedersehen", d. h. in ihrer Abwendung von der Welt werden sie die Gemeinschaft mit ihm erfahren, und „ihr Herz wird sich freuen"[3], — und diese ihre Freude ist unantastbar für die Welt.

Daß das ὄψομαι ὑμᾶς nicht die Parusie im Sinne der jüdisch=urchrist=lichen Apokalyptik meint[4], geht schon daraus hervor, daß die χαρά des Wiedersehens der λύπη der Trennung korrespondieren muß. Wie diese die Situation des Glaubenden innerhalb des κόσμος bezeichnet, so muß es auch jene. Andrerseits kann der χαρά der Glaubenden nur das Gericht über die Welt entsprechen, wie es V. 8-11 gezeichnet wurde, also nicht das kosmische Drama der Apokalyptik. Und welchen Sinn sollte sonst das zweite μικρόν haben? Wäre gemeint, daß es bis zur Parusie im Sinne der Apokalyptik währt, so müßte sich ja die 13 34 f. 15 1-17 dargestellte Verbundenheit, die „Freundschaft" Jesu, die doch nach 15 11 gerade die χαρά der Jünger zur Vollendung bringt, im Stadium der λύπη abspielen und ebenso das 15 18—16 11 charakterisierte Wirken der Jünger! Auch kann das ὄψομαι ὑμᾶς von dem ἔρχομαι πρὸς ὑμᾶς 14 18 nicht verschieden sein; und da dieses nach 14 19 für den κόσμος nicht sichtbar ist, kann das apokalyptische Drama nicht gemeint sein. Zudem: das Jünger=Unverständnis V. 17 f. hätte keinen Sinn, wenn es sich um die mythologischen Vorstellungen von Himmelfahrt und Parusie handelte; meinten Jesu Worte seine glorreiche Wiederkunft, so hätten die Jünger ihn gleich verstanden[5]. Gerade das Motiv des Jünger=Unverständnisses zeigt, daß Jesu Gehen und Wieder=kommen nicht den alten mythologischen Sinn haben, sondern neu verstanden werden

lich, da das naheliegende charakteristische Wort ὠδῖνες (Mk 13 8 par.) fehlt. Jedenfalls läge eine radikale Umdeutung vor, weil nicht von den Schmerzen der ein Neues ge=bärenden Welt die Rede ist, sondern von denen des einzelnen Glaubenden (Br.). Absurd die Allegorisierung Loisys: die gebärende Frau sei die von Apk 12, nämlich die gläubige Synagoge, die Mutter Christi, und ebenso die gläubige Menschheit, die Mutter der Er=wählten; die Geburt sei die Auferstehung Jesu, ebenso aber auch seine Parusie.
[6] Richtig B. Weiß, Ho., Br.: das Gleichnis „predigt mehr als die alte Weisheit, daß überstandene Mühen vergessen sind", wofür Br. auf Soph. bei Stob. Anth. III 29, 37 verweist; vgl. dazu Soph. Ai. 264.
[1] Dem ἔχετε (P 22 B ℵ* K pm) steht ἕξετε (AD(L)W al it) gegenüber.
[2] Statt αἴρει lesen BD*lat ἀρεῖ, eine pedantische Korrektur.
[3] Das Herz als Subj. der Freude wie Jes 66 14 Jer 15 16 usw.; auch rabbin. (s. Schl.) und griechisch (z. B. Eur. El. 401 f.); aus der Mysterien=Sphäre Act. Thom. 146 p. 255, 2.
[4] Charakteristischerweise heißt es auch nicht ὀφθήσομαι ὑμῖν, vgl. Hb 9 28. E. Loh=meyer, Galiläa und Jerusalem 1936, 11 f. meint darin freilich den festen, für die Parusie geprägten Sprachgebrauch zu sehen.
[5] So mit Recht Loisy; s. auch Faulhaber 91 (Anm. 6). Den Versuch G. Stählins, die Wiederkunftsaussagen des Joh im Sinne der traditionellen Parusie=Erwartung zu verstehen (ZNTW 33 [1934], 241 ff.) halte ich für mißglückt. Daß es sich um individuelle Erfahrungen handelt, erkennt K. Kundsin (ebd. 210 ff.) ganz richtig; daß aber die Er=fahrungen der Märtyrer gemeint seien, zu denen Jesus kommt, um sie heimzuholen, trifft mindestens für 16 16-24 nicht zu. Denn die Verheißung gilt doch der ganzen durch die Jünger repräsentierten Gemeinde. Und wie wäre die Situation denkbar, daß der von Jesus heimgeholte Märtyrer im Namen Jesu bitten und seiner Erhörung gewiß sein soll (V. 23. 26)? Die vorausgesetzte Situation ist doch die gleiche wie 17 15, und das Problem der Abschiedsreden ist doch gerade die Gemeinschaft der von Jesus getrennten, in der Welt stehenden Jünger mit ihm.

sollen. Ja, es ist möglich, daß das μικρόν auf die Fragen antwortet, die infolge des Aus=
bleibens der erwarteten Parusie die Gemeinde bewegten.

Näher liegt es, das ὄψομαι ὑμᾶς auf die Ostererlebnisse zu beziehen[1], und
es ist auch nicht zweifelhaft, daß der Evglist an diese denkt. Aber er sieht ihren Sinn eben
in der V. 20-22 geschilderten Erfahrung[2], die sich nicht auf die historischen Ostererlebnisse
beschränkt, die deshalb ihre spezifische Bedeutung verlieren. Wie die Parusie, so ist auch
das Ostergeschehen in die stets mögliche und notwendige Erfahrung des Glaubenden
verlegt. Und daß für den Evglisten der Sinn von Ostern und Parusie der gleiche ist, das
zeigt die Kombination der auf Ostern und auf die Parusie bezüglichen Terminologie.
Im Rahmen der Osterterminologie bewegen sich die Wendungen vom Wiedersehen
(16 16-20. 22 14 19), von der Erkenntnis, daß der gestorbene Jesus lebt (14 19), von seiner
vor den Jüngern, aber nicht vor der Welt erfolgenden Erscheinung (14 21-23); zur Parusie=
vorstellung gehören die korrespondierenden Wendungen vom ὑπάγειν (16 5. 10. 17 14 4f. 28)
und ἔρχεσθαι (14 3. 18. 23. 28), die Rede von „jenem Tage" (16 23. 26 14 20) und vom
„Kommen der Stunde" (16 25). Ja, zu Ostern und Parusie gehört auch Pfingsten, sofern
die Sendung des Parakleten als des Geistes das Pfingstereignis ist, und dieses, da im
Parakleten Jesus selbst zu den Seinen kommt, mit Ostern und der Parusie zusammenfällt[3].

Der Evglist hat also die urchristlichen Anschauungen und Hoffnungen benutzt,
um die Stadien zu beschreiben, durch die das Leben des Glaubenden hindurch=
gehen muß, an denen es auch scheitern kann. Dem Menschen begegnet der Offen=
barer zunächst in dem zu ihm gesprochenen Worte, das seine Antwort verlangt.
Vollzieht sich in der Antwort die erste Zuwendung, und gestaltet sie sich in Er=
lebnis und Erkenntnis, so ist das doch nur ein Vorläufiges, ein μικρόν, in dem
das Ewige gegenwärtig erscheint. Aber der Glaubende bleibt in der Zeit, in der
das Gegenwärtige als ein Vorläufiges vergeht, und der Glaubende — dem die
Welt fremd ward — steht gleichsam im Leeren. Wendet sich sein Blick auf das
Gewesene zurück, so steht er in λύπη: es ist vorbei! Aber eben diese Leere soll
auch nur ein μικρόν sein, ein Vorläufiges, ein „Zwischen", das ihn den Sinn
seines Glaubens erst recht erfahren läßt. Er hat den Glauben nicht als einen
zeitlosen Besitz, sondern nur als ein immer neu ergriffenes Geschenk. Wie groß
dieses „Zwischen" als meßbare Zeit ist, ist gleichgültig; es kann sich auf den Augen=
blick reduzieren, wie 14 19 zeigt, wo die beiden μικρόν von 16 16 in ein einziges
zusammengezogen sind. Sachlich aber ist jedes Jetzt des Glaubenden dadurch
charakterisiert, daß sich in ihm die erste für Jesus gefällte Entscheidung durch=
halten muß. Der Glaube gründet freilich in der Vergangenheit, sofern in ihr
das eschatologische Wort ihn aufrief; und der Paraklet, der ihm in der Zukunft
die ἀλήθεια zeigen wird, wird ihn nur an das schon Gehörte erinnern. Aber der
Glaubende gründet nur so in der Vergangenheit, daß er in ihr zur eschatologischen
Existenz gerufen wurde, die ständig auf die Zukunft gerichtet ist[4]. Er hält dem
gehörten Worte die Treue, wenn er gewärtig bleibt, es ständig neu zu hören,
wenn er nicht bei seiner Vergangenheit verweilt, sondern bei dem Gesprochen=
sein des Wortes, welches als eschatologisches Geschehen zugleich ein Vorausein
vor jedem menschlichen Glaubensakt bedeutet. Dieses Vorausein des Wortes
hat der Glaubende ständig einzuholen; in solchem Einholen ist er aber auch ständig
am Ende der Zeit; seine Existenz steht unter dem ὄψομαι ὑμᾶς.

---

[1] So B. Weiß, Ho., Br. Auch hier gilt (s. S. 447, 4), daß nicht ὀφθήσομαι gesagt
ist; vgl. I Kor 15 5 ff. Lk 24 34.
[2] Ebenso 14 18-20; s. dort.
[3] So mit Recht Htm., während Bl. wenigstens Ostern und Pfingsten identifiziert
wissen will; s. u. S. 451.   [4] S. Faulhaber 54 f.

Der Tatsache, daß die christliche χαρά stets durch die λύπη hindurch gewonnen werden muß, widerspricht nicht das: καὶ τὴν χαρὰν ὑμῶν οὐδεὶς αἴρει ἀφ᾽ ὑμῶν. Wohl kann freilich der Glaubende selbst seine χαρά preisgeben; nehmen aber kann sie ihm keiner, und zwar deshalb, weil sie nicht in ihm, sondern in der Offenbarung gegründet ist; weil sie kein Weltphänomen ist und deshalb als ständig neue Möglichkeit vor ihm steht. Dieser Satz enthält einen verschwiegenen Gegensatz zur Freude des κόσμος (V.20). Sein Stolz auf Besitz und Leistung aktualisiert sich als χαρά gerade angesichts der christlichen Gemeinde, an der er sich mißt, und deren „Weltfremdheit" und „Lebensferne" ihm Gegenstand des Spottes und der Verachtung ist. Er kann wohl die λύπη der Gemeinde, ihre Verlassenheit und Hilflosigkeit, sehen, kann aber ihre Verwandlung in die χαρά nicht sehen (vgl. 14₁₇. ₁₉), da er ihr Wesen nicht begreift[1]. Die Gemeinde aber sieht, daß hinter der χαρά des κόσμος die Angst steckt, daß jeder Augenblick sie rauben kann[2].

Der Charakter der Freude des Glaubens wird V.23f. beschrieben[3]; zunächst: καὶ ἐν ἐκείνῃ τῇ ἡμέρᾳ ἐμὲ οὐκ ἐρωτήσετε οὐδέν. Schon durch die Bestimmung ἐν ἐκ. τ. ἡμ.[4] ist angedeutet, daß es die eschatologische Freude ist. Worin besteht sie? Sie wird nicht als ein psychischer Zustand der Entzückungen beschrieben, sondern als die Situation bestimmt, in der die Glaubenden nichts mehr zu fragen brauchen[5]. Sie werden dann nicht mehr als die Unverständigen dastehen (V.17f. 14₅. ₈. ₂₂), und die Frage, die bisher ihrer Situation angemessen war (V.5), wird verstummen. Jesus wird dann, wie V.25-30 ausführt, kein Rätsel mehr für sie sein. Das aber ist eben die eschatologische Situation: keine Frage mehr haben! Im Glauben hat die Existenz ihre eindeutige Auslegung erhalten, weil sie nicht mehr von der Welt her ausgelegt wird und damit ihr Rätsel verloren hat. Damit aber stehen die Glaubenden in der Freude; denn das ist das Wesen der Freude, daß in ihr alles Fragen verstummt und alles „selbstverständlich" ist. Deshalb sind die Lilien und Vögel, die keine „Sorge", d. h. keine Frage haben, die „Lehrmeister der Freude"[6]. Ein Woran der Freude wird nicht angegeben[7]; denn die eschatologische Freude hat kein angebbares Woran[8]. Sie freut sich an gar nichts, — vom Standpunkt des κόσμος aus gesehen, dessen

---

[1] Vgl. Hölderlin, Empedokl. II 4 (Hellingr. III 138, 20ff.):
„Begreifst du's nicht? Nun, wohl ist's billig, auch
Daß einmal sich der Allerfahrne wundert!
Dein Werk ist aus, und deine Ränke reichen
An meine Freude nicht. Begreifest du das auch?"

[2] Vgl. die beiden Arten der λύπη II Kor 7₁₀.

[3] Der erste Satz von D.23 dürfte aus der Quelle stammen; als zweites Glied gehört dazu V.24b: ἵνα κτλ. Die Formulierung ἐν ἐκ. τ. ἡμ. könnte vom Evglisten stammen, der der Aussage den Bezug auf die Gemeinde-Eschatologie geben will.

[4] Zu ἐν ἐκ. τ. ἡμ. als Angabe des eschatologischen Termins f. Sach 12₃f. ₆. ₈f. Mt 7₂₂ Lf 10₁₂ 17₃₁ usw. — Vgl. die analoge Umdeutung des „Tages" OdSal 41₄.

[5] Natürlich heißt ἐρωτᾶν wie V.5. 19. 30 „fragen"; denn als die Unverständigen, die bisher nur fragen konnten, sind ja die Jünger charakterisiert (vgl. auch 13₃₇ 14₅. ₂₂). Falsch also wäre es, ἐρωτ. im Sinne des folgenden αἰτεῖν als „bitten" zu verstehen, und die Pointe der Aussage in dem Gegensatz von ἐμέ — τὸν πατέρα zu finden (B. Weiß, Bd.). Der Wechsel des Verbums wäre dann nicht verständlich; auch führt das ἀμ. ἀμ. λέγω ὑμῖν nicht einen Gegensatz, sondern einen neuen Gedanken ein.

[6] Kierkegaard, Christl. Reden, deutsch, Jena 1929, 322ff.

[7] Vgl. im Gegensatz dazu die Schilderungen der eschatologischen Herrlichkeit in der Apokalyptik; f. S. 388, 1 und f. überhaupt zu 17₁₃ S. 386ff.

[8] S. S. 388 und überhaupt zu χαρά S. 386ff.

Freude immer Freude an einem beftimmten Woran ift, und die deshalb immer von den jeweiligen Bedingungen abhängt. Der κόσμος kann nur mehr oder weniger froh fein, nicht fchlechthin froh; Freude kann nicht die Beftimmtheit feiner Exiftenz fein, weil er nie ohne Frage ift und die Frage höchftens vergeffen kann[1]. Die Exiftenz der Glaubenden aber ift Freude, die niemand rauben kann, weil fie kein der Welt preisgegebenes Woran hat und deshalb ohne Sorge und Frage ift. Sie ftehen jenfeits des κόσμος und freuen fich darüber, daß Er fie „wiederfieht". Indem fie ihn fehen, verftehen fie fich felbft und damit auch alles, was ihnen die Welt entgegenbringen kann. Ihre Exiftenz ift ihnen durchfichtig geworden; fie find „Söhne des Lichtes" geworden (12₃₆); die Angft der Blindheit ift ihnen genommen, und die Zukunft ift nicht mehr bedrohlich; fie leben in einem ewigen „Heute"; ihr Tag ift die efchatologifche ἡμέρα[2]. Damit ift das Werk des Offenbarers zur Vollendung gekommen und die Welt wieder zur Schöpfung geworden[3].

Die efchatologifche Freude wird weiter mit ftarker Betonung (ἀμ. ἀμ. λέγω ὑμῖν) dadurch charakterifiert, daß fie die Situation des erhörungsgewiffen Gebetes ift, das fchon 15₇. ₁₆ als die höchfte Möglichkeit des Glaubens bezeichnet war[4]. Daß folche Möglichkeit im Offenbarungsgefchehen ihren Grund hat, findet feltfamen Ausdruck dadurch, daß nicht nur das Bitten der Jünger wie 15₁₆ ἐν τῷ ὀνόματί μου, d. h. unter Berufung auf Jefus, gefchieht, fondern auch das Geben des Vaters[5]. Aber das Eine entfpricht dem Anderen: das Gebet beruft fich auf Jefus und ift durch das Bekenntnis zu ihm legitimiert, und Gott fpendet Erfüllung, indem er fich dadurch zu Jefus — zu feinem eigenen Werk der Offen-

---

[1] Dem Griechen ift es deutlich, daß es für den Sterblichen keine ungemifchte Freude des Lebens gibt; f. ThWB IV 315, 1ff. Vgl. Hölderlin, Empedokl. II 4 (Hellingr. III 157, 4f.): „Es kommt und geht die Freude, doch gehört fie Sterblichen nicht eigen." Die Freude ift nach Schiller der „Götterfunke", die „Tochter aus Elyfium", — d. h. fie hat efchatologifchen Charakter. — Daß ein geheimes Bangen immer die menfchliche Freude begleitet, findet feinen Ausdruck in der griechifchen Angft vor dem allzugroßen Glück, das den Neid der Götter herbeiruft, oder auch z. B. in Mörikes Verfen: „Wolleft mit Freuden, wolleft mit Leiden mich nicht überfchütten . . ."

[2] Vgl. Kierkegaard a. a. O. — Daß echte Freude die Ewigkeit des Heute, des Jetzt, fordert, zeigt ebenfo das Wort des „Fauft": „Zum Augenblicke dürft' ich fagen: Verweile doch, du bift fo fchön!" wie Nietzfches: „Doch alle Luft will Ewigkeit . . ." Ebenfo aber kann der unerträgliche Gedanke, daß die Freude vergeht, den Menfchen zu der Bitte treiben, daß er auf dem Höhepunkt der Freude hinweggenommen werden möge: „Jetzt bin ich ein Seliger! Triff mich ins Herz!" (C. F. Meyer). Vgl. auch die Bitte des Hölderlinfchen Empedokles an die Götter (II 4, Hellingr. III 151, 26ff.):
„Sobald ich einft mein heilig Glück nicht mehr
In Jugendftärke taumellos erträg',
. . .
Dann mich zu mahnen, dann nur fchnell ins Herz
Ein unerwartet Schickfal mir zu fenden . . ."
Sehr merkwürdig fteckt das Wiffen darum, daß die Qual das Jetzt dehnt, während die Zeit der Freude wie ein zeitlofer Augenblick ift, in der eigentümlichen Vergeltungstheorie herm. fim. VI 4: die Qual einer Stunde, mit der die τρυφῶντες geftraft werden, entfpricht 30 Stunden der Luft.

[3] S. S. 25f.

[4] S. S. 414. 420. — Kundfin (f. S. 447, 5) will unter dem erhörungsgewiffen Gebet das des Märtyrers verftehen: der im Namen Jefu Betende ift der als Leidensgenoffe Jefu Betende. Aber wie foll dann das Geben des Vaters als im Namen Jefu gefchehendes gedacht fein? Und jedenfalls ift doch das Gebet 15₇. ₁₆ nicht an das Martyrium, fondern an die Liebesverbundenheit mit Jefus geknüpft. Im Übrigen f. S. 447, 5.

[5] Daß in D. 23 das ἐν τ. ὀν. μου in P²² K D pl zu αἰτ. τὸν πατ. gezogen ift, ift fichtlich Korrektur; vgl. 14₂₆, wo der Vater den Geift ἐν τ. ὀν. μου fendet.

barung — bekennt. Bis dahin hat es das noch nicht gegeben, — es ist das Gebet
der eschatologischen Situation¹. Denn natürlich meint das ἐν τ. ὀν. μου nicht eine
bisher noch nicht gebräuchliche Gebetsformel, sondern charakterisiert die Ver=
bundenheit der Betenden mit dem Offenbarer.

Die beiden Charaktere der χαρά: die Fraglosigkeit und die Gebetssicherheit,
bilden eine innere Einheit, die sehr deutlich daran sichtbar ist, daß die Gebets=
situation nach I Joh 3₂₁ 5₁₄ παρρησία heißen kann. Die Fraglosigkeit, die Freiheit
von Angst und Sorge, ist zugleich die Freiheit, die Offenheit vor Gott, vor dem
sich der Mensch nicht mehr zu verstecken braucht. So kann der Evglist der aus
der Tradition überkommenen Mahnung αἰτεῖτε καὶ λήμψεσθε² einen neuen
Sinn geben: sie leitet dazu an, die eschatologische Situation sich ausdrücklich zum
Bewußtsein zu bringen; und in diesem Sinne kann er die Gebetsmahnung endlich
schließen: ἵνα ἡ χαρὰ ὑμῶν ᾖ πεπληρωμένη³.

In V.₁₂-₁₅ ist das Kommen des Parakleten verheißen, in V.₁₆-₂₄ Jesu eigenes
Wiederkommen. Wie verhält sich beides zueinander? Das gleiche Nebeneinander be=
gegnet 14₁₅-₁₇ und 14₁₈-₂₀; ebenso in umgekehrter Reihenfolge 14₂₁-₂₄ und 14₂₅-₂₆. Der
Versuch, durch literarkritische Operation die Parakletsprüche als „Fremdkörper" aus einem
ursprünglicheren Text auszuscheiden, legt sich wohl nahe, läßt sich aber nicht durchführen⁴.
Richtig ist daran nur, daß die Verheißung des Parakleten und die der Wiederkunft Jesu
auf zwei verschiedene Motive der Tradition zurückgehen. Die Meinung, daß sie innerhalb
des Joh=Evgs miteinander konkurrieren oder sich widersprechen, kann nur entstehen, wenn
sie nicht im Sinne des Evglisten interpretiert werden. Dieser versteht sowohl das tradi=
tionelle Motiv der Parusie=Erwartung neu, indem er es zugleich mit dem Ostermotiv
kombiniert⁵, wie er auch die Geistverheißung neu deutet, indem er zugleich den Geist
mit der mythischen Gestalt des Parakleten identifiziert⁶. Ist jedem der überlieferten
Motive sein ursprünglicher mythologischer Charakter genommen, und ist dadurch im
Sinne des Evglisten das echte Anliegen der alten Mythologie rein zur Geltung gebracht,
so ist es nicht anders möglich, als daß, wie Ostern und die Parusie als ein und das gleiche
Geschehen interpretiert werden, so auch Pfingsten nichts Zweites daneben bedeuten
kann, sondern mit der Erscheinung des Auferstandenen und des Wiederkommenden zu=
sammenfällt. So besagen denn 16₁₂-₁₅ und 16₁₆-₂₄ das Gleiche und sind nur dadurch
unterschieden, daß V.₁₂-₁₅ einleitend die Fortdauer der Offenbarung in der Zukunft
verheißt, während in V.₁₆-₂₄ diese Verheißung in ihrem vollen Gehalt als die der eschato=
logischen Existenz deutlich gemacht wird.

3. Die Bedingung für die Erfassung der eschatologischen Existenz: 16₂₅-₃₃.

In 16₁₂-₂₄ war die alte naive Eschatologie neu interpretiert worden dahin,
daß die durch den Fortgang Jesu erst ermöglichte Existenz im Glauben an ihn
eschatologische Existenz ist. In ihr ist faktisch erfüllt, was die Gemeinde von künf=
tigen kosmischen Ereignissen erhofft hatte, und wofür sie in den Ostererlebnissen
und der Geistesgabe die Gewähr und eine Vorausnahme⁷ zu haben meinte. Die
Existenz des Glaubenden ist als das Eschaton aufgedeckt worden, und zwar in
der Form der Weissagung. Noch einmal sichert der Evglist die Weissagung vor
dem Mißverständnis: nicht nur ihr Inhalt ist neu zu verstehen, sondern auch die

---

¹ Vgl. Luther zu Röm 8₂₇ (II 207, 19ff. Ficker): wie ist das ἕως ἄρτι κτλ. zu ver=
stehen, da Jesus doch schon früher das Vater=Unser zu beten gelehrt hatte? Sed peti=
verunt in nomine suo, non in nomine Christi, sc. inferiora, quam Christus est, non
in spiritu sancto, sed secundum carnem.
² Mt 7₇ par.; vgl. Jk 1₅; herm. mand. IX 2. 4. Das καί ist konsekutiv, s. Burney 95 f.
³ S. S. 387. 416 f.   ⁴ S. S. 425, 3.   ⁵ S. S. 447 f.   ⁶ S. S. 425 f.
⁷ Ἀπαρχή Röm 8₂₃; ἀρραβών II Kor 1₂₂ 5₅ Eph 1₁₄; vgl. Hb 6₄f.

Weissagung als solche darf deshalb nicht als einfache Voraussage künftiger Er=
eignisse verstanden werden, die eintreten werden, ohne daß der Glaubende selbst
an der Verwirklichung des Verheißenen beteiligt, selbst dafür verantwortlich wäre.
Die Existenz des Glaubenden ist als durch die Offenbarung geschenkte Möglichkeit
aufgedeckt worden; ihre Verwirklichung geschieht im wagenden Glauben selbst.
Es handelt sich schlechterdings nicht um einen neuen Weltzustand, der kommen
wird. Sondern was kommen wird, ist nur für den Glauben, im Glauben als
gläubiger Existenz wirklich und muß deshalb immer gegen die Welt gewonnen
werden. Die Weissagung ist keine direkte, die durch einfaches Fürwahrhalten
akzeptiert werden könnte; sondern sie ist ἐν παροιμίαις gegeben und wird erst
in der Erfüllung verstanden werden[1].

Das sagt gleich der erste Satz D. 25: ταῦτα ἐν παροιμίαις λελάληκα
ὑμῖν. Nicht der Zweck des bisher Gesagten wird jetzt aufgezeigt[2], sondern ein
Abschluß wird markiert; Einst und Jetzt werden einander entgegengestellt wie 14₂₅.
Alles bisher Gesagte[3] war Rätselrede[4], — wahr, aber nicht verständlich, wie soeben
durch den Jüngerunverstand demonstriert worden war (D. 17f.), und wie es
weiterhin gezeigt wird (D. 29 13 36f. 14 4f. 8. 22). Nun ist es richtig: „Für uns gehört
einige Anstrengung dazu, in solchen Worten etwas Rätselhaftes zu finden; sie
sind uns in der Regel auf den ersten Blick durchsichtig"[5]; richtig auch, daß man
in den Reden Jesu bei Joh nicht zwischen rätselhaften und offenen Worten unter=
scheiden kann, daß vielmehr alle Reden ebensowohl offen wie „rätselhaft" sind[6].
Der Grund ist aber der: Jesu Worte gewinnen ihre Verstehensmöglichkeit erst
in der Wirklichkeit der gläubigen Existenz. Vorher sind sie unverständlich, — nicht
als wären sie verstandesmäßig schwer zu erfassen, sondern weil die verstandes=
mäßige Erfassung gar nicht das adäquate Verstehen ist. Gerade das muß dem
Jünger klargemacht werden, daß es des Einsatzes der Existenz bedarf, um diese
Worte zu verstehen. In der neuen, der eschatologischen Existenz werden sie
verständlich sein: ἔρχεται ὥρα ὅτε κτλ.[7]; erst dann wird Jesus παρρησίᾳ
zu ihnen reden[8].

Nicht, daß er Neues sagen wird; auch nicht, daß der Sinn des früher Ge=
sagten für den Verstand erst allmählich faßbar werden wird; denn theoretische

---

[1] D. 25-33 dürfte fast vollständig vom Evglisten stammen. Zu ταῦτα λαλ. s. S. 254, 10.
Für ihn charakteristisch ist die Einführung des Gegensatzes παρρησίᾳ durch die umständ=
liche Wiederaufnahme von (οὐκέτι) ἐν παροιμίαις; ebenso das Gebetsmotiv D. 26 (D. 23f.
15 7. 16 14 13) und dabei die Formulierung οὐ λέγω ὅτι (zur Vorausschickung des negierten
Gegenteils s. S. 29, 1; vgl. auch 15 15); ferner der Dialog D. 29-32. Zitat aus der Quelle
dürfte nur D. 28 sein, der der Anfang des 14 1ff. benutzten Textes sein wird.
[2] Ein ἵνα=Satz, wie er sich 15 11 usw. findet, fehlt; s. S. 416, 9.
[3] Das ταῦτα darf nicht auf D. 23f. eingeschränkt werden (B. Weiß), da es seinen
Gegensatz in der künftigen παρρησία=Rede hat. Der völlig neuen Situation steht die
alte als ganze gegenüber (Htm.; Wrede, Messiasgeh. 196).
[4] Zu παροιμία s. S. 285, 5.
[5] Wrede, Messiasgeh. 286. Vielleicht hat Wr. auch darin recht, daß das Motiv
des ἐν παροιμίαις aus der Tradition stammt und eine Fortbildung des synoptischen
λαλεῖν ἐν παραβολαῖς ist. Falsch Loisy: Jesus habe ce langage figuré angewandt
pour s'accommoder à la faiblesse de ses auditeurs.
[6] Wrede a. a. O. 197f.
[7] ῟Ωρα hier nicht in dem allgemeinen Sinne der determinierten Stunde (s. S. 81, 4),
sondern es ist die eschatologische Stunde im engeren Sinne wie 4 21 5 25 I Joh 2 18 Apk
14 7. 15 Mt 13 32 usw.
[8] Zu παρρησία s. S. 219, 1; 275, 3.

Erkenntnisse hat Jesus ja nie mitgeteilt. Vielmehr das einst Gesagte wird in der
eschatologischen Existenz, für die es von vornherein gesagt war, deutlich werden.
Was als bloße Mitteilung gesagt werden kann, ist ja längst gesagt; und mit dem
περὶ τοῦ πατρὸς ἀπαγγελῶ ὑμῖν wird kein neues Thema in Aussicht ge=
stellt; denn daß der Vater ihn liebt, daß er ihm ἐξουσία gegeben, ihn gesandt hat
usw., ist ja oft gesagt worden[1], — und Anderes gibt es vom Vater ja nicht zu sagen,
als wie er in seinem Sohne wirkt[2]. Neues wird ja auch der Geist nicht lehren,
der ἐκ τοῦ ἐμοῦ λήμψεται (V.14) und ὑπομνήσει ὑμᾶς πάντα ἃ εἶπον ὑμῖν ἐγώ
(14₂₆)[3]. Im Grunde war der Sachverhalt schon 10₂₄ f. deutlich geworden, als
Jesus dem εἶπον ἡμῖν παρρησίᾳ der Juden erwidert hatte: εἶπον ὑμῖν καὶ οὐ
πιστεύετε. Nur für das Auge des Glaubens fällt der Schleier der παροιμία[4].
Der Glaube sieht dann, daß sich die Liebe des Vaters, die auf den Sohn gerichtet
ist, in gleicher Weise auf die Glaubenden richtet; und insofern wird Jesus περὶ
τοῦ πατρὸς Neues verkünden. Das sagen die folgenden Sätze.

Denn warum wird die eschatologische Situation V. 26 f. — als solche durch
das ἐν ἐκείνῃ τῇ ἡμέρᾳ kenntlich gemacht[5] — wieder als die des Gebetes im Namen
Jesu beschrieben? Nicht nur, weil der παρρησία der Rede Jesu die παρρησία
der Glaubenden korrespondiert, die sich gerade im Gebet kundtut (I Joh 3₂₁ 5₁₄).
Denn die Gebetszuversicht war als solche ja schon V.23 f. charakterisiert worden.
Aber als Neues ist gegenüber V.23 f. 15₇. ₁₆ betont, daß Jesus nicht den Vater
um die Erfüllung der Gebete zu bitten braucht[6]. Selbstverständlich kann nicht
gemeint sein, daß der Glaubende in einem direkten Gottesverhältnis stehen und
der Vermittlung Jesu nicht mehr bedürfen wird. Das direkte Gottesverhältnis
wird 14₈ f. ausdrücklich abgelehnt, und das Gebet geschieht ja auch unter Berufung
auf Jesus[7]. Vielmehr soll durch das οὐ λέγω κτλ. die volle Bedeutung dieser
neuerschlossenen Gebetsmöglichkeit aufgezeigt werden: die Jünger sind gleichsam
neben Jesus oder gar an seine Stelle getreten: αὐτὸς γὰρ ὁ πατὴρ φιλεῖ
ὑμᾶς. Wie der Vater den Sohn liebt (3₃₅ 5₂₀), so liebt er auch die Glaubenden[8],
und zwar, wie 17₂₃. ₂₆ sagte, eben mit der Liebe, mit der er ihn liebte. Daß die

---

[1] 3₃₅ 5₂₀. ₂₆ f. ₃₆ usw.

[2] Zu ἀπαγγέλλειν s. S. 443, 4. — Daß keine besondere theologische Spekulation
gemeint ist, hat Loisy richtig gesehen: Jésus n'a jamais parlé du Père que par rapport
à sa propre mission. Was er von sich verkündigt, verkündigt er vom Vater und um=
gekehrt. Er und der Vater sind ja eins (10₃₀).

[3] S. S. 427. 443 f.   [4] S. S. 275.

[5] S. S. 449, 4. — Der Vergleich etwa mit C. Herm. 13 macht das Charakteristische
deutlich. Auch dort ist das, was der Offenbarer sagt, zunächst ein Rätsel (αἴνιγμα); das
Gesagte muß spekulativ entwickelt werden. Das geschieht freilich so, daß die Mitteilung
des Mystagogen den Mysten nur „erinnern" kann, — aber an das, was er aus seinem
eigenen Wesen heraufholen muß. Denn die eigentliche Erkenntnis ist auch dort nicht
das Akzeptieren einer Lehre, sondern Erlebnis, — aber nicht als geschichtliche Erfahrung,
sondern als die mystische Schau. Dort muß aber die Lehre geheimgehalten werden, ἵνα
μὴ ὦμεν διάβολοι τοῦ παντὸς εἰς τοὺς πολλούς, während Jesu Worte trotz ihrer äußer=
lichen παρρησία doch παροιμίαι sind.

[6] Das Neue liegt nicht darin, daß den Jüngern (durch das vorangestellte ἐν τ. ὀν.
μοι) klar gemacht werde: es handelt sich nicht um ein Gebet in persönlichen Angelegen=
heiten, „das ja leicht den Weg zum Vaterherzen findet, sondern um die Bitten, die sie
in seinem Auftrage um Kraft und Erfolg für ihre Berufstätigkeit vor Gott bringen"
(B. Weiß). Dagegen mit Recht Loisy: Les disciples peuvent-ils donc avoir un intérêt
personel en dehors de l'œuvre du Christ, et de faire des prières, qui ne se rapportent
pas à celle ci?   [7] Wie V.24 15₁₆ 14₁₃; s. S. 203, 1. Vgl. auch I Joh 2₁.

[8] Zwischen φιλεῖν und ἀγαπᾶν besteht kein Unterschied, s. S.190, 1; 302, 5.

Jünger ihn in der Welt vertreten und daß sie deshalb an seiner Würde, vom Vater geliebt zu sein, teilhaben, ist durch das οὐ λέγω κτλ. also angezeigt[1]; und Symptom dieser Tatsache ist ihr Gebet. Es ist gleichsam das Gebet Jesu selbst[2]; aber doch nur so, daß es ein Gebet „in seinem Namen" ist. Und daß ihre Stellung in der Welt und Gottes Verhältnis zu ihnen nicht eine Lösung ihres Verhältnisses zu Jesus bedeutet, wird durch die Motivierung ausdrücklich gesagt: ὅτι ὑμεῖς ἐμὲ πεφιλήκατε καὶ πεπιστεύκατε κτλ. Nur kraft ihres Verhältnisses zu ihm, sind sie, was sie sind; nur dadurch, daß sie an ihn als den Offenbarer Gottes glauben, wie es durch das ὅτι ἐγὼ παρὰ τοῦ θεοῦ ἐξῆλθον ausgedrückt ist[3].

Die Begründung ihrer Existenz in seinem Offenbarungszweck wird V. 28[4] in dem Satze, der dieses Werk zusammenfassend beschreibt[5], noch einmal zum Bewußtsein gebracht, und damit wird zugleich die Anknüpfung für den folgenden Dialog gegeben:

> ἐξῆλθον ἐκ τοῦ πατρὸς καὶ ἐλήλυθα εἰς τὸν κόσμον·
>   πάλιν ἀφίημι τὸν κόσμον καὶ πορεύομαι πρὸς τὸν πατέρα[6].

Ohne Verbindung, als ein Lehrsatz gleichsam, ist die Aussage hingestellt, als Hinweis auf den Hintergrund, auf dem die Reden und Gespräche gesehen werden müssen. Die Gründung der Gemeinde ist kein weltgeschichtliches Ereignis, ist nicht die historische Leistung eines großen Mannes, sondern ist von Gott in die Welt geschicktes Offenbarungsgeschehen. Es geht nicht so in die Zeit ein, daß es ihr immanent würde als Faktor weltgeschichtlicher Entwicklung: der Offenbarer verläßt die Welt wieder[7]. Und darauf ruht im Zshg der Ton: die Gemeinde muß sich klar machen, daß sie die Offenbarung nur in der eigentümlichen Indirektheit hat. Nicht im weltlichen Dasein, nur in der eschatologischen Existenz, die der Glaube ergreift, wird das Werk des Offenbarers für sie wirksam. Daß das aber bedeutet: nur in ständiger Überwindung der weltlichen Existenz, lehrt der folgende Dialog.

Denn wenn die Jünger V. 29 sagen, daß Jesus nunmehr ἐν παρρησίᾳ rede, so haben sie zwar in gewisser Weise recht. In gewisser Weise redet Jesus ja in den Abschiedsreden[8] anders als vorher; und gerade die Zukunftsweissagungen V. 12-28 stellen alles früher Gesagte in ein neues Licht, indem sie alles Gesagte als ein nur vorläufig Gesagtes bezeichnen. Aber da V. 12-28 nicht zum Vorläufigen

---

[1] Falsche Reflexionen sind es, daß der Satz verhüten wolle, daß die Bindung des Glaubens an Jesus zum Unglauben an den Vater führe (Schl.), oder daß die Zusage seiner Fürbitte zu einer Schmälerung ihres Zutrauens zu Gott führen würde (Bl.).

[2] Loisy, Bd.

[3] Statt θεοῦ (א*A Θ 33 al) lesen BC*DL πατρός, was doch wohl Konformation nach V. 28 ist. Zur Sache s. S. 224, 4. — Keine Parallele ist also Philo migr Abr. 174 f.: ἕως μὲν γὰρ οὐ τετελείωται (ἡ ψυχή), ἡγεμόνι τῆς ὁδοῦ χρῆται λόγῳ θείῳ ... (Ex 23 20 f.). ἐπειδὰν δὲ πρὸς ἄκραν ἐπιστήμην ἀφίκηται, συντόνως ἐπιδραμὼν ἰσοταχήσει τῷ πρόσθεν ἡγουμένῳ τῆς ὁδοῦ. ἀμφότεροι γὰρ οὕτως ὀπαδοὶ γενήσονται τοῦ πανηγεμόνος θεοῦ. S. u. S. 468, 1.

[4] V. 28 dürfte aus der Quelle stammen, s. S. 452, 1.

[5] Zur Terminologie s. S. 232, 2. — Kommen und Gehen Jesu faßt sein Werk zu einer Einheit zusammen, s. S. 56, 6 usw.

[6] Statt ἐκ τ. πατρ. (B C L pc) lesen א K pl παρὰ τ. πατρ., was Konformation nach V. 27 ist. Das Fehlen von ἐξῆλθον ... πατρός in D W b syr[s] ist ein Versehen.

[7] Πάλιν im ursprünglich griechischen Sinn = „entsprechend rückwärts gewandt, in gegenteiliger Entsprechung" wie I Joh 2 8 I Kor 12 21 II Kor 10 7 usw.; s. Br.

[8] Das νῦν kann nicht auf die vorhergehenden V. 25-28 allein bezogen werden oder gar nur auf V. 28, sondern bezeichnet die Abschiedssituation überhaupt wie 17 5. 7 13 31.

ein Definitives hinzufügt, sondern die definitive Erkenntnis für die Zukunft ver=
heißt, so haben die Jünger doch wiederum nicht recht, — oder eben insofern, als
ihre Antwort die Zukunft vorausnimmt. Und insofern ist ihre Antwort sach=
gemäß: sie ist der Ausdruck des wagenden Glaubens, der auf das Wort der Ver=
kündigung hin das Künftige als Gegenwärtiges nimmt. In ihrer Antwort ist
also das Ja des Glaubens, das sie seither gesprochen haben — ausdrücklich 6₆₉ —
noch einmal ausgesprochen[1]. Und es wird nicht zufällig sein, daß wie 6₆₉
so auch jetzt (V. 30) ihr Glaube als Wissen und Glauben bezeichnet ist: νῦν
οἴδαμεν ... ἐν τούτῳ πιστεύομεν, — und zwar jetzt so, daß die dem
Glauben sich erschließende Erkenntnis jetzt als die Begründung des Glaubens
erscheint[2].

Die Erkenntnis der Jünger lautet: ὅτι οἶδας πάντα καὶ οὐ χρείαν ἔχεις
ἵνα τίς σε ἐρωτᾷ[3]. Ein Bekenntnis zu seiner Allwissenheit; doch wird das:
„du weißt alles" nicht, wie man erwarten könnte, durch ein „und du brauchst
niemanden zu fragen" fortgesetzt[4], sondern durch ein „du hast nicht nötig, daß
dich einer frage"; d. h. also: du weißt schon voraus, was jeder dich fragen möchte[5],
— wie es ja gerade vorher durch V.₁₉ demonstriert war. Die Allwissenheit des
Offenbarers ist also nicht als eine abstrakte Eigenschaft verstanden, sondern als sein
Wissen, das sich den Seinen mitteilt[6]. Das οἶδας πάντα bedeutet also im Grunde:
„du bist der Offenbarer" und ist die Bejahung der Aussage Jesu V.₂₇[7]. Der Sinn
des Satzes ist also: auf jede Frage, die den Glaubenden drücken kann, ist in der
Offenbarung von vornherein die Antwort enthalten. Die Glaubenden wissen,
daß nichts Unvorhergesehenes sie treffen kann, und ihr Fragen kann verstummen.
Ihr Bekenntnis ist also gleichsam die Antwort auf Jesu Verheißung V.₂₃: „An
jenem Tage werdet ihr mich nichts mehr fragen." Ihre Erkenntnis nimmt jene
eschatologische ἡμέρα voraus und demonstriert damit, daß der Glaube eschato=
logische Existenz ist. Und doch heißt es nicht etwa καὶ ὅτι οὐ χρείαν ἔχομεν ἵνα

---

[1] Wrede (Messiasgeh. 191) hat darin recht, daß V.₂₉f. nicht besagen kann: in
diesem Moment tritt ein Umschwung der Jünger=Erkenntnis ein. Nur darf man V.₂₉f.
nicht als ein „untergeordnetes Motiv der Darstellung" bezeichnen. Die Verse sollen
gerade den eigentümlichen Charakter des Glaubens deutlich machen: wie Jesu Wort in
der ersten Begegnung nur παροιμία sein kann, so kann auch das Ja zu diesem Worte
nur ein vorläufiger Glaube sein; und wie das begegnende Wort doch ἀλήθεια ist, so
ist auch der vorläufige Glaube schon Erkenntnis, die die Zukunft vorwegnimmt.

[2] Ἐν τούτῳ = „deshalb", Bl.=D. § 219, 2 (ἐν wie Mt 6₇ Act 7₂₉ usw.). Daß die
Erkenntnis, zu der der Glaube führt, wiederum den Glauben begründet, ist in der Struktur
des Glaubens gegeben; je mehr er zu sich selbst kommt und sich durchsichtiger wird, desto
sicherer wird er als Glaube; s. S. 333, 6.

[3] Χρείαν ἔχειν ἵνα wie 2₂₅ I Joh 2₂₇; Bl.=D. § 393, 5.

[4] So korrigiert syr⁸: „Daß du einen Menschen fragst." Niemanden fragen zu
müssen, ist Charakteristikum der Allwissenheit; vgl. Ginza 425, 39ff.: „Du weißt und dir
ist offenbar, mein Vater; die geheimen Dinge sind vor dir offenbart. Du bedarfst keiner
Belehrung und brauchst nicht zu fragen." Vgl. auch Jes 41₂₈.

[5] Vgl. Jos. ant. 11, 230: Jonathan ruft Gott zum Zeugen: τὸν ... καὶ πρὶν ἑρμη-
νεῦσαί με τοῖς λόγοις τὴν διάνοιαν ἤδη μου ταύτην εἰδότα. — An Jes 45₁₁ darf man
schwerlich erinnern.

[6] Das οὐ χρείαν ἔχεις κτλ. ist, wie Dibelius (Festg. für Ad. Deißmann 171, 1) mit
Recht sagt, Sachparallele zu ἐν παρρησίᾳ λαλεῖς.

[7] Zum Wissen Jesu als des vollkommenen Gnostikers s. S. 102, 1; 371 f. usw. —
Das Bekenntnis der Jünger ist also von der Aussage des Nikodemus 3₂ grundsätzlich
verschieden.

$\sigma\varepsilon\ \dot{\varepsilon}\varrho\omega\tau\tilde{\omega}\mu\varepsilon\nu$[1], denn die Aussage der Jünger ist ein Bekenntnis, das nicht von ihnen redet, sondern von ihm, zu dem sie sich bekennen[2].

Der bekennende Glaube steht im zeitlichen Dasein, in dem sich die Zukunft im zeitlichen Verlauf realisiert; er nimmt im Bekenntnis wagend die Zukunft vorweg; aber hat er nicht zu viel gesagt? Eben das fragt Jesu Antwort V. 31: $\dot{\alpha}\varrho\tau\iota\ \pi\iota\sigma\tau\varepsilon\dot{\nu}\varepsilon\tau\varepsilon$;[3] Um das Verständnis des „Jetzt" geht es![4] Weiß der Glaubende, daß er mit dem Bekenntnis im Jetzt die Zukunft auf sich nimmt? Oder wähnt er, es könne für ihn ein definitives Jetzt geben, ein definitives Bekenntnis, daß nicht immer neu bekannt werden müßte? Es wird ja nicht unbeabsichtigt sein, daß das Bekenntnis der Jünger V.30 von der Selbstaussage Jesu V.28 nur das $\dot{\varepsilon}\xi\tilde{\eta}\lambda\vartheta o\nu$ nicht auch das $\pi o\varrho\varepsilon\dot{\nu}o\mu\alpha\iota$ aufgenommen hat. Die Fragen des Petrus (13 36) und des Thomas (14 5) zeigen, daß darin die Schwierigkeit des Glaubens liegt, sich die scheinbare Verlassenheit deutlich zu machen, die Einsamkeit zu übernehmen, in die der Glaubende, der eschatologisch existieren will, innerhalb der Welt gestellt ist. Auf diese Schwierigkeit weisen Jesu folgende Worte V. 32: $\dot{\iota}\delta o\dot{\nu}\ \dot{\varepsilon}\varrho\chi\varepsilon\tau\alpha\iota\ \ddot{\omega}\varrho\alpha\ \varkappa\tau\lambda$.[5] Jesu Worte sind zunächst eine Weissagung des unmittelbar bevorstehenden Ereignisses der Jüngerflucht[6]. Aber wenn die Stunde dieses Ereignisses pathetisch eingeführt wird als die $\ddot{\omega}\varrho\alpha$, die kommen wird und schon gekommen ist, ebenso wie 4 23 die $\ddot{\omega}\varrho\alpha$ der wahren Gottesverehrung und wie 5 25 die $\ddot{\omega}\varrho\alpha$ der Totenerweckung, so ist klar, daß auch sie als die Stunde des eschatologischen Geschehens gelten soll[7]. Für den Menschen bedeutet die eschatologische Stunde also zunächst eine Stunde des Schreckens; ehe er ihrer $\chi\alpha\varrho\dot{\alpha}$ inne wird, wird er ihre $\lambda\dot{\nu}\pi\eta$ erfahren. Die historische Situation der Jünger beim Tode Jesu repräsentiert die sich stets wiederholende Situation der Glaubenden. Immer wieder scheint die Welt zu siegen, und immer wieder wird der Glaubende wankend und sucht seine Zuflucht im Heimischen, in der Welt, und läßt Jesus allein. Nicht

---

[1] Vgl. Mech. zu Ex 15 2 nach Schl.: als sich Gott am Meere offenbarte, $o\dot{\nu}\ \chi\varrho\varepsilon\dot{\iota}\alpha\nu$ $\dot{\varepsilon}\sigma\chi\varepsilon\nu\ o\dot{\nu}\delta\varepsilon\dot{\iota}\varsigma\ \dot{\varepsilon}\xi\ \alpha\dot{\nu}\tau\tilde{\omega}\nu\ \dot{\varepsilon}\varrho\omega\tau\tilde{\alpha}\nu\ \tau\dot{\iota}\varsigma\ \dot{\varepsilon}\sigma\tau\iota\nu\ \dot{o}\ \beta\alpha\sigma\iota\lambda\varepsilon\dot{\nu}\varsigma$.

[2] S. S. 344.

[3] Die Frage hat kritischen Sinn wie 13 38. Faßt man den Satz als Aussage, so ist der Sinn kein anderer.

[4] Indem das $\dot{\alpha}\varrho\tau\iota$ V. 31 das $\nu\tilde{\nu}\nu$ von V. 30 wieder aufnimmt, wird die Problematik des Jetzt deutlich. Das $\nu\tilde{\nu}\nu$ heißt „jetzt" = „nunmehr" im Blick auf die Vergangenheit (vgl. Herm. mand. XII 6, 4: $\varkappa\dot{\nu}\varrho\iota\varepsilon,\ \nu\tilde{\nu}\nu\ \dot{\varepsilon}\delta\nu\nu\alpha\mu\dot{\omega}\vartheta\eta\nu$); das $\dot{\alpha}\varrho\tau\iota$ heißt „jetzt schon" im Blick auf die Zukunft (vgl. V.12 13 7. 33. 37; $\dot{\alpha}\pi'\ \dot{\alpha}\varrho\tau\iota$ 13 19 14 7; vgl. Men. Epitr. 298: $\lambda\dot{\varepsilon}\gamma'\ \dot{o}\ \lambda\dot{\varepsilon}\gamma\varepsilon\iota\varsigma\cdot\ \dot{\alpha}\varrho\tau\iota\ \gamma\dot{\alpha}\varrho\ \nu o\tilde{\omega}$).

[5] $Ἕ\varkappa\alpha\sigma\tau o\varsigma$ mit plural. Verbum ist gut griechisch, s. Bl.=D. § 305; $\varepsilon\dot{\iota}\varsigma\ \tau\dot{\alpha}\ \dot{\iota}\delta\iota\alpha$ = „in die Heimat", „nach Hause", vgl. 19 27 Act 21 6. Vgl. I Makk 6 54: $\dot{\varepsilon}\sigma\varkappa o\varrho\pi\dot{\iota}\sigma\vartheta\eta\sigma\alpha\nu\ \ddot{\varepsilon}\varkappa\alpha\sigma\tau o\varsigma$ $\varepsilon\dot{\iota}\varsigma\ \tau\dot{o}\nu\ \tau\dot{o}\pi o\nu\ \alpha\dot{\nu}\tau o\tilde{\nu}$. Pt=Evg 59 (Kl. Texte 3, 8): $\dot{\eta}\mu\varepsilon\tilde{\iota}\varsigma\ \delta\dot{\varepsilon}\ o\dot{\iota}\ \delta\dot{\omega}\delta\varepsilon\varkappa\alpha\ \mu\alpha\vartheta\eta\tau\alpha\dot{\iota}\ \varkappa\nu\varrho\dot{\iota}o\nu$ $\dot{\varepsilon}\varkappa\lambda\alpha\dot{\iota}o\mu\varepsilon\nu\ \varkappa\alpha\dot{\iota}\ \dot{\varepsilon}\lambda\nu\pi o\dot{\nu}\mu\varepsilon\vartheta\alpha,\ \varkappa\alpha\dot{\iota}\ \ddot{\varepsilon}\varkappa\alpha\sigma\tau o\varsigma\ \lambda\nu\pi o\dot{\nu}\mu\varepsilon\nu o\varsigma\ \delta\iota\dot{\alpha}\ \tau\dot{o}\ \sigma\nu\mu\beta\dot{\alpha}\nu\ \dot{\alpha}\pi\eta\lambda\lambda\dot{\alpha}\gamma\eta\ \varepsilon\dot{\iota}\varsigma$ $\tau\dot{o}\nu\ o\dot{\iota}\varkappa o\nu\ \alpha\dot{\nu}\tau o\tilde{\nu}$.

[6] Der Evglist benutzt die Tradition, in der die Weissagung der Jüngerflucht mit Benutzung von Sach 13 7 gegeben war (Mk 14 27 Mt 26 31), wie er weiterhin in V. 32 b. 33 die Weissagung der Auferstehung (Mk 14 28 par.) in seinem Stile wiedergibt. Möglich ist es, daß das $\sigma\varkappa o\varrho\pi$. . . . $\dot{\iota}\delta\iota\alpha$ eine Ergänzung der Red. nach den Synoptikern ist (Corssen, ZNTW 8 [1907], 139 f.); denn es steht im Widerspruch damit, daß die Jünger nach Kap. 20 in Jerusalem geblieben sind. Jedenfalls wäre ein $\dot{\iota}\nu\alpha\ \dot{\varepsilon}\mu\dot{\varepsilon}\ \mu\dot{o}\nu o\nu\ \dot{\alpha}\varphi\tilde{\eta}\tau\varepsilon$ (das mit 18 8 und 19 26 f. nicht im Widerspruch steht) schon hinreichend und könnte als bloße Anspielung die Veranlassung zu jener Ergänzung gegeben haben. — Vgl. auch Dibelius (Festg. für Deißmann 171 f.), der auf die joh. Ein= und Ausleitung des Stückes hinweist und nur darin irrt, daß V. 29-32 eine „Abschweifung" sei.

[7] Das $\nu\tilde{\nu}\nu$ von 4 23 5 25 fügen N Θ hinter $\varkappa\alpha\dot{\iota}$ ein.

daß er ihn durch treue Gefolgschaft schützen könnte und sollte! In Wahrheit gibt er ja nicht den Offenbarer der Welt preis, sondern, indem er ihn als der Welt preis= gegeben wähnt und an ihm verzweifelt, gibt er sich selbst preis. Der Offenbarer ist in Wahrheit nicht allein: $\varkappa a\iota^1$ $o\dot{\upsilon}\varkappa$ $\varepsilon\dot{\iota}\mu\dot{\iota}$ $\mu\dot{o}\nu os$, $\ddot{o}\tau\iota$ $\dot{o}$ $\pi a\tau\dot{\eta}\varrho$ $\mu\varepsilon\tau'$ $\dot{\varepsilon}\mu o\tilde{\upsilon}$ $\dot{\varepsilon}\sigma\tau\iota\nu$. In ihm wirkt ja der Vater, mit dem er eins ist[2], und so ist er, wie V. 33 sagen wird, in der scheinbaren Niederlage der Sieger.

Gerade dem bereitwilligen Bekenntnis des Glaubens wird es gesagt, daß die kommende Stunde für den menschlichen Blick das Antlitz des Grauens trägt: $\tau a\tilde{\upsilon}\tau a$ $\lambda\varepsilon\lambda\dot{a}\lambda\eta\varkappa a$ $\dot{\upsilon}\mu\tilde{\iota}\nu$ $\tilde{\iota}\nu a$ $\dot{\varepsilon}\nu$ $\dot{\varepsilon}\mu o\dot{\iota}$ $\varepsilon\dot{\iota}\varrho\dot{\eta}\nu\eta\nu$ $\ddot{\varepsilon}\chi\eta\tau\varepsilon$ (V. 33). Der Hinweis auf den bevorstehenden Fall[3] soll dazu dienen, den Glauben zu festigen. Denn der Glaubende wäre der Verzweiflung preisgegeben, wenn er sein jeweiliges Bekenntnis als in dem Sinne definitiv verstehen müßte, daß es, wenn er es je verleugnet hat, nicht wieder erneut werden könnte. Er soll gerade wissen, daß sein „ich glaube" von dem „hilf meinem Unglauben" (Mk 9 24) begleitet sein muß, daß sein Weg auch durch Tiefen führen wird, und daß er sich nach dem Fall zu sich selbst zurückfinden darf, dadurch nämlich, daß er das $\dot{\varepsilon}\nu$ $\dot{\varepsilon}\mu o\dot{\iota}$ verstehen lernt[4]. Nicht im Glaubenden selbst, sondern im Offenbarer, an den er glaubt, ruht die Sicherheit des Glaubens. Und gerade die immer wieder begegnende Unsicherheit des Glaubenden lehrt ihn, den Blick von sich weg auf den Offenbarer zu richten, sodaß es sogar möglich wird, von felix culpa zu reden. Was im irdischen Dasein immer erst in der Zeit verwirklicht werden muß, das ist schon Wirklichkeit im Offenbarer, und es wird dem auf ihn gerichteten Glauben trotz aller Schwäche zu eigen: die $\varepsilon\dot{\iota}\varrho\dot{\eta}\nu\eta$. Sie ist das eschatologische Heil, das V. 22. 24 als $\chi a\varrho\dot{a}$ bezeichnet worden war[5]. Die Glaubenden stehen, wenn sie auf den Offenbarer blicken, im Heil, in dem Frieden, der jenseits des Kampfes liegt, — sie haben die $\varepsilon\dot{\iota}\varrho\dot{\eta}\nu\eta$ im Glauben[6].

Der Preis für diesen Gewinn ist freilich die Bereitschaft, die Feindschaft der Welt zu bestehen: $\dot{\varepsilon}\nu$ $\tau\tilde{\omega}$ $\varkappa\dot{o}\sigma\mu\omega$ $\vartheta\lambda\tilde{\iota}\psi\iota\nu$ $\ddot{\varepsilon}\chi\varepsilon\tau\varepsilon^7$. Aber der Glaube kann ihr getrost entgegengehen. Gleichsam als nicht mehr auf der Erde weilend, als epi=

---

[1] Zu dem $\varkappa a\iota$ = „und doch" s. S. 28, 3.

[2] Vgl. 8 16. 29 10 30. — Hat der Evglist eine verschwiegene Ablehnung des Rufes der Gottverlassenheit am Kreuz (Mk 15 34 par.) geben wollen? Keine Parallele ist das stoische: $o\dot{\upsilon}\delta\varepsilon\dot{\iota}s$ $\dot{\varepsilon}\sigma\tau\iota\nu$ $\ddot{a}\nu\vartheta\varrho\omega\pi os$ $\dot{o}\varrho\varphi a\nu\dot{o}s$, $\dot{a}\lambda\lambda\dot{a}$ $\pi\dot{a}\nu\tau\omega\nu$ $\dot{a}\varepsilon\dot{\iota}$ $\varkappa a\dot{\iota}$ $\delta\iota\eta\nu\varepsilon\varkappa\tilde{\omega}s$ $\dot{o}$ $\pi a\tau\dot{\eta}\varrho$ $\dot{\varepsilon}\sigma\tau\iota\nu$ $\dot{o}$ $\varkappa\eta\delta\dot{o}\mu\varepsilon\nu os$ (Epikt. diss. III 24, 15 bei Br.).

[3] Das $\tau a\tilde{\upsilon}\tau a$ $\lambda\varepsilon\lambda$. (s. S. 254, 10; 416, 9) kann sich hier nur auf das unmittelbar Vorhergehende beziehen.

[4] Das $\dot{\varepsilon}\nu$ $\dot{\varepsilon}\mu o\dot{\iota}$ bestimmt die ganze Aussage, nicht speziell das $\varepsilon\iota\varrho$. — Zu $\dot{\varepsilon}\nu$ $\dot{\varepsilon}\mu o\dot{\iota}$ vgl. 15 4 und s. S. 243, 1; 290.

[5] Über die Zusammengehörigkeit von $\chi a\varrho\dot{a}$ und $\varepsilon\dot{\iota}\varrho\dot{\eta}\nu\eta$ s. S. 386, 5. $E\dot{\iota}\varrho\dot{\eta}\nu\eta$ hat als eschatologisches Gut immer den Sinn von „Heil", dem hebr. שָׁלוֹם entsprechend

(z. B. Jes 54 13 57 19 Jer 36 (29) 11 Ez 37 26 Ψ 84 9 Röm 2 10 8 6 14 17; s. ThWB II 404, 15 ff.; 407, 36 ff.; für das Judentum auch G. Kittel, Saat auf Hoffnung 57 [1920], 109—124). Wie שלום auch den im Heil eingebriffenen „Frieden" meinen kann, so erst recht, dem griechischen Sprachgebrauch zufolge, $\varepsilon\dot{\iota}\varrho\dot{\eta}\nu\eta$. Das ist jeweils durch den Zshg bestimmt; doch verwischt sich der Unterschied, wenn der „Friede" als eschatologisches Gut gemeint ist wie V. 33 und 14 27 (opp. $\tau a\varrho a\chi\dot{\eta}$). — Den eschatologischen „Frieden des Lebens" kennen auch die mandäischen Schriften (mand. Lit. 17. 104. 107. 183), und ebenso ist für die Od. Sal. der „Friede" ein eschatologisches Gut (8 6 f. 9 6 10 2 11 3 35 1). Manichäisches bei Br. zu 14 27.

[6] Vgl. die Parallelität der $\tilde{\iota}\nu a$=Sätze V. 33 13 19 14 29.

[7] Statt $\ddot{\varepsilon}\chi\varepsilon\tau\varepsilon$ lesen D φ pc lat syr^s $\ddot{\varepsilon}\xi\varepsilon\tau\varepsilon$. — $\Theta\lambda\tilde{\iota}\psi\iota s$ bei Joh (außer V. 21) nur hier; sonst oft für die Bedrängnis der Gemeinde, s. Apk 1 9 2 9 f. Act 14 22 usw.

phane Gottheit[1], ruft Jesus den Seinen zu: ἀλλὰ θαρσεῖτε, — und zwar deshalb, weil der Sieg über die Welt, wie 12₁₂-₁₉ schon im Bilde dargestellt hatte[2], sicher ist: ἐγὼ νενίκηκα τὸν κόσμον[3]. Die Welt hat ihren Prozeß schon verloren; sie ist gerichtet[4].

Wie die Freude Jesu den Jüngern zu eigen werden soll (17₁₃ 15₁₁), so ist sein Sieg ihr Sieg. Die εἰρήνη ist also nicht Seelenfriede, nicht stoische ἀταραξία[5], sondern die ständig zu ergreifende Möglichkeit des gläubigen Existierens[6], sodaß es auch entsprechend heißen kann, daß der Sieg, der die Welt besiegt hat, der Glaube ist (I Joh 5₄). Die εἰρήνη wird wirklich nur im Vollzuge der gläubigen Existenz, die eben darin eschatologische Existenz ist, daß sie ständig die Welt überwindet und sich aus der schon gewonnenen Zukunft versteht. Solche Existenz aber ist Möglichkeit geworden durch den Sieg des Offenbarers, auf den der Glaube blickt[7].

Indem εἰρήνη zur Bezeichnung der eschatologischen Situation geworden ist, ist auch das Thema des vierten Abschnittes 13₃₆—14₃₁ gewonnen, in welchem der Gewinn der εἰρήνη aus der ταραχή des Abschieds ähnlich behandelt wird wie in 16₁₂-₃₃ der Gewinn der χαρά aus der λύπη. Beide Abschnitte laufen in gewisser Weise parallel; in beiden bildet die Verheißung der εἰρήνη den Abschluß. Der Voraussage des Anstoßes 16₃₁. ₃₂ₐ entspricht 14₂₉f., der Frage: ἄρτι πιστεύετε das ... ἵνα ὅταν γένηται πιστεύσητε. Dem κἀμὲ μόνον ἀφῆτε 16₃₂ entspricht das ἔρχεται γὰρ ὁ τοῦ κόσμου ἄρχων 14₃₀, wie dem καὶ οὐκ εἰμὶ μόνος das καὶ ἐν ἐμοὶ οὐκ ἔχει οὐδέν. Wie 16₁₂-₁₅. ₁₆-₂₄ die Ver=

---

[1] Θάρσει als Zuruf der epiphanen Gottheit (Mt 6₅₀ par. Act 23₁₁) ist dem häufigen μὴ φοβοῦ gleichwertig (L. Köhler, Schweizer Theol. Ztschr. 1919, 1ff.; J. Hempel, Gott und Mensch im AT², 1936, 8). Die Formel will sonst das Entsetzen vor der Erscheinung der Gottheit verscheuchen. In paradoxer Weise ist das auch hier der Fall: das Entsetzen, das der Offenbarer einflößt, ist nicht durch die sichtbare Glorie, sondern durch die scheinbare Niederlage hervorgerufen.

[2] S. S. 315.

[3] Jesu Sieg ist „kein Ereignis bloßer Vergangenheit (die es in der eschatologischen Zeitsicht nicht gibt), sondern symbolischer Archetyp und reale Bürgschaft aller Erlösung, für den Gläubigen wesenhafte Wirklichkeit, weil in Leiden und Befreiung die Vor=Vollziehung und dadurch Vor=Bestimmung des eigenen Schicksals" (so H. Jonas, Gnosis I 303 über das manichäische Erlösungsdrama).

[4] Vgl. V. 8-11 12₃₁, und zum Bild des Prozesses s. S. 426, 5; 433. Wie weit sich im Begriff des νικᾶν die Vorstellung von dem im kriegerischen Kampf errungenen Sieg mit der vom Siege im Prozeß (s. S. 434, 7) verbindet, ist schwer zu sagen. In Apk, in der νικᾶν ebenfalls eschatologischer Terminus ist, herrscht die erste Vorstellung vor (3₂₁ 5₅ 6₂ 17₁₄, vgl. die Verheißungen für den νικῶν 2₇. ₁₁ usw.). Das AT kennt „siegen" als eschatologischen Terminus noch nicht, außer IChr 29₁₁ (LXX für נֵצַח). Die Vorstellung vom siegreichen Gott findet sich sonst vielfach, und vor allem im Gefolge iranischer Mythologie scheint sich die Vorstellung vom göttlichen Siege im Hellenismus verbreitet zu haben. Sie spielt in Akklamationen und Gebeten, speziell auch in der Magie, eine Rolle (νίκη verbunden mit χάρις, δύναμις, δόξα u. a.). Sie findet sich ebenfalls in der Gnosis; vgl. OdSal 9₁₁:

„Alle, die gesiegt haben, werden in sein (des Herrn) Buch geschrieben;
    denn euer Schreiber ist eure eigene Nike,
die euch im voraus ersieht
    und will, daß ihr erlöst werdet"; vgl. 18₆f. 29₉.

Überreichliche Zeugnisse in den mandäischen Schriften (s. S. 434, 7). — Vgl. E. Peterson, Εἷς Θεός, bes. 152ff. 312ff.; O. Weinreich, Neue Urkunden zur Sarapis=Religion 1919, 21. 33ff.

[5] Epikt. diss. III 12, 9ff. (Br.) ist also keine Sachparallele.

[6] Wie nach Paulus von der aliena iustitia, so könnte man nach Joh von der aliena pax reden.

[7] Vgl. I Joh 2₁₃f. 4₄ und bes. 5₄f.

heißung des Parakleten und der Wiederkunft Jesu einander folgten, ebenso 14₁₅-₁₇. ₁₈-₂₀. Auch formal gleichen sich die beiden Abschnitte darin, daß die Rede durch Fragen der Jünger unterbrochen wird, und zwar sind es jetzt einzelne bestimmt genannte Jünger: Petrus (13₃₆f.), Thomas (14₅), Philippus (14₈) und Judas (14₂₂).

δ) Die Gemeinschaft mit dem Sohn und dem Vater: 13₃₆—14₃₁.

Die Abschiedsreden könnten mit 16₃₃ abgeschlossen sein, und es ist nicht verwunder=
lich, daß der Red. hier den Abschluß gefunden hat. Indessen ist 14₂₅ (₂₇)-₃₁ ebenfalls ein Abschluß, und die Frage, in welchem Verhältnis beide zueinander stehen, bleibt zu be=
antworten. Es ist nun klar, daß 14₃₁ der eigentliche Schluß ist, weil er zur folgenden Handlung der Passionsgeschichte überleitet[1]. Aber auch abgesehen davon läßt sich nun=
mehr einsehen, daß 13₃₆—14₃₁ auf Kap. 16 folgen muß. Denn mit 13₃₆ setzt die Frage nach der „Nachfolge" ein, die eben jetzt ihren Sinn hat. Die Situation der Jünger in der Welt war 13₃₁-₃₅ 15₁—16₃₃ unter verschiedenen Gesichtspunkten betrachtet worden, und zwar auf dem Hintergrund der Abschiedssituation: die Jünger bleiben in der Welt mit dem von ihnen geschiedenen Offenbarer verbunden, sie erhalten von ihm als seine Freunde ihre Lebenskraft, sie setzen sein Werk fort und werden von seinem Schicksal betroffen, sie vertreten ihn und erhalten Teil an seinem Siege — in der Welt. Beschränkt sich ihre Verbundenheit mit ihm auf ihr Dasein in der Welt? Werden sie nur so an seinem Siege teilhaben, daß sie in der Welt stehend die Welt überwinden? — Wie auf die Bitte 17₁₅, die Jünger nicht aus der Welt herauszunehmen, sondern sie in der Welt vor dem Bösen zu bewahren, die Bitte 17₂₄ folgte, ihnen an der jenseitigen Herrlichkeit teilzugeben, so folgt auf 13₃₁-₃₅ 15₁—16₃₃ die Verheißung der „Nachfolge", und zwar so, daß, nachdem die Verheißung gegeben ist (13₃₆—14₄), die innere Einheit der verheißenen jenseitigen Zukunft mit der gegenwärtigen eschatologischen Existenz aufgewiesen wird.

1. Die Verheißung der Nachfolge: 13₃₆—14₄[2].

In einem Gespräch, das in seinem Aufbau an 16₂₉-₃₃ erinnert[3], wird die Frage der „Nachfolge" aufgeworfen und zunächst negativ beantwortet: es steht nicht im freien Entschluß des Jüngers, Jesus nachzufolgen; er hat zu warten (13₃₆-₃₈). Jesu folgende Worte (14₁-₄) fügen das Positive hinzu: er wird kommen und die Jünger zu sich holen.

Die Frage des Petrus (V. 36): ποῦ ὑπάγεις; ist, wie Jesu Antwort zeigt, gestellt in der Absicht, Jesus dorthin zu folgen, wohin er gehen wird[4]. An welche

---

[1] S. S. 349f.

[2] Es ist deutlich, daß der Dialog 13₃₆-₃₈ eine Komposition des Evglisten ist, während 14₁-₄ im wesentlichen aus den „Offenbarungsreden" stammt. In 13₃₆-₃₈ ist die evan=
gelische Tradition benutzt, die Mt 14₂₉-₃₁ par. vorliegt, wie 16₃₂f die Entsprechung zu Mt 14₂₇f. par. war (s. S. 456, 6). Diese Reihenfolge bestätigt die Neuordnung des Textes, s. S. 350. Wenn der Evglist der durch Mt=Mt bezeugten Tradition folgt, so läßt sich doch nicht erweisen, daß er eines dieser Evangelien benutzt hat; die Formulierung von V. 38 erinnert an Lt 22₃₃f. Daß Joh aber dem Lt in der Reihenfolge: Weissagung des Verrates (Lt 22₂₁-₂₃), Weissagung der Verleugnung (Lt 22₃₁-₃₄) folge (Br.), ist ein Schein, falls die Neuordnung des Textes richtig ist. Corssen (s. S. 456, 6) will V. 36-38 als redakt. Interpolation ausscheiden, da die Verse den Zshg zwischen 13₃₁-₃₅ und 14₁ff. zerrissen.

[3] Vgl. die Parallelität: 16₃₀ (Jüngerbekenntnis). ₃₁ (kritische Frage Jesu). ₃₂ (be=
schämende Weissagung). ₃₃ (Trost): 13₃₇ (Petrus=Bekenntnis). ₃₈ (kritische Frage Jesu und beschämende Weissagung); 14₁ff. (Trost). Es entsprechen sich auch das ἄρτι von 16₃₁ und das νῦν von 13₃₆ (bzw. das οὐ ... ἄρτι 13₃₇); das 13₃₆ ausgesprochene ὕστερον ist in 16₃₃ unausgesprochen enthalten.

[4] Über das Verhältnis von V. 36 zu V. 33 s. S. 350, 3. Der scheinbare Widerspruch von 13₃₆ mit 16₂₈ ist der gleiche wie mit 7₃₃, das Petrus doch auch gehört haben mußte; zudem ist zu beachten, daß die Antwort der Jünger 16₃₀ nur das ἐξέρχεσθαι, nicht auch das πορεύεσθαι von 16₂₈ wiederholt hat. Der Widerspruch wiederholt sich in der Frage des Thomas 14₅, die nach 14₂f. psychologisch auch nicht möglich ist.

konkreten Möglichkeiten Petrus dabei etwa denkt, ist nicht zu fragen; seine Frage
soll, wie die in D. 37, nur der Ausdruck des falschen Verständnisses sein, das sich
Jesu ὑπάγειν und das ἀκολουθεῖν des Jüngers als innerweltliche Vorgänge oder
Möglichkeiten vorstellt; sie ist insofern ebenso töricht wie die Erwägungen der
Juden 7₃₅ 8₂₂; und sie erfährt zunächst die Abweisung: ὅπου ἐγὼ ὑπάγω οὐ
δύνασαί μοι νῦν ἀκολουθῆσαι[1]. Aber hinter der Frage des Petrus steckte
doch die Bereitschaft des Jüngers zur Nachfolge, und so erhält er die Verheißung:
ἀκολουθήσεις δὲ ὕστερον, eine Verheißung freilich, die ihn zunächst in das
Warten verweist. Und eben dieses versteht Petrus nicht (D. 37). Seine weitere
Frage διὰ τί κτλ. zeigt, daß er nicht weiß, daß Jesu ὑπάγειν ein eschatologisches
Geschehen ist. Infolgedessen hält er das ἀκολουθεῖν für eine menschliche Mög=
lichkeit, mag auch der Einsatz des Lebens gefordert sein, sie zu ergreifen: τὴν
ψυχήν μου ὑπὲρ σοῦ θήσω[2]. Hätte Jesu Antwort D. 38[3] nur den Sinn, zu
sagen: „du bist zu solchem Einsatz zu schwach“, wäre also das οὐ δύνασαι nur im
Charakter des Petrus begründet, während ein Stärkerer die Kraft zum ἀκολουθεῖν
wohl aufbrächte, — oder sollte nur gesagt sein: „du bist jetzt noch zu schwach und
mußt erst stärker werden“, so hätte der Dialog keine grundsätzliche Bedeutung und
die Voraussetzung, von der aus Petrus redet, nämlich sein falsches Verständnis
des ὑπάγειν und ἀκολουθεῖν, erhielte keine Korrektur. Aber das ist doch offenbar
die Absicht des Textes, diese Korrektur zu geben.

Der Sinn kann deshalb auch nicht der sein: „Du wirst das Martyrium nicht
schon jetzt, sondern erst später erleiden.“ Denn auch dann würde ja des Petrus
Vorstellung vom (ὑπάγειν und) ἀκολουθεῖν nicht korrigiert werden; es wäre
sogar vorausgesetzt, daß Petrus und Jesus über den Sinn des ἀκ. einig sind, und
daß Petrus nur nicht begreift, warum er nicht jetzt schon Jesus in den Tod folgen
kann[4]. Aber seine erste Frage: ποῦ ὑπάγεις; zeigt ja deutlich, daß sein Verständnis

---

[1] Das ἐγώ ist zwar nur in א D φ pm bezeugt, entspricht aber dem joh. Stil. Auf
das συνακολ. von D* und auf das σύ vor νῦν von D^e wird man dagegen nicht vertrauen.
[2] Τιθέναι τ. ψυχήν wird doch wohl besser als „das Leben einsetzen“ verstanden;
nicht „das Leben hingeben“; s. S. 282, 2; 417, 3; vgl. aber Lk 22₃₃: εἰς θάνατον πορεύεσθαι, Mk 14₃₁: συναποθανεῖν σοι.
[3] Das „zweimal“, das syr^s zu φωνήσῃ hinzufügt, ist trotz Merx sekundär und
stammt aus Mk 14₃₀. Daß Joh Mk 14₃₀ korrigiert habe (Huber 27, 2), ist unerweislich,
da unerweislich ist, daß Joh den Mk „gekannt haben muß“. — Zum „Hahnenschrei“
als der üblichen Bezeichnung der Grenze zwischen Nacht und Tag s. Str.=B. I 993;
Klostermann zu Mk 14₃₀.
[4] Dem widerspricht schon die Formulierung von D. 37, deren Sinn doch ist: „Ich
bin bereit, dir zu folgen, selbst wenn es mein Leben kosten sollte!“ Man müßte dann
schon Jesu Antwort verstehen: „Du wirst mir zwar folgen, aber erst später, und zwar
durch das Martyrium.“ Aber zum Martyrium hat sich Petrus ja bereit erklärt; in Jesu
Antwort kann nur das ὕστερον betont sein, sie kann nicht Weissagung des Martyriums
sein, sondern will lehren, daß die Existenz des Jüngers von dem vorgängigen ὑπάγειν
Jesu abhängt; vgl. 16₇ 14₂₈. Es ist freilich unter dem Einfluß von 21₁₈f. fast selbstverständ=
liche Meinung geworden, daß Jesus dem Petrus das Martyrium weissage. Mit Recht
dagegen Bd.: „The promise is not confined to martyrs.“ Ἀκολουθεῖν ist im NT über=
haupt noch nicht technischer Ausdruck für die Nachfolge in den Tod (H. v. Campenhausen,
Die Idee des Martyriums 59). Es bezeichnet die Jüngerschaft zunächst als die Schüler=
schaft, d. h. als die Lebensführung nach den Lehren und Geboten des Meisters (s. S. 69, 5);
der Sinn kann sich dadurch erweitern, daß zur Schülerschaft auch die Übernahme des
Schicksals des Meisters gehört (s. S. 261, 6 und vgl. Mk 8₃₄ parr. Apk 14₄). Auf diesen
Sinn nimmt Joh 12₂₆ Bezug (s. S. 326); doch ist hier wie 13₃₆f. der primäre Sinn: Nach=
folge in die δόξα, in die der Offenbarer vorangegangen ist (s. folgende Anm.); es ist

des ἀκ. an dem des ὑπάγειν hängt und also falsch ist; und 14₄ f. zeigt des weiteren, daß auf das Verständnis des ὑπαγ. alles ankommt.

So wenig Jesu ὑπάγειν ein menschliches Unternehmen ist und überhaupt als ein Vorgang in weltlich=menschlichen Dimensionen verständlich ist, so wenig das ἀκολουθεῖν. Wie jenes das Verlassen der Welt ist, das zugleich den Sieg über die Welt bedeutet, so ist das ἀκ. die Nachfolge in die δόξα des Erhöhten; es ist jenes ἀκ., das 12₂₆ dem Diener Jesu verheißen wurde, der dann sein wird, wo Jesus auch ist (vgl. 17₂₄)[1]. Wohl ist für solche Nachfolge die Bereitschaft zur Übernahme des Schicksals Jesu und also die Todesbereitschaft gefordert (12₂₅); ja sie ist geradezu Nachfolge in den Tod, sofern sie Entweltlichung bedeutet, — einerlei in welcher Gestalt den Jünger das Todesschicksal trifft. In diesem doppelten Sinne nun, als Entweltlichung und als Nachfolge in die δόξα, ist die Nachfolge erst zur Möglichkeit geworden auf Grund des Sieges Jesu über die Welt; sie ist also möglich erst und nur im Glauben an den Offenbarer, in dessen ὑπάγειν der Sieg über die Welt vollendet ist.

Dies ist es, was Petrus verkennt und was ihm wie allen Jüngern immer wieder gesagt werden muß (16₇ 14₂₈). Das Unverständnis des Petrus findet in dem ὑπὲρ σοῦ den krassesten Ausdruck: er weiß nicht, daß nicht er „für" den Offenbarer, sondern nur dieser „für" ihn (vgl. 17₂₄) eintreten kann! Es ist also deutlich: die Nachfolge ist kein Akt des Heroismus. Wer das meinen sollte — das sagt die Weissagung der Verleugnung —, der wird scheitern; über ihn wird die Welt schnell Herr werden, — wie sie denn im Grunde schon Herr über ihn war in seinem Mißverständnis der Nachfolge als heroischer Tat.

Das ὕστερον V.36 sagt also freilich, daß Petrus erst reif werden muß; aber es handelt sich nicht um die Entwicklung seiner Charakterstärke, sondern um die Gewinnung der entscheidenden Glaubenserkenntnis. Das ὕστερον ist ebenso grundsätzlich zu verstehen wie das μετὰ ταῦτα 13₇[2]: erst muß Jesus gegangen sein und die Welt besiegt haben; bzw.: erst muß Petrus angesichts des Todes Jesu durch seine eigene ταραχή und das Innewerden seiner Ohnmacht hindurch des Sieges Jesu gewiß werden[3], ehe er ihm nachfolgen kann. Sein ἀκ. wird dann, wie 14₁₋₄ sagen wird, darin bestehen, daß Jesus ihn holt; was von seiner Seite gefordert ist, ist nicht heroische Tat, sondern wartende Bereitschaft[4].

---

der gnostische Nachfolgegedanke; s. E. Käsemann, Das wandernde Gottesvolk 1938, 114 ff. — Übrigens muß Petrus als Repräsentant der Jünger verstanden werden; seine Frage enthält so wenig ein individuelles Anliegen wie die Fragen der Jünger 14₅. ₈. ₂₂. So gelten auch Jesu Worte V.36 (wie 14₁ ff.) für alle; und auch die Verleugnung des Petrus (V.38) ist nur repräsentatives Ereignis.

[1] Das ἵνα ὅπου εἰμὶ ἐγὼ κτλ. 14₃ entspricht dem ὅπου εἰμὶ ἐγὼ κτλ. 12₂₆ (vgl. 17₂₄). Daraus folgt in einem, daß das ἀκολ. von 13₃₆f. nach 12₂₆ verstanden werden muß (s. vor. Anm.), und daß 13₃₆—14₄ ein zusammenhängendes einheitliches Stück ist.

[2] S. S. 355.   [3] S. S. 356.

[4] Sofern sich die Nachfolge historisch=konkret als Martyrium vollziehen sollte, ist durch V.36-38 der Sinn des Martyriums klargestellt. Nicht heroische Hingabe des Lebens macht den Tod zum Märtyrertod, sondern der Glaube, daß der Tod die Teil= habe am Schicksal Jesu und damit an seinem Siege über die Welt ist. Das Martyrium ist also erst möglich als Dokumentierung der eschatologischen Existenz des Glaubenden und hat als solche seine Bedeutung als besondere Form des „Zeugnisses", der Verkündigung. Was es zum Martyrium macht, ist aber nichts anderes als das Todesverständnis, das dem Märtyrer mit allen Glaubenden gemeinsam ist, für die Jesus ebenso die ὁδός ist (14₆) wie für den Märtyrer. S. bes. v. Campenhausen, Die Idee des Martyriums.

Wie 16₃₃ folgt der beschämenden Weissagung in 14₁₋₄ die tröstliche Ver=
heißung[1]. Sie ist an alle Jünger gerichtet, ein Zeichen dafür, daß die Gestalt des
Petrus V.₃₆₋₃₈ repräsentative Bedeutung hatte so gut wie die folgenden Fragen
der Jünger[2]. Jesu Worte reden in der Sprache des Mythos[3]:

14, 1: μὴ ταρασσέσθω ὑμῶν ἡ καρδία·

πιστεύετε εἰς τὸν θεόν; καὶ εἰς ἐμὲ πιστεύετε.

2: ἐν τῇ οἰκίᾳ τοῦ πατρός μου μοναὶ πολλαί εἰσιν [...],

⟨καὶ⟩ πορεύομαι ἑτοιμάσαι τόπον ὑμῖν,

3: καὶ ἐὰν πορευθῶ καὶ ἑτοιμάσω τόπον ὑμῖν,

πάλιν ἔρχομαι καὶ παραλήμψομαι ὑμᾶς πρὸς ἐμαυτόν,

4: ἵνα ὅπου εἰμὶ ἐγὼ καὶ ὑμεῖς ἦτε.

καὶ ὅπου ἐγὼ ὑπάγω οἴδατε τὴν ὁδόν.

Das μὴ ταρασσέσθω ὑμῶν ἡ καρδία (V.₁ und V.₂₇) rahmt die folgenden
Gespräche ein. Die 16₃₃ verheißene εἰρήνη muß ja im Kampf gegen die Welt
gewonnen werden, weil sie anderer Art ist, als die Welt sie kennt (V.₂₇). Durch
den Glauben an den Offenbarer geraten die Jünger in den Gegensatz zur Welt,
und weil er sie allein läßt, stehen sie in der ταραχή[4]. Wie aber die λύπη nicht

---

[1] Durch καὶ εἶπεν τοῖς μαθηταῖς αὐτοῦ erleichtern D a c den Übergang.
[2] S. S. 460, 4.
[3] 14₁₋₄ stammt im wesentlichen aus der Quelle der „Offenbarungsreden“. Der
ursprüngliche mythologische Charakter wird bes. durch die mandäischen Parallelen illu=
striert. Ginza 259, 33ff. spricht Manda dhaije: „Ich will hingehen, Hibil in dem neuen
Gemach einen Platz anzuweisen, und komme dann rasch zu euch. Fürchtet euch nicht
vor dem Schwert der Planeten, und Furcht und Angst sei nicht bei euch. Hernach, wohlan,
komme ich zu euch. Das Auge des Lebens ist auf euch gerichtet. Ich bedecke euch mit
dem Gewande des Lebens, das es euch verliehen hat. Fürwahr, ich bin bei euch. Jedes=
mal, da ihr mich suchet, werdet ihr mich finden; jedesmal, da ihr mich rufet, werde ich
euch antworten. Ich bin nicht fern von euch." Ginza 261, 15ff. spricht Manda dhaije
zu Anoš: „Fürchte und ängstige dich nicht und sage nicht: sie haben mich allein in dieser
Welt der Bösen zurückgelassen. Denn bald komme ich zu dir" (vgl. 264, 4f.). Ebenso
spricht er Ginza 268, 4ff.: „Siehe, ich gehe nun zum Hause des Lebens, dann will ich
kommen und dich von den Bösen und Sündern dieser Welt befreien ... Ich will dich
... auf dem Wege emporführen, auf dem Hibil der Gerechte und Sitil und Manda dhaije
aus dieser Welt der Bösen emporsteigen." Vgl. Mand. Lit. 226:
    „Verharre standhaft in deiner Sicherung,
        bis dein Maß vollendet ist.
    Wenn dein Maß vollendet ist,
        werde ich selber zu dir kommen.
    Ich werde dir Gewänder des Glanzes bringen.
    . . .
    Ich werde dich von den Bösen befreien,
        von den Sündern erretten.
    Ich werde dich in deiner Skina wohnen lassen,
        am lauteren Orte dich erretten."
Entsprechend im Gebet an Manda dhaije Mand. Lit. 138: „Du bist es, der aufbaut und
herausholt aus der Mitte der Völker ... einen jeden, der gerufen, begehrt und eingeladen
ist. Einem jeden, dessen Maß voll ist, bist du ein Helfer, Geleiter und Führer zum großen
Lichtort und zur leuchtenden Wohnung"; s. auch JNTW 24 (1925), 137f. Vgl. ferner
die Worte Simons, Mart. Petri et Pauli 53, p. 164, 10f.: παραυτίκα ἀπελθόντος μου
εἰς τὸν οὐρανόν, πέμψω τοὺς ἀγγέλους μου πρὸς σὲ καὶ ποιήσω σε ἐλθεῖν πρὸς μέ
(vgl. 74 p. 209, 15f.). Dem entspricht die Gewißheit des Sängers Od Sal 3₅ff. (s. S.398, 2);
s. auch Lohmeyer, Festg. für Deißmann 235f.
[4] Das ταραχθῆναι der καρδία entspricht semitischer Redeweise (Ψ 54₅ 142₄
Lam 2₁₁) wie griechischer (ταράσσειν καρδίαν Eur. Bacch. 1321; ταράσσομαι φρένας
Soph. Ant. 1095 [vgl. 1105: καρδίας δ' ἐξίσταμαι]; ταρ. φρένα Eur. Hipp. 969); vgl.

deshalb überwunden werden muß, weil sie ein πάθος ist, sondern weil sie ein Übergang ist, und wie sie den positiven Sinn hat, Ursprung der χαρά zu sein (16₂₁), so wird auch die ταραχή nicht als πάθος abgewiesen, an dessen Stelle die ἀρετή der ἀταραξία zu treten hätte. Nicht das Ideal des harmonischen Menschen begründet die Forderung zur Überwindung der ταραχή, wie denn diese nicht aus menschlicher Schwäche entsteht, sondern aus dem Zusammenstoß von Welt und Offenbarung. Deshalb hat auch die ταραχή einen positiven Sinn; in ihr wird ja der Bruch mit der Welt erfahren. Würden die Jünger die Fruchtbarkeit der Einsamkeit erfahren, wenn sie sie nicht erst mit Schrecken erfüllte? Das ταραχθῆναι ist also dem Jünger in gewisser Weise angemessen; sein Glauben enthält es als überwundenes ständig in sich.

Den Weg zur Überwindung aber weist das Wort πιστεύετε κτλ. „Glaubt ihr an Gott? Dann glaubt ihr auch an mich¹; denn an Gott könnt ihr ja nur glauben durch mich!" Paradox wird also der Glaube an Gott als Erkenntnis=grund des Glaubens an Jesus bezeichnet, während sonst, nämlich den „Juden" gegenüber (5₃₈ 8₄₆f.), der Glaube an Jesus als Erkenntnisgrund des Glaubens an Gott galt. Aber die Paradoxie stellt den Glaubenden auf die Probe; sie stellt ihn vor das Entweder — Oder: weil der Glaube an Gott nur durch Jesus ver=mittelt sein kann, so muß der Glaubende wissen, daß er mit dem Glauben an Jesus auch den Glauben an Gott preisgeben würde². Vor dieses Entweder — Oder gestellt zu werden, bedeutet aber die stärkste Mahnung zum Glauben.

Der Mahnung folgt die Verheißung (V. 2f.)³ ganz in mythologischer Sprache: Jesus, der jetzt Abschied nimmt, geht in die himmlische Heimat, in „des Vaters Haus"⁴; dort gibt es „viele Wohnungen"⁵, in denen er den Jüngern ihre Stätte

---

das Ideal der ἀταραξία. — Die Angst der Seele, die einsam in der Welt steht, ist auch ein Motiv des Mythos, s. S. 322, 5. Die dämonischen Mächte des Bösen wollen die Seele in Schrecken setzen; sie sprechen: „Er werde abtrünnig, sein Herz ängstige sich" (Ginza 394, 1). — Act. Andr. 17 p. 44, 29f. könnte Nachahmung von Joh 14₁ sein: τὸ δὲ περὶ ἐμὲ μέλλον συμβαίνειν μὴ ὄντως ταρασσέτω ὑμᾶς κτλ.

¹ „Die chiastische Wortstellung legt den Ton auf den Gegensatz von εἰς τ. θεόν und εἰς ἐμέ" (Zn.). Es scheint am nächsten zu liegen, die beiden durch καί verbundenen Sätze als koordinierte Imperative aufzufassen (so die alten Lat., Theod., Cyr. Al., ebenso B. Weiß, Ho., Htm., Br., Bd., Bl., Hirsch). Aber Sätze wie V. 9 8₁₉ 12₄₄ veranlassen doch, das Satzverhältnis als Subordination aufzufassen; so Orig.: ἐπεὶ πιστεύετε εἰς τ. θ., καὶ εἰς ἐμὲ πιστεύετε. Ähnlich Zn. (der aber beide πιστ. als Imperative faßt) und Lagr. (der nur das zweite πιστ. als Imp. nimmt). Auch wenn man beide πιστ. als Indikative versteht, ist der Satz natürlich indirekt eine Mahnung.

² Ein Grund, πιστεύειν hier im Gegensatz zum sonstigen Gebrauch bei Joh als „vertrauen" zu verstehen (Ho., Br.), liegt nicht vor. Schlatters Erklärung (Der Glaube im NT⁴ 189) trifft die Pointe nicht: „Weil Jesus als der Sterbende unfähig scheint, der Zielpunkt des Glaubens zu sein, wird ausdrücklich auf den hingewiesen, der der Grund einer unerschütterlichen Zuversicht bleibt." Aber solchen Glauben an Gott, der dem Glauben an Jesus erst Kraft geben müßte, der also auch ohne diesen schon bestünde, kennt Joh nicht.

³ Zum Sprachlichen von V.2f.: τόπον ἑτοιμάζειν auch I Par 15₁ Apk 12₆; Rabbi=nisches bei Schl., aber gut griechisch (3. B. ἑτοιμάζειν σῶμα Eur. Alc. 364). Zu ἐάν, das wie 12₃₂ fast = ὅταν ist, s. Br. Das ἔρχομαι ist futurisch (Bl.=D. § 323, 1; Colwell 61—64); das παραλήμψ. drückt das weitere Ergebnis aus. Zu παραλ. vgl. Cant 8₂: παραλήμψομαί σε, εἰσάξω σε εἰς οἶκον μητρός μου. Trostbriefformular bei Deißmann, L. v. O. 144: δόξα ... τῷ ... θεῷ ... τὴν ψυχὴν ἡνίκα συμφέρει παραλαμβάνοντι.

⁴ Vgl. bei den Mandäern das „Haus des Lebens" oder das „Haus der Vollendung"; s. die Indices bei Lidzb. zu den Mand. Lit. und zum Ginza. Vgl. Philo somn. I 256: die Seele, die über πάθος und κενὴ δόξα Herr geworden ist, wird Gott Hymnen singen;

bereiten wird, um dann wiederzukommen und sie zu sich zu holen[1]. Der Evglist hat den Text der Quelle durch die Bemerkung V. 2 unterbrochen: εἰ δὲ μή, εἶπον ἂν ὑμῖν ὅτι[2], die nicht sicher verständlich ist; sie soll wohl die Gewißheit des Gesagten betonen[3]. Soviel ist jedenfalls klar: die Verlassenheit der Jünger ist eine vorläufige; Jesus wird kommen und sie zu sich holen.

Mit dem παραλήμψομαι ὑμᾶς πρὸς ἐμ. geht diese Verheißung über das ὄψεσθέ με 16 16 und ὄψομαι ὑμᾶς 16 22 hinaus. Die Vorläufigkeit, der dieses παραλ. ein Ende macht, kann nicht die jenes zweiten μικρόν von 16 16 sein. Die Verheißung der himmlischen Wohnungen und des „Seins, wo er ist", ist etwas anderes als die Verheißung der χαρά, in die sich die λύπη der Glaubenden ver=

---

ihr gilt: οὕτως γὰρ δυνήσῃ καὶ εἰς τὸν πατρῷον οἶκον ἐπανελθεῖν, τὴν ἐπὶ τῆς ξένης μακρὰν καὶ ἀνήνυτον ζάλην ἐκφυγοῦσα.

[5] Μονή = Wohnung (vgl. μένειν 1 38 f.) s. Br., Wörterb. — Die jüdische Apoka=lyptik kennt die himmlischen Wohnungen der Gerechten (äth. Hen. 39, 4; 41, 2; sl. Hen. 61, 2; Volz, Eschat. 405 f.). Der Gnostiker Markus redet von den ὕπερθεν δώματα Iren. I 14, 3 bzw. Hipp. El. 44, 1 p. 176, 18; im Hymnus Act. Ioa. 95, p. 198, 9 f. heißt es: οἶκον οὐκ ἔχω καὶ οἴκους ἔχω ..., τόπον οὐκ ἔχω καὶ τόπους ἔχω. Act. Thom. 27, p. 142, 17 f. wird die Sophia angerufen: ἐλθὲ ἡ μήτηρ τῶν ἑπτὰ οἴκων, ἵνα ἡ ἀνάπαυσίς σου εἰς τὸν ὄγδοον οἶκον γένηται. Vor allem spielen die lichte, glänzende Wohnung und die himmlischen Skinas bei den Mandäern eine große Rolle, s. die Indices zu den Mand. Lit. und zum Ginza s. v. Skina; s. ferner S. 462, 3; ZNTW 24 (1925), 132 f. Manichäisches bei Br. Verwandt mit der Vorstellung von den himmlischen Wohnungen für die Gläu=bigen ist die vom himmlischen Bau, in den die Gläubigen eingebaut werden; s. Schlier, Relig. Unters. 120 f.; Christus und die Kirche 49, 2. — An der Übereinstimmung der Sätze V. 2 f. mit der gnostischen Mythologie scheitert der Versuch O. Schaefers (ZNTW 32 [1933], 210 ff.), die οἰκία des Vaters als das Weltall zu verstehen (was trotz 8 35 ganz unjoh. wäre), in dem es mehr als eine Wohnung gäbe, nämlich nicht nur diese Erde, sondern auch den Himmel, sodaß Jesu Fortgang von der Erde nicht bedeute, daß er im Nichts entschwinde. Ähnlich R. Eisler, Ιησ. βασ. II 246: „Gottes Haus oder Palast ist die weite Welt, in ihr findet der 'unstät Irrende' ... 'viele Raststätten'."

[1] S. S. 462, 3; 330, 8; 398, 2. Von der Mythologie der jüdisch-christlichen Eschato=logie unterscheidet sich diese Vorstellung durchaus; die Verheißung geht auf den Auf=stieg der einzelnen Seelen nach dem Tode in die Lichtwelt; s. u. S. 465, 1.

[2] Das ὅτι fehlt zwar K a l it, dürfte aber sicher genug bezeugt sein.

[3] Nimmt man ὅτι kausal (B. Weiß, Lagr., Tillm., Bl.), so erhält man einen trivialen Gedanken, sei es, daß man (1) das ὅτι auf das εἶπον bezieht („Sonst hätte ich euch gesagt, denn ich gehe ja hin und muß es also wissen"), sei es, daß man (2) das εἰ δὲ μή ... ὑμῖν parenthesiert und ὅτι κτλ. als Begründung des μοναὶ πολλαί εἰσιν auffaßt (was auf den gleichen Sinn hinauskommt). Besser faßt man (wie Orig.) das ὅτι explikativ und versteht dann entweder (3): „Sonst hätte ich euch gesagt, daß ich hingehe ...", d. h. „die Wohnungen sind schon bereit, und ich brauche nicht zu sagen, daß ich euch Platz verschaffen will"; so Zn.; dagegen Lagr.: gerade und nur wenn Wohnungen bereit stehen, hat es Sinn, hinzugehen und einen Platz zu belegen. Vor allem aber: nach V. 3 geht Jesus ja hin, um Platz zu bereiten (Wellh. will dem entgehen, indem er in V. 3 ἐὰν πορ. ... τόπον ὑμῖν streicht; dagegen Omoedo, Mistica 57, 1). Oder man nimmt (4) den Satz als Frage (Ho., Htm., Br., Bd., Hirsch): „Hätte ich sonst gesagt, daß ich hingehen will ...?" Freilich hat Jesus das bisher nicht direkt gesagt, aber doch indirekt 12 26. 32 17 24; und da der ἵνα=Satz V. 3 die Formulierung von 12 26 17 24 wieder aufnimmt, dürfte dies das wahrscheinlichste Verständnis sein. — Torrey vermutet (341) einen Übersetzungs=fehler: das εἰ δὲ μή beruhe auf dem Mißverständnis von וְלֹא (passend) als וְלֹא, sodaß es eigentlich heißen müßte: συμφέρει, λέγω ὑμῖν, ὅτι πορεύομαι, oder vielleicht besser: ἀμὴν ἀμ. λέγω ὑμῖν· συμφέρει ... (vgl. 16 7). Der Rhythmus der Sätze spricht nicht dafür; und wenn ein Zusatz des Evglisten vorliegt, kommt ein Übersetzungsfehler nicht in Frage. — Unmöglich Corssens Versuch ZNTW 8 (1907), 134 f., das εἰ δὲ μή nicht im Gegensatz zu ἐν τ. οἰκ. κτλ., sondern zu πιστεύετε zu verstehen: „Wenn ihr nicht richtig glauben könntet (nämlich, daß ich und der Vater eins sind), dann würde ich sagen, daß ..."

wandeln wird. Es ist die Verheißung der Schau der jenseitigen, nicht mehr von
der σάρξ verhüllten δόξα des Offenbarers in einer Existenz jenseits des Todes,
wie sie 12 26 angedeutet und 17 24 erbeten war[1]. Dem entspricht es, daß jetzt zu=
nächst nicht die Situation der Glaubenden in der Welt das Thema ist, sondern
die Frage nach der ὁδός. Der Gang der Abschiedsreden entspricht insofern dem
Gedankengang des Gebetes Kap. 17, das V. 9-23 die Situation der Glaubenden
in der Welt betraf und V. 24-26 die Ewigkeit ihrer Existenz über den Tod hinaus.
Aber wie dort die innere Einheit der gläubigen Existenz in der Welt und in der
jenseitigen Zukunft deutlich war[2], so auch hier. Die Frage nach der ὁδός wird
alsbald zurückgebogen zur Frage nach der gegenwärtigen Gemeinschaft mit dem
Offenbarer, sodaß die Sorge, in die der Glaubende gestellt wird, nicht die Sorge
um die verheißene jenseitige Zukunft ist, sondern die Sorge um die glaubende
Existenz in der Welt. Deshalb widerspricht die Verheißung der jenseitigen Zu=
kunft nach dem Tode nicht dem Gedanken, daß im Glauben schon jetzt die Auf=
erstehung erfahren wird (5 24 f. 11 25 f.). Andrerseits ist mit solchem Glauben die
Gewißheit der Nichtigkeit des bevorstehenden leiblichen Todes — gerade unter
der Voraussetzung, daß er nicht zum Gegenstand der Sorge gemacht wird — ge=
geben. Der Glaubende darf gerade in der ταραχή der Vereinsamung die Ver=
heißung hören, daß er ein Zu=hause hat, daß in des Vaters Hause „viele Woh=
nungen", also auch ein Platz für ihn, sind[3]. Aber er darf die Verheißung nur
hören in der Vereinsamung, wie sie nur dem Glauben eigen ist.

Daß diese Verheißung nur dem Glauben gilt, der in Jesu ὑπάγειν den sieg=
reichen Hingang zum Vater sieht, daß aber der Glaube auch den Weg kennt, ihm
nachzufolgen, sagt Jesu Wort V. 4: καὶ ὅπου ἐγὼ ὑπάγω οἴδατε τὴν ὁδόν.
Dieses Wort enthält das Doppelte: 1. in engem Zshg mit V. 3: über jenen Ort,
da ihr bei mir sein werdet, könnt ihr nicht im Zweifel sein; ihr wißt ja, wohin ich
gehe. Aber es heißt ja nicht nur ὅπου ὑπάγω οἴδατε, sondern zugleich (οἴδατε)

---

[1] Die dieser Verheißung zugrunde liegende Eschatologie ist nicht die der jüdisch=
christlichen Hoffnung, sondern die individualistische des gnostischen Mythos, von deren
Zusammenhang mit der kosmologischen Eschatologie (s. S. 41; 113, 6; 330, 3) hier ganz
abgesehen ist. Das V. 3 verheißene ἔρχεσθαι des Offenbarers ist also nicht die Parusie
der jüdisch=christlichen Eschatologie (B. Weiß, Zn., Schl., Bd.). Auf das Vorurteil, diese
sei gemeint, beruht Wellh.s Annahme von Interpolation (s. S. 464, 3). Aber dieses
Vorurteil teilen Sp. und Loisy; dieser mit der Modifikation, daß sich im Denken des
Evglisten die Parusie mit der ihr vorausgehenden geistigen Unio verschlinge (ähnlich
Ho., Htm., Bl.). Daß es sich um das Kommen Jesu in der Todesstunde handelt, sieht
Kundsin (s. S. 447, 5) richtig; daß es sich aber speziell um den Märtyrertod handelt, ist
bei der Allgemeinheit der Verheißung und vollends angesichts V. 4-9 nicht möglich. Un=
möglich auch Zn.s Unterscheidung, daß V. 2-3 a „denjenigen Jüngern gilt, die in der Nach=
folge Jesu durch den Tod zur Herrlichkeit... eingehen sollen", V. 3 b dagegen „der Jünger=
schaft insgesamt, die auf Erden fortbestehen soll, bis der Herr wiederkommt".

[2] S. S. 400 f.

[3] Es versteht sich von selbst, daß die Verheißung der „vielen Wohnungen" nicht auf
verschiedene Grade der Seligkeit geht, wie die Presbyter des Iren. V 36, 2 meinen (ob
diese ein freies Herrenwort oder Joh zitieren, ist nach v. Loewenich 126, 1 fraglich).
Spekulationen über verschiedene χῶραι, in denen die nach der Trennung vom Leibe
aufsteigenden ψυχαί je nach ihrer τιμή Platz finden, in den hermetischen Stücken bei
Scott, hermetica I 506 ff.; s. dazu Kroll, herm. Trism. 267 ff.— Die „vielen Wohnungen"
bezeichnen einfach die Fülle, den Reichtum der Lichtwelt; vgl. OdSal 3 6: „Ich werde
dort kein Fremdling sein; denn es gibt keinen Neid (אסמח = φθόνος) beim Herrn";
ἀφθονία ist Überfluß wie Freigebigkeit. — Vgl. Vergil Aen. 6, 673: nulli certa domus,
nämlich ein Jenseits, dessen weiter Raum allen Seligen frei zur Verfügung steht.

τὴν ὁδόν. Also 2.: ihr wißt auch den Weg dorthin[1]. Und das Zweite wird jetzt zum eigentlichen Thema. Da aber das Wissen um die ὁδός mit dem Wissen um seinen Hingang, also im Grunde mit dem Wissen um ihn als den Offenbarer gegeben ist, findet die Frage nach der ὁδός ihre Antwort, indem von ihm geredet wird.

2. Die Einheit von Weg und Ziel: 14₅₋₁₄.

Die Formulierung des Wortes V.4 war provozierend; der Glaubende wird auf das hin angesprochen, was er schon wissen müßte und doch noch nicht weiß. Es gilt ja, ihm zum Bewußtsein zu bringen, was ihm gegeben ist, und deshalb wird er zur Frage gereizt. Thomas[2] stellt die Frage (V. 5)[3], — töricht wie die Juden (7₃₅ f. 8₂₂), da er längst wissen sollte, wohin Jesus geht. Seine Frage charakterisiert den mythologischen Standpunkt, der sich Ziel und Weg nur nach der Weise des innerweltlich Vorhandenen vorstellen kann[4]. Und dennoch ist die

---

[1] Der doppelte Sinn tritt in der Lesart von K D pl lat sy noch deutlicher hervor: καὶ ὅπου ἐγὼ ὑπάγω οἴδατε καὶ τὴν ὁδὸν οἴδατε. Doch ist das verdeutlichende Korrektur, die den Rhythmus verletzt.

[2] S. S. 305. — D fügt hinzu ὁ λεγόμενος Δίδυμος.

[3] Vor πῶς lesen ℵ K pl lat ein καί. ℵ K pl fahren fort: (πῶς) δυνάμεθα εἰδέναι τὴν ὁδόν. Deutlich Korrektur.

[4] Vgl. die Reflexionen des Šum-Kušta im Joh.=B. 59, 2 ff.: „Mein Maß ist voll. Ich will nun hingehen, weiß aber nicht, wer mich führen soll, (damit ich ihn frage,) wie weit mein Weg ist, ... und niemand ist da, der mich hole." — Deutlich ist wieder die mythologische Grundlage der Formulierung. Das Wissen um den Weg, den die aus dem Leibe scheidende Seele in die Lichtwelt zu gehen hat, und um den Führer, der den Weg weist, kann geradezu als ein Hauptstück der Gnosis bezeichnet werden (W. Anz, Zur Frage nach dem Ursprung des Gnostizismus 1897; Jonas, Gnosis I 205 ff.). Der Erlöser bringt als γνῶσις die Kunde von den κεκρυμμένα τῆς ἁγίας ὁδοῦ (Hipp. El. V 10, 2, f. S. 380, 2). Die Peraten sprechen (Hipp. El. V 16, 1, p. 111, 9 ff. W.): μόνοι ... ἡμεῖς οἱ τὴν ἀνάγκην τῆς γενέσεως ἐγνωκότες καὶ τὰς ὁδούς, δι᾿ ὧν εἰσελήλυθεν ὁ Ἄνθρωπος εἰς τὸν κόσμον, ἀκριβῶς δεδιδαγμένοι διελθεῖν καὶ περᾶσαι τὴν φθορὰν μόνοι δυνάμεθα. Vgl. V 26, 23, p. 130, 17 f.: ἀναβὰς γὰρ πρὸς τὸν ἀγαθὸν ὁ πατὴρ ὁδὸν ἔδειξε τοῖς ἀναβαίνειν θέλουσιν. Exc. ex Theod. 38: ἵνα ... τῷ σπέρματι ὁδοδιον εἰς πλήρωμα παράσχῃ. 74: ὁ κύριος ἀνθρώποις ὁδηγὸς ὁ κατελθὼν εἰς γῆν. Bei Iren. I 13, 6; 21, 5; (= Epiph. 36, 3, 2—5) und Orig. c. C. VI 31 werden gnostische Formeln überliefert, die der Seele den Weg in die Lichtwelt bahnen. Die Gebete Act. Thom. 148. 167 (p. 257, 10 ff.; 281, 6 ff.) bitten, daß die Seele ungefährdet ihren Weg zum Ziele gehe; vgl. bes. p. 281, 8 f.: ὁδήγησόν με σήμερον ἐρχόμενον πρὸς σέ. Der Erlöser hat nach OdSal 39₉ ff. den Weg bereitet (vgl. OdSal 7₃. 13 f. 11₃ 22₇. 11 24₁₃ 33₇ ff. 41₁₁). Überreich sind die Zeugnisse der mandäischen Literatur. Vgl. Mand. Lit. 38: „Du zeigtest uns den Weg, auf dem du aus dem Hause des Lebens gekommen bist. Auf ihm wollen wir den Gang der wahrhaften, gläubigen Männer gehen, auf daß unser Geist und unsere Seele in der Skina des Lebens weile ..." 134 f.: „Du kamest, öffnetest das Tor, ebnetest den Weg, tratest den Pfad aus ... Ein Helfer, Geleiter, Führer warst du dem großen Stamme des Lebens. Du ... brachtest ihn heraus zum großen Lichtort und zur leuchtenden Wohnung"; ferner 77. 97 f. 101. 132 f.; Joh.=B. 198, 20 f.: „Ich habe einen Weg von der Finsternis zur lichten Wohnung geebnet"; 199, 3 f.; 239, 14; Ginza 95, 15; 247, 16 ff.; 271, 26 f.; 395, 3 ff. (die Kušta als der „Weg der Vollkommenen, der Pfad, der zum Lichtort emporsteigt"); 429, 17 ff.; 439, 14 ff.; 487, 8 ff.; 523, 23 ff.; 550, 16 ff. usw., f. u. S. 468, 4. Vgl. das manichäische Lied Reitzenst. J. E. M. 23 f. — In der hermetischen Gnosis findet sich die gleiche Terminologie; vgl. C. Herm. 7, 2; 9, 10; 10, 21 (f. S. 442, 4), vgl. 4, 11; 10, 21 und die Belehrung über die πρὸς ἀλήθειαν ὁδός in dem Frg. bei Scott, hermetica 390—392. Nach C. Herm. 1, 26. 29 wird der Gnostiker seinerseits καθοδηγός für die anderen. Über Zosimos f. Reitzenst. H. M. R. 301. Wie weit schon der platonischen Symbolik des Weges (P. Friedländer, Platon I 74 ff.) solche Mythologie zugrunde liegt, wäre zu untersuchen. — Vgl. ZNTW 24 (1925), 133 f.;

Frage insofern richtig gestellt, als in ihr deutlich wird, daß das Wissen um den eigenen Weg von dem Wissen um das ὑπάγειν Jesu abhängt.

Jesu Antwort **V. 6** korrigiert das mythologische Denken:

> ἐγώ εἰμι ἡ ὁδὸς καὶ ἡ ἀλήθεια καὶ ἡ ζωή·
> οὐδεὶς ἔρχεται πρὸς τὸν πατέρα εἰ μὴ δι᾽ ἐμοῦ.

Indem sich Jesus selbst als den Weg bezeichnet, wird deutlich: 1. daß es für die Jünger anders steht als für ihn; er braucht für sich keinen „Weg" in dem Sinne wie die Jünger; vielmehr ist er für sie der Weg; 2. daß Weg und Ziel nicht im Sinn des mythologischen Denkens getrennt werden dürfen[1]. Im Mythos ist die Erlösung zu einem kosmischen Geschehen versachlicht und deshalb — gegen die Intention des Mythos selbst — als ein innerweltliches Geschehen vorgestellt, als eine Göttergeschichte, die abgesehen von der Existenz des Menschen passiert, und auf die er als auf die Garantie seiner Zukunft verwiesen wird[2]. Nach Joh ist die Erlösung ein Geschehen, das sich in der Existenz des Menschen durch die Begegnung mit dem Offenbarer ereignet, sodaß die Gegenwart des Glaubenden schon aus der Zukunft ist; seine Existenz ist eschatologische Existenz; sein Weg ist schon sein Ziel.

᾽Εγώ εἰμι ἡ ὁδός: das ist der reine Ausdruck des Offenbarungsgedankens. Der Offenbarer ist der Zugang zu Gott[3], nach dem der Mensch fragt[4], und zwar — wie in dem ἐγώ εἰμι schon selbstverständlich enthalten ist, und wie das οὐδεὶς κτλ. ausdrücklich sagt — der einzige Zugang. Er ist es aber nicht in dem Sinne,

---

Reitzenst. H. M. R. 295ff.; J. Kroll, Herm. Trism. 380ff.; Schlier, Relig. Unters. 137ff.; Bornkamm, Mythos und Leg. 12; E. Käsemann, Das wandernde Gottesvolk 1938, 52ff. E. Percy, Untersuchungen 225f. bestreitet das Gewicht der gnostischen Analogien mit Unrecht.

Demgegenüber kommt der bildliche Sprachgebrauch des ATs (z. B. Ps 143₁₀ Jes 63₁₄) sowenig in Betracht wie etwa Epikt. diss. I 4, 29 (Preis des Chrysipp): ὦ μεγάλης εὐτυχίας, ὦ μεγάλου εὐεργέτου τοῦ δεικνύοντος τὴν ὁδόν; ebensowenig Sap 10₁₀. ₁₇ (höchstens 9₁₁ könnte der Mythos nachklingen, wo vom ὁδηγεῖν der σοφία die Rede ist). Philon dagegen zeigt den Einfluß des gnostischen Sprachgebrauchs, für ihn ist der θεῖος λόγος der ἡγεμὼν τῆς ὁδοῦ der Seele (migr. Abr. 174f., S. 454, 3), und er deutet die βασιλικὴ ὁδός von Num 20₁₇ als den Weg der Gnosis und Gottesschau, s. J. Pascher, Η ΒΑΣΙΛΙΚΗ ΟΔΟΣ 1931.

Die Vorstellung vom „Weg" gehört mit der von der „Tür" zusammen; über diese s. S. 287, 7; Ed. Schweizer, EGO EIMI 143, 14; Kundsin, Charakter 239f. In den Kreis dieser Motive gehört auch das Motiv der himmlischen Mauer, in die der Erlöser eine Bresche schlägt, s. Schlier, Christus und die Kirche 18ff.; Käsemann, Das wandernde Gottesvolk 101f. 145ff.

[1] Es ist eine Analogie, wenn in der Gnosis der Offenbarer manchmal nicht nur als der bezeichnet wird, der die Gnosis bringt, sondern auch als der, der selber die Gnosis ist; s. Schlier, Relig. Unters. 60f., wie denn der mandäische Offenbarer Manda d haije = γνῶσις τῆς ζωῆς heißt; s. Reitzenst. H. M. R. 394f. und vgl. Ign. Eph. 17, 2: διὰ τί δὲ οὐ πάντες φρόνιμοι γινόμεθα λαβόντες θεοῦ γνῶσιν, ὅ ἐστιν Ἰ. Χριστός; Es ist in solchen Fällen nicht immer sicher zu entscheiden, ob rhetorische Formulierung vorliegt, oder ob sich diese Anschauung des Glaubens (bzw. des mystischen Erlebnisses) über die mythologische Vorstellung hinausschwingt. Daß V.₆ den Mythos preisgibt, zeigt V.₇₋₉.

[2] S. S. 41f.

[3] Man darf den Satz nicht aus dem Zshg mit dem ganzen Evg isolieren und aus der Passionssituation allein verstehen, sodaß der „Weg" das in Wesensgemeinschaft mit Jesu erlittene Martyrium wäre (Kundsin a. a. O. 212; s. S. 447, 5).

[4] Daß das ἐγώ nicht Subj., sondern Präd. ist, daß also die Rekognitionsformel vorliegt (s. S. 167, 2), ist aus dem Zshg doch wohl deutlich.

30 *

daß er den Zugang vermittelte, um dann entbehrlich zu werden[1]; nicht in dem
Sinne also, daß er wie ein Mystagoge Lehren und Weihen brächte, die Mittel
zur Gottesschau sind. Sondern er ist der Weg so, daß er zugleich das Ziel ist;
denn er ist auch ἡ ἀλήθεια καὶ ἡ ζωή: die ἀλήθεια als die offenbare Wirk=
lichkeit Gottes[2], die ζωή als die göttliche Wirklichkeit, die dem Glaubenden das
Leben als das Sich=verstehen in Gott spendet[3]. Alle drei Begriffe aber sind in
dem ἐγώ aneinandergebunden[4]: so wie Jesus der Weg ist, indem er das Ziel ist,
so ist er auch das Ziel, indem er der Weg ist. Er kann über dem Ziel nicht vergessen
werden, weil der Glaubende die ἀλήθεια und die ζωή nicht als einen verfügbaren
Besitz haben kann: Jesus bleibt für ihn der Weg. Freilich auch nicht so, als ob
ἀλήθεια und ζωή nur ein ständig erstrebtes, unendlich fernes Ziel wären; viel=
mehr im Gehen des Weges ist das Ziel erreicht. Aber nicht im Sinne der Stoa
oder des Idealismus so, daß dem unendlichen Wege das Ziel ideell gegenwärtig
ist; denn der Weg ist nicht das πρὸς τὸ μὴ ἁμαρτάνειν τετάσθαι διηνεκῶς (Epikt.
diss. IV 12, 19), nicht das „immer strebend sich bemühen", sondern er ist das
Existieren in der Bestimmtheit durch das konkrete geschichtliche Wort Jesu, in
dem Gott gegenwärtig ist[5]. Aber nur in ihm hat der Glaubende Gott, d. h.
Gott ist nicht direkt zugänglich; Glaube ist kein mystisches Erlebnis, sondern ge=
schichtliches Existieren in der Bestimmtheit durch die Offenbarung.

Das bedeutet zugleich: es gibt für die Erfassung der ἀλήθεια und ζωή nicht
ein „abgekürztes Verfahren". Die Entdeckung dieser ἀλήθεια ist nicht ein für
allemal gesichert und verfügbar und dann „verkürzt" mitzuteilen wie die Wahr=
heit der Wissenschaft, sondern jeder muß den Weg zu ihr selber gehen; denn nur

---

[1] So der λόγος Philons, s. S. 454, 3. So bei Plotin von der ἐπιστήμη Enn. VI 9, 4,
p. 513, 2 ff. Volkm. „Darum läßt sich von ihm (dem ἕν) weder reden noch schreiben, wie
es heißt: sondern wir reden und schreiben nur davon, um zu ihm hinzuleiten, aufzuwecken
aus den Begriffen zum Schauen ὥσπερ ὁδὸν δεικνύντες τῷ τι θεάσασθαι βουλομένῳ.
Denn nur bis zum Wege, bis zum Aufbruch reicht die Belehrung, die Schau muß dann
selbst vollbringen, wer etwas sehen will" (Übers. von Harder). Ähnlich Jambl. de myst.
9, 6, p. 280, 16 ff. Parthey vom οἰκεῖος δαίμων des Menschen: μέχρι τοσούτου κυβερνᾷ
τοὺς ἀνθρώπους, ἕως ἂν διὰ τῆς ἱερατικῆς θεουργίας θεὸν ἔφορον ἐπιστήσωμεν καὶ
ἡγεμόνα τῆς ψυχῆς· τότε γὰρ ὑποχωρεῖ τῷ κρείττονι ἢ παραδίδωσι τὴν ἐπιστασίαν,
ἢ ὑποτάττεται, ὡς συντελεῖν εἰς αὐτόν, ἢ ἄλλον τινὰ τρόπον ὑπηρετεῖ αὐτῷ ὡς
ἐπάρχοντι.
[2] S. S. 50, 1; 140; 243; 332 ff.; 390, 2. — Weil die ἀλήθεια im hellenistischen Sprach=
gebrauch die göttliche Wirklichkeit bedeuten kann, kann es auch im Zauber heißen:
ἐγώ εἰμι ἡ ἀλήθεια (Pap. Graec. Mag. V 148).
[3] S. S. 21 ff. 135 f. 193 ff. 243. 307 f.
[4] Die Verbindung der Begriffe der ὁδός, ἀλήθεια und ζωή ist typisch gnostisch, wobei
zu berücksichtigen ist, daß für ἀλ. auch das korrespondierende (von Joh vermiedene) γνῶσις
eintreten kann. Vgl. Mand. Lit. 77: „Du holtest uns aus dem Tode. Du zeigtest uns den
Weg des Lebens und ließest uns die Pfade der Wahrheit und des Glaubens wandeln."
Ginza 271, 26 ff. wird die Kušta angeredet: „Du bist der Weg der Vollkommenen, der
Pfad, der zum Lichtort emporsteigt. Du bist das Leben von Ewigkeit ... Du bist ...
die Wahrheit ohne Irrtum." Die Wahrheit ist nach OdSal 38 die Führerin zum Leben;
vom Weg der Wahrheit reden OdSal 11₃ 33₈ (im Gegensatz zu den Wegen der φθορά
und ἀπώλεια); vgl. 15₄ ff. Über die Kombination von ἀλ. und ζωή s. ThWB I 241, 14 ff.;
vgl. C. Herm. 13, 9: τῇ δὲ ἀληθείᾳ καὶ τὸ ἀγαθὸν ἐπεγένετο ἅμα ζωῇ καὶ φωτί; im
Schlußgebet des Λόγος τέλειος (Scott, Hermetica I 376; Pap. Graec. Mag. III 602) die
Kombination von ζωή und γνῶσις.
[5] Anders Phil. somn. I 66: ὁ δὴ ξεναγηθεὶς ὑπὸ σοφίας εἰς τὸν πρότερον ἀφι=
κνεῖται τόπον, εὑράμενος τῆς ἀρεσκείας κεφαλὴν καὶ τέλος τὸν θεῖον λόγον, ἐν ᾧ
γενόμενος οὐ φθάνει πρὸς τὸν κατὰ τὸ εἶναι θεὸν ἐλθεῖν, ἀλλ' αὐτὸν ὁρᾷ μακρόθεν κτλ.

im Gehen erschließt sie sich. So ist Jesus die Wahrheit, nicht sagt er sie einfach. Man kommt nicht zu ihm, ihn um Wahrheit zu befragen, sondern als zur Wahrheit. Es gibt diese Wahrheit nicht als Lehre, die eingesehen, verwahrt und weitergegeben werden könnte, sodaß der Lehrer erledigt und überholt wird. Vielmehr entscheidet sich an der Stellung zum Offenbarer, — nicht ob einer die Wahrheit weiß, sondern ob er „aus der Wahrheit ist", d. h. ob er in der Bestimmtheit durch sie existiert als aus dem Grunde seiner Existenz. Und wie jeder für sich im Christentum von vorne anfangen muß[1], so gibt es auch keine Geschichte des Christentums innerhalb der Weltgeschichte als Geistes- oder Problemgeschichte, in der es von Stufe zu Stufe, von Lösung zu Lösung ginge, sondern jedes Geschlecht hat das gleiche ursprüngliche Verhältnis zur Offenbarung[2].

Ist aber das die Antwort auf die Frage des Thomas, die nach dem Weg zu dem jenseits der geschichtlichen Existenz liegenden Ziele fragt, so ist klar: der Fragende wird in seine geschichtliche Existenz zurückverwiesen. Er kann nicht über sie hinausfragen und weitere Garantien verlangen. Er kann nur in ihr die Verheißung hören: πάλιν ἔρχομαι καὶ παραλήμψομαι ὑμᾶς πρὸς ἐμαυτόν. Und zwar wird er so auf sich zurückverwiesen, daß er sich als schlechthin durch Gottes Offenbarung begründet und aus ihr lebend verstehen soll, — also nicht auf seine Kraft und Leistung oder irgend eine ihm eigene Göttlichkeit. Allein der Glaube ist der Zukunft gewiß.

Die Paradoxie, daß Weg und Ziel eines sind, wird in V. 7-11 noch einmal zum Ausdruck gebracht, wieder eingeleitet durch ein provozierendes Wort Jesu, dem eine törichte Bitte des Philippus folgt. D. 7: εἰ ἐγνώκατέ με, καὶ τὸν πατέρα μου γνώσεσθε[3]. Darin ist Jesus der Offenbarer, daß in ihm der Vater gegenwärtig ist[4]; haben die Jünger ihn erkannt, so werden sie auch den Vater erkennen. Sie werden es? Im Grunde haben sie es schon, wie V. 9 sagt: ὁ ἑωρακὼς ἐμὲ ἑώρακεν τὸν πατέρα. Aber die in der Begegnung mit ihm gegebene Möglichkeit muß realisiert, muß ausdrücklich ergriffen werden; die eschatologische Existenz muß in der Geschichte verwirklicht werden. Das glaubende Sein ist geschichtliches Existieren in der Zeit; die immer schon gegebene Möglichkeit steht jeweils als Zukunft vor dem Glaubenden, und deshalb kann es γνώσεσθε heißen so gut wie ἑωράκατε. Denn das ist gerade die Pointe des Dialogs, zu

---

[1] Anders die Erziehung in Goethes „pädagogischer Provinz", wo es vielmehr so ist, daß „weise Männer den Knaben unter der Hand dasjenige finden lassen, was ihm gemäß ist; daß sie die Umwege verkürzen, durch welche der Mensch von seiner Bestimmung, nur allzu gefällig, abirren mag."

[2] Kierkegaard, Einübung im Christentum, deutsch[2], Jena 1924, 20ff. 179ff.

[3] So nach אD pc; dagegen BC* 565 al: εἰ ἐγνώκειτέ με, καὶ τ. πατ. μ. ἂν ᾔδειτε, während syr[s]: „Wenn ihr mich nicht gekannt habt, werdet ihr auch meinen Vater erkennen?" offenbar aus אD entstanden ist. — Zum Vorangehenden passen beide Lesarten gleich gut, zum Folgenden aber nur אD; denn nach BC verneint D. 7a, was D. 7b behauptet, während nach אD D. 7a die Bedingung für die Möglichkeit der Behauptung D. 7b angibt. Offenbar ist der ursprüngliche Text (אD) in BC und syr[s] in verschiedener Weise korrigiert worden, damit die nach D. 7b scheinbar unmögliche Bitte des Phil. motiviert sein soll (dabei hat wohl 8₁₉ auf BC eingewirkt). Aber damit ist die Pointe von D. 7-9 verdorben, daß nämlich der Jünger schon in der Möglichkeit steht, gegen die er noch blind ist. — Wahrscheinlich stammt D. 7a aus der Quelle, in der er mit D. 9a zusammengehörte. Der Evglist hat den Parallelismus um des Dialogs willen aufgelöst. Nach der Quelle wäre etwa zu lesen: ὁ γινώσκων (γνοὺς) ἐμὲ καὶ τὸν πατ. μ. γινώσκει (ἔγνωκεν) καὶ ὁ ἑωρακὼς ἐμὲ ἑώρακεν τὸν πατέρα.

[4] S. S. 186ff. 262.

zeigen, daß dem Glaubenden, der verzagt ist und noch blind für seine eigene Möglichkeit, nur aufgedeckt zu werden braucht, was er schon hat, daß aber eben deshalb das glaubende Sein keine beruhigte Zuständlichkeit, sondern das Ergreifen der geschenkten Möglichkeit ist.

Daß die Jünger schon in dieser Möglichkeit stehen, sagt provozierend das: ἀπ' ἄρτι γινώσκετε αὐτὸν καὶ ἑωράκατε: schon ist es so weit[1]! Aber eben dagegen ist Philippus[2] noch blind und bittet: κύριε, δεῖξον ἡμῖν τὸν πατέρα, καὶ ἀρκεῖ ἡμῖν (V. 8). Das ἀρκεῖ ἡμ.[3] zeigt freilich, daß er die Intention der Worte Jesu, die den Frager von V.5 in seine gegenwärtige Situation weisen, richtig erfaßt hat; er will ja über die Gegenwart nicht hinaus, wenn er nur in ihr Gott sehen kann. Seine Torheit ist aber die, daß er über die Offenbarung hinaus eine direkte Schau Gottes begehrt[4]. Daß das Torheit ist, bringt ihm Jesu Antwort zum Bewußtsein, die ihn auf die indirekte Gottesschau am Offenbarer zurückweist (V. 9). Die vorwurfsvolle Frage: τοσοῦτον χρόνον κτλ.[5] enthält den Gedanken, daß alle Gemeinschaft mit Jesus ihren Sinn verfehlt, wenn er nicht als der erkannt ist, der nichts für sich sein, sondern nur Gott offenbaren will, daß andrerseits in der Gemeinschaft mit ihm die Möglichkeit gegeben ist, Gott zu schauen: ὁ ἑωρακὼς ἐμὲ ἑώρακεν τὸν πατέρα[6]. Was bedarf es also eines Weiteren (πῶς σὺ λέγεις κτλ.)! Es handelt sich jetzt nur darum, daß der Jünger die durch seine Situation gestellte Entscheidungsfrage erfasse.

Diese Frage stellt Jesu Wort V. 10: οὐ πιστεύεις ὅτι ἐγὼ ἐν τῷ πατρὶ καὶ ὁ πατὴρ ἐν ἐμοί ἐστιν[7]; Um diesen Glauben handelt es sich, daß der Mensch in der Begegnung mit Jesus wirklich Gott begegnet, daß Jesus und der Vater eins sind. Wird diese Einheit wieder durch die Reziprozitätsformel beschrieben[8], so machen die folgenden Sätze deutlich, daß sie im Sinne des Offenbarungsgedankens verstanden werden muß: in Jesu Wort vollzieht sich das Wirken des Vaters; er ist nichts aus sich und für sich; aber was er ist, ist schlecht-

---

[1] Das ἀπ' ἄρτι heißt wie 13₁₉ „jetzt schon"; s. S.365, 3; 456, 4. Hirsch will ἀπ' ἄρτι streichen, weil danach die Antwort des Phil. unmöglich sei!

[2] Zu Phil. s. S. 72, 2.

[3] Ἀρκεῖ c. dat. (gut griechisch) entspricht dem rabbin. רַד (Schl.).

[4] Phil. begehrt, Gott zu sehen τοῖς τοῦ σώματος ὀφθαλμοῖς (Chrys. hom. 74, 1, t. VIII 435a). „Hat man die Mißverständnisse im vierten Evg richtig verstanden, so kann man nicht zweifeln, daß Phil. ein ganz krasses 'zeigen' meint, wie es für jedes sinnliche Ding passend ist" (Wrede, Messiasgeh. 190). Dabei können dem Evglisten jedoch verschiedene Weisen der Gottesschau vorschweben, gegen die er polemisiert: Theophanien (so Chrys. a. a. O.: ἴσως περὶ τῶν προφητῶν ἀκούων ὅτι εἶδον τὸν θεόν, so auch Ephraem bei Merx 373) oder Epoptien der Mysterien (vgl. z. B. G. Anrich, Das antike Mysterienwesen 1894, 30f. 33f.; Dieterich, Mithraslit.² 86f.) oder auch mystische Erlebnisse (z. B. OdSal 21. 25; C. Herm. 4, 11) oder Erlebnisse philosophischer Betrachtung (bei Anrich a. a. O. Beispiele aus Platon, Philon, Plotin). Aber auch die eschatologische Gottesschau, die die Gnosis verheißt, kann gemeint sein; vgl. Act. Thom. 113 p. 224, 11ff. und bes. 61 p. 178, 4ff.: ἐπίδε ἐφ' ἡμᾶς ... ἵνα τὸν σὸν πατέρα θεασώμεθα καὶ κορεσθῶμεν τῆς αὐτοῦ τροφῆς τῆς θεϊκῆς. Ferner das manichäische Lied bei Reitzenst. JEM 23: „... Ich will dich ... führen zur (Paradieses)stätte ... und dir den Vater, den Herrscher (auf) ewig will ich zeigen."

[5] Unklassisch sagen א D pc τοσούτῳ χρόνῳ, Bl.-D. § 201.

[6] S. S. 469, 3. — Es ist bemerkenswert, daß auch hier der Begriff εἰκών fehlt; s. S. 56.

[7] Der ὅτι-Satz wird (als Hauptsatz?) aus der Quelle stammen, in der er auf die V.6f. 9 zitierten Sätze folgte. Wieweit V.10 sonst der Quelle angehört, ist zweifelhaft.

[8] Vgl. V.20 10₃₈ 17₂₁; s. S. 290f.; 393, 2.

hin und ohne Ausnahme Offenbarung des Vaters, wie durch das ὁ δὲ πατήρ (ὁ) ἐν ἐμοὶ μένων stark betont wird¹.

Infolge des Hinweises auf die in den Worten Jesu zur Erscheinung kommende Einheit mit dem Vater kann, was V.10 als Frage gesagt war, jetzt als Imperativ wiederholt werden (V. 11): πιστεύετε μοι κτλ. Und ähnlich wie 10₃₈ zu den Juden, heißt es hier zu den Jüngern: εἰ δὲ μή, διὰ τὰ ἔργα αὐτὰ πιστεύετε². Diese ἔργα können ja nach V.10 nichts anderes sein als Jesu Offenbarerwirken im Worte. Und wie 10₃₈ wird der Glaube an dieses Wirken von einem nur auf das Gesagte gerichteten Glauben abgehoben. Wem Jesus nicht schon Autorität geworden ist, sodaß er reflexionslos seinem Worte glauben kann, der soll auf das blicken, was sein Wort wirkt, d. h. aber: auf sich selbst. Sein Wort teilt ja nicht Mysterien oder Dogmen mit, sondern deckt die Wirklichkeit des Menschen auf. Versucht er es, sich unter diesem Worte zu verstehen, so wird er das Werk des Vaters an sich erfahren³. In welcher Weise er es erfahren wird, sagt V. 12: das Wirken des Vaters wird sich in den an Jesus Glaubenden weitervollziehen: ὁ πιστεύων εἰς ἐμὲ τὰ ἔργα ἃ ἐγὼ ποιῶ κἀκεῖνος ποιήσει⁴. Diese Ver= heißung entspricht ebenso der Beauftragung der Jünger mit der Fortsetzung des Zeugnisses von ihm (15₂₇), wie der Verheißung ihrer Schicksalsgleichheit auf Grund der Wesensverbundenheit mit ihm (15₁₈ ff.)⁵. Sie entspricht ebenso der Verheißung des Parakleten, der Jesu Werk fortführen wird, und dessen Wirken sich in der Wortverkündigung der Gemeinde vollzieht (15₂₆ f. 16₄b ff.). Die Über= nahme ihrer Aufgabe aber — und darauf kommt es im Zshg an — soll den Jüngern als das Wirken des Vaters verständlich werden. Was brauchen sie also noch zu bitten: δεῖξον ἡμῖν τὸν πατέρα? Ja, das Wirken des Vaters, das in Jesu Wirken seinen Anfang nahm, wird in ihrem Wirken immer mehr seine Kraft erweisen: καὶ μείζονα τούτων ποιήσει.

Diese Verheißung bedeutet nicht, daß das Wirken der Jünger weiteren geo= graphischen Umfang, größeren Erfolg haben wird als Jesu Wirken; erst recht nicht, daß sie größere Wunder tun werden als er⁶. Denn so wenig sein Wirken nach menschlichen Maßstäben zu bemessen war, so wenig das ihre, wenn es gleicher

---

¹ Die Varianten sind bedeutungslos: statt λέγω begegnen λαλῶ (א K pl lat) und λελάληκα (D pc); vor μένων lesen א K D pl den Art., vielleicht mit Recht. Die Streichung von αὐτοῦ hinter τὰ ἔργα (Tert. al) oder sein Ersatz durch αὐτός ist schlechte Korrektur. — Zu ἀπ᾽ ἐμ. οὐ λαλῶ s. S. 104, 2; 186, 2 (s. überhaupt S. 186 ff.). Zu μένειν ἐν s. S. 201, 1; 243, 1; 411, 3; zu den ἔργα Gottes s. S. 251, 5.

² Die Änderung von αὐτά in αὐτοῦ (B) ist begreiflich und sachlich richtig, insofern die ἔργα nach V.10 die des Vaters sind; aber der Ton des Satzes wird dadurch verdorben. (Schl., Glaube im NT⁴ 195, 1 verweist auf Polyb. I 35, 4: δι᾽ αὐτῶν τῶν ἔργων λαβεῖν τὴν πίστιν und VII 13, 2: δι᾽ αὐτῶν τῶν πραγμάτων.) Auch die Hinzufügung von μοι hinter dem zweiten πιστεύετε (B K pl) ist begreiflich. — In syr⁸ ist V.10b. 11 doch wohl nur versehentlich ausgefallen.

³ S. S.199 f. 297 f. Über das Verhältnis von ῥήματα und ἔργα s. außerdem S. 104, 2.

⁴ Ob oder wieweit V.12 aus der Quelle stammt, ist zweifelhaft. Zu dem das ὁ πιστεύων wiederaufnehmenden κἀκεῖνος s. S. 53, 5. Möglicherweise war der letzte Satz (ἐγὼ πρὸς τ. πατ. πορ.) in der Quelle die Einleitung zu V.14 (s. S. 473, 1) oder zu der Parakletweissagung V.16 f.

⁵ S. S. 395, 4.

⁶ Vgl. etwa die Worte des Gesandten von den „Männern von erprobter Gerechtig= keit" Ginza 319, 3 f.: „Ich brachte ihnen geheime Reden, damit sie ihre Wunderkräfte an den Unholden zeigen", und überhaupt 319, 1 ff.; 296, 9 ff. — An Missionserfolge und Wunder denken die meisten Exegeten; s. bes. Heitmüller, Im Namen Jesu 79 f

Art sein soll wie das seine. Und so sehr der Erfolg seines Wirkens nur dem Glauben sichtbar war, so sehr wird es auch der ihre sein. Aber die ausdrücklich gegebene Begründung zeigt ja, worum es sich handelt: ὅτι ἐγὼ πρὸς τὸν πατέρα πορεύομαι. Daß ihr Wirken größer sein soll als das seine, gilt insofern, als das seine als zeitlich begrenztes, durch seinen Hingang beendetes ins ·Auge gefaßt wird. Insofern ist es „unvollständig" und hat seinen Sinn noch nicht erfüllt. Als eschatologisches Geschehen aber kann es nicht auf einen historischen Zeitraum begrenzt sein; es wird als solches aber erst sichtbar nach seinem Hingang, indem es durch die österliche und pfingstliche Predigt der Gemeinde wiederaufgenommen und vor dem Mißverständnis, ein bloß historisches Phänomen zu sein, geschützt wird. Das Offenbarungswort ist, was es ist, in seiner ständigen Neuheit in seiner jeweiligen Gegenwärtigkeit. Erst wenn es als solches in der Gemeinde wirkt, ist Jesu Wirken zu seiner Vollendung gekommen. Nicht um eine quantitative Ergänzung oder Überbietung also handelt es sich. Denn alles Einzelne im Offenbarungsgeschehen ist ja schon das Ganze; aber es ist das sub specie des künftigen Geschehens, das, indem es den Sinn des Vergangenen bewahrt und so erst erfüllt, „größer" ist als das Vergangene. So ist ja schon Jesu Kommen in die Welt das Gericht (3₁₉ 9₃₉), und doch ist erst die Stunde seines Hinganges das Gericht (12₃₁) und seines Sieges (16₃₃). Und wiederum findet der Prozeß erst seinen Austrag im Wirken des Parakleten, der die Welt überführt (16₈₋₁₁). Und eben, was 16₈₋₁₁ als das Wirken des Parakleten in der Gemeinde beschrieben war, um deswillen Jesus erst fortgehen mußte (16₇), — das sind die μείζονα ἔργα, die auf Grund seines Fortganges möglich werden.

Aber freilich ist die Rede von den μείζονα ἔργα der Jünger paradoxe Rede; es sind ja in Wahrheit die Werke dessen, ohne den sie nichts tun können (15₅). Und daß alles Wirken der Jünger in dem seinen gründet und also in Wahrheit sein Wirken ist, daran werden sie alsbald erinnert, indem neben jene Verheißung die der Erhörung ihres Gebetes tritt, sodaß alles, was sie wirken, als ein Geschenk erscheint (V. 13). Was sie unter Berufung auf ihn[1] erbitten werden, das werden sie erhalten, — so war es schon 15₁₆ 16₂₃f. ₂₆ verheißen worden[2]; hier aber heißt es nicht wie dort, daß sich das Gebet an den Vater richtet, und daß der Vater es erhören wird. Vielmehr ist merkwürdigerweise das Gebet an Jesus selbst gerichtet[3], und er selbst ist der, der es erhören wird[4]. Das ist freilich sachlich nichts anderes, als was 16₂₃ gesagt war, daß der Vater im Namen Jesu die Bitte erhören wird[5]. Die Formulierung aber — in der der Vater gleichsam übergangen wird — hat im Zshg die Bedeutung, die Verheißung der μείζονα ἔργα vor dem Mißverständnis zu sichern, als würden die Jünger neben Jesus selbständig auf Grund eines eigenen Gottesverhältnisses. Gott bleibt für sie durch Jesus ver=

[1] S. S. 203, 1.　　　　[2] Nur 15₇ fehlt eine genauere Bestimmung des Gebetes.
[3] Hinter αἰτήσητε (B αἰτῆτε) fehlt zwar in allen Zeugen ein με, das in V.₁₄ gut bezeugt ist. Aber man muß es, dem τοῦτο ποιήσω entsprechend, notwendig ergänzen; s. folgende Anm.
[4] Wellh. und Sp., die V.₁₄ für redakt. Glosse halten, ändern das ποιήσω (als aus V.₁₄ eingedrungene Korrektur) in ποιήσει. Dazu kann man verführt werden, wenn man den Satz ὅτι ἐγὼ ... πορεύομαι nicht streng als Begründung zum Vorigen nimmt und andrerseits mit diesem ὅτι-Satz das καὶ ὅ τι ἂν κτλ. eng verbindet. Dann wäre es freilich das Gegebene, zu dem αἰτήσητε nicht με, sondern αὐτόν zu ergänzen (s. vor. Anm.). Aber der folgende ἵνα-Satz setzt das ποιήσω voraus; hinter einem ποιήσει wäre zu erwarten: ἵνα ὁ υἱὸς δοξασθῇ διὰ τοῦ πατρός (bzw. ἐν τῷ πατρί).
[5] S. S. 450f.

mittelt, und eben dieses findet hier den starken Ausdruck darin, daß er als der=
jenige gilt, der ihr Gebet erhören wird. Aber damit wird nichts anderes geschehen,
als bisher in seinem Offenbarerwirken geschah, durch das er Gott auf Erden
verherrlichte (174). Erhört er ihr Gebet, so geschieht es, ἵνα δοξασϑῇ ὁ πατὴρ
ἐν τῷ υἱῷ. Es wird also Jesu eigene Bitte 171 ihre Erhörung gefunden haben:
als der δοξασϑείς erhört er das Gebet der Jünger, aber er tut es, damit er den
Vater verherrliche. Und wenn das gerade dadurch geschieht, daß er das Gebet
der Jünger erhört, so ist damit wiederum gesagt, daß sich im Wirken der Jünger
sein Offenbarerwirken weitervollzieht. Dieses Wissen wird ihrem Gebet die Ge=
wißheit geben, und daraus wird ihre Kraft zu den μείζονα ἔργα erwachsen. Um
ihnen diese Gewißheit zu geben, wird **D. 14** die Verheißung mit dem betonten
ἐγὼ ποιήσω noch einmal wiederholt[1].

3. Das Liebesverhältnis zum Sohn und zum Vater: 14 15-24.

An die Stelle des Stichwortes πιστεύειν, das schon D.1 erklang und dann
die D.10-14 beherrschte, tritt jetzt ἀγαπᾶν, das die D.15-24 zusammenhält. Die
auf den Offenbarer gerichtete Liebe, von der bisher nur flüchtig die Rede
war (842 1627), wird jetzt zum ausdrücklichen Thema. Diese Liebe kann ja sachlich
nichts anderes sein als der Glaube[2]. Aber warum sie zum Thema gemacht wird,
kommt D.15. 21. 23 f. zutage[3]. Die ἐάν=Sätze D.15. 23 („Wenn ihr mich liebt, dann . . .“)
wollen nämlich nicht besagen, daß, wenn die Liebe zu Jesus in den Jüngern vor=
handen ist, das τηρεῖν der ἐντολαί die Folge sein muß[4]; vielmehr wollen sie das
Wesen der Liebe bestimmen, wie der Definitionssatz D.21 deutlich sagt: das ἀγαπᾶν
ist nichts anderes als das τηρεῖν τὰς ἐντολάς. Die den Abschnitt D.15-24 bewegende
Frage ist also die, was die auf Jesus gerichtete Liebe sei; und diese Frage ist wieder
aus der „Abschiedssituation“ zu verstehen. Können die Jünger ihn noch lieben,
wenn er gegangen ist? Kann der Nachgeborene, der kein persönliches Verhältnis
zu ihm hatte, ihn lieben? Ihn etwa mit der Liebe des Mystikers empfangen?
Daß man ihn lieben müsse, vielmehr wolle, ist die deutliche Voraussetzung der

---

[1] Das Fehlen des με hinter αἰτ. in K D pm it dürfte Angleichung an D.13 sein,
ebenso das τοῦτο statt ἐγώ in BAL al lat. Daß der ganze D.14 bei einigen Zeugen fehlt
(X 565 al b syrsc), beruht auf Versehen. Freilich könnte man fragen, ob D.14 redakt.
Glosse ist. Aber kein Motiv für die Einschiebung ist ersichtlich, da das in ihm zu Worte
kommende Interesse ja schon in D.13 zur Geltung kommt; und wollte der Red. an Stelle
eines etwaigen ποιήσει D.13 ein ποιήσω setzen (s. S. 472, 4), so versteht man nicht, warum
er es daneben setzte, statt den Text von D.13 zu korrigieren. — Nach Zahn hätte freilich
D.14 neben D.13 einen besonderen Sinn: in D.13 sei das an den Vater, in D.14 das an
Jesus gerichtete Gebet gemeint: „Für den Fall aber, daß sie . . . nicht nur in seinem
Namen dem Vater, sondern auch ihm selbst ihre Bitten vortragen . . .“ Aber das ἐάν τι
D.14 kann doch von dem ὅ τι ἄν D.13 nicht verschieden sein (vgl. 157: ὃ ἐάν, 1516: ὅ τι
ἄν, 1623: ἄν τι). — Möglich aber ist, daß D.14 aus der Quelle stammt (s. S. 471, 4). Denn
auch bei den Mandäern gibt der scheidende Gesandte den Seinen die Verheißung der
Gebetserhörung, s. S. 414, 4; z. B. Mand. Lit. 140: „Ihr werdet rufen, und bald werde
ich antworten. Ihr werdet mit eurer Hand bitten, und ich werde es mit meiner Hand
nicht abwehren.“ Vgl. auch Mart. Petri et Pauli 50 p. 162, 1 ff. (Simon zu Nero): . . . ἵνα
ἐν τῷ πορεύεσθαί με εἰς τὸν οὐρανὸν πρὸς τὸν πατέρα μου γενήσομαι σοι εὐίλατος.

[2] S. S. 239, 5. — 1627 ist φιλεῖν und πιστεύειν verbunden.

[3] Mit der Erkenntnis, daß in D.15-24 ein neues Thema auftritt, entfallen die Aus=
führungen Windischs (Festg. Ad. Jül. 114) über die Assoziation, die zur Anfügung des
Parakletenspruches D.15-17 an die Worte vom Beten D.13 f. geführt haben soll.

[4] So I Klem 491: ὁ ἔχων ἀγάπην ἐν Χριστῷ ποιησάτω τὰ τοῦ Χριστοῦ παραγ=
γέλματα.

D. 15. 21. 23 f., und zwar ist dabei vorausgesetzt, daß Liebe ein persönliches Ver=
hältnis sei, — vorausgesetzt also ein für den Menschen charakteristisches Miß=
verständnis des Verhältnisses zum Offenbarer, zur Gottheit: der Mensch will
sie „lieben", d. h. ein persönliches direktes Verhältnis zu ihr gewinnen[1]. Und
gerade das Erscheinen Gottes „im Fleisch" scheint dieses Mißverständnis zu fördern,
scheint ein Glaubensverhältnis als ein direktes persönliches Verhältnis zu be=
gründen, sei dieses auch — in unechter Anerkennung seines „Abschieds", seiner
Jenseitigkeit — als ein mystisches Liebesverhältnis verstanden. Demgegenüber
wird ein neues Verständnis der Liebe eröffnet: das auf den Offenbarer gerichtete
ἀγαπᾶν kann nur ein τηρεῖν seiner ἐντολαί, seines λόγος sein.

Aber indem der Imperativ des τηρεῖν dem nach der Möglichkeit des ἀγαπᾶν
fragenden Jünger gegeben wird, wird ihm zugleich eine Verheißung gegeben,
und zwar in dreifacher Steigerung: der Paraklet wird kommen (D.15-17), Jesus
selbst wird wiederkommen (D.18-21), ja, Jesus und Gott selbst werden kommen
(D.22-24). In anderer Weise also wird das jenem Mißverständnis zugrunde liegende
Verlangen seine Erfüllung finden. Der Jünger, der vom Offenbarer allein ge=
lassen und in das τηρεῖν der ἐντολαί gewiesen wird, wird nicht allein bleiben.
Die Verbundenheit, nach der er verlangt, wird ihm — gerade wenn er nicht
bange um sie besorgt ist — geschenkt werden.

Aber diese Verheißung korrigiert auch wieder ein Mißverständnis. Es ist ja
die Verheißung des Geistes, der Parusie, der eschatologischen Gottesgegenwart,
— eine Verheißung, die stets dem Mißverständnis ausgesetzt war, als Verheißung
der Erfüllung menschlichen Verlangens nach direkter Gegebenheit des Göttlichen
aufgefaßt zu werden. Wie in Kap. 16 wird Hoffnung und Verheißung dem Bann
der mythologischen Denkweise entrissen, wird die alte jüdisch=christliche Eschatologie
neu interpretiert[2]. Das Erhoffte und Verheißene wird nicht eines Tages zur
direkten Gegebenheit werden, sondern es wird im Vollzuge der gläubigen Existenz
gegenwärtig sein.

Damit scheint das Thema von 13₃₆—14₄ — die Nachfolge über den Tod
hinaus — endgültig vergessen zu sein. Indessen ist durch D.₂₃ der Schluß eigen=
tümlich mit dem Anfang verbunden. Richtete 14₂ den Blick des Glaubenden auf
die himmlische μονή bei Gott, deren er gewiß sein darf, so ist in 14₂₃ der Blick
gleichsam umgedreht worden: Gott wird seine μονή im Glaubenden machen.

Der Komposition liegt ein Stück der „Offenbarungsreden" zugrunde; und zwar
schloß sich in der Quelle D.₁₆ vermutlich an den letzten Satz von D.₁₂ oder an D.₁₄ an[3].
D.₁₆-₁₉ stammt aus der Quelle, die nur von erläuternden Zusätzen des Evglisten unter=
brochen wird; D.₂₀ ist als Bildung des Evglisten kenntlich, ebenso der Dialog D.₂₁-₂₄.

a) Die Verheißung des Parakleten: 14₁₅-₁₇.

D. 15: Die Antwort auf die Frage, wie zum Offenbarer, der geschieden ist,
ein Verhältnis der Liebe zu gewinnen sei, lautet: es besteht darin, daß der Jünger
seine Gebote hält[4]. Da das τηρεῖν τὰς ἐντολάς[5] dem parallelen τὸν λόγον μου

---

[1] Dieses Verlangen hat in Hölderlins Empedokles Ausdruck gefunden in der Gestalt
des Pausanias, den der Dichter dem scheidenden Empedokles gegenüberstellt (III 157, 8 ff.
v. Hellingr.).

[2] S. S. 447 f.; 451.   [3] S. S. 471, 4; 473, 1.

[4] Das Fut. τηρήσετε (BL al), das dem doppelten ποιήσει D.₁₂ und dem ποιήσω
D.₁₃. ₁₄ entspricht wie den Futura in D.₁₆. ₁₈. ₂₀. ₂₁. ₂₃, ist sicher ursprünglich. Schreibfehler
ist das τηρήσητε von ℵ 33 pc, Korrektur das τηρήσατε von K D syr s c.

[5] S. S. 227, 5.

τηρεῖν D. 23 entspricht[1], da dieses aber einfach „glauben" bedeutet[2], ist der Sinn der: wer nach einem Liebesverhältnis zu Jesus fragt, der wird in das Glaubens= verhältnis verwiesen. Wer ein direktes Verhältnis zum Offenbarer sucht, der wird daran erinnert, daß es zu ihm nur das indirekte Verhältnis gibt. Man kann mit ihm nicht wie mit anderen Menschen umgehen; man kann nicht in mystischer Inbrunst mit ihm eins werden. Ihn lieben heißt, seinem Anspruch gehorchen, und dieser Gehorsam ist der Glaube[3]. Zwar läge es nahe, nach 13 34 15 12. 17 an das Liebesgebot zu denken, und natürlich ist es in der Glaubensforderung sachlich einbegriffen, so gewiß nach 15 9-17 das Glauben als Bleiben in der Liebe nicht ohne das ἀλλήλους ἀγαπᾶν Wirklichkeit sein kann. Indessen ist im Zshg diese Seite der Sache nicht betont[4]. Gefordert ist der Glaube, gefordert natürlich in der Fülle dessen, was er als existentielle Haltung bedeutet.

  V. 16: κἀγὼ ἐρωτήσω τὸν πατέρα,
        καὶ ἄλλον παράκλητον δώσει ὑμῖν
        [ἵνα ᾖ μεθ' ὑμῶν εἰς τὸν αἰῶνα][5].

Dem Glauben wird das Kommen eines Parakleten verheißen, den der Evglist D. 17 a wie V. 26 15 26 16 13 als den Geist interpretiert; d. h. aber: es wird, wie schon 16 12-15 die Fortdauer der Offenbarung verheißen[6]. Was die Jünger seither von Jesus erhalten haben, brauchen sie nach seinem Hingang nicht zu vermissen; was Jesus für sie gewesen ist, wird der Geist für sie sein: ein παράκλητος, ein Helfer[7]. Aber darin werden sie s e i n e Hilfe erfahren; denn auf s e i n e Bitte wird der Vater den Geist senden. Der V a t e r wird ihn senden, wie ja auch Jesus einst vom Vater gesandt war; d. h. wie die Offenbarung einst in Jesus gegeben war, den der Vater gesandt hatte, so wird sie auch in Zukunft eben die Offenbarung des Vaters durch den Sohn sein[8]. — Wenn also die Frage nach der Möglichkeit eines Liebes= verhältnisses in das Glaubensverhältnis verwiesen wird, so braucht der Jünger nicht enttäuscht zu sein. Denn der Glaube ist ja keine διάθεσις τῆς ψυχῆς, er ist nicht die Charakterhaltung des auf sich angewiesenen und in sich geschlossenen Menschen, sondern er ist die Antwort auf die nicht verklingende Frage des Offen= barers, er ist das Band, das den Glaubenden mit dem Offenbarer verbindet.

  Aber freilich: der in der Gemeinde wirkende Geist ist nicht eine magische Kraft, die sich in gewaltsamen physischen oder psychischen Erlebnissen dokumen= tierte, eine Kraft, die die Gemeinde gleichsam überfiele, und auf die sie verant=

---

[1] Vgl. wie I Joh 2 4 f. τηρεῖν τ. ἐντ. und τ. λόγον wechseln.

[2] S. S. 227, 5; 246, 3. Der ursprünglich der ethischen Paränese eigene Terminus ist vom Glaubensgehorsam gebraucht, so gut wie das φυλάττειν der ῥήματα 12 47 und das ποιεῖν des θέλημα Gottes 7 17. Es ist also falsch, hier das Zeichen der Gesetzlichkeit der werdenden katholischen Kirche zu finden (Ho., Br., Weinel, Bibl. Theol. des NT[4] 1928, 583). Sofern von solcher zur Zeit des Joh geredet werden kann, liegt hier gerade ihre Korrektur vor.

[3] Ebenso ist die auf den Offenbarer gerichtete Liebe 8 42 16 27 der Glaube.

[4] Dafür ist wohl auch charakteristisch, daß nicht von der ἐντολή, als welche das Liebesgebot 13 34 15 12 bezeichnet ist, sondern von den ἐντολαί geredet wird.

[5] Die in den verschiedenen Handschriften variierende Wortstellung im ἵνα=Satz ist ohne Belang; ebenso die Änderung des ᾖ in μένῃ (nach V. 17) in K D pl. Daß ἵνα falsche Übersetzung von ד (= ὅς) sei, behauptet Burney 76; dagegen Colwell 96—99.

[6] S. S. 442 ff.

[7] S. S. 438 ff. — Der Satz war in der Quelle offenbar die erste Einführung des Parakleten; s. S. 350, 3; 425, 4.

[8] Über die verschiedenen Wendungen, in denen die Sendung des Parakleten be= zeichnet wird, s. S. 426.

wortungslos nur zu warten brauchte. Vielmehr ist der Geist die Kraft der Wort=
verkündigung in der Gemeinde[1]. Die Verheißung ist deshalb mit einer eigentüm=
lichen Paradoxie behaftet: das der Gemeinde stets neu begegnende Wort der
Offenbarung ist das von ihr selbst gesprochene Wort. Für die Verkündigung ist
sie verantwortlich, und nur im Ergreifen der Verantwortung erfährt sie die Kraft
des Wortes als Offenbarungswortes. Das Ergreifen der Verantwortung ist eben
jenes $\tau\eta\varrho\epsilon\tilde{\iota}\nu$ $\tau\grave{\alpha}\varsigma$ $\grave{\epsilon}\nu\tauο\lambda\acute{\alpha}\varsigma$, jener Glaube (V.15), dem die Verheißung gilt. Und
seinen Grund hat der Glaube in der Erscheinung Jesu, die den Ring des inner=
weltlichen Geschehens durchbrach, um eine neue Geschichte — eben die der Wirk=
samkeit des Geistes, der Wortverkündigung — zu stiften.

Eine neue Geschichte, — eben das liegt in dem $\acute{\iota}\nu\alpha$ $\check{\eta}$ $\mu\epsilon\vartheta'$ $\acute{\upsilon}\mu\tilde{\omega}\nu$ $\epsilon\grave{\iota}\varsigma$ $\tau\grave{\omicron}\nu$
$\alpha\grave{\iota}\tilde{\omega}\nu\alpha$[2]. Jesu Leben und Wirken nahm als weltgeschichtliches Ereignis ein
Ende; die in ihm gebrachte Offenbarung wird kein Ende nehmen. Diese neue
Geschichte aber wird—ihrem Ursprung entsprechend—nicht den Charakter der
Weltgeschichte haben. Das besagt die Charakteristik des Geistes V. 17:

$\delta\langle\nu\rangle$ $\grave{\omicron}$ $\kappa\acute{\omicron}\sigma\mu\omicron\varsigma$ $\omicron\grave{\upsilon}$ $\delta\acute{\upsilon}\nu\alpha\tau\alpha\iota$ $\lambda\alpha\beta\tilde{\epsilon}\iota\nu$
[$\check{\omicron}\tau\iota$ $\omicron\grave{\upsilon}$ $\vartheta\epsilon\omega\varrho\tilde{\epsilon}\iota$ $\alpha\grave{\upsilon}\tau\grave{\omicron}$ $\omicron\grave{\upsilon}\delta\grave{\epsilon}$ $\gamma\iota\nu\acute{\omega}\sigma\kappa\epsilon\iota$],
$\acute{\upsilon}\mu\tilde{\epsilon}\iota\varsigma$ $\langle\delta\grave{\epsilon}\rangle$ $\gamma\iota\nu\acute{\omega}\sigma\kappa\epsilon\tau\epsilon$ $\alpha\grave{\upsilon}\tau\acute{\omicron}\langle\nu\rangle$
[$\check{\omicron}\tau\iota$ $\pi\alpha\varrho'$ $\acute{\upsilon}\mu\tilde{\iota}\nu$ $\mu\acute{\epsilon}\nu\epsilon\iota$ $\kappa\alpha\grave{\iota}$ $\grave{\epsilon}\nu$ $\acute{\upsilon}\mu\tilde{\iota}\nu$ $\check{\epsilon}\sigma\tau\alpha\iota$][3].

Daß die Welt diesen Geist[4] nicht „empfangen" kann[5], bedeutet nicht, daß der
Ungläubige nicht zum Glauben kommen kann, sondern es bezeichnet den Wesens=
gegensatz zwischen Gemeinde und Welt[6]. Die Welt kann als Welt den Geist
nicht empfangen; sie müßte ja sonst ihr Wesen, das, was sie zur Welt macht,
preisgeben[7]. In der Antithese dazu heißt es: ihr „kennt" ihn, — nicht, als ob ein
vorgängiges Kennen die Voraussetzung für das Empfangen wäre, vielmehr, weil
„Kennen" und „Empfangen" den gleichen Vorgang beschreibt. Deshalb ist auch
die Begründung $\check{\omicron}\tau\iota$ $\omicron\grave{\upsilon}$ $\vartheta\epsilon\omega\varrho\tilde{\epsilon}\iota$ $\kappa\tau\lambda.$[8] nicht eine eigentliche Begründung, sondern

---

[1] S. S. 426f. 432. 442ff.

[2] Der $\acute{\iota}\nu\alpha$=Satz dürfte vom Evglisten zum Text der Quelle hinzugefügt sein. — Zu
$\epsilon\grave{\iota}\varsigma$ $\tau.$ $\alpha\grave{\iota}\tilde{\omega}\nu\alpha$ s. S.137, 1. — Liegt in dem Satz wirklich eine Anspielung auf eine Ver=
heißung wie Mt 28 20 vor, so ist die Absicht des Evglisten um so deutlicher, die ständige
Präsenz Jesu als die im Geist gegebene zu verstehen.

[3] K pm fügen hinter $\gamma\iota\nu\acute{\omega}\sigma\kappa\epsilon\iota$ ein $\alpha\grave{\upsilon}\tau\acute{\omicron}$ hinzu, DL al ein $\alpha\grave{\upsilon}\tau\acute{\omicron}\nu$; BD* al it syr c p
lesen $\grave{\epsilon}\sigma\tau\grave{\iota}\nu$ statt $\check{\epsilon}\sigma\tau\alpha\iota$; g vg fassen $\mu\acute{\epsilon}\nu\epsilon\iota$ als Futur; s. u. S. 477, 1. — Der Satz stammt
aus der Quelle, in der die Neutra Maskulina waren, auf $\pi\alpha\varrho\acute{\alpha}\kappa\lambda.$ (V.16) bezogen. Die
$\check{\omicron}\tau\iota$=Sätze sind Erläuterungen des Evglisten.

[4] Der Evglist sagt wie 15 26 16 13 $\tau\grave{\omicron}$ $\pi\nu.$ $\tau\tilde{\eta}\varsigma$ $\grave{\alpha}\lambda\eta\vartheta\epsilon\acute{\iota}\alpha\varsigma$, s. S. 426.

[5] $\Lambda\alpha\mu\beta\acute{\alpha}\nu\epsilon\iota\nu$ wie 20 22 vom Empfangen des Geistes (s. S.51 6; griechisch wäre
$\delta\acute{\epsilon}\chi\epsilon\sigma\vartheta\alpha\iota$ besser; vgl. I Kor 2 14) entspricht der gemeinchristlichen Terminologie Röm 8 15
I Kor 2 12 Act 8 15 ff usw.; entsprechend $\delta\iota\delta\acute{\omicron}\nu\alpha\iota$ I Joh 3 24 4 13 Röm 5 5 II Kor 1 22 Act 8 18 usw.

[6] Falsch also zu meinen, die Aussage wolle erklären, warum der Paraklet seine
Dienste nur einem kleinen Teil der Menschheit leiht (Windisch, Festg. Ad. Jül. 115).

[7] Das „Können" der Welt ist natürlich zugleich ihr Wollen, sodaß die Charakteristik
der $\sigma\alpha\varrho\kappa\iota\kappa\omicron\acute{\iota}$ als $\mu\eta\delta\epsilon\mu\acute{\iota}\alpha\nu$ $\check{\epsilon}\chi\omicron\nu\tau\epsilon\varsigma$ $\grave{\epsilon}\pi\iota\vartheta\upsilon\mu\acute{\iota}\alpha\nu$ $\vartheta\epsilon\acute{\iota}\omicron\upsilon$ $\pi\nu\epsilon\acute{\upsilon}\mu\alpha\tau\omicron\varsigma$ Iren. V 8, 2 ganz richtig
ist. — Den gleichen Wesensgegensatz beschreibt I Kor 2 10 ff.

[8] In diesem Satz sind $\vartheta\epsilon\omega\varrho\tilde{\epsilon}\iota$ und $\gamma\iota\nu\acute{\omega}\sigma\kappa\epsilon\iota$ nicht zu differenzieren, wie denn in
der Antithese nur steht: $\acute{\upsilon}\mu\tilde{\epsilon}\iota\varsigma$ $\gamma\iota\nu\acute{\omega}\sigma\kappa\epsilon\tau\epsilon$. Daß in dieser nicht auch $\vartheta\epsilon\omega\varrho\tilde{\epsilon}\iota\tau\epsilon$ ($\kappa\alpha\grave{\iota}$) steht,
wollen Jn. und Bd. daher erklären, daß die Jünger wohl ein Erkennen des Geistes haben,
nicht aber ein Schauen, da der übersinnliche Geist nicht geschaut werden könne (s. auch
Merx, der nach r b $\vartheta\epsilon\omega\varrho.$ $\kappa\alpha\grave{\iota}$ $\gamma\iota\nu.$ lesen will). Diese Pedanterie verkennt den joh. Begriff
des $\vartheta\epsilon\omega\varrho\tilde{\epsilon}\iota\nu.$ Gerade in bezug auf Übersinnliches wird $\vartheta\epsilon\omega\varrho.$ 14 19 17 24 gebraucht, und
in bezug auf Sinnliches, sofern dieses gerade nicht hinsichtlich seiner sinnlichen Wahrnehm=

im Grunde eine Beschreibung, wie denn entsprechend das ὑμεῖς γινώσκετε durch παρ' ὑμῖν μένει κτλ.[1] in umgekehrtem Sinne begründet wird. Daher kann Bengel sagen: est quasi epanodos. Mundus non accipit quia non novit: vos nostis quia habetis. Itaque „nosse" et „habere" ita sunt conjuncta, ut non nosse sit causa non habendi, et habere sit causa noscendi. In Wahrheit ist ja der Geist nicht ein Etwas, das man erst kennen und dann haben, oder erst haben und dann kennen kann. Sondern haben und Kennen fällt zusammen, weil der Geist das Wie der gläubigen Existenz ist; wer sich seine Existenz durch die Offenbarung auf= decken läßt, existiert in ihrem Lichte.

So wenig die Welt ihn, den Offenbarer, erkannt hat, so wenig kann sie die Gemeinde als das, was sie ist, erkennen, da sie gerade das, was die Gemeinde konstituiert, die in ihr wirkende Kraft der Offenbarung, nicht kennt. Die Be= sinnung auf diese Tatsache kann der Gemeinde ihre Ruhe und ihren Stolz in den Anfeindungen der Welt geben (15₁₈—16₄ₐ); sie muß sie aber zugleich warnen: die Gemeinde hat ihre Kraft nur im Glauben an das Unsichtbare, nicht an das Sichtbare, das Konstatier= und Kontrollierbare. Der Paraklet ist nicht der „christ= liche Geist", der als geistesgeschichtlicher Faktor in der Weltgeschichte wirkt, und den der Historiker wahrnehmen kann in Institutionen oder Personen, in kulturellen Fortschritten oder sozialen Leistungen und dergl. Er ist schlechthin nur dem Glauben sichtbar.

b) Die Verheißung der Wiederkunft Jesu: 14₁₈₋₂₁.

Daß die Verheißung des Parakleten nichts anderes ist als die Verheißung der Fortdauer der Offenbarung, zeigt sich daran, daß neben sie jetzt die Ver= heißung der Wiederkunft Jesu tritt. Beide setzen die gleiche Situation voraus, die des Abschieds und seiner Frage; beide stehen unter der gleichen Bedingung, der des τηρεῖν τὰς ἐντολάς; und beide haben den gleichen Sinn. Wie die Weis= sagung des Parakleten den urchristlichen Pfingstgedanken aufnimmt, so die der Wiederkunft Jesu die urchristliche Parusieerwartung[2]; eben im Kommen des Geistes kommt er selbst; eben in der geistgetragenen Wortverkündigung der Ge= meinde wirkt er selbst als der Offenbarer.

V. 18: οὐκ ἀφήσω ὑμᾶς ὀρφανούς,
          ἔρχομαι πρὸς ὑμᾶς.

---

barkeit gesehen ist 6₄₀ 12₄₅. Natürlich kann es daneben auch die sinnliche Wahrnehmung bezeichnen (6₁₉ 9₈ usw.) und zwar speziell in paradoxem Gegensatz zum unsinnlichen θεωρ. (14₁₉ 16₁₀. ₁₆ff.).

[1] Lateiner verstehen das μένει als μενεῖ; andrerseits ist statt ἔσται: ἐστίν bezeugt (s. S. 476, 3). Das präsentische μένει entspricht gut den Präsentia im ersten ὅτι=Satz, und als seine Fortsetzung ist ἔσται jedenfalls feiner; denn eben μένει und ἔσται sind gleichbedeutend. Zu μένειν s. S. 411, 3. Daß es hier nicht wie sonst ἐν, sondern παρά heißt, entspricht der mythologischen Redeweise (die durch das ἐν ὑμ. ἔσται korrigiert wird): der παρακλ. bleibt „bei" den hilfsbedürftigen; vgl. V.₂₅.

[2] S. S. 447f. 451. Nach Windisch (Festg. Ad. Jül. 111) ist der Gedanke, daß Jesus im Geist zu den Seinen kommen wird, eine „nachträglich sich einstellende Kombination, die lediglich darauf beruht, daß die Verheißung der Wiederkehr V.₁₈f. und V.₂₃f. im heutigen Text zwischen zwei Parakletverheißungen eingebettet ist". Richtig ist, daß die Weissagungen von Jesu Wiederkehr und vom Kommen des Geistes auf verschiedene Motive der Tradition zurückgehen; aber warum kann der Evglist nicht jene Kombination selbst vollzogen haben?

Die λύπη der Abschiedssituation ist in der ersten Zeile angedeutet[1]; aber der Gedanke verweilt nicht mehr bei ihr, sondern ist in die Zukunft gewandt: ἔρχομαι πρὸς ὑμᾶς[2]. Gemeint ist nicht das Kommen des Erlösers als des Seelengeleiters beim Tode des Frommen, von dem D.1-3 redete; denn ein καὶ παραλήμψομαι ὑμᾶς erklingt hier nicht[3]. Gemeint ist aber ebensowenig das glorreiche Kommen des Weltenrichters auf den Wolken des Himmels[4]. Es ist vielmehr das schon 16₁₆-₂₄ verheißene Kommen, das die Jünger alsbald erleben werden:

> **V. 19**: ἔτι μικρὸν καὶ ὁ κόσμος με οὐκέτι θεωρεῖ,
>   ὑμεῖς δὲ θεωρεῖτέ με
>   [ὅτι ἐγὼ ζῶ καὶ ὑμεῖς ζήσετε][5].

Wie nach 16₁₆-₂₄ von der λύπη nicht mehr ausdrücklich geredet zu werden brauchte, so ist auch jetzt von jenem zweifachen μικρόν (16₁₆) nicht mehr die Rede. Der Blick geht vom Jetzt des Abschieds sogleich zu dem Dann des Wiedersehens. Die Frist der λύπη zwischen dem Jetzt und Dann ist gleichsam verschlungen, und das μηκέτι θεωρεῖν wird nur noch vom κόσμος, nicht mehr von den Jüngern ausgesagt[6]. Schon das ὁ κόσμος με οὐκέτι θεωρεῖ zeigt, daß es sich nicht um die Parusie im urchristlichen Sinne handeln kann, und daß es um das Gleiche geht wie in der Verheißung des Parakleten, den auch die Welt nicht sehen kann (V.17). Und zwar ist es die Ostererfahrung, wie das ὅτι ἐγὼ ζῶ καὶ ὑμεῖς ζήσετε[7]

---

[1] Die Verlassenheit vom Lehrer wird auch in der rabbin. Literatur gelegentlich unter dem Bilde der Verwaistheit dargestellt (Str.-B. 3. St.). Aus der griechischen Literatur vgl. Platon Phaed. 116a von den Schülern des Sokrates: ἀτεχνῶς ἡγούμενοι ὥσπερ πατρὸς στερηθέντες διάξειν ὀρφανοὶ τὸν ἔπειτα βίον. In der Sprache des Mythos Luc. de morte Peregr. 6: ἀλλὰ νῦν ἐξ ἀνθρώπων εἰς θεοὺς τὸ ἄγαλμα τοῦτο οἰχήσεται ... ὀρφανοὺς ἡμᾶς καταλιπόν. — Es handelt sich natürlich um ein Bild, sodaß Jesus nicht als der Vater der Gläubigen gedacht ist im Sinne des rabbinischen Abba (Dalman, W. J. 278 f.); ebensowenig ist an den Sprachgebrauch der Mysterien zu denken (Reitzenst., HMR 40 f.) oder daran, daß bei Philon der Logos als πατήρ (quod deus s. imm. 134; conf. ling. 43) und bei den Mandäern Manda d'haije gelegentlich als Vater der Gläubigen bezeichnet wird (Joh.-B. 204, 20).

[2] Das ἔρχομαι ist aus dem gnostischen Mythos zu verstehen, s. S. 462, 3. Bei Joh nimmt es zugleich Bezug auf die urchristliche Parusieerwartung. Daß der Evglist an diese erinnern will, zeigt bes. wieder das ἐν ἐκείνῃ τῇ ἡμέρᾳ D.20 (s. 16₂₃. ₂₆). In ähnlicher Weise ist die mythologische Erwartung der παρουσία des Offenbarers (des νοῦς) C. Herm. 1, 22 umgedeutet (s. u. S. 482, 4). Novellistisch ist das Motiv ausgestaltet Act. Thom. 88 p. 204, 4 f., wo der den Offenbarer vertretende Apostel die Mygdonia tröstet: κἂν ἐγὼ πορευθῶ, οὐ καταλείψω σε μόνην, ἀλλὰ Ἰησοῦς διὰ τὴν εὐσπλαγχνίαν αὐτοῦ μετὰ σοῦ.

[3] Mir ist wahrscheinlich, daß es in der Quelle stand und vom Evglisten gestrichen wurde, weil er der Verheißung einen neuen Sinn gab.

[4] Zn. will das ἔρχ. D.18 im Sinne der urchristlichen Parusie verstehen mit der Motivierung, daß das Kommen des Parakleten unnötig wäre, wenn die Jünger Jesus alsbald wiedersehen würden. Aber im Parakleten kommt ja Jesus selbst!

[5] Statt ζήσετε lesen ℵ K D pl ζήσεσθε; s. Bl.-D. § 77.

[6] Zn. muß, um auch in D.19 die Parusie im alten Sinne geweissagt zu finden, bestreiten, daß das ἔτι μικρόν auch zu dem ὑμεῖς δὲ κτλ. gehört!

[7] Der ὅτι-Satz dürfte vom Evglisten hinzugefügt sein, weil er der Verheißung den Bezug auf den Osterglauben geben will. — Wie die ὅτι-Sätze D.17 bietet der ὅτι-Satz D.19 die Begründung für das Vorangehende. Zn. bestreitet das, um nicht die Verheißung auf Ostern beziehen zu müssen, und will den Satz als selbständigen Satz nehmen, in dem das ὅτι ἐγὼ ζῶ das καὶ ὑμεῖς ζήσετε begründet („Weil ich lebe, werdet auch ihr leben"). Aber seine Argumentation, daß die künftige Lebendigkeit der Jünger nicht der Grund dafür sein könne, daß sie den Auferstandenen sehen werden, ist haltlos. Denn tatsächlich ist die einzige Möglichkeit, den Auferstandenen zu sehen, die, daß der Jünger „lebt";

zeigt, und wie es durch die Frage des Judas V.₂₂ bestätigt wird. Daß der in den Tod Gegebene lebe, das ist die urchristliche Osterbotschaft, und in eins damit, daß durch sein Auferstehungsleben das Leben der Gläubigen begründet sei[1]. Selbstverständlich ist also zu übersetzen: „Denn wie (weil) ich lebe, werdet auch ihr leben[2]." Das Besondere dieser Verheißung bei Joh und an dieser Stelle ist aber dieses, daß die Ostererfahrung als Erfüllung der Parusieverheißung verstanden wird, wie es 16₂₀-₂₂ schon der Fall war, sodaß einerseits dieser der mythologische Charakter genommen wird und andrerseits jene als ständige Mög= lichkeit des christlichen Lebens behauptet wird[3]. Ja, indem er Jesus sprechen läßt ζῶ und nicht etwa ζήσω, entkleidet er zugleich das Osterereignis seines Charakters als eines äußerlichen Wunders: schon jetzt redet der Auferstandene, der δοξασθείς (13₃₁).

Der Evglist hat die Zukunftserfahrungen von Ostern (V.₁₈f.) und Pfingsten (V.₁₅-₁₇) nicht in der chronologischen Folge gebracht, weil er die Ostererfahrung als die Erfüllung der Parusiehoffnung verstanden wissen will[4]. Und so leitet er die Charakteristik des Inhalts dieser Erfahrung (V. 20) wie 16₂₃. ₂₆ durch die Formel ein, die für die eschatologische Hoffnung traditionell ist: ἐν ἐκείνῃ τῇ ἡμέρᾳ. Der Inhalt der Erfahrung aber ist der: γνώσεσθε ὑμεῖς ὅτι ἐγὼ ἐν τῷ πατρί μου καὶ ὑμεῖς ἐν ἐμοὶ κἀγὼ ἐν ὑμῖν[5]. Der erste Teil des ὅτι= Satzes — ὅτι ἐγὼ ἐν τῷ πατρί — beschreibt nichts anderes, als die Erkenntnis der Einheit von Vater und Sohn, also die Erkenntnis, daß Jesus der Offenbarer ist[6]. Aber ist das nicht seither schon ihr Glaube, auf Grund dessen sie seine Jünger sind (6₆₈f.)? Gewiß; aber wie unsicher dieser Glaube noch ist, hatte sich ja V.₈-₁₀ erwiesen. Eben diesem Glauben wird die Sicherheit verheißen durch das γνώσεσθε. In der klaren Erkenntnis kommt der Glaube zu sich selbst[7]; und er ist als solcher zugleich die im Erkennen des Offenbarers gegründete Selbsterkenntnis. Eben dieses sagt der zweite Teil des ὅτι=Satzes: Erkenntnis des Offenbarers ist Er=

---

denn als Toter würde er zum κόσμος gehören, der den Auferstandenen nicht sehen kann. Zweifellos begründet also der ὅτι=Satz (in dem auch καὶ ὑμ. ζήσ. von ὅτι abhängt) das θεωρεῖτε. Richtig ist nur, daß das „Leben" nicht ein gegebener Zustand ist, dem das „Sehen" dann folgen kann oder muß; sondern das eine ist mit dem anderen gegeben, so= daß eines als Grund des anderen gelten kann, genau wie das λαμβάνειν und γινώσκειν V.₁₇ (s. S. 476f.). Das gilt auch gegen Corssen (ZNTW 8 [1907], 129), der unter Hinweis auf 9₈ 54₂ das ὅτι als explikativ fassen will, weil das „Leben" nicht Grund, sondern nur Folge des „Sehens" sein könne.

[1] Der Auferstandene ist der ἀρχηγὸς τῆς ζωῆς (Act 3₁₅), der ζωή und ἀφθαρσία ans Licht gebracht hat (II Tim 1₁₀), durch dessen ζωή wir gerettet werden (Röm 5₁₀), dessen ζωή die unsere ist (Kl 3₃f.); vgl. Lf 24₅. ₂₃ Act 1₃ 25₁₉ Röm 6₁₀ 14₉ II Kor 13₄ Hbr 7₈. ₂₅ Apok 1₁₈ 2₈ usw. S. ThWB II 866, 5ff.

[2] In der Korrespondenz sind ἐγώ und ὑμεῖς betont; die koordinierten Sätzchen stehen also dem Sinne nach im Subordinationsverhältnis.

[3] S. S. 448.   [4] Richtig Ho., Htm., Br.

[5] In dem γνώσ. ὑμ. ist das ὑμεῖς natürlich (wie oft) unbetont, während im ὅτι=Satz wieder ἐγώ und ὑμ. betont sind und also wieder zu verstehen ist: „daß wie ich im Vater bin, so auch ihr . . ."

[6] Daß die Einheit von Vater und Sohn hier nicht wie V.₁₀f. 10₃₈ 17₂₁ durch die Reziprozitätsformel (s. S.290f.; 393, 2) beschrieben ist, sondern nur die der Gläubigen und Jesu, ist ohne Bedeutung; 17₂₁ ist es umgekehrt. Schl. betont mit Recht, daß der Plur. ὑμεῖς das Unmystische des Satzes zeige. „Ein Mystiker denkt unvermeidlich stets an den Einzelnen."

[7] S. S. 333, 6.

kenntnis der eigenen Existenz in ihm[1]. Damit, daß der Offenbarer von vornherein als das Licht und das Leben charakterisiert worden war, war ja schon gesagt,
daß eigentliche Existenz und echtes Selbstverständnis eine Einheit sind[2]. Mit
solcher Glaubenserkenntnis aber ist das ursprüngliche und verlorene Schöpfungsverhältnis zurückgewonnen[3]. Der Reichtum der sich selbst in der Offenbarung
durchsichtig gewordenen eschatologischen Existenz braucht nach dem früher Gesagten hier vom Evglisten nicht entfaltet zu werden: im Erkennen des Offenbarers
erkennt der Glaubende die ἀλήθεια, die ihn frei macht (8 32); er hat die Freude
und die Gebetszuversicht (16 16-24). Und daß sich solche Existenz in einer konkreten
geschichtlichen Lebensführung vollzieht, im ἀλλήλους ἀγαπᾶν wie im Ergreifen
der Aufgabe des μαρτυρεῖν, war 15 1-17 15 18—16 11 gezeigt worden und wird in
I Joh als das τηρεῖν τὰς ἐντολάς (3 24), als das ὁμολογεῖν (4 15), als das μένειν
ἐν τῇ ἀγάπῃ (4 16) beschrieben.

Eben deshalb, weil die eschatologische Existenz sich als geschichtliche Existenz
vollziehen muß, kann, was ihre Frucht ist, auch als ihre Bedingung genannt werden.
Denn der Glaubende muß ja bejahen, muß sein wollen, was er im Offenbarer
schon ist. Und so kann in **V. 21** wieder die Verheißung an die Bedingung geknüpft werden[4], und damit wird zugleich zum Ausgangspunkt zurückgelenkt, zur
Frage nach der Möglichkeit eines Liebesverhältnisses zum Offenbarer: ὁ ἔχων
τὰς ἐντολάς μου καὶ τηρῶν αὐτάς, ἐκεῖνός ἐστιν ὁ ἀγαπῶν με[5], d. h.
im Glaubensverhältnis ist das Verlangen nach dem Liebesverhältnis erfüllt. Aber
an Stelle der Verheißung des Parakleten (V. 16 f.) und des ἔρχομαι πρὸς ὑμᾶς
(V. 18 f.) tritt jetzt eine Verheißung, die dies Erfülltsein unmißverständlich beschreibt:
im Glauben wird der Jünger, der nach der Liebe fragte, wirklich Liebe erfahren!
Bezeichnend ist es aber, daß es nicht gleich lautet: κἀγὼ ἀγαπήσω αὐτόν, sondern
vorher: ὁ δὲ ἀγαπῶν με ἀγαπηθήσεται ὑπὸ τοῦ πατρός μου, indem
gleichsam das vorschnelle Verlangen des Jüngers nach dem Liebesverhältnis zu
Jesus abgewehrt wird. Freilich nicht, als ob des Vaters Liebe sachlich etwas
anderes wäre als die des Sohnes — Vater und Sohn sind ja eins —, erst recht
nicht, als ob ein Liebesverhältnis der Jünger zu zwei göttlichen Personen gestiftet werden sollte! Vielmehr um unmißverständlich zu machen, daß die Liebe
des Sohnes nicht in der Art menschlicher Personliebe begegnet. Er ist der Offenbarer, der recht erkannt ist, wenn er nicht für sich gesucht wird — in freundschaft-
licher, andächtig-inniger, mystischer Liebe —, sondern wenn in ihm Gott gesucht
wird. Dem Glaubenden begegnet, wie es 16 27 schon verheißen und 17 23
angedeutet war, Gottes Liebe.

Aber Gottes Liebe begegnet im **Offenbarer**, und so heißt es weiter: κἀγὼ
ἀγαπήσω αὐτὸν καὶ ἐμφανίσω αὐτῷ ἐμαυτόν. Dabei bezeichnet das

---

[1] Das Verhältnis der Glaubenden zum Offenbarer ist durch die Reziprozitätsformel
beschrieben wie 10 14 15 5 [6 56].
[2] S. S. 24 ff. 32.   [3] S. S. 25 f. 379 f. 400. 413. 450.
[4] Während nach Bl. D. 21 die bisher dem Jüngerkreise gegebene Verheißung jetzt
zur Verheißung an den Einzelnen wird, meint V. 21 nach Bd., daß das, was V. 15-20 für
die ersten Jünger gesagt war, jetzt für alle später Glaubenden erweitert werde. In
Wahrheit repräsentieren die Jünger ständig alle Glaubenden jeder Zeit.
[5] Ein typischer Definitionssatz des Evglisten; s. S. 29, 1; 110, 3. — Das Verhältnis
des ἔχειν zum τηρεῖν entspricht dem des ἀκούειν zum φυλάττειν (12 47) bzw. zum πιστεύειν (5 24). Das ἔχειν ἐντολάς ist rabbin. Redeweise (Schl.).

ἐμφανίσω wie das θεωρεῖτέ με D.19 die Ostererfahrung[1], d. h. im Sinne des
Evglisten zugleich das eschatologische Kommen Jesu. Wenn dem Glaubenden
also jetzt verheißen wird, daß sein Liebesverlangen Erfüllung finden soll, so wird
ihm sachlich nichts anderes verheißen als schon D.15-20. Aber es wird gesagt,
daß eben damit wirklich erfüllt ist, wonach er verlangt. Das aber bedeutet einerseits, daß sein Verlangen ein Mißverständnis enthielt, von dem es gereinigt werden
muß, und andrerseits doch, daß ein echtes Verlangen ihn bewegte, das Erfüllung
findet. Das bedeutet weiter — sofern jenes Verlangen ja auf die letzte Erfüllung
des Lebens geht —, daß in allem Verlangen der Mensch nicht weiß, was er eigentlich will, und daß ihm die Offenbarung vor die Möglichkeit stellt, zu seiner Eigentlichkeit zu kommen, und eben damit vor die Frage, ob er wirklich er selbst sein will.
Was er eigentlich will, und was er als Geschöpf, das durch den Logos sein Leben
hat, wollen muß, — und was sich eben in seinem Liebesverlangen meldet, ist
dieses: nicht aus sich und für sich existieren. Das findet seine Erfüllung, wenn er
sich im Glauben an Gottes Offenbarung selbst geschenkt wird; darin erfährt er
Gottes und des Offenbarers Liebe.

c) Die Verheißung des Kommens Jesu und Gottes: 14 22-24.

Den Sinn der Verheißung noch deutlicher zu machen — daß nämlich das Verhältnis zu Jesus ein Verhältnis zu Gott ist, und daß also das Glaubensverhältnis
zu Jesus in die eschatologische Existenz versetzt —, dient die törichte Frage des
Judas D. 22, in der, wie in der Aufforderung der Brüder Jesu 7 4, das weltliche
Verständnis von Offenbarung als einem innerweltlichen demonstrativen Geschehen noch einmal zu Worte kommt[2]. In der Tat: wäre die Offenbarung das,
es wäre nicht einzusehen, warum der Auferstandene und Wiederkommende nur
den Jüngern erscheinen soll. Gemäß der Einheit von Ostern und Parusie hat
aber die Frage[3] einen doppelten Sinn[4]: 1. warum zeigt sich der Auferstandene
nur den Jüngern? — dies die Frage des Unglaubens[5]; 2. wie kann in der Oster-

---

[1] Ἐμφανίζειν ist im urchristlichen Sprachgebrauch kein technischer Ausdruck; daß
es hier auf die Ostererscheinungen geht, zeigt D.22; entsprechend vom Auferstandenen
Act 10 40 ἐμφανῆ γενέσθαι (diese Wendung Röm 10 20 von Gott nach Jes 65 1). Mose
bittet Gott Ex 33 13. 18: ἐμφάνισόν μοι σεαυτόν. Von der σοφία ἐμφαν. Sap 1 2, von
Gespenstern Sap 17 4, von Gott Jos. ant. I 223, von Göttern Diog. Laert., Prooem. 7,
von der ἐκκλησία Herm. vis. III 1, 2; 10, 2.

[2] Der vom Iskarioten unterschiedene Judas ist wohl der Lt 6 16 Act 1 13 genannte
und als Sohn des Jakobus bezeichnete. Er ist sonst unbekannt; denn seine Gleichsetzung
mit dem Bruder des Jakobus (Jud 1) oder mit Thaddäus (Mt 3 19) oder Lebbäus (Mt 10 3)
ist unbegründet. Syr[s] liest statt dessen Thomas, syr[c] Judas Thomas, was auf der Tradition der Act. Thom. beruhen mag, die den Herrenbruder Judas und Thomas identifizieren.

[3] (Καὶ) τί γέγονεν ὅτι (das καὶ fehlt B Dal lat syr; statt γεγ. lesen D syr ἐστίν)
heißt einfach „weshalb?", s. Bl.-D. 299, 4; Raderm. 739; s. auch S. 257, 3.

[4] Daß nicht nur an die Ostererscheinungen gedacht ist, auf die das ἐμφαν. weist,
sondern auch an die Parusie zeigt das eschatologische ἔρχεσθαι D.23.

[5] Diese Frage, gegen die sich wohl schon Act 10 40f. wendet, stellt Celsus bzw. sein
Ἰουδαῖος, und Origenes beantwortet sie c. C. II 63—73. Vgl. 63 p. 184, 30ff. Koetsch:
ἐχρῆν, εἴπερ ὄντως θείαν δύναμιν ἐκφῆναι ἤθελεν ὁ Ἰησοῦς, αὐτοῖς τοῖς ἐπηρεάσασι
καὶ τῷ καταδικάσαντι καὶ ὅλως πᾶσιν ὀφθῆναι; 67 p. 189, 10ff.: ... οὐδ' ἐπὶ τοῦτ'
ἐπέμφθη τὴν ἀρχήν, ἵνα λάθῃ. 70 p. 192, 8ff. Origenes erwidert teils mit dem Gedanken, daß die göttliche Erscheinung des Auferstandenen nicht für alle Augen erträglich
gewesen wäre (64—66 p. 186, 29f.; 187, 18f.; 188, 29ff.), und daß sich der Auferstandene
nur zeigte μετά τινος κρίσεως ἑκάστῳ μετρούσης τὰ δέοντα (66 p. 188, 19f.; vgl. 67

erfahrung die eschatologische Hoffnung ihre Erfüllung finden, die das Offenbar=
werden Jesu als des Herrn über den ganzen κόσμος erwartet? — dies offenbar
eine Frage, die sich aus der Gemeinde selbst erhebt[1].

Jesus gibt (V. 23) keine direkte Antwort. Seine Worte antworten — gleich=
sam rücksichtslos gegen die Frage des Judas — auf die beherrschende Frage nach
der Möglichkeit eines Liebesverhältnisses, der ja das gleiche Mißverständnis zu=
grunde liegt wie der Frage des Judas: das Verlangen nach der direkten Gegeben=
heit des Offenbarers. Wieder wird der Frager durch das ἐάν τις ἀγαπᾷ με,
τὸν λόγον μου τηρήσει[2] in das Glaubensverhältnis verwiesen, und durch
die hinzugefügte Verheißung: καὶ ὁ πατήρ μου ἀγαπήσει αὐτόν wird wie
V. 21 gesagt, daß in der Vollendung des Glaubensverhältnisses das Liebesverlangen
erfüllt ist. Aber statt des καὶ ἐμφανίσω αὐτῷ ἐμαυτόν heißt es jetzt: καὶ πρὸς
αὐτὸν ἐλευσόμεθα καὶ μονὴν παρ' αὐτῷ ποιησόμεθα[3]. Es ist damit
sachlich nichts Neues gesagt; der Wechsel gegenüber V. 21 zeigt nur wieder an,
daß Ostern und die Parusie das gleiche Geschehen sind[4]. Und wenn nicht nur
das Kommen Jesu, sondern auch das Gottes geweissagt ist, so wird wieder be=

---

p. 189, 7f.), teils sachlich richtig: ἐπέμφθη γὰρ οὐ μόνον ἵνα γνωσθῇ, ἀλλ' ἵνα καὶ λάθῃ
(67 p. 189, 12f.); Jesu Ruf sei zu seinen Lebzeiten reichlich erschollen (73), und daß die
Sünder nicht bestraft werden müßten, sei ein widersinniger Gedanke des Celsus (71). —
Ähnlich wie Celsus fragt Macarius Magnes Apocr. II 14 p. 23 Blondel, warum der Auf=
erstandene nicht dem Pilatus, dem Herodes, dem Hohepriester erschienen sei, sondern
nur fragwürdigen Weibern καὶ ἄλλοις ὀλίγοις οὐ σφόδρα ἐπισήμοις ... εἰ γὰρ ἦν
ἐμφανίσας ἀνδράσιν ἐπισήμοις, δι' αὐτῶν πάντες ἂν ἐπίστευον.
[1] Vgl. etwa Phil 2 11; vor allem Ign. Eph. 19, 2f., dazu Schlier, Relig. Unters. 5ff.
[2] S. 474f.
[3] De syr c lesen ἐλεύσομαι und ποιήσομαι. Offenbar ein Versuch, die Aussage mit
V. 3 gleichzumachen; πρὸς αὐτόν und παρ' αὐτῷ sind dabei auf den πατήρ bezogen. —
Ποιήσομεν (K pm) ist eine Variante ohne Belang.
[4] Das ἐλευσόμεθα soll zweifellos an das eschatologische ἔρχεσθαι (s. J. Schneider,
ThWB II 663, 54ff.; 666, 18ff.) erinnern. Aber zugleich auch an die gnostische Hoff=
nung auf das Kommen des Erlösers (s. S. 462, 3), wie bes. das μονὴν ποιεῖσθαι zeigt.
Vgl. Mand. Lit. 198:
„(Siehe) das Haus meiner Bekannten, die von mir wissen,
     daß ich unter ihnen weile,
  Im Herzen meiner Freunde,
     im Sinne meiner Jünger.“
Ginza 389, 23ff.:
„Ich komme, um die Herzen zu befühlen ...
  Zu sehen, in wessen Herz ich weile,
     in wessen Sinn ich ruhe.“
Ginza 461, 15ff. (zur Seele „kommt“ ihr „Helfer“ und spricht):
„Du sollst mit mir wohnen,
  und in deinem Herzen werden wir Platz nehmen.“
Ginza 271, 29f. wird die Kušta gepriesen:
„Du bist das Leben von Ewigkeit,
  die du hingingst und in (jeglichem) wahrhaften Herzen Platz nahmest.“
Ferner Ginza 244, 37f.; 327, 30ff. (von der Seele?); 464, 24; Joh.=B. 204, 13f.; Od
Sal 32 1f.:
„Den Seligen kommt die Freude von ihrem Herzen,
  das Licht von dem, der in ihnen wohnt.“
C. Herm. I 22: παραγίνομαι ἐγὼ ὁ νοῦς τοῖς ὁσίοις καὶ ἀγαθοῖς ... καὶ ἡ παρουσία
μου γίνεται ⟨αὐτοῖς⟩ βοήθεια, καὶ εὐθὺς πάντα γνωρίζονται καὶ τὸν πατέρα ἱλάσκονται
ἀγαπητικῶς καὶ εὐχαριστοῦσιν εὐλογοῦντες καὶ ὑμνοῦντες τεταμένοι πρὸς αὐτὸν
τῇ στοργῇ. Ign. Eph. 15, 3: πάντα οὖν ποιῶμεν ὡς αὐτοῦ ἐν ἡμῖν κατοικοῦντος, dazu
Schlier, Relig. Unters. 143.

tont, daß Jesus nichts für sich ist; daß, wer mit ihm Gemeinschaft haben will und
darf, der Gegenwart der Majestät Gottes selbst gewiß sein muß und darf. Und der
Charakter der Endgültigkeit solcher Gemeinschaft wird durch das zu ἐλευσόμεθα
hinzugefügte μονὴν ... ποιησόμεθα beschrieben[1]. Jesus und der Vater werden
beim Glaubenden bleiben, und er hat nach nichts weiter zu fragen; das ἀρκεῖ
ἡμῖν (V.8) wird erfüllt sein.

Ist mit V.23 die Frage von V.15 definitiv beantwortet, so ist zugleich die Einheit des ganzen Abschnittes hergestellt. Die Frage nach der Schau Gottes (V.5-11)
hat ihre Antwort gefunden, und die Frage der Nachfolge (13 36—14 4), die zuerst
ihre Antwort durch den Hinweis auf die himmlischen μοναί, in die Jesus die
Seinen holen wird, erhalten hatte, ist nun als Frage der Sorge gegenstandslos
geworden, dadurch daß die Sorge auf die μονή Gottes im Glaubenden gerichtet wurde.

Wird solche Zukunft den Glaubenden verheißen, so darf nicht vergessen
werden, daß das Verheißene nach V.7-11 eigentlich schon Gegenwart sein sollte
und könnte. Es ist also vollends deutlich, daß die Verheißung nicht auf irgendwelche mirakulösen Ereignisse geht, auf etwas, was noch „passieren" muß. Alles,
was das Offenbarungsgeschehen an wunderbaren Ereignissen umfaßt, ist in dem
Einen gesagt: ὁ λόγος σὰρξ ἐγένετο, — und darin ist auch die Passion und Ostern
eingeschlossen. Denn stehen diese Ereignisse in dem Augenblick, der den Hintergrund für die Verheißung 14 23 bildet, noch bevor, so nur als Erweis dessen, was
sub specie dei schon mit der Fleischwerdung geschehen ist, wenngleich ohne Ostern
und Passion nichts geschehen wäre[2]; denn auch das ὁ λόγος σὰρξ ἐγένετο ist
kein Mirakel, sondern sagt, daß in dem geschichtlichen Jesus Gott gegenwärtig ist.
Der Evglist hat aber gerade V.7-11 keinen Zweifel gelassen, weshalb als Ereignis
der Zukunft geweissagt wird, was schon Möglichkeit der Gegenwart ist. Der
Glaubende ist nicht aus dem geschichtlichen Sein entlassen; und gerade darin
besteht die gläubige Existenz: sich zu eigen zu machen, was schon geschehen ist[3].
Ostern liegt in gewisser Weise immer vor dem Glaubenden; und wenn er auch
nicht in ängstlicher Sorge zu sein braucht, ob Gott komme und wieder gehe, sondern
weiß, daß Gott bei ihm „bleiben" wird, so muß er doch zugleich wissen, daß er
den Blick nie rückwärts richten darf auf sich als Fertigen; nichts ist „erledigt".

Damit ist auch die Frage des Judas V.22 beantwortet. Formal ist eine indirekte Antwort auf sie durch die Antithese V.23 f. gegeben: ἐάν τις ἀγαπᾷ με ...
ὁ μὴ ἀγαπῶν με. Der Glaube ist die Bedingung für die Schau des Erhöhten;
also weil der κόσμος nicht glaubt, wird er den Erhöhten nicht sehen. Aber das
(V.24) hinzugefügte καὶ ὁ λόγος κτλ. ist nicht eine bloße Anmerkung, die nur
wieder die Autorität des Wortes Jesu einprägt[4], sondern besagt, daß das Nicht-

---

[1] Μονή = Wohnung wie V.2; μονὴν ποιεῖσθαι = „Wohnung nehmen" bzw.
„bleiben" Thuk. I 131; Jos. ant. VIII 350; XIII 41; BGU 742. — Stammt die Sprache
auch aus dem gnostischen Mythos, so soll der Leser doch zugleich auch an die at.liche Hoffnung auf das Wohnen Gottes inmitten seines Volkes denken: Ez 37 26 f. Sach 2 14 (LXX
2, 10: τέρπου καὶ εὐφραίνου, θύγατερ Σειών, διότι ἐγὼ ἔρχομαι καὶ κατασκηνώσω
ἐν μέσῳ σου).

[2] S. S. 328f. 356.

[3] Die Paradoxie ist die gleiche wie die bei Paulus: wir sind gerechtfertigt, und die
Rechtfertigung liegt doch noch vor uns.

[4] Zur Formulierung s. S. 186, 2; vgl. bes. 7 17 8 28 12 49 f. — Es heißt ὁ λόγος ὃν ἀκ.
sub specie dei gegenüber dem vorausgehenden τοὺς λόγους μου, was vom Standpunkt
des Menschen ausgesprochen ist, dem der λόγος jeweils in einzelnen λόγοι begegnet.

glauben, dem die Schau des Erhöhten verweigert ist, kein bloßes Negativum ist, sondern Ungehorsam, das Sich=Versagen gegenüber der Offenbarung, das schon gerichtet ist. Der λόγος Jesu ist ja der Richter (12₄₈). Das eschatologische Geschehen vollzieht sich also tatsächlich auch am κόσμος, wenngleich er blind dafür ist. Aber sein Blindsein ist ja gerade sein Gerichtetsein (9₃₉). Es zeigt sich also: die Voraus= setzung der Frage V.₂₂ ist insofern falsch, als sich Jesus ja faktisch dem ganzen κόσμος offenbart hat und offenbart. Denn mit dem ὁ λόγος σὰρξ ἐγένετο ist dem κόσμος ständig die Möglichkeit gegeben, daß sich Jesus ihm „offenbare". Und in gewissem Sinne offenbart er sich auch dem ungläubigen κόσμος, darin nämlich, daß der κόσμος gerichtet ist und in der Verzweiflung endet[1]. Das weiß der Glaube, weil er den Anstoß überwindet, daß sich die Offenbarung nicht durch eine innerweltliche Demonstration legitimiert, sondern es dem κόσμος freistellt, sie für eine Illusion zu halten.

4. Abschluß: 14₂₅-₃₁.

V.₂₅-₃₁ bilden den endgültigen Abschluß, der von den Reden zum Passions= geschehen überleitet und die Hauptmotive der Verheißung und Mahnung zu= sammenfaßt. In dem ταῦτα λελάληκα ὑμῖν (V. 25) ist alles bisher Gesagte einbegriffen[2]. Das im Unterschied von 15₁₁ 16₁.₄.₂₅.₃₆ hinzugefügte παρ᾽ ὑμῖν μένων blickt auf das ganze nun abgeschlossene Erdendasein Jesu zurück und bringt zum Bewußtsein, daß jetzt die Stunde der Trennung gekommen ist. Denkt man an 16₁₂, so gewinnt das ταῦτα λαλ. den Sinn: „Nur so viel konnte ich euch sagen!"[3] Wie 16₂₅ gibt nicht ein ἵνα=Satz den Zweck des λαλεῖν an, sondern die Grenze zwischen Vergangenheit und Zukunft wird markiert; das Vergangene wird als das Vorläufige kenntlich gemacht. Es gibt in seiner Unabgeschlossenheit und Abgebrochenheit aber keinen Anlaß zum Verzagen, als sei es nichtig. Denn für die Zukunft gilt die Verheißung V. 26: ὁ δὲ παράκλητος κτλ. Die Charakte= risierung des Parakleten mit dem gemeinchristlichen Terminus als des ἅγιον πνεῦμα[4] weist wieder darauf hin, daß er die der Gemeinde geschenkte Kraft ist, in der das eschatologische Geschehen sich weitervollzieht; und das ὁ πέμψει κτλ[5]. erinnert wieder daran, daß eben darin Jesu Offenbarwirken fortgesetzt wird: „im Namen" des Sohnes wird der Vater den Geist senden, wie er nach 16₂₃ „im Namen" Jesu die Bitten der Jünger erhören wird[6]. Und im Sinne der früheren Verheißungen wird das Werk des Parakleten beschrieben:

[ἐκεῖνος] ὑμᾶς διδάξει πάντα
καὶ ὑπομνήσει ὑμᾶς πάντα ἃ εἶπον ὑμῖν ἐγώ[7].

Das διδάξει hat den tröstlichen Sinn der Verheißung von 16₁₃ₐ: die Offen= barung ist mit dem Abschied Jesu nicht zum Abschluß gekommen, sondern wird in jeder Zukunft neu geschenkt werden[8]. Das ὑπομνήσει entspricht der Ver=

---

[1] S. S. 233. 266.   [2] S. S. 254, 10; 416, 9.
[3] Vgl. Hölderlin, Empedokles:
    „Was ich gesagt,
    Dieweil ich hie noch weile, wenig ist's" (v. Hellingr. III 156, 18 f.).
[4] S. S. 426.   [5] S. S. 426.   [6] S. S. 450.
[7] Der Satz dürfte der Quelle entnommen sein, doch stammt das ἐκεῖνος natürlich vom Evglisten. — Das ἃ ἂν εἴπω von D al verdirbt den Sinn. Das ἐγώ ist vielleicht mit א K D pl zu streichen.
[8] I Joh 2₂₇ gilt das διδάσκειν als Funktion des χρῖσμα; es wird dadurch zum Ausdruck gebracht, daß der Geist nicht in neuen von der Geschichte gelösten Offenbarungen redet, sondern in der Kontinuität des Amtes der Verkündigung.

sicherung von 16₁₃ᵇ₋₁₅: die künftige Offenbarung wird die Wiederaufnahme des Werkes Jesu sein[1]; sie ist „Erinnerung" an dieses, — natürlich nicht in dem Sinne historischer Rekonstruktion, sondern als Vergegenwärtigung des in ihm hereingebrochenen eschatologischen Geschehens[2]. Die μαρτυρία der Gemeinde ist nicht ein historischer Bericht, sondern das Zeugnis, in dem sich Jesu eigenes Zeugnis erneuert, und das, wie sein Wort, den Hörer jeweils vor das Jetzt der eschatologischen Entscheidung stellt[3].

Hat V.₂₅f. die Verheißung von 16₁₂₋₁₅ zusammengefaßt, so nimmt V. 27 die Gedanken von 15₁₈—16₇, und vor allem von 16₁₆₋₂₄ wieder auf:

εἰρήνην ἀφίημι ὑμῖν,
  εἰρήνην τὴν ἐμὴν δίδωμι ὑμῖν.
οὐ καθὼς ὁ κόσμος δίδωσιν
  ἐγὼ δίδωμι ὑμῖν.
μὴ ταρασσέσθω ὑμῶν ἡ καρδία
  μηδὲ δειλιάτω[4].

Das εἰρήνην ἀφίημι ist gleichsam der Abschiedsgruß des Scheidenden. Aber es ist mehr als ein Wunsch, wie er sonst beim Abschied gesprochen wird; Jesus läßt die εἰρήνη gleichsam als Abschiedsgeschenk zurück[5]; er „schenkt" den Zurückbleibenden die εἰρήνη[6]. Und die εἰρήνη ist, so gewiß auf den üblichen Abschiedsgruß angespielt wird[7], doch nicht das Heil, das dieser zu wünschen pflegt im Sinne des Wohlergehens, sondern es ist die εἰρήνη, die schon 16₃₃ an Stelle der χαρά getreten war: das eschatologische Heil[8], das als solches noch besonders dadurch charakterisiert ist, daß es heißt εἰρήνην τὴν ἐμήν, — wie es seine χαρά ist, die den Seinen nach 17₁₃ 15₁₁ zuteil werden soll[9]. Es ist die εἰρήνη dessen, der den κόσμος hinter sich gelassen hat; wie er — das besagt das Abschiedsgeschenk —, so gehören auch die Seinen nicht mehr dieser Welt an (17₁₄). Ist diese εἰρήνη auch „Heil" im vollen Umfang des semitischen שָׁלוֹם, so erhält das in ihm enthaltene Moment des „Friedens" durch die Situation, auf die das μὴ

---

[1] S. S. 443ff. — Natürlich werden nicht zwei verschiedene Funktionen des Geistes unterschieden (B. Weiß, Zn.), sondern διδ. und ὑπομ. ist eines (anders R. Eisler, Rätsel 396f.).

[2] Dadurch ist die Verheißung von der formal verwandten C. Herm. 13, 15 unterschieden: ὁ Ποιμάνδρης, ὁ τῆς αὐθεντίας νοῦς, πλέον μοι τῶν ἐγγεγραμμένων οὐ παρέδωκεν, εἰδὼς ὅτι ἀπ' ἐμαυτοῦ δυνήσομαι πάντα νοεῖν καὶ ἀκούειν ὧν βούλομαι καὶ ὁρᾶν τὰ πάντα. Hier ist der Mystiker der Offenbarung gegenüber selbständig geworden.

[3] S. S. 427. 193.   [4] V.₂₇ dürfte aus der Quelle stammen.

[5] Ἀφιέναι wie V.₁₈ 4₂₈ und sonst „zurücklassen"; es ist nicht etwa juristischer Terminus für Hinterlassenschaft; s. ThWB I 507, 46ff.

[6] „Den Frieden geben" kann im Rabbinischen das Sprechen des Grußes, aber auch das Stiften des Friedens bezeichnen (Schl. z. St., der jedoch kein Beispiel für den Gebrauch in 1. Pers. anführt). In Parallele mit ἀφίημι kann δίδωμι nur heißen: „ich schenke"; vgl. Hagg 2₉ (Gott spricht): ἐν τῷ τόπῳ τούτῳ δώσω εἰρήνην; Jes 26₁₂: κύριε ὁ θεὸς ἡμῶν, εἰρήνην δὸς ἡμῖν; II Th 3₁₆.

[7] Man denkt an den semitischen Abschiedsgruß πορεύου εἰς εἰρήνην I Reg 1₁₇ (לְכִי לְשָׁלוֹם); 20₄₂ 29₇ Mk 5₃₄ Act 16₃₆; vgl. I Kor 16₁₁ Jak 2₁₆ usw., der in Schlußgrüßen der Briefe variiert wird III Joh 15 I Pt 5₁₄; vgl. Gal 6₁₆ Eph 6₂₃ II Th 3₁₆. — Daß dem Heilswunsch eine magische Wirkungskraft zugeschrieben werden kann (Mt 10₁₂f. Lk 10₅f.; s. Merx zu Mt 5₄₇ II 1, 116f.; Lyder Brun, Segen und Fluch im Urchristentum 1932, 34), kommt für Joh nicht in Betracht.

[8] S. S. 386, 5 über εἰρήνη und χαρά im eschatologischen Sinne.

[9] S. S. 388. 416f.

ταρασσέσθω ὑμῶν ἡ καρδία hinweist, einen besonderen Ton[1]. Und gewiß ist dieser Friede auch der Friede des Herzens[2]; aber er ist mehr als das; er ist sein Friede, den er den Glaubenden schenkt als die Möglichkeit ihrer Existenz, die schon gegeben ist, ehe sie sich hineingefunden haben; es ist sein Friede, in dem sie sich entdecken müssen, um so die „volle innere Ruhe" zu gewinnen[3].

Der eschatologische Charakter der εἰρήνη wird weiter durch das οὐ καθὼς ὁ κόσμος κτλ. verdeutlicht. Im κόσμος und nach dessen Maßstäben wird ihre Situation λύπη und θλῖψις sein (16 20-22. 33). Für den κόσμος wird ihre εἰρήνη so wenig sichtbar sein wie ihre χαρά. Aber dadurch soll sich die Gemeinde nicht verführen lassen, nach dem Frieden des κόσμος zu streben[4]; sein Friede ist kein echter Friede, sondern höchstens der Friede des Todes[5]. So wird die Verheißung zur Mahnung: μὴ ταρασσέσθω κτλ.[6], wie sie zu Beginn der Rede D.1 schon begegnete, und wie sie dem θαρσεῖτε 16 33 entspricht. Der Friede der Jünger ist in der Möglichkeit der Freiheit vom κόσμος gegeben; aber sie müssen diese Möglichkeit auch ergreifen[7].

Daß sie es getrost können, sagt noch einmal V. 28; sie haben ja seine Verheißung gehört, daß er zwar von ihnen gehen, aber wieder zu ihnen kommen wird. Mag nun das ἔρχομαι jenes von V.3 sein, das den Jünger vom Leben im Raume des κόσμος endgültig befreit, oder mag es das von V.18 sein, das sich in den Erfahrungen des irdisch-geschichtlichen Seins verwirklicht, — bezeichnend ist, daß das Wort nicht im tröstenden Tone der Verheißung, sondern im Tone der Mahnung schließt, die den Gedanken von 16 7 wiederaufnimmt. Jesu Kommen wird nur der erfahren, der den Sinn seines Scheidens erfaßt hat: εἰ ἠγαπᾶτέ με κτλ[8]. Sie meinen ihn zu lieben, und ihre Liebe sträubt sich gegen den Gedanken, von ihm verlassen zu werden. Das aber ist nicht die ihm gegenüber angemessene Liebe; sie mißversteht ja seine Gestalt und sein Werk; sie zieht seine Erscheinung in die Sphäre menschlich-weltlichen Seins hinab und erwartet von ihm eine innerweltliche Beglückung. Die Liebe, die er verlangt, ist der Glaube, der

---

[1] S. S. 457, 5.

[2] „Die volle innere Ruhe"; vgl. B. Weiß, ho., Zn.: „Die befriedigte und befriedigende Verfassung der Seele." Das ist philonisch; s. Anm. 4. Geschweige, daß Jesus sagen wolle: „Sie sollen durch das Schreckliche, das sie erleben werden, den Mut nicht verlieren" (Zn.).

[3] S. S. 457f.

[4] Daß allein Gott εἰρήνη schenken kann, weiß auch Philon; vgl. Vit. Mos. I 304: δωρησάμενος ὁ θεὸς Φινεεῖ τὸ μέγιστον ἀγαθόν, εἰρήνην, ὃ μηδεὶς ἱκανὸς ἀνθρώπων παρασχεῖν. Solche εἰρήνη ist aber für ihn die Seelenruhe, wie sie vollendet nur bei Gott vorhanden ist; somn. II 250—254 erklärt er den Namen Jerusalem als ὅρασις εἰρήνης; solche Stadt des Friedens gäbe es nicht auf Erden, ἀλλ' ἐν ψυχῇ ἀπολέμῳ καὶ ὀξυδορκούσῃ ⟨τέλος⟩ προτεθειμένῃ τὸν [δὲ] θεωρητικὸν καὶ εἰρηναῖον βίον, in einer Seele, der στάσις und ταραχή fremd sind. Ja, schließlich gilt, ὅτι θεὸς μόνος ἡ ἀψευδεστάτη καὶ πρὸς ἀλήθειάν ἐστιν εἰρήνη, ἡ δὲ γεννητὴ καὶ φθαρτὴ οὐσία πᾶσα συνεχὴς πόλεμος; vgl. ebr. 97ff.; leg. all. III 80f.: der λόγος als ἡγεμὼν εἰρήνης. — Gott als der θεὸς bzw. κύριος τῆς εἰρήνης Röm 15 33 16 20 II Kor 13 11 Phil 4 9 II Th 3 16 Hb 13 20. Die εἰρ. θεοῦ Phil 4 7, τοῦ Χριστοῦ Kol 3 15, τοῦ εὐαγγελίου Eph 6 15.

[5] S. Faulhaber 55.

[6] Zu ταρ. s. S. 462, 4; δειλιᾶν (verzagt sein) nur hier im NT.

[7] Den Ernst der Friedensverheißung fühlt Kundsin (s. S. 447, 5) wohl, will ihn aber so erklären, daß es sich um den durch das Martyrium errungenen Frieden handle (a. a. O. 212).

[8] Das ἀγαπᾶτε von D* H L φ al ist offenbar Korrektur; K al fügen vor πορεύομαι ein ὅτι ein.

in ihm den Offenbarer sieht[1], der Glaube als die Haltung der entweltlichten, eschatologischen Existenz. Sie müßten sich freuen, daß Jesus von ihnen geht, d. h. sie müßten erkennen, daß er als der Verherrlichte das ist, was er für sie sein soll[2]; daß sie ein Verhältnis zu ihm nicht als zu einer innergeschichtlichen, sondern zu einer eschatologischen Gestalt suchen müssen. Diesen Sinn hat die zunächst seltsam klingende Begründung: ὅτι ὁ πατὴρ μείζων μού ἐστιν[3]. Freilich sieht, wer Jesus richtig versteht, in ihm den Vater (V.9); er ist ja eins mit dem Vater (10 30), der ihm alles übergeben hat (3 35 5 21. 27 17 2). Aber so sieht ihn nicht, wer ihn in der Sphäre menschlicher Beziehungen festhalten will. Ein solcher hat gleichsam Gott über ihm vergessen und muß daran erinnert werden, daß Gott größer ist als er, daß er nichts für sich ist, sondern nur des Vaters Willen tut (4 34 5 30 6 38 7 16 f. 8 28 12 49 f.), und daß er nur so den Vater offenbart. Die Begründung ὅτι ὁ πατὴρ κτλ. entspricht also der des συμφέρει ὑμῖν 16 7 mit dem Hinweis auf den kommenden Parakleten; d. h. die Freude der Jünger soll gerade darin begründet sein, daß Jesus sich als der erweist, in dem Gottes eschatologisches Werk geschieht, als der, der alle Gegenwart, die sich bei sich selbst festhalten will, zerbricht, der alle Ruhe, die sich gegen die Zukunft sichern möchte, zerstört, der stets als der Kommende vor den Seinen steht und sie in seine eschatologische Existenz hineinzieht als der δοξασθείς[4].

Nach solcher Zusammenfassung und Mahnung leitet V. 29 zur historischen Situation über. Ähnlich wie 13 19 16 4. 32 f. werden die Jünger gemahnt, gefaßt zu sein auf das, was kommen wird: es ist vorausgesehen und braucht also bei seinem Eintreten den Glaubenden nicht zu erschrecken[5]. Aber auch hier ist die historische Situation von urbildlicher Bedeutung. Was Jesus voraussagt, ist im Grunde kein historisches Ereignis, sondern die für das Offenbarungsgeschehen sachlich notwendige Trennung des Offenbarers von den Seinen, die in anderer Form jeder Glaubende immer wieder erleben wird[6].

Endgültig ist die historische Situation V. 30 erreicht: οὐκέτι λαλήσω μεθ᾽ ὑμῶν[7]. Was zu sagen ist, ist gesagt, — was über die Situation hinaus zugleich

---

[1] S. S. 474 f.

[2] Auch der Mythos kennt diesen Gedanken; vgl. Ign. Röm 3 3: οὐδὲν φαινόμενον καλόν. ὁ γὰρ θεὸς ἡμῶν ’I. Χριστὸς ἐν πατρὶ ὢν μᾶλλον φαίνεται. Exc. ex Theod. 18, 2: σκιὰ γὰρ τῆς δόξης τοῦ σωτῆρος τῆς παρὰ τῷ πατρὶ ἡ παρουσία ἡ ἐνταῦθα, s. Schlier, Relig. Unters. 76 f.

[3] Merx will nach syr sc lesen: ὃς μείζων μού ἐστιν, weil dann die — angeblich — künstliche Begründung wegfällt. Diese besagt freilich, daß „mit seiner Erhöhung zu dem im Himmel thronenden Gott ... für ihn eine Verherrlichung gegeben sein muß" (Zn.), aber diese Verherrlichung ist nicht ins Auge gefaßt als etwas, was Jesus für sich hat, sodaß sein Fortgang „etwas für ihn Erfreuliches" (B. Weiß), eine „Lebenserhöhung" (Ho.) und die Freude der Jünger kameradschaftliche „Mitfreude" wäre. Die Verherrlichung Jesu ist vielmehr seine Vollendung als des Offenbarers (s. S. 375 ff.), und die Freude der Jünger geht — dem συμφέρει ὑμῖν 16 7 entsprechend — darauf, daß er als Verherrlichter für sie der Offenbarer ist. Es ist also weder auf Schillers Maria Stuart V 4 (Ho.), noch auf Plat. Phaed. 63 b (Br.) zu verweisen, wohl aber auf den Schluß von Hölderlins Empedokles (III 163 ff. v. Hellingr.).

[4] S. S. 376 f. 430 ff.

[5] S. S. 365, 2. 429. 456 f. Das ἵνα πιστεύσητε enthält das ἵνα μνημονεύητε von 16 4 und ist dem Sinne nach dem ἵνα ... εἰρήνην ἔχητε von 16 33 gleich. Zum absoluten πιστ. s. S. 31, 3. — V. 29 f. entspricht 16 31 f., s. S. 458.   [6] S. S. 430 f.

[7] Das syr fehlende πολλά ist sicher eine frühe Interpolation, eine „schlechte Notbrücke" (Merx), die den Anstoß beseitigen soll, daß in der jetzigen Ordnung des Textes noch weitere Reden folgen; für seine Streichung ließe sich kein Motiv denken.

bedeutet, daß die Offenbarung im geschichtlichen Jesus vollständig und endgültig ist; wird der Geist sein Werk fortsetzen, so doch nur so, daß er an das von Jesus Gesagte „erinnert" (V.26). Äußerlich gesehen nimmt Jesu Wirken jetzt sein Ende dadurch, daß die Welt über ihn Herr wird: ἔρχεται γὰρ ὁ τοῦ κόσμου ἄρχων. Die Häscher nahen ja schon (18₃); aber nicht auf sie, sondern auf die hinter ihnen stehende Macht weist Jesus hin[1]. Denn ein eschatologisches Geschehen ist es ja, das sich in dem innerweltlichen Ereignis vollzieht: der Kampf zwischen Gott und der widergöttlichen Macht. Dieser Kampf ist im Grunde schon entschieden: καὶ ἐν ἐμοὶ οὐκ ἔχει οὐδέν[2]: der κόσμος hat kein Recht auf Jesus und kann ihm deshalb nichts anhaben. Ja, sein Handeln muß gerade das herbeiführen, was geschehen soll. Diese göttliche Teleologie spricht das Wort aus: ἀλλ' ἵνα γνῷ ὁ κόσμος κτλ. (V. 31)[3]: im Tode bewährt Jesus, daß er der Offenbarer ist. Denn daß er „den Vater liebt", d. h. daß er „den Auftrag des Vaters erfüllt[4]", das vollzieht sich darin, daß sein ganzes Leben — um des κόσμος willen (3₁₆) — ein Angriff auf den κόσμος ist (7₇). Sein Tod ist also nicht das heroische Festhalten an seiner Aufgabe auch im Untergang oder die Vollendung seines Glaubens im Martyrium — er ist kein Glaubender und kein Märtyrer —, sondern sein Tod ist seine Aufgabe selbst und ist in dem ὁ λόγος σὰρξ ἐγένετο schon einbegriffen[5]; deshalb ist sein Tod sein Sieg über die Welt[6]; denn das Todesurteil, das sie über ihn spricht, war von ihm als Todesurteil über die Welt vorausgenommen. Als äußeres Ereignis ist sein Tod nur die Demonstration der Tatsache, daß er die Welt schon besiegt hat. Aber eben diese Demonstration ist die letzte Frage an die

---

[1] Zum ἄρχων τοῦ κόσμου f. S. 330, 2. Vgl. wie 13₂₇ Judas als Werkzeug des Satans charakterisiert war; f. S. 368. — Der Satz ist die joh Umformung der alten Tradition; f. Mt 14₄₁f.: ἦλθεν ἡ ὥρα ... ἰδοὺ ὁ παραδιδούς με ἤγγικεν; f. u. S. 489, 2.

[2] Zu den καὶ f. S. 28, 3. — Das Verständnis des Satzes war offenbar den Abschreibern schon unsicher. Die Varianten εὑρήσει οὐδέν (K al f) und οὐκ ἔχει οὐδὲν εὑρεῖν (D a) meinen offenbar: der Satan kann an Jesus nichts Sündiges finden (vgl. 8₄₆); dementsprechend erklären Ho., Zn., Br., Bd., Bl., doch ist das moralistisch gedacht (f. R. Hermann, ZsystTh 7 [1930], 747). Die Wendung καὶ ἐν ἐμοὶ οὐκ ἔχει οὐδέν geht wohl auf das semitische אֵין לוֹ עָלַי bzw. וְאֵין לוֹ אֶצְלִי כְּלוּם zurück = „er hat kein Anrecht an mir, keinen Anspruch auf mich" (Str.-B., Schl.). Ἔχειν im Sinne von „Recht (bzw. Anspruch) haben" ist aber auch gut griechisch, f. ThWB II 816, 13ff. und vgl. BGU 180, 4: ἔχειν χρόνον ἀναπαύσεως = „das Recht haben, für eine bestimmte Frist lastenfrei zu sein" (Preisigke, Wörterb.). Man kann auch ἔχειν fassen im Sinne von „vermögen" (vgl. Philostr. Vit. Apoll. VI 5 p. 209, 28f. Kayser: Θαμοῦν ἤλεγξαν οἱ Γυμνοὶ καὶ ἔσχον = „und gewannen Oberhand"); das ἐν ἐμοὶ wäre dann wie 1Kor 14₁₁ zu verstehen: „In meinem Falle (was mich betrifft), vermag er nichts." Etwas anders J. Jeremias, ZNTW 35 (1936), 76: „Gegen mich vermag er nichts" (mit Annahme eines Semitismus).

[3] Zum ellipt. ἀλλ' ἵνα (wie 13₁₈) f. S. 29, 1. Unsinnig ist es, den Nachsatz dazu im folgenden ἐγείρεσθε finden zu wollen.

[4] Ἀγαπᾶν beschreibt nur hier das Verhältnis Jesu zum Vater, sonst die Liebe des Vaters zum Sohne (f. S.119, 3); aber bei der Wechselseitigkeit des Verhältnisses überrascht das nicht. Die Liebe des Sohnes ist identisch mit seinem Gehorsam (vgl. 14₁₅. ₂₁), wie er hier und 4₃₄ 5₃₀ 6₃₈ 12₄₉f. beschrieben ist; das καὶ V.₃₁ ist also epexegetisch. (Ob mit B L al zu lesen ist ἐντολὴν ἔδωκεν (wie 12₄₉) oder mit ℵ A Θ al ἐνετείλατο, bleibt sich gleich.)

[5] S. S. 356.

[6] Hölderlin hat das im Empedokles nachgedichtet (III 160, 19ff. v. Hellingr.):

> „Bin ich durch Sterbliche doch nicht bezwungen
> Und geh in meiner Kraft furchtlos hinab
> Den selbsterkornen Pfad; mein Glück ist dies,
> Mein Vorrecht ist's."

Welt, die letzte Möglichkeit, daß sie an sich selbst irre werde und „daß sie erkenne", daß er der Offenbarer ist.

Das ἐγείρεσθε, ἄγωμεν ἐντεῦθεν setzt der mit 13₂ begonnenen Szene ein Ende und leitet zu Kap. 18 über[1]. Der Anschluß an die traditionelle Passionserzählung ist damit gewonnen[2].

II. 18₁–20₂₉: Passion und Ostern.

Im Grunde hatte Jesus nach dem νῦν ἐδοξάσθη ὁ υἱὸς τοῦ ἀνθρώπου 13₃₁ schon als der Erhöhte, der Verherrlichte zu den Seinen gesprochen. Sein Werk auf Erden war also vollendet. Aber doch spricht er das τετέλεσται erst am Kreuz 19₃₀. Denn die ὥρα seines δοξασθῆναι (12₂₃ 17₁), seines μεταβῆναι ἐκ τοῦ κόσμου (13₁) umfaßt das Passionsgeschehen als Ganzes, und in dem νῦν 13₃₁ ist alles folgende Geschehen vorausgenommen. Vorausgenommen freilich nicht im Sinne des Historikers, für dessen rückschauenden Blick sich die einzelnen Teilereignisse zu einem einheitlichen großen und entscheidenden Ereignis zusammenschließen; sondern vorausgenommen ist das Passionsgeschehen in dem vorgreifenden Entschluß Jesu, der im Gehorsam auf sich nimmt, was der Vater geboten hat (14₃₁), und der die Seinen liebt εἰς τέλος (13₁). Vorausgenommen war dieser Entschluß im Grunde schon in dem ὁ λόγος σὰρξ ἐγένετο 1₁₄[3]. Aber sollte dieser Entschluß in seinem Gewicht kenntlich werden, so mußte auch alles, was er umfaßt, sichtbar werden, d. h. die Passion mußte erzählt werden; und indem der Evglist dies tut, folgt er also nicht nur dem Zwang der schon traditionell gewordenen Form des Kerygmas oder des Evangeliums.

Sein Passionsbericht folgt allerdings der Tradition; aber diese gerät nun in ein neues Licht. Denn die Passion kann ja jetzt nicht mehr als ein grausig-rätselhaftes Geschehen erzählt werden, das auf ein zunächst unverständliches göttliches δεῖ zurückgeführt werden müßte[4], dessen Verständnis ein Problem für die Gemeinde ist. Vielmehr erwächst die Passion notwendig aus dem Wirken Jesu als aus dem Kampfe des Lichtes gegen die Finsternis; sie ist der siegreiche Abschluß dieses Kampfes. Wenn auch am Anfang einmal jenes δεῖ gesprochen wurde (3₁₄), so unterscheiden sich doch sonst die joh. Jesusworte, die auf sein Ende hinweisen, charakteristisch von den synoptischen Leidensweissagungen[5]. Es sind keine geheimen Jüngerbelehrungen, sondern sie stehen in organischem Zshg mit seiner öffentlichen Lehre; und Jesus sagt in dieser Hinsicht den Seinen in den Abschiedsreden nichts anderes als er immer schon gesagt hat[6]: die Zeit seines Wirkens ist durch die Abschiedsstunde begrenzt[7]; er wird fortgehen[8], und sein Abschied wird nicht für ihn, wohl aber für die Welt eine Katastrophe sein[9]. Daß die Juden ihn töten wollen, ist zwar mehrfach berichtet worden[10], und Jesus selbst wirft es ihnen vor[11]; aber nirgends weissagt er sein ἀποκτανθῆναι[12], vielmehr sein δοξασθῆναι[13], sein ὑψωθῆναι[14], das die Juden selbst vollziehen werden[15]. Eben weil sein Entschluß die Passion

---

[1] Daß II Reg 15₁₄ (ἀνάστητε καὶ φύγωμεν) einwirke (Finegan, Überl. der Leidens und Auferstehungsgesch. Jesu 43, 3), ist doch unglaublich. — Torrey (341 f.) will die Schwierigkeit der heutigen Textordnung durch Annahme eines Übersetzungsfehlers beheben: das ἐγ., ἄγ. ἐντ. entspreche einem קוּמוּ נֵאֵל מִכָּה, das aus אָקוּם וְאֵל מִכָּה („ich will mich aufmachen und von hier fortgehen") verlesen sei. Der Satz sei der Übergang zu Kap. 15: „Ich muß euch verlassen und von hier gehen; gleichwohl bleibet in mir!" Torsen streicht den Satz, s. S. 349, 5.

[2] Vgl. Mk 14₄₂: ἐγείρεσθε ἄγωμεν (s. S. 488, 1).

[3] S. S. 488.   [4] Vgl. Mk 8₃₁ Mt 26₅₄ Lk 17₂₅ 22₃₇ 24₇ usw.

[5] Mk 8₃₁ 9₃₁ 10₃₃ f. parr.   [6] Vgl. die ausdrückliche Rückverweisung 13₃₃.

[7] 7₆. ₈. ₃₃ 8₂₁ 9₄ f. 11₉ f. 12₃₅ f.   [8] S. S. 232, 2.   [9] 7₃₄ 8₂₁. ₂₈ 12₂₁.

[10] 5₁₈ 7₁. ₂₅. ₃₀. ₄₄ 8₂₀. ₅₉ 10₃₁. ₃₉ 11₅₃.   [11] 7₁₉ f. 8₃₇. ₄₀ 10₃₂.

[12] Vgl. Mk 8₃₁ 9₃₁ 10₃₃ f. parr.   [13] 11₄ 12₂₃; s. S. 303. 402.

[14] 3₁₄ 12₃₂.   [15] 8₂₈.

in ſein Werk aufgenommen hat als deſſen Krönung, iſt ſie ſeine Verherrlichung; und ſo
erſcheint er in ihr im Grunde nicht als der Leidende, ſondern als der Handelnde, und
es iſt ſchon ſymptomatiſch, daß es 14₃₁ heißt: οὕτως ποιῶ, nicht etwa οὕτως δεῖ γενέσθαι[1].
Er iſt der eigentliche Handelnde bei ſeiner Verhaftung (18₁₋₁₁); er iſt der Überlegene im
Verhör vor dem Hohenprieſter (18₁₂₋₂₃) wie vor Pilatus (18₂₈—19₁₆); am Kreuz gibt
er ſeinen letzten Willen kund (19₂₆); er gibt gleichſam das Zeichen, daß das Drama ſein
Ende erreicht hat (19₂₈), und er ſtirbt im Bewußtſein, ſein Werk vollendet zu haben (19₃₀).
Die Gegner aber, die vom Geſichtspunkt der Welt aus den Sieg erringen, erſcheinen im
Lichte vernichtender Ironie als die Beſiegten. Wie ſie einerſeits peinlich die Reinheits=
forderung ihres Geſetzes beachten, indem ſie Jeſus dem Richter übergeben (18₂₈), ſo
können ſie andrerſeits das Ziel ihres Haſſes nur erreichen durch Unſachlichkeit und ver=
logene Denunziation. Daß ſie damit die Hoffnung ihres Volkes ſelbſt zum Geſpött machen,
beſcheinigt ihnen der heidniſche Richter durch die Inſchrift am Kreuz (19₁₉₋₂₂). Sind ſie
ſcheinbar die Überlegenen, aber wenn ihnen der Mißhandelte und Dorngekrönte als ihr
König präſentiert wird (19₁₄), ſo ahnen ſie nicht, daß er es wirklich iſt, und daß in dieſem
Geſchehen alle menſchliche Größe und menſchlicher Stolz zerbrochen wird. Für den, der
zu ſehen vermag, iſt die Paſſion die Demonſtration des Gehorſams Jeſu und damit der
Erweis ſeiner δόξα[2].

Iſt die Paſſion inſofern nur die abſchließende Krönung alles Bisherigen, ſo tritt
ein Moment im Siege des Offenbarers über die Welt doch neu heraus. Denn jetzt tritt
eine Größe auf, die bisher noch keine Rolle geſpielt hat: der römiſche Staat. Der
Prozeß der Welt mit dem Offenbarer[3] wird vor das Forum des Staates gebracht. Es
wird deutlich, daß ſich der Kampf zwiſchen Licht und Finſternis nicht allein in der privaten
Sphäre abſpielen kann, auch nicht in den Diskuſſionen im Raume der Geſellſchaft und
der offiziellen Religion. Durch Jeſu Angriff in ihren Grundfeſten erſchüttert, ſucht die
Welt Hilfe bei der ihr geſetzten Ordnungsmacht, und ſo wird auch der Staat in das eſchato=
logiſche Geſchehen hineingezogen. Er kann die Offenbarung nicht einfach ignorieren.
Und indem er zur Stellungnahme gezwungen wird, erweiſt ſich Jeſus auch hier als der
Herrſcher und offenbart ſeine δόξα[4].

Iſt ſo das Kreuz als krönender Abſchluß des mit dem ὁ λόγος σὰρξ ἐγένετο an=
hebenden Geſchehens verſtanden, und hat es nicht als Einzelereignis eine ſpezifiſche Heils=
bedeutung[5], ſo hat auch die Auferſtehung ihre Bedeutung nicht darin, daß ſie als
Ereignis — etwa als kosmiſches Ereignis — etwas Neues wirkte, was Jeſu Wort nicht
ſchon gewirkt hätte. Sie iſt vielmehr die Demonſtration ſeines Sieges über die Welt,
der ja ſchon errungen iſt (16₃₃). Das νῦν, in dem die Wende der Äonen erfolgt, war ja
12₃₁ ſchon geſprochen; ja, die Einheit von Fleiſchwerdung und Auferſtehung war ſchon
damit ausgeſprochen, daß das Kommen des Lichtes in die Welt als das Gericht bezeichnet
war (3₁₉). Und hat nach gemeinchriſtlicher und pauliniſcher Anſchauung erſt Jeſu Er=
weckung von den Toten ſeine lebenſchaffende Kraft entbunden[6], ſo hat der johanneiſche
Jeſus von vornherein das Leben in ſich wie der Vater (5₂₆); er iſt die Auferſtehung und
das Leben (11₂₅ 14₆); und wie er in dieſer Kraft ſchon den Lazarus erweckt hat, ſo ſpricht
er dem Glauben an ſein Wort das Leben zu (5₂₄f. 11₂₅f.), ohne daß dabei von ſeiner
Auferſtehung die Rede wäre. So wird er ja auch nicht erſt künftig als „Menſchenſohn"

---

[1] Vgl. etwa Mt 26₅₄.   [2] S. 14₃₀f. und S. 488.
[3] S. S. 58f. 433ff. uſw.

[4] Das dürfte der Sinn der Pilatus=Epiſode ſein. Sie iſt nicht apologetiſch motiviert
(Htm., Br.), als ſollte die Unſchuld und politiſche Ungefährlichkeit der Chriſten und ihre
vorurteilsfreie Haltung dem römiſchen Staat gegenüber aufgewieſen werden.

[5] Vom σταυρός bzw. σταυρωθῆναι als beſonderem Heilsereignis iſt nie die Rede;
vgl. dagegen I Kor 1₁₇ff. II Kor 13₄ Gal 3₁ 5₁₁ 6₁₂. ₁₄ Phil 2₈ 3₁₈ uſw. Speziell in Jeſu
Worten begegnen bei Joh dieſe Vokabeln nie (anders Mt 20₁₉ 26₂); ſie fehlen auch in
den Joh.=Briefen. Von vornherein iſt das σταυρωθῆναι als ὑψωθῆναι aufgefaßt 3₁₄
8₂₈ 12₃₂; ſ. S. 110, 2.

[6] Vgl. Act 3₁₅ 5₃₀f. I Pt 1₃. ₂₁ 3₂₁ I Kor 15 Röm 6₁ff. 8₁₁ Phl 3₁₀ II Kor 4₁₄.

kommen, sondern war schon in seinem Wirken auf Erden der „Menschensohn" [1]. Daher enthalten seine Worte nicht die synoptischen Weissagungen von seinem ἀναστῆναι oder ἐγερθῆναι [2], vielmehr redet er von seinem ὑπάγειν, ἀναβαίνειν usw. [3]. Zudem hatten die Abschiedsreden gezeigt, daß Ostern, Pfingsten und die Parusie nicht kosmische, mythische Ereignisse sind, sondern daß sie in ihrem wahren Sinne alle das eine entscheidende Ereignis sind: die Wiederkehr des von der Erde geschiedenen Jesus in der Erfahrung des Glaubens [4].

Was können also Osterereignisse, wie sie der Evglist, der Tradition folgend, noch berichtet, noch bedeuten? Sie können nichts anderes sein als σημεῖα, wie Jesu Wunder es auch waren [5]. Und so kann der Evglist auch sie 20₃₀ unter die σημεῖα begreifen, von denen sein Buch erzählt hat; und sie können nur die relative Bedeutung beanspruchen, die den Wundern zukommt [6]. Wie 4₄₈ ausgesprochen war, und wie durch die Gegenüberstellung von Martha und Maria 11₁₇ff. gezeigt war, daß der Glaube des Wunders eigentlich nicht bedürfen sollte, so schließt die letzte Ostergeschichte (20₂₄₋₂₉) mit dem Worte, das die vorher erzählten Geschichten eigentümlich relativiert: „Heil denen, die nicht sehen und doch glauben!"

Der Evglist folgt in der Passions= und Ostergeschichte der Tradition, und der Anschluß an sie ist hier, äußerlich gesehen, besonders eng [7]. Daß er einer schriftlichen Quelle folgt, ergibt sich 1. daraus, daß er Stücke und Einzelangaben bringt, die er nicht im Sinne seiner Theologie auswertet, wie die Verleugnung des Petrus, die Verlosung des Mantels Jesu, die Ortsangabe 19₁₃ [8]; 2. daraus, daß sich seine Zusätze von einer zugrunde liegenden Vorlage manchmal deutlich abheben [9]. — Deutlich ist auch, daß seine Quelle nicht die Synoptiker sind, bzw. einer von ihnen. Es läßt sich zwar kaum zwingend beweisen, daß er hier eine einzige Schrift benutzte, die einen zusammenhängenden Bericht enthielt. Aber das ist das allein Wahrscheinliche; denn früher als andere Themata der Geschichte Jesu hatte die Passion zu einer geschlossenen Darstellung geführt [10], und eine Passionserzählung ohne folgende Ostergeschichte hat es schwerlich je gegeben. Für die Einheit der benutzten Vorlage spricht auch der einheitliche sprachliche und stilistische Charakter. Die Sprache ist ein vulgäres, leicht semitisierendes Griechisch; ihre Merkmale seien hier kurz angeführt, während die literarkritische Analyse bei der Erklärung der einzelnen Abschnitte vollzogen wird [11].

Der Satzbau ist sehr einfach; nur 19₁₇f. ₃₁. ₃₃f. begegnen etwas kompliziertere Fügungen. Part. coni. dem Verb. subordiniert: εἰδώς (18₄ 19₂₈); ἰδών (19₂₆); εἰπών (18₁. ₃₈) 20(14). 20. (22); ἀκούσας (19₁₃); andere 19₂. ₁₇. ₂₉. ₃₀. ₃₃. ₃₉ 20(5. 6. 15. 16). 20; dem Subj. zugeordnet: 18₁₀ (19₅. ₃₈ 20₆), dem Obj. zugeordnet (19₂₆ 20₆f.). 12. (14). (Part. mit Art. als Apposition (19₃₉) 20(8). 24, Part. als Ergänzung des Verbums [18₃₂] 19(6. 12)). — Besonders auffällig ist die Vermeidung der Subordination 18₁₀. 12. 16. 29. (31. 33) 19₃₉. 40 20₁(f.) (fünf verba fin.); 19₂f. steht einmal das Part. neben fünf Verben!

---

[1] 1₅₁ 3₁₄ 5₂₇ 6₆₂ 8₂₈ 9₃₅ 12₂₃. ₃₄ s. S. 74, 4; 107, 4; 196.

[2] Auch in den Joh.=Briefen fehlt diese Terminologie. Bei Joh ἀναστῆναι nur in der redakt. Glosse 20₉; ἐγερθῆναι nur 2₂₂ (dafür 12₁₆ δοξασθῆναι) und im redakt. Nachtrag 21₁₄.   [3] S. S. 232, 2. — Vgl. auch G. Bertram, Festg. f. Ad. Deißmann 1927, 211ff.   [4] 16₁₈₋₂₄; s. S. 448. 451.

[5] Vgl. S. D. Mc. Casland, The Resurrection of Jesus 1932, 142f.

[6] S. S. 78f. 152f. 161. 173. 346.   [7] Dibelius, Formgesch. 179f.

[8] Dibelius, Formgesch. 204, 4. Vgl. auch Dibelius, Die ältest. Motive in der Leidensgeschichte des Petrus= und des Joh.=Evg., ZATW. Beih. 33 (Festschr. für Baudissin), 125—150; M. Goguel, Les Sources du Recit Johannique de la Passion 1910.

[9] Die Analyse kann nur z. T. durch sprachliche Kriterien gestützt werden, da die stilistischen Eigenarten des Evglisten in der Erzählung nicht ausgeprägt sind.

[10] Gesch. der synopt. Trad. 297f.; Dibelius, Formgesch. 178ff.

[11] Die mutmaßlich vom Evglisten stammenden Verse sind in runde Klammern gesetzt; in eckigen Klammern Zusätze der Red.

— Der Gen. abs. findet sich nur 18₂₂ 20₁ 19(bis). ₂₆. — Infinitivkonstruktionen: (18₃₁) nach ἔξεστιν, [18₃₂] nach μέλλειν, (19₇) nach ὀφείλειν, (19₁₀) nach ἐξουσίαν ἔχειν, (19₁₂) nach ζητεῖν. — Relativsätze: einfaches Relat. 18₁. [₉]. (₁₃) 19₁₇. (₂₂. ₂₆). ₄₁ (20₇); ὅπου 18₁. ₂₀ 19₁₈. (₂₀). ₄₁ 20₁₂. ₁₉; καθώς 19₄₀ (20₂₁). — Temporalsätze: ὡς 19₃₃; ὡς οὖν (18₆) 20₁₁; ὅτε (19₂₃) 20₂₄; ὅτε οὖν 19(₆. ₈). ₃₀.— Begründungssätze: ὅτι 18₂. ₁₈ 19(₇. ₂₀). ₄₂ 20₁₃. (₂₉); γάρ (18₁₃) 19(₆). ₃₁. ₃₆ 20[₉]. (₁₇); ἐπεί 19₃₁. — Finalsätze: ἵνα 18(₃₇). ₃₉ 19(₄). ₁₆. ₂₈. ₃₁. [₃₅]. ₃₆. ₃₈; ἵνα μή (18₂₈. ₃₆); 19₃₁; ellipt. ἵνα [18₉. ₃₂] 19₂₄. Dazu der parataktische Finalsatz 18₃₉ (Bl.-D. § 366, 3; Raderm. 222). — Konsekutivsätze: ὥστε fehlt; οὐκοῦν (18₃₇). — Bedingungssätze: ἐάν (19₁₂) 20₂₅; εἰ 18(₈). ₂₃. (₃₀. ₃₆) (19₁₁) (20₁₅). — Abhängige Aussagesätze: ὅτι 18(₈). [₉]. (₁₄. ₃₇) 19(₄. ₁₀. ₂₁. ₂₈). [₃₅] 20[₉]. (₁₄. ₁₅. ₁₈). — Indirekte Fragesätze: 19₂₄ 20₁₃. (₁₅).

Die Satzverbindungen[1] sind primitiv. Sehr häufig findet sich das Asyndeton; so oft, wenn der neue Satz mit einem Verbum des Sagens beginnt: 18₁₇. ₂₀. ₂₃. ₂₅. ₂₆. (₃₀. ₃₁ (v. l.). ₃₄. ₃₅. ₃₆. ₃₇. ₃₈) 19(₆. ₇. ₁₁). ₁₅ (bis). (₂₂) 20₁₃. (₁₅. ₁₆. ₁₇). ₂₈. (₂₉). — Sehr häufig ist οὖν; oft steht es hinter dem den Satz einleitenden Verb. 18₁₁. ₁₆. ₁₇. (₂₄). ₂₅. ₂₈. ₂₉. (₃₁) (bis?). ₃₇). ₃₉ 19(₅. ₁₀). ₁₅. ₁₆ (v. l.). (₂₁). ₂₄. ₃₂. ₃₉. ₄₀; 20 (₂. ₃. ₆. ₁₀). ₂₀. (₂₁). ₂₅; hinter dem den Satz einleitenden Subj. 18₄. ₁₀ 19(₂₆). ₂₉ (v. l.), bzw. Obj. 19₂₉; zwischen Artikel und Subst. bzw. Name am Satzanfang 18(₃). ₁₂. ₁₉ 19₁₃. (₂₀). ₂₃. ₃₁. — πάλιν οὖν 18(₇). ₂₇. (₃₃ (v. l.)); οὖν πάλιν 18(₃₃). ₄₀ (20₁₀. ₂₁). — ὅτε οὖν s. o. bei den Temporalsätzen; τότε οὖν 19₁. ₁₆ (20₈). — Seltener δέ nach dem den Satz einleitenden Verb. 18₁₅. ₁₈. (₃₁ (v. l.) ₃₉); 19₁₉ (20₄); häufig ἦν δέ κτλ. 18₁₀. (₁₃). ₂₅. ₂₈. ₄₀ 19(₁₄). ₁₉. ₂₃. ₄₁; hinter dem den Satz einleitenden Subj. 20₁₁. ₂₄, ebenso in Zwischenstellung nach dem Art. 18₁₅. ₁₆ (19₉. ₁₂); δέ καί nach dem am Satzanfang stehenden Verb. 18₂. ₅ 19₁₉. (₃₉); νῦν δέ (18₃₆); μὲν . . . δέ 19(₂₄)f. ₃₂f.; οὐ μέντοι (20₅). — Andere Satzanfänge: εἶτα (19₂₇) 20₂₇; μετὰ τοῦτο 19₂₈; μετὰ δὲ ταῦτα 19₃₈; ἐκ τούτου (19₁₂); διὰ τοῦτο (19₁₁).

Als semitisierend kann man es nicht bezeichnen, daß im Satze das Verb. meist dem Subj. vorausgeht und oft am Anfang des Satzes steht[2]; schwerlich auch die überflüssigen Formen von αὐτός 18₁b. ₁₉. ₂₁ 20₂₆, da sie zu selten begegnen. Auch εἰς statt τις 18₂₂ braucht kein Semitismus zu sein (Bl.-D. § 247, 2; Raderm. 76). Semitismen sind aber wohl: εἶπεν σημαίνων [18₃₂], ἐκραύγασαν λέγοντες 19₆. [₁₂] wie ἀπεκρίθησαν καὶ εἶπαν [18₃₀] bzw. im Sing. 20₂₈ (Bl.-D. § 420). Ferner ἦλθον (οὖν) καὶ ἦραν 19₃₈ (Schl. 3. St.), τρέχει καὶ ἔρχεται (20₂) (Schl.), πορεύου . . . καὶ εἰπέ (20₁₇) (Schl. zu Mt 28₇), vielleicht auch das konsekutive καί (20₁₅); schwerlich das τί κλαίεις 20₁₃ (Schl.). Semitismen dürften auch sein: κακὸν ποιεῖν (18₃₀); ἐντεῦθεν καὶ ἐντεῦθεν 19₁₈; ἀπ᾽ ἐκείνης τῆς ὥρας (19₂₇) (Schl. zu Mt 9₂₂); τῇ μιᾷ τῶν σαββάτων 20₁; ἕνα . . . καὶ ἕνα 20₁₂ (Schl. zu Mt 24₄₀). Auch ὃ γέγραφα, γέγραφα (19₂₂)? (Schl. und Str.-B.), ἔστη εἰς τὸ μέσον 20₁₉? (Schl., vgl. aber Xen. Cyrop IV 1, 1: στὰς εἰς τὸ μέσον); φέρε τὸν δάκτυλόν σου ὧδε 20₂₇? Semitisch ist natürlich das εἰρήνη ὑμῖν 20₁₉. (₂₁) und doch wohl auch das ἀφιέναι und κρατεῖν τὰς ἁμαρτίας 20₂₃, doch handelt es sich in diesen Fällen um technische Terminologie.

a) 18₁—19₄₁: Die Passion.

α) Die Verhaftung Jesu: 18₁-11.

Die Perikope entspricht Mk 14₂₆. ₃₂-₅₂ parr. Wie dort wird berichtet, daß sich Jesus nach dem letzten Mahl und den damit verbundenen Gesprächen mit den Jüngern zum Ölberg begibt, daß, von Judas geführt, eine bewaffnete Schar erscheint, die Jesus verhaftet, und daß dabei einer der Begleiter Jesu Widerstand leistet. Abgesehen von Verschiedenheiten im Einzelnen (s. u.) besteht der Unterschied des joh. Berichtes vom synoptischen darin, daß die Erzählung vom Jüngerschlaf und von Jesu Gebetskampf (Mk 14₃₂-₄₂) fehlt. Sie ist durch 12₂₇f. ersetzt worden (S. 326, 7), und nur eine Anspielung

---

[1] In diesem Punkte ist die Textüberlieferung mehrfach unsicher.
[2] Wellh. 133; Colwell 21ff.

darauf ift geblieben. Joh konnte diefe Erzählung nicht bringen; denn bei ihm handelt Jefus ja ſchon als der δοξασϑείς (13 31). Das zeigt ſich ebenſo an den wichtigſten Angaben, die Joh über die Synoptiker hinaus bringt: die Häſcher ſtürzen auf ſein ἐγώ εἰμι zu Boden (D. 6); und indem Jefus ſich ihnen zur Verfügung ſtellt, erwirkt er, daß den Jüngern nichts geſchieht (D. 8 f.). So zeigt gleich die erſte Szene: die Paſſion trifft ihn nicht als Schickſal; vielmehr er iſt der handelnde und beherrſcht die Situation.

Auch in der Angabe, daß römiſches Militär bei der Derhaftung beteiligt iſt, zeigt ſich die Abſicht des Evgliſten. Mag es hiſtoriſch richtig ſein, daß Jefus von den Römern und nicht von den Juden verhaftet und verurteilt wurde[1], ſo beruht doch die Darſtellung des Joh ſchwerlich auf beſſerem Wiſſen, denn als ganze iſt ſie nicht hiſtoriſch. Fragwürdig iſt ſchon, ob römiſche Soldaten und jüdiſche Tempelpolizei zuſammen gewirkt haben würden; unglaubhaft jedenfalls, daß der Chiliarch den Verhafteten dem Synedrium zuführt (D. 12), ſtatt ihn zur Antonia zu bringen. Und ſoll er ihn nachher auch noch auf Anordnung des Hannas zu Kaiphas eskortiert haben (D. 24)? Für den Evgliſten aber, der die zur Verurteilung führende Verhandlung vor dem Synedrium gar nicht, das bei den Synoptikern nur kurz berichtete Verhör durch Pilatus aber ſehr ausführlich erzählt, beruht das Intereſſe auf dem Gegenüber von Jefus und dem römiſchen Staat; deshalb beteiligt er dieſen ſchon an der Verhaftung[2].

Daß der Evgliſt die Erzählung ſelbſt geſtaltet hat, iſt klar; ebenſo aber auch, daß er ſich dabei auf die Tradition ſtützt; und zwar hat er offenbar eine ſchriftliche Quelle benutzt. Aus dieſer dürfte D. 10 f. ſtammen; denn ſchwerlich iſt die legendariſche Fortbildung, die Mt 14 47 hier erfahren hat, dem Evgliſten zuzuſchreiben. Auch D. 4 f. (bis auf εἰδώς ... ἐπ᾽ αὐτόν) wird der Quelle entnommen ſein; denn ſonſt iſt nicht verſtändlich, warum in D. 5 das Dabeiſtehen des Judas — der dazu noch, obwohl ſchon bekannt, als ὁ παραδιδούς αὐτόν charakteriſiert wird — ausdrücklich erwähnt wird, nachdem er D. 3 ſchon als Führer der Schar genannt war[3]. Die Angabe D. 5 ſollte in der Quelle doch wohl das Eingreifen des Judas vorbereiten, alſo die Szene des Judaskuſſes (Mt 14 45), die hier den Sinn gehabt haben wird, das ἐγώ εἰμι Jefu zu beſtätigen. Der Evgliſt hat ſie weggebrochen und durch D. 6 erſetzt, worauf er in D. 7 das Motiv von D. 5 wiederaufnimmt, um daran D. 8 knüpfen zu können. Was in D. 1 f. etwa aus der Quelle ſtammt, wird ſich kaum ſagen laſſen[4].

D. 1 leitet, an 14 31 anſchließend, zur neuen Szene über[5]. Jefus verläßt die Stadt[6] und überſchreitet mit den Jüngern den Kidron[7], deſſen Schlucht den Öl-

---

[1] Vgl. Schürer II 261; H. Lietzmann, SA. Berlin 1931, XIV 310—322; ZNTW 30 (1931), 211—215; 31 (1932), 78—84; M. Dibelius, ebda. 30 (1931), 193—201; Fr. Büchſel, ebda. 202—210; 33 (1934), 84—87; M. Goguel, ebda. 31 (1932), 289 bis 301; H. J. Ebeling, ebda. 35 (1936), 290—295; P. Fiebig, ThStKr 104 (1932) 213—228; A. Oepke, ebda. 105 (1933), 392 f. — Vgl. auch M. Goguel, Vie de Jéſus 453 f.; Introd. II 450 f.

[2] Die Auskunft, daß die Römer nicht Jefus verhaften, ſondern nur im Falle eines Widerſtandes für die Sicherheit ſorgen wollten (Schl., Lagr.), ſcheitert an D. 12. — Übrigens ſind die Soldaten D. 18 bezeichnenderweiſe verſchwunden.

[3] Man kann nicht umgekehrt D. 3 der Quelle zuſchreiben, da es unverſtändlich wäre, warum der Evgliſt von ſich aus die Bemerkung in D. 5 eingefügt haben ſollte.

[4] Schwerlich kann man geltend machen, daß in D. 1 das bei Joh ſonſt nur 12 2 (21 3) begegnende σύν ſteht, während D. 2 das ſonſt immer gebrauchte μετά hat. Daß das Subſt. Κεδρών als Attrib. gebraucht wird, kann als joh. gelten; ſ. Raderm. 108.

[5] Ταῦτα εἰπών wie D. 38 7 9. 9 6 11 28. 43 13 31 20 14. 20. 22 (21 19).

[6] Das ἐξῆλϑεν, das Mt 14 26 Mt 26 30 entſpricht, umfaßt das Verlaſſen des Hauſes und der Stadt. Über die Topographie ſ. G. Dalman, Jeruſalem und ſein Gelände 1930, 262.

[7] Die korrekte und wohl auch urſprüngliche Lesart iſt τοῦ Κεδρών (A W pc lat syr s). Κεδρ. (קִדְרוֹן = trübe, ſchwarz) wird in LXX wie Χεβρών, Ἀμμών u. a. indekl. gebraucht (III Reg 2 37 IV Reg 23 6. 12; ſ. Bl.-D. § 56, 2), während Joſ. es dekliniert (Ant. 1 17: τὸν χειμάρρουν Κεδρῶνα und ſonſt, ſ. Br.). Die LA τοῦ Κέδρου (א* D a b r sa)

berg von Jerusalem trennt[1]. Er kommt mit ihnen in einen Garten[2], den (V. 2)
Judas als häufigen Aufenthaltsort Jesu und der Jünger kennt[3]. Diese Bemerkung
bereitet den folgenden Auftritt vor[4].

Mit V. 3 setzt die Handlung ein. Ohne daß von dem, was zwischen Jesus
und den Jüngern sonst im Garten vor sich ging, erzählt würde[5], wird gleich berichtet, daß unter der Führung des Judas[6] eine Abteilung römischen Militärs[7]
und eine Anzahl von Dienern des jüdischen Synedriums kommen[8], ausgerüstet
mit Laternen, Fackeln[9] und Waffen. Sie kommen, wie der Leser weiß, um Jesus
zu verhaften; und damit kommt, wie der Leser gleichfalls weiß, der ἄρχων τοῦ
κόσμου (14₃₁), — der doch nichts gegen Jesus ausrichten kann. Eben dieses
bringt V. 4 zum Ausdruck durch das εἰδώς, das das Motiv von 13₁. ₃ wiederaufnimmt[10]. Im überlegenen Wissen des Gnostikers fordert Jesus durch seine
Frage die Häscher gleichsam heraus[11]. Durch sein ἐγώ εἰμι (V. 5) stellt er sich zur
Verfügung[12]. Der Leser, der die früheren ἐγώ εἰμι im Sinne hat, hört freilich

ist offenbar als deklinierte Form des Eigennamens gemeint, während τῶν Κέδρων (ℵ
K pl) den Namen von κέδρος = Zeder ableitet (so auch in LXX II Reg 15₂₃ III Reg 15₁₃).
— Der Bach heißt wie in LXX und bei Jos. χειμάρρους als ὁ ἐν τῷ χειμῶνι ῥέων
ποταμός (Suidas). — Über den Kidron s. Dalman, O. und W. 338f.
    [1] Jos. bell. 5, 70. — Schwerlich soll der Leser daran denken, daß einst David über
den Kidron geflohen war (II Sam 15₂₃ff.).
    [2] Wie bei Lk fehlt die Benennung Gethsemane (Mk 14₃₂ Mt 26₃₆); auch ist nicht
ausdrücklich gesagt, daß der Garten am Ölberg liegt (Mk 14₂₆ parr.).
    [3] Zu ᾔδει δὲ καί vgl. V.₅ 2₂ 3₂₃ 11₅₇ 19₁₉. ₃₉ (21₂₅). — Daß Jesus sich in den letzten
jerusalemischen Tagen am Ölberg aufzuhalten pflegte, sagt Lk 21₃₇ 22₃₉.
    [4] Sie wird zu schwer belastet durch die Vermutung (Br.), D.₂ wolle betonen, daß
sich Jesus an den wohlbekannten Ort begibt, weil er sich finden lassen will, — womit
gegen den gegnerischen Spott polemisiert sei: wie kann der fliehen, der als Gottessohn
gelten will! (Der Jude bei Orig. c. C. II 9 p. 135ff. K.)   [5] S. S. 492f.
    [6] Das λαβών bedeutet natürlich nicht, daß Judas die Schar kommandiert, sondern
nur, daß er den Weg zeigt.
    [7] Σπεῖρα = cohors (600 Mann) oder = manipulus (200 Mann); s. Br., Wörterb.;
sie ist kommandiert von einem χιλίαρχος (V.₁₂). — Über die Beteiligung der Römer s.
S. 493.
    [8] Ἐκ τῶν Φαρ. lesen ℵ D L a, bloßes τῶν Φαρ. B; das τῶν fehlt C K pl. — Zu
den ἀρχιερ. καὶ Φαρ. als Behörde s. S. 231, 7. Die ὑπηρέται sind die levitische Tempelpolizei, s. Joach. Jeremias, Jerusalem zur Zeit Jesu II B 1937, 72f.
    [9] Φανός (auch als Fremdwort im Rabbin., s. Str.-B.) = Fackel, Leuchte, wird
gegen den Widerspruch der Attizisten auch im Sinne von λυχνοῦχος = Laterne, gebraucht
(Br., Wörterb.); so hier neben λαμπάς, das das übliche Wort für Fackel ist. Daß im
römischen Lager Laternen und Fackeln zur Ausrüstung gehörten, ist Dion. Hal. Ant. XI
40, 2 bezeugt (ἐξέτρεχον ... ἅπαντες ... φανοὺς ἔχοντες καὶ λαμπάδας). „Mit Laternen
und Fackeln" klingt semitisch (s. Str.-B.); vgl. aber Thuc. VI 58: μετὰ γὰρ ἀσπίδος καὶ
δόρατος εἰώθεισαν τὰς πομπὰς πέμπειν. — Daß trotz des Vollmondes bei einer nächtlichen Expedition Laternen und Fackeln mitgenommen werden, dürfte nicht befremden.
Indessen denkt der Evglist nicht an den Vollmond, s. S. 368, 9.
    [10] S. S. 354. Natürlich ist das εἰδώς ... ἐπ' αὐτόν vom Evglisten in die Quelle
eingefügt.
    [11] Ἔρχεσθαι ἐπί von der Erfüllung einer Verfluchung Mt 23₃₅ Dt 28₁₅. ₄₅;
von dem den Menschen befallenden Schrecken Ψ 54₅ v. l.; von (kommenden) Ereignissen
Jos. Ant. IV 128; Dion. Hal. Ant. XI 40, 6 (mit Dat. Xen. Hist. Gr. VI 5, 43: κίνδυνος);
Rabbin. bei Schl. zu Joh 14₂₈ und Mt 23₃₅. — Ebenso sonst ἐπέρχεσθαι Lk 21₂₆ Jak 5₁
I Klem 51₁₀; herm. vis. III 9, 5; IV 1, 1; sim. VII 4.
    [12] Es liegt die profane Rekognitionsformel vor; s. S. 167, 2. — Die Antwort be-
zeichnet (wie D.₇) Jesus mit dem in der Welt gebräuchlichen Namen Ναζωραῖος (bei
Joh nur 18₅. ₇ 19₁₉). So auch Mt 2₂₃ 26₇₁ Lk 18₃₇ 24₁₉ und häufig in Act; daneben
Ναζαρηνός Mk 1₂₄ 10₄₇ 14₆₇ 16₆ Lk 4₃₄ (Varianten fast durchweg). Über die ursprüng-

mehr heraus, als der Zshg sagt: der Offenbarer spricht! — und so begreift er die wunderbare Wirkung, die das Wort hat (**V.** 6): die Häscher weichen zurück und fallen zu Boden[1], wie man vor der epiphanen Gottheit niedersinkt[2].

Die dazwischen geschobene Bemerkung über den dabeistehenden Judas ist unmotiviert und kann nur aus der Quelle stammen[3]; wenn der Evglist sie nicht streicht, so will er wohl deutlich machen, daß Judas auf die Seite des ἄρχων τοῦ κόσμου gehört[4].

Als sei nichts geschehen, wiederholt Jesus seine Frage (**V.** 7) und gibt, nach= dem er sich durch das ἐγώ εἰμι wieder als der Gesuchte bekannt hat (**V.** 8) die Weisung — denn anders kann man den ohne eine Formel der Bitte gesprochenen Satz nicht nennen —, seine Jünger frei gehen zu lassen. Daß das geschieht, wird nicht erzählt, ist aber offenbar vorausgesetzt; und zwar hat man sich vorzustellen, daß die Weissagung des σκορπισθῆτε (16₃₂) jetzt in Erfüllung geht. Jesus selbst hat also gleichsam die Jüngerflucht veranlaßt[5].

Eine Anmerkung (**V.** 9) sagt, daß damit ein Wort Jesu seine Erfüllung finden sollte[6]; gemeint ist offenbar 6₃₉ (vgl. 17₁₂). Aber wie kann die Aussage, daß Jesus keinen der Seinen verloren gehen läßt, nämlich ihn der ζωή αἰώνιος verlustig gehen läßt, ihre Erfüllung dadurch finden, daß er sie aus der Gefahr des äußeren Lebens rettet, — was nach 15₁₈—16₄ₐ doch nur für eine bemessene Frist der Fall sein wird?[7] Schwerlich kann die äußere Rettung die ewige symbolisch darstellen, und im Zshg des Evg könnte man dann höchstens verstehen: vor Jesu Tod und Auferstehung wären die Jünger der Prü= fung nicht gewachsen gewesen; sie wären, wenn sie verhaftet und mit verurteilt worden wären, abgefallen und hätten also auch das ewige Leben verloren. Aber darf man so viel zwischen den Zeilen lesen? So wird man V.₉ doch wohl als Glosse der Red. beurteilen müssen[8]; ebenso dann auch V.₃₂, der sich auch durch seine Verwandtschaft mit 21₁₉ als redaktionell erweist. Man muß dann freilich die Konsequenz ziehen und auch 12₃₃ nicht als eine Anmerkung des Evglisten auffassen (so S. 331), sondern als Anmerkung der Redaktion.

Die Szene könnte schließen; aber der Evglist bringt **V.** 10f. — wohl nach seiner Quelle[9] — noch das aus den Synoptikern bekannte Motiv von dem Jünger,

---

liche Bedeutung s. die bei Br., Wörterb. verzeichnete Literatur. Joh wird verstanden haben „von Nazareth" s. 1₄₆f.

[1] Χαμαί = χάμαζε wie 9₆. — Komisch die Versicherung von Zn. und Lagr., daß „selbstverständlich nicht der ganze nach Hunderten zählende Haufe", sondern nur „die voranstehenden Führer" zu Boden gefallen seien. Es ist doch wie 7₃₀.₄₄ 8₂₀.₅₉ 10₃₉ ein wunderbarer Vorgang; s. S. 228, 2; 249, 5.

[2] Vgl. etwa Dan 10₉ Apok 1₁₇. An die psychologische Wirkung der Persönlichkeit Jesu ist so wenig gedacht wie 7₄₆; s. S. 234, 2; G. Bertram, Die Leidensgeschichte Jesu und der Christuskult 1922, 53.   [3] S. S. 493.

[4] Bertram (a. a. O. 52f.) sieht in der Bemerkung eine Korrektur der synopt. Über= lieferung: „Obwohl sie einen hatten, der ihnen Jesus hätte bezeichnen können, mußte der Herr sich selbst ihnen offenbaren."

[5] Ob aus apologetischer Tendenz (s. die kritische Bemerkung des Juden bei Orig. c. C. II 9. 12. 18. 45; s. Br.), ist zweifelhaft. Es soll doch wohl auch dadurch gezeigt werden, daß in allem Geschehen Jesus der Wirkende ist, daß die Passion seine δόξα offenbart.

[6] Zu ἵνα πληρωθῇ s. S. 346, 4. — Nur hier und V.₃₂ nicht von einem Schriftwort, sondern einem Worte Jesu. — Das οὓς δέδ. μοι, auf das sich das ἐξ αὐτῶν zurückbezieht, entspricht einem absoluten Nom. (s. V.₁₁ und S.174, 1). Semitismus (Burney 84f.) braucht nicht vorzuliegen; s. Colwell 46, der auf Xen. Cyrop. VI 4, 9 verweist.

[7] Schon Chrys. t. VIII 490d, Catene 377, 11 ist der Sachverhalt aufgefallen (s. Br.).

[8] So auch Wellh., Sp.; der Red. hätte den Stil des Evglisten gut getroffen.

[9] S. S. 493.

der sich mit dem Schwert zur Wehr setzt und dem δοῦλος des Hohenpriesters ein Ohr abschlägt[1]. Hat dieses Ereignis bei Mt und Lk keine Konsequenzen, so berichtet schon Mt 26₅₂, daß Jesus dem Jünger seine Tat verwiesen habe. Ebenso die Tradition, der Joh folgt[2], doch verwendet diese dafür das Motiv von Mk 14₃₆, das Trinken des Kelches[3]. Um dieses Wortes willen hat der Evglist die Tradition aufgenommen; es entspricht zu Eingang der Passion dem letzten Wort der Abschiedsreden 14₃₁[4].

β) Jesus vor dem Hohenpriester und die Verleugnung des Petrus: 18₁₂-₂₇.

Wie bei den Synoptikern folgt auf die Szene der Verhaftung die des Verhörs vor dem Synedrium; die Perikope entspricht also Mk 14₅₃-₇₂ parr., weist jedoch merkwürdige Unterschiede davon auf. Wie bei den Synoptikern wird Jesus vor den Hohenpriester geführt und von ihm verhört, und daneben läuft der Bericht von der Verleugnung des Petrus. Wie Mk und Mt spielt die Szene bei Nacht, während bei Lk zwar die Verleugnung sich nachts ereignet, das Verhör aber erst am anderen Morgen stattfindet (22₆₆). Daß das Verhör bei Joh vor dem versammelten Synedrium erfolgt, ist zwar nicht ausdrücklich gesagt, darf aber doch als selbstverständlich gelten. Eine Differenz besteht aber in bezug auf die Person des Hohenpriesters. Dieser ist nach Mt 26₅₇ (vgl. 26₃) Kaiphas (Mk und Lk nennen seinen Namen nicht); Kaiphas gilt freilich auch bei Joh als der Hohepriester; doch findet das erzählte Verhör nicht vor ihm, sondern vor seinem Schwiegervater Hannas statt (V.13), und auch dieser scheint als Hoherpriester zu gelten (V.19. 22). Er sendet nachher Jesus gebunden zu Kaiphas (V.24). Was vor Kaiphas geschah, wird aber nicht berichtet; daß vor ihm gleichfalls ein Verhör stattfand, wird man annehmen müssen. Daß dann dieses zweite Verhör der zweiten Sitzung des Synedriums am nächsten Morgen entspricht, von der Mk 15₁ Mt 27₁ berichten[5], kann man nicht sagen; denn diese ist nicht als Verhör, sondern als beschlußfassende Sitzung gedacht, bei der Jesus offenbar nicht anwesend ist.

Die Mißhandlung Jesu, bei Mk 14₆₅ = Mt 26₆₇f. dem Verhör folgend, bei Lk 22₆₃-₆₅ ihr vorausgehend, hat bei Joh keine wirkliche Parallele. Dagegen erzählt er, daß ein Knecht während der Verhandlung Jesus wegen seiner unziemlichen Antwort an den Hohenpriester geschlagen habe (V.22f.).

Stimmt Joh mit den Synoptikern darin überein, daß er die Erzählung von der der Verleugnung des Petrus mit der vom Verhör kombiniert, so doch nicht in der

---

[1] Die novellistisch-legendarische Fortentwicklung gegenüber dem Mk-Bericht zeigt sich hier wie Lk 22₅₀. Wie bei Lk ist es das rechte Ohr, das abgeschlagen wird (s. Gesch. der synopt. Trad. 340); es fehlt die Angabe Lk 22₅₁, daß Jesus das Ohr wieder angeheilt habe (ebda. 306). Dagegen benennt der Bericht den Jünger als Petrus und den Knecht als Malchus (ebda. 306. 338). — Daß es δοῦλος, nicht ὑπηρέτης heißt, hat seinen Grund sicher nicht darin, daß sich dieser δοῦλος von den ὑπηρέται (V.3. 12) unterschied als der einzige persönliche Bediente des Kaiphas, gar als sein Kammerdiener oder dergl. (Zn.), sondern beruht einfach auf der Quelle bzw. der Tradition. (Im übrigen sind δοῦλοι und ὑπηρέται zu unterscheiden; s. V.18 und J. Jeremias, Jerusalem z. Z. Jesu II B 73). — Zu ἦν δὲ ὄνομα s. S. 29,1. Der Name Μάλχος (מלכו) ist durch Jos. und durch nabatäische und palmyrenische Inschriften bezeugt (s. Br., Zn., Str.-B.). War Malchus Araber und also Sklave? S. Jeremias a. a. O. II A 26. 63; B 219.

[2] Auch in der Formulierung erinnert das βάλε τὴν μάχ. εἰς τ. θήκην an Mt 26₅₂; vgl. dazu Jer 29 (47), 6; 1Chron 21₂₇. — Θήκη = Scheide ist auch als Fremdwort von den Juden übernommen worden; s. Schl.

[3] Diese auch dem AT geläufige Metapher (Dalman, W. J. 19) sonst bei Joh nicht.

[4] Die Frage οὐ μὴ πίω (Konj.) αὐτό bedeutet starke Bejahung, Bl.-D. § 365, 4; Raderm. 169f.

[5] Wenn dort nicht einfach gemeint ist, daß am Morgen erst die nächtliche Sitzung durch die Beschlußfassung abgeschlossen wurde. Bei Lk ist jedenfalls von einem zweiten Verhör keine Rede; er kennt nur das eine, das am folgenden Tage stattfindet.

Art und Weise, wie er es tut. Wie bei Mk und Mt ist die Verleugnungsgeschichte freilich auch in zwei Teile zerlegt, während sie bei Lk zusammenhängend erzählt ist[1]. Aber während die erste Szene bei Mk 14 54 = Mt 26 58 nur die Situationsangabe bringt und die dreimalige Verleugnung dann hinter dem Verhör erzählt wird Mk 14 66-72 = Mt 26 69-75 (die erste Verleugnung in der αὐλή, die beiden folgenden im προαύλιον), bringt Joh die erste Verleugnung schon in der ersten Szene V. 17; am Schluß folgen dann die beiden anderen V. 25-27.

Der Hauptunterschied aber ist der: das Verhör soll freilich wohl bei Joh wie bei den Synoptikern als Gerichtssitzung gelten. Aber nur von einer Frage des Hohen-priesters wird berichtet, und diese ist ganz allgemein περὶ τῶν μαθητῶν αὐτοῦ καὶ περὶ τῆς διδαχῆς αὐτοῦ (V. 19). Zeugen treten nicht auf, bestimmte Anklagen werden nicht erhoben; das Wort Jesu über den Tempel (Mk 14 58 = Mt 26 61) spielt keine Rolle. Ins-besondere fehlt die Frage des Hohenpriesters nach dem Messiasausspruch Jesu und Jesu Antwort (Mk 14 61 f. = Mt 26 63 f.; vgl. Lk 22 66-70). Von einem Ergebnis der Sitzung, vom Todesurteil (Mk 14 63 f. = Mt 26 65 f.; vgl. Lk 22 71), ist demzufolge nicht die Rede.

Es ist wohl deutlich, daß Joh nicht die Synoptiker benutzt hat, sondern eine Quelle, in der die gleiche Tradition anders geformt war; denn als selbständige Bearbeitung der Synoptiker (oder eines von ihnen) läßt sich sein Bericht nicht begreifen, da sich seine Ab-weichungen nicht auf die ihm eigentümlichen theologischen Motive zurückführen lassen[2]. Bestätigt wird die Benutzung einer eigenen Quelle dadurch, daß sich ein redakt. Eingriff des Evglisten wahrnehmen läßt, der Unklarheit in den Bericht gebracht hat. Jesus wird dem Hannas vorgeführt (V. 12 f.), und dieser wird als der Schwiegervater des Kaiphas bezeichnet, Kaiphas seinerseits als der ἀρχιερεὺς τοῦ ἐνιαυτοῦ ἐκείνου. Dann aber gilt plötzlich Hannas als der Hohepriester; denn es heißt V. 19, daß der ἀρχιερεύς Jesus ver-hört. Das kann aber nur Hannas sein, da Jesus erst nachher von diesem zu Kaiphas geschickt wird (V. 24). Also ist V. 13 f. (von πρῶτον ab) eine Einfügung in die Quelle[3], und zwar eine Einfügung des Evglisten; denn ihm gilt Kaiphas als der Hohepriester. Als solchen hatte er ihn 11 49 eingeführt, und darauf nimmt er V. 14 Bezug. Für die Quelle war Hannas der Hohepriester[4]. Es folgt dann, daß auch der ganze V. 24 vom Evglisten stammt. Damit heben sich weitere Schwierigkeiten: 1. welchen Sinn hätte die Verhand-lung vor Hannas überhaupt, wenn er gar nicht der offizielle Hohepriester wäre? 2. Warum ist von der Verhandlung vor Kaiphas nur in der Andeutung V. 24 die Rede, wenn diese

---

[1] Das ist doch wohl sekundäre Redaktion des Lk; so J. Finegan, Die Überlieferung der Leidens- und Auferstehungsgeschichte Jesu 1934, 23 gegen Gesch. der synopt. Trad. 290.

[2] Vgl. M. Dibelius, Formgesch.[2] 204, 4. 217.

[3] Man kann sich nicht darauf berufen, daß Hannas, der Vorgänger des Kaiphas, noch den Titel Hoherpriester führte (Bd.); denn der Bericht rechnet deutlich mit dem Hohenpriester, der im Amt ist.

[4] Diese Angabe ist ein Irrtum, sofern Hannas nach Jos. Ant. 18, 34 durch den Prokurator Valerius Gratus (15 p. Chr.) abgesetzt wurde, während Kaiphas nach Ant. 18, 35 etwa drei Jahre später durch denselben Prokurator ins Amt gerufen wurde, in dem er nach Ant. 18, 95 bis unter Vitellius (36) blieb. Wir wissen freilich zu wenig von den Vorgängen der Jahre 18—36, um beurteilen zu können, ob Hannas, wenngleich nicht als von den Römern anerkannter Hoherpriester, dennoch hohepriesterliche Funktionen ausgeübt hat. Jedenfalls aber ist denkbar, daß sein Ansehen und sein Einfluß auch nach seiner Absetzung so groß waren, daß ihn die Gemeindeüberlieferung für einen Vorgang wie Jesu Verurteilung verantwortlich machen konnte. Dafür gibt es Anhaltspunkte. Kaiphas erscheint (außer Mt 26 3. 57) im NT nur noch 1. Lk 3 2, wo das καὶ Καιαφᾶ neben dem ἐπὶ ἀρχιερέως Ἅννα höchst befremdlich und wahrscheinlich interpoliert ist (Loisy, Wellh. 81, 1; G. Hölscher, SB. Heidelb. 1939/40, 3 (1940), 22; 2. Act 4 6, wo nach dem Ἅννας ὁ ἀρχ. das Καιαφ. ebenfalls eine Interpolation sein dürfte (Wellh., Krit. Analyse der Apostelgesch. [Abh. der Gött. Ges. der Wissensch. 1914] 8 und Hölscher a. a. O.) und jedenfalls Hannas als Hoherpriester gilt. Dies ist auch Act 5 17 der Fall, wenn die von Wellh. (ebda. 10) und Hölscher (a. a. O. 23) akzeptierte Konjektur richtig ist, daß statt Ἀναστὰς δὲ ὁ ἀρχ. zu lesen ist Ἅννας δὲ κτλ.

die offizielle war? Damit verschwindet 3. auch der auffallende Szenenwechsel, der zwischen D.24 und D.25-27 erfolgt; denn D.25-27 müssen doch wie D.15-18 im Hofe des Hannas spielen![1]

Demgegenüber ist der Versuch, durch Umstellung der Verse Klarheit in den Bericht zu bringen, minder einleuchtend. Er ist freilich schon in syr[s] gemacht worden, indem diese D.24 hinter D.13 stellt und damit erreicht, daß das Verhör D.19-23 vor Kaiphas stattfindet. Sie stellt außerdem D.16-18 hinter D.23, sodaß die Verleugnungsgeschichte nicht gespalten wird[2]. Aber dagegen, daß dies die ursprüngliche Reihenfolge gewesen sei, spricht 1. daß nun die Vorführung vor Hannas vollends als zweck- und inhaltlos erscheint, 2. daß die offenbar zusammengehörigen D.15 und 16 auseinandergerissen werden[3]. Daß die Verleugnungsgeschichte aber ungeteilt erzählt wird, ist für die Klarheit des Berichtes keineswegs erforderlich[4].

Kleinere redaktionelle Eingriffe des Evglisten liegen in D.12 und D.20 vor. In D.12 hat er die Kohorte mit dem Chiliarchen hinzugefügt (s. S. 493), und in D.20 hat er die Quelle durch seine Zusätze erweitert (s. u.).

Der Evglist hat seine Quelle aber wohl noch in anderer Hinsicht redigiert. Es ist nämlich sehr unwahrscheinlich, daß sich in dieser das Verhör auf die dürftige Angabe D.19-21 (-23) beschränkt hat. Vielmehr wird in ihr wie bei den Synoptikern von (falschen) Anklagen, von der Messiasfrage und ihrer Bejahung und von der Verurteilung erzählt gewesen sein. Der Evglist hat das weggebrochen und sozusagen durch D.24 ersetzt. Warum? Ihm konnte an einer Diskussion Jesu mit der jüdischen Behörde nichts mehr gelegen sein, nachdem er diese Diskussion bereits in die Zeit des Wirkens Jesu zurückverlegt hatte[5]. Auch das Tempelwort hatte er 2.19 schon gebracht. Die Messiasfrage konnte nach allem Vorausgegangenen gar nicht mehr aufgeworfen werden, und vollends war im Munde des joh. Jesus eine Antwort wie Mk 14.62, in der die alte apokalyptische Eschatologie ihren Ausdruck findet, unmöglich[6]. Für den Evglisten ist das Interesse am Prozeß Jesu ganz verschoben auf die Auseinandersetzung mit dem römischen Staat. Und mit der Antwort, die Jesus D.20f. dem Hohenpriester gibt, schneidet er jede weitere Auseinandersetzung mit dem Judentum ab: es bedarf keiner Frage, keines Wortes mehr! Jesus hat längst alles gesagt, wonach man ihn fragen könnte.

Die römischen Soldaten[7] und die jüdische Polizei führen Jesus gebunden[8]

---

[1] Daß Hannas und Kaiphas in zwei verschiedenen Häusern gewohnt hätten, denen ein Hof gemeinsam war, ist eine künstliche Auskunft. So etwas müßte doch ausdrücklich berichtet sein.

[2] Die Reihenfolge der Verse in syr[s] ist also: 12. 13. 24. 14. 15. 19—23. 16—18. 25—27.

[3] Das Letztere sucht der Vorschlag von W. R. Church (JBL 49 [1930], 375—383) zu vermeiden; er ordnet die Verse: 12. 13. 24. 14. 19—23. 15—18. 25b—27. Aber dabei bleibt der erste Anstoß, und sodann ist es sehr unwahrscheinlich, daß das ἠκολούθει der Σίμ. Πέτρ. D.15 nicht am Anfang, sondern hinter D.23 seinen Platz gehabt habe. Lagr. läßt D.16-18 an ihrem Platz, versetzt aber D.24 hinter D.13. Er macht dafür geltend, daß das δέ, das א, einige Min., syr[s] und einige andere Zeugen D.24 statt οὖν bieten, ein Zeugnis dafür sei, daß D.24 hinter D.13 gehöre, wo nur δέ am Platze sei; nachdem D.24 fälschlich hinter D.23 geraten sei, sei das δέ in οὖν korrigiert worden. Moffat stellt D.19-24 zwischen D.14 und 15. — Übrigens bringen auch Cyrill Al. und die Min. 225 D.24 hinter D.13 bzw. 13a; über andere Versuche der Korrektur s. Church a. a. O.

[4] Als redakt. Einfügungen erklären D.13f. und 24 auch Wellh., Sp., Delafosse; Sp. hält außerdem D.16-18. 25-27 für Interpolation nach den Synopt.; ebenso Schw. I 349ff. D.18. 25-27.

[5] H. Windisch, Joh. und die Synopt. 82 mit Recht: „Das 'Verhör' hatte in mehreren Akten 5.19ff. 10.22ff. bereits stattgefunden ... der Beschluß war schon vor der Gefangennahme in aller Form gefaßt 11.47ff."

[6] So mit Recht Goguel, Vie de Jésus 491.

[7] Im Unterschied von D.3 ist hier der Kommandant genannt; er ist als χιλίαρχος bezeichnet, also als tribunus militum, der eine Kohorte führt; s. Br. 3. St. und Wörterb.

[8] Dies ist bei den Synoptikern nicht ausdrücklich gesagt; s. S. 497, 1a.

zu Hannas[1] (**V. 12**). Dieser gilt im Folgenden als der Hohepriester[2], wird aber durch eine Glosse des Evglisten (**V. 13**) zunächst als der Schwiegervater des Hohenpriesters Kaiphas charakterisiert[3], der, wie **V. 14** anmerkt, dem Leser schon aus 11₄₉f. bekannt ist[4].

Ehe über die Vorgänge vor Hannas berichtet wird, wird erzählt, daß Petrus und ein anderer Jünger dem Verhafteten gefolgt seien (**V. 15**). Der andere wird nicht identifiziert, sondern es wird nur gesagt, daß er ein Bekannter[5] des Hohenpriesters gewesen sei, — womit motiviert wird, daß er Jesus bis in den Hof des Hohenpriesters folgen konnte[6]. Er vermag es auch, bei der Türhüterin[7] für Petrus Einlaß zu erwirken (**V. 16**)[8]. Als diese in Petrus einen der Jünger zu erkennen meint, folgt die erste Verleugnung (**V. 17**)[9]. Sie hat zunächst keine Konsequenzen, und Petrus kann sich unter die Knechte mischen — die Soldaten sind nicht mehr genannt! —, die sich an einem Kohlenfeuer[10] wärmen (**V. 18**).

---

[1] Das πρῶτον will nicht eine Korrektur am synopt. Bericht sein (Zn.), sondern weist auf V.₂₄ vor; es stammt vom Evglisten, s. S. 497.   [2] S. S. 497.

[3] Zu Καιαφ. und zu ἀρχιερ. τ. ἐνιαυτ. ἐκ. s. S. 314, 1. 2. Zu Hannas s. Schürer II 270; Str.=B. und Schl. z. St.

[4] Συμφέρει hier nicht mit ἵνα (s. S. 314, 3), sondern mit acc. c. inf., s. Bl.=D. § 409, 3. — Statt ἀποθανεῖν K pm: ἀπολέσθαι.

[5] Γνωστός = bekannt, befreundet, im Unterschied von συγγενής (V.₂₆) = verwandt.

[6] Wer der ἄλλος μαθ. ist, läßt sich nicht erraten (Zn.: der Zebedaide Jakobus!). Ihn mit dem „Lieblingsjünger" zu identifizieren (wie C K pl. durch Einzufügung des Art. tun), besteht kein Grund, und insbesondere ist sein Auftreten mit Petrus kein Grund dafür; denn die beiden Gestalten treten sich hier nicht wie 20₃-₁₀ 21₂-₂₃ als Konkurrenten oder Gegenbilder gegenüber (Dibelius, Formgesch. 217, 3), und von dem „anderen Jünger" wird weiter nichts berichtet, als daß er dem Petrus Einlaß erwirkt. Offenbar ist nicht gemeint, daß er zu den Zwölfen gehört. Daß es eine historische Gestalt sei, vermutet auch Dibelius, Formgesch. 217f. und identifiziert ihn sogar mit dem Lieblingsjünger. Aber verdankt er seine Existenz nur dem Bedürfnis, zu motivieren, wie Petrus in die αὐλή des Hohenpriesters kommen kann?

[7] Sehr auffällig, daß an der Tür des Hohenpriesters eine Frau Wache hält, — und gar noch nachts! Reflexionen darüber bei Schl. und Lagr. Es liegt daran, daß es nach der Tradition eine παιδίσκη war (Mk 14₆₆f. parr.), die die erste Verleugnung veranlaßt hatte.

[8] Ob Subj. des εἰσήγαγεν der μαθητής oder die θυρωρός ist, ist gleichgültig. — Die Erzählung ist sehr umständlich. Warum geht der andere Jünger erst hinein und dann wieder heraus, statt den Petrus gleich mitzunehmen? Nach Sp. wäre V.₁₆ ein redakt. Vers, dazu bestimmt, die dem Jhg ursprünglich fremde Verleugnungsgeschichte einzufügen. Man würde dem zustimmen, wenn man begriffe, welche Bedeutung der ἄλλος μαθ. in der Quelle gehabt hätte. (Galt er etwa als Gewährsmann für den Bericht? Dann hätte er ursprünglich allein gestanden, und Petrus wäre schon V.₁₅ hineinkorrigiert worden!) Jedenfalls läge dieser redakt. Vorgang vor dem Evglisten und beträfe nur seine Quelle. Man könnte auch vermuten, daß V.₁₆ (von ἐξῆλθεν ab) eine Glosse des Evglisten wäre. Dann wäre die Szene so vorzustellen, daß die αὐλή nicht wie Mk 14₅₄ parr. der Hof war, in dem sich die Diener aufhalten, sondern die Halle, in der die Verhandlung stattfand, während Petrus draußen stand, wo sich dann V.₁₇f. abspielte. Der Evglist hatte das mißverstanden und mußte den Petrus, wenn er die αὐλή für den Dienerhof hielt, natürlich hineinführen lassen. — Über den Palast des Hohenpriesters s. Dalman O. und W. 347ff.; αὐλή für Palast (wenngleich nicht für den hohepriesterlichen) öfter bei Jos., s. Schl. zu Mt 26, 3.

[9] Das καὶ σύ = „auch du" braucht nicht zu meinen: wie der ἄλλος μαθ., sondern kann einfach heißen: wie so manche; vgl. Mk 14₆₇ parr. — Daß die Verleugnung schon beim Eintritt des Petrus geschieht, beruht gewiß auf der naheliegenden Erwägung, daß der Eintretende gemustert wird. Gegenüber dem synopt. Bericht ist die Erzählung aber doch sekundär, wie sich an der Gestalt der θυρωρός zeigt; s. Anm. 7.

[10] Ἀνθρακιά: ein Haufen (brennender) Kohlen; im NT nur hier und 21₉.

Mit **V. 19** wird der V.13 f. abgebrochene Bericht wieder aufgenommen. Wenn der Hohepriefter Jefus περὶ τῶν μαθητῶν αὐτοῦ καὶ περὶ τῆς διδαχῆς αὐτοῦ befragt, fo ift offenbar ein regelrechtes Verhör beabfichtigt, und man hat fich vorzuftellen, daß das Synedrium verfammelt ift. Das Verhör beginnt mit dem Verfuch, eine allgemeine Orientierung über Jefu Abfichten zu gewinnen[1]; aber infolge der Erwiderung Jefu kommt es nicht dazu. Er lehnt die Beantwortung der Fragen ab[2] und verweift auf die Öffentlichkeit feines Wirkens. (**V. 20**)[3]. Seine Forderung, die Hörer feiner Worte als Zeugen zu befragen (**V. 21**) befagt in Wahrheit: „Du weißt längft, wonach du fragft, oder könnteft es wenigftens wiffen!“ Jefu Erwiderung läßt alfo das Verhör von vornherein als Farce erfcheinen[4]. Gilt das auch für den Sinn der vom Evgliften benutzten Quelle[5], fo foll doch in feinem eigenen Sinne noch mehr herausgehört werden. Von ihm ftammen offenbar die Sätze: ἐγὼ παρρησίᾳ λελάληκα τῷ κόσμῳ und καὶ ἐν κρυπτῷ ἐλάλησα οὐδέν[6]. In ihnen ift wieder der Gedanke von 7₄ 10₂₄ ausgefprochen: jedes Verlangen, Jefus folle in demonftrativer Öffentlichkeit, in eindeutiger Offenheit feinen Anfpruch glaubhaft machen, fodaß der Hörer der Entfcheidung enthoben ift, beruht auf Unglauben. Er hat öffentlich und offen geredet, und nur für den Unglauben ift fein Wort ἐν κρυπτῷ gefprochen[7]. In der jetzigen Situation nun bedeutet Jefu Wort nicht mehr einen indirekten Appell zur Entfcheidung, zum Glauben, fondern fagt: „Du haft fchon entfchieden!“ Zur Diskuffion ift es zu fpät; die Auseinanderfetzung mit dem Judentum ift zu Ende[8]. Sofern aber das Judentum die „Welt“ repräfentiert — und daß dies der Fall ift, zeigt das λελάληκα τῷ κόσμῳ (nicht etwa ὑμῖν oder dgl.) —, ift gefagt: das Zufpät für die Welt ift da, in dem Moment, wo die Welt meint, Jefus vor ihrem Forum zur Verantwortung ziehen zu können. Da weift Jefus es ab, ihr Rede zu ftehen. Aber fteht er nicht nachher dem Pilatus Rede? Der Lefer ift fchon darauf aufmerkfam gemacht, daß Pilatus gar nicht in dem Sinne wie die Juden und ihr Oberhaupt die Welt repräfentiert!

Das eigentümlich variierte Mißhandlungsmotiv[9] hat der Evglift noch aus der Quelle übernommen (**V. 22** f.). Ein Diener des Hohenpriefters hält Jefu Antwort für ungebührlich[10] und verfetzt ihm einen Schlag[11]. Jefus weift ihn zu-

---

[1] Wenn nach den Jüngern und nach der Lehre gefragt wird, fo follen fchwerlich zwei unterfchiedene Punkte angegeben fein. Jefu Antwort ignoriert die Frage nach den Jüngern; fie ift in der nach feiner Lehre mitgegeben.

[2] Die beiden ἐγώ find nicht betont.

[3] Bei Joh ift 6₂₇ ff. ein Beifpiel für die Synagogenrede, 5₁₄ ff. 7₁₄ ff. 37 ff. 10₂₂ Beifpiele für die Tempelrede. Die παρρησία ift 7₂₆ von den Hörern ausdrücklich beftätigt.

[4] Die ἀρχιερεῖς zeigen fich 19₇ ja gut unterrichtet über Jefu Anfpruch.

[5] Das Motiv ift das gleiche wie Mk 14₄₈ parr.

[6] Παρρησίᾳ im Gegenfatz zu ἐν κρυπτῷ heißt natürlich „in Öffentlichkeit“, f. S. 219, 1. Es könnte dabei Jef 45₁₉ 48₁₆ vorfchweben, wo Gott fpricht: οὐκ ἐν κρυφῇ λελάληκα οὐδὲ ἐν τόπῳ γῆς σκοτεινῷ bzw. οὐκ ἀπ᾽ ἀρχῆς ἐν κρυφῇ ἐλάλησα κτλ.

[7] S. S. 218 f. 275.

[8] Jefu Antwort hat alfo anderen Sinn als die verwandten Worte des Sokrates, der fich bei Plat. Apol. 19d auf feine vielen Hörer beruft und 33b beftreitet, je heimlich (ἰδίᾳ) etwas anderes gelehrt zu haben als öffentlich.   [9] S. S. 496.

[10] Vgl. die Vorfchrift des Bundesbuches Ex 22₂₈: ἄρχοντας τοῦ λαοῦ σου οὐ κακῶς ἐρεῖς. Über die ταπεινότης, die einem Angeklagten vor dem Synedrium geziemt, vgl. Jof. Ant. 14, 172.

[11] Ῥάπισμα (vgl. Mk 14₆₅) urfprünglich der Schlag mit der Rute, fpäter auch der Backenftreich; f. Br. — Eine rabbin. Erzählung vom eigenmächtigen Eingreifen eines Gerichtsdieners bei einer Verhandlung bei Str.-B. II 513.

rück, und seine Worte[1] bringen das Widersinnige des Schlages zum Bewußtsein; denn wie sollte der Mann Jesus sein Unrecht nachweisen können! So erinnern die Worte eigentümlich an 8₄₆[2], und indem dieses Schlußbild des grob drein= schlagenden Dieners neben das des verhörenden Hohenpriesters gestellt wird, wird sichtbar, wie sich die Welt erniedrigt, wenn sie durch ihren Repräsentanten Jesus vor ihr Tribunal fordert, um ein ἐλέγχειν περὶ ἁμαρτίας vorzunehmen. Denn im Grunde hat der ὑπηρέτης nicht anders gehandelt als der ἀρχιερεύς; beide können das ἐλέγχειν und μαρτυρεῖν, das Jesus vollzieht (3₂₀ 7₇), nicht anhören.

Das aber ist der Schluß. Was die Quelle weiter berichtete, hat der Evglist fortgelassen[3], und von der Verhandlung vor Kaiphas, die er **V. 24** andeutet, er= zählt er nichts; er erzählt also — da ja auch das Verhör vor Hannas zu keinem Ergebnis kam — nichts von einem Beschluß des Synedriums; doch hat man wohl anzunehmen, daß ein solcher gefaßt ist wie Mk 14₆₄. Es folgt nur noch der Schluß der Verleugnungsgeschichte[4]. **V. 25** knüpft nach der Unterbrechung an **V.** 18 an. Jetzt sind es die Diener[5], die in Petrus einen Jünger Jesu zu erkennen glauben. Als er es bestreitet, erneuert ein Einzelner die Behauptung, der den Petrus im Garten bei der Verhaftung gesehen hat, und der als Verwandter jenes Knechtes, dem Petrus das Ohr abschlug, bezeichnet wird (**V. 26**)[6]. Wieder leugnet Petrus es ab, — da ertönt der Hahnenschrei (**V. 27**)[7]. Jesu Weissagung (13₃₈) hat sich also erfüllt. Der Evglist sagt es nicht ausdrücklich und fügt überhaupt kein Wort hinzu, weder über die Empfindung des Petrus[8], noch über sein ferneres Ver= halten. Er hat die Verleugnungsgeschichte einfach nach der Tradition erzählt und mußte sie ja wegen 13₃₈ erzählen. Für sich genommen hat sie bei ihm keine be= sondere Bedeutung[9]; bedeutsam ist sie ihm im Zshg der Gedanken 13₃₆₋₃₈.

γ) Jesus vor Pilatus: 18₂₈—19₁₆ₐ.

18₂₈—19₁₆ₐ ist eine gegliederte Einheit; sie umfaßt 1. die Übergabe Jesu an Pilatus 18₂₈₋₃₂, 2. das erste Verhör und sein Ergebnis 18₃₃₋₃₈, 3. die Frage: Jesus oder Barrabas 18₃₉₋₄₀, 4. die Geißelung, Verhöhnung und Vorführung Jesu 19₁₋₇, 5. das zweite Verhör und sein Ergebnis 19₈₋₁₂ₐ, 6. die Verurteilung Jesu 19₁₂ᵇ₋₁₆ₐ. Der Aufbau ist bestimmt durch den Wechsel der beiden Schauplätze: „Die Juden um des bevorstehenden Festes willen draußen vor dem Prätorium, Jesus im Inneren und Pilatus zwischen der Unruhe und dem Haß der Welt und dem stillen ‚Zeugnis der Wahrheit‘ im wörtlichsten Sinne schwan= kend."[10] Dabei gliedern sich die sechs Szenen in zwei Gruppen: 18₁₈—19₇ und 19₈₋₁₆ₐ, deren jede mit einer Vorführung Jesu endet: ἰδοὺ ὁ ἄνθρωπος 19₅ und ἰδοὺ ὁ βασιλεὺς

---

[1] Κακῶς λέγειν = ungehörig reden, lästern Ex 22₂₈; I Makk 7₄₂; auch griechisch, z. B. Aristoph. Av. 503. — Zu μαρτυρεῖν s. S. 30, 5; es ist hier mit ἐλέγχειν gleich= bedeutend; vgl. 3₂₀ 7₇. — Λέγειν wie Lk 22₆₃.   [2] S. S. 244f.   [3] S. S. 498.

[4] Der Evglist scheint nicht darüber zu reflektieren, ob sich V.₂₅₋₂₇ während der Ver= handlung V.₁₉₋₂₃ oder während V.₂₄ abspielt.

[5] Ähnlich wie bei der dritten Verleugnung bei Mk 14₇₀ Mt 26₇₃, während die zweite Verleugnung bei Mk durch die gleiche Magd veranlaßt wird wie die erste, bei Mt durch eine andere Magd, bei Lk durch einen Knecht.

[6] Schl. vermutet, συγγενής bedeute Volksgenosse, weil die Sklaven keine Juden waren. Aber waren die ὑπηρέται denn Sklaven und nicht vielmehr Männer der levi= tischen Tempelpolizei? S. Jeremias, Jerusalem 3. 3. Jesu II B 72f. — Die Aussage ist für den Bericht des Joh eigentümlich; nach Mt 26₇₃ verrät den Petrus seine Aussprache. Übrigens ereignet sich die dritte Verleugnung nach Lk 22₅₉ etwa eine Stunde später.

[7] Zum Hahnenschrei s. Gesch. der synopt. Trad. 290, 2; Dibelius, Formgesch. 218; Jeremias a. a. O. I 53f.

[8] Vgl. Mk 14₇₂ parr.: ἔκλαιεν bzw. ἔκλαυσεν πικρῶς.

[9] Dibelius, Formgesch. 217.   [10] E. Lohmeyer, ThR, NF. 9 (1937), 197.

ὑμῶν 19₁₄, und dem darauf folgenden σταύρωσον. Das Schwergewicht aber liegt in beiden Gruppen auf der Szene zwischen Pilatus und Jesus, von der jedesmal ein eigentümlicher Glanz ausstrahlt, in dem die satanischen Mächte, die in den beiden Schlußszenen wirken, bloßgestellt werden, und der diesen Szenen ihren tieferen Gehalt gibt, indem in diesem Lichte der Verhöhnte gerade als der Überlegene erscheint.

Der Bericht bietet ein merkwürdiges Ineinander von Tradition und spezifisch joh. Erzählung. Da der Evglist für 18₁₋₁₁ wie 18₁₂₋₂₇ eine Quelle benutzt und bearbeitet hat, wird man das Gleiche für 18₂₈—19₁₆ₐ annehmen. Jene in 18₁₋₂₇ benutzten Stücke sind zweifellos Teile einer zusammenhängenden Passionsgeschichte gewesen, die auch in 18₂₈—19₁₆ₐ und weiterhin zugrunde liegt. Den Bericht der Quelle wird man sich der synoptischen Passionsgeschichte entsprechend denken müssen; die Passion wurde ja verhältnismäßig früh in geschlossenem Zshg erzählt[1]. Aus dem Ineinander von Quelle und Bearbeitung erklären sich einzelne Schwierigkeiten, mag die Scheidung der Elemente auch nicht überall mit gleicher Sicherheit vollzogen werden können.

Deutlich ist zunächst, daß 18₃₃₋₃₇ und 19₇₋₁₁ spezifisch joh. Bildungen sind. Sie sind durch 18₃₉—19₆ unterbrochen. Aber es wäre ein Fehler, 18₃₉—19₆ als nachträgliche Ergänzung aus den Synoptikern anzusehen[2], zumal sich die Erzählung stark von der synoptischen unterscheidet; vielmehr liegt in 18₃₉—19₆ gerade die Quelle zugrunde. Hat nun der Evglist in diese einfach 18₃₃₋₃₇ und 19₇₋₁₁ eingefügt, sodaß nach Abzug dieser Stücke der Quellentext vorläge? Nein! Vielmehr ist durch 18₃₃₋₃₇ offenbar ein unterdrücktes Stück der Quelle ersetzt worden. Das geht einmal aus dem ἐκραύγασαν οὖν πάλιν 18₄₀ hervor; es muß vom κραυγάζειν der Juden schon vorher erzählt gewesen sein. Dazu kommt, daß die Geißelung und Verhöhnung Jesu durch die Soldaten ihren sachgemäßen Ort hinter der Gerichtsverhandlung hat, wo sie denn Mk und Mt auch bringen[3]. Zudem ist der Soldatenspott nur motiviert, wenn in Anklage und Verurteilung der Titel βασιλεύς eine Rolle gespielt hatte; auch das muß also die Quelle erzählt haben. In ihr bildete 19₁₋₃ den Schluß. Alles was folgt, also 19₄₋₁₆ₐ, ist also Bildung des Evglisten, — wenigstens in der vorliegenden Form; denn Motive aus dem unterdrückten Quellenstück sind in 19₄₋₁₆ₐ zweifellos verwendet. Zunächst natürlich das τότε οὖν παρέδωκεν κτλ. 19₁₆ₐ[5], das in der Quelle auf 18₄₀ gefolgt sein muß, wie es dem synoptischen Bericht entspricht, in dem das Anerbieten des Pilatus unter Berufung auf die Festsitte der letzte Versuch ist, Jesus freizulassen (Mt 15₆₋₁₅ parr.). Ferner wird das in 19₁₃₋₁₅ Erzählte teilweise aus der Quelle stammen, so die Ortsangabe 19₁₃ und die Forderung der Kreuzigung 19₁₅[6]; — nur daß das in der Quelle 18₃₉ vorausging. Im übrigen zeigt 19₆₋₁₆ₐ die Eigenart des Evglisten nicht nur in dem Dialog V.₉₋₁₁, sondern auch in dem Motiv V.₁₂ und V.₁₅c: in der Berufung der Juden auf den Kaiser. Dem synoptischen Bericht ist das Motiv fremd, daß Pilatus durch die Drohung der Denunziation beeinflußt wird (V.₁₂), und daß die Juden ihren Messianismus um ihres Hasses willen in vorgeblicher Kaisertreue opfern (V.₁₅c); dagegen stimmt es als Kontrastmotiv ausgezeichnet zu 18₃₃₋₃₇.

---

[1] Gesch. der synopt. Trad. 297 f.; Dibelius, Formgesch. 21 f. 178 ff.; R. H. Lightfoot, History and Interpretation in the Gospels 1934, 126 ff.

[2] So Schw., Wellh., Delafosse.

[3] Mk 15₁₅b. ₁₆ ff. Mt 27₂₆b. ₂₇ ff. (bei Lk fehlt die Szene); vgl. Jos. bell. 2, 308.

[4] Eine Bestätigung ist das für den Evglisten charakteristische οἱ Ἰουδαῖοι 19₁₂. ₁₄; vgl. 18₃₁. ₃₈ und s. u. Im Passionsbericht der Synoptiker erscheint nie das Subj. οἱ Ἰουδ., nur natürlich das ὁ βασιλεὺς τῶν Ἰουδ.

[5] Genauer gesagt: der Satz der Quelle muß aus 19₁₆ₐ und 19₁ bestanden haben; vgl. Mk 15₁₅b.

[6] Es kann natürlich sehr wohl sein, daß die Formulierung der Kreuzigungsforderung in 19₆ der Quelle genauer entspricht; hier begegnen auch nicht die Ἰουδαῖοι, sondern die für die Quelle zu erwartenden ἀρχιερεῖς und ὑπηρέται. Ebenso kann die Formulierung der Frage des Pilatus 19₁₅: τὸν βασιλέα ὑμῶν σταυρώσω aus der Quelle stammen; sie hat ihre Par. in dem höhnischen θέλετε ἀπολύσω ὑμῖν τὸν βασιλέα τῶν Ἰουδ. Mk 15₉.

Aber auch 18₂₈-₃₂ stammt nicht als Ganzes aus der Quelle. Abgesehen von V.₃₂, der eine Glosse der kirchlichen Red. ist, ist in V.₂₈ natürlich das ἀπὸ Καιαφᾶ vom Evglisten eingefügt[1]. Stammt ferner das λάβετε αὐτὸν ὑμεῖς κτλ. 19₆ vom Evglisten, so dürfte es auch 18₃₁ auf ihn zurückgehen[2]; mit V.₃₁ ist ihm aber V.₃₀ zuzuschreiben. Die Quelle hat zweifellos eine Anklage berichtet, wie sie Mk 15₂ vorausgesetzt und Lk 23₂ erzählt ist, daß nämlich Jesus beanspruche, βασιλεύς zu sein; eben daher entnahm der Evglist das Motiv für 18₃₃-₃₇. Vom Evglisten stammt also das ganze Stück 18₃₀-₃₇. Der Quelle ist dann V.₃₈b entnommen: ἐγὼ οὐδεμίαν . . . αἰτίαν (vgl. Lk 23₄. ₁₄); ob auch V.₃₈a (. . . ἐξῆλθεν . . .), das hängt davon ab, ob die Quelle den Szenenwechsel schon enthielt, den der synoptische Bericht nicht kennt. Sehr wahrscheinlich stammt eben dieses Motiv, das den Aufbau der ganzen Erzählung trägt, vom Evglisten; auf ihn gehen jedenfalls 18₃₃ 19₄ und ₉ zurück; dann doch wahrscheinlich auch 18₃₈a². Dann ist aber weiter auch wahrscheinlich, daß die Bemerkung V.28b: αὐτοὶ κτλ., die den Szenenwechsel motiviert, vom Evglisten stammt, und damit auch die Zeitangabe 19₁₄.

Man hat auf die Parallelität der Vorführungsgeschichten 19₄f. und 19₁₃f. hingewiesen, um 18₃₉—19₆ als sekundäre Einfügung zu erklären[3]. Aber es handelt sich nicht um konkurrierende Dubletten; vielmehr liegt ein absichtlicher Parallelismus vor, den der Evglist geschaffen hat. Die Szene 19₄f. ist — nach 19₂f.! — natürlich auf das ἰδὲ ὁ βασιλεὺς ὑμῶν 19₁₄ abgestellt; aber der Evglist spart sich dieses für den Schluß auf, um dann 19₁₅ durch die Antwort der Juden deren tiefste Erniedrigung darzustellen.

Wahrscheinlich stammen also aus der Quelle: 18₂₈a (außer ἀπὸ τοῦ Και.). 29. 38b. 39-40[4] 19₁-₃. Ferner stecken Motive der Quelle in 19₁₃. ₁₅. ₁₆a. Vom Evglisten dagegen stammt das ἀπὸ τοῦ Και. 18₂₈; ferner 18₂₈b. ₃₀-₃₈a 19₄-₁₆ (mit Benutzung der genannten Quellenmotive). Ein Quellenbericht analog der synoptischen Erzählung liegt also zugrunde; der Evglist hat ihn kunstvoll ausgestaltet und durch den wiederholten Szenenwechsel gegliedert. Er hat das traditionelle Motiv, daß Jesus als angeblicher βασιλεύς angeklagt wird, durch die Dialoge Jesu mit Pilatus in den Mittelpunkt gestellt, und er hat also die Paradoxie des königlichen Anspruchs Jesu deutlich gemacht und zugleich gezeigt, wie sich die Juden mit ihrer Anklage selbst das Urteil sprechen. Damit ist 19₁₆b -₂₂ vorbereitet, wo gezeigt wird, daß sich in der Kreuzigung Jesu eben die Verurteilung des Judentums vollzieht.

1. Die Übergabe Jesu an Pilatus: 18₂₈-₃₂.

Von Kaiphas wird Jesus zum Prätorium geführt[5], d. h. zur jerusalemischen Amtswohnung des Prokurators[6], und zwar in der Morgenfrühe[7] (V. 28). Denkt

---

[1] Das wird wieder durch das οἱ Ἰουδ. bestätigt; s. S. 502, 4.

[2] Wieder dient das Ἰουδ. zur Bestätigung. — Eine Ungeschicklichkeit ist es, wenn Jesus 19₉ im Prätorium ist, ohne daß nach 19₅ erzählt worden wäre, daß er wieder hereingeführt wurde. Daß diese Tatsache zu kritischen Scheidungen Anlaß gibt, glaube ich nicht. Ebenso ist das Selbstverständliche nicht gesagt worden, daß Pilatus nach 18₄₀ das Innere des Prätoriums wieder betreten hat, wie in dem ἐξῆλθεν 19₄ vorausgesetzt ist. Noch nachlässiger ist die Erzählung 19₁₂, wo erzählt sein müßte, daß sich Pilatus wieder vor das Prätorium begibt und von dem Ergebnis des Verhörs durch ein ἐγὼ οὐχ εὑρίσκω ἐν αὐτῷ αἰτίαν oder dgl. Kunde gibt.

[3] Wellh., Sp., auch Hirsch, der 18₃₉f. 19₄-₆ dem Red. zuschreibt und 19₁-₃ in 19₁₃ einfügt.

[4] Dafür, daß 18₃₈b. ₃₉ aus der Quelle stammt, ist es vielleicht ein Zeichen, daß nur hier bei Joh (außer II Joh 12 III Joh 10) βούλομαι begegnet; sonst immer θέλω.

[5] Die römische Eskorte ist nicht genannt; der Evglist setzt sie natürlich voraus. Die Quelle denkt an die ἀρχιερεῖς und an die V.₃. ₁₂. ₁₈ genannten ὑπηρέται.

[6] Für πραιτώριον als Amtswohnung des Statthalters s. Br., Wörterb., und M. Dibelius, Exk. zu Phil 1₁₃ (Hdb. zum NT). Der Prokurator Judäas residierte für gewöhnlich in Cäsarea. Wo er in Jerusalem wohnte, wenn er sich hier (zu Festzeiten) aufhielt, ist umstritten. Nach der üblichen Anschauung im Palast des Herodes (über seine

man an das ἦν δὲ νύξ 13₃₀, so könnte man vermuten, daß die Zeitangabe auch hier einen tieferen Sinn hat: der Tag des Sieges Jesu über die Welt bricht an[1]. Die Juden betreten das Prätorium nicht, um sich nicht zu verunreinigen[2] und dadurch vom Genuß des Paschamahles ausgeschlossen zu werden[3]. Für den Evglisten liegt darin ohne Zweifel eine bittere Ironie: indem die Juden den Gesandten Gottes zum Tode führen, halten sie peinlich an den zeremoniellen Vorschriften fest[4]. Im Zshg aber hat die Bemerkung den Sinn, den Aufbau des folgenden Berichtes, also den wiederholten Szenenwechsel, zu begründen[5]. — Ob Jesus gleich in das Prätorium hineingeführt wurde[6], ist gleichgültig.

Jetzt also gewinnt der Prozeß der Welt gegen Jesus seine Öffentlichkeit; er wird vor das Forum des Staates gebracht. Pilatus, der Prokurator[7], tritt heraus und fragt nach der Anklage, die die Juden gegen Jesus vorzubringen haben, den er, als einen ihm noch Unbekannten, „diesen Menschen" nennt (V. 29). Die jüdische Behörde gibt keine sachliche Antwort, sondern bezeichnet — in brüsker Form — Jesus ganz allgemein als einen Übeltäter (V. 30)[8]. Die Verlegenheit der Welt spricht sich darin aus. Sie hat ihre Entscheidung gegen die Offenbarung

---

Lage an der Nordwestecke der Oberstadt s. Dalman, O. und W. 355 ff.); so Schürer I 458; Kreyenbühl, ZNTW 3 (1902), 15 ff.; Dalmann a. a. O.; Wandel, ThStKr, Sonderheft 1922, 158 f. Dagegen tritt C. Sachsse, ZNTW 19 (1919/20), 34 ff. wieder für die an der Nordwestecke des äußeren Tempelvorhofes gelegene Burg Antonia ein.

[7] Schwerlich liegt der technische Gebrauch vor, wonach πρωΐ die vierte Nachwache (Mk 13₃₅) nach römischer Zählung, also die Zeit von 3—6 Uhr bezeichnet.

[1] Schlier in R. Bultmann, H. Schlier, Christus des Gesetzes Ende 1940, 29.

[2] Heidnische Häuser galten als unrein; s. Schürer II 92; Bousset, Rel. des Judent. 93 f.; Str.-B. II 838 f.

[3] Es ist also der Tag des 14. Nisan, an dessen Abend das Paschahmahl gegessen wird (vgl. 19₁₄.₃₇ und s. S. 353, 6). Nach Str.-B. und Torrey soll der Ausdruck φαγεῖν τὸ πάσχα auch die Teilnahme am Festopfer des 15. Nisan (חֲגִיגָה) bezeichnen können, nach Torrey vielleicht sogar die ganze Feier der Festwoche (Str.-B. II 837; Torrey, JBL 50 [1931], 239 f.). Aber das wird von Zeitlin, JBL 51 (1932), 270, mit guten Gründen bestritten; und wenn Joh 18₂₈ so verstanden werden sollte, so müßte das durch den Zshg gesichert sein, was keineswegs der Fall ist; vgl. Joachim Jeremias, Die Abendmahlsworte Jesu 1935, 8. — Nach der Darstellung des Evglisten hat jedenfalls das eigentliche Paschamahl noch nicht stattgefunden. Und selbst wenn man annehmen wollte, daß V.₂₈b aus der Quelle stammt, so hätte man angesichts der Tatsache, daß τὸ πάσχα φαγεῖν Mk 14₁₂.₁₄ parr.; Lk 22₁₅ (wie IIChr 30₁₈ IIEsr 6₂₁) bedeutet „das Paschalamm essen", keinen Grund, es V.₂₈ anders zu verstehen, es sei denn, man wolle die synoptische Chronologie in Joh 18₂₈ hineinlesen (Torrey). Wenn syr ˢ in V.₂₈ statt „das Pascha" sagt „das Ungesäuerte", so ist sie vielleicht der Meinung, daß das Paschalamm schon verzehrt ist; jedoch kann der Ersatz auch rein mechanisch sein, da syr ˢ überall in Joh für τὸ πάσχα „das Ungesäuerte" setzt. So verstehen V.₂₈ vom Essen des Lammes Str.-B. II 837 ff.; Dalman, Jesus-Jesch. 80 ff.; B. Weiß, Ho., Htm., Br., Bd., Bl., Lagr.

[4] Bd.; vgl. die Ironisierung des jüdischen Rechtsverfahrens, Kap. 9.

[5] Auf keinen Fall ist also der Satz V.₂₈b eine „beiläufige Bemerkung" (Zn.), eine „Nebenbemerkung" (Joach. Jeremias).

[6] Dies will Schl. aus dem αὐτοί (= nur sie) schließen.

[7] Daß Pilatus nicht ausdrücklich eingeführt wird, ist keine Schwierigkeit (Wellh.); auch Mk 15₁ geschieht es nicht. Pilatus ist allen christlichen Lesern bekannt, vgl. 1 Tim. 6₁₃. — Über die Person des Pilatus, der Judäa 26—36 (37?) verwaltete, s. Schürer I 487 ff.; J. Jeremias, Jerusalem 3. Z. Jesu II B, 55, 8; G. Hölscher, SB. Heidelb. 1939/40, 3 (1940), 24 f.

[8] Κακὸν ποιῶν ist nach Raderm. 66 „ungewöhnlich" für κακῶς ποιῶν. Bl.-D. § 353, 1 will mit K pl. κακοποιός lesen (אˣ κακὸν ποιήσας, C* pc κακοποιῶν). Κακὸν ποιεῖν ist vielleicht Semitismus.

gefällt und will den Mann, der ihre Ruhe stört, los werden. Sie kann es nicht von sich aus; sie kann sein Wort nicht zum Schweigen bringen durch ihr Wort. Und da ihre Mittel nicht verfangen gegen seine Überlegenheit, so ruft sie die staat= liche Macht zu Hilfe, die nicht in ihr selbst ihren Ursprung hat (19₁₁), und die sie als sich übergeordnet anerkennt, — und die sie für ihre Zwecke mißbraucht, genau so, wie sie ihr religiöses Gesetz für ihre Zwecke mißbrauchte[1]. Daß ihr Wesen Lüge und Mord ist[2], ist deutlich. Und indem sie dem Staat die Verantwortung zuschiebt, das Verbrechen der Angeklagten ausfindig zu machen, gesteht sie in ihrer, durch die brüske Form charakterisierten, Verlegenheit, daß sie nichts Stichhaltiges gegen Jesus vorbringen kann. Was sie eigentlich will, wagt sie nicht gleich zu sagen, aber alsbald verrät sie sich.

Pilatus weist die unsachliche Beschuldigung zurück und weist den Juden die Verantwortung zu[3] (V. 31). Indem sie darauf hinweisen, daß sie nicht das Recht haben, ein Todesurteil zu vollstrecken, zeigen sie, was sie wollen: Jesu Tod. Das also will die Welt: mit Hilfe des Staates die Offenbarung durch Gewalt zum Schweigen bringen. Wird Pilatus nachgeben? Wird sich die Staatsgewalt miß= brauchen lassen?

V. 32 ist eine Anmerkung der kirchlichen Red., die auf 12₃₃ zurückweist[4]. Sie be= sagt, daß jene Rechtlosigkeit der Juden in der göttlichen Teleologie begründet ist: Jesus mußte nach seinem eigenen Wort den Tod durch das Kreuz erleiden; er konnte also nicht durch die Juden, sondern nur durch die Römer hingerichtet werden.

2. Das erste Verhör und sein Ergebnis: 18₃₃₋₃₈.

Um Jesus ohne Zeugen zu verhören, begibt sich Pilatus in das Prätorium[5] und läßt Jesus vor sich führen[6]. Seine Frage (V. 33), ob Jesus der König der Juden sei, ist in dem vorangegangenen Bericht (der Quelle) nicht motiviert[7]. Der Evglist beginnt hier mit seiner eigenen freien Bildung; das Stichwort — die Frage des Königtums Jesu — war ihm durch die Tradition (Mk 15₂ parr.) und ver= mutlich durch den Text der Quelle, den er durch V.33-37 ersetzt, gegeben[8]. Die Bedeutung der Frage ist damit gegeben, daß Pilatus, d. h. daß der Staat, den Begriff des Königs nur im politischen Sinne kennt. Pilatus verfährt also auch jetzt noch sachlich, insofern er, trotz des aus V.31 sprechenden Mißtrauens gegen die Ankläger, gewissenhaft untersucht, ob Anlaß zu einem staatlichen Verfahren gegeben sei. Beansprucht Jesus eine politische Würde, die ihm der Vertreter der staatlichen Macht nicht zuerkennen könnte? Die Antwort Jesu (V. 34) bringt ihm zum Bewußtsein, daß er von sich aus gar keine Veranlassung hätte, gegen

---

[1] S. S. 200f. 205. 234f.   [2] S. S. 242f.
[3] Diesen Sinn haben die Worte des Pilatus. Gewiß ist durch sie im Sinne des Evglisten auch auf die Ohnmacht der Welt angespielt; aber daß Pilatus die Juden ver= spotten wolle, ist kaum richtig. Es würde für diesen Moment der Verhandlung nicht passen; anders 19₆. — Zur Frage nach der historischen Möglichkeit s. S. 493, 1. — Das αὐτόν nach κριν. fehlt ℵ* W 565 al c.   [4] S. S. 495 zu V.₉.
[5] Das πάλιν besagt nicht „zum zweitenmal", sondern Pilatus geht „wieder" hinein, nachdem er V.29 herausgegangen war.
[6] Diesen Sinn hat natürlich das ἐφώνησεν. Es liegt also gar kein Anstoß vor (Wellh., Sp.); denn es ist dafür völlig gleichgültig, ob Jesus schon drinnen ist oder nicht; s. o. zu V.28.
[7] Zur Form der Frage vgl. Epikt. diss. III 22, 91: σὺ εἶ ὁ Διογένης; (Br.). Aber schwerlich ist σύ betont; der Ton liegt, der Untersuchung entsprechend, auf βασ. τ. Ἰουδ.
[8] S. S. 502.

Jesus einzuschreiten[1]; und Pilatus muß (V. 35) zugeben: er hat sich von den Juden in die Lage des Richters drängen lassen.

Nachdem dies festgestellt ist, kann Jesus auf die Frage des Pilatus, die dieser in dem τί ἐποίησας allgemeiner wiederholt hatte, antworten (V. 36). Indirekt ist seine Antwort ein Ja; direkt redet Jesus nicht von sich, sondern von seiner βασιλεία[2]: sie ist nicht „von dieser Welt", d. h. sie hat in dieser Welt nicht ihren Ursprung und ist deshalb nicht von der Art dieser Welt[3]; sie ist — im joh. Sinne — eine eschatologische Größe[4]. Der Beweis dafür ist einfach: wäre das Königtum Jesu von der Art weltlicher Herrschaften, hätte es also einen politischen Charakter, so würde Jesus über Truppen verfügen, die ihn nicht widerstandslos der Hand des Pilatus überlassen hätten[5].

Der Leser weiß, daß Jesu βασιλεία, wenn sie nicht „von dieser Welt", nicht „von hier"[6] ist, ἄνωθεν ist und also aller weltlichen Herrschaft überlegen (vgl. 3ɜ1). Er kennt auch den eigentümlichen Anspruch, den diese βασιλεία auf den Menschen erhebt. Gesagt ist aber zunächst nur das Negative; und erst die weitere Frage des Pilatus: „Also bist du doch ein König?" (V. 37) führt zum Positiven. Pilatus fragt weiter, weil Jesus ja indirekt bejaht hat, daß er ein König sei; und jetzt bejaht Jesus es auch direkt: ja, er ist ein König[7]! Aber welcher Art ist sein Königtum? Irgendein Herrschaftsanspruch muß mit ihm ja gegeben sein, sonst hätte das Wort seinen Sinn verloren! „Dazu bin ich geboren und dazu in die Welt gekommen, daß ich für die Wahrheit zeuge[8]."

Daß es sich um einen Anspruch handelt, der an die Welt von jenseits ihrer ergeht, deutet das γεγέννημαι καὶ ... ἐλήλυθα εἰς τὸν κόσμον an, wobei das

---

[1] (Ἀφ᾽) ἑαυτοῦ = σεαυτοῦ (h N); hellenistisch, s. Bl.-D. § 64, 1; Raderm. 73. 77.

[2] S. S. 95, 3. — Zum Stil der Antwort (der zweite Satz nimmt die zweite Hälfte des ersten wieder auf) s. E. Schweizer, Ego eimi 45. 97.

[3] Zu εἶναι ἐκ s. S. 95, 5; 97, 3; 117, 6. Zu ὁ κόσμος οὗτος s. S. 258, 3. — Es heißt nicht: ἐν τ. κόσμῳ wie Acta Pil. B c. 3 p. 294 Tischend. lesen; s. darüber und über Augustins Widerspruch dagegen Schlier, Christus des Gesetzes Ende 34 f.

[4] Im Sinne der naiven jüdisch-christlichen Eschatologie verantworten sich die Verwandten Jesu vor Domitian nach Heges. bei Eus. h. e. III 20, 4: ἐρωτηθέντας δὲ περὶ τοῦ Χριστοῦ καὶ τῆς βασιλείας αὐτοῦ ὁποία τις εἴη καὶ ποῖ καὶ πότε φανησομένη, λόγον δοῦναι ὡς οὐ κοσμικὴ μὲν οὐδ᾽ ἐπίγειος, οὐράνιος δὲ καὶ ἀγγελικὴ τυγχάνοι, ἐπὶ συντελείᾳ τοῦ αἰῶνος γενησομένη, ὁπηνίκα ἐλθὼν ἐν δόξῃ κρινεῖ ζῶντας καὶ νεκροὺς καὶ ἀποδώσει ἑκάστῳ κατὰ τὰ ἐπιτηδεύματα αὐτοῦ.

[5] Die Stellung von ἄν schwankt; es fehlt auch in einigen Zeugen, s. Bl.-D. § 360, 2. Ob man übersetzt: „sie würden kämpfen" oder „sie würden gekämpft haben" (ebd. 360, 3), bleibt sich gleich. Zum ἵνα-Satz s. Bl.-D. § 361. — Die Erwägungen, inwiefern Jesus seine Jünger als ὑπηρέται bezeichnen kann, erledigen sich durch die Einsicht, daß dies gar nicht der Fall ist. Der Sinn ist einfach: als weltlicher König würde ich ὑπηρ. haben, die für mich kämpfen würden. — Zu ἀμύνεσθαι = kämpfen s. Br. 3. St. und Wörterb.

[6] Ἐντεῦθεν tritt gleichwertig für ἐκ τ. κόσμου τούτου ein. „Der Gegensatz zwischen ᾽hier᾽ und ᾽dort᾽ ist parallel mit dem Gegensatz zwischen ᾽oben᾽ und ᾽unten᾽; jener ist aber seltener als dieser" (Schl.).

[7] Σὺ λέγεις = „Ja" wie Mt 15ɜ parr. Daß das σύ nicht betont zu sein braucht, sodaß der Sinn wäre: „Du sagst das", womit die Verantwortung für die Behauptung dem Fragenden zugeschoben wäre (Bl.-D. § 441, 3), zeigt das rabbin. Beispiel bei Schl. und Str.-B. I 990 zu Mt 26ɜ5, und ebenso der Vergleich von Mt 26ₑ4 mit Mk 14ₑ2. Daß Joh 18ɜ7 das σὺ λέγεις = „Ja" ist, zeigt (abgesehen von V.ɜₑ) so wie die Frage ja faktisch schon bejaht ist) die Fortsetzung, die sinnlos wird, wenn man anders verstehen will. Es versteht sich von selbst, daß das ὅτι rezitativ und nicht kausal ist. — Hinter εἰμι ergänzen K al ein ἐγώ.

[8] Natürlich ist nicht das nur einmal gesetzte ἐγώ, sondern das doppelt gesetzte εἰς τοῦτο betont. — Stammt der Satz aus den Offenbarungsreden?

γεγέννημαι gewissermaßen am Blickpunkt des Pilatus orientiert ist, für den Jesus zunächst ja ein Mensch und nichts weiter ist: er, dieser Mensch, ist dazu da ... Aber weil in diesem Menschen ein anderer als menschlicher Anspruch begegnet, ist mit dem γεγ. das mythologische ἐλήλυθα εἰς τὸν κόσμον paradox verbunden: der Ursprung — und also das Wesen — dieses Menschen ist nicht von der Welt, sondern er ist in diese Welt „gekommen"[1]. Und zwar um für die „Wahrheit" zu „zeugen", d. h. um Gottes Wirklichkeit[2] der Welt gegenüber wirksam werden zu lassen[3] in dem großen Prozeß zwischen Gott und der Welt[4]. Er ist ja zum Gericht in die Welt gekommen (9₃₉ 3₁₉), und sein Zeugen ist zugleich eine Anklage gegen die Welt (7₇). In diesem „Zeugen" erhebt er seinen Herrschaftsanspruch[5]; er ist ja selbst die ἀλήθεια, für die er zeugt (14₆), und er zeugt für sich (8₁₄. ₁₈). Er ist der Richter, der über Tod und Leben entscheidet (5₁₉ff.). So steht er jetzt auch vor Pilatus, der nach weltlichem Maßstab sein Richter ist. „Jeder, der aus der Wahrheit ist, der hört meine Stimme."[6]

Mit diesem Wort findet eine eigentümliche Wendung statt: die Frage des Rechtes wird zu einer Frage des Glaubens. Denn zweifellos ist durch dieses Wort auch Pilatus herausgefordert; er ist gefragt, ob er die Stimme des Offenbarers hören will, und es muß sich zeigen, ob er „aus der Wahrheit ist". In diesem Falle würde er wissen, um was es sich bei Jesu βασιλεία handelt; er würde ihn als den βασιλεύς anerkennen. Diese Möglichkeit besteht also auch für den Staat, genauer: für die Person, die den Staat vertritt. Damit wäre aber doch auch für das staatliche Handeln, da es ja faktisch von Personen getragen wird, die Möglichkeit gegeben, daß es in der Offenheit für die Offenbarung, in ihrer Anerkennung, vollzogen wird.

Es scheint aber noch eine dritte Möglichkeit außer Ablehnung und Anerkennung zu geben, und diese will offenbar Pilatus ergreifen mit seiner Gegenfrage: „Was ist Wahrheit?"[7], d. h. er stellt sich auf den Standpunkt, daß der Staat an der Frage nach der ἀλήθεια — nach der Wirklichkeit Gottes, oder wie im Sinne des Pilatus etwa zu sagen wäre: nach dem Wirklichen im radikalen Sinne — nicht interessiert ist[8]. Er hält sich draußen. Für die Person, die diesen Standpunkt

---

[1] Zu ἔρχεσθαι εἰς τ. κόσμον f. S. 224, 4. Natürlich ist nicht an die 1₉ begegnende Wendung (f. S. 31, 6) zu denken.   [2] S. S. 50, 1; 243; 332ff.
[3] S. S. 30, 5; 103; 116ff.; 197ff.; 209ff.   [4] S. S. 58f. 223 usw.
[5] Der stoische Sprachgebrauch von der βασιλεία des Weisen, den auch Philon kennt (Br. 3. St.; J. Weiß zu I Kor 4₈ in Meyers Kommentar), ist also keine Parallele; ebensowenig der Sprachgebrauch der Mystik (E. Underhill, Mystik, deutsch 1928, 276).
[6] Εἶναι ἐκ τ. ἀληθ. (f. S. 95, 5; 97, 3) ist gleichwertig mit εἶναι ἐκ τ. θεοῦ, ἐκ τῶν ἄνω, f. S. 117, 6. Zum ἀκούειν der φωνή f. 5₂₅ und S. 194, 5; spezielle Par. ist 8₄₇.
[7] Die Frage ist rhetorisch; sie erwartet keine Antwort, sondern bricht das Gespräch ab; Pilatus begibt sich wieder hinaus. Wäre ein Antwort erwartet und wäre Jesu Schweigen die Ablehnung einer solchen, so müßte dieses Schweigen wie 19₉ ausdrücklich erwähnt sein.
[8] Die Frage darf nicht psychologisch interpretiert werden (Zn.: „höhnisch hingeworfen"); gegen ihre Interpretation als Frage philosophischer Skepsis mit Recht Dibelius Rev. H. Ph. rel. 1933, 42: solche Skepsis steht für Joh nicht zur Diskussion. Die Frage muß vielmehr aus der Sache, um die es V. 33-37 geht, verstanden werden; sie ist also der Ausdruck der Neutralität des Staates, den als solchen die den Menschen bewegende Frage nach der tragenden Wirklichkeit seines Lebens nicht interessiert. O. Spengler (Untergang des Abendlandes II 1922, 262f.) trifft den Sinn nicht, sofern er das Gegenüber von Pilatus und Jesus als den Gegensatz zwischen der Welt der „Tatsachen" und der Welt der „Wahrheiten" deutet. Denn ist die Welt des Pilatus als die der „Tatsachen" — und damit in Sp.s Sinn auch als die der Wirklichkeit — richtig verstanden, so ist doch

vertritt, bedeutet das zugleich: er verschließt sich dem Anspruch der Offenbarung; er zeigt damit, daß er nicht aus der Wahrheit ist, — also aus der Lüge.

Aber es liegt für Pilatus doch anders als für die die Welt vertretenden Juden, deren Vater der Teufel ist, und die deshalb auf Mord und Lüge aus sind (8₄₄). Zu ihnen gehört Pilatus als Vertreter des Staates nicht, wie sich sofort zeigt (V. 38): er erklärt den Juden, daß er keine Schuld Jesu feststellen kann, die seine Verurteilung begründen könnte. Es gibt also in der Tat diese Möglich= keit: der Staat kann sich auf den Standpunkt stellen, daß ihn die Frage nach der ἀλήθεια nichts angeht. Er ist ja als Staat, wie V.36 feststellte, nicht von Jesu Herrschaftsanspruch betroffen, und dieser Anspruch kann ihm als phantastisch und nichtig erscheinen. Die Konsequenz müßte dann freilich sein, daß Pilatus Jesus frei läßt[1], daß der Staat die Verkündigung des Wortes frei gibt. Als Staat kann er ja, auch wenn seine Vertreter den Anspruch der Offenbarung anerkennen, in keinem Falle mehr tun. Denn wollte er die Welt zur Anerkennung der βασιλεία Jesu durch staatliche Mittel zwingen, so hätte er sie ja schon mißverstanden und verleugnet, sie zu einer weltlichen βασιλεία gemacht.

Pilatus hat die Möglichkeit der Anerkennung abgewiesen und die Möglich= keit der Neutralität gewählt. Wird er sie festhalten? Kann er es? Denn so viel ist klar: wenn Jesu Anspruch auch den Staat als solchen nicht trifft, wenn seine βασιλεία auch nicht in Konkurrenz mit weltlichen politischen Bildungen tritt, so läßt sein Anspruch doch, da er jeden Menschen trifft, die Welt nicht zur Ruhe kommen und erregt so die Sphäre, innerhalb deren der Staat seine Ordnung aufrichtet. Denn die βασιλεία ist nicht eine gegen die Welt isolierte Sphäre reiner Innerlichkeit, nicht ein privater Bezirk der Pflege religiöser Bedürfnisse, der mit der Welt nicht in Konflikt kommen könnte. Jesu Wort entlarvt die Welt als eine Welt der Sünde und fordert sie heraus. Sie flüchtet sich, um sich des Wortes zu erwehren, zum Staate und verlangt, daß dieser sich ihr zur Verfügung stelle. Dann aber wird der Staat insofern aus seiner Neutralität herausgerissen, als gerade sein Festhalten an der Neutralität bedeutet: Entscheidung gegen die Welt. Und nun fragt es sich: wird er dazu die Kraft haben, wenn sein Vertreter dem Anspruch der Offenbarung die Anerkennung versagt? Denn seine Macht ruht ja faktisch auf der Kraft seiner Vertreter.

3. Jesus oder Barrabas?: 18₃₉-₄₀.

Daß Pilatus nicht die Kraft hat, den Standpunkt, den er eirgenommen, fest= zuhalten, zeigt sich alsbald. Nach seiner Quelle, die der synoptischen Tradition parallel geht[2], erzählt der Evglist, daß Pilatus auf die Sitte zurückgreift, am

---

die Welt Jesu nicht die der „Wahrheiten" in Sp.s Sinn, nämlich die Welt des Ideellen. Vielmehr tritt eine Wirklichkeit der anderen gegenüber, — wobei freilich die Wirklichkeit der „Tatsachen" nur als Scheinwirklichkeit gilt. Vgl. Hans von Soden, Was ist Wahr= heit? (Marb. Akad. Reden 46) 1927, 5f. 9f. Daß die Pilatusfrage eine Ablehnung der Wahrheit ist, daß also hier „die tolerante und neutrale politische Macht ... kraft der Wahrheit, die ihr Jesus bezeugte, ihr geistiges Fundament aufdecken und ihre ver= borgene Abweisung der Wahrheit aussprechen mußte" (Schlier a. a. O. 38), scheint mir nicht richtig zu sein. Abgelehnt wird die Wahrheit doch nicht vom Staat als solchem, sondern von seinem Vertreter, der das geistige Fundament seines Amtes (19₁₁) ignoriert.

[1] Vgl. etwa die Fortsetzung des Zitates von S. 506, 4 (Eus. h. e. III 20, 5): ἐφ' οἷς μηδὲν αὐτῶν κατεγνωκότα τὸν Δομετιανόν, ἀλλὰ καὶ ὡς εὐτελῶν καταφρονήσαντα, ἐλευθέρους μὲν αὐτοὺς ἀνεῖναι, καταπαῦσαι δὲ διὰ προστάγματος τὸν κατὰ τῆς ἐκκλησίας διωγμόν. [2] Mt 15₆-₁₅ₐ parr.

Paschafest den Juden einen Gefangenen freizugeben[1], und daß er den Vorschlag macht, Jesus freizugeben (**V. 39**)[2]. Wenn er ihn spöttisch den „König der Juden" nennt, so offenbar, um die Nichtigkeit dieses Königtums zu kennzeichnen. Seine Hoffnung, daß die Juden auf den Vorschlag eingehen, und daß er damit die Sache los ist, schlägt aber fehl; die Juden verlangen[3] statt dessen die Freilassung des Barrabas (**V. 40**). Indem dieser als λῃστής charakterisiert wird[4], wird die Ironie der Situation deutlich: die Lüge der Juden offenbart sich; sie, die Jesus als an= geblichen politischen Verbrecher denunziert haben, bitten um die Freilassung eines wirklichen politischen Übeltäters. Und Pilatus hat sich gefangen; er muß, wenn er nicht stark bleibt, willfahren. Den Evglisten interessiert es freilich nicht, ob Pilatus den Barrabas wirklich frei ließ[5], sondern er zeigt nur, wie Pilatus auf der abschüssigen Bahn weitergeführt wird.

Denn auf die abschüssige Bahn hat er sich mit seinem Vorschlag begeben. Er hat nicht die einzig mögliche Konsequenz aus der Feststellung V.₃₈ gezogen; er hat keine Entscheidung gewagt, die ja eine Entscheidung gegen die Welt sein müßte; sondern er hat versucht, den Juden die Entscheidung zuzuschieben. Er hat Angst vor der Welt und hat vor ihr die Autorität des Staates preisgegeben. Er ist dabei, eine vierte Möglichkeit zu wählen, die Macht des Staates der Welt zur Verfügung zu stellen.

4. Geißelung, Verhöhnung und Vorführung Jesu: 19₁₋₇.

Noch einmal macht Pilatus den Versuch, sich die Entscheidung gegen die Welt zu ersparen, indem er versucht, die Juden umzustimmen. Ging er schon 18₃₉ weiter, als er es als Vertreter des Staates verantworten konnte, so jetzt erst recht, indem er Jesus, von dessen Unschuld er überzeugt ist, der Geißelung und Verhöhnung preisgibt. Er meint politisch klug zu handeln; er gibt dem Verlangen der Welt ein Stück nach in der Hoffnung, daß sie sich damit begnügen wird.

Nach seiner Quelle erzählt der Evglist, daß Pilatus Jesus geißeln ließ (**V. 1**)[6], worauf dann die Soldaten ihren rohen Spott mit ihm trieben, indem sie sein Königtum persiflierten und ihn mißhandelten (**V. 2 f.**)[7]. Das geschieht mit dem Willen des Pilatus, oder er macht es wenigstens seiner Absicht zunutze (**V. 4**).

---

[1] Die Sitte ist historisch nicht bezeugt; s. Br. 3. St.: Gesch. der synopt. Trad. 293, 3; Klostermann zu Mk 15₆ (Hdb. z. NT); Lohmeyer zu Mk 15₆ff. (Meyers Kommentar).
[2] Zu βούλεσθε . . . ἀπολύσω s. Bl.=D. § 366, 3; Raderm. 222.
[3] Zum unmotivierten πάλιν s. S. 502. Windisch (Joh. und die Synopt. 84) möchte es auf V.₂₉₋₃₂ beziehen. G K 33 al it korrigieren in πάντες, K pm vg lesen πάλιν πάντες.
[4] Nach Mk 15₇ Lk 23₁₉ war Barr. ein politischer Verbrecher, wie denn Jos. die messianischen Revolutionäre (die Zeloten) λῃσταί zu nennen pflegt; s. ThWB IV 263, 20ff.
[5] So Mk 15₁₅ parr.
[6] Nach Mk 15₁₅ wird Jesus unmittelbar vor der Kreuzigung gegeißelt, wie es römischem Brauch entsprach (s. Klostermann zu Mk 15₁₅, und s. S. 502). Nach Lk 23₁₆. ₂₂ hat Pilatus die Absicht, Jesus zu züchtigen und dann freizulassen.
[7] Dornbekrönung und Bekleidung mit dem roten Mantel in umgekehrter Reihen= folge wie Mk 15₁₇ Mt 27₂₈f.; πλέξαντες κτλ. fast wörtlich wie Mt, während πορφ. an Mt erinnert; der κάλαμος von Mt fehlt; die spöttische Huldigung wie bei Mk und Mt (καὶ ἤρχοντο πρὸς αὐτόν fehlt K pm). — Über einen möglicherweise der Verspottungs= szene zugrunde liegenden Soldatenbrauch s. Gesch. der synopt. Trad. 294, 1; Klostermann und Lohmeyer zu Mk 15₁₆₋₂₀.

Zu den Juden heraustretend[1], kündigt er ihnen die Vorführung Jesu an[2]. Die Gestalt des Mißhandelten und Verhöhnten soll den Juden ad oculos demonstrieren, daß an Jesus keine Schuld zu finden ist. Offenbar ist die Absicht dabei, den Juden die Person Jesu als lächerlich und harmlos erscheinen zu lassen, sodaß sie ihre Anklage fahren lassen[3]. So muß denn Jesus heraustreten (V. 5) als die Karrikatur eines Königs[4], und Pilatus stellt ihn vor mit den Worten: ἰδοὺ ὁ ἄνθρωπος[5], das ist der Mensch! Da seht die Jammergestalt! Im Sinne des Evglisten ist damit die ganze Paradoxie des Anspruches Jesu zu einem ungeheuren Bilde gestaltet. In der Tat: solch ein Mensch ist es, der behauptet, der König der Wahrheit zu sein! Das ὁ λόγος σὰρξ ἐγένετο ist in seiner extremsten Konsequenz sichtbar geworden[6].

Das Verfahren des Pilatus hat nicht den beabsichtigten Erfolg; statt des erwarteten Gelächters erklingt das: „Kreuzige! Kreuzige!" (V. 6)[7]. Hat die staatliche Autorität der Welt gegenüber einmal nachgegeben und dadurch ihre Schwäche gezeigt, so wird die Welt nur um so weiter gehen in ihren Forderungen. Pilatus macht jetzt freilich einen Versuch, stark zu sein und die Sache zu Ende zu bringen. Sein λάβετε αὐτὸν κτλ.[8] kann nicht den gleichen Sinn haben wie 18₃₁; denn nachdem dort festgestellt war, daß die Juden das ius gladii nicht haben, kann es nur die Abweisung des jüdischen Verlangens sein: ich gebe meine Hand nicht dazu her, Jesus zu kreuzigen[9]; wollt ihr seine Kreuzigung, so müßt ihr sie schon selbst vornehmen! D. h. Pilatus schlägt mit grimmiger Ironie die Forderung der Juden ab[10]. Aber nachdem er sich überhaupt in eine Diskussion eingelassen hat, ist es zu spät; die Juden bleiben hartnäckig; sie haben noch zwei Trümpfe auszuspielen.

Sie rechtfertigen ihr Verlangen[11], indem sie sich auf ihr Gesetz berufen, das für den Gotteslästerer Todesstrafe vorschreibt[12]. Gegen dieses Gesetz hat Jesus

---

[1] Daß er inzwischen (seit 18₄₀) das Prätorium wieder betreten hatte, ist vorausgesetzt.

[2] D.₁₋₃ sind mit D.₄₋₆ durch D.₄ eng verbunden, und man darf nicht zwei Szenen daraus machen, um in 18₂₈—19₁₆ sieben Szenen zu finden (E. Lohmeyer, ZNTW 27 [1928], 18f.; dagegen W. Bauer ThR, NS. 1 [1919], 143f.).

[3] Daß Pilatus das Mitleid der Juden erwecken will, ist nicht angedeutet und ist wenig glaubhaft; richtig Schl.: „Ein Christus, der den grimmigen Hohn des soldatischen Antisemitismus wehrlos leidet, ist ungefährlich, also unschuldig"; so auch Zn., Lagr. Doch daß Pilatus an die φιλανθρωπία der Juden appellieren wolle (Schl.), ist höchst unwahrscheinlich. Für Quelle und Evglisten hier eine Differenz anzunehmen, ist kein Anlaß.

[4] Φορεῖν vom Tragen eines Gewandes wie Mt 11₈ Jk 2₃, vom Tragen von Kronen und Kränzen Sir 11₅ 20₄ entspricht griechischem Sprachgebrauch.

[5] Ἰδού wie ἰδέ D.₁₄; s. S. 66, 2. Sprachliche Par. ist Jes 40₉: ἰδοὺ ὁ θεὸς ὑμῶν, doch ist nicht glaublich, daß der Evglist darauf anspielen wolle.   [6] S. S. 40.

[7] Σταύρωσον wie Mk 15₁₃f. (zur Verdoppelung vgl. Lk 23₂₁ und s. Bl.-D. § 493, 1; Raderm. 70). Subj. des Rufens nicht wie bei den Synoptikern der ὄχλος, sondern die ἀρχιερεῖς (plur. wie 7₃₂ usw., s. S. 231, 7) und ihre ὑπηρέται, wie es der Quelle entspricht.

[8] Die Korrespondenz der beiden Sätze zeigt, daß ὑμεῖς und ἐγώ betont sind.

[9] Auch kommt die Kreuzigung als von der jüdischen Behörde verhängte Strafe nicht in Frage. Daß das λάβετε κτλ. nicht ernst gemeint ist, geht auch daraus hervor, daß die Juden es nicht ernst nehmen und nicht darauf eingehen.

[10] Richtig Lagr.; Schlier (a. a. O. 42) scheint mir hier falsch zu interpretieren.

[11] Daß sie in eine gewisse Verlegenheit geraten sind und nun endlich gestehen müssen, warum sie Jesu Tod wünschen, wird man nicht interpretieren dürfen; denn dem entspricht der Fortgang nicht. Wäre das gemeint, so müßte Pilatus ja erst recht sagen: λάβετε αὐτόν und sich für desinteressiert erklären.

[12] S. S. 249, 3.

verstoßen mit seiner Behauptung, er sei Gottes Sohn (V. 7)¹. Natürlich wollen sie damit nicht das Wort des Pilatus (V. 6) ernst nehmen und ihrerseits die Todes-strafe, die nach Lev 24₁₆ die Steinigung hätte sein müssen, vollziehen; sondern mit diesen Worten, die zugleich den eigentlichen Grund ihres Hasses verraten, wollen sie den Pilatus drängen, das Urteil zu sprechen, indem sie einen Grund ihres Verlangens angeben, der ihm einleuchten muß². Ihre Worte haben freilich zunächst den entgegengesetzten Erfolg, und V. 8-12 bringt also ein retardierendes Moment. Warum? Ohne Zweifel deshalb, weil der Evglist die Ungeheuerlichkeit der Verurteilung Jesu noch dadurch steigern will, daß er zeigt, wie die Angst vor der Welt im Richter sogar die religiöse Angst vor dem Unheimlichen, das dem Pilatus in Jesus begegnet, übertönt, daß die Angst vor der Welt nicht nur die Bindungen des Rechtes, sondern auch die der Religion zerreißt.

Aber es kommt noch ein Anderes hinzu. Jesu Gespräch mit Pilatus — par-allel dem von 18₃₃₋₃₇ — hat zu seinem Inhalt das Verhältnis von staatlicher Macht und göttlicher. Es soll deutlich werden, daß die staatliche Autorität als von Gott gegründete der Welt gegenübersteht, daß sie nicht zu ihr gehört und also unab-hängig von ihr handeln kann und soll, und daß deshalb der Vollzug des staatlichen Handelns vor dem Entweder-Oder steht: Gott oder Welt? Der verantwortliche Vertreter des Staates kann sowohl für Gott wie für die Welt offen sein. Offen-heit für Gott, — das würde für den Staat als solchen nichts anderes bedeuten als schlichte Sachlichkeit im Wissen um die Verantwortung für das Recht. Pilatus hatte den Standpunkt der Neutralität gegenüber dem Anspruch Jesu gewählt, und er konnte es vom Standpunkt des Staates aus, sofern vom Staate als solchem ja nicht die Anerkennung der Offenbarung gefordert sein kann³. Seine Neutralität wäre im Recht, wenn sie nichts wäre als die unpersönliche Sachlichkeit des Amtes. Es zeigte sich schon, daß diese Sachlichkeit die Entscheidung gegen die Welt bedeuten würde; und jetzt zeigt sich, daß eben diese Sachlichkeit die Offenheit für Gott fordert. Ein unchristlicher Staat ist grundsätzlich möglich, aber kein atheistischer Staat. Die Frage: wird Pilatus die Kraft für die Entscheidung gegen die Welt haben, wenn er dem Offenbarer die Anerkennung versagt⁴, wiederholt sich also in der Form: wird er offen sein für den durch sein Amt gegebenen Anspruch Gottes, wenn er sich persönlich dem Anspruch Jesu versagt?

5. Das zweite Verhör und sein Ergebnis: 19₈₋₁₂ₐ.

Die Worte der Juden wirken auf Pilatus anders, als erwartet (V. 8). Hatte er vorher Angst vor den Juden — vor der Welt — gehabt, so gerät er jetzt erst recht in Angst⁵, da er hört, daß Jesus beanspruche, ein Sohn Gottes zu sein, also — so kann er ja nur verstehen — ein übermenschliches Wesen, das numinose Scheu erweckt, und an dem sich als θεομάχος zu vergreifen⁶, wahnwitzig wäre. Wer

---

¹ Vgl. 5₁₈ 10₃₃ und f. S. 183, 1. — Es ist klar, daß υἱὸς θεοῦ nicht im spezifisch messianischen Sinn (= König) gemeint ist, sondern wie immer bei Joh im metaphysischen Sinne; f. S. 64, 3.
² Man darf hier vielleicht ihre Worte sogar von der historischen Erwägung aus interpretieren, daß nach römischem Grundsatz der Statthalter den religiösen Wünschen der Bevölkerung entgegenkommen sollte.
³ S. S. 5u8.   ⁴ S. S. 508.
⁵ Diesen Sinn hat das μᾶλλον; vorher war freilich vom φοβεῖσθαι des Pilatus noch nicht ausdrücklich die Rede; aber sein nachgiebiges Verhalten offenbarte es genugsam.
⁶ S. ThWB IV 534, 23ff. und die dort genannte Literatur.

aber kann wissen, in welcher Gestalt ihm die Gottheit begegnet?[1] So wird Jesus für Pilatus unheimlich. Er geht mit ihm ins Prätorium hinein[2] und fragt ihn offen: πόθεν εἶ σύ; Die Frage hat natürlich den Sinn: stammst du von Menschen ab oder von einem Gott? Bist du ein Mensch oder ein göttliches Wesen[3]?

Jesus kann darauf so wenig eine direkte Antwort geben wie auf die Frage der Juden 10₂₄. Pilatus könnte ihn ja nur mißverstehen. Die Erkenntnis, wer er ist, kann sich nur durch den Anstoß hindurch erheben und nicht durch einfache Aussage mitgeteilt werden[4]. Jesus schweigt also[5].

Pilatus versucht ihn zum Reden zu bringen (V. 10), indem er ihn darauf hinweist, daß sein Leben in seiner Hand ist[6]. Aber Jesu Erwiderung erweist dessen Überlegenheit über die Erwägung, was aus ihm unter dem Urteil des Prokurators wird, und lehrt diesen vielmehr, seine Situation und ihre Verantwortung zu bedenken: „Du hättest keine Macht über mich, wenn sie dir nicht von oben gegeben wäre!" (V. 11)[7]. Daß Pilatus die Antwort versteht, ist vorausgesetzt; er hat ja durch seine Frage nach dem πόθεν gezeigt, daß er weiß, was ἄνωθεν bedeutet[8].

Jesus redet nicht mehr wie 18₃₆f. von seiner Person; er zeigt dem Pilatus einfach dessen Situation, wie sie ganz abgesehen von dem Anspruch der Offenbarung ist. Seine Worte besagen, daß die Autorität des Staates nicht aus der Welt stammt, sondern durch Gott begründet ist[9]. Nicht erst das Wissen um den Bezug zu Gott stellt die Autorität her; sie ist mit dem Amte gegeben, und die ἐξουσία des Pilatus stammt von Gott, wie er sie auch anwenden mag. Aber

---

[1] G. P. Wetter, Der Sohn Gottes 90f. vergleicht mit Recht zwei Szenen aus Philostr. Vit. Apoll. Dort wird IV 44 Apollonius vor dem Gericht in Rom verklagt. „Nachdem ein Wunder eingetreten ist, nimmt der Statthalter Tigellinus ihn abseits, weil er fürchtet, daß er es mit einem Dämonen zu tun hat. Und jetzt fragt er ihn, wer er sei. Ap. nennt sogleich seinen Vater und seine Heimat. Er verneint, daß er μάντις ist, daß er 'etwas Großes' ist, und doch, Gott ist mit ihm. Das Kapitel schließt wuchtig mit diesen Worten: ἔδοξε τῷ Τιγελλίνῳ ταῦτα δαιμόνιά τ' εἶναι καὶ πρόσω ἀνθρώπου, καὶ ὥσπερ θεομαχεῖν φυλαττόμενος, χώρει, ἔφη, οἷ βούλει· σὺ γὰρ κρείττων ἢ ὑπ' ἐμοῦ ἄρχεσθαι. — Ähnlich wird die Szene I 21 dargestellt: Auch hier fragt der Statthalter, wer er sei; er antwortet damit, daß er erklärt, daß ihm die ganze Welt gehöre. Dann wird jener böse und droht dem Ap., er antwortet ruhig. Jetzt erstaunt der Statthalter und fragt: „Bei den Göttern, wer bist du?" Und dann gibt Ap. die Antwort. Und nun erinnert sich der Statthalter seiner, und daß er ein θεῖος ἄνθρωπος ist."
[2] Jesus ist wieder drinnen, ohne daß seine Hineinführung erzählt worden wäre; s. S. 503, 2.
[3] Es ist im Munde des Heiden das Thema des πόθεν, das durch Jesu Auftreten und Anspruch in irgendeiner Form immer wieder hervorgerufen wurde; im Bilde schon 2₉; dann 7₂₇f. 8₁₄ 9₂₉f.
[4] S. S. 275. „So muß er in der Zweideutigkeit dessen, dessen Herrlichkeit nur dem Glaubenden offenbar wird, verharren" (Schlier a. a. O. 45).
[5] Es ist die joh. Umgestaltung des traditionellen Schweigemotivs (Mt 15₄f. Mt 27₁₄). Eine gewisse Analogie dazu Jos. bell. 6, 305: Jesus, der Sohn des Ananias, der vor dem Fall Jerusalems die Stadt mit seinen Weherufen erfüllt, wird vom Prokurator Albinos verhört und gefragt, τίς εἴη καὶ πόθεν, aber er antwortet mit keinem Worte. Eine entferntere Analogie ist das (freilich nur vorläufige) Schweigen des Aischylos in dem Streit bei Aristoph. Ran. 832. 1020.
[6] Es ist zu beachten, daß ἐξουσία nicht das einfache Können, Vermögen meint, sondern die legitimierte Macht, die Vollmacht, das Recht; s. S. 36, 1. — Die Stellung der Worte variiert in den Hss. — Vgl. Jos. bell. II 117: nach der Absetzung des Archelaos wird Pomponius zum Prokurator ernannt: μέχρι τοῦ κτείνειν λαβὼν παρὰ Καίσαρος ἐξουσίαν. [7] Statt εἶχες (ohne ἄν s. Bl.-D. § 360, 1; Raderm. 159) lesen ﬡ 565 al ἔχεις.
[8] Zu ἄνωθεν s. S. 117, 3. [9] Ebenso Röm 13₁.

um sein Amt sachlich gegenüber der Verführung durch die Welt verwalten zu *
können, soll er darum wissen. Pilatus versteht das Wort, und versteht, wie V. 12
zeigt, daß er die Konsequenz daraus zu ziehen hat. Wird er, nachdem er ausdrücklich auf seine Verantwortung vor Gott aufmerksam gemacht ist, die Kraft zur
reinen Sachlichkeit und d. h. zur Entscheidung gegen die Welt finden?

Auf die eigentümliche Zwischenstellung des Staates zwischen Gott und Welt
weist auch die Fortsetzung des Wortes Jesu hin: „Deshalb hat der, der mich
dir überliefert hat, größere Sünde[1]." Der Staat vollzieht, sofern er wirklich
als Staat handelt, seine Handlungen ohne persönliches Interesse; handelt er
sachlich, so kann von einer ἁμαρτία bei ihm überhaupt nicht die Rede sein. Handelt
er unsachlich, indem er sich von der Welt für ihre Wünsche mißbrauchen läßt
— wie Pilatus zu tun in der Gefahr ist und dann auch wirklich tut —, so behält
sein Handeln doch immer noch etwas von seiner Autorität; noch ist wenigstens
die Form des Rechtes gewahrt und damit die Autorität des Rechtes anerkannt,
sodaß sich der ungerecht Verurteilte zu fügen hat, — wie sich Sokrates, auch wo
er die Möglichkeit hat, sich dem Vollzug des ungerechten Urteils zu entziehen,
vor den Gesetzen verantwortlich und zur Übernahme des Urteils verpflichtet weiß.
Der Staat kann, so lange er noch in irgendeinem Grade staatlich handelt, nicht mit
der gleichen persönlichen Feindschaft, mit dem gleichen leidenschaftlichen Haß
handeln, wie es die Welt tut, — wie sehr er auch durch Unsachlichkeit seine Autorität
ruinieren mag. Er kann der Welt verfallen; aber seine Motive sind nie mit denen
der Welt identisch. Und im vorliegenden Falle ist es klar: Pilatus hat gar kein
persönliches Interesse am Tode Jesu; er verfolgt ihn nicht mit dem Haß wie die
Juden, die ihm Jesus überliefert haben[2]. Sie tragen die größere Sünde, die eigentliche Verantwortung. Und ihre Sünde ist sozusagen doppelt, weil zu ihrem Haß
gegen Jesus noch der Mißbrauch des Staates für ihre Zwecke kommt.

Pilatus versteht Jesu Wort. Der Hinweis auf den göttlichen Ursprung seiner
ἐξουσία aus dem Munde des von der Atmosphäre des Unheimlichen umgebenen
Jesus kann die Angst vor dieser rätselhaften Gestalt nur steigern. Er möchte Jesus
frei lassen (V. 12 a)[3]. Aber seine Haltung ist, wie schon das ἐζήτει zeigt, gebrochen.
Die Angst vor der Welt und die Angst vor dem Unheimlichen liegen im Streit.
Wer wird den Sieg davontragen?

6. Die Verurteilung Jesu: 19 12b -16a.

Als die Juden die Absicht des Pilatus merken[4], spielen sie ihren letzten
Trumpf aus und drohen ihm mit Denunziation beim Kaiser (V. 12 b)[5]. Das gibt

---

[1] Wendt I 153f. II 62 nimmt am Verhältnis von V. 11b zu V. 11a Anstoß und hält
V. 11b für eine Glosse; in ihr sei V. 11a fälschlich so verstanden, daß die ἐξουσία, die Pilatus
über Jesus hat, ihm von den Juden gegeben wäre, wobei das ἄνωθεν zeitlich verstanden
wäre (s. S. 95, 2). Auch Wellh. nimmt an V. 11b unnötigen Anstoß, und Delafosse meint, damit
ein Zshg zwischen V. 11a und 11b zustande komme, müsse man ἄνωθεν verstehen: vom
Teufel! Bd. will (nach Wetstein) verstehen: „Deshalb hat Kaiphas größere Sünde (nicht:
als der, sondern:) als er sie hätte, wenn er die Verantwortung allein übernommen hätte;
er hat aber deine gottgegebene Autorität auch noch in Anspruch genommen."

[2] Der παραδιδούς ist natürlich weder Judas noch Kaiphas, sondern es sind die
Juden überhaupt (s. 18 30); der (generelle) Sing. ist durch die sentenzhafte Formulierung
veranlaßt.

[3] Ἐκ τούτου nicht „von jetzt ab" (was 18 33 19 6 widersprechen würde), sondern
„deshalb".   [4] Über die Nachlässigkeit der Erzählung s. S. 503, 2.

[5] Ob das φίλος τοῦ Καίσαρος auf den offiziellen Titel Bezug nimmt (Br. 3. St.
und Deißmann, L. v. O. 324), kann dahingestellt bleiben. Ἀντιλέγειν heißt nicht nur

den Ausschlag; die Furcht vor der Welt siegt. Freilich einen letzten Versuch macht
Pilatus noch, oder vielmehr er wiederholt den vorigen[1]. Nachdem er Jesus hat
herausführen lassen, nimmt er auf dem Richterstuhl Platz (V. 13)[2], von dem aus
das Urteil offiziell gefällt werden mußte[3]. Um der Bedeutsamkeit des Augenblicks willen wird der Name des Ortes[4] und (V. 14) die Zeit genau angegeben[5].
Die Zeitangabe wird zugleich symbolische Bedeutung haben: da das Fest beginnt,
das Israels geschichtliche Befreiung durch Gottes Tat feiert, wird durch die Schuld
des Volkes selbst der zum Tode verurteilt, in dem Gott die eschatologische Befreiung
der Welt wirkt.

Jetzt, die Entscheidung muß ja fallen, wiederholt Pilatus seinen Versuch und
läßt die lächerlich gemachte Gestalt Jesu noch einmal vorführen: ἴδε ὁ βασιλεὺς
ὑμῶν. Wie kann diese traurige Figur als ein ἀντιλέγων τῷ Καίσαρι ernst genommen
werden! Aber der Instinkt des Hasses sieht schärfer. Freilich, die Behauptung
des ἀντιλέγειν τῷ Καίσαρι ist nur Lüge; aber die Welt empfindet den königlichen Anspruch Jesu deutlich, wenn auch pervertiert. Sie kann also nur bei ihrer

---

„widersprechen", sondern auch „sich widersetzen" (Tit 2₉ Röm 10₂₁ nach Jes 65₂), was
gut griechisch ist, s. Br. 3. St. — In den Hss. wechseln ἐκραύγασαν und (minder gut)
ἐκραύγαζον.   [1] Statt τῶν λόγων τούτων K N τὸν λόγον τοῦτον.
[2] Das ἐκάθισεν ist ohne Zweifel wie 12₁₄ intransitiv gemeint (so auch Mt 25₃₁;
Act 12₂₁ 25₆. ₁₇; Jos. bell. 2, 172: ὁ Πιλᾶτος καθίσας ἐπὶ βήματος ἐν τῷ μεγάλῳ σταδίῳ,
vgl. ant. 20, 130). Für transitives Verständnis Loisy; Corssen, ZNTW 15 (1914), 339—340
teils aus historischen Bedenken (der Richter setzt sich nicht erst zum Schlusse des Prozesses
auf das βῆμα), teils aus Gründen des Zshgs (dem ἴδε ὁ βασ. ὑμ. entspricht es, daß Jesus
als König und Richter auf das βῆμα gesetzt wird). Aber dann wäre ein αὐτόν unentbehrlich. Nach dem historisch Möglichen darf man nicht fragen; vgl. dazu M. Dibelius, ZATW,
Beih. 33, 130 f. Auch ist καθίζειν ἐπὶ βήματος = „sich auf den Richterstuhl setzen" fester
Sprachgebrauch; s. Br. — Freilich wird nach Justin apol. I 35, 6; Evg. Petri 3₇ Jesus
auf das βῆμα bzw. die καθέδρα gesetzt (beiderwärts ἐκάθισαν αὐτόν); Subj. sind dort
aber die Juden, und der Akt gehört zur Verspottungsszene; s. W. Bauer, Das Leben Jesu
im Zeitalter der nt. Apokr. 208; Finegan, Die Überlieferung der Leidens- und Auferstehungsgeschichte Jesu 55.   [3] S. Schürer I 429, 8.
[4] Λιθόστρωτος = gepflastert, als Subst. der mit Marmorplatten belegte Fuß-
boden oder der Mosaikfußboden; s. Wetst., Br. 3. St. und Wörterbuch. — Zu Ἑβραϊστί
s. S. 179, 6. — Der Sinn von Γαββαθᾶ (keine Übersetzung von Λιθοστρ.!) ist unsicher.
Nach Dalman (Jesus-Jesch. 13; W. J. 6; O. u. W. 355) ist es גַּבַּחְתָּא (Glatze des Vorder-
kopfes) oder גַּבְתָּא (Erhöhung); das Letztere nimmt Str.-B. an, während Zn. und Wellh.
(Joh 68) נבתא (Schüssel) vermutet. Über die Lage des Platzes s. Dalman, O. u. W. 357.
[5] Παρασκευή gibt vermutlich das aram. עֲרוּבְתָּא wieder. Dieses, ursprünglich
den Abend (Sonnenuntergang) bezeichnend, ist gebräuchlich geworden für den Vortag
(Rüsttag) von Festtagen, vor allem vor dem Sabbat. So könnte es einfach „Freitag"
heißen, und diesen Sinn hat es offenbar V.₃₁ und V.₄₂, wenngleich παρασκ. im helle-
nistischen Judentum in diesem Sinn nicht gebraucht wird (Zeitlin, JBL 51 [1932], 268 f.).
Kann mit πάσχα das ganze siebentägige Fest gemeint sein (so Torrey, JBL 50 [1930], 233;
dagegen Zeitlin a. a. O. 269 f.), so könnte παρασκ. τοῦ πάσχα bedeuten „Freitag der
Paschawoche". Indessen kann Joh 19₁₃ nur gemeint sein „Vortag des Paschafestes" (so
Str.-B. III 834 ff.; Dalman, Jesus Jesch. 82; Schl. 3. St.; Zeitlin a. a. O. 268 f.); s.
S. 504, 3. So wird auch die Mt 15₂₅ (Kreuzigung in der 3. Stunde = 9 Uhr morgens;
von einigen Hss in Joh hineinkorrigiert) widersprechende Angabe, daß es die 6. Stunde
(= 12 Uhr) gewesen sei, sinnvoll; denn so ist die Symbolik möglich, daß Jesus zu der Zeit
stirbt, da die Paschalämmer geschlachtet wurden; s. u. S. 525. — Dibelius (ZATW, Beih. 33,
131 ff.) führt die Zeitangabe (die schon die Tradition dem Evglisten geboten habe) auf
Am 8₉ zurück.

Forderung bleiben: „Hinweg mit ihm!¹ Ans Kreuz!" (V. 15). Und eine aller=
letzte Bemühung des Pilatus muß auch scheitern. Seine Frage: „Euren König
soll ich kreuzigen?" appelliert an das Ehrgefühl der Juden; denn ist es nicht ein
Hohn für sie, wenn der Römer Jesus aus dem Grunde kreuzigt, weil er der König
der Juden sein will? Es wird damit doch nicht nur die Person Jesu getroffen,
sondern, wenn die Strafe den Anspruch auf den Titel treffen soll, so trifft die
Schmach der Strafe ja auch das jüdische Volk. Daß dem so ist, zeigt gleich nachher
der Einspruch der Juden gegen die Kreuzesinschrift, mit der Pilatus gleichsam
Rache an den Juden nimmt.

Auch dieses letzte Mittel verfängt nicht. Die Antwort der ἀρχιερεῖς — also
der Repräsentanten des Volkes —: „Wir haben keinen König außer dem Kaiser",
gibt den messianischen Anspruch des Volkes preis, und damit gibt das jüdische
Volk sich selbst preis. In der Erwartung eines messianischen Königs spricht sich
die eschatologische Hoffnung des Volkes aus; und sofern die Juden die Welt ver=
treten, bedeutet ihr Verhalten: die Welt ist in ihrem Haß gegen die Offenbarung
imstande, ihre Hoffnung preiszugeben, die sie auch als gottfeindliche Welt im
Innersten bewegt in dem vielleicht uneingestandenen, aber doch nicht vertilgbaren
Wissen um ihre eigene Unzulänglichkeit, Vergänglichkeit, Unerfülltheit. Die Welt
macht sich selbst zum Inferno, wenn sie dieses Wissen erstickt und bewußt ihre
Hoffnung abschneidet. Deshalb erweist ihr letztes Wort wider Willen, daß Jesus
der Sieger ist; ihr Unglaube an ihn ist das Gericht über sie.

Gegen die Macht der Lüge hilft kein Versuch der Überzeugung, der Über=
redung. Pilatus ist den Juden verfallen, nachdem er darauf verzichtet hat, die
Autorität des Staates sachlich durchzuführen. Er, der sich dem Anspruch Jesu
persönlich verschloß, hat nicht die Kraft, dem Anspruch Gottes, der in seinem Amte
gestellt ist, zu gehorchen. Er überliefert Jesus den Juden zur Kreuzigung (V. 16a)².
Die der Kreuzigung vorangehende Geißelung ist nicht berichtet; sie war ja V. 1
schon erzählt worden³.

δ) Kreuzigung, Tod und Grablegung Jesu: 19 16a-37.

Der Evglist folgt seiner Quelle weiter; seine Einfügungen heben sich von
ihr ab. Die Quelle berichtete ähnlich wie die Synoptiker, übereinstimmend in manchen
Einzelheiten, in anderen charakteristisch abweichend (s. u.). Vom Evglisten dürfte zu=
nächst V. 20-22 stammen; denn hier liegt das Motiv von V. 12b. 15c vor. Auch zeigt der
Beginn von V. 23, daß V. 20-22 eine Unterbrechung ist: durch das eingefügte ὅτε ἐσταύ=
ρωσαν τὸν 'Ι. muß der Evglist den Anschluß an V. 19 wiederherstellen.

Mit V. 23 läuft die Quelle weiter und geht bis V. 25. Daß die Tradition früh von
Frauen als Zeugen der Kreuzigung berichtet hatte, zeigt Mk 15 40f. Es ist freilich wahr=
scheinlich, daß der Evglist diese Notiz, die in der Quelle wie bei Mk am Schluß gestanden
haben wird, vorausgenommen hat, um für V. 26f. — seine eigene Bildung — die An=
knüpfung zu gewinnen. In diesem Falle ist auch der Schluß von V. 24: οἱ μὲν οὖν στρα=

---

¹ Zur Verdoppelung des ἆρον s. S. 510,7. Zu ἆρον Lk 23 18; Act 21 36 22 22; P.Oxy.
119 (bei Br.).
² Natürlich ist nicht gemeint, daß Pilatus den Vollzug der Kreuzigung den Juden über=
läßt; denn wie das Auftreten der στρατιῶται V. 23 ff. und schon die Tatsache, daß zwei
andere Verbrecher mit Jesus gekreuzigt werden (V. 18), zeigt, ist das παρέδωκεν κτλ. so
gemeint, daß er das von den Juden verlangte Urteil spricht (anders vielleicht Lk 23 25).
Es wird vollends durch die Inschrift (V. 19) bewiesen und durch die Bitte der Juden V. 31.
Der Bericht redet mit derselben Knappheit wie Mk 15 15, nur daß bei Joh zu dem bloßen
παρέδ. das αὐτοῖς hinzugefügt ist, um die Sachlage deutlich zu machen.
³ S. S. 502.

33*

τιῶται ταῦτα ἐποίησαν ſeine Bildung. In der Quelle folgte dann D.28-30; doch ſtammt
in D.28 von den beiden Motivierungen des λέγει· διψῶ die erſte (εἰδὼς ... ὅτι ἤδη
πάντα τετέλεσται) vom Evgliſten, während die zweite (ἵνα τελειωθῇ ἡ γραφή) von
der Quelle geboten war[1]. Dann aber wird vom Evgliſten auch das τετέλεσται D.30
ſtammen, durch das er ein Wort der Quelle erſetzt hat[2].

Die Stücke D.31-37 und D.38-42 ſtehen in einer gewiſſen Konkurrenz, ſofern die Abnahme Jeſu vom Kreuz nach D.31-37 durch die römiſchen Soldaten vollzogen wird[3],
während nach D.38 Joſeph von Ar. Jeſus vom Kreuz nimmt. Schwerlich aber iſt eines
dieſer beiden Stücke vom Evgliſten in die Quelle eingefügt; vielmehr wird dieſe ſchon
die vorliegende Kombination geboten haben[4]. Denn ſpezifiſch joh. Gedanken ſind weder
in dem einen noch im anderen Stück zu erkennen; vielmehr entſpricht das Hauptmotiv
von D.31-37: die Erfüllung der Schrift, eher der Gemeindetradition[5], und D.38-42 hat den
Charakter erbaulich-legendärer Bildung. In D.31-37 hat aber die kirchliche Red. eingegriffen; von ihr ſtammt D.34b. 35 (ſ. u.). In D.38-42 hat dagegen der Evgliſt den Nikodemus (D.39a) eingefügt (ſ. u.).

Der vom Evgliſten zugrunde gelegte Quellenbericht ſtimmt in der Kreuzigungs-
geſchichte mit dem ſynoptiſchen darin überein, daß Jeſus mit zwei Derbrechern auf
Golgatha gekreuzigt wurde (Mk 15 22. 27), daß eine Inſchrift Jeſus als den König der
Juden bezeichnete (Mk 15 26), daß die Soldaten ſeine Kleider verteilten (Mk 15 24), daß
der Dürſtende mit Eſſig getränkt wurde (Mk 15 36), daß er mit einem Ruf verſchied
(Mk 15 37), daß endlich Frauen Zeugen der Kreuzigung waren (Mk 15 40). — Die Unter-
ſchiede ſind: nicht Simon von Kyrene (Mk 15 21), ſondern Jeſus ſelbſt trägt das Kreuz;
der Weintrank vor der Kreuzigung (Mk 15 23) wird nicht erzählt, auch fehlt eine Zeitangabe, und die des Mk (15 25: die 3. Stunde) kann wegen D.14 nicht vorausgeſetzt werden
(ſ. S. 514, 5); die Kleiderverteilung wird anders berichtet; nichts iſt erzählt vom Spott
der Dorübergehenden und der Mitgekreuzigten (Mk 15 29-32), nichts von der Finſternis,
von dem erſten Ruf Jeſu und ſeiner höhniſchen Interpretation (Mk 15 33-36). Es fehlt
endlich das τέρας des zerriſſenen Tempelvorhanges (Mk 15 38) und das Bekenntnis des
Centurio (Mk 15 39). In der Nennung der Frauen beſteht Übereinſtimmung nur in bezug
auf die Perſon der Maria Magdalena. Was Mt und Lk über Mk hinaus bringen (beſonders
Mt 27 51b-53 Lk 23 27-31), hat bei Joh keine Entſprechung. Umgekehrt brachte die Quelle
des Joh über die Synoptiker hinaus das Loſen der Soldaten um den ungenähten Rock
Jeſu (D.23f.) und den Ruf διψῶ (D.28); was ſonſt darüber hinausgeht (D.20-22. 26f.) iſt
Zutat des Evgliſten.

In der Beſtattungsgeſchichte unterſchied ſich die Quelle noch erheblicher von
den Synoptikern. Dieſe kennen den Bericht von der durch das Verlangen der Juden
veranlaßten Abnahme vom Kreuz (D.31-37) nicht. Übereinſtimmung beſteht nur darin,
daß Joſeph von Ar. den Leichnam Jeſu von Pilatus erbittet und ihn beſtattet (Mk 15 43. 46);
die Verwunderung über den ſchon eingetretenen Tod Jeſu und die Beteiligung des Centurio
(Mk 15 44f. vielleicht ſekundär bei Mk) hat keine Entſprechung. Umgekehrt berichten die
Synoptiker nicht, daß das Grab in einem Garten, nahe bei der Stätte der Kreuzigung,
gelegen ſei (D.41). Daß es durch einen Stein verſchloſſen wurde (Mk 15 46), wird bei Joh

---

[1] Auch Wellh. empfindet die Kolliſion von εἰδώς und ἵνα.

[2] Sei es ein Wort wie Mk 15 34 oder Lk 23 46 oder ein wortloſer Schrei wie Mk 15 37.

[3] Das iſt zwar nicht ausdrücklich geſagt, aber vorausgeſetzt. Auch Wellh. und Delafoſſe
halten das Nebeneinander der beiden Stücke für nicht urſprünglich. Delafoſſe hält D.31-37
für interpoliert. Nach Wellh. iſt eher D.38-42 hinzugefügt, wobei der Red. den erſten
Bericht verkürzt, aber vielleicht Stücke von ihm verwendet habe, nämlich D.40-42 und in
D.38 das ἦλθον καὶ ἦραν (ſo nach ℵ N pc it sa). Sp. ſtreicht D.35-40.

[4] So iſt ja auch die ſynoptiſche Paſſionsgeſchichte aus Einzelſtücken zuſammen-
gewachſen, bzw. es iſt ihr urſprünglicher Rahmen durch eingefügte Einzelſtücke erweitert
worden; ſ. Geſch. der ſynopt. Trad. 297ff.

[5] Auf den Evgliſten ließe höchſtens das οἱ Ἰουδαῖοι ſchließen (anders z. B. Mt 27 62
28 11).

nicht gesagt, ist aber 20₁ vorausgesetzt. V.₃₉b.₄₀ berichtet, daß Jesus regelrecht bestattet ist, sodaß nachher nicht wie Mk 16₁ erzählt werden kann, daß die Frauen am Ostermorgen kommen ,um den Leichnam Jesu zu salben. Deshalb sind bei Joh auch die beim Begräbnis zuschauenden Frauen (Mk 15₄₇ parr.) nicht erwähnt, und die Geschichte vom Begräbnis bereitet in keiner Weise auf die Ostergeschichte vor[1]. — Über Mk hinausgehend berichtet V.₄₁ mit Mt 27₆₀ Lk 23₅₃ übereinstimmend, daß das Grab ein neues, noch unberührtes gewesen sei; dagegen ist nicht wie Mt 27₆₀ gesagt, daß es das eigene Grab des Joseph von Ar. gewesen sei. Daß Nikodemus eine Rolle beim Begränbis spielt, geht nicht auf die Quelle, sondern auf den Evglisten zurück.

1. Kreuzigung und Kreuzesinschrift: 19₁₆b-₂₂.

Jesus wird nun (von den Soldaten[2]) aus der Stadt hinaus zur Kreuzigung geführt[3], die natürlich außerhalb der Stadt stattfindet (V. 16a), und er muß sein Kreuz selber tragen (V. 17)[4]. Der Ort der Kreuzigung[5] heißt „Schädelstätte" bzw. in der Landessprache[6] Golgotha[7].

---

[1] Freilich ist bei den Synoptikern die Verknüpfung von Begräbnis= und Ostergeschichte durch die Erwähnung der Frauen wohl ein sekundäres Element. Die Bestattung scheint doch Mk 15₄₆ auch als vollständige gemeint gewesen zu sein; f. Finegan, Die Überlieferung der Leidens= und Auferstehungsgeschichte 78—80.

[2] S. S.515, 2. Die Lesart παραλαβόντες δέ M 700 al und gar οἱ δὲ παραλαβόντες φ bzw. οἱ δὲ λαβόντες אℵ würde in Korrespondenz zu dem παρέδωκεν V.₁₆a stehen und also die Juden als Vollstrecker der Strafe erscheinen lassen. Der richtige Text παρέλαβον οὖν (ℌ) markiert nach joh. Sprachgebrauch einen Absatz.

[3] Ἐξῆλθεν: natürlich aus der Stadt.

[4] Daß der Verurteilte ein Kreuz trug, war nach Plut. de sera num. vind. 9, p. 554a; Artemidor oneir. II 56, p. 153, 20ff. Hercher, Brauch (Pauly=Wissowa IV 1731). Nach Mk 15₂₁ parr. trägt freilich Simon von Kyr. das Kreuz Jesu. Daß beide sich abwechselten, behauptet die altkirchliche und moderne Harmonistik (f. Br. 3. St. und Klostermann zu Mk 15₂₁). Der Widerspruch ist wohl einfach so zu erklären, daß bei Joh eine andere Tradition zugrunde liegt; denn die Angabe ist ganz unbetont (es fehlt ein αὐτός, und das ἑαυτῷ, das nach Raderm. 129 „allein" bedeutet, hat doch keinen solch starken Ton). Es ist auch nicht wahrscheinlich, daß der Evglist hier den Ruf zur Nachfolge, der Mk 8₃₄ parr. das Bild vom Kreuztragen verwendet, symbolisch darstellen will. Denn in der joh. Par. 12, 25 (f. S. 325f.) fehlt das Bild und begegnet bei Joh auch sonst nicht. Eine typologische Anspielung auf Gen 22₆, die die K. D. hier finden (f. Br.), liegt erst recht fern; aber auch die Betonung der Freiwilligkeit der Leidensübernahme (Br.) wird nicht beabsichtigt sein. Daß gar gegen die gnostische Irrlehre polemisiert werde (Pfleiderer, Urchristentum[2] II 384; Schwartz II 141f.), nach der Simon an Stelle Jesu, der mit ihm die Gestalt getauscht habe, gekreuzigt worden sei (Iren. I 24, 4), ist eine ganz fern liegende Annahme.

[5] Über die Art des Vollzuges der Kreuzigung f. Klostermann zu Mk 15₂₃.

[6] Zu Ἑβραϊστί f. S. 179, 6.

[7] So in Übereinstimmung mit den Synoptikern; nur daß Mk und Mt umgekehrt den aramäischen Namen zuerst nennen, während Lk nur die griechische Übersetzung gibt. — Bl.=D. § 132, 2 hält den Text für arg entstellt und will nach L X vg lesen: εἰς τὸν λεγόμενον κρανίου τόπον Ἑβρ. δὲ Γολγ. Dagegen verteidigt Joach. Jeremias (Golgotha 1, 1) den meist überlieferten Text als korrekt (mit B ℵ al ὅ statt mit K pm ὅς); er hält κρανίου für appositiven Gen. (wie 15₂₂ Mt 27₃₃) und übersetzt: „Er kam an die Stätte, die der Schädel genannt wird, die auf hebr. Golgotha heißt." — Die Übersetzung des hebr. גֻּלְגֹּלֶת (Jdc 9₅₃ IV Reg 9₃₅) bzw. des aram. גֻּלְגָּלְתָּא lautenden Wortes ist richtig (über andere Ableitungen f Jeremias a. a. O.; Wandel, ThStKr 1922, Sonderheft, 134ff.). Wahrscheinlich kommt der Name von der Schädelform des Hügels; die Deutung des Hieron. als locus decollatorum kann nicht zutreffen, da Enthauptung keine jüdische Strafe war. Daß hier Adams Schädel begraben laa, fabelt die Legende (K. Holl, Ges. Auff. III 36ff.). — Über die mutmaßliche Lage des Platzes f. C. Sachsse, ZNTW 19 (1919/20), 29ff.; Dalman, O. u. W. 364ff.; Jerusalem und sein Gelände 72; Jeremias a. a. O. bzw. Angelos I (1925), 141ff.; Wandel a. a. O.

Mit Jesus wurden zwei andere Männer gekreuzigt, links und rechts von ihm (V. 18)[1]. Pilatus hat am Kreuz eine Tafel[2] anbringen lassen, auf der die Anklage, die zur Verurteilung führte, geschrieben steht: „Jesus der Nazoräer, der König der Juden" (V. 19)[3]. So berichten auch die Synoptiker[4]; der Evglist aber gestaltet dieses Motiv weiter aus (V. 20-22). Im Zshg seiner Darstellung ist diese Inschrift nicht nur die Rache des Pilatus an den Juden, die ihn zu seinem Urteil gezwungen haben, und denen er nun diesen Schimpf antut; sondern darüber hinaus wird durch diese Inschrift demonstriert, daß die Verurteilung Jesu zugleich das Gericht über das Judentum ist, das seine Hoffnung, die seiner Existenz ihren Sinn gab, preisgegeben hat, — das Gericht über die Welt, die um der Sicherheit der Gegenwart willen ihre Zukunft preisgibt[5]. Das Gericht besteht aber nicht nur einfach darin, daß das Judentum seinen König verloren hat, daß die Welt ihre Zukunft verliert. Denn dann würde doch eine gewisse Tragik über dem Vorgang liegen; er enthält aber vielmehr eine tiefe Ironie. Denn als der Gekreuzigte ist Jesus wirklich der König; das Königtum der Hoffnung ist nicht als solches zunichte gemacht, sondern in neuem Sinne aufgerichtet; das Kreuz ist ja Jesu Erhöhung, Verherrlichung. Pilatus ist also wider Wissen und Wollen zum Propheten geworden wie Kaiphas 11 50 f. (s. S. 314, 4). Daß seine Inschrift, die den Preis verrät, den die Ankläger bezahlt haben[6], als Prophetie zu verstehen ist, zeigt die Angabe, daß sie in drei Sprachen geschrieben ist (V. 20)[7]: das Kreuz ist ein die ganze Welt angehendes Ereignis; der βασιλεύς τῶν Ἰουδαίων ist der σωτήρ τοῦ κόσμου (4 42).

Die Juden empfinden, daß sie mit dieser Inschrift selbst getroffen sind (V. 21), und die ἀρχιερεῖς bitten den Pilatus um Änderung des Textes[8]. Dieser aber bleibt bei dem, was er geschrieben hat (V. 22)[9]. Indem die Welt den Staat für ihre

---

[1] So auch die Synoptiker; Mk und Mt bezeichnen sie als λῃσταί, Lk als κακοῦργοι. Da Joh keine solche Charakteristik bringt, hat er schwerlich darin eine besondere Erniedrigung Jesu oder auch die Erfüllung der Weissagung (Jes 53 12 vgl. Lk 22 37) gesehen. Daß der mittlere Platz der Ehrenplatz ist, der dem „König" gebührt (Schl.), wäre im Sinne der Soldaten gedacht, die mit Jesus ihren Spott treiben; aber denkt der Bericht daran?
[2] Τίτλος ist Latinismus (titulus); s. Br., Wörterb., Bl.-D. § 5, 1 b.
[3] Nach römischem Brauch wurde dem Verurteilten eine Tafel vorangetragen oder um den Hals gehängt, auf der (Name und) Verbrechen des Verurteilten angegeben waren. Sueton Calig. 32; Cassius Dio 54, 8 (beides bei Klostermann zu Mt 15 26); Eus. h. e. I 5, 44. — Öffentliche Bekanntgabe des Urteils war auch jüdischer Brauch, s. Str.-B. zu Mt 27 37. [4] Der Text der Inschrift variiert bei den Synoptikern. Alle bringen das ὁ βασ. τ. Ἰουδ., Mt auch den Namen Ἰησ. Nur Joh hat das ὁ Ναζ. (s. S. 494, 12). Über die Frage der Historizität s. Gesch. der synopt. Trad. 293. — T. H. Regard, Revue Archéologique, V. sér., tome 28 (1928), 95—105, will nachweisen, daß Joh den lateinischen Text der Inschrift bringt, während Mt den „hebräischen", Lk den griechischen hat. [5] S. S. 515. [6] Die Angabe, daß viele Juden die Inschrift lasen, hat doch den Sinn: es wird öffentlich gemacht, welche Anklage gegen Jesus vorgebracht war. — Zweifellos hängt τῆς πόλεως nicht von ὁ τόπος, sondern von ἐγγύς ab. [7] Über mehrsprachige Inschriften s. Br. und Schl. 3. St. [8] Μὴ γράφε statt μὴ γράψῃς, weil Pilatus schon geschrieben hat; s. Br., der umschreibt: „schreibe nicht länger" oder: „es darf fortan nicht geschrieben stehen." — R. Eisler, Ἰησ. βασ. II 530 ff. hält den Bericht für historisch und will aus dem slav. Jos. schließen, daß die jüdische Behörde im Tempelvorhof eine Gegeninschrift anbringen ließ. [9] Das erste Perf. ist nach Bl.-D. § 342, 4 mehr aoristisch; zum zweiten vergleicht Br. Epikt. diss. II 15, 5: κέκρικα = „ich habe ein für allemal entschieden". Zur ganzen Wendung vgl. Gen 43 14: ἐγὼ μὲν γὰρ καθὰ ἠτέκνωμαι, ἠτέκνωμαι. Schl. und

Zwecke in Anspruch genommen hat, hat sie ihm zugleich Autorität zugestanden; diese wird nun gegen sie selbst wirksam.

2. Die Verteilung der Kleider Jesu: 19₂₃₋₂₄.

Über V.₁₉₋₂₂ schließt V.₂₃ an V.₁₈ an[1]. Die Soldaten, die das Kreuz bewachen[2] — vier sind es, wie sich aus der folgenden Handlung ergibt[3] —, verteilen unter sich die Kleider des gekreuzigten Jesus (von denen der Mitgekreuzigten ist nicht die Rede!), wie es römischem Brauch entsprechen mag[4]. Erzählt wird es jedenfalls, weil die Gemeinde darin die Erfüllung der als Weissagung verstandenen Schriftstelle ψ 21₁₉ sieht[5]. So berichten auch die Synoptiker, jedoch erzählen sie die Verteilung durch Verlosung als einen einheitlichen Akt und nur mit Anspielung auf die Psalmstelle, während diese hier ausdrücklich zitiert wird und aus den beiden in synonymem Parallelismus stehenden Sätzen des Psalmverses zwei Aktionen herausgesponnen sind[6]: Die Stücke des Obergewandes werden unter die vier Soldaten verteilt; das Untergewand[7], das aus einem Stück gewebt ist[8], wird verlost. Der Evglist, für den der Schriftbeweis kein primäres Anliegen ist, der ihm aber doch gelegentlich Raum gibt[9], hat den Bericht der Quelle reproduziert; man kann fragen, ob die Episode für ihn einen besonderen Sinn hatte, doch läßt sich ein solcher nicht erkennen[10].

Str.-B. vergleichen rabbin. Wendungen wie (ins Griechische übertragen): δ πεποίηκεν, πεποίηται oder νῦν δ γέγονεν, γέγονεν.

[1] Die umständliche Wiederaufnahme ist notwendig geworden, weil der Evglist V.₂₀₋₂₂ in die Quelle eingefügt hat; s. S. 515.

[2] Vgl. Petron. 111: miles qui cruces asservabat, ne quis ad sepulturam corpus detraheret.   [3] Vier τετράδια begegnen Act 12₄.

[4] Λαγχάνειν heißt gewöhnlich: (durch das Los) zugeteilt erhalten, jedoch auch: das Los werfen, um etwas losen (s. Br., Wörterb.). Ps 22₁₉ Symm.: ἐλάγχανον für גּוֹרָל יַפִּילוּ (LXX ἔβαλον κλῆρον). Zu περί s. Bl.-D. § 229, 2.

[5] Wie schon früh die Passionsgeschichte auf Grund des Weissagungsbeweises ausgestaltet war (s. Gesch. der synopt. Trad. 303f.), und wie dabei Ps 22 eine Rolle gespielt hat, so wird auch die Episode Joh 19₂₃f. ihren Ursprung im messianischen Verständnis von Ψ 21₁₉ haben; s. H. K. Feigel, Der Einfluß des Weissagungsbeweises 1910, 70ff. Auch in der rabbin. Lit. ist Ps 22 auf den Messias gedeutet worden (neben anderen Deutungen); s. Str.-B. — Das Zitat wörtlich nach LXX. Zum doppelten Ausdruck der Reflexivität im Zitat s. Bl.-D. § 310, 2.

[6] Ganz analog wie Mt 21₂ff. aus Sach 9₉ zwei Reittiere des einziehenden Jesus gefolgert werden.

[7] Ἱμάτιον ist das Obergewand (Überwurf, Mantel), χιτών das auf dem Leibe getragene Untergewand. Über die Kleidung Jesu handelt Col. Repond, Biblica 3 (1922), 3—14.

[8] Ἄραφος = ungenäht, ohne Naht; δι' ὅλου wie P. Oxy. 53, 10, „wo von einem δι' ὅλου vertrockneten Baum die Rede ist" (Br.). Über gewebte Gewänder s. Str.-B.; Dalman, Arbeit und Sitte in Palästina V (1937), 126ff.   [9] S. S. 346, 4.

[10] Aus einem Stück gewebt und ohne Naht ist nach Jos. ant. 3, 161 der χιτών des Hohenpriesters (der freilich nicht das Untergewand, sondern der Überrock ist). Philon deutet fug. et inv. 110—112 den Hohenpriester auf den Logos und sein Gewand auf den einheitlich strukturierten Kosmos (vgl. spec. leg. I 84—96; vit. Mos. II 117—135). Im Hintergrunde steht dabei die Urmenschen-Spekulation (s. Reitzenstein, Taufe 132ff.; E. Käsemann, Leib und Leib Christi 76f. 89f.; J. Pascher, Ἡ βασιλικὴ ὁδός 1931, 61ff.; P. Saintyves, Essais de folklore biblique 1923, 405ff.). Diese Spekulation ist im Judentum auch auf Adam übertragen worden (s. B. Murmelstein, Wiener Ztschr. für die Kunde des Morgenlandes 36 [1929], 57f.; W. Staerk, Erlösererwartung 14ff.). Nach rabbin. Tradition hatte Adam von Gott einen ungenähten Rock erhalten; ebenso dann nach ihm Mose (und der Hohepriester). Daß dieses Motiv gemäß der Adam-Mose-Erlöser-Typo-

3. Maria und der Lieblingsjünger am Kreuz: 19₂₅₋₂₇.

Nachdem durch V.₂₄ die Episode von der Kleiderverteilung geschlossen ist, bringt der Evglist die Angabe von den Frauen am Kreuz, die vermutlich in der Quelle erst am Ende des Berichtes stand[1]. Sie dient ihm als Übergang zu der Episode V.₂₆f., die ohne Zweifel seine eigene Bildung ist. Damit das V.₂₆f. Erzählte möglich ist, müssen die Frauen (V. 25) unmittelbar am Kreuz stehen[2], und vielleicht hat der Evglist ein $\dot{\alpha}\pi\dot{o}$ $\mu\alpha\varrho\varkappa\dot{o}\vartheta\varepsilon\nu$ der Quelle, wie es sich bei den Synoptikern findet (Mk 15₄₀), deswegen geändert.

Nicht zu beantworten ist die Frage, ob er die Aufzählung der vier Frauen[3] nach der Quelle bringt, oder ob er die Mutter Jesu für einen der überlieferten Namen eingesetzt hat. Nach den Synoptikern erscheint Jesu Mutter nicht am Kreuz, wie sie ja dort überhaupt nicht zur Anhängerschaft Jesu gehört und Mk 3₃₁₋₃₅ parr. eher auf das Gegenteil schließen läßt. Nach Act 1₁₄ gehört sie mit den Brüdern Jesu freilich zur ersten Gemeinde, jedoch ohne daß von ihrem Verhältnis zum „Lieblingsjünger“ die Rede wäre.

Außer ihr befinden sich drei Frauen am Kreuz. Von dreien berichten auch Mk 15₄₀ Mt 27₅₆[4], aber nur in der Nennung der Maria von Magdala[5] besteht Übereinstimmung mit Joh. Die Schwester der Mutter Jesu, deren Name nicht genannt wird, ist sonst unbekannt. Ebenso ist die Maria $\tau o\tilde{\upsilon}$ $K\lambda\omega\pi\tilde{\alpha}$[6] sonst nicht

logie auf den Erlöser übertragen wurde, ist in der rabbin. Literatur nicht bezeugt; aber daß das bei der Übernahme dieser Tradition in die christliche Theologie geschah, ist möglich. Jedenfalls wurde die Adam=Mose=Erlöser=Typologie übernommen (s. E. Käsemann, Das wandernde Gottesvolk 128ff.; Staerk a. a. O. 22ff.), und die Interpretation des Rockes Jesu bei Clem. Al. Paed. II 113, 3 p. 225, 4ff. St. dürfte durch die kosmologische, freilich umgedeutete, Spekulation bestimmt sein. Indessen scheint diese bei Joh nicht zu grunde liegen, weder in der Quelle, in der der ungenähte Rock einfach aus ψ 21₁₉ stammt, noch im Sinne des Evglisten, für den Jesus als $\Lambda\acute{o}\gamma o\varsigma$ nicht die kosmische Bedeutung hat wie der $\Lambda\acute{o}\gamma o\varsigma$ Philons. Zudem wäre nicht zu verstehen, was die Verlosung des Rockes bedeuten soll! Daß der Rock die Einheit der Kirche symbolisieren solle (Cypr. de cathol. eccl. unitate 7 und neuere Exegeten), ist aus dem gleichen Grunde und ohnehin unwahrscheinlich. Nestle (ZNTW 3 [1902], 160 und 11 [1910], 241) meint, der ungenähte Rock entspreche dem Rock des Joseph als des Typos Jesu; dagegen G. Klein ebda. 5 (1904), 148. Nicht einmal das scheint mir möglich, daß an den Rock des Hohenpriesters gedacht ist. Denn die Verlosung könnte zwar voll Hohn die Erledigung des jüdischen Hohenpriestertums symbolisieren; aber dieses kann doch nicht als der $\chi\iota\tau\acute{\omega}\nu$ Jesu dargestellt sein!

[1] S. S. 515.

[2] $\Pi\alpha\varrho\acute{\alpha}$ c. Dat. der Sache nur hier im NT, s. Bl.=D. § 238.

[3] Jedenfalls dürfte V.₂₅ so zu verstehen sein, daß vier Frauen am Kreuze stehen; denn schwerlich ist die doppelte Namensangabe als Apposition zu $\dot{\eta}$ $\mu\acute{\eta}\tau\eta\varrho$ $\alpha\dot{\upsilon}\tau o\tilde{\upsilon}$ $\varkappa\alpha\grave{\iota}$ $\dot{\alpha}\delta\varepsilon\lambda\varphi\acute{\eta}$ ... gemeint, sodaß es sich nur um zwei Frauen handelte. Denn dann müßte die Mutter Jesu als Tochter des Klopas gelten (denn dessen Frau oder Mutter kann sie ja nicht sein), und der späteren Tradition wenigstens gilt sie gewöhnlich als die Tochter Joachims (W. Bauer, Das Leben Jesu im Zeitalter der neutest. Apokr. 8f.). Auch ist es unwahrscheinlich, daß die Schwestern beide Maria hießen. Dieser Grund spricht auch dagegen, den ersten Namen als Apposition zu $\dot{\eta}$ $\dot{\alpha}\delta\varepsilon\lambda\varphi\acute{\eta}$ τ. μητρ. αυτ. aufzufassen und drei Frauen genannt zu finden.

[4] Lk 23₄₉ redet nur allgemein von Bekannten und Frauen, die von ferne zuschauten.

[5] Diese ist auch Lk 8₂ als eine der Begleiterinnen Jesu genannt und erscheint Mk 16₁ Mt 28₁ Lk 24₁₀ als eine der Frauen am Grabe Jesu.

[6] Durch das τοῦ Kλ. kann sowohl der Vater wie der Sohn oder der Gatte bezeichnet sein; Bl.=D. § 162, 1. 3. 4; Ed. Meyer I 185, 1. — Der Name $K\lambda\omega\pi\tilde{\alpha}\varsigma$ scheint semitisch zu sein (Br., Wörterb.) und ist dann von $K\lambda\varepsilon o\pi\tilde{\alpha}\varsigma$ (Kurzform für $K\lambda\varepsilon\acute{o}\pi\alpha\tau\varrho o\varsigma$) zu unterscheiden. Die Identifikation des Kλ. mit dem Lk 24₁₈ genannten und sonst nicht bekannten $K\lambda\varepsilon o\pi\tilde{\alpha}\varsigma$ ist nicht begründet. Hegesipp nennt (Eus. h. e. III 11; 32, 6; IV 22, 4) einen

bekannt. Diese beiden Frauen mit den bei Mk oder bei Mt neben Maria Magdalena genannten, oder mit den neben ihr von Lk 24₁₀ beim leeren Grabe angeführten Frauen zu identifizieren, ist willkürlich[1]. Offenbar haben die Namen der Frauen in der Tradition vielfach geschwankt. Der Evglist hat jedoch nicht ein Interesse an ihnen als den Zeugen der Kreuzigung; er hat überhaupt nur Interesse an der einen, der Mutter Jesu.

Neben dieser erscheint jetzt der vorher nicht erwähnte „Lieblingsjünger" (V. 26). Jesus erblickt vom Kreuze aus die beiden und weist sie zueinander: „Weib, siehe da, dein Sohn!"[2], „Siehe da, deine Mutter!"[3]. Die beiden verstehen Jesus (V. 27), und der Lieblingsjünger nimmt alsbald die Mutter Jesu in sein Heim auf[4]. Ohne Zweifel hat diese Szene, die angesichts der synoptischen Überlieferung auf Historizität keinen Anspruch machen kann, einen symbolischen Sinn. Die Mutter Jesu, die am Kreuze ausharrt, stellt das Juden=Christentum dar, das den Anstoß des Kreuzes überwindet. Das durch den Lieblingsjünger repräsentierte Heidenchristentum[5] wird angewiesen, jenes als seine Mutter, aus der es hervorgegangen ist, zu ehren[6], und jenem wird geboten, sich innerhalb des Heidenchristentums „zu Hause", d. h. in die große kirchliche Gemeinschaft ein= gegliedert zu wissen. Und diese Weisungen erklingen vom Kreuze aus, d. h. sie sind die Weisungen des „erhöhten" Jesus; und ihr Sinn ist der gleiche wie der seiner Worte im Gebet 17₂₀ f., der Bitte für die ersten Jünger und für die, die durch ihr Wort zum Glauben kommen: ἵνα πάντες ἓν ὦσιν.

4. Der Tod Jesu: 19₂₈₋₃₀.

Der Evglist erzählt nicht, was die Synoptiker über die Verspottung des Ge= kreuzigten berichten; vielleicht übergeht er, was etwa seine Quelle davon bringen mochte. Für ihn ist jedenfalls, nachdem Jesus V. 26 f. gleichsam seinen letzten Willen kundgetan hat, das Drama zu seinem Ende gekommen. Jesus, der nicht

---

Κλωπᾶς als Bruder des Joseph. Die Identifizierung des Κλ. mit dem Mk 3₁₈ parr. ge= nannten Alphaios, dem Vater des Jakobus, ist ganz willkürlich und beruht auf dem Motiv, die Μαρ. τοῦ Κλ. mit der Μαρ. τοῦ Ἰακώβου τοῦ μικροῦ von Mk 15₄₀ gleichzusetzen.

[1] Also die Identifikation der Tante Jesu mit Salome (Mk 15₄₀), der Mutter der Zebedaiden (Mt 27₅₆), der Johanna (Lk 24₁₀) oder der Susanna (Lk 8₃), und die Identi= fikation der Μαρ. τοῦ Κλ. mit der bei Mk 15₄₀ Mt 27₆₁ genannten anderen Maria.

[2] Zu γύναι s. S. 81, 4; zu ἴδε (in den Hss. mit ἰδού wechselnd) S. 66, 2.

[3] Schon Wetst. verweist auf Lucian Toxaris 22 (das Testament des Korinthiers Eudamidas): ἀπολείπω Ἀρεταίῳ μὲν τὴν μητέρα μου τρέφειν καὶ γηροκομεῖν, Χαρι= ξένῳ δὲ τὴν θυγατέρα μου ἐκδοῦναι μετὰ προικός.

[4] Zu τὰ ἴδια s. S. 34, 7. — Wellh. folgert aus dem εὐθύς, daß der Jünger Jerusa= lemer sein müsse; es sei vermutlich der Act 12₁₂ genannte Johannes, dessen Mutter auch Maria hieß. Diese, deren Haus den Jüngern als Versammlungsort diente, sei in der Tradition zur Mutter Jesu geworden und entsprechend ihr Sohn zu ihrem Adoptivsohn. Möglicherweise habe man ihn in dem anonymen Jüngling Mk 14₅₁ gefunden und ihn dann zum Lieblingsjünger erhoben. Aber der Lieblingsjünger dürfte überhaupt keine historische Gestalt sein; s. S. 369.

[5] S. S. 369 f. — Nach Ed. Meyer, SA Berlin 1924, 157—162 ist der Lieblingsjünger eine vom Evglisten erfundene Gestalt, die als autorisierter Zeuge für das Evg gelten soll, durch welches die alte Tradition verdrängt wird. Dieses Motiv erklärt die Szene am Kreuz nicht im mindesten.

[6] Daß die Mutter Jesu die Kirche repräsentiere (Hirsch), ist eine unmögliche Be= hauptung; die Kirche ist doch Mutter der Gläubigen und Braut Christi! So mit Recht Büchsel, Theol. Blätter 15 (1936), 147.

als Leidender, sondern als der verborgene „König" am Kreuze hängt, weiß[1],
daß „nunmehr alles zu seinem Ende — zu seiner Vollendung — gekommen ist"[2].
Er gibt gleichsam das Zeichen, indem er, „damit die Schrift erfüllt werde"[3],
spricht: „Mich dürstet!" (V. 28). Die Tatsache der Schrifterfüllung, die die
Quelle schon anmerkte, ist auch im Sinne des Evglisten das Zeichen dafür, daß
das, was hier geschieht, sich nach göttlichem Plane vollzieht. Auch das folgende
Geschehen ist von dem Motiv der Schrifterfüllung beherrscht: der Dürstende wird
— wohl von den Soldaten — mit Essig getränkt (V. 29)[4].

---

[1] Das von dem Evglisten eingefügte (f. S. 516) εἰδώς ist das gleiche wie 13₁. ₈
18₄, f. S. 354.

[2] Das τετέλεσται hat den gleichen Doppelsinn wie das εἰς τέλος 13₁, das in ihm
nun seine Realisierung gefunden hat (f. S. 372). Es blickt offenbar zurück auf Aussagen
wie 4₃₄ 5₃₆ (f. S. 143, 3) und hat seine Entsprechung in dem sub specie der Vollendung
gesprochenen ἐγώ σε ἐδόξασα . . . τὸ ἔργον τελειώσας κτλ. 17₄ (f. S. 378, 10 und vgl.
Act. Thom. 145. 146. 167 p. 252, 8f.; 255, 3; 282, 1). Das τετέλ. meint also nicht einfach: „es ist zu Ende", geschweige denn: „es ist überstanden", sondern: „es ist zu Ende
gebracht", — nämlich das aufgetragene Werk (f. S. 164, 3; 378, 10). Das πάντα ist nach
3₃₅ 5₂₀ 13₃ 15₁₅ 17₇ zu verstehen; denn Alles, was der Vater dem Sohn „gegeben", „gezeigt" hat usw., ist ja nichts anderes als eben sein Werk, das er vollbringt. So richtig es
ist, daß mit der Vollendung des Werkes Jesu das eschatologische Geschehen vollzogen ist,
so kann nicht heißen: das messianische Ende aller Dinge ist nun eingetreten (G. Stählin, ZNTW 33 [1934], 233). Keine Analogie ist deshalb auch Lk 18₃₁:
καὶ τελεσθήσεται πάντα τὰ γεγραμμένα (vgl. Lk 22₃₇). Eher ist zu vergleichen Apk 10₇:
ἐτελέσθη τὸ μυστήριον τοῦ θεοῦ; Ign. Sm. 7, 2: ἐν ᾧ (sc. τ. εὐαγγελίῳ) τὸ πάθος
ἡμῶν δεδήλωται καὶ ἡ ἀνάστασις τελελείωται. Außerdem vgl. Hom. Od. 22, 479 nach
dem Freiermord: τετέλεστο δὲ ἔργον. Dagegen hat das peractum est Seneca Herc. Oet.
1340. 1457. 1472, auf das Fr. Pfister ARW 34 (1937), 53 verweist, den Sinn: „Es ist
überstanden."

[3] Statt des üblichen πληροῦν (f. S. 346, 4) ist hier für die Erfüllung der Schrift
τελειοῦν gebraucht. Es wird vielfach so verstanden (Ho., Br.), daß dadurch die abschließende Erfüllung des gesamten Schriftinhaltes bezeichnet sei. Aber es scheint doch
wie 13₁₈ die Erfüllung einer bestimmten Schriftstelle gemeint zu sein. Τελειωθῆναι
wird Mart. Pol. 16, 2 von den ῥήματα des als διδάσκαλος ἀποστολικὸς καὶ προφητικός
charakterisierten Polykarp gesagt (vgl. Jos. ant. 15, 4: τοῦ θεοῦ τοὺς λόγους αὐτοῦ [die
Vorhersage des Pollion bzw. Samaias] τελειώσαντος); τελεσθῆναι von den λόγοι τ.
θεοῦ Apk 17₁₇ (vgl. 10₇), von der Schrift Lk 18₃₁ 22₃₇ (f. vor. Anm.); vgl.
auch Lk 12₅₀. (In den in der vor. Anm. genannten Stellen aus Act. Thom. stehen πληροῦν und τελειοῦν in synonymem Par., freilich nicht von der Schrifterfüllung.) — Die
gemeinte Schriftstelle ist offenbar ψ 68₂₂: καὶ εἰς τὴν δίψαν μου ἐπότισάν με ὄξος;
daneben kommt ψ 21₁₆ kaum in Frage: ἐξηράνθη ὡσεὶ ὄστρακον ἡ ἰσχύς μου, καὶ ἡ
γλῶσσά μου κεκόλληται τῷ λάρυγγί μου.

[4] Dieser Vorgang wird auch Mt 15₃₆ parr. berichtet. — Zu ἔκειτο f. 2₆. — Da das
Motiv der Schrifterfüllung die Erzählung bestimmt, ist die Frage abzuweisen, ob der
Essigtrank eine Erquickung (Dalman, Jesus-Jesch. 187f, vgl. Arbeit und Sitte IV [1935],
403) oder eine Verhöhnung (Evg Pt 5₁₆) sein soll. Schwerlich ist daran gedacht, daß
Jesus, der selbst das Lebenswasser anbietet, das allen Durst stillt (4₁₀ff.), hier den Tief-
punkt der fleischlichen Existenz erreicht (Dalman a. a. O. 188f.). Sehr zweifelhaft ist auch,
ob in der Tatsache, daß der mit Essig gefüllte Schwamm auf ein Hyssoprohr (bei Mk und
Mt statt dessen einfach κάλαμος) gesteckt wird, noch eine weitere Anspielung auf die
Bedeutung des Vorganges liegt. Dem Hyssop wurde kathartische Kraft zugeschrieben
(Lev 14₆ff. Num 19₆ Ps 50₉ Hb 9₁₉ Barn 8₁. ₆), und das Blut des Paschalammes sollte
mittels eines Hyssopbüschels an Oberschwelle und Pfosten der Haustür gesprengt werden
(Ex 12₂₂). Aber es ist doch kaum glaublich, daß Jesus dadurch als Paschalamm bezeichnet
werden soll, daß der Essigschwamm auf ein Hyssoprohr gesteckt wird. Verlockend ist die
alte Konjektur des Joach. Camerarius, der statt ὑσσώπῳ lesen will ὑσσῷ (auf eine Lanze),
wie auch die Min. 476 liest; so Dalman a. a. O. 187, vgl. Arbeit und Sitte I (1928), 544,
Lagr., Bd. Der Ysop ist in der Tat nicht sonderlich geeignet, f. Str.-B.

So ist nun alles geschehen, was geschehen mußte; Jesu Werk ist vollendet; er hat ausgeführt, was ihm sein Vater geboten hat (10₁₈ 15₁₀ 14₃₁). Nachdem er den Essigtrank genommen hat, spricht er: „Es ist vollbracht!" (V. 30), neigt das Haupt und stirbt[1]. Das ἐγώ σε ἐδόξασα ἐπὶ τῆς γῆς, τὸ ἔργον τελειώσας ὃ δέδωκάς μοι ἵνα ποιήσω (17₄), das im Gebete sub specie der Vollendung gesprochen war, ist jetzt geschichtliche Wirklichkeit geworden[2]. Und zwar ist alles vollbracht jetzt, da in den Augen der Welt alles gescheitert ist.

5. Die Abnahme vom Kreuz: 19₃₁₋₃₇.

Die folgende Geschichte, die bei den Synoptikern keine Parallele hat, wird relativ späten Ursprungs sein[3]. Die Juden bitten den Pilatus, daß die Gebeine der Hingerichteten zerschlagen und die Leichen weggeschafft werden (V. 31)[4]; das Erstere, wie D.₃₂f. zeigt, damit der Tod, dessen Eintritt bei der Kürze der Zeit

---

[1] Zwar erscheint der Gekreuzigte bei Joh nicht eigentlich als der Leidende, sondern als der Handelnde, doch wird es zu scharfsinnig sein, die Selbständigkeit des Handelns auch in dem κλίνας τ. κεφ. zu finden: nicht aus Schwäche, sondern zum Schlafen habe Jesus das Haupt geneigt (Mt 8₂₀ = Lt 9₅₈), oder gar mit Ammon. Corder. Cat. 442 (Br.) darauf aufmerksam zu machen, daß er zuerst das Haupt neigt und dann stirbt, während es sonst umgekehrt zugeht. An ein zeitliches Verhältnis von κλίνας und παρέδ. ist sicher nicht gedacht. — Nach Dalman a. a. O. 196 fehlen zum Neigen des Hauptes im Sterben jüdische Parallelen. Das παρέδ. τ. πν. heißt nichts anderes als das ἀφῆκεν τ. πν. Mt 27₅₀ und das ἐξέπνευσεν Mk 15₃₇; vgl. πνεῦμα ἀφιέναι Eur. Hec. 571, ψυχὴν ἀφιέναι Eur. Or. 1171. An die rabbin. Wendung „seine Seele für etwas hingeben" (Schl.) kann nicht gedacht werden, da ein ὑπέρ fehlt (Dalman a. a. O. 196f.). Ebensowenig entspricht das παρέδ. τ. πν. dem εἰς χεῖράς σου παρατίθεμαι τὸ πνεῦμά μου von ψ 30₆, das Lt 23₄₆ den sterbenden Jesus sprechen läßt, da etwas dem εἰς χεῖρ. Entsprechendes fehlt. Auch daß das παρέδ. die Freiwilligkeit im Sinne von 10₁₈ betonen wolle (Bd.), dürfte überscharfsinnig sein.

[2] Es ist möglich, daß die Formulierung τετέλεσται (zum Sinne s. S. 522, 2) aus der gnostischen Tradition stammt, und man könnte sich das Wort als die Schlußformel eines Mysteriums denken. Am Schluß des Wiedergeburtsmysteriums in der Hadesvision des Zosimos (Reitzenstein, Poimandres 8ff.; h. M. R. 312f.) heißt es: ἡ τέχνη πεπλήρωται. Freilich liegt in dem τετέλ. nicht der Gedanke, daß Jesus (als Mysteriengottheit aufgefaßt) selbst zur τελείωσις gekommen, zum τελειωθείς geworden wäre (so hb 5₉; s. dazu Windisch im hdb. 3. NT und bes. E. Käsemann, Das wandernde Gottesvolk 82 bis 90; s. auch S. 396, 2); denn es heißt nicht τετέλεσμαι oder τετελείωμαι. Aber die eigene Vollendung und die Vollendung des Werkes bilden im gnostischen Mythos eine Einheit, und der Apostel, der Act. Andr. 9 p. 42, 2f. sich sehnt, ἵνα τέλειος γένωμαι, spricht, indem er den Erlöser repräsentiert, der durch den Leidensweg den Fall des Urmenschen rückgängig gemacht hat: καὶ τὸ ἐκείνου (des Adam) ἀτελὲς ἐγὼ τετέλεκα προσφυγὼν τῷ θεῷ (Act. Andr. 5 p. 40, 18f.). In der Vision des Zosimos spricht der Mystagoge angesichts des Altars, zu dem Treppen hinauf- und hinabführen: πεπλήρωκα τὸ κατιέναι με ... καὶ ἀνιέναι με ... ἀποβαλλόμενος τὸ τοῦ σώματος παχύτητα τελοῦμαι. Auch an die in verschiedenen Liedern des 3. Buches des L. Ginza wiederkehrende Formel kann man denken: „Mein Maß ist voll, und ich ziehe hinaus" (532, 30; 546, 10ff.; 555, 10; 564, 9; 571, 25; 585, 27; vgl. auch 503, 36; 560, 1; Mand. Lit. 226). Hier spricht zwar die aus dem Körper scheidende Seele; aber sofern sich an ihr wiederholt, was am Erlöser geschehen ist, bedeutet die Füllung des Maßes zugleich die Vollendung des Werkes, der Aufgabe; s. S. 378, 10.

[3] S. S. 516f.

[4] Τὰ σώματα mit singular. Präd. (μείνῃ), τὰ σκέλη mit plural. (κατεαγ. und ἀρθῶσιν); im letzteren Falle ist an die einzelnen Akte gedacht. Zu dem verschleppten Augment in κατεαγ. s. Raderm. 84. — Σῶμα = Leichnam, sehr häufig, s. Br.; αἴρειν heißt nicht „herabnehmen" (das wäre καταίρειν, was aber ungebräuchlich ist in diesem Sinne; statt dessen καθαιρεῖν Jos 8₂₉ Mk 15₄₆ Lt 23₅₃ Act 13₂₉), vielmehr „aufheben, holen, forttragen, wegschaffen" wie D.₃₈ 20₁₅ Mk 6₂₉ Mt 14₁₂.

noch nicht zu erwarten ist, herbeigeführt wird[1], das Letztere, damit die Leichen
nicht während des Sabbat am Kreuze hängen. Der unausgesprochene Grund
dafür ist der, daß durch den Leichnam eines Gehenkten das Land verunreinigt
wird; er muß nach Dt 21₂₂f. vor Einbruch der Nacht abgenommen und begraben
werden[2]. Die Scheu der Verunreinigung hat hier aber noch den speziellen Grund
darin, daß es „Rüsttag" ist, und daß der folgende Tag nicht nur ein Sabbat, sondern
daß dieser[3] Sabbat zugleich ein „großer" Tag ist[4], — was nach den bisherigen
Zeitangaben nicht anders verstanden werden kann, als daß dieser Sabbat mit dem
15. Nisan zusammenfällt[5].

Pilatus gibt der Bitte der Juden statt, und die Soldaten zerschlagen die
Knochen der beiden Mitgekreuzigten (V. 32)[6], stellen aber, als sie zu Jesus kommen,
fest, daß er schon verschieden ist (V. 33). Seine Gebeine werden also nicht zerschlagen, aber zur Sicherheit sticht einer der Soldaten ihn mit der Lanze in die
Seite (V. 34)[7]. Damit hat sich eine zweifache Weissagung erfüllt, sowohl diejenige,
die sagt: „Ein Knochen soll ihm nicht zerbrochen werden" (V. 36)[8], wie die andere,
die lautet: „Sie werden auf den blicken, den sie durchbohrt haben" (V. 37)[9]. Die

---

[1] Das Crucifragium war sonst eine selbständige Strafe, erscheint aber gelegentlich
auch in Verbindung mit der Kreuzigung, s. Br.

[2] Vgl. Jos. ant. 4, 202; bell. 4, 317.

[3] Das ἐκείνου wird dem ἐκείνῃ von B* H al vorzuziehen sein.

[4] Für diese spezielle Begründung bietet die rabbin. Tradition keinen Beleg; s. Dalman, Jesus-Jesch. 168.

[5] S. S. 504, 3; 514, 5. Denkt man an 19,₁₄, so wird man παρασκευή als Vortag
des Pascha verstehen. Aber da gleich der Sabbat genannt ist, scheint παρασκ. doch wie
V.₄₂ als „Freitag" verstanden zu sein. Man wundert sich freilich, daß nicht wie 18₂₈
19₁₄ vom Pascha die Rede ist. Das liegt doch wohl daran, daß diese Geschichte aus einer
Tradition stammt, nach der Jesus schon am 15. Nisan gekreuzigt wurde wie bei den
Synoptikern. Nach dem ursprünglichen Bericht ist Jesus dadurch, daß seine Knochen
nicht zerschlagen wurden, also nicht als Paschalamm dargestellt worden; sondern es zeigt
sich in dieser Tatsache nur die Schrifterfüllung, — bzw. die Tatsache ist aus ψ 33₂₁ (s.
Anm. 8) herausgelesen worden, genau wie die Geschichte vom χιτών aus ψ 21₁₉ (s.
S. 519, 5). Nach der Quelle war die μεγάλη ἡμέρα der Sabbat der Paschawoche, der in
diesem Falle mit dem 16. Nisan zusammenfiel; „groß" konnte der Tag heißen, weil an
ihm (nach pharis. Tradition) die Omergabe (Lev 23₁) dargebracht wurde; s. Str.-B.

[6] Warum die Soldaten gerade bei diesen den Anfang machen, darf nicht gefragt
werden; der Erzähler erzählt das Wichtigste zuletzt (s. Gesch. der synopt. Trad. 207 über
das Gesetz des „Achtergewichtes").

[7] Quintilian, Declam. mai. VI 9 p. 119, 26 Lehnert: cruces succiduntur, percussos
sepeliri carnifex non vetat. Über die Tödlichkeit des Herzstiches s. Wetst. und Br.

[8] Die Einführungsformel entspricht 13₁₈ 15₂₅ 19₂₄, nur daß vor das ἵνα πληρ. ein
ἐγένετο γὰρ ταῦτα gesetzt ist. Dies war notwendig, weil zwei Vorgänge (ταῦτα) berichtet werden, für die zwei Schriftstellen gegeben werden. — Welche Schriftstelle in V.₃₆
gemeint ist, ist umstritten. Im Sinne des Evglisten wäre an Ex 12₄₆ zu denken, wo es
vom Paschalamm heißt: καὶ ὀστοῦν οὐ συντρίψετε ἀπ' αὐτοῦ. In der Quelle dürfte
jedoch ψ 33₂₁ gemeint sein, wo es (von den δίκαιοι) heißt: κύριος φυλάσσει πάντα
τὰ ὀστᾶ αὐτῶν, ἓν ἐξ αὐτῶν οὐ συντριβήσεται, — nicht nur wegen des passiv. συντριβήσεται, und weil für die Ausgestaltung der Passionsgeschichte besonders die Psalmen
eine Rolle gespielt haben, sondern besonders weil auf das Pascha in V.₃₁-₃₇ gar nicht
Bezug genommen ist, was doch so nahe gelegen hätte; s. auch Anm. 5 und vgl. Dibelius,
ZNTW, Beih. 33, 140. — G. A. Barton, JBL 49 (1930), 13—19 findet in der Tatsache,
daß Jesus (wie dem Paschalamm) die Knochen nicht zerbrochen werden, das Nachklingen
uralter sakramentaler Vorstellungen.

[9] Die Einführungsformel des zweiten Zitates begegnet sonst im NT nicht genau so
(doch vgl. Mt 4₇ Röm 15₁₀ff. I Kor 3₂₀ Hb 1₅f. 2₁₃ 4₄ 10₃₀); ganz ähnlich II Klem 2₄
und in der rabbin. Literatur (Schl.). — Gemeint ist Sach 12₁₀. Mit dem ἐξεκέντησαν

doppelte Erfüllung erweist deutlich, daß in dem Geschehen sich der Heilsplan Gottes erfüllt, daß der gekreuzigte Jesus der verheißene Heilbringer ist[1]. Erschöpft sich der Sinn des Geschehens für die Quelle in diesem Gedanken[2], so besagt die erste Tatsache für den Evglisten wohl noch darüber hinaus, daß Jesus das wahre Paschalamm ist, dem nach Ex 12₄₆ ja auch kein Knochen zerbrochen werden durfte; nach V.14 findet ja — im Unterschied von den Synoptikern — die Kreuzigung am Nachmittag statt, während die Paschalämmer geschlachtet werden[3]. Das Ende des jüdischen Kultus bzw. die Nichtigkeit seines ferneren Vollzuges ist damit behauptet.

Die kirchliche Red. hat dem Lanzenstich noch einen weiteren und tieferen Sinn abgewonnen, indem sie V. 34b hinzugefügt hat: καὶ ἐξῆλθεν εὐθὺς αἷμα καὶ ὕδωρ[4]. Ein Wunder soll damit zweifellos berichtet werden[5], und ebenso zweifellos hat dieses Wunder einen bestimmten Sinn. Er kann kaum ein anderer sein als der, daß im Kreuzestode Jesu die Sakramente der Taufe und des Herrenmahles ihre Begründung haben[6]. Auf die kirchliche Red., die 3₅ das Taufwasser und 6₅₂b-₅₈ das Herrenmahl eingefügt hat[7], geht also auch V.34b zurück und ebenso V. 35, der für das Wunder das Zeugnis eines Augen-

weicht (von Kleinigkeiten abgesehen) der Text von der LXX ab, die auf Grund falscher LA (דקרו statt דקרן) κατωρχήσαντο liest. Auch Thdn. und Aqu. haben ἐξεκέντ. (Symm. ἐπεξεκ.) und andere Stellen, in denen Sach 12₁₀ als messianischer Text zitiert und darauf angespielt wird (Apk 1₇; Justin Apol. I 52, 12 und sonst); Barn 7₉ hat κατακεντήσαντες (ohne dieses Stück begegnet der Vers Mt 24₃₀). Vielleicht lag dem Verf. ein redigierter LXX-Text vor; s. Deißmann, Die Septuaginta-Papyri und andere altchristliche Texte (Aus der Heidelb. Pap.-Sammlung I); O. Michel, Paulus und seine Bibel 1929, 66f.; Rahlfs, ZNTW 20 (1921), 189f. — Das εἰς ὅν ist wohl aufzulösen: εἰς τοῦτον ὅν, nicht: τοῦτον εἰς ὅν, da ἐκκεντεῖν korrekterweise mit dem Akk. konstruiert wird; s. Br. — [1] Im zweiten Zitat ist auf ein bestimmtes Subj. des ὄψονται schwerlich reflektiert (nur auf das Faktum der Durchbohrung kommt es an); es müßten schon die Juden sein (gewiß aber soll nicht, wie Zn. meint, gesagt sein, daß sie nach Sach 12₁₀ von bußfertiger Trauer und Klage ergriffen sein werden). Jedenfalls ist nicht an die Schau des in der Parusie wiederkehrenden Christus gedacht wie Apk 1₇ und bei Justin; bei ihnen geht das ἐξεκέντ. nicht auf den Lanzenstich, sondern auf die Kreuzigung überhaupt bzw. auf die Durchbohrung der Hände und Füße Jesu; s. auch Delafosse 100ff. und Dibelius, ZNTW, Beih. 33, 139f. — [2] S. S. 524, 5. [3] S. S. 514, 5. [4] Daß V.34b (und ₃₅) ein sekundärer Zusatz ist, zeigt sich schon daran, daß das Zitat V.37 die Pointe im Lanzenstich als solchem sieht (nur dieser ist Sach 12₁₀ geweissagt), während dieser für den Schreiber von V.34b nur das Mittel ist, durch welches das eigentlich wichtige Geschehen, dessen Bedeutsamkeit durch V.₃₅ noch betont wird, verursacht ist. [5] Br. verweist auf Mart. Pauli 5 p.115, 17, wo Milch aus der Wunde des enthaupteten Paulus spritzt, und auf die alte Glosse zu Mart. Pol. 16, wonach beim Todesstoß eine Taube aus dem Leibe des Polykarp herausfliegt. Erwägungen über die physiologische Möglichkeit (B. Weiß) sind komisch. Auch die rabbin. Theorie über den Gehalt des menschlichen Körpers an Blut und an Wasser (Str.-B.) bietet keinen Anhalt für die Erklärung. Natürlich kann es sich nicht um Polemik gegen den Doketismus handeln; dafür hätte das Blut genügt; s. folgende Anmerkung. [6] An den Mythos des Bel-Marduk, der am Neujahrsfest verwundet wird, zu erinnern, lehnt Br. mit Recht ab. Schon die patristische Exegese deutet Wasser und Blut auf die Sakramente (s. Br.). — Ganz anders liegt es I Joh 5₆, wo der doketischen Gnosis gegenüber Jesus als der δι' ὕδατος καὶ αἵματος ἐλθών charakterisiert wird. Wasser und Blut sind hier nicht die Sakramente, sondern bezeichnen die Widerfahrnisse des „im Fleisch gekommenen" Jesus (I Joh 4₂ II Joh 7), nämlich seine Taufe und seinen Tod, und schon das οὐ ἐν ὕδατι μόνον, ἀλλ' ἐν τ. ὕδ. καὶ ἐν τ. αἵματι zeigt, daß dieser Gedanke mit Joh 19₃₄ nichts zu tun hat; denn hier ist nicht das Blut, sondern das Wasser das Paradoxe: nicht nur Blut, sondern auch Wasser! — Schwerlich ist allgemeiner zu deuten in dem Sinne, daß das Blut die Reinigung (I Joh 1₇), das Wasser die Lebendigmachung durch den Geist (7₂₇. ₃₉) bedeute. [7] S. S. 98, 2; 161f.; 175f., auch S.359f.

zeugen in Anspruch nimmt[1]: der Augenzeuge hat den Vorgang bezeugt und sein Zeugnis ist wahr[2]. Mysteriös erscheint die Bemerkung: καὶ ἐκεῖνος οἶδεν ὅτι ἀληθῆ λέγει, denn wer ist der ἐκεῖνος? Der Augenzeuge selbst kann es ja nicht sein, sondern nur ein Anderer, der in der Lage ist, für die Wahrheit des Zeugnisses zu bürgen[3]. Dann aber kann doch nur Jesus selbst gemeint sein[4]. Erwägt man aber 21₂₄: οὗτός ἐστιν ὁ μαθητὴς ὁ μαρτυρῶν περὶ τούτων …, καὶ οἴδαμεν ὅτι ἀληθὴς αὐτοῦ ἡ μαρτυρία und III Joh 12: καὶ ἡμεῖς δὲ μαρτυροῦμεν, καὶ οἶδας ὅτι ἡ μαρτυρία ἡμῶν ἀληθής ἐστιν, so liegt die Vermutung nahe, daß der Text verdorben ist[5], und daß es ursprünglich hieß: καὶ ἐκεῖνον οἴδαμεν ὅτι, wie offenbar Nonnos gelesen hat.

Wer aber ist mit dem ἑωρακώς gemeint? Wenn V.₃₅ vom Evglisten stammte, so würde er sich auf einen, ihm von dem genannten Augenzeugen übermittelten, Bericht berufen[6], nicht etwa sich selbst als Augenzeugen hinstellen[7]. Denn wenn das ὁ ἑωρακώς bedeuten sollte „ich, der ich es gesehen habe", so dürfte es nicht μεμαρτύρηκεν, sondern nur μαρτυρεῖ heißen (vgl. I Joh 1₂ 4₁₄ III Joh 12). Da der Vers indessen von der Red. stammt, so kann für diese der Augenzeuge, der das „bezeugt hat", und der Verf. des Evangeliums identisch sein, ja er ist es zweifellos; denn für sie ist der Zeuge, dessen Zeugnis wahr ist, nach 21₂₄ eben ὁ γράψας ταῦτα, und die Absicht, den Glauben zu wecken, ist ja der Zweck des Evg, wie dieses 20₃₁ selbst sagt[8]. Da nun nach 21₂₀ff. der Verf. des Evg als mit dem Lieblingsjünger identisch gilt, so ist dieser (im Sinne der Red.) auch der ἑωρακώς von V.₃₅, was ja auch der Erzählung von V.₂₆ entspricht[9].

6. Die Grablegung: 19₃₈₋₄₂.

Ähnlich wie bei den Synoptikern wird die Grablegung Jesu berichtet; seine Quelle hat der Evglist hier und da redigiert[10]. Wie Mk 15₄₃₋₄₅ — freilich kürzer — wird erzählt, daß Joseph von Arimathaia[11] den Pilatus bittet, den Leichnam Jesu zur Bestattung holen zu dürfen[12] (V. 38). Joseph, der bei Mk und Lk als βουλευ-

---

[1] Den ganzen V.₃₄, V.₃₅ und V.₃₇ für Interpolation zu halten (Wellh.), besteht kein Grund. Merx (S. 30) fragt, ob in V.₃₄ nicht nach 7₃₇ αἷμα καὶ zu streichen ist.

[2] Zu ἀληθινός = wahr s. S. 212, 1; 224, 5. Übrigens steht bei μαρτυρία sonst immer ἀληθής.

[3] Hier einen Übersetzungsfehler zu vermuten, ist schon deshalb unzulässig, weil es sich um eine Anmerkung der kirchlichen Red. handelt, die ohne Zweifel griechisch schrieb. Auch ist mit der Konjektur, daß ἐκεῖνος für הַהוּא נברא = ἐκεῖνος ὁ ἄνθρωπος stehe (Torrey und Burrows bei Colwell 56), gar nichts geklärt. Aber auch die Einsicht, daß in vulgären Griech. ἐκεῖνος als Personalpronomen (= er) stehen und ein vorangegangenes αὐτός wiederaufnehmen kann (Colwell 57), oder daß nach rabbin. Sprachgebrauch der Redende in 3. Pers. von sich selbst sprechen kann (Schl.), klärt die Frage nicht. Es heißt ja nicht: καὶ ἐκ. ἀληθῆ λέγει, sondern ἐκ. οἶδεν ὅτι ἀλ. λέγει, und das Subj. des οἶδεν muß ein anderes sein als das des λέγει.

[4] Dafür, daß durch das bloße ἐκεῖνος Jesus bezeichnet sei, kann man sich schwerlich auf 3₂₈. ₃₀ 7₁₁ 9₁₂. ₂₈ 19₂₁ berufen, wohl aber auf I Joh 2₆ 3₃. ₅. ₇. ₁₆ 4₁₇; vgl. auch II Tim 2₁₃. Darf man an das ἐκεῖνος erinnern, mit dem nach Jambl. vit. Pyth. 255 (p. 137, 20 Deubner) die Pythagoräer ihren Meister bezeichnen? — Goguel (Introd. II 339ff.) meint, ἐκεῖνος sei die andeutende Bezeichnung des Herausgebers des Evg, der V.₃₅ wie Kap. 21 hinzugefügt hat, und der den ersten Lesern bekannt war; sehr unwahrscheinlich.

[5] S. Bl.-D. § 291, 6 und die dort genannte Literatur.

[6] So Wendt I 222; II 104 und Bd.; beide halten den ἑωρακώς für identisch mit dem ἐκεῖνος, unterscheiden ihn aber vom Evglisten.

[7] So Zn., Kommentar und Einl.³ II 481f.

[8] Ob man ἵνα κτλ. von λέγει abhängen läßt, oder (indem man καὶ ἐκεῖνος … λέγει parenthesiert) von μεμαρτύρηκεν, bleibt sich gleich.

[9] Über die Diskussion s. bes. Zn., Einl.³ II 489f.   [10] S. S. 516f.

[11] Über den Ort Arimathaia s. Klostermann zu Mk 15₄₃ und Dalman, O. u. W. 239.

[12] Zu αἴρειν = holen s. S. 523, 4. Die Abnahme vom Kreuz gilt nach V.₃₁₋₃₇ als schon vollzogen. Vgl. noch III Reg 13₂₉f.: καὶ ἦρεν ὁ προφήτης τὸ σῶμα τοῦ ἀνθρώ-

της bezeichnet und als frommer Jude charakterisiert wird, heißt hier wie bei Mt ein Jünger Jesu; freilich ist er ein solcher, der sein Jüngertum aus Furcht vor den Juden verborgen hat, — was ein Zusatz des an 12₄₂ denkenden Evglisten sein könnte. Pilatus gibt die erbetene Erlaubnis, und man kommt und holt den Leich= nam[1]. Außerdem findet sich der aus 3₁ff. 7₅₀ff. bekannte Nikodemus ein, wobei ausdrücklich auf 3₁ff. zurückverwiesen wird[2] (V. 39). Er bringt[3] eine Mischung von Gewürzen für die Bestattung[4], und zwar in gewaltiger Menge[5]. Der Leichnam Jesu wird nun in Leinenbinden gewickelt[6], in welche die Ge= würze gestreut sind (V. 40); so entspricht es — wie für die nichtjüdischen Leser hinzugefügt wird — dem jüdischen Bestattungsbrauch[7]. Die Bestattung mußte, wie V. 42 erinnert, rasch geschehen, da es der Freitagabend war[8]. Der Drang der Zeit fordert, daß der Leichnam im ersten in der Nähe befindlichen und zur Verfügung stehenden Grabe beigesetzt wird. Gerade das aber ist göttliche Fügung; denn auf diese Weise erhält Jesus seine Ruhestätte in einem neuen Grabe, in das noch keiner gelegt war[9] (V. 41); es ist also noch nicht profaniert und deshalb der Heiligkeit seines Leichnams angemessen[10]. Es liegt in einem Garten in der Gegend, in der die Kreuzigung stattgefunden hatte[11]. Daß es nach der Beisetzung Jesu durch einen Stein verschlossen wurde, wird nicht berichtet, versteht sich aber von selbst und ist 20₁ vorausgesetzt; die Bestattung ist V.₄₀ nicht als eine vorläufige, sondern als abgeschlossene beschrieben, und einen Vorblick auf die folgende Oster= geschichte enthält die Erzählung nicht[12].

που τοῦ θεοῦ ... τοῦ θάψαι αὐτόν. — Es ist nicht darauf reflektiert, daß Joseph und Nikodemus sich durch die Beschäftigung mit dem Leichnam unfähig machen, das Pascha zu feiern (Dalman, Jesus=Jesch. 86).

[1] Das ἦλθον und das ἦραν, das ℵ N pc it sa statt der Singulare überliefern (syr⁸ und D fehlen!), muß doch wohl ursprünglich sein, da die Änderung in den Plur. kaum zu begreifen wäre, zumal auch Mk 3₄₆ parr. der Sing. steht. In der Tat wird V.₃₉a ein Zusatz des Evglisten sein, der den bei den Synoptikern nicht genannten Nik. hier einfügte, da man ihn nach 3₁f. und zumal nach 7₅₀ hier erwarten mußte. Da V.₃₉b ein dem Evglisten fremdes Interesse verrät, stammt er aus der Quelle, die natürlich φέροντες gelesen hatte.

[2] Tò πρῶτον = τὸ πρότερον s. S. 300, 1.

[3] S. Anm. 1; zu φέρων Raderm. 210.

[4] Μίγμα nur hier im NT (B ℵ*W ἔλιγμα = Rolle), sonst mehrfach bezeugt (s. Br.); σμύρνα = Myrrhe, ein neben Weihrauch u. a. (Mt 2₁₁ I Klem 25₂) als aromatisches Mittel verwendetes Harz (s. Br.); ἀλόη (nur hier im NT) ebenfalls ein aromatisches Mittel (s. Br.).

[5] Die verschwenderische Menge wie 12₃; es spricht daraus die Verehrung. Zu λίτρα s. S. 317, 2.

[6] Ὀθόνιον wie 20₅. ₇; Lf 24₁₂; häufig in Pap. (s. Br.).

[7] S. S. 59, 1. — Br. fragt, ob diese Bemerkung den jüdischen Brauch einem anderen, etwa dem ägyptischen, gegenüberstellen will. Über die jüdische Sitte s. Str.=B. II 53 zu Mt 16₁.

[8] Παρασκευή = Freitag wie V.₃₁, s. S. 524, 5; 514, 5. Die Quelle denkt also nicht an das bevorstehende Pascha und stimmt mit der synoptischen Angabe (Mk 15₄₂ Lf 23₅₄; vgl. Mt 27₆₂) überein.

[9] In gleichem Sinne ergänzen Mt und Lf den Mk=Text; s. S. 517.

[10] Ebenso reitet Jesus Mk 11₂ auf einem bisher noch unberührten Reittier. Nach Num 19₂ darf das Opfertier noch kein Joch getragen haben; ebenso Dt 15₁₉ 21₃; hom. Il. 6, 94; Horaz Epod. 9, 22; vgl. Ovid Met. 3, 10f. Nur solche Kühe dürfen die heilige Lade ziehen nach I Sam 6₇. Nur die unbeackerte Stelle ist nach Dt 21₄ für die kultische Handlung zulässig.

[11] Von den Synoptikern wird das nicht erwähnt. Das Grab in einem κῆπος wie IV Reg 21₁₈. ₂₆; II Esr 13₁₆. Über die Lage des Grabes s. Dalman, O. u. W. 370ff.; Jerusalem und sein Gelände 74. [12] S. S. 517.

b) 20₁-₂₉: Ostern.

α) Der Ostermorgen: 20₁-₁₈.

Deutlich ist, daß in 20₁-₁₈ zwei Motive miteinander konkurrieren oder zwei Bilder miteinander verbunden sind[1]: 1. die Geschichte von Maria Magdalena am Grabe, 2. die Geschichte von Petrus und dem Lieblingsjünger. Die Verbindung kann nicht ursprünglich sein. Es ist schon auffällig, daß Maria V.₁₁ am Grabe steht, von dem sie nach V.₂ weggegangen war, ohne daß ihre Rückkehr erzählt worden wäre. Es ist weiter — da man ihre Rückkehr gleichwohl voraussetzen muß — höchst auffällig, daß das Erlebnis der beiden Jünger, denen sie doch mindestens bei deren Rückkehr vom Grabe begegnet sein müßte, für sie keine Bedeutung hat. Sie steht V.₁₁ff. am Grabe, als habe sich das V.₃-₁₀ Erzählte nicht ereignet. Es wird ferner dem Auftrag, den Maria V.₁₇f. vom Auferstandenen erhält und den sie dann ausrichtet, die Pointe genommen, wenn schon zwei Jünger (oder wenigstens einer, s. u. zu V.₈) zum Auferstehungsglauben gekommen sind. Die Botschaft der Maria muß doch offenbar die erste Kunde vom leeren Grabe sein, wie die Botschaft, die Mk 16₇ Mt 28₇ den Frauen aufgetragen wird, und die sie nach Mt 24₈ (vgl. Lk 24₉. ₂₂f.) auch ausrichten. Dazu kommt, daß Maria beim Blick in das Grab die Engel sieht, die die Jünger nicht gesehen haben, und „die doch auch vorher schon zu sehen gewesen sein mußten" (Wellh.). Nimmt man V.₃-₈ für sich, so läßt sich zwar verstehen, daß der Anblick des leeren Grabes die beiden Jünger (oder doch den einen) zum Glauben führt. In der Kombination mit der Maria-Geschichte aber ist es nicht verständlich; denn nach der letzteren bildet die Tatsache des leeren Grabes nur den Anlaß zur ratlosen Frage (V.₂. ₁₃. ₁₅), sodaß es in ihrem Rahmen rätselhaft ist, warum diese Tatsache V.₈ ganz anders wirkt. Es ist ja nicht etwa angedeutet, daß Maria ebenso wie die Jünger durch den Anblick des leeren Grabes eigentlich hätte zum Glauben kommen müssen; vielmehr ist die Maria-Geschichte offenbar in gleichem Sinne wie die synoptischen Ostergeschichten erzählt, d. h. das leere Grab fordert eine Interpretation durch Engelsmund.

Die beiden Geschichten sind also offenbar keine ursprüngliche Einheit; während die Maria-Geschichte aus der Tradition stammt, der auch die synoptischen Grabesgeschichten angehören, geht die Geschichte von Petrus und dem Lieblingsjünger ohne Zweifel auf den Evglisten zurück[2]. Es ist aber die Frage, ob man die zweite Geschichte einfach als Einfügung aus dem Text der Quelle herausheben kann. Im Ganzen stammt V.₃-₁₀ gewiß vom Evglisten; und V.₂ ist eine redakt. Bildung, deren er zur Anknüpfung für V.₃ff. bedurfte, und die er mit Benutzung des Motivs von V.₁₃ geschaffen hat[3]. Aber man muß damit rechnen, daß er infolge seiner Redaktion den Text der Quelle verkürzt hat, und daß in V.₃ff. Motive verwendet sind, die zur Maria-Geschichte gehörten, und daß er endlich deren Schluß nach seinen Gesichtspunkten redigiert hat.

Es ist nämlich möglich, daß die Beschreibung dessen, was Petrus V.₆f. im Grabe sieht, ursprünglich zur Maria-Geschichte gehörte; ja, das ist sehr wahrscheinlich, wenn diese genaue Beschreibung ursprünglich „den apologetischen Zweck verfolgte, den Gedanken an hastigen Leichenraub durch die Jünger auszuschließen[4]." Denn dieses Motiv dürfte dem Evglisten fern liegen; er kann die Beschreibung nur zum Zweck der Veranschaulichung übernommen haben.

In der Maria-Geschichte konkurriert das Auftreten der Engel V.₁₂f. mit dem Auftreten Jesu V.₁₄ff.; die Frage Jesu V.₁₅ ist eine Wiederholung der Frage der Engel V.₁₃, und diese letztere samt der Antwort der Maria hat keine Konsequenzen.

---

[1] Nach Wellh. und Schw. ist V.₂-₁₀ interpoliert, nach Hirsch V.₂-₁₁; Sp. hält (von kleineren Glossen abgesehen) V.₁₁b-₁₃ für Interpolation, Delafosse V.₃b. ₆. ₈ (und ₉), beides gleich wenig einleuchtend. Lyder Brun, Die Auferstehung Christi in der urchristl. Überlieferung 1925, 14f. findet in 20₁-₁₈ die Kombination von zwei selbständigen Parallelstücken.
[2] So auch Dibelius, ZNTW, Beiheft 33, 136.   [3] So auch Wellhausen.
[4] So Br., der auf Mt 27₆₄ 28₁₃-₁₅ Evg Pt 8₃₀; Mart. Petr. et Pauli 21 p. 136, 22f.; Act. Petr. et Pauli 42 p. 197, 10f.; Just. Dial. 108, 2 u. a. verweist.

Das Auftreten der Engel, die auch alsbald verschwunden sind, ist also in der vorliegenden Erzählung gänzlich überflüssig, wie besonders der Vergleich mit der Engelepisode Mk 16₅₋₇ parr. zum Bewußtsein bringt. Denn dort teilt der Engel (bzw. die beiden Engel bei Lk) die Tatsache der Auferstehung mit und gibt den Auftrag zur Botschaft an die Jünger, den bei Joh V.₁₇ Jesus erteilt. Jedoch ist nicht die Engelepisode ein von der Redaktion (sei es des Evglisten, sei es der Herausgeber) eingefügter Fremdkörper[1], sondern es ist umgekehrt die Engelepisode in der Maria=Geschichte das Ursprüngliche; diese entsprach dem Typus von Mk 15₆₋₇. Vom Evglisten aber ist der ursprüngliche Schluß der Maria= Geschichte weggebrochen und mit Benutzung des Auftrag=Motivs durch V.₁₄₋₁₈ ersetzt worden. Den letzten Schluß, der wie Lk 24₁₁ (Mk 16₁₀) von der Aufnahme der Botschaft durch die Jünger berichtet haben wird, mußte der Evglist streichen, da er einerseits nicht die Wirkung von V.₁₉₋₂₃ beeinträchtigen wollte, andrerseits die Jünger nicht als schlechthin ungläubig darstellen durfte, was ja nach V.₃₋₁₀ nicht möglich war[2]. V.₁₄₋₁₈ zeigt ganz die Anschauung des Evglisten (s. u.).

Die Quelle bot dem Evglisten also eine Ostergeschichte vom Typus der synoptischen. Von diesen unterscheidet sie sich vor allem dadurch, daß nicht von mehreren Frauen berichtet wird, sondern nur von Maria Magdalena[3]. Das zeigt, daß nicht die Synoptiker die Quelle des Joh sind[4]; und es ist im übrigen auch nicht verwunderlich, da die Tradition in diesem Punkte sehr variabel war[5]. Daß die Geschichte ursprünglich eine Einzel= geschichte war, wenngleich sie in der Quelle mit der vorangegangenen Passionsgeschichte verbunden war[6], geht daraus hervor, daß Maria ohne die Genossinnen von 19₂₅ auftritt; ebenso daraus, daß die Geschichte der Grablegung 19₃₈₋₄₂ in sich abgeschlossen und nicht auf eine Fortsetzung angelegt ist[7]; insbesondere war der Grabesstein V.₄₂ nicht erwähnt worden[8]. Möglich ist, daß ursprünglich das Kommen der Maria wie Mk 16₁ motiviert war, und daß die Motivation zufolge der Kombination mit 19₃₈₋₄₂ (schon in der Quelle) gestrichen wurde.

Am Freitag war Jesus hingerichtet und begraben worden; am Sonntag= morgen[9] kommt Maria Magdalena[10] zum Grabe (V. 1), wie es Mk 16₂ parr. von den Frauen berichtet wird; nur daß es noch dunkel ist, während nach Mk die Sonne aufgegangen ist. Aber es ist nicht wie dort der Zweck des Kommens angegeben[11], und deshalb fehlt auch eine Erwägung, wer den Stein von der Grabestür weg= wälzen könnte (Mk 16₃); es wird nur berichtet, daß sie sieht: der Stein ist ent-

---

[1] D.₁₂f. wird samt D.₁₄ₐ von Schw., Wellh. und Sp. (dieser streicht schon D.₁₁b) als sekundärer Einschub angesehen. [2] S. L. Brun a. a. O. 54.
[3] Nach Mk 16₁ sind es außer ihr die „Maria des Jakobus" und Salome, nach Mt 28₁ außer der Maria Magdalena die „andere Maria", nach Lk 24₁₀ außer ihr und der „Maria des Jak." Johanna und „die übrigen". — Daß Joh ursprünglich nicht von Maria Magda= lena, sondern von der Mutter Jesu erzählte, will Albertz, ThStKr 86 (1913), 483—516 beweisen.
[4] Aus dem Plur. οἴδαμεν D.₂ (statt dessen οἶδα D.₁₃ s. u. S. 530, 3) darf man schwerlich schließen, daß die Quelle von mehreren Frauen erzählte (Schw.), zumal D.₂ redakt. Bildung des Evglisten ist. Nach Wellh. und Sp. verrät das οἴδαμεν den Red., der nach den Synoptikern das Evg bearbeitet. Nach Hirsch (Die Auferstehungsgeschichten 11) hat Joh freilich die synopt. Geschichten gekannt und „nach seiner Art dramatisch ver= einfacht und zugespitzt".
[5] S. Anm. 3 und S. 520f.   [6] S. S. 491.   [7] S. S. 516f.
[8] Ebenso ist Mk 16₁₋₈ ein ursprünglich selbständiges Traditionsstück, dessen Kom= bination mit 15₄₂₋₄₇ sekundär ist; s. Gesch. der synopt. Trad. 308.
[9] In ἡ μία τῶν σαββ. (אֶחָד בְּשַׁבָּת) bezeichnet τὰ σάββ. wie oft die Woche (Str.=B. I 1052; Schl. zu Mt 28₁). Kardinal= statt Ordinalzahl ist (trotz Raderm. 71) Semitismus; Bl.=D. § 247, 1.
[10] Die Hss variieren hier und im Folgenden zwischen Μαρία und Μαριάμ.
[11] Bei Mk und Lk wollen die Frauen den Leichnam salben (bei Mt nur das Grab beschauen); erzählte so ursprünglich auch die Geschichte des Joh? s. o.

fernt[1]. Sie schließt daraus (V. 2), daß der Leichnam fortgeschafft ist[2], und eilt
— ohne in das Grab hineinzublicken? — erschrocken und ratlos zu Petrus und
dem Lieblingsjünger[3], ihnen diese Kunde zu bringen. Die beiden begeben sich
daraufhin sofort zum Grabe (V. 3), beide in schnellem Lauf, wobei der Lieblingsjünger den Petrus überholt und als erster zum Grabe gelangt (V. 4)[4]. Er beugt
sich vor und sieht die Leinbinden liegen[5], betritt jedoch das Grab nicht (V. 5)[6].
Der nach ihm gekommene Petrus dagegen tritt in die Grabkammer ein und sieht
dort die Binden wie auch das Schweißtuch, das Jesu Haupt verhüllt hatte, liegen,
und zwar alles in guter Ordnung[7] (V. 6 f.). Nun erst betritt auch der Lieblingsjünger die Grabstätte, sieht und faßt Glauben (V. 8)[8]. Vorausgesetzt ist offenbar,
daß Petrus vor ihm ebenso durch den Anblick des leeren Grabes zum Glauben
gebracht war; denn wäre es anders gemeint, sollten die beiden Jünger hinsichtlich
ihres πιστεῦσαι in Gegensatz zueinander gestellt werden, so müßte doch ausdrücklich gesagt sein, daß Petrus keinen Glauben faßte. Der Glaube, der gemeint ist,
kann im Jhg nur der Glaube an Jesu Auferstehung sein; er kann durch das abs.
πιστεύειν bezeichnet werden, weil dieses den Glauben an Jesus im vollen Umfang meint[9] und also den Auferstehungsglauben einschließt[10]. Von den beiden
Jüngern wird dann nur noch berichtet, daß sie nach Hause[11] zurückkehren (V. 10).

   D. 9 ist eine Glosse der kirchlichen Redaktion[12]. Das δεῖ αὐτὸν ἐκ νεκρ. ἀναστ.
klingt unjoh. und erinnert an die synoptische Terminologie bzw. an die Sprache des
Gemeindeglaubens[13]. Die Glosse kann doch wohl nur sagen wollen: bis dahin hatten

   [1] Wie Mk 16 4 Lk 24 2 wird nur diese Tatsache berichtet, während Mt 28 2 Evg Pt 9 35 ff.
das Ereignis geschildert wird.
   [2] Auffallend ist die Formulierung τὸν κύριον, denn dieser Titel kam Jesus bisher
bei Joh noch nicht zu (s. S. 128, 4) und ist auch hier befremdlich, da Maria ihn damit
ja nicht als den Auferstandenen bezeichnet. Er ist wohl so zu erklären, daß der Evglist
die Formulierung im Anschluß an das Quellenstück V. 13 wählt, wo es freilich τὸν κύριόν
μου heißt.
   [3] Sp.s Meinung, daß entweder das ἄλλον oder das τὸν ὃν ἐφίλει ὁ Ἰ. Zusatz sein
müsse, ist ungerechtfertigt; der Sinn ist: „und zu jenem anderen, den . . .“, und das ist
nach 13 23 19 26 ganz eindeutig. — Das οἴδαμεν (V. 13 οἶδα, s. S. 529, 4) ist kein echter
Plur.; er entspricht geläufiger orientalischer Redeweise (s. S. 94, 7 und Dalman, Gramm.
des jüd.-paläst. Aram.[2] 265 f.) und hat auch griech. Analogien (Colwell 111 f.). Gegen
Burneys Annahme eines Übersetzungsfehlers (112 f.) s. Torrey 329 f.; Goguel, Rev. H.
Ph. rel. 3 (1923), 379 f.
   [4] Zu dem pleonast. προέδραμεν τάχιον s. Bl.-D. § 484.
   [5] Ist das βλέπει bewußt von dem θεωρεῖ D. 6 („er schaut sie an“) unterschieden?
   [6] Das μνημεῖον ist also eine Grabkammer, innerhalb deren sich das eigentliche Grab
als Troggrab oder als Bankgrab befindet (Dalman, O. u. W. 387 ff.). Das Sitzen der
Engel D. 12 läßt an ein Bankgrab denken.
   [7] Die Ordnung soll vielleicht den Gedanken an Leichenraub widerlegen; s. S. 528, 4.
— Zu σουδάριον s. S. 312, 7. Zu ἐντετυλ. (s. Mt 27 59 Lk 23 53) vergleicht Br. Pap. Gr.
mag. VII 826: ἐντύλισσε τὰ φύλλα ἐν σουδαρίῳ καινῷ.
   [8] Der Ergänzer von D fügt οὐκ vor ἐπίστ. ein (im erhaltenen d fehlt es). Dadurch
soll offenbar die schwer verständliche Glosse D. 9 verständlich gemacht werden; doch ist
die Einfügung unsinnig, denn die Geschichte verlöre ihre Pointe, wenn es sich um die
Rivalität der beiden Jünger im Nichtglauben handelte.   [9] S. S. 31, 3.
   [10] Daß der Glaube der beiden Jünger der D. 29 geforderte Glaube ohne Schauen
ist (so Htm., der übrigens nur dem Lieblingsjünger den Glauben zuschreibt), ist angesichts
der Formulierung εἶδεν καὶ ἐπίστευσεν sehr unwahrscheinlich. Freilich glauben die
beiden, ohne den Auferstandenen selbst zu sehen; aber das leere Grab gilt doch offenbar
als Beweis für die Auferstehung.
   [11] Πρὸς αὑτούς = nach Hause, s. Br.; McCasland, The Resurrection of Jesus 49
will verstehen: nach Galiläa.   [12] So auch Wellh., Schw.   [13] S. S. 489, 5; 491, 2.

die beiden nicht geglaubt[1], da sie die Schrift noch nicht verstanden; jetzt erst wurden sie durch den Augenschein überzeugt. Denn der Sinn kann doch schwerlich sein: er glaubte auch, ohne die Schrift verstanden zu haben (Br.); denn dann wäre statt des γάρ doch ein δέ zu erwarten[2].

Welchen Sinn aber hat die mit V. 10 abgeschlossene Erzählung von den beiden Jüngern? Für das Folgende hat die Tatsache, daß diese beiden als erste von allen Jüngern zum Glauben an die Auferstehung Jesu gekommen waren, keine Bedeutung, und sie ist, zumal in V. 19-23, nicht vorausgesetzt. Darin kann also ihre Pointe nicht liegen; sie muß vielmehr in dem Verhältnis der beiden Jünger zueinander liegen, die den Wettlauf zum Grabe machen, wobei jeder dem anderen in seiner Weise zuvorkommt. Sind Petrus und der Lieblingsjünger die Repräsentanten des Juden= und des Heidenchristentums[3], so ist der Sinn offenbar der: aus Judenchristen besteht die erste Gemeinde der Gläubigen; erst nach ihnen kommen die Heidenchristen zum Glauben. Aber das bedeutet keinen Vorrang jener; sachlich stehen beide dem Auferstandenen gleich nahe, ja die Bereitschaft zum Glauben ist bei den Heiden größer als bei den Juden: der Lieblingsjünger ist schneller zum Grabe gelaufen als Petrus.

Die Erzählung wendet sich wieder der Maria Magdalena zu, die — ihre Rückkehr ist vorausgesetzt[4] — weinend am Grabe steht (V. 11)[5]. Als sie sich in die Grabkammer beugt, sieht sie zwei weißgekleidete Engel[6] auf der Bank am Kopf= und am Fußende sitzen (V. 12). Die Frage der Engel: „Warum weinst du?" gibt ihr den Anlaß, ihre Ratlosigkeit zu klagen (V. 13)[7]. Aber dieser Dialog wird abgebrochen durch die Erscheinung des Auferstandenen selbst (V. 14), den Maria, plötzlich rückwärts gewendet, draußen vor dem Grabe stehen sieht. Sie erkennt ihn aber so wenig, wie die Emmaus=Jünger Lk 24 16 den mit ihnen wandernden Jesus erkennen[8]. Jesus redet sie an: „Weib, was weinst du? Wen suchst du?" (V. 15)[9]. Aber der Bann liegt noch auf ihr, und sie hält ihn in ihrer Torheit für den Gärtner[10], der möglicherweise den Leichnam an einen anderen Platz geschafft hat. Ihre Torheit ist eine Analogie zu den törichten Mißverständnissen 7 35 8 22, wie denn schon das οὐκ ᾔδει den Leser an 2 9 erinnert[11] und zumal an das vorläufige Nichtwissen des Petrus 13 7 und der Jünger 16 18. Jesus kann gegenwärtig sein, und doch erkennt ihn der Mensch nicht, bevor er von seiner Anrede getroffen ist. So hat auch das δοκοῦσα ὅτι in 11 13 13 29 seine Parallele.

Nun aber redet Jesus sie mit ihrem Namen an (V. 16), und jetzt weicht

---

[1] Das ᾔδει von א* b c q ff² r ist offenbar Korrektur, die an V. 8 angleicht.
[2] Sp. streicht V. 8b und kann dann V. 9 im Texte als ursprünglich halten: nun besagt ja V. 9, warum die beiden nicht zum Glauben kamen.
[3] S. S. 369f.   [4] S. S. 528.
[5] Leichte Varianten sind ohne Bedeutung.
[6] Zwei Engel wie Lk 24 4 (zur Zweizahl s. Gesch. der synopt. Trad. 343ff.). Als himmlische Gestalten sind sie weiß gekleidet, vgl. Mt 9 3 parr.; 16 5 parr.; Act 1 10 usw. Zu dem ellipt. ἐν λευκοῖς (wie Mt 11 8) s. Br.
[7] Hier ist das τὸν κύριόν μου Formulierung der Quelle. Es ist schwer zu sagen, ob κύριος hier den Sinn des (kultischen) Titels haben soll; jedenfalls ist es im Sinne des Evglisten im Grunde so wenig angemessen wie V. 2, s. S. 530, 2.
[8] Wie Lk 24 16 die Augen der Jünger „gehalten wurden", so ist gewiß auch hier zu verstehen, und es ist nicht auf das Morgendunkel (V. 1) als Erklärung zu verweisen.
[9] Zur Anrede γύναι s. S. 81, 3.
[10] Die Anrede κύριε ist, da sie Jesus nicht erkennt, natürliche bloße Höflichkeits=anrede. — Zu κηπουρός (im NT nur hier; sonst häufig) s. Br.
[11] S. S. 82, 9.

der Bann von ihr[1]; sie erkennt ihn und spricht zu ihm: „Mein Meister!"[2] Woran sie ihn erkannt hat, darf bei diesem wunderbaren Geschehen nicht gefragt werden[3]. Fragen kann man nur, welchen tieferen Sinn dieser Bericht hat; und es kann wohl kein Zweifel sein: der Hirt kennt seine Schafe und „ruft sie bei Namen" (10₃), und wenn sie seine Stimme hören, so erkennen sie ihn[4]. Und vielleicht darf man noch hinzufügen: die Nennung des Namens sagt dem Menschen, was er ist; und so erkannt zu werden, überführt ihn der Begegnung mit dem Offenbarer[5].

Ihre Anrede, die sich von der Anrede des Thomas V.₂₈ charakteristisch unterscheidet, zeigt indessen, daß sie ihn noch nicht voll als den erkannt hat, der er jetzt als Auferstandener ist. Sie mißversteht ihn noch, insofern sie meint, er sei einfach aus dem Tode „zurückgekehrt", er sei wieder der, der er war als „Lehrer"; sie meint also, das alte Verhältnis werde wieder erneuert, und sie will ihn — wie etwa der Freund den wiedergekehrten Freund — voll Freude umfangen, und erst Jesu: „Rühre mich nicht an!" muß sie in die Schranken weisen[6].

Freilich scheint er, wie die folgenden Worte sagen, in einem eigentümlichen Zwitterzustande zu sein. „Noch" ist Jesus nicht zum Vater emporgestiegen![7] Preßt man die Formulierung, so würde folgen: wenn er erst zum Vater gegangen ist, so wird er sich nachher den Seinen wieder zum Umgang und zur körperlichen Berührung darbieten; und V.₂₇ könnte diese Auffassung bestätigen. Aber das wäre schwerlich richtig. Jesu ἀναβαίνειν ist doch gewiß etwas Definitives[8], und sein 14₃. ₁₈. ₂₃ verheißenes (πάλιν) ἔρχεσθαι ist nicht eine Rückkehr in die welthafte Daseinsweise, die die vertrauliche Berührung gestatten würde. Der Verkehr zwischen dem Auferstandenen und den Seinen wird sich in Zukunft nur als der Verkehr der Seinen mit dem, der zum Vater heimgegangen ist, vollziehen, also

---

[1] Das στραφεῖσα darf schwerlich als mit dem ἐστράφη V.₁₄ konkurrierend aufgefaßt werden, sodaß die kritische Ausscheidung von V.₁₂-₁₄ₐ den Anstoß beseitigen würde. Denn bei den V.₁₅ gesprochenen Worten muß sich Maria doch auch schon Jesus zugewandt haben. Das στραφεῖσα bedeutet die plötzliche und lebhafte Bewegung auf ihn hin, wie das μή μου ἅπτου V.₁₇ zeigt (dieses ist in dem Einschub von א⁸ Θ Ψ pc syr⁸ noch speziell vorbereitet: καὶ προσέδραμεν ἅψασθαι αὐτοῦ).
[2] Διδάσκαλος ist keine völlig treffende Wiedergabe von ῥαββουνί (mein Herr). Dieses (auch Mt 10₅₁) ist Nebenform von ῥαββί (s. S. 70, 1) und wird gelegentlich als Anrede an Respektspersonen gebraucht; s. Str.-B. II 25; Dalman, W. J. I 267. 279; Jesus-Jesch. 12.
[3] Etwa an der Stimme; aber diese hatte sie ja V.₁₅ auch schon gehört, ohne ihn daran zu erkennen.   [4] S. S. 283f.   [5] S. S. 75.
[6] Der Imp. Präs. besagt nicht notwendig, daß sie ihn schon berührt hat, sondern braucht nur vorauszusetzen, daß sie es versucht und im Begriff ist, es zu tun; s. Bl.-D. § 336, 3. — Zwischen dem ἅπτεσθαι von V.₁₇ und dem κρατεῖν von Mt 28₉ ist kein wesentlicher Unterschied (vgl. Mt 1₃₁ mit Mt 8₁₅). Freilich bedeutet dieses κρατεῖν nicht „festhalten", sodaß man entsprechend das μή μου ἅπτου verstehen müßte: „Halte mich nicht fest!" (Tillm.), als ob Jesus Eile hätte, fortzukommen. — Torrey 324 nimmt für V.₁₇ falsche Übersetzung aus dem Aram. an; richtig müsse es heißen: „Berühre mich nicht; (vielmehr) bevor ich aufsteige (wörtlich: solange ich noch nicht aufgestiegen bin) zum Vater, geh zu meinen Brüdern." — B. Violet (ZNTW 24 [1925], 78—80) meint, zu dem μή μου ἅπτου bilde das πορεύου δέ keinen klaren Gegensatz, und vermutet, μή μου ἅπτου sei falsch übersetzt; eigentlich müsse es heißen: μή μοι προσκολλῶ (προσκολληθῇς) oder μή μοι ἀκολούθει (ἀκολουθήσῃς). Dagegen H. Perles ebd. 25 (1926), 287. Bd. möchte für ἅπτου: πτόου konjizieren.
[7] Vgl. das οὔπω 2₄ 7₆ (beide Stellen im Sinne des Evglisten verstanden, s. S. 85. 220) und auch 7₃₉ᵇ, wenn dieser Satz nicht als Glosse auszuscheiden ist; s. S. 229, 2.
[8] S. S. 232, 2.

nicht in den Formen welthaften Umganges. Das οὔπω gilt im Grunde nicht von Jesus, sondern von Maria: sie kann noch nicht in Gemeinschaft mit ihm treten, ehe sie ihn als den erkannt hat, der, den weltlichen Bedingungen enthoben, beim Vater ist.

Dann enthält die Darstellung aber eine eigentümliche Kritik der Oster= geschichten überhaupt. Das μή μου ἅπτου richtet sich nicht nur gegen die Vor= stellungen, die Mt 28₉ Lk 24₃₈-₄₃ zugrunde liegen, wo sich der Auferstandene die leibliche Berührung gefallen läßt oder gar herausfordert[1]; sondern es beleuchtet auch die vom Evglisten selbst erzählten Ostergeschichten. So wenig dieser die Wirklichkeit der erzählten Ereignisse zu bestreiten braucht, so deutlich gibt er hier und nachher in der Thomas=Geschichte zu verstehen, daß nicht diese Ereignisse schon den echten Osterglauben begründen. Der, den Maria sieht, ist — wie schon ihre Anrede zeigte — noch gar nicht der Erhöhte, der seinen Jüngern sein „Kommen" und die Gemeinschaft mit sich verheißen hat. Die Wunder der real=welthaften Erscheinung des Auferstandenen, die ja V. 30 unter die σημεῖα einbegriffen werden, haben nur den relativen Wert wie die σημεῖα überhaupt, und ihre eigentliche Be= deutung ist eine symbolische[2]. Den Ostergeschichten haftet daher etwas eigentüm= lich Schillerndes oder Widersprüchliches an. Denn in der Tat: wenn die Berührung mit den leiblichen Händen untersagt wird, wie kann das Schauen mit den leib= lichen Augen gestattet sein? Ist denn dieses nicht auch eine welthafte Wahr= nehmungsweise? Und kann für sie der Auferstandene minder als welthaftes Objekt der Wahrnehmung gedacht sein?

Der Auferstandene gibt der Maria denn auch nicht den Auftrag, den Jüngern zu melden, daß er auferstanden ist und auch ihnen erscheinen wird[3]; sie soll viel= mehr melden: „Ich steige auf zu meinem Vater und eurem Vater, zu meinem Gott und eurem Gott!" Sie soll also im Grunde nichts anderes sagen, als was Jesus selbst den Seinen schon gesagt hatte[4]. Der wahre Osterglaube ist also der, der dieses glaubt und so den Anstoß des Kreuzes verstehend besteht; er ist nicht der Glaube an eine greifbare innerweltliche Demonstration des Auf= erstandenen.

Der Gehalt des Osterglaubens wird aber durch die Formulierung πρός τόν πατέρα μου κτλ. angedeutet. Bisher hatte Jesus nur gesagt, daß er hingehe zum Vater (14₁₂. ₂₈ 16₁₀. ₂₈) oder zu dem, der ihn gesandt hat (7₃₃ 16₅). Sagt er jetzt: „zu meinem Vater und zu eurem Vater", so ist damit gesagt, daß durch seinen Hingang Jesu Vater auch der Vater der Seinen geworden ist, — so sagt er ja auch: „Gehe hin zu meinen Brüdern!"[5] Es ist also Wirklichkeit geworden, daß sich die Liebe Gottes wie auf Jesus, so auch auf die Seinen richtet (16₂₇ 14₂₁. ₂₃). Wohl heißt es nicht einfach: „zu unserem Vater", aber betont ist nicht die Differenz in der Gotteskindschaft — sie sind ja seine „Brüder" —, sondern

---

[1] Vgl. L. Brun a. a. O. 19: Joh 20₁₇ ist eine gegensätzliche Parallele zu Mt 28₉f.
[2] S. S. 78f. 157f. 161. 173. 346.
[3] Mt 16₇ Mt 28₇ werden die Frauen durch den Engel angewiesen, den Jüngern zu melden, daß Jesus (auferstanden ist und) ihnen in Galiläa erscheinen wird. Bei Lk, der wie Joh nur von Erscheinungen in Jerusalem berichtet, melden sie einfach die Tat= sache der Auferstehung, die ihnen die Engel mitgeteilt haben.
[4] 16₂₈; vgl. 16₅. ₁₀ 13₃₃ 14₄. ₁₂. ₂₈. — L. Brun a. a. O. 21 hat gewiß darin recht, daß der Gruß des Herrn durch Maria ein „glaubenerweckendes und glaubenstärkendes Zeugnis" sein soll; gewiß aber nicht darin, daß er nicht zugleich eine Glaubensprobe für die Jünger sei.   [5] Das μου will Zn. mit א* D e Ir streichen!

die Gleichheit, bei der freilich der Unterschied besteht, daß die Gotteskindschaft der Glaubenden durch Jesus vermittelt ist: „zu meinem Vater, der (durch mich) auch der eure ist". Und wenn es weiter heißt: „zu meinem Gott und zu eurem Gott", so wird damit nicht ein neuer Gedanke hinzugefügt; aber der Satz gewinnt ein großes Pathos: der Vater Jesu ist Gott! Und Gott ist durch ihn zum Vater der Seinen geworden![1]

Es versteht sich, daß nach diesem Worte keine weitere Schilderung gegeben wird, etwa von einer Antwort der Maria oder vom Verschwinden der wunderbaren Erscheinung. Es wird nur schlicht berichtet (V. 18), daß Maria den Auftrag ausrichtet. Sie sagt: „Ich habe den Herrn gesehen!"[2], und meldet, was er zu ihr gesagt hat[3]. Welchen Eindruck ihre Botschaft auf die Jünger macht, wird — im Unterschied von Lk 24₁₁. ₂₂f. — nicht erzählt[4].

β) Der Auferstandene vor den Jüngern: 20₁₉-₂₃.

Wie der Grundbestand von 20₁-₁₈ der Quelle des Evglisten entnommen ist, so ist es auch für 20₁₉-₂₃ von vornherein zu vermuten. Ostergeschichten, die von der Erscheinung des Auferstandenen vor einer einzelnen Person erzählen, und solche, die von seiner Erscheinung vor der Gesamtheit der Jünger berichten, sind, wie Mt 28 zeigt, schon früh zusammengestellt worden[5]. So wird es auch in der Quelle des Evglisten der Fall gewesen sein; und es ist zudem wahrscheinlich, daß diese Quelle wie Mt und Lk am Schluß eine Erzählung von der Erscheinung des Auferstandenen vor der Gesamtheit der Jünger brachte, bei der er ihnen den Auftrag ihres Berufes erteilte, wie es Joh 20₁₉-₂₃ geschieht[6]. Es wird dadurch bestätigt, daß die Geschichte V.₁₉-₂₃ in sich geschlossen ist und — von der redakt. Verknüpfung in V.₁₉ abgesehen — keinen Zshg mit dem Dorigen hat, wie doch erwartet werden müßte, wenn sie vom Evglisten für diese Stelle original konzipiert wäre. Es wird aber weder an die Botschaft der Maria (V.₁₈) erinnert, noch an die Tatsache, daß zwei Jünger das leere Grab bereits gesehen haben (V.₃-₁₀). Und ebenso ist der Leser nach V.₂₂f. nicht auf eine weitere Ostergeschichte gefaßt, wie sie dann doch folgt. Ja, V.₁₉-₂₃ ist so erzählt, daß kein Leser annehmen kann, ein Jünger habe gefehlt; offenbar ist bzw. war V.₁₉-₂₃ die Geschichte von einer Erscheinung Jesu vor allen Jüngern (außer Judas Iskariotes)[7]. Dazu kommt endlich, daß V.₁₉-₂₃ eine Variante von Lk 24₃₆-₄₉

---

[1] Angesichts des spezifisch joh. Sinnes ist es schwer glaublich, daß hier ein „überkommenes und fest geprägtes Wort" vorliegt (Lohmeyer, ZNTW 26 [1927], 170, 1).

[2] Hier zum erstenmal bei Joh hat der κύριος-Titel sein eigentliches Pathos. Er ist für den Auferstandenen angemessen und begegnet so V. 20. 25. 28; (21₇. ₁₂); s. S. 530, 2; 531, 7. Zu den Glossen 4₁ 6₂₃ 11₂ s. S. 128, 4; 160, 5; 301, 4.

[3] Übergang in die indir. Rede wie 13₂₉; s. Bl.-D. § 470, 3. Burney will dem durch Annahme falscher Übersetzung entgehen (113); dagegen Torrey 330; Colwell 113. Auch verschiedene Hss korrigieren in verschiedener Weise.

[4] Hatte die Quelle etwas Derartiges berichtet, so konnte es der Evglist nicht brauchen; s. S. 529.

[5] L. Brun spricht a. a. O. 33ff. von dem Nebeneinander von Einzel- und Gesamtvisionen als dem Hauptschema der Osterberichte; s. auch Gesch. der synopt. Trad. 312. Das Hauptmotiv der Einzelvisionen ist der Beweis der Auferstehung Jesu, das der Gesamtvisionen der Missionsauftrag (s. Gesch. der synopt. Trad. 312f.); das zeigt sich auch in den joh. Geschichten: Thema von 20₁-₁₈ ist (im Sinne der Quelle) der Auferstehungsbeweis, von 20₁₉-₂₃ der Auftrag, wenngleich das Beweismotiv (wie auch sonst) in V.₂₀ hineinklingt.

[6] Über Mk ist kein Urteil möglich, da der ursprüngliche Schluß weggebrochen ist; s. Gesch. der synopt. Trad. 309.

[7] Vgl. M. Dibelius RGG² III 354. — Im Sinne des Evglisten ist freilich V.₂₀ im Hinblick auf die Thomas-Geschichte bedeutsam, s. u.

Mt 28 16-20 ift[1], daß ſowohl das Wunder der Erſcheinung Jeſu und ſeine demonſtrative
Selbſtdarſtellung (D. 19 f.) nach der Art volkstümlicher Legende berichtet wird[2], wie auch
daß die Beauftragung der Jünger D. 23 ſich merkwürdig von der Art unterſcheidet, in der
der Evgliſt 15 18—16 11 vom Auftrag der Jünger geſprochen hatte. Nicht von ihrem
μαρτυρεῖν iſt die Rede, ſondern, in einer dem Joh ſonſt fremden Terminologie, vom
ἀφιέναι und κρατεῖν der Sünden. Die Geſchichte dürfte alſo der Quelle entnommen ſein;
der Evgliſt hat ſie aber natürlich redigiert; von ihm ſtammt vor allem 21 f. Er bringt die
Geſchichte als ſymboliſche Darſtellung der Erfüllung der Verheißung 14 18.

Am Abend des gleichen Tages, an dem D. 1-18 ſpielte, alſo am Sonntag-
abend[3], ſind die Jünger verſammelt — in Jeruſalem, ſo iſt ohne Zweifel zu verſtehen —, natürlich ohne den Verräter Judas und, wie D. 24 nachher berichtet,
auch ohne Thomas (D. 19)[4], und zwar bei verſchloſſenen Türen. Dieſer Umſtand
wird begründet durch ihre Furcht vor den Juden, iſt weſentlich aber deshalb, weil
dadurch das Kommen Jeſu als ein Wunder erwieſen wird und ſeine Geſtalt alſo
von vornherein als göttliche gekennzeichnet iſt[5]. Plötzlich tritt er in ihre Mitte[6]
und grüßt ſie mit dem Heilwunſch[7]. Daß Jeſus inzwiſchen zum Vater aufgefahren
war, wie er der Maria geſagt hatte (D. 17), und nun wieder auf die Erde zurückgekehrt iſt, wäre eine falſche Reflexion, — nicht nur im Sinne der Quelle, ſondern
auch im Sinne des Evgliſten. In deſſen Sinne muß es vielmehr heißen: er iſt
aufgeſtiegen, und eben als ſolcher erſcheint er den Jüngern; als ſolcher kann er
den Geiſt verleihen (D. 22), und als ſolcher wird er nachher von Thomas als „mein
Herr und mein Gott" angeredet (D. 28).

Daß ſich der Auferſtandene gleichſam legitimiert, ſich als identiſch mit dem
vor zwei Tagen Gekreuzigten ausweiſt durch das Vorzeigen ſeiner Hände — die,
wie natürlich zu verſtehen iſt, die Nägelſpuren zeigen (vgl. D. 25 ff.) — und ſeiner
durchbohrten Seite[8] (D. 20), überraſcht nicht nur in Joh überhaupt, ſondern iſt
auch innerhalb der vorliegenden Erzählung unmotiviert; begründet iſt dieſer Zug

---

[1] Vor allem iſt Joh 20 19-23 mit Lk 24 36-49 auffällig verwandt, ohne daß man jedoch annehmen dürfte, Joh 19 19-29 ſei aus Lk 24 33. 36-40 „herausgeſponnen" (Hirſch, Auf-
erſtehungsgeſch. 10).

[2] Begreiflich, daß Wellh., Sp., Delafoſſe und Goguel D. 20 (bzw. 20 a) für eine Einfügung halten.

[3] Zu τ. μιᾷ τ. σαββ. ſ. S. 529, 9. Der Evgliſt hat offenbar das der Verknüpfung
dienende τῇ ἡμ. ἐκείνῃ hinzugefügt. Das τ. μιᾷ τ. σαββ. hätte er von ſich aus gewiß
nicht wiederholt; es ſtand alſo in der Quelle. Stand in ihr auch das οὔσης οὖν ὀψίας?
Jedenfalls ſpielt Lk 24 36 ff. auch am Abend.

[4] S. o. Übrigens ſind die Elf nicht ausdrücklich genannt wie Lk 24 33 Mt 28 16.

[5] Lk 24 36 iſt nur das plötzliche Kommen erzählt, nicht, daß die Türen verſchloſſen
geweſen ſeien. Das Letztere iſt ein bloß literariſches Motiv; denn nichts legt den Gedanken
nahe, daß nach Mitſchuldigen Jeſu gefahndet wurde (Goguel, ZNTW 31 [1932], 291).

[6] Es iſt charakteriſtiſch, daß jede Reflexion darüber fehlt, wie er durch die verſchloſſene Tür gelangen konnte. Anders hom. Od. 6, 19 f.: Athene ſchwebt „wie wehende
Luft" zu Nauſikaa in die verſchloſſene Kammer; Hymn. hom. 3, 145 ff.: Hermes kommt
durch das Schlüſſelloch wie ein Nebel. In analogen helleniſtiſchen Erzählungen wird
vom Wunder des αὐτόματον der Türöffnung berichtet; O. Weinreich, Genethliakon
W. Schmid 1929, 311—313.

[7] Εἰρ. ἡμ. (sc. εἴη, Bl.-D. § 128, 5) iſt der hebr. Gruß שָׁלוֹם לָכֶם (wie D. 21. 26),
der in den pauliniſchen Briefgrüßen variiert wird. Einige Zeugen fügen es Lk 24 36 hinzu.

[8] Wer 19 34 ganz dem Red. zuſchreibt (ſ. S. 525, 4), muß natürlich in 20 20 das καὶ
τ. πλευράν auf ihn zurückführen. In der Quelle kann es freilich nicht geſtanden haben;
aber der Evgliſt hat es zufolge von 19 34 eingeſetzt, — wohl an Stelle eines urſprünglichen
καὶ τοὺς πόδας, vgl. Lk 24 39.

Lk 24₃₉[1], weil dort das ratlose Entsetzen der Jünger berichtet war. Etwas wie Lk 24₃₇f. wird auch in der Quelle des Joh gestanden haben; der Evglist hat es gestrichen und nur V.₂₀ im Hinblick auf die folgende Thomas-Geschichte beibehalten. Zugleich will er vielleicht dadurch auch wieder einschärfen, daß der Auferstandene und der Gekreuzigte Einer sind. Jedenfalls hat für ihn die Geschichte primär symbolischen Sinn: dargestellt ist die Erfüllung der Verheißung: ἔρχομαι πρὸς ὑμᾶς 14₁₈ff. Der Vorgang ist nicht etwa die Erfüllung selbst, wenn anders die ἐκείνη ἡμέρα von 14₂₀ nicht ein historisch fixierbarer Tag, sondern der „eschatologische" Tag ist, der jederzeit für den Glaubenden anbricht, dessen Treue durchhält und den Anstoß überwindet[2] Dem entspricht es, daß die εἰρήνη — und die feierliche Wiederholung des Grußes weist darauf hin, daß man εἰρήνη im Vollsinn von 14₂₇ verstehen muß —, die Jesus den Jüngern entbietet, ihnen in Wahrheit ja schon geschenkt war in der Stunde des Abschieds (14₂₇). Die Stunde, da ihnen die Augen für das aufgehen, was sie schon haben, ist eben die Osterstunde; und V.₁₉₋₂₃ ist nichts anderes als das Bild für diesen Vorgang.

Der Sinn dieses Vorganges wird ebenfalls durch den Satz verdeutlicht: ἐχάρησαν οὖν κτλ.[3], ein Satz, den schon die Quelle geboten haben wird (vgl. Lk 24₄₁), der aber im Sinne des Evglisten die Erfüllung jener Verheißung illustriert, daß aus der λύπη des Abschieds die χαρά des Wiedersehens erwachsen soll (16₂₀ff.). Der Heilwunsch wird wiederholt[4], und an ihn schließt sich der Missionsauftrag (V. 21), der in enger Anlehnung an die Gebetsworte 17₁₈ formuliert ist[5] und natürlich im gleichen Sinne verstanden werden muß[6].

Daß die Erfüllung der Verheißung der Abschiedsreden hier dargestellt ist, zeigt sich endlich darin, daß der Auferstandene den Jüngern durch seinen Anhauch[7]

---

[1] Dieses Interesse auch Ign. Sm. 3, 2: καὶ ὅτε πρὸς τοὺς περὶ Πέτρον ἦλθεν, ἔφη αὐτοῖς· λάβετε, ψηλαφήσατέ με καὶ ἴδετε ὅτι οὐκ εἰμὶ δαιμόνιον ἀσώματον; s. u. S. 537, 7.   [2] S. S. 477ff.

[3] Das ἰδόντες ist nicht Ergänzung von ἐχάρησαν, sondern echtes Part. coni.: „Als sie ihn sahen"; s. Bl.-D. § 415.

[4] Wohl ein Zeichen dafür, daß mit V.21 die eigene Bildung des Evglisten einsetzt.

[5] Ohne Zweifel hat die Bildung des Evglisten eine ursprünglichere Formulierung der Quelle ersetzt, die etwa analog Lk 24₄₇ oder Mt 28₁₉f. zu denken ist. In V.₂₃ wird der Text der Quelle wieder aufgenommen.   [6] S. S. 390f.

[7] Gen 2₇ haucht Gott dem Adam die πνοὴ ζωῆς ein (ἐνεφύσησεν), vgl. Sap 15₁₁ IV Esr 3₅; B. Beraf. 60b (bei Schl. z. St.); Pap. Gr. mag. XII 238; XIII 762. Es 37₅₋₁₀ wird dem πνεῦμα (ζωῆς) geboten: ἐμφύσησον εἰς τοὺς νεκροὺς τούτους, καὶ ζησάτων. Hier handelt es sich aber überall um die vitale Lebendigkeit. Anders in dem exorzistischen Ritus des Anblasens der Täuflinge, s. Br.; Fr. J. Dölger, Der Exorzismus im altchristl. Taufritual (Stud. z. Gesch. und Kultur des Altert. III 1/2) 1909, 118ff.; H. Achelis, Canon. Hippol. (Texte und Unters. VI 4) 1891, 93. Dem Ritus liegt ein verbreiteter Brauch zugrunde: die Übertragung heilsamer „Kraft" durch Anhauchen, sei es zur Krankenheilung, sei es zur Übertragung der Amtskraft, sei es sonst für zauberische Wirkungen; vgl. Leonh. Bauer, Volksleben im Lande der Bibel 1903; H. Gunkel, Das Märchen im AT 1917, 98; K. Sittl, Die Gebräuche der Griechen und Römer 1890, 345f.; E. Fehrle, Die kultische Keuschheit im Altertum 1910, 80ff. Über den Atem als Kraftträger s. auch G. van der Leeuw, Phänomenologie der Religion 257f.; Fr. Pfister, Kultus § 10, 2 (Pauly-Wissowa XI 2159, 18ff.); Fr. Preisigke, Die Gotteskraft in der frühchristl. Zeit 1922, 229f.; H. Zimmern, Zum Streit um die Christusmythe 1910, 55f. Über den Atem und Hauch der Gottheit s. W. Staerk, Die Erlösererwartung 312ff. Nach der christlichen Legende erhält Adam das Priestertum, „da Gott in sein Gesicht den Geist des Lebens blies" (Staerk a. a. O. 13). Die Empfängnis der Maria wird Sib. 9, 462 durch das Einhauchen der χάρις vollzogen: ὡς εἰπὼν ἔμπνευσε θεὸς χάριν. — Nach L. Goppelt, Typos 1939, 221f. soll Joh 20₂₂ auf der Schöpfungstypologie beruhen.

den Geist verleiht (V. 22)[1]; Ostern und Pfingsten fallen also zusammen[2]. War
die Aufgabe des Geistes 16 8-11 als ein ἐλέγχειν beschrieben worden, so entspricht
dem hier die mit der Geistverleihung den Jüngern erteilte Vollmacht (V. 23)[3].
Es ist die Vollmacht, die Sünden zu vergeben oder „festzuhalten"[4]. In der Wirk=
samkeit der Jünger wird sich also das Gericht, das sich im Kommen Jesu in die
Welt ereignete (3 19 5 27 9 39), weiter vollziehen[5]. Es versteht sich von selbst, daß
nicht eine besondere apostolische Vollmacht erteilt wird, sondern daß die Gemeinde
als solche mit dieser Vollmacht ausgestattet wird; denn ebenso wie in Kap. 13—16
repräsentieren die μαθηταί die Gemeinde.

Mit dieser Pointe schließt die Geschichte; ein Interesse, das Verschwinden
Jesu zu schildern oder die Reaktion der Jünger, ist nicht vorhanden.

γ) Thomas der Zweifler: 20 24-29.

Die Geschichte V. 24-29 hat als solche keine synoptische Parallele, doch ist ihr Motiv
den Synoptikern nicht fremd. Vom Zweifel einiger Jünger berichten auch Mt 28 17[6]
Lf 24 11. 21 ff. (vgl. bes. V. 25). 37 f. 41, und auch Lf 24 39-41 muß die körperliche Demon=
stration des Auferstandenen den Zweifel überwinden[7]. Daß die Quelle diese Geschichte
schon enthalten hat, wird man daher nicht für unmöglich halten können; sie kann freilich
in dieser auch nur ein sekundärer Anhang gewesen sein; denn in V. 19-23 ist die Fortsetzung
V. 24-29 nicht vorausgesetzt[8], wohl aber setzt dieses Stück jenes voraus. Dafür, daß V. 24-29
wirklich in der Quelle stand, dürfte wohl sprechen, daß Thomas als εἷς τῶν δώδεκα
charakterisiert wird; nicht nur weil die δώδεκα sonst bei Joh überhaupt kaum erwähnt
werden[9] und speziell in Kap. 13—20 sonst überhaupt nicht, sondern auch weil der Leser
den Thomas ja aus 11 16 14 5 bereits kennt. Für den Evglisten hat diese Geschichte, die
er als letzte bringt, natürlich eine besondere Bedeutung; entnahm er sie seiner Quelle, so
hat er sie natürlich redigiert, indem er in V. 25 und 27 die Bezugnahme auf Jesu durch=

---

[1] Zu λαμβάνειν s. S. 476, 5. — Hier ist ganz klar, daß der Erhöhte erscheint und
nicht ein Revenant. Damit erledigt sich das Bedenken von Windisch (Amicitae Corolla
311), daß 20 22 f. nicht als Erfüllung der Parakletverheißung gelten könne.

[2] S. S. 451. Man wird annehmen müssen, daß in der Quelle die Verheißung der
künftigen Geistverleihung gegeben war wie Lf 24 49 Act 1 4 f.

[3] ᾿Άν = ἐάν wie 13 20 16 33; doch variieren die Hss, s. Br. und Bl.=D. § 107; zu
ἀφέωνται s. Bl.=D. § 97, 3. — V. 23 mit seiner unjoh. Terminologie stammt offenbar
wieder aus der Quelle. Lf 24 47 erwähnt die ἄφεσις ἁμαρτιῶν als Bestandteil des Keryg=
mas; Mt 28 19 f. redet nicht davon, enthält aber so etwas wie eine Ordination (Wellh.).
Das Amt der Sündenvergebung wird der Gemeinde Mt (16 19) 18 18 übertragen; s.
folgende Anmerkung.

[4] Das Wort ist eine Variante von Mt 16 19 18 18, doch treten an Stelle der Termini
„binden" und „lösen": ἀφιέναι und κρατεῖν. Ersteres für das Vergeben der Sünde üb=
lich, s. ThWB I 506 ff.; Str.=B. z. St. Κρατεῖν in diesem Sinne ist singulär und als Gegen=
satzbildung zu ἀφιέναι zu begreifen (vgl. Mt 7 8), doch ist die Vorstellung at.lich=jüdisch;
vgl. διατηρεῖν Sir 28 1 und das rabbin. נטר bei Str.=B. Das שמר Ps 130 3 (LXX διατηρεῖν)
bedeutet doch wohl nur „im Gedächtnis bewahren".

[5] So ist jedenfalls im Sinne des Evglisten zu interpretieren, zumal diese Vollmacht
an die Geistbegabung geknüpft ist. Daß sie auf die innergemeindliche Disziplin beschränkt
wäre (L. Brun a. a. O. 82), wäre angesichts der Varianten (s. vor. Anm.) für die Quelle
möglich, doch wohl in Verbindung mit dem Missionsbefehl nicht wahrscheinlich.

[6] Könnte freilich sekundärer Zusatz sein.

[7] Ebenso im hebr. (Naz.?) Evg. (Kl. Texte 8 8); Ign. Sm. 3, 2 (s. S. 536, 1); breit
ausgemalt Epist. Apost. 9—12. Speziell von Jakobus scheint eine ähnliche Geschichte
wie von Thomas erzählt worden zu sein nach der Nachricht des hbr.=Evg., s. M. Dibelius,
Der Brief des Jakobus (Meyers Kommentar) 11 f. Vgl. die Analogien in der Apollonius=
Geschichte; s. R. Reitzenstein, hellenist. Wandererz. 1906, 48 f.; L. Bieler, ΘΕΙΟΣ
ΑΝΗΡ I 48 f.   [8] S. S. 534.   [9] S. S. 80, 4; 340.

bohrte πλευρά nach 19₃₄ₐ hinzufügte. Auch ist möglicherweise das Bekenntnis des Thomas V.₂₈ und jedenfalls Jesu letztes Wort V.₂₉ seine eigene Formulierung (f. u.).

Thomas[1], so wird jetzt nachtragend berichtet (V. 24), hatte bei jener Erscheinung Jesu vor den Jüngern in ihrem Kreise gefehlt. Ihm erzählen die anderen (V. 25), daß sie den Herrn gesehen haben; er aber will nicht glauben, ehe er sich durch den Augenschein, ja durch körperliche Berührung überzeugt hat[2]. Das folgende Geschehnis ist seine beschämende Überführung. Nach acht Tagen — also wieder an einem Sonntag[3] — sind die Jünger wieder im Hause[4] versammelt (V. 26). Wieder sind die Türen verschlossen, und wieder tritt Jesus plötzlich mit seinem Heilgruß in den Kreis. Er spricht diesmal nur zu Thomas und fordert ihn auf, sich von der Realität des Auferstandenen zu überzeugen, wie jener gefordert hatte (V. 27), um nicht mehr ungläubig, sondern gläubig zu sein[5]. Thomas ist so überwältigt[6], daß auf seine Lippen das Bekenntnis kommt: „Mein Herr und mein Gott!" (V. 28). Es ist das dem Auferstandenen gegenüber voll angemessene Bekenntnis, das, über jenes „mein Meister" (V.₁₆) weit hinausgehend[7], in Jesus Gott selber sieht[8]. „Wer mich gesehen hat, der hat den Vater

---

[1] Schwerlich ist Thomas für die Rolle des Zweiflers um seines Namens willen (f. S. 305, 5) gewählt, dessen Sinn δίδυμος als „zwiefältig" (vgl. δίψυχος Jk 1₈) verstanden werden sollte; f. dagegen Lag. — R. Eisler ('Ιησ. βασ. II 418ff.) gewinnt aus dem Namen Θωμᾶς = δίδυμος die Hypothese, die Geschichte richte sich gegen den gegnerischen Einwand, daß die Jünger nicht den auferstandenen Jesus, sondern seinen ihm zum Verwechseln ähnlichen Zwillingsbruder gesehen haben. Deshalb müsse Jesus auch diesem erscheinen.

[2] Τύπος im Sinne von Mal, Spur auch sonst (f. Br.); einige Hff. lesen τὸν τόπον, was nach dem folgenden τὸν τόπον (A Θ lat syr⁸; freilich B K D pl τύπον; ℵ* εἰς τὴν χεῖρα αὐτοῦ) konformiert sein dürfte. — ℵ A B haben die Form τὴν χεῖραν, f. Br.; Bl.=D. § 46, 1. — Die Nagelung der Hände war 19₁₇ff. nicht erwähnt worden, so wenig wie bei den Synoptikern; die Reflexion darauf könnte durch ψ 21₁₇ veranlaßt sein: ὤρυξαν χεῖράς μου καὶ πόδας.

[3] So ausdrücklich syr⁸. Über die Auszeichnung des Sonntags f. L. Brun a. a. O. 23.

[4] Ἔσω (hellenist. für εἴσω Bl.=D. § 30, 3) hier nicht auf die Frage: wohin? (Mt 14₅₄ usw.), sondern: wo? (Act 5₂₃ usw.); Bl.=D. § 103. — Nach Zn. spielt die Szene in Galiläa; dagegen Lagr.

[5] Zu γίνου f. S. 414, 9. Es heißt nicht „werde nicht", sondern „sei nicht", „zeige dich nicht als".

[6] Offenbar hat Thomas nicht erst die Berührung vorgenommen, wenngleich das nicht daraus zu erschließen ist, daß es V.₂₉ nur ἑώρακας heißt; f. u.

[7] Das ὁ κύριός μου kann in der Kombination mit ὁ θεός μου natürlich nur der kultische Titel sein. — Es bleibt sich gleich, ob man die Worte als Anrede faßt (die Nominativformen als Vokative, Bl.=D. § 147, 3) oder als Ausruf des Bekennenden (sc. σὺ εἶ).

[8] In LXX liegen verschiedene Kombinationen von κύριος und θεός vor; mehrfach in der Anrede, in der das יהוה אֱלֹהַי mit κύριε ὁ θεός μου wiedergegeben wird; so Sach 13₉ ψ 29₃ 85₁₅ (wo aber Hebr. nur אֲדֹנָי hat); ähnlich ψ 87₂. Oder im Bekenntnis κύριός ἐστιν ὁ θεός III Reg 18₃₉ oder σὺ κύριος ὁ θεός μου Jer 38₁₈; ähnlich II Reg 7₂₈. Koordiniert in der Anrede nur ψ 34₂₃: ὁ θεός μου καὶ ὁ κύριός μου (Hebr. אֱלֹהַיְ וַיהֹוה); vgl. ψ 43₅: σὺ εἶ ὁ βασιλεύς μου καὶ ὁ θεός μου. — Ähnliche Verbindungen im Heidentum; vgl. die Anrede Epikt. diss. II 16, 13: κύριε ὁ θεός. In Weihungen: τῷ θεῷ καὶ κυρίῳ Σοκνοπαίῳ Ditt. Or. inscr. 655; deo domino Saturno (Inschr. aus Thala in Afrika, Berl. phil. Wochenschr. 21 [1901], 475. Im Kaiserkult: Suet. Domit. 13 von Domitian: dominus et deus noster. Weiteres bei Deißmann, L. v. O. 309f. — Die Kombination auch im Christentum als Anrede an Gott Apk 4₁₁: ὁ κύριος καὶ ὁ θεός ἡμῶν. Als christologisches Bekenntnis act. Thom. 26 p. 142, 2: κύριος καὶ θεὸς πάντων, 'Ι. Χρ., als Gebetsanrede act. Thom. 10. 144. 167 p. 114, 5; 251, 1; 281, 6. Weiteres bei Ad. Harnack, Dogmengeschichte⁴ I 209, 1.

gesehen", hatte Jesus 14 9 gesagt (vgl. 12 45). Jetzt hat Thomas Jesus so gesehen,
wie er gesehen werden will und soll. Das letzte Bekenntnis, das im Evg gesprochen
wird, bringt durch das ὁ θεός μου zum Ausdruck, daß Jesus, dem es gilt, der
Logos ist, der jetzt wieder dorthin zurückgekehrt ist, wo er vor der Fleischwerdung
war[1], der verherrlicht ist mit der Herrlichkeit, die er vor der Welt beim Vater
hatte (17 5); er ist jetzt erkannt als der θεός, der er von Anbeginn war (1 1)[2].

Jesu Antwort (V. 29) bestätigt wohl, daß sich im Worte des Thomas der
Glaube ausspricht; aber gleichzeitig beschämt es ihn: „Weil du mich gesehen
hast, hast du geglaubt?[3] Heil denen, die nicht sehen und doch glauben!"[4]
Das Bekenntnis hätte also schon früher abgelegt werden sollen. Wann? Liegt
das Beschämende für Thomas darin, daß er nicht gläubig ward, als die Anderen
ihm mitteilten: „Wir haben den Herrn gesehen"? Will die Geschichte lehren:
Glaube an den Auferstandenen ist gefordert auf Grund der Aussage der Augenzeugen?[5] Niemand darf verlangen, daß ihm die gleichen Erlebnisse geschenkt
werden wie den ersten Jüngern, die nun für alle Zeiten die glaubwürdigen
Zeugen sind?

Aber es wäre doch seltsam, daß dieser Satz gerade an Thomas, der selbst
einer der ersten Jünger war, illustriert werden sollte. Und vor allem: trifft denn
der dem Thomas geltende Vorwurf nicht alle anderen Jünger auch? Alle haben
ja, wie auch Maria Magdalena, erst geglaubt als sie gesehen haben, auch jene
Zwei von V. 3-8, die zwar nicht durch die Erscheinung des Auferstandenen, aber
doch durch den Anblick des leeren Grabes überführt wurden[6]. Thomas hat keinen
anderen Beweis verlangt, als Jesus ihn den Anderen freiwillig dargeboten hatte
(V. 20). Dann preist also der Makarismus die Nachgeborenen, weil sie vor den
ersten Jüngern das voraus haben, daß sie ohne Autopsie glauben, und zwar eben
auf das Wort jener hin? Das dürfte unmöglich sein.

Vielmehr ist der Zweifel des Thomas repräsentativ für die durchschnittliche
Haltung der Menschen, die nicht glauben können, ohne Wunder zu sehen (4 48). Wie
der Schwachheit des Menschen das Wunder konzediert wird[7], so wird der Schwachheit der Jünger die Erscheinung des Auferstandenen konzediert. Im Grunde
sollte es dessen nicht bedürfen! Im Grunde sollte nicht erst die Schau des Auferstandenen die Jünger bewegen, „dem Worte, das Jesus sprach", zu glauben
(2 22), sondern dieses Wort müßte allein die Kraft haben, ihn zu überzeugen[8].

Wie in der Maria-Geschichte V. 1 f. 11-18 liegt also auch in der Thomas-
Geschichte eine eigentümliche Kritik an der Wertung der Ostergeschichten: sie können
nur relativen Wert beanspruchen[9]. Und wenn Jesu kritisches Wort den Schluß

----

[1] Vgl. 6 62 16 28 usw.; s. S. 232, 2.
[2] Ob sich das οὗτός ἐστιν ὁ ἀληθινὸς θεός I Joh 5 20 auf Jesus Christus bezieht,
ist zweifelhaft.
[3] Selbstverständlich liegt in dem ἑώρ. nicht ein „ohne mich zu berühren"; vielmehr
sind ὁρᾶν (als sinnliche Wahrnehmung) und πιστεύειν radikale Gegensätze.
[4] Ob πεπίστ. als Frage oder Aussage gedacht ist, bleibt sich gleich; jedenfalls stehen
die beiden Sätze ὅτι ... πεπίστευκας und μακάριοι κτλ. in adversativem Verhältnis.
Die Formulierung stammt zweifellos vom Evglisten; zur Satzform vgl. 1 50 (dieser Satz
muß doch auch vom Evglisten stammen, nicht nur V. 51; s. S. 68); 4 35 6 61 f. 16 19. 31; überall folgt der Konstatierung einer Meinung oder Haltung des Angeredeten die Korrektur
in Frageform. — Über die Form des Makarismus s. S. 363, 4.
[5] So B. Weiß, Zn., Lagr., Wendt I 28: so nur sei V. 29 die Vorbereitung auf V. 30 f.
[6] Vgl. V. 8: καὶ εἶδεν καὶ ἐπίστευσεν!   [7] S. S. 92. 152 f. 173.
[8] Vgl. E. Lohmeyer, Galiläa und Jerusalem 1936, 20.   [9] S. S. 533.

der Ostergeschichten bildet, so ist der Hörer und Leser gewarnt, sie als mehr zu nehmen, als sie sein können: weder als Erzählungen von Ereignissen, wie er sie selbst zu erleben wünschen oder hoffen könnte, noch auch als einen Ersatz für solche eigenen Erlebnisse, sodaß die Erlebnisse Anderer ihm gleichsam die Realität der Auferstehung Jesu garantieren könnten, — vielmehr als verkündigendes Wort, in dem die erzählten Ereignisse zu symbolischen Bildern geworden sind für die Gemeinschaft, in der der zum Vater Aufgefahrene mit den Seinen steht[1]. Diese Mahnung ist der sachgemäße und eindrucksvolle Abschluß der Ostergeschichten. Wie sollte noch ein Abschied des Auferstandenen erzählt werden, wie er Lk 24₅₁ Act 1₉₋₁₁ berichtet wird? Es ist ja der Erhöhte, der den Jüngern erschien; einer Himmelfahrtsgeschichte bedarf es also nicht.

20₃₀—31: Der Schluß des Evangeliums.

20₃₀ f. ist ein deutlicher Abschluß des Evg, in dem der Auswahlcharakter der Erzählung betont und ihr Zweck angegeben wird.

Es gäbe noch viel mehr zu berichten von den „Zeichen, die Jesus vor den Jüngern tat" (V. 30)[2]; eine Auswahl ist also nur erzählt worden! Diese Bemerkung soll nicht sowohl den Verf. des Evg entschuldigen als vielmehr dem Leser den unerschöpflichen Reichtum des Gegenstandes zum Bewußtsein bringen[3].

---

[1] Die geforderte Haltung ist also eine solche, wie sie auch I Pt 1₈ zum Ausdruck kommt, und wie sie sich überall gleich oder ähnlich findet, wo der Gedanke Gottes echt gedacht ist. Tanch. לך לך 17a stellt die Israeliten dem Proselyten gegenüber: jene würden sich Gott am Sinai nicht unterworfen haben ohne die Demonstration der göttlichen Gegenwart, während dieser es tut, ohne jenes Ereignis gesehen zu haben. Nach Plat. Theaet. 155e werden die ἀμύητοι charakterisiert: οἱ οὐδὲν ἄλλο οἰόμενοι εἶναι ἢ οὗ ἂν δύνωνται ἀπρὶξ τοῖν χεροῖν λαβέσθαι, πράξεις δὲ καὶ γενέσεις καὶ πᾶν τὸ ἀόρατον οὐκ ἀποδεχόμενοι ὡς ἐν οὐσίας μέρει. Vgl. auch C. Herm. 4, 9: τὰ μὲν γὰρ φαινόμενα τέρπει, τὰ δὲ ἀφανῆ δυσπιστίαν ποιεῖ· φανερώτερα δέ ἐστι τὰ κακά· τὸ δὲ ἀγαθὸν ἀφανὲς τοῖς φανεροῖς. — Sollte die Thomasgeschichte ihren Ursprung in der Diskussion mit den Juden über die Auferstehung haben (Baldensperger, Rev. H. Ph. rel. 1933, 129), so hat sie den apologetischen Sinn jedenfalls in der Red. des Evglisten verloren.

[2] Anspielungen auf andere σημεῖα auch 2₂₃ 4₄₅ 12₃₇. — Wer ist hier unter den μαθηταί (ἢ K D pm fügen αὐτοῦ hinzu) zu verstehen: der engere oder ein weiterer Kreis?

[3] Solche Schlußwendungen sind traditionell. Vgl. schon Sir 43₂₇ nach der Aufzählung der Wunder Gottes (παράδοξα καὶ θαυμάσια ἔργα): πολλὰ ἐροῦμεν καὶ οὐ μὴ ἀφικώμεθα ... „Doppelt so viel — und wir wären nicht zu Ende, und der Rede Schluß ist: Er ist Alles." Nach dem Bericht über die Kämpfe und den Tod des Judas Makkabäus heißt es I Makk 9₂₂: καὶ τὰ περισσὰ τῶν λόγων Ἰούδα καὶ τῶν πολέμων καὶ τῶν ἀνδραγαθιῶν ὧν ἐποίησεν, καὶ τῆς μεγαλωσύνης αὐτοῦ οὐ κατεγράφη· πολλὰ γὰρ ἦν σφόδρα. Philon Vit. Mos. I 213 nach der Aufzählung der Wunder des Schöpfung: ἐκλίποι ἂν ὁ βίος τοῦ βουλομένου διηγεῖσθαι τὰ καθ' ἕκαστα, μᾶλλον δ' ἕν τι τῶν τοῦ κόσμου ... μερῶν, κἂν μέλλοι πάντων ἀνθρώπων ἔσεσθαι μακροβιώτατος. Ähnlich übertreibende Lobpreisungen der Weisheit der Lehrer bei den Rabbinen: „Wenn alle Himmel Pergamente und alle Bäume Schreibrohre und alle Meere Tinte wären, so würde das nicht genügen" usw., s. Str.-B. zu 21₂₅; ganz ähnlich im Koran, Sure 31, 26. Vgl. R. Tschudi, Das Dilâjet-nâme des hâdschim Sultan (Türk. Bibliothek 17) 1914, 107: „Wie es in seinen (des Verf.) Kräften stand, schrieb er es nieder und hatte immer den Gedanken: Es wird notwendig für die (Gott) Liebenden, die nach uns kommen ... Die Rede soll nicht zu lange werden; das heißt, diese erhabenen Wunder, die ich berichtet habe, sind (nur) ein Tropfen aus dem Meer und ein Stäubchen aus der Sonne." — Ebenso in der griech. Literatur; vgl. Luc. Demon. 67: ταῦτα ὀλίγα πάνυ ἐκ πολλῶν ἀπεμνημόνευσα, καὶ ἔστιν ἀπὸ τούτων τοῖς ἀναγινώσκουσι λογίζεσθαι ὁποῖος ἐκεῖνος ἀνὴρ ἐγένετο. Auf altgriechische Enkomien verweist Fr. Pfister, AR 34 (1937), 56, 1. Ähnlich ist in Einleitungswendungen gesagt, daß das Folgende nur eine Auswahl aus

Natürlich blickt die Aussage nicht speziell auf die Ostergeschichten zurück, sondern ähnlich wie 12 37 auf das ganze Wirken Jesu, in das aber die Ostergeschichten einbegriffen sind. Wie 12 37 ist es zunächst überraschend, daß Jesu Wirken unter den Titel der σημεῖα gestellt wird; aber angesichts der Einheit, die im Sinne des Evglisten „Zeichen" und Worte bilden, ist es verständlich[1]. Veranlaßt aber ist die Formulierung wie 12 37 offenbar dadurch, daß der Evglist den Abschluß der σημεῖα-Quelle übernimmt[2]. Eben weil er in seiner Darstellung einerseits den Sinn der σημεῖα als redender Taten deutlich gemacht hat, und andrerseits Jesu Worte als gottgewirktes Geschehen, als ῥήματα ζωῆς (6 63. 68), dargestellt hatte, konnte er, ohne ein Mißverständnis zu befürchten, diese Schlußwendung der Quelle benutzen und damit zugleich sein Buch äußerlich der Form von Evangelienschriften angleichen, wie sie schon traditionell geworden war[3].

Den Zweck seines Buches gibt er an (V. 31), indem er die Leser direkt anredet[4]; es ist der: den Glauben zu wecken, daß Jesus der Messias, der Sohn Gottes ist[5]. Im Sinne des Evglisten ist es dabei gleichgültig, ob die etwaigen Leser[6] schon „Christen" sind oder noch nicht[7]; denn der Glaube der „Christen" ist ja für ihn nicht eine ein für allemal vorhandene Überzeugung, sondern muß ständig seiner selbst aufs neue sicher werden und muß deshalb stets das Wort neu hören. Der Sinn des Glaubens aber ist: in Seinem „Namen" das Leben zu haben. Diesen Schlußsatz könnte der Evglist zu den Worten der Quelle hinzugefügt haben; jedenfalls ist das ζωὴν ἔχειν[8] die ihm gemäße Formulierung für das Heil[9], und ebenso

---

dem Reichtum des Vorhandenen bringen könne: Xen. Hell. V 4, 1; Aelius Arist. II p. 361, 3 ff. Keil, von den Taten des Sarapis: ὧν ἱεραὶ θῆκαι βίβλων ἱερῶν ἀπείρους ἀριθμοὺς ἔχουσι. μεσταὶ δὲ ἀγοραί, φασί, καὶ λιμένες καὶ τὰ εὐρύχωρα τῶν πόλεων τῶν καθ᾿ ἕκαστα ἐξηγουμένων. ἐμοὶ δ᾿ ἐγχειροῦντι λέγειν ἀπέραντον ἡμερῶν πλῆθος ἐπιρρνεῖ ἀτέλεστον ὁμοίως ἕξει τὸν κατάλογον κτλ. Weiteres bei O. Weinreich, Antike Heilungswunder 1909, 199—201; hier bes. auch Beispiele übertreibender Formulierung, mehrfach mit Verwendung eines Homerzitats (Il. 2, 489 f.): „selbst wenn ich 10 Zungen und 10 Münder hätte", oder: „unzählbarer als die Wellen des Meeres, als die Sterne". — In der christlichen Literatur auch sonst häufig die Betonung, daß Jesus viel mehr Wunder getan habe, als berichtet werden kann; s. W. Bauer, Das Leben Jesu im Zeitalter der neutest. Apokryphen 364 f.; in bezug auf Märtyrer s. E. Lucius, Die Anfänge des Heiligenkults 1904, 200, 1.
[1] S. S. 346.
[2] In der Quelle werden 12 37 f. und 20 30 f. zusammengestanden haben; s. Faure, ZNTW 21 (1922), 107 ff. — Für die Übernahme aus der Quelle spricht wohl auch die Wendung ἐνώπιον τῶν μαθ., die durch die Darstellung des Evg nicht motiviert ist, sofern im ersten Teil gerade nicht die Jünger das eigentliche Publikum sind, wenngleich ihre Anwesenheit überall (außer 4 46 ff. 51 ff.) erwähnt ist. Auch begegnet ἐνώπιον im Evg sonst nicht (statt dessen ἔμπροσθεν in diesem Sinne 12 37), aber freilich I Joh 3 22 III Joh 6.
[3] Vgl. Dibelius, Formgesch. 37, 3: der Evglist hat seinem Werk einen Schluß gegeben, „der eigentlich zu einem Buche anderer Gattung passen würde, einer Sammlung von ‚Zeichen' Jesu, wie sie die Synoptiker darstellen. Der Verf. tat dies wohl, um sein Evg als ein Buch wie jene erscheinen zu lassen."
[4] Die Anrede ist hier (anders als 19 35) wohl begründet.
[5] Zu υἱὸς τ. θ. s. S. 64, 3. Der Titel im Sinne von 1 34. 50 3 18 5 25 10 36 11 4. 27 (19 7); häufig in I Joh, bes. 4 15 5 4. 13. — Auf Ἰησοῦς liegt kein bes. Ton; denn die antitäuferische Tendenz ist hier schwerlich wirksam.
[6] An einem bestimmten Leserkreis ist offenbar nicht gedacht.
[7] Es ist daher auch ohne Bedeutung, ob mit B ℵ* Θ πιστεύητε oder mit den übrigen Zeugen πιστεύσητε zu lesen ist.
[8] ℵ C* D L al fügen hinzu αἰώνιον.
[9] Ζωὴν ἔχειν 3 15 f. 36 5 24. 40 6 40. 47 10 10; entsprechend διδόναι 6 33 10 28 17 2. Geknüpft an den Glauben an den „Sohn" 3 16. 36 6 40.

entspricht es seiner Anschauung, daß der Glaubende das Heil „in ihm" hat[1], wofür es mit vollerem Ausdruck hier „in seinem Namen" heißt[2], — dem Tone entsprechend, der auf das letzte Wort des Buches fällt, wie denn auch am Anfang, als zum erstenmal von den Glaubenden die Rede war, sie als die πιστεύοντες εἰς τὸ ὄνομα αὐτοῦ bezeichnet wurden (112).

Nachtrag. Kap. 21.

Kap. 21 ist ein Nachtrag; denn mit 20 30 f. war das Evg abgeschlossen worden. Es ist nur die Frage, von wem dieser Nachtrag stammt. Daß der Evglist ihn selbst hinzugefügt und hinter sein erstes Schlußwort gestellt habe, um dann noch ein zweites Schlußwort anzuhängen (D. 24 f.), ist außerordentlich unwahrscheinlich[3]. Aber es sprechen auch andere Gründe dagegen, daß Kap. 21 vom Evglisten stammt.

Sprache und Stil liefern freilich keinen sicheren Beweis[4]. Der Satzbau ist einfach: Part. coni.: D. 7. 8. 12. 14. 19. 20. 21; ergänzendes Part. D. 19; dem Obj. zugeordnet D. 9 (bis). 20. 25; mit Art. als Apposition D. 2. 24 (bis). — Gen. abs. D. 4. 11. — Infinitiv-Konstruktionen der einfachsten Art nach ὑπάγειν D. 3, nach ἰσχύειν D. 6, nach τολμᾶν D. 12, nach θέλειν D. 22 f.; Acc. c. Inf. nach οἶμαι D. 25. — Relativsätze: einfaches Relat. D. 7. 20 (bis), davon zweimal ὁ μαθητής, ὃν ἠγάπα ὁ Ἰ.; ὃς καί D. 20; ὅπου D. 18. — Temporalsätze: ὡς οὖν D. 9; ὅτε D. 18; ὅτε οὖν D. 15; ὅταν D. 18; ἕως D. 22 f. — Final- und Konsekutivsätze fehlen; Kausalsatz: ὅτι D. 17. — Bedingungssätze: ἐάν D. 22 f. -- Abhängige Aussagesätze: ὅτι D. 4. 7. 12. 15 f. 17. 23 (bis). 24.

Satzverbindungen (außer dem μετὰ ταῦτα D. 1): Asyndeta häufig, oft wenn der Satz mit einem Verbum des Sagens beginnt, so D. 3 (bis). 5. 10. 12. 15. 16 (tris). 17. 22. — Οὖν: nach dem den Satz einleitenden Verb. D. 5. 6. 7. 23; sonst D. 7. 21; ὡς οὖν und ὅτε οὖν f. o. — Etwas häufiger δέ: D. 1. 4. 6. 8. 18. 19. 21. 23. — Außerdem μέντοι D. 4; γάρ D. 7. 8; οὐκ ... ἀλλά D. 23.

Semitismen dürften sein das pleonastische ἐξῆλθον D. 3, das konsekutive καὶ εὑρήσετε nach dem Imp. D. 6 und die Wendung ἐξῆλθεν ὁ λόγος D. 23.

Was den Wortschatz betrifft, so ist die Tatsache, daß eine Reihe von Vokabeln nur in Kap. 21 begegnen, zufällig und durch den Stoff bedingt[5]. Auffallend aber ist es, daß sich nur in Kap. 21 folgende Vokabeln finden: ἀδελφοί als Bezeichnung der Christen D. 23, ἐξετάζειν statt ἐρωτᾶν D. 12; ἐπιστραφῆναι statt στραφῆναι (1 38 20 14. 16) D. 20; ἰσχύειν statt δύνασθαι D. 6 („geziert" nach Raderm. 37); τολμᾶν D. 12. — Ferner überrascht die Anrede der Jünger als παιδία D. 5 (vgl. aber I Joh 2 14. 18); kausales ἀπό D. 6, partitives ἀπό D. 10 statt des sonstigen ἐκ[6]; auch ἐπί wird D. 1 anders als sonst im Evg gebraucht; ebenso φανεροῦν D. 1. Befremdlich ist ἕως D. 22 statt ἕως ὅτου (9 18) bzw.

---

[1] 3 15 16 33; vgl. auch εἶναι ἐν und μένειν ἐν, f. S. 243, 1; 411, 3.

[2] Sein ὄνομα, d. h. Er, f. S. 37, 4, und vgl. bef. 1 12 3 18 I Joh 5 13.

[3] Lagr. sucht diesem Argument zu entgehen durch die Annahme, daß 20 30 f. am falschen Platze stehe; es gehöre hinter 21 23 und sei dort durch D. 24 f. verdrängt worden. Ähnlich L. Vaganay, Revue biblique 1936, 1 ff.; nur daß dieser 20 30 f. hinter 21 24 stellt und nur D. 25 für sekundär hält. — Wenn nun auch die Annahme einer Unordnung des Textes an sich nichts Unwahrscheinliches hätte, so ist doch zu bedenken, daß die vorliegende Ordnung des Evg auf eine Redaktion zurückgeht, und daß diese 20 30 f. an den falschen Platz gestellt hätte, ist doch wohl nicht möglich.

[4] Über die stilistische Übereinstimmung von Kap. 21 mit dem übrigen Evg f. bef. Schl. und Goguel, Introd. II 287 ff.

[5] Es sind: αἰγιαλός D. 4, ἁλιεύειν D. 3, ἀποβαίνειν D. 9, ἀριστῆσαι D. 12, ἀρνίον D. 15, βόσκειν D. 15, γηράσκειν D. 18, γυμνός D. 7, δίκτυον D. 6. 8, ἐκτείνειν D. 18, ἐπενδύτης D. 7, ζωννύναι D. 18, οἶμαι D. 25, πῆχυς D. 8, πιάζειν D. 3. 10, ποιμαίνειν D. 16, προβάτιον D. 16, προσφάγιον D. 5, πρωΐα D. 4, σύρειν D. 8.

[6] Weniger auffällig ist σύν D. 3 statt des sonst häufigen μετά; denn σύν begegnet immerhin auch 12 2 18 1.

ἕως οὗ (13₃₈); πλέον D.₁₅ ſtatt μᾶλλον (3₁₉ 12₄₃), οὐ μακράν D.₈ ſtatt ἐγγύς (öfter, 3. B. 11₁₈); ὑπάγειν mit Inf. D.₃ (vgl. dagegen 4₁₆ 9₇ 15₁₆). Singulär iſt auch τί πρός σέ D.₂₂ (vgl. 2₄).

Sachlich befremdet es, daß die Jünger hier als Fiſcher vorausgeſetzt werden, was zwar mit den Synoptikern übereinſtimmt, wovon aber bei Joh bisher nicht die Rede war. Ebenſo, daß nur hier die Zebedaiden auftreten (D.₂), die bisher nie genannt waren. Endlich daß Nathanael erſt hier und nicht ſchon 1₄₅ als aus Kana ſtammend bezeichnet wird.

Noch ſchwerer wiegt es, daß in Kap. 21 die durch Mk und Mt bezeugte Tradition von den Erſcheinungen des Auferſtandenen in Galiläa, die in Kap. 20 völlig ignoriert war, auftaucht, und zwar unvermittelt, ohne daß etwa von der Wanderung der Jünger von Jeruſalem nach Galiläa berichtet würde. Aber nicht allein das! Sondern 20₁₉₋₂₉ iſt ſo erzählt, daß man nicht nur keine weiteren Erſcheinungen des Auferſtandenen erwartet, ſondern auch keine erwarten darf. Nach der Beauftragung der Jünger 20₂₂f. iſt es mehr als erſtaunlich, daß die Jünger, ſtatt Zeugnis abzulegen, am galiläiſchen See Fiſchfang treiben, um dort wieder eine neue Erſcheinung zu erleben, die nun gar keinen rechten Sinn hat; und nach dem Worte Jeſu 20₂₉ durfte nicht von fernerem Sichtbarwerden Jeſu erzählt werden. Dazu kommt, daß die Geſchichte 21₁₋₁₄ erkennen läßt, daß ſie urſprünglich als erſte Oſtergeſchichte erzählt worden war (ſ. u.); und der redakt. D.₁₄ zeigt, daß ſie nachträglich an den Platz geſtellt iſt, den ſie jetzt einnimmt.

Zudem hat die Erzählung in Kap. 21 einen völlig anderen Charakter als die bisherige. Das Thema iſt hier nicht die Exiſtenz des Jüngers und der Gemeinde, nicht Offenbarung und Glaube; ſondern hier kommen ganz ſpezielle Intereſſen an Perſonen und Beziehungen der Gemeindegeſchichte zu Worte. Gewiß tauchte auch 19₂₆f. 20₃₋₁₀ das Problem des Verhältniſſes von Juden- und Heidenchriſtentum auf; aber dort war es als grundſätzliches ins Auge gefaßt worden, während hier die aktuelle Frage nach dem Rang kirchlicher Autoritäten widerklingt. Der Lieblingsjünger iſt hier nicht Repräſentant des Heidenchriſtentums, ſondern eine beſtimmte hiſtoriſche Perſon. Symptomatiſch iſt auch die dem Evg fremde Allegoriſtik D.₁₁, ſelbſt wenn der genaue Sinn der Zahl nicht zu enträtſeln iſt. Entſcheidend iſt aber ſchon, daß D.₂₂f. die realiſtiſche Eſchatologie vorliegt, gegen die das Evg polemiſiert, und die der kirchlichen Red. in ſeinen Zuſätzen eingebracht hat[1]. Auf eben dieſe kirchliche Red. geht Kap. 21 zurück.

Das zeigt endlich D.₂₄. Indem der Lieblingsjünger, von dem D.₂₀₋₂₃ geredet hatten, und der nach D.₂₃ geſtorben iſt, als Verfaſſer des Evg bezeichnet wird, wird völlig deutlich, daß das Evg, ſo wie es vorliegt, nach ſeinem Tode mit dieſem Nachtragskapitel herausgegeben iſt. Denn die Fiktion, daß der Verf. ſelbſt ſich hier als mit dem Lieblingsjünger identiſch hinſtellen und zugleich ſeinen eigenen Tod beſcheinigen will, iſt doch ganz unglaubhaft[2].

Kap. 21 iſt keine Einheit. Es gliedert ſich zunächſt in die beiden Stücke D.₁₋₁₄ und D.₁₅₋₂₃, die nicht urſprünglich zuſammengehört haben können. Die Analyſe zeigt, daß D.₁₋₁₄ eine urſprünglich ſelbſtändige Oſtergeſchichte war, die von einer Erſcheinung Jeſu vor einer Gruppe von Jüngern am galiläiſchen See berichtete, und daß erſt redakt. Bearbeitung dem Lieblingsjünger und Petrus eine beſondere Rolle zuerteilt hat. Durch dieſe Bearbeitung aber iſt die Geſchichte zu einer Art Einleitung zu D.₁₅₋₂₃ geworden, wo Petrus und der Lieblingsjünger die Hauptperſonen ſind, und wo die anderen eben noch anweſenden Jünger völlig ignoriert werden.

In D.₁₋₁₄ befremdet zunächſt in D.₄ die Angabe, daß die Jünger Jeſus nicht erkannten. Iſt es verſtändlich, daß ſie den Befehl eines fremden Mannes D.₆ ohne weiteres ausführen?[3] Man mag freilich ſagen, daß das in einer Oſtergeſchichte nicht zu befremden

---

[1] S. S. 165f. 196. 262, 7.

[2] Über die Möglichkeit D.₂₃ und D.₂₄ (ganz oder teilweiſe) als Interpolation zu erklären ſ. u. S. 554.

[3] Vgl. Lk 5₅, wo Petrus dem entſprechenden Befehl Jeſu nur mit Zögern gehorcht, obwohl Jeſus doch dort nicht als Unbekannter erſcheint.

brauche; man müſſe verſtehen, daß bei dieſem geheimnisvollen Geſchehen gleichſam ein Bann auf den Beteiligten liege. Aber dazu kommt, daß das Verhältnis von V.₄ᵇ zu V.₁₂ᵇ nicht klar iſt; nach V.₁₂ᵇ wiſſen die Jünger doch, daß ſie es mit Jeſus zu tun haben, ohne daß vorher geſagt worden wäre (wie es V.₇ für den Lieblingsjünger angedeutet iſt), daß ſie ihn inzwiſchen erkannt hätten. Wahrſcheinlich iſt V.₄ᵇ ſchon der Red. zuzuſchreiben als Vorbereitung der beſonderen Rolle des Lieblingsjüngers V.₇.

V.₇ jedenfalls iſt ein redakt. Zuſatz; er unterbricht den Bericht von dem wunderbaren Fiſchfang durch die Mitteilung des Lieblingsjüngers — warum war dieſer V.₂ nicht genannt?! —, daß der Unbekannte der „Herr" ſei, und durch die Erzählung, daß Petrus daraufhin ins Waſſer ſprang — doch offenbar, um möglichſt ſchnell zu Jeſus zu gelangen. Nach V.₈ nahen die übrigen Jünger im Schiff dem Lande, dem ſie nicht fern ſind[1], und ſchleppen dabei das volle Netz im Waſſer hinter ſich her. Die Mitteilung V.₉, daß ſie, ans Land geſtiegen, dort ein Kohlenfeuer finden, auf dem Fiſch brät, und dazu Brot, überraſcht nach V.₅, demzufolge die Jünger doch offenbar auf den Fang entſendet wurden, um die nicht vorhandene Nahrung zu beſchaffen[2]. Soll ein Wunder berichtet werden, das die gefangenen Fiſche überflüſſig macht? das alſo die menſchliche Bemühung als unnötig erweiſt angeſichts der Allmacht des „Herrn", die das Fehlende wunderbar beſchaffen kann? Aber der Fiſchfang ſelbſt war ja ein Wunder, das ſeiner Allmacht zu verdanken iſt! Und zudem redet Jeſus V.₁₀ wieder vom Standpunkt von V.₅ aus: die Jünger ſollen ihren Fang bringen! Wozu denn, wenn nicht, um von den gefangenen Fiſchen ein Mahl zu bereiten? Und jetzt V.₁₁ ſteigt Petrus — doch offenbar auf Jeſu Aufforderung hin — auf die Höhe des Ufers und zieht das Netz mit dem Fang ans Land! Aber Petrus war doch längſt vor dem Schiff und alſo auch vor den anderen Jüngern ans Land geſchwommen! Daß er angekommen war, war freilich V.₇ nicht ausdrücklich geſagt worden[3]; aber daß er, der den anderen zuvorkommen wollte, tatſächlich erſt nach ihnen anlangte, hätte doch erſt recht ausdrücklich geſagt werden müſſen! Er ſteht alſo ſeit einiger Zeit da, und Jeſus ſcheint keine Notiz von ihm zu nehmen! V.₉₋₁₁ kann doch natürlicherweiſe nur ſo verſtanden werden, daß die Jünger (ſamt Petrus) das Schiff an Land getrieben haben und herausgeſprungen ſind[4], und daß Petrus auf Jeſu Aufforderung hin nun das Ufer hinaufſteigt und das Netz hinaufzieht[5]. Das δεῦτε ἀριστήσατε V.₁₂ wird man in der Folge auf V.₁₀f. zunächſt ſo verſtehen, daß ein Frühſtück von den gefangenen Fiſchen bereitet und verzehrt werden ſoll. Nach V.₁₃ iſt das aber nicht gemeint; vielmehr teilt Jeſus das V.₉ genannte Mahl unter die Jünger aus.

Dieſe Verwirrung iſt doch nur ſo zu verſtehen, daß eine ſchriftliche Vorlage durch redakt. Zuſätze bereichert worden iſt. Solche ſind wahrſcheinlich V.₄ᵇ, ſicher V.₇, ebenſo V.₉ᵇ und V.₁₃. Endlich dürfte auch die Angabe der Zahl der gefangenen Fiſche, die, da ſie keine runde Zahl iſt, zweifellos allegoriſchen Sinn hat, auf die Red. zurückgehen[6]; denn es iſt kaum glaublich, daß eine alte Geſchichte einen ſolchen Zug enthielt. Über V.₁₄ſ. u. Der Text der Quelle kann in V.₈ nicht intakt geblieben ſein, da von den ἄλλοι μαθηταί erſt geredet werden konnte, wenn in V.₇ das Verhalten des Petrus erzählt worden war. Vermutlich iſt der erſte Satz von V.₈ der Red. zuzuſchreiben; an V.₆ ſchloß

---

[1] Syrˢ korrigiert, um beſſere Logik in die Erzählung zu bringen, indem ſie dieſe Angabe zu V.₇ zieht: „(Petrus) ſtürzte ſich in den See und ſchwamm und kam (an), weil ſie nicht weit vom Trockenen waren", — was Merx für urſprünglich hält.

[2] Sp. will V.₉ hinter V.₁₁ verſetzen; aber damit iſt der Anſtoß nicht beſeitigt, auch wenn Sp. in V.₉ καὶ ἄρτον und den ganzen V.₁₃ ſtreicht.

[3] Über syrˢ ſ. Anm. 1.

[4] Das ἀνέβησαν, das א* syrˢ V.₉ ſtatt ἀπέβησαν leſen, und das mit dem ἀνέβη von V.₁₁ konkurriert, kann nicht urſprünglich ſein.

[5] Das ἀνέβη V.₁₁ vom Hinaufſteigen des Petrus auf das Schiff zu verſtehen, iſt unmöglich; das Netz befindet ſich ja gar nicht im Schiff. א und L faſſen es freilich ſo auf, wenn ſie ἐνέβη leſen.

[6] Damit natürlich auch das καὶ τοσούτων ὄντων κτλ.; hat in der Quelle etwa ſtatt deſſen geſtanden: καὶ ἐσχίσθη τὸ δίκτυον? vgl. Lk 5₆.

D.8b ursprünglich (mit δέ statt mit γάρ) an. Ich vermute auch, daß D.11a ursprünglich
lautete: ἀνέβησαν (οὖν) οἱ μαθηταὶ καὶ εἵλκυσαν κτλ. Die Red. wollte dem Petrus
wieder eine besondere Rolle zuschreiben, und das wird mit dem allegorischen Sinn von
D.11b zusammenhängen. D.13 muß den ursprünglichen Abschluß der Geschichte verdrängt
haben. Dieser hat gewiß irgendwie von der Lösung des Bannes erzählt, der nach D.12
auf den Jüngern lag. Er wird von einem Worte Jesu bei oder nach der Mahlzeit berichtet haben und vielleicht von einer Huldigung der Jünger. Zumal liegt es nahe, anzunehmen, daß Jesus den Jüngern ihre Aufgabe mit Bezug auf den soeben erfolgten
wunderbaren Fischzug übertrug, indem er sie zu „Menschenfischern" berief, sodaß also
das Wunder des Fischzuges symbolischen Sinn gehabt hätte[1]. Dann mag das wunderbare Verschwinden Jesu etwa wie Lk 24 31 erzählt worden sein.

Die Zusätze der Red. sind nicht alle gleicher Art. D.4b. 7-8a (und in D.11), die das
Petrus-Lieblingsjünger-Motiv enthalten und D.15-23 vorbereiten, gehören dem Red. an,
der Kap. 21 als ganzes komponierte und dem Evg anfügte. Damit haben D.9b. 13 an sich
nichts zu tun; sie können nur den Sinn haben, aus einer realen Mahlzeit, zu der sich
Jesus mit den Jüngern zusammenfindet (wie Lk 24 30), ein wunderbares kultisches Mahl
zu machen. Schwerlich aber sind zwei Stufen der Red. zu unterscheiden, sodaß der Red.
des Ganzen schon in der Quelle die Verse 9b. 13 in die alte Ostergeschichte eingearbeitet
vorgefunden hätte. Daß verschiedene Interessen den Red. bestimmten, ist nicht schwierig
anzunehmen[2].

Die Geschichte vom wunderbaren Fischzug, den die Quelle bot, ist, wie längst erkannt, eine Variante von Lk 5 1-11[3]. Die beiden Varianten unterscheiden sich 1. dadurch,
daß die Aufforderung zum Fischfang bei Lk nicht wie Joh 21 durch die Notwendigkeit,
Nahrung zu beschaffen, motiviert ist, und daß dort deshalb auch nicht eine Mahlzeit auf
den Fischfang folgt. Darin könnte Joh 21 den Eindruck des Ursprünglichen machen. Da
aber die Geschichte ursprünglich offenbar den Sinn hatte, den Apostelberuf zu veranschaulichen[4], was bei Lk ja noch der Fall ist und in der Quelle des Joh auch der Fall gewesen
sein dürfte (s. o.), wird die Motivierung des Fischfanges und die anschließende Mahlzeit

---

[1] Daß der ursprüngliche durch D.13f. verdrängte Schluß in D.15-17 vorliege (Ed.
Schwartz, ZNTW 15 [1914], 217), ist höchst unwahrscheinlich; denn nach dem Wunder
des Fischfanges kann das Amt des Petrus doch nicht wohl unter dem Bild des Hirten
dargestellt worden sein, sondern nur analog Lk 5 10.

[2] Wellh. meint, daß in 21 1-14 zwei Geschichten kombiniert sind, nämlich eine
Variante von Lk 5 1-11 (s. gleich im Text) und eine Variante von Mk 6 45-52, eine Geschichte
vom wunderbaren Fischfang und eine Geschichte von einer wunderbaren Speisung der
Jünger. Die letztere habe erzählt, daß die Jünger nachts ohne Jesus über den See gefahren sind, und daß sie in der Morgenfrühe Jesus am Ufer finden, wo er schon ein Mahl
für sie bereit hält; sie wissen nicht, wie er dorthin gelangt ist, und halten ihn für ein Gespenst. — Aber die D.9 und 13 genügen doch nicht, um eine solche Konstruktion zu tragen.
Ed. Schwartz (ZNTW 15 [1914], 216f.), erweitert die Basis für die mit der Fischzug-
geschichte angeblich verbundene Geschichte; diese letztere bestehe aus D.1-3. 4a. 9. 12. 13
und sei eine alte Ostergeschichte: „Die nach Galiläa geflohenen Jünger sind ihrer früheren
Beschäftigung nachgegangen und zum Fischen ausgefahren. Am Morgen erscheint ihnen
der Herr am Strande und erneut mit ihnen die Tischgemeinschaft." — Aber die Breite
der Schilderung D.3 und zumal das ἐπίασαν οὐδέν ist doch offenbar die Vorbereitung
auf D.5f.! — Auch Goguel (Introd. II 295ff.; HThR 25 [1932], 20ff.) nimmt die Kombination einer Geschichte vom wunderbaren Fischzug mit einer Ostergeschichte an. Ebenso
reden Htm. und Br. von der Kombination zweier Geschichten, während Brun (a. a. O. 58)
nur von der Kombination zweier ursprünglich selbständiger Motive spricht.

[3] Daß bei Lk das Motiv des lehrenden Jesus und die Person der Zebedaiden
sekundär ist, zeigt Goguel a. a. O. Diese Momente scheiden also für den Vergleich aus.
Die von L. Bieler, ΘΕΙΟΣ ΑΝΗΡ I 105ff. neben Joh 21 und Lk 5 gestellten Fischfang-
geschichten sind keine Analogien.

[4] Die Geschichte ist vermutlich wie Mk 1 16-20 aus dem Bildwort vom Menschenfischer entstanden; s. Gesch. der synopt. Trad. 232, 26f.

novelliſtiſche Ausmalung ſein. 2. Bei Lk iſt die Geſchichte nicht wie bei Joh eine Oſter=
geſchichte, und hierin wird Joh 21 das Urſprüngliche erhalten haben[1]. Wie die Ge=
ſchichten vom Petrus=Bekenntnis und von der Verklärung Mk 8 27-30 9 2-8 urſprünglich
Oſtergeſchichten waren, die Mk in das „Leben Jeſu" zurückprojiziert hat[2], ſo wird es auch
mit Lk 5 1-11 der Fall ſein[3].

Die alte in V. 1-14 erzählte Oſtergeſchichte berichtete offenbar urſprünglich von der
erſten (und einzigen?) Erſcheinung des Auferſtandenen vor den Jüngern[4]; ſie ſetzt nicht
voraus, daß ſich Jeſus den Jüngern ſchon einmal gezeigt, ſie mit ihrem Beruf beauf=
tragt und dafür ausgerüſtet hat. Vielmehr bezeugt die merkwürdige Unſicherheit in dem
Verhalten der Jünger gegenüber Jeſus das Gegenteil[5]. So wird auch V. 14 am beſten
verſtändlich: der Red. wollte offenbar die Mt=Mk=Tradition von einer galiläiſchen Er=
ſcheinung des Auferſtandenen mit der joh. Darſtellung kombinieren[6]. Indem er nun
dieſe Geſchichte nachfügte, nachdem ſchon zwei Erſcheinungen des Auferſtandenen er=
zählt worden waren (20 19-23. 24-29)[7], mußte er die Tradition, der er V. 1-13 entnahm, in
dieſem Punkte ausdrücklich korrigieren und betonen, daß hier die dritte „Offenbarung"
des Auferſtandenen erzählt iſt[8].

An V. 1-14 hat der Red., d. h. alſo der Verf. von Kap. 21 als ganzem, V. 15-23 an=
gefügt, zwei Geſpräche Jeſu mit Petrus. Ein anſchauliches Verhältnis zu V. 1-14 iſt nicht
hergeſtellt, — etwa ſo, daß erzählt wäre, Jeſus habe den Petrus abſeits geführt. Die
anderen Jünger ſind in V. 15-23 einfach ignoriert; nur der Lieblingsjünger, deſſen Auf=
treten in V. 7 eben auf den Red. zurückgeht, tritt in V. 18-23 wieder auf.

Das Thema des erſten Geſpräches V. 15-17 iſt die Betrauung des Petrus mit ſeiner
Aufgabe als Gemeindeleiter, das des zweiten V. 18-22 (erläutert durch eine Anmerkung V. 23)

---

[1] Umgekehrt Sp., Dibelius (Formgeſch. 110), Goguel. Nach Sp. und Goguel wäre
Joh 21 1-14 eine Wundergeſchichte geweſen, die in der Sammlung, aus der 21-11 4 46-54
entnommen ſind, als dritte gezählt werde; das bezeuge V. 14. Aber hier müßte dann der
Red. nicht nur das ἐγερθείς ἐκ νεκρῶν hinzugefügt haben, ſondern auch das ἐφανερώθη
... τοῖς μαθηταῖς müßte ſeine Formulierung ſein, durch die er die Formulierung der
Quelle erſetzt hätte. Denn in dieſer muß doch, wenn man nach 2 11 4 54 urteilt, das Wunder
ausdrücklich als σημεῖον bezeichnet geweſen ſein; es wäre alſo auch ein Satz wie ἐφανέρωσεν τὴν δόξαν αὐτοῦ zu erwarten. Es bliebe alſo als Analogie zu 2 11 4 54 nur das
τρίτον, und dieſes dürfte ganz anders zu verſtehen ſein; ſ. gleich im Text. Zudem be=
griffe man nicht, warum der Red., wenn erſt er die Geſchichte zur Oſtergeſchichte machte,
den Satz V. 14 nicht einfach fortließ.
[2] S. Geſch. der ſynopt. Trad. 275 ff. 278 ff.
[3] So auch Bd. — Dafür, daß Lk 5 1-11 urſprünglich eine Oſtergeſchichte war, darf
man ſich freilich nicht auf das Wort des Petrus Lk 5 8 berufen (Harnack, Beitr. zur Ein=
leitung in das NT I [1906], 158, 2; Hirſch, Auferſtehungsgeſchichten 22 f.), als ſei dieſes
ein „verzweifeltes Schuldbekenntnis". Dagegen mit Recht Dibelius, Formgeſch. 110;
Goguel, Intred. II 297, 2. — Daß das Petrusevg mit einer weiteren Variante dieſer
Oſterg ſchichte ſchloß, iſt wahrſcheinlich, muß aber wegen der Verſtümmelung dieſes
Schluſſes außer Betracht bleiben.
[4] Daß dieſe Geſchichte, bzw. eine Variante von ihr, der urſprüngliche Schluß des
Mk (und des Petrus=Evg, ſ. Anm. 3) war, hat eine gewiſſe Wahrſcheinlichkeit; ſ. P. Rohr=
bach, Die Berichte über die Auferſtehung Jeſu 1898; A. von Harnack, Beiträge I 158, 2;
B. H. Streeter, The Four Gospels 355 f. — Von den beiden Motiven, die die Oſter=
geſchichten teils einzeln, teils kombiniert enthalten: 1. Beweis der Auferſtehung (ſo
20 24-29), 2. Beauftragung der Jünger (mit 1 kombiniert 20 19-23; ſ. auch Geſch. der ſynopt.
Trad. 312 f.), enthält 21 1-14 jedenfalls das erſte, was Lohmeyer, Gal. und Jeruſ. 18,
m. E. mit Unrecht beſtreitet. Das Motiv der Beauftragung iſt höchſtens indirekt durch
das Gebot des Fiſchfanges gegeben und war vielleicht in dem unterdrückten Schluß (ſ.
S. 545) ausgeführt.
[5] Ebenſo würde es V. 4b bezeugen, wenn er nicht auf die Red. zurückginge.
[6] Vgl. B. W. Bacon, Jl L 50 (1931), 71.
[7] 20 1-18 zählt natürlich nicht mit, da hier nicht erzählt iſt, daß Jeſus ſich den Jüngern
offenbarte.   [8] So z. B. auch Br., Bd.

das Verhältnis des Petrus zum Lieblingsjünger. Die beiden Stücke haben keine innere
Verbindung miteinander, sondern bringen verschiedene Interessen zum Ausdruck. Für
den Verf. ruht das Interesse auf dem zweiten, nämlich auf dem Gedanken, daß der Lieb=
lingsjünger gleichen Ranges ist wie Petrus, dem der Herr die Leitung seiner Gemeinde
übertragen hat. V.₁₅-₁₇ hat also im Zshg keine selbständige Bedeutung; denn nicht am
Amte des Petrus an sich ist der Verf. interessiert, sondern am Übergang seiner Autorität
auf den Lieblingsjünger. V.₁₅-₁₇ ist also nur die Folie für V.₁₈-₂₃[1], wo gelehrt wird,
daß, nachdem Petrus als Märtyrer gestorben ist, der Lieblingsjünger als autoritativer
Zeuge an seine Stelle getreten ist. Um so klarer ist es, daß V.₁₅-₁₇ aus der Tradition,
vielleicht aus einer schriftlichen Quelle, entnommen ist, während V.₁₈-₂₃ natürlich die
eigene Komposition des Verf. ist.

1. 21₁-₁₄: Die Erscheinung des Auferstandenen am See.

V.1 ist eine Art Überschrift der folgenden Geschichte. Der Vers setzt ein,
als sei das Evg nicht mit 20₃₀f. abgeschlossen worden; er führt durch ein μετὰ
ταῦτα weiter wie 3₂₂ 5₁ 6₁ 7₁ und blickt durch ein πάλιν auf, 20₁ff. 24ff. zurück:
eine weitere „Offenbarung" des Auferstandenen soll erzählt werden[2]. Die Szene
ist das Ufer des galiläischen Sees[3], ohne daß von einer Wanderung der Jünger
von Jerusalem nach Galiläa berichtet worden wäre. V.2 gibt die Situations=
schilderung: sieben der Jünger befinden sich am See. Von ihnen sind die drei
ersten, Petrus, Thomas und Nathanael aus den Evg bekannt; wie 20₂₄ wird
Thomas durch seinen Beinamen charakterisiert; daß Nathanael aus Kana stamme,
war 1₄₅ nicht mitgeteilt worden. Außer diesen sind es die beiden sonst im Evg
nicht genannten Zebedaiden und zwei ungenannte Jünger. Warum werden
diese nicht mit Namen genannt? Gehören sie überhaupt zum Kreis der Zwölf?[4]
Vom Lieblingsjünger, dessen Anwesenheit V.7 vorausgesetzt ist, ist keine Rede;
er ist der Geschichte ursprünglich fremd[5], aber der Verf. muß ihn natürlich mit
einem der Ungenannten identifiziert haben. Über die innere Verfassung der
Jünger ist kein Wort gesagt[6]. Daß es Abend ist, ist aus V.3 zu erschließen.

Die Handlung beginnt mit V.3: Petrus äußert die Absicht, auf den Fisch=
fang zu gehen, und die anderen schließen sich ihm an. Irgendeine Motivierung,
ein Rückblick auf das Erlebte, fehlt auch hier. Der Fischfang — so wird weiter

---

[1] Ähnlich B. W. Bacon, JBL 50 (1931), 72: V.₁₅-₁₉ ist Folie für V.₂₀-₂₅; neben
Petrus wird der Lieblingsjünger gestellt als der kompetente Zeuge in der Zeit der auf=
kommenden Häresien.
[2] Φανεροῦν hier und D.₁₄ von der Erscheinung des Auferstandenen wie sonst
nur noch Mk 16₁₂. ₁₄. Bei Joh wird φαν. sonst von der Offenbarung des im Fleisch Wan=
delnden gebraucht 2₁₁ 7₄; vgl. 9₃ 17₄ und s. S. 380, 2. Von der Parusie Kl 3₄ 1Pt 5₄
(I Joh 2₂₈ 3₂).
[3] Zur Bezeichnung s. S. 156, 2; ἐπὶ τῆς θαλ. = „am See"; s. Bl.=D. § 234, 3. —
Zu den Lokalisierungsversuchen s. Dalman, O. u. W. 147f.
[4] Nach J. Haußleiter, Zwei apostol. Zeugen für das Joh=Evg 1904 sind die Un=
genannten Philippus und Andreas; ebenso Bd. Lagr. fragt, ob καὶ οἱ τοῦ Ζεβ. eine alte
Glosse ist, die die Unbenannten benennen soll. Schwerlich sollen die beiden nur die
Siebenzahl ausfüllen, da von deren Bedeutung sonst nichts sichtbar ist. Einen Anlaß
zu der Vermutung, daß ihre Namen unterdrückt sind, hat man nicht. Der Schluß des
Petrus=Evg, der offenbar von einer Erscheinung des Auferstandenen am See berichtet
hat, nennt Petrus, Andreas, Philippus, Levi, die sich zum Fischen begeben; leider bricht
das Fragment hier ab. — Nach Dibelius, Formgesch. 114, 1 geht die Erzählung auf einen
Kreis zurück, in dem Nathanael=Legenden umliefen.　　　　[5] S. S. 544.
[6] Anders Petrus=Evg 14₅₉: die Jünger kehren betrübt aus Jerusalem in ihre Hei=
mat zurück, nehmen ihre Netze und gehen zum See.

berichtet — war in dieser Nacht erfolglos[1]. In der Morgenfrühe — natürlich sind die Jünger wieder an Land gegangen — tritt Jesus an den Strand (**V. 4**). Woher er kommt, ist nicht gesagt; sein Erscheinen ist geheimnisvoll wie Lk 24₁₅, und ein wunderbarer Vorgang ist es auch, daß die Jünger ihn nicht erkennen; ihre Augen sind „gehalten" wie die der Emmaus=Jünger Lk 24₁₆, — was freilich im Zhg der Erzählung dazu dient, V.₇ vorzubereiten[2]. Jesu Frage, ob sie eine Mahlzeit von Fischen haben (**V. 5**), verneinen sie[3]. Er heißt sie nun das Netz auswerfen, und zwar auf der rechten Seite des Botes[4]; sie folgen dem Befehl und fangen so viele Fische, daß sie das Netz nicht ins Boot ziehen können (**V. 6**)[5].

Der Lieblingsjünger erkennt an dem Wunder — denn so muß man doch offenbar verstehen —, daß der Fremde der „Herr" ist, und teilt es dem Petrus mit (**V. 7**). Während er selbst keine Konsequenzen aus seiner Erkenntnis zieht, springt Petrus, nachdem er das Obergewand umgürtet hat[6], in den See und schwimmt oder watet — so muß man doch ergänzen[7] — zum Lande. Von ihm ist aber zunächst nicht weiter die Rede[8]; vielmehr wird erzählt, daß nun die anderen Jünger mit dem Boot ankommen und das Netz im Wasser nachschleppen (**V. 8**); die Entfernung war ja nur eine geringe[9]. Als sie ans Land kommen, sehen sie dort schon ein Feuer brennen, auf dem Fisch brät[10], und dazu Brot; eine mysteriöse Mahlzeit ist also schon bereit (**V. 9**). Gleichwohl gebietet Jesus, daß sie von den gefangenen Fischen bringen sollen (**V. 10**); und daraufhin zieht Petrus das Netz mit den Fischen ans Land (**V. 11**)[11]. Dabei wird das Wunderbare des Fanges betont durch die Angabe der Menge der Fische und die Tatsache, daß trotz dieser Menge das Netz nicht riß. Je unklarer die ganze durch die Redaktion verwirrte Erzählung ist[12], desto sicherer, daß die genauen Angaben von V.₁₁ einen allegorischen

---

[1] Πιάζειν vom Fang der Fische hier und V.₁₀ wie P. Lond. II, p. 328, 76; vom Fang von Tieren sonst Cant 2₁₅ Apk 19₂₀.

[2] S. S. 544. — An Mk 6₄₉ ist nicht zu erinnern (Lohmeyer, Galiläa und Jerusalem 18₁); denn die Jünger halten Jesus ja nicht für ein φάντασμα.

[3] Die durch μή eingeleitete Frage erwartet als Antwort ein „Nein"; sie ist also wie 4₂₉ vom Standpunkt der Angeredeten aus formuliert; s. Bl.=D. § 427, 2 und dazu S. 316; auch Br. 3. St. — Zur Anrede παιδία s. S. 542. Προσφάγιον bedeutet die „Zukost" zum Brot; vgl. P. Oxy. 498, 33. 39: ἄρτον ἕνα καὶ προσφάγιον. Weiteres bei Br. Von Moeris und Hesych wird es mit ὄψον gleichgesetzt, das wie ὀψάριον (s. S. 157, 3) einfach „Fisch" bedeuten kann wie hier V.₁₀. ₁₃.

[4] Die rechte Seite ist die Glückseite, vgl. Lk 1₁₁ Mt 25₃₃ Mk 16₅; Str.=B. I 980f.

[5] Ἀπό in kausaler Bedeutung nur hier bei Joh, sonst häufig, s. Br. und Bl.=D. § 210, 1.

[6] Ἐπενδύτης, im NT nur hier, öfter in LXX, ist das Obergewand; s. Br. 3. St. und Wörterb.; γυμνός braucht nicht „nackt" zu heißen, sondern kann bedeuten „nur im Untergewand". Daß Petrus sich bekleidet, hat offenbar den Sinn, daß er schicklich vor Jesus erscheinen will.   [7] So syr⁸, s. S. 544, 1.   [8] S. S. 544.

[9] 200 Ellen = 96—97 Meter; zu ἀπό s. S. 305, 8; zu σύρειν Plut. de sollert. an 26 p. 977f. Der Satz würde als Begründung freilich ebensogut oder besser zu dem Verhalten des Petrus passen (s. S. 544, 1); im ursprünglichen Anschluß an V.₆ (s. S. 544f.) soll er offenbar begründen, daß die Jünger mit dem schweren Netz ohne Schwierigkeiten ans Land kommen. Daß die 200 Ellen nach philonischer Methode die Reinigung des Sünders in zwei Stufen symbolisieren (Carpenter 246), scheint mir zu scharfsinnig gesehen zu sein, zumal der Satz nicht das Vorgehen des Petrus motiviert.

[10] Ἀνθρακιά wie 18₁₈; ὀψάριον ist offenbar kollektiv gemeint, s. Anm. 3; sollte es ein einzelner Fisch sein, so wäre im Gegensatz zu der Menge der gefangenen Fische ein ἕν unentbehrlich.

[11] Daß dies ein besonderes Wunder sein soll, ist nicht wahrscheinlich, denn ein (αὐτός) μόνος steht nicht da.   [12] S. S. 544.

Sinn haben. Dieser kann kaum ein anderer sein als der, daß die Menge der Fische
die Menge der durch die apostolische Predigt gewonnenen Gläubigen abbildet,
wie es dem alten Bilde vom Menschenfischer entspricht. Warum die Menge der
Gläubigen gerade durch die Zahl 153 dargestellt wird, läßt sich freilich nicht be=
friedigend erklären; einen allegorischen Sinn muß sie, da sie keine runde Zahl ist,
doch haben[1]. Daß trotz der Menge der Fische das Netz nicht riß, wird die unzer=
reißbare Einheit der Kirche abbilden sollen[2]; dieses Interesse der Red. spricht ja
auch aus dem folgenden Stück V.15-23; und speziell angesichts der folgenden V.15-17
wird man kaum zweifeln, daß Petrus dadurch als der Leiter der kirchlichen ·Ge=
meinschaft abgebildet werden soll, daß — wie vermutlich erst der Red. es dar=
gestellt hat[3] — er es ist, der das Netz ans Land zieht.

Jesus fordert die Jünger jetzt zur Mahlzeit auf (V. 12); war in der Quelle
an eine Mahlzeit von den gefangenen Fischen gedacht, so meint der Red. nach
V.13 freilich das mysteriöse Mahl von V.9. Doch ehe der Vollzug der Mahlzeit
erzählt wird, wird die Scheu der Jünger geschildert, die Jesus — am Wunder
des Fischfanges?[4] — als den „Herrn" erkannt haben. Keiner wagt ihn zu fragen:
„Wer bist Du?" Der Sinn der Frage ist, da sie ihn ja erkannt haben, offenbar der:
„Bist Du es wirklich?" Es soll das eigentümliche Gefühl gezeichnet werden, das
die Jünger angesichts des Auferstandenen befällt: er ist es, und er ist es doch
nicht; es ist nicht der, den sie bis dahin gekannt hatten, und doch ist er es! Eine
eigentümliche Scheidewand ist zwischen ihm und ihnen errichtet[5].

Diese Scheidewand wird beseitigt, indem Jesus jetzt Brot und Fisch den
Jüngern zum Essen verteilt (V. 13). Denn wenn er auch, als der Auferstandene,
selbst nicht am Mahle teilnimmt[6], so kann doch der Sinn kaum ein anderer sein,
als daß jetzt die Tischgemeinschaft zwischen dem Auferstandenen und den Jüngern
hergestellt wird. Dann aber ist dieses Mahl, das ja auch nicht aus den vorhin
gefangenen Fischen, sondern aus der wunderbar beschafften Speise (V.9) besteht,
nicht ein Sättigungsmahl, sondern hat mysteriösen, kultischen Charakter; es ist

---

[1] Daß die antiken Zoologen die Fischgattungen auf 153 berechnet hätten, und daß
also die Fische sämtliche Menschengattungen repräsentierten, ist trotz Hieron. zu Ez 47₁₂,
V 595 Dallarsi unerweislich; vernünftigerweise müßte man die 153 auch nicht bei den
Fischen, sondern bei den Menschen suchen. Daß 153 Dreieckzahl von 17 ist (1 + 2 + 3
... + 17 = 153), verhilft auch nicht zu einer einleuchtenden Deutung; denn daß da=
mit dargestellt sei, daß die Gläubigen in der Kraft des siebenfältigen Geistes die zehn
Gebote halten (Augustin Tract. 122 in Jo), ist gewiß kein zwingender Gedanke. Dann
könnten schon eher die 17 Völker gemeint sein, die Act 2₇ff. aufgezählt werden (v. d. Bergh
v. Eysinga, ZNTW 13 [1912], 296f.). Die Versuche, die Zahl als Gematria (wie Apk 13₁₈)
zu verstehen (Merx: עולם הבא = ὁ αἰὼν ὁ μέλλων), überzeugen auch nicht; s. Br. und
Merx z. St.; Goguel, Introd. II 292, 2. R. Eisler, Orpheus — The Fisher 1921, 111ff.
stimmt nicht nur Augustin zu, sondern berechnet auch, daß 153 die Summe der Zahlen=
werte von Σίμων = 76 und ᾽Ιχθύς = 77 ist und findet darin den Sinn, daß Petrus,
der durch das Anlegen des Gewandes Christus angezogen habe und durch den Sprung
in den See getauft worden sei, zum mysteriösen ᾽Ιχθύς = ᾽Ιησοῦς Χριστός geworden ist!

[2] Beabsichtigter Widerspruch gegen Lk 5₆ ist möglich, aber nicht sicher; s. S. 544, 6.
[3] S. S. 545.   [4] S. S. 544.
[5] Daß sich hier die Verheißung von 16₂₃ erfülle (Schl.), scheitert an dem (οὐδεὶς)
ἐτόλμα.
[6] Daß der Auferstandene mit den Jüngern ißt, meint Joach. Jeremias, Die Abend=
mahlsworte Jesu 91. Gemeinsames Essen ist freilich Act 10₄₁ (vielleicht auch 1₄: συν-
αλιζόμενος) behauptet. Nach Lk 24₃₀ verteilt Jesus das Brot, verschwindet aber, ohne
mitzuessen; nach Lk 24₄₂f. ißt Jesus, nicht aber die Jünger; hier handelt es sich um die
Demonstration der realen Leiblichkeit des Auferstandenen.

ein Abbild des Herrenmahles. Auf dieses hatte der Verf. von Kap. 21 ja auch
das Lebensbrot, das Jesus spendet, durch seine Einfügung 6 51b-58 gedeutet[1] und
hat also offenbar auch die Speisung von 6 1-15 als Abbild der Eucharistie verstanden[2].

Damit schließt die Geschichte, die in der vorliegenden Form ein so merkwürdiges Durcheinander von Motiven bietet, daß man kaum sagen kann, worin
ihre eigentliche Pointe liegt. In die alte Ostergeschichte, die das Mysteriöse des
Vorganges in V. 12 noch deutlich spüren läßt, und die vermutlich das Wunder
des Fischfanges als Symbol für den Jüngerberuf verstanden hatte, sind Züge
eingeflochten, die ein spezifisch kirchliches Interesse verraten: das kultische Mahl,
das der Auferstandene den Seinen spendet (V. 9. 13), und die Einheit der auf
Petrus gegründeten Kirche (V. 11). Vor allem dient die Geschichte dem Red. als
Vorbereitung auf V. 15-23, und darauf beruht die Einfügung von V. 4b. 7-8a. Der
ursprüngliche durch V. 13 verdrängte Schluß war eben auch deshalb für den Red.
nicht brauchbar, weil er V. 15-23 noch folgen lassen wollte. Er bemerkt nur noch
in einer Anmerkung **V. 14**, daß die eben erzählte Erscheinung des Auferstandenen
die dritte gewesen sei, indem er so die Tradition, der er sie entnommen hat,
korrigiert[3].

2. 21 15-23: Petrus und der Lieblingsjünger.

Die zweite Szene schließt — nur durch die Anmerkung V. 14 getrennt — unmittelbar an V. 13 an, so freilich, daß jetzt nur noch von Petrus und dem Lieblingsjünger die Rede ist, während auf die Anwesenheit der übrigen Jünger höchstens
noch in der Frage Jesu (πλέον τούτων) reflektiert wird, und sie im übrigen dann
ignoriert werden. Nach der Mahlzeit fragt Jesus den Petrus[4]: „Liebst du mich
mehr als diese?"[5] (**V. 15**). Petrus antwortet nicht genau der Frage entsprechend;

---

[1] S. S. 161 f. 174 ff.

[2] Daß ein εὐλογήσας oder εὐχαριστήσας fehlt (vgl. Mt 14 22f. Mt 26 26f. Lk 22 19
I Kor 11 24) — erst D f r syr⁸ fügen es hinzu —, wird darauf beruhen, daß hier nicht
mehr der irdische Jesus, sondern der Auferstandene handelt (so auch Ammonius Cat. bei
Cramer II p. 408). Die Fischspeise wird freilich als solche keinen eucharistischen Sinn
haben. Denn die altchristlichen Quellen kennen kein sakrales Fischessen und keine Deutung
eines real gegessenen Fisches auf Christus. Wo vom Essen des Fisch-Christus die Rede
ist, wird offenbar kein Fisch gegessen, sondern Brot und Wein, die als Fisch-Christus
gedeutet werden. Im übrigen wird der Fisch viel öfter mit der Taufe (dem Wasser)
verbunden als mit der Eucharistie. (Mitteilung von H. von Soden.) — Daß in V. 13 der
Fisch mysteriöse Bezeichnung für Christus wäre, ist schon dadurch ausgeschlossen, daß
τὸ ὀψάριον kollektiv gemeint ist (s. S. 548, 10). Sicheres ältestes Zeugnis für die Fisch-
Christus-Symbolik ist Tert. de bapt. 1; umstritten ist das Alter des Akrostichons Sib. VIII
217—250. Die ältesten Zeugnisse für Christus als den nährenden Fisch sind die Aberkios-
Inschr. (vor 216) und die Pektorios-Inschr. (2./3. Jahrh.). — Die in Betracht kommenden
Texte bei Cabrol-Leclercq, Dict. d'archéol. chrét. VII 2, 2009 ff.; im übrigen vgl. Fr.
J. Dölgers großes Werk Ichthys (seit 1910). — Eisler a. a. O. 238 ff. findet V. 13 nicht
nur das sakramentale Mahl, bei dem der Fisch-Christus verzehrt wird, sondern er sieht in
diesem Mahl auch die Vorausdarstellung des eschatologischen Mahles, bei dem der Fisch
Leviathan verspeist wird, der im Feuer des Weltbrandes (die ἀνθρακιά von V. 9) ge-
braten wird!   [3] S. S. 546.

[4] Zur Anrede Σίμων Ἰωάννου s. S. 71, 3. Statt Ἰωάννου lesen K pl Ἰωνᾶ; in
ℵ* fehlt die Angabe.

[5] Grammatisch kann das ἀγαπ. με πλέον τούτων ebenso bedeuten: „Liebst du
mich mehr, als diese mich lieben?" wie „Liebst du mich mehr, als du diese liebst?" Die
letztere Bedeutung, die Bd. vorzieht, kann doch nicht in Frage kommen; denn wenn es
sich um das Objekt der Liebe eines Jüngers handelt, steht doch der Auferstandene außer
jeder Konkurrenz.

denn er sagt nicht, daß er Jesus mehr liebe als die Anderen, sondern er verzichtet
— offenbar in bescheidener Zurückhaltung[1] — auf ein Urteil über die Anderen
und beteuert nur, daß er Jesus liebe[2], wobei er ehrfurchtsvoll Jesus — als dem
Allwissenden — das Wissen darum zuschiebt[3]. Jesus erteilt ihm auf seine Ant=
wort hin den Auftrag, seine „Lämmer" zu weiden, d. h. er vertraut ihm die
Leitung seiner Gemeinde an[4]. Daß es sich um einen feierlichen Akt handelt, zeigt
die zweimalige Wiederholung der Frage, der Antwort und des Auftrages (V. 16 f.)[5].
Dabei ist der dritte Gang dadurch besonders betont, daß die Betrübnis des Petrus
über die nochmalige Wiederholung der Frage hervorgehoben wird, und daß in
seiner Antwort der Appell an Jesu Allwissenheit verstärkt ist[6].

Meist versteht man V. 15-17 als die Rehabilitation des Petrus nach seiner Ver=
leugnung. Das ist indessen sehr fraglich. Es mag sein, daß der Verf., der das
Stück vermutlich der Tradition (einer Quelle) entnommen hat[7], es so verstanden
hat, wenn er es dem Evg, das von der dreimaligen Verleugnung des Petrus er=
zählt hatte, anfügte. Auch für ihn jedoch, dem V. 15-17 als Folie für V. 18-23 dient,
kann darin nicht die eigentliche Pointe liegen, und jedenfalls weist das Stück für
sich genommen eine Beziehung zur Verleugnungsgeschichte nicht auf[8]. Die Ver=
leugnung, die Reue des Petrus müßten doch erwähnt sein! Und so etwas wie
eine Absolution wird in den Worten Jesu nicht ausgesprochen[9].

Die Geschichte ist vielmehr eine Variante der Beauftragung des Petrus mit
der Gemeindeleitung Mt 16 17-19; vgl. auch Lk 22 32[10]. Wenn diese Überlieferungs=
stücke ursprünglich Ostergeschichten waren bzw. aus solchen stammen[11], so ist das

---

[1] Sollte das πλέον τούτων Glosse sein, die diese Szene mit der vorigen verbinden
will? Es fehlt in den Wiederholungen der Frage; es fehlt in der ersten Frage auch in
syr[s], wofür Merx heftig eintritt. — Schwerlich darf man in dem Rückgang vom Mehr=
lieben auf das bloße Lieben einen grundsätzlichen Gedanken finden: die menschliche Weise
der Liebe, in der es ein Mehr oder Weniger gibt, hört auf vor dem Auferstandenen,
dem gegenüber es nur das Entweder=Oder von Lieben und Nichtlieben gibt, und vor
dem kein Mensch sich eines Mehr rühmen kann. — Daß das πλέον τούτων eine An=
spielung auf die „Selbstüberschätzung" des Petrus sei (Htm., Br., Bl.), ist unwahrschein=
lich, denn 13 37 enthält keine Überhebung des Petrus über die anderen Jünger; eine
solche liegt eher Mk 14 29 vor.

[2] Der Wechsel von ἀγαπᾶν und φιλεῖν kann nicht von Bedeutung sein (s. S. 190, 1),
wie in der dritten Frage Jesu auch φιλ. statt ἀγ. gebraucht ist.

[3] Vgl. Ez 37 3, wo der Prophet auf Gottes Frage nur erwidert: σὺ ἐπίστῃ ταῦτα.

[4] Zum Hirtenbild s. S. 277 ff., bes. S. 279, 2.

[5] Die Feierlichkeit des Dialogs, die schon durch die Anrede deutlich gemacht wird,
verbietet es doch wohl, für die Formulierung von Frage und Antwort auf Wendungen
der Alltagssprache zu returrieren, wie Fridrichsen (Symb. Osl. 14 [1935], 47 f.) es tun
möchte. Die feierliche Dreimaligkeit erinnert an kultischen oder magisch=juristischen
Brauch; vgl. das dreimalige Singen kultischer Verse bei Ed. Norden, Aus altröm. Priester=
büchern 1939, 240 ff.; ferner Goethe, Faust I 1532 „Du mußt es dreimal sagen."

[6] Daß im Auftrag das erste Mal ἀρνία, das zweite und dritte Mal προβάτια steht
(Varianten: V. 15 πρόβατα C* D it; V. 16 πρόβατα ℵ K D pl, V. 17 ebenso; syr[s] las nach
Merx hintereinander: Lämmer, Schafe, Böcke; nach Burkitt: ἀρνία, προβάτια, πρόβατα)
ist ebenso bedeutungslos wie der Wechsel von βόσκε V. 15. 17 und ποίμαινε V. 16 oder
der von ἀγαπᾶν und φιλεῖν (s. Anm. 2).   [7] S. S. 547.

[8] Mit Recht weist Goguel, Introd. II 302 (vgl. auch HThR 25 [1932], 17 f.) darauf
hin, daß die urchristliche Überlieferung eine Rehabilitation des Petrus offenbar nicht
als notwendig empfunden hat; sonst ist jedenfalls davon nichts erzählt.

[9] So mit Recht Sp.

[10] Und sofern Joh 20 22 f. in der Quelle von der Gemeindedisziplin handelte (s.
S. 537, 5), würde auch diese Stelle zu den Varianten gehören.

[11] S. Gesch. der synopt. Trad. 277 f. 287 f.

auch für Joh 21₁₅₋₁₇ die nächstliegende und durch die redaktionelle Einordnung bestätigte Annahme[1]; und es ist bemerkenswert, daß dem Petrus nicht etwa der Auftrag zur Mission gegeben wird, wie die späteren Ostergeschichten Mt 28₁₉ Lk 24₄₇f. Act 17f. und auch Joh 20₂₁ ihn bringen, sondern wie Mt 16₁₇₋₁₉ der Auftrag zur Leitung der Gemeinde. Es kann wohl kein Zweifel sein; daß diese Fassung des Auftrages die primäre ist; V.15-17 dürfte also aus alter Tradition stammen. Der Verf. benutzt dieses Traditionsstück als Folie für V.18-23[2]; ein spezielles Interesse am Amt des Petrus hat er nicht; dessen Autorität ist ihm nur deshalb wichtig, weil er sie für den Lieblingsjünger beansprucht, nachdem sie durch den Tod des Petrus gleichsam verwaist ist. Irgendwelche kirchenpolitischen Tendenzen — etwa die Stützung der Autorität der römischen Gemeinde — liegen in V.15-17 ganz fern[3].

Von V.18-23 heben sich zunächst V.18f. ab, in denen noch ohne Seitenblick auf den Lieblingsjünger dem Petrus das Martyrium geweissagt wird. Ein innerer Zshg mit V.15-17 ist nicht vorhanden[4]. V.18 ist eine Weissagung durch ein Bildwort, dem offenbar ein Sprichwort zugrunde liegt[5]: „In der Jugend geht man frei, wohin man will; im Alter muß man sich führen lassen, wohin man nicht will." Das soll ein Bild für das Schicksal des Petrus sein[6]: hat er einst seinen Weg frei gewählt, so wird er zu seinem letzten Gange unfreiwillig geführt werden, — nämlich, wie V. 19 erklärt, zum Martyrium[7]. Denn sagt V.19, durch V.18 sei

---

[1] Wenn Sp. und Goguel meinen, die Episode gehöre eigentlich in die Periode der galiläischen Wirksamkeit Jesu, so könnte davon nur so viel richtig sein, daß die Quelle, aus der das Stück mutmaßlich entnommen ist, die alte Ostergeschichte schon in das Leben Jesu zurückprojiziert hatte. Indessen nötigt nichts, diesen Umweg anzunehmen. Ohne Zweifel sind ursprünglich alle Geschichten, die von einer Beauftragung der Jünger durch Jesus erzählten, Ostergeschichten gewesen bzw. in ihnen redete der Auferstandene, der Erhöhte. [2] S. S. 547.

[3] Soweit dürfte K. G. Goetz, Petrus als Gründer und Oberhaupt der Kirche 1927, 14ff. im Rechte sein; daß Petrus hier aber mit der Oberleitung der Kirche betraut wird, scheint er mir zu Unrecht zu bestreiten.

[4] Es scheint mir freilich nicht begründet zu sein, V.18. 19a als ein eingesprengtes Fragment anzusehen und V.19b an V.17 anzuschließen (Goguel, Introd. II 303f.). Zwischen V.17 und V.19bff. besteht auch kein innerer Zshg. Dagegen dürfte der vom Verf. beabsichtigte redaktionelle Zusammenhang zwischen V.15-17 und V.18ff. deutlich sein.

[5] Dadurch verschwindet der Anstoß, den z.B. Wellh., Schw. und Sp. daran nehmen, daß in den Gliedern der Antithese der zeitliche Standpunkt wechselt, indem das ὅτε ἦς νεώτερος einen alten, das ὅταν δὲ γηράσῃς einen jungen Mann anredet. Angeredet war im Sprichwort der Mensch schlechthin, und es begann natürlich: ὅταν ἦς νεώτερος. Sollte das Wort als Anrede an Petrus dienen, so mußte das ὅταν ἦς in ὅτε ἦς geändert werden.

[6] Das Bild malt die Hilflosigkeit des Greises, der die Hände tastend nach einem Halt bzw. nach dem Führer ausstreckt (Bd.). Das ἐκτενεῖς τ. χεῖρ. σου ist also weder auf die Kreuzigung zu beziehen (für welche die ἔκτασις τῶν χειρῶν freilich charakteristisch ist, s. Br. und bes. Bd.), wobei dann ein Hysteron-Proteron anzunehmen wäre (Br.), — noch darauf, daß der Verbrecher zuerst die Hände ausstrecken muß, um dann gefesselt zu werden (Wellh.). Beides schon deshalb nicht, weil ζωννύναι „gürten" und nicht „binden" im Sinn von „fesseln" heißt. Auf der Verkennung des Bildwortes beruht auch Delafosses Meinung: wenn Petrus in V.18 getadelt und in V.19 gelobt werde, müsse V.19 sekundäre Glosse sein; V.18 beziehe sich auf Gal 2₁₁ff., und der ἄλλος, der den Petrus ins Schlepptau nehme, sei Jakobus!

[7] Das Bildwort bedarf der Erklärung, und es liegt kein Grund vor, V.19 zu streichen und V.18 nach V.15-17 zu erklären: einst habe Petrus nach eigenem Willen gehandelt, „in den Tag hineingelebt"; jetzt müsse er sich in den Dienst Jesu nehmen und sich von ihm führen lassen (Schwartz, ZNTW 15 [1914], 217; so aber auch, ohne Streichung von V.19, Schl.). Das Bild des hilflosen Greises, der der Willkür des Führers ausgeliefert ist,

angezeigt¹, mit welch einem Tode Petrus Gott preisen werde², so zeigt schon das ποίῳ θανάτῳ, daß nicht an das natürliche Sterben gedacht ist; und das ist erst recht durch das δοξάσει τὸν θεόν angedeutet: die Möglichkeit, Gott durch den Tod zu preisen, ist eben für den Märtyrer gegeben³.

Nach dieser Weissagung kann das folgende ἀκολούθει μοι nur als der Ruf zur Nachfolge ins Martyrium verstanden werden; der Verf. sieht darin wohl die Erfüllung des Jesus-Wortes 13₃₆, das er also als Weissagung des Martyriums mißverstanden hat⁴. Er gebraucht freilich das ἀκολούθει doppelsinnig; denn offenbar will er den Ruf Jesu zugleich innerhalb der dargestellten Szene ver= standen wissen als die Aufforderung an Petrus, jetzt Jesus auf seinem Wege zu folgen, sodaß die Szene symbolischen Sinn gewinnt: indem Petrus sich anschickt, hinter Jesus herzugehen, blickt er sich um und sieht den Lieblingsjünger (V. 20)⁵. Die Szene ist freilich nicht anschaulich vorstellbar; denn welchen Weg könnte der Auferstandene gehen, auf dem Petrus mit ihm wandern sollte! So hat denn die Szene auch keinen äußeren Abschluß, sondern endet V.22 mit der Wiederholung des ἀκολούθει.

Welchen Sinn aber hat die Frage des Petrus (V. 21): „Herr, wie steht es mit diesem?" Was soll mit ihm geschehen?⁶ Sie läßt zunächst kein Urteil zu, in welchem Sinne sie gestellt ist; aber Jesu Antwort (V. 22): „Wenn ich will, daß er bleibt ..., was geht es dich an?"⁷, und das betonte: „Du (jedenfalls) folge mir!" zeigt doch, wie man die Petrus-Frage verstehen muß: eigentlich sollte der Lieblingsjünger auch „folgen"! Jesus will aber, daß er „bleibt" — d. h. am Leben bleibt⁸ — und zwar, bis Jesus „kommt"⁹. Es versteht sich von selbst, daß Jesu ἔρχεσθαι weder das 14₃ noch das 14₁₈ verheißene ist. Das erste nicht, weil es sonst heißen müßte: ἕως ἔρχομαι καὶ παραλήμψομαι αὐτόν; das zweite nicht, weil jenes ἔρχομαι überhaupt nicht als Terminangabe verwendbar ist.

kann doch unmöglich die Würde des Gemeindeleiters beschreiben! Auch wird V.19 durch D.22 bestätigt, der doch deutlich genug sagt, daß Petrus, im Unterschied vom Lieblings= jünger, Jesus alsbald in den Tod nachfolgen wird.   ¹ Zu σημαίνων s. S. 331, 4.
² Δοξάσει = ἤμελλεν δοξάζειν, s. Bl.-D. § 349, 2 und vgl. 18₃₂. Zu δοξ., das auch mit „verherrlichen" übersetzt werden könnte, s. S. 280, 1; 328ff.; 374ff.; J. Schneider, Doxa 1932, 119; E. G. Gulin, Die Freude im NT II 1936, 57, 2.
³ Martyriologischer Gebrauch von δοξάζειν auch I Pt 4₁₆ Mart. Pol. 14, 3; 19, 2. — Über die spezielle Todesart ist aus V.18 natürlich nichts zu entnehmen. Daß man aus D.18f. nicht die Geschichtlichkeit des römischen Martyriums des Petrus beweisen kann (K. Heussi, Neues zur Petrusfrage 1939, 24), ist richtig. Indessen kann man auch nicht beweisen, daß D.18f. den Zweck hat, die Legende durchzusetzen.   ⁴ S. S. 460, 4.
⁵ Es fällt auf, daß der Lieblingsjünger durch Bezugnahme auf 13₂₃ ausdrücklich charakterisiert wird, während doch dem Verf. eine solche Charakteristik V.7 nicht als not= wendig erschien. Daß es sich um eine sekundäre Interpolation handelt, macht auch das ἀκολουθοῦντα wahrscheinlich; es ist sinnlos, da die Pointe in V.20-22 doch die ist, daß Petrus „folgt", während der Lieblingsjünger „bleibt". Der Interpolator wollte den Relativsatz ὃς καὶ κτλ. nicht an das vorausgehende ὁ Ἰησοῦς anschließen und schob daher das Part. ἀκολ. ein, wobei nun ἀκολ. unter Ausschluß der übertragenen Be= deutung, die es in V.19 und 22 hat, gebraucht ist. (Darauf, daß ἀκολ. V.20 in ℵ 014 ff² fehlt, kann man sich freilich nicht berufen, zumal in ℵ auch das unentbehrliche ὅς fehlt. — Wellh. streicht ἀκολ., Sp. auch den Relativsatz.) Der Interpolator nahm den Zshg dann wieder auf durch das τοῦτον οὖν ἰδὼν ὁ Πέτρος, wodurch ein ursprüngliches καὶ ersetzt ist.   ⁶ Zur Ellipse s. Bl.-D § 127, 3; 299, 2.
⁷ Zur Ellipse s. Bl.-D. § 127, 3; 299, 3; τί πρὸς σέ Epikt. Diss. III 18, 2; IV 1, 10 usw.
⁸ Für μένειν = am Leben bleiben vgl. I Kor 15₆; Phil 1₂₅; der Sprachgebrauch ist üblich, s. Br.   ⁹ Ἕως mit Präs. statt Fut., s. Bl.-D. § 383, 1.

Vielmehr ift V.22 Jefu Kommen im Sinne der urchriftlichen Apokalyptik gemeint; nur fo ift ja auch das „Mißverftändnis" und feine Korrektur V.23 zu erklären. Das Thema von V.20-22 ift alfo die Verfchiedenheit des Schickfals des Petrus und des Lieblingsjüngers[1]: jenem ift das Martyrium geweiffagt worden, diefem wird verheißen, daß er bis zur Parufie am Leben bleiben werde.

Nun behauptet freilich V.23, Jefu Wort fei keine Weiffagung gewefen, fondern nur ein hypothetifcher Satz. Daß dies eine nachträgliche Korrektur ift, die notwendig wurde, als der Lieblingsjünger nun doch geftorben war, ift klar. Die Frage liegt nahe, ob V.23 nicht eine fekundäre Interpolation ift; denn hätte der Verf. von V.20-22, wenn er das (angebliche) Mißverftändnis von V.23 im Sinne hatte, das Wort Jefu V.22 nicht gleich unmißverftändlich in feinem Sinne formuliert? Es wäre dann auch die Konfequenz, daß man auch V.24 oder mindeftens das καὶ (ὁ) γράψας ταῦτα dem Interpolator zu-fchreiben müßte[2]. Das würde aber bedeuten, daß das Evg fozufagen zweimal heraus-gegeben worden wäre, zunächft von dem Red., der Kap. 21 komponierte und anfügte, und fodann definitiv von dem Interpolator, der V.23 und V.24 (ganz oder teilweife) hin-zufügte. Nur diefe Ausgabe hätte fich in der Kirche durchgefetzt; denn von der nichtinter-polierten gibt die Textgefchichte kein Zeugnis. Man wird gegen diefe Annahme alfo Bedenken haben, und in der Tat läßt fich V.23 auch als von dem Verf. von V.20-22 ftammend begreifen. Hiftorifch liegt jedenfalls der Weiffagung V.22 und der Rede, die nach V.23 umlief[3], die Tatfache zugrunde, daß ein Herrenjünger ein überrafchend hohes Alter er-reichte, fodaß die Meinung auftam, er werde bis zur Parufie am Leben bleiben[4], und diefe Meinung wird früh die Geftalt eines Herrenwortes gewonnen haben. Diefes machte fich der Verf. von V.20-22 zunutze; er identifizierte jenen Jünger mit der Geftalt des Lieblingsjüngers, die das von ihm herausgegebene Evg bot, und übertrug auf diefen alfo jene Weiffagung. Er hatte damit als Bürgen für die Geltung des Evg, ja als feinen Verfaffer, eine Perfon gewonnen, die als Zeuge aus der früheften Zeit galt. Daß er nunmehr fchon geftorben war, was der Verf. nicht umhin konnte, in V.23 anzumerken, tat feinem Verfahren keinen Abtrag; es kam ihm ja nur darauf an, das vorliegende Evg unter die Autorität des älteften Zeugen zu ftellen.

Welches Intereffe hat nun der Verf. von Kap. 21 an der Verfchiedenheit des Schickfals der beiden Jünger? Schwerlich ift V.20-22 die Verteidigung gegen eine Herabfetzung des Lieblingsjüngers, weil diefer nicht den Märtyrertod er-litten habe. Denn in diefem Sinne ift die Frage des Petrus, wie Jefu Antwort zeigt, nicht formuliert. Sie fetzt vielmehr voraus, daß das „Bleiben" in gewiffem

[1] Es ift völlig deutlich (und wird durch V.24 beftätigt), daß bei diefer Gegenüber-ftellung beide Geftalten als beftimmte hiftorifche Perfonen verftanden find und nicht als die Verkörperung von Prinzipien oder Gruppen, fodaß etwa Petrus das Judenchriften-tum oder gar Rom, der Lieblingsjünger das Heidenchriftentum oder die kleinafiatifche Kirche repräfentieren würde.

[2] So meint Goguel (Introd. II 312), der Herausgeber des Evg habe Kap. 21, das ihm fchon vorlag (zwar nicht als Arbeit des Evgliften felbft, aber in der von diefem verwerteten Tradition), hinzugefügt und es feinerfeits durch V.23 und V.24 f. ergänzt. Aber V.24 zu ftreichen, wird man fchon deshalb Bedenken tragen, weil dann gar nicht deutlich wird, welches Intereffe der Verf. von Kap 21 und zumal von V.15-22 am Lieb-lingsjünger hat. Es kann doch nur das fein, ihn als Bürgen für die Wahrheit des Evg hinzuftellen, — wie eben V.24 fagt.

[3] Zu ἀδελφοί als technifcher Bezeichnung der chriftlichen Gemeindeglieder f. ThWB I 145, 8 ff.; bei Joh nur hier, aber mehrfach in I und III Joh.

[4] Sp.s Meinung, daß umgekehrt die Legende auf Grund des Wortes V.22 ent-ftanden fei, daß diefes aber urfprünglich den harmlofen Sinn gehabt habe, der Lieblings-jünger folle beim Schiff und Netz bleiben, bis Jefus komme und auch ihn hole, ift abfurd. — Zur Entftehung der Legende kann fehr wohl beigetragen haben, daß fich eine Weif-fagung wie Mk 9₁ immer mehr an die letzten Überlebenden der erften Generation heftete; f. Goguel, HThR 25 (1932) 17, A. 16.

Sinne ein Vorzug ist; der Lieblingsjünger darf nach dem Willen Jesu bleiben, während Petrus schon früh davon muß. Ebensowenig soll natürlich Petrus, der durch seinen Tod Gott „gepriesen" hat, herabgesetzt werden. Das Bezeichnende ist vielmehr, daß die beiden als gleichen Ranges dargestellt werden; der Herr hat über den einen so, über den anderen so verfügt. Dann kann aber, da der Rang des Petrus doch unbezweifelt ist und durch V.15-17 ja gerade bestätigt wurde, die eigentliche Pointe nur darin liegen, daß für den Lieblingsjünger die gleiche Geltung beansprucht wird. Für den Lieblingsjünger — d. h. aber faktisch, wie V.24 zeigt, für das Evg, das der Verf. von Kap. 21 herausgibt. Hat der Verf. in V.15-17 jenes Traditionsstück gebracht, in dem die Bedeutung des Petrus für die Gemeinde proklamiert wird, und hat er sodann gesagt, daß Petrus den Märtyrertod erleiden muß, während der Lieblingsjünger „bleibt", so ist damit eben gesagt, daß der Lieblingsjünger den Petrus gleichsam ablöst, daß die dem Petrus zugesprochene Autorität auf ihn übergegangen ist, — und das bedeutet, da der Lieblingsjünger inzwischen ja auch gestorben ist: auf dieses Evg, in dem sein Zeugnis erklingt[1]. Die kirchliche Autorität des Evg zu begründen, ist der Zweck von V.15-23 und damit letztlich von Kap. 21 überhaupt.

Schluß: 21 24-25.

Das Interesse, das der Verf. an der Gestalt des Lieblingsjüngers und damit an der eben erzählten Episode hat, tritt im Abschluß deutlich hervor, indem der Lieblingsjünger nun ausdrücklich als derjenige bezeichnet wird, dessen Autorität hinter dem Evg steht (V. 24)[2]. Er ist es, der „für diese Dinge Zeugnis ablegt[3] und der dieses geschrieben hat"[4], d. h. er ist der Verfasser des Evg, der eben mit diesem sein Zeugnis ablegt. Für die Wahrheit des Zeugnisses beruft sich der Verf. durch das $\varkappa a i\ o \check{\iota} \delta a \mu \varepsilon \nu\ \varkappa \tau \lambda.$ auf das Bewußtsein der Gemeinde[5]. Denn freilich spricht faktisch in dem $o \check{\iota} \delta a \mu \varepsilon \nu$ natürlich ein bestimmter Kreis, eben der Verf. und die Gruppe, der er angehört; aber in seinem Sinne soll damit nicht die Stimme eines begrenzten Kreises laut werden, was ja sinnlos wäre[6]. Der Sinn ist vielmehr der: weil die Gemeinde weiß, daß das Zeugnis jenes Lieblingsjüngers, den die „Brüder" nach V.23 als Zeugen der ältesten Generation kennen, immer

---

[1] Vgl. Htm.: „Indem das allverehrte Haupt der Kirche, Petrus, offiziell anerkannt wurde, wurde das Evg ... ‚kirchenfähig' gemacht und der Gesamtkirche empfohlen." So auch Bl. — Daß dies im Kampf gegen die aufkommenden Häresien geschieht (Bacon, JBL 25 [1932], 71ff.), ist, wie I Joh zeigt, gewiß richtig, ist aber Joh 21 nicht zum Ausdruck gebracht.

[2] Über die Unwahrscheinlichkeit, daß D.24 eine spätere Interpolation ist, s. S.554, 2.

[3] Es versteht sich von selbst, daß das Präs. $\delta\ \mu a \varrho \tau \nu \varrho \tilde{\omega} \nu$ (B: $\delta\ \varkappa a i\ \mu a \varrho \tau.$) nicht zu besagen braucht, der Lieblingsjünger lebe noch. Nach D.23 ist er ja schon gestorben, aber sein Zeugnis ist mit seinem Tode nicht verklungen, daher das Präs. Natürlich könnte es auch $\delta\ \mu a \varrho \tau \nu \varrho \acute{\eta} \sigma a \varsigma$ heißen, dem $\mu \varepsilon \mu a \varrho \tau \acute{\nu} \varrho \eta \varkappa \varepsilon \nu$ 19 35 entsprechend.

[4] Daß sich $\delta\ \gamma \varrho \acute{a} \psi a \varsigma\ \tau a \tilde{\nu} \tau a$ (so BD; in א C K pl fehlt δ; Θ φ 33 pc lesen $\delta\ \varkappa a i$ statt $\varkappa a i\ \delta$) nicht auf die unmittelbar vorhergehenden Verse, die den Tod des Lieblingsjüngers voraussetzen, und also überhaupt nicht auf Kap. 21 bezieht, ist deutlich. Selbstverständlich geht $\tau a \tilde{\nu} \tau a$ (wie $\pi \varepsilon \varrho i\ \tau o \acute{\nu} \tau \omega \nu$) auf das Evg, was ohnehin durch den Rückblickcharakter von D.24f. bewiesen wird.   [5] So auch 19 35? s. S. 526.

[6] Richtig Goguel, Introd. II 309ff.: ein bestimmter Kreis kann nicht gemeint sein. Denn entweder kennen die Leser den Kreis, der das Evg herausgibt; dann ist die Berufung überflüssig. Oder sie kennen ihn nicht; dann ist sie sinnlos. — Vgl. auch das $o \check{\iota} \delta a \mu \varepsilon \nu$ I Joh 3 2. 14 5 15. 19f. Die Floskel $o \check{\iota} \mu a \iota$ D.25 hat mit dem $o \check{\iota} \delta a \mu \varepsilon \nu$ natürlich nichts zu tun.

wahr ist, deshalb werden die Leser des Evg dieses im Evg abgelegte Zeugnis als wahr annehmen[1].

Der Verf. fühlt aber das Bedürfnis, das ganze um den Nachtrag vermehrte Buch endgültig abzuschließen und tut es **V. 25**[2] mit einer 20.30 nachahmenden Wendung, die in stark übertreibender Weise wieder die unerschöpfliche Fülle des Gegenstandes des Evg und damit der christlichen Verkündigung betont[3]. Die ganze Welt würde die Bücher nicht fassen können[4], die nötig wären, wollte man alle Taten Jesu aufzeichnen[5].

---

[1] Vgl. III Joh 12, wo sich der Verf. für die Tatsache, daß sein Zeugnis über De=metrius wahr ist, darauf beruft, daß der Adressat weiß, daß sein Zeugnis (immer) wahr ist. [2] V.25 fehlt in ℵ*. [3] S. S. 540, 3. [4] Den im NT nur noch seltenen Inf. fut. haben BC*: $\chi\omega\varrho\acute{\eta}\sigma\epsilon\iota\nu$, K D pl: $\chi\omega\varrho\tilde{\eta}\sigma\alpha\iota$; s. Bl.=D. § 350; Raderm. 99. 155. [5] $Ka\vartheta$' $\dot{\epsilon}\nu$ = „eins nach dem andern" wie Act 21.19 und sonst; s. Br.

Regiſter.

I. Griechiſche Wörter.

II. Literarische und historisch-kritische Fragen.

---

[1] Der Unterschied zwischen Rabbinismen und Semitismen ist natürlich oft ein
fließender.

III. Theologische Motive.

---

[1] S. auch I. ἀναβαίνειν, ἀφιέναι, γινώσκειν, δόξα, εἰδέναι, ἔρχεσθαι, καταβαίνειν, μαρτυρεῖν, μεταβαίνειν, μονογενής, νικᾶν, ὁδός, υἱός u. a.

IV. Religionsgeschichtliche Beziehungen.

Berichtigungen

72 Zu A. 5: In Zeile 6 füge hinzu: ſ. auch zu 12, 21.

74 Zeile 2—5 müſſen lauten:
Glauben zu wecken. Aber der Wunderglaube hat doch nur relativen Wert als eine Vor=
ſtufe, die zum eigentlichen Glauben führt, der „Größerès" als ſolche Wunder ſehen wird
(V. 50²).
    Wie das gemeint iſt, deutet der Evgliſt an, indem

Zu A. 2: Die Anm. muß lauten:
    ² V. 50f. Zuſatz des Evgliſten, ſ. S. 68. Ob man das πιστεύεις als Frage oder als
Ausſage faßt, iſt gleichgültig. Jedenfalls iſt der Sinn: „Wenn du jetzt ſchon glaubſt, ſo
wirſt du noch Größeres ſchauen." Zur Sache ſ. zu 2, 23; 4, 48; 20, 16f. 29.

75 Der Zeile 6 beginnende Satz muß lauten: Verheißen wird die Schau der δόξα im ganzen
Wirken Jeſu; und ſofern zu dieſem auch einzelne Wunder gehören, ſind ſie als Erweis
der zwiſchen Jeſus und dem Vater beſtehenden Gemeinſchaft zu verſtehen (5, 19f.!).

77 Im 2. Abſatz muß der Satz Zeile 2—4 lauten: Freilich iſt deutlich, daß 6, 59 ein Abſchluß
und 7, 1ff. ein neuer Anſatz iſt. Alſo muß man Kap. 3—6 und Kap. 7—12 als die Haupt=
abſchnitte des erſten Teiles anſehen, wobei 6, 60—71 als ein verſtelltes Stück auszuſcheiden
iſt; es gehört an den Schluß der öffentlichen Wirkſamkeit Jeſu (ſ. u. S. 214f. 321). —
In der zweiten Zeile S. 77 von unten iſt 6, 60. 63. 68 zu ſtreichen.

86 Zeile 10 v. o. muß lauten: und jedenfalls jene Reflexionen V. 20—21; V. 17 u. 22 ent=
weder vom Evgliſten oder von der kirchlichen Redaktion (ſ. S. 319, 4). Ein redaktioneller
Abſchluß konnte fehlen,

87 Abſatz 2 muß lauten:
    Die Darſtellung wird in V. 17 durch eine Anmerkung des Evgliſten bzw. der kirchl.
Redaktion unterbrochen³: die Jünger erinnerten ſich an das Wort Pſ 69, 10⁴. Offenbar
iſt wie V. 22; 12, 16 gemeint: es ging ihnen ſpäter auf, daß dieſer Vorgang die Erfüllung
des Pſalmwortes war. Und zwar iſt der Sinn ſchwerlich der, daß Jeſu Handlung eine
Äußerung des ihn verzehrenden Eifers ſei (ſo daß das καταφάγεσθαι vom inneren Ver=
zehren gemeint wäre⁵). Vielmehr hat der Evgliſt bzw. Red. ſchon das Folgende — bzw.
das Ganze des Wirkens Jeſu — im Auge und meint, daß Jeſu Eifer ihn in den Tod
führen wird⁶.

89 Zu A. 1:
Am Schluß der Anm. iſt 12, 33 u. das Folgende zu ſtreichen. Statt deſſen: Ph. Vielhauer,
Oikodome (Diſſ. Heidelb. 1939), 65—67 vermutet wohl mit Recht, daß auch ſchon die
Formulierung des der Quelle zugehörigen V. 19 auf den Evgliſten zurückgeht, der durch
das zweideutige ἐγείρειν ein οἰκοδομεῖν erſetzte. M.=E. Boismard (RB 57 [1950])
fragt, ob τοῦ ναοῦ ſekundäre Gloſſe iſt.

90 Zu A. 2:
In Zeile 6 iſt vor „Zweifelhaft uſw." einzuſchalten: Ebenſo die an ſich mögliche Datierung
des Paſcha von 2, 13 auf das Jahr 27 (G. Hölſcher, SA Heidelb. 1939/40, III 26).
Zu A. 7:
Der erſte Satz muß lauten: V. 22 iſt wie V. 17 redaktionell; ſ. S. 86. — Das ἔλεγεν iſt
als Plusquamperf. zu verſtehen; ſ. Black 254.

95 Zu A. 2: Zeile 3/4 iſt zu leſen: anders Büchſel, ThWB I 378.

114 Zu A. 1: Zeilen 5—9 müſſen lauten:
kann (vgl. Plat. Phileb. 65e/66a). Die zahlreichen Belege für den Gedanken, daß der
Böſe das Licht ſcheut (κλεπτῶν γὰρ ἡ νύξ, τῆς δ' ἀληθείας τὸ φῶς Eur. Iph. Taur. 1026

usw., s. Wetst. und Br.), die sich in der Sphäre des Psychologischen bewegen, sind daher insofern Parallelen, als V. 20f. formal ein allgemeiner Satz ist, der mit dem Sinn von φῶς spielt. Als sachliche Parallelen kommen gnostische Sätze in Frage wie J. B. 203: „Die Bösen sind blind und sehen nicht. Ich rufe sie zum Lichte, doch sie vergraben sich in die Finsternis"; Ginza 285, 30ff. redet von denen, die „den Ruf des Lebens verlassen und den Ruf der Finsternis lieben usw."; s. zu 9, 40f.;

138 Zu A. 3:
Die erste Zeile muß heißen: Siehe S. 75. — Schl.s Erklärung, daß Jesus sie als Ehebrecherin nach dem ...

154 Zu A. 8:
Die Anm. muß lauten: Abgesehen ist dabei von 6, 60—71. — Die Umstellung von Kap. 6 hinter Kap. 4 ist schon oft vorgeschlagen worden; s. Howard 126ff. 264. Für diese Umstellung auch Wik., während Strathm. Kap. 5 an 7, 13 anschließen möchte.

215 In Zeile 5 v. o. muß die Anmerkungsziffer ¹ fortfallen. — In Zeile 20 v. u. muß die Anmerkungsziffer ¹ statt ² lauten.
Zu A. 1 und 2: Anm. 1 fällt fort; Anm. 2 ist in Anm. 1 zu ändern.

304 Zu A. 1: Der Anfang der dritten Zeile muß lauten: s. S. 236f. 252. 260. 262. 271.

331 In Zeile 8 v. o. des Textes streiche „des Evglisten".
Zu A. 4:
Am Anfang ist einzufügen: Stammt die Anm. vom Evglisten (so Dodd 434) oder von der Red. (s. S. 495 zu 18, 9)?

415 Zu A. 4: In Zeile 3 ist V. 4 zu streichen.

437 Zu A. 2:
Als Anm. 2 ist zu lesen: W. Michaelis (Coniect. Neotest. XI 1947, 147—162) möchte diesem Schluß dadurch entgehen, daß er das ἄλλον 14, 16 pleonastisch versteht: „es wird noch einen Anderen und zwar als Parakl. (bzw. „nämlich den Parakl.") geben". Auch dann würde es sich freilich um zwei Gesandte, zwei Parallelgestalten, handeln, daß aber dem Evglisten Jesus als „Parakl." gilt, wird doch wohl durch 1. Joh 2, 1 bestätigt. Dieser Vers ist zwar kein Quellenstück; auch ist παρακλ. hier nicht in der Bedeutung gebraucht, die in Joh 14—16 vorliegt. Aber wenn Jesus hier den sonst ungebräuchlichen Titel παρακλ. erhält, ist doch zu vermuten, daß er ihm durch die Tradition bzw. seine Quelle nahegelegt wurde, wobei der Sinn natürlich durch interpretatio Christiana beliebig modifiziert ist.

495 In Zeile 4 v. u. des Textes ist zu streichen: (so S. 331); am Schluß des Satzes in Zeile 3 v. u. füge hinzu: (s. zu S. 331, 4).

505 In Zeile 4 v. o. streiche „die nicht in ihr selbst ihren Ursprung hat (19, 11)".

508 Zu A. 8 von S. 507:
In der letzten Zeile streiche „der das geistige Fundament seines Amtes (19, 11) ignoriert"

512 Zu A. 9:
Die Anm. muß lauten: Vgl. 3, 27; 6, 65. Der Satz bedeutet nicht, wie hier in der ersten Aufl. gesagt war, daß die ἐξουσία, auf die Pil. sich beruft, die staatliche Autorität, von Gott gegeben ist. Es müßte dann δεδομένη heißen. Richtig Zahn, Lagr., Hosk., und vgl. bes. H. v. Campenhausen, ThLZ 73 (1948), 387—391.
Zeile 14 — **513** Zeile 29 müssen lauten:
Pilatus hatte Jesus auf seine Macht hingewiesen, die er als Beamter des Staates

hat. Jeſu Antwort korrigiert dieſe Auffaſſung: die Macht und Legitimation, kraft deren Jeſus jetzt in die Hand des Pilatus gegeben iſt, fließt nicht aus deſſen amtlicher Stellung, — oder ſofern ſie das faktiſch tut, hat das noch eine tiefere Begründung. Pilatus könnte ſeine Rolle als Vertreter des Staates nicht ſpielen, „wenn es ihm nicht von oben gegeben wäre"[8], d. h.: daß Jeſus in ſeine Hand gegeben iſt, iſt von Gott ſo gefügt[9]. Pilatus iſt das Werkzeug, durch das Gottes Ratſchluß zur Ausführung gebracht wird; die Ent= ſcheidung des Pilatus wird ja dazu führen, daß Jeſus, der ἐντολή des Vaters gehorſam (10, 18; 14, 31), den Kelch trinkt, den ihm der Vater gegeben hat.

Weil das ſo iſt, gilt: „Deshalb hat der, der mich dir überliefert hat, größere Sünde"[1]. Nicht auf die Initiative des Pilatus geht es ja zurück, daß Jeſus als Angeklagter vor ihm ſteht. Die Initiative liegt auf der Seite der Juden, die ihm in ihrem Haß Jeſus über= antwortet haben[2].

Aber iſt Pilatus damit entlaſtet? Sünde hat doch auch er, wenn er aus Angſt um ſeine Stellung (V. 12) das Todesurteil über Jeſus ſprechen wird. Daß er als Werkzeug Gottes handelt, entſchuldigt ihn nicht, wie ja auch entſprechend umgekehrt die Juden, wenn ſie aus eigener Initiative handeln, um nichts weniger die unwiſſenden Werkzeuge — nicht nur des Teufels, ſondern auch Gottes ſind, deſſen Ratſchluß zu verwirklichen auch ſie dienen müſſen; denn auch für ſie gilt doch, daß ſie nichts tun können, was ihnen nicht „von oben gegeben" iſt (vgl. 3, 27). Pilatus ſteht alſo gleichwohl vor der Frage, ob er ſachlich handeln wird, wie er es tun müßte gerade im Sinne der ἐξουσία, wie er ſie ge= meint hat, im Sinne der ſtaatlichen Autorität — oder ob er die ſtaatliche Vollmacht ver= rät, indem er ſie der Welt für ihre Zwecke zur Verfügung ſtellt. Daß er ſich alsbald im zweiten Sinne entſcheidet, darin beſteht ſeine — im Vergleich mit der der Juden immer= hin geringere Sünde[2a].

Pilatus, der durch ſeine Frage nach dem πόθεν gezeigt hatte, daß er weiß, was ἄνωθεν bedeutet, verſteht Jeſu Antwort inſoweit, als er ſieht, daß er unter einem Ver= hängnis ſteht. Seine Angſt vor der rätſelhaften, von der Atmoſphäre des Unheimlichen umgebenen Geſtalt Jeſu wächſt, und er möchte Jeſus

562 Zu „Mythos" korrigiere 507, 5 ſtatt 507, 3. — Zu „Vorverſtändnis" ergänze: 164.

Rudolf Bultmann

Die drei Johannesbriefe

(Meyers Kritisch-exegetischer Kommentar über das Neue Testament, Band XIV). 8. Auflage 1969. (2. Auflage dieser Auslegung). 113 Seiten, Ln.

»... besitzt ein persönliches und theologisches Profil, das ihm unter den anderen Kommentaren seinen besonderen Platz sichert.«

Theologische Literaturzeitung

Die Geschichte der synoptischen Tradition

(Forschungen zur Religion und Literatur des Alten und Neuen Testaments, Band 12). 9. Auflage 1979. 8, 408 Seiten, Ln., Ergänzungsheft kart., bearbeitet von Gerd Theißen und Phillipp Vielhauer. 5. Auflage 1979. 125 Seiten, kart.

»Dieses Buch ist seit seinem ersten Erscheinen das unentbehrliche Handbuch der Synoptiker-Analyse, damit eine Grundlage der Erforschung der Quellen über das Leben Jesu, gleich ausgezeichnet durch die Vollständigkeit im Stofflichen, die Schärfe der Beobachtung, die geschichtliche Betrachtungsweise.« *Theologische Literaturzeitung*

Der Stil der paulinischen Predigt und die kynisch-stoische Diatribe

Mit einem Geleitwort von Hans Hübner. (Forschungen zur Religion und Literatur des Alten und Neuen Testaments, Band 13). Neudruck der 1. Auflage von 1910. 1984. VIII, 110 Seiten, geb.

Neudruck von Bultmanns Dissertation von 1910. Ein Klassiker der Paulus-Forschung.

Der zweite Brief an die Korinther

Hrsg. von Erich Dinkler. (Meyers Kritisch-exegetischer Kommentar über das Neue Testament, Sonderband). 1976. 270 Seiten, Ln.

»Diese Erklärung ist unverkennbar von reformatorischer Theologie geprägt. Als eindrucksvolles Zeugnis für die Theologie des Wortes stellt dieser Band zugleich ein Vermächtnis Rudolf Bultmanns an Theologie und Kirche dar. Die neutestamentliche Wissenschaft ist durch sein Lebenswerk prägend bestimmt worden.« *Eduard Lohse*

Ernst Lohmeyer
Gottesknecht und Davidssohn

Hrsg. von **Rudolf Bultmann**. (Forschungen zur Religion und Literatur des Alten und Neuen Testaments, Band 43). 2. Auflage 1953. 159 Seiten, br.

Vandenhoeck & Ruprecht · Göttingen und Zürich